ATRIUM

ERICH

BAND 2

KÄSTNER

für Kinder

Das fliegende Klassenzimmer
Der kleine Mann
Der kleine Mann und die kleine Miss
Das verhexte Telefon

Mit Illustrationen
von Walter Trier und Horst Lemke

ATRIUM VERLAG · ZÜRICH

INHALT

Das fliegende Klassenzimmer 7

Der kleine Mann 147

Der kleine Mann und die kleine Miss 325

Das verhexte Telefon

Vorwort 501

Das verhexte Telefon 502

Der Preisboxer 508

Ferdinand saugt Staub 513

Arthur mit dem langen Arm 517

Ursula hängt in der Luft 523

Das zersägte Motorrad 529

Die Sache mit den Klößen 532

Übermut tut selten gut 537

Das fliegende Klassenzimmer

DIE ERSTE ABTEILUNG DES VORWORTS

enthält eine Debatte zwischen Frau Kästner und ihrem Sohn; einen Blick auf die Zugspitze; einen Schmetterling namens Gottfried; eine schwarz und weiß gefleckte Katze; etwas ewigen Schnee; einen harmonischen Feierabend und den berechtigten Hinweis, dass aus Kälbern manchmal Ochsen werden.

Diesmal wird es eine regelrechte Weihnachtsgeschichte. Eigentlich wollte ich sie schon vor zwei Jahren schreiben; und dann, ganz bestimmt, im vorigen Jahr. Aber wie das so ist, es kam immer etwas dazwischen. Bis meine Mutter neulich sagte: »Wenn du sie heuer nicht schreibst, kriegst du nichts zu Weihnachten!«

Damit war alles entschieden. Ich packte schleunigst meinen Koffer, legte den Tennisschläger, den Badeanzug, den grünen Bleistift und furchtbar viel Schreibpapier hinein und fragte, als wir schwitzend und abgehetzt in der Bahnhofshalle standen: »Und wohin nun?« Denn es ist begreiflicherweise sehr schwierig, mitten im heißesten Hochsommer eine Weihnachtsgeschichte zu verfassen. Man kann sich doch nicht gut auf den Hosenboden setzen und schreiben: »Es war schneidend kalt, der Schnee fiel in Strömen, und Herrn Doktor Eisenmayer erfroren, als er aus dem Fenster sah, beide Ohrläppchen« – ich meine, dergleichen kann man doch beim besten Willen nicht im August hinschreiben, während man wie ein Schmorbraten im Familienbad liegt und auf den Hitzschlag wartet! Oder?

Frauen sind praktisch. Meine Mutter wusste Rat. Sie trat an den Fahrkartenschalter, nickte dem Beamten freundlich zu und fragte: »Entschuldigen Sie, wo liegt im August Schnee?«

»Am Nordpol«, wollte der Mann erst sagen, dann aber erkannte er meine Mutter, unterdrückte seine vorlaute Bemerkung und meinte höflich: »Auf der Zugspitze, Frau Kästner.«

Und so musste ich mir auf der Stelle ein Billett nach Oberbayern lösen. Meine Mutter sagte noch: »Komme mir ja nicht ohne die Weihnachtsgeschichte nach Hause! Wenn's zu heiß wird, guckst du dir ganz einfach den schönen kalten Schnee auf der Zugspitze an! Verstanden?« Da fuhr der Zug los.

»Vergiss nicht, die Wäsche heimzuschicken«, rief meine Mutter hinterher.

Ich brüllte, um sie ein bisschen zu ärgern: »Und gieß die Blumen!« Dann winkten wir mit den Taschentüchern, bis wir einander entschwanden.

Und nun wohne ich seit vierzehn Tagen am Fuße der Zugspitze, an einem großen dunkelgrünen See, und wenn ich nicht gerade schwimme oder turne oder Tennis spiele oder mich von Karlinchen rudern lasse, sitz ich mitten in einer umfangreichen Wiese auf einer kleinen Holzbank, und vor mir steht ein Tisch, der in einem fort wackelt, und auf dem schreib ich nun also meine Weihnachtsgeschichte.

Rings um mich blühen die Blumen in allen Farben. Die Zittergräser verneigen sich respektvoll vor dem Winde. Die Schmetterlinge fliegen spazieren. Und einer von ihnen, ein großes Pfauenauge, besucht mich sogar manchmal. Ich hab ihn Gottfried getauft, und wir können uns gut leiden. Es vergeht kaum ein Tag, an dem er nicht angeflattert kommt und sich zutraulich auf mein Schreibpapier setzt. »Wie geht's, Gottfried?«, frage ich ihn dann. »Ist das Leben noch frisch?« Er hebt und senkt, zur Antwort, leise seine Flügel und fliegt befriedigt seiner Wege.

Drüben am Rande des dunklen Tannenwaldes hat man einen großen Holzstoß gestapelt. Obendrauf kauert eine schwarz und weiß gefleckte Katze und starrt zu mir herüber. Ich habe sie stark im Verdacht, dass sie verhext ist und, wenn sie wollte, reden könnte. Sie will nur nicht. Jedes Mal, wenn ich mir eine Zigarette anzünde, macht sie einen Buckel.

Nachmittags reißt sie aus, denn dann wird es ihr zu heiß. Mir auch; ich bleib aber da. Trotzdem: So herumzuhocken, vor Hitze zu kochen und dabei zum Beispiel eine Schneeballschlacht zu beschreiben, das ist keine Kleinigkeit.

Da lehne ich mich dann weit auf meiner Holzbank zurück, schaue zur Zugspitze hinauf, in deren gewaltigen Felsklüften der kühle ewige Schnee schimmert – und schon kann ich weiterschreiben! An manchen Tagen freilich ziehen aus der Wetterecke des Sees Wolken herauf, schwimmen quer durch den Himmel auf die Zugspitze zu und türmen sich vor ihr auf, bis man nichts mehr von ihr sieht.

Da ist es natürlich mit dem Schildern von Schneeballschlachten und anderen ausgesprochen winterlichen Ereignissen vorbei. Aber das macht nichts. An solchen Tagen beschreib ich einfach Szenen, die im Zimmer spielen. Man muss sich zu helfen wissen!

Abends holt mich regelmäßig Eduard ab. Eduard ist ein bildhübsches, braunes Kalb mit winzigen Hörnern. Man hört ihn schon von Weitem, weil er eine Glocke umhängen hat. Erst läutet es ganz von ferne; denn das Kalb weidet oben auf einer Bergwiese. Dann dringt das Läuten immer näher und näher. Und schließlich ist Eduard zu sehen. Er tritt zwischen den hohen, dunkelgrünen Tannen hervor, hat ein paar gelbe Margeriten im Maul, als hätte er sie extra für mich gepflückt, und trottet über die Wiese, bis zu meiner Bank.

»Nanu, Eduard, schon Feierabend?«, frag ich ihn. Er sieht mich groß an und nickt und seine Kuhglocke läutet. Aber er frisst noch ein Weilchen, weil es hier herrliche Butterblumen und Anemonen gibt. Und ich schreibe noch ein paar Zeilen. Und hoch oben in der Luft kreist ein Adler und schraubt sich in den Himmel hinauf.

Schließlich steck ich meinen grünen Bleistift weg und klopfe Eduard das warme, glatte Kalbfell. Und er stupst mich mit den kleinen Hörnern, damit ich endlich aufstehe. Und dann bummeln wir gemeinsam über die schöne, bunte Wiese nach Hause.

Vor dem Hotel verabschieden wir uns. Denn Eduard wohnt nicht im Hotel, sondern um die Ecke bei einem Bauern.

Neulich hab ich den Bauern gefragt. Und er hat gesagt, Eduard würde später sicher einmal ein großer Ochse werden.

Abends holt mich regelmäßig Eduard ab.

DIE ZWEITE ABTEILUNG DES VORWORTS

enthält den Verlust eines grünen Bleistifts; eine Bemerkung über die Größe von Kindertränen; die Ozeanfahrt des kleinen Jonathan Trotz; den Grund, warum ihn seine Großeltern nicht abholten; ein Loblied auf die menschliche Hornhaut und die dringende Aufforderung, Mut und Klugheit unter einen Hut zu bringen.

Eigentlich wollte ich gestern Abend, als ich gegessen hatte und faul in der Gaststube saß, gleich weiterschreiben. Das Alpenglühen war erloschen. Die Zugspitze und die Riffelwände versanken im Schatten der nahenden Nacht. Und am anderen Ufer des Sees guckte der Vollmond lächelnd über den schwarzen Wald.

Da merkte ich, dass ich meinen grünen Bleistift verloren hatte. Sicher war er mir auf dem Nachhauseweg aus der Tasche gefallen. Vielleicht hatte ihn auch Eduard, das bildhübsche Kalb, für einen Grashalm gehalten und verschluckt. Jedenfalls saß ich nun in der Gaststube herum und konnte nicht schreiben. Denn es gab im ganzen Hotel, obwohl es ein piekfeines Hotel ist, weit und breit keinen grünen Bleistift, den ich mir hätte borgen können! Toll, was?

Schließlich nahm ich ein Kinderbuch vor, das mir der Verfasser geschickt hatte, und las darin. Aber ich legte es bald wieder weg. So sehr ärgerte ich mich darüber! Ich will euch auch sagen, warum. Jener Herr will den Kindern, die sein Buch lesen, doch tatsächlich weismachen, dass sie ununterbrochen lustig sind und vor lauter Glück nicht wissen, was sie anfangen sollen! Der unaufrichtige Herr tut, als ob die Kindheit aus prima Kuchenteig gebacken sei.

Wie kann ein erwachsener Mensch seine Jugend so vollkommen vergessen, dass er eines Tages überhaupt nicht mehr weiß, wie traurig und unglücklich Kinder zuweilen sein können? (Ich bitte euch bei dieser Gelegenheit von ganzem Herzen: Vergesst eure Kindheit nie! Versprecht ihr mir das? Ehrenwort?)

Es ist nämlich gleichgültig, ob man wegen einer zerbrochenen Puppe weint oder weil man, später einmal, einen Freund verliert. Es kommt im Leben nie darauf an, worüber man traurig ist, sondern nur darauf, wie sehr man trauert. Kindertränen sind, bei Gott, nicht kleiner und wiegen oft genug schwerer als die Tränen der Großen. Keine Missverständnisse, Herrschaften! Wir wollen uns nicht unnötig weich machen. Ich meine nur, dass man ehrlich sein soll, auch wenn's wehtut. Ehrlich bis auf die Knochen.

In der Weihnachtsgeschichte, die ich euch vom nächsten Kapitel ab erzählen werde, kommt ein Junge vor, der Jonathan Trotz heißt und den die anderen Johnny nennen. Dieser kleine Tertianer ist nicht die Hauptfigur des Buchs. Aber sein Lebenslauf passt hierher. Er wurde in New York geboren. Sein Vater war Deutscher. Die Mutter war Amerikanerin. Und die beiden lebten wie Hund und Katze miteinander. Schließlich lief die Mutter fort. Und als Johnny vier Jahre alt war, brachte ihn sein Vater in den Hafen von New York; zu einem Dampfer, der nach Deutschland fuhr. Er kaufte dem Jungen eine Schiffsfahrkarte, steckte ihm einen Zehndollarschein ins braune Kinderportemonnaie und hängte ihm eine Papptafel um den Hals, auf der Johnnys Name stand. Dann gingen sie zu dem Kapitän. Und der Vater sagte: »Nehmen Sie doch, bitte schön, mein Kind mit nach Deutschland hinüber! Die Großeltern holen es in Hamburg vom Dampfer ab.«

»Geht in Ordnung, mein Herr«, antwortete der Kapitän. Und da war Johnnys Vater auch schon verschwunden.

Nun fuhr der Junge also ganz allein über den Ozean. Die Passagiere waren riesig freundlich zu ihm, schenkten ihm Schokolade, lasen, was auf seinem Pappschild stand, und sagten: »Nein, hast du aber ein Glück, dass du schon als kleines Kind über das große Meer fahren darfst!«

Als sie eine Woche lang unterwegs gewesen waren, kamen sie in Hamburg an. Und der Kapitän wartete am Fallreep auf Johnnys Großeltern. Die Passagiere stiegen alle aus und klopften dem Jungen noch einmal auf die Backen. Ein Lateinprofessor sagte ergriffen: »Möge es dir zum Besten dienen, o Knabe!« Und die Matrosen, die an Land gingen, riefen: »Halte die Ohren steif, Johnny!« Und dann kamen die Männer an Bord, die den Dampfer frisch streichen mussten, damit er zur nächsten Amerikafahrt wieder blitzblank aussähe.

Der Kapitän stand am Kai, hielt den kleinen Jungen an der Hand, blickte von Zeit zu Zeit auf die Armbanduhr und wartete. Doch wer nicht kam, das waren Johnnys Großeltern. Sie konnten auch gar nicht kommen. Denn sie waren schon seit vielen Jahren tot! Der Vater hatte das Kind ganz einfach loswerden wollen und es nach Deutschland geschickt, ohne sich weiter den Kopf zu zerbrechen, was nun werden würde.

Damals verstand Jonathan Trotz noch nicht, was ihm angetan worden war. Aber er wurde größer, und da kamen viele Nächte, in denen er wach lag und weinte. Und er wird diesen Kummer, den man ihm zufügte, als er vier Jahre alt war, sein Leben lang nicht verwinden können, obwohl er, das dürft ihr mir glauben, ein tapferer Junge ist.

Die Sache ging noch halbwegs gut aus. Der Kapitän hatte eine verheiratete Schwester; dorthin brachte er den Jungen, besuchte ihn, wenn er in Deutschland war, und gab ihn, als er zehn Jahre zählte, ins Internat des Johann-Sigismund-Gymnasiums zu Kirchberg. (Dieses Internat ist übrigens der Schauplatz unserer Weihnachtsgeschichte.)

Manchmal fährt Jonathan Trotz in den Ferien noch zu der Schwester des Kapitäns. Die Leute sind wirklich sehr gut zu ihm.

Aber meistens bleibt er während der Ferien in der Schule. Er liest viel. Und er schreibt heimlich Geschichten.

Vielleicht wird er einmal ein Dichter. Aber das weiß man noch nicht. Er verbringt halbe Tage in dem großen Schulpark und unterhält sich mit den Kohlmeisen. Die fliegen ihm auf die Hand und schauen ihn aus ihren kleinen Augen fragend an, wenn er redet. Manchmal zeigt er ihnen ein kleines braunes Kinderportemonnaie und einen Zehndollarschein, der drinsteckt …

Ich erzählte euch die Lebensgeschichte Johnnys nur, weil der unaufrichtige Herr, dessen Kinderbuch ich gestern Abend in der Gaststube las, behauptet, die Kinder wären in einem fort fidel und wüssten vor lauter Wonne nicht, wo ihnen der Kopf steht. Hat der Mann eine Ahnung!

Der Ernst des Lebens beginnt wirklich nicht erst mit dem Geldverdienen. Er beginnt nicht damit und er hört damit nicht auf. Ich betone diese stadtbekannten Dinge nicht etwa, dass ihr euch einen Stiefel darauf einbilden sollt, bewahre! Und ich betone sie nicht, um euch Bange zu machen. Nein, nein. Seid glücklich, sosehr ihr könnt! Und seid so lustig, dass euch vor Lachen der kleine Bauch wehtut!

Nur: Macht euch nichts vor und lasst euch nichts vormachen. Lernt es, dem Missgeschick fest ins Auge zu blicken. Erschreckt nicht, wenn etwas schiefgeht. Macht nicht schlapp, wenn ihr Pech habt. Haltet die Ohren steif! Hornhaut müsst ihr kriegen!

Ihr sollt hart im Nehmen werden, wie die Boxer das nennen. Ihr sollt lernen, Schläge einzustecken und zu verdauen. Sonst seid ihr bei der ersten Ohrfeige, die euch das Leben versetzt, groggy. Denn das Leben hat eine verteufelt große Handschuhnummer, Herrschaften! Wenn man so eine Ohrfeige erwischt hat und nicht darauf gefasst war, dann braucht nur noch eine kleine Stubenfliege zu husten, und schon liegt man längelang auf der Nase.

Also: Ohren steifhalten! Hornhaut kriegen! Verstanden? Wer das Erste heraushat, der hat schon halb gewonnen. Denn der behält trotz der dankend erhaltenen Ohrfeigen Geistesgegenwart genug, um jene beiden Eigenschaften zu betätigen, auf die es ankommt: den Mut und die Klugheit. Und schreibt euch hinter die Ohren, was ich jetzt sage: Mut ohne Klugheit ist Unfug; und Klugheit ohne Mut ist Quatsch! Die Weltgeschichte kennt viele Epochen, in denen dumme Leute mutig oder kluge Leute feige waren. Das war nicht das Richtige.

Erst wenn die Mutigen klug und die Klugen mutig geworden sind, wird das zu spüren sein, was irrtümlicherweise schon oft festgestellt wurde: ein Fortschritt der Menschheit.

Ich sitze übrigens, während ich diese beinahe philosophischen Dinge schreibe, wieder auf meiner Holzbank, vor dem Wackeltisch, mitten in der bunten, umfangreichen Wiese. Ich hab mir, gleich am Vormittag, im Kolonialwarengeschäft einen grünen Bleistift besorgt. Und jetzt ist's schon wieder Spätnachmittag geworden. Auf der Zugspitze blitzt der Neuschnee. Drüben auf dem Holzstoß kauert die schwarz und weiß gefleckte Katze und starrt unverwandt herüber. Sie ist bestimmt verhext! Und vom Berg herab klingt das Läuten der Glocke, die mein Freund Eduard umhängen hat. Er wird mich bald abholen kommen und mit seinen kleinen Hörnern stupsen. Gottfried, das Pfauenauge, war heute nicht da. Hoffentlich ist ihm nichts passiert.

Ja, und morgen beginne ich endgültig mit der Weihnachtsgeschichte. Darin wird von Mutigen und Angsthasen, von Gescheiten und von Dummköpfen die Rede sein. In einem Internat gibt es ja vielerlei Kinder.

Da fällt mir ein: Wisst ihr denn auch alle, was ein Internat ist? Ein Internat ist eine Art Wohnschule. Man könnte ebenso sagen: eine Schülerkaserne. Die Jungens wohnen darin. Sie essen in einem großen Speisesaal an langen Tischen, die sie selber decken müssen. Sie schlafen in großen Schlafsälen; frühmorgens kommt der Hausmeister und zerrt an einer Glocke, die furchtbar lärmend läutet. Und ein paar Primaner sind Schlafsaalinspektoren.

Sie passen wie die Schießhunde auf, dass die anderen blitzartig aus den Betten springen. Manche Jungens lernen es nie, ihr Bett ordentlich zu machen, und deshalb müssen sie, wenn die anderen am Sonnabend und Sonntag Ausgang haben, in den Wohnzimmern bleiben und Strafarbeiten machen. (Dadurch lernen sie das Bettenmachen aber auch nicht.)

Die Eltern der Schüler wohnen in entlegenen Städten oder auf dem Lande, wo es keine höheren Schulen gibt. Und die Kinder kommen bloß in den Ferien zu Besuch. Manche Jungens möchten, wenn die Ferien vorbei sind, am liebsten zu Hause bleiben. Andere wieder blieben sogar während der Ferien in der Schule, wenn es die Eltern nur erlaubten.

Und dann gibt es auch sogenannte Externe. Die sind aus derselben Stadt, in der sich das Gymnasium befindet, und sie wohnen nicht in der Schule, sondern zu Hause.

Doch da tritt eben mein Freund Eduard, das bildhübsche Kalb, aus dem dunkelgrünen Tannenwald. Und jetzt gibt er sich einen Ruck und trottet, quer durch die Wiese, auf mich und meine Holzbank zu. Er holt mich ab. Ich muss Feierabend machen.

Nun steht er neben mir und betrachtet mich liebevoll. Entschuldigt also, dass ich abbreche! Morgen stehe ich frühzeitig auf und fange endlich an, die Weihnachtsgeschichte zu erzählen.

Meine Mutter hat gestern geschrieben und angefragt, wie weit ich damit sei.

enthält eine Fassadenkletterei; einige Tanzstundenjünglinge; den Primus, der kolossal wütend werden kann; einen großen weißen Umhängebart; den Bericht über die Abenteuer des »Fliegenden Klassenzimmers«; eine Theaterprobe mit Versen und eine unerwartete Unterbrechung.

Zweihundert Schemel wurden gerückt. Zweihundert Gymnasiasten standen lärmend auf und drängten zum Portal des Speisesaals. Das Mittagessen im Kirchberger Internat war zu Ende.

»Teufel, Teufel!«, sagte der Tertianer Matthias Selbmann zu seinem einen Tischnachbarn. »Hab ich einen Hunger! Ich brauche dringend zwanzig Pfennige für eine Tüte Kuchenränder. Hast du Moneten?«

Uli von Simmern, ein kleiner blonder Junge, kramte das Portemonnaie aus der Tasche, gab dem immer hungrigen Freund zwei Groschen und flüsterte: »Da, Matz! Lass dich aber nicht klappen. Der schöne Theodor hat Gartenwache. Wenn der sieht, dass du aus dem Tore rennst, bist du geliefert.«

»Lass mich doch mit deinen albernen Primanern zufrieden, du Angströhre«, sagte Matthias großartig und steckte das Geld ein.

»Und vergiss nicht, in die Turnhalle zu kommen! Wir haben wieder Probe.«

»Eisern!«, meinte Matz, nickte und verschwand, um sich schleunigst beim Bäcker Scherf in der Nordstraße Kuchenabfälle zu besorgen.

Draußen schneite es. Weihnachten lag in der Luft. Man konnte es schon förmlich riechen … Die meisten Schüler liefen in den Park hinaus, beschossen sich mit Schneebällen oder rüttelten, wenn jemand gedankenvoll des Wegs kam, mit aller Kraft an den Bäumen, dass der Schnee schwer aus den Zweigen prasselte. Hundertfältiges Gelächter erfüllte den Garten. Einige Oberklassianer schritten würdig, Zigaretten rauchend und mit hochgeklapptem Mantelkragen, zum Olymp hinauf. (Olymp, so hieß seit Jahrzehnten ein entlegener geheimnisreicher Hügel, den nur die Primaner betreten durften und der, einem Gerücht nach, mit alten germanischen Opfersteinen ausgestattet war, an denen, alljährlich vor Ostern, gespenstische Aufnahmefeierlichkeiten vorgenommen wurden. Brrr!)

Andere Schüler blieben im Schulgebäude, stiegen zu den Wohnzimmern hinauf, um zu lesen, Briefe zu schreiben, ein Mittagsschläfchen zu halten oder zu arbeiten. Aus den Klavierzimmern erscholl laute Musik.

Auf dem Turnplatz, der vor einer Woche vom Hausmeister in eine Eisbahn verwandelt worden war, lief man Schlittschuh. Dann gab es plötzlich eine haarige Prügelei. Die Eishockeymannschaft wollte trainieren. Aber die Schlittschuhläufer wollten nicht von der Bahn herunter. Ein paar Sextaner und Quintaner mussten, mit Schneeschippen und Besen bewaffnet, das Eis säubern, froren an den Fingern und schnitten wütende Gesichter.

Vor dem Schulhaus staute sich eine aufgeregte Kindermenge und blickte nach oben. Denn im dritten Stockwerk balancierte der Sekundaner Gäbler auf den schmalen Fenstersimsen die Hauswand entlang aus einem Zimmer ins andere. Wie eine Fliege klebte er an der Mauer und schob sich langsam, Schritt für Schritt, seitwärts.

Die Jungen, die ihm zuschauten, hielten den Atem an.

Endlich war Gäbler am Ziel und sprang, mit einem Satz, durchs weit geöffnete Fenster!

»Bravo!«, riefen die Zuschauer und klatschten begeistert in die Hände.

»Was war denn eben los?«, fragte ein Primaner, der etwas später vorüberkam.

»Och, nichts Besonderes«, antwortete Sebastian Frank. »Wir haben bloß den Schreivogel gebeten, mal aus dem Fenster zu gucken. Weil der Harry nicht glauben wollte, dass der Schreivogel schielt.« Die anderen lachten.

»Du willst mich wohl auf den Arm nehmen?«, fragte der Primaner.

»Nicht doch, nicht doch«, erwiderte Sebastian bescheiden. »Bei Ihrer Größe? Ich würde mir ja glatt den Arm verstauchen.«

Der Primaner zog es vor, beflügelten Schritts weiterzugehen.

Da kam Uli angerannt. »Sebastian, du sollst zur Probe kommen!«

»Der König sprach's, der Knabe lief«, deklamierte Sebastian spöttisch und setzte sich langsam in Trab.

Vor der Turnhalle standen schon drei Jungen. Johnny Trotz, der Verfasser des Weihnachtsstücks mit dem spannenden Titel »Das fliegende Klassenzimmer«; Martin Thaler, Primus und Bühnenmaler in einer Person, und Matthias Selbmann, der immer Hunger hatte, besonders nach den Mahlzeiten, und der später Boxer werden wollte. Er kaute und hielt dem mit Sebastian daherkommenden kleinen Uli ein paar Kuchenränder entgegen. »Da!«, brummte er. »Iss auch was, damit du groß und stark wirst.«

»Wenn du nicht so dumm wärst«, sagte Sebastian zu Matz, »so würde ich jetzt ausrufen: Wie kann ein gescheiter Mensch nur so viel fressen!«

Matthias zuckte gutmütig mit den Achseln und kaute weiter.

Sebastian stellte sich auf die Zehen, blickte durch das Fenster und schüttelte den Kopf. »Die Halbgötter hüpfen schon wieder Tango.«

»Los!«, befahl Martin, und die fünf Jungen betraten die Turnhalle.

Das Schauspiel, das sich ihnen bot, missfiel ihnen offensichtlich. Zehn Primaner tanzten paarweise übers Parkett. Man übte für die Tanzstunde. Der lange Thierbach hatte sich, von der Köchin wahrscheinlich, den Hut geborgt. Er hatte ihn schief auf den Kopf gesetzt und bewegte sich, vom Arm des Partners krampfhaft elegant umfangen, als sei er eine junge Dame.

Martin ging zu dem Klavier hinüber, an dem der schöne Theodor saß und so falsch wie möglich in die Tasten hieb.

»Diese Fatzken«, knurrte Matthias verächtlich. Uli versteckte sich hinter ihm.

»Ich muss Sie bitten aufzuhören«, sagte Martin höflich. »Wir wollen das Stück von Johnny Trotz weiterprobieren.«

Die Tänzer hielten inne. Der schöne Theodor unterbrach sein Klavierspiel und meinte hochnäsig: »Wartet gefälligst, bis wir die Turnhalle nicht mehr brauchen!« Dann spielte er weiter. Und die Primaner tanzten wieder.

Martin Thaler, der Primus der Tertia, kriegte seinen weit und breit bekannten roten Kopf. »Hören Sie, bitte, auf!«, sagte er laut. »Doktor Bökh hat uns erlaubt, täglich von zwei bis drei Uhr mittags in der Turnhalle zu probieren. Das wissen Sie ganz genau.«

Der schöne Theodor drehte sich auf dem Klavierstuhl herum. »Wie sprichst du eigentlich mit deinem Stubenältesten? He?«

Uli wollte auskneifen. Er hatte keinen Sinn für brenzlige Situationen. Aber Matthias hielt ihn an dem Rockärmel fest, starrte wütend zu den Primanern hinüber und murmelte: »Teufel, Teufel! Soll ich dem langen Laban eins vor den Latz knallen?«

»Ruhe!«, sagte Johnny. »Martin bringt das schon in Ordnung.«

Die Primaner standen im Kreis um den kleinen Thaler herum, als wollten sie ihn fressen. Und der schöne Theodor begann wieder seinen Tango zu spielen. Da stieß Martin die Um-

Zehn Primaner tanzten paarweise
übers Parkett.

stehenden beiseite, trat dicht ans Klavier und schlug den Deckel zu! Den Primanern blieb vor Staunen die Spucke weg. Matthias und Johnny eilten zu Hilfe. Doch Martin wurde ohne sie fertig. »Sie haben sich genau wie wir an die bestehenden Bestimmungen zu halten!«, rief er empört. »Bilden Sie sich nur nichts drauf ein, dass Sie zufällig ein paar Jahre älter sind als wir! Beschweren Sie sich über mich bei Doktor Bökh! Aber ich bestehe darauf, dass Sie die Turnhalle augenblicklich verlassen!«

Dem schönen Theodor war der Klavierdeckel auf die Finger gefallen. Sein hübsches Fotografiergesicht verzerrte sich vor Wut. »Na warte, mein Jungchen«, sagte er drohend. Dann räumte er das Feld.

Sebastian öffnete die Tür und verbeugte sich, ausgesucht höflich, vor den abziehenden Primanern. »Diese Herren Eintänzer«, meinte er abfällig, als sie draußen waren. »Drehen sich in ihrer Tanzstunde mit angemalten Fräuleins im Kreise und halten sich für die Erdachse. Sie sollten lieber einmal lesen, was Arthur Schopenhauer über die Weiber schreibt.«

»Ich finde die Mädchen sehr nett«, sagte Johnny Trotz.

»Und ich hab eine Tante, die kann boxen«, bemerkte Matthias stolz.

»Los, los!«, rief Martin. »Jonathan! Die Probe kann anfangen.«

»Jawohl«, sagte Johnny. »Also heute kommt das letzte Bild noch einmal dran. Das sitzt noch gar nicht. Matz, du kannst deine Rolle schweinemäßig.«

»Wenn mein alter Herr wüsste, dass ich hier Theater spiele, nähme er mich sofort von der Penne«, meinte Matthias. »Ich tu's ja auch bloß euch zuliebe. Wer außer mir könnte denn sonst den Petrus spielen, wie?«

Dann holte er einen großen weißen Bart aus der Hosentasche und hängte sich ihn vors Gesicht.

Das Stück, das Johnny geschrieben hatte und das man zur Weihnachtsfeier in der Turnhalle aufführen wollte, hieß, wie gesagt, »Das fliegende Klassenzimmer«. Es bestand aus fünf Akten und war gewissermaßen eine fast prophetische Leistung. Es beschrieb nämlich den Schulbetrieb, wie er in Zukunft vielleicht wirklich stattfinden wird.

Im ersten Akt fuhr ein Studienrat, den Sebastian Frank mithilfe eines angeklebten Schnurrbarts naturgetreu darzustellen hatte, samt seiner Klasse im Flugzeug los, um den Geografieunterricht jeweils an Ort und Stelle abzuhalten. »Der Unterricht wird zum Lokaltermin«, hieß eine Verszeile im ersten Akt. Die war aber nicht von Johnny, sondern von dem schrecklich gescheiten Sebastian, der damit, wenn er sie deklamierte, die Lehrer zum Lachen bringen wollte. Martin, der Klassenerste, hatte, weil er sehr gut zeichnete, die Bühnenbilder ausgeführt. An einem Barren wurde ein auf weiße Pappe gemaltes Flugzeug angezweckt. Es hatte drei Propeller und drei Motoren und eine aufklappbare Tür, durch die man in das Flugzeug (also eigentlich in den Barren) steigen konnte.

Uli Simmern spielte die Schwester eines der »fahrenden Schüler«. Er hatte sich von seiner Base Ursel ein Dirndlkleid schicken lassen. Und beim Friseur Krüger wollten sie eine blonde Gretchenperücke leihen. Eine Perücke mit langen geflochtenen Zöpfen. Sie waren am vergangenen Sonnabend, als sie Ausgang gehabt hatten, dort gewesen und hatten Uli die Perücke aufgesetzt. Er war nicht wiederzuerkennen gewesen. Er hatte zum Verwechseln einem Mädchen geglichen! Fünf Mark betrug die Leihgebühr. Aber Friseur Krüger hatte gesagt, falls sie später, wenn es so weit wäre, sich alle bei ihm rasieren lassen würden, leihe er ihnen die Perücke zum halben Preis. Das hatten sie ihm denn auch fest versprochen.

Na ja. Im ersten Akt fuhr die Klasse los. Im zweiten Akt landete das Flugzeug am Kraterrand des Vesuvs. Martin hatte den Feuer speienden Berg beängstigend schön auf einer großen Pappe aufgemalt. Man brauchte die Pappe nur vor ein Hochreck zu schieben, damit der Vesuv nicht umfiel – und schon konnte Sebastian, der Herr Studienrat, seinen gereimten Vortrag über das Wesen der Vulkane abhalten und die Schüler über Herculaneum und Pompeji, die von der Lava verschütteten römischen Städte, ausfragen. Schließlich brannte er sich an der von Martin gemalten Flamme, die aus dem Krater emporschoss, eine Zigarre an, und dann fuhren sie weiter.

Im dritten Akt gingen sie bei den Pyramiden von Gizeh nieder, spazierten vor die nächste bemalte Pappwand und ließen sich von Sebastian über die Erbauung dieser riesigen Königsgräber aufklären. Dann kam Johnny, mumienbleich bemalt, als Ramses II. aus einer der Pyramiden hervor. Dabei musste er sich freilich bücken, denn die Pappe war zu klein. Ramses hielt zunächst eine Lobrede auf die fruchtbaren Fluten des Nils und auf den Segen des Wassers im Allgemeinen. Später erkundigte er sich nach dem Verlauf des Weltunterganges, den ihm sein Sterndeuter geweissagt hatte. Er war sehr aufgebracht, als er vernahm, dass die Erde noch immer existiere. Und er drohte, er werde den Sterndeuter fristlos entlassen. Uli, der das Mädchen spielte, musste den alten ägyptischen Pharao auslachen und sagen, der Sterndeuter sei doch längst tot. Daraufhin machte Ramses II. ein geheimnisvolles Zeichen, und Uli hatte ihm, völlig behext, in die sich langsam schließende Pyramide zu folgen. Die Zurückbleibenden mussten erst traurig sein, sich dann aber doch losreißen.

Im vierten Akt landete das »Fliegende Klassenzimmer« am Nordpol. Sie sahen die Erdachse aus dem Schnee herausragen und konnten mit eigenen Augen feststellen, dass die Erde an den Polen abgeplattet ist. Sie sandten eine Funkfotografie davon ans Kirchberger Tageblatt, hörten von einem Eisbären, den Matthias, in ein Fell gehüllt, darstellte, eine ergreifende Hymne auf die Einsamkeit zwischen Eis und Schnee, schüttelten ihm zum Abschied die Pranke und flogen weiter.

Durch ein Versehen des Studienrats und weil das Höhensteuer versagte, kamen sie, im fünften und letzten Akt, in den Himmel. Und zwar zu Petrus, der vor einem Tannenbaum saß, das Kirchberger Tageblatt las und Weihnachten feierte. Er erzählte ihnen, dass er ihren Rektor, den Oberstudiendirektor Prof. Dr. Grünkern, gut kenne. Und wie es ihm gehe. Und hier oben sei nicht viel zu sehen. Denn der Himmel sei ja unsichtbar. Und fotografieren dürften sie auch nicht.

Der Studienrat fragte, ob ihnen Petrus das kleine Mädchen, das Ramses II. in die Pyramiden entführt habe, nicht wiederbeschaffen könne. Petrus nickte, sagte einen Zauberspruch, und prompt kam Uli aus einer gemalten Wolke herausgeklettert! Sie freuten sich kolossal und sangen »Stille Nacht, heilige Nacht«.

Das würden dann zur Weihnachtsfeier die Zuschauer, Lehrer und Schüler, alle mitsingen. Und so musste die Aufführung bestimmt ein gutes Ende nehmen.

Heute probten sie also den letzten Akt. Petrus, nämlich Matthias, saß auf einem Stuhl vor einem gemalten Lichterbaum, und die anderen – außer Uli, der ja noch in der Pyramide war – umstanden ihn ehrfürchtig. Matthias kraulte sich in seinem weißen Umhängebart und sagte mit möglichst tiefer Stimme:

»Der Himmel ist für euresgleichen
ja doch nur scheinbar zu erreichen.
Ihr fliegt herauf in Apparaten.
Ihr blickt herein durchs Okular.
Doch glaubt es mir: Trotz solcher Taten
bleibt euch der Himmel unsichtbar.
Er ist für euch verbaut mit Mauern.
Ihr seht nur mich. Sonst seid ihr blind.

Martin:	Das ist aufs Tiefste zu bedauern.
Sebastian:	Wir wollen nicht darüber trauern, sondern so bleiben, wie wir sind.
Petrus:	Den Himmel, wie er ist, sehn nur die Toten.
Johnny:	Darf ich von Ihnen ein paar Fotos machen?
Petrus:	Fotografieren ist hier streng verboten. Wir haben keinen Sinn für solche Sachen. Forscht, wo ihr was zum Forschen findet. Das Unerforschbare …«

Matthias stolperte über das letzte Wort. Es war ihm zu schwierig, und dabei vergaß er den Text. Er starrte, stumm um Entschuldigung bittend, zu Johnny, dem Dichterfürsten, hinüber. Johnny trat zu ihm und sagte ihm leise vor.

»Stimmt. Hast ganz recht«, meinte Matz. »Aber weißt du, ich hab so einen Hunger. Und das schlägt mir immer enorm aufs Gedächtnis.« Dann nahm er sich aber zusammen, hustete und fuhr fort:

»Forscht, wo ihr was zum Forschen findet.
Das Unerforschbare lasst unergründet.
Wir kennen euch. Ihr seid entrüstet,
wenn euch etwas verboten ist.
Ihr tut, als ob ihr alles wüsstet.
Obwohl ihr noch viel wissen müsstet,
bevor ihr nur ein Zehntel wisst.

Johnny: Sankt Peter übertreibt entschieden.
Wir sind gar nicht so wissbegierig.
Den meisten wär's auch viel zu schwierig.

Martin: Und Dummheit, Petrus, macht zufrieden.

Sebastian: Wir hörten, dass Sie alles wissen.
Ist Ihnen auch vielleicht bekannt,
dass wir ein kleines Kind vermissen?
Es folgte Ramses und verschwand.
Nun irrt es durch das Labyrinth
der Pyramide.

Petrus: Armes Kind!
Ich werde eine Formel sprechen,
die das Verlorne wiederbringt.
Ihr dürft mich nur nicht unterbrechen!
Vielleicht, dass der Versuch gelingt …
Das Vergangne ist geblieben.
Und der Weg behält die Schritte.
Das Zerrissne bleibt geschrieben.
Komm und tritt –«

In diesem Augenblick wurde die Tür der Turnhalle stürmisch aufgerissen! Matthias blieb der Vers im Halse stecken. Die andern drehten sich erschrocken um, und Uli blickte neugierig aus der gemalten Wolke heraus, hinter der er seinen Auftritt erwartet hatte.

Im Rahmen der Tür stand ein Junge. Er blutete im Gesicht und an einer Hand. Sein Anzug war zerrissen. Er schmiss die Schülermütze wütend auf den Fußboden und brüllte: »Wisst ihr, was passiert ist?«

»Woher sollen wir das denn wissen, Fridolin?«, fragte Matthias freundlich.

»Wenn ein Externer nach dem Unterricht wieder in die Schule kommt und noch dazu so verprügelt aussieht wie du«, meinte Sebastian, »dann …«

Aber Fridolin schnitt ihm das Wort ab. »Lass jetzt deinen Quatsch!«, rief er. »Die Realschüler haben mich und den Kreuzkamm auf dem Nachhauseweg überfallen. Den Kreuzkamm haben sie gefangen genommen. Und die Diktathefte, die wir seinem Alten zum Korrigieren bringen sollten, haben sie auch!« (Kreuzkamms Vater war nämlich Deutschlehrer am Johann-Sigismund-Gymnasium.)

»Teufel, Teufel! Die Diktathefte haben sie auch?«, fragte Matthias. »Gott sei Dank!«

Martin sah seinen Freund Johnny an. »Sind wir genug?«

Johnny nickte.

»Dann los!«, rief der Primus. »Über den Zaun in die Schrebergärten! Aber ein bisschen plötzlich! Wir sammeln uns beim Nichtraucher!«

Sie rasten aus der Halle. Uli rannte neben Matthias her. »Wenn uns jetzt der schöne Theodor erwischt, sind wir hin«, keuchte er.

»Dann bleib doch hier«, meinte Matthias.

»Du bist wohl verrückt?«, fragte der Kleine beleidigt.

Die sechs Jungen waren am Rand des Parks angelangt, erkletterten den Zaun und schwangen sich hinüber.

Matthias trug noch immer seinen falschen weißen Vollbart vorm Gesicht.

DAS ZWEITE KAPITEL

enthält Näheres über den Nichtraucher; drei orthografische Fehler; Ulis Angst vor der Angst; den Kriegsrat im Eisenbahnwaggon; die Entsendung des Kundschafters Fridolin; den Grund, warum Kreuzkamm überfallen wurde, und einen Dauerlauf zu fünft.

Den Nichtraucher – so nannten sie einen Mann, dessen wirklichen Namen sie gar nicht kannten. Sie nannten ihn nicht etwa den Nichtraucher, weil er nicht geraucht hätte; er rauchte sogar sehr viel. Sie besuchten ihn oft. Sie besuchten ihn heimlich und mochten ihn gern. Sie mochten ihn fast so gern wie ihren Hauslehrer, den Doktor Johann Bökh. Das will viel heißen.

Und sie nannten ihn den Nichtraucher, weil in seinem Schrebergarten ein ausrangierter Eisenbahnwaggon stand, in dem er Sommer und Winter wohnte; und dieser Waggon enthielt lauter Nichtraucherabteile zweiter Klasse. Er hatte ihn, als er vor einem Jahr in die Gartenkolonie zog, für hundertachtzig Mark von der Deutschen Reichsbahn gekauft, ein bisschen umgebaut und lebte nun darin. Die kleinen weißen Schilder, auf denen »Nichtraucher« stand, hatte er am Wagen stecken lassen.

Im Sommer und im Herbst blühten in seinem kleinen Garten wunderbare Blumen. Wenn er mit dem Umpflanzen, Gießen und Jäten fertig war, legte er sich ins grüne Gras und las in einem der vielen Bücher, die er besaß. Im Winter lebte er natürlich meist im Wagen. Mit einem kleinen Kanonenofen, dessen blauschwarzes Rohr zum Dach herausschaute und manchmal schrecklich qualmte, hielt er sein komisches Haus warm.

Wenn er mit dem Gießen fertig war,
legte er sich ins grüne Gras und las.

Zu Weihnachten sollte ihm Johnny bescheren. (Johnny blieb diesmal auch während der Weihnachtsferien in der Schule; denn der Kapitän war nach New York unterwegs.) Sie hatten Geld gesammelt und schon ein paar Geschenke besorgt: warme Strümpfe, Tabak, Zigaretten und einen schwarzen Pullover. Hoffentlich passte der. Sie hatten vorsichtshalber Umtausch ausgemacht.

Martin, der sehr wenig Geld besaß, weil seine Eltern arm waren und er eine halbe Freistelle bekam, hatte ein Bild für den Nichtraucher gemalt. Es hieß »Der Einsiedler«, und man sah einen Mann darauf, der zwischen bunten Blumen in einem Schrebergarten saß. Am Zaun standen drei winkende Knaben, die er freundlich und doch traurig anschaute. Auf seinen Schultern und Händen hockten kleine, zutrauliche Kohlmeisen und Rotkehlchen; und schillernde Schmetterlinge tanzten über seinem Kopf einen Reigen.

Es war ein sehr schönes Bild. Martin hatte mindestens vier Stunden dafür gebraucht.

Mit diesen Dingen sollte Johnny den Nichtraucher am Heiligen Abend überraschen. Sie wussten, dass er mutterseelenallein sein würde. Und das tat ihnen leid.

Abends zog er immer seinen besten Anzug an und ging in die Stadt hinunter. Er hatte ihnen erzählt, er gebe Klavierunterricht. Das glaubten sie aber nicht, obwohl sie nicht widersprachen. Rudi Kreuzkamm, der ja extern war und viel in der Stadt herumkam, hatte behauptet, der Nichtraucher spiele abends, bis in die Nacht hinein, in der Vorstadtkneipe »Zum letzten Knochen« Klavier und er kriege eine Mark, fünfzig Pfennig dafür und ein warmes Abendbrot. Erwiesen war es zwar nicht, doch möglich war's schon. Es war ihnen auch gleichgültig. Fest stand nur, dass er ein feiner, kluger Kerl war und wahrscheinlich viel Unglück im Leben gehabt hatte. Er sah nicht aus, als ob es von Anfang an sein Ziel gewesen sei, in verrauchten Kneipen Schlager herunterzudreschen.

Schon oft hatten sie sich heimlich bei ihm Rat geholt. Vor allem dann, wenn sie ihren Hauslehrer nicht fragen wollten. Doktor Bökh hieß mit seinem Spitznamen Justus. Das heißt auf Deutsch: der Gerechte! Denn Doktor Bökh war gerecht. Gerade deswegen verehrten sie ihn so.

Manchmal brauchten sie aber eben Ratschläge in solchen Fällen, wo Recht und Unrecht schwer voneinander zu trennen waren. Dann trauten sie sich nicht zum Justus, sondern kletterten hastig über den Zaun, um den Nichtraucher zu fragen.

Martin, Johnny, Sebastian und Fridolin, der verwundete Externe, traten durch das Tor des kahlen, verschneiten Gartens. Martin klopfte. Und dann verschwanden sie in dem Eisenbahnwaggon.

Matthias und Uli blieben vor dem Tor stehen. »Da ist, scheint's, wieder mal eine feierliche Keilerei fällig«, bemerkte Matthias voller Genugtuung.

Und Uli sagte: »Vor allem müssen wir schauen, dass wir die Diktathefte wiederkriegen.«

»Bloß nicht!«, entgegnete Matthias. »Ich hab das dunkle Gefühl, als hätte ich furchtbaren Stuss zusammengeschmiert. Hör mal, Kleiner, schreibt man Provintz mit tz?«

»Nein«, antwortete Uli. »Nur mit z.«

»Aha«, sagte Matthias. »Das hab ich also schon falsch gemacht. Und Profiand? Mit f?«

»Nein, mit v.«

»Und hinten?«

»Mit t.«

»Teufel, Teufel!«, meinte Matthias. »In zwei Wörtern drei Fehler. Die reinste Rekordhascherei! Ich bin dafür, die Realschüler sollen uns den Kreuzkamm herausgeben und die Diktathefte behalten.«

Sie schwiegen eine Weile. Uli trat, weil er fror, von einem Fuß auf den andern. Schließlich sagte er: »Trotzdem würde ich sofort mit dir tauschen, Matz. Ich mache zwar nicht so viele Fehler im Diktat. Und im Rechnen auch nicht. Aber ich hätte furchtbar gern deine schlechten Zensuren, wenn ich außerdem deine Courage hätte.«

»Das ist ja nun kompletter Quatsch«, erklärte Matthias. »An meiner Dummheit ist nicht zu rütteln. Da kann mir mein Alter Nachhilfestunden geben lassen, so viel er will. Ich kapiere den Kram ja doch nicht! Es ist mir, offen gestanden, auch ganz egal, wie man Provintz und Profiand und Karrusel schreiben muss. Ich werde später mal Boxweltmeister, und da brauche ich keine Orthografie. Aber dass du ein Angsthase bist, das kannst du doch, wenn du willst, ändern!«

»Hast du 'ne Ahnung«, meinte Uli niedergeschlagen, und er rieb sich die klammen Finger. »Was ich schon alles angestellt habe, um mir die Feigheit abzugewöhnen – das geht auf keine Kuhhaut. Jedes Mal nehm ich mir vor, nicht davonzulaufen und mir nichts bieten zu lassen. Felsenfest nehm ich mir's vor! Aber kaum ist es so weit, dann reiß ich auch schon aus. Ach, ist das ekelhaft, wenn man spürt, dass einem die andern absolut nichts zutrauen!«

»Na, du müsstest eben einmal irgendwas tun, was ihnen Respekt einjagt«, sagte Matthias. »Etwas ganz Tolles. Dass sie denken: Donnerwetter, ist der Uli ein verfluchter Kerl. In dem haben wir uns aber gründlich getäuscht. Findest du nicht auch?«

Uli nickte, senkte den Kopf und stieß mit den Stiefelspitzen an eine Zaunlatte. »Ich friere wie ein Schneider«, erklärte er schließlich.

»Das ist ja auch kein Wunder«, meinte Matthias streng. »Du isst zu wenig! Es ist geradezu eine Schande. Man kann es kaum mit ansehen. Heimweh hast du wahrscheinlich außerdem, was?«

»Danke, es geht«, sagte Uli leise. »Nur abends manchmal, oben im Schlafsaal, wenn sie drüben in der Infanteriekaserne den Zapfenstreich blasen.« Er schämte sich.

»Und ich hab schon wieder einen Hunger!«, rief Matthias, über sich selber empört. »Heute früh beim Diktat auch. Am liebsten hätte ich den ollen Professor Kreuzkamm gefragt, ob er mir 'ne Stulle borgen könnte. Stattdessen muss man überlegen, ob sich so blöde Wörter mit tz oder mit v schreiben!«

Uli lachte und sagte: »Matz, nimm doch endlich deinen weißen Vollbart aus dem Gesicht.«

»Herrje, hab ich die Matratze immer noch umhängen?«, fragte Matthias. »Das sieht mir ähnlich.« Er steckte den Bart in die Tasche, bückte sich, machte eine Kollektion Schneebälle und warf sie mit aller Kraft nach dem Schornstein des Nichtrauchers. Er traf zweimal.

Im Innern des Eisenbahnwaggons saßen die vier anderen Jungen unruhig auf den abgewetzten Plüschpolstern. Ihr Freund, der Nichtraucher, war noch gar nicht alt. Fünfunddreißig Jahre vielleicht. Er trug einen verschossenen Trainingsanzug, lehnte an der Schiebetür, rauchte aus einer kleinen englischen Pfeife und lauschte lächelnd dem ausführlichen Bericht, den Fridolin von dem Überfall gab. Schließlich war der Junge fertig.

Sebastian sagte: »Es wird das Gescheiteste sein, wenn Fridolin gleich abschwirrt und bei Kreuzkamms unauffällig feststellt, ob der Rudi inzwischen heimgekommen ist und ob er die Diktathefte mitgebracht hat.«

Fridolin sprang auf und sah den Nichtraucher an. Der nickte.

Und Martin rief: »Wenn der Rudi noch nicht da sein sollte, musst du das Dienstmädchen einweihen, damit der Professor nichts erfährt.«

»Und dann«, meinte Sebastian, »kommst du vor das Haus vom Egerland. Dort warten wir auf dich. Und wenn die Bande den Rudi und die Hefte noch nicht herausgerückt hat, steigen wir dem Egerland aufs Dach. Er hat den Überfall geleitet. An ihn müssen wir uns halten. Vielleicht nehmen wir ihn als Geisel gefangen, verhandeln dann mit den anderen Realschülern und tauschen ihn gegen Rudi aus.«

»Also gut«, sagte Fridolin. »Wo der Egerland wohnt, das wisst ihr. Ja? Förstereistraße 17. Bis nachher! Aber dass ihr auch dort seid!«

»Eisern!«, riefen die anderen. Fridolin gab dem Nichtraucher die mit einem Taschentuch verbundene, von den Feinden zerkratzte Hand und stürmte hinaus. Die anderen Jungen standen auch auf.

»Nun erklärt mir bloß«, sagte der Nichtraucher mit seiner klaren, beruhigenden Stimme, »wieso der Egerland und die übrigen Realschüler auf den Einfall gekommen sein mögen, euren Professorensohn gefangen zu nehmen und eure wissenschaftlichen Schriften zu beschlagnahmen!«

Die Jungen schwiegen. Dann sagte Martin: »Das ist was für unseren Dichter. Johnny, erzähle!«

Und Johnny ergriff das Wort. »Dieser Überfall hat eine lange Vorgeschichte«, berichtete er. »Dass die Realschüler mit uns verzankt sind, das ist gewissermaßen prähistorisch. Es soll vor zehn Jahren schon genauso gewesen sein. Es ist ein Streit zwischen den Schulen, nicht zwischen den Schülern. Die Schüler führen eigentlich nur aus, was ihnen die Chronik der Pennen vorschreibt. Wir haben ihnen im vorigen Monat, als wir Ausgang hatten, auf den Spielwiesen eine Fahne abgejagt. Eine Art Räuberflagge. Mit einem scheußlichen Totenschädel drauf. Wir verweigerten die Herausgabe der Beute. Und da beschwerten sie sich telefonisch beim Justus. Der machte uns einen haushohen Krach. Wir verrieten aber nichts. Da drohte er: Wenn die Fahne nicht binnen drei Tagen in den Händen der Realschüler sei, dürften wir ihn zwei Wochen lang nicht grüßen.«

»Eine kuriose Drohung«, meinte der Nichtraucher und lächelte nachdenklich. »Wirkte sie denn?«

»Wie Backpflaumen«, sagte Johnny. »Am nächsten Tage schon fanden die Realschüler ihre Fahne wieder. Sie lag, wie aus den Wolken gefallen, im Schulhof.«

Sebastian fiel Johnny ins Wort. »Die Sache hatte nur einen Haken. Die Fahne war ein bisschen zerrissen.«

»Ein bisschen sehr zerrissen«, verbesserte Martin.

»Und nun werden sie sich an den Diktatheften rächend betätigen wollen«, schloss Sebastian, scharfsinnig wie immer, den Vortrag.

»Na, da zieht mal in euren prähistorischen Krieg«, sagte der Nichtraucher. »Vielleicht komm ich aufs Schlachtfeld in die Förstereistraße und verbinde die Verwundeten. Ich muss mich nur rasch umziehen. Und euer Justus, der gefällt mir immer besser.«

»Ja«, rief Martin begeistert. »Der Doktor Bökh ist ein großartiger Kerl.«

Der Nichtraucher zuckte leicht zusammen. »Wie heißt euer Justus?«

»Doktor Johann Bökh«, sagte Johnny. »Kennen Sie ihn etwa?«

»Kein Gedanke«, meinte der Nichtraucher. »Ich kannte früher einmal jemanden, der so ähnlich hieß … Nun macht aber, dass ihr auf den Kriegspfad kommt, ihr Hottentotten! Und brecht niemandem das Genick. Euch nicht und den anderen auch nicht. Ich lege nur noch ein Brikett in meinen Kamin und zieh mich um.«

»Auf Wiedersehen!«, schrien die drei Jungen und rannten in den Garten.

Draußen sagte Sebastian: »Ich wette, er kennt den Justus.«

»Das geht uns einen Dreck an«, erklärte Martin. »Wenn er ihn besuchen will – die Adresse weiß er ja nun.«

Sie stießen auf Matthias und Uli. »Na endlich«, knurrte Matthias. »Uli ist schon halb erfroren.«

»Dauerlauf macht warm«, sagte Martin. »Los!« Und dann trabten sie stadtwärts.

DAS DRITTE KAPITEL

enthält Fridolins Rückkehr; ein Gespräch über den ulkigsten Primus von Europa; Frau Egerlands neuesten Ärger; einen reitenden Boten zu Fuß; unannehmbare Bedingungen; einen brauchbaren Schlachtplan und den noch brauchbareren Vorschlag des Nichtrauchers.

Es schneite noch immer. Der Atem der rennenden Jungen dampfte, als ob sie dicke Zigarren rauchten. Vor den Eden-Lichtspielen am Barbarossaplatz standen ein paar externe Quartaner. Sie wollten ins Kino gehen und warteten darauf, dass geöffnet wurde.

»Lauft mal ruhig weiter!«, rief Martin seinen Kameraden zu. »Ich hole euch schon wieder ein.« Dann trat er zu den Quartanern. »Ihr könntet uns einen Gefallen tun«, sagte er. »Lasst das Kino schießen! Die Realschüler haben den Kreuzkamm gefangen genommen, und wir müssen ihn rauspauken.«

»Sollen wir gleich mitkommen?«, fragte der Quartaner Schmitz. Er war klein und kugelrund und wurde Fässchen genannt.

»Nein«, meinte Martin. »Es hat Zeit. Seid, bitte, in einer Viertelstunde in der Vorwerkstraße, an der Ecke der Förstereistraße. Bringt noch 'n paar Jungens mit. Aber verteilt euch beim Anmarsch. Und steckt die Mützen ein! Sonst wissen die Realisten zu früh, dass wir was vorhaben.«

»Schon gut, Martin«, sagte das Fässchen.

»Also, ich verlasse mich auf euch.«

»Eisern!«, riefen die Quartaner. Und Martin rannte keuchend weiter. Er holte die anderen ein und führte sie, da man unbemerkt bleiben wollte, auf Umwegen an die Förstereistraße heran. In der Vorwerkstraße, an der Ecke, machten sie halt.

Wenig später kam Fridolin angefegt.

»Na?«, fragten sie alle wie aus einem Mund.

»Der Rudi ist noch nicht zu Hause«, sagte er, ganz außer Atem. »Das Dienstmädchen ist glücklicherweise gar nicht so dämlich, wie sie aussieht. Sie will dem Professor, wenn er fragt, weismachen, Rudi sei bei mir zum Essen eingeladen.«

»Es wird also ernst«, meinte Matthias befriedigt. »Da will ich mal schnell in die Nummer 17 gehen und den Egerland in Atome zertrümmern.«

»Hier bleibst du!«, befahl Martin. »Mit Prügeln allein ist uns nicht geholfen. Und wenn du dem Egerland den Kopf abreißt, wissen wir immer noch nicht, wo der Kreuzkamm mit den Heften steckt. Wart's nur ab. Wir werden dich schon noch brauchen.«

»Das ist eine Aufgabe für mich«, meinte Sebastian Frank, und damit hatte er recht. »Ich geh als Parlamentär hin. Vielleicht gelingt die Sache auf dem Verhandlungswege.«

»So siehst du gerade aus.« Matthias lachte abfällig.

»Ich werde wenigstens ausfindig machen, wo der Rudi steckt«, sagte Sebastian. »Das ist auch schon was wert.« Er zog ab. Martin begleitete ihn ein Stück.

Matthias lehnte sich an eine Laterne, zog ein Oktavheft aus der Tasche und bewegte die Lippen, als rechne er.

Uli fror schon wieder.

»Was zählst du denn, Matz?«, fragte er.

»Meine Schulden«, gestand Matthias trübselig. »Ich fresse meinen alten Herrn noch kahl.« Dann klappte er das Heft zu, steckte es wieder ein und sagte: »Fridolin, pump mir 'nen Groschen! Im Dienst der guten Sache. Du kriegst ihn spätestens übermorgen zurück. Mein Alter hat geschrieben, dass er das Reisegeld und außerdem zwanzig Mark abgeschickt hat. Wenn ich jetzt nichts esse, kann ich nachher nicht zuschlagen.«

»Das ist ja glatte Erpressung«, sagte Fridolin und gab ihm zehn Pfennige.

Matthias schoss wie ein Pfeil in den nächsten Bäckerladen. Als er wiederkam, kaute er selig und hielt den anderen eine Tüte hin. Es waren Semmeln. Aber die anderen wollten nicht. Fridolin spähte gespannt um die Straßenecke. Und Johnny Trotz betrachtete ein Kolonialwarengeschäft, als liege mindestens der Schatz der Inkas im Schaufenster. Sie kannten das schon an ihm. Bei allem, was er anschaute, machte er Augen, als habe er es noch nie vorher gesehen. Deswegen redete er wohl auch so wenig. Er war dauernd mit Sehen und Hören beschäftigt.

Da bog Martin um die Ecke, nickte ihnen aber nur zu und verschwand im Eckhaus der Vorwerkstraße. Uli freute sich über den Appetit von Matthias und sagte: »Der Martin ist ein Kerl, was? Wie er vorhin die Primaner aus der Turnhalle hinausfensterte!«

»Martin ist ganz ohne Frage der ulkigste Primus von Europa«, meinte Matthias kauend. »Er ist widerlich fleißig und trotzdem kein Streber. Er ist, seit er in der Penne ist, Klassenerster und macht trotzdem jede ernsthafte Keilerei mit. Er hat eine halbe Freistelle und kriegt Stipendien, aber er lässt sich von niemandem was bieten. Ob das nun Primaner sind oder Pauker oder die Könige aus dem Morgenlande – wenn er im Recht ist, benimmt er sich wie eine Herde wilder Affen.«

»Ich glaube, er hat sich den Justus zum Vorbild genommen«, sagte Uli, als verrate er ein großes Geheimnis. »Er liebt die Gerechtigkeit genau wie der Justus. Und da wird man wahrscheinlich so 'n Kerl.«

Sebastian klingelte in der Förstereistraße 17, im dritten Stock, bei Egerlands. Eine Frau öffnete und blickte ihn mürrisch an. »Ich gehe mit Ihrem Sohn in dieselbe Klasse«, sagte Sebastian. »Kann ich ihn mal sprechen?«

»Das ist ja heute wie im Taubenschlag«, brummte die Frau. »Was ist denn mit euch Brüdern los? Einer holt den Kellerschlüssel, um seinen Rodelschlitten einzustellen. Der Zweite braucht dringend eine Wäscheleine. Und die Übrigen kommen in die Wohnung und machen mir die Teppiche dreckig.«

Sebastian putzte sich die Stiefel auf dem Strohdeckel sauber und fragte: »Ist er jetzt allein, Frau Egerland?«

Sie nickte unwillig und ließ ihn eintreten. »Dort ist sein Zimmer.« Sie zeigte auf eine Tür im Hintergrunde des Korridors.

»Ach, eh ich's vergesse«, sagte der Junge, »haben Sie den Kellerschlüssel schon wiedergekriegt?«

»Du willst wohl auch einen Schlitten einstellen?«, knurrte sie.

Er schüttelte den Kopf. »Nicht unbedingt nötig, liebe Frau Egerland«, meinte er und trat, ohne anzuklopfen, ins Zimmer des feindlichen Anführers.

Der Realschüler Egerland hüpfte vor Staunen vom Stuhl. »Was soll denn das heißen?«, rief er. »Ein Gymnastiker?«

»Ich bin gewissermaßen ein reitender Bote«, sagte Sebastian. »Ich bin ein Parlamentär und bitte, das zu berücksichtigen.«

Egerland runzelte die Stirn. »Dann binde dir wenigstens ein weißes Taschentuch um den Arm. Sonst geht's dir dreckig, wenn dich meine Leute erwischen.«

Sebastian holte ein Taschentuch heraus, meinte lächelnd: »Sehr weiß ist es nicht mehr«, und band es mithilfe der linken Hand und der Zähne um den rechten Arm.

»Und was willst du?«, fragte Egerland.

»Wir ersuchen euch um die Herausgabe des Gymnasiasten Kreuzkamm und der Diktathefte.«

»Was bietet ihr dafür?«

»Nichts«, sagte Sebastian kühl. »Unsre Leute sind im Anmarsch und werden sich den Gefangenen, wenn ihr ihn nicht freiwillig herausgebt, holen.«

Egerland lachte. »Erst müsst ihr wissen, wo er ist. Und dann müsst ihr ihn befreien. Das sind zwei Sachen, die viel Zeit kosten, mein Lieber.«

»Ich verbitte mir jede Art von Vertraulichkeit«, entgegnete Sebastian streng. »Ich bin nicht dein Lieber, verstanden? Außerdem erlaube ich mir den Hinweis, dass ihr mit dem Rudi Kreuzkamm nicht das Geringste anfangen könnt. Wollt ihr ihn etwa tagelang versteckt halten? Das könnte sehr unangenehm für euch werden. Aber zur Sache. Welche Bedingungen stellt ihr?«

»Eine einzige Bedingung müsst ihr erfüllen«, sagte Egerland. »Ihr schreibt sofort einen Brief an uns, in dem ihr euch entschuldigt, dass ihr unsre Fahne zerrissen habt, und in dem ihr bittet, wir möchten euch den Gefangenen und die Hefte zurückgeben.«

»Andernfalls?«

»Andernfalls verbrennen wir die Diktathefte, und der Kreuzkamm bleibt gefangen. Ich kann dir schon jetzt versprechen: Der wird, wenn ihr den Brief nicht schreiben solltet, bei uns zum alten Mann! Ohrfeigen kriegt er außerdem. Alle zehn Minuten sechs Stück.«

Sebastian sagte: »Die Bedingungen sind selbstverständlich unannehmbar. Ich fordere dich zum letzten Mal auf, den Kreuzkamm und die Hefte bedingungslos auszuliefern.«

»Wir denken ja gar nicht daran«, antwortete Egerland entschieden.

»Dann ist meine Aufgabe hier erledigt«, meinte Sebastian. »Wir schreiten in etwa zehn Minuten zur Befreiung des Gefangenen.«

Egerland nahm ein schwarzes Tuch vom Tisch, öffnete das Fenster, hängte das Tuch zum Fenster hinaus und brüllte »Ahoi!« in den Hof. Dann schloss er das Fenster, lachte spöttisch und sagte: »Bitte schön, holt ihn euch!«

Sie verbeugten sich feindselig voreinander, und Sebastian verließ eiligst die Wohnung. Als er zu seinen Leuten zurückkam, waren, unter Fässchens Leitung, eben die Quartaner eingetroffen. Ungefähr zwanzig Jungen standen in der Vorwerkstraße, froren an den Zehen und warteten gespannt auf den Parlamentär.

»Wir sollen einen Entschuldigungsbrief schreiben, wegen der zerrissenen Fahne«, berichtete Sebastian. »Und außerdem sollen wir schriftlich um die Herausgabe des Gefangenen und der Hefte bitten.«

»Da lachen ja die Hühner!«, rief Matthias. »Los, Kinder! Hauen wir sie in die Pfanne!«

»Wo steckt denn der Martin?«, fragte Uli besorgt.

»Und wo ist nun eigentlich der Kreuzkamm?«, fragte Johnny Trotz.

»Ich glaube, sie haben ihn in Egerlands Keller eingesperrt und gefesselt«, meinte Sebastian. »Egerlands alte Dame erzählte so etwas Ähnliches. Den Kellerschlüssel hätten sie verlangt. Und eine Wäscheleine.«

»Also rin ins Vergnügen!«, schrie Fässchen. Und auch die anderen konnten es nicht erwarten.

Da kam Martin angerannt. »Los! Sie versammeln sich schon im Hofe!«

Sebastian erstattete dem Primus Bericht.

»Wo warst du denn in der ganzen Zeit?«, fragte Uli.

Martin wies auf das Eckhaus in der Vorwerkstraße. »Von dort aus kann man in Egerlands Hof hinübersehen. Er hat ein schwarzes Tuch gehisst und ›Ahoi!‹ gebrüllt, und nun kommt die Bande aus den umliegenden Häusern angerückt.«

Er sah sich um und zählte. »Wir sind genug«, sagte er beruhigt.

»Weißt du vielleicht sogar, wo der Kreuzkamm steckt?«, fragte Sebastian eifersüchtig.

»Ja. In Egerlands Keller. Und ein paar Realisten bewachen ihn. Wir müssen sofort losschlagen. Sonst kommen da drüben immer mehr zusammen. Wir müssen den Hof stürmen und den Keller besetzen. Die eine Hälfte, unter Johnnys Kommando, dringt von der Straße her ins Haus. Die andere Hälfte, unter meiner Leitung, macht vom Eckhaus her, in dem ich eben war, über die Mauer weg einen Flankenangriff. Aber ein paar Minuten später.«

»Moment mal«, sagte jemand hinter ihnen. Sie drehten sich erschrocken um.

Der Nichtraucher stand lächelnd da. »Guten Tag!«, riefen sie allesamt und lächelten zurück.

»Das geht natürlich nicht, was ihr da vorhabt«, erklärte er. »Der Egerland hat bereits dreißig Jungen beisammen. Ich hab sie mir gerade betrachtet. Außerdem wird euer Krieg einen derartigen Krach verursachen, dass das Überfallkommando anrückt.«

»Und dann erfahren's beide Schulen«, sagte Uli frierend, »und es gibt Skandal. So kurz vor Weihnachten!«

Matthias sah den Kleinen streng an.

»Na ja, es ist doch wahr«, meinte Uli betreten. »Es ist nicht etwa, weil ich meinetwegen Angst hätte, Matz.«

»Was raten Sie uns also?«, fragte Martin.

»Seht ihr den Bauplatz da drüben? Ihr fordert die Realschüler auf, sich dort mit euch zu treffen. Und dann veranstaltet ihr einen Zweikampf. Wozu sollen sich denn alle verprügeln? Ihr und sie stellt je einen Vertreter. Es genügt, dass sich zwei verhauen. Wenn euer Vertreter gewinnt, müssen sie euch den Gefangenen bedingungslos herausgeben.«

»Und wenn der Realschüler gewinnt?«, fragte Sebastian ironisch.

»Teufel, Teufel!«, sagte Matthias. »Bist du plötzlich wahnsinnig geworden? Ich will nur schnell noch eine Semmel essen.« Er griff in seine Tüte und begann zu kauen. »Die Realisten werden den Wawerka aufstellen. Und den erledige ich mit der linken Hand.«

»Gut!«, rief Martin. »Versuchen wir's so! Sebastian, hau ab und bringe sie zum Bauplatz! Wir gehen schon hinüber.«

»Macht vorsichtshalber einen Berg Schneebälle!«, rief Sebastian. »Falls etwas schiefgeht.«

Dann raste er um die Ecke.

enthält einen Zweikampf mit technischem K. o.; den Wortbruch der Realschüler; Egerlands seelischen Konflikt; Martins geheimnisvollen Schlachtplan; mehrere Ohrfeigen im Keller; ein Häufchen Asche; die Erlaubnis, siegen zu dürfen, und Egerlands Rücktritt.

Auf der einen Seite des Bauplatzes standen die Gymnasiasten, auf der anderen die Realschüler. Sie maßen einander mit bösen Blicken. In der Platzmitte fand die förmliche Begegnung der beiden Anführer statt.

Sebastian, der Unterhändler, begleitete Egerland. »Unsre Gegner sind mit dem Vorschlag einverstanden«, sagte er zu Martin. »Der Zweikampf wird also stattfinden. Sie stellen den Heinrich Wawerka als ihren Vertreter auf.«

»Für uns wird Matthias Selbmann antreten«, erklärte Martin. »Das Turnier soll, schlägt er vor, entschieden sein, wenn einer von beiden aus dem Kampfring flüchtet oder verteidigungsunfähig geworden ist.«

Egerland sah zu Wawerka hinüber, einem großen, stämmigen Burschen. Wawerka nickte finster, und Egerland sagte: »Wir nehmen die Kampfbedingungen an.«

»Wenn unser Vertreter siegt«, erklärte Sebastian, »liefert ihr uns bedingungslos den Gefangenen und die Hefte aus. Wenn Wawerka gewinnt, könnt ihr sie behalten.«

»Und dann schreibt ihr den Entschuldigungsbrief?«, fragte Egerland spöttisch.

»Auf alle Fälle wird dann neu verhandelt«, sagte Martin.

»Schlimmstenfalls schreiben wir sogar den Brief. Zunächst findet aber das Duell statt.«

»Ich ersuche die Anführer, zu ihren Leuten zurückzukehren!«, rief Sebastian.

Nun lag der Platz zwischen den feindlichen Heerhaufen leer. Links löste sich Wawerka aus den Reihen der Realschüler. Von rechts näherte sich Matthias.

»Ahoi!«, schrien die Realisten.

»Eisern!«, brüllten die Gymnastiker.

Und jetzt standen die zwei Kämpfer einander lauernd gegenüber. Es war still geworden. Man wartete auf die Eröffnung der Feindseligkeiten. Keiner der beiden schien anfangen zu wollen.

Da bückte sich Wawerka blitzschnell und zerrte dem Gegner die Füße vom Boden fort. Matthias fiel rücklings und der Länge nach in den Schnee. Der andre warf sich über ihn und prügelte drauflos.

Die Realschüler jaulten vor Begeisterung. Die Gymnasiasten waren erschrocken; und Uli, der vor Kälte und Aufregung klapperte, sagte fortwährend leise vor sich hin: »Matz, sei, bitte, recht vorsichtig! Matz, sei ja recht vorsichtig! Mätzchen, sieh dich doch vor!«

Plötzlich kriegte Matthias den rechten Arm von Wawerka zu packen und drehte ihn langsam und unerbittlich herum. Wawerka fluchte wie ein Kutscher. Das half aber nichts. Er musste nachgeben und rollte zur Seite. Nun packte Matthias Wawerkas Kopf und drückte den Gegner mit dem Gesicht tief in den Schnee hinein. Der Realschüler zappelte mit den Beinen. Die Luft wurde ihm knapp.

Matthias ließ ihn überraschend frei, sprang drei Schritte zurück und erwartete den nächsten Angriff. Sein linkes Auge war geschwollen. Wawerka stand ächzend auf, spuckte ein halbes Pfund Schnee aus und stürmte zornig auf Matthias los. Der aber unterlief ihn, und der Realschüler flog im Hechtsprung über ihn weg. Wieder in den Schnee hinein! Die Gymnasiasten lachten und rieben sich die Hände. Matthias drehte sich zu seinen Freunden um und rief: »Jetzt fang ich überhaupt erst an!«

Wawerka stand auf, ballte die Fäuste und wartete. Matthias kam näher, holte aus und schlug zu. Der andere keilte zurück. Matz schlug wieder. So prügelten sie sich ein Weilchen, ohne ersichtliche Vorteile für den einen oder den andern. Da bückte sich Matthias. Wawerka senkte die Fäuste, um den Körper zu schützen. Matz aber schnellte hoch, schlug zu und traf den Realschüler am ungedeckten Kinn.

Wawerka taumelte, drehte sich betrunken im Kreise und kriegte die Arme nicht mehr hoch. Er war völlig benommen.

»Los, Matz!«, schrie Sebastian hinüber. »Mach ihn fertig!«

»Nein«, rief Matthias. »Er soll sich erst noch einmal erholen.«

Wawerka bückte sich mühsam und stopfte sich eine Portion Schnee in den Rockkragen. Das brachte ihn wieder zu sich. Er hob die Fäuste von Neuem und rannte auf Matthias los. Der sprang zur Seite. Und Wawerka sauste an ihm vorbei. Die Realschüler brüllten »Ahoi!«. Wawerka blieb stehen, drehte sich um, wie ein Stier in der Arena, und knurrte: »Komm ran, du Lausejunge!«

»Moment«, sagte Matthias. Er schritt näher und hielt dem andern eine Faust unter die Nase. Wawerka schlug voller Wut zu. So wurde sein Gesicht wieder frei, und schon erhielt er ein derartiges Ding hinters Ohr, dass er sich hinsetzte. Er kam wieder hoch, schlingerte auf Matthias zu und wurde mit ein paar knallenden Ohrfeigen abgefangen. Sie waren gar nicht mehr nötig. Er war vollkommen erledigt. Matthias packte den Wehrlosen bei den Schultern, drehte ihn um und gab ihm einen Tritt. Wie eine aufgezogene Laufpuppe stolperte Heinrich Wawerka aus dem Kampfring, mitten in die sprachlose Gruppe der Realschüler hinein. Wenn sie ihn nicht aufgehalten hätten, wäre er weitergetorkelt.

Matthias wurde begeistert empfangen. Alle schüttelten ihm die Hand. Uli strahlte übers ganze Gesicht. »Und eine Angst hab ich deinetwegen ausgestanden!«, sagte er. »Tut das Auge sehr weh?«

»Keine Bohne«, brummte der Sieger gerührt. »Hast du übrigens meine letzte Semmel aufgehoben?« Der Kleine gab ihm die Tüte, und Matthias kaute wieder einmal.

»Nun wollen wir rasch den Kreuzkamm herausholen!«, rief das Fässchen.

Es kam aber anders. Egerland erschien, machte ein verlegenes Gesicht und sagte: »Es tut mir furchtbar leid. Meine Leute wollen euch den Gefangenen nicht ausliefern.«

»Aber das ist ja unmöglich!«, meinte Martin. »Wir haben es doch vorher ganz genau besprochen! Ihr könnt doch nicht einfach euer Wort brechen!«

»Ich bin ganz deiner Ansicht«, entgegnete Egerland niedergeschlagen. »Doch sie verweigern mir den Gehorsam. Ich kann nichts dagegen machen.«

Martin kriegte wieder seinen roten Kopf. »Das ist unglaublich!«, rief er außer sich. »Haben die Kerle denn keinen Anstand im Leibe?«

»Teufel, Teufel! Wenn ich das gewusst hätte«, sagte Matthias kauend, »dann hätte ich den Wawerka zu Frikasee gemacht. Uli, wie schreibt man Frikasee?«

»Mit zwei s«, antwortete Uli.

»Zu einem Frikassee mit vier s hätte ich ihn verarbeitet«, sagte Matthias.

»Mir ist die Geschichte entsetzlich peinlich«, meinte Egerland. »Ich bin zwar eurer Ansicht, aber ich muss doch zu meinen Leuten halten! Nicht wahr?«

»Natürlich«, sagte Sebastian. »Du hast eben Pech. Du bist ein typisches Beispiel für den Konflikt der Pflichten. Das gab's schon öfter.«

Der Nichtraucher kam langsam über den Platz, nickte Matthias anerkennend zu und erkundigte sich, was es denn gäbe.

Sebastian berichtete den Sachverhalt.

»Donnerschlag!«, sagte der Nichtraucher. »Solche Strolche gibt es unter den Jungens von heute? Es tut mir leid, Martin, dass ich euch den Zweikampf vorgeschlagen habe. So etwas ist natürlich nur unter anständigen Menschen möglich.«

»Sie haben vollkommen recht, mein Herr«, meinte Egerland. »Das Einzige, was ich tun kann, ist, dass ich mich dem Gymnasium als Geisel zur Verfügung stelle. Martin Thaler, ich bin euer Gefangener!«

»Bravo, mein Junge«, sagte der Nichtraucher. »Aber das hat natürlich nicht den geringsten Sinn. Wie viel Jungen sollen denn heute noch eingesperrt werden?«

»Es ist gut«, sagte Martin. Sein Gesicht war ernst und blass. »Du bist ein feiner Kerl. Gehe zu deinen Leuten zurück und teile ihnen mit, dass wir sie in zwei Minuten angreifen werden. Das wird übrigens der letzte Kampf zwischen uns und euch sein. Mit Wortbrüchigen kämpfen wir nicht mehr. Wir verachten sie nur.«

Egerland verbeugte sich stumm und lief fort.

Martin versammelte hastig die Jungen um sich und sagte leise: »Jetzt passt mal gut auf! In zwei Minuten beginnt ihr eine Schneeballschlacht mit allem Komfort. Die Leitung übernimmt Sebastian. Denn Matthias, Johnny Trotz und ich haben einen kleinen Ausflug vor. Wehe, wenn ihr die Schlacht gewinnt, bevor wir zurück sind! Ihr habt die Aufgabe, die Realschüler hier festzuhalten! Ihr dürft sogar ein bisschen zurückweichen. Damit sie euch verfolgen.«

»Das ist mir zu hoch«, meinte das Fässchen, bückte sich und buk Schneebälle.

»Ein ausgezeichneter Plan«, sagte Sebastian voller Anerkennung. »Verlass dich ganz auf mich. Ich werde hier das Ding schon schaukeln.«

Uli, der am liebsten mit Matthias zusammen gewesen wäre, trat an Martin heran. »Darf ich nicht mit euch kommen?«

»Nein«, entgegnete Martin.

»Aber Uli!«, rief Sebastian. »Du musst doch hierbleiben und beim Zurückweichen helfen. Das kannst du doch so gut!«

Uli traten Tränen in die Augen.

Matthias holte aus, als wolle er Sebastian totschlagen. »Ein andres Mal«, knurrte er dann. »Ich will jetzt nicht privat werden.«

Von drüben kamen die ersten Schneebälle angeflogen. Sebastian erteilte Befehle. Die Schlacht auf dem Bauplatz begann.

Der Nichtraucher sagte zu Uli: »Kopf hoch, Kleiner!« Den anderen nickte er zu. »Hals- und Beinbruch, ihr Lümmels. Ihr habt ja den Martin. Da braucht ihr mich nicht.«

»Eisern!«, brüllten sie. Dann ging er, freundlich und gedankenvoll, zwischen den sausenden Schneebällen nach Hause. In seinen Eisenbahnwagen.

Sebastian fegte von einer Gruppe zur andern. Die Gymnasiasten waren wegen des Wortbruchs total aus dem Häuschen und hätten die Realschüler am liebsten über den Haufen gerannt. Das Fässchen war besonders ungeduldig. »So gib schon endlich den Befehl zum …« Sturmangriff, wollte er rufen. Aber ein feindlicher Schneeball platzte ihm mitten in den Mund. Er machte ein verdutztes Gesicht. Die andern Quartaner lachten.

»Du hast zwar nicht kapiert, warum wir jetzt nicht gewinnen dürfen«, sagte Sebastian. »Aber gehorchen musst du trotzdem.« Dann sah er sich nach Uli um. Der fror an den Händen und hatte sie in die Hosentaschen gesteckt. Als er Sebastians Blick merkte, zog er die Finger rasch wieder heraus und beteiligte sich an dem Bombardement.

Inzwischen rannten Martin, Johnny und Matthias die Vorwerkstraße entlang, verschwanden in dem Eckhaus, liefen in den

Hof, setzten über die Mauer und standen vor dem Hofeingang des Hauses, in dem Egerland wohnte.

»Dort ist die Kellertür«, flüsterte Martin. Matthias klinkte vorsichtig auf, und die drei stiegen unhörbar die glitschigen Stufen hinunter. Mitten in völliges Dunkel hinein. Es roch nach alten Kartoffeln. Nun tasteten sie sich durch schmale, niedrige Gänge. Ein paarmal ging's um die Ecke. Da zupfte Johnny Martin am Rockärmel. Sie blieben stehen und bemerkten einen Seitengang, der erhellt war. Sie schlichen langsam näher und hörten eine fremde Jungenstimme.

»Kurt«, sprach die Stimme, »es sind schon wieder zehn Minuten herum.«

»Na, da wollen wir mal weiterarbeiten«, meinte eine andere fremde Stimme. »Mir tun schon die Hände weh.« Und jetzt vernahm man, sechsmal hintereinander, lautes Klatschen. Dann war's wieder still wie im Grabe.

»Am meisten wundre ich mich, dass ihr euch nicht schämt«, sagte plötzlich ein Dritter.

»Das ist Kreuzkamm«, flüsterte Johnny. Und sie schlichen weiter, bis sie sahen, worum es sich handelte. Hinter einer angelehnten Lattentür standen zwei Realschüler, und auf einem alten, wackligen Küchenstuhl saß Rudi Kreuzkamm. Er war mit einer Wäscheleine umwickelt, konnte kein Glied rühren und hatte unnatürlich rote Backen. Auf einem Tisch brannten drei Kerzenstümpfe. Und in der hintersten Ecke, zwischen Holz, Briketts und Kohlen, lehnte ein Tannenbaum. Egerlands Vater hatte ihn vor zwei Tagen gekauft.

»Ich werde mich erkenntlich zeigen, sobald mich meine Freunde befreit haben«, sagte Kreuzkamm wütend.

»Bis dahin kannst du verschimmeln«, meinte der eine Realschüler.

»In spätestens einer Stunde werden sie herausgekriegt haben, wo ich bin«, entgegnete Kreuzkamm zuversichtlich.

»Da hast du also noch 'ne hübsche Portion Backpfeifen vor dir«, sagte der andre. »Alle zehn Minuten sechs Stück, das sind in einer Stunde sechsunddreißig.«

»Angewandte Mathematik!«, rief der Erste und lachte, dass das Kellergewölbe dröhnte. »Vielleicht kommen deine Leute auch früher, was?«

»Hoffentlich«, sagte Kreuzkamm.

»Da wollen wir dir doch vorsichtshalber gleich noch 'n halbes Dutzend ins Gesicht stecken. Gewissermaßen als Vorschuss. Kurtchen, mach dich nützlich!«

Der Realschüler, der Kurtchen hieß, trat dicht vor Kreuzkamms Stuhl, hob die linke Hand und schlug zu. Dann hob er die rechte Hand, schlug zu und sagte: »Das wären zwei.« Dann hob er wieder die linke Hand – aber da war auch schon Matthias neben ihm, und die dritte Ohrfeige kriegte Kurt selber.

Er flog krachend in Egerlands Christbaum, blieb in den Tannennadeln sitzen und hielt sich heulend die linke Gesichtshälfte. Martin hatte dem anderen Realschüler einen Doppelnelson angesetzt, dass dem Jungen Hören und Sehen verging. Und Johnny band den verschwollenen Kreuzkamm los.

»Schnell!«, rief Martin. »In zwei Minuten müssen wir wieder auf dem Bauplatz sein!«

Rudi Kreuzkamm reckte und dehnte sich. Ihm taten sämtliche Knochen weh. Die Backen waren so dick, als hätte er einen Kloß im Mund. »Seit halb zwei Uhr sitz ich auf diesem Stuhl«, sagte er und gab dem Stuhl einen Tritt. »Und jetzt ist's um vier. Und alle zehn Minuten sechs Ohrfeigen!«

»Das ist wahrhaftig kein Spaß«, stimmte Matthias zu und nahm die Wäscheleine.

Sie stellten die zwei Realisten Rücken an Rücken und fesselten sie sehr gewissenhaft. »So«, sagte Martin. »Nun gib den Flegeln rasch die Ohrfeigen zurück! Zweieinhalb Stunden sind hundertfünfzig Minuten. Wie viel Ohrfeigen macht das, Kurt?«

»Neunzig Stück«, antwortete Kurt weinend. »Fünfundvierzig Stück für jeden.«

»So viel Zeit gibt's ja gar nicht«, meinte Matthias. »Ich werde jedem eine einzige Ohrfeige versetzen. Das ist genauso gut, als ob sie von Rudi neunzig kriegten.« Da begann auch noch der andere Realschüler zu heulen.

»Rudi, wo sind übrigens die Diktathefte?«, fragte Martin.

Kreuzkamm deutete in einen Winkel.

»Ich seh sie nicht«, meinte Martin.

»Du musst viel gründlicher hinschauen!«, antwortete Kreuzkamm.

In dem Winkel lag ein Haufen Asche. Etwas verkohltes Papier und ein Zipfel von einem blauen Umschlag waren noch zu erkennen.

»Heiliger Bimbam!«, rief Matthias. »Das sollen unsre Diktathefte sein?«

Kreuzkamm nickte. »Sie haben sie vor meinen Augen verbrannt.«

»Da wird sich dein alter Herr aber freuen«, sagte Martin. Dann nahm er sein Taschentuch, schob die Asche hinein, verknotete das Tuch sorgfältig und steckte die verbrannten Diktathefte in die Hosentasche.

»Das kann ja niedlich werden«, meinte Johnny.

Matthias rieb sich vergnügt die Hände. »Ich stifte eine Urne für die Asche«, erklärte er. »Und wir beerdigen unsre Diktathefte beim Nichtraucher im Garten. Beileid dankend verbeten.«

Martin dachte nach und sagte: »Rudi, du rennst sofort nach Hause! Wenn dein Vater nach den Heften fragt, sagst du, sie wären in der Penne. Und ich würde sie ihm morgen früh in der ersten Stunde übergeben. Ja? Weiter erzählst du nichts. Wir verhauen nur noch schnell die Realschüler auf dem Bauplatz, und dann sausen wir heim. Der schöne Theodor wird uns wohl schon erwarten. Los!«

Sie verließen den Keller. Nur Matthias blieb zurück. Als die andern die Treppen hinaufstiegen, hörten sie zweimal hintereinander einen lauten Knall. Und dann heulten zwei Jungen wie die Schlosshunde.

Im Hof holte Matthias die drei ein. »So, das dürfte genügen«, meinte er. »Die sperren keinen Gymnasiasten wieder ein.«

Kreuzkamm verabschiedete sich an der Haustür. »Vielen Dank übrigens«, sagte er und gab ihnen die Hand. »Macht's gut!«

»Eisern!«, riefen sie und stürmten um die Ecke. Kreuzkamm befühlte sich vorsichtig seine Backen, schüttelte den Kopf und trabte nach Hause.

Vor dem Baugelände ließ Martin halten. »Johnny«, sagte er, »du rennst zu unseren Leuten und rufst dem Sebastian zu: ›Jetzt dürft ihr siegen!‹ Ist das klar? Ihr geht also sofort zum Angriff über. Sobald ihr im Handgemenge seid, fallen Matthias und ich dem Gesindel in den Rücken. Ab!«

Johnny lief, als gelte es das Leben.

Matz und Martin spähten durch einen Spalt des Bauzauns. Sebastian und die anderen hatten sich in die Ecke drängen lassen. Es hagelte Schneebälle. Die Realschüler schrien »Ahoi!« und fühlten sich bereits als Sieger.

»Kannst du Uli entdecken?«, fragte Matthias.

»Ich seh ihn nicht«, sagte Martin. »Achtung, Matz! Über den Zaun!« Sie kletterten hinüber und kamen auf die Sekunde zurecht. Sebastian machte seine Sache gut. Völlig überraschend stießen die Gymnasiasten vorwärts. Die Realschüler wichen vor dem Anprall zurück.

Matthias und Martin rannten über den Platz und schlugen auf die Rücken der weichenden Realschüler los. Manche blieben vor Schreck im Schnee liegen.

»Eisern!« So hallte es von allen Seiten. Wo Matz auftauchte, rissen die Feinde aus. Sie flohen einzeln. Sie flohen in Scharen.

Nur Egerland hielt stand. Er blutete; er zog ein finster entschlossenes Gesicht und sah aus wie ein verlassener, unglückseliger König. Das Fässchen rannte auf ihn los. Aber Martin stellte sich vor den feindlichen Anführer und rief: »Wir bewilligen ihm freien Abzug. Er allein war anständig und tapfer bis zuletzt.«

Egerland drehte sich um und verließ, geschlagen und einsam, das Schlachtfeld.

Dann kam Fridolin auf die Freunde los. »Ist Kreuzkamm befreit?«

Martin nickte.

»Und die Diktathefte?«, fragte das Fässchen neugierig.

»Die hab ich im Taschentuch«, sagte Martin und zeigte der ehrfurchtsvoll staunenden Menge die Überreste.

»Da staunt der Laie, und der Fachmann wundert sich«, bemerkte Sebastian.

»Wo ist denn Uli?«, fragte Matthias.

Das Fässchen zeigte mit dem Daumen nach hinten. Matthias rannte bis in die äußerste Ecke des Platzes. Dort saß Uli auf einer Planke und starrte in den Schnee.

»Was ist denn passiert, Kleiner?«, fragte Matthias.

»Nichts Besonderes«, antwortete Uli leise. »Ich bin wieder mal ausgerissen. Ausgerechnet der Wawerka kam auf mich los. Ich wollte ihm ganz bestimmt ein Bein stellen. Aber wie ich sein Gesicht sah, war's aus.«

»Ja, er hat eine abscheuliche Visage«, meinte Matthias. »Mir wär's auch fast schlecht geworden, als er auf mich losging.«

»Du willst mich trösten, Mätzchen«, sagte Uli. »Aber das geht so nicht weiter mit mir. Es muss bald etwas geschehen.«

»Na, nun komm«, meinte Matthias. »Die anderen rücken gerade ab.«

Und die beiden ungleichen Freunde liefen hinter den anderen her. Im Dauerlauf ging's zurück in die Schule. Dem schönen Theodor entgegen.

Die geschlagene Armee der Realschüler sammelte sich im Hof der Förstereistraße 17. Sie warteten auf Egerland.

Er trat ernst unter sie und sagte: »Lasst den Gefangenen frei!«

»Wir denken gar nicht dran«, rief Wawerka.

»Dann macht, was ihr wollt!«, sagte Egerland. »Und sucht euch einen anderen Anführer.« Er blickte keinen von ihnen an und ging ins Haus.

Die Übrigen stürmten johlend in den Keller. Sie wollten ihre Wut an dem Gefangenen auslassen.

Statt eines Gefangenen fanden sie deren zwei! Da zogen alle miteinander lange Gesichter und schämten sich, so gut es ging.

enthält das Wiedersehen mit dem schönen Theodor; eine Debatte über die Hausordnung; ein unverhofftes Lob; eine angemessene Strafe; eine längere Erzählung des Hauslehrers und was die Jungen hinterher dazu sagten.

Es war schon spät am Nachmittag; kurz nach fünf Uhr. Es schneite nicht mehr. Aber schwere schwefelgelbe Wolken hingen am Himmel. Der Winterabend senkte sich auf die Stadt; es war einer der wenigen, einer der letzten Abende vor dem schönsten im Jahr, vor dem Heiligen Abend. Man konnte zu keinem der vielen Fenster in den vielen Häusern emporsehen, ohne daran zu denken, dass in ein paar Tagen die brennenden Kerzen der Christbäume auf die dunklen Straßen herabschimmern würden. Und dass man dann zu Haus wäre, bei den Eltern, unter dem eigenen Weihnachtsbaum.

Die erleuchteten Läden waren mit Tannenzweigen und Glasschmuck ausstaffiert. Die Erwachsenen liefen mit Paketen aus einem Geschäft ins andere und machten enorm geheimnisvolle Gesichter.

Die Luft duftete nach Lebkuchen, als ob die Straßen damit gepflastert wären.

Die fünf Jungen rannten keuchend bergan. »Ich krieg einen Punchingball zu Weihnachten«, sagte Matthias. »Der Justus wird's bestimmt erlauben, dass ich ihn in der Turnhalle festmache. Mensch, das wird 'ne Sache!«

»Dein Auge ist noch kleiner geworden«, meinte Uli.

»Das macht nichts. Das gehört zum Beruf.«

Sie näherten sich der Schule. Man konnte sie schon sehen. Sie lag hoch über der Stadt. Und mit ihren erleuchteten Stockwerken glich sie einem riesigen Ozeandampfer, der nachts übers Meer fährt. Ganz oben im linken Turm glänzten zwei einsame Fenster. Dort wohnte Doktor Johann Bökh, der Hauslehrer.

»Haben wir eigentlich etwas im Rechnen auf?«, fragte Johnny Trotz.

»Ja«, sagte Martin. »Die angewandten Prozentaufgaben. Die sind aber kinderleicht. Ich mache sie nach dem Abendbrot.«

»Und ich schreib sie morgen früh von dir ab«, meinte Sebastian. »Es ist schade um die Zeit. Ich lese gerade ein Werk über die Vererbungslehre. Das ist viel interessanter.«

Die Jungen keuchten den Berg hinan. Der Schnee knirschte unter ihren Füßen.

Vor dem Tor der Schule schritt jemand auf und ab und rauchte eine Zigarette. Es war der schöne Theodor. »Da sind sie ja, die lieben Kinderchen«, sagte er hämisch. »Heimlich im Kino gewesen, was? Hoffentlich war's recht schön. Damit sich die Strafe lohnt.«

»Es war ein wunderbarer Film«, log Sebastian drauflos. »Der Hauptdarsteller sah Ihnen kolossal ähnlich. Er war nur nicht ganz so hübsch.«

Matthias lachte. Aber Martin sagte: »Lass gefälligst den Blödsinn, Sepp!«

»Natürlich, du bist auch wieder dabei!«, rief der schöne Theodor und tat, als ob er Martin erst jetzt bemerke. »Dass man einem solchen Flegel wie dir Stipendien gibt, werde ich wohl nie verstehen.«

»Verlieren Sie nur nicht den Mut«, meinte Johnny. »Sie sind ja noch jung.«

Der schöne Theodor sah aus, als wolle er Feuer speien. »Na, da kommt mal mit, ihr Früchtchen! Der Herr Doktor Bökh erwartet euch schon sehnlichst.«

Sie stiegen die Wendeltreppe im Turmflügel hinauf. Der Primaner kletterte wie ein Polizist hinterher, als habe er Angst, sie könnten wieder auskneifen.

Eine Minute später standen sie allesamt im Arbeitszimmer vorm Justus. »Hier sind die Ausreißer, Herr Doktor«, sagte der schöne Theodor. Seine Stimme klang honigsüß.

Bökh saß am Schreibtisch und betrachtete die fünf Tertianer. Keine Miene verriet, was er dachte. Die fünf sahen geradezu gemeingefährlich aus. Matthias hatte ein geschwollenes Auge. Sebastians Hose war überm Knie zerrissen. Ulis Gesicht und Hände sahen vom Frost blaurot aus. Martin hingen die Haare wirr ins Gesicht. Und Johnnys Oberlippe blutete. In einem der Schneebälle, die ihn getroffen hatten, war ein Stein gewesen. Und der Schnee schmolz von den fünf Paar Stiefeln und bildete fünf kleine Pfützen.

Doktor Bökh erhob sich und trat dicht vor die Angeklagten. »Wie heißt der einschlägige Artikel der Hausordnung, Uli?«

»Den Schülern des Internats ist es verboten, das Schulgebäude außer während der Ausgehzeiten zu verlassen«, antwortete der Kleine ängstlich.

»Gibt es irgendwelche Ausnahmefälle?«, fragte Bökh. »Matthias!«

»Jawohl, Herr Doktor«, berichtete Matz. »Wenn ein Mitglied des Lehrkörpers das Verlassen der Schule anordnet oder gestattet.«

»Welcher der Herren hat euch in die Stadt beurlaubt?«, fragte der Hauslehrer.

»Keiner«, entgegnete Johnny.

»Auf wessen Erlaubnis hin seid ihr fortgegangen?«

»Wir sind ohne Erlaubnis abgehauen«, erklärte Matthias.

»So war es nicht«, sagte Martin. »Sondern ich habe den anderen befohlen, mir zu folgen. Ich allein bin dafür verantwortlich.«

»Deine Vorliebe, Verantwortung zu übernehmen, ist mir hin-

Doktor Bökh trat dicht vor die Angeklagten.

reichend bekannt, lieber Martin«, meinte Doktor Bökh streng. »Du solltest dieses Recht nicht missbrauchen!«

»Er hat es nicht missbraucht«, rief Sebastian. »Wir mussten in die Stadt. Es war außerordentlich dringend.«

»Warum habt ihr mich, die zuständige Instanz, nicht um Erlaubnis gefragt?«

»Sie hätten, der Hausordnung wegen, die Erlaubnis verweigert«, sagte Martin. »Und dann hätten wir trotzdem in die Stadt rennen müssen! Das wäre noch viel unangenehmer gewesen!«

»Wie? Ihr hättet meinem strikten Verbot zuwidergehandelt?«, fragte der Justus.

»Jawohl!«, antworteten alle fünf.

»Leider«, fügte Uli kleinlaut hinzu.

»Das ist ja einfach bodenlos, Herr Doktor!«, meinte der schöne Theodor und schüttelte das Haupt.

»Es ist mir nicht bewusst, dass ich Sie nach Ihrer originellen Ansicht gefragt hätte«, sagte Doktor Bökh. Und der schöne Theodor wurde puterrot. »Warum musstet ihr in die Stadt hinunter?«, fragte der Lehrer.

»Wieder einmal wegen der Realschüler«, berichtete Martin. »Sie hatten einen unserer Externen überfallen. Dieser Externe und die Diktathefte, die Herrn Professor Kreuzkamm zur Korrektur gebracht werden sollten, waren verschwunden. Ein anderer Externer meldete uns das. Und da war es doch ganz klar, dass wir hinuntermussten, um den Gefangenen zu befreien.«

»Habt ihr ihn befreit?«, fragte der Lehrer.

»Jawohl«, riefen vier von ihnen. Uli schwieg. Er hielt sich für unwürdig, die Frage zu bejahen.

Doktor Bökh musterte Johnnys gespaltene Oberlippe und das verschwollene Auge von Matthias. »Wurde irgendwer verletzt?«, fragte er dann.

»Kein Gedanke«, sagte Matthias. »Niemand.«

»Nur die Diktathefte …«, meinte Sebastian.

Martin blickte ihn so wütend an, dass er abbrach.

»Was ist mit den Heften los?«, fragte der Justus.

»Sie wurden in einem Keller, vor den Augen des gefesselten Gefangenen, verbrannt«, sagte Martin. »Wir fanden nur noch die Asche vor.«

»Martin hat die Asche in seinem Taschentuch«, erklärte Matthias fröhlich. »Und ich werde die Urne dafür stiften.«

Doktor Bökh verzog unmerklich das Gesicht. Eine Zehntelsekunde lächelte er. Dann war er wieder ernst. »Und was soll nun werden?«, fragte er.

»Ich lege morgen früh eine Liste an«, sagte Martin. »Und jeder Klassenkamerad nennt mir die Zensuren, die er in den Diktaten seit Michaelis gehabt hat. Ich trage sämtliche Zensuren ein und überreiche Herrn Professor Kreuzkamm zum Unterrichtsbeginn die vollständige Liste. Und das letzte, noch nicht korrigierte Diktat müssen wir eben noch mal machen.«

»Teufel, Teufel!«, flüsterte Matthias und schüttelte sich.

»Ich weiß nicht, ob sich Professor Kreuzkamm damit zufriedengeben wird«, sagte Justus. »Alle Zensuren werdet ihr wohl auch nicht auswendig wissen. Trotzdem muss ich euch mitteilen, dass ich euer Verhalten billige. Ihr habt euch einfach tadellos benommen, ihr Bengels.«

Die fünf Jungen strahlten wie fünf kleine Vollmonde. Der schöne Theodor versuchte zu lächeln. Aber der Versuch misslang.

»Gesetzwidrig bleibt es immerhin«, sagte Bökh, »dass ihr die Schule unerlaubt verlassen habt. Setzt euch aufs Sofa! Ihr seid müde. Wir wollen überlegen, was sich tun lässt.«

Die fünf Jungen setzten sich aufs Sofa und blickten ihren Justus vertrauensvoll an. Der Primaner blieb stehen. Am liebsten wäre er fortgelaufen. Doktor Bökh ging im Zimmer auf und ab und meinte schließlich: »Man könnte den Vorfall ganz sachlich beurteilen und nichts weiter tun als feststellen, dass ihr ohne Erlaubnis fort wart. Welches Strafmaß ist hierfür üblich, Sebastian?«

»Ausgangsentziehung für vierzehn Tage«, antwortete der Junge.

»Man könnte aber auch die Begleitumstände berücksichtigen«, fuhr der Justus fort. »Und wenn man das tut, so steht zunächst einmal außer Frage, dass ihr, als zuverlässige Kameraden, koste es, was es wolle, in die Stadt musstet. Euer Vergehen bestünde dann nur darin, dass ihr die Erlaubnis einzuholen vergaßt.«

Er trat ans Fenster und blickte durch die Scheiben. Mit abgewandtem Gesicht sagte er: »Warum habt ihr mich denn nicht gefragt? Habt ihr so wenig Vertrauen zu mir?« Er drehte sich um. »Dann verdiente ich ja selber die Strafe! Denn dann wäre ich an eurem Fehler schuld!«

»Nicht doch, lieber Herr Justus!«, rief Matthias außer sich, verbesserte sich rasch und meinte verlegen: »Nicht doch, lieber Herr Doktor. Sie wissen doch hoffentlich, wie sehr wir Sie …« Er brachte es aber nicht heraus. Er schämte sich, zu bekennen, wie sehr sie den Mann am Fenster liebten.

Martin sagte: »Ich habe mir, bevor wir losgingen, einen Augenblick lang überlegt, ob wir Sie erst fragen sollten. Aber ich hatte das Gefühl, es sei verkehrt. Nicht wegen des Vertrauens, Herr Doktor. Ich weiß selber nicht genau, warum ich's unterließ.«

Das war wieder einmal etwas für den neunmalklugen Sebastian. »Die Sache ist doch ganz logisch«, erläuterte er. »Es gab nur zwei Möglichkeiten. Entweder konnten Sie unsere Bitte abschlagen; dann hätten wir Ihrem Verbot zuwiderhandeln müssen. Oder Sie konnten uns wirklich fortlassen; und wenn dann jemandem etwas zugestoßen wäre, hätte man Sie dafür verantwortlich gemacht. Und die anderen Lehrer und die Eltern hätten auf Ihnen herumgehackt!«

»So ähnlich«, sagte Martin.

»Ihr seid ja geradezu verantwortungssüchtig!«, entgegnete

der Lehrer. »Ihr habt mich also nur nicht gefragt, um mir Unannehmlichkeiten zu ersparen? Na schön. Ihr sollt die heiß ersehnte Strafe kriegen. Ich entziehe euch hiermit den ersten Ausgehnachmittag nach den Ferien. Damit ist der Hausordnung Genüge getan. Oder?« Bökh blickte den Primaner fragend an.

»Selbstverständlich, Herr Doktor«, beeilte sich der schöne Theodor zu erklären.

»Und an diesem der Strafe gewidmeten Nachmittag seid ihr fünf hier oben im Turm meine Gäste. Da machen wir einen Kaffeeklatsch. Das steht zwar nicht in der Hausordnung. Aber ich glaube nicht, dass dagegen etwas einzuwenden ist. Oder?« Wieder blickte er den Primaner an.

»Keineswegs, Herr Doktor«, flötete der schöne Theodor. Am liebsten wäre er zersprungen.

»Nehmt ihr die Strafe an?«, fragte Bökh.

Die Jungen nickten fröhlich und stießen einander die Ellbogen in die Rippen.

»Großartig«, rief Matthias. »Gibt's Kuchen?«

»Wir wollen's stark hoffen«, meinte der Justus. »Und ehe ich euch jetzt hinauswerfe, will ich euch eine kleine Geschichte erzählen. Denn ich habe ja doch das leise Gefühl, dass euer Vertrauen zu mir noch nicht so groß ist, wie es für euch gut wäre und wie ich's mir wünsche.«

Der schöne Theodor machte kehrt und wollte auf den Zehenspitzen verschwinden.

»Nein, nein, bleiben Sie nur hier!«, rief Bökh. Dann setzte er sich hinter den Schreibtisch und drehte den Stuhl so, dass er durchs Fenster blicken konnte. Hinaus in den Winterabend.

»Das ist ungefähr zwanzig Jahre her«, erzählte er. »Damals gab es hier in diesem Haus auch schon solche Jungen, wie ihr welche seid. Und auch schon sehr strenge Primaner. Und auch schon einen Hauslehrer. Und der wohnte in genau demselben Zimmer, in dem wir jetzt sitzen … Von einem der kleinen Tertianer, die vor zwanzig Jahren in euren eisernen Bettstellen schliefen und auf euren Plätzen im Klassenzimmer und im Speisesaal saßen, handelt die Geschichte. Es war ein braver, fleißiger Junge. Er konnte sich über Ungerechtigkeiten empören wie der Martin Thaler. Er prügelte sich herum, wenn es sein musste, wie der Matthias Selbmann. Er saß mitunter nachts auf dem Fensterbrett im Schlafsaal und hatte Heimweh wie der Uli von Simmern. Er las furchtbar gescheite Bücher wie der Sebastian Frank. Und er verkroch sich manchmal im Park wie der Jonathan Trotz.«

Die Jungen saßen schweigend nebeneinander auf dem Sofa und lauschten andächtig.

Doktor Bökh fuhr fort: »Da wurde eines Tages die Mutter dieses Jungen sehr krank. Und man brachte sie, weil sie sonst bestimmt gestorben wäre, von dem kleinen Heimatort nach Kirchberg ins Krankenhaus. Ihr wisst ja, wo es liegt. Drüben, am anderen Ende der Stadt. Der große rote Ziegelbau. Mit den Isolierbaracken hinten im Garten.

Der kleine Junge war damals sehr aufgeregt. Er hatte keine ruhige Minute. Und da rannte er eines Tages, weil es seiner Mutter sehr schlecht ging, einfach aus der Schule fort, quer durch die Stadt ins Krankenhaus, saß dort am Bett der Kranken und hielt ihre heißen Hände. Dann sagte er ihr, er komme morgen wieder – denn am nächsten Tag hatte er Ausgang –, und rannte den weiten Weg zurück.

Am Schultor wartete schon ein Primaner auf ihn. Es war einer von denen, die noch nicht reif genug sind, die Macht, die ihnen übertragen wurde, vernünftig und großmütig auszuüben. Er fragte den Jungen, wo er gewesen sei. Der Junge hätte sich eher die Zunge abgebissen als diesem Menschen erzählt, dass er von seiner kranken Mutter kam. Der Primaner entzog ihm zur Strafe die Ausgeherlaubnis für den nächsten Tag.

Am nächsten Tag lief der Junge trotzdem davon. Denn die Mutter wartete ja auf ihn! Er rannte quer durch die Stadt. Er saß eine Stunde lang an ihrem Bett. Es ging ihr noch schlechter als am Tage vorher. Und sie bat ihn, morgen wieder zu kommen. Er versprach es ihr und lief in die Schule zurück.

Der Primaner hatte bereits dem Hauslehrer gemeldet, dass der Junge wieder fortgelaufen war, obwohl man ihm das Ausgehen verboten hatte. Der Junge musste zum Hauslehrer hinauf. In dieses Turmzimmer hier. Und er stand, damals vor zwanzig Jahren, genau dort, wo ihr vorhin standet. Der Hauslehrer war ein strenger Mann. Auch er war keiner von denen, denen sich der Junge hätte anvertrauen können! Er schwieg. Und so wurde ihm angekündigt, dass er die Schule vier Wochen lang nicht verlassen dürfe.

Aber am nächsten Tag war er wieder fort. Da brachte man ihn, als er zurückkam, zum Direktor des Gymnasiums. Und der bestrafte ihn mit zwei Stunden Karzer. Als sich nun der Direktor am nächsten Tage vom Hausmeister den Karzer aufschließen ließ, um den Jungen zu besuchen und ins Gebet zu nehmen, saß ein ganz anderer Junge im Karzer! Das war der Freund des Ausreißers, und er hatte sich einsperren lassen, damit der andere wieder zu seiner Mutter konnte.

Ja«, sagte Doktor Bökh, »das waren zwei Freunde! Sie blieben auch später beieinander. Sie studierten zusammen. Sie wohnten zusammen. Sie trennten sich auch nicht, als der eine von ihnen heiratete. Dann aber bekam die Frau ein Kind. Und das Kind starb. Und die Frau starb. Und am Tage nach dem Begräbnis war der Mann verschwunden. Und sein Freund, dessen Geschichte ich euch hier erzähle, hat nie wieder etwas von ihm gehört.« Doktor Bökh stützte den Kopf in die Hand und hatte sehr, sehr traurige Augen.

»Der Direktor«, fuhr er schließlich fort, »war damals außer sich, als er im Karzer stand und den Betrug merkte. Da berichtete ihm der Junge, warum der andere immer fortgelaufen sei, und es nahm doch noch ein gutes Ende. Der Junge aber, dessen Mutter im Krankenhaus gelegen hatte, nahm sich damals vor, dass er in dieser Schule, in der er als Kind gelitten hatte, weil er keinem voll vertrauen konnte, später einmal selber Hauslehrer werden wollte. Damit die Jungen einen Menschen hätten, dem sie alles sagen könnten, was ihr Herz bedrückte.«

Der Justus stand auf. Sein Gesicht war freundlich und ernst zugleich. Er sah die fünf Knaben lange an. »Und wisst ihr auch, wie dieser Junge hieß?«

»Jawohl«, sagte Martin leise. »Er hieß Johann Bökh.«

Der Justus nickte. »Und nun macht, dass ihr rauskommt, ihr Banditen!«

Da standen sie auf, machten eine feierliche Verbeugung und verließen leise das Zimmer. Der schöne Theodor ging gesenkten Kopfes an ihnen vorüber.

Auf der Treppe sagte Matthias: »Für diesen Mann da oben lass ich mich, wenn's sein muss, aufhängen.«

Uli sah aus, als ob er nach innen geweint hätte, und meinte: »Ich auch.«

Johnny blieb, bevor sie in die verschiedenen Wohnzimmer gingen, auf dem Korridor stehen. »Wisst ihr auch«, fragte er, »wer der Freund ist, der für ihn im Karzer saß und der am Tage nach dem Begräbnis spurlos verschwunden ist?«

»Keine Ahnung«, sagte Matthias. »Woher sollen wir das denn wissen?«

»Doch«, meinte Johnny Trotz. »Wir kennen ihn alle. Er wohnt nicht weit von hier, und er ist heute zusammengezuckt, als er den Namen Bökh hörte.«

»Du hast recht«, sagte Martin. »Du hast bestimmt recht, Johnny! Wir kennen seinen verlorenen Freund!«

»Nun redet schon endlich«, rief Matthias ungeduldig.

Und Johnny sagte: »Es ist der Nichtraucher.«

enthält ein Gemälde mit einer sechsspännigen Kutsche; viel Freude über einen alten Witz; den Vornamen Balduin; eine nasse Überraschung; einen Gespensterzug; ein Tier, das Juckpulver streut; Johnny auf dem Fensterbrett und seine Pläne für die Zukunft.

Nach dem Abendbrot stiegen sie wieder in ihre Arbeitszimmer hinauf. Martin erledigte die Rechenaufgaben für den nächsten Tag und legte jene Liste an, in der er die verbrannten Diktatzensuren eintragen wollte. Matthias, den er fragte, konnte sich nicht besinnen. »Schreibe bei mir für jedes Diktat 'ne Vier hin«, schlug er schließlich vor. »Ich glaube, da komm ich immer noch ganz gut weg.« Dann holte Matthias beim Hausmeister Hammer und Nägel und befestigte mit großem Getöse Tannenreisig an den Wänden. Bis die Bewohner der Nachbarzimmer Eilboten herüberschickten und anfragten, ob man übergeschnappt sei.

Der schöne Theodor, der Stubenälteste des Zimmers Nummer 9, war nicht wiederzuerkennen. Als ihn Martin fragte, ob er wegen der Zensurensammlung in die anderen Zimmer gehen dürfe, sagte der Primaner: »Selbstverständlich, mein Junge. Aber bleibe nicht allzu lange fort.«

Matthias starrte Martin fassungslos an. Den anderen Insassen des Zimmers, die nicht wissen konnten, was sich beim Justus abgespielt hatte, blieb überhaupt der Mund offen stehen. Und dem zweiten Primaner, der im Zimmer saß, ging vor Schreck die Zigarre aus. »Was ist denn mit dir los, Theo?«, fragte er. »Bist du krank?«

Martin war die Szene unangenehm, und er lief rasch aus dem Zimmer. Nachdem er bei allen andern internen Tertianern gewesen war und deren Zensuren in der Liste eingetragen hatte, ging er zu Johnny Trotz. Dessen Stubenältester war ein netter Kerl. »Na, Martin, schon wieder auf dem Kriegspfade?«, fragte er.

»Nein«, antwortete der Junge. »Diesmal nicht. Johnny und ich wollen eine Weihnachtsüberraschung besprechen.« Und dann flüsterten die beiden miteinander und einigten sich dahin, dass sie den Justus am nächsten Tag nach dem Mittagessen in den Schrebergarten verschleppen wollten.

»Hoffentlich irren wir uns nicht«, meinte Martin. »Sonst wird es eine grässliche Geschichte. Stelle dir vor, der Nichtraucher und der Justus erklären plötzlich, dass sie einander überhaupt nicht kennten!«

»Das ist ganz ausgeschlossen«, sagte Johnny entschieden. »In solchen Sachen irre ich mich nie. Verlasse dich da völlig auf mich!« Er dachte nach. »Du darfst auch das Folgende nicht vergessen: Der Nichtraucher ist doch bestimmt nicht zufällig mit seinem Eisenbahnwagen neben unsere Penne gezogen! Er wollte zwar einsam leben und verließ vor Jahren seine Umgebung, ohne eine Spur zu hinterlassen. Aber er konnte sich doch nicht völlig von der Vergangenheit losreißen. Und wenn er sich mit uns unterhält, denkt er an seine eigene Kindheit. Ich verstehe das alles so gut, Martin! Es ist, als ob ich's selber erlebt hätte.«

»Wahrscheinlich hast du recht«, meinte Martin. »Menschenskind, werden sich die zwei freuen! Was?«

Johnny nickte begeistert. »Sobald wir merken, dass wir recht haben«, sagte er, »machen wir uns möglichst unauffällig schwach.«

»Eisern!«, murmelte Martin. Dann kehrte er ins Zimmer Nummer 9 zurück. Er holte ein Bild aus dem Pult, das er für seine Eltern gemalt hatte. Es war noch nicht ganz fertig, und er malte weiter. Er wollte es zu Haus unter den Christbaum legen. Morgen, spätestens übermorgen, musste das Reisegeld eintreffen, das ihm die Mutter schicken würde.

Das Bild war ziemlich merkwürdig. Man sah einen grünen See darauf und hohe schneebedeckte Berge. An den Ufern des Sees standen Palmen und Orangenbäume mit großen Apfelsinen in den Zweigen. Auf dem See schwammen vergoldete Gondeln und Boote mit rostroten Segeln. Auf der Uferstraße fuhr eine blaue Kutsche. Diese blaue Kutsche wurde von sechs Apfelschimmeln gezogen. In der Kutsche saßen Martins Eltern in ihren Sonntagskleidern. Und auf dem Kutschbock saß Martin selber. Er war aber älter als jetzt und hatte einen feschen dunkelblonden Schnurrbart. Neben der Kutsche standen Leute in bunten, südlichen Gewändern und winkten. Martins Eltern nickten freundlich nach allen Seiten, und Martin senkte zum Gruß die geflochtene Peitsche.

Das Bild hieß: »In zehn Jahren«. Und der Junge meinte damit wohl: In zehn Jahren werde er so viel Geld verdienen, dass die Eltern dann, von ihm geführt, Reisen in ferne, seltsame Länder machen könnten.

Matthias betrachtete das Gemälde, kniff die Augen halb zu und sagte: »Teufel, Teufel! Du wirst bestimmt mal so ’ne Nummer wie der Tizian oder der Rembrandt. Ich freue mich jetzt schon drauf, wenn ich später mal sagen kann: ›Ja, der Martin Thaler, der war früher mein Primus. Und ein ganz verfluchter Kerl war er außerdem. Wir haben manches miteinander ausgefressen.‹« Bei dem Wort »ausgefressen« fiel ihm ein, dass er wieder Hunger hatte, und er setzte sich rasch an sein Pult, in dem immer irgendwelche Nahrungsmittel lagerten. Auf der Innenseite des Pultdeckels waren die Fotografien sämtlicher Boxweltmeister festgezweckt.

Sogar der schöne Theodor ließ sich Martins Bild zeigen und fand, es sei eine ausgesprochene Talentprobe.

Es war ein sehr gemütlicher Abend. Die Sextaner und Quintaner steckten die Köpfe zusammen und gestanden einander, was für Wunschzettel sie heimgeschickt hätten. Und dann begann der Obersekundaner Fritsche eine Geschichte zu erzählen, die vormittags im Unterricht passiert war. Schließlich hörten alle Zimmerbewohner zu.

»Jedes Jahr macht der Grünkern regelmäßig ein und denselben Witz«, berichtete Fritsche. »Dieser Witz ist immer fällig, wenn er in der Sekunda auf die Beschaffenheit des Mondes zu sprechen kommt. Alljährlich, und zwar seit mehr als zwanzig Jahren, sagt er zu Beginn seiner Stunde: ›Wir wollen vom Monde sprechen – sehen Sie mich an!‹«

»Wieso ist denn das ein Witz?«, fragte der Quintaner Petermann. Aber die anderen lachten: »Pst!« Und so schwieg er.

Der schöne Theodor sagte: »Bei uns hat kein Aas mehr darüber gelacht.«

In diesem Augenblick lachte der Quintaner Petermann laut. Er hatte den Witz kapiert.

»Na, ist der Groschen gefallen?«, fragte Matthias.

Fritsche sagte: »Wir haben es besonders raffiniert gemacht. Wir wussten, dass der Witz heute fällig war, und hatten alles genau verabredet. Als der Direx seinen berühmten Satz heraushatte, lachte die hinterste Reihe in der Klasse. Da freute er sich natürlich. Und dann wollte er zu reden fortfahren. Da lachte aber die zweite Reihe. Und so freute sich der Grünkern gleich noch einmal.

Doch gerade als er weitersprechen wollte, lachte die dritte Reihe. Da verzog er nur das Gesicht. Und dann lachte die vierte Reihe. Da wurde er gelbgrün. Und in diesem Moment lachte die vorderste Reihe. Da war er vollkommen erledigt. Er hing nur noch im Anzug. ›Gefällt Ihnen der Witz nicht, meine Herren?‹, fragte er. Da stand der Mühlberg auf und sagte: ›Der Witz ist ja gar nicht so übel, Herr Oberstudiendirektor. Aber mein Vater hat mir erzählt, dass der Witz, als mein Vater in die Sekunda ging, schon so alt war, dass er hätte pensioniert werden müssen. Wie wär's denn, wenn Sie sich einmal was Neues einfallen ließen?‹ Da antwortete der Grünkern nach einer langen Pause: ›Vielleicht haben Sie recht.‹ Und dann rannte er mitten in der Stunde aus dem Klassenzimmer hinaus und ließ uns allein. Er sah aus, als ob er zu seinem eigenen Begräbnis zu Fuß ginge.«

Fritsche lachte, und ein paar andere lachten mit. Doch die meisten schienen mit den Sekundanern nicht ganz einverstanden zu sein. »Ich weiß nicht recht«, sagte einer, »aber ihr hättet den alten Mann nicht so ärgern sollen.«

»Warum denn nicht?«, rief Fritsche. »Ein Pauker hat die verdammte Pflicht und Schuldigkeit, sich wandlungsfähig zu erhalten. Sonst könnten die Schüler ja früh im Bette liegen bleiben und den Unterricht auf Grammofonplatten abschnurren lassen. Nein, nein, wir brauchen Menschen als Lehrer und keine zweibeinigen Konservenbüchsen! Wir brauchen Lehrer, die sich entwickeln müssen, wenn sie uns entwickeln wollen.«

Da ging die Tür auf. Oberstudiendirektor Professor Doktor Grünkern trat ins Zimmer Nummer 9. Die Schüler sprangen von ihren Stühlen hoch.

»Bleibt nur sitzen und arbeitet weiter«, sagte der Direx. »Ist alles in Ordnung?«

»Jawohl«, meldete der schöne Theodor. »Es ist alles in Ordnung, Herr Direktor.«

»Das ist ja die Hauptsache«, sagte der alte Mann, nickte müde und ging ins nächste Zimmer.

»Ob er, bevor er hereinkam, an der Tür gehorcht hat?«, fragte ein Quintaner neugierig.

»Da kann ich ihm auch nicht helfen«, meinte Fritsche unbarmherzig. »Wenn er, als er noch jung war, Beamter werden wollte, hätte er nicht Lehrer werden dürfen.«

Matthias beugte sich zu seinem Nachbarn, einem rothaarigen Sextaner. »Weißt du übrigens, wie der Grünkern mit Vornamen heißt?« Der Kleine wusste es noch nicht. Matthias sagte: »Balduin heißt er. Balduin Grünkern! Er schreibt immer nur ein B und macht einen Punkt dahinter. Wahrscheinlich geniert er sich.«

»Lasst den alten Mann in Frieden!«, meinte der schöne Theodor. »Wir brauchen ihn als Kontrast. Wenn wir ihn nicht hätten, wüssten wir gar nicht, was wir am Doktor Bökh besitzen.«

Der andere Primaner bekam Stielaugen. »Theo«, sagte er, »nun steht's aber endgültig fest: Du hast dir am Gehirn 'ne Blase gelaufen.«

Nach der Abendandacht rannten sie über die große Freitreppe in die Schrankzimmer hinunter, hängten ihre Anzüge weg und sausten in den langen Nachthemden wieder treppauf. Erst in die Waschräume. Dann in die Schlafsäle.

Die Primaner durften länger aufbleiben. Nur die Primaner, die Schlafsaalinspektoren waren, mussten oben sein und aufpassen, dass sich die Jungen gründlich wuschen, dass sie die Zähne putzten und eilends ins Bett kletterten.

Das Zubettgehen war eine schwierige Prozedur. Man musste sich im Bett aufstellen und die riesige Bettdecke rund um den Körper wickeln; dann erst ließ man sich, wie vom Blitz getroffen, auf die Matratze fallen, dass das eiserne Bettgestell nur so klapperte.

Im Schlafsaal II gab's einen Zwischenfall. Irgendein Witzbold hatte dem Matthias ein volles Waschbecken unter das Betttuch gestellt. Und als sich Matthias, von den Abenteuern des Tages ermüdet, wie ein Klotz ins Bett plumpsen ließ, fiel er ins Nasse. Fluchend und mit den Zähnen klappernd, sprang er aus dem Bett und zerrte die Waschschüssel unter der Decke hervor. »Wer war das?«, schrie er wild. »So eine Gemeinheit! Der Schuft soll sich melden! Ich bring ihn um! Ich füttere die Vögel mit seinem Leichnam!«

Die anderen lachten. Uli kam besorgt im Nachthemd angewandelt und brachte sein Kopfkissen.

»Feiges Gesindel!«, brüllte Matthias.

»Geh ins Bett!«, rief einer. »Sonst erkältest du dir deine vier Buchstaben.«

»Ruhe!«, schrie ein anderer. »Der Justus kommt!«

Uli und Matthias sprangen in ihre Betten. Als Doktor Bökh eintrat, war es mäuschenstill im weiten Saal. Die Jungen lagen wie reihenweise geschichtete Engel da und kniffen die Augen zu. Der Justus ging an den Betten entlang. »Nanu«, sagte er laut. »Da stimmt doch was nicht! Wenn Jungens so ruhig sind, hat's vorher bestimmt Krach gegeben. Martin, raus mit der Sprache!«

Martin schlug die Augen auf und meinte: »Es war nichts Besonderes, Herr Doktor. Nur ein bisschen Ulk.«

»Weiter nichts?«

»Nein.«

Bökh ging zur Tür. »Gute Nacht, ihr Lümmels!«

»Gute Nacht, Herr Doktor!«, schrien alle. Und dann lagen sie wirklich ruhig und zufrieden in ihren Betten. Matthias gähnte wie ein Löwe, stopfte Ulis Kopfkissen zwischen sich und das nasse Betttuch und schlief augenblicklich ein. Und kurz darauf schliefen auch die anderen.

Nur Uli lag noch wach. Erstens fehlte ihm sein Kopfkissen. Und zweitens überlegte er sich wieder, wie er endlich einmal Mut beweisen könnte. Dann hörte er den Zapfenstreich blasen, mit dem der Trompeter drüben in der Kaserne den Soldaten, die heimkehrten, mitteilte, dass sie sich beeilen müssten. Uli dachte jetzt an seine Eltern und an seine Geschwister und daran, dass er in drei Tagen zu Hause wäre – und darüber schlief er lächelnd ein.

Eine Stunde später fuhren die Schläfer erschrocken hoch. Aus dem Schlafsaal I drang satanischer Lärm. Plötzlich sprang die Tür des Schlafsaals II, von Geisterhand bewegt, auf. Und der Lärm wurde immer unerträglicher. Ein paar der ganz kleinen

Jungen steckten die Köpfe unter die Bettdecke oder hielten sich die Ohren zu.

Und plötzlich marschierten weiße Hexen und Gespenster in den dunklen Saal. Manche hielten flackernde Kerzen. Andere schlugen blecherne Topfdeckel aneinander. Wieder andere brüllten wie hungrige Ochsen. Ganz zuletzt kam ein riesiges weißes Ungeheuer angewackelt, zerrte manchen Jungen die Bettdecke weg und schüttete aus einer großen Tüte ein geheimnisvolles Pulver in die Betten. Ein paar Sextaner weinten vor Angst.

»Heule doch nicht!«, sagte Uli zu seinem Nachbarn. »Das sind doch bloß die Primaner. Die machen ein paar Tage vor Weihnachten stets so einen Umzug. Du musst nur Obacht geben, dass sie dir kein Juckpulver ins Bett streuen.«

»Ich fürchte mich so«, flüsterte der Sextaner schluchzend. »Was für ein großes Vieh ist das denn, das zuletzt marschiert?«

»Das sind drei Primaner. Sie haben mehrere Betttücher zusammengenäht, und darunter stecken sie nun.«

»Ich fürchte mich aber trotzdem«, sagte der Kleine.

»Man gewöhnt sich dran«, tröstete Uli. »Das erste Jahr hab ich auch geweint.«

»Ja?«

»Ja«, sagte Uli.

Der gespenstische Maskenzug verschwand durch die Hintertür. Es wurde langsam wieder ruhiger. Nur diejenigen, die in der vordersten Bettreihe lagen, kratzten sich und schimpften noch eine Weile in die Kopfkissen. Das Juckpulver tat seine Wirkung. Aber schließlich besänftigten sich auch sie.

Matthias war überhaupt nicht aufgewacht. Wenn er erst einmal die Augen zugemacht hatte, konnte man Kanonen neben ihm abschießen, ohne dass er aufwachte.

Endlich schliefen sie alle bis auf einen. Der eine war Johnny Trotz. Er stand auf und schlich zu einem der großen Fenster. Er schwang sich auf das breite Fensterbrett, zog die Füße hoch,

Plötzlich marschierten weiße Hexen
und Gespenster in den dunklen Saal.

steckte sie unters Nachthemd und blickte auf die Stadt hinunter. In vielen Fenstern war noch Licht, und über der Innenstadt, in der die Kinos und Tanzlokale lagen, kochte der Himmel. Es schneite wieder.

Johnny blickte forschend in die Stadt hinunter. Er dachte: ›Unter jedem Dach leben Menschen. Und wie viele Dächer gibt's in einer Stadt! Und wie viele Städte gibt's in unserm Land! Und wie viele Länder gibt's auf unserm Planeten! Und wie viele Sterne gibt's in der Welt! Das Glück ist bis ins Unendliche verteilt. Und das Unglück auch … Ich werde später bestimmt einmal auf dem Lande leben. In einem kleinen Haus mit einem großen Garten. Und fünf Kinder werde ich haben. Aber ich werde sie nicht übers Meer schicken, um sie loszuwerden. Ich werde nicht so böse sein, wie mein Vater zu mir war. Und meine Frau wird besser sein als meine Mutter. Wo mag sie jetzt sein, meine Mutter? Ob sie noch lebt?

Vielleicht zieht Martin zu mir ins Haus. Er wird Bilder malen. Und ich werde Bücher schreiben. Das wäre ja gelacht‹, dachte Jonathan Trotz, ›wenn das Leben nicht schön wäre!‹

DAS SIEBENTE KAPITEL

enthält eine Beschreibung Professor Kreuzkamms; ein haarsträubendes Ereignis; den Satz, den die Jungen fünfmal aufschreiben müssen; eine geheimnisvolle Ankündigung in der Pause; einen Spaziergang mit Doktor Bökh; das Wiedersehen im Schrebergarten und einen Händedruck am Zaun.

Am nächsten Morgen, kurz vor dem Beginn des Unterrichts, trat Martin aus dem Klassenzimmer auf den Korridor hinaus. Er hatte die Liste mit den Diktatzensuren in der Hand und wollte dem Deutschlehrer, Professor Kreuzkamm, noch bevor dieser ins Klassenzimmer kam, über den gestrigen Unglücksfall Bericht erstatten. Rudi Kreuzkamm, der Sohn des Lehrers, hatte gerade erzählt, der Vater habe noch keine Ahnung.

Der Korridor war leer. Aber der Lärm, der in den vielen Klassenzimmern herrschte, drang in den Flur hinaus und erfüllte ihn mit gedämpftem Summen und Brummen. Es klang nach eingesperrten Fliegen.

Dann kamen die Lehrer aus dem ersten Stock herunter. Sie waren guter Laune und lachten laut. Jeder ging in eines der Klassenzimmer hinein, und das Summen und Brummen im Korridor wurde leiser und leiser. – Professor Kreuzkamm erschien als Letzter. Er ging steif wie stets, als habe er einen Spazierstock verschluckt. Doktor Bökh ging neben ihm und erzählte etwas Interessantes. Der Professor hörte aufmerksam zu und sah noch strenger als sonst aus.

Dieser Herr Kreuzkamm war ein seltsamer Mann. Sie hatten immer ein bisschen Angst vor ihm. Er konnte nämlich nicht lachen. Es ist allerdings ebenso gut möglich, dass er nur nicht lachen wollte! Rudi, der Sohn, hatte den Mitschülern jedenfalls erzählt, dass sein Vater auch zu Hause keine Miene verziehe.

Daran hätte man sich mit der Zeit gewöhnen können. Die Angelegenheit wurde aber dadurch noch erschwert, dass er, obwohl er selber nie lachte, Dinge sagte, über die man lachen musste!

Den Matthias beispielsweise hatte er vor ein paar Wochen, als er Klassenarbeiten zurückgab, gefragt: »Was hattest du denn in der vorigen Arbeit?«

»Eine Vier«, hatte Matthias geantwortet.

»So?«, hatte der Professor gesagt. »Diesmal ist es viel besser.«

Matz hatte sich schon gefreut.

Und dann hatte der Professor gemeint: »Diesmal ist es eine gute Vier!«

Ein anderes Mal hatte der Schrank im Klassenzimmer offen gestanden. Da hatte Kreuzkamm gerufen: »Fridolin, mach den Schrank zu! Es zieht!« Und man kam sich jedes Mal, wenn man lachen musste, so verkohlt vor, weil er selber streng vom Katheder herabblickte und ein Gesicht machte, als habe er Bauchschmerzen. Man wusste nie, woran man war. Denn seine Miene drückte nie aus, was er empfand.

Aber man lernte eine Masse in seinen Stunden. Und das war ja schließlich auch was wert.

Nun musste ihm Martin also gestehen, dass die Diktathefte verbrannt waren. Der Justus schwenkte in die Quinta, und Professor Kreuzkamm kam allein auf den Jungen losgestiefelt. »Neuigkeiten?«, fragte er streng.

»Jawohl, Herr Professor«, sagte Martin kleinlaut. »Die Realschüler haben gestern Nachmittag unsere Diktathefte verbrannt.«

Der Lehrer blieb stehen. »Habt ihr sie darum gebeten?«, fragte er.

Martin wusste wieder einmal nicht, ob er lachen sollte. Dann schüttelte er den Kopf, erzählte rasch das Notwendigste und händigte dem Professor die Liste aus. Der Professor öffnete die Tür, schob Martin vor sich her und trat ins Klassenzimmer.

Während Martin vor der Tür gewartet hatte, war etwas Haarsträubendes geschehen!

Ein paar Externe, von Georg Kunzendorf angestiftet, hatten Uli in den Papierkorb gesetzt und den Papierkorb an den zwei Haken, die zum Aufhängen der Landkarten dienten, hochgezogen. Matthias war von vier Jungen in der Bank festgehalten worden. Und nun hing Uli oben unter der Zimmerdecke und schaute mit knallrotem Kopf aus dem Körbchen. Martin wäre fast in Ohnmacht gesunken.

Professor Kreuzkamm tat, als bemerke er den skandalösen Tatbestand überhaupt nicht, sondern setzte sich gleichmütig hinters Katheder, knüpfte Martins Taschentuch, das vor ihm lag, auf und betrachtete die Asche. »Was soll das darstellen?«, fragte er.

»Das sind unsere Diktathefte«, antwortete Martin betreten.

»Aha«, sagte der Professor. »Kaum zum Wiedererkennen. – Wem wurden übrigens gestern Mittag die Hefte anvertraut?«

Rudi Kreuzkamm, der Sohn des Professors, stand auf.

»Konntest du die Hefte nicht besser verteidigen?«

»Leider nein«, meinte Rudi. »Es waren ungefähr zwanzig Jungens, die den Fridolin und mich überfielen. Und bevor sie die Hefte verbrannten, wurde ich von ihnen in einem Keller mit einer Wäscheleine gefesselt.«

»Wie lange warst du denn in dem Keller?«, fragte der Vater.

»Bis gegen vier Uhr.«

»Haben deine Eltern etwas bemerkt?«

»Nein«, antwortete Rudi.

»Das scheinen ja nette Eltern zu sein«, meinte der Professor ärgerlich.

Ein paar Schüler lachten. Es war aber auch komisch, dass der Professor auf sich selber schimpfte.

Professor Kreuzkamm tat,
als bemerke er den skandalösen Tatbestand
überhaupt nicht.

»Haben sie dich denn nicht beim Essen vermisst?«, fragte er.

»Nein«, erwiderte Rudi. »Man erzählte ihnen, dass ich bei einem Kameraden eingeladen sei.«

Der Professor meinte streng: »Richte deinem Vater einen schönen Gruß von mir aus, und er solle künftig gefälligst besser auf dich aufpassen!«

Nun lachte die ganze Klasse. Außer Uli. Und außer dem Lehrer.

»Ich werde es meinem Vater bestellen«, entgegnete Rudi Kreuzkamm. Und da lachten sie wieder.

»Feine Zustände sind das bei euch«, sagte der Professor. »Martins Liste brauch ich übrigens nicht. Ich habe sämtliche Zensuren noch einmal in meinem Notizheft stehen. Aber ich werde die beiden Listen miteinander vergleichen. Hoffentlich hat niemand gemogelt. Na, das wird sich ja herausstellen. Außerdem möchte ich euch schon jetzt Folgendes mitteilen: Bei dem nächsten Unfug, den ihr anstellt, brumme ich euch ein Diktat auf, dass euch Hören und Sehen vergeht.«

Wie auf Kommando starrten alle zu Uli hinauf. Das konnte ja heiter werden!

»Was soll eigentlich der Papierkorb an der Zimmerdecke?«, fragte der Professor. »Lasst doch endlich diese Albernheiten!«

Ein paar Jungen sprangen hoch, um den Papierkorb herabzulassen.

»Nein!«, rief der Professor streng. »Lasst ihn nur ruhig hängen! Das hat ja Zeit.« Sollte er wirklich nicht gemerkt haben, dass Uli darin saß? »Wir wollen«, sagte er, »ehe wir fortfahren, nur noch rasch ein paar Wörter aus dem gestrigen Diktat durchgehen. Wie schreibt man Vertiko? Sebastian!«

Sebastian Frank schob sein Buch über die Vererbungslehre unter die Bank und buchstabierte das Wort. Er buchstabierte es richtig.

Der Professor nickte. »Und wie wird Grammofon geschrieben? Uli!«

Die ganze Klasse erstarrte vor Schreck.

Der Professor trommelte nervös mit den Fingern auf dem Katheder. »Na, wird's bald, Simmern? Los, los!«

Da ertönte es zitternd aus dem Papierkorb:

»G…r…a…m…m…« Weiter kam Uli nicht.

Magisch angezogen blickte der Professor nach oben und stand auf. »Seit wann ist denn dieses Zimmer ein Rummelplatz? Willst du mir erklären, was du in der albernen Luftschaukel zu suchen hast? Bei euch piept's wohl? Komm auf der Stelle herunter!«

»Ich kann nicht«, sagte Uli.

»Wer war das?«, fragte der Professor. »Schon gut. Ihr verratet es ja doch nicht. Matthias!«

Matz stand auf.

»Warum hast du das nicht verhindert?«

»Es waren zu viele«, erklärte Uli aus den Lüften.

»An allem Unfug, der passiert, sind nicht etwa nur die schuld, die ihn tun, sondern auch die, die ihn nicht verhindern«, erklärte der Professor. »Diesen Satz schreibt jeder bis zur nächsten Stunde fünfmal auf.«

»Fünfzigmal?«, fragte Sebastian spöttisch.

»Nein, fünfmal«, erwiderte der Professor. »Wenn man einen Satz fünfzigmal aufschreibt, hat man ihn zum Schluss wieder vergessen. Nur Sebastian Frank schreibt ihn fünfzigmal auf. Wie lautet der Satz, Martin?«

Martin sagte: »An allem Unfug, der geschieht, sind nicht nur die schuld, die ihn begehen, sondern auch diejenigen, die ihn nicht verhindern.«

»Wenn du wüsstest, wie recht du hast!«, meinte der Professor und lehnte sich zurück. »Das war der erste Teil der Tragödie. Nun angelt mal den Kleinen aus seiner Luftschaukel!«

Matthias stürzte nach vorn. Einige andere Jungen folgten. Und schließlich hatte Uli wieder festen Boden unter den Füßen.

»Und jetzt«, sagte der Professor, »folgt der Tragödie zweiter Teil.« Und dann gab er ihnen ein Diktat, dass es rauchte. Fremdwörter, Groß- und Kleinschreibung, schwierige Interpunktion – es war glatt zum Verzweifeln. Die Tertianer schwitzten eine halbe Stunde lang Blut. Trotz des Winters und des Schnees. (Von diesem Diktat sprach man übrigens noch nach Jahren. Die beste Zensur war die Drei gewesen.)

»Teufel, Teufel!«, flüsterte Matthias seinem Nachbarn zu. »Hoffentlich überfallen heute die Realschüler den Rudi noch einmal!«

Aber Professor Kreuzkamm nahm die Diktathefte selber mit heim. »Sicher ist sicher«, sagte er und verließ das Zimmer so ernst und steif, wie er gekommen war.

In der Pause kletterte Uli aufs Katheder und rief: »Ruhe!« Aber die anderen lärmten weiter.

»Ruhe!«, rief er zum zweiten Mal. Es klang wie ein gequälter Aufschrei. Und da wurden sie alle still. Uli war blass wie ein Handtuch. »Ich möchte euch mitteilen«, sagte er leise, »dass ich das nicht mehr aushalte. Ich werde noch ganz krank davon. Ihr denkt, ich bin ein Feigling. Nun, ihr werdet's ja sehen. Ich fordere euch auf, heute um drei Uhr auf den Turnplatz zu kommen. Um drei Uhr. Vergesst es aber nicht!« Dann stieg er wieder herab und setzte sich auf seinen Platz.

»Was soll das denn heißen, Kleiner?«, fragte Matthias. Auch Martin und Johnny kamen an und wollten wissen, was er eigentlich vorhabe.

Er schüttelte beinahe feindselig den Kopf und meinte: »Lasst mich nur gehen! Ihr werdet's schon sehen.«

Vor dem Mittagessen verteilte der Speisesaalpräfekt die Post. Matthias und viele andere erhielten Geldsendungen. Es war das Reisegeld, auf das sie warteten. Martin bekam einen Brief von seiner Mutter. Er steckte ihn in die Tasche. Er brachte es, obwohl er doch lange genug im Internat lebte, noch immer nicht fertig, seine Post am Tisch zu lesen, mitten im Lärm und unter den neugierigen Blicken der Umsitzenden. Nein, er wollte, nach der Theaterprobe, durch den Park oder in ein einsames Klavierzimmer gehen und allein sein, wenn er den Brief öffnete. Er befühlte ihn. Sehr dick war er nicht, der Brief. Anscheinend schickte ihm die Mutter einen Zehnmarkschein. Acht Mark betrug das Reisegeld. Da würden zwei Mark übrig bleiben, und er konnte noch ein paar kleine Geschenke für die Eltern besorgen. Das Bild, das er ihnen gemalt hatte, war zwar ganz hübsch. Aber er fand, ein Bild sei doch ein bisschen wenig für zwei Eltern.

Als die Mahlzeit zu Ende war, berief Matthias seine Gläubiger um sich und zahlte ihnen zurück, was sie ihm, wenn ihn der Hunger gequält hatte, gepumpt hatten. Dann rannte er auf und davon. Er musste rasch zum Bäcker Scherf. Dort wollte er, weil er heute ein reicher Mann war, für sämtliche Darsteller des Weihnachtsstücks Kuchen einholen. Für sich natürlich auch; denn er spielte ja auch mit.

Der Speisesaal hatte sich geleert. Nur Martin und Johnny standen noch an der Tür. Und hinten, an der einen Schmalseite des Raumes, saß der Justus an einem kleinen Tisch und zündete sich eine Zigarre an. Sie gingen zu ihm. Er nickte freundlich und sah sie forschend an. »Ihr seht ja geradezu feierlich aus«, sagte er. »Was habt ihr denn auf dem Rohre?«

»Wir wollten Sie bitten, einen kleinen Spaziergang mit uns zu machen«, erklärte Martin. »Wir müssen Ihnen etwas zeigen.«

»So?«, meinte er. »Ihr müsst?«

Beide nickten energisch. Da stand er auf und ging mit ihnen aus dem Speisesaal. Sie führten ihn, ohne dass er Widerstand geleistet hätte, bis zum Schultor. »Nanu«, sagte er dann. »Hier hinaus?« Sie nickten wieder. »Da bin ich aber mächtig gespannt«, meinte er. Sie führten ihn die Straße hinauf, immer am Eisengitter der Schule entlang. Er erkundigte sich nach ihren Theaterproben.

Johnny Trotz sagte: »Wir können unsere Rollen sehr gut. Sogar Matthias wird morgen Abend, zur Weihnachtsfeier, nicht stecken bleiben. Morgen Nachmittag haben wir Generalprobe. Mit Kostümen.«

Der Justus erkundigte sich, ob er zur Generalprobe kommen dürfe. Sie sagten, er dürfe selbstverständlich. Aber er merkte, dass es ihnen nicht ganz recht war. Und da meinte er, er werde seine Neugierde schon bis zur ersten öffentlichen Aufführung bezähmen können.

»Wohin transportiert ihr mich denn eigentlich?«, fragte Doktor Bökh.

Sie gaben ihm keine Antwort, sondern lächelten und waren sehr aufgeregt.

Plötzlich fragte Johnny: »Was für einen Beruf hatte denn Ihr Freund, von dem Sie uns gestern Abend erzählt haben?«

»Er war Arzt«, sagte Doktor Bökh. »Deswegen wird es ihm wohl auch so zu Herzen gegangen sein, dass er seiner Frau und dem Kinde nicht helfen konnte. Er war sogar ein sehr tüchtiger Arzt. Aber gegen das Schicksal hilft manchmal kein Studium.«

»Konnte er Klavier spielen?«, fragte Johnny weiter.

Der Justus blickte den Jungen erstaunt an. »Ja«, sagte er schließlich. »Er spielte sogar ausgezeichnet. Aber wie kommst du denn darauf?«

»Bloß so«, meinte Johnny. Und Martin öffnete die Tür zur Schrebergartenkolonie.

»Hier hinein?«, fragte der Lehrer. Sie nickten und führten ihn an vielen kleinen verschneiten Gärten vorüber.

»Vor zwanzig Jahren war hier noch Wald«, erzählte Doktor Bökh. »Und wenn wir etwas vorhatten, sind wir über den Zaun geklettert.«

»Das machen wir jetzt auch noch so«, sagte Martin. Und da lachten sie.

Dann blieben die beiden Jungen stehen.

»Da wohnt ja jemand in einem richtigen Eisenbahnwagen!«, rief der Justus überrascht.

»Jawohl«, sagte Johnny. »Der Mann, der in diesem Wagen wohnt, ist ein Freund von uns. Und wir haben ihn fast genauso gern wie Sie. Deswegen wollen wir auch, dass Sie ihn endlich kennenlernen.«

Martin war in den Garten gegangen, blieb vor dem Waggon stehen und klopfte dreimal. Die Tür öffnete sich, und der Nichtraucher trat heraus. Er gab Martin die Hand. Dann blickte er zu der Gartentür hinüber, wo Johnny Trotz mit dem Lehrer stand.

Plötzlich stieß der Justus einen tiefen Seufzer aus, riss das Gatter auf und lief auf den Nichtraucher zu. »Robert!«, rief er außer sich.

»Johann«, sagte der Nichtraucher und streckte dem Freund die Hand entgegen.

Die zwei Knaben hatten keine große Mühe, sich fortzustehlen, denn die beiden Männer standen wie zwei Steinsäulen im Schnee und sahen einander unverwandt an.

»Alter Junge!«, sagte der Justus. »Dass ich dich endlich wiederhabe!«

Martin und Johnny rannten schweigend zwischen den Gärten hin. An dem Zaun, der zum Gymnasium gehörte, blieben sie aufatmend stehen. Sie sprachen kein Wort. Doch ehe sie über den Zaun kletterten, gaben sie einander die Hand.

Es war, als gäben sie sich ein stummes Versprechen. Ein Versprechen, das sich mit Worten gar nicht ausdrücken lässt.

enthält sehr viel Kuchen; die nächste Probe des »Fliegenden Klassenzimmers«; den Grund, warum Uli einen Schirm mitbrachte; eine ungeheure Aufregung auf dem Turnplatz und im Schulgebäude; Doktor Bökhs Trostsprüche und das Klavierzimmer III.

Die vorletzte Probe zum »Fliegenden Klassenzimmer« begann mit einem gigantischen Kuchenessen. Matthias hatte großzügig eingekauft und achtete sorgfältig darauf, dass nichts übrig gelassen wurde.

Uli erschien mit Verspätung. Er trug einen Regenschirm unterm Arm. »Wozu schleppst du denn die Musspritze herum?«, meinte Sebastian. Aber Uli sagte nichts, und da fragten sie nicht weiter.

Sebastian dachte: ›Er hat sich seit heute früh enorm verändert. Es ist mit ihm wie mit einer Uhr. Man hat ihn zu sehr aufgezogen. Und nun ist er überdreht.‹

Uli stellte den Schirm in eine Ecke. Er wollte unter keinen Umständen Kuchen essen, obwohl Matthias ihn sehr darum bat, und sagte, es werde Zeit, mit der Probe zu beginnen.

Und dann übten sie Johnnys Weihnachtsstück. Sie spielten es vom ersten bis zum fünften Akt durch, ohne stecken zu bleiben, und waren anschließend sehr zufrieden. »Da habt ihr's!«, meinte Matthias stolz. »Je mehr ich esse, umso besser wird mein Gedächtnis.« Dann sprachen sie noch einmal ganz genau über die Kostüme und Requisiten. Den blonden Gretchenzopf für Uli wollte Fridolin noch heute beim Friseur Krüger abholen und morgen früh mitbringen. Der Generalprobe stand also nichts im Wege. Sogar der Christbaum war schon aufgestellt. Er war über und über mit elektrischen Glühbirnen verziert. Und der Hausmeister hatte die Zweige mit mehreren Pfund Watte beladen.

»Hoffentlich klappt es morgen Abend«, sagte Johnny. »Vor allem dürft ihr kein Lampenfieber haben. Ihr müsst so tun, als ob wir, ganz wie während der Probe, allein in der Turnhalle wären.«

»Ach, das wird schon gut ablaufen«, meinte Martin. »Aber wir müssten das Aufstellen der Bühnenbilder rasch noch etwas üben. Denn wenn morgen Abend eines der Bilder umfällt, die Pyramide oder der Nordpol, so lachen die Zuschauer, ehe wir überhaupt den Mund aufgetan haben. Und dann brauchen wir das Stück gar nicht erst zu spielen.« Johnny gab Martin recht. Und deshalb holten sie die großen bemalten Pappen wieder aus der Ecke und stellten sie rasch an den Reckstangen auf. Dann versuchten sie, ob sie das Flugzeug so vom Fleck bewegen konnten, ohne dass die Zuschauer sähen, wie die Jungen, die hinter der Pappe steckten, den Barren schoben.

»Das muss gehen wie am Schnürchen!«, rief Martin. »Die Bühne muss in einer Minute fix und fertig sein!« Sie schoben die Bilder und den Barren wieder in die Ecke und holten sie noch einmal hervor. Sie hantierten und fluchten wie gelernte Bühnenarbeiter. Uli hatte sich, ohne dass die anderen es gemerkt hätten, aus der Turnhalle gestohlen. Er fürchtete, dass sie ihn an seinem Vorhaben hindern könnten. Und das durfte nicht geschehen.

Über fünfzig Jungen standen neugierig auf der verschneiten Eisbahn und erwarteten ihn. Es waren lauter Unterklassianer. Den Älteren hatte man nichts erzählt. Die Jungen hatten gleich das Gefühl gehabt, dass etwas Außergewöhnliches und Verbotenes bevorstehe. Sie hatten die Hände in den Manteltaschen und äußerten Vermutungen. »Vielleicht kommt er überhaupt nicht«, sagte einer.

Aber da kam Uli schon. Er ging wortlos an ihnen vorüber und schritt auf die eisernen Kletterstangen zu, die am Rande des Platzes standen. »Wozu hat er eigentlich einen Schirm mit?«, fragte jemand. Aber die anderen machten »Pst!«.

Neben den Kletterstangen erhob sich eine hohe Leiter. Eine der üblichen Turnleitern, wie sie in allen Schulen zu finden sind. Uli trat an die Leiter heran und kletterte die eiskalten Sprossen hinauf. Auf der vorletzten Sprosse machte er halt, drehte sich um und blickte zu der großen Jungensmenge hinunter. Er schwankte ein bisschen, als ob ihm schwindle. Dann riss er sich zusammen und sagte laut: »Die Sache ist die. Ich werde jetzt den Schirm aufspannen und einen Fallschirmabsprung machen. Tretet weit zurück, damit ich niemandem auf den Kopf fliege!«

Einige Jungen meinten, Uli sei komplett verrückt. Aber die meisten drängten stumm rückwärts und konnten das angekündigte aufregende Schauspiel nicht erwarten.

Die vier Tertianer, die in der Turnhalle arbeiteten, hatten die Bühnenbilder und den Barren für heute endgültig in die Ecke geschoben. Sebastian schimpfte auf Professor Kreuzkamm, weil dieser ihn den Satz »über die Schuld am Unfug« fünfzigmal aufschreiben ließe. »Und so was einen Tag vor der Weihnachtsfeier!«, meinte er gekränkt. »Der Mann hat kein Herz.«

»Du doch auch nicht«, sagte Johnny.

Da drehte sich Matthias suchend um und fragte: »Wo ist denn eigentlich der Kleine? Er ist weg!«

Johnny sah auf die Uhr. »Es ist kurz nach drei«, sagte er. »Uli hatte doch um drei Uhr irgendetwas vor.«

»Freilich«, rief Martin. »Auf dem Turnplatz draußen. Da bin ich aber neugierig.«

Sie verließen die Halle und liefen zu dem Platz hinüber. Sie bogen um die Ecke und blieben wie angewurzelt stehen. Der Platz war voller Schüler. Und alle schauten zu der hohen Turnleiter hinauf, auf der Uli mühsam balancierte. Den aufgespannten Regenschirm hielt er hoch über sich.

Martin flüsterte: »Um Gottes willen! Er will herunterspringen!« Und schon rannte er über den Platz, und die anderen drei folgten ihm. Der Turnplatz war, trotz des Schnees, höllisch glatt. Johnny fiel hin.

»Uli!«, schrie Matthias. »Tu's nicht!«

Doch in diesem Augenblick sprang Uli ab. Der Schirm stülpte sich sofort um. Und Uli sauste auf die verschneite Eisfläche hinab. Er schlug dumpf auf und blieb liegen.

Die Menge rannte schreiend auseinander. Im nächsten Augenblick waren die vier Freunde bei dem Verunglückten. Uli lag leichenblass und besinnungslos im Schnee. Matthias kniete neben Uli und streichelte ihn in einem fort.

Dann rannte Johnny ins Haus, um die Krankenschwester des Internats zu holen. Und Martin lief zum Zaun, kletterte hinüber und alarmierte den Nichtraucher. Der war ja Arzt. Er musste helfen. Und der Justus war auch noch bei ihm.

Matthias schüttelte den Kopf. »Mein Kleiner«, sagte er zu dem Ohnmächtigen. »Und da behaupten sie immer, dass du keinen Mut hättest!« Und dann weinte der zukünftige Boxweltmeister große Kindertränen. Die meisten tropften in den Schnee. Und ein paar fielen auf Ulis totenblasses Gesicht.

Matthias, Martin, Johnny und Sebastian standen schweigend am Fenster des Vorsaals, der zur Krankenstube des Internats führte. Sie durften nicht hinein. Sie wussten noch nicht, was mit Uli los war. Der Nichtraucher und der Justus, die Krankenschwester und Herr Direktor Grünkern waren im Zimmer. Der Schularzt, der alte Sanitätsrat Hartwig, war auch gekommen.

Schließlich sagte Martin: »Es wird schon nichts Schlimmes sein, Mätzchen.«

Doch in diesem Augenblick sprang Uli ab.

»Bestimmt nicht«, meinte Johnny.

»Ich hab ihm den Puls gefühlt, und der ging ganz normal«, erzählte Sebastian. Er erzählte es übrigens zum dritten Male. »Er hat sicher nur das rechte Bein gebrochen.«

Dann schwiegen sie wieder und starrten zu dem Fenster hinaus, auf den weißen Park hinunter. Aber sie sahen nichts. Ihre trüben Gedanken verdunkelten ihnen den Blick. Dieses Warten dauerte ja eine Ewigkeit!

Da öffnete sich leise die Tür. Der Justus trat heraus und kam eilig auf sie zu. »Es ist nicht sehr schlimm«, sagte er. »Der Beinbruch ist unkompliziert. Und außerdem hat er leichte Quetschungen am Brustkorb. Gehirnerschütterung war nicht festzustellen. Also Kopf hoch, Jungens!«

Die Freunde atmeten auf. Matz presste das Gesicht an die Fensterscheibe. Seine Schultern zuckten. Der Justus sah aus, als wolle er den großen Bengel streicheln. Er traute sich aber nicht recht. »In vier Wochen ist er wieder gesund«, meinte Doktor Bökh. »Und jetzt will ich rasch den Eltern telefonieren, dass der Junge über Weihnachten hierbleiben muss.« Er wollte schon gehen. Da fragte er noch: »Könnt ihr mir, um alles in der Welt, erklären, warum er auf den idiotischen Einfall gekommen ist, mit dem Schirm von der Leiter herunterzuspringen?«

»Sie haben ihn immer alle geärgert«, erzählte Matthias schluchzend. »Er sei ein Feigling, haben sie gesagt, und solche Sachen.« Matthias zog das Taschentuch heraus und putzte sich die Nase. »Und ich Rindvieh habe ihm gestern geraten, er müsse eben mal was zeigen, was den anderen imponiere.«

»Na, das ist ihm ja nun gelungen«, sagte der Justus. »Und nehmt euch ein bisschen zusammen! Vergesst nicht, dass so ein Beinbruch weniger schlimm ist, als wenn der Kleine sein Leben lang Angst davor gehabt hätte, die anderen würden ihn nicht für voll nehmen. Ich glaube wirklich, dieser Fallschirmabsprung war gar nicht so blödsinnig, wie ich zunächst dachte.«

Dann lief er eilig ins Treppenhaus, um Ulis Eltern telefonisch zu benachrichtigen.

Die vier Jungen gingen erst fort, als der Nichtraucher herauskam und ihnen ehrenwörtlich versicherte, dass Uli in einem Monat wieder kreuzfidel sein werde. Matthias wich als Letzter von der Stelle. Er fragte noch, ob er zu Uli hineindürfe. Aber der Nichtraucher sagte, das sei streng verboten. Vor morgen sei an so etwas gar nicht zu denken. Dann ging auch Matthias in sein Wohnzimmer hinüber.

Martin spürte, als er die Treppe hinunterstieg, den Brief seiner Mutter in der Tasche knistern.

Er trat ins Klavierzimmer III. Dort setzte er sich aufs Fensterbrett und riss den Umschlag auf. Das Erste, was er sah, war eine Reihe von Briefmarken. Er nahm sie heraus und zählte hastig. Es waren zwanzig Fünfundzwanzigpfennigmarken. Es waren also nur fünf Mark!

Dem Jungen stand beinahe das Herz still. Dann nahm er den Briefbogen in die Hand. Er drehte ihn um. Er griff ins Kuvert. Er blickte suchend auf den Fußboden. Aber es wurden nicht mehr. Es blieben Briefmarken im Werte von fünf Mark.

Martins Knie wurden schwach. Sie zitterten. Er blickte auf den Briefbogen und las:

»Mein lieber, guter Junge!

Das wird wahrhaftig ein trauriger Brief. Und ich weiß nicht, wie ich ihn anfangen soll! Denn denke dir, mein gutes Kind, ich kann dir diesmal die acht Mark fürs Fahrgeld nicht schicken! Es reicht an keiner Ecke, und dass Vater nichts verdient, weißt du ja. Wenn ich dran denke, dass du zu Weihnachten in der Schule bleiben musst, wird mir ganz elend zumute. Ich habe mir den Kopf zerbrochen. Bei Tante Emma war ich auch. Aber vergeblich. Vater ist zu einem früheren Kollegen gelaufen. Doch der hatte auch nichts übrig. Keinen Pfennig.

Es gibt keinen Ausweg, mein Kleiner. Du musst diesmal im Internat bleiben. Und wir werden uns vor Ostern nicht wiedersehen. Wenn ich daran denke – aber man darf es nicht, weil es keinen Zweck hat.

Im Gegenteil. Wir wollen kolossal tapfer sein und die Zähnchen zusammenbeißen, gelt? Das Einzige, was ich auftreiben konnte, waren fünf Mark. Von Schneidermeister Rockstroh. Bis Silvester. Dann will er's wiederhaben.

Martin, kaufe dir in einem Café ein Kännchen Schokolade und ein paar Stück Kuchen dafür. Und sitze ja nicht immer in der Schule und im Zimmer. Hörst du? Vielleicht ist irgendwo eine Rodelbahn. Da musst du bestimmt hinaus. Das versprichst du mir doch?

Und morgen bekommst du mit der Post ein Paket, wo nun die Geschenke drin sind, die du zu Hause unterm Christbaum beschert kriegen solltest. Vielleicht werden wir gar keinen haben. Wenn du nicht da bist, hat es ja keinen Sinn.

Viel ist es nicht, was wir dir schicken. Aber du weißt ja, dass ich nicht mehr Geld habe. Es ist recht traurig, aber nicht zu ändern. Mein lieber, guter Junge, wir werden alle miteinander zu Weihnachten recht tapfer sein und kein bisschen weinen. Ich versprech dir's. Und du mir auch? Und nun viele herzliche Grüße und Küsse

von deiner dich liebenden Mutter.

Der Vater lässt grüßen. Du sollst, sagt er, ja recht brav sein. Aber das bist du ja sowieso, nicht wahr? Ich schicke das Geld in Briefmarken. Du tauschst sie dir um.«

Martin Thaler starrte auf den Briefbogen. Die Schrift verschwamm vor seinen Augen. Die Mutter hatte geweint. Man sah es. Die Tinte war ein paarmal verwischt.

Der Junge umklammerte den Fensterriegel, blickte zu dem müden, grauen Dezemberhimmel empor und flüsterte: »Muttchen! Gutes, gutes Muttchen!«

Und dann musste er weinen, obwohl er es ja eigentlich nicht durfte.

DAS NEUNTE KAPITEL

enthält grundsätzliche Erklärungen Sebastians über die Angst; die Umbesetzung einer Rolle; einen heimlichen Besuch im Krankenzimmer; das Restaurant »Zum letzten Knochen« nebst warmem Abendbrot; die Begegnung mit einem Postboten und Martins Brief nach Hause.

Ulis Fallschirmabsprung war das Tagesgespräch in sämtlichen Arbeitszimmern. Und es herrschte eine einzige Meinung: Der kleine Simmern sei ein Mordskerl, und niemand habe geahnt, dass er eines Tages solch einer Tollkühnheit fähig sein werde.

Nur Sebastian widersprach. »Dieser Sprung hat doch nicht das Mindeste mit Kühnheit zu tun«, sagte er abweisend. »Uli war, als er von der Leiter sprang, nicht mutiger als vorher. Ihn trieb die Verzweiflung herunter.«

»Aber der Mut der Verzweiflung«, rief ein Sekundaner. »Das ist ein Unterschied. Es gibt sehr viele Feiglinge, die nicht im Traum daran dächten, von Leitern zu springen. Und wenn sie noch so verzweifelt wären.«

Sebastian nickte wohlwollend. »Das stimmt schon«, meinte er. »Aber der Unterschied zwischen ihnen und Uli liegt nicht auf dem Gebiete der Tapferkeit.«

»Sondern?«

»Der Unterschied ist der, dass sich Uli mehr schämen kann als sie. Uli ist nämlich ein völlig einfacher, naiver Junge. Sein Mangel an Mut störte ihn selber am allermeisten!« Sebastian überlegte eine Weile. Dann fuhr er fort: »Eigentlich geht euch das, was ich jetzt sagen will, gar nichts an. Aber, habt ihr schon einmal darüber nachgedacht, ob ich Mut habe? Ist euch schon einmal aufgefallen, dass ich ängstlich bin? Nichts ist euch aufgefallen! Ich will euch deshalb vertraulich mitteilen, dass ich sogar außerordentlich ängstlich bin. Ich bin aber ein gescheiter Mensch und lass es mir nicht anmerken. Mich stört mein Mangel an Mut nicht besonders. Ich schäme mich nicht darüber. Und das kommt wieder daher, dass ich gescheit bin. Ich weiß, dass jeder Mensch Fehler und Schwächen hat. Es kommt nur darauf an, diese Fehler nicht sichtbar werden zu lassen.«

Natürlich verstanden nicht alle, was er sagte. Besonders die Jüngeren kapierten es nicht.

»Mir ist es lieber, wenn man sich noch schämen kann«, meinte der Sekundaner.

»Mir auch«, antwortete Sebastian leise. Er war heute merkwürdig gesprächig. Wahrscheinlich war Ulis Unfall daran schuld. Sonst sagte er immer nur spöttische und befremdende Dinge. Er hatte keinen Freund. Und sie hatten stets gedacht, er brauche keinen. Aber jetzt spürten sie, dass er doch unter seiner Einsamkeit litt. Er war bestimmt kein sehr glücklicher Mensch. »Im Übrigen«, sagte er plötzlich kalt, »im Übrigen soll sich keiner unterstehen, meinen Mangel an Mut komisch zu finden. Ich müsste ihm sonst, lediglich zur Aufrechterhaltung meines Ansehens, eine runterhauen. So viel Courage hab ich nämlich noch.« So war er nun! Eben noch hatten sie beinahe Mitleid mit ihm gehabt. Und schon sprang er ihnen wieder mit der Rückseite ins Gesicht.

»Ruhe!«, rief der Stubenälteste. Er hatte ein bisschen geschlafen und war gerade aufgewacht.

Und Sebastian schrieb fünfzigmal den Satz vom Unfug auf.

Etwas später ging er in Johnnys Arbeitszimmer. »Wer spielt denn nun morgen Abend Ulis Rolle?«, fragte er.

Johnny fiel aus allen Wolken. Er hatte überhaupt noch nicht

daran gedacht, dass die Aufführung des »Fliegenden Klassenzimmers« durch Ulis Unfall infrage gestellt war.

»Die Rolle ist ja nicht sehr groß«, meinte Sebastian. »Wir müssen nur wen finden, der sie bis morgen Mittag lernt. Und dieser Bedauernswerte muss ferner fähig sein, wie ein kleines blondes Mädel auszusehen.«

Schließlich verfielen sie auf den Quartaner Stöcker. Bevor sie ihn fragten, ob er einspringen wolle, gingen sie ins Wohnzimmer Nummer 9, um die Sache mit Martin zu besprechen.

Das Wohnzimmer Nummer 9 glich einem Trauerhaus. Matthias war beim Justus gewesen und hatte gefragt, ob er während der Weihnachtsferien in der Schule bleiben dürfe. Denn sonst sei ja Uli ganz allein. Aber der Justus hatte geantwortet, das erlaube er auf keinen Fall. Matthias solle nur brav zu seinen Eltern fahren, die sich doch so auf sein Kommen freuten. Außerdem bleibe ja Johnny in der Schule. Und Ulis Eltern hätten vorhin am Telefon gesagt, dass sie am Heiligen Abend für ein paar Tage nach Kirchberg kämen. Nun starrte Matthias also vor sich hin und war wütend, dass er zu Weihnachten nach Hause fahren sollte!

Und ein paar Pulte weiter saß Martin und war tieftraurig, dass er zu Weihnachten in der Schule bleiben musste. Er sagte sich zwar seit einer Stunde ununterbrochen, dass Uli und Johnny ja auch dableiben würden. Aber das war eben doch etwas ganz anderes. Denn was sollte Johnny schon bei der Schwester seines Kapitäns? Da war es keine besondere Kunst, hierzubleiben, wenn man einen Vater hatte, der ein schlechter Mensch und überdies in Amerika war. Und Uli, der wurde ja von seinen Eltern in der Schule besucht. Das war doch wenigstens etwas. Und außerdem: Wenn man ein Bein gebrochen hatte, konnte man selbstverständlich nicht verreisen.

›Aber ich‹, dachte Martin, ›ich bin doch gesund! Ich habe kein Bein gebrochen und kann trotzdem nicht fort. Ich habe meine Eltern sehr lieb, und sie lieben mich, und trotzdem dürfen wir am Heiligen Abend nicht zusammen sein. Und warum eigentlich nicht? Wegen des Geldes. Und warum haben wir keins? Ist mein Vater weniger tüchtig als andere Männer? Nein. Bin ich weniger fleißig als andere Jungen? Nein. Sind wir schlechte Menschen? Nein. Woran liegt es dann? Es liegt an der Ungerechtigkeit, unter der so viele leiden. Es gibt zwar nette Leute, die das ändern wollen. Aber der Heilige Abend ist schon übermorgen. Bis dahin wird es ihnen nicht gelingen.‹

Martin überlegte sogar, ob er zu Fuß nach Hause laufen sollte. Drei Tage würde das dauern. Mitten im Winter. Am zweiten Feiertag könnte er frühestens dort sein. Ob die fünf Mark zum Essen und Übernachten reichten? Und nach den Ferien musste er doch wieder in die Schule zurück! Und dann würden die Eltern wieder kein Fahrgeld für ihn haben!

Es ging nicht. Wie er's auch drehte und wendete: Er musste diesmal hierbleiben …

Als Johnny und Sebastian ins Zimmer kamen und ihn fragten, ob er den Quartaner Stöcker für einen geeigneten Uli-Ersatz halte, hörte er überhaupt nicht zu. Johnny packte ihn an der Schulter und rüttelte ihn aus den trüben Gedanken heraus. Sebastian wiederholte die Frage.

Martin sagte gleichgültig: »Sicher.« Weiter nichts.

Die zwei musterten ihn erstaunt. »Was hast du denn?«, fragte Sebastian. »Ist es wegen Ulis Unfall? Da musst du dir nicht den Kopf zerbrechen. Es konnte viel, viel schlimmer kommen.«

»Sicher«, sagte Martin.

Johnny beugte sich herab und flüsterte: »Du, fehlt dir was? Bist du krank? Oder ist es was anderes?«

»Sicher«, entgegnete Martin. Es gab anscheinend kein anderes Wort weiter. Er klappte den Pultdeckel hoch und nahm Briefpapier heraus.

Da gingen sie wieder. »Was soll das denn heißen?«, fragte Johnny Trotz besorgt auf dem Korridor.

»Keine Ahnung«, sagte Sebastian. »Vielleicht Kopfschmerzen.«

Dann sprachen sie mit dem Quartaner Stöcker. Der Junge war Feuer und Flamme. Als er freilich hörte, dass er Mädchenkleider anziehen und eine Gretchenperücke aufsetzen sollte, sank seine Begeisterung beträchtlich. Aber sie sagten, er dürfe die Tertianer nicht im Stich lassen. Johnny drückte ihm das Manuskript des »Fliegenden Klassenzimmers« in die Hand. Und Sebastian befahl: »Morgen Mittag kannst du die Rolle!«

Da setzte sich der Kleine hurtig auf die Hosen.

Matthias hatte es nicht länger ausgehalten und war unter einem Vorwand ausgerückt. Der schöne Theodor, der Stubenälteste, stand noch immer unter dem Eindruck, den die gestrige Erzählung Doktor Bökhs auf ihn gemacht hatte, und war die Nachsicht selber. Nun verbarg sich Matthias in der Nähe der Krankenstube hinter einer Säule im Gang und lauerte.

Er hatte Glück. Schon nach wenigen Minuten kam die Krankenschwester aus dem Zimmer und stieg die Treppe hinunter, um einiges in der Küche zu besorgen. Matthias sah sich vorsichtig um.

Einen Augenblick später stand er neben Ulis Bett. Der Junge schlief. Es roch nach Arznei. Matthias schlug das Herz bis zum Hals. Voller Rührung betrachtete er das blasse Gesicht des kleinen Freundes.

Da schlug Uli die Augen auf. Und ein müdes, winziges Lächeln tauchte in seinem Blick auf.

Matthias nickte. Es würgte in seiner Kehle.

»Es hat nicht besonders wehgetan«, sagte Uli. »Wirklich nicht. Und meine Eltern kommen übermorgen.«

Matthias nickte wieder. Dann sagte er: »Ich wollte in den Ferien hierbleiben. Aber der Justus hat's verboten.«

»Ich danke dir schön«, flüsterte Uli. »Aber fahr du nur nach Hause. Und wenn du wiederkommst, bin ich schon fast gesund.«

»Natürlich«, meinte Matthias. »Und es tut bestimmt nicht mehr weh?«

»Eisern!«, flüsterte Uli. »Was sagen denn die andern?«

»Die sind einfach platt«, berichtete Matthias. »Und sie haben einen unheimlichen Respekt vor dir gekriegt.«

»Siehst du«, flüsterte Uli. »Du hattest schon ganz recht. Angst lässt sich kurieren.«

»Aber Kleiner. So hab ich das doch gestern nicht gemeint«, sagte Matz. »Das konnte nämlich noch viel schlimmer ablaufen. Ich bin doch wirklich kein Angsthase. Aber du könntest mir eine Million versprechen – ich spränge nicht von der Leiter herunter.«

Ulis Gesicht glänzte vor Freude und Stolz. »Nein?«

»Völlig ausgeschlossen«, sagte Matthias. »Lieber ließe ich mich einen krummen Hund schimpfen.«

Uli war mit sich und der Welt zufrieden. Trotz der Schmerzen und trotz der mehrwöchigen Bettruhe. »Auf dem Nachttisch liegt Schokolade«, flüsterte er. »Vom Grünkern persönlich. Nimm sie dir!«

»Nein, danke«, meinte Matthias. »Ich habe keinen Hunger.«

Uli hätte beinahe gelacht. Aber der Brustkorb tat ihm zu weh. »Du hast keinen Hunger?«, flüsterte er. »Aber Mätzchen! Ich befehle dir, die Schokolade zu essen. Sonst rege ich mich auf. Und der Nichtraucher hat mir jede Aufregung verboten.«

Da nahm Matthias rasch die Schokolade an sich. Uli zog so lange ein strenges Gesicht, bis Matz ein paar Stückchen in den Mund schob. Dann lächelte er versöhnt.

In diesem Moment öffnete sich die Tür, und die Krankenschwester trat ins Zimmer. »Willst du gleich machen, dass du rauskommst!«, rief sie. »Und man hält's doch nicht für möglich: Isst der große Bengel dem kleinen kranken Kerl die Schokolade weg!«

Matthias wurde über und über rot. »Er hat's mir doch befohlen«, meinte er kauend.

»Scher dich fort!«, rief sie.

Die beiden Jungen nickten einander zu. »Gute Besserung, Uli!«, sagte Matthias und ging.

Im Anschluss an die Abendandacht hielt der Justus vor sämtlichen Schülern eine kleine Rede. »Wir wollen von Herzen dankbar sein«, sagte er, »dass das Experiment, das der kleine Uli für unerlässlich hielt, ein Unfall blieb und kein Unglück wurde. Es konnte schlimmer kommen. Ich bitte vorsichtshalber die Anwesenden, streng darauf zu achten, dass diese Art von Mut nicht etwa Mode wird. Ich bitte alle, sowohl die Tapferkeit als auch deren Mangel so unauffällig wie möglich auszuüben. Wir müssen auf den Ruf der Schule achten, als wär's unser eigener. Beinbrüche sind Beweismittel, die ich in meiner Eigenschaft als Hauslehrer rundweg ablehnen muss. Ich halte übrigens auch sonst nicht sehr viel davon. So. Und nun Schwamm drüber! Ich gehe heute Abend aus. Ich will mal ein Glas Bier trinken. Primaner Henkel wird mich vertreten. Benehmt euch anständig. Denkt daran, dass ich, wenn ihr heute Krach macht, künftig nicht mehr ausgehen kann. Und so 'n Glas Bier werdet ihr mir doch wohl gönnen. Na, und nun gute Nacht!«

»Gute Nacht, Herr Doktor!«, riefen sie.

Doktor Johann Bökh ging in die Stadt hinunter. Der Weg war weit. Das Restaurant »Zum letzten Knochen« lag draußen in der Vorstadt. Der Nichtraucher hatte erzählt, dass er hier Klavier spiele.

»Konzert und Tanz, kein Weinzwang« stand an der Tür. Der Justus trat ein. Das Lokal war keines von den feinen. Und die Gäste sahen ziemlich verwegen aus. Der Nichtraucher saß an einem verstimmten Klavier und spielte einen Schlager nach dem andern.

Bökh setzte sich an einen kleinen Tisch, bestellte ein Glas Bier und zündete sich eine Zigarre an. Der Nichtraucher hatte ihn bemerkt und nickte ihm zu. Der Justus schaute sich, während sein Freund in die Tasten schlug, gründlich um. Es war wirklich ein ziemlich tolles Lokal! Die Männer behielten beim Tanzen die Hüte auf. Es war allerhand.

Etwa eine halbe Stunde später kam der Nichtraucher an Bökhs Tisch. »Große Pause!«, sagte er und lächelte vergnügt. Der Kellner brachte ihm ein Deutsches Beefsteak mit Bratkartoffeln und ein kleines Bier. »Das warme Abendbrot!«, meinte der Nichtraucher und ließ sich's gut schmecken.

»Nimm mir's nicht allzu übel, Robert«, sagte der Justus. »Aber das ist doch kein Beruf für dich! Willst du es nicht doch wieder mit dem bürgerlichen Leben versuchen?« Und als der Freund nicht antwortete, meinte Bökh: »Tu's wenigstens mir zuliebe!«

Der Nichtraucher schüttelte den Kopf. »Was willst du, Johann?«, sagte er. »Ich fühle mich in meinem albernen Eisenbahnwagen restlos zufrieden. Im Frühling blühen die Blumen wieder. Viel Geld brauch ich nicht. Und noch nie hatte ich so viel Zeit zum Nachdenken und Lesen wie in diesen letzten Jahren, die du für verlorene Jahre hältst. Das Unglück, das ich damals erlebte, hatte schon seinen Sinn. Es muss wohl auch solche Sonderlinge geben, wie ich einer geworden bin. Ich hätte nicht Arzt werden sollen, sondern Gärtner. Doch dazu ist es ja leider zu spät. Und hier, in diesem lauten und gewöhnlichen Lokal, fühl ich mich so wunderbar allein, als säß ich irgendwo im Wald.«

»Pass mal auf, Robert«, sagte der Justus. »Unser Schularzt, der Sanitätsrat Hartwig, ist schon reichlich alt. Er hat eine große Praxis. Ich kann mir nicht denken, dass es ihm viel ausmacht, wenn er dich zu seinem Nachfolger für unsere Penne vorschlüge. So viel wie als Klavierspieler verdientest du dann auch. Und in deinem Eisenbahnzug könntest du auch wohnen bleiben. Hm? Was hältst du von dem Vorschlag? Soll ich den alten Hartwig mal fragen?«

»Meinetwegen!«, entgegnete der Nichtraucher. »Wenn es dir Spaß macht, dann frage ihn. Aber, mein Guter, glaube nicht, dass ich dadurch froher werde, dass ich eines Tages wieder Aspirin verschreibe. Und komme mir bloß nicht mit der Redensart, dass man nicht ohne Ehrgeiz leben solle. Es gibt nämlich viel zu wenig Menschen, die so leben, wie ich's tue. Ich meine natürlich nicht, dass sie alle Klavierspieler in zweifelhaften Lokalen werden sollten. Ich wünschte aber, es gäbe mehr Menschen, die Zeit hätten, sich an das zu erinnern, was wesentlich ist. Geld und Rang und Ruhm, das sind doch kindische Dinge! Das ist doch Spielzeug und weiter nichts. Damit können doch wirkliche Erwachsene nichts anfangen. Hab ich recht, Alter?« Er machte eine Pause. »Aber natürlich, wenn ich mich um deine Gymnasiasten kümmern dürfte, dass sie hübsch gesund bleiben – das wäre keine ganz hässliche Beschäftigung. Ich brauchte ja auch nur über den Zaun zu klettern, wenn wer krank wäre. Und Blumen züchten und Bücher lesen, das könnte ich außerdem. Also schön, altes Haus, frage deinen ollen Sanitätsrat einmal! Und wenn er mit dem Kopf schütteln sollte, haue ich hier weiter auf die Tasten. Bevor Martin und Johnny, Matthias, Uli und Sebastian ihr Abitur gemacht haben, gehe ich jedenfalls aus meinem Schrebergarten nicht heraus.«

»Und ich nicht aus meinem Turmzimmer«, sagte der Justus. »Es sind doch Prachtkerle!«

Und dann tranken sie einander zu.

»Dass der kleine Uli bald gesund wird!«, rief der Nichtraucher. Und sie stießen mit den Gläsern an. Dann erzählten sie einander, was sie von dem Krieg mit den Realschülern wussten.

Der Justus lächelte seinem Freunde zu. »Sie haben uns beide gern, die Lausejungen«, meinte er.

Der Nichtraucher nickte fröhlich und sagte: »Haben sie etwa nicht recht?«

Dann musste er schon wieder an das verstimmte Klavier. Die Herrschaften wollten tanzen.

Nach Mitternacht gingen sie, quer durch die ganze Stadt, nach Hause. Viele Geschichten aus ihrer Jugend fielen ihnen ein. Wie lange das her war! Aber es war hier gewesen! In denselben Straßen, durch die sie heute Nacht spazierten! Und was war aus den anderen geworden, die vor zwanzig Jahren mit ihnen die Schulbank gedrückt hatten? Von etlichen wussten sie etwas. Aber was war aus den anderen geworden? Über ihnen schimmerten die Sterne. Es waren dieselben Sterne wie damals.

An der Ecke Nordstraße leerte der Postbote gerade den Briefkasten.

»Wie oft ist man damals zu diesem Kasten gerannt!«, meinte der Justus.

»Mindestens zweimal in der Woche«, sagte der Nichtraucher nachdenklich. »Wenn ich seltener schrieb, dachte meine Mutter, mir sei etwas passiert.«

In dem Briefkasten, den der Postbote leerte, befand sich übrigens ein Brief an Herrn und Frau Thaler in Hermsdorf. Auf der Rückseite stand: »Absender Martin Thaler, Kirchberg, Gymnasium«.

»Der Briefkasten ist der Alte geblieben«, meinte der Justus. »Aber der Postbote ist nicht mehr derselbe.«

Der Brief, von dem eben die Rede war, lautete folgendermaßen:

»Meine liebe, gute Mutti!

Erst kriegte ich einen Schreck, weißt du. Aber da es doch nicht zu ändern ist, kann man nichts machen. Ich habe auch kein bisschen geweint. Kein einziges Tröpfchen. Und ich versprech dir's und dem Vater. Kuchen und Schokolade kaufe ich mir bei Bäcker Scherf. Da ist es furchtbar billig, sagt der Matthias. Rodeln gehe ich auch, wenn es euch Freude macht. Ganz bestimmt. Du kannst dich darauf verlassen. Und vielen, vielen Dank für das Geld. Ich gehe am Heiligen Abend auf die Post und tausch es um.

Es sind die ersten Weihnachten, wo wir uns nicht sehen, und das ist natürlich sehr traurig. Aber ihr kennt mich ja. Wenn ich mich nicht unterkriegen lassen will, tu ich's nicht. Wozu ist man schließlich ein Mann! Auf das Paket morgen freu ich mich riesig. Ich werde mir ein paar Tannenzweige aufs Pult stellen, und Kerzen gibt es auch. Außer mir bleibt noch der Johnny hier. Ihr wisst ja, warum. Und der Uli, der hat das rechte Bein gebrochen. Das ist noch viel ärgerlicher, was? Johnny hat gesagt, es sei gar nicht so schlimm, wenn man sich zusammennimmt. Na also!

Dass ich dir und Vater diesmal nichts schenken kann, weißt du ja, gutes Muttchen! Nächstes Jahr gebe ich vielleicht einem von den neuen Sextanern Nachhilfeunterricht, und da hab ich dann viel Geld. Großartig, was?

Aber ich habe euch ein Bild gemalt. ›In zehn Jahren‹ heißt es, und ihr werdet's schon verstehen. Man sieht darauf, wie ich euch in einer blauen Kutsche bis über die Alpen gefahren habe. Ich lege es in den Brief und muss es zweimal zusammenklappen. Sonst geht es nicht in den Umschlag hinein. Und hoffentlich gefällt es euch. Ich kann es eben noch nicht schöner und habe vierzehn Tage daran gemalt. Und nun, mein gutes Muttchen, muss ich schließen, weil zum Abendessen geklingelt wird, und ich muss doch hinterher noch rasch zum Briefkasten.

Behaltet mich ja recht lieb, auch wenn ich zu Weihnachten nicht nach Hause kann. Und seid nicht traurig! Ich bin es auch nicht. Verlass dich drauf! Nein, ich gehe rodeln und denke stets an euch. Es wird bestimmt sehr lustig. Viele, viele, viele Grüße für dich und Vater

von eurem braven Sohn Martin.«

Der Postbote, der den Briefkasten leerte, wusste nicht, wie viele Seufzer in seine große Tasche plumpsten. Und Doktor Bökh und der Nichtraucher wussten es ebenso wenig.

DAS ZEHNTE KAPITEL

enthält den letzten Unterrichtstag vor den Ferien; einen Spaziergang in Kirchberg und mehrere Begegnungen; noch eine Tafel Schokolade für Matthias; die Weihnachtsfeier in der Turnhalle; einen unerwarteten Zuschauer; was er geschenkt bekommt und was er sagt; und einen Augenblick neben Martins Bett.

Der nächste Tag war der letzte Unterrichtstag. Am 23. Dezember kann kein Lehrer von seinen Schülern verlangen, dass sie für die Entstehung der Elektrizität oder für den Infinitiv mit zu, für die Zinsrechnung oder für Kaiser Heinrich in Canossa das nötige Interesse aufbringen. Kein Lehrer auf der ganzen Welt kann das verlangen!

Es verlangt ja auch keiner. Das war im Johann-Sigismund-Gymnasium in Kirchberg nicht anders. – Die meisten Internen hatten schon begonnen, ihre Koffer zu packen. Sie freuten sich auf die Weihnachtsfeier in der Turnhalle. Sie freuten sich auf die morgige Reise mit der Eisenbahn. Sie freuten sich auf die Geschenke, die sie zu Hause kriegen würden. Sie freuten sich über die Geschenke, die sie den Eltern und Geschwistern mitbringen wollten.

Sie freuten sich wie die Schneekönige, waren quietschvergnügt und mussten sich mächtig zusammennehmen, dass sie nicht mitten im Unterricht auf die Bänke kletterten und dort zu tanzen anfingen.

Die Lehrer nahmen notgedrungen auf die geistige Unzurechnungsfähigkeit ihrer Zöglinge Rücksicht und ließen Märchen und Sagen vorlesen oder erzählten selber Geschichten, vorausgesetzt, dass ihnen welche einfielen.

In der allerletzten Stunde hatten die Tertianer Erdkunde bei Doktor Bökh. Er brachte ein Buch mit, in dem die schönsten Fabeln der Weltliteratur gesammelt waren, und ließ reihum einige dieser kurzen, bedeutungsvollen Geschichten vorlesen, die fast immer von den Tieren handeln und fast immer die Menschen meinen.

Auch Martin kam an die Reihe. Er stotterte. Er versprach sich. Er übersprang zwei Zeilen und merkte es nicht. Er las so, als ob er das Lesen erst gestern gelernt habe. Ein paar Tertianer lachten. Johnny blickte besorgt herüber.

»Das war ja eine Glanzleistung«, sagte der Justus. »Du bist wohl mit deinen Gedanken schon in Hermsdorf unterm Christbaum? Warte es nur ab. Du kommst noch früh genug zu deinen Eltern!«

Martin senkte den Kopf und befahl sich: ›Weinen ist streng verboten! Weinen ist streng verboten! Weinen ist streng verboten!‹ Schon gestern Abend, als er nicht einschlafen konnte, hatte er diesen Satz immer wieder in sich hineingemurmelt. Mindestens hundertmal.

Der Justus gab das Fabelbuch dem Nächsten, sah den Primus bis zum Schluss der Stunde öfters von der Seite an und schien sich zu wundern.

Martin starrte auf seine Bank und traute sich nicht hochzublicken.

Mittags brachte der Postbote das Paket, das die Mutter brieflich angekündigt hatte. Das Paket mit den Weihnachtsgeschenken! Martin schaute gar nicht hinein, nahm es unter den Arm und trug es ins Schrankzimmer. Gerade als er den Schrank aufgeschlossen hatte und das Paket hineinstellte, kam Matthias vorbei. Er schleppte einen großen Koffer. Er wollte packen.

»Nanu, woher kriegst du denn heute noch ein Paket?«, fragte er.

»Von zu Hause«, antwortete Martin.

»Wozu schicken die dir denn, einen Tag bevor du sie besuchst, noch ein Paket?«

»Meine Mutter schickt mir die frische Wäsche«, log Martin, »damit ich auf der Rückreise im Januar nicht so viel zu schleppen habe.«

»Eigentlich ganz praktisch«, sagte Matthias. »Na, da will ich mal meinen Koffer packen. Am liebsten bliebe ich zwar hier. Aber der Justus hat etwas dagegen. Er meint, ich solle meinen werten Angehörigen doch ja die Freude machen und mich bei Selbmanns in Frankenstein unter den Christbaum stellen. Meinetwegen. Es ist ja über Weihnachten immer ganz ulkig zu Hause, was? Bei euch auch?«

»Freilich«, sagte Martin. »Sehr ulkig sogar.«

Matthias gab keine Ruhe. »Fährst du auch mit dem Mittagszug?«

»Nein, ich fahre später.«

»17 Uhr 12?«

»Jawohl. 17 Uhr 12.«

»Ach, fahre doch auch schon mit dem Mittagszug!«, bat Matthias. »Mindestens fünfzig Jungens fahren mittags in unserer Richtung. Da besetzen wir einen ganzen Wagen und machen Krach. Das wird pfundig! Ja? Kommst du mit?«

Martin hielt es nicht mehr aus. Er schlug die Schranktür zu, rief »Nein!« und rannte aus dem Zimmer.

Matthias schüttelte den Kopf und meinte: »Den hat der Affe gebissen.«

Am Nachmittag gingen die meisten in die Stadt hinunter, um rasch noch Besorgungen zu machen, oder auch nur, um vor den Spielwarenläden stehen zu bleiben. In den Morgenstunden hatte es geschneit, und jetzt war es beißend kalt. Die Christbaumverkäufer an den Straßenecken suchten ihre letzten Tannen und Fichten loszuwerden. Sie ließen mit sich handeln.

Martin ging zum Postamt und bat den Schalterbeamten, ihm die Briefmarken in Geld umzuwechseln. Der Mann knurrte zwar wie ein Löwe, aber schließlich rückte er zwei Zweimarkstücke und ein Markstück heraus. Der Junge bedankte sich höflich, steckte das Geld ein und wanderte noch ein wenig durch die Straßen.

Auf dem Wilhelmplatz begegnete er Egerland, dem ehemaligen Anführer der Realschüler. Sie grüßten einander wie feindliche Generäle, die sich nach dem Krieg an der Riviera treffen. Unversöhnlich, aber respektvoll.

Und auf der Kaiserstraße stieß Martin auf Sebastian Frank. Sebastian wurde verlegen. Er deutete auf ein paar Päckchen, die er in der Hand hielt. »Was soll man machen«, sagte er. »Es ist nun mal so Sitte. Machst du auch Einkäufe?«

»Nein«, erwiderte Martin.

»Ich warte immer bis zur letzten Minute«, meinte Sebastian. »Jedes Mal will ich's lassen. Denn es ist ja eigentlich ein ziemlich vorsintflutlicher Brauch, nicht? Aber dann sause ich eben doch jedes Mal wieder los. Es ist schon was dran. Und zum Schluss macht's mir geradezu Spaß, den anderen was zu schenken. Findest du nicht auch?«

»Doch«, sagte Martin. »Es ist sogar eine wunderschöne Sitte.« Dann biss er sich auf die Unterlippe. Ein Wort mehr, und er hätte losgeheult. ›Weinen ist streng verboten‹, dachte er, nickte Sebastian zu und ging rasch weiter. Er rannte fast. Nur fort! Nur heraus aus dieser Weihnachtsluft! Ecke Nordstraße blieb er stehen und beaugenscheinigte das Schaufenster vom Bäcker Scherf.

Hier würde er also morgen Nachmittag Schokolade trinken und Kuchen essen. Es würde fürchterlich werden. Aber seine Mutter wollte es, und er hatte es ja fest versprochen.

›Lieber Gott‹, dachte er. ›Wie soll ich das denn vierzehn Tage aushalten, ohne einmal zu heulen?‹

Dann trabte er der Schule zu. Zwei Zweimarkstücke und ein Markstück klimperten in seiner Tasche.

Die Generalprobe des »Fliegenden Klassenzimmers« fand in Kostümen statt. Die Jungen hatten gefürchtet, der kleine Stöcker werde versagen. Sie wurden angenehm enttäuscht. Der Quartaner spielte wie der Deibel! Na, und aussehen tat er, mit den blonden Hängezöpfen vom Friseur Krüger und in den Kleidern aus Ulis Schrank! Jeder, der von der Verkleidung nichts wusste, musste ihn für ein Mädchen halten. »Die Primaner werden sich rettungslos in dich verlieben«, rief Sebastian.

Nur Matthias fand, Uli sei noch ein bisschen besser gewesen. Aber das war ja ganz selbstverständlich. Das war er seinem Freunde schließlich schuldig.

Zweimal probierten sie das Stück. Am schwersten war es für Matz. Ganz besonders die kurze Umkleidepause, die er zwischen dem vierten und fünften Akt hatte, machte ihm Kummer. Denn sich in einer Minute aus einem Eisbären in Sankt Petrus zu verwandeln, das war kein Kinderspiel. Aber es würde schon klappen.

»Genug«, sagte Johnny Trotz. »Hals- und Beinbruch für heute Abend. Toi, toi, toi.« Und dann spuckten sie einander dreimal auf die Anzüge. Sebastian hatte erzählt, dass das die Schauspieler immer täten.

Johnny trat zu Martin. »Was ist denn mit dir los?«, fragte er. »Du kannst zwar deinen Text, aber du redest ihn herunter, als dächtest du an sonst etwas.«

»Heute Abend wird's schon gehen«, meinte der Primus. »Ich habe nachts schlecht geschlafen.«

Als sie sich wieder umgezogen hatten, legten sie die Kostüme und Zöpfe und Bärte in den Schrank, in dem die Sprungbretter standen. Dann gingen sie ins Schulhaus und stiegen zum Krankenzimmer hinauf. Man hatte ihnen erlaubt, Uli zu besuchen.

Nachdem sie sich erkundigt hatten, wie's ihm gehe, erzählten sie ihm, die Aufführung werde bestimmt klappen. Matthias meinte, der Quartaner Stöcker sei so weit ganz brauchbar. Mit Uli natürlich nicht zu vergleichen. Aber immerhin. Die anderen nickten.

»Das freut mich«, sagte Uli. »Und morgen reist ihr alle fort! Außer Johnny und mir. Lasst euch nur recht viel bescheren.« Dann winkte er Matthias ans Bett und drückte ihm verstohlen eine Tafel in die Hand. »Der Grünkern war schon wieder da«, flüsterte er. »Wie steht's denn mit dem Appetit?«

»Es macht sich«, meinte Matz.

»Na, siehst du«, sagte Uli. »Immer tüchtig essen!«

»Zu Hause ist es noch viel schlimmer mit mir«, erklärte Matthias und steckte die Schokolade in die Tasche. »Meine alte Dame staunt Bauklötze. Sie sagt, was ich so zusammenfräße, sei geradezu polizeiwidrig.«

»Mach dir nichts draus«, meinte Sebastian. Er war heute duldsamer als sonst. »Was der Mensch braucht, muss er haben!« Dann wandte er sich zu Uli und schüttelte onkelhaft das Haupt. »Du bist ja ein Bruder! Ein wahres Glück, dass wir auf dem Turnplatz keinen Kirchturm stehen haben. Von dem wärst du wahrscheinlich auch heruntergehüpft.«

Sie standen um das Krankenbett herum und wussten, obwohl sie eine Menge redeten, nicht recht, was sie sagen sollten. Der Junge im Bett war für sie nicht mehr derselbe kleine Uli, den sie seit Jahren kannten.

»Schade, dass du heute Abend nicht dabei bist«, meinte Johnny. »Na, ich erzähle dir morgen ganz ausführlich, wie es war.«

Martin stand am Fenster. Eigentlich wollte er den anderen mitteilen, dass auch er hierbleiben werde. Aber er brachte es nicht übers Herz. Trotz seiner Freunde kam er sich verlassen vor. Völlig verlassen.

Die Weihnachtsfeier übertraf sämtliche Erwartungen. Zu Beginn spielten zwei Primaner Klavier. Variationen über bekannte Weihnachtslieder. Dann hielt Oberstudiendirektor Professor Doktor B. Grünkern eine kleine Ansprache. Sie glich zwar sämtlichen Weihnachtsansprachen, die er zeit seines Lebens gehalten hatte; aber er sagte zum Schluss ein paar Sätze, die neu waren und die Jungen rührten. Er sagte: »Ich komme mir manchmal wie der Weihnachtsmann persönlich vor. Trotz des schwarzen Gehrocks, in dem ich stecke, und obwohl ich keinen weißen Vollbart umhängen habe. Ich bin fast so alt wie er. Ich komme alle Jahre wieder. Ich bin jemand, über den man noch lächelt, wenn er mit der Rute droht. Und schließlich bin ich, wie er, ein Mann, der die Kinder lieb hat. Vergesst das, bitte, niemals. Denn so etwas entschuldigt vieles.«

Er setzte sich wieder und putzte seine Brille mit dem Taschentuch. Die Sekundaner aber senkten die Köpfe. Sie schämten sich, weil sie den alten Mann reihenweise ausgelacht hatten. Und der große Christbaum schimmerte mit den unzähligen elektrischen Birnen so schön, dass allen Anwesenden sehr feierlich zumute war.

Dann folgte die Uraufführung des »Fliegenden Klassenzimmers«. Um es gleich zu sagen: Die Aufführung klappte großartig. Bei dem Satz: »Der Unterricht wird zum Lokaltermin«, da lachten die Lehrer ganz so, wie Sebastian es erwartet hatte. Martin war freilich nicht auf der Höhe. Umso größeren Eindruck machte der Quartaner Stöcker. Außer den Quartanern und Tertianern erkannte ihn kein Mensch. Sie hielten ihn allen Ernstes für ein kleines reizendes Mädchen und konnten es sich nur nicht erklären, wieso ein weibliches Wesen hierherkam. Stöcker kletterte zwar im letzten Akt zu früh aus seiner Wolke heraus. Aber das Weihnachtslied, das kurz darauf folgte und das alle laut mitsangen, machte den Schaden wieder gut. Man war toll begeistert.

Die Aufführung klappte großartig.

Der Grünkern segelte mit fliegenden Rockschößen auf die Darsteller los und schüttelte jedem einzelnen die Hand. Und zu Johnny Trotz sagte er begeistert: »Du bist ja ein richtiger Dichter, mein Junge! Nein, wie ich mich freue!« Der Junge verbeugte sich. Auch Martins Bühnenbilder wurden sehr gelobt.

»Und wer bist du denn, kleines Mädchen?«, fragte der Direktor die Darstellerin.

Die Zuschauer lauschten gespannt. Vor allem die Primaner sperrten die Ohren auf.

Da nahm das kleine Mädchen die blonde Perücke mit den Zöpfen ab. Und im nächsten Augenblick lachten mehr als zweihundert Schüler, dass die Wände wackelten. »Stöcker!«, schrien sie.

Sie konnten sich gar nicht beruhigen.

Plötzlich meinte Sebastian zu den Freunden: »Also, was sagt ihr dazu? Wisst ihr, wer bei den Lehrern sitzt? Dort neben dem Justus? Der Nichtraucher!«

Sebastian hatte recht. Der Nichtraucher saß in seinem blauen Anzug zwischen den Lehrern! Nur Martin und Johnny wussten, wie das zusammenhing. Und da rannte Johnny auch schon aus der Turnhalle hinaus.

Doktor Bökh erhob sich und trat in die Saalmitte. Es wurde still. »Auf dem Stuhl, der dort drüben neben meinem Stuhl steht«, sagte der Justus, »da sitzt ein Mann, den die meisten von euch nicht kennen. Dieser Mann ist mein einziger Freund. Vor zwanzig Jahren saßen wir zwei schon in dieser Turnhalle nebeneinander. Natürlich nicht bei den Lehrern, sondern auf den Bänken, auf denen heute ihr sitzt. Vor einer Reihe von Jahren verlor ich meinen Freund aus den Augen. Gestern fand ich ihn endlich wieder! Zwei Jungens aus eurer Mitte führten uns zusammen. In meinem ganzen Leben wurde mir nichts Schöneres zu Weihnachten geschenkt. Mein Freund heißt Robert Uthofft und ist Arzt. Weil ich will, dass er und ich künftig zusammenbleiben, habe ich heute mit unserm alten Sanitätsrat Hartwig gesprochen.«

Der Nichtraucher setzte sich bolzengerade.

Und der Justus fuhr fort: »Ich habe den Sanitätsrat Hartwig gefragt, ob er beim Magistrat von Kirchberg ein gutes Wort dafür einlegen will, dass mein Freund, Doktor Uthofft, in unserem Gymnasium Schularzt wird. In dieser Schule, in der er und ich Freunde wurden, werden wir beide also künftig wieder zusammen sein. Er als euer Arzt und ich als euer Lehrer. Wir zwei gehören zu dieser Schule wie die Grundpfeiler des Gebäudes und wie die alten Bäume draußen im verschneiten Park. Wir gehören hierher. Wir gehören zu euch. Und wenn ihr uns nur halb so liebt wie wir euch, dann ist es gut. Mehr verlangen wir nicht. Hab ich recht, Robert?«

Der Nichtraucher stand auf, ging zum Justus hinüber und wollte ein paar passende Worte sagen.

Er drückte aber seinem Freunde nur die Hand. Mehr brachte er nicht zustande.

Da kam Johnny angefegt. Er hielt ein paar Päckchen in der Hand, lief zum Nichtraucher hin, machte eine tiefe Verbeugung und sagte: »Lieber Herr Nichtraucher oder wie Sie sonst heißen mögen! Wir ahnten nicht, dass wir Sie heute Abend zu unserer Weihnachtsfeier sehen würden. Der Martin und der Uli, der Matthias und der Sebastian hatten mir aufgetragen, Ihnen morgen, am Heiligen Abend, in Ihrem Eisenbahnwaggon zu bescheren. Nun gehören Sie ja wohl auch äußerlich zu uns, und so möchte ich Ihnen unsere Geschenke schon heute geben.«

Johnny drückte dem Doktor Uthofft die Strümpfe, die Zigaretten, den Tabak und den Pullover in die Hand. »Wenn der Pullover nicht passt«, sagte der Junge, »ist es nicht schlimm. Wir haben Umtausch ausgemacht, und der Zettel vom Geschäft liegt bei.«

Der Nichtraucher klemmte die Geschenke unter den Arm. »Ich danke dir, Johnny«, sagte er. »Und ich danke deinen vier Freunden, die auch meine Freunde sind. Die anderen, die mich noch nicht kennen, werden sich schon noch an mich gewöhnen.

Da ist mir nicht bange.« Er sah sich im Kreise um. Dann meinte er: »Der Johann Bökh, euer Justus, und ich haben manches gelernt. Hier auf der Schulbank und draußen im Leben. Und trotzdem haben wir nichts vergessen. Wir haben unsere Jugend in der Erinnerung wachgehalten, und das ist die Hauptsache. Entschuldigt, dass ich ein bisschen gerührt bin. Ich hoffe, dass ihr das versteht. Ich hoffe sogar, dass auch ihr ein bisschen gerührt seid. So etwas geht vorüber. Und bei gebrochenen Beinen und bei Lungenentzündung bin ich ziemlich ungerührt. Das werdet ihr schon noch merken. Das soll keine Aufforderung sein, sich die Beine zu brechen. Beileibe nicht!«

Der Nichtraucher hakte sich beim Justus ein. »Um die Hauptsache nicht zu vergessen«, erklärte er, »bitte ich euch in dieser hoffentlich unverlierbaren Stunde: Vergesst eure Jugend nicht! Das klingt jetzt, wo ihr noch Kinder seid, recht überflüssig. Aber es ist nicht überflüssig. Glaubt es uns! Wir sind älter geworden und trotzdem jung geblieben. Wir wissen Bescheid, wir beiden!«

Der Doktor Bökh und der Doktor Uthofft schauten einander an.

Und die Jungen beschlossen in ihrem Herzen, diesen Blick nie zu vergessen.

Es war schon sehr spät, als der Justus die Runde durch die Schlafsäle machte. Er ging auf den Zehenspitzen. Die Dielen knarrten leise. Und die kleinen Wandlämpchen flackerten bei jedem seiner Schritte.

Im Schlafsaal II blieb er an Martins Bett stehen. Was mochte nur mit diesem Jungen los sein? Was war denn da geschehen?

Martin Thaler schlief unruhig. Er warf sich im Bett hin und her und murmelte ununterbrochen ein und denselben Satz.

Doktor Bökh beugte sich vor und lauschte angestrengt.

Was flüsterte der Junge im Schlaf? »Weinen ist streng verboten«?

Der Justus hielt den Atem an.

»Weinen ist streng verboten! Weinen ist streng verboten!« Immer wieder. Immer wieder.

Das musste ein seltsamer Traum sein. Ein Traum, in dem Weinen streng verboten war!

Doktor Bökh ging langsam und leise aus dem Saal.

DAS ELFTE KAPITEL

enthält einen fidelen Bahnhof; eine Schule ohne Schüler; die Entdeckung an der Kegelbahn; einen Lehrer, der heimlich über Zäune klettert; Besuch bei Uli; Johnnys Behauptung, dass man sich die Eltern nicht aussuchen könne; und zum zweiten Mal die gleiche Notlüge.

Der 24. Dezember begann im Johann-Sigismund-Gymnasium mit einem Höllenspektakel. Die Jungen rasten wie die Wilden die Treppen hinauf und herunter. Der eine hatte seine Zahnbürste aus Versehen im Waschsaal liegen lassen. Der andere suchte den Kofferschlüssel wie eine Stecknadel. Der Dritte hatte vergessen, die Schlittschuhe einzupacken. Der Vierte holte Verstärkung, weil der Koffer zu voll war und nur schloss, wenn sich mindestens drei Mann daraufsetzten.

Die Primaner taten zwar, als ob sie es bei Weitem weniger eilig hätten. Aber wenn sie niemand beobachtete, rasten sie ganz genau wie die Kleineren durch die Korridore.

Gegen zehn Uhr früh war die Schule schon halb leer. Die anderen, die später fuhren, machten zwar noch genügend Radau. Aber der Kenner spürte doch schon, dass die Auswanderung begonnen hatte.

Mittags zog dann der nächste Trupp durchs weit geöffnete Tor. Die Mützen saßen schief auf den Köpfen. Die schweren Koffer schleppten sie im Schnee.

Matthias kam ein paar Minuten danach hinterhergestolpert. Er hatte sich bei Uli verspätet. Johnny stand am Tor und gab ihm die Hand.

»Pass gut auf den Kleinen auf!«, sagte Matthias. »Ich werde ihm öfters schreiben. Und lass dir's gut gehen!«

»Gleichfalls«, meinte Johnny Trotz. »Ich passe schon auf. Aber nimm die Beine untern Arm. Sebastian ist bereits vorausgegangen.«

»Man hat's schwer«, stöhnte Matz. »Zum Bäcker Scherf muss ich auch noch. Sonst verhungere ich im Zug. Und das kann ich meinen alten Herrschaften doch nicht antun. Hör mal, Dichterfürst, wo ist denn eigentlich Martin Thaler, auch das Dreimarkstück genannt? Ich wollte mich nämlich von ihm verabschieden. Aber ich finde ihn nirgends. Und ohne ihn ist das unmöglich. Na, grüß ihn bestens. Und er soll mir einen Kartengruß zukommen lassen, damit ich weiß, mit welchem Zug er in unser Bildungsinstitut zurückfährt.«

»Schon gut«, sagte Johnny. »Ich werde es ausrichten. Nun halte aber den Mund und mach, dass du fortkommst!«

Matz hob den Koffer auf die linke Schulter, rief: »Mensch, ich krieg 'nen Punchingball!«, und zog wie ein studierter Gepäckträger davon.

Der Bahnhof wimmelte von Gymnasiasten. Die einen wollten nach dem Norden fahren, die anderen nach Osten. Die zwei Züge, auf die man wartete, passierten Kirchberg kurz hintereinander.

Die Primaner spazierten mit ihren Tanzstundendamen die Bahnsteige entlang und plauderten weltmännisch. Man überreichte einander Blumen und Lebkuchen. Der schöne Theodor erhielt von seiner Tangopartnerin, einem gewissen Fräulein Malwine Schneidig, ein Zigarettenetui, das beinahe echt war. Er zeigte es stolz den anderen Primanern. Sie wurden hellgelb vor Neid.

Sebastian, der in der Nähe stand und einen Haufen Unterklassianer um sich versammelt hatte, riss auf Kosten der Primaner Witze und hatte großen Heiterkeitserfolg.

Endlich kam auch Matthias an. Er setzte sich auf seinen Koffer und aß sechs Stück Kuchen. Anschließend lief der erste der beiden Züge ein. Die Gymnasiasten, die nach Norden reisten, erstürmten ihn wie eine feindliche Festung. Dann schauten sie aus den Abteilfenstern und unterhielten sich so laut wie möglich mit denen, die noch warten mussten. Ein Sekundaner streckte eine Tafel aus dem Zug. Auf der Tafel stand: »Parole Heimat!« Ein Sextaner kletterte heulend wieder aus dem Zug heraus. Der kleine Trottel hatte seinen Koffer auf dem Bahnsteig stehen lassen. Er fand ihn aber und kam noch zurecht.

Als der Zug abfuhr, schwenkten alle die Mützen. Und die Tanzstundendamen winkten mit ihren winzigen Taschentüchern. Man rief: »Frohe Weihnachten!« Andere brüllten: »Prost Neujahr!« Und Sebastian schrie: »Fröhliche Ostern!« Dann fuhr der Zug aus der Halle.

Es ging auch weiterhin außerordentlich fidel zu. Und außer dem Stationsvorsteher waren alle guter Laune. Er atmete erst auf, als auch der zweite Zug hinausschnaufte und als weit und breit kein Gymnasiast mehr zu sehen war. Von seinem Standpunkt aus hatte er ja recht.

Das Schulhaus war wie ausgestorben. Das Dutzend Schüler, das erst am Nachmittag fuhr, spürte man überhaupt nicht.

Da zog der Justus seinen Wintermantel an und ging in den stillen weißen Park hinunter. Die Gartenwege waren zugeschneit. Unberührt lagen sie da. Verschwunden waren Lärm und Gelächter. Johann Bökh blieb stehen und lauschte dem raschelnden Schnee, den der Wind von den Zweigen pustete. Na also, die große Ruhe und die große Einsamkeit konnten beginnen!

Als er in einen Seitenweg einbog, bemerkte er Fußstapfen. Es waren die Abdrücke von einem Paar Knabenschuhen. Wer lief denn jetzt allein im Park umher?

Er folgte den Spuren. Sie führten zu der Kegelbahn hinunter.

Als der Zug abfuhr,
schwenkten alle die Mützen.

Der Justus schlich auf den Zehenspitzen durch den Schnee, an der Schmalseite des Schuppens entlang, und blickte vorsichtig um die Ecke. Auf der Brüstung saß ein Junge. Er hatte den Kopf an einen der hölzernen Pfeiler gelehnt und starrte zu dem Himmel hinauf, über den die schweren Schneewolken hinzogen.

»Hallo!«, rief der Justus.

Der Junge zuckte zusammen und drehte sich erschrocken um. Es war Martin Thaler. Er sprang von der Brüstung herunter.

Der Lehrer ging näher. »Was machst du denn hier unten?«

»Ich wollte allein sein«, meinte der Junge.

»Dann entschuldige die Störung«, sagte der Justus. »Aber es trifft sich ganz gut, dass ich dir begegne. Warum hast du denn gestern früh so saumäßig schlecht gelesen, hm?«

»Ich dachte an etwas anderes«, antwortete Martin betreten.

»Hältst du das für eine passende Entschuldigung, wie? Und warum hast du gestern Abend so miserabel Theater gespielt? Und warum hast du gestern und heute im Speisesaal fast nichts gegessen?«

»Da hab ich auch an etwas anderes denken müssen, Herr Doktor«, erwiderte Martin und schämte sich in Grund und Boden.

»So. Woran musstest du denn denken? An Weihnachten?«

»Jawohl, Herr Doktor.«

»Na, besonders drauf zu freuen scheinst du dich ja nicht!«

»Nein, nicht besonders, Herr Doktor.«

»Wann fährst du denn heim? Mit dem Nachmittagszug?«

Da liefen dem Primus der Tertia zwei große Tränen aus den Augen. Und dann noch zwei Tränen. Aber er biss die Zähne zusammen, und da kamen keine Tränen weiter. Schließlich sagte er: »Ich fahre gar nicht nach Hause, Herr Doktor.«

»Nanu«, meinte der Justus. »Du bleibst während der Ferien in der Schule?«

Martin nickte und wischte mit dem Handrücken die vier Tränen fort.

»Wollen denn deine Eltern nicht, dass du kommst?«

»Doch, Herr Doktor, meine Eltern wollen.«

»Und du? Willst du denn nicht?«

»Doch. Ich will auch, Herr Doktor.«

»Na, zum Donnerwetter noch einmal!«, rief der Justus. »Was soll das denn heißen? Sie wollen! Du willst! Und trotzdem bleibst du hier? Woran liegt das denn?«

»Das möchte ich lieber nicht sagen, Herr Doktor«, meinte Martin. »Darf ich jetzt gehen?« Er drehte sich um und wollte fortlaufen. Aber der Lehrer hielt ihn fest. »Moment, mein Sohn!«, sagte er. Dann beugte er sich zu dem Jungen hinab und fragte ihn sehr leise, als dürften es nicht einmal die Bäume hören: »Hast du etwa kein Fahrgeld?«

Da war es mit Martins tapferer Haltung endgültig vorbei. Er nickte. Dann legte er den Kopf auf die schneebedeckte Brüstung der Kegelbahn und weinte zum Gotterbarmen. Der Kummer packte den Jungen im Genick und schüttelte und rüttelte ihn hin und her.

Der Justus stand erschrocken daneben. Er wartete eine Weile. Er wusste, dass man mit dem Trösten nicht zu früh beginnen darf. Dann nahm er sein Taschentuch, zog den Jungen zu sich heran und wischte ihm das Gesicht ab. »Na, na«, sagte er. »Na, na.« Er war selber ein bisschen mitgenommen. Er musste ein paarmal energisch husten. Dann fragte er: »Was kostet denn der Spaß?«

»Acht Mark.«

Der Justus holte seine Brieftasche heraus, nahm einen Geldschein und sagte: »So, da hast du zwanzig Mark. Das reicht für die Heimfahrt und für die Rückreise.«

Martin starrte entgeistert auf die Banknote. Dann schüttelte er den Kopf. »Nein, das geht nicht, Herr Doktor.«

Der Justus steckte ihm den Schein in die Jacketttasche und meinte: »Willst du gleich folgen, du Lümmel?«

»Ich habe aber selber noch fünf Mark«, murmelte Martin.

»Ja, willst du denn deinen Eltern nichts schenken?«

»Doch, sehr gern. Aber …«

»Siehst du wohl!«, sagte der Hauslehrer.

Martin rang mit sich. »Vielen, vielen Dank, Herr Doktor. Aber ich weiß nicht, wann Ihnen meine Eltern das Geld zurückzahlen können. Mein Vater hat nämlich keine Stellung. Hoffentlich finde ich Ostern einen Sextaner, dem ich Nachhilfe geben kann. Hat es so lange Zeit?«

»Willst du gleich den Mund halten?«, sagte Doktor Bökh streng. »Wenn ich dir am Heiligen Abend das Reisegeld schenke, dürft ihr mir's gar nicht wiedergeben! Das wäre ja noch schöner!«

Martin Thaler stand neben seinem Lehrer und wusste nicht, was er tun und wie er sich bedanken sollte. Endlich griff er zaghaft nach der Hand des Mannes und drückte sie leise.

»Na, nun pack aber deinen Koffer!«, sagte der Justus. »Und grüße deine Eltern schön von mir. Vor allem deine Mutter. Die kenne ich ja schon.«

Der Junge nickte. Dann erwiderte er: »Und grüßen Sie, bitte, auch Ihre Mutter vielmals!«

»Das wird leider nicht möglich sein«, meinte Doktor Bökh. »Meine Mutter ist seit sechs Jahren tot.«

Martin machte eine Bewegung. Es sah fast aus, als wolle er seinem Lehrer um den Hals fallen. Er tat es natürlich nicht, sondern trat respektvoll zurück und blickte den Justus lange und treuherzig an.

»Schon gut«, sagte Doktor Bökh. »Ihr habt mir ja den Nichtraucher beschert. Mit dem werde ich heute Abend Weihnachten feiern. Drüben in seiner Eisenbahnvilla. Und um Uli und dessen Eltern und um Johnny Trotz muss ich mich auch ein bisschen kümmern. Du siehst, sehr viel Zeit zum Einsamsein werde ich gar nicht haben.« Dann klopfte er dem Jungen auf die Schulter und nickte freundlich: »Glückliche Reise, Martin!«

»Und nochmals vielen Dank«, sagte der Junge leise. Dann drehte er sich um und rannte davon. Zur Schule hinauf. Ins Schrankzimmer.

Der Justus aber spazierte weiter durch den stillen verschneiten Park. Bis zum Zaun. Dort sah er sich vorsichtig nach allen Seiten um. Und dann kletterte er, genau wie einst als Junge, über den Zaun hinweg. Es ging noch ganz gut. »Gelernt ist gelernt«, sagte er zu einem frierenden Sperling, der ihm neugierig zuschaute.

Und dann besuchte er den Nichtraucher. Der hatte einen kleinen Tannenbaum besorgt. Und den behängten sie nun gemeinsam mit Lametta und vergoldeten Nüssen.

Als Martin den Koffer packte, kam Johnny ins Schrankzimmer. »Da bist du ja!«, rief er. »Matz wollte sich von dir verabschieden. Du sollst ihm nach Hause schreiben und mitteilen, mit welchem Zug du wieder zurückfährst.«

»Mach ich«, meinte Martin vergnügt.

»Na, allmählich scheinst du ja wieder normal zu werden«, sagte Johnny erfreut. »Ich dachte schon, du wärst übergeschnappt. Was war denn? Hm?«

»Frag mich nicht«, bat Martin. (Denn er konnte doch nicht gut Johnny, der überhaupt kein Zuhause hatte, von seinem Kummer erzählen!) »Ich kann dir nur sagen, dass der Justus ein Mensch ist, wie es keinen zweiten gibt.«

»Hältst du das etwa für eine Neuigkeit?«, fragte Johnny.

Beim Packen fiel Martin »Der Einsiedler« in die Hände. Jenes Bild, das er für den Nichtraucher gemalt hatte. »Herrje«, sagte er. »Viel Sinn hat das Bild ja nun nicht mehr. Denn nun ist er ja kein Einsiedler mehr, sondern unser Schularzt. Aber vielleicht freut's ihn doch?«

»Sicher«, meinte Johnny. »Es ist doch eine Erinnerung für ihn. An das vergangene einsame Jahr. Ich geb's ihm heute Abend.«

Und dann stiegen sie zu Uli hinauf. Der Kleine hatte Besuch. Er lag glücklich lächelnd im Bett, die Eltern saßen neben ihm.

»Das sind ja schöne Geschichten«, meinte Herr von Simmern.

»Er macht es bestimmt nicht wieder«, erklärte Martin.

Ulis Mutter schlug die Hände überm Kopf zusammen. »Das fehlte auch noch!«

»Es gibt schlimme Erlebnisse, die sich nicht umgehen lassen«, sagte Johnny Trotz. »Wenn Uli nicht das Bein gebrochen hätte, wäre er sicher noch viel kränker geworden.«

Die Eltern blickten Johnny verständnislos an.

»Er ist ein Dichter«, erklärte Uli.

»Aha«, meinte der Vater. »Das ist natürlich etwas anderes.«

Die beiden Jungen gingen rasch wieder. Uli versprach Martin, so schnell wie möglich wieder gesund zu werden.

Johnny und Martin trennten sich am Gartentor. Johnny spürte, dass Martin etwas wissen wollte und sich nicht zu fragen traute.

»Es ist alles Gewöhnung«, sagte Johnny. »Und man kann sich seine Eltern nicht aussuchen. Wenn ich mir manchmal vorstelle, dass sie eines Tages hier auftauchen könnten, um mich zu holen, dann merk ich erst, wie froh ich bin, dass ich allein bleiben kann. Der Kapitän trifft übrigens am 3. Januar in Hamburg ein, will mich besuchen und mit mir zwei Tage nach Berlin fahren. Das wird fein.«

Er nickte dem anderen zu. »Mach dir keine Sorgen. Sehr glücklich bin ich nicht. Das wäre gelogen. Aber ich bin auch nicht sehr unglücklich.«

Sie gaben einander die Hand. »Was hast du denn in dem Paket?«, fragte Johnny. Denn Martin hatte sein Weihnachtspaket nicht mehr in den Koffer gebracht.

»Wäsche«, erwiderte Martin. Es war dieselbe Antwort, die er gestern Matthias gegeben hatte. Er konnte doch nicht Johnny erzählen, dass er seine eigenen Weihnachtsgeschenke mit nach

Hause nahm! Dass er sie aus Kirchberg mitnahm, statt sie in Hermsdorf unterm Christbaum vorzufinden!

Unten in der Stadt kaufte er ein Kistchen Zigarren für seinen Vater. Fünfundzwanzig Stück. Mit Bauchbinde und mit Havannadeckblatt. Und in einem Trikotagengeschäft kaufte er für seine Mutter ein Paar warme, gestrickte Pantoffeln. Denn ihre Kamelhaarschuhe waren seit Langem reif zum Wegwerfen. Aber sie sagte immer: »Die halten noch zehn Jahre.« Dann wanderte er schwer beladen zum Bahnhof.

Am Schalter verlangte er: »Einmal dritter Klasse nach Hermsdorf.«

Der Beamte gab ihm die Fahrkarte. Geld gab er ihm auch zurück.

Martin steckte alles sorgfältig in die Tasche. Dann sagte er: »Besten Dank, mein Herr!«, und blickte den Mann strahlend an.

»Warum freust du dich denn so?«, fragte der Beamte.

»Weil Weihnachten ist«, gab der Junge zur Antwort.

DAS ZWÖLFTE KAPITEL

enthält viele schöne Christbäume und eine kleine Fichte; Apfelsinen, die pro Stück vier Pfund wiegen; sehr viele Tränen; wiederholtes Klingeln; Weinen und Lachen zu gleicher Zeit; neue Buntstifte und ihre erste Verwendung; den Hermsdorfer Nachtbriefkasten und eine Sternschnuppe.

Es war am Heiligen Abend gegen 20 Uhr. Die amtliche Landeswetterwarte hatte für ganz Mitteleuropa starken Schneefall vorhergesagt. Und nun bewies der Himmel, wie gut die amtliche Landeswetterwarte informiert war. Es schneite tatsächlich in ganz Mitteleuropa!

Es schneite also auch in Hermsdorf. Herr Hermann Thaler stand in der guten Stube am Fenster. Das Zimmer war dunkel. Denn Licht kostete Geld. Und Thalers mussten sparen.

»So viel Schnee hat es zu Weihnachten seit Jahren nicht mehr gegeben«, meinte er.

Frau Thaler saß auf dem Sofa. Sie nickte nur. Ihr Mann erwartete auch gar keine Antwort. Er redete nur, damit es nicht zu still wurde.

»Bei Neumanns bescheren sie schon«, sagte er. »Ach, und bei Mildes zünden sie gerade die Kerzen an! Einen schönen großen Baum haben sie. Na ja, er verdient jetzt wieder besser.«

Herr Thaler sah die Straße entlang. Die Zahl der schimmernden Fenster wuchs von Minute zu Minute. Und die Flocken wirbelten wie Schmetterlinge durch die Luft.

Frau Thaler bewegte sich. Das alte Plüschsofa knarrte. »Was mag er jetzt bloß machen?«, fragte sie. »In dieser großen, unheimlich leeren Schule?«

Der Mann seufzte heimlich. »Du machst es dir zu schwer«, meinte er. »Erstens ist der Jonathan Trotz da. Den scheint er ja sehr gernzuhaben. Und dann hat doch der andere, der kleine Adelige, das Bein gebrochen. Sicher sitzen sie an seinem Bett und sind kreuzfidel.«

»Das glaubst du doch selber nicht«, sagte die Frau. »Du weißt so gut wie ich, dass unser Junge jetzt nicht kreuzfidel ist. Wahrscheinlich hat er sich in irgendeinen Winkel verkrochen und weint sich die Augen aus dem Kopf.«

»Das tut er ganz bestimmt nicht«, entgegnete der Mann. »Er hat versprochen, dass er nicht weinen wird. Und so 'n Junge wie er hält, was er verspricht.« Herr Thaler war seiner Sache allerdings gar nicht so sicher, wie er vorgab. Aber was sollte er denn sonst sagen?

»Versprochen! Versprochen!«, meinte Martins Mutter. »Ich hab's ihm ja auch versprochen. Und trotzdem hab ich schon geheult, während ich den Brief an ihn schrieb.«

Herr Thaler kehrte dem Fenster den Rücken. Ihm gingen die schimmernden Christbäume auf die Nerven. Er blickte ins dunkle Zimmer und sagte: »Komm, mach Licht!«

Seine Frau erhob sich und zündete die Lampe an. Ihre Augen sahen rot geweint aus.

Auf dem runden Tisch stand eine ganz, ganz kleine Fichte. Frau Riedel, eine Witwe, die zu Weihnachten auf dem Obermarkt Christbäume verkaufte, hatte sie ihnen geschenkt. »Für Ihren Martin«, hatte sie gesagt. Nun hatten Thalers also einen Weihnachtsbaum – und der Junge war nicht zu Hause!

Herr Thaler ging in die Küche, kramte dort lange herum und kam endlich mit einem kleinen Kasten wieder. »Hier sind die Kerzen vom vorigen Jahr«, meinte er. »Wir haben sie nur halb abbrennen lassen.« Dann klemmte er zwölf halbe Christbaumkerzen in die Zweige der Fichte. Schließlich sah das Bäumchen richtig hübsch aus. Aber Martins Eltern wurden nur noch trauriger.

Sie setzten sich nebeneinander aufs Sofa. Und Frau Thaler las zum fünften Male Martins Brief vor. An einigen Stellen machte sie eine Pause und fuhr sich über die Augen. Als sie mit dem Lesen fertig war, zog der Mann sein Taschentuch heraus und schnäuzte sich heftig die Nase. »Dass so etwas vom Schicksal überhaupt erlaubt wird«, sagte er. »Da muss so ein kleiner Kerl schon erfahren, wie schlimm es ist, wenn man kein Geld hat. Hoffentlich macht er seinen Eltern nicht noch Vorwürfe, dass sie so untüchtig waren und so arm geblieben sind!«

»Rede doch nicht so dummes Zeug!«, meinte die Frau. »Wie du überhaupt auf so einen Gedanken kommen kannst! Martin ist zwar noch ein Kind. Aber er weiß ganz genau, dass Tüchtigkeit und Reichtum nicht dasselbe sind.«

Dann holte sie das Bild mit der blauen Kutsche und den sechs Pferden vom Nähtischchen und stellte es vorsichtig unter den kleinen Christbaum.

»Ich verstehe ja nichts von Kunst«, sagte der Vater, »aber das Bild gefällt mir großartig. Vielleicht wird er später einmal ein berühmter Maler! Dann könnten wir ja wirklich mit ihm nach Italien reisen. Oder soll das etwa Spanien sein?«

»Hauptsache, dass er gesund bleibt«, erklärte die Mutter.

»Guck dir bloß den Schnurrbart an, den er sich unter die Nase gemalt hat!«

Die Eltern lächelten wehmütig.

Die Mutter sagte: »Ich finde es so hübsch, dass er uns nicht in irgendein pompöses Auto hineingemalt hat, sondern in eine blaue Kutsche mit sechs Pferden. Das ist viel poetischer.«

»Und diese Apfelsinen!«, meinte der Vater. »So große Dinger gibt's ja gar nicht. Da wiegt doch jedes Stück mindestens vier Pfund!«

»Und wie geschickt er die Peitsche schwingt«, meinte die Mutter. Dann schwiegen sie wieder, blickten unverwandt das Bild an, das »In zehn Jahren« hieß, und dachten an den kleinen Maler.

Der Vater hustete. »In zehn Jahren! Bis dahin kann viel geschehen.« Er holte Streichhölzer aus der Tasche, zündete die zwölf Kerzen an und löschte die Lampe aus. Thalers gute Stube schimmerte weihnachtlich.

»Du gute, treue Seele!«, sagte der Mann zu der Frau. »Schenken können wir uns diesmal nichts. Umso mehr wollen wir uns wünschen.« Er gab ihr einen Kuss auf die Backe. »Fröhliche Weihnachten!«

»Fröhliche Weihnachten!«, sagte auch sie. Dann weinte sie. Und das klang, als könne sie nie wieder zu weinen aufhören.

Wer weiß, wie lange sie so auf dem alten Plüschsofa saßen … Die Stearinkerzen wurden kleiner und kleiner. In der Nachbarwohnung sang man »Stille Nacht, heilige Nacht«. Und noch immer wirbelten die Schneeflocken vorm Fenster.

Plötzlich klingelte es!

Die beiden rührten sich nicht. Sie wollten in ihrem Kummer nicht gestört sein.

Doch da klingelte es noch einmal. Laut und ungeduldig. Frau Thaler stand auf und ging langsam in den Korridor. Nicht einmal am Heiligen Abend wurde man in Ruhe gelassen! Sie öffnete die Wohnungstür und blieb sekundenlang erstarrt stehen. Dann schrie sie: »Martin!« Gellend hallte es im Treppenhaus wider.

Martin? Wieso? Der Vater war erschrocken zusammengefahren. Er rannte in den Flur hinaus und traute seinen Augen nicht!

Seine Frau war auf der Türschwelle in die Knie gesunken und hielt Martin mit beiden Armen fest umklammert.

Da riskierten sogar die Augen des Herrn Thaler je eine Träne. Er wischte sie heimlich fort, hob den Koffer auf, der achtlos am Boden lag, und sagte: »Aber Junge, um alles in der Welt, wie kommst du denn hierher?«

Es dauerte ziemlich lange, bis sie sich in die gute Stube hineinfanden. Die Mutter und der Junge lachten und weinten durcheinander, und der Vater stotterte mindestens zehnmal: »Nein, so was!« Dann stürzte er hinaus. Denn sie hatten natürlich vor lauter Aufregung vergessen, die Tür zu schließen.

Das Erste, was Martin herausbrachte, war: »Das Geld für die Rückfahrt hab ich auch.«

Endlich hatten sich die drei so weit beruhigt, dass der Junge berichten konnte, wieso er hier und nicht in Kirchberg war. »Ich habe mich wirklich sehr zusammengenommen«, erzählte er. »Ich habe auch nicht geweint. Das heißt: Geweint hab ich schon; aber da war es sowieso zu spät. Der Doktor Bökh, unser Hauslehrer, merkte trotzdem, dass irgendetwas nicht in Ordnung war. Ja. Und dann gab er mir zwanzig Mark. Unten im Park. An der Kegelbahn. Geschenkt hat er's mir. Und ich soll euch vielmals von ihm grüßen.«

»Danke schön«, sagten die Eltern im Chor.

»Und ich habe sogar noch ein paar Geschenke kaufen können«, berichtete Martin stolz. Und dann gab er dem Vater die Zigarren mit der Bauchbinde und dem Havannadeckblatt. Und der Mutter überreichte er die gestrickten Pantoffeln. Sie freuten sich kolossal. »Haben dir denn unsere Geschenke gefallen?«, fragte die Mutter.

»Ich hab sie mir noch gar nicht angesehen«, gestand Martin. Und nun öffnete er das Paket, das sie ihm nach Kirchberg geschickt hatten. Er fand großartige Sachen darin: ein neues Nachthemd, das ihm die Mutter selber geschneidert hatte; zwei Paar wollene Strümpfe; ein Paket Lebkuchen mit Schokoladenguss; ein spannendes Buch über die Südsee; einen Zeichenblock und, das war das Schönste, einen Karton bester Buntstifte.

Martin war hell begeistert und verteilte Küsse.

Es war, genau genommen, ein Heiliger Abend, wie er sich schöner gar nicht ausdenken lässt. – Die Kerzen auf dem winzigen Christbaum brannten zwar sehr bald herunter. Aber man zündete die Lampe an. Die Mutter kochte Kaffee. Der Vater rauchte eine Weihnachtszigarre. Dann aßen sie die Lebkuchen und fühlten sich glücklicher als sämtliche lebendigen und toten Milliardäre zusammengenommen. Die Mutter musste übrigens die neuen Pantoffeln probieren und meinte, so wundervolle Pantoffeln habe sie nie vorher gehabt.

Später setzte sich Martin hin, holte eine einfache Postkarte, die er am Bahnhof gekauft hatte, aus der Tasche und begann zu malen. Mit den neuen Buntstiften natürlich! Die Eltern sahen einander lächelnd an, und dann schauten sie ihm zu. Er malte einen jungen Herrn, dem hinten aus dem Jackett zwei große Engelsflügel herauswuchsen. Dieser seltsame Mann schwebte aus den Wolken herab. Und unten stand ein kleiner Junge, dem riesige Tränen aus den Augen tropften. Der Herr mit den Flügeln hielt eine dicke Brieftasche in den Händen und streckte sie dem Knaben entgegen.

Martin lehnte sich zurück, kniff fachmännisch die Augen zusammen, überlegte eine Weile und malte dann noch Verschiedenes auf die Karte: vor allem sehr, sehr viele Schneeflocken und im Hintergrund eine Eisenbahn, auf deren Lokomotive ein geschmückter Christbaum wuchs. Neben dem Zug stand der Stationsvorsteher und hob den Arm, um das Abfahrtssignal zu geben. Darunter zeichnete der Junge in Blockschrift: »Ein Weihnachtsengel namens Bökh«.

Auf die Rückseite der Postkarte schrieben die Eltern ein paar Zeilen.

»Sehr verehrter Herr Doktor«, schrieb Frau Thaler. »Unser Junge hat wahrhaftig recht, wenn er Sie als Engel gezeichnet hat. Ich kann nicht malen. Ich kann Ihnen nur mit Worten danken. Vielen, vielen Dank für das lebendige Weihnachtsgeschenk, das Sie uns beschert haben. Sie sind ein guter Mensch. Sie verdienen, dass alle Ihre Schüler gute Menschen werden! Dies wünscht Ihnen Ihre ewig dankbare Margarete Thaler.«

Der Vater knurrte: »Du hast mir ja gar keinen Platz gelassen.« Und er brachte wirklich nicht viel mehr als seinen Namen hin. Zum Schluss schrieb Martin die Adresse.

Dann zogen sie ihre Mäntel an und gingen miteinander zum Bahnhof. Dort steckten sie die Karte in den Nachtbriefkasten, damit sie der Justus bestimmt am ersten Feiertag früh bekäme. Und dann spazierten sie wieder nach Hause. Der Junge ging in der Mitte und hatte sich bei seinen Eltern eingehenkelt.

Es war ein wundervoller Spaziergang! Der Himmel glitzerte wie ein unendliches Juweliergeschäft. Es schneite nicht mehr. Und in allen Häusern glänzten Christbäume.

Martin blieb stehen und zeigte zum Himmel hinauf. »Das Sternenlicht, das wir jetzt sehen«, sagte er, »ist viele, viele Jahrtausende alt. So lange brauchen die Lichtstrahlen bis in unsere Augen. Vielleicht sind die meisten dieser Sterne schon vor Christi Geburt erloschen. Aber ihr Licht ist noch auf der Reise. Und so leuchten sie noch für uns, obwohl sie in Wirklichkeit längst kalt und dunkel geworden sind.«

»Aha«, sagte der Vater. Und die Mutter staunte ebenfalls. Und dann gingen sie weiter. Der Schnee machte unter den Schuhsohlen Katzenmusik. Martin drückte den Arm seiner Mutter und den Arm seines Vaters fest an sich. Er war glücklich.

Als sie vorm Hause standen und der Vater die Haustür aufschloss, sah Martin noch einmal zum Himmel empor. Und gerade in diesem Augenblick löste sich eine Sternschnuppe vom Dunkel der Nacht los und glitt schweigend über den Himmel, hinab zum Horizont. Der Junge dachte: ›Jetzt kann man sich etwas wünschen!‹ Und er dachte, während er dem Flug der Sternschnuppe mit den Augen folgte, rasch weiter: ›So wünsch ich meiner Mutter und meinem Vater, dem Justus und dem Nichtraucher, Johnny und Matz und Uli und auch Sebastian, dass sie recht, recht viel Glück im Leben haben mögen! Und mir wünsch ich's auch!‹

Das war nun zwar ein ziemlich langer Wunsch. Aber er hatte trotzdem berechtigte Aussichten auf Erfüllung. Denn Martin hatte, während die Sternschnuppe fiel, kein Wort gesprochen.

Und das ist ja bekanntlich die Hauptsache dabei.

Dann zogen sie ihre Mäntel an und gingen
miteinander zum Bahnhof.

enthält Autobusse und Straßenbahnen; wehmütige Erinnerungen an Gottfried, das Pfauenauge, und an das Kalb namens Eduard; eine Begegnung mit Johnny Trotz und seinem Kapitän; viele Grüße an den Justus und an den Nichtraucher; und das Ende des Buches.

So. Nun habe ich euch meine Weihnachtsgeschichte erzählt! Entsinnt ihr euch, dass ich auf einer großen Wiese saß, als ich sie zu schreiben begann? Auf einem Holzbänkchen, vor einem kleinen, wackligen Tisch? Und wenn es mir zu heiß wurde, blickte ich zu den Riffelwänden hinauf und zu den verschneiten Klüften der Zugspitze. Die Zeit vergeht, ›als flögen wir davon‹.

Während ich das Nachwort schreibe, sitze ich schon wieder in Berlin. Hier habe ich nämlich eine kleine Wohnung. In einem Gartenhaus, vier Treppen hoch. Meine Mutter ist gerade zu Besuch, und zum Mittagessen soll ich pünktlich zu Hause sein. Heute gibt's Makkaroni mit Schinken. Das ist eines meiner Leibgerichte.

Ich sitze gerade vor einem Kaffeehaus am Kurfürstendamm. Es ist Herbst geworden. Wenn der Wind weht, fallen gelbe und braune Blätter auf den Asphalt.

Wo ist er hingeflogen, jener bunte Schmetterling, der Gottfried hieß und der mich, fünf Wochen lang, fast jeden Nachmittag besuchte? Schmetterlinge werden nicht alt. Gottfried wird gestorben sein. Er war so ein freundlicher, anhänglicher Schmetterling. Friede seiner Asche!

Und was mag das hübsche braune Kalb treiben, das mich allabendlich auf der großen Wiese abholte und bis vors Hotel drunten am See begleitete? Ist es schon ein Ochse geworden? Oder hat man es zu Kalbsschnitzeln verarbeitet? Ach, Eduard war mir so sympathisch! Wenn er jetzt quer über den Kurfürstendamm getrottet käme, vor meinem Korbstuhl stehen bliebe, mich treuherzig ansähe und mit seinen kleinen Hörnern stupste – ich begänne vor Freude zu johlen. Und ich nähme ihn bestimmt für immer zu mir. Er könnte vielleicht auf meinem Balkon wohnen. Ich würde ihn mit alten Seegrasmatratzen füttern. Und abends ginge ich mit ihm im Grunewald spazieren …

Aber hier, wo ich jetzt sitze, kommen keine Kälber vorüber. Höchstens dann und wann ein paar Schafe oder ein Rhinozeros.

Und die Straßenbahnen klingeln. Die Autobusse rollen knurrend und knarrend vorüber. Die Autos hupen, als steckten sie am Spieße. Alle haben es eilig. Na ja. Ich bin eben wieder in der Großstadt.

Am Fuß der Zugspitze dufteten die Feldblumen. Hier riecht es nach Autoreifen und Benzolgemisch. Trotzdem: Ob Tannenbäume oder Fabrikschlote, Hochhäuser oder Berge mit ewigem Schnee, ob Getreidefelder oder Untergrundbahnhöfe, Altweibersommer oder Telefondrähte, überfüllte Kinopaläste oder grüne Gebirgsseen, ob Stadt oder Land, ich liebe beide. Und beide verdienen's, dass man sie liebt. Was wäre das eine ohne das andere?

Bevor ich schließe, muss ich euch noch von einer Begegnung erzählen, die ich eben hatte. Unter den vielen Menschen, die vorüberkamen, war auch ein Offizier der Handelsmarine. Ein älterer Herr in einer schönen blauen Uniform, mit goldenen Litzen und Sternen. Und neben ihm ging ein Junge mit einer Gymnasiastenmütze. Ein Irrtum war ausgeschlossen: Das waren Jonathan Trotz und der Kapitän.

»Johnny!«, rief ich.

Der Junge drehte sich um. Der Kapitän blieb stehen. Ich ging zu den beiden hin und machte vor dem Kapitän eine Verbeugung. »Du bist doch der Johnny Trotz aus dem Kirchberger Johann-Sigismund-Gymnasium«, sagte ich zu dem Jungen.

»Jawohl«, erwiderte er.

»Das freut mich«, entgegnete ich. »Und Sie sind der Kapitän, der wie ein Vater für Johnny sorgt?«, fragte ich den Herrn in der Marineuniform.

Er nickte höflich und wir gaben uns die Hand.

»Ich habe nämlich ein Buch über euch geschrieben«, sagte ich zu dem Gymnasiasten. »Und zwar über die merkwürdigen Erlebnisse, die ihr vor zwei Jahren, um Weihnachten herum, hattet. Jetzt bist du allerdings schon Sekundaner, und eigentlich müsste ich Sie zu dir sagen. Aber ich tu's nicht. Du wirst es ja auch nicht verlangen. Erinnerst du dich noch an jene Zeit, als die Realschüler eure Diktathefte in Egerlands Keller verbrannten?«

»Ich entsinne mich noch sehr genau daran«, bemerkte Johnny. »Und das haben Sie aufgeschrieben?«

Ich nickte. »Und den Fallschirmabsprung, bei dem Uli verunglückte.«

»Das wissen Sie auch?«, fragte er erstaunt.

»Freilich«, meinte ich. »Das und noch viel mehr. Wie geht's denn allen? Isst Matthias noch immer so gründlich?«

»Er isst nicht«, sagte Johnny. »Er frisst! Und zweimal in der Woche hat er Boxunterricht in einer Sportschule.«

»Großartig! Und was macht Sebastian?«

»Gegenwärtig hat er's mit der Chemie. Er liest riesig schwierige Bücher über die Elektronentheorie und über die kinetische Gastheorie und über die Quantentheorie und solche Sachen. Er will Gelehrter werden und herauskriegen, was in den Atomen drin ist.«

»Und was macht dein Freund?«

»Martin ist noch immer der Klassenerste. Und wütend wird

er immer noch, wenn wer ungerecht ist. Und in der übrigen Zeit malt er. Das wissen Sie ja wohl auch. Seine Bilder sind sehr schön. Ein Professor von der Kunstakademie hat ihm geschrieben, er solle später Maler werden. Und Martins Vater hat wieder eine Stellung gefunden.«

»Das freut mich aufrichtig«, sagte ich. »Und Uli?«

»Uli ist ein sonderbarer Kerl«, meinte Johnny. »Er ist noch immer der Kleinste in der Klasse. Aber er ist ganz anders als früher. Matthias steht völlig unter seinem Pantoffel. Und uns anderen geht's fast genauso. Uli bleibt zwar klein, aber in ihm steckt eine Kraft, der sich niemand widersetzen kann. Uli will das gar nicht. Aber wenn er wen anschaut, hat er's schon geschafft.«

»Er hat sich damals selber überwunden«, sagte der Kapitän nachdenklich. »Und da ist dann alles Übrige eine Kleinigkeit.«

»So wird's wohl sein.« Ich wandte mich wieder an Johnny. »Und du dichtest nach wie vor?«

Der Kapitän lächelte. »Ja, er schreibt Märchen und Dramen und Gedichte. Vielleicht darf er Ihnen einmal etwas zuschicken, damit Sie die Sachen prüfen? Würden Sie das tun?«

»Eisern«, meinte ich. »Aber ich kann nur die Arbeiten prüfen, nicht das Talent. Ich kann nur nachschauen, ob du schreiben kannst, und nicht, ob du einmal ein Schriftsteller werden wirst. Das entscheidet sich erst später.«

»Ich werde warten«, erklärte Johnny leise.

Ein patenter Junge, dachte ich. Dann sagte ich: »Und grüße, wenn du wieder in Kirchberg bist, vor allem den Justus und den Nichtraucher!«

»Die kennen Sie auch?«, fragte Jonathan Trotz perplex. »Und von wem soll ich sie denn, bitte, grüßen?«

»Von ihrem Berliner Freund«, sagte ich. »Da wissen sie schon Bescheid. Und grüße auch die Jungen!«

»Gerne. Ich richte die Grüße aus. Und Sie schicken uns das Buch, wenn es gedruckt ist, ja?«

»Ich werde es dem Doktor Bökh schicken«, meinte ich. »Und wenn er's für richtig hält, mag er's euch geben. Sonst nur dem Martin Thaler.«

Dann reichten wir einander zum Abschied die Hand. Und der Kapitän und sein Pflegesohn liefen weiter. Johnny drehte sich noch einmal um und winkte.

Doch nun will ich rasch mit dem Autobus 1 nach Hause gondeln. Sonst werden die Makkaroni kalt.

Meine Mutter wird nicht schlecht staunen, wenn ich ihr erzähle, dass ich den Johnny Trotz und seinen Kapitän getroffen habe!

Der kleine Mann

Meine erste Begegnung mit dem kleinen Mann / Pichelstein und die Pichelsteiner / Mäxchens Eltern wandern aus / Wu Fu und Tschin Tschin / Geburtsort: Stockholm / Vom Eiffelturm geweht / Zwei Chinesenzöpfe werden begraben / Professor Jokus von Pokus hält eine schöne Rede.

Er wurde der kleine Mann genannt und schlief in einer Streichholzschachtel. Eigentlich hieß er ja Mäxchen Pichelsteiner. Doch das wussten die allerwenigsten. Und auch ich wüsste es nicht, wenn er mir's nicht selber erzählt hätte. Das war, wenn ich mich nicht irre, in London. In Garlands Hotel. Und zwar im Frühstückszimmer mit den vielen bunten Vogelbauern an der Decke. So ein Gezwitscher! Man konnte kaum sein eignes Wort verstehen.

Oder war es in Rom? Im Hotel Ambassadore an der Via Veneto? Oder im Speisesaal des Hotels Excelsior in Amsterdam?

Ich glaube, mein Gedächtnis lässt nach. Schade. Manchmal sieht es in meinem Kopf aus wie in einer unaufgeräumten Spielzeugkommode. Eines steht jedenfalls fest: Mäxchens Eltern und Großeltern und Urgroßeltern und sogar die Ururgroßeltern stammten, alle miteinander, aus dem Böhmerwald, wo er am waldigsten ist. Dort gibt es einen hohen Berg und ein kleines Dorf und beide heißen Pichelstein. Ich habe vorsichtshalber in meinem alten Lexikon nachgeschlagen. Dort steht klar und deutlich:

Pichelstein. Böhmisches Dorf. 412 Einwohner. Winziger Menschenschlag. Größte Körperlänge 51 Zentimeter. Ursachen unbekannt. Berühmt durch Turnverein (T. V. Pichelstein, gegründet 1872) und das sogenannte Pichelsteiner Fleisch (Näheres siehe Band IV unter »Eintopfgerichte«). Alle Einwohner heißen seit Jahrhunderten Pichelsteiner. (Empfehlenswerte Literatur: »Pichelstein und die Pichelsteiner« von Pfarrer Remigius Dallmayr, 1908, im Selbstverlag. Vergriffen.)

Ein seltsames Dorf, werdet ihr sagen. Aber ich kann's nicht ändern. Was in meinem alten Lexikon steht, stimmt fast immer.

Als Mäxchens Eltern ein Jahr verheiratet waren, beschlossen sie, ihr Glück zu machen. Sie hatten, so klein sie waren, große Rosinen im Kopf. Und weil das Dorf Pichelstein im Böhmerwald für ihre Pläne und Wünsche nicht ausreichte, fuhr das Ehepärchen mit Sack und Pack, nein, mit Säckchen und Päckchen, in die weite Welt hinaus.

Sie wurden, wohin sie auch kamen, gewaltig angestaunt. Die Leute sperrten den Mund auf und brachten ihn kaum wieder zu. Denn Mäxchens Mutter war zwar eine bildhübsche junge Frau und sein Vater hatte einen prächtigen schwarzen Schnurrbart, aber sie waren nicht größer als zwei fünfjährige Kinder. Kein Wunder, dass man sich wunderte!

Was hatten sie vor? Sie wollten, weil sie so vorzüglich turnen konnten, Akrobaten werden. Und tatsächlich, nachdem sie dem Herrn Direktor Brausewetter vom »Zirkus Stilke« am Reck und an den Schweberingen ihre Kunststücke vorgeführt hatten, klatschte er begeistert in die weißen Glacéhandschuhe und rief: »Bravo, ihr Knirpse! Ihr seid engagiert!« Das war in Kopenhagen. Im Tivoli. An einem Vormittag. In einem auf vier riesigen Masten errichteten Zirkuszelt. Und Mäxchen lebte damals noch gar nicht.

Obwohl seine Eltern in Pichelstein Vorturner gewesen waren, mussten sie noch viel lernen und hart trainieren. Erst ein Vierteljahr später wurden sie der chinesischen Akrobatentruppe »Fa-

milie Bambus« zugeteilt. Eigentlich war das ja keine richtige Familie. Und richtige Chinesen waren's schon gar nicht. Die zwölf geflochtenen Zöpfe, die ihnen an den zwölf Hinterköpfen baumelten, waren so echt wie falsches Geld. Doch als Artisten waren sie erstklassig und gehörten zu den geschicktesten Jongleuren und Akrobaten, die jemals in einem Zirkus aufgetreten sind.

Sie jonglierten mit zerbrechlichen Tellern und Tassen auf dünnen, wippenden Stäben aus gelbem Bambus so rasch, dass den Zuschauern Hören und Sehen verging. Die Kleineren kletterten wie die Wiesel an glatten armdicken Bambusstangen empor, die von den größten und kräftigsten Chinesen hochgestemmt wurden, und machten hoch oben Handstand und, bei gedämpftem Trommelwirbel, Kopfstand. Ja, sie drehten sogar, zehn Meter über der Manege, Saltos! Sie überschlugen sich in der Luft, als sei's ein Kinderspiel, und schon standen sie wieder mit beiden

Füßen auf den schwankenden Bambusspitzen und winkten lächelnd ins Publikum hinunter. Die Kapelle spielte einen dreifachen Tusch, und die Leute klatschten, bis sie dicke rote Hände kriegten!

Mäxchens Eltern hießen jetzt, auf den Plakaten und in den Programmheften, Wu Fu und Tschin Tschin und trugen falsche Zöpfe und bunt bestickte Kimonos aus knisternder Seide. Sie reisten mit dem zusammengerollten Zirkuszelt, den Elefanten und Raubtieren, den Feuerschluckern, Clowns und Trapezkünstlern, mit den Araberhengsten, Stallburschen, Dompteuren, Balletteusen, Mechanikern, Musikanten und Herrn Direktor Brausewetter aus einer Großstadt in die andere, hatten Erfolg, verdienten Geld und freuten sich mindestens zwanzigmal am Tag, dass sie nicht mehr in Pichelstein waren.

In Stockholm kam dann Mäxchen zur Welt. Er war so winzig klein, dass ihn die Krankenschwester um ein Haar mit dem Waschwasser in den Ausguss geschüttet hätte. Glücklicherweise brüllte er wie am Spieß und so ging noch einmal alles gut. Der Stationsarzt betrachtete ihn lange durch ein Vergrößerungsglas, lächelte und sagte schließlich: »So ein hübscher und gesunder Junge! Ich gratuliere!«

Als Mäxchen sechs Jahre alt war, verlor er seine Eltern. Das war in Paris und es geschah ganz plötzlich und unerwartet. Die beiden fuhren mit dem Lift auf den Eiffelturm, um die schöne Aussicht zu bewundern. Doch kaum dass sie auf der obersten Plattform standen, erhob sich ein Sturm, der sie in die Luft zerrte und im Nu fortwehte!

Die anderen Besucher konnten sich, da sie größer waren, an den Gittern der Brüstung festklammern.

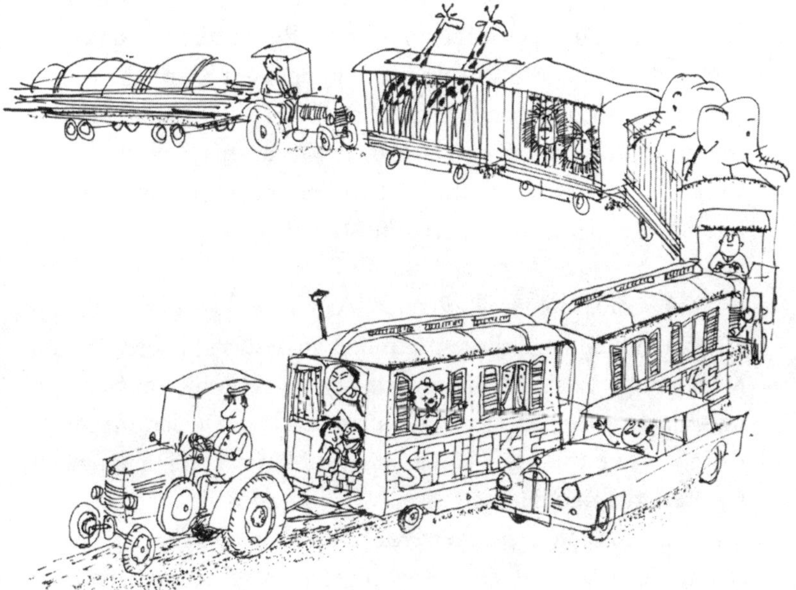

Aber um Wu Fu und Tschin Tschin war es geschehen. Man sah noch, dass sie sich fest an der Hand hielten. Dann waren sie auch schon am Horizont verschwunden.

Tags darauf schrieben die Zeitungen: »Zwei kleine Chinesen vom Eiffelturm geweht! Trotz Einsatz von Hubschraubern unauffindbar! Schwerer Verlust für Zirkus Stilke!«

Am schwersten war der Verlust freilich für Mäxchen, der seine Eltern sehr, sehr lieb gehabt hatte. Er weinte viele winzige Tränen in seine winzigen Taschentücher. Und zwei Wochen später, als man auf dem Friedhof, in einem Elfenbeinkästchen, die zwei schwarzen Chinesenzöpfchen begrub, die ein portugiesischer Dampfer hinter den Kanarischen Inseln aus dem Ozean gefischt hatte, da wäre Mäxchen vor lauter Kummer am liebsten mitgestorben.

Es war ein seltsames Begräbnis. Alle Zirkusleute nahmen daran teil: die Familie Bambus in ihren Kimonos, der Dompteur der Löwen und Tiger mit einem Trauerflor an der Peitsche, der Kunstreiter Galoppinski auf seinem Rapphengst Nero, die Feuerschlucker mit brennenden Fackeln, der Herr Direktor Brausewetter mit Zylinder und schwarzen Glacéhandschuhen, die Clowns mit ernst geschminkten Gesichtern und vor allem, als Redner, der berühmte Zauberkünstler Professor Jokus von Pokus.

Zum Schluss seiner feierlichen Ansprache sagte der Professor: »Die zwei kleinen Kollegen, um die wir trauern, haben uns ihr Mäxchen als Vermächtnis hinterlassen. Kurz vor ihrem verhängnisvollen Ausflug auf den Eiffelturm brachten sie den Jungen in mein Hotelzimmer und baten mich, auf ihn gut aufzupassen, bis sie wiederkämen. Heute wissen wir nun, dass sie nicht wiederkommen können. Deshalb werde ich auf ihn achtgeben müssen, solange ich lebe, und ich will es von Herzen gerne tun. Ist dir das recht, mein Kind?«

Mäxchen, der aus der Brusttasche des Zaubererfracks herausschaute, rief schluchzend: »Jawohl, lieber Jokus! Es ist mir recht!«

Da weinten alle anderen vor Schmerz und Freude. Und den Clowns verschmierten die Tränen die Schminke in den Gesichtern. Dann zauberte der Professor fünf große Blumensträuße aus der Luft und legte sie auf das kleine Elterngrab. Die Feuerschlucker steckten die brennenden Fackeln in den Mund, sodass die Flammen auslöschten. Die Zirkuskapelle spielte den Gladiatorenmarsch. Und schon liefen alle, vom Kunstreiter Galoppinski auf dem Rappen Nero angeführt, schnell ins Zirkuszelt zurück. Denn es war Mittwoch.

Und mittwochs, samstags und sonntags sind, wie jedermann weiß, auch am Nachmittag Vorstellungen. Für Kinder.

Zu verbilligten Preisen.

DAS ZWEITE KAPITEL

Die Streichholzschachtel auf dem Nachttisch / Minna, Emma und Alba / Sechzig Gramm Lebendgewicht und trotzdem kerngesund / Der kleine Mann will in die Schule gehen / Ärger in Athen und Brüssel / Unterricht auf der Bockleiter / Bücher, klein wie Briefmarken.

Dass Mäxchen nachts in einer Streichholzschachtel schlief, habe ich wohl schon erzählt. Anstelle der sechzig Streichhölzer, die üblicherweise drinliegen, enthielt sie ein Maträtzchen aus Watte, ein kleines Stück Kamelhaardecke und ein Kopfkissen, nicht größer als der Nagel meines Mittelfingers. Und die Schachtel blieb halb geöffnet, weil ja der Junge sonst keine Luft gekriegt hätte.

Die Streichholzschachtel stand auf dem Nachttisch neben dem Bett des Zauberkünstlers. Und jeden Abend, wenn sich Professor Jokus zur Wand gedreht hatte und leise zu schnarchen begann, knipste Mäxchen das Lämpchen auf dem Nachttisch aus, und es dauerte nicht lange, dann schlief auch er.

Außer den beiden schliefen im Hotelzimmer noch die zwei Tauben Minna und Emma und, in seinem Spankorb, das weiße Kaninchen Alba. Die Tauben hockten oben auf dem Schrank. Sie hatten die Köpfe in die Brustfedern gesteckt, und wenn sie träumten, gurrten sie.

Die drei Tiere gehörten dem Professor und halfen ihm, wenn er im Zirkus auftrat. Dann flatterten die Tauben plötzlich aus seinen Frackärmeln und das Kaninchen zauberte er aus dem leeren Zylinder.

Minna, Emma und Alba konnten den Zauberkünstler gut leiden und in den kleinen Jungen waren sie geradezu vernarrt. Wenn sie morgens zu fünft gefrühstückt hatten, durfte sich Mäxchen sogar manchmal auf Emmas Rücken setzen, und dann machte sie mit ihm einen Rundflug durchs Zimmer.

Eine Streichholzschachtel ist sechs Zentimeter lang, vier Zentimeter breit und zwei Zentimeter hoch. Das war für Mäxchen gerade das Richtige. Denn er maß, auch mit zehn und zwölf Jahren noch, knapp fünf Zentimeter und passte genau hinein. Er wog, auf der Briefwaage des Hotelportiers, sechzig Gramm, hatte immer Appetit und war nie krank gewesen. Die Masern hatte er allerdings gehabt. Aber die Masern zählen eigentlich nicht. Die hat ja jedes zweite Kind.

Mit sieben Jahren hatte er natürlich in die Schule gehen wollen. Aber die Schwierigkeiten waren allzu groß gewesen. Erstens hätte er jedes Mal, wenn der Zirkus weiterzog, die Schule wechseln müssen. Und oft sogar die Sprache! Denn in Deutschland wurde ja deutsch unterrichtet, in England englisch, in Frankreich französisch, in Italien italienisch und in Norwegen norwegisch. Das hätte der kleine Mann vielleicht noch geschafft. Weil er gescheiter war als die meisten Kinder in seinem Alter. Dazu kam nun aber noch, dass seine Mitschüler allesamt viel, viel größer waren als er und dass sie sich einbildeten, Größersein sei etwas Besonderes.

Deswegen hatte er mancherlei ausstehen müssen, der Ärmste.

In Athen zum Beispiel war er einmal von drei kleinen Griechenmädchen während der großen Pause in ein Tintenfass gesteckt worden. Und in Brüssel hatten ihn ein paar belgische Lümmel auf die Gardinenstange gesetzt. Er war zwar gleich wieder hinuntergeklettert. Denn klettern konnte er damals schon wie kein Zweiter. Aber gefallen hatten ihm solche Dummheiten gar nicht. Und so erklärte der Zauberkünstler eines Tages: »Weißt du, was? Das Beste wird sein, wenn ich dir Privatstunden gebe.«

»O fein!«, rief Mäxchen. »Das ist eine gute Idee! Wann geht's los?«

»Übermorgen um neun«, sagte Professor Jokus von Pokus. »Aber freu dich nicht zu früh!«

Es brauchte einige Zeit, bis die beiden herausfanden, wie sie es am geschicktesten anstellen mussten. Aber allmählich kamen sie dahinter und nun machte ihnen der Unterricht von Tag zu Tag immer mehr Spaß. Das Wichtigste außer dem Lesebuch und dem Schreibheft waren eine Bockleiter mit fünf Stufen und eine scharfe Lupe.

Beim Lesenlernen kraxelte Mäxchen auf die höchste Sprosse der Leiter, weil ja die Buchstaben, wenn er mit der Nase vorm Buch saß, für ihn viel zu groß waren. Erst wenn er auf der Leiter hockte, konnte er das Gedruckte bequem überblicken.

Beim Schreiben war es ganz anders. Dann setzte er sich an ein winziges Pult. Das winzige Pult stand oben auf dem großen Tisch. Und der Professor saß neben dem Tisch und betrachtete

Mäxchens Krickelkrakel durch die Lupe. Sie vergrößerte das Geschriebene um das Siebenfache, und nur so konnte er die Buchstaben und Wörter überhaupt erkennen. Ohne die Lupe hätten er und der Zimmerkellner und das Stubenmädchen das Geschreibsel für Tintenspritzer oder Fliegendreck gehalten. Dabei waren es, wie man durch die Lupe ganz deutlich sehen konnte, hübsche und zierliche Schriftzeichen.

Beim Unterricht im Rechnen war es nicht anders. Auch bei den Zahlen brauchten sie die Leiter und die Lupe. Und so war Mäxchen, was er auch lernte, immer unterwegs. Bald saß er auf der Leiter, bald an seinem Pult auf dem Tisch.

Eines schönen Vormittags sagte der Zimmerkellner, der das Frühstücksgeschirr wegtragen wollte: »Wenn ich nicht genau wüsste, dass der Junge lesen und schreiben lernt, dächte ich bestimmt, er hätte Turnstunde.« Da mussten sie alle lachen. Auch Minna und Emma, die auf dem Schrank saßen, lachten mit. Denn es waren Lachtauben.

Mit dem Buchstabieren hielt sich Mäxchen nicht lange auf. Schon nach kurzer Zeit las er so flink, als hätte er's schon immer gekonnt. Und nun wurde er im Handumdrehen zur Leseratte. Das erste Buch, das ihm Jokus von Pokus schenkte, waren Grimms Märchen. Und womöglich hätte er sie in einer knappen Woche ausgelesen gehabt, wenn nicht die verflixte Bockleiter gewesen wäre!

Jedes Mal, wenn er umblättern musste, blieb ihm gar nichts weiter übrig, als die Leiter hinunterzuklettern, auf den Tisch zu hopsen, die Seite umzuwenden und die Leiter wieder hochzukrabbeln. Erst dann erfuhr er, wie das Märchen weiterging. Und zwei Seiten später musste er schon wieder zum Buch hinunter! So ging das in einem fort: umblättern, die Leiter hoch, zwei Seiten lesen, die Leiter hinunter, auf den Tisch, schnell umblättern, die Leiter hinauf, die nächsten zwei Seiten lesen, die Leiter hinunter, umblättern, hinauf – es war zum Auswachsen!

Eines Nachmittags kam der Professor gerade dazu, wie der Junge zum dreiundzwanzigsten Mal die Leiter hochkraxelte, sich wütend die Haare raufte und schrie: »Das ist ja fürchterlich! Warum gibt es denn, um alles in der Welt, keine kleineren Bücher? Mit klitzekleinen Buchstaben?«

Erst musste der Professor über Mäxchens Zorn lachen. Dann wurde er nachdenklich und meinte: »Eigentlich hast du ganz recht. Und wenn es solche Bücher noch nicht gibt, werden wir sie für dich drucken lassen.«

»Gibt es denn jemanden, der das kann?«, fragte der Junge.

»Ich hab keine Ahnung«, sagte der Zauberkünstler. »Aber im März gastiert der Zirkus in München. Dort lebt der Uhrmacher Unruh. Bei dem werden wir uns erkundigen.«

»Und wieso weiß es der Uhrmacher Unruh?«

»Ich weiß nicht, ob er es weiß. Aber er könnte es wissen, weil er sich mit solchen Dingen beschäftigt. So hat er vor zehn Jahren ›Schillers Lied von der Glocke‹ auf die Rückseite einer Briefmarke geschrieben. Und das Gedicht ist immerhin 425 Zeilen lang.«

»Donnerwetter!«, rief Mäxchen begeistert. »Bücher, nicht größer als Briefmarken, das wäre für mich genau das Richtige!«

Um es kurz zu machen: Der Uhrmacher Unruh kannte tatsächlich eine Druckerei, die so kleine Bücher drucken konnte! Das war allerdings ein teurer Spaß. Doch der Professor verdiente als Zauberkünstler eine ganze Menge Geld und Mäxchens Eltern hatten Ersparnisse hinterlassen. So dauerte es gar nicht lange und der Junge hatte eine hübsche winzige Bibliothek beisammen.

Nun brauchte er nicht mehr auf der Leiter herumzuturnen, sondern konnte sich's beim Lesen bequem machen. Am liebsten las er abends, wenn er in der Streichholzschachtel lag und der Professor eingeschlafen war und leise vor sich hin schnarchte. Ach, war das gemütlich! Oben auf dem Schrank gurrten die beiden Tauben. Und Mäxchen schmökerte in einem seiner Lieblingsbücher, im »Zwerg Nase«, im »Kleinen Däumling«, im »Nils Holgersson« oder, am allerliebsten, im »Gulliver«.

Manchmal knurrte der Professor im Halbschlaf: »Lösche das Licht aus, du Bengel!«

Dann flüsterte Mäxchen: »Sofort, Jokus!« Mitunter dauerte das Sofort eine halbe Stunde. Aber schließlich knipste er die Lampe dann doch aus, schlief ein und träumte von Gulliver im Lande Liliput, wo ihn die Bewohner für einen Riesen hielten.

Und dieser Riese, der über die Stadtmauern stieg und die feindliche Kriegsflotte kaperte, war natürlich kein anderer als Mäxchen Pichelsteiner.

Er will Artist werden / Lange Menschen und große Menschen sind nicht ein und dasselbe / Ein Gespräch in Straßburg / Über den Beruf des Dolmetschers / Der Plan des Professors scheitert an Mäxchens Starrsinn.

Je älter der kleine Mann wurde, umso öfter unterhielten sie sich darüber, was er einmal werden wolle. Jedes Mal erklärte er: »Ich will zum Zirkus. Ich werde Artist.« Und jedes Mal schüttelte der Professor den Kopf und sagte: »Aber Junge, das geht doch nicht! Dafür bist du ja viel zu klein!«

»Du redest manchmal so und manchmal anders«, murrte Mäxchen. »Immer wieder erzählst du mir, wie viele berühmte Männer klein gewesen sind. Napoleon und Julius Caesar und Goethe und Einstein und ein Dutzend andere. Du hast auch gesagt, lange Menschen seien nur ganz selten große Menschen! Ihre Kraft schießt ins Kraut, hast du gesagt, und wenn sie zwei Meter lang sind, bleibt für ihr Gehirn nicht mehr viel übrig.«

Der Professor kratzte sich am Kopf. Schließlich erklärte er: »Trotzdem wären Caesar und Napoleon und Goethe und Einstein keine guten Artisten geworden. Caesar hatte so kurze Beine, dass er kaum auf dem Pferd sitzen konnte!«

»Ich will ja gar nicht auf einem Pferd sitzen«, antwortete der Junge ärgerlich. »Waren meine Eltern schlechte Artisten?«

»Behüte! Sie waren erstklassig!«

»Und waren sie groß?«

»Nein. Sie waren sogar sehr klein.«

»Also, lieber Jokus?«

»Da gibt's kein Also«, sagte der Zauberkünstler. »Sie waren klein, aber du bist zehnmal kleiner. Du bist zu klein! Das Publikum würde dich, wenn du in der Manege stündest, überhaupt nicht sehen!«

»Dann sollen sie Operngläser mitbringen«, erklärt der kleine Mann.

»Weißt du, was du bist?«, fragte der Jokus grimmig. »Du bist ein großer Dickschädel.«

»Nein. Ich bin ein kleiner Dickschädel, und …«

»Und?«, fragte der Professor gespannt.

»Und ich werde Artist!«, rief Mäxchen so laut, dass Alba, dem weißen Kaninchen, das grüne Salatblatt, an dem es knabberte, vor Schreck aus dem Maul fiel.

Eines Abends saßen sie, nach der Zirkusvorstellung, im Restaurant ihres Hotels in Straßburg, und der Herr Professor Jokus von Pokus ließ sich die getrüffelte Gänseleberpastete gut schmecken. Er aß meist erst nach der Vorstellung, weil ihm, wenn er vorher aß, der Frack zu eng wurde. Und das störte ihn beim Zaubern. Denn in seinem Frack steckten ja vielerlei Dinge. Zum Beispiel vier Päckchen Spielkarten, fünf Blumensträuße, zwanzig Rasierklingen und acht brennende Zigaretten. Außerdem die Tauben Minna und Emma, das weiße Kaninchen Alba und alles, was er sonst noch für seine Kunststücke brauchte. Da ist es besser, wenn man mit dem Abendbrot wartet.

Jetzt saß er also am Tisch, aß Straßburger Gänseleberpastete und geröstetes Brot, und Mäxchen saß, dicht neben dem Teller, oben auf dem Tisch und ließ sich kleine Brocken abgeben. Dann gab es ein Wiener Schnitzel, Fruchtsalat und schwarzen Kaffee.

Sogar vom Kaffee bekam der kleine Mann ein Viertelschlückchen. Schließlich waren sie satt und zufrieden und streckten die Beine von sich, der Professor unterm Tisch und der kleine Mann auf dem Tisch.

»Ich weiß jetzt, was du wirst«, sagte der Jokus, nachdem er einen bildschönen weißen Ring aus Zigarrenrauch in die Luft geblasen hatte.

Mäxchen blickte bewundernd hinter dem Rauchkringel her, der immer größer und dünner wurde, bis er am Kronleuchter zerflatterte. Dann meinte er: »Du weißt es erst jetzt? Ich weiß es schon immer. Ich werde Artist.«

»Nein«, knurrte der Professor. »Du wirst Dolmetscher!«

»Dolmetscher?«

»Das ist ein sehr interessanter Beruf. Du kannst jetzt bereits Deutsch und ziemlich viel Englisch und Französisch und ein bisschen Italienisch und Spanisch und ...«

»Holländisch und Schwedisch und Dänisch«, fuhr der kleine Mann fort.

»Eben, eben«, sagte der Professor eifrig. »Wenn wir noch ein paar Jahre mit dem Zirkus in Europa herumkutschiert sind, wirst du alle diese Sprachen noch viel besser sprechen. Dann machst du in Genf, in der berühmten Dolmetscherschule, deine Prüfung. Und sobald du sie bestanden hast, fahren wir zusammen nach Bonn. Dort lebt ein guter Freund von mir.«

»Ist der auch Zauberkünstler?«

»Nein, der ist etwas viel Besseres. Er ist Beamter. Er ist Pressechef in der Bundeskanzlei. Dem zeige ich dein Genfer Diplom, und dann wirst du, wenn alles klappt, Dolmetscher beim Auswärtigen Amt oder sogar beim Bundeskanzler selber. Das ist der wichtigste und mächtigste Mann. Und weil er oft im Ausland ist und mit anderen Kanzlern sprechen muss, braucht er einen tüchtigen Dolmetscher.«

»Aber keinen Däumling!«

»Doch, doch!«, entgegnete der Professor. »Je kleiner, umso besser! Er nimmt dich zum Beispiel nach Paris mit, weil er mit dem französischen Präsidenten etwas bereden muss. Etwas ganz Geheimes. Etwas furchtbar Wichtiges. Weil der deutsche Kanzler aber die französische Sprache nicht gut versteht, braucht er einen Übersetzer, der ihm erklärt, was der französische Präsident sagt.«

»Und das soll ausgerechnet ich sein?«

»Jawohl, mein Kleiner!«, erklärte der Professor. Er war von seinem Einfall sehr angetan. »Du setzt dich in das Ohr des Kanzlers und flüsterst ihm jedes Mal auf Deutsch zu, was der Präsident auf Französisch gesagt hat.«

»Da fall ich ja runter«, sagte Mäxchen.

»Nein. Erstens hat er vielleicht so große Ohren, dass du in seiner Ohrmuschel sitzen kannst.«

»Und zweitens? Wenn er nun niedliche Öhrchen hat?«

»Dann hängt er sich eine feine, dünne Goldkette ums Ohrläppchen, du setzt dich in die Kette, wirst Ministerialrat Max Pichelsteiner, und die Leute nennen dich ehrfürchtig ›den Beamten, der dem Ohr des Kanzlers am nächsten ist‹. Wäre das nicht schön?«

»Nein!«, sagte Mäxchen energisch. »Das fände ich grässlich! Ich werde kein kleiner Mann im Ohr. Nicht in Deutschland, nicht in Frankreich und nicht am Nordpol. Du vergisst die Hauptsache.«

»Und was ist die Hauptsache?«

»Ich werde Artist.«

Der kleine Mann will Dompteur werden / Sind Löwen denn keine Katzen? / Abenteuer mit Hackfleisch und Peitsche / Mäxchen im Zahnputzglas / Bericht von einem außergewöhnlichen Fußballspiel / Der Jokus springt durch einen brennenden Reifen.

Als der Zirkus Stilke wieder einmal in Mailand gastierte, sagte Mäxchen am dritten Tage ganz aufgeregt: »Jokus, hör zu, die Hotelkatze hat Junge. Vier Stück. Sie sind acht Wochen alt und hüpfen im Zimmer 228 von den Sesseln auf den Tisch, und wenn sie oben sind, hüpfen sie wieder herunter.«

»Na ja«, meinte der Professor, »ich halte das für ganz vernünftig. Sie können doch nicht dauernd auf dem Tisch bleiben!«

Doch der kleine Mann hatte heute keinen Sinn für Späße. »Das Stubenmädchen hat sie mir gezeigt«, erzählte er eifrig. »Sie sind gestreift und sehen aus wie viel zu kleine Tiger.«

»Haben sie dich gekratzt?«

»Überhaupt nicht!«, versicherte der Junge. »Wir waren sogar sehr nett zueinander. Sie haben geschnurrt und ich hab sie mit ein bisschen Hackfleisch gefüttert.«

Der Professor musterte ihn von der Seite. Dann fragte er: »Was hast du vor? Hm? Was führst du im Schilde? Heraus mit der Sprache!«

Mäxchen holte tief Luft und erklärte nach einer Pause: »Ich werde sie dressieren und im Zirkus vorführen.«

»Wen? Das Stubenmädchen?«

»Nein!«, rief der Junge erbost. »Die Kätzchen!«

Jokus von Pokus setzte sich verblüfft auf den Stuhl und schwieg zwei bis drei Minuten. Schließlich schüttelte er den Kopf, seufzte und sagte: »Katzen kann man nicht dressieren. Ich dachte, du wüsstest das.«

Mäxchen lächelte siegesgewiss. Dann fragte er: »Sind die Löwen keine Katzen?«

»Doch, doch. Sie gehören zu den Raubkatzen. Da hast du recht.«

»Und die Tiger? Und die Leoparden?«

»Das sind auch Raub- und Großkatzen. Da hast du schon wieder recht.«

»Setzen sie sich, wenn der Dompteur es will, auf hohe Podeste? Springen sie durch Reifen?«

»Sogar durch brennende Reifen«, ergänzte der Professor.

Der Junge rieb sich vergnügt die Hände. »Da hast du's!«, rief er triumphierend. »Wenn man so riesige Katzen dressieren kann, dann kann man doch Kätzchen erst recht dressieren!«

»Nein«, sagte der Professor energisch, »das kann man eben nicht!«

»Und warum nicht?«

»Ich habe keine Ahnung.«

»Aber ich weiß den Grund«, erklärte Mäxchen stolz.

»Nun?«

»Weil es noch kein Mensch versucht hat!«

»Und du willst es versuchen?«

»Jawohl! Ich habe schon einen Namen für die Nummer! Auf den Plakaten wird stehen ›Mäxchen und seine vier Kätzchen, der atemraubende erstmalige Dressurakt!‹. Vielleicht erscheine ich mit einer schwarzen Maske! Und eine Peitsche zum Knallen brauche ich außerdem. Aber die habe ich schon. Ich nehme die Peitsche von meiner alten Spielzeugkutsche.«

»Na, dann viel Spaß, junger Freund!«, sagte der Herr von Pokus und schlug die Zeitung auf.

Schon am nächsten Morgen stellte das Stubenmädchen vier niedrige Fußbänke ins Zimmer 228. Die vier kleinen Katzen schnupperten neugierig an den Bänkchen herum, trollten sich aber bald wieder in ihren Korb zurück und rollten sich faul zusammen.

Dann erschien der Etagenkellner. In der linken Hand trug er einen Teller mit Schabefleisch, in der rechten Hand hielt er Mäxchen. Und dieser hielt in der rechten Hand die lackierte Spielzeugpeitsche und in der linken einen spitzen Zahnstocher. »Zum Abwehren der Raubtiere«, erklärte er. »Falls sie den Dompteur angreifen sollten. Und fürs Aufspießen vom Futter.«

»Soll ich hierbleiben?«, fragte der Kellner freundlich.

»Nein, bitte nicht«, sagte der kleine Mann. »Das erschwert die Dressur. Es lenkt die Tiere ab.«

Der Kellner ging also wieder.

Der Dompteur war mit seinen vier Opfern allein. Sie blinzelten zu ihm hin, gähnten lautlos, streckten sich und begannen einander zu putzen, als wären sie seit einer Woche nicht mehr gewaschen worden.

»Jetzt hört einmal gut zu«, rief der Junge schneidig. »Mit dem faulen Leben ist es vorbei. Ab heute wird gearbeitet. Habt ihr mich verstanden?«

Sie putzten sich weiter und taten, als seien sie schwerhörig. Er pfiff. Er schnalzte mit der Zunge. Er klemmte die Lackpeitsche unter den Arm und schnippte mit den Fingern. Er klemmte den Zahnstocher unter den anderen Arm und klatschte in die Hände. Er knallte mit der Peitsche. Er stampfte mit dem Fuß auf. Die Katzen stellten nicht einmal die Ohren hoch.

Erst als Mäxchen mithilfe des Zahnstochers einige Brocken Fleisch auf die Fußschemel bugsiert hatte, wurden die vier lebendig. Sie hüpften aus dem Korb heraus, sprangen auf die Schemel, verschlangen die Bröckchen, leckten sich die Lippen und blickten ihren Dompteur erwartungsvoll an.

»So ist's recht!«, rief er begeistert. »Bravo! Nun müsst ihr

Männchen machen! Allez hopp! Die Vorderpfoten hoch!« Er stieß die Peitsche in die Luft.

Aber die Kätzchen hatten ihn wohl missverstanden. Oder sie hatten gerochen, dass es im Zimmer 228 noch mehr Hackfleisch gab. Jedenfalls sprangen sie in hohem Bogen von den Schemeln hinunter, liefen schnurstracks zum Teller und machten sich darüber her, als seien sie kurz vorm Verhungern.

»Nein!«, schrie der kleine Mann empört. »Lasst das sein! Auf der Stelle! Könnt ihr denn nicht hören?«

Sie konnten nicht hören. Sogar, wenn sie gewollt hätten.

Doch sie wollten ja gar nicht. Sie schmatzten, dass der Teller zitterte. Mäxchen zitterte noch viel mehr. Aber er zitterte vor Zorn.

»Das Schabefleisch kriegt ihr erst später! Vorher müsst ihr Männchen machen! Und im Gänsemarsch laufen! Und von einem Schemel auf den nächsten springen! Habt ihr mich verstanden?«

Er schlug mit der Peitsche auf den Teller.

Da nahm ihm eine der Katzen die hübsche Lackpeitsche weg und biss sie mittendurch.

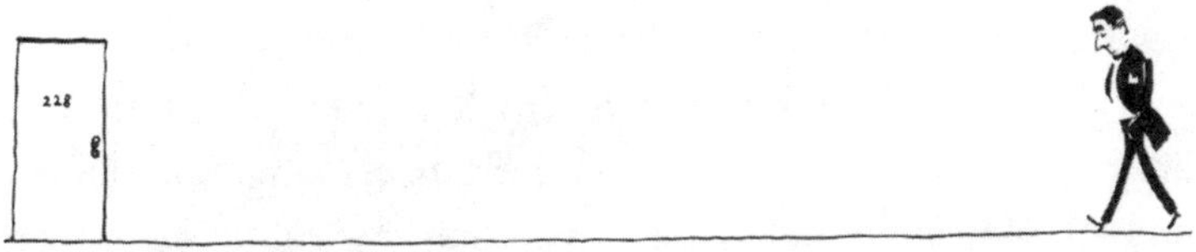

Als Professor Jokus von Pokus, in Gedanken versunken, den Hotelkorridor entlangkam, hörte er aus dem Zimmer 228 kleine spitze Hilferufe. Er riss die Tür auf, schaute sich suchend um und begann zu lachen.

Die vier Katzen saßen unten vor dem Waschbecken und blickten gespannt in die Luft. Ihre Schnurrbärtchen waren gesträubt. Die Schwänzchen klopften den Fußboden. Und oben, auf dem

Beckenrand, hockte Mäxchen in einem Zahnputzglas und weinte. »Hilf mir, lieber Jokus!«, rief er. »Sie wollen mich fressen!«

»Ach, Unsinn!«, sagte der Professor. »Du bist doch nicht aus Hackfleisch! Und eine Maus bist du auch nicht!« Dann holte er den Jungen aus dem Zahnputzglas heraus und betrachtete ihn gründlich und von allen Seiten. »Dein Anzug ist ein bisschen zerrissen und auf der linken Backe hast du einen Kratzer. Das ist alles.«

»So ein Gesindel!«, schimpfte Mäxchen. »Erst haben sie meine Peitsche zerbrochen und den Zahnstocher zerkaut und dann haben sie Fußball gespielt!«

»Wer war denn der Fußball?«

»Ich! Ach, lieber Jokus! Sie haben mich in die Luft geworfen und aufgefangen und unters Bett geschossen und wieder vorgeholt und übers Parkett getrieben und wieder hoch in die Luft geschleudert und wieder unters Bett geschossen und vorgeholt und unterm Teppich verbuddelt und wieder herausgeangelt, es war furchtbar! Wenn ich nicht das Handtuch erwischt hätte und aufs Waschbecken und ins Zahnputzglas geklettert wäre, wer weiß, ob ich noch lebte!«

»Armer Kerl«, meinte der Professor. »Doch nun ist es ja vorbei. Jetzt wasch ich dich und bring dich ins Bett.«

Die vier Kätzchen blickten verdrossen hinter dem Professor drein. Es kränkte sie, dass ihnen der große Mann den kleinen Fußball weggenommen hatte, der so hübsch brüllte, wenn man mit ihm spielte. Dann dehnten sie die Hinterbeine, spazierten zu dem Teller hinüber und steckten die Nasen hinein. Aber der Teller war und blieb ratzeputzeleer.

Die Gescheiteste der vier dachte: »Pech gehabt!«, und rollte sich auf dem Bettvorleger wie eine Brezel zusammen. Kurz bevor sie einnickte, dachte sie noch: »Fressen kann man nur, wenn einem jemand was bringt. Schlafen ist einfacher. Das kann man ohne wen.«

Mäxchen saß inzwischen vergrämt in seiner Streichholzschachtel, hatte ein Pflaster auf der Backe und trank aus seiner winzig kleinen Meißner Porzellantasse heiße Schokolade.

Der Professor hatte eine Lupe ins Auge geklemmt und stopfte die Löcher in Mäxchens Anzug.

»Und du weißt ganz bestimmt und genau, dass man Katzen nicht dressieren kann?«, fragte der kleine Mann.

»Ganz bestimmt und genau.«

»Ob sie dümmer sind als die Löwen und die Tiger?«

»Kein Gedanke!«, sagte der Professor überzeugt. »Es macht ihnen ganz einfach keinen Spaß. Ich kann das gut verstehen. Mir machte es auch keinen Spaß, durch brennende Reifen zu springen.«

Mäxchen musste lachen. »Das ist eigentlich schade! Stell dir einmal vor: lauter Tiere als Zuschauer! Kängurus und Bären und Seelöwen und Pferde und Pelikane! Stell dir das mal vor! Alle Plätze ausverkauft!« Er zog sich vor Vergnügen an den Haaren und rief: »So! Und nun lüge du weiter!«

»Also gut«, sagte der Professor. »Im Orchester trompeten die Elefanten einen Tusch. Dann betritt der Löwe die Manege. Er hat eine Peitsche in der Pfote und einen Zylinder auf der gelben Mähne. Es wird mucksmäuschenstill. Vier ernste Tiger rollen einen Käfig in die Manege. In dem Käfig sitzt ein Herr im Frack und knurrt.«

»Schön!« Mäxchen rieb sich die Hände. »Der Herr bist du!«

»Jawohl. Der Löwe zieht schwungvoll den Zylinder, verbeugt sich und ruft: ›Jetzt, verehrtes Tierpublikum, sehen Sie die At-

traktion unsres Programms! Es ist mir gelungen, einen Menschen zu dressieren. Es ist ein sehr gebildeter Mensch. Sein Name ist Professor Jokus von Pokus. Er springt vor Ihren Augen durch einen brennenden und mit Papier bespannten Reifen! Ich bitte die Spechte der Kapelle um einen gedämpften Trommelwirbel!‹ Die Spechte trommeln. Der Käfig öffnet sich. Zwei Tiger halten einen Reifen in die Luft. Der Löwe knallt mit der Peitsche. Ich komme langsam aus dem Käfig heraus und schimpfe. Der Löwe knallt noch einmal mit der Peitsche. Ich klettere auf ein Podest und schimpfe noch mehr. Ein Glühwürmchen zündet den Reifen an. Er beginnt zu brennen. Der Löwe haut mir mit dem Peitschenstiel eins über den Hosenboden. Ich brülle vor Wut. Er haut mich wieder. Und jetzt springe ich mit einem einzigen Satz durch den brennenden Reifen. Das Papier zerplatzt. Die Flammen zucken. Es ist gelungen! Die Elefanten trompeten. Die Spechte trommeln. Ich erhebe mich aus dem Sand, klopfe mir die Hose sauber und mache einen tiefen Diener.«

»Und alle Tiere im Zirkus klatschen wie wild«, rief der kleine Mann begeistert, »und der Löwe gibt dir zur Belohnung ein Kalbskotelett!«

»Und du schläfst jetzt, junger Freund!«, befahl der Professor. Er sah auf die Armbanduhr. »Es ist Mittwoch und ich muss zur Nachmittagsvorstellung.«

»Zaubere schön!«, sagte Mäxchen. »Und noch eins!«

»Was denn?«

»Mit den vier Katzen war es leider nichts.«

»Nein.«

»Aber eins steht trotzdem fest. Ich werde Artist!«

DAS FÜNFTE KAPITEL

Ein Schaufensterbummel und eine Schaufensterpuppe / Der Verkäufer fällt in Ohnmacht / Ein Herrengeschäft ist schließlich kein Krankenhaus / Der Unterschied zwischen Staatsmann und Milchmann.

An einem heißen Tag im Juli schlenderten die beiden gemächlich durch den Berliner Westen und betrachteten die Schaufenster. Eigentlich schlenderte ja der Professor ganz allein. Mäxchen schlenderte nicht, sondern stand in des Professors äußerster Brusttasche. Er hatte die Arme auf den Taschenrand gelehnt, als sei die Tasche ein Balkon, und interessierte sich besonders für die Spielzeugläden, Delikatessengeschäfte und Buchhandlungen. Aber es ging nicht immer nach seinem Kopf. Dem Professor gefielen auch Auslagen mit Schuhen, Hemden, Krawatten, Zigarren, Schirmen, Weinflaschen und allem Möglichen.

»Bleib doch nicht so lange vor der Drogerie stehen«, bat der Junge. »Wir wollen weitergehen!«

»Wir?«, fragte der Jokus. »Wieso wir? Meines Wissens geht nur einer von uns beiden, und das bin ich. Du gehst? Keine Spur, mein Goldkind. Du gehst nicht. Du wirst gegangen. Ich habe dich völlig in der Hand.«

»Nein«, sagte der Kleine. »Aber du hast mich in der Tasche!«

Darüber mussten sie lachen. Und die Leute drehten sich um.

Ein dicker Berliner stieß seine Frau an und murmelte: »Das ist ja komisch, Rieke! Der Mann lacht zweistimmig!«

»Nun lass ihm schon seinen Spaß!«, gab Rieke zur Antwort. »Vielleicht ist er Bauchredner.«

Vor einem Schaufenster mit Herrenbekleidung blieb der Professor wieder ziemlich lange stehen. Er betrachtete die Schaufensterpuppen mit den hübschen Anzügen, ging ein paar Schritte weiter, kehrte um, musterte die Dekoration von Neuem, versank in Nachdenken, nickte dreimal sehr heftig und sagte laut zu sich selber: »Das ist gar keine dumme Idee!«

»Was ist gar keine dumme Idee?«, fragte Mäxchen neugierig.

Doch der Professor antwortete nicht, sondern betrat spornstreichs das Geschäft und erklärte dem geschniegelten Verkäufer, ehe der den Mund aufmachen konnte: »Ich möchte den marineblauen Anzug aus dem Fenster haben. Den Einreiher für 295 Mark.«

»Gern, mein Herr. Aber ich glaube nicht, dass er Ihnen passen wird.«

»Das verlange ich auch gar nicht von dem Anzug«, knurrte der Professor.

»Vielleicht sind einige Änderungen nötig«, meinte der Verkäufer höflich. »Ich werde den Schneider aus dem Atelier herunterkommen lassen.«

»Er soll ruhig oben bleiben.«

»Es geht ganz geschwind, mein Herr.«

»Wenn er nicht kommt, geht es noch geschwinder.«

»Aber unsere Firma legt größten Wert darauf, dass die Kunden zufriedengestellt werden«, bemerkte der Verkäufer leicht verstimmt.

»Das ist lobenswert«, sagte der Professor. »Doch ich will Ihren marineblauen Einreiher ja gar nicht anziehen! Ich will ihn doch nur kaufen!«

»In diesem Falle wäre zu empfehlen, dass sich der betreffende Herr zu uns bemühte, für den der Anzug gedacht ist«, schlug der

Angestellte vor. »Oder Sie geben uns die Adresse an und wir schicken einen unsrer Schneider hin. Das kann noch heute Nachmittag geschehen.« Er zückte den Notizblock, um die Adresse aufzuschreiben.

Der Professor schüttelte energisch den Kopf. »Ihr blauer einreihiger Anzug draußen in der Auslage ist weder für mich noch für irgendeinen anderen lebendigen Menschen bestimmt.«

Der Verkäufer wurde blass und trat einen Schritt zurück. Dann stöhnte er: »Für keinen Lebendigen, mein Herr? Also für einen – Toten? Oh!« Er holte tief Luft und fuhr fort: »Welche Größe hat, bitte, der Verstorbene? Auch ihm müsste ja der Anzug einigermaßen passen! Sonst könnten wir einen unserer Schneider …«

»Unsinn!«, sagte der Professor grob. Dann besänftigte er sich wieder. »Sie wissen natürlich nicht, worum sich's handelt.«

»Es scheint so«, gestand der völlig verängstigte Verkäufer. Er hielt sich am Ladentisch fest, weil ihm die Knie zitterten. Der arme Kerl wackelte wie Pudding.

»Die Hauptsache ist, dass der Anzug Ihrer Schaufensterpuppe passt. Das tut er doch?«

»Selbstverständlich, mein Herr.«

»Ich will nämlich den Anzug samt der Puppe kaufen«, erklärte der Professor. »Ohne die Puppe, die den Einreiher anhat, interessiert mich auch der Anzug nicht.«

Ehe sich der Angestellte ein wenig erholen konnte, fragte eine Stimme, die er vorher noch gar nicht gehört hatte: »Wozu brauchst du denn die große Puppe mit dem blonden Schnurrbart?«

Der Verkäufer starrte entgeistert auf die Brusttasche des seltsamen Kunden. Mäxchen nickte dem Manne freundlich zu und sagte: »Erschrecken Sie bitte nicht!«

»Doch!«, wimmerte der Verkäufer. »Erst ein Anzug für einen Toten samt der Puppe im Fenster und nun noch ein Heinzelmännchen im Jackett – das ist zu viel!« Er verdrehte die Augen und sank auf den Teppich.

»Ist er tot?«, fragte der Junge.

»Nein, er ist nur ohnmächtig«, antwortete der Jokus und winkte dem Geschäftsführer.

»Und wozu brauchen wir die Schaufensterpuppe wirklich?«, fragte der Kleine.

»Das erzähle ich dir später«, sagte der Jokus.

Nachdem der Geschäftsführer herbeigeeilt war und seinen Verkäufer auf einen Stuhl gehoben hatte, damit er dort wieder zu sich käme, trug der Professor erneut seine Wünsche vor. »Ich möchte den marineblauen Einreiher samt der Puppe kaufen, die ihn trägt. Außerdem auch das Hemd, das sie anhat, die Krawatte, die Hosenträger, die Schuhe und die Socken. Was kostet das, bitte?«

Der Geschäftsführer antwortete unsicher: »Das weiß ich nicht genau, mein Herr.«

Der Verkäufer bewegte die blassen Lippen und stammelte: »512 Mark. Bei Barzahlung ein Prozent Skonto. Verbleiben 506 Mark, 88 Pfennige.« Man sieht, es war ein tüchtiger Verkäufer. Dann rutschte er vom Stuhl.

»Er ist wieder in Ohnmacht gefallen«, stellte Mäxchen sachlich fest.

Als der Geschäftsführer die neue Stimme hörte und den kleinen Jungen in dem großen Jackett sah, kriegte er Stielaugen und klammerte sich verzweifelt an der Stuhllehne fest.

»Fällt dieser Herr jetzt auch in Ohnmacht?«, fragte Mäxchen erwartungsvoll.

»Hoffentlich nicht!«, meinte der Professor. »Ein Herrenbekleidungsgeschäft ist ja schließlich kein Krankenhaus!«

Nun, der Geschäftsführer und der Verkäufer erholten sich wieder. Der Kauf kam zustande. Man bestellte ein Taxi. Das Auto-

dach wurde eingerollt, und die Schaufensterpuppe stand, vom Professor gehalten, aufrecht im Wagen.

»Der Bursche sieht aus wie ein ausländischer Staatsmann zu Besuch!«, rief ein Berliner, als das Taxi vorüberfuhr.

»Das kann kein Staatsmann sein«, meinte ein andrer.

»Wieso eigentlich nicht?«, fragte der Erste. »Wer steht denn sonst in Autos rum, als ob's keine Sitzplätze gäbe?«

»Das ist bestimmt kein Staatsmann«, wiederholte der andere hartnäckig. »Er lächelt nicht und er winkt uns nicht einmal zu. Das müsste er aber tun, wenn er ein Staatsmann wäre. Man muss deutlich merken, wie kolossal er sich freut, dass er in Berlin ist und sich nicht setzen darf. Sonst ist es kein Staatsmann.«

Das Auto hielt an der Kreuzung und die zwei Berliner fielen in Trab. Aber bevor sie hinkamen, wurde die Ampel grün, und sie hatten das Nachsehen.

»Außerdem fährt kein Staatsmann in einem gewöhnlichen Taxi«, meinte der eine Mann. »Weder im Sitzen noch im Stehen.«

»Ich bin auch noch nie im Taxi gefahren«, sagte der andere.

»Nanu, Herr Nachbar! Sie sind doch nicht etwa ein Staatsmann?«

»Nein. Ich bin Milchmann.«

Aufregung im Hotel Kempinski / Herr Hinkeldey vermisst plötzlich allerlei, kriegt es wieder und nimmt Reißaus / Was war der Jokus, bevor er Zauberkünstler wurde? / Und wozu hat er die Schaufensterpuppe gekauft?

Auch im Hotel Kempinski, wo Professor Jokus von Pokus wohnte, staunten sie nicht schlecht. An den kleinen Mann, der auf dem Nachttisch in einer Streichholzschachtel schlief, hatte man sich allmählich gewöhnt. Dass nun aber auch noch eine Schaufensterpuppe von zwei Hausdienern durch die verblüffte Hotelhalle in den Lift geschleppt wurde, machte den Hoteldirektor und den Portier sichtlich nervös.

Kaum dass die Puppe mitten im Zimmer stand, kam der Direktor hereingestürzt, blickte vorwurfsvoll durch seine Hornbrille und erkundigte sich, was das zu bedeuten habe.

»Was hat was zu bedeuten?«, fragte der Professor freundlich, als begriffe er die Aufregung nicht recht.

»Die Schaufensterpuppe!«

»Ich brauche sie beruflich«, erklärte der Jokus. »Konzertpianisten und Sänger bringen ins Hotel sogar einen Flügel mit, wenn sie auf Gastspielreise sind, und machen stundenlang Musik und anderen Lärm. Sie sind Künstler und müssen üben. Ich bin Zauberkünstler. Ich muss auch üben! Und ich mache bei Weitem nicht so viel schönen Radau wie meine musikalischen Kollegen.« Er fasste den Hoteldirektor am Jackett und klopfte

ihm jovial auf die Schulter. »Was bedrückt Sie denn so, lieber Freund?«

»Es wächst uns über den Kopf«, jammerte der Direktor. »Ihr Mäxchen und die beiden Tauben und das weiße Kaninchen und nun noch eine Holzpuppe in blauem Anzug …«

Der Professor drückte den völlig geknickten Herrn väterlich an die Brust und fuhr ihm tröstend übers Haar. »Nehmen Sie's doch nicht so tragisch! Meine Schaufensterpuppe braucht kein Bett. Sie braucht keine Handtücher. Sie brennt mit der Zigarette keine Löcher in die Tischdecke. Sie zankt das Stubenmädchen nicht aus …«

»Das ist ja alles schön und gut, Herr Professor«, gab der Direktor zu. »Aber Sie haben ja schließlich nur ein Einbettzimmer gemietet! Und jetzt wohnen Sie und der kleine Mann und drei Tiere und die Puppe drin! Das sind, sage und schreibe, fünf Personen!«

»Aha, daher weht der Wind«, meinte der Zauberkünstler lächelnd. »Wären Sie mit der Übervölkerung Ihres anmutigen Südzimmers einverstanden, wenn ich täglich fünf Mark mehr bezahlte als bisher?«

»Darüber ließe sich reden«, gab der Direktor zögernd zur Antwort. »Ich darf Ihren werten Vorschlag unserer Buchhaltung mitteilen?«

»Sie dürfen!«, erwiderte der Professor, schüttelte dem Direktor lange die Hand und sagte: »Das Beste wird sein, Sie machen sich gleich eine Notiz. Hier ist mein Füllfederhalter.«

»Danke schön, ich habe Kugelschreiber und Notizblock stets bei mir. Sie gehören ja zu meinem Beruf. Es ist gewissermaßen mein Handwerkszeug.« Der Direktor griff schwungvoll ins Jackett. Er suchte und suchte und fand nichts.

»Merkwürdig«, murmelte er. »Kein Block! Kein Kugelschreiber! Ich kann sie doch nicht im Büro gelassen haben. Das wäre das erste Mal im Leben.« Und er suchte immer weiter. Plötzlich wurde er kreidebleich und flüsterte: »Meine Brieftasche hab ich auch nicht bei mir! Es ist eine Menge Geld drin.«

»Nur ruhig Blut«, meinte der Jokus. »Rauchen Sie am besten erst einmal eine Zigarette! Mir dürfen Sie auch eine anbieten. Ich habe Appetit drauf.«

»Mit Vergnügen«, sagte der Direktor und griff bereitwillig in die rechte Tasche. Dann in die linke. Dann in die Hosentaschen. Sein Gesicht wurde lang und immer länger. »Auch vergessen«, stammelte er. »Das Zigarettenetui und das goldene Feuerzeug, beides fehlt ...«

»Ich kann aushelfen«, erklärte der Professor und holte ein Zigarettenetui und ein goldenes Feuerzeug hervor.

Der Hoteldirektor starrte den Professor betroffen an.

»Was ist denn? Fehlt Ihnen etwas?«

»Ich bitte um Entschuldigung«, sagte der Direktor zaghaft, »aber wäre es möglich, dass das Zigarettenetui und das Feuerzeug in Ihrer Hand gar nicht Ihnen gehören, Herr Professor? Sondern mir?«

Der Jokus betrachtete die zwei Gegenstände genau und fragte verblüfft: »Tatsächlich?«

»Auf dem Etui muss mein Monogramm eingraviert sein. Ein G und ein H. Gustav Hinkeldey. So heiße ich nämlich.«

»Ein G und ein H?«, meinte der Professor und blickte prüfend auf das Etui.

»Stimmt, Herr Hinkeldey!« Geschwind gab er die Gegenstände zurück.

»Entschuldigen Sie tausendmal, dass ich so offen war, Sie darauf hinzuweisen ...«, begann der Direktor verlegen.

»Nicht doch, nicht doch, Herr Hinkeldey! Wenn sich einer von uns beiden zu entschuldigen hat, dann doch ich! Entschuldigen Sie also – aber ich bin manchmal so zerstreut, dass ich Dinge einstecke, die mir überhaupt nicht gehören.« Der Professor klopfte sich sorgfältig auf die Taschen. »Nanu, da steckt ja noch mehr!«, rief er verwundert und brachte einen Notizblock und einen Kugelschreiber zum Vorschein.

»Womöglich ist auch dies Ihr Eigentum?«

»Ja natürlich!«, erklärte Herr Hinkeldey eifrig und nahm beides blitzartig an sich. »Ich konnte gar nicht begreifen, dass ich den Block nicht bei mir hatte.« Dann wurde er still und nachdenklich, bis er endlich misstrauisch fragte: »Haben Sie in Ihrer Zerstreutheit vielleicht auch meine Brieftasche eingesteckt?«

»Das wollen wir doch nicht hoffen!«, antwortete der Professor und tastete sich ab. »Oder ist sie das hier?« Er schwenkte eine schwarze Tasche aus Saffianleder in der Linken.

»Jawohl!«, rief der Direktor, riss sie an sich und lief eilends zur Tür, als habe er Angst, die Tasche könne noch einmal verschwinden.

»Ist das Geld noch drin?«, fragte der Jokus belustigt.

»Ja!«

»Zählen Sie die Scheine lieber nach! Ich möchte nicht, dass Sie später behaupten, es hätte Geld gefehlt. Setzen Sie Ihre Hornbrille auf und zählen Sie genau nach!«

»Meine Brille? Die habe ich doch schon auf!«, sagte Herr Hinkeldey. Erst als der kleine Mann zu lachen begann und immer lauter und immer herzlicher lachte, wurde Hinkeldey stutzig, griff sich an die Nasenwurzel und ließ die Hand verdutzt sinken. »Wo ist sie denn plötzlich?«

»Tja, wo steckt man denn seine Brille hin, wenn man sie in Gedanken absetzt?«, fragte der Professor hilfreich. »Ich weiß so etwas leider nicht. Denn ich selber habe noch nie im Leben eine Brille getragen. Haben Sie sie im Futteral?«

Der kleine Mann verschluckte sich fast vor Gelächter. »Hör auf, lieber Jokus!«, schrie er vor Wonne. »Ich kann nicht mehr! Ich kippe gleich vor Lachen aus deiner Brusttasche!«

Der Direktor schaute finster drein. »Was ist denn daran so komisch?«, knurrte er. Plötzlich ging ihm ein Licht auf: Seine Brille saß auf der Nase des Professors! Mit einem Satz stand er mitten im Zimmer, ergriff die Brille, sprang zur Tür zurück und stieß hervor: »Sie sind ja ein Teufelskerl!«

»Nein, ein Zauberkünstler, Herr Hinkeldey.«

Doch der Hoteldirektor ließ sich auf nichts mehr ein. Nicht einmal auf eine Unterhaltung. Er riss die Tür auf und machte sich aus dem Staube. (Obwohl in so gepflegten Hotels wie diesem gar kein Staub herumliegt.)

Nachdem sich Mäxchen von dem Spaß einigermaßen erholt hatte, sagte er bewundernd: »Der Herr Hinkeldey hat ganz recht. Du bist ein Teufelskerl! Dabei hab ich dir doch schon so oft im Zirkus zugeschaut, wenn du zwei oder sogar drei Leute aus dem Publikum zu dir holst und ihnen, ohne dass sie es merken, die Taschen ausräumst!«

»Man muss sich mit ihnen nur nett unterhalten«, meinte der Jokus. »Man muss ihnen gemütlich auf die Schulter klopfen. Man muss sie am Knopf fassen. Man muss tun, als ob man ihnen ein

bisschen Tabak oder ein Fädchen vom Anzug bürstet. Alles andere ist gar nicht so schwierig, wenn man's gelernt hat.«

»Und wie hast du's gelernt? Und wo? Halte mich doch bitte mal an dein Ohr, ja? Ich muss dich ganz, ganz leise etwas fragen.«

Der Professor nahm den kleinen Mann vorsichtig aus der Tasche und hielt ihn ans Ohr.

»Lieber Jokus«, flüsterte Mäxchen. »Du kannst es mir ruhig erzählen. Ich sage es bestimmt nicht weiter. Warst du vielleicht früher einmal ein – Taschendieb?«

»Nein«, antwortete der Professor leise. »Nein, mein Mäxchen.« Er lächelte und gab dem Kleinen einen Kuss auf die Nasenspitze und das war gar nicht so einfach. »Ich war kein Taschendieb. Aber ich habe viele Taschendiebe – erwischt.«

»Oh!«

»Und deshalb musste ich mindestens so viel lernen und können wie sie selber.«

»Ja, ja. Sicher. Aber für wen hast du sie erwischt?«

»Für die Polizei!«

»Donnerwetter!«

»Da staunst du, was? Ich wollte als junger Mann Detektiv werden oder Kriminalinspektor. Und später schrecklich berühmt.«

»Erzähl weiter!«, bettelte Mäxchen.

»Heute nicht. Vielleicht ein andermal. Heute erzähle ich dir etwas über die Schaufensterpuppe, die wir gekauft haben.«

»Die hätte ich beinahe vergessen!«

»Du wirst dich noch oft genug an sie erinnern«, meinte der Professor. »Denn wir haben sie ja deinetwegen gekauft.«

»Meinetwegen? Wieso?«

»Weil du doch unbedingt Artist werden willst.«

Der kleine Mann staunte. »Dazu brauchen wir die große Puppe? Was für ein Artist soll ich denn werden, lieber Jokus?«

»Du wirst mein Zauberlehrling«, sagte der Zauberkünstler.

Über Bäckerlehrlinge, Metzgerlehrlinge, Ananastörtchen und Zauberlehrlinge / Die Puppe heißt Waldemar Holzkopf / Der Jokus entwirft den Lehrplan und der kleine Mann erschrickt / Das Lied vom »Leutnant Unsichtbar«.

Der kleine Mann war nun also Zauberlehrling und das freute ihn natürlich sehr. Aber noch mehr hätte es ihn gefreut, wenn er gewusst hätte, was ein Zauberlehrling eigentlich ist. »Was ein Bäckerlehrling ist, weiß ich«, sagte er. »Ein Bäckerlehrling muss lernen, was der Bäckermeister schon kann. Er muss lernen, wie man Brot backt und Semmeln und Apfelstrudel und Ananastörtchen.«

»Richtig«, meinte der Professor.

»Und ein Metzgerlehrling muss lernen, wie man Schweine schlachtet und Bratwurst und Sülze macht.«

»Stimmt.«

»Und wenn man ein tüchtiger Lehrling gewesen ist, wird man Geselle. Also werde ich vielleicht eines Tages Zaubergeselle?«

»Das ist gar nicht ausgeschlossen.«

»Und wenn ich …«, fing Mäxchen an.

»Halt!«, rief der Professor. »Meister willst du auch werden?«

Der kleine Mann schüttelte den Kopf. »Und wenn ich jetzt ein Ananastörtchen bekäme, lieber Jokus, wäre die Welt noch viel schöner.«

»Du bist ein verfressenes Kerlchen«, sagte der Professor, ging zum Telefon, bestellte ein Ananastörtchen und für sich selber einen Kognak. Dann setzte er sich in einen geblümten Sessel und erklärte.

»Der Fall ist verzwickt. Ein Bäckerlehrling lernt, was der Bäckermeister kann. Ein Klempnerlehrling lernt, was der Klempnermeister kann.«

»Und der Metzgerlehrling ...«

»Von dem sprechen wir nicht.«

»Warum denn nicht?«, fragte Mäxchen.

»Weil du sonst Appetit auf eine Bratwurst kriegst!«, meinte der Jokus. »Bleiben wir lieber bei den Klempnern!«

»Gut. Ich soll also von dir lernen, was du kannst«, meinte der kleine Mann. »Doch das geht ja gar nicht! Wie kann ich denn lernen, zwanzig große Rasierklingen zu verschlucken und sie, aneinander aufgefädelt, wieder aus dem Mund herauszuziehen? Und ich kann doch kein Kaninchen aus dem Zylinder zaubern! So kleine Kaninchen gibt es nur in Liliput und Liliput gibt es überhaupt nicht! Und deine Spielkarten und der Zauberstab und die Blumensträuße und die brennenden Zigaretten, das alles ist doch für mich zwanzigmal zu groß!«

Der Professor nickte. »Ich sagte schon, dass der Fall verzwickt ist. Alle Lehrlinge lernen, was ihr Meister kann: der Bäckerlehrling, der Klempnerlehrling, der Schneiderlehrling, der Schusterlehrling ...«

»... der Metzgerlehrling«, fügte Mäxchen hinzu und kicherte.

»Ja, der auch!«, meinte der Jokus. »Du aber bist der einzige Lehrling auf der Welt, der lernen soll, was sein Meister nicht kann!«

»Wieso? Du kannst doch alles!«

»Kann ich in einer Streichholzschachtel schlafen? Kann ich auf der Taube Minna im Zimmer herumfliegen?«

»Nein, da hast du recht! Das kannst du nicht.«

»Oder kann ich«, fragte der Professor, »aus meiner Brusttasche herausschauen? Kann ich auf die Gardinenstange klettern? Kann ich durchs Schlüsselloch kriechen?«

»Nein, das kannst du auch nicht. Herrje, was du alles nicht kannst, lieber Jokus! Das ist aber fein!«

»Ob nun fein oder nicht fein«, erklärte der Professor, »es ist, wie es ist. Du bist der Zauberlehrling, ich bin der Meister, und du sollst durch mich ein paar Sachen lernen, die ich selber nicht kann.«

An dieser Stelle wurden sie unterbrochen. Denn der Kellner kam ins Zimmer. Er brachte den Kognak und das Ananastörtchen. Dabei hätte er fast die Schaufensterpuppe über den Haufen geworfen.

»Nanu!«, rief er. »Wer ist denn das?«

»Das ist der schöne Waldemar«, erklärte der Jokus. »Ein entfernter Verwandter von uns.«

»Ein sehr hübscher Mensch«, stellte der Kellner fest und zwinkerte den beiden vergnügt zu. »Hat er auch einen Familiennamen?«

»Holzkopf heißt er«, sagte der kleine Mann mit todernstem Gesicht. »Waldemar Holzkopf.«

»In großen Hotels erlebt man allerlei«, meinte der Kellner. Dann verbeugte er sich vor der Schaufensterpuppe, wünschte: »Angenehmen Aufenthalt in Berlin, Herr Holzkopf!«, und ging wieder.

Nachdem der Professor der Kognak getrunken und Mäxchen mit seiner winzigen silbernen Kuchengabel den zehnten Teil des Ananastörtchens vertilgt hatte, begann des Zauberlehrlings Lehrzeit.

»Du hast vorhin zugeschaut, wie ich dem Direktor Hinkeldey heimlich ein paar Gegenstände weggenommen habe«, sagte der Professor.

»Zugeschaut habe ich schon«, erwiderte der kleine Mann, »aber gesehen habe ich nichts. Nicht einmal das Kunststück mit der Brille. Das merkte ich erst, als du selber sie schon auf der Nase hattest.«

»Willst du wissen, wie ich es gelernt habe? Ich war ja auch einmal Lehrling und musste lange, lange üben.«

»Wie denn?«

»An einer Puppe in einem blauen Anzug.«

»Wirklich? Und sah sie so schön aus wie Waldemar?«

»Waldemar ist schöner und blonder«, musste der Professor zugeben. »Doch wir werden uns von seiner umwerfenden Schönheit nicht ablenken lassen. Außerdem wirst du ihn, wenn du täglich stundenlang auf ihm herumkletterst, vielleicht gar nicht mehr so schön finden.«

»Was soll ich?«, fragte Mäxchen erschrocken. »Täglich stundenlang auf ihm herumklettern?«

»Jawohl, mein Sohn. Vom Hemdkragen bis zu den Schuhsohlen und von den Sohlen bis zur Krawatte. Von oben nach unten und von unten nach oben und in alle Taschen hinein und aus allen Taschen heraus, flink wie ein Eichhörnchen und leise wie eine Ameise in Pantoffeln – nun, du wirst es schon lernen. Ihr Pichelsteiner seid ja berühmte Turner.«

»Und wozu, lieber Jokus, soll ich das alles lernen?«

»Damit du mir im Zirkus tüchtig hilfst. Ich werde den verehrten Herrschaften, die ich in die Manege bitte, noch viel mehr Dinge fortzaubern können als bisher!«

»Dann bist du und ich, nein, dann bin ich und du, nein, dann sind wir also eine Räuberbande!«

»Jawohl.«

»Du bist der Räuberhauptmann. Und was bin ich?«

»Du bist der Leutnant Unsichtbar.«

Der kleine Mann rieb sich die Hände. Das tat er oft, wenn er sich freute. Er rief: »So könnte ein Lied anfangen!«

Und schon begann er zu singen: »Ich bin der Leutnant Unsichtbar … und klettre auf den Waldemar.«

»Weiter?«

»Jetzt bist du an der Reihe!«

»Na schön«, sagte der Professor und sang: »Dann mach ich mit dem Jokus … im Zirkus …«

»Hokuspokus!«, schmetterte Mäxchen. »Nun noch einmal im Ganzen! Aber furchtbar laut und wir alle beide.«

Der Professor hob die Hände wie ein Dirigent beim Männerchor, gab das Zeichen zum Einsatz, und sie sangen aus voller Kehle:

»Ich bin der Leutnant Unsichtbar
und klettre auf den Waldemar.
Dann mach ich mit dem Jokus
im Zirkus Hokuspokus!«

Der kleine Mann klatschte begeistert. »Bitte, mindestens noch drei- bis viermal! Es ist ein wunderbares Lied.«

Sie sangen, bis der Kellner klopfte, ins Zimmer trat und sich besorgt erkundigte, ob einer von ihnen krank geworden sei oder womöglich alle beide.

»Wir sind kerngesund«, rief der kleine Mann.

»Wir sind nur albern«, meinte der Professor.

Sie sangen ihm das Lied langsam vor und dann sang der Kellner mit.

Später kam das Stubenmädchen. Sie war noch besorgter als der Etagenkellner. Doch das ging vorbei. Zum Schluss sangen sie vierstimmig. Es klang wie ein Liederabend. Nur nicht so schön.

Abends, als er in seiner Streichholzschachtel lag, gähnte Mäxchen, dehnte sich und sagte: »Das war also der erste Tag meiner Lehrzeit.«

»Und der faulste«, fügte der Professor hinzu. »Ab morgen wird gearbeitet. Löschen Sie das Licht aus, Leutnant Unsichtbar!«

»Zu Befehl, Räuberhauptmann!« Mäxchen knipste das Licht aus. Durchs Fenster schien der Mond. Der schöne Waldemar stand mitten im Zimmer und schlief im Stehen. Minna und Emma, die zwei Tauben, hockten einträchtig auf seinem Holzkopf. Es war nicht so bequem wie auf dem Schrank, aber es war mal was andres.

Der Professor tat seinen ersten Schnarcher. Der kleine Mann summte leise vor sich hin: »Dann mach ich mit dem Jokus im Zirkus Hokuspokus.« Hierüber fielen ihm die Augen zu.

DAS ACHTE KAPITEL

Der Jokus ist ein Einzelgänger / Mäxchen als Klettermäxchen / Die vertauschten Fräcke / Die drei Schwestern Marzipan / Was ist ein Trampolin? / Galoppinski zaubert zu Pferde / Jokus von Pokus will nicht auftreten.

Sie trainierten jeden Vormittag mehrere Stunden. Hinterher badete der kleine Mann in der Seifenschale. Sie trainierten in jeder Stadt, wo der Zirkus Stilke gastierte. Wenn sie reisten, lag die Schaufensterpuppe im Gepäcknetz ihres Zugabteils, und sie gaben acht, dass Waldemar nicht herunterfiel.

Sie fuhren nicht mit den unzähligen Zirkuswagen, die an einen oder mehrere Güterzüge angehängt werden mussten: den Wohnwagen, den Wagen mit den Pferden und den Raubtierkäfigen, den Wagen mit dem Zelt, den Kabeln für die tausend Glühlampen, den Musikinstrumenten, den Heizmaschinen, den Trapezen und Drahtseilen, den Plakaten und Schildern, den Kostümen und Teppichen und Stühlen und Treppenstufen und Bambusstangen und Kassenschaltern und Tierpflegern und Buchhalterinnen und Handwerkern und dem Handwerkszeug und dem Heu und dem Stroh, und auch nicht mit dem Direktor Brausewetter, seinem Zylinder und seiner Frau, seinen vier Töchtern und zwei Söhnen und den Schwiegersöhnen und Schwiegertöchtern und den sieben Enkeln und den – jetzt hab ich tatsächlich den Faden verloren …

Was wollte ich eigentlich erzählen?

Ich weiß es schon wieder. Sie reisten nicht mit dem Zirkus, sondern in Schnellzügen. Und sie hausten nicht im Wohnwagen, sondern in Hotelzimmern. Der Professor war, wie er sagte, ein geborener Einzelgänger. »Ich liebe den Zirkus sehr«, meinte er. »Aber nur, wenn er voll ist. Davon abgesehen, liebe ich das Leben und das schöne Wetter.«

»Und mich!«, rief Mäxchen, so laut er konnte.

»Dich«, sagte der Jokus zärtlich, »dich liebe ich noch einen Zentimeter mehr als das schöne Wetter.«

Schon nach einem halben Jahr kletterte der kleine Mann auf dem schönen Waldemar herum wie ein Bergsteiger in den Dolomiten oder in der Sächsischen Schweiz, nur dass er nicht angeseilt war.

Das war gefährlich. Denn die Schaufensterpuppe war ja für ihn so groß wie für unsereinen ein Hochhaus.

Zum Glück war der Junge völlig schwindelfrei. Er kletterte, beispielsweise, die Hose hoch, schlüpfte unters Jackett, lief quer über den Hosenbund, hangelte die Hosenträger empor, sprang zur Krawatte hinüber, stieg in deren Innenfutter hoch wie in einem Felskamin, rastete kurz am Krawattenknoten, schwang sich dann auf den Rockaufschlag und rutschte, vom Knopfloch aus, mitten in die Brusttasche hinein.

Das war nur eine seiner erstaunlichen Bergtouren. Die anderen will ich nicht lang und breit beschreiben. Ihr wisst ja: Was ich erzähle, das stimmt sowieso. Ich will euch auch nicht näher erklären, wozu und warum Mäxchen täglich klettern musste. Vorläufig müsst ihr euch damit zufriedengeben, dass er selber es wusste. Doch er sprach mit niemandem darüber. Und der schöne Waldemar wusste es natürlich auch. Aber Puppen, auch Schaufensterpuppen, können schweigen wie das Grab.

Jedenfalls, der Professor war mit Mäxchens Fortschritten sehr zufrieden. Manchmal nannte er ihn sogar »mein Klettermäxchen«. Das war ein großes Lob und der kleine Mann bekam vor Stolz Glitzeraugen.

Trotz solcher Fortschritte hätte die Zauberlehrlingszeit mindestens noch ein Vierteljahr gedauert, vielleicht sogar vier Monate, wenn nicht eines Abends die zwei Fräcke verwechselt worden wären. Welche Fräcke? Der Frack des Professors und der Frack des Kunstreiters Galoppinski! Das war eine tolle Geschichte!

Der Herr Direktor Brausewetter glaubt noch heute, das Ganze sei ein Zufall gewesen. Außer ihm glaubte das im Zirkus Stilke aber niemand. Kein Feuerschlucker, kein falscher Chinese, kein Eisverkäufer und keiner vom Drahtseilakt. Und die »3 Schwestern Marzipan« glaubten es schon gar nicht. Rosa Marzipan, das hübscheste der drei Fräuleins, behauptete, es habe sich um einen niederträchtigen Racheakt gehandelt. Ich vermute, sie hatte recht. Wahrscheinlich war Eifersucht im Spiele. Denn Fräulein Rosa Marzipan verdrehte allen Männern den Kopf. Obwohl sie das gar nicht wollte.

Schon wenn die Schwestern knicksend in die Manege hüpften, in ihren kurzen Gazeröckchen und den hautfarbenen Trikots, trampelten und klatschten die Zuschauer begeistert. Einen appetitlicheren Anblick konnte man sich aber auch nicht vorstellen.

Sie sahen zum Anbeißen aus. Kein Wunder, dass sie Marzipan hießen!

Und wenn sie sich dann auf das straff gespannte Trampolin geschwungen hatten, hoch, immer höher und noch viel höher sprangen, Kobolz schlugen, waagerecht in die Luft schwebten oder Saltos drehten, dann nahm der Jubel kein Ende. Man konnte denken, die drei jungen Damen seien nicht schwerer als drei Straußenfedern. Wo sie doch, in Wirklichkeit, zusammen drei Zentner wogen, und das sind immerhin dreihundert Pfund!

Rosa Marzipan, die schönste, wog einhundertundfünf (105) Pfund und vierundachtzig (84) Gramm. Das ist nicht sonderlich

viel. Ich selber wiege, zum Beispiel, einhundertundzweiundvierzig (142) Pfund, und das sind nur siebenunddreißig (37) Pfund mehr. Trotzdem käme kein Mensch auf den Gedanken, mich mit einer schwebenden Straußenfeder zu vergleichen oder vor mir niederzuknien und zu behaupten, er finde mich zum Anbeißen. Mir passiert so etwas nie. Im Leben geht es nicht immer gerecht zu.

Für die unter euch, die nicht wissen, was ein Trampolin ist, möchte ich anmerken, dass es sich um so etwas Ähnliches wie eine Matratze handelt. Auch ihr seid sicher schon oft im Bett herumgesprungen und habt euch gefreut, wie schön die Matratze federt, wie leicht man plötzlich wird und was für Sprünge man machen kann. Ein Trampolin ist nur länger und breiter als eine Matratze und so straff gespannt wie das Fell einer Trommel oder Pauke.

Wer es gelernt hat, darauf zu wippen und sich hochzuschnellen, der fliegt wie ein Pfeil in die Luft, bleibt fünf oder gar sechs Sekunden oben und kann sich dort kugeln und überschlagen, als wöge er nicht viel mehr als ein Luftballon. Das kann er. Aber nur, wenn er's kann. Und aufs Trampolin geschickt zurückfallen, das muss er natürlich auch können. Denn wenn er nicht aufs Trampolin fiele, sondern daneben, dann bräche er sich sämtliche Knochen.

Nun, die drei Schwestern Marzipan, die konnten es. Sie hatten es als Kinder von ihren Eltern gelernt, die auch schon Luftspringer gewesen waren.

Doch nun zurück zu den verwechselten Fräcken. Man konnte es ihm zwar nicht nachweisen, aber wahrscheinlich hatte es Fernando getan, einer der Musikclowns. Er blies im Zirkus eine Mundharmonika, die so groß war wie eine Zaunlatte, und eine andre, die so klein war, dass er sie jeden Abend verschluckte, und dann spielte sie in seinem Magen weiter. Die Zuschauer fanden das sehr lustig. Er selber war freilich seit Langem melancholisch und gallenleidend. Weil er das Fräulein Rosa Marzipan liebte und sie nichts von ihm wissen wollte. Denn sie liebte den Professor Jokus von Pokus.

Das ärgerte den Clown bis aufs Blut. Und deshalb vertauschte er eines Tages, eine Viertelstunde vor der Vorstellung, in der Garderobe die zwei Fräcke! Den Frack des Kunstreiters hängte er, mit dessen Zylinder, an den Haken des Professors. Und den Zauberfrack samt dem Zauberzylinder hängte er an den Garderobenhaken des Kunstreiters. Dann schlich er auf den Zehenspitzen davon.

Als nun Meister Galoppinski auf Nero, seinem pechschwarzen Hengst, in die Manege sprengte, ihn scharf durchparierte und zum Gruße den Zylinder schwenkte, hüpfte Alba, das schlohweiße Kaninchen, aus dem Hutfutter, sprang in den Sand und hoppelte erschrocken im Kreise herum! Davon wurde das Pferd scheu und bäumte sich auf. Herr Galoppinski klopfte ihm beruhigend den Hals. Bei dieser Gelegenheit flog die Taube Minna aus dem linken Frackärmel, flatterte nach allen Seiten und suchte den kleinen Tisch mit ihrem Käfig und der offenen Käfigtür zum Hineinschlüpfen. Doch der Tisch und der Käfig standen ja noch gar nicht in der Manege!

Der Hengst begann zu bocken und nach hinten und vorn auszuschlagen. Die Kapelle spielte den Walzer aus der Operette »Die Fledermaus« und hoffte, das Pferd werde nun seine berühmten Tanzschritte machen. Es tänzelte aber ganz und gar nicht, sondern jagte, als sei es von einem Bienenschwarm überfallen worden, durch die Arena. Der Kunstreiter konnte es kaum noch zügeln.

Das Publikum in den ersten Sitzreihen riss es von den Plätzen hoch. Viele Leute schrien vor Angst. Eine Dame fiel in Ohnmacht.

Die Taube Emma flatterte aus Galoppinskis rechtem Ärmel. Er packte die Zügel noch kürzer. Da sprang der Hengst mit allen vieren gleichzeitig in die Luft und wieherte wild. Der Reiter griff zur Peitsche und wollte das ungebärdige Tier schlagen. Doch es war gar nicht die Peitsche, sondern der Zauberstab, der sich sofort in einen riesigen Blumenstrauß verwandelte! Das Pferd riss ihm ärgerlich die Blumen aus der Hand und wollte sie fressen. Aber sie waren aus buntem Papier und es spuckte sie angewidert aus.

Jetzt wollte sich das Publikum totlachen. Das Kaninchen machte Männchen. Die Tauben flatterten ratlos um Galoppinskis Zylinder. Die Kapelle intonierte den Hohenfriedberger Marsch. Der Kunstreiter gab dem Hengst die Sporen, damit er sich endlich zusammennehme und im Takte der Musik marschiere. Aber der Rappe war es nicht gewohnt, dass man ihm vor allen Leuten die Sporen in die Flanken stieß. Er keilte aus und hörte nicht auf, sich zu schütteln und um sich zu schlagen, bis Galoppinski, einer der besten Schulreiter der Welt, im hohen Bogen aus dem Sattel flog und in den Sand fiel!

Dann jagte der Hengst mit donnernden Hufen aus der Manege hinaus und zurück in seinen Stall. Der Reiter erhob sich und humpelte ächzend hinterdrein. Das Publikum war außer Rand und Band und das waren immerhin zweitausend Menschen. Das Zirkuszelt zitterte vor lauter Gelächter. Einen Zauberkünstler zu Pferde, der schließlich abgeworfen wurde, hatte man noch nicht gesehen!

Herr Direktor Brausewetter stand in der Zeltgasse und rief außer sich: »Das ist eine Katastrophe! Das ist eine Katastrophe!«

Galoppinski, der ihn im Vorbeihinken hörte, sagte zähneknirschend: »Eine Katastrophe nennen Sie das? Ich nenne so etwas eine Schweinerei! Eine Riesenschweinerei! Wer hat mir das eingebrockt? Her mit ihm! Ich verfüttere den Kerl an die Löwen! Aua!« Er hielt sich das Kreuz und schnitt vor Schmerzen Grimassen.

Der Professor stürzte in die Manege hinaus, packte das Kaninchen an den Löffeln, lockte die beiden Tauben, bis sie sich auf seine ausgestreckte Hand gesetzt hatten, rannte mit den dreien in die Zeltgasse zurück und war außer sich und außer Atem. »Ich bin bis auf die Knochen blamiert!«, schimpfte er. »Wenn der Präsident des Magischen Zirkels davon erfährt, komme ich vors Ehrengericht! Weil ich das Ansehen der Zauberkünstler geschädigt habe!«

»Aber doch nicht durch Ihre eigene Schuld!«, besänftigte ihn Direktor Brausewetter.

»Ich verlange Schmerzensgeld!«, brüllte Galoppinski. »Erst haben mich zweitausend Leute ausgelacht und dann bin ich auch noch vom Pferd gefallen!«

»In zehn Minuten müsste ich auftreten«, rief der Professor. »Ich denke nicht im Traum daran! Nachdem der Herr Kunstreiter meinen Zauberfrack lächerlich gemacht hat? Niemals! Und einen der teuren Blumensträuße hat sein Gaul gefressen!«

»Ausgespuckt hat er das blöde Zeug!«, kreischte Galoppinski, machte vor Zorn einen Luftsprung und sagte wieder: »Aua!«

»Ruhe, meine Herren!«, bettelte Direktor Brausewetter. »Das Programm muss weitergehen! Was soll jetzt werden?«

»Ich trete unter keinen Umständen auf, und wenn Sie vor mir auf die Knie fallen«, erklärte der Professor. »Ich nehme meine Tiere, fahre ins Hotel und trinke eine Flasche Kognak leer!«

»Nein, lieber Jokus«, rief da der kleine Mann laut aus der Brusttasche. »Ich habe eine gute Idee! Halte mich doch einmal an dein Ohr! Es ist sehr wichtig!« Und als ihn der Jokus hochhielt, begann Mäxchen geheimnisvoll zu wispern und zu flüstern.

Der Professor hörte erstaunt zu, schüttelte den Kopf und sagte: »Nein. Du musst mindestens noch drei Monate trainieren. Es wäre verfrüht.«

Mäxchen gab aber keine Ruhe. »Sie haben dich geärgert«, flüsterte er, »und das lassen wir uns nicht gefallen.«

»Nein, Mäxchen, heute noch nicht!«

»Gerade heute!«

»Es ist zu früh!«

»Bitte, bitte! Sag Ja! Ich wünsche mir's zum Geburtstag und außer dem gar nichts anderes! Nicht einmal die Puppenwohnstube!«

»Du hast doch erst in einem halben Jahr Geburtstag!«

»Trotzdem, lieber Jokus!«

In diesem Augenblick spürte der Professor ein paar ganz, ganz kleine Tränen an seinem großen Ohrläppchen. Da holte er tief Luft und sagte: »Herr Direktor Brausewetter, ich habe es mir überlegt. Ich werde den Kognak später trinken. Ich trete auf! Kündigen Sie mich am Mikrofon an! Tun Sie es persönlich!«

»Mit dem größten Vergnügen!«, rief der Herr Direktor erleichtert. »Und was soll ich dem Publikum sagen?«

»Sagen Sie den Leuten, ich zauberte heute zum allerersten Male mit meinem Zauberlehrling zusammen! Und die Nummer heiße ›Der große Dieb und der kleine Mann‹!«

Direktor Brausewetter besänftigt das Publikum / »Der große Dieb und der kleine Mann«, eine verfrühte Premiere / Der dicke Herr Mager und Doktor Hornbostel werden ausgeraubt / Braune und schwarze Schnürsenkel / Mäxchen winkt zweitausend Menschen zu.

Herr Direktor Brausewetter hielt sein Wort. Kaum dass die »Wirbelwinds«, zwei berühmte Rollschuhläufer, unter großem Applaus in die Zeltgasse verschwunden waren, zog er seine weißen Glacéhandschuhe an und gab dem Kapellmeister ein Zeichen. Das Orchester spielte einen Tusch.

Der Direktor schritt würdig zum Mikrofon. Im Zirkus wurde es still. »Verehrtes Publikum«, sagte Herr Brausewetter. »Wie Sie aus Ihrem Programmheft ersehen haben, tritt jetzt Professor Jokus von Pokus auf. Er ist, wenn ich mich so ausdrücken darf, der Großmeister unter den lebenden Zauberkünstlern. Wenn ich ihn loben wollte, müsste ich Eulen nach Athen tragen. Und so viel Zeit hat kein Zirkusdirektor.«

»Das ist aber schade!«, rief ein Flegel aus den oberen Reihen. Doch die anderen zischten ihn nieder und es wurde wieder still. Nur in den Ställen, ganz in der Ferne, wieherte ein Pferd. Wahrscheinlich war es Nero, den Galoppinski beim Absatteln auszankte.

»Infolge eines rätselhaften Missgeschicks«, fuhr Herr Brausewetter in seiner Ansprache fort, »griff Maestro Galoppinski vorhin zum Zauberstab statt zur Reitpeitsche. Dabei musste er feststellen, dass Zaubern und Reiten so wenig zusammenpassen wie … Rollmops und Schokoladensoße oder wie der Kölner Dom und der Hauptbahnhof.«

Ein Teil des Publikums lachte.

»Das Resultat«, erklärte der Direktor, »ist doppelt betrüblich. Denn unser Großmagier weigert sich aufs Entschiedenste, nunmehr zum Zauberstab zu greifen. Ich bin vor ihm niedergekniet. Ich wollte ihm mein Briefmarkenalbum schenken. Es war alles vergeblich. Er will nicht.«

Die Menge wurde unruhig. Man pfiff und schrie »Buh«. Einer rief: »Dann verlang ich mein Eintrittsgeld zurück!«

Direktor Brausewetter winkte ab. »Er wird nicht zaubern, liebe Freunde – aber er wird auftreten!«

Die Leute klatschten.

»Was er heute zeigen wird, hat er noch nie vorher gezeigt. Sogar ich selber, der Chef des Hauses, kenne die Darbietung noch nicht! Was Sie und mich und alle erwartet, ist eine Weltpremiere!«

Die Leute klatschten noch länger.

»Ich kenne nur den Titel der Nummer!« Direktor Brausewetter warf die Arme samt den weißen Glacéhandschuhen hoch und rief, so laut er konnte: »Die Darbietung heißt: ›Der große Dieb und der kleine Mann‹!«

Dann verbeugte er sich schwungvoll und ging. Die Kapelle spielte wieder einen großen Tusch. Alles wartete. Und es wurde mäuschenstill.

»Es ist so weit«, sagte der Professor.

»Jawohl«, flüsterte Mäxchen in der Brusttasche. »Hals- und Beinbruch, lieber Jokus!«

»Toi, toi, toi und dreimal schwarzer Kater«, murmelte der Zauberkünstler und betrat langsam die Manege. In der Mitte blieb er stehen, verneigte sich und sagte lächelnd: »Heute wird nicht gezaubert, meine Herrschaften. Heute wird nur gestohlen. Halten Sie Ihre Taschen zu! Vor mir und meinem jugendlichen Mitarbeiter ist nichts und niemand sicher.«

»Wo bleibt er denn, Ihr Mitarbeiter?«, rief ein dicker Mann in der zweiten Reihe.

»Er ist schon hier«, erwiderte der Professor.

»Ich sehe ihn aber nicht«, rief der Dicke.

»Kommen Sie doch, bitte, etwas näher!«, sagte der Jokus freundlich. »Vielleicht sehen Sie ihn dann!«

Der dicke Mann erhob sich ächzend, kam in die Manege gestapft, gab dem Professor die Hand und sagte: »Mein Name ist Mager.« Das freute das Publikum.

Der dicke Herr Mager schaute sich gründlich um. »Ich sehe ihn immer noch nicht!«

Der Professor trat dicht an den Dicken heran, blickte ihm gründlich in die Pupillen, klopfte ihm auf die Schulter und meinte: »An Ihren Augen kann's nicht liegen, Herr Mager. Die sind in Ordnung. Trotzdem ist mein Gehilfe hier. Ich gebe Ihnen mein großes Ehrenwort.«

Ein Herr in der ersten Reihe rief: »Ist ja völlig ausgeschlossen! Wette mit Ihnen um zwanzig Mark, dass Sie allein sind!«

»Nur zwanzig Mark?«

»Fünfzig Mark!«

»Einverstanden«, sagte der Jokus vergnügt. »Treten auch Sie ruhig näher! Hier ist noch eine Menge Platz. Und vergessen Sie nicht, das Geld mitzubringen!« Er hakte sich bei Herrn Mager unter und wartete lächelnd auf den Herrn aus der ersten Reihe, der fünfzig Mark gewettet hatte. Auch Herr Mager lächelte, obwohl er gar nicht wusste, warum.

Der Herr marschierte auf sie zu und stellte sich vor. »Doktor Hornbostel«, schnarrte er zackig. »Das Geld habe ich bei mir.« Sie schüttelten einander die Hände.

»Nun, wie steht's?«, fragte der Professor. »Wo steckt mein Gehilfe?«

»Ist ja Unsinn«, erklärte Doktor Hornbostel. »Gibt's gar nicht, den Kerl. Bin schließlich nicht blind. Hätte Lust, die Wette zu verdoppeln. Hundert Mark?«

Der Professor nickte. »Hundert Mark. Ganz, wie Sie wünschen.« Er klopfte ihm auf die Brust. »Die Brieftasche ist ja dick genug. Ich spüre sie durchs Jackett hindurch.« Dann prüfte er den Stoff zwischen den Fingern, öffnete Doktor Hornbostels mittleren Jackenknopf und sagte: »Prima Kammgarn, kein Gramm Zellwolle, keine Knitterfalten, erstklassiger Sitz, teurer Schneider.«

»Stimmt«, bemerkte der Doktor stolz und drehte sich um die eigne Achse.

»Fabelhaft!«, meinte der Jokus. »Moment, bitte! Hier hängt ein weißes Fädchen.« Er zupfte den Faden fort und strich das Jackett sorgfältig glatt.

Da hüstelte der dicke Herr Mager und sagte ein bisschen ungehalten: »Das ist ja alles schön und gut, Professor. Prima Kammgarn, teurer Schneider und so. Aber wann wird nun eigentlich gestohlen?«

»In zwei Minuten fangen wir an, verehrter Herr Mager. Keine Sekunde später. Schauen Sie bitte zur Kontrolle auf Ihre Armbanduhr!«

Der dicke Herr Mager blickte auf die Uhr und machte ein verblüfftes Gesicht. »Sie ist weg«, erklärte er.

Der Jokus half ihm beim Suchen. Aber die Uhr fand sich in keiner Tasche und nicht am andren Handgelenk. Sie lag auch nicht am Boden. »Das ist ja sehr, sehr merkwürdig«, meinte der Zauberkünstler gedehnt. »Wir zwei wollten Sie zwei erst in zwei Minuten ausrauben und schon ist eine Uhr verschwunden!«

Jetzt fasste er den andren Herrn ins Auge: »Herr Doktor Hornbostel«, sagte er misstrauisch, »ich möchte Sie nicht verdächti-

gen, das ist ja selbstverständlich, aber – haben vielleicht Sie, aus Versehen, Herrn Magers Armbanduhr an sich genommen?«

»Dummes Zeug!«, rief Doktor Hornbostel empört. »Stehle weder aus Versehen noch zum Spaß! Angesehener Rechtsanwalt wie ich kann sich das gar nicht leisten!«

Die Zuschauer lachten herzlich.

Der Jokus blieb ernst. »Darf ich einmal nachsehen?«, fragte er höflich. »Es ist reine Formsache.«

»Meinetwegen!«, schnarrte Rechtsanwalt Doktor Hornbostel und streckte beide Arme in die Luft. Er sah aus wie bei einem Gangsterüberfall.

Der Jokus durchsuchte geschwind sämtliche Taschen. Plötzlich stutzte er. Dann zog er etwas heraus und hielt es hoch: eine Armbanduhr!

»Das ist sie!«, rief der dicke Herr Mager, sprang danach wie ein Mops nach der Wurst, band sie sich wieder ums Gelenk und sagte, mit einem schiefen Blick, zu Hornbostel: »Na, hören Sie mal, Doktor! Das ist ja allerhand!«

»Schwöre Ihnen, dass ich's nicht war!«, erklärte der Rechtsanwalt gekränkt. »Habe eigne Uhr!« Er streckte das Handgelenk weit aus der Manschette, machte ein dummes Gesicht und rief: »Sie ist weg!«

Das Publikum lachte und klatschte heftig.

»Goldene Uhr! Läuft auf acht Rubinen! Echt Schweizer Fabrikat!«

Der Jokus drohte Herrn Mager lächelnd mit dem Finger und durchsuchte nun dessen sämtliche Taschen. Schließlich holte er ihm eine goldene Uhr aus der rechten Innentasche.

»Das ist sie!«, rief Hornbostel. »Das ist sie! Her damit!«

Der Jokus half ihm beim Umbinden der goldenen Uhr, die auf acht Steinen lief, und sagte zwinkernd zum Publikum: »Da habe ich mir ja zwei feine Herren angelacht.«

Dann wendete er sich an die zwei feinen Herren selber.

»Ärgern Sie sich nicht übereinander! Vertragen Sie sich wieder! Reichen Sie sich die Hand zur Versöhnung! So ist's recht. Danke sehr.« Er blickte auf die eigne Uhr. »In einer Minute gehe ich mit meinem Lehrling an die Arbeit. Wir werden Sie ausräubern, dass Ihnen angst und bange wird. Aber vielleicht geben wir Ihnen später einige der Wertsachen zurück. Unrecht Gut gedeiht bekanntlich nicht.«

»Sie mit Ihrem Zauberlehrling, den's nicht gibt!«, rief Doktor Hornbostel. »Freue mich schon auf Ihre hundert Mark!«

»Immer hübsch eins nach dem andern, Herr Doktor«, erklärte der Jokus. »In einer Minute beginnt die Plünderung. Schauen Sie bitte beide auf die Uhr! Es ist sieben Minuten nach neun. Vergleichen Sie die Uhrzeit!«

Hornbostel und der dicke Herr Mager wollten also auf ihre Uhren blicken und riefen gleichzeitig: »Wieder weg! Beide Uhren!«

Tatsächlich, alle zwei Uhren waren verschwunden! Die Zuschauer waren begeistert.

Da hob der Jokus einen Arm hoch und wollte um Ruhe bitten. Doch in diesem Moment rief ein kleines Mädchen: »Guck mal, Mutti! Der Zauberer hat drei Uhren umgebunden!«

Alle starrten den Professor an. Sogar er selber betrachtete sein Handgelenk und tat verwundert. Drei Armbanduhren glänzten an seinem linken Handgelenk! Die Leute lachten und johlten und klatschten und trampelten vor Wonne mit den Füßen.

Nachdem sich der Jubel gelegt hatte, gab der Jokus höflich die zwei Uhren zurück und sagte: »So, meine Damen und Herren, jetzt wollte ich eigentlich noch einen dritten Zuschauer aus Ihrer Mitte zu mir bitten. Sozusagen als Aufpasser. Doch das Aufpassen hätte außerdem nicht viel genützt. Wissen Sie, warum?«

»Weil Sie trotzdem wie eine Elster geklaut hätten!«, rief eine spindeldürre Frau lachend.

»Irrtum!«, erwiderte der Jokus. »Er hätte deshalb nicht aufpassen können, weil es nichts mehr zu stehlen gibt. Ich habe nämlich schon alles.«

Er klopfte sich auf die Taschen und winkte zwei livrierten Angestellten.

Sie brachten einen Tisch herbei und setzten ihn vor dem Professor nieder.

»So«, sagte er zu den Herren Hornbostel und Mager. »Jetzt spielen wir Weihnachten. Sie drehen sich um, damit Sie mir nicht zusehen können. Und ich lege die Geschenke auf den Gabentisch. Es wird eine schöne Bescherung werden, das verspreche ich Ihnen. Neue Geschenke kriegen Sie allerdings nicht. Es gibt nur ein paar praktische Dinge, die Ihnen längst gehören. Ich beschere Ihnen nicht, was Sie sich wünschen, sondern was Sie sich zurückwünschen.«

»Schade«, meinte der dicke Herr Mager. »Ich hätte gern eine neue Schreibmaschine gehabt.«

Der Professor schüttelte den Kopf. »Tut mir leid«, sagte er. »Damit wollen wir gar nicht erst anfangen. Sonst wünscht sich Doktor Hornbostel womöglich einen Bechsteinflügel oder eine Wurlitzer-Orgel. Nein, Sie drehen sich jetzt brav um und machen die Augen fest zu!«

Die beiden Männer wollten keine Spielverderber sein. Sie kehrten dem Tisch den Rücken und kniffen die Augen zu. Der Professor überzeugte sich persönlich, dass keiner von ihnen zu blinzeln versuchte.

Dann ging er zum Tisch zurück und fing an, seine Taschen umzuwenden und auszuleeren. Es nahm kein Ende und dem Publikum blieb minutenlang die Luft weg. Das Orchester spielte währenddem ein altes, halb vergessenes Konzertstück. Es hatte den Titel »Heinzelmännchens Wachtparade« und eignete sich schon deshalb vorzüglich.

Nun, ihr erinnert euch ja, wie der Jokus, seinerzeit in Berlin, den Hoteldirektor Hinkeldey ausgeraubt hatte, und so werdet ihr euch bei Weitem nicht so wundern wie die zweitausend Menschen im Zirkus. Sie machten »Ah« und »Oh« und riefen »Das ist ja toll!« und »Nun schlägt's dreizehn!«, und einer schrie sogar: »Ich werde verrückt!«

Das Einfachste wird sein, ich zähle die Gegenstände, die er auspackte, in einer Liste auf. Also, er holte aus seinen Taschen:

1 Notizbuch, rotes Leder

1 Kalender, blaues Leinen

1 Drehbleistift, Silber

1 Kugelschreiber, schwarz

1 Füllfederhalter, schwarz

1 Brieftasche, Schlangenleder

1 Scheckbuch, Commerzbank, blau

1 Portemonnaie, braun, Juchtenleder

1 Schlüsselbund

1 Autoschlüssel
1 Tüte Hustenbonbons
1 Krawattennadel, Gold mit Perle
1 Hornbrille mit Futteral, Wildleder, grau
1 Reisepass, deutsch
1 Taschentuch, sauber, weiß
1 Zigarettenetui, Silber oder Nickel
1 Zigarettenpackung, Filter
1 Kohlenrechnung, noch nicht bezahlt
1 Feuerzeug, emailliert
1 Schachtel Streichhölzer, halb voll
1 Paar Manschettenknöpfe, Mondsteine
1 Trauring, mattgold
1 Ring, Platinfassung, Lapislazuli
7 Münzen, Gesamtwert 8 Mark zehn

Das Publikum jubilierte, und die Herren mit den zugekniffenen Augen zuckten bei jedem Jubelschrei und jeder Lachsalve zusammen, als erhielten sie elektrische Schläge. Sie fingerten immer aufgeregter an und in sämtlichen Taschen herum und konnten es kaum noch aushalten. Denn alle ihre Taschen waren so leer wie die Wüste Gobi.

Endlich trat der Herr Professor zwischen sie, legte seine Hände auf ihre Schultern und sagte onkelhaft: »Liebe Kinder, es ist beschert!«

Da drehten sie sich auch schon um, stürzten auf den Tisch los, fielen über ihr Eigentum her und stopften es, unterm Gelächter und Applaus der zweitausend, hastig in ihre Hosen und Jacketts.

Weil das Publikum mit Lachen nicht aufhören wollte, hob der Jokus schließlich die Hand, und nun wurde es still. Auch die Kapelle brach ab. »Ich freue mich, dass Sie lachen«, sagte er. »Doch hoffentlich handelt sich's nicht um Schadenfreude. Bedenken Sie bitte, dass mein kleiner Gehilfe und ich jeden von Ihnen ganz genauso bestehlen könnten wie die zwei netten Herren an meiner Seite.«

»Kleiner Gehilfe!«, meinte Herr Hornbostel spöttisch. »Wenn ich das schon höre! Vergessen Sie nicht, dass wir gewettet haben!«

»Darüber sprechen wir noch«, antwortete der Professor. »Jedenfalls danke ich Ihnen beiden für Ihre tatkräftige Unterstützung.«

Er schüttelte ihnen die Hand, klopfte ihnen auf die Schultern und sagte: »Auf Wiedersehen und alles Gute auf Ihrem ferneren Lebensweg!«

Die zwei wendeten sich zum Gehen. Doch schon nach dem zweiten Schritt stolperte Doktor Hornbostel und blickte erstaunt auf seine Füße. Er hatte einen Halbschuh verloren und bückte sich, um ihn aufzuheben. Der Jokus kam ihm zu Hilfe und fragte freundlich: »Haben Sie sich wehgetan?«

»Nein«, knurrte der Doktor und musterte den Schuh in seiner Hand, »aber der Schnürsenkel ist nicht mehr da.« Er beugte sich über den Schuh, den er noch am Fuß hatte. »Der andre Schnürsenkel auch nicht!«

»Passiert Ihnen das häufig?«, fragte der Jokus teilnahmsvoll. »Gehen Sie oft ohne Schnürsenkel aus?«

Die Leute begannen wieder zu kichern.

»Ist ja Unsinn«, schnarrte Hornbostel. »Bin doch nicht plemplem!«

»Glücklicherweise kann ich Ihnen aushelfen«, sagte der Jokus. »Ich habe immer Reserveschnürsenkel bei mir.« Er fischte ein Paar Schnürsenkel aus der Tasche. »Bitte sehr.«

»Nützen mir leider nichts. Brauche keine braunen, sondern schwarze.«

»Hab ich auch«, meinte der Jokus und griff in eine andre Tasche. »Hier bitte. Was ist los? Sind sie Ihnen nicht schwarz genug? Schwärzere hab ich nicht.«

»Sie Obergauner!«, rief Doktor Hornbostel. »Sind ja meine eignen!«

»Immer noch besser als gar keine«, erklärte der Professor. »Und was mach ich mit den braunen? Vielleicht hat der Herr Mager dafür Verwendung?«

»Ich?«, fragte dieser. »Wozu? Ich trage zwar braune Schuhe, aber …« Er schielte vorsichtshalber, an seinem Bauch vorbei, zu seinen braunen Schuhen, Größe 48, hinunter und zuckte zusammen. »Hallo, hallo!«, rief er amüsiert. »Meine Schnürsenkel sind auch weg! Nun geben Sie die Dinger schon her! Sonst kippe ich auf dem Nachhauseweg aus den Pantinen! Danke vielmals, Meister Langfinger! Warum werden Sie nicht Taschendieb? In einem Monat wären Sie Millionär.«

»Aber ich könnte nachts nicht ruhig schlafen«, erwiderte der Professor. »Schlaf ist sehr wichtig.«

»Da bin ich anders«, erklärte der Dicke gemütlich. »Ich könnte überhaupt erst ruhig schlafen, wenn ich die Million hätte!«

Bevor er in der Beschreibung seiner schwarzen Seele fortfahren konnte, wurde er von dem kleinen fixen Mädchen unterbrochen, das wir schon kennen. »Guck mal, Mutti«, rief das Kind zapplig, »der andre Mann hat plötzlich keinen Schlips um!«

Zweitausend Menschen starrten Herrn Rechtsanwalt Doktor Hornbostel an, der mit der Hand ruckartig an seinen Hemdkragen griff. Tatsächlich, die schöne Krawatte aus Foulardseide war verschwunden! Und weil der ganze Zirkus lachte, wurde Hornbostel unwirsch. »Genug gescherzt!«, sagte er düster. »Ersuche dringend um Rückgabe meiner Krawatte!«

»Sie steckt in Ihrer linken Brusttasche, sehr geehrter Herr Doktor«, meinte der Jokus. Dann gab er beiden die Hand und bedankte sich herzlich für ihre Mitwirkung.

»Gern geschehen«, antwortete der dicke Herr Mager. »Aber lassen Sie meine Hand los, ja? Sonst klauen Sie mir die auch noch!« Er stapfte seinem Platz zu und machte behutsame Schritte, damit er die Schuhe nicht verlöre. Auf halbem Wege blieb er unvermittelt stehen und sagte: »Wieso rutschen eigentlich meine Hosen?« Er schlug das Jackett zurück und rief entsetzt: »Meine Hosenträger! Wo sind meine Hosenträger?«

»Nanu!«, sagte der Jokus. »Sollte ich versehentlich …?« Er befühlte seine Taschen und stutzte. »Hier scheint etwas … Einen Moment, lieber Herr Mager, ich kann mir zwar nicht vorstellen, dass ich … Andrerseits … bei meiner Zerstreutheit …« Und schon hielt er ein Paar Hosenträger hoch. »Da sind sie ja!«

Das Publikum bog sich. Und als der Doktor Hornbostel, der sich seine Seidenkrawatte umband, nervös das Jackett aufschlug und seine Hosenträger suchte, lachten die Leute noch viel mehr.

Aber er hatte sie noch, atmete auf und wischte sich die Stirn. Er schwitzte vor Angst. Dann hob er den Schuh auf, aus dem er herausgekippt war, und humpelte zu seinem Platz in der ersten Reihe.

Die Kapelle spielte einen Tusch. Die Trompeter bliesen vor Lachen falsch. Der dicke Herr Mager nahm seine Hosenträger in Empfang. Und der Professor Jokus von Pokus verneigte sich elegant. »Der kleine Mann und meine Wenigkeit«, sagte er lächelnd, »bedanken sich beim Publikum für die geradezu vorbildliche Aufmerksamkeit.«

Da klatschten alle und schrien »Bravo!« und »Wundervoll!« und »Großartig!«.

Doktor Hornbostel aber sprang, kaum dass er saß, wieder in die Höhe, gestikulierte wild und rief: »Was wird aus der Wette? Sie schulden mir hundert Mark!«

Der Professor gab dem Herrn Direktor Brausewetter, der strahlend am Manegenrand stand, ein Zeichen. Der Direktor gab das Zeichen weiter. Und langsam stieg das Rundgitter aus der

Versenkung empor, das sonst nur während der Raubtierdressur die Manege vom Publikum trennte.

»Ich zeige Ihnen jetzt meinen Zauberlehrling, den kleinen Mann! Sie können sich überzeugen, dass es ihn gibt! Das Gitter soll nur verhüten, dass Sie ihn und mich vor lauter Verwunderung zerquetschen.« Dann wandte sich der Professor an Herrn Hornbostel: »Damit haben Sie die Wette verloren! Den Hundertmarkschein brauchen Sie mir nicht zu überreichen. Ich habe ihn mir schon aus Ihrer Brieftasche herausgenommen! Zählen Sie bitte nach!«

Doktor Hornbostel zählte sein Geld, flüsterte »Tatsächlich!« und sank auf seinen Stuhl.

Der Jokus holte Mäxchen aus der Brusttasche, hielt ihn hoch und rief: »Darf ich Sie mit dem kleinen Mann bekannt machen? Hier ist er!«

Die Zuschauer sprangen auf, polterten die Stufen hinunter, stießen sich, quetschten aneinander und pressten die Gesichter ans Gitter. »Da ist er ja!«, riefen sie. »Ich sehe ihn nicht!«, »Doch, doch!«, »Wo denn bloß?«, »Auf dem Handteller des Professors!«,

»Oje, ist der klein! Wie ein Streichholz!«, »Man hält's doch nicht für möglich!«

Der kleine Mann lachte und winkte ihnen zu.

Die Funkstreife greift ein / Der kleine Mann wird zum Zaubergesellen befördert / Zum Applaus gehört zweierlei / Galoppinski braucht eine neue Peitsche / Rosa Marzipan fällt dem Professor um den Hals / Mäxchen lässt grüßen.

Der Erfolg war ungeheuer, und der Zirkus beruhigte sich erst, nachdem mit Sirene und blauem Licht eine Funkstreife gekommen war. Sie hatte dann auch den Professor, den kleinen Mann, die beiden Tauben und Alba, das Kaninchen, in die Mitte genommen und auf Zickzackwegen ins Hotel gebracht. Autos, die ihnen folgen wollten, wurden abgeschüttelt.

Wenig später saßen der Jokus und Mäxchen im Roten Salon des Hotels, bestellten einen Mokka mit Sahne und zwei Löffeln, holten tief Luft, schauten sich an und lächelten.

Der Oberkellner hängte ein Schild mit der Inschrift »Bitte nicht stören!« an die Türklinke, bevor er den Mokka bestellte. Auch er hatte schon von dem sensationellen Erfolg gehört.

»Nun?«, fragte der kleine Mann schüchtern. »Warst du mit mir zufrieden?«

Der Professor nickte. »Du hast sehr sauber gearbeitet. Du weißt ja, dass ich eigentlich noch ein paar Monate warten wollte.«

»Aber es musste doch irgendetwas geschehen«, rief der kleine Mann. »Wir konnten doch die Blamage mit deinem Zauberfrack nicht auf uns sitzen lassen.«

»So eine Schweinerei!«, knurrte der Professor und hieb mit der

Faust auf den Tisch. »Galoppinski war wie vor den Kopf geschlagen. Und das arme Pferd!«

»Und unser armes Kaninchen!«, sagte Mäxchen. »Ich dachte schon, es fällt vor Schreck tot um.«

»Hast du sehr geschwitzt?«, fragte der Professor lächelnd.

»Die Hosenträger waren das Schlimmste. Die Metallklemme vorn links wollte und wollte sich nicht öffnen. Zwei Fingernägel hab ich mir abgebrochen. Beim schönen Waldemar geht's viel leichter.«

»Dafür klappte es mit den Schnürsenkeln umso besser«, meinte der Professor. »Das war Maßarbeit. Auch der Trick mit der Krawatte funktionierte.«

»Es ging wie geschmiert«, erzählte Mäxchen. »Der Knoten saß ganz locker. Schwupp, und schon war ich drin.«

»Ja, Foulardseide ist geschmeidig. Damit hatten wir Glück. Glück gehört zum Geschäft.«

Der kleine Mann runzelte die Stirn. »Ich muss dich etwas fragen und du darfst nicht mogeln.«

»Einverstanden. Schieß los!«

»Ich wüsste es für mein Leben gern.«

»Was denn?«

»Ob du jetzt glaubst, ich könnte eines Tages ein richtiger Artist werden.«

»Eines Tages?«, fragte der Professor. »Du bist es doch schon! Du hast heute Abend deine Gesellenprüfung bestanden!«

»Oh«, flüsterte Mäxchen. Das war alles. Mehr brachte er nicht heraus.

»Du bist jetzt mein Zaubergeselle. Punktum.«

»Die Leute haben bestimmt nicht nur geklatscht, weil ich so klein bin?«

»Nein, Söhnchen. Aber solche Dinge spielen natürlich eine Rolle. Wenn sich der Elefant Jumbo auf einen Podest setzt und die Vorderbeine hochhebt, klatschen die Leute. Warum? Weil er etwas kann und weil er so groß ist. Wenn er nur groß wäre und nichts gelernt hätte, lägen sie lieber daheim auf dem Sofa. Ist das klar?«

»Ziemlich.«

»Zum Applaus gehört zweierlei«, dozierte der Professor. »Nehmen wir ein anderes Beispiel: Wenn die drei Schwestern Marzipan von ihrem Trampolin fünf Meter hoch in die Luft springen und Saltos drehen, klatscht das Publikum begeistert. Warum? Weil sie etwas können und weil sie so hübsch aussehen.«

»Vor allem Fräulein Rosa«, meinte Mäxchen vorlaut.

»Wären die drei Mädchen hässlich, dann gefielen sie dem Publikum nur halb so gut, sogar wenn sie noch zwei Meter höher hüpften.«

»Bei den Clowns gehört auch zweierlei dazu?«

»Freilich! Wenn sie keine dicken roten Nasen hätten und keine viel zu weiten Hosen und keine Schuhe wie Entenschnäbel, wären ihre Späße nicht halb so komisch. So ist es immer.«

»Auch bei dir?«, fragte der kleine Mann neugierig. »Du bist nicht so groß wie Jumbo und nicht so klein wie ich. Du hast keine rote Nase und bist nicht so schön wie die Marzipanfräuleins. Was ist denn nun dein Zweierlei?«

Der Professor lachte. »Ich weiß es nicht«, sagte er schließlich.

»Aber ich weiß es!«, rief der kleine Mann triumphierend. »Erstens bist du ein gewaltiger Zauberkünstler …«

»Und zweitens?«

»Heb mich hoch und ich sage dir's ins Ohr!«

Der Professor hob den kleinen Mann hoch.

»Zweitens«, flüsterte Mäxchen, »zweitens bist du der beste Mensch, den es gibt.«

Erst war es ein Weilchen still. Dann hustete der Professor verlegen und sagte: »So, so. Na ja, irgendeiner muss es schließlich sein.«

Mäxchen lachte leise. Doch gleich darauf seufzte er. »Weißt

du, manchmal möchte ich genauso groß sein wie normale Leute. Zum Beispiel in dieser Minute.«

»Warum denn gerade jetzt? Hm?«

»Dann hätte ich richtig lange Arme und könnte sie um deinen Hals legen.«

»Mein lieber Junge«, sagte der Professor.

Und Mäxchen flüsterte: »Mein lieber, lieber Jokus.«

Dann brachte der Oberkellner endlich den Mokka mit zwei Löffeln. »Einen schönen Gruß von der Kaffeeköchin und den kleinen Löffel schenkt sie dem kleinen Mann. Es war der kleinste Löffel, den sie in der Küche auftreiben konnte.«

»Und warum kriege ich ihn geschenkt?«, fragte Mäxchen verwundert.

Der Oberkellner machte eine tiefe Verbeugung. »Zur bleibenden Erinnerung an den Tag, an dem du berühmt geworden bist. Die Kaffeeköchin hat das heutige Datum mit einer Spicknadel im Löffel eingeritzt.«

»Mit der Spicknadel?«, fragte der kleine Mann.

»Ganz recht«, erwiderte der Oberkellner. »Sie dient sonst zum Spicken von Hasen- und Rehrücken. Die Köchin fand nichts Spitzeres.«

»Vielen, vielen Dank«, sagte Mäxchen. »Und die Kaffeeköchin glaubt, ich bin jetzt berühmt?«

»Das denkt nicht nur die Kaffeeköchin!«, rief da eine Frauenstimme. Die übermütige Stimme gehörte dem Fräulein Rosa Marzipan.

»Da bin ich!«, erklärte das Marzipanmädchen. »Draußen vorm Hotel lauern schon die ersten Journalisten und Fotografen und Onkels vom Rundfunk. Aber der Portier lässt sie nicht herein.«

»Sein Glück!«, knurrte der Professor. »Und wieso hat er dich hereingelassen?«

»Ich weiß es ganz genau!«, rief der kleine Mann und rieb sich die Hände. »Sie hat ihn angesehen und mit den Augen geklimpert!«

»Erraten!«, sagte Fräulein Rosa. »Er schmolz wie Schokoladeneis auf der Zentralheizung. Die Putzfrau musste kommen und den Rest wegwischen.« Dann gab sie Mäxchen einen kleinen Kuss, weil er so klein war, und dem Jokus einen noch kleineren, weil er so groß war.

»Und jetzt habe ich Appetit«, erklärte sie energisch.

»Auf einen Kuss von uns?«, fragte der Professor.

»Nein, auf Rehrücken«, antwortete sie. »Auf gespickten Rehrücken mit Kartoffelkroketten und Preiselbeeren. Und ihr dürft kosten.« Da nahm der Oberkellner die Beine unter den Arm.

Nach dem Essen sagte sie: »So ist das Leben, meine Herren Freunde. Mir hat es geschmeckt, ihr seid berühmt, und Meister Galoppinski braucht eine neue Reitpeitsche.«

»Warum denn?«, fragte Mäxchen wissbegierig.

»Weil die alte in Stücke ging«, berichtete das Fräulein. »Sie kam einige Minuten mit dem Clown Fernando in Tuchfühlung. Das war für die arme Peitsche zu viel. Für Fernando übrigens auch.«

»Wegen der vertauschten Fräcke?«

Rosa nickte. »Ganz recht. Dabei wollte der Clown ja gar nicht den Reiter und das Pferd blamieren, sondern einen gewissen Jokus.«

»Den Jokus?« Der kleine Mann war perplex.

»Fernando ist eifersüchtig. Weil er glaubt, der Jokus sei in mich verliebt.«

»Das stimmt doch auch!«, rief Mäxchen.

Da wurde der Zauberkünstler rot wie eine Blutapfelsine und hätte sich, wenn er's gekonnt hätte, auf der Stelle fortgehext. Oder in eine Zahnbürste verwandelt. Doch das können nur ganz echte Zauberer.

Fräulein Rosa Marzipan blickte ihn mit funkelnden Augen an. »Ist das wahr?«, fragte sie und stand langsam auf. »Ist das wahr?«, wiederholte sie drohend.

»Jawohl«, bemerkte der Jokus finster und betrachtete seine Schuhspitzen, als habe er sie noch nie gesehen.

»Ich könnte dir die Ohren abreißen«, schimpfte sie. »Warum hast du mir das nicht gesagt, du Schurke? Warum bist du nicht längst vor mir in die Knie gesunken, du Elender? Warum hast du mich nicht angefleht, dir mein Marzipanherz zu schenken, du Faultier?«

Der Professor sagte: »Ich werde dir gleich die Hosen straff ziehen!«

Da warf sie die Arme hoch und rief begeistert: »Endlich! Das erste liebe Wort!« Dann fiel sie ihm um den Hals, dass die Teller klirrten. Mäxchen rieb sich wieder einmal die Hände.

Nach fünf Minuten flüsterte Rosa Marzipan: »Schade um jeden Tag, den ich's nicht wusste! Wir haben viel Zeit verloren.«

»Mach dir nichts draus«, sagte der Jokus. »Du bist ja noch jung.«

»Freilich«, meinte sie. »Und Marzipan hält sich lange frisch.«

Nach weiteren fünf Minuten hüstelte jemand neben ihnen. Es war der Oberkellner. »Einen schönen Gruß von Mäxchen.«

»Wo ist er denn?«, riefen beide wie aus einem Munde. Sie wurden vor Schreck weiß wie das Tischtuch.

»Oben im Zimmer. Ich musste ihn im Lift hinaufbringen. Er sitzt im Blumentopf auf dem Balkon und sei sehr vergnügt, lässt er ausrichten.«

»Schrecklich«, murmelte der Professor, als der Oberkellner

gegangen war. »Wir haben überhaupt nichts gemerkt. Ich bin ein Rabenvater.«

»Höchste Zeit, dass jemand auf euch beide aufpasst!«, erklärte sie. »Ist der Posten noch frei? Ich wüsste wen.«

»Hoffentlich ist es niemand, der auf dem Trampolin herumhüpft«, sagte er.

Sie lächelte. »Ich habe nicht die Absicht, mein Leben lang in der Luft Purzelbäume zu schlagen. Ich bewerbe mich um den Posten, Herr Professor.«

»Sie sind engagiert«, gab er zur Antwort.

Mäxchen im Maiglöckchentopf / Frau Holzer muss ein paarmal niesen / Beim Facharzt für Unzufriedene / Der kleine Mann wächst und wird ein Riese / Er sieht sich im Spiegel / Der zweite Zaubertrank / Ein völlig normaler Knabe.

Inzwischen saß also der kleine Mann auf dem Balkon in einem Blumentopf. Es war ein Topf aus weißem Steingut. Der Hotelgärtner hatte am Morgen zwanzig Maiglöckchen eingepflanzt, weil er wusste, dass sie Mäxchens Lieblingsblumen waren.

»Gibt es ein Gedicht über den Maiglöckchenduft?«, hatte der Junge früher einmal gefragt. Aber weder der Jokus noch der Gärtner kannten eines.

»Wahrscheinlich wäre es so schwierig wie der vierfache Salto«, hatte der Jokus vermutet.

»Den vierfachen Salto gibt's doch gar nicht!«, hatte der kleine Mann gerufen.

»Eben«, hatte der Jokus geantwortet. »Das ist es ja.«

Nun saß der kleine Mann, wie gesagt, im Blumentopf, lehnte an einem der zartgrünen Stängel, blickte in die weißen Maiglöckchenwipfel empor, schnupperte den sogar für Dichter unbeschreiblichen Duft und dachte über das Leben nach.

Man tut das manchmal. Auch als gesunder Junge. Auch als kleiner Mann.

Er dachte an seine Eltern und den Eiffelturm, an den Jokus und Fräulein Marzipan, an die vertauschten Fräcke und den Clown

Fernando, an Galoppinskis zerbrochene Peitsche und Herrn Magers Hosenträger, an den lauten Zirkus und die leisen Maiglöckchen und … und … und … Und dann schlief er ein und träumte.

Er lief, klein, wie er war, im Traum durch eine endlos lange Geschäftsstraße und wusste sich vor lauter Schuhen und Stiefeln nicht zu retten. Es war lebensgefährlich. Die Passanten hatten es eilig, sahen ihn nicht, trabten mit großen Schritten an ihm vorbei und über ihn weg, und er sprang, aus Angst vor ihren Sohlen und Absätzen, in wildem Zickzack übers Pflaster. Manchmal presste er sich dicht an die Hauswand, um ein bisschen zu verschnaufen. Dann lief er weiter. Das Herz schlug ihm bis zum Hals.

Wenn man ihn zertreten hätte, wäre es keinem Menschen aufgefallen. Und der Jokus hätte sein Mäxchen vergeblich gesucht. Vielleicht wäre ein Straßenkehrer mit dem Besen gekommen, hätte ihn, mit Zeitungspapier und Zigarettenstummeln, auf die Schaufel gefegt und in die Müllkarre geworfen. Welch klägliches und frühes Ende für einen jungen und strebsamen Artisten!

Da! Schon wieder kamen ein Paar schwere Stiefel des Wegs. Im letzten Moment konnte der kleine Mann beiseitespringen! Doch dadurch wäre er fast unter den spitzen Absatz eines Damenschuhs geraten. In seiner Verzweiflung machte er einen Luftsprung und kriegte den Saum eines Mantels zu packen. Er kletterte den Mantel hoch, bis zur Schulter hinauf, und setzte sich auf einen breiten Kragen.

Der Kragen gehörte zu einem Flauschmantel. Und der Flauschmantel gehörte einer Frau. Sie bemerkte nicht, dass sie nicht mehr allein war, und so konnte Mäxchen sie in Ruhe betrachten. Es war eine ältere Frau. Ihr Gesicht sah gemütlich aus. Sie schien ein Marktnetz zu tragen und allerlei eingekauft zu haben. Manchmal blieb sie vor einem der Schaufenster stehen und musterte die Auslagen. Einmal musste sie niesen und sagte laut zu sich selber: »Gesundheit, Frau Holzer!« Mäxchen hätte beinahe gelacht.

Als sie vor einem Wäschegeschäft stehen blieb, um die Preise der Tischtücher, Handtücher, Taschentücher, Frottiertücher und Servietten zu begutachten, hatte der kleine Mann Langeweile und las deshalb die Schilder an der Haustür neben dem Schaufenster. Da gab es eine Waschanstalt für schmutzige Kinderhände, ein Erholungsheim für halb tote Lebkuchen und das Schild eines Arztes, das der Junge atemlos anstarrte. War das denn zu glauben? Auf dem Schild stand:

In diesem Augenblick nieste die Frau noch einmal. »Es wird schönes Wetter«, meinte sie, »die Schöpse niesen!« Und schon wieder hielt sie seufzend die Luft an, und wieder machte sie: »Hatschi!«

Da sagte der kleine Mann: »Gesundheit, Frau Holzer!«

»Danke vielmals«, antwortete sie fröhlich. Dann stutzte sie, drehte sich nach allen Seiten um und fragte: »Wer hat mir denn da eben Gesundheit gewünscht?«

»Ich!«, rief Mäxchen fidel. »Aber Sie können mich nicht sehen, weil ich nur fünf Zentimeter groß bin und auf Ihrem Mantelkragen sitze.«

»Fall bloß nicht runter!«, sagte sie besorgt und trat dicht an das spiegelnde Schaufenster heran. »Ich glaube, jetzt sehe ich dich. Junge, Junge, bist du aber winzig! So etwas gibt's nicht alle Tage! Willst du mit mir nach Hause kommen? Hast du Hunger? Bist du müde? Tut dir der Bauch weh? Soll ich dir bei mir vielleicht eine Wärmflasche machen?«

»Nein«, erklärte Mäxchen. »Sie sind furchtbar nett, aber mir fehlt nichts. Ich möchte nur, dass Sie mich nebenan in die erste Etage tragen und links bei dem Doktor Wachsmuth klingeln. Klingelknöpfe sind für mich zu hoch.«

»Wenn's weiter nichts ist!«, meinte Frau Holzer resolut, marschierte in den Hausflur, stapfte treppauf und drückte im ersten Stock auf die Klingel. Dabei las sie das Schild. »Was es so alles gibt«, sagte sie. »Ein Facharzt für Unzufriedene?« Sie lachte. »Der würde an mir nicht reich! Von mir aus könnte der Mann …«

Doch bevor sie mitteilen konnte, was der Medizinalrat von ihr aus könne, öffnete sich die Tür, und sie erblickten einen alten Herrn im weißen Arztkittel mit ungeheuer viel Bart im Gesicht. Er musterte Frau Holzer kurz vom Scheitel bis zur Sohle und schüttelte den Kopf.

»Sie haben sich wohl in der Tür geirrt?«, fragte er finster. »Sie sehen so zufrieden aus, dass mir sämtliche Hühneraugen wehtun.«

Sie lachte ihm mitten ins Gesicht. »Herrje, sind Sie ein Giftpilz!«, rief sie. »Sie sollten mal zum Arzt gehen! Beispielsweise zum Doktor Wachsmuth!«

»Wäre zwecklos«, brummte er. »Ich kann allen Leuten helfen, nur mir selber nicht.«

»So sind die Ärzte«, meinte Frau Holzer und wollte weiterreden. Doch sie musste wieder niesen.

»Gesundheit, Frau Holzer!«, sagte der kleine Mann.

Da machte der Medizinalrat Stielaugen. »Teufel, Teufel«, knurrte er, »das ist ein Patient nach meinem Geschmack!« Und schon hatte er Mäxchen gepackt und Frau Holzer die Tür vor der Nase zugeschlagen.

»Warum bist du unzufrieden?«, fragte der Arzt, als sie im Ordinationszimmer waren.

»Ich möchte größer sein«, gab Mäxchen zur Antwort.

»Wie groß?«

»Das weiß ich nicht.«

»Es ist immer dasselbe Theater«, knurrte der Medizinalrat. »Jeder weiß, was er nicht will. Aber was er stattdessen will, das weiß keiner.« Er holte mehrere bunte Arzneifläschchen aus dem Glasschrank und ergriff einen Löffel. »Wie wär's mit zwei Meter fünfzig?«, fragte er trocken. »Noch größer kann ich dich nicht machen, sonst stößt du an die Zimmerdecke. Nun? Heraus mit der Sprache!«

»Zwei Meter fünfzig?« Der kleine Mann blickte ängstlich zum Kronleuchter hinauf. »Und wenn es … wenn es mir … wenn es uns nachher nicht gefällt?«

»Dann geb ich dir ein Gegenmittel und du wirst wieder kleiner.«

»Also gut«, sagte Mäxchen mit zitternder Stimme. »Probieren wir's bitte mit zwei Meter fünfzig!«

Der Medizinalrat brummte allerlei in seinen struppigen Bart, schwenkte aus einer grünen Flasche ein paar Tropfen auf den Löffel und befahl: »Mund auf!«

Der kleine Mann sperrte den Mund weit auf und spürte eine brennende Flüssigkeit auf der Zunge.

»Hinunterschlucken!«

Der kleine Mann schluckte den grünen Saft hinunter. Er brannte in der Kehle und rann wie Feuer bis in den Magen.

Der Struwwelbart blickte den Jungen mit funkelnden Augen an und murmelte: »Gleich geht's los!« Und er hatte recht.

Plötzlich donnerte es in Mäxchens Ohren. Es zerrte an seinen Armen und Beinen. Die Rippen schmerzten. Die Haare und die Kopfhaut taten weh. Es knackte in den Kniescheiben. Vor den Augen drehten sich Kreise, so bunt wie der Regenbogen, und hundert silberne und goldene Kugeln und Sterne tanzten mittendrin. Er konnte mit knapper Not seine Hände erkennen. Sie wuchsen und wurden immer länger und breiter. Das sollten seine Hände sein?

Schon sah er verschwommen, dass der Glasschrank kleiner wurde, und der Wandkalender senkte sich tiefer und tiefer. Dann klirrte es ein bisschen, weil er mit der Nasenspitze an den Kronleuchter gestoßen war. Und schließlich gab es einen Ruck wie in einem Fahrstuhl, der zu rasch gestoppt wird!

Die bunten Räder vor den Augen drehten sich langsamer. Die Kugeln und Sterne hörten mit ihrem Tanz auf. In den Ohren verebbte der Donner. Die Haare taten nicht länger weh. Die Glieder schmerzten nicht mehr.

Und die Stimme des Medizinalrats sagte befriedigt: »Zwei Meter fünfzig.«

Aber wo war er denn, der Doktor Struwwelbart mit dem griesgrämigen Gesicht? Mäxchen blickte sich suchend um. Er hatte die Gardinenstange dicht vor der Nase. Der Kronleuchter, der noch ein wenig klirrte und schwankte, hing in Mäxchens Brusthöhe. Oben auf dem Schrank lag fingerdicker Staub. Und Staub lag auch auf der weiß lackierten Holzleiste, die, einen halben Meter unter der Zimmerdecke, die gelbe Tapete abschloss. In der Ecke hoch über der Tür krabbelte eine schwarze Spinne in ihrem Netz. Mäxchen wich entsetzt zurück. Dabei stieß er mit der Hand gegen ein hohes Bücherregal und aus der obersten Reihe fiel ein Buch zur Erde.

Der Doktor Struwwelbart lachte. Es klang, als meckere ein alter Ziegenbock. Dann rief er spöttisch: »Ist es denn die Möglichkeit? Ich verwandle ihn in einen Riesen und der Riese erschrickt vor einer Spinne!«

Mäxchen blickte wütend zu dem Schreibtisch hinunter. Der Medizinalrat meckerte noch immer. »Warum lachen Sie mich aus?«, fragte der kleine Mann, der plötzlich so groß war. »Schließlich bin ich kein gelernter Riese, sondern war bis vor Kurzem nur fünf Zentimeter lang! Haben Sie noch nie gezittert?«

»Nein«, sagte der Struwwelbart. »Niemals. Ich habe Angst nicht nötig. Wenn mich ein Löwe anspränge, verhexte ich ihn noch im Sprunge in einen Buchfinken oder in einen Zitronenfalter.«

»Dann sind Sie gar kein Medizinalrat?«

»Nein. Ich bin auch kein Zauberkünstler wie dein Jokus.«

»Sondern?«

»Ich bin ein richtiger und ganz echter Zauberer.«

»Oha«, flüsterte Mäxchen. Er hielt sich vor Schreck am Schrank fest. Und weil der Schrank wacklig war, zitterten beide, der Schrank und der Riese Max.

»Setz dich auf den Stuhl, damit du in den Spiegel schauen kannst!«, befahl der Zauberer. »Du weißt ja noch gar nicht, wie du jetzt aussiehst.«

Mäxchen nahm Platz, blinzelte in den Spiegel, zuckte zusammen und rief außer sich: »Um alles in der Welt! Das bin ich? Das soll ich sein?« Er hielt entsetzt die Hände vor die Augen.

»Ich finde dich recht passabel«, bemerkte der Zauberer. »Aber deinen eigenen Geschmack, den scheinen wir nicht getroffen zu haben.«

Mäxchen schüttelte den Kopf wie wild und murmelte verzweifelt: »Ich finde mich abscheulich. Eine Giraffe ist nichts dagegen!«

»Wie groß möchtest du denn stattdessen sein?«, fragte der Zauberer. »Aber überleg's dir diesmal gründlicher!«

»Ich wusste es von Anfang an«, sagte Mäxchen zerknirscht. »Doch dann packte mich die Neugierde und jetzt könnte ich mich links und rechts ohrfeigen.«

»Wie groß willst du sein?«, fragte der Struwwelbart energisch. »Rede nicht um den heißen Brei herum!«

»Ach«, seufzte Mäxchen, »ach, Herr Zauberer – ich möchte so groß sein wie jeder normale Junge in meinem Alter! Nicht größer und nicht kleiner und nicht dicker und nicht dünner und keine Sehenswürdigkeit wie eine seltene Briefmarke oder ein Kamel mit drei Höckern und nicht frecher und nicht ängstlicher und nicht dümmer oder gescheiter und …«

»Na schön«, knurrte der Zauberer und griff nach einer roten Flasche und dem Löffel. »Ein ganz normaler Bengel willst du werden? Nichts ist leichter. Sperr den Mund auf!«

Mäxchen, der zweiundeinenhalben Meter große Riese, sperrte brav den Mund auf und schluckte den dicken roten Saft. Er leckte sogar den Löffel ab.

Und schon sauste und donnerte es in seinen Ohren. Der Kopf tat weh. Die Rippen und die Gelenke zwickten und krachten. Das Herz klopfte. Die bunten Kreise wirbelten vor seinen Augen wie ein Feuerwerk.

Und dann wurde es still.

»Schau in den Spiegel!«, befahl der Zauberer.

Mäxchen traute sich kaum. Er hob die Lider nur ein paar Millimeter. Doch dann riss er die Augen weit auf, sprang vom Stuhl hoch und warf, mit einem Jubelschrei, die Arme in die Luft. »Ja!«, schrie er aus Leibeskräften. »Ja! Ja! Ja!«

Und im Spiegel hatte ein Junge die Arme in die Luft geworfen. Ein hübscher Junge von zwölf oder dreizehn Jahren. Mäxchen lief zum Spiegel hin und schlug mit beiden Händen gegen das Glas, als wolle er das Spiegelbild umarmen. »Das bin ich?«, rief Mäxchen.

»Das bist du«, sagte der Zauberer krächzend und lachte. »Das ist Max Pichelsteiner, ein völlig normaler Knabe von fast dreizehn Jahren.«

»Ich bin ja so glücklich!«, sagte Mäxchen leise.

»Hoffentlich bleibt's dabei«, meinte der Medizinalrat. »Und nun schau, dass du weiterkommst!«

»Wie soll ich Ihnen danken?«

Der Zauberer stand auf und zeigte zur Tür. »Geh weiter und danke mir nicht!«

»So ein blöder Spiegelaffe!« / Merkwürdige Plakate in der Stadt / Der Direktor Brausewetter heißt plötzlich Brausepulver / Galoppinski nennt sich Traberewski / Sie lachen ihn aus / Nicht einmal der Jokus erkennt ihn / Max und Mäxchen / Es war nur ein Traum.

Jetzt war er endlich so groß, wie sich das für einen richtigen Jungen gehört. Andere Kinder halten so etwas für selbstverständlich. Für ihn aber war es völlig neu. Es machte ihn so stolz, dass er auf der Straße am liebsten jeden Passanten angehalten und gefragt hätte: »Was sagen Sie dazu? Ist das nicht toll?«

Natürlich tat er's nicht. Die guten Leute hätten sich ja auch sehr gewundert und höchstens geantwortet: »Was ist denn daran toll? Bürschchen in deiner Größe gibt's wie Sand am Meer.« Vielleicht wären sie sogar böse geworden.

Manche wunderten sich, auch ohne dass er sie ansprach. Denn er strahlte, als habe er im Toto gewonnen. Außerdem benahm er sich merkwürdig. Er zuckte mitunter zusammen oder sprang sogar zur Seite, als hätte er Angst, zertreten zu werden. Dann hatte er wohl für einen Augenblick vergessen, dass er nicht mehr der kleine Mann war. Dabei sah er doch jetzt die Gesichter und Hüte und Mützen und nicht mehr, wie vorher, die Schuhe und Absätze. Aber mit alten Gewohnheiten ist das so eine Sache. Man wird sie schwerer los als den Stockschnupfen.

Etwas anderes war noch seltsamer: Er blieb in einem fort vor

Schaufenstern stehen. Keineswegs der hübschen, interessanten Auslagen wegen. Sondern wegen des, wie er fand, hübschen und interessanten Knaben, der sich in den Scheiben spiegelte. Er konnte sich an sich selber kaum sattsehen.

Dabei geschah es auch, dass plötzlich jemand hinter ihm sagte: »So ein blöder Spiegelaffe!«

Dieser Jemand war ein Junge in seiner Größe, strohblond und mit einer beachtlichen Zahnlücke. »Das ist nun das zehnte Schaufenster, in dem du dich angaffst«, stellte der Junge fest. »So etwas Dämliches hab ich in meinem ganzen Leben noch nicht gesehen. Nächstens gibst du dir noch einen Kuss! Oder machst dir selber einen Heiratsantrag!«

Mäxchen ärgerte sich zwar. Aber der Kerl konnte ja nicht wissen, wie alles zusammenhing. Deshalb erklärte er ruhig: »Lass mich in Frieden!«

Doch der Strohblonde dachte gar nicht an Ruhe und Frieden, sondern hechelte weiter. »Schritte machst du wie 'n Baby, das laufen lernt! Komm, gib mir dein Patschhändchen, damit du nicht aufs Köpfchen fällst!«

In Mäxchen begann es zu kochen. »Ich werde dir gleich mein Patschhändchen geben!«, rief er. »Aber auf deine Himmelfahrtsnase!«

»Oh, wie ich mich fürchte!«, witzelte der andre. Dann begann er, Mäxchen auszulachen. »Läuft wie 'n Anfänger und will mich hauen! Hahaha!«

Da wurde es Mäxchen zu bunt. Sein Zorn lief über wie die Suppe im Kochtopf. Er holte aus, schlug zu, und der blonde Knabe saß auf dem Pflaster und hielt sich den Unterkiefer links. Auch Mäxchen war verblüfft. »Tut mir leid«, sagte er. »Es ist das erste Mal, dass ich wen haue.« Dann ging er seiner Wege.

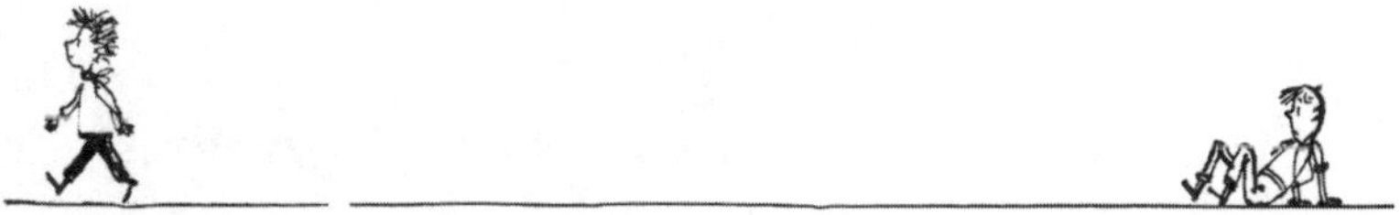

Außer den spiegelnden Schaufensterscheiben interessierten ihn, von Minute zu Minute immer mehr, die Plakatsäulen. Wohin er blickte, erblickte er sich selber. Das heißt: Die Plakate galten nicht dem normalgroßen Jungen, der er jetzt war, sondern dem kleinen Mann, dem Zauberlehrling, dem winzigen Gehilfen des bedeutenden Professors Jokus von Pokus, die miteinander im Zirkus Stilke auftraten und das Publikum zu Beifallsstürmen hinrissen. Überall war Mäxchen Pichelsteiner zu sehen und die Texte schlugen Purzelbaum. Die Litfaßsäulen waren völlig aus dem Häuschen.

Auf einem der Plakate lehnte er an einer Streichholzschachtel, gleich groß wie sie, und die Schachtel und Mäxchen waren mindestens zwei Meter groß. Der Reklametext lautete:

Auf einem anderen Plakat hielt er einen silbern glänzenden und überlebensgroßen elektrischen Rasierapparat in beiden Händen und die Buchstaben behaupteten unverfroren:

Mäxchen dachte: »So eine Frechheit! Wo ich doch mindestens noch vier Jahre warten muss, bis mir die ersten Barthaare wachsen! Na, der Jokus wird sich wundern, wenn er den Unsinn liest!« Doch die übrigen Plakate waren auch nicht besser. Auf einem dritten, worauf er eine Zigarre rauchte, stand groß und breit:

Komische Leute! Was die sich so ausdachten, um ihr Zeug loszuwerden! Da versuchten sie nun, den Vorübergehenden weiszumachen, der kleine Mann benähme sich wie ein Erwachsener. Wo man doch wusste, dass er noch ein Junge war! Dort oben links klebte noch ein Plakat mit seinem Bild! Er balancierte ein Glas in der Hand, aus dem Perlen hochsprühten, und der Text hieß:

»So ein Quatsch!«, dachte Mäxchen. Der Jokus hatte ganz recht, wenn er manchmal sagte: »Die Reklamefritzen haben Nerven wie Stricke.« Ob die Leute, die das lasen, nun wirklich in die Läden stürzten und die Rasierapparate, Zigarren und Sektflaschen kauften, die ihnen so heftig empfohlen wurden?

Der Junge wollte schon weiterlaufen. Doch da fiel sein Blick auf ein kleineres und etwas bescheideneres Plakat, das er fast übersehen hätte. Es war keine bunte Zeichnung darauf. Auch kein Foto. Aber der Text, den er las, fuhr ihm durch Mark und Bein.

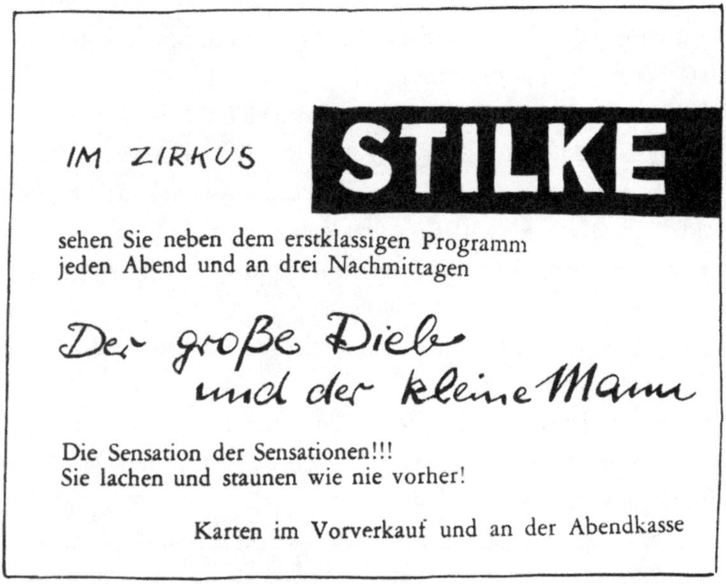

»Um alles in der Welt!«, dachte Mäxchen. »Vielleicht ist heute Mittwoch oder Samstag oder Sonntag? Ich muss zur Nachmittagsvorstellung! Der Jokus weiß ja gar nicht, wo ich bin!« Und schon sauste er auf und davon.

Mitten in der Manege saß Herr Direktor Brausewetter, mit weißen Handschuhen und schwarzem Zylinder, und las die Zeitung. Er blickte hoch, weil Mäxchen so stürmisch ins Zelt gejagt kam. »Wo brennt's?«, fragte er.

»Entschuldigen Sie vielmals«, stieß der Junge außer Atem hervor. »Aber ich weiß nicht, ob heute Mittwoch ist!«

Der Direktor zog die Augenbrauen hoch.

»Oder Sonnabend!«, sagte der Junge. »Oder Sonntag!«

»Dir graust wohl vor gar nichts?«, fragte der Direktor ungehalten. »Kommst in den Zirkus gerannt und fragst, ob Mittwoch ist! Das grenzt ja an Hausfriedensbruch!« Dann beugte er sich wieder über seine Zeitung.

»Aber Herr Direktor Brausewetter …« Mäxchen war wie vom Donner gerührt. Warum war der Mann so unfreundlich zu ihm, dem neuen Publikumsliebling?

»Nicht einmal wie ich heiße, weißt du richtig!«

»Brausewetter …«

»Ich heiße seit meiner Geburt Brausepulver«, erklärte der Direktor ärgerlich. »Nicht Brausewasser und nicht Brausewetter, sondern Brausepulver! Auch nicht Juckpulver und nicht Schlafpulver, sondern – na?«

»Brausepulver«, sagte Mäxchen leise. Am liebsten wäre er in die Erde gesunken.

Doch da kam der Kunstreiter Galoppinski aus der Zeltgasse und fragte: »Worüber ärgern Sie sich denn so, Herr Direktor Brausepulver?«

»Der Bengel hier macht mich nervös«, schimpfte der Direktor. »Rennt in die Manege, fragt mich, ob Mittwoch ist, und nennt mich Brausewetter!«

»Scher dich fort!«, zischte der Reiter. »Auf der Stelle!«

»Aber Herr Galoppinski …«, sagte Mäxchen erschrocken.

»Da haben Sie's!«, rief der Direktor und schlug die weißen Handschuhe über dem Zylinder zusammen.

»Ich heiße Traberewski und nicht Galoppinski«, rief der Reiter zornig.

»Und heute ist Donnerstag, du Nervtöter!«, knurrte der Direktor. »Geh nach Hause und mache deine Schularbeiten!«

»Ich bin doch Artist«, sagte Mäxchen schüchtern.

»Auch das noch!«, meinte der Direktor. »Uns bleibt auch nichts erspart! Was kannst du denn? Hm? Beispielsweise!«

»Schnürsenkel aufziehen«, flüsterte Mäxchen.

Da schrien die beiden Männer auf. Halb lachend und halb vor Wut. Sie machten Gesichter, als werde sie gleich der Schlag treffen.

»Das geht zu weit!«, brüllte der Direktor.

Und der Reiter ballte die Fäuste. »Schnürsenkel kann er aufziehen! Das konnten wir schon als Dreijährige!«

Der Direktor schnaufte wie ein Walross. »Ich werde verrückt«, ächzte er. »Schnürsenkel kann er aufziehen! Der Knabe ist ein Genie!«

»Und Hosenträger kann ich aufzwicken«, flüsterte Mäxchen mit Tränen in der Stimme.

»Nun ist aber Schluss!«, donnerte der Direktor. »Das ist der Gipfel der Unverschämtheit!«

»Und Krawattenknoten kann ich aufknüpfen«, fuhr Mäxchen leise und kläglich fort.

Da sprang der Kunstreiter auf ihn los, packte ihn am Kragen und schüttelte ihn hin und her.

Der Direktor erhob sich stöhnend. »Versohlen Sie ihm den Hintern«, meinte er, »und werfen Sie ihn vors Portal!«

»Mit dem größten Vergnügen«, antwortete der Reitersmann und legte den Jungen kunstgerecht übers Knie. »Schade, dass ich meine neue Peitsche nicht bei mir habe«, bemerkte er noch. Dann schlug er zu.

»Hilfe!«, schrie Mäxchen, und der Schrei gellte bis zur Kuppel hinauf. »Hilfeeeee!«

In diesem Moment kam der Professor Jokus von Pokus aus der Stallgasse ins Zelt und fragte: »Wer brüllt denn so erbärmlich?«

»Ich bin's, lieber Jokus!«, rief der Junge. »Bitte, bitte, hilf mir! Die zwei erkennen mich nicht!« Er riss sich los, lief auf den Professor zu und wiederholte außer sich: »Sie erkennen mich nicht!«

»Nur ruhig Blut«, mahnte der Professor. Dann betrachtete er den Jungen und fragte: »Sie erkennen dich nicht?«

»Nein, lieber Jokus!«

»Wer bist du denn?«, fragte der Professor behutsam. »Ich erkenne dich nämlich auch nicht.«

Dem Jungen wurde zumute, als öffne sich die Erde unter seinen Füßen. Ihm wurde schwindlig. Alles drehte sich im Kreise. »Der Jokus erkennt mich nicht«, flüsterte er. »Nicht einmal der Jokus erkennt mich.« Tränen rannen ihm über die Backen.

Es war ganz still geworden. Sogar der Direktor und der Trabewski hielten den Mund.

»Woher sollten wir uns denn kennen?«, fragte der Professor ratlos.

»Aber ich bin doch dein Mäxchen«, schluchzte der Junge. Er schlug verzweifelt beide Hände vors Gesicht. »Ich bin doch Mäxchen Pichelsteiner!«

»Nein! Du lügst!«, rief da eine helle Knabenstimme. »Mäxchen Pichelsteiner, das bin ich!«

Der große Junge ließ die Hände sinken und starrte entgeistert auf die Brusttasche des Professors. Aus der Tasche lugte der kleine Mann hervor und fuchtelte wütend mit den Armen. »Bring mich, bitte, fort von ihm! Ich mag Lügner nicht!«

»Lieber Jokus!«, rief der große Junge. »Bleib hier! Bleibe bei mir! Ich hab doch nur dich auf der Welt!«

»Aber Mäxchen«, sagte der Professor. »Warum weinst du denn so schrecklich? Ich bin ja bei dir und ich bleibe ja bei dir! Hast du schlecht geträumt?«

Mäxchen schlug die Augen auf. Noch hingen ihm Tränen zwischen den Wimpern. Doch er sah das besorgte Gesicht des Jokus über sich. Er roch den Duft der Maiglöckchen und wusste, dass er im Blumentopf saß. Auf dem Balkon des Hotelzimmers. Er hatte nur geträumt, und alles war wieder gut.

DAS DREIZEHNTE KAPITEL

Es war nur ein Traum / Ein Gespräch vorm Einschlafen / Vom Erfinder des Reißverschlusses / Was ist »viel«? / Mäxchen ist noch gar nicht müde / Tolle Burschen und dicke Freunde.

Es war wirklich nur ein Traum?« Der kleine Mann seufzte erleichtert. Ihm fiel ein Kieselstein vom Herzen. »Oh, lieber Jokus, ein Glück, dass du mich endlich wiedererkennst!«

»Ich hab dich nicht wiedererkannt? Na, hör mal!«

»Weil ich zu groß war«, berichtete Mäxchen. »So groß wie die anderen Jungen in meinem Alter. Und außerdem steckte ich, so klein wie jetzt und sonst, noch einmal in deiner Brusttasche!«

»Ein Mäxchen und ein Max gleichzeitig? Donnerwetter! Womöglich auch noch ein Moritz und ein Moritzchen?«

Der kleine Mann musste lachen. Es tat zwar noch ein bisschen weh in der Kehle. Aber er würde schon wieder fröhlich werden, das fühlte er. »Nimm mich, bitte, in die Hand«, sagte er. »Da spür ich besser, dass du mich beschützt.«

»Außerdem wird es auf dem Balkon zu kalt«, meinte der Jokus und hob ihn aus dem Blumentopf. »Jetzt badest du in der Seifenschale. Hinterher legst du dich in die Streichholzschachtel. Und dann erzählst du mir, vorm Einschlafen, was du geträumt hast.«

»Alles? Ganz ausführlich?«

»Jawohl. Lang und breit und kurz und klein. Träume haben es hinter den Ohren.« Plötzlich erschrak der Jokus. »Hast du Hunger? Oder hast du im Traum Kalbskeulen und heiße Würstchen gegessen?«

»Nein«, sagte Mäxchen, »es war ein Traum ganz ohne Essen. Aber ich bin trotzdem satt.«

Als die Nachttischlampe brannte, erzählte Mäxchen seinen Traum. Lang und breit und kurz und klein. Von der gemütlichen Frau Holzer und ihrem Niesen. Vom Professor Wachsmuth, der ein echter Zauberer gewesen war und ihn erst in einen Riesen und dann in einen Schuljungen verwandelt hatte. Von dem Ärger mit dem strohblonden Flegel erzählte er auch. Und von den Litfaßsäulen mit den vielen dummen Plakaten. Dann vom Zirkus mit dem Direktor Brausepulver und dem Kunstreiter Traberewski. Und endlich von dem mörderischen Schreck, wie der Jokus dazugekommen war, mit dem kleinen Mann im Jackett, und ihn, das eigentliche Mäxchen, nicht wiedererkannt hatte.

Der Jokus schwieg ziemlich lange. Dann räusperte er sich und sagte: »Da haben wir's. Der Traum hat es verraten. Du wolltest lieber ein normaler Junge sein statt des kleinen Mannes, der du bist.«

Mäxchen nickte bekümmert. »Immer schon. Ja. Ich habe es nur niemandem erzählt. Nicht einmal dir. Obwohl ich dir sonst alles sage.«

»Und plötzlich wurde dir, als du groß warst, angst und bange.«

»Genauso war's«, meinte Mäxchen kleinlaut. »Du hast ja einmal gesagt, man muss etwas sein und etwas können. Und nun war ich nichts und konnte nichts. Als ich dem Direktor und dem Traberewski erzählte, ich könne Schnürsenkel aufziehen, wollten sie sich totlachen.«

»Weil du groß warst! Da kann es jeder. Und es sieht auch jeder. Nur wenn es der kleine Mann macht, sieht es keiner. Das kannst bloß du und sonst niemand.«

»Viel ist das nicht«, sagte Mäxchen.

»Nein«, meinte der Jokus. »Viel ist es nicht. Das stimmt. Doch es ist besser als gar nichts. Denn wer auf der Welt kann viel? Da sitzt, wie es tatsächlich passiert ist, ein Mann jahrelang im Gefängnis und erfindet den Reißverschluss. Heute gibt es so ein Ding an jedem Koffer und an jedem zweiten Kleid. Der Mann hat den Reißverschluss erfunden. Ist das – viel?«

Mäxchen hörte aufmerksam zu.

»Oder es läuft jemand hundert Meter um eine Zehntelsekunde schneller als alle anderen Sprinter sämtlicher Erdteile«, sagte der Jokus, »und die Menschheit wirft vor Begeisterung die Hüte ins Stadion. Also, ich behalte meinen Hut auf dem Kopf. Ein neuer Rekord wurde aufgestellt? Schön und gut. Auch ich freue mich und klatsche in die Hände. Aber ist es – viel?«

»Es ist vielleicht nicht viel«, meinte der kleine Mann. »Aber was ist denn mehr? Was ist denn überhaupt – viel?«

»Einen Krieg verhindern«, erwiderte der Jokus. »Eine Hungersnot beseitigen. Eine Krankheit heilen, die für unheilbar gehalten wurde.«

»Das können wir beide nicht«, sagte Mäxchen.

Der Jokus nickte. »Das können wir beide nicht. Schade. Mit unseren Künsten ist es nicht weit her. Wir können nur zweierlei. Wir bringen die Leute zum Staunen und zum Lachen. Wir haben keine Ursache, größenwahnsinnig zu werden. Trotzdem werden sich morgen die Zeitungen unseretwegen vor Begeisterung überkugeln.«

»Ganz bestimmt?«

»Es wird wild zugehen, Jungchen. So. Und nun wird geschlafen. Morgen früh ist die Nacht weg.« Der Jokus legte den Kopf aufs Kissen.

»Ich glaube, ich bin noch gar nicht müde«, erklärte der kleine Mann.

»Sehr geehrter Herr Pichelsteiner«, sagte der Professor, »hätten Sie wohl die unendliche Güte, die Kerze auszupusten?«

Mäxchen kicherte und knipste das Licht aus. »Nun bin ich also wieder klein«, murmelte er im Dunkeln. »Doch wenn du in der Nähe bist, ist mir's recht.«

»Du sollst schlafen!«

»Eigentlich sind wir ja zwei ziemlich tolle Burschen«, meinte Mäxchen. »Oder etwa nicht?«

»Doch, doch«, brummte der Jokus. »Tolle Burschen und dicke Freunde. Und du sollst schlafen.«

»Wieso dick?«, fragte der kleine Mann. »Du bist nicht einmal dick, wenn du den Zauberfrack anhast.«

»Du sollst schlafen!«, knurrte der Professor und gähnte, dass es sogar die Maiglöckchen auf dem Balkon hörten.

»Und wie ist das mit dir und dem Marzipanmädchen?«, fragte Mäxchen leise.

»Du sollst schla…«

»Ich schlafe ja schon«, sagte der kleine Mann hastig und schloss den Mund und die Augen. Ob er freilich sofort einschlief, das weiß ich nicht. Denn erstens war es im Zimmer stockfinster. Und zweitens war ich ja gar nicht im Zimmer.

Ruhm am Vormittag / Telefonanrufe / Der erste Besucher ist Direktor Brausewetter / Geld ist nicht die Hauptsache, aber die wichtigste Nebensache / Das Kaninchenim falschen Zylinder / Schlagzeilen und Gerüchte.

Der nächste Tag wurde ein denkwürdiger Tag. Mäxchen wachte auf und war berühmt.

Der Chefportier des Hotels, der sich in seiner vierzigjährigen Laufbahn nicht nur beträchtliche Plattfüße, sondern auch beträchtliche Erfahrungen erworben hatte, sagte schon morgens um neun Uhr zu den Telefonfräuleins: »Das wird kein Ruhm mit dem Wurm drin, meine Damen. Das Kerlchen wird berühmt wie der Schiefe Turm von Pisa. Denken Sie an meine Worte!«

»Tag und Nacht«, versicherte Fräulein Arabella treuherzig, und die anderen Mädchen kicherten und hielten die Hand vor die Telefonmuschel.

Doch viel Zeit zum Lachen blieb ihnen heute nicht. Die Anrufe in der Zentrale rissen nicht ab. Alle Welt wollte den kleinen Mann sprechen. Darunter war auch eine aufgeregte Frauensperson. Sie erkundigte sich, ob der kleine Mann schon verheiratet sei.

»Ich habe ihn gestern Abend im Zirkus gesehen«, sagte die Frau, »und bin von ihm völlig fasziniert. Ist er noch zu haben?«

»Leider nein«, antwortete Fräulein Arabella. »Er ist seit sechs Jahren mit der Kronprinzessin von Australien verlobt. Und die wird ihn nicht hergeben.«

»Was will er denn bei den Kängurus?«, fragte die Frauenstimme ärgerlich. »Ich habe einen Laden für Baby- und Kinderkleidung. Das wäre für ihn viel gescheiter. Verbinden Sie mich, bitte, mit seinem Zimmer!«

Fräulein Arabella schüttelte den Lockenkopf. »Völlig ausgeschlossen, gnädige Frau! Er darf nicht gestört werden. Reichen Sie doch Ihr Gesuch schriftlich ein! Und vergessen Sie nicht, Ihre werte Fotografie beizufügen. Der junge Herr ist sehr schönheitsdurstig.«

Natürlich waren nicht alle Anrufe so albern wie dieser. Doch auch vernünftigere Telefonate zu Hunderten kosten Zeit und Nerven. Den Fräuleins am Klappenschrank und dem Portier in seiner Loge rauchten die Köpfe.

Indessen saßen der Jokus und Mäxchen auf dem Balkon und frühstückten in aller Gemütsruhe.

»Du sollst den Marmeladenlöffel nicht ablecken«, mahnte der Professor.

»Das gilt ab heute nicht mehr«, behauptete Mäxchen. »Wenn man so berühmt ist wie ich, darf man das.«

»Du hast eine etwas merkwürdige Auffassung vom Berühmtsein«, sagte der Jokus.

Die zwei Tauben saßen im Blumenkasten. Das Kaninchen steckte den Kopf zum Balkongitter hinaus.

Für die drei Tiere war der ruhmreiche Tag ein Tag wie jeder andere.

Der kleine Mann zwinkerte vergnügt. »Minna, Emma und Alba«, zählte er auf. »Nun fehlt nur noch Rosa.«

Dann klopfte es dreimal und der erste Besucher erschien. Es war aber nicht Rosa Marzipan, sondern der Herr Direktor Brausewetter.

Mit der einen Hand schwenkte er den Zylinder und mit der anderen Hand überreichte er die Morgenzeitungen. »Der Erfolg ist sensationell«, ächzte er und sank in einen Stuhl. »Die Presse ist, ohne dabei gewesen zu sein, außer Rand und Band. Vor dem Hotel türmen sich die Neugierigen. Der Liftboy ist um Jahre gealtert. Und der Portier hat den Kopf verloren und kann ihn nicht wiederfinden.«

Mäxchen lachte und der Jokus überflog die Zeitungen mit den ersten kurzen Nachrichten über seinen und Mäxchens Riesenerfolg.

»Die Lawine rollt«, sagte er befriedigt.

»Noch dazu aufwärts, Herr Professor«, meinte Brausewetter. »Schade, dass wir uns trennen müssen.« Er blickte traurig zu Boden.

»Waaas?«, fragte der kleine Mann. »Das verstehe ich nicht.«

Brausewetter fuhr mit dem Handschuh rund um den Zylinder. »Der Herr Professor dürfte mich schon verstehen.«

»Jawohl«, brummte der Jokus und nickte.

»Ich habe heute Nacht kein Auge zugetan«, sagte Brausewetter und stellte den Zylinder unter den Stuhl. »Ich habe gerechnet und gerechnet. Es geht nicht. Der Zirkus Stilke ist wahrhaftig kein Flohzirkus, sondern genießt in der Zunft und beim Publikum erfreuliches Ansehen. Aber Sie beide sind seit gestern Abend eine Weltnummer und das kann ich nicht bezahlen.«

Der Jokus entgegnete: »Sie kennen unsren Preis ja noch gar nicht.«

»Nein. Aber ich bin kein heuriger Hase. Ich weiß, welche Summen man Ihnen von andrer Seite bieten wird. Damit kann ich nicht konkurrieren. Denn ich bin ein solider Unternehmer. Ein anderer Direktor würde vielleicht denken: Mit dieser Weltnummer bin ich jeden Abend ausverkauft, auch wenn ich die Familie Bambus auf die Straße setze …«

»Nein!«, rief Mäxchen.

»Oder wenn ich die Elefanten an einen Zoo verkaufe …«

»Nein!«, rief Mäxchen.

»Oder wenn ich den Feuerschluckern und den drei Schwestern Marzipan kündige …«

»Nein!«, schrie Mäxchen aufgebracht. »Das dürfen Sie nicht tun!«

»Ich tu's ja auch nicht«, erklärte Direktor Brausewetter würdig, »und deswegen müssen wir uns eben trennen.«

Der Jokus sagte: »Legen Sie die Karten auf den Tisch! Wie viel können Sie uns zahlen?«

»Das Vierfache Ihrer jetzigen Gage. Doch die anderen werden Ihnen das Zehnfache bieten.«

»Nein«, meinte der Jokus. »Das Zwanzigfache. Ich habe nämlich heute Nacht auch ein bisschen gerechnet. Und Sie, verehrter Herr Direktor, können uns mehr als das Vierfache bezahlen, ohne Ihren Zylinder oder zwei Elefanten ins Leihhaus zu tragen.«

»Wie viel?«

»Das Fünffache.«

Direktor Brausewetter lächelte gequält. »Aber nur, wenn ich mir das Zigarrenrauchen abgewöhne.«

»Das glaubt Ihnen nicht einmal Ihr Zigarrenhändler«, meinte der Jokus.

»Der zuallerletzt«, sagte Brausewetter und lachte müde.

»Hast du alles verstanden, Mäxchen?«, fragte der Jokus. »Aber lege den Marmeladenlöffel fort, bevor du antwortest!«

Mäxchen legte den Löffel beiseite. Dann sagte er: »Ich habe alles verstanden. Wir können anderswo fünfmal so viel verdienen wie bei Direktor Brausepulver, nein, Brausewetter. Und auch nur dann, wenn er sich das Rauchen abgewöhnt.«

»Ein aufgewecktes Kind«, bemerkte der Direktor.

»Aber«, fuhr der kleine Mann fort, »wie wäre es, wenn der Zirkus Stilke, weil wir jetzt berühmt sind, die Eintrittspreise erhöht? Nur ein kleines bisschen! Und wenn er uns das bisschen extra auszahlte?«

»Ein gefährliches Kind«, stellte der Direktor fest und begann zu schwitzen.

»Jedenfalls keine üble Idee«, sagte der Jokus. »Doch nun zur Hauptsache, Jungchen! Du und ich, wir sind jetzt Kompagnons, und deine Meinung ist ab heute so wichtig wie meine eigene.«

»Fein!«, rief der kleine Mann und rieb sich vor Wonne die Hände.

»Was wollen wir tun? Wollen wir bei Direktor Brausewetter bleiben? Oder wollen wir für die fünffache Summe zu einem anderen Zirkus oder in ein so berühmtes Varieté wie das ›Lido‹ in Paris gehen? Überlege dir's gründlich, bevor du antwortest! An unserer Entscheidung hängt sehr, sehr viel Geld.«

Mäxchen furchte die Stirn. »Weißt du schon, was du selber möchtest?«

»Ich weiß es.«

»Ich glaube, ich weiß es auch«, erklärte der kleine Mann. »Ich möchte, dass wir bei Herrn Brausewetter bleiben. Er hat damals meine Eltern engagiert und war immer gut zu mir. Wie ein Onkel.«

»Bravo«, sagte der Jokus. »Wir sind uns also einig.« Er wandte sich an den Zirkusdirektor. »Unser Beschluss ist einstimmig. Wir bleiben Ihnen erhalten.«

»Oh«, murmelte Brausewetter. »Das nenne ich nobel.« Er fuhr sich gerührt über die Augen.

»Die Einzelheiten besprechen wir am Nachmittag«, meinte der Jokus lächelnd. »Das Geschäftliche ist für meinen Partner und mich zwar nicht die Hauptsache, wie Sie gemerkt haben …«

»Aber?«, fragte Mäxchen neugierig.

»… aber die wichtigste Nebensache«, fuhr der Seniorpartner fort.

Der Direktor verbeugte sich knapp. »Selbstverständlich, Herr Professor! Selbstverständlich! Immerhin darf ich jetzt der Presse und dem Rundfunk mitteilen, dass Sie bei mir bleiben?«

Der Jokus nickte. »Tun Sie das, mein Bester.«

Und schon sprang Brausewetter hoch. »Dann will ich mich beeilen!« Er angelte den Zylinder unterm Stuhl hervor und setzte ihn vor lauter Übermut schief auf den Kopf. Doch der Zylinder wackelte wie verrückt hin und her. »Was soll das denn heißen?«, fragte er verdutzt und nahm den Zylinder schnell wieder ab.

Da hüpfte, mit einem Riesensatz, das weiße Kaninchen heraus! Es war zu Tode erschrocken und hoppelte eiligst ins Zimmer und ins Körbchen.

»Sie!« Der Jokus drohte Herrn Brausewetter mit dem Finger. »Das ist unlauterer Wettbewerb! Alba hat in fremden Zylindern nichts zu suchen!«

Der Direktor lachte und drohte gleichfalls. »Erzählen Sie das nicht mir, sondern Ihrem Kaninchen!« Und schon lief er, so schnell er seinen Bauch tragen konnte, aus dem Zimmer und aus dem Hotel, um den Redaktionen, dem Funk und den Agenturen brühwarm zu berichten, welches Glück dem Zirkus Stilke widerfahren sei.

Schon wenige Stunden später erfuhren die Leser in der Stadt die große Neuigkeit. Die Boulevardblätter brachten die Meldung sogar auf ihrer ersten Seite. Die großen Überschriften lauteten:

Der kleine Mann bleibt bei Stilke

Artistentreue trotz Welterfolg

Brausewetter schlägt die Konkurrenz aus dem Felde

Zauberprofessor und Zauberlehrling verlängern Vertrag

Der Text der Nachrichten, auch im Funk, war allerdings noch recht mager. Denn wer unter den Reportern war schon, am Abend vorher, zufällig im Zirkus gewesen? Noch gab es keine Fotos in den Zeitungen. Und auch die Ansagerin im Fernsehen vertröstete das Publikum auf die nächste Abendschau.

Der Erfolg war zunächst nicht viel mehr als ein Gerücht. Wer hatte denn ahnen können, dass der Clown Fernando zwei Fräcke vertauschen würde? Und dass sich Professor Jokus von Pokus daraufhin entschlösse, den kleinen Mann der Öffentlichkeit vorzeitig zu präsentieren?

Immerhin, zweitausend Zuschauer hatten die Sensation miterlebt und den winzigen Zauberlehrling mit eignen Augen gesehen.

Das Gerücht, das die Stadt durchlief, hatte also viertausend Beine. Und dass es nur ein Gerücht war, machte das Ganze fast noch spannender, noch aufregender, noch interessanter.

An diesem Abend, vorm zweiten Auftreten des kleinen Mannes, drängten und drängelten sich über hunderttausend Menschen vorm Zirkuszelt.

Die zweite Vorstellung und die zweite Sensation: Mäxchen als Flieger / Das Stilke-Archiv / Ein Filmangebot aus Hollywood / Briefwechsel mit dem Dorfe Pichelstein / Ein königliches Geschenk aus dem Königreich Breganzona.

Hunderttausend Menschen! Das waren achtundneunzigtausend zu viel! Sie belagerten sofort die Kassenschalter für den Vorverkauf, und nach ein paar Stunden gab es für die gesamte Dauer des Gastspiels keinen einzigen Platz mehr, obwohl der Zirkus Stilke noch vierzig Tage in der Stadt bleiben würde und obwohl ein Zuschlag von einer Mark für den Sitz erhoben wurde!

Drei Lieferwagen fuhren das Geld noch in der Nacht zu den Panzerschränken der Wach- und Schließgesellschaft. Sicher ist sicher, dachte Direktor Brausewetter.

Die Vorstellung selber, also die zweite Vorstellung, wurde für den »Großen Dieb und den kleinen Mann« wieder zu einem Triumph. Die Leute vom Fernsehen waren mit ihren Apparaten erschienen. Überall hockten Fotografen mit ihren Kameras und Blitzlichtern. Die Reporter und die in- und ausländischen Korrespondenten hielten die Augen offen und die Notizblöcke auf den Knien.

Für die übrigen Artisten war der Abend, trotz des ausverkauften Hauses, keine reine Freude. Denn sie alle wussten ja, dass die ungeduldigen Zuschauer samt der Presse und den Ehrengästen nur auf den Jokus und auf Mäxchen warteten.

Ganz recht, Ehrengäste waren auch erschienen. Der Oberbürgermeister mit der goldenen Kette um den Hals, seine zwei Bürgermeister, der Stadtkämmerer, die Stadträte, der amerikanische Generalkonsul, drei Bankdirektoren, ein Schwarm Filmproduzenten, Intendanten und Chefredakteure und sogar der Rektor der Universität, der vor vierzig Jahren zum letzten Mal in einem Zirkus war.

Zwei dieser Ehrengäste holte sich Professor Jokus von Pokus prompt in die Manege und bestahl sie mithilfe des kleinen Mannes nach Noten: den Oberbürgermeister und den amerikanischen Generalkonsul!

Dem Oberbürgermeister stibitzte er zum Schluss die goldene Amtskette, und die Hosenträger knöpfte Mäxchen dem Herrn Generalkonsul ab. Da wurden die zweitausend Besucher schrecklich vergnügt. Und wie der Amerikaner die Hosen verlor – wer, glaubt ihr wohl, lachte am lautesten und am längsten? Der Amerikaner selber! Das machte das Publikum noch viel vergnügter.

Als das Rundgitter hochgestiegen war und der Jokus der staunenden Menge seinen kleinen Mitarbeiter gezeigt hatte, kündigte er eine weitere Sensation an. »Jetzt«, rief er, »wird der kleine Mann auf dem Rücken seiner Freundin, der Taube Emma, in die Zirkuskuppel emporfliegen und nach einem Rundflug, hoch über unseren Köpfen, sicher und wohlbehalten auf meiner ausgestreckten Hand landen!«

Und so geschah's. Die Kapelle schwieg. Nicht nur, weil es ihr befohlen worden war. Sie hätte ohnedies keinen Ton herausgebracht.

Die einzigen Lebewesen, die während des abenteuerlichen Fluges keinen Funken Angst zeigten, waren Emma und Mäxchen. Er hielt sich mit der Rechten lässig an der blauseidenen Schleife fest, die der Jokus der Taube vorher mit äußerster Sorgfalt um den Hals gebunden hatte.

STILKE

Emma startete seelenruhig, schraubte sich in Spiralen bis zur Kuppel hinauf, flog dort dreimal die Runde und glitt schließlich, wie ein kleines weißes Segelflugzeug, in eleganten Kurven tief und tiefer, bis sie auf der ausgestreckten Hand des Professors aufsetzte. So hatte diese Hand noch nie im Leben gezittert. Und der Zirkus seufzte erleichtert auf wie ein aus einem Albtraum erwachender Riese.

In der Garderobe sagte der Jokus leise: »Nie hätte ich diesen Flug erlauben dürfen. Niemals.«

»Es war herrlich!«, rief Mäxchen. »Und ich danke dir tausendmal, dass du es mir schließlich erlaubt hast.«

Die beiden Tauben saßen oben auf dem Garderobenspiegel, hatten sich aneinandergekuschelt und gurrten.

Der kleine Mann rieb sich die Hände. »Weißt du, worüber sie reden? Emma hat von dem Rundflug erzählt und nun ist Minna eifersüchtig. Dabei hat sie das gar nicht nötig.«

»Warum denn nicht?«

»Morgen ist Minna an der Reihe«, sagte Mäxchen.

Über den Welterfolg an dieser Stelle ausführlich zu berichten, ist natürlich ganz unmöglich. Aber der Pressechef des Zirkus Stilke hat alle Fotos, Berichte, Interviews und Briefschaften gewissenhaft gesammelt und geordnet.

Wer sich für solche Einzelheiten interessiert, muss sich an das Stilke-Archiv wenden. Der Pressechef, ein eifriger und gefälliger Mensch, heißt Kunibert Kleinschmidt und gibt auf höfliche Anfragen ziemlich gerne Auskunft. (Rückporto beilegen!)

Den Kleinkram lasse ich also beiseite. Dass in den Illustrierten große Fotoserien erschienen, zum Teil schön bunt, das versteht sich ja von selber. Die französische Wochenzeitschrift »Paris Match« brachte Mäxchen, auf dem Handteller des Jokus, als farbiges Umschlagbild. Im Fernsehen konnten Millionen Leute zuschauen, wie Mäxchen die Schnürsenkel des Oberbürgermeisters heimlich aus den Ösen herauszog. Die amerikanische Illustrierte »Life« bot dem kleinen Mann hunderttausend Dollar, wenn er seine Memoiren schriebe und ihr den Vorabdruck überließe.

Eine internationale Ärztekommission kündigte ihren Besuch an, weil sie, aus wissenschaftlichen Gründen, die körperliche und geistige Verfassung des kleinen Mannes testen und darüber berichten wolle. Die Filmfirma Metro-Goldwyn-Mayer verhandelte, wegen eines Breitwandfilms, mit Mäxchen und dem Professor in den Hauptrollen. Ein Zündholzkonzern bat um die Lizenz, seine Streichholzschachteln künftig mit einem Schildchen bekleben zu dürfen, worauf »Der kleine Mann gibt Ihnen Feuer« stehen sollte. Manches erlaubte der Jokus. Manches lehnte er, rundweg oder wenigstens vorläufig, ab. »Aber den Film in Hollywood, den könnten wir doch machen«, sagte Mäxchen.

Der Professor schüttelte den Kopf. »Das hat Zeit. Später einmal. Immer hübsch eins nach dem andern.«

Einiges muss ich aber doch etwas ausführlicher erzählen. Zum Beispiel die Sache mit dem Brief aus dem Dorfe Pichelstein, der eines Tages eintraf. Er lautete folgendermaßen:

Lieber und verehrter Max Pichelsteiner!

Wir haben dich neulich im Fernsehen bewundern können, indem ja der Gastwirt zur Blauen Gans und weitere achtunddreißig Familien einen solchen Apparat ihr Eigentum nennen. Es war höchst großartig und wir sind mächtig stolz auf dich sowie dein Können. Wir haben alle deine Eltern gut gekannt, bevor sie das Dorf verließen, und du bist ihnen wie aus den Gesichtern geschnitten. Nur noch viel kleiner und fast noch viel ähnlicher als sie selber. Ein echter Pichelsteiner, haben wir gleich gerufen und auf dich angestoßen. Es war sehr feierlich und unvergesslich.

Mäxchen freute sich über den etwas unbeholfenen Brief so sehr, dass er zu Rosa Marzipan sagte: »Weißt du, was? Ich möchte diesem Ferdinand gleich antworten. Darf ich dir den Brief diktieren und mich dabei auf die Schreibmaschine setzen?«

Das Marzipanmädchen, das neuerdings oft im Hotelzimmer war und dem Jokus bei der Korrespondenz half, erklärte: »O. K., junger Freund«, spannte einen Briefbogen ein, setzte den kleinen Mann auf den Wagen der Reiseschreibmaschine und meinte: »Ich bin ganz Ohr!«

Mäxchen diktierte ihr also den Dankeschön-Brief an Ferdinand Pichelsteiner und fuhr, während Rosa tippte, auf dem Wagen nach links, bis das Klingelzeichen ertönte. Dann schob sie die Walze samt dem kleinen Mann nach rechts und die Fahrt begann von Neuem.

Als er gerade diktierte: »Ihr dankbarer Mäxchen Pichelsteiner, Artist«, trat der Jokus ins Zimmer. Er hatte unten in der Hotelhalle mit dem Anwalt einer Nürnberger Spielzeugfabrik verhandelt und sagte: »Büroschluss, meine Herrschaften! Gleich gibt's Kaffee mit Apfelkuchen!«

Rosa wollte schon den Briefbogen ausspannen, da rief Mäxchen aufgeregt: »Bitte, noch nicht! Ich habe was Wichtiges vergessen!« Und nun diktierte er noch einige Sätze, die mit der Ehrenmitgliedschaft im Turnverein nicht das Mindeste zu tun hatten:

Weil alle Pichelsteiner sehr klein sind, könnte es vielleicht sein, dass es in Pichelstein ein Mädchen in meinem Alter gibt, das auch in der Größe zu mir passt. Wenn es das gäbe, wäre ich überglücklich.

Der Jokus, mein bester Freund, hätte ganz bestimmt nichts dagegen, wenn sie mich bald einmal besuchte und möglichst lange bei uns bliebe.

»Sie dürfte natürlich auch ihre Eltern mitbringen«, sagte der Jokus.

Und Mäxchen diktierte:

Sie dürfte natürlich auch ihre Eltern mitbringen. Wir würden gleich das Reisegeld schicken. Und wenn Sie in Pichelstein kein so kleines Mädchen haben, sondern einen Jungen, dann wäre es fast genauso schön. Ein Mädchen wäre mir im Grunde lieber, denn ein Junge bin ich ja selber. Was mir manchmal fehlt, ist ein Freund in meiner Größe …

Der kleine Mann hielt den Kopf gesenkt, während er diese Sätze diktierte und auf dem Wagen der Schreibmaschine hin- und herfuhr.

Das Marzipanfräulein und der Jokus wechselten einen verständnisvollen Blick. »Weißt du, was?«, sagte Rosa zu dem kleinen Kerl. »Den Briefschluss mit dem üblichen Drum und Dran und Winkewinke brauchst du mir nicht zu diktieren. So was kann ich freihändig aus dem Stand.«

Mäxchen nickte und murmelte: »Danke schön.«

Bei dieser Gelegenheit muss ich einen anderen wichtigen Brief erwähnen. Der Absender war König Bileam von Breganzona. In seinem Königreich, aber auch im Ausland, heißt er seit Langem

Bileam der Nette. Und jeder, der ihn kennt, behauptet, das sei noch viel zu wenig. Eigentlich müsse er Bileam der Beste heißen.

Er trägt eine goldene Krone und einen schwarzen Hut, und zwar beides gleichzeitig. Die juwelengeschmückte Krone ist nämlich auf der Hutkrempe festgenäht und das sieht gar nicht so übel aus. Doch genug über Hutmoden.

Jedenfalls, auch dieser König Bileam schickte einen Brief. Auch er und die Königin und der Kronprinz und die Prinzessin seien von der Übertragung im Fernsehprogramm begeistert gewesen. Hoffentlich mache der Zirkus Stilke recht bald Ferien. Dann müssten der kleine Mann und sein Professor sofort und unbedingt als Gäste nach Breganzona ins Residenzschloss kommen. Prinzessin Judith und Osram, der zehnjährige Kronprinz, könnten es kaum erwarten.

Zunächst einmal hätten die beiden Kinder ihre Sparbüchsen

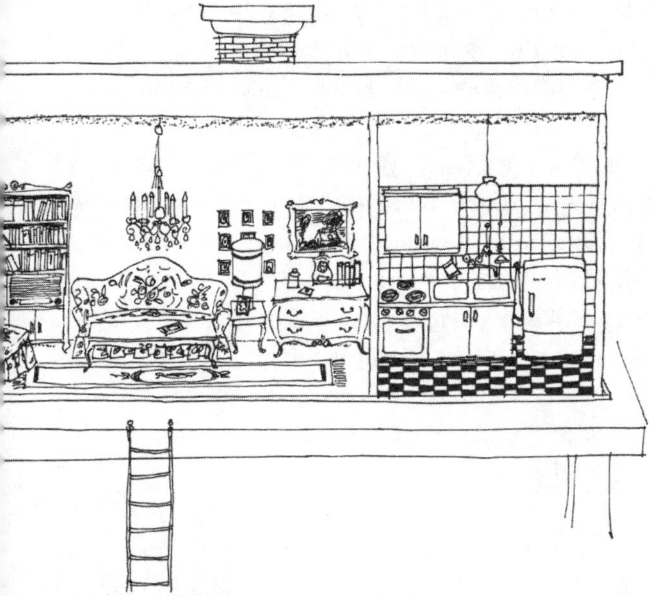

ausgeleert und für den kleinen Mann ein Geschenk besorgt und abgeschickt, das ihm vielleicht Freude machen würde.

Schon zwei Tage später trafen zwei stabile Kisten ein. »Königliches Geschenk« stand auf den Kisten und das war nicht übertrieben. Die eine Kiste enthielt eine komplette Wohnung in Spielzeuggröße: ein Wohnzimmer, ein Schlafzimmer, eine Küche mit Elektroherd und ein Badezimmer mit kaltem und heißem Wasser. Kleine Lampen, Wasserspeicher, auswechselbare Batterien – alles war vorhanden, nichts hatte man vergessen, es war ein kleines Wunderwerk!

In der zweiten Kiste befand sich ein großer niedriger Tisch, worauf die vier Zimmer nebeneinander bequem Platz hatten. Eine Cellophantüte hätten Rosa und der Jokus beim Auspacken ums Haar übersehen und mit der Holzwolle fortgeworfen. Das wäre schade gewesen.

Denn in der Tüte steckte eine schmale seidene Strickleiter, die man an der Tischplatte festhaken und auf deren Sprossen Mäxchen zu seiner komfortablen Eigentumswohnung emporklettern konnte.

Das tat er auch, kaum dass die Wohnung auf dem Tische stand. Er war selig, als er so durch die Räume spazierte, das Licht einschaltete und auf dem Küchenherd, in einer der winzigen Pfannen, ein Häppchen Rindsfilet briet, das der Kellner, mit einem Klecks Butter und klein gehackter Zwiebel, angebracht hatte. Sie kosteten alle, auch der Kellner, und fanden die Kostprobe vorzüglich.

Mäxchen selber konnte nicht mitreden. Denn für ihn war nichts übrig geblieben.

Nach der Zirkusvorstellung badete er in der eignen Badewanne und sagte zum Jokus, der amüsiert zuschaute: »Das ist natürlich ganz etwas andres als die blöde Seifenschale.«

Dann legte er sich in das himmlisch weiche Bett im eignen Schlafzimmer, dehnte sich behaglich und murmelte: »Das ist natürlich ganz etwas andres als die alte Streichholzschachtel.«

Aber am nächsten Morgen, da lag er in der alten Streichholzschachtel auf dem alten Nachttisch.

»Nanu«, sagte der Jokus. »Was ist denn passiert?«

Der kleine Mann lächelte verlegen. »Ich bin mitten in der Nacht umgezogen.«

»Und warum?«

»Die alte Streichholzschachtel ist natürlich ganz etwas andres«, erklärte Mäxchen.

Der kleine Mann am eignen Herd / Ruhm strengt an / Und Ruhm macht müde / Der zweite Brief aus Pichelstein / Nürnberger Spielzeug / Ein Lied wird populär / Der Jokus macht eine schreckliche Entdeckung: Mäxchen ist spurlos verschwunden!

Das Geschenk des Königs Bileam und seiner zwei Sprösslinge war für die Fotoreporter wieder einmal, wie es so treffend heißt, ein gefundenes Fressen. Sie drängten sich mit ihren Apparaten ins Hotelzimmer, knipsten, was das Zeug hielt, und bescherten der Welt neue Bildserien mit prächtigen Unterschriften: »Der kleine Mann mit Schürze und Kochmütze am eignen Herd«, »Der kleine Mann hält im neuen Schaukelstuhl Siesta«, »Der kleine Mann vor dem Regal mit seiner Miniaturbücherei«, »Der kleine Mann im Himmelbett aus Breganzona«, »Der kleine Mann zum ersten Mal in einer Badewanne«, »Der kleine Mann zeigt den Tauben Minna und Emma seine Gemächer« – es wollte kein Ende nehmen.

Als die nervenlosen Burschen mit ihren Kameras und Blitzlichtern schließlich verschwunden waren, zog sich Mäxchen ärgerlich an den Haaren und rief dreimal hintereinander: »Warum bin ich nicht der Leutnant Unsichtbar?«

»Ruhm strengt an«, bemerkte der Jokus. »Das gehört sich so. Außerdem werden wir die Fotos in ein Album kleben und nach

Breganzona schicken. Da werden sich der König und die Königskinder sicher freuen.«

»Das machen wir«, sagte der kleine Mann. »Aber die Einladung müssen wir vorläufig ablehnen. Ruhm strengt an.« Dann schlüpfte er in seinen Trainingsanzug und kletterte eine Stunde auf dem schönen Waldemar herum. Danach legte er sich in die Streichholzschachtel, gähnte gewaltig und murmelte vorm Einschlafen: »Ruhm macht müde.«

Wenige Tage später kam ein zweiter Brief aus Pichelstein. Ferdinand Pichelsteiner, der Erste Vorsitzende des Turnvereins, schrieb dem hochverehrten Ehrenmitglied, dass das Dorf weder mit einem Mädchen noch einem Knaben in Mäxchens Größe dienen könne. Allerdings seien immer wieder einmal junge Ehepaare in die weite Welt gezogen. Was aus den meisten geworden ist, hieß es weiter,

haben wir leider nicht erfahren. Sie haben uns nicht einmal mitgeteilt, ob sie noch leben oder schon gestorben sind. Geschweige ob aus ihnen was geworden ist oder nichts.

Sollten wir etwas Passendes hören, hörst du gleichzeitig. Das verspreche ich dir fest in die Turnerhand. Ich bin fünfzig Jahre alt und immer noch aktiv. Besonders am Hochreck.

Dein getreuer Namensvetter
Ferdinand Pichelsteiner

Der Jokus faltete langsam den Brief zusammen und sagte: »Nimm's nicht zu schwer, Kleiner!«

»Ach wo!«, meinte Mäxchen. Er saß in seinem niedlichen Wohnzimmer auf dem grünen Sofa und baumelte mit den Beinen. »Es wäre natürlich schön gewesen. Noch dazu jetzt, wo ich die Wohnung habe. Das Mädchen hätte in meinem Bett schlafen können. Denn in der Streichholzschachtel gefällt's mir sowieso besser.«

»Das neue Bett ist doch viel bequemer.«

»Schon, schon«, sagte Mäxchen. »Aber es ist von deinem Bett zu weit weg.«

Habe ich eigentlich schon den Rechtsanwalt erwähnt, mit dem sich der Jokus in der Hotelhalle unterhalten hatte? Er war im Auftrag einer Nürnberger Spielzeugfabrik da gewesen. Sie hatten miteinander verhandelt. Sie hatten sich geeinigt und Verträge unterschrieben. Und eines Tages war es dann so weit. Die Nürnberger Fabrik schickte ein Päckchen mit zehn Streichholzschachteln.

Mit zehn Streichholzschachteln? Ja. Voller Streichhölzer? Nein. Sondern in jeder Schachtel lag, auf weißer Watte, ein kleiner Mann! Zehn kleine Männer, unserem Mäxchen zum Verwechseln ähnlich! In zehn Pyjamas, grau und blau gestreift, genau wie der Schlafanzug, den Mäxchen besonders gernhatte. Die zehn Mäxchen waren in den Gelenken beweglich. Man konnte sie aus den Schachteln herausnehmen und aufstellen. Man konnte sie wieder hineinsetzen. Man konnte sie langlegen, als ob sie schliefen.

Kurz und gut, es handelte sich um ein neues Spielzeug, das bald danach in allen Ländern und Geschäften, aber auch an der Zirkuskasse verkauft wurde und der Spielzeugfabrik viel Geld einbrachte. Aber nicht nur ihr, sondern auch dem »Großen Dieb und dem kleinen Mann«. Sie waren mit acht Prozent am Umsatz beteiligt. Deswegen hatte ja der Jokus mit dem Nürnberger Rechtsanwalt in der Hotelhalle verhandelt. Denn der Professor Jokus von Pokus war nicht nur ein berühmter Zauberkünstler, sondern auch ein tüchtiger Geschäftsmann.

Das glaubt ihr nicht? Ihr denkt, ein tüchtiger Geschäftsmann wäre nicht beim Direktor Brausewetter geblieben, sondern – hast du, was kannst du – zu einem reicheren Zirkus abgewandert? Nun, auch ein tüchtiger Geschäftsmann darf zuweilen freundlich handeln. Sonst ist er eine zweibeinige Rechenmaschine und wird nicht nur den anderen, sondern auch sich selber eines Tages meilenweit zum Halse heraushängen.

Von dem neuen Spielzeug hätte ich übrigens nicht so ausführlich erzählt, wenn nicht eine dieser verflixten Nürnberger Streichholzschachteln im nächsten Kapitel eine wichtige Rolle spielen würde. Aber habt noch ein bisschen Geduld. Denn …

Denn zuvor möchte ich euch noch von einem Lied berichten, das um die gleiche Zeit entstand und sehr schnell populär wurde. Man konnte es auch als Schallplatte kaufen. Es wurde im Rundfunk gesungen und in den Lokalen tanzte man danach. Die

Musik hatte Romano Korngiebel, der Kapellmeister des Zirkusorchesters, komponiert. Wer am Text schuld war, weiß ich nicht. Der Titel hieß:

Das Lied vom kleinen Mann

Ich habe sogar ein paar Strophen im Kopf behalten. Es begann folgendermaßen:

Was ist denn bloß geschehn?
Die Menschen stehn und reden,
und jeder Mensch fragt jeden:
Haben Sie den kleinen Mann gesehn?
Man fragt zehn Polizisten,
die's schließlich wissen müssten.
Drauf rufen alle zehn:
»Wen?«

So wurden alle möglichen Leute gefragt, ob sie den kleinen Mann gesehen hätten. Bis es hieß:

Da ruft 'ne dicke Frau:
»Ich kenn ihn ganz genau!
Er schläft bis früh halbachtel
in einer Streichholzschachtel.
Dann frühstückt er Kakao.

Er wiegt fünf Zentimeter,
misst achtundfünfzig Gramm
und wechselt manchmal Briefe
mit König Bileam.
Am Abend stiehlt der Knabe
im Zirkus wie ein Rabe.
Doch gibt er Stück für Stück,
wie sich's gehört ...«

Hier reißt mein Gedächtnisfaden wieder ab. Nur an den Schluss kann ich mich noch erinnern. Da hieß es, wer den kleinen Mann sehen wolle, müsse sich außerordentlich beeilen, da er neuerdings und zusehends noch viel kleiner werde:

Ab Dienstag sieht ihn keiner mehr.
Er wird tagtäglich kleinerer.
Am Montag hat's noch Zweck.
Doch am Dienstag, am Dienstag,
am Dienstag ist er weg!

»Am Dienstag ist er weg!« Diese letzte Zeile des Liedes sollte sehr bedeutungsvoll werden. Und zwar auf so schlimme Weise bedeutungsvoll, dass ich mich kaum getraue, es niederzuschreiben.

Bitte erschreckt nicht zu sehr! Ich kann's nicht ändern und ich darf 's nicht verschweigen. Es hilft alles nichts. Wie fange ich's nur an? Haltet euch am Stuhl oder an der Tischkante oder am Kopfkissen fest! Und zittert nicht zu sehr! Das müsst ihr mir versprechen. Sonst erzähl ich's lieber nicht. Einverstanden? Nicht zu sehr zittern! Also:

Am Dienstag war er weg! Wer?

Mäxchen war weg!

Er war wie vom Erdboden verschwunden.

Als der Jokus ins Hotelzimmer trat, hüpften Emma und Minna nervös auf dem Schrank hin und her. Der Jokus fragte Mäxchen, der friedlich in seiner Streichholzschachtel lag: »Was ist denn mit den beiden Tauben los? Hast du eine Ahnung?«

Da der kleine Mann nicht antwortete, sagte der Professor: »He, junger Freund, hast du die Sprache verloren?«

Es blieb still.

»Mäxchen Pichelsteiner!«, rief der Jokus. »Ich rede mit dir! Wenn du nicht auf der Stelle antwortest, krieg ich Magenschmerzen!«

Kein Wort. Kein Lachen. Nichts.

Da durchfuhr den Jokus ein Schreck, so schnell und grell wie ein Blitz. Er beugte sich über die Streichholzschachtel, riss die Zimmertür auf, stürzte in den Korridor hinaus und schrie: »Mäxchen, wo bist du? Mäxchen!« Nichts. Totenstille.

Der Jokus rannte ins Zimmer zurück, riss den Telefonhörer von der Gabel und musste sich setzen, so schwach war ihm zumute.

»Zentrale? Verständigen Sie sofort die Kriminalpolizei! Mäxchen ist verschwunden! Der Hoteldirektor ist dafür verantwortlich, dass niemand das Haus verlässt! Kein Gast und kein Angestellter! Fragen Sie nichts! Tun Sie, was ich Ihnen gesagt habe!«

Er knallte den Hörer auf die Gabel, sprang auf, trat zum Nachttisch und feuerte die Streichholzschachtel samt Mäxchen mit aller Gewalt gegen die Wand!

Denn es war ja gar nicht Mäxchen. Sondern eine der verdammten Nürnberger Spielzeugschachteln mit der kleinen Puppe im grau-blau gestreiften Schlafanzug.

DAS SIEBZEHNTE KAPITEL

Aufregung im Hotel / Der falsche Etagenkellner / Es riecht nach Krankenhaus / Kriminalkommissar Steinbeiß erscheint / Mäxchens Erwachen / Eine wichtige Durchsage im Rundfunk / Otto und Bernhard / Der kleine Mann wünscht ein Taxi und Otto kriegt einen Lachanfall.

Es konnte sich nur um Menschenraub handeln. Doch wer hatte Mäxchen geraubt? Und warum hatte er's getan? Noch dazu mit allem Vorbedacht? Denn er hatte ja den kleinen Mann mit der Puppe ausgetauscht, damit man die Entführung nicht sofort entdecken solle!

Eines der Stubenmädchen hatte einen Kellner aus dem Zimmer herauskommen sehen. Nein, sie habe ihn nicht gekannt, aber gedacht, er sei zur Aushilfe aus einem anderen Stockwerk gerufen worden. Doch weder die Etagenchefs noch das Restaurant hatten dergleichen angeordnet.

»Vermutlich war es also überhaupt kein Kellner«, sagte der Hoteldirektor, »sondern ein Verbrecher, der sich eine weiße Jacke übergezogen hatte.«

Das Stubenmädchen fragte: »Warum hat denn der Junge dann nicht um Hilfe geschrien? Ich hätte es todsicher gehört.«

»Man hat ihn betäubt«, erklärte der Jokus. »Riechen Sie nichts?«

Die beiden anderen steckten die Nasen in die Luft und schnupperten. Der Hoteldirektor nickte. »Stimmt, Herr Professor. Es riecht nach Krankenhaus. Chloroform?«

»Äther«, antwortete der Jokus. Er war am Verzweifeln.

Auch Kriminalkommissar Steinbeiß, der die Untersuchung leitete, konnte nichts Tröstliches berichten. Er hielt, als er ins Zimmer trat, eine weiße Kellnerjacke in der Hand. »Wir fanden sie in einer der Mülltonnen, die im Hofe stehen. Der Mann ist wahrscheinlich durch den Lieferanteneingang entwischt, noch ehe abgesperrt wurde.«

»Sonst?«, fragte der Hoteldirektor. »Irgendein Fingerzeig?«

»Nichts«, sagte Kommissar Steinbeiß. »Ich habe meine Beamten wieder fortgeschickt. Sie haben eine Stunde lang jeden Menschen, der das Hotel verlassen wollte, nach Streichholzschachteln abgesucht. Es war zwecklos. In keiner Schachtel befand sich der kleine Mann. In allen Schachteln steckten Streichhölzer.«

»Der Flugplatz, die Bahnhöfe, die großen Ausfallstraßen?«, fragte der Jokus.

»Wir tun, was wir können«, antwortete Steinbeiß. »Viel Hoffnung habe ich nicht. Eher findet man die sprichwörtliche Stecknadel im Heuschober.«

»Der Rundfunk?«

»Gibt jede halbe Stunde unsere Suchmeldung durch. Auch die von Ihnen ausgesetzte Belohnung von zwanzigtausend Mark wird regelmäßig bekannt gegeben.«

Der Jokus trat auf den Balkon und blickte zum Himmel hinauf. Doch auch dort oben konnte er sein Mäxchen nicht entdecken. Nach einer Weile drehte er sich um und sagte: »Ich möchte die Belohnung erhöhen. Wer uns den entscheidenden Hinweis gibt, erhält von mir 50 000 Mark.«

»Der Rundfunk wird umgehend verständigt«, meinte der Kommissar. »Vielleicht nützt es. Wenn es sich um eine mehrköpfige Bande handelt, könnte einer der Kidnapper singen. 50 000 Mark sind kein Pappenstiel.«

»Warum denn singen?«, fragte das Stubenmädchen. »Für 50 000 Mark singen? Und was hätten wir davon?«

Der Kommissar winkte ungeduldig ab. »Singen ist ein Fachausdruck und bedeutet so viel wie verraten.«

»Ich verstehe das Ganze nicht«, sagte der Hoteldirektor. »Was, um alles in der Welt, will man mit einem geraubten Jungen anfangen, der fünf Zentimeter groß ist und so bekannt wie Chaplin und Churchill? Man kann ihn an keinen anderen Zirkus verkaufen. Man kann ihn nicht einmal privat herumzeigen. Nicht eine Minute lang! Im Handumdrehen wäre die Polizei da.«

Das Stubenmädchen machte ein geheimnisvolles Gesicht. »Vielleicht will man den Herrn Professor erpressen?«, flüsterte sie. »Vielleicht gibt man ihm Mäxchen erst zurück, wenn er nachts ein Paket mit furchtbar viel Geld in einen hohlen Baum gesteckt hat? So was soll vorkommen.«

Der Hoteldirektor zuckte die Achseln. »Dann müsste die Bande aber doch anrufen oder einen Eilbrief schicken!«

»Oder es sind ganz einfach ein paar Verrückte«, fuhr das Stubenmädchen eifrig fort. »Das gibt es nämlich auch. Dann ist man völlig machtlos.«

Wer weiß, was sie noch alles aufs Tapet gebracht hätte, wenn nicht plötzlich Rosa Marzipan ins Zimmer gestürzt und dem Professor aufschluchzend und mit den Worten »Mein armer Jokus!« um den Hals gefallen wäre.

Hinter ihr erschien, gemessenen Schrittes, Herr Direktor Brausewetter. Er trug den Zylinder in der Hand und an den Händen, wie immer außer im Bett, Glacéhandschuhe. Ihre Farbe war heute mittelgrau. Schwarze Handschuhe zog er nur bei Begräbnissen an und weiße nur bei fröhlichen und festlichen Anlässen. In Handschuhfarben war er äußerst wählerisch.

»Lieber Herr Professor«, erklärte er, »wir sind tief bestürzt, und ich soll Ihnen die Anteilnahme aller Kollegen übermitteln. In der Betriebsversammlung wurde vor zehn Minuten der einstimmige Beschluss gefasst, nicht aufzutreten, ehe der kleine Mann wieder in unserer Mitte weilt. Bis dahin bleibt der Zirkus Stilke geschlossen.«

»Soll das helfen?«, fragte das Stubenmädchen.

Direktor Brausewetter blickte sie schief an. »Zunächst einmal ist es ein sichtbares Zeichen der Freundschaft und der Solidarität, meine Liebe!«

»Und vielleicht hilft es sogar«, meinte Kommissar Steinbeiß. »Es erhöht die allgemeine Aufmerksamkeit.«

Rosa Marzipan schüttelte die Locken. »Hier kann nur einer helfen.«

Der Hoteldirektor machte große Augen. »Wer denn?«

»Du hast ganz recht«, sagte der Jokus zu Rosa. »Er ist unsre einzige Hoffnung.«

»Wer denn?«, wiederholte der Hoteldirektor.

Das Marzipanfräulein sagte nur: »Mäxchen selber!«

Als der kleine Mann zu sich kam, brummte ihm der Kopf. Er lag zwar in seiner Streichholzschachtel. Aber die Lampe an der Decke kannte er nicht. Wo war er eigentlich?

Aus einem Radioapparat tönte Tanzmusik. Blauer Tabakrauch kräuselte sich in der Luft. Und plötzlich sagte eine mürrische Männerstimme: »Otto, sieh doch mal nach, ob der Zwerg endlich aufgewacht ist.« Weil sich nichts rührte, fuhr die Stimme ärgerlich fort: »Ist es dir lieber, wenn ich dir 'ne schriftliche Einladung schicke?«

»Du bist ein viel zu hastiger Typ«, antwortete eine andere Stimme gemütlich. »Das kann nicht gesund sein, Bernhard. Denk an dein Herz!« Doch dann wurde ein Stuhl gerückt. Es stand jemand schwerfällig auf und kam langsam näher. Wahrscheinlich war es der Mann, der Otto hieß.

Mäxchen schloss die Augen, atmete ruhig und spürte, wie sich jemand über ihn beugte. Otto schnaufte, und er roch wie ein Zigarrengeschäft, das sich neben einer Schnapsfabrik befindet. »Der Knirps schläft immer noch«, sagte Ottos Stimme. »Hoffentlich hast du ihm nicht zu viel Äther auf die Nase getupft, mein lieber Bernhard. Sonst lässt dir Señor Lopez von einem seiner Neger den Schädel maniküren!«

»Halte die Klappe!«, knurrte Bernhards Stimme. »Ich habe den Auftrag vorschriftsmäßig ...«

In diesem Moment brach im Radio die Tanzmusik ab, und eine dritte Stimme erklärte: »Achtung, Achtung! Wir wiederholen eine wichtige Durchsage!«

»Ich fresse einen Besen, wenn das nicht die Polizei …«, begann Otto.

»Ruhe!«, zischte Bernhard.

Mäxchen hielt die Luft an und spitzte die Ohren.

»Wie wir bereits gemeldet haben«, sagte die Rundfunkstimme, »wurde in den Vormittagsstunden der Ihnen allen bekannte kleine Mann aus seinem Hotelzimmer entführt. Der Täter hatte sich als Etagenkellner verkleidet. Die von ihm hierfür benützte weiße Jacke konnte sichergestellt werden. Die Kriminalpolizei bittet das Publikum um tatkräftige Unterstützung. Professor Jokus von Pokus hat die von ihm ausgesetzte Belohnung auf 50 000 Mark erhöht. Zweckdienliche Beobachtungen wollen Sie bitte an den Rundfunk oder direkt an Kriminalkommissar Steinbeiß weiterleiten. Der Zirkus Stilke lässt mitteilen, dass sämtliche Vorstellungen bis auf Weiteres ausfallen. Ende der Durchsage!« Dann erklang wieder Musik.

Nach einer Weile ließ sich Ottos Stimme ehrfürchtig vernehmen. »Donnerwetter! Dieser Jokuspokus legt sich aber mächtig ins Zeug! 50 000? Das nenn ich leicht verdientes Geld! Du nicht auch, Bernhard? Wie wär's?«

»Du bist und bleibst ein ausgemachter Hornochse«, knurrte Bernhards Stimme. »50 000? Deswegen gibt man doch nicht eine Lebensstellung auf.«

»Schon gut«, murmelte Otto. »Es war nur so ein Einfall.«

»Du bist kein Mann für Einfälle«, antwortete Bernhard ungnädig. »Überlass das mir, verstanden? So, und jetzt geh ich telefonieren.« Ein Stuhl wurde energisch zurückgeschoben. »Und pass inzwischen gut auf den Zwerg auf!«

Als die Zimmertür zugefallen war, wagte es Mäxchen, die Augen einen Spalt zu öffnen. An einem unordentlichen Tisch hockte ein großer glatzköpfiger Mensch und hielt eine leere Flasche gegen das Licht. Das war also Otto!

»Durst ist schlimmer als Heimweh«, sagte Otto zu sich selber und setzte die Flasche auf den Tisch zurück, dass es nur so klirrte.

»Jetzt oder nie!«, dachte Mäxchen und spielte Erwachen. Er gab sich einen solchen Ruck, dass die Streichholzschachtel fast umgekippt wäre. Dazu schrie er: »Hilfe! Wo bin ich?« Dann blickte er verzweifelt um sich, wimmerte und presste beide Hände vor den Mund. Es war eine schauspielerische Glanzleistung.

Der völlig überraschte Otto war außerordentlich beeindruckt. Er sprang vom Stuhl hoch und zischte wütend: »Willst du gleich die Klappe halten, du kleines Mistvieh?«

Mäxchen brüllte: »Ich will wissen, wo ich bin! Wie reden Sie denn mit mir? Und wer sind Sie eigentlich? Hilfe! Jokus! Hilfeee!«

Er schrie so laut, weil er dachte, irgendwer in der Nähe könne ihn hören. Aber es rührte sich nichts. Niemand hatte ihn gehört. Außer diesem versoffenen Glatzkopf namens Otto.

»Wenn du noch einmal schreist, kleb ich dir 'n Meter Leukoplast übers Maul«, sagte Otto grimmig.

»Dieser Ton gefällt mir nicht«, entgegnete Mäxchen. »Bestellen Sie mir bitte ein Taxi.«

Daraufhin bekam Otto einen Lachanfall. Es war, genauer, ein Gemisch aus Lachen, Husten, Niesen und Asthma. Es stand zu befürchten, dass er explodieren würde. Aber er explodierte dann doch nicht. Als er sich endlich wieder beruhigt hatte, wischte er sich die Tränen aus den Augen und japste: »Ein Taxi? Wenn's weiter nichts ist, mein Herr! Bernhard erkundigt sich gerade nach 'nem Flugzeug!«

Wer hat die weiße Kellnerjacke gekauft? / Große Aufregung im »Goldenen Schinken« / Ein Bericht im Abendblatt / Der kahle Otto brüllt / Das leere Haus / Bernhard ist der Gefährlichere / Mäxchen untersucht nachts das verteufelte Zimmer.

Die weiße Kellnerjacke war, zwei Tage bevor der kleine Mann entführt wurde, in der Innenstadt gekauft worden. In einem Fachgeschäft für Berufskleidung. Das hatte die Polizei schließlich festgestellt. Dort gab es Fleischerschürzen, Konditormützen, Ärztekittel, Häubchen für Krankenschwestern, Overalls für Kanalarbeiter, Taucherhelme, Ärmelschoner für Buchhalter, Knieschützer für Parkettleger und Pflasterer, kurz, es war ein großer und bunter Laden. Und die Verkäufer waren zu den Kriminalbeamten äußerst zuvorkommend gewesen. Aber wer die weiße Kellnerjacke gekauft und wie er ausgesehen hatte, das wusste niemand mehr.

Rosa Marzipan hatte den Jokus gezwungen, mit ihr in ein Restaurant zu gehen. »Du musst endlich wieder etwas essen«, hatte sie erklärt. »Du kannst nicht immer im Hotelzimmer sitzen und die Wand anstarren. Das hilft uns auch nicht weiter. Und du selber wirst am Ende krank.«

Nun saßen sie also im »Goldenen Schinken«, so hieß das Lokal, und der Jokus starrte nicht an die Wand, sondern auf den Teller. Er brachte keinen Bissen hinunter und kein Wort heraus. So ging das nun schon anderthalb Tage und das Marzipanfräulein machte sich ernste Sorgen. Eine Tasse Fleischbrühe hatte er getrunken. Das war alles.

Um ihn zu trösten, sagte sie: »Morgen, spätestens übermorgen, ist Mäxchen wieder da. Er ist viel zu schlau und zu flink, als dass er sich länger einsperren ließe. Keine zehn Pferde könnten ihn zurückhalten!«

»Es sind leider keine Pferde«, erwiderte der Jokus. »Es sind Verbrecher. Wer weiß, was sie dem kleinen Kerl angetan haben.« Er seufzte. Dann schüttelte er den Kopf. »Nicht einmal die hohe Belohnung scheint sie zu locken! Dabei hatte ich so gehofft, dass sie mich gerade deswegen anrufen würden.«

»Sie haben Angst vor der Polizei.«

»Ich hätte sie, Mäxchen zuliebe, nicht verraten«, murmelte der Jokus und starrte auf seinen Teller. Auch Rosa Marzipan hatte keinen Appetit. Aber sie ließ sich's nicht allzu sehr anmerken, sondern aß ein paar Happen, weil sie dachte, er werde, halb aus Versehen, mitessen. Es war vergebliche Liebesmühe.

Während sie mit der Gabel in ihrem Kalbsgulasch herumstocherte, sprang plötzlich an einem der anderen Tische ein Gast auf und gab dem Zeitungsverkäufer, der rundum das neueste Abendblatt anbot, eine saftige Ohrfeige. »Was fällt Ihnen ein?«, brüllte der Herr. »Legen Sie sofort meine Streichholzschachtel wieder hin!«

»Bravo!«, rief jemand am Nebentisch. »Von mir kriegt er auch gleich eine Backpfeife!«

»Bei mir hat er dasselbe versucht!«, schrie ein Dritter. »Herr Ober, holen Sie sofort den Geschäftsführer!«

Es war ein richtiger Aufruhr. Der Zeitungsverkäufer hielt sich die Backe. Die Gäste hielten den Zeitungsverkäufer. Der Oberkellner holte den Geschäftsführer. Der Geschäftsführer winkte einem Piccolo. Der Piccolo holte den Polizisten von der nächsten Straßenecke. Der Polizist holte sein Notizbuch aus der Tasche.

»Ich weiß überhaupt nicht, was Sie wollen«, schimpfte der Zeitungsverkäufer. »Dauernd heißt es im Rundfunk, die Bevölkerung soll wachsam sein, weil der kleine Mann gekidnappt wurde! Und wenn man dann wachsam ist und beispielsweise in fremde Streichholzschachteln guckt, ob der kleine Mann vielleicht drinsteckt, kriegt man Ohrfeigen. Das gefällt mir aber gar nicht, Herr Wachtmeister!«

Kaum hatten das die Gäste und der Polizist gehört, waren alle miteinander ein Herz und eine Seele. Jeder entschuldigte sich bei jedem. Und auch der Zeitungsmann ärgerte sich nicht länger. Er verkaufte im Handumdrehen sämtliche Abendblätter aus seiner Umhängetasche und ging befriedigt von dannen. Der Wachtmeister durfte, auf Geschäftskosten, am Ausschank ein Bier trinken.

Wo man auch hinschaute, überall wurde das Abendblatt studiert. Es war zwar neu, aber Neues über Mäxchen stand nicht darin. Trotzdem hatte der Gerichtsreporter einen kurzen Artikel über den ungeklärten Kriminalfall verfasst. Alle Gäste im »Goldenen Schinken« lasen ihn und ihr Essen wurde kalt. Auch Rosa Marzipan und der Jokus blickten, dicht aneinandergelehnt, in die Zeitung. Dort stand, auf der ersten Seite rechts oben:

Rätsel um den kleinen Mann

Wo ist er? Wo hat man ihn verborgen? In welcher Straße? In welchem Hause? In welchem Zimmer? Eine ganze Stadt hält den Atem an. Eine ganze Stadt ist ratlos. Kriminalkommissar Steinbeiß zuckt die Achseln. Er und seine Beamten sehen übernächtigt aus. Was haben sie bis jetzt entdeckt? Eine weiße Kellnerjacke in einem Mülleimer. Und das Geschäft, wo die weiße Jacke gekauft wurde.

Sonst? Nichts. Wie sah der Käufer aus? War es der ›falsche Kellner‹? Oder war es ein Komplice? Stieg der Verbrecher, der den kleinen Mann entführte, in ein Auto, das auf ihn wartete? Verlor er sich zu Fuß in der Menge?

Pausenlos prüft die Kriminalpolizei Hunderte von telefonischen und brieflichen Hinweisen aus den Kreisen der Bevölkerung. Die Arbeit ist ungeheuer. Das Ergebnis ist niederschmetternd. Das Resultat ist null. Trotzdem darf unsere Wachsamkeit nicht nachlassen.

Mögen auch tausend Fingerzeige in die Irre führen, so wäre die Mühe reichlich belohnt, wenn der tausendunderste Hinweis dazu verhülfe, den kleinen Mann, diesen Liebling der Bevölkerung, gesund an Leib und Leben in unsere Mitte zurückzubringen.

Ja, es war schlimm. Sehr schlimm. Niemand kannte die Straße, das Haus und das Zimmer, wo Mäxchen gefangen gehalten wurde. Und wie viele Straßen, Häuser und Zimmer gibt es in einer Großstadt mit mehr als einer Million Einwohnern!

Nicht einmal Mäxchen selber wusste, wo er war. Er kannte nur das Zimmer, wo Bernhard und der kahle versoffene Otto ihn bewachten. Und das war eines jener billig möblierten Zimmer, die einander so ähnlich sind wie Konfektionsanzüge. Doch auch wenn es ein Salon mit venezianischen Spiegeln und mit einem Selbstporträt von Goya an der Wand gewesen wäre, was hätte es dem kleinen Gefangenen genützt? Die Hausnummer und den Straßennamen hätte er dadurch auch nicht erfahren.

Etwas hatte er allerdings dem Jokus, dem Marzipanmädchen, der Polizei, dem Zirkus und der übrigen Welt voraus: Er wusste zuverlässig, dass er noch immer gesund und am Leben war! Das wusste die übrige Welt nicht. Und Mäxchen machte sich große Sorgen, dass sich der Jokus deshalb große Sorgen mache. Ja, es war schon schlimm. Sehr schlimm.

Die beiden Gauner passten auf wie die Heftelmacher. Meist zu zweit. Allein ließen sie ihn keine halbe Stunde. Auch nachts nicht. Einer saß immer neben der Streichholzschachtel und bewachte ihn. Zum Essen verschwanden sie abwechselnd. Und sie aßen, um niemandem aufzufallen, jeden Tag in anderen Restaurants. Mäxchens kleine Mahlzeiten briet und kochte Otto auf einem Propangaskocher. Er tat es mehr schlecht als recht, obwohl er sich ziemlich viel Mühe gab. »Iss mal tüchtig«, sagte er immer. »Denn wenn du krank wirst oder abkratzt, lässt uns Lopez verkehrt aufhängen.«

»Wer ist denn eigentlich dieser Señor Lopez?«, fragte Mäxchen.

»Das geht dich einen feuchten Dreck an!«, antwortete Otto gereizt und funkelte böse mit seinen rot geränderten Schlitzaugen.

Mäxchen lächelte und schwieg. Dann sagte er plötzlich: »Mach bitte das Fenster auf. Ich brauche frische Luft.«

Otto stand ächzend auf, öffnete das Fenster und setzte sich wieder.

Nach einer Weile tat Mäxchen, als ob ihn fröre. »Mich friert. Mach bitte das Fenster zu!«

Otto stand ächzend auf, schloss das Fenster und setzte sich wieder.

Fünf Minuten später fragte Mäxchen: »Ist noch etwas von dem Ananastörtchen übrig?«

Otto stand ächzend auf, blickte in den Schrank, setzte sich wieder und knurrte: »Nein, du hast es aufgefressen.«

»Geh doch bitte in die Konditorei und hole mir ein neues!«

»Nein!«, brüllte Otto, dass die Wände zitterten. »Nein, du kleine Kanaille!« Dann besann er sich, dass er für Mäxchens Wohlbefinden verantwortlich war, gab sich einen Ruck und erklärte so sanft, wie er konnte: »Ich hole dir eines, wenn Bernhard vom Mittagessen zurück ist.«

»Besten Dank im Voraus«, sagte Mäxchen freundlich und wartete gespannt, dass irgendetwas geschähe. Dass jemand an die Wohnungstür klopfte oder dass es klingle und dass jemand aus dem Hause sich wütend erkundige, warum mittags so abscheulich gebrüllt werde. Denn nur deswegen schikanierte er ja den kahlen Otto bis zum Weißglühen! Der Kerl sollte ja brüllen! Wie am Spieße!

»Merkwürdig«, dachte der kleine Mann. »Zu zwei Zimmern gehört schließlich ein ganzes Haus … Und in einem Haus wohnen schließlich Leute … Aber es klopft keiner und es klingelt niemand … Wo bin ich bloß?« Er ließ sich's nicht anmerken, wie ihm zumute war. Aber insgeheim hatte er schreckliche Angst. Könnt ihr das verstehen? Er benahm sich frech wie Oskar. Und dabei zitterte er wie Sülze.

Am meisten fürchtete er sich vor Bernhard, weil der niemals brüllte. Die Stimme klang so kalt, als komme sie geradenwegs aus dem Eisschrank. Wenn er sprach, fror man. Und Mäxchen hütete sich, ihn zu schikanieren. Zum Glück war Bernhard häufig außer Haus. Wenn er zurückkehrte, fragte Otto jedes Mal: »Was Neues?«, und Bernhard erwiderte meistens nur: »Nein.« Oder: »Wenn's was Neues gibt, werde ich dir's schon erzählen.« Oder: »Halte die Klappe!« Oder: »Los! Geh essen! Hau ab!«

Ein einziges Mal platzte Otto, Bernhard gegenüber, der Kragen. Er brüllte: »Ich hab es satt, in dieser Bruchbude zu hocken und bei einem Zwerg das Kindermädchen zu spielen! Wann fliegen wir endlich?«

Bernhard musterte den anderen wie einen alten angeketteten Hofhund. Dann sagte er: »Wir sollen warten, bis die Polente weniger scharf kontrolliert. Das kann noch ein paar Tage dauern.«

»So ein Scheibenkleister!«, schimpfte Otto. »Wenn es nach mir ginge, säßen wir längst nicht mehr hier.«

Bernhard nickte. »Stimmt! Wenn es nach dir ginge, säßen wir längst im Zuchthaus.«

Otto süffelte sein Schnapsglas leer, stand ächzend auf und schob brummend zum Essen ab. Nun ließ sich Bernhard in dem leer gewordenen Sessel nieder und las gelangweilt Zeitung.

Nach einer Weile fragte Mäxchen und machte dazu ein unschuldiges Gesicht wie ein Gänseblümchen: »Wo soll denn unsere Reise hingehen?«

»Ich bin manchmal schwerhörig«, antwortete Bernhard, ohne die Zeitung sinken zu lassen.

»Wenn's weiter nichts ist«, meinte der Junge. »Ich kann auch lauter!« Und schon schrie er gellend: »Wo soll denn unsere Reise hingehen?«

Da legte Bernhard die Zeitung langsam aus der Hand. »Jetzt habe ich dich verstanden«, sagte er leise. Er war grün vor Wut. »Aber gib dir keine Mühe, du halber Zwerg. Hier hört dich keiner.« Er griff wieder nach der Zeitung. »Trotzdem rate ich dir, dich anständig aufzuführen. Denn ich habe den Auftrag, dich lebendig abzuliefern. Lebendig und so gesund wie möglich. Dafür kriege ich sehr viel Geld. Folglich liegt mir daran, dass du nicht krank wirst oder unter meinen Absatz gerätst. Verstehst du mich?«

»Ziemlich gut«, sagte Mäxchen und gab sich Mühe, nicht mit den Zähnen zu klappern.

»Wenn du mir allerdings Scherereien machst, pfeife ich auf das Geld. Es sind schon größere Zwerge als du ganz plötzlich gestorben.« Mäxchen bekam eine Gänsehaut.

»Drum sei ein braves Kind«, fuhr Bernhard fort, »und denke an deine kostbare Gesundheit.« Dann schlug er die Zeitung von Neuem auf und las die Sportnachrichten.

Mäxchens Sorgen und Ängste wurden größer und größer. Die Polizei und der Jokus fanden ihn nicht. Die hohe Belohnung führte zu nichts. Und er selber wusste auch nicht weiter.

Natürlich hatte er nachts, während der kahle Otto auf der Couch lag und schlief, das Zimmer untersucht. Er war, an der Tischdecke herunter und an der Gardine hoch, aufs Fenster geklettert.

Was hatte er gesehen? Auf der anderen Straßenseite eine Reihe Häuser. In der Ferne einen Kirchturm. Und das Fenster war verriegelt.

Er war auf dem Fußboden herumgekrochen und hatte die Wände und vor allem die Türleisten gründlich untersucht. Aber nirgends war auch nur die kleinste Ritze, durch die er sich hätte hindurchzwängen können. Und was wäre denn gewesen, wenn er schließlich im Korridor gestanden hätte? Dort gab es wieder Türen! Die Wohnungstür. Die Haustür. Mindestens diese zwei.

Doch über Ritzen nachzudenken, die es nicht gab, war ja sowieso unnütz. Er saß in dem verteufelten Zimmer fest wie ein Nagel in der Wand. Und die Zeit verging und war nicht zu bremsen. Bald würden die beiden Halunken, von denen er nur die Vornamen kannte, in irgendeinem Flugzeug sitzen. Mit einer unscheinbaren Streichholzschachtel in Bernhards Jacketttasche.

Und in der Streichholzschachtel wären keine Streichhölzer. Stattdessen läge, für viele Stunden hübsch chloroformiert, ein gewisses Mäxchen Pichelsteiner in der Schachtel, der berühmte kleine Mann, von dem die Welt nie wieder etwas hören und sehen würde. Die Welt nicht und, was tausendmal schlimmer war, auch nicht der berühmte Zauberkünstler und Zirkusprofessor Jokus von Pokus.

Mäxchen biss die Zähne zusammen. »Ich darf nicht schlappmachen«, dachte er. »Ich muss aus diesem Zimmer fort. So schnell wie möglich. Es geht nicht? Mir fällt nichts ein? Ich bin dafür zu dumm? Das wäre ja gelacht!«

Ausführlicher Bericht über Señor Lopez / Die Burg in Südamerika / Bilder von Remscheid und Inkasso / Flugkarten für Freitag / Magenkrämpfe, nicht ganz echt / Der kahle Otto rennt in die Apotheke / Mäxchen sitzt auf dem Gartentor.

Der Mittwoch wurde ein ereignisreicher Tag. Otto hatte schon morgens einen respektablen Schwips und erzählte, aus freien Stücken, allerlei über den geheimnisvollen Señor Lopez. Später kam Bernhard aus der Stadt zurück, zeigte Otto die Flugkarten für Freitag, die er besorgt hatte, ging aber bald wieder fort, weil er hungrig war.

»Ich werde im ›Krummen Würfel‹ essen«, sagte er, »und in einer Stunde löse ich dich ab.«

»Ist gut«, meinte Otto. »Wenn sie Eisbein mit Sauerkraut haben, sollen sie mir zwei Portionen aufheben. Das wird genügen. Ich habe heute keinen rechten Appetit.«

Als Bernhard gegangen war, bekam Mäxchen plötzlich grässliche Magenkrämpfe und wimmerte und jammerte, dass sich Otto die Ohren zuhielt. Aber ich glaube, es ist gescheiter, wenn ich zunächst ausführlicher berichte, was der kahle Otto ein paar Stunden früher über den geheimnisvollen Señor Lopez erzählt hatte.

Also, Otto war schon zum Frühstück betrunken gewesen. Voll wie eine Strandhaubitze. Vielleicht hatte er die Kaffeekanne mit der Schnapsflasche verwechselt gehabt. Oder er hatte versehentlich mit Himbeergeist gegurgelt. Jedenfalls begann er ungefragt:

»Dieser Lopez, das ist ein toller Hecht. Señor heißt Herr. Ein toller Herr, dieser Hecht. Reicher als die Bank von England. An jedem Finger zwei bis drei Ringe. Einen so 'n Ring, und ich kauf die Schweiz! Aber was mach ich mit der Schweiz? Na ja, wie dem auch wolle: Lopez gehört mindestens das vierte Drittel von ganz Südamerika! Kupfer und Zinn und Kaffeebohnen und Silberminen und Hazi... Hazi... Haziendas mit lauter Ochsen, von der Weide bis zum Corned Beef, marsch, marsch, rin in die Konservenbüchsen! Hat 'ne Art Burg drüben. Zwischen Santiago und Valparaiso. Mit eignem Flugplatz und hundert Scharfschützen, die 'ner Stubenfliege die Zigarre glatt aus der Hand schießen.«

Das war zu viel für Mäxchen. Er kicherte.

»Lass das!«, sagte Otto. »Der Lopez, der ist nicht komisch. Das scheint nur so. Wenn irgendwo 'n Gemälde geklaut wird, das wenigstens 'ne Million kostet, hängt's 'ne Woche später in seiner unterirdischen Galerie. Ob das nun 'n echter Adolf Dürer oder 'n Remscheid oder so 'n moderner Maler ist wie der berühmte Inkasso ...«

»Picasso«, korrigierte Mäxchen. »Und Rembrandt und Albrecht Dürer.«

»Ist doch ganz wurscht«, meinte Otto und kippte den nächsten Schnaps hinter die Binde. »Hauptsache, dass die Bilder in dem Lopez seinem Keller hängen. Es weiß bloß niemand. Nicht mal die Interpol. Und sogar wenn die's wüsste, könnte sie nischt machen. Die Scharfschützen ließen sie gar nicht erst in die Festung rein.«

»Wer ist denn die Interpol?«, fragte Mäxchen.

»'ne Abkürzung und hei... hei... heißt Internationale Polizei. Den Bernhard und mich hätte sie beinahe mal geschnappt! Als wir die Zigeunerin geklaut hatten und mit ihr auf'm Flugplatz von Lissabon in dem Lopez sein Privatflugzeug reinwollten! Ging aber noch mal gut. Na, jetzt is sie schon zwei Jahre drüben in seiner Burg und muss ihm täglich die Karten legen. Ob er an der Börse Aktien kaufen soll oder im Moment nich. Oder ob er was mit der Leber hat, weil er leider säuft und viel zu viel verträgt. Oder ob eins seiner Rennpferde gewinnen wird …«

»Und was ist das nun mit mir?«, fragte Mäxchen gespannt. »Warum wollte er, dass ihr mich raubt und hinüberbringt?«

Otto schenkte sein Glas voll. Die Flasche war fast leer. Er spülte sich den Mund mit Schnaps, hustete, schnaufte und sagte: »Der Mann langweilt sich und deshalb sammelt er eben. Bilder und Leute. Als wären's Briefmarken. Kann gar nich genug kosten. Hat 'n ganzes Ballett rauben lassen. Lauter hübsche Käfer. Die müssen ihm jeden Abend was vortanzen. Denkst du, Lopez lässt die wieder frei? Keine Bohne. Nich mal als Großmütter. Geht nich. Die würden ihn auf der Stelle verpfeifen. Hab ich recht oder stimmt's? Und 'nen berühmten Professor hält er auch gefangen. Weil der weiß, ob 'n teures Bild echt oder falsch ist.«

»Und wenn ihn der Professor nun anschwindelt?«

»Einmal hat er's versucht.« Otto grinste. »Das ist ihm gesundheitlich nich gut bekommen. Für Faxen hat der Lopez kein' Sinn.«

»Und was will er denn von mir?«, fragte Mäxchen mit zittriger Stimme.

»Keine Ahnung. Haben will er dich, also kriegt er dich, Punktum! Vielleicht weil du 'ne Rarität bist. So wie 'n Kalb mit zwei bis drei Köppen.«

Mäxchen starrte Ottos abstehende Ohren an. »Wie ein Gesicht mit Henkeln«, dachte er. Und dann dachte er vor allem: »Ich muss hier fort! Es wird höchste Zeit!«

Dass dann Bernhard aufkreuzte, hab ich auch schon erwähnt. »Am Freitag fliegen wir«, sagte er und zeigte die Flugkarten. Er blieb nicht lange, weil er im »Krummen Würfel« zu Mittag essen und Otto in einer Stunde ablösen wollte, obwohl der Glatzkopf keinen rechten Appetit hatte. Zwei Portionen Eisbein mit Sauerkraut, hatte er gemeint, würden heute genügen.

»In einer Stunde kommt Bernhard wieder«, dachte Mäxchen. »Da heißt es handeln. Die Flugkarten hat er schon. Jetzt oder nie.« Deshalb bekam der kleine Mann plötzlich grässliche Magenkrämpfe und wimmerte und jammerte, dass Otto sich die Henkel, nein, die Ohren zuhielt.

Wenn ihr es dem betrunkenen Otto nicht weitersagt, verrate ich euch ein Geheimnis. Hört auch bestimmt niemand zu? Nein? Also, ganz im Vertrauen: Mäxchen hatte in Wirklichkeit gar keine Magenkrämpfe! Er hatte auch keine Herzkrämpfe und keine Wadenkrämpfe und keine Schreikrämpfe und keine Schreibkrämpfe. Ihm tat überhaupt nichts weh: Er tat nur so, als ob es täte. Es gehörte zu seinem Plan.

»Auauau!«, stöhnte er. »Ohohoh!«, jaulte er. »Huhuhu!«, heulte er und krümmte sich in seiner Streichholzschachtel wie ein Wurm.

»Einen Arzt!«, schrie er. »Sofort! Auauau! Schnell, schnell!«

»Wo soll ich denn 'nen Doktor hernehmen?«, fragte Otto nervös.

»Holen!«, brüllte der Junge. »Einen holen! Sofort!«

»Du bist wohl total übergeschnappt?«, rief Otto. »Die ganze Stadt sucht dich, und da soll ich 'nen Doktor ins Haus schleppen, damit er uns verhaften lässt?«

»Auauau!«, jammerte Mäxchen und warf sich hin und her. »Hilfe, ich sterbe!«

»Untersteh dich!«, schrie Otto. »Das fehlte gerade noch! Mach uns keine Scherereien! Hier wird nicht gestorben! Der Lopez lässt uns den Kragen umdrehen, wenn wir ohne dich ankommen!« Der Glatzkopf schwitzte Blut und Wasser. »Wo tut's dir denn weh?«

Mäxchen hielt sich den Bauch. »Hier!«, wimmerte er. »Ohohoh! Es sind, aua, Krämpfe! Hab ich manchmal, huhuhu! Schnell den Arzt! Oder, ooooh, wenigstens Baldriantropfen!«

Er heulte wie acht Hyänen bei Nacht.

»Baldriantropfen?«, ächzte Otto und wischte sich mit einem Taschentuch übers Gesicht. »Wo soll ich denn Baldriantropfen hernehmen?«

»Apotheke!«, brüllte Mäxchen. »Rasch, rasch! Auauau!«

»Ich kann doch jetzt nich aus'm Zimmer!«, schrie Otto. »Trink 'n Schnaps! Is auch Medizin!« Er hob die Flasche hoch. Sie war leer. »Verflucht noch eins!«

»Apotheke!«, stöhnte Mäxchen. »Sonst …« Er sank jammernd in sich zusammen, japste nach Luft und lag still wie ein Bauklötzchen.

Otto stierte erschrocken in die Streichholzschachtel. Er war völlig von den Socken. »Bist du ohnmächtig?«

»Noch nicht ganz«, flüsterte Mäxchen. Er klapperte mit den Augendeckeln und auch ein bisschen mit den Zähnen.

»Ich schließ die Zimmertür zu, renn in 'ne Apotheke und bin gleich wieder da! Kapiert?«

»Ja.«

Otto setzte den Hut auf, rannte aus dem Zimmer, drehte den Schlüssel zweimal im Schloss um, steckte den Schlüssel in die Hosentasche, stolperte durch den Korridor, riss die Wohnungstür auf, schlug sie hinter sich zu, schloss sie ab, steckte auch diesen zweiten Schlüssel in die Hosentasche und polterte treppab.

Aus dem Haus. Durch den Vorgarten und durchs eiserne Gartentor. Er suchte eine Apotheke. Oder wenigstens eine Drogerie.

»Baldriantropfen für den Zwerg«, ächzte er. »Und 'ne Pulle Schnaps für den armen Otto.«

Das Zimmer war abgeschlossen. Bis Otto wiederkäme, konnte keiner herein, und niemand konnte hinaus. Auch Mäxchen nicht. Doch das war ja auch nicht mehr nötig.

Nanu! Warum war das denn nicht mehr nötig? Wisst ihr, warum? Sicher habt ihr es schon erraten. Nein? Na hört mal! Es war ganz einfach deshalb nicht mehr nötig, weil Mäxchen gar nicht mehr im Zimmer war. Er hatte es mit Otto gemeinsam verlassen! Aber wie? Natürlich auf Ottos Rücken! Das war ja der Plan gewesen, den er sich zurechtgelegt hatte!

Dass Otto einen Arzt holen werde, hatte der kleine Mann niemals geglaubt. Keine Sekunde lang. Doch es gehörte zum Plan. Der Kahlkopf würde tausendmal lieber in eine Apotheke rennen, hatte Mäxchen vermutet. Und genau so war es gekommen.

Otto hatte, als er den Hut vom Haken nahm, der Streichholzschachtel den Rücken gedreht – und schon war Mäxchen, mit einem lautlosen Hechtsprung, auf Ottos Jackett gelandet und daran hochgeklettert. Für einen berühmten Artisten war das ein Kinderspiel. Und während Otto die Zimmertür und die Wohnungstür abgeschlossen hatte und die Treppe hinunter und aus dem Haus und durch den Vorgarten gelaufen war, immer hatte Mäxchen auf Ottos Schulter gehockt.

Am Gartentor war er dann zu einem der eisernen Gitterstäbe hinübergesprungen. Und auch das hatte geklappt. Gelernt ist gelernt.

Die Stirn tat ein bisschen weh. Gusseisen ist nicht aus Gummi. Wahrscheinlich würde es eine Schramme oder eine Beule geben oder auch beides. Und wennschon!

Mäxchen saß jetzt auf einem der zwei hohen Steinsockel, die das Gartentor einrahmten und von je einer Kugel aus Sandstein gekrönt wurden. Er saß dort oben und atmete tief. Es duftete nach Jasmin. Und es roch nach Freiheit!

Mäxchen war selig. Aber für Jasmin und Seligkeit war jetzt nicht die rechte Zeit. Er musste hier fort. Er musste weiter. Otto würde nicht lange fortbleiben! In weniger als einer Stunde kam Bernhard aus dem »Krummen Würfel« zurück! Jede Minute war kostbarer als in ruhigeren Zeiten ein ganzes Jahr.

Die Straße war leer, als gäbe es keine Menschen auf der Welt. Die Häuser auf der anderen Seite lagen still und wie ausgestorben. Mäxchen drehte sich um und blickte auf die Haustür, durch die, kurz zuvor, Otto mit ihm herausgestolpert war. Neben der Tür hing ein blaues Schild mit einer weißen Hausnummer. Und unter der Nummer stand, klein und weiß, der Name der Straße.

»Kickelhahnstraße 12«, murmelte Mäxchen. »Kickelhahnstraße 12.« Als er es zum dritten Mal vor sich hin sagte, öffnete sich im Hause gegenüber, im Erdgeschoss, ein Fenster. Dann lümmelte sich ein Junge aufs Fensterbrett, holte aus einer braunen Tüte Kirschen heraus, steckte eine Kirsche nach der anderen in den Mund und spuckte die Kirschkerne auf die Straße. Er zielte nach einem kleinen grünen Kinderball, der dort herumlag, und machte seine Sache gar nicht schlecht.

Der Kirschenspucker ärgert sich und heißt Jakob / Mäxchen telefoniert und wartet auf die Zukunft / Die Wagen 1 und 2 und 3 / Der kahle Otto fährt im Auto / Mäxchen fährt im Auto / Jakob fährt im Auto / Die stille Straße liegt wieder still.

Hallo!«, rief Mäxchen.
Aber der Junge am Fenster ließ sich nicht stören, sondern fuhr in seinen Zielübungen fort. Es war gar nicht so einfach, den grünen Ball mit einem Kirschkern zu treffen. Matrosen hätten es vielleicht geschafft. (Die Kerle sollen ja, wie jedes Kind weiß, wahre Meisterspucker sein. Als Steuermann und Kapitän lassen sie etwas nach. Wahrscheinlich ist es eine Altersfrage.)

»Hallo!«, rief Mäxchen noch lauter.

Der Junge blickte über die Straße, spuckte dann aber, weil er niemanden sah, sorgfältig weiter.

Mäxchen wurde unruhig. Die Zeit verging. Was konnte er tun? Wie konnte er den Jungen in Trab bringen? Glücklicherweise hatte er einen Erfolg versprechenden Einfall. »Ich werde ihn so lange beschimpfen«, dachte er, »bis ihn die kalte Wut packt.« Er rief also wieder: »Halloooh!«, und dann, weil der Junge nicht reagierte, sondern die nächste Kirsche in den Mund steckte: »Bist du denn taub, du alter Hornochse?«

Der Junge zuckte zusammen, verschluckte hierbei den Kirschkern und starrte grimmig in Mäxchens Richtung. Welcher Elende gehörte zu dieser unverschämten Stimme?

»Mach kein so dämliches Gesicht!«, brüllte Mäxchen. »Sonst tauschen dich deine Eltern beim nächsten Ausverkauf um!«

Da schwang der Junge drüben die Beine übers Fensterbrett. »Nun wird mir's zu bunt!«, stieß er hervor. »Was zu viel ist, ist zu viel!« Er sprang aufs Pflaster, kam über die Straße gesaust, blieb vor dem Gartentor stehen, ballte empört die Fäuste und sah weit und breit keine Menschenseele. »Zeig dich, du Feigling!«, rief er außer sich. »Tritt aus dem Gebüsch, du Abschaum! Ich werde dich zwischen meinen Handflächen zerreiben!«

Darüber musste Mäxchen laut lachen.

Der Junge hob den Kopf, entdeckte Mäxchen, der, oben auf dem Sockel, an der Sandsteinkugel lehnte, und sperrte entgeistert den Mund auf. Er wollte etwas sagen, aber es hatte ihm die Sprache verschlagen. Keinen Ton brachte er heraus.

»Weißt du, wer ich bin?«, fragte Mäxchen.

Der Junge nickte eifrig.

»Willst du mir helfen?«

Der Junge nickte noch viel eifriger. Seine Augen leuchteten.

»Ich musste dich so ärgern«, erklärte Mäxchen, »sonst wärst du nicht herübergekommen. 'tschuldigung.«

Der Junge nickte schon wieder. Oder noch immer. Dann brachte er endlich den ersten Ton heraus. »Nicht der Rede wert, kleiner Mann«, sagte er. »Ist schon vergessen. Ich heiße Jakob.«

»Ich heiße Mäxchen. Habt ihr Telefon?«

Jakob nickte.

»Halte deine Hand auf!«, sagte Mäxchen. »Aber zerreibe mich nicht zwischen den Handflächen!«

Jakob wurde puterrot und hielt die Hand so hoch, wie er konnte. Mäxchen sprang vom Sockel herunter. Mitten in die geöffnete Hand.

Jakob rannte über die Straße, setzte den kleinen Mann aufs

Fensterbrett, kletterte an der Mauer hoch und schwang sich ins Zimmer.

Dann ergriff er Mäxchen wieder und lief zum Schreibtisch. Dort stand das Telefon.

»Wen willst du anrufen?«, fragte Jakob.

»Die Kriminalpolizei«, sagte Mäxchen. »Denn wenn ich den Jokus im Hotel anrufe – aber den Jokus kennst du nicht.«

»Erlaube mal!«, meinte Jakob. »Natürlich kenne ich den Professor Jokus von Pokus! Ich kenn euch alle beide. Aus dem Zirkus und vom Fernsehen und aus der Zeitung und überhaupt!«

»Denn wenn ich den Jokus anrufe, kommt er sofort und dreht dem kahlen Otto den Hals um. Und anschließend erst recht dem Bernhard. Das würde nur stören.«

»Schon kapiert«, sagte Jakob. »Otto und Bernhard, die Kidnapper.« Er blickte auf einen Zeitungsausschnitt, der in der Schreibunterlage steckte. »Das ist der Aufruf von der Polizei. Mit der Telefonnummer und so weiter.«

»Tüchtig, tüchtig, Freund Jakob«, meinte Mäxchen und rieb sich, endlich wieder einmal, vor Wonne die Hände. »Wenn du wen an der Strippe hast, legst du den Hörer auf den Schreibtisch, ja? Dann rede ich selber.«

Jakob wählte die Telefonnummer und sagte nach einer Weile:

»Verbinden Sie mich bitte mit Herrn Kriminalkommissar Steinbeiß! Der hat keine Zeit? Das ist aber schade. Na, dann richten Sie ihm einen schönen Gruß vom kleinen Mann aus!« Jakob grinste Mäxchen an und murmelte: »Das saß! Den Wachtmeister hat fast der Schlag getroffen!«

Drei Sekunden später dröhnte aus dem Telefon eine Stimme, als ob der Kommissar mitten im Zimmer stünde: »Hier Steinbeiß! Waaas ist los?«

Mäxchen kniete sich vor die Sprechmuschel und rief: »Hier spricht der kleine Mann! Mäxchen Pichelsteiner! Ich bin entwischt! Aus dem Hause Kickelhahnstraße 12! Otto wird gleich wiederkommen! Jetzt bin ich im Hause gegenüber …«

»Hausnummer 17«, flüsterte Jakob hastig. »Bei Hurtig. Erdgeschoss links.«

»Hausnummer 17, bei Hurtig. Erdgeschoss links! Haben Sie mich verstanden? Moment, ich muss erst zur Hörmuschel sausen!«

Mäxchen rannte also zur Hörmuschel.

»Wir sind sofort bei dir!«, rief der Kriminalkommissar. »Sei inzwischen vorsichtig! Sonst noch was?«

Mäxchen sprang an die Sprechmuschel zurück und steckte vor lauter Aufregung beinahe den Kopf hinein. »Kommen Sie bitte nicht mit Sirene und Blaulicht. Otto ist noch in der Apotheke und riecht sonst Lunte! Und die hauptsächlichste Hauptsache, Herr Krimissar, nein, Herr Missionar, oje, bin ich durchgedreht. Sagen Sie dem Jokus nichts! Noch nicht, noch nicht! Bitte, bitte und dreimal bitte! Er regt sich so leicht auf! Geht's ihm denn gut? Und der Rosa Marzipan auch? Und …«

Jakob hielt das Ohr fest an die Hörmuschel gepresst und winkte ab.

»Schweigen im Walde. Wahrscheinlich springt der wackere Beamte soeben aus dem dritten Stock direkt ins Auto. Mit zwanzig Pistolen im Halfter.«

»Eilig währt am längsten«, meinte Mäxchen. »Trag mich bitte ans Fenster!«

Jakob legte den Telefonhörer auf die Gabel. »Es wird mir eine besondere Ehre sein, Herr von Pichelsteiner.«

Sie saßen am offenen Fenster und warteten ungeduldig auf die Zukunft. Wer würde zuerst durchs Ziel gehen? Kriminalkommissar Steinbeiß mit seinen Leuten? Oder der kahle Otto mit den Baldriantropfen? Jakob spuckte wieder Kirschkerne nach dem grünen Ball und traf noch immer nicht. »Zielspucken ist schwer«, stellte er fest. »Fast so schwer wie das Leben.«

»Wieso ist das Leben noch schwerer?«, fragte Mäxchen.

»Mein lieber Mann!«, seufzte der andre Junge. »Es sieht trübe aus. Vater fort. Mutter fort. Sohn nährt sich von Obst. Ist das etwa nichts?«

»Wann haben sie dich denn verlassen?«, fragte Mäxchen erschrocken.

»Heute früh.«

»Für immer?«

»Nicht ganz. Morgen Abend kommen sie zurück.« Da mussten beide lachen.

»Tante Anna«, berichtete Jakob, »ist vom Storch ins Bein gebissen worden. Ich konnte das meinen Eltern nicht ausreden. Sie wollten sich unbedingt den Storch ansehen oder den Biss ins Bein oder das Baby.«

»Und sie haben dir nur eine Tüte Kirschen hiergelassen?«

»Bewahre!«, sagte Jakob gekränkt. »Ich war reich wie drei Sparbüchsen. Sollte im ›Spaten‹ essen. Heute Mittag und heute Abend und morgen Mittag. Aber …«

»Aber was?«

»Wie ich in die Schule will, steht Fritz Griebitz davor und weint. Und hält seinen kleinen Dackel im Arm, der ihn immer hinbringt und abholt. Ein Auto hatte ihn totgefahren. Puffi hieß er.«

»Oh«, murmelte Mäxchen.

»Da haben wir Geld gesammelt. Fürs Begräbnis und den nächsten Puffi. Und wie wir ins Klassenzimmer kommen, guckt der Lehrer auf die Uhr. Mann, war der sauer! Und der verheulte Fritz … Und der tote Dackel beim Pförtner … Und nur noch achtzig Pfennige bis morgen Abend … Und dauernd Kirschen … Ist nun das Leben schwer oder nicht?«

Mäxchen nickte verständnisvoll. Er knabberte und nagte an einer Kirsche, die er mit beiden Händen festhielt. Es sah aus, als wolle er einen Riesenkürbis stemmen, der auf der Weltausstellung die Goldene Medaille erhalten hat. Dabei sagte er: »Noch ein Weilchen, Jakob, und wir essen miteinander Ananastörtchen.«

»Schon wieder Obst!«, meinte Jakob niedergeschlagen.

Kriminalkommissar Steinbeiß und Inspektor Müller Zwo kamen zu Fuß schnell die Kickelhahnstraße entlang. Drei Autos mit den übrigen Beamten warteten, gleich um die Ecke, in der Dreisterngasse.

»Drüben ist die Hausnummer 12«, murmelte der Inspektor. »Dort war er eingesperrt.«

»Sehr stille Straße«, sagte der Kommissar. Dann griff er sich an seine Backe. »Wer schießt denn hier mit Kirschkernen?«

»Entschuldigen Sie«, rief ein Junge, »ich wollte den grünen Ball treffen!«

»Seit wann seh ich wie ein grüner Ball aus?«, schimpfte der Kommissar.

»Nummer 17, Erdgeschoss links«, murmelte Inspektor Müller Zwo. »Wir sind am Ziel.«

Der Kommissar trat zu dem offenen Fenster. »Heißt du zufällig Hurtig?«

»Hurtig heiße ich schon«, gab Jakob zur Antwort. »Aber von Zufall kann keine Rede sein.«

Inspektor Müller Zwo grinste.

»Kriminalpolizei!«, knurrte der Kommissar. »Wir wollen den kleinen Mann abholen.«

Jakob meinte: »Das wollen manche. Darf ich mal Ihren Ausweis besichtigen?«

Zunächst juckte es Herrn Steinbeiß gewaltig in den Fingern. Doch dann rückte er mit seinem Ausweis heraus und zeigte ihn dem vorlauten Bengel.

Jakob studierte das Papier gründlich. »Es sind die Richtigen, Mäxchen«, sagte er.

Jetzt erst streckte Mäxchen den Kopf über die Brüstung. »Willkommen, meine Herren! Wie geht's ihm?«

»Wem?«

»Dem Jokus!«

»Er bildet sich zum Hungerkünstler aus«, sagte der Kommissar trocken.

Mäxchens Gesicht verdunkelte sich. Aber nur eine Sekunde lang. Dann strahlte er wieder und rieb sich die Hände. »Heute Abend isst er mindestens vier Schnitzel! Ich freue mich schon aufs Zusehen!«

Plötzlich hörten sie eilige und tapsige Schritte!

Mäxchen stieg auf die Fensterleiste. »Das ist der kahle Otto«, flüsterte er.

Otto kam drüben, ein bisschen im Zickzackschwips, die Straße entlang und hielt eine große, dicke Flasche umklammert.

»Sind das lauter Baldriantropfen?«, fragte Jakob verblüfft.

Mäxchen kicherte. »Das ist Schnaps. Seine Flasche war leer. Deshalb lief er ja so schnell zur Apotheke.«

»Na, dann wollen wir mal«, sagte Herr Steinbeiß zu Herrn Müller Zwo.

»Moment!«, flüsterte Mäxchen. Dann sprang er auf den Ärmel des Kriminalkommissars und hockte, ehe man bis drei zählen konnte, in dessen Brusttasche.

Otto wollte, als sie ihm den Weg verstellten, eben ins Gartentor von Nummer 12 einbiegen. »Was is'n los?«, fragte er giftig und blickte die beiden Männer schief an.

»Kriminalpolizei«, sagte der Kommissar. »Sie sind verhaftet.«

»Ach nee, was Sie nich sagen!«, spöttelte Otto, machte kehrt und wollte auf und davon.

Doch Herr Müller Zwo war fixer. Er packte kräftig zu. »Aua!«, erklärte Otto und ließ die große Flasche fallen. Sie zerbrach. Herr Steinbeiß pfiff auf einer Trillerpfeife. Drei Autos kamen aus der Dreisterngasse und bremsten. Sechs Beamte in Zivil sprangen aufs Pflaster.

»Streifenwagen 1 bringt den Verhafteten sofort ins Präsidium«, befahl der Kriminalkommissar. »Der Inspektor durchsucht mit der Mannschaft von Wagen 2 das Haus und die Wohnung.«

»Erster Stock links«, sagte Mäxchen. »Otto hat die Schlüssel in der rechten Hosentasche.« Und schon holte ein Beamter die Schlüssel ans Licht.

Der kahle Otto blickte, wie vom Donner gerührt, auf die Brusttasche des Kommissars. Dann brüllte er: »Du kleiner Mistfliegenpilz! Wie kommst denn du …« Doch ehe er den Satz zu Ende brüllen konnte, saß er schon, gut bewacht, im Wagen 1, und fort ging's!

Ein Beamter vom Wagen 2 meldete: »Herr Kommissar! Der Polizeifunk hat uns vor zwei Minuten durchgegeben, dass das Haus Kickelhahnstraße 12 einer südamerikanischen Handelsfirma gehört.«

»Das wundert mich gar nicht«, bemerkte Mäxchen. »Es hängt eben alles mit dem Señor Lopez zusammen.«

Inspektor Müller Zwo fragte verblüfft: »Was weißt denn du von Lopez?«

»Viel nicht«, sagte der Kleine, »aber für jetzt wär's zu viel.«

Herr Steinbeiß nickte energisch. »Recht hat er. Wir haben's eilig. Wagen 2 übernimmt das Haus. Wagen 3 fährt mit mir und Mäxchen zum Professor ins Hotel.«

»Nein«, sagte Mäxchen. »Wir müssen erst in den ›Krummen Würfel‹ und Bernhard beim Mittagessen verhaften. Der ist zehnmal schlimmer als der kahle Otto. Er war auch der falsche Kellner mit der weißen Jacke!«

Der Kommissar musste lachen. »Mäxchen macht alles, Mäxchen weiß alles! Also los, Wagen 3! In den ›Krummen Würfel‹!« Er schob sich neben den Fahrer und tastete nach seinem Revolver.

»Moment!«, rief Mäxchen hastig und beugte sich weit aus der Brusttasche. »Wagen 2 soll doch bitte meine Streichholzschachtel mitbringen! Sonst muss ich heute Abend im Himmelbett schlafen.«

»Das wäre ja entsetzlich«, sagte Inspektor Müller Zwo und stürmte mit seinen Leuten ins Haus.

»Worauf warten Sie noch?«, fragte der Kommissar den Fahrer von Wagen 3. »Marsch, marsch!«

»Marsch, marsch geht nicht«, teilte der Fahrer mit. »Es steht ein Junge auf dem Trittbrett!«

Jakob guckte durchs Wagenfenster. »Bin ich nun zu Ananastörtchen eingeladen worden oder nicht?«

Mäxchen tat einen Seufzer, als sei es sein letzter oder mindestens der vorletzte. »Es ist eine Affenschande«, stammelte er. »Kaum bin ich aus dem Gröbsten heraus und schon vergesse ich meine besten Freunde!«

Jakob Hurtig stieg flink ein. »Quatsch nicht, Krause!«

Der Wagen 1 war, mit dem kahlen Otto, auf dem Wege zum Polizeipräsidium. Der Wagen 3 jagte zum »Krummen Würfel«. Der Wagen 2 stand vorm Hause Nummer 12. Die Kickelhahnstraße und der grüne Kinderball lagen wieder genauso still wie vor einer halben Stunde.

Auf dem Pflaster glänzten die Scherben einer Schnapsflasche. Sonst hatte sich, wie es schien, nichts verändert.

Aufregung im »Krummen Würfel« / Jakob wäre ein Kalbshaxenhotel lieber / Tränen und Training / Marzipan mit Gänsehaut / Scharfer Senf / Wer kriegt die Belohnung? / Mäxchen mimt den kahlen Otto / Wie heißt die kleinste fünfstellige Zahl?

Der »Krumme Würfel« war kein feines Lokal, aber man aß gut. Dagegen ist nichts einzuwenden. Wenn die Suppe aus echter Fleischbrühe besteht, muss der Teller nicht aus echtem Porzellan sein. Meist ist es umgekehrt.

Die Gäste saßen und aßen an sauber gescheuerten Tischen und es schmeckte ihnen. Nur Bernhard zog auch heute ein Gesicht. Die stramme Wirtin, die ihm den Nachtisch hinstellte, wunderte sich nicht weiter. »Es schmeckt wohl wieder nicht?«, fragte sie grimmig.

»Höchste Zeit, dass ich in Länder komme, wo man kochen kann«, antwortete er.

»Höchste Zeit, dass Sie nicht mehr in mein Lokal kommen!«, sagte sie und nahm ihm den Nachtisch vor der Nase weg. (Es war übrigens Karamellpudding mit Himbeersaft.)

»Stellen Sie sofort die blöde Zittersülze wieder hin!«, befahl er kalt. Ihr kennt ja seine Kühlschrankstimme!

»Machen Sie sofort, dass Sie rauskommen!«, erwiderte sie ruhig. »Die zwei Portionen Eisbein für Ihren Kahlkopf sind reserviert. Dabei bleibt's. Aber Sie selber? Hinaus! Geld will ich nicht! Betrachten Sie sich als von mir eingeladen und hinausgefeuert! Hauen Sie ab, Sie widerlicher Galgenvogel!«

Bernhard griff wütend nach dem Teller.

Die Wirtin trat einen Schritt zurück und warf ihm den Teller mitten ins Gesicht.

Ob man Karamellpudding mit Himbeersaft mag, ist Geschmackssache. Ich selber, beispielsweise, mag ihn nicht. Aber mitten im Gesicht? Auf diese direkte Art schmeckt er keinem. Trotzdem streckte Bernhard die Zunge weit heraus und leckte eifrig den Himbeersaft auf, der ihm übers Gesicht rann. Er hatte Angst um sein weißes Hemd und den hellgrauen Anzug und die schicke Krawatte.

Der Pudding selber, ein wirklich vorzüglicher Pudding, klebte ihm im Haar und verkleisterte ihm die eisblauen Augen. Er fuhrwerkte mit allen zehn Fingern in der Luft und im Gesicht herum, tastete nach der Serviette, suchte in der Hose nach dem Taschentuch, und das alles machte die Sache natürlich nicht besser.

Die Gäste lachten. Die Wirtin lachte. Und als ein kleines Mädchen am Nebentisch rief: »Mutti, der Herr sieht aus wie ein Schwein!«, da kannte der allgemeine Jubel keine Grenzen mehr.

Doch mit einem Male wurden sie alle mucksmäuschenstill. Was war denn plötzlich geschehen?

Bernhard schielte durch die verklebten Karamellwimpern, erschrak und hatte allen Grund dazu. Denn drei Männer standen um ihn versammelt und schienen ihn ganz und gar nicht komisch zu finden. Das Schlimmste war, dass sich aus der Brusttasche des einen Mannes ein kleiner Bekannter beugte, mit der Hand auf Bernhard zeigte und laut und vernehmlich erklärte: »Herr Kommissar, das ist er!«

Nachdem sie den bekleckerten Bernhard im Polizeipräsidium abgegeben hatten, sollte Mäxchen ins Hotel gefahren werden. Jakob

Hurtig blieb am Wagen stehen und behauptete: »Ich möchte nicht länger stören.«

»Du kommst mit!«, sagte Mäxchen. »Wegen des Ananastörtchens und überhaupt.«

»Natürlich kommst du mit!«, sagte der Kommissar. »Ich muss mir doch deine Personalien aufschreiben und überhaupt!«

»Geht in Ordnung«, sagte Jakob. »Meine Eltern sind ja sowieso noch bei Tante Anna und dem Storch und überhaupt!«

Da lachten sie zu dritt und fuhren rasch ins Hotel.

Dort war, weil Inspektor Müller Zwo telefonisch Bescheid gegeben hatte, das gesamte Personal, vom Hoteldirektor bis zu den Piccolos und Liftboys, bereits in der Halle angetreten und rief: »Hoch soll er leben! Hoch soll er leben! Dreimal hoch!« Die Telefonfräuleins stemmten große Blumensträuße in die Luft. Und der Chefkonditor streckte Mäxchen eine Ananastorte entgegen. Sie war so groß wie ein Ersatzreifen für ein Lastauto.

»Na, was hab ich dir gesagt?«, meinte der kleine Mann zu Jakob. »Ananastorte!«

Jakob verzog das Gesicht. »Gibt's denn hier nichts andres? Ist das etwa ein Ananashotel? Ein Kalbshaxenhotel wäre mir entschieden lieber.«

Mäxchen winkte dem Hoteldirektor. »Gibt es heute Kalbshaxen?«

»Mindestens drei Dutzend«, meinte der Direktor. »Zart wie Butter.«

»Wie viele willst du essen?«, fragte Mäxchen.

»Eine genügt«, erklärte Jakob. »Wenn's geht, mit Kartoffelsalat.«

»Sehr wohl. Eine Kalbshaxe mit Kartoffelsalat für den jungen Herrn«, wiederholte der Hoteldirektor.

»Nicht doch«, sagte Jakob. »Für mich!«

Rosa Marzipan fuhr mit Mäxchen im Lift hoch. Sie hielt den kleinen Mann mit beiden Händen fest und legte sein Gesicht zärtlich an ihre Marzipanwange.

»Weiß er's schon?«, fragte Mäxchen.

Sie nickte. »Seit fünf Minuten. Er wollte aber nicht in die Halle kommen.«

Der Lift bremste. Rosa ging den Korridor entlang und klopfte.

»Wir sind's!«

Die Tür öffnete sich. Der Professor breitete beide Arme aus und sagte: »Herein mit euch!« Seine Stimme klang, als sei er erkältet.

Rosa schüttelte lächelnd den Kopf. »Ich kann Männer nicht weinen sehen. In einer Stunde hole ich euch wieder ab.« Dann drückte sie dem Jokus den kleinen Mann in die Hand, machte einen tiefen Knicks und lief zum Lift zurück. Fort war sie.

Als sie, eine Stunde später, ihr Ohr an die Tür legte, staunte das Ohr nicht schlecht. Von Schluchzen war wohl schon lange keine Rede mehr. Was Rosa hörte, waren Kommandorufe! Und wie sie behutsam die Tür öffnete, sah sie Mäxchen auf dem schönen Waldemar herumturnen. Er trainierte, was das Zeug hielt.

»Noch schneller, Söhnchen!«, befahl der Jokus. »Noch geschmeidiger! Du bist ja dick geworden! Der Kummerspeck muss weg! Was muss weg?«

»Der Kummerspeck!«

»Was muss weg?«

»Der Kummerspeck!«, juchzte Mäxchen und verschwand in Waldemars Krawatte. Schon löste sich der Knoten, und Mäxchen rutschte mit der Krawatte, von der Hand des Jokus unauffällig gelenkt, in dessen linke Tasche.

Der schöne Waldemar blickte stur geradeaus und hatte nichts gespürt. Rosa blickte durch die offene Tür und hatte nichts bemerkt. »Bravo, die Artisten!«, rief sie und klatschte in die Hände. Emma und Minna, die zwei Tauben, hüpften auf dem Schrank hin und her und schlugen begeistert mit den Flügeln.

»Noch zwei Trainingsstunden, und er ist fit«, sagte der Jokus befriedigt. »Am Freitag können wir wieder auftreten.«

Mäxchen fuhr mit dem Kopf aus der Tasche des Professors wie der Teufel aus der Schachtel. »Das ist unmöglich, Euer Gnaden! Am Freitag fliege ich mit dem kahlen Otto und dem Puddingbernhard zum Señor Lopez nach Südamerika!«

»Das sind aber verwegene Namen«, meinte Rosa. »Da kriegt man ja überall Gänsehaut.«

Mäxchen rieb sich die Hände. »Zeig her! Marzipan mit Gänsehaut überall wollte ich schon immer mal sehen!«

Rosa zwinkerte dem Jokus zu. »Das Leben in Verbrecherkreisen scheint leider auf Herrn Pichelsteiner abgefärbt zu haben. Er ist frivol geworden.«

Jokus angelte Mäxchen aus der Tasche.

»Ich stecke ihn in König Bileams Badewanne. Seife säubert Leib und Seele.«

Das Essen fand im Blauen Salon statt und verlief sogar zu Jakobs Zufriedenheit. Bei der Kalbshaxe traten ihm allerdings die Tränen in die Augen. Doch das lag nur an dem scharfen englischen Senf, den er noch nicht kannte. »Man lernt nicht aus«, sagte er und wedelte sich mit der Serviette kühle Luft in den aufgesperrten Mund.

Der Jokus verzehrte nicht vier Schnitzel, sondern nur zwei. Und auch das brauchte seine Zeit. Denn es gab mancherlei zu bereden. Mit Direktor Brausewetter wegen der Zirkusvorstellung am Freitag. Zwischendurch mit den Reportern draußen vorm Salon und am Telefon. Und nicht zuletzt mit Kommissar Steinbeiß, der, wenn auch spät, aus dem Polizeipräsidium herüberkam.

Die anderen saßen schon beim Nachtisch. »Oh, Ananastorte!«, rief er begeistert. »Mein Leibgericht!« Und dann verputzte er drei immens große Stücke.

Mäxchen und Jakob fanden das sehr komisch. Doch sie wurden bald wieder ernst. Denn der Jokus fragte den Kommissar beim zweiten Stück Ananastorte: »Wer erhält nun eigentlich die von mir ausgesetzte Belohnung?«

»Der Jakob!«, meinte Mäxchen. »Das ist doch wohl klar wie dicke Tinte!«

»Ich? Wieso ich? Das wäre ja noch schöner«, widersprach Jakob. »Wenn mich Mäxchen nicht so gemein beschimpft hätte, säße ich nach wie vor am Fenster und wüsste von nichts. Genauso gut könnten Sie Ihr Geld dem kahlen Otto ins Gefängnis schicken. Denn schließlich war's ja er, der Mäxchen befreit hat!«

»Aber doch, ohne dass er's wusste«, stellte Direktor Brausewetter fest. »Er wollte Baldriantropfen holen, weiter nichts.«

»Und was wollte ich?«, fragte Jakob Hurtig. »Ich wollte weiter nichts als einen Schreihals verhauen.«

»Zwischen deinen Handflächen zerreiben!«, rief Mäxchen vergnügt. Er saß auf dem Tisch und ließ sich von Rosa mit Ananastorte füttern.

»Noch ein Häppchen?«, fragte sie.

Er schüttelte den Kopf. »Danke, nein. Jetzt nur noch etwas Marzipan mit Gänsehaut!«

Sie drohte ihm mit der Kuchengabel. »Das ist nichts für kleine Jungen.«

»Ich weiß schon«, stichelte er. »Du hast die ganze Riesenportion für den Jokus reserviert.«

Da wurde Rosa rot. Aber außer Mäxchen sah es niemand.

Denn der Kommissar schob gerade den Teller zurück und

erklärte energisch: »Dass der kleine Mann nicht verschleppt werden konnte, verdankt er sich selber. Er war der Gesuchte und der Finder in ein und derselben Person. Wenn mir jemand das Gegenteil beweist, werde ich noch heute Schornsteinfeger.«

Na, an einem so einschneidenden Berufswechsel wollten die anderen natürlich nicht schuld sein. Schon deshalb widersprach keiner und es wurde noch ziemlich fidel. Mäxchen schoss den Vogel ab. Er imitierte den kahlen Otto, schwankte auf dem Tisch zwischen den Tellern und Tassen hin und her und gab dabei all das zum Besten, was der alte Trunkenbold Otto über den Señor Lopez, die Burg in Südamerika, die unterirdische Gemäldegalerie, die Zigeunerin, die Leibgarde und die niedlichen Ballettratten ausgepackt hatte.

Der Einzige, der über Mäxchens Meisterleistung nicht in einem fort lachte, sondern nur gelegentlich schmunzelte, war der Kriminalkommissar Steinbeiß. Er stenografierte alles mit, was der kleine Mann vortrug. Dann klappte er hörbar sein Notizbuch zu und verabschiedete sich rasch. »Ich muss die beiden Strolche noch ein paar Stunden ins Gebet nehmen«, sagte er.

»Bei Lopez ist sogar die Interpol machtlos«, rief ihm Mäxchen nach. »Der Mann ist viel zu reich!«

Der Kommissar, der schon in der Tür stand, stutzte und drehte sich noch einmal um. »Klein, aber oho!«, meinte er anerkennend. »Wie wär's? Willst du mein Assistent werden?«

Mäxchen machte eine elegante Verbeugung. »Nein, Herr Kommissar, ich bin und bleibe Artist.«

Als Jakob Hurtig ins Bett gehen wollte und seine Jacke über den Stuhl hängte, hörte er, wie in deren Innentasche Papier knisterte. Er entdeckte einen auf seinen Namen ausgestellten Verrechnungsscheck, las die Summe, flüsterte »Mensch, Meier!« und setzte sich auf die Bettkante.

Auch ein Zettel war dabei. Darauf stand: »Lieber Jakob, herzlichen Dank für deine Hilfe. Deine neuen Freunde Mäxchen und Jokus.« Die Zahl bestand aus fünf Ziffern. Und wenn es sich auch nur um die kleinste fünfstellige Zahl handelte, die es gibt, so war es ja doch eine Menge Geld für einen Jungen, dessen Vater Bezirksvertreter für Ausbaumöbel ist.

(Nur so ganz nebenbei: Wie heißt die kleinste fünfstellige Zahl, die es gibt?)

Als der Jokus mit Mäxchen ins Hotelzimmer kam, lag die alte, gute Streichholzschachtel mitten auf dem Nachttisch. Und unter der Schachtel lag ein Zettel. Darauf stand: »Lieber kleiner Mann, anbei und wunschgemäß Dein Himmelbett aus der Kickelhahnstraße. Müller II, Kriminalinspektor.«

Mäxchen rieb sich die Hände und sagte: »Nun fehlt mir gar nichts mehr.«

Warum die Galavorstellung siebenundzwanzig Minuten länger dauerte / Direktor Brausewetter verliest drei Depeschen / Jakob ärgert sich kurz / Die Polizei verbeugt sich lange / Auftritt der Hauptpersonen / Jubel ohne Ende / Ende.

Am Freitag war Direktor Brausewetter so richtig in seinem Element. Das war wieder einmal ein Abend nach seinem Herzen! Am liebsten hätte er drei Paar schneeweiße Handschuhe übereinandergezogen und zwei Zylinder aufgesetzt! Es wurde allerdings auch eine Galavorstellung, die sich sehen lassen konnte. Auf so etwas verstand er sich, der Herr Brausewetter, Donnerbrausewetter noch einmal! (Oder gefällt euch »Brausedonnerwetter noch einmal« besser?)

Das Programm dauerte siebenundzwanzig Minuten länger als üblich, und daran waren weder die Löwen noch die Elefanten schuld, und auch nicht die Artisten. Sie alle arbeiteten so präzis wie immer. Es lag an zweierlei.

Erstens verlas Herr Brausewetter einige der wichtigsten Glückwunschdepeschen, die Mäxchen erhalten hatte. An drei davon erinnere ich mich noch sehr gut. Der Turnverein Pichelstein hatte telegrafiert:

Telegramm

aus

MÄXCHEN PICHELSTEINER
ZIRKUS STILKE
132 PICHELSTEIN T 13 BERLIN =

Datum

= HEIL UND SEGEN STANDEN WACHSAM IN HILFSSTELLUNG
WIE BEI RIESENWELLE MIT ABSCHLIESSENDER GRÄTSCHE
STOP BRAVO STOP SIND STOLZ AUF DICH STOP =
ALLE PICHELSTEINER AUS PICHELSTEIN +

Leitvermerk 3 | COL 13 15 + | 7773AC PICH T

Aus dem Königreich Breganzona stammte die zweite Depesche. Sie imponierte dem Publikum ganz besonders. Denn sehr viele Könige gibt es ja nicht mehr. Da muss man sich ranhalten und für jedes Lebenszeichen dankbar sein. Das Telegramm lautete:

Telegramm

aus 111 BREGANZONA K 1435

Uhrzeit | Datum

MÄXCHEN PICHELSTEINER
ZIRKUS STILKE BERLIN =

= WAREN SCHRECKLICH AUFGEREGT STOP ERST IN SORGE
NUN AUS FREUDE STOP SICHERHEITSKETTE FÜR
HOTELZIMMER FOLGT EXPRESS STOP MACH MAL PAUSE IN
BREGANZONA STOP NETTES SCHLOSS UND NETTE LEUTE
STOP GRÜSSE AUCH PROFESSOR JOKUS STOP =
DEIN KÖNIG BILEAM NEBST FAMILIE UND BEVÖLKERUNG +

BREGONZ L COL 13 15 +

Die dritte Depesche, an die ich mich erinnern kann, kam aus Hollywood. Die Filmgesellschaft, die sich schon einmal gemeldet hatte, kabelte:

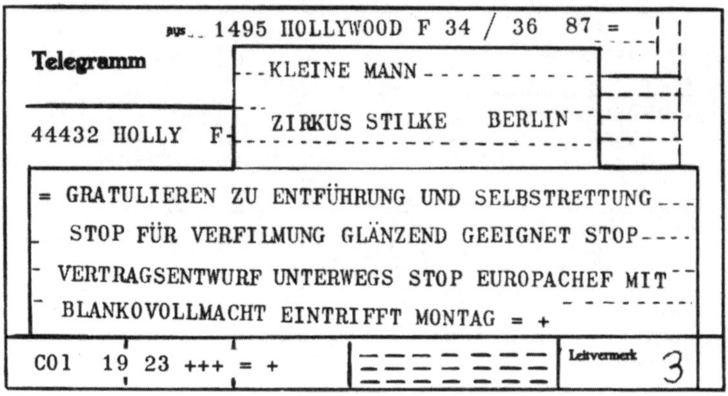

aus 1495 HOLLYWOOD F 34 / 36 87 =

Telegramm

KLEINE MANN

ZIRKUS STILKE BERLIN

44432 HOLLY F

= GRATULIEREN ZU ENTFÜHRUNG UND SELBSTRETTUNG STOP FÜR VERFILMUNG GLÄNZEND GEEIGNET STOP VERTRAGSENTWURF UNTERWEGS STOP EUROPACHEF MIT BLANKOVOLLMACHT EINTRIFFT MONTAG = +

C01 19 23 +++ = +

Leitvermerk 3

Zweitens stellte Direktor Brausewetter, bevor der Jokus und Mäxchen auftraten, die Ehrengäste des Abends vor, die in drei Logen saßen und von den Scheinwerfern angestrahlt wurden.

Zunächst einmal den Schüler Jakob Hurtig, der beim Applaus die Arme hochhob, die Hände verschränkte und sich nach allen Seiten, aus den Hüften heraus, verbeugte. Wie ein Ringkämpfer, der soeben den gefürchteten Baumfäller aus Minnesota auf die Schultern gelegt hat.

Dann setzte sich Jakob wieder hübsch brav zwischen seine lieben Eltern. »Sitz nicht so krumm!«, zischte die Mutter und knuffte ihn zwischen die Schulterblätter. (Na, das kennt man ja!)

Jakobs Gesicht umwölkte sich. Er rückte von ihr ab und flüsterte dem Vater zu: »Deine Gattin vergiftet leider den Ruhmestag eures seit Kurzem wohlhabenden Sohnes. Findest du dies gehörig oder ungehörig?«

Hurtig, der Ältere, biss sich auf die Lippen. Er hatte viel Sinn für Jakobs blumigen Stil. Zum Antworten kam er freilich nicht. Denn es gab schon wieder Beifall, weil Direktor Brausewetter die Mannschaften der drei Polizeiwagen vorstellte, dann den Inspektor Müller Zwo und schließlich den Kriminalkommissar Steinbeiß persönlich.

Kaum ließ der Applaus nach, gab es das nächste Tremolo. Eine Gruppe junger Leute brüllte aus Leibeskräften: »Nun woll'n wir noch den kahlen Otto sehen! Und den Puddingbernhard, die Kanaille!« Und weil alle Zuschauer Zeitung gelesen und Rundfunk gehört hatten, wackelte das Riesenzelt vor Gelächter. Es war ein Heidenspaß. Denn es wusste ja jeder, dass Otto und Bernhard, weil sie hinter Schloss und Riegel saßen, im Zirkus nicht herumgezeigt werden konnten.

Plötzlich machte Direktor Brausewetter eine beschwörende Geste. Und es wurde so still wie in der mittelsten Mitte eines Taifuns. Alle wussten, was jetzt käme und wer jetzt käme. Man hätte eine Fliege stolpern gehört, wenn eine gestolpert wäre. Aber es stolperte keine.

»Jetzt, meine Damen und Herren«, rief Direktor Brausewetter, »jetzt endlich werden Sie ihn selber wieder sehen, begrüßen und bewundern können, Ihren und unseren und aller Liebling, ihn, den kleinsten großen Helden der Kriminalgeschichte, ihn, den größten kleinen Artisten der Zirkuswelt, ihn und seinen väterlichen Mentor Jokus von Pokus, den Professor und Geheimrat für angewandte Magie! Der Beifall, das weiß ich im Voraus, wird ohne Beispiel sein. Haben Sie keine Sorge! Wer sich dabei die Hände bricht, erhält nach Schluss der Vorstellung an der Hauptkasse ein Paar neue!«

Brausewetter stieß den rechten Arm senkrecht in die Luft. Wie ein Reitergeneral, der das Signal zum Kavallerieangriff gibt. Dann galoppierte er, wenn auch völlig ohne Pferd, aus der Manege.

Das Orchester spielte, mit Donner und Blech, einen unüberhörbaren Tusch.

Und in der Zeltgasse erschien, elastisch und elegant wie immer, Professor Jokus von Pokus. Auf der ausgestreckten Hand stand Mäxchen und grüßte lächelnd nach allen Seiten. Aber was soll ich noch lange erzählen? Der Jubel nahm jedenfalls, im Gegensatz zu diesem Buch, kein

ENDE

Der kleine Mann und die kleine Miss

Liebe Kinder,
gestern hatte ich überraschenden Besuch. Es klingelte. Ich öffnete. Und wer stand draußen? Der Schüler Jakob Hurtig aus der Kickelhahnstraße 17, Erdgeschoss links. »Unverhofft kommt oft«, erklärte er vergnügt.

»Treten Sie näher, Herr Unverhofft«, sagte ich, und dann marschierten wir erst einmal in die Küche. Denn dort steht der Eisschrank. »Du bist ja schon wieder gewachsen«, stellte ich fest.

»Was bleibt einem jungen Menschen weiter übrig?«, fragte er. »Das bisschen Schule, die paar Hausaufgaben, die kleinen Besorgungen für die liebe Mutter, die englische Privatstunde, der Turnverein, das Zähneputzen, das Schuheputzen, das Naseputzen, das Füßewaschen, das Nägelschneiden, das Haarekämmen, was ist das schon? Was, um alles in der Welt, soll man in der übrigen Zeit tun? Da ist Wachsen noch das Gescheiteste.«

»Freilich.« Ich nickte. »Außerdem hat man's dann hinter sich. Aber Wachsen macht hungrig. Wie wär's mit einem Sülzkotelett? Oder bist du satt?«

Jakob schielte kurz zum Eisschrank hinüber. Anschließend blickte er mir fest in die Augen und sagte: »Man soll nicht lügen.«

Nachdem er das Sülzkotelett vertilgt hatte, meinte er seufzend: »Ungewöhnlich schmackhaft«, wischte sich den Mund, wickelte den Kotelettknochen in die Papierserviette und fügte erläuternd hinzu: »Falls ich auf dem Nachhauseweg einen Hund treffe.«

»Noch ein Sülzkotelett?«, lockte ich. »Es ist noch eines im Eisschrank.«

»Danke, nein«, sagte er. »Mein Magen ist vorübergehend wegen Überfüllung geschlossen. Außerdem bin ich ja nicht zu meinem Vergnügen hier. Ich habe den dienstlichen Auftrag, Ihnen tausend Grüße zu überbringen und einen Kuss auf die Nasenspitze zu geben.« Er stopfte den Kotelettknochen in die Hosentasche, rutschte verlegen auf dem Küchenstuhl hin und her und fragte nach einer Weile: »Ist es Ihnen recht, wenn wir die Sache mit der Nasenspitze weglassen? So was liegt mir nicht besonders.«

»Mir auch nicht«, gab ich zu. »Aber wer lässt mich denn, ob nun mit oder ohne Nasenspitze, tausendmal grüßen?«

»Natürlich Mäxchen«, sagte Jakob. »Er hat mir einen langen Brief geschickt. Zehn Seiten in Briefmarkengröße! Mir tun jetzt noch die Pupillen weh.«

»Er konnte den Brief doch der Rosa Marzipan in die Maschine diktieren!«

»Nein. Das konnte er nicht!«

»Und warum nicht, wenn ich fragen darf?«

»Weil sie im Bett liegt und ein Baby gekriegt hat. Einen Jungen.«

»Das ist eine gute Idee!«, rief ich. »Und wie heißt der Knabe?«

»Er heißt überhaupt noch nicht. Rosa will ihn Daniel nennen, aber der Jokus ist für Ferdinand.« Jakob kicherte. »Dabei hat ihnen Mäxchen einen bildschönen Vorschlag gemacht! Doch sie waren beide dagegen.«

»Das klingt verdächtig.«

»Weil der Vater Jokus von Pokus heißt, sollten sie den Sohn Joküsschen von Poküsschen nennen!«

»Ich habe es schon immer vermutet«, sagte ich, »und nun weiß ich's endgültig: Mäxchen ist ein Ferkel.«

Jakob kicherte unverdrossen weiter. Er hörte erst auf, als ich ihn schräg ansah und kaltblütig erklärte: »Wer jetzt weiterlacht, kriegt keine Limonade.«

Die Limonade trank er drüben im Arbeitszimmer, während er an den Regalen entlangschob und die Buchtitel studierte. Plötzlich blieb er stehen, schlug sich mit der Hand vor die Stirn, dass es nur so klatschte, und sagte verbittert: »Da haben wir's – ich werde alt.«

»Man soll nichts übereilen«, gab ich zu bedenken. »Warte damit wenigstens bis zur Konfirmation.«

»Ich werde alt und vergesslich«, fuhr er fort. »Und was vergesse ich jedes Mal? Ausgerechnet die Hauptsache!«

»Es muss auch alte Knaben geben«, sagte ich, um ihn zu trösten. »Trotzdem wüsste ich ganz gern, welche Hauptsache du diesmal fast vergessen hättest.«

Jakob trank sein Glas leer, stellte es aufs Fensterbrett, holte tief Luft, als wolle er Schillers »Lied von der Glocke« aufsagen, und begann: »Mäxchen schreibt, Sie hätten ihm im vorigen Jahr versprochen, die Geschichte vom kleinen Mann fortzusetzen und …«

»Stimmt«, meinte ich. »In Lugano. Auf der Terrasse. Rosa

Marzipan und der Jokus saßen dabei. Und Mrs und Miss Simpson auch. Es gab Pfirsichbowle. Der Vollmond schien. Unten auf dem See wurde das große Feuerwerk abgebrannt, dass es nur so zischte und krachte. Der Himmel und das Wasser schillerten in allen Farben. Es war wunderbar. Und als der Jokus, nach dem Feuerwerk, die Lampen auf der Terrasse wieder anknipste, stellten wir fest, dass Mäxchen fehlte. Er war im Dunkeln an meinem Glas hochgeklettert und versehentlich hineingefallen. Wir fischten ihn heraus. Er war klitschnass, hatte einen Schwips und roch drei Tage lang nach Pfirsichbowle.«

Jakob Hurtig starrte mich an, sagte ehrfürchtig: »Mann, haben Sie ein Gedächtnis!«, und setzte hinzu: »Das soll sonst nur noch bei Elefanten vorkommen!«

»Du bist der geborene Schmeichler«, antwortete ich. »Doch davon abgesehen: An jenem Abend habe ich ihm tatsächlich versprochen, den zweiten Band zu schreiben. Glaubt er, ich hätte mir's anders überlegt? Hm?«

»Ich … ich weiß nicht recht.« Jakob druckste herum und bekam vor Verlegenheit rote Ohren. »Er scheint sich einzubilden, Sie säßen lieber am Fenster oder in Cafés oder … oder Sie gingen lieber bummeln und blieben lieber vor Schaufenstern stehen oder an Gartenzäunen und …«

»Ich ahne Fürchterliches«, sagte ich. »Der Bursche hält mich für ein ausgemachtes Faultier.«

»Also, das Wort ›Faultier‹ kommt in seinem Brief kein einziges Mal vor. Nicht einmal ›Faulpelz‹. Das schwöre ich bei meinem Schulranzen!«

»Aber vielleicht das Eigenschaftswörtchen ›faul‹, ja?«

»Das wäre möglich«, gab Jakob zögernd zu. »Er hat sich allerdings sehr hübsch ausgedrückt. ›Ich glaube‹, hat er geschrieben, ›unser edler Dichterfürst ist ziemlich faul geworden.‹«

Als ich das hörte, musste ich lachen. Jakob stimmte erleichtert ein.

Dann fragte er: »Wann werden Sie denn nun mit dem Schreiben loslegen?«

»Ich habe bereits losgelegt«, erklärte ich triumphierend und warf mich so stolz in die Brust, dass die Rippen knackten. »Dort auf dem Schreibtisch liegt das erste Kapitel. Die Schreibmaschine qualmt noch.«

Jakobs Augen glitzerten vor Neugierde. »Darf ich's rasch mal lesen?«

»Nein. Unfertige Sachen zeig ich nicht her.«

Er blickte gebannt zum Schreibtisch hinüber. »Schade. Kolossal schade. Denn nun wird Mäxchen denken, Sie hätten es mir bloß nicht gezeigt, weil es gar nicht das erste Kapitel ist, sondern ganz was anderes!«

»Jakob Hurtig«, sagte ich hoheitsvoll, »du bist kein vornehmer Charakter. Ich habe eine Schlange an meinem Busen genährt. Noch dazu mit einem Sülzkotelett und kühler Limonade.«

Der Junge fragte geknickt: »Soll ich mich fortscheren?«

Ich schüttelte mein graues Haupt. »Nein. Du sollst, zur Strafe, auf der Stelle das erste Kapitel des zweiten Bandes vom kleinen Mann lesen.«

Und schwupp, schon saß er drüben, nahm das Manuskript in beide Hände und begann laut und vernehmlich: »Das erste Kapitel. Kriminalkommissar Steinbeiß beißt auf Granit. Bernhard hat einen Komplex und …«

»Lies leise, Jakob!«, sagte ich nervös. »Ich kann den Text schon singen.« Dann zündete ich mir eine Zigarette an und blickte aus dem Fenster. Schließlich hatte er es geschafft, legte das Manuskript behutsam auf den Schreibtisch zurück, nickte und meinte: »Genauso war es. Sogar der Schüler Hurtig kommt wieder vor. Mehr kann man nicht verlangen.«

»Ehre, wem Ehre gebührt«, stellte ich fest. »Wer weiß, was damals aus dem kleinen Mann geworden wäre, wenn du nicht aus dem Fenster geschaut hättest!«

»Aus dem Fenster gucken kann jeder.«

»Die Kunst besteht darin, im richtigen Augenblick hinauszugucken!«

»Da bin ich also ein Künstler«, sagte er und schnitt eine Grimasse. »Auch das noch! Wenn Sie meine Zensuren in Singen und Zeichnen gesehen hätten, würden Sie das stark bezweifeln. So, und nun geh ich.« Er stand auf. »Morgen schreib ich Mäxchen, dass Sie losgelegt haben.«

»Wo steckt er denn zurzeit?«

»Sie gastieren in Kopenhagen. Diesmal im Zirkus Schumann. Natürlich mit Riesenerfolg. Und er bliebe gerne länger. Weil es ja dort das ›Tivoli‹ gibt. ›Der schönste Rummelplatz auf der Welt‹, schreibt er. Und es gäbe in der Stadt Tausende von Läden mit Schokolade und Bonbons und vor allem mit zehn Sorten Lakritze. Und diese Läden hätten viel länger auf als anderswo. Mögen Sie Lakritze?«

»Sehr.«

»Ich nicht.«

»Du schwärmst mehr für Ananastörtchen.«

Er verzog das Gesicht. »Sie sind ein Spaßvogel, Herr Dichterfürst. Na ja, und sie wohnen alle in einem Hotel am Meer, das dort ›Öresund‹ heißt. Und auch da gibt's einen berühmten Rummelplatz. Den ältesten überhaupt. Er ist fast hundertfünfzig Jahre alt und heißt ›Bakken‹. Und gegenüber einen Riesenpark mit fünftausend Rehen und Hirschen und mit Eichen, die sechshundert Jahre alt sind. Eine soll sogar achthundert Jahre alt sein. Und Hünengräber aus der Wikingerzeit liegen nur so herum. Und Pferdedroschken für Spazierfahrten kann man mieten, als wären's Taxis. Und die Rehe haben überhaupt keine Angst, sondern wedeln höchstens mit den Ohren, wenn man vorbeifährt. Aber Direktor Brausewetter kann das Engagement nicht verlängern, weil sie im nächsten Monat in Oslo auftreten müssen. Na, Oslo ist sicher auch sehr schön.«

»Vermutlich«, sagte ich. »Und wo liegt inzwischen Mama Marzipan mit dem namenlosen Baby?«

»Mama Marzipan und das Baby sind doch auch in Kopenhagen! Vielleicht bleiben sie vierzehn Tage länger und fliegen erst dann nach Oslo. Vorsichtshalber und nur so. Denn es fehlt ihnen wirklich rein gar nichts. Bis …« Er biss sich auf die Unterlippe. »Bis auf den Vornamen.«

Er stand schon halb auf der Treppe, als ihm noch etwas einfiel. »Was ist denn nun mit den Kindern, die den ersten Band vom kleinen Mann nicht gelesen haben?«, fragte er. »Ich meine die Kinder, die zuerst den zweiten Band geschenkt kriegen! Das ist doch glatt möglich, oder?«

»Jawohl. Damit muss man rechnen.«

»Na und?« Jakob wurde eifrig. »Wenn die lieben Kleinen das erste Kapitel vom zweiten Band lesen, das Sie mir vorhin gegeben haben, und wenn sie den ersten Band noch nicht kennen, dann verstehen sie ja überhaupt nicht, was eigentlich los ist! Sie wissen nicht, dass Mäxchen gekidnappt und befreit wurde und wie aufgeregt die ganze Stadt war. Und von Bernhard und dem Kahlen Otto und dem Señor Lopez haben die armen Würmer keine blasse Ahnung. Womöglich wissen sie nicht einmal, dass Mäxchen nur fünf Zentimeter groß ist und …«

»Hör auf!«, bat ich. Mir war der Schreck so in die Glieder gefahren, dass ich mich an der offenen Wohnungstür festhalten musste.

Aber er hörte nicht auf. »Na ja, vielleicht verkaufen die Buchhändler den zweiten Band nur für Kinder, die den ersten Band schon gelesen haben.«

»Dummes Zeug«, knurrte ich. »Woher sollen das denn die Buchhändler wissen? Und wer soll es ihnen denn erzählen? Tante Frieda, die nur alle Jubeljahre einen Buchladen betritt? Oder Onkel Theodor, der ein Buch bloß kauft, weil es billiger ist als eine Dampfmaschine?«

»Das sieht ja düster aus«, meinte Jakob und setzte sich auf die Treppe. Ich setzte mich neben ihn und murmelte: »Sehr düster, junger Freund.«

Nach einer Weile sagte er: »Ich weiß was! Sie müssen den zweiten Band damit beginnen, dass Sie zunächst den Inhalt des ersten Bandes erzählen. Ist das eine gute Idee?« Er strahlte, als habe er soeben Amerika entdeckt.

Ich winkte betrübt ab. »Dafür brauche ich mindestens dreißig, vielleicht sogar vierzig Buchseiten! Und was, glaubst du wohl, würden dann die anderen Kinder sagen, die den ersten Band schon kennen?«

»Sie würden fluchen.«

»Ganz richtig.«

»Sie würden ganz richtig fluchen. ›Diesen Herrn Kästner sollte dreimal die Erde verschlingen!‹, könnten sie beispielsweise fluchen oder ›Man müsste ihm mit dem Tomahawk den Scheitel nachziehen!‹ oder ›Auf, Kameraden, wir wollen ihm Reißzwecken ins Bier träufeln!‹ oder ›Cassius Clay möge ihn aufdünsten!‹ oder …«

»Sei nicht so blutrünstig, Jakob! Hilf mir lieber aus der Patsche!« Aber ihm fiel nichts Gescheites ein. Mir fiel nichts Gescheites ein. Und so säßen wir womöglich noch heute auf der Treppe, wenn nicht plötzlich ein Windstoß durchs Haus gefegt wäre und mit lautem Knall die Wohnungstür zugeschlagen hätte. Und mein Schlüsselbund lag drin auf dem Schreibtisch!

»Künstlerpech«, meinte Jakob. »Dichterfürst hat Künstlerpech. Wo wohnt der nächste Schlosser?« Ein Glück, dass ich's wusste. Der Junge versprach mir, auf dem Nachhauseweg dem Handwerker Bescheid zu sagen, verabschiedete sich und sauste wie ein geölter Blitz davon.

Der Schlosser war weniger gut geölt und ein Blitz war er auch nicht gerade. Er kam, als es im Treppenhaus längst dämmerte. Und vielleicht lag es an der Dämmerung, dass mir, während ich auf den Stufen hockte, der rettende Einfall durch den Kopf schoss. (Wenn das stimmen sollte, werde ich mich künftig ziemlich oft bei Dämmerung ohne Schlüssel auf die Treppe setzen.)

Jedenfalls, als der Schlosser die Tür aufgesperrt hatte, gab ich ihm vor Freude zwei Mark zu viel, bedankte mich, weil er so spät gekommen war, und schrieb einen Brief an Herrn Lemke, der den ersten Band vom kleinen Mann illustriert hat. Ich schrieb:

»Machen Sie doch, bitte, für den Anfang des zweiten Bandes zehn Zeichnungen über den ersten Band! Dann wissen die Kinder, die ihn nicht kennen, was darin passiert ist. Und die anderen Kinder, die ihn schon kennen, werden trotzdem ihren Spaß haben, weil für sie die zehn Zeichnungen neu sind. Übrigens, sollten Sie beim Nachdenken Schwierigkeiten haben, machen Sie's wie ich: Setzen Sie sich in der Dämmerung auf die Treppe!«

Ein paar Tage später kam die Antwort. »Ich habe«, schrieb Herr Lemke, »Ihren Rat befolgt und mich in der Dämmerung auf die Treppe gesetzt. Ihr guter Rat war leider teuer, denn die Treppe war frisch gestrichen, und das merkte ich erst, als jemand die Hausbeleuchtung anknipste. Graue Hosen mit rotem Hosenboden sehen grässlich aus. Die zehn Zeichnungen schicke ich trotzdem. Mit den besten Grüßen von Treppe zu Treppe

Ihr Horst Lemke.«

Er schickte die Zeichnungen. Ich machte die Unterschriften. Und nun hoffen er und ich, dass den Nochnichtkennern des ersten Bandes die nächsten Seiten von Nutzen sein und, wie das ganze Buch, allen Lesern Spaß machen werden.

Das sind die zwei kleinsten Mitglieder der chinesischen Akrobatentruppe »Familie Bambus« vom Zirkus »Stilke«. Sie heißt Tschin Tschin und er Wu Fu. Beide sind etwa fünfzig Zentimeter groß und miteinander verheiratet. Aber eigentlich heißen sie Pichelsteiner, stammen aus Pichelstein im Böhmerwald und sind gar keine Chinesen. Das böhmische Dorf Pichelstein ist aus drei Gründen berühmt: Alle Einwohner sind von winzigem Wuchs. Alle heißen Pichelsteiner. Und alle sind hervorragende Geräteturner.

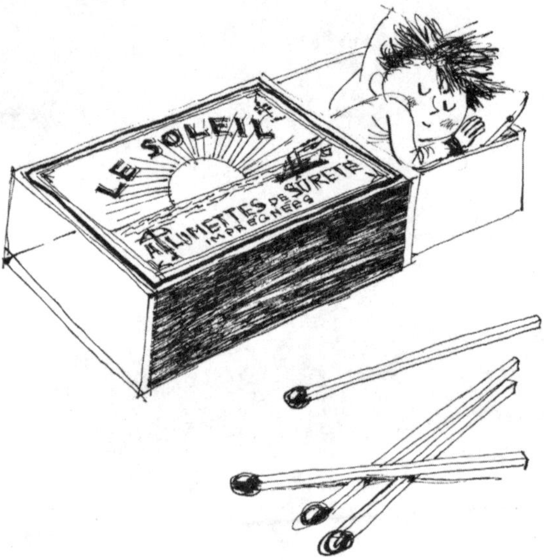

Das ist Tschin Tschins und Wu Fus Sohn. Er heißt Mäxchen Pichelsteiner, wird der kleine Mann genannt und schläft, weil er nur fünf Zentimeter misst, in einer Streichholzschachtel. Mit sechs Jahren verliert er seine Eltern. Sie werden während eines Sturms vom Eiffelturm geweht. Zwei Wochen später fischt ein portugiesischer Dampfer ihre beiden schwarzen Chinesenzöpfe aus dem Atlantischen Ozean. Die Zöpfe werden in einem Elfenbeinkästchen von den Zirkusleuten feierlich begraben. Und Mäxchen ist sehr, sehr unglücklich.

Das ist Professor Jokus von Pokus, der Zauberkünstler des Zirkus. Er behütet und erzieht den kleinen Mann und bringt ihm Lesen, Schreiben und Rechnen bei. Das ist bei einem fünf Zentimeter kleinen Jungen sehr kompliziert. Nachts steht die Streichholzschachtel mit Mäxchen auf dem Nachttisch des Professors. Emma und Minna schlafen auf dem Schrank und Alba, das weiße Kaninchen, in einem Spankorb. Emma und Minna sind keine Dienstmädchen, sondern Lachtauben, die, genau wie das Kaninchen, dem Professor beim Zaubern helfen.

Das ist der schöne Waldemar, von Beruf Schaufensterpuppe, bis ihn der Jokus kauft. Warum? Weil Mäxchen, so winzig er ist, Artist werden möchte. Der Jokus hat den rettenden Einfall: Er wird Mäxchen zum ersten unsichtbaren Artisten machen! Deshalb muss der Knirps monatelang auf dem schönen Waldemar klettern und turnen, bis er alle Kunststücke beherrscht, die für eine sensationelle Zirkusnummer notwendig sind. Den Titel dafür haben sie schon: »Der große Dieb und der kleine Mann«.

Das sind der dicke Herr Mager und der Rechtsanwalt Dr. Hornbostel. Sie stehen, ohne Krawatte, Schnürsenkel und Hosenträger, in der Manege und sind vom Jokus und mit Mäxchens unsichtbarer Hilfe ratzeputzekahl ausgeraubt worden, ohne dass sie's gemerkt hätten. Natürlich kriegen sie alle dreißig Gegenstände wieder. (Auf Seite 213 / 214 sind sie genau aufgezählt.) Das Publikum lacht sich halb tot. Und als der Jokus zum Schluss Mäxchen herumzeigt, nimmt der Jubel kein Ende. Der Professor und sein Zauberlehrling werden über Nacht berühmt.

Das ist Mäxchens Wohnung nach Maß, ein Geschenk des Königs Bileam von Breganzona. Nun badet der Junge in einer Badewanne statt wie bisher in des Professors Seifenschale. Ja, der Ruhm hat angenehme Seiten. Der Turnverein Pichelstein (T. V. 1872) ernennt Mäxchen zum Ehrenmitglied. Und eine Spielzeugfirma verkauft Streichholzschachteln, worin Puppen liegen, die wie Mäxchen aussehen. – Als der Jokus eines Tages ins Hotel kommt, liegt nicht Mäxchen in der alten Streichholzschachtel, sondern eine Puppe! Der Junge ist gestohlen worden!

Das sind Bernhard und der kahle Otto, zwei wüste Zeitgenossen. Sie sind Mitglieder einer internationalen Bande, haben den kleinen Mann in einem leeren Haus versteckt, bewachen ihn abwechselnd, warten auf weitere Befehle und ärgern sich, dass sie Kindermädchen spielen müssen. Mäxchen weiß nicht, wo er ist. Doch in einem ist er besser dran als der Jokus und Rosa Marzipan und die Kriminalpolizei und alle Übrigen: Er weiß, dass er noch lebt! Jokus von Pokus hat eine Belohnung von 50 000 Mark ausgesetzt. Auch das hilft nichts.

Das sind Rosa Marzipan und der Jokus im »Goldenen Schinken«. Er hat anderthalb Tage nicht geschlafen und nichts gegessen. Nicht einmal die hübsche Rosa, eine Trampolinspringerin aus dem Zirkus, kann ihn trösten, als sie sagt: »Hier kann nur einer helfen, Mäxchen selber!« Und sie behält recht. – Mäxchen beginnt in dem leeren Haus aus Leibeskräften zu brüllen, als habe er Magenkrämpfe. Der kahle Otto stürzt in die Apotheke, um Baldriantropfen und, bei dieser Gelegenheit, für sich eine Flasche Schnaps zu holen. Die Türen hat er abgeschlossen. Aber die Streichholzschachtel ist trotzdem leer. Denn Mäxchen hat auf Ottos Rücken das Haus verlassen, ist aufs Gartentor gesprungen und sucht Hilfe.

Das ist Jakob Hurtig, der Junge aus dem Erdgeschoss gegenüber. Er spuckt Kirschkerne auf die Kickelhahnstraße und wird von jemandem gerufen und beschimpft, den er nicht sieht. Er rennt wütend hinüber und erkennt den kleinen Mann, der seit Tagen gesucht wird! Sie verständigen Kriminalkommissar Steinbeiß. Und als der kahle Otto mit den Baldriantropfen (und dem Schnaps) zurückkommt, werden er und Bernhard verhaftet. Am Abend vertilgt der Jokus vor Freude zwei Schnitzel. Mäxchen sitzt auf dem Tisch und berichtet seine Abenteuer. Der Hoteleingang muss abgesperrt werden. Die ganze Stadt jubelt, dass der kleine Mann gerettet worden ist.

So, wertgeschätzte Leser,
dies war der Versuch, die Nochnichtkenner durch zehn Bilder ins Bild zu setzen. Wem das nicht genügt, der kann sich ja den ersten Band nachwünschen. Schließlich hat jedes Kind jedes Jahr Geburtstag und auch das mit Recht beliebte Weihnachtsfest findet alljährlich statt.

Ist euch übrigens aufgefallen, dass es gar nicht zehn Bilder sind? Zählt einmal nach! Es sind nur neun! Herr Lemke und ich wollten ausprobieren, ob ihr gut aufpasst. Man muss nicht alles blind glauben. Nicht einmal so netten Leuten wie den Herren Lemke und Kästner. Doch ab jetzt wird nicht mehr gemogelt.

Ab jetzt erzähle ich schlankweg, was alles nach der Verhaftung der zwei Halunken passierte. Man hatte sie ins Untersuchungsgefängnis gebracht, und jeder saß, vom anderen hübsch getrennt, in einer Einzelzelle. Bernhard starrte verkniffen an die leere Wand. Aber der kahle Otto hämmerte mit den Fäusten gegen die Tür. »Ich will meine Flasche Schnaps wiederhaben!«, brüllte er. »Ihr habt sie mir aus der Hand gekloppt! Das ist gegen sämtliche Menschenrechte!«

Da öffnete sich das Guckfenster in der Zellentür, und ein Gefängniswärter fragte unfreundlich: »Wen oder was wollen Sie wiederhaben?«

»Meine Flasche Schnaps!«, schrie der kahle Otto.

»Sie sind wohl nicht ganz bei Troste«, brummte der Beamte. »Hier wird gesessen und nicht gesoffen.«

Otto schielte vor lauter Durst. »Ich werde mich beschweren! Man wird Sie entlassen!«, heulte er.

»Das glaub ich nicht«, meinte der Wachtmeister. »Aber Sie wird man nicht entlassen. Das weiß ich!« Damit schlug er das Guckfenster zu.

Am nächsten Vormittag wurden die zwei Häftlinge unter strengster Bewachung ins Polizeipräsidium gebracht. Kriminalkommissar Steinbeiß wollte sie in Mäxchens Gegenwart vernehmen. Denn der kleine Mann war ja nicht nur das Opfer, sondern auch der Hauptzeuge des Verbrechens. Der Jokus steckte ihn also in die Brusttasche und so fuhren sie los. Auch der Schüler Jakob Hurtig wurde als Zeuge vorgeladen und von einem Polizeiwagen aus der Schule geholt. Die Klasse beneidete ihn mächtig. Schon deshalb, weil sie über einem Rechendiktat schwitzte.

Mäxchen, der Jokus und der Jakob trafen sich also bei Herrn Steinbeiß und damit beginnt …

Kriminalkommissar Steinbeiß beißt auf Granit / Bernhard hat einen Komplex und der kahle Otto hat Durst / In Tempelhof landet eine Reisegesellschaft aus Paris / Mister John F. Drinkwater kommt aus Hollywood, ist 1,90 m lang und hat es eilig.

Was wir bis jetzt über die zwei Halunken wissen, ist nicht der Rede wert«, sagte Kriminalkommissar Steinbeiß. »Wir haben ihre Pässe, ihre Flugscheine und ihre Fingerabdrücke. Die Pässe sind falsch. Das Flugziel war Madrid. Doch ich glaube nicht, dass sie dort bleiben wollten.«

»Aber die Fingerabdrücke, die lassen sich nicht fälschen«, meinte Mäxchen. Er saß, in der Mitte des Schreibtischs, auf der Kante des Aschenbechers und baumelte mit den Beinen. »Fingerabdrücke sind immer echt.«

»Stimmt auffallend!«, bekräftigte Jakob Hurtig. »Jeder Mensch hat seine eignen. Nicht einmal Zwillinge haben die gleichen. Und wer früher schon mal im Gefängnis war, ist geliefert. Die Polizei vergleicht die neuen Fingerabdrücke mit denen von damals, und aus ist der Husten.«

»Denkt ihr, wir haben geschlafen?«, fragte der Kommissar. »Wir haben kein Auge zugetan.« Er gähnte herzzerreißend. »Interpol in Paris, Scotland Yard in London, FBI in Washington und das Bundeskriminalamt in Wiesbaden wurden sofort verständigt.«

Professor Jokus von Pokus schien sich zu wundern. »Wozu die Umstände? Die zwei Strolche haben Mäxchen geraubt und wollten ihn ins Ausland verschleppen. Dafür gehören sie ins Zuchthaus und an ihrer Verurteilung ist nicht zu zweifeln. Wie sie in Wirklichkeit heißen und ob sie früher silberne Löffel oder goldene Uhren gestohlen haben, spielt doch dabei überhaupt keine Rolle!«

»Für Sie nicht, aber für uns«, sagte Herr Steinbeiß nachsichtig. »Denn erstens verschärfen Vorstrafen das bevorstehende Strafmaß. Und zweitens möchten wir endlich dem sagenhaften Señor Lopez ans Leder. Der kahle Otto hat dem kleinen Mann sehr interessante Dinge erzählt. Vielleicht bringe auch ich ihn ein bisschen zum Reden.«

Mäxchen erschrak. »Wollen Sie ihn foltern?«

»Unsinn«, knurrte Herr Steinbeiß.

»Für einen Räuber hat er sich nämlich ganz nett zu mir benommen. Er ist mehr dumm als böse.«

»Auch die Dummen sind gefährlich«, stellte der Kommissar fest.

In diesem Moment kippte Mäxchen hintenüber und fiel mitten in den Aschenbecher. Als er sich wieder hochgerappelt hatte, sah er ziemlich unschön aus und musste niesen.

Der Jokus angelte den Dreckspatz mit spitzen Fingern aus der Zigarrenasche, putzte ihn, so gut es ging, sauber und erklärte: »Aschenbecher sind kein Aufenthalt für Nichtraucher. Merk dir das!«

Im Warteraum vorm Zimmer des Kommissars standen zwei braune Holzbänke. Auf der einen Bank saß, zwischen zwei Wachtmeistern in Uniform, der kahle Otto. Und auf der anderen Bank saß Bernhard. Auch zwischen zwei Wachtmeistern.

»Dämliche Warterei«, brummte Otto. »Man sitzt rum wie beim Zahnarzt.«

Bernhard sah ihn drohend an. »Aber beim Zahnarzt muss man den Mund weit aufmachen. Bei der Polizei hingegen …«

»Ruhe!«, rief ein Wachtmeister ärgerlich.

»Sie sollen den Mund halten!«, befahl ein andrer.

»Da hörst du's«, sagte Bernhard und lächelte hinterhältig. »Sogar die Polizei verlangt, dass du die Schnauze hältst.«

»Das gilt auch für Sie!«, rief der dritte Wachtmeister aufgebracht. »Und nun kein Wort mehr!«

»Einverstanden«, gab Bernhard zur Antwort.

»Einverstanden«, wiederholte der kahle Otto und blickte ängstlich zu Bernhard hinüber. Dann schwiegen alle und warteten weiter.

Zuerst wurde Bernhard geholt. Er nahm dem Kommissar gegenüber Platz, schlug ein Bein übers andere und musterte die Besucher flüchtig. Auch dem kleinen Mann, der jetzt auf einer angebrochenen Zigarettenschachtel hockte, schenkte er keine besondere Aufmerksamkeit. Er blickte sich seelenruhig in dem hässlichen Büro um und sagte: »Schön haben Sie's hier.«

Der Schüler Hurtig kicherte. Der Kommissar hatte heute keinen Sinn für Humor. Er war zu müde. »Lassen Sie die Witze! Sie und Ihr Kumpan haben den minderjährigen Artisten Max Pichelsteiner aus einem Berliner Hotel entführt, in der Wohnung eines leer stehenden Hauses gefangen gehalten und wollten mit ihm ins Ausland fliehen.«

»Schon jetzt darf ich einiges richtigstellen«, erklärte Bernhard. »Den minderjährigen Artisten Max Pichelsteiner habe ich, als Kellner verkleidet, ohne Ottos Mithilfe entführt. Und dass wir ihn ins Ausland mitnehmen wollten, ist eine unbewiesene und unbeweisbare Behauptung Ihrerseits.«

»Sie wollten ihn also nicht nach Südamerika verschleppen?«

»Das hätte mir gerade noch gefehlt! Dieses kleine brüllende

Ungeheuer?« Bernhard schüttelte sich vor Abscheu. »Bis nach Südamerika? Warum? Das kenne ich nur aus dem Schulatlas.«

Mäxchen sprang auf und drohte ihm mit den Fäusten. »Sie lügen! Sie wollten mich zu Lopez bringen!«

»Lopez?« Bernhard tat verwundert. »Nie gehört.«

»So, so. Und warum haben Sie dann den Jungen überhaupt gestohlen?«, fragte Herr Steinbeiß.

»Das ist eine lange Geschichte.«

»Machen Sie die lange Geschichte kurz«, sagte der Kommissar.

»Ich habe nämlich einen Komplex«, begann Bernhard. »Und ich hatte diesen Komplex schon als Kind. Wenn ich eine leere Streichholzschachtel sah, nahm ich sie, tat was Lebendiges hinein und schleppte die Schachtel mit mir rum. Manchmal war's ein Maikäfer oder eine Hummel oder ein Schmetterling. Oder ein Mistkäfer. Oder eine Schmeißfliege. Da surrte und brummte und flatterte es dann in der Schachtel und in meiner Hosentasche. Es gab für mich nichts Aufregenderes. Und als ich von dem kleinen Mann in der Zeitung las, hatte ich keine Ruhe mehr.«

»Ich bin aber kein Mistkäfer!«, schrie Mäxchen empört.

»Komplexe sind eine Krankheit«, seufzte Bernhard.

»Man sollte ihm die Hosentaschen zunähen«, meinte der Schüler Hurtig.

Der Kriminalkommissar drückte auf einen Klingelknopf. »Besten Dank für Ihren Komplex, Herr … Wie heißen Sie eigentlich? Oder noch besser: Wie hießen Sie, als Sie noch Maikäfer vom Baum schüttelten?«

»Ich wäre Ihnen sehr gern behilflich«, sagte Bernhard. »Das ist ja klar. Aber ich habe meinen Geburtstag und den Geburtsort vergessen. Es ist alles schon so lange her.«

Einer der vier Wachtmeister trat ins Zimmer.

»Abführen!«, befahl Herr Steinbeiß. »Und bringen Sie den anderen.«

Der kahle Otto saß nun auf dem Stuhl, auf dem vorher Bernhard gesessen hatte. Er döste vor sich hin und stierte auf die Schreibtischplatte.

»Hallo!«, rief Mäxchen.

»Mit so was wie du red ich nich«, sagte Otto. »Ich war wie 'ne Mutter zu dir und du hast mich reingelegt. Bauchschmerzen und Baldriantropfen, und ich Dussel sause los – nee, da verliert man jeden Glauben.« Er schüttelte verzweifelt den Kahlkopf. »Was soll bloß aus der Welt werden, wenn schon so kleine Jungs so heimtürkisch sind!«

»Heimtückisch«, verbesserte Jakob Hurtig.

Otto winkte ab. »Is ja egal und Jacke wie Hose. Ich bin 'ne Seele von Mensch und er hat mich verpfiffen. Das darf nich mal 'n Zwerg.«

»Für einen Kinderdieb sind Sie mir ein bisschen zu vorlaut«, sagte der Jokus ruhig und beugte sich vor.

»Ich mach den Mund überhaupt nich mehr auf«, meinte Otto, »nur noch beim Zahnarzt.«

»Das wäre unklug, mein Lieber«, sagte der Kommissar. Dann holte er aus dem linken Seitenfach eine Flasche Schnaps und ein Wasserglas hervor, stellte beides auf den Schreibtisch und lächelte, als sei er Ottos Lieblingsonkel. »Sie haben den kleinen Mann nicht geraubt. Das hat Ihr Komplize Bernhard besorgt. Immerhin haben Sie sich der Beihilfe schuldig gemacht. Auch das ist ein schweres Verbrechen. Aber ›Beihilfe‹ ist ein dehnbarer Begriff.«

Der kahle Otto starrte wie hypnotisiert auf die volle Flasche und das leere Glas.

»Es liegt im Ermessen des Gerichts, wie hoch Ihre Strafe ausfallen wird.« Herr Steinbeiß goss das Wasserglas halb voll, schob es zu Otto hinüber und sagte: »Prost!«

Otto packte das Glas, und ehe die anderen bis drei zählen konnten, war es leer. Er grunzte vor Wonne, stellte das Glas auf den Schreibtisch zurück, holte tief Luft und fragte: »Also was wollense wissen?«

»Sie haben dem kleinen Mann, während Sie ihn gefangen hielten, allerlei erzählt. Von einem gewissen Señor Lopez. Er sei der reichste Mann der Welt, lebe zwischen Santiago und Valparaiso in einer geheimnisvollen Burg, sammle alte Gemälde und junge Ballettmädchen und lasse sich von hundert Scharfschützen bewachen. Sie selber und Bernhard hätten vor zwei Jahren in Lissabon eine Zigeunerin entführt, die dem Lopez seitdem täglich die Karten legen müsse. Was wissen Sie noch über diesen Mann und seine Mitarbeiter? Hat er Ihnen den Auftrag, den kleinen Mann zu stehlen, direkt erteilt? Wann und wo? Oder wer war der Mittelsmann? Wie heißt er?«

Otto starrte die Flasche an, fuhr sich mit der Zunge über die Lippen und schwieg.

»Eine Hand wäscht die andere«, stellte der Kommissar fest. »Sie helfen mir und ich helfe Ihnen.« Er goss das Glas wieder halb voll. »Prost!«

Der kahle Otto nahm sich diesmal Zeit. Er trank in kleinen Schlucken, schüttelte sich, als wolle er den Schnaps im Innern gründlich verteilen, und sagte dann: »Das ist wohl die schärfste

Räuberpistole, die ich nach meiner Geburt gehört habe! Davon könnten einem ja glatt die Trommelfelle platzen!«

Die anderen blickten ihn entgeistert an. Mäxchen fuchtelte mit den Armen und rief wütend: »Ich lüge nicht!«

»Natürlich nich«, meinte Otto. »Lügen is für so was gar kein Ausdruck. Das is 'n Weltrekord, Jungchen. So viel Fantasie in so 'nem kleenen Kopp, wie machst du das bloß?«

»Ich lüge nicht«, brüllte Mäxchen wie am Spieß. »Das ist eine bodenlose Gemeinheit!«

Professor Jokus von Pokus zupfte nervös an seinem eleganten Schnurrbart. »Ich bin ein verträglicher Mensch«, sagte er. »Aber jetzt beginnt es mir in den Fingern zu kribbeln.« Er stand langsam auf.

»Bravo«, rief der Schüler Hurtig. »Zerlegen Sie ihn in seine Bestandteile!« Er hatte knallrote Backen.

Da schlug der Kriminalkommissar mit der Faust so energisch auf den Schreibtisch, dass Mäxchen einen unfreiwilligen Luftsprung machte. »Ich bitte mir Ruhe aus«, knurrte Herr Steinbeiß. Dann stellte er die Flasche ins Seitenfach zurück und drückte auf den Klingelknopf. »Für heute die letzte Frage«, sagte er finster zum kahlen Otto. »Wenn es den Señor Lopez nicht geben sollte, warum haben Sie versoffener Kehlkopf, nein, Kohlkopf, ach was, Kahlkopf, dann den Jungen überhaupt gestohlen?«

Otto machte runde Augen. »Sie wissen nich, was Sie wollen. Erst erzählen Sie mir lang und breit, dass ich's gar nich gewesen bin, sondern der Bernhard. Und nu soll ich plötzlich wissen, warum ich's getan hätte. Ich war doch bloß Beihilfe und das is 'n kolossal dehnbarer Begriff. Fragense doch Bernhard!«

Ein Wachtmeister kam ins Zimmer. »Abführen!«, bellte der Kommissar.

Kaum war Otto draußen, wankte Steinbeiß zu dem Sofa in der Ecke, setzte sich, zog die Stiefel aus und sagte: »Es ist zwar erst Nachmittag, aber ich habe vierundzwanzig Stunden nicht geschlafen. Gute Nacht.« Dann kippte er um. Die Sprungfedern quiekten wie zwanzig Ferkel vor der Fütterung. Aber er hörte es nicht mehr.

Am gleichen Nachmittag geschah, was unsere Geschichte betrifft, noch zweierlei. In Berlin traf Mister Drinkwater ein. Und in Orly, auf dem Flugplatz in Paris, wurde das »Unternehmen Dornröschen« gestartet. Diese merkwürdige Bezeichnung erhielt das Unternehmen allerdings erst, als es zu spät war. Hinterher sind die Leute ja immer klüger.

Hinterher also stellte man fest, dass in Orly 16 Uhr 25 eine Chartermaschine mit achtunddreißig Passagieren nach Berlin abgeflogen war. Nun, solche Touristenflüge sind nichts Ungewöhnliches. Auch dass die Reisegesellschaft nur aus Männern bestand, war nicht weiter auffällig. Vielleicht handelte es sich um einen Kegelklub.

Der Flug nach Berlin verlief glatt. Die Maschine wurde in einem Hangar abgestellt. Sie war für drei Tage gemietet und der Rückflug war vorausbezahlt worden. Der Reiseleiter, ein Monsieur Boileau, ließ sich vom Piloten das Hotel nennen, wo man ihn telefonisch erreichen könne. Denn vielleicht, sagte Monsieur Boileau, flöge er mit seiner Gesellschaft schon früher nach Paris zurück. Damit verabschiedete er sich und suchte seine Leute, die schon in der Halle neben dem Rollband auf ihre Koffer warteten.

Was sie in Berlin vorhatten, blieb vorläufig ein Geheimnis. Für Mitglieder eines Kegelklubs oder eines mehrstimmigen Männergesangvereins hättet ihr sie, wie sie ihre schweren Koffer schulterten, sicher nicht gehalten. Aber ihr wart leider nicht am Flugplatz. Na ja, man kann nicht überall sein.

Am gleichen Nachmittag traf, wie ich schon sagte, auch Mister Drinkwater ein. John Foster Drinkwater, einer der großen amerikanischen Filmproduzenten. Er war überhaupt ein großer Mann: 1 Meter 90 in Socken. Das schafft nicht jeder.

Ursprünglich hatte er nur den Europachef der Firma schicken wollen. Ihm verdankte er den ersten Hinweis auf die Sensationen, die sich rund um den kleinen Mann abgespielt hatten. Doch dann hatte sich Mister Drinkwater höchstselbst in Bewegung gesetzt. Hollywood–New York–London–Berlin, die Zeit war ihm wie im Fluge vergangen. Er musste Mäxchens Geschichte verfilmen, koste es, was es wolle. Hoffentlich hatte die Konkurrenz noch nicht gewittert, was für ein Riesengeschäft hier mitten auf der Straße lag. Jetzt oder nie!

Als er am Hilton-Hotel in der Budapester Straße vorfuhr und in seiner ganzen Größe aus dem Taxi kletterte, standen bereits die Hoteldirektoren im Portal und verbeugten sich vor ihm.

»Was suchen Sie?«, fragte er, weil sie sich so tief bückten. Ehe sie über seinen Witz höflich lächeln konnten, war er schon am Lift. Und ehe sie am Lift waren, saß er schon im Hotelzimmer und telefonierte. Damit beginnt …

Direktor Brausewetter wechselt die Handschuhfarbe / Rosa Marzipan leiht Mister Drinkwater ein Opernglas / Filmgespräche im Blauen Salon / Manche dürfen nachts nicht schlafen, manche können es nicht, und manche wollen es nicht.

Mister Drinkwater war ein unermüdlicher Mann. »Ich schlafe nur zweimal im Jahr«, pflegte er zu sagen, »einmal im Juli und das zweite Mal im Dezember, dann aber den ganzen Monat hindurch, Tag für Tag vierundzwanzig Stunden lang, da kenne ich kein Erbarmen.«

Wenn die Reporter staunten und fragten, ob er denn nicht wenigstens gelegentlich aufstehe, um eine Kleinigkeit zu essen, antwortete er: »Nein. Von halben Sachen halte ich nichts. Ich verbringe die Schlafmonate auf meiner Jacht ›Sleepwell‹ und habe, außer dem Kapitän und der Besatzung, zwei zuverlässige Angestellte an Bord. Der eine muss für mich essen und der zweite muss sich statt meiner waschen.« Ob er log oder nicht, war ihm nicht anzumerken. Denn er verzog dabei keine Miene.

Wie dem auch sei: Hier in Berlin machte John Foster Drinkwater, der große und lange Filmboss aus den USA, keinen schläfrigen Eindruck. Er telefonierte mit Jokus von Pokus. Er telefonierte mit Zirkusdirektor Brausewetter. Er telefonierte mit Kriminalkommissar Steinbeiß, dem das, weil er noch auf dem Sofa lag, gar nicht recht war. Er telefonierte mit dem amerikanischen Generalkonsul. Er telefonierte mit der Deutschen Bank. Und er telefonierte mit der Frankfurter Filiale seiner Filmgesellschaft. Dann wusch er sich. Diesmal eigenhändig, denn es war ja weder Juli noch Dezember. Später aß er in der »Golden City-Bar« des Hotels, auch das persönlich, ein mit Käse überbackenes Ragoût fin.

Und zu Beginn der Zirkusvorstellung saß er in der für ihn reservierten Loge.

Direktor Brausewetter begrüßte ihn überschwänglich, trug blütenweiße Glacéhandschuhe und erkundigte sich, ob er dem restlos ausverkauften Hause den interessanten Gast vorstellen dürfe.

»Warum fragen Sie ausgerechnet mich?«, meinte Drinkwater. »Fragen Sie ihn doch selber!«

Direktor Brausewetter schlug die weißen Handschuhe über dem Kopfe zusammen. »Welch ein Missverständnis!«, rief er bekümmert. »Der interessante Gast sind doch Sie.«

»Unterstehen Sie sich«, sagte Drinkwater ärgerlich. »Ich bin als Geschäftsmann hier. Verfrühte Reklame verteuert den Einkauf. Wollen Sie mir einen Gefallen tun?«

»Selbstverständlich.«

»Dann halten Sie sich, bis unser Vertrag perfekt ist, mit Ihren hübschen weißen Handschuhen den Mund zu.«

»Ich hoffe, Sie meinen das nur bildlich«, bemerkte Direktor Brausewetter spitz. »Und jetzt gehe ich.«

Mister Drinkwater blätterte im Programmheft und sagte nebenbei: »Ich dachte, Sie seien schon weg.«

In der Garderobe des Professors erzählte der Zirkusdirektor tief gekränkt, was er eben erlebt hatte. »So ein ungeschliffener Patron!«, schimpfte er. »Den Mund soll ich mir zuhalten!«

»Sehr höflich war das nicht«, meinte der Jokus. »Aber im Grunde hat er natürlich recht. Er will nicht, dass die Konkurrenz aufmerksam wird und uns mehr Geld bietet als er.«

»Was geht denn das uns an?« Der Direktor zwirbelte seine Schnurrbartspitzen hoch. »Wir sollten mit dem abschließen, der am meisten zahlt.«

Der Jokus schüttelte lächelnd den Kopf. »Wir werden mit dem besten Mann abschließen. Das ist Mister Drinkwater. Darf ich Ihr Gedächtnis auffrischen, lieber Brausewetter! Vor einiger Zeit, es ist noch gar nicht so lange her, hatte die Nummer ›Der große Dieb und der kleine Mann‹ in der Zirkuswelt einen sensationellen Erfolg. Die Gagen, die man den zwei Artisten von anderer Seite bot, waren immens. Und? Rannten sie hinter dem Geld her?«

Direktor Brausewetter blickte gequält auf die Spitzen seiner Lackschuhe. »Nein. Aber der neue Vertrag, den Sie mit mir abschlossen, war auch nicht von Pappe.«

»Das hätte gerade noch gefehlt«, sagte der Jokus. »Meine Devise heißt: der bestmögliche Vertrag mit dem bestmöglichen Mann. Das galt für Sie und das gilt für Mister Drinkwater. Sind wir uns einig?«

»Zu Befehl, Herr Professor!« Brausewetter schlug die Hacken zusammen, machte kehrt und marschierte zur Tür. Dort stieß er mit Rosa Marzipan zusammen.

Sie trug Trikot und Gazeröckchen, weil sie in die Manege und aufs Trampolin musste, um dort Luftsprünge zu machen. »Bleibt es dabei?«, rief sie. »Soll ich mich in der Pause zu unserem Filmzaren setzen?«

»Seien Sie vorsichtig«, warnte Direktor Brausewetter. »Der Filmzar beißt.«

»Mich nicht«, sagte Rosa und drehte eine Pirouette.

»Setz dich ruhig in seine Loge, Liebling«, meinte der Jokus. »Und wenn er dich beißen sollte, beiße ich ihn wieder.«

»Ich werd's ihm ausrichten.« Sie machte einen tiefen Knicks und hüpfte in die Stallgasse.

Das Programm verlief, wie sich das für ein Programm gehört, programmgemäß. Die Artisten, die Clowns, die Pferde und sogar die Tiger gaben sich besondere Mühe. Die Zuschauer waren bester Laune. Und auch Mister Drinkwater fühlte sich gut unterhalten. Manchmal machte er sich Notizen. Es sah aus, als gäbe er Zensuren. Wahrscheinlich rechnete er. Geschäftsleute haben das so an sich. Sie rechnen sogar im Traum. Es scheint sich zu lohnen.

Jetzt kam die große Pause, und die meisten standen auf, aber er blieb sitzen. Doch dann kam Rosa Marzipan, blond und in einem silbernen Kleid, und nun stand er auf. »Sie waren sehr gut«, stellte er fest. »Und Sie sind sehr hübsch.«

Sie gab ihm amüsiert die Hand. »Es tut wohl, richtig beurteilt zu werden.« Nachdem sich beide gesetzt hatten, holte sie ein Opernglas aus der Abendtasche und hielt es ihm hin.

Er nahm es, betrachtete Rosa durch das Glas und nickte. »Sogar ganz besonders hübsch!«

»Sie sind ein Schwerenöter, Mister Drinkwater«, sagte sie. »Hindurchschauen sollen Sie doch erst, wenn der Jokus und Mäxchen auftreten!«

»Schade«, meinte er.

Nun, die zweite Programmhälfte geriet noch glänzender als die erste. Das war ja auch kein Wunder. Alles wartete fieberhaft auf die Sensation, auf die Nummer »Der große Dieb und der kleine Mann«. Und als Professor Jokus von Pokus unter donnerndem Beifall die Manege betrat, presste Mister Drinkwater Rosa Marzipans Opernglas fest an die Augen. Er ließ es erst wieder sinken, nachdem die Taube Emma, mit Mäxchen auf dem Rücken, von ihrem Flug in die Zirkuskuppel zurückgekehrt und wohlbehalten auf der Hand des Professors gelandet war.

Er war achtundzwanzig Minuten lang nicht der berühmte Filmproduzent Drinkwater gewesen, sondern einer unter ein paar Tausend verzauberten Zuschauern. Er hatte mit ihnen ge-

lacht. Er hatte wie sie gestaunt. Er hatte ihre Angst geteilt. Er hatte wie sie geklatscht.

Und er stürzte, als das Rundgitter aus der Versenkung hochstieg, wie die anderen zur Manege, um den kleinen Mann, der ihnen allen zuwinkte, endlich zu sehen. Denn: Gesehen hatte er ihn, trotz Opernglas, nicht eine Sekunde.

Das Marzipanfräulein hatte den Herrn aus Hollywood nicht aus den Augen gelassen. Ihr war nichts entgangen. Sie wusste nun, dass er nicht nur der kühle Kaufmann war, der statt des Lebens Zahlen sah, statt der Menschen ihre Gehaltsansprüche und statt eines Blumenstraußes dessen Ladenpreis.

Als er sich aber durch die aufgeregte Menge durchgequält hatte und in die Loge zurückkam, war er schon wieder der kühle Rechner. »Die Zeltkuppel wird sich schlecht ausleuchten lassen«, sagte er verdrossen. »Aber den Flug auf der Taube muss ich, scharf wie durch die Lupe, im Kasten haben. Gibt es denn bei euch keine festen Häuser? Zirkusgebäude aus Stein? Mit stabilen Rampen für die Scheinwerfer in der Kuppel? Und für meine Kameraleute? Außerdem sind für Aufnahmen in Viermastzelten die Versicherungsprämien blödsinnig hoch.«

Rosa lachte. »Wenn das nicht so wäre, müssten nicht wir Zirkusleute, sondern die Versicherungsangestellten in Zelten arbeiten.«

»Eine wundervolle Idee!«, sagte Mister Drinkwater und schloss genießerisch die Augen. »Es wäre ihnen von Herzen zu gönnen.«

Dann wurde Rosa sachlich. Beispielsweise in München, berichtete sie, gäbe es den Zirkus Krone. Am Marsplatz. Nicht weit vom Hauptbahnhof. Ein stabiles und vor wenigen Jahren renoviertes Gebäude.

»Kann man den Zirkus mieten?«, fragte Drinkwater.

»Wozu?«, fragte das Marzipanfräulein. »Wir gastieren dort sowieso. Noch in diesem Jahr.«

»Hoffentlich nicht im Dezember, denn dann schlafe ich.«

»Direktor Brausewetter hat für Oktober und November abgeschlossen«, sagte Rosa.

»All right«, meinte Drinkwater. »München ist gut. Und zwei Monate sind gut. Den Zirkus drehen wir im Zirkus, die Atelierszenen bei der ›Bavaria‹ in Grünwald, und Pichelstein liegt, glaube ich, auch in der Nähe.«

»Was wollen Sie denn in Pichelstein?«

»Aber dort beginnt doch unser Film!«, erklärte er. »In dem kleinen Dorf mit den kleinen Häusern und den kleinen Einwohnern und Turnern und mit Mäxchens kleinen Eltern, wie sie beide mit ihren kleinen Koffern zu dem kleinen Bahnhof marschieren, um in der großen Welt ihr Glück zu versuchen. Oder wissen Sie einen besseren Anfang?«

Sie schüttelte lächelnd den Kopf. »Es gibt keinen besseren, Mister Drinkwater.«

»Nennen Sie mich John«, sagte er vergnügt.

Die Zuschauer rundum wurden unruhig. Sie machten »Psst!« und »Schscht!«. Einer sagte sogar: »Nun halten Sie endlich die Klappe!«

Nach der Vorstellung traf man sich im Blauen Salon des Hotels, in dem der Jokus und Mäxchen wohnten. Anwesend waren, um das vorwegzunehmen, fünf Personen: Rosa Marzipan, John F. Drinkwater, der kleine Mann, Jokus von Pokus und – verlegen in eine Ecke geklemmt – Direktor Brausewetter. Er trug mausgraue Handschuhe. Sozusagen Halbtrauer. Die pomadisierten Schnurrbartspitzen trug er auf halbmast. Vielleicht war der Filmonkel aus Amerika noch immer auf ihn böse.

»O warte!«, flüsterte Mäxchen hingerissen, als Mister Drinkwater auftauchte. »Der Mann hört ja oben gar nicht auf! Das wär was für mich! Die geborene Kletterstange!«

»Benimm dich!«, sagte der Jokus streng. Der kleine Mann saß auf dem Tisch und löffelte heiße Schokolade.

»Zu Befehl, Herr Professor«, wisperte Mäxchen.

Drinkwater zündete sich eine große schwarze Zigarre an und erklärte dann: »Ich möchte Mäxchen Pichelsteiners Lebensgeschichte verfilmen und er muss die Rolle natürlich selber spielen. Auch die anderen Hauptrollen will ich nicht mit Schauspielern besetzen, sondern mit Ihnen. Gute Artisten sind fast immer brauchbare Schauspieler.«

»Und wer spielt den Zirkusdirektor?«, fragte Direktor Brausewetter vorsichtig.

Drinkwater lächelte. »Selbstverständlich Sie! Oder wissen Sie einen besseren? Nein? Ich auch nicht.«

Brausewetters welke Schnurrbartspitzen richteten sich wieder auf. Dann zog er, heimlich unterm Tisch, seine grauen Handschuhe aus und steckte sie weg. Kurz darauf trug er schneeweiße Handschuhe! Das war keine Hexerei, sondern er hatte immer ein weißes, ein graues und ein schwarzes Paar bei sich. Und er wechselte sie je nach der Laune, in der er sich befand. Das brauchte er zum Leben. Warum auch nicht? Es gibt schlechtere Gewohnheiten. Und die meisten sind teurer.

Mister Drinkwater erzählte ausführlich, wie er sich den Film vorstelle. Wann und wo er ihn drehen wolle. Dass er selbst die Regie übernehmen werde. Welche zwei Schauspieler er für die beiden Kinderdiebe im Auge habe, weil, so scherzte er, die echten Halunken, Bernhard und der kahle Otto, vom Gefängnisdirektor höchstwahrscheinlich keinen Filmurlaub bekämen. So weit sei ihm alles klar. »Nur etwas fehlt mir noch«, meinte er. »Etwas sehr Wichtiges. Eine Liebesgeschichte. Denn eine Liebesgeschichte gehört in jeden Film. Aber die wird mir schon noch einfallen.«

Da lachte Mäxchen und hätte sich fast an der heißen Schokolade verschluckt.

»Vielleicht können wir Ihnen helfen«, sagte Rosa Marzipan und verzog keine Miene. »Wie wär's, wenn sich in Ihrem Film eine der drei Luftspringerinnen in den Zauberkünstler verliebte? Und der Zauberkünstler in die hübsche blonde Luftspringerin?«

Drinkwater zog an seiner Havanna und dachte nach. »Keine schlechte Idee. Aber da fehlt noch der dramatische Konflikt. Der ist das Wichtigste. Den braucht das Publikum. Glück ohne Schwierigkeiten ist nichts fürs Kino.«

»Auch das ließe sich machen«, meinte Direktor Brausewetter, während er den linken weißen Handschuh zärtlich mit dem rechten streichelte. »Wenn zum Beispiel einer der Clowns auf den Zauberkünstler eifersüchtig wäre und in der Artistengarderobe dessen Frack mit dem des Kunstreiters vertauschte ...«

»Ich bin ganz Ohr«, sagte Drinkwater gespannt.

»Und wenn der Kunstreiter im Zauberfrack in die Manege ritte, ohne von dem Tausch etwas zu ahnen ... Und wenn dann plötzlich aus dem falschen Frack die großen Papierblumensträuße und die zwei dressierten Tauben herausflögen, und das weiße Kaninchen spränge in die Manege … Und der Hengst würde kopfscheu und der berühmte Kunstreiter fiele in den Sand …«

»Wundervoll!«, rief Drinkwater. »Das ist die Lösung! Liebe, Eifersucht, Spannung, vertauschte Fräcke, komische Szene vor ausverkauftem Haus, der Kunstreiter verprügelt den Clown, der Zauberkünstler küsst die appetitliche Blondine, mehr kann man nicht verlangen! Die Frage ist nur, ob ein so seriöser Herr wie Professor Jokus von Pokus die Rolle des Liebhabers spielen will.« Er blickte zu dem »seriösen Herrn« hinüber und riss die Augen auf.

Denn das Marzipanfräulein, von Beruf Luftspringerin, hatte sich zärtlich an den Zauberkünstler geschmiegt und meinte: »Er wird schon wollen.«

Und der Jokus fügte, ein bisschen verlegen, hinzu: »Ich werde wohl müssen.«

»Oha«, sagte Drinkwater. »Allmählich dämmert's mir. Die Wirklichkeit war früher da als ich.«

»Stimmt.« Direktor Brausewetter freute sich wie ein Kind. »Auch der Clown und die vertauschten Fräcke und der Sturz vom Pferd – ich habe nichts erfunden, sondern alles ist neulich in meinem Zirkus passiert!«

»Hoch lebe die Wirklichkeit«, erklärte Mister Drinkwater vergnügt. »Manchmal hat das Leben fast so gute Einfälle wie die Filmleute.« Da lachten die anderen und er lachte fleißig mit.

Dann aber wurde er todernst, setzte sich kerzengerade und sagte: »Die sogenannten künstlerischen Fragen wären damit fürs Erste erörtert. Auch das musste sein. Doch jetzt beginnt der wichtigere Teil unsrer Konferenz, nämlich der geschäftliche.«

»Ich beantrage Vertagung«, meinte der Jokus. »Der Junge muss ins Bett. Es ist höchste Eisenbahn.«

»Bringen Sie ihn in seine Streichholzschachtel«, riet der Amerikaner. »Dann verhandeln wir weiter.«

Der Jokus schüttelte energisch den Kopf. »Ausgeschlossen. Er ist mein Partner.« Plötzlich zuckte er zusammen. »Wo bist du denn überhaupt?«

Es war, als habe der Blitz eingeschlagen. Alle starrten auf den Tisch. Der kleine Mann war verschwunden!

»Mäxchen!«, rief der Jokus.

»Liebling!«, rief Rosa Marzipan.

»Kleiner!«, rief Direktor Brausewetter.

Keine Antwort.

»Maxie!«, rief Mister Drinkwater.

Sie saßen still und steif wie hingemalt und hielten die Luft an.

Nichts. Kein Laut. Nur draußen vor der Tür ging jemand langsam auf und ab.

Mit einem Satz war der Jokus an der Tür. Er riss sie auf. »Wer sind Sie?«

»Aber Herr Professor«, antwortete der Mann, »Sie kennen mich doch. Ich bin der Hoteldetektiv, der auf Mäxchen aufpasst.«

»Und wo ist er?«

»Die Frage verstehe ich nicht«, meinte der Detektiv perplex.

»Er ist bei Ihnen. Ich habe die ganze Zeit die Tür bewacht, damit er nicht wieder gestohlen wird.«

»Er ist fort!«, rief Direktor Brausewetter und zog rasch die weißen Handschuhe aus.

»Das ist ganz unmöglich«, erklärte der Detektiv. »Der Blaue Salon hat nur diese eine Tür, und die habe ich, seit Sie hineingegangen sind, nicht aus den Augen gelassen.«

»Und warum antwortet er nicht, so laut wir auch rufen?«, fragte Drinkwater nervös. »Er ist verschwunden!«

»Ausgeschlossen.« Der Detektiv war nicht aus der Ruhe zu bringen. »Ihre Krawatte ist auch verschwunden. Trotzdem muss sie noch hier sein.« Tatsächlich. Drinkwaters bunte Krawatte war fort. Keiner hatte es bemerkt.

»Auf geht's!«, rief Rosa Marzipan zuversichtlich. »In die Knie, meine Herren!«

Und schon krochen vier Männer auf allen vieren im Blauen Salon herum. Schade, dass kein Fotograf in der Nähe war. Es wäre ein prächtiger Schnappschuss geworden.

Rosa Marzipan kroch nicht. Ihr Rock war zu eng. Und sie dachte, vier Männer zu ihren Füßen seien genug. Sie durchforschte die höheren Regionen: die kleinen Ecktische, die Anrichte, den Bücherschrank, die Vitrine mit dem alten Porzellan und den zierlichen Schreibtisch aus der Biedermeierzeit. Eine der Schubladen stand offen und über ihren Rand hing der Zipfel einer bunten Krawatte aus weicher Foulardseide.

Behutsam hob Rosa den Krawattenzipfel hoch und sagte gerührt: »Hier liegt er ja, der Schurke!« Im Nu waren die vier Männer auf den Beinen. Sie drängten zum Schreibtisch, klopften die Hosenbeine sauber und blickten verzückt in die offene Schublade. Mäxchen schlief. Er schlief wie ein Murmeltier. Er wachte auch nicht auf, als der Jokus ihn hochnahm, vorsichtig in die hohle Hand legte und, mit ihm, auf Zehenspitzen den Salon verließ.

Erst als er ihn, oben im Schlafzimmer, in die alte Streichholzschachtel schob, schlug Mäxchen kurz die Augen auf, murmelte: »Ich war ja soo müde«, doch dann schlief er schon wieder.

Im Korridor vorm Schlafzimmer setzte sich der Hoteldetektiv auf einen Stuhl, trank schwarzen Kaffee und hielt Wache. Er durfte nicht schlafen.

Mister Drinkwater fuhr ins Hilton und rechnete. Denn er konnte nicht schlafen.

Und irgendwo in der großen Stadt Berlin saß Monsieur Boileau mit der merkwürdigen Reisegesellschaft aus Paris zusammen. Sie wollten nicht schlafen. Sie hatten finstere Pläne zu besprechen. Für den nächsten Tag. Und mit diesem nächsten Tage, wenn auch nicht gleich mit der merkwürdigen Reisegesellschaft, beginnt …

Es ist von Geschäften die Rede / Auch Rechnen gehört zum Leben / Das geheimnisvolle Kuvert / Herr von Goethe als Lehrmeister / Das zweite versiegelte Kuvert / Der Handel ist perfekt.

Die geschäftlichen Verhandlungen begannen gleich nach dem Frühstück. Wieder bewachte ein Hoteldetektiv den Blauen Salon, aber es war ein anderer Mann. Denn der Detektiv, der am Abend vorher und während der ganzen Nacht aufgepasst hatte, war natürlich müde und musste schlafen. Sie lösten einander alle zwölf Stunden ab.

Von den Geschäften will ich nur das Notwendigste erzählen, weil ich weiß, dass sich Kinder dafür nicht sonderlich interessieren. Es ist ihnen tausendmal lieber, wenn ein einäugiger Pferdedieb mit dem Lasso eingefangen wird oder wenn der beschwipste Bürgermeister beim Dirigieren der Feuerwehrkapelle in die Pauke fällt. Damit verglichen, sind geschäftliche Verhandlungen langweilig.

Trotzdem darf ich um die Konferenz im Blauen Salon keinen Bogen machen. Erstens ist sie für unsere Geschichte wichtig. Und zweitens lernt ihr das Zusammenzählen, Abziehen, Malnehmen und Teilen in der Schule ja nicht nur, um den Lehrern und dem Rektor einen Gefallen zu tun. Wer nicht rechnen kann, wird eines Tages große Augen machen. Man wird ihn manchmal hineinlegen, dass es nur so qualmt. Denn nicht alle guten Rechner, mit denen man im Leben zu tun hat, sind gute Menschen.

»Was ich kaufen will und zu welchem Zweck, habe ich dargelegt«, sagte Mister John F. Drinkwater. »Nun sind Sie an der Reihe, Professor. Nennen Sie mir den Preis.«

»Zeig ihm doch das Kuvert«, riet Mäxchen. Er saß wieder an dem kleinen Tisch oben auf dem großen Tisch und löffelte an einem Ananastörtchen.

»Was für ein Kuvert?«, fragte Drinkwater verwundert.

Rosa Marzipan lächelte spitzbübisch. »Wir Zirkusleute sind ein raffiniertes Völkchen, mein lieber John.«

»Unser Preis steht auf einem Zettel«, erklärte Mäxchen. »Der Zettel steckt in einem Kuvert. Das Kuvert ist versiegelt. Und das versiegelte Kuvert steckt in der Brusttasche meines Vormunds und Partners Jokus von Pokus.«

Direktor Brausewetter war überrascht und gekränkt. »Davon weiß ich ja gar nichts!« Er zog die grauen Handschuhe aus und saß, ganz gegen seine Gewohnheit, etwa eine halbe Stunde mit völlig nackten Händen da. Weil er noch nicht wusste, ob er die weißen oder die schwarzen Handschuhe anziehen solle.

»Lieber Brausewetter«, sagte der Jokus, »der Vertrag zwischen Mister Drinkwater und Ihrem Zirkus ist eine Sache für sich. Damit haben wir nichts zu tun. Auf dem Zettel im Kuvert steht nur der Preis, den Mäxchen, Fräulein Marzipan und ich verlangen.«

»Ihr versiegeltes Kuvert macht mich nervös«, erklärte Mister Drinkwater. »Ich will einen Film in Breitwand und Farbe drehen. Ich will außerdem Mäxchens Geschichte in sechs Fortsetzungen fürs Fernsehen produzieren. Das wird ein teurer Spaß. Deshalb brauche ich die Weltrechte für zehn Jahre. Und deshalb brauche ich Ihr Mäxchen, Sie selber und Ihr Fräulein Braut als Hauptdarsteller für die Monate Oktober und November im Kronebau in München. Das ist doch alles sonnenklar.«

»Der Film wird ja gar kein teurer Spaß«, rief Mäxchen.

»Mein Partner hat recht«, sagte der Jokus liebenswürdig. »Ihr Film wird, samt der Fernsehserie, keinen Dollar teurer als jeder andere Zirkusfilm. Aber er wird mindestens zehnmal so viel Geld einspielen wie jeder andere. Weil noch nie vorher der Star nur fünf Zentimeter groß war. So etwas hat die Welt noch nicht gesehen und jeder Erdbewohner wird ins nächste Kino rennen.«

»Sie werden sich dumm und dämlich verdienen!«, rief Mäxchen begeistert.

Die anderen blickten ihn missbilligend an.

»Schon gut«, brummte Drinkwater. »Also, vielleicht wird unser Film wirklich ein großes Geschäft. Aber was soll das versiegelte Kuvert? Und wo ist es?«

Der Jokus holte einen Briefumschlag aus der Tasche, legte ihn auf den Tisch und sagte: »Hier.« Doch als der Amerikaner danach greifen wollte, hielt er dessen Hand fest. »Das Kuvert wird erst geöffnet, nachdem Sie den Betrag, den Sie uns freiwillig zahlen wollen, Ihrerseits auf einen Zettel geschrieben haben.«

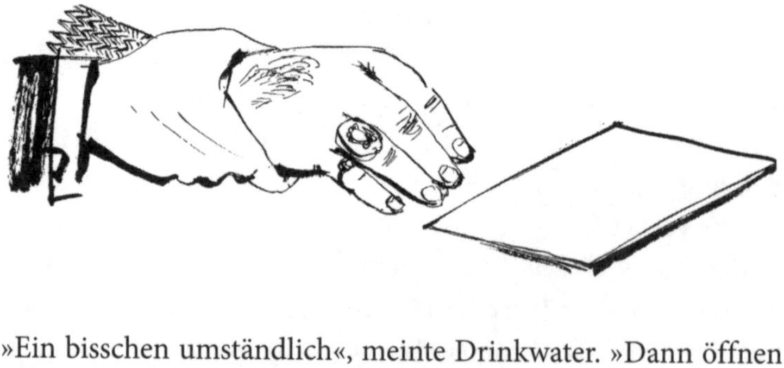

»Ein bisschen umständlich«, meinte Drinkwater. »Dann öffnen wir Ihr komisches Kuvert, vergleichen die beiden Summen und beginnen zu handeln. Wozu also das ganze Brieftheater?«

»Warten Sie nur ab«, rief Mäxchen. »Das Schönste kommt ja erst.« Er rieb sich vor Vergnügen die Hände.

»Wir werden nicht miteinander handeln«, erklärte der Jokus. »Die Beträge auf Ihrem und auf unserem Zettel sind endgültig. Wenn Ihre Summe höher ist als unsere, ist der Vertrag perfekt.«

»Und wenn ich weniger geboten habe, als in Ihrem verrückten Kuvert verlangt wird?«

»Dann«, sagte Rosa lächelnd, »ist das Geschäft leider geplatzt.«

Mister Drinkwater machte, was er sehr selten tat, ein verblüfftes Gesicht. Er schwieg. Und Direktor Brausewetter zog einen schwarzen und einen weißen Handschuh über. Nun konnte kommen, was wollte.

Nach einer Weile zündete sich Mister Drinkwater eine seiner schwarzen Zigarren an, blickte den Rauchwölkchen nach, starrte bekümmert auf das geheimnisvolle Kuvert und sagte: »Die Methode ist neu. Sie sind sehr raffiniert.«

»Beides stimmt nicht«, erwiderte der Jokus. »Wir verstehen nichts von Geschäften. Und die Methode ist fast hundertfünfzig Jahre alt.«

»Sie stammt vom alten Goethe«, rief Mäxchen. »Vom größten deutschen Dichter.«

»Kenne ich«, bemerkte Drinkwater. »Und derselbe Goethe hat den Trick mit dem Kuvert erfunden? Damals gab es doch noch gar keine Filmproduzenten!«

Rosa lachte. »Aber Buchverleger gab es schon und die waren auch nicht von schlechten Eltern.«

»Geschäftsleute sind auf der Welt, um Geschäfte zu machen«, sagte Drinkwater. »Wo sollen wir hinkommen, wenn uns die Dichter und Zauberer versiegelte Kuverts auf den Tisch legen?«

»Geschehen ist geschehen«, bemerkte der Jokus. »Ein Verleger, ich glaube, er hieß Göschen, wollte Goethes nächstes Buch herausbringen und erkundigte sich, was das Manuskript koste. Daraufhin schickte der Dichter einen guten Bekannten zu dem Verleger und ließ ihm das bewusste Kuvert vorlegen. Wenn der

Verleger weniger böte, als im Brief verlangt werde, sei das Geschäft …«

»… geplatzt«, rief Mäxchen vergnügt.

»Und wie ging die Sache aus?«, fragte Drinkwater.

»Der Verleger dachte ziemlich lange nach.«

»Das kann ich gut verstehen«, meinte der Amerikaner. Er trocknete sich mit dem Taschentuch die Stirn. Ihm war heiß geworden. »Und dann?«

»Dann nannte er einen hohen Betrag. Es war der höchste, den er bieten konnte. Nun öffneten sie das Kuvert und verglichen die beiden Summen. Das Angebot des Verlegers lag höher als Goethes Forderung. Und damit war der Handel abgeschlossen.«

»Ihr großer Goethe war ein großer Halsabschneider«, erklärte Drinkwater grimmig. »Schade, dass Sie nicht nur seine Bücher gelesen haben, sondern auch noch seine Geschäftsbücher.«

»Wir wollen Sie nicht zwingen«, sagte der Jokus ruhig. »Sie können unseren Vorschlag ablehnen.«

»Nein, das kann ich eben nicht. Ich will und ich werde den Film vom kleinen Mann drehen. Deshalb muss ich die Weltrechte kaufen.«

»Nun gut«, sagte der Jokus. »Dann erwarten wir Ihr Angebot. Wenn der Betrag unsere Summe im Kuvert übertrifft, ist alles in Ordnung. Denken Sie in Ruhe darüber nach. Es eilt nicht.«

»Ich brauche keine Bedenkzeit«, knurrte Drinkwater. »Ich weiß, was ich Ihnen äußerstens zahlen kann, ohne mich zu ruinieren.« Er stand auf, ging rasch zu dem Schreibtisch an der Wand, schrieb kurz entschlossen etwas auf einen Zettel, kam zurück, schob Jokus den Zettel hin, sagte: »Da!«, und sank in seinen Stuhl.

Der Jokus las die Summe und schwieg. Rosa schaute auf den Zettel und machte »Oh!«. Direktor Brausewetter blickte dem Jokus über die Schulter und murmelte: »Donnerwetter noch mal!« Und Mäxchen, der an den Zettelrand gelaufen war, um die Summe lesen zu können, sprang von der Tischkante zum Jokus hinüber, kletterte wie ein Wiesel an ihm hoch, gab ihm einen Kuss auf die Nasenspitze und landete, nach eleganter Schussfahrt, in der altgewohnten, gemütlichen Brusttasche.

»Wir gratulieren Ihnen«, erklärte Professor Jokus von Pokus feierlich. »Sie haben gewonnen.«

Mister Drinkwater seufzte erleichtert auf.

»Wir werden uns bei den Filmaufnahmen große Mühe geben«, rief Mäxchen. »Und wenn der Film fertig ist, setzen wir uns zur Ruhe.«

Direktor Brausewetter erschrak bis in die Schnurrbartspitzen. »Sie wollen meinen Zirkus im Stich lassen?«

»Der Junge übertreibt«, meinte der Jokus. »Aber zwei Monate Ferien machen wir bestimmt.«

Nun werdet ihr wahrscheinlich wissen wollen, was auf dem Zettel stand. Ich habe ihn mit eigenen Augen gesehen. Der Professor zeigte ihn mir in Lugano, während wir auf der Terrasse Bowle tranken und auf das große Feuerwerk warteten. Also, auf dem Zettel stand:

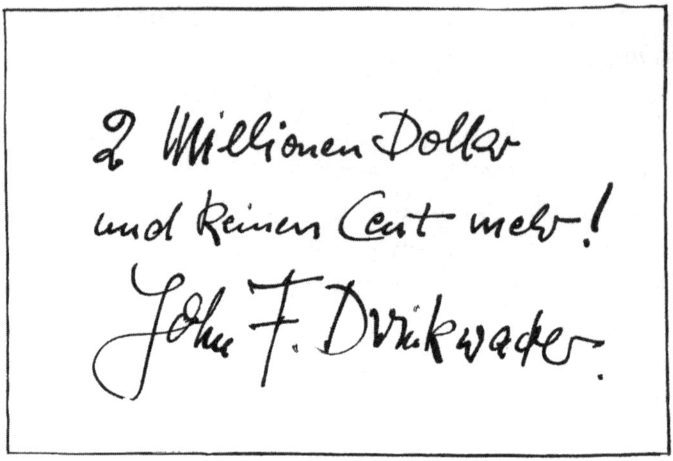

2 000 000 Dollar! In DM umgerechnet sind das … Doch das kriegt ihr auch ohne mich heraus. Jedenfalls, eine so große Menge Geld verdient man nicht alle Tage. Auch nicht als Zauberkünstler und als kleiner Mann. Von Luftspringerinnen ganz zu schweigen.

»Dass mir die Filmrechte gehören, weiß ich nun«, sagte Mister Drinkwater. »Und was ich Ihnen zahlen muss, weiß ich leider auch. Doch was in Ihrem verflixten Kuvert steht, das weiß ich noch nicht. Darf ich nachsehen?«

»Selbstverständlich«, erwiderte der Jokus.

»Au Backe!«, meinte Mäxchen.

Das Marzipanfräulein lächelte geheimnisvoll wie eine blonde Sphinx. Direktor Brausewetter hüpfte hoch und trabte hinter Drinkwaters Stuhl. Diesmal zitterte er nicht vor Schreck, sondern vor lauter Neugierde. Er zitterte oft und gern.

Der Amerikaner riss das Kuvert auf, holte einen Zettel heraus, faltete ihn auseinander und erstarrte.

Direktor Brausewetter, der ihm über die Schulter sah, verdrehte die Augäpfel und flüsterte: »Ich falle um.« Aber dann fiel er doch nicht um, weil er sich rechtzeitig an Mister Drinkwaters Lehnstuhl, nein, an dessen Stuhllehne festhielt. Er ging nur ein bisschen in die Knie.

Der Filmgewaltige aus den USA merkte das gar nicht. Er saß noch immer starr im Stuhl wie eine Wachsfigur in einem Wachsfigurenkabinett.

Und nun werdet ihr wissen wollen, was auf diesem zweiten Zettel stand. Auch ihn habe ich in Lugano mit eignen Augen gesehen. Mister Drinkwater hatte ihn nicht behalten wollen. Eine solche Blamage, hatte er geäußert, müsse man sich nicht auch noch einrahmen und übers Sofa hängen. Na ja, ich kann ihn verstehen. Denn der Zettel, den er aus dem versiegelten Kuvert herausgefingert hatte, sah folgendermaßen aus:

Mit anderen Worten: Der Zettel war leer! Es stand keine Zahl darauf. Es stand keine Unterschrift unter der Zahl, die nicht daraufstand. Nichts. Es war der leerste Zettel, der jemals in ein Kuvert gesteckt wurde.

Und es dauerte etwa fünf Minuten, bis sich die Wachsfigur namens John F. Drinkwater bewegte. Sie klapperte mit den Augendeckeln. Das war das erste Lebenszeichen.

»Er wird wieder«, stellte Mäxchen fest.

Nach weiteren zwei Minuten war der Amerikaner endlich sprechbereit. »Ich bin ein Esel«, sagte er zornig. »Ich hätte mir eine der zwei Millionen sparen können und dann wären Sie immer noch gut weggekommen. Ein leerer Zettel! Ihr Mister Goethe war ein gescheiter Teufel, wie der Mephisto in seinem ›Faust‹.«

Der Jokus lächelte. »Ein gescheiter Teufel war unser Mister Goethe nur zur Hälfte. Außerdem: Das Kuvert und der Zettel stammen zwar von ihm, aber der Einfall, auf den Zettel überhaupt nichts zu schreiben, der stammt von mir selber.«

»Meinen Respekt«, sagte Drinkwater verärgert. »Aber wenn ich nun auf meinen eigenen Zettel, beispielsweise, nur zehn- oder zwanzigtausend Dollar geschrieben hätte?«

»Das hätten Sie nie getan«, meinte Rosa Marzipan. »Sie wollten ja unbedingt die Filmrechte haben.«

Drinkwater nickte. »Das ist richtig, Rosie. Trotzdem. Nehmen wir an, ich hätte es riskiert. Ich bin ein ziemlich guter Pokerspieler.«

»Und ich bin ein ziemlich guter Zauberkünstler«, stellte der Jokus fest. »Wir wussten natürlich nicht, wie hoch Sie bieten würden. Denn wir sind Laien. Wenn Sie uns aber nur ein Trinkgeld geboten hätten, dann hätte ein anderes Kuvert auf dem Tisch gelegen.«

»Ein anderes Kuvert? Wo hätten Sie das denn so schnell hergenommen?«

»Ach sind Sie komisch«, rief Mäxchen und zog sich vor Vergnügen an den Haaren. »Es liegt doch längst vor Ihrer Nase!«

Mister Drinkwater blickte auf den Tisch. Tatsächlich. Vor seiner Nase lag ein zweites versiegeltes Kuvert. Er blickte es an, als sei er, trotz seiner Körperlänge (1,90 m), ein Kaninchen und das Kuvert eine Klapperschlange.

»Schauen Sie nach«, schlug der Jokus vor. »Lassen Sie sich nicht stören.«

Mister Drinkwater riss das zweite Kuvert auf, zog den Zettel heraus und wurde weiß wie die Wand. »Da… das ist doch unmöglich! So viel Geld gibt's ja gar nicht!«

Der Professor nickte. »Wenn ich gemerkt hätte, dass Sie viel zu wenig böten, hätte ich viel zu viel verlangt. Damit wären unsere Verhandlungen …«

»… geplatzt!«, rief Mäxchen fröhlich.

»Und wir hätten auf einen solideren Käufer gewartet«, fügte Rosa Marzipan hinzu.

»Sie sind ein raffiniertes Trio«, sagte Drinkwater. »Und wenn Sie während der Filmaufnahmen nur halb so gut sein sollten wie heute, wird der Film ein Meisterwerk.«

»Er wird eines. Wollen wir wetten?«, fragte Mäxchen.

Drinkwater hob abwehrend die Hände. »Wetten? Mit einem so gerissenen Kerlchen wie dir? Ich werde mich hüten. So reich bin ich nicht.«

»Aber ich bin jetzt reich«, sagte Mäxchen stolz. »Darf ich Sie zu einem Ananastörtchen einladen?«

»Pfui Spinne! Ananastörtchen! Ein doppelter Whisky wäre mir wesentlich lieber.«

»Geht in Ordnung«, meinte Mäxchen. »Nur eines verstehe ich nicht: wieso ein Mann, der so gerne Whisky trinkt, ausgerechnet Drinkwater heißt.«

Eigentlich wollte ich ja im dritten Kapitel noch über das »Unternehmen Dornröschen« berichten. Doch die Affäre mit den drei Zetteln und den zwei Kuverts hat mich länger aufgehalten, als ich dachte. Und allzu lange Kapitel mag ich nicht. Deshalb beginnt nun …

Das Unternehmen Dornröschen / Hauptwachtmeister Mühlenschulte erinnert sich dunkel / Der kahle Otto hat wieder einmal Durst / Was soll das Klavier in der Luft? / Kommissar Steinbeiß packt die Koffer / Zirkus Stilke gastiert in Glasgow und London.

In der Nacht, die diesem Tag folgte, geschah ein aufsehenerregender Überfall. Er vollzog sich lautlos. Die Täter entkamen unerkannt. Sie raubten weder Geld noch Pelze oder Juwelen. Sie raubten zwei Gefangene. Sie überfielen kein Schmuckgeschäft und kein Bankgebäude. Sie überfielen das Untersuchungsgefängnis.

Das war natürlich eine bodenlose Frechheit. Doch außerdem war es etwas Neues. Und Presse, Funk und Tagesschau knöpften sich die Neuigkeit gründlich vor. Aber das war später und überhaupt zu spät. Man konnte nur noch lachen oder schimpfen.

Der Polizeipräsident schimpfte. Der Gefängnisdirektor trat von seinem Posten zurück. Und Kriminalkommissar Steinbeiß ließ sich beurlauben. Aber was half's? Die Polizei fühlte sich bis auf die Knochen blamiert.

Dabei hatte der Gefängnisdirektor den Überfall immerhin als Erster entdeckt. Allerdings, schätzungsweise, sechs bis sieben Stunden danach. Aber das war nicht seine Schuld. Denn Doktor Heublein, so hieß er, wohnte ja nicht im Gefängnis, sondern in einem Vorort der Stadt.

Es wird am besten sein, wenn ich alles der Reihe nach erzähle. Das ist noch immer die richtige Methode. Neu ist sie nicht, nein. Doch wozu auch? Neues muss nicht immer richtig und Richtiges muss nicht immer neu sein.

Also: Herr Doktor Heublein fuhr, wie jeden Morgen, Punkt acht Uhr am Gefängniseingang vor und hupte dreimal, damit man ihm das Tor aufschließe. Aber es öffnete niemand. Er wartete und hupte wieder. Nichts rührte sich. Das war noch nie vorgekommen.

Wütend kletterte er aus dem Wagen, stellte sich auf die Zehenspitzen und blickte durch das vergitterte Fenster in die Wachstube. Zunächst verschlug es ihm die Sprache. Dann sagte er zu sich selbst: »So etwas gibt's doch gar nicht.« Er trommelte mit der Hand gegen die Scheibe. »Witschoreck!«, rief er. »Was fällt Ihnen eigentlich ein?«

Wachtmeister Witschoreck saß vorm Schreibtisch und schlief. Neben seinem Stuhl lag die Schäferhündin Diana und schlief. Da half kein Trommeln.

Doktor Heublein rannte zum Tor und schlug mit den Fäusten dagegen. Knarrend bewegte sich der eine eiserne Torflügel. Heublein hörte, wie drinnen der schwere Schlüsselbund klapperte. Um alles in der Welt, sein Gefängnis war nicht abgeschlossen! Er warf sich mit letzter Kraft gegen das massive Tor, bis es so weit auf-

ging, dass er zitternd in den Hof wanken konnte. Dann schob er den Torflügel zu, drehte den Schlüssel im Schloss um und wollte gerade ein bisschen aufatmen. Doch daraus wurde nichts.

Denn er erblickte zwar den Hauptwachtmeister Mühlenschulte, der den Schäferhund Pluto an der Stahlkette hielt, aber sie erblickten ihn nicht. Sie lagen friedlich am Boden und schliefen.

Doktor Heublein ging knieweich über den Hof zum Gefängnisbau hinüber. Ihm sträubten sich die Haare. Auch diese Tür stand offen! Er schlich durch die Korridore. Er stieg von Stockwerk zu

Stockwerk. Es war überall dasselbe. Die Gefangenen schliefen. Die Gefängniswärter schliefen. Die Krankenschwester in der Ambulanz schlief. Die Köchin und ihre Lehrmädchen schliefen. Der Heizer und sein Wellensittichpärchen schliefen. Und es schliefen sogar die Fliegen an der Wand.

Doktor Heublein rief in seiner Verzweiflung den Polizeipräsidenten an und berichtete stotternd die unheimliche Neuigkeit. Der Präsident brüllte in den Apparat: »Solche Märchen können Sie Ihrer Frau Großmutter unterm Christbaum erzählen!« Aber er begann nachzudenken. Vielleicht war es gar kein Märchen?

Zehn Minuten später jagte ein Dutzend Streifenwagen durch die Stadt. Die Blaulichter rotierten. Die Martinshörner jaulten. Große Dienstwagen folgten. Im ersten saßen der Polizeipräsident persönlich, Obermedizinalrat Dr. Grieneisen, Kriminalkommissar Steinbeiß und Professor Dickhut, der Direktor des Gerichtschemischen Instituts. Die Passanten blickten verdutzt hinter der wilden Jagd her.

»Warum haben die es denn so eilig?«, fragte eine Frau mit einer schweren Einkaufstasche.

»Vielleicht ist bei jemandem die Milch übergekocht«, meinte ein Schuljunge, der neben ihr stand.

»Du liebe Güte!«, rief sie entsetzt. »Da hab ich also schon wieder vergessen, das Gas abzudrehen!« Und schon machte sie kehrt und rannte um die nächste Ecke.

»Du scheinst ein rechter Lümmel zu sein«, sagte ein streng aussehender Herr.

»Ich will mich nicht loben«, entgegnete der Junge. »Aber man tut, was man kann.«

Der Polizeipräsident saß in der Wachstube und erklärte mit dumpfer Stimme: »Das ist kein Untersuchungsgefängnis, meine Herren. Das ist ein Irrenhaus.« Er betrachtete den schlafenden Wachtmeister Witschoreck und die schlafende Schäferhündin Diana. Auch den schlafenden Hauptwachtmeister Mühlenschulte und den vorjährigen Europameister Pluto musterte er finster. Man hatte die beiden hereingeschleppt. Denn man konnte sie schließlich nicht im Gefängnishof herumliegen lassen.

Obermedizinalrat Grieneisen und Professor Dickhut hatten die zwei Wachtmeister und die zwei Hunde untersucht. Grieneisen sagte: »Kein Fieber. Puls normal. Atmung in schönster Ordnung. Alle vier sind kerngesund.«

»Nur ziemlich müde«, meinte der Polizeipräsident ironisch.

»Wann, glauben Sie, wird dieses verrückte Gefängnis endlich aufwachen? Ich muss doch jemanden fragen können, was gestern Nacht passiert ist!«

Doktor Heublein, der Gefängnisdirektor, starrte aus dem vergitterten Fenster und murmelte: »Im Märchen von Dornröschen hat es hundert Jahre gedauert.«

»So viel Zeit haben wir nicht!« Der Polizeipräsident krächzte vor Aufregung. »Dann sind wir längst pensioniert!«

Da ergriff Professor Dickhut das Wort. Von Märchen hielt er nichts. Er war Chemiker. »Amerikanische Kollegen«, sagte er, »haben sogenannte humane Kampfstoffe entwickelt, die wir noch nicht kennen. So etwas könnte es gewesen sein. Man schießt Schlafgranaten auf die feindlichen Truppen. Im Nu sinken sie um und schlafen …«

»Hundert Jahre lang?«

»Ach wo, ein paar Stunden.«

»Und Sie glauben im Ernst, gestern Nacht sei ein Panzer mit amerikanischen Schlafgranaten vorgefahren und habe das Gefängnis bombardiert?«

»Nicht doch, Herr Präsident«, sagte Professor Dickhut lächelnd. »Solche Schlafgifte kann man natürlich dosieren, wenn man sie erst einmal erfunden hat. In Tablettenform, in Sprühdosen, in Kanistern. Man kann damit operieren wie Gärtner, wenn sie Ungeziefer bekämpfen.«

»Ich muss Ihnen glauben«, erklärte der Polizeipräsident. »Sie sind der Fachmann. Es könnte sich so ähnlich abgespielt haben. Ich frage mich nur, warum? Warum und wozu versetzt man ein ganzes Gefängnis in einen modernen Dornröschenschlaf?«

»Ich kenne den Grund«, rief Kriminalkommissar Steinbeiß atemlos. Er war eben aus dem Gefängnisbau zurückgekommen und hatte die Frage gehört. »Man hat zwei Häftlinge gestohlen. Die beiden Halunken, die den kleinen Mann entführt hatten.« Dann stürzte er ans Telefon.

Professor Jokus von Pokus und der kleine Mann saßen, als das Telefon klingelte, in ihrem Hotelzimmer und frühstückten. Der Jokus hob den Hörer ab, meldete sich und rief erfreut: »Guten Morgen, Herr Kommissar. Natürlich ist er hier. Er hat sich wieder einmal mit Erdbeermarmelade vollgeschmiert. Na ja, als Millionär darf er das. – Was ist passiert? – Bernhard und der kahle Otto sind verschwunden? Das ist ja allerhand. – Wie bitte? Nächtlicher Überfall? Alle schlafen? Auch die Schäferhunde? – Aha. Ein chemischer Großangriff. Keine Spuren? – Seien Sie ohne Sorge. Ich lasse den Jungen nicht aus dem Auge. Wie? – Sicher. Es muss eine ganze Bande gewesen sein. Haben Sie schon in Tempelhof angerufen? Der Flugplatz ist das Wichtigste. Erkundigen Sie sich nach Chartermaschinen! – Richtig. – Rufen Sie uns wieder an? Schön. Und herzlichen Dank.«

Als ihm der Jokus alles berichtet hatte, meinte Mäxchen: »Da steckt Señor Lopez dahinter oder ich fresse einen Besen.«

»Hoffentlich gibt's so kleine Besen«, sagte der Jokus. »Und nun putze dir die Marmelade aus dem Gesicht.«

Mäxchen putzte. Dann fragte er: »Glaubst du, dass man mich diesmal wieder klauen wollte?«

Der Jokus schüttelte den Kopf. »Nein. Die Bande ist sicher längst über alle Berge. Es war ein Rückzugsgefecht.«

»Und warum hat dieser Lopez den Bernhard und den kahlen Otto aus dem Gefängnis heraushoIen lassen? Das war doch sehr gefährlich und sehr teuer. Oder?«

»Geld spielt für den Mann überhaupt keine Rolle«, sagte der Jokus und trank den letzten Schluck Kaffee. »Und was war für ihn gefährlicher? Dass er die zwei Halunken rauben ließ oder dass es zu einem Prozess gekommen wäre? Wer weiß, was sie alles verraten hätten, nur um nicht allzu lange eingesperrt zu werden.«

»Verstehe«, meinte Mäxchen. »So wird es sein. Und ich bin froh, dass ich den Besen nicht zu fressen brauche.«

Der erste Tiefschläfer, der aufwachte, war der Europasieger Pluto. Er riss das Maul auf, aber nur, um zu gähnen. Schäferhunde mögen zwar klug sein, doch vom Reden halten sie nicht viel.

Der nächste Schläfer, der sich zu Wort meldete, war Hauptwachtmeister Mühlenschulte. Er schlug plötzlich die Augen auf, sah sich um und sagte: »Nanu.« Viel war das nicht. Aber der Polizeipräsident ließ ihm einen Liter schwarzen Kaffee einflößen. Das half.

Er begann sich zu erinnern. »Witschoreck und ich spielten eine Partie Dame, als die Klingel an der Einfahrt läutete. Ich ging also mit Pluto und dem Schlüsselbund hinaus, öffnete das Schiebefenster und sah einen Mann in einem schwarzen, hochgeschlossenen Jackett. Er sei der Stellvertreter des Gefängnisgeistlichen, behauptete er, und man habe ihn gerufen, weil ihm der Häftling von Zelle 34 einen Raubüberfall gestehen wolle.«

»So ein Blödsinn!«, rief Doktor Heublein aufgebracht.

»Sie nehmen mir das Wort aus dem Munde, Herr Direktor. ›So ein Blödsinn‹, sagte ich zu ihm. Da schob er einen Metallschlauch durch die offene Fensterklappe. Ich dachte noch: ›Er wird mir doch nicht einen Staubsauger vorführen wollen … Mitten in der Nacht … Am Gefängnistor …‹ Und …«

»Und?«, fragte Obermedizinalrat Dr. Grieneisen.

»Weiter weiß ich nichts«, meinte Mühlenschulte. »Totale Mattscheibe. Tut mir leid.« Er stutzte. »Witschoreck! Warum schläfst du denn? Gustav! Wach doch auf!«

Aber Wachtmeister Witschoreck war noch nicht so weit.

Etwa um die gleiche Zeit schlug der kahle Otto die Augen auf und staunte nicht schlecht. Er saß in einem Flugzeug. Die Morgensonne schien. Der Himmel schimmerte stahlblau. Man flog über weißen Wolken hin wie über hunderttausend feinsten Federbetten. »Komisch«, brummte er. »Sieht nicht mehr nach Gefängnis aus.«

Da sagte jemand neben ihm: »Guten Morgen wünsch ich. Ausgeschlafen?«

Otto betrachtete seinen Nachbarn misstrauisch. Doch dann grinste er bis hinter die Ohren. »Boileau, oller Kumpel, wie kommst denn du hierher?«

»Frag mich lieber, wie du hierhergekommen bist«, meinte Monsieur Boileau.

»Eins nach'm andern. Erst 'n Schnaps, wenn's geht. Oder is das 'n alkoholfreies Flugzeug?« Nach dem dritten Glas fühlte er sich frischer. »Is Bernhard auch hier?«

»Ja, aber er schläft noch.«

»Schade«, erklärte der kahle Otto. »Ich meine, es is schade, dass ihr 'n nich im Gefängnis gelassen habt. Mensch, kann der eklig sein! Er hat mich wie sein' Schuhputzer schickeniert. Das liegt mir nich. Lass mich aus der Ecke raus, ich wisch ihm eine!«

»Rege dich nicht auf«, warnte Boileau. »Denke an deinen hohen Blutdruck!«

»Denken liegt mir nich«, sagte Otto.

Boileau nickte. »Ein Glück, dass du es endlich einsiehst. Deine Dämlichkeit kostet den Chef viel Geld. Du lässt dich von einem Fünfzentimeterknirps auf den Arm nehmen. Ihr werdet eingebuchtet. Kollege Ballhaus funkt dem Lopez. Der Lopez funkt mir.

Ich miete ein Flugzeug und ein paar Dutzend Spezialisten. Wir spielen ›Berlin ist eine Reise wert‹, schläfern ein Gefängnis ein, riskieren Kopf und Kragen – und wozu das alles? Nur um zwei solchen Nachtwächtern wie euch aus der Patsche zu helfen!«

»Mach die Klappe zu, sonst zieht's«, rief da jemand ärgerlich. Es war Bernhard. Er war aufgewacht und hatte Boileaus Vorwürfe gehört. »Und erzähle bloß nich, dass euch Lopez losgeschickt hat, weil er uns so liebt. Er hatte einfach Angst, Otto könnte auspacken. Für eine Flasche Schnaps verkauft der seine zwei Großmütter.«

»Tu mir 'n Gefallen und schlaf noch 'n bisschen«, knurrte der kahle Otto. »Warum habt ihr bloß den Kerl nich in der Zelle gelassen? Ich kann den Ton nich leiden. Schon gar nich auf nüchternen Magen.«

»Hast du Hunger?«, fragte Boileau.

»Klar, Mensch.«

»Belegte Brote?«

»Neee, ’n paar Schnäpse«, erklärte Otto. »Was das Essen betrifft, bin ich noch ’n Flaschenkind.«

Mittlerweile war die Kriminalpolizei nicht faul gewesen. Kommissar Steinbeiß hatte auf dem Flugplatz Tempelhof den Hangar ausfindig gemacht, von dem aus das Charterflugzeug in der Nacht abgeflogen war. Aber es war in Paris nicht eingetroffen, sondern sonst wo und über alle Berge.

Doch auch die Reporter waren nicht faul gewesen. Und was sie wussten und nicht wussten, stand bereits in den Zeitungen, die man nachmittags auf der Straße kaufen konnte. Die Berichte prangten auf der ersten Seite. Das »Unternehmen Dornröschen« hieß es in Riesenbuchstaben.

Als Kriminalkommissar Steinbeiß die Zeitungen las, wurde er grün vor Ärger. Andere Leute kriegen vor Ärger die Gelbsucht. Er bekam die Grünsucht, eine völlig neue Krankheit. Doch das war noch gar nichts. Es kam noch dicker.

Zwei Stunden später rief seine Frau im Büro an. Sie war völlig außer Fassung und schrie und weinte und tobte, dass er den Hörer vom Ohr weit weghalten musste. Sonst wäre ihm das Trommelfell geplatzt. »Bist du verrückt geworden?«, rief sie im höchsten Diskant. »Wozu brauchen wir denn ein Klavier?«

»Ein Klavier?« Er hielt sich am Schreibtisch fest.

»Jawohl! Sie kriegten es nicht die Treppe herauf, und jetzt holen sie einen Flaschenzug, um es an der Hauswand hochzuziehen und durchs Fenster zu bugsieren.«

»Aber Mausi«, sagte Steinbeiß, »ich habe doch kein Klavier bestellt.«

»Du hast es sogar bezahlt«, rief sie. »Sie haben mir die Rechnung gezeigt! Und wenn du schon ein Klavier kaufst, warum schickst du dann andere Leute, die unsere Wohnung mieten wollen, weil wir auszögen?«

Steinbeiß hielt die Luft an.

»Und ein Krankenwagen war auch hier«, kreischte sie, »er wollte deinen Neffen abholen, der sich bei uns im Badezimmer ein Bein gebrochen hätte!«

»Behalte, bitte, die Nerven«, sagte er ruhig. »Ich komme gleich. Und gehe nicht vor die Tür.«

»Das kann ich sowieso nicht! Es stehen ja zehn große Kisten mit Weinessig davor! Wozu bestellst du zehn große Kisten Weinessig?«

Kriminalkommissar Steinbeiß knallte den Hörer auf die Gabel und hieb sich den Hut auf den Schädel.

Als er in die Konstanzer Straße einbog, sah er schon von Weitem die Menschenmenge, die sich vor seinem Haus angesammelt hatte. Hoch in der Luft baumelte ein Klavier. Und Frau Steinbeiß, Hildegard mit Vornamen, eine mollige und sonst sehr geduldige Person, beugte sich weit aus dem offenen Fenster im dritten Stock und verweigerte, mit den Händen rudernd, die Annahme.

Und auf der Straße standen nicht nur neugierige Passanten und Müßiggänger, o nein. Pressefotografen, Kameraleute, Reporter mit Notizblöcken waren darunter. Es wurde geknipst und gekurbelt, notiert und gelacht, dass man sein eigenes Wort nicht verstand.

Steinbeiß sprang aus dem Wagen.

»Endlich kreuzt die Hauptperson auf!«, rief ein Reporter.

»Wie kommen Sie hierher?«, fragte er voller Zorn.

»Na so was«, sagte der Zeitungsmann, und er war ehrlich gekränkt. »Sie haben uns ja alle feierlich einladen lassen! Wer sonst hätte uns denn anrufen und vor Ihr Haus bestellen sollen?«

»Wenn Sie's nicht selber waren«, meinte ein Pressefotograf, »dann kann es nur jemand gewesen sein, der Sie nicht sehr mag. Ein Klavier in der Luft, Ihre Frau am Fenster, in allen Zeitungen und in der Tagesschau, mit einem flotten Kommentar …«

Kriminalkommissar Steinbeiß stürzte die Treppe hoch, kletterte über die Essigkisten und schlug mit den Fäusten gegen die Tür, bis Mausi öffnete. Dann rannte er zum Telefon, rief die Funkstreife an, dass sie ihm helfe, und ließ sich anschließend mit dem Polizeipräsidenten verbinden. »Herr Präsident«, sagte er, »ich stelle meinen Posten zur Verfügung.«

»Ich weiß schon, worum sich's handelt«, antwortete der Polizeipräsident. »Machen Sie sich nichts daraus, lieber Steinbeiß. Diesem Señor Lopez ist keiner gewachsen. Ich denke nicht im Traum daran, einen so tüchtigen Mann wie Sie für immer einzubüßen. Aber ich beurlaube Sie für ein halbes Jahr. Dann sehen wir weiter. Einverstanden?«

»Einverstanden«, sagte Steinbeiß. »Und wenn ich den Atlantischen Ozean zu Fuß durchwaten müsste, diesen Señor Lopez kauf ich mir.«

Am Abend saß er mit Mister Drinkwater im Hotel Hilton in der Bar. Der Amerikaner ließ sich alles, was mit dem »Unternehmen Dornröschen«, den dürftigen Auskünften der Interpol und dem geschenkten Klavier zusammenhing, noch einmal haarklein erzählen. »Und wie soll ich Ihnen helfen?«, fragte er.

»Ich muss diesen Lopez finden«, erklärte Steinbeiß. »Er hat mich für dumm verkauft. Das lasse ich mir nicht bieten. Heute lacht die Welt über mich. Ich will, dass sie möglichst bald über ihn lacht.«

»Das verstehe ich«, sagte Drinkwater. »Sie wollen also nach Südamerika fliegen.«

»Jawohl.«

»Und sich dort mit der Polizei verbünden.«

»Nein. Wer so reich wie Lopez ist, hat auch bei der Polizei Freunde. Man würde ihn warnen und ich wäre wieder der Lackierte.«

»Wer soll Ihnen denn sonst helfen?«

»Sie.«

»Ich?«

»Hören Sie zu«, bat der Kommissar. »Sie schicken eine Filmexpedition in die Gegend, wo wir den Señor Lopez vermuten. Dass ein paar Detektive aus New York und Kriminalkommissar Steinbeiß aus Berlin dabei sind, fällt nicht auf. Wir betätigen uns als Mitglieder der Expedition. Als Lastwagenfahrer, als Essenholer, als Zeltbauer, mein Freund MacKintosh aus New York als Dolmetscher. Er kennt Südamerika wie seine Westentasche und ist einer der gescheitesten Detektive unter der Sonne. Die Expedition dreht angeblich einen Kulturfilm über Land und Leute, Sitten und Gebräuche, Schulwesen, seltene Pflanzen und exotische Schmetterlinge …«

»Ein grässliches Zeug«, sagte Drinkwater und schüttelte sich. »Aber ich verstehe, was Sie im Sinn haben.«

»Wir kurbeln ein paar Kakteen und Papageien und horchen dabei die Leute aus. Dass dieser Lopez keine Feinde hat, ist vollkommen ausgeschlossen. Wir werden seine seltsame Burg finden …«

»So eine Expedition ist ein teurer Spaß. Sie kann schiefgehen. Aber wenn wir auch nur hundert Meter Zelluloid in den Kasten kriegen, die wir gebrauchen können, finanziere ich die Sache.«

»Ich kann nichts versprechen«, sagte der Kriminalkommissar. »Ich habe etwas Geld auf der Bank und eine Lebensversicherung, die man beleihen kann.«

»Entweder mache ich so etwas überhaupt nicht«, antwortete Drinkwater trocken, »oder ich übernehme das gesamte Risiko, und das werde ich tun. Wann fliegen Sie?«

»Übermorgen.«

»Gut. Sie kabeln Ihrem Freund MacKintosh. Und ich informiere mein Büro in New York. Die Filmexpedition wird zusammengestellt werden. Alles Nähere erzähle ich Ihnen morgen. Wie geht's Ihrer Frau?«

»Sie zieht zu ihrer Schwester«, sagte der Kommissar. »Denn

zu Hause traut sie sich nicht mehr vor die Tür. Man lacht uns aus. Wir sind Witzblattfiguren geworden. Heute früh stand, mit Kreide hingeschmiert, an der Hauswand: ›Klavierunterricht erteilen ab heute vierhändig Kriminalkommissar a. D. Steinbeiß und Gemahlin / Anmeldungen im 3. Stock.‹ Wir haben die Klingel abgestellt und das Telefon auf Kundendienst schalten lassen. Es war nicht mehr zum Aushalten.«

»Dieser Lopez ist ein Erzgauner«, sagte Mister Drinkwater. »Aber wer sind seine hiesigen Hintermänner? Wer hat das Klavier bezahlt? Wer hat den Krankenwagen bestellt? Und wer die zehn Kisten mit dem blöden Essig?«

»Die Polizei weiß es nicht. Lauter falsche Namen und Adressen. Nur die Geldscheine waren echt.«

»Wer hat das Charterflugzeug gemietet? Wer war der Reiseleiter? Wer war der Pilot? Wie wurde das ›Unternehmen Dornröschen‹ im Einzelnen durchgeführt? Wo ist das Flugzeug von Tempelhof aus mit diesem kahlen Otto und dem Bernhard hingeflogen?«

»Die Polizei weiß es nicht. In Paris wissen sie so wenig wie wir. Unser Laboratorium hat die Zusammensetzung des Sprühstoffs analysiert, mit dem das Gefängnis eingeschläfert wurde. Doch das hilft uns keinen Schritt weiter. Was nützt uns eine chemische Formel?«

Mister Drinkwater erhob sich energisch. »Auf in den Kampf!«, sagte er. »Packen Sie Ihre Koffer!«

Am übernächsten Tag flog Kommissar Steinbeiß nach New York und wir werden längere Zeit nichts von ihm hören.

Mister Drinkwater saß häufig im Zirkus Stilke und machte sich Notizen. Noch öfter kam er zu Mäxchen, dem Jokus und Rosa Marzipan ins Hotel. Manchmal war auch der Schüler Jakob Hurtig dabei. Und meist sprachen sie von dem Film, den sie im Oktober und November in München drehen wollten. Jakob wusste schon, dass er ein paar Wochen schulfrei bekäme, um mitspielen zu können.

»Ich freue mir noch ein mittelgroßes Loch in den Kopf«, sagte er. »Das wird der Film des Jahrhunderts. Warum ist denn noch nicht Oktober?«

»Weil du noch vor einigen Tagen Kirschkerne auf die Straße gespuckt hast«, sagte Mäxchen. »Bring bloß nicht den Kalender durcheinander!«

Diese Bitte war nur zu berechtigt. München war noch nicht an der Reihe. Im August gastierte der »Zirkus Stilke« in der Kelvin Hall in Glasgow, droben in Schottland. Im September trat man in London auf. In der Olympia Hall. Der Erfolg war, wie sogar die »Times« schrieb, ohne Beispiel. »Maxie ist das Wunder Nummer eins«, hieß es.

Und erst am vorletzten Septembertag war es dann so weit. Wieder wurden die Menschen und die Tiere verladen. Wieder ratterte ein Güterzug mit den Käfigen und Wohnwagen durch die Nacht. Wieder überquerte man, diesmal zwischen Harwich und Hoek, auf einem Frachtboot den Kanal. Wieder wurden eine Giraffe, der Kunstreiter Galoppinski und der Löwe Ali seekrank. Wieder ratterte der Zug durch Holland. Diesmal hieß das Ziel: München. Und damit beginnt …

DAS FÜNFTE KAPITEL

Pressekonferenz in München / Das Dorf auf Rädern / Mäxchen »frisiert« eine Reporterin / Der Kunstreiter Galoppinski muss sein Pferd um Erlaubnis fragen / Fünf Portionen Karamellpudding sind zu viel / Wie wär's mit einem Ausflug nach Pichelstein?

So ein Zirkus ist, wie gesagt, keine Kleinigkeit. Und der Zirkusdirektor hat nichts zu lachen. Er ließe sich am ehesten mit einem Bürgermeister vergleichen. Mit dem Unterschied, dass in anderen Städten und Dörfern, außer braven Haustieren, nur Menschen leben und auf gar keinen Fall Löwen, Tiger, Elefanten, Bären, Affen und Seehunde.

Und ein zweiter wichtiger Unterschied kommt hinzu: Der Zirkus ist ein Dorf, das reist. Jeden Monat oder jeden zweiten Monat wohnt man woanders. Man bricht das Dorf kurzerhand und über Nacht ab. Und schon am nächsten, spätestens am übernächsten Tage steht das gleiche Dorf, als sei nichts gewesen, am Rand einer anderen Großstadt und in einem anderen Land mit einer anderen Sprache. Und am selben Abend findet die erste Galavorstellung statt. Es grenzt an Hexerei.

Doch es wird nicht gehext. Es wird gearbeitet. Jeder Handgriff sitzt. Jeder Mann funktioniert wie ein Rädchen im Uhrwerk. Der Verlademeister, der Menageriechef, der Zeltmeister, der Wagenparkchef und der Chef-Elektriker sind die größeren Rädchen. Und wer hat die ganze Uhr im Kopf und unterm Zylinder? Der Herr Direktor. Der Bürgermeister des Dorfs auf Rädern. Dazu braucht man Nerven wie Stricke. Oder, wie Direktor Brausewetter, viele graue und schwarze Handschuhe.

Auch die Reise von London nach München hatte wie am Schnürchen geklappt. Als Brausewetter nachmittags die Münchner Presseleute im Zirkus Krone empfing, trug er blütenweiße Handschuhe, und seine Schnurrbartspitzen standen auf Schönwetter.

Er gab einen kurzen Überblick: »Meine Damen und Herren«, sagte er, »wir sind ein reisendes Dorf. 150 Angestellte und Artisten leben mit ihren Familien in Wohnwagen. Sie kochen und verpflegen sich selbst.«

»Nanu«, rief ein Fräulein mit Notizblock und Hornbrille. »Sie kochen sich sogar selber? Schmeckt das denn?«

Direktor Brausewetter drohte ihr mit seinem weiß behandschuhten Zeigefinger. »Legen Sie mich nicht auf die Goldwaage, junge Dame! Ich will ein paar Zahlen nennen, nichts weiter. Also: Allein für unsere 300 Tiere kaufen wir täglich 150 kg Fleisch, 20 kg Brot, 100 kg Gemüse und Früchte, 25 Liter Milch, 12 Kubikmeter Sägemehl und 6 Kubikmeter Erde. Für den Fahrzeugpark brauchen wir pro Tag 400 Liter Treibstoff. Für Lichtmaschine und Heizung 500 Liter Heizöl.«

»Donnerkiel«, meinte ein Journalist, »das nenne ich einen teuren Spaß.«

Brausewetter nickte lebhaft. »Und wenn wir abends nicht ausverkauft sind, ist es überhaupt kein Spaß, sondern nur noch teuer. Denn die Mannschaft richtet ihren Hunger nicht nach dem Kartenverkauf an der Kasse. Täglich konsumiert sie, beispielsweise, einen Zentner Brot, einen Zentner Kartoffeln und einen halben Zentner Frischfleisch.«

»Und wie viel isst der kleine Mann?«, fragte ein Journalist. »Das interessiert unsere Leser ganz bestimmt.«

Der Direktor zeigte auf die Tür. Professor Jokus von Pokus und Mister Drinkwater waren soeben erschienen. »Fragen Sie ihn doch selber!«

Die Journalisten, auch das vorlaute Fräulein, sprangen von den Stühlen hoch und klatschten in die Hände. Mäxchen, der in der Brusttasche des Professors steckte, winkte ihnen zu. Als sich alle gesetzt hatten, wiederholte der Reporter seine Frage.

»Wie viel ich am Tag esse und trinke?« Mäxchen dachte kurz nach. »Na ja, auf den Millimeter genau weiß ich das nicht, und manchmal ist es etwas mehr und manchmal etwas weniger, nicht anders als bei Leuten, die dreißig- und vierzigmal länger sind als ich. Ich verzehre also ungefähr zwei Quadratzentimeter Schwarzbrot, eine Messerspitze Butter, einen Teelöffel Kakao, einen Fingerhut Limonade, einen Pfifferling, drei Kubikzentimeter Kalbsschnitzel oder Rindsfilet, den zehnten Teil einer Salzkartoffel, zwei Häppchen Wurst …«

»Und keinen Käse?«, fragte das vorlaute Fräulein.

»Doch, doch. Aber nur Schweizer Käse. Sogar sehr viel! Täglich zwanzig bis dreißig Löcher!«

Da lachten alle miteinander. Außer dem Fräulein.

Die Pressekonferenz dauerte noch eine geschlagene Stunde. Erst unterhielt sich der Jokus mit den Herrschaften und zum Schluss kam Mister Drinkwater an die Reihe. Er erzählte von dem Film, den er drehen werde. Von den Aufnahmen im Zirkus und, mit dem kleinen Mann auf der Taube Emma, oben in der Kuppel. Von den Atelieraufnahmen im Studio 5 draußen in Geiselgasteig. Und von den Außenaufnahmen in Pichelstein, wo kein Einwohner größer sei als 51 Zentimeter. In jenem seltsamen Dorf, das Mäxchens Eltern eines Tages verlassen hätten, um als Artisten ihr Glück zu versuchen.

»Kannst du dich überhaupt noch an Pichelstein erinnern?«, fragte das ungemütliche Fräulein.

»Nein«, sagte Mäxchen. »Ich war noch nie dort.« Er konnte die Gans nicht leiden. Sie war ihm ausgesprochen zuwider.

»Aber an deine kleinen niedlichen Eltern erinnerst du dich sicher noch«, fuhr sie zuckersüß fort. »Und wie dir zumute war, als man dir erzählte, sie seien vom Eiffelturm geweht worden. Und an die Beisetzung der falschen Chinesenzöpfchen. Hast du damals sehr geweint?«

Mäxchen schwieg. Die anderen saßen stumm und steif auf den Stühlen.

»Warum antwortest du denn nicht?«, fragte das Fräulein ungeduldig. »Er antwortet nicht, weil Sie eine taktlose Person sind«, sagte der Jokus leise.

»Was heißt hier Takt?« Sie klopfte mit dem Kugelschreiber auf den Tisch. »Ein tüchtiger Reporter darf nicht zimperlich sein. Also, Kleiner, wird's bald?«

Mäxchen nickte. »Sofort, meine Dame.« Schon stand er auf dem Tisch. Im Nu kletterte er an ihr hoch. Im nächsten Moment stand er mitten in ihrer kunstvoll aufgedonnerten Frisur und zog und zerrte aus Leibeskräften an ihren Haaren.

»Aua!«, schrie sie gellend. »Lass los!«, brüllte sie. »Hilft mir denn keiner?«

Niemand rührte einen Finger. Sie ruderte mit den Händen in der Luft herum. Doch Mäxchen ließ sich nicht stören. Er schuftete wie bei der Heuernte. Die Haare flogen büschelweise durch die Luft. Sie kreischte. Sie heulte. Sie schrie wie am Spieß. Aber Mäxchen war unerbittlich. Die Fotoreporter knipsten. Es war eine tolle Szene.

Das Fräulein sah sich nicht mehr ähnlich. Die kunstvolle Frisur war zum Teufel. Die Wimperntusche war, vor lauter Tränen, breitgelaufen. Mit letzter Kraft schlug sich die junge Dame auf den Kopf, um den kleinen Mann zu erwischen. Doch sie traf nur sich selbst und eine Haarnadel und stöhnte schmerzlich. Die Tusche brannte ihr in den Augen. Sie konnte nichts mehr sehen. Die Haare hingen in langen Strähnen bis zur Bluse. Sie sah scheußlich aus.

Mäxchen saß längst wieder beim Jokus in der Brusttasche. Er war noch ganz außer Atem. »So«, sagte er schließlich, »und nun will ich Ihnen antworten. Jawohl, ich habe damals sehr geweint! Sind Sie jetzt zufrieden?«

Mister Drinkwater war ein hervorragender Organisator und, wie man in seinen Kreisen einen so erfahrenen Mann zu bezeichnen pflegt, ein alter Filmhase. Ihm konnte niemand etwas vormachen, kein Kameramann, kein Tonmeister, kein Regieassistent, kein Aufnahmeleiter und kein Beleuchter. Er hatte die Terminpläne für die Fernsehserie und den Film vom kleinen Mann im Kopf, als seien sie hineinfotografiert worden. Jeden Tag wurde das von ihm vorgesehene Pensum bewältigt. Es gab keine Panne. Es galt keine Ausrede.

Nachts sah und hörte er sich, mit den wichtigsten Mitarbeitern, im Vorführraum die »Muster« an. So nennt man die in der Kopieranstalt entwickelten Aufnahmen. Neben ihm saß der Schnittmeister, und er gab ihm Anweisungen, wo und wie man die Szenen schneiden und als Teile ins künftige Ganze einbauen solle.

Ihm selber machte diese Plackerei von früh bis spät und ohne

Pause nichts weiter aus. Die Mitarbeiter hingen freilich abends in den Gräten. Doch sie rissen sich zusammen. Er war der Chef. Er war der Boss. »Der Mann ist eine Wucht«, sagten sie voller Bewunderung. Er war die Lokomotive und zog alle mit sich fort.

Der Jokus und er verstanden sich prächtig. Sie duzten sich vom ersten Drehtag an und nannten einander beim Vornamen. Der Professor sagte allerdings nur selten »John« zu dem langen Amerikaner. Manchmal nannte er ihn »Johannes« und noch häufiger »Hänschen klein«.

Mäxchen, aber auch alle anderen Zirkusleute machten ihre Sache sehr gut. Nur mit dem Kunstreiter gab es Ärger, weil er weder den Zauberfrack anziehen noch vor den Kameras vom Pferd fallen wollte.

»Das verstößt gegen meine Berufsehre«, erklärte Maestro Galoppinski stolz. »Den Film wird die ganze Welt sehen und Nero und ich wären für alle Zeiten erledigt.« Nero war sein schwarzer Hengst.

Auch als ihm Drinkwater ein Extrahonorar und dem Pferd einen Doppelzentner Würfelzucker anbot, blieben beide hart und unerbittlich. Es war aussichtslos. Drinkwater wollte schon dem Cowboydarsteller Tom Middleton telegrafieren, ob dieser und sein Schimmel Whitehorse Zeit hätten, als sich der Jokus ins Gespräch mischte.

»Ehrgefühl verdient Respekt«, meinte er. »Aber ich kenne Tom Middleton samt seinem Schimmel. Beide sind ausgezeichnete Könner. Nur, lieber Kollege Galoppinski, zur Weltklasse wie Sie und Ihr Nero gehören Tom und Whitehorse keineswegs. Tom ist nicht elegant genug. Er wird vom Pferd fallen wie ein verstimmtes Klavier, und sein Schimmel wird vor Nervosität nicht in die Stallgasse, sondern in die Logen preschen.«

»Ich fürchte, dass Sie recht haben, lieber Professor«, sagte der Kunstreiter. »Doch es lässt sich nicht ändern. Nero und ich haben uns ein einziges Mal im Leben blamiert. Damals in Berlin, als ich, ohne es zu ahnen, Ihren verrückten Frack angezogen hatte. Wir leiden noch heute darunter. Und diese Blamage sollen Nero und ich, für Film und Fernsehen, absichtlich wiederholen? Damit man uns von Washington bis Moskau und von Buenos Aires bis Hongkong auslacht? Nein, meine Herren. So viel Würfelzucker gibt es ja gar nicht.«

Der Jokus und Drinkwater ließen die Köpfe hängen. Plötzlich rief Mäxchen: »Ich weiß was!« Sie zuckten zusammen, weil sie vor lauter Sorgen vergessen hatten, dass er in der Brusttasche des Professors hockte und zuhörte.

»Ich weiß was«, wiederholte Mäxchen und rieb sich die Hände. »In jedem Kino werden doch Programmhefte verkauft. Dort könnte man drucken, wie schwer es Herrn Galoppinski gefallen ist, von Nero herunterzupurzeln. Weil doch beide zur Weltklasse gehören und so etwas eigentlich gar nicht mehr können. Deshalb hätten sie das Herunterfallen monatelang üben müssen. Wie Clowns.«

»Ich lasse mich nicht gerne auslachen«, gestand Galoppinski. Er war ein bisschen verlegen.

»Seit wann werden Clowns ausgelacht?«, fragte Mister Drinkwater erstaunt. »Der letzte Dummkopf im Zirkus weiß, dass sie nicht ungeschickt sind, sondern nur so tun. Man lacht sie nicht aus. Man lacht an ihrer Stelle, weil sie selber ernst bleiben.«

Maestro Galoppinski war ein Reiter und kein Denker und ohne sein Pferd war er sowieso nur eine halbe Portion. Deshalb stand er plötzlich auf, schnarrte: »Ich bitte um Bedenkzeit«, und marschierte zur Tür.

»Wo wollen Sie denn hin?«, fragte Mister Drinkwater.

»In den Stall.«

Fort war er.

»Was will er denn im Stall?«

»Das Pferd will er fragen«, meinte Mäxchen. »Ohne Nero tut er nichts.«

»Erzähle mir bloß nicht, dass der Gaul reden kann!«

»Nein, aber er kann zuhören«, sagte der Jokus. »Wenn Galoppinski mit ihm gesprochen hat, schaut er ihn an. Weiter nichts. Und schon weiß er, ob Nero einverstanden ist.«

»Das machen die beiden immer so«, fügte Mäxchen hinzu.

Mister Drinkwater war sprachlos.

Fünf Minuten später kam Galoppinski aus dem Stall zurück. »Die Sache ist in Ordnung«, sagte er. »Mein Pferd hat nichts dagegen.«

Es waren harte Wochen. Abend für Abend und dreimal nachmittags Zirkusvorstellung. Morgens um sieben Ankunft im Filmstudio. Der Maskenbildner wartete schon mit der Schminkschatulle. Wenn er Mäxchen schminkte, brauchte er eine Lupe.

In der Halle 5 war Verschiedenes aufgebaut: ein Hotelzimmer, ein Hotelkorridor, ein Schaufenster mit dem schönen Waldemar und anderen Kleiderpuppen, das Innere des Herrengeschäfts, das Zimmer der Räuber, Jakob Hurtigs Parterrefenster, das Wohnzimmer seiner Eltern, das Büro des Kriminalkommissars, der Blaue Salon, der Wohnwagen des Direktors Brausewetter und wer weiß, was noch alles. Man kam sich vor wie auf einem Jahrmarkt. Zwei Tage drehte man im Blauen Salon, drei Tage in der Räuberhöhle, einen halben Tag in der Gaststube des »Krummen Würfels«, wo die Schauspielerin, welche die Wirtin spielte, dem Darsteller des Räubers Bernhard den Karamellpudding ins Gesicht klatschte.

Diese Szene musste, weil es mit der Beleuchtung nicht klappen wollte, viermal gedreht werden. Der Schauspieler war schon beim dritten Pudding eine einzige Wut. Aber Mister Drinkwater ließ nicht locker, bis sein Kameramann mit der vierten Aufnahme zufrieden war.

Mittags aßen sie in der Kantine. Da saßen nun die zwei Räuber mit Rosa, dem Jokus und dem Darsteller des Kriminalkommissars Steinbeiß friedlich zusammen. Mäxchen stand neben Jakob Hurtigs Teller und probierte die Leberknödelsuppe. Mister Drinkwater unterhielt sich mit dem unrasierten Darsteller des kahlen Otto. Die Wirtin der Filmkantine bediente die Schauspielerin, die eben noch die Wirtin des »Krummen Würfels« gespielt hatte. Kurz, es ging reichlich komisch zu. Und es wurde viel gelacht.

Am meisten aber wurde gelacht, als an jenem Tag, von dem die Rede ist, der Nachtisch serviert wurde. Das heißt, der Schauspieler, der den Bernhard darstellte, lachte nicht mit. Er schrie vor Entsetzen laut auf. Denn was, glaubt ihr, gab es als Nachtisch? Karamellpudding mit Himbeersoße!

Vier Puddings mitten ins Gesicht und jetzt den fünften vor der Nase, das war ihm entschieden zu viel. Er schüttelte sich vor Grausen und beruhigte sich erst, als ihm die Kantinenwirtin statt der »Zittersülze« Camembert mit Pumpernickel brachte.

Mäxchen hielt sich wacker. Das Filmen machte ihm Spaß. Und was einem Jungen Spaß macht, strengt ihn zehnmal weniger an als eine Arbeit, die er nicht leiden kann. Uns Erwachsenen geht es ja nicht anders. Deshalb ist es so wichtig, welchen Beruf man eines Tages wählt. (Aber ich merke, ich komme vom Thema ab.)

Mäxchen, erzählte ich gerade, machte das Filmen Spaß. Doch er sah auch gern zu, wenn er drehfrei hatte. Manchmal kletterte er am Kameramann hoch und durfte durch den Sucher sehen. Sogar wenn die Kamera auf Schienen lief oder von einem Kran geschwenkt wurde.

Am interessantesten fand er freilich die Außenaufnahmen in Pichelstein. In dem Dorf, wo alle Einwohner Pichelsteiner hießen und viel kleiner waren als die übrige Menschheit. In dem Dorf, aus dem seine Eltern stammten und das sie, etwa zehn Jahre vor seiner Geburt, mit Sack und Pack verlassen hatten, um zum Zirkus zu gehen.

Als man, an einem Oktoberabend nach der Vorstellung, zu viert in dem Künstlerrestaurant »Die Kanne« saß, sagte Mister Drinkwater: »Morgen fahre ich früh um sechs mit dem Wagen nach Pichelstein. Der Aufnahmeleiter ist schon dort. Das Team fährt heute Nacht. Wenn morgen so schönes buntes Herbstwetter sein sollte wie heute, drehe ich mittags im Freien. Sonst in der Turnhalle. Der Verein will zeigen, was er kann: Bodenturnen, Hochreck, Ringe, Pferd, die Mädchen am Stufenbarren und auf dem Schwebebalken, damit wird unser Film anfangen.« Er machte eine kleine Pause, lächelte und fragte: »Wollt ihr mitkommen?«

»Oh«, flüsterte Mäxchen.

»Und was wird inzwischen aus dem Zirkus Stilke?«, fragte der Jokus.

»Ihr fahrt rechtzeitig mit dem Wagen zurück«, sagte Drinkwater. »Ich selber bleibe während der Aufnahmen in Pichelstein. Übernachten muss ich allerdings in Regensburg. Denn die Betten im Pichelsteiner Gasthof sind zu kurz. Das längste misst siebzig Zentimeter. Da müsste man für mich drei Betten hintereinanderstellen, aber dafür sind die Zimmer zu klein.«

»Selbstverständlich kommen wir mit«, erklärte Rosa Marzipan resolut. »Der Junge soll endlich die Heimat seiner Eltern kennenlernen.«

»Ist es dir recht?«, fragte der Jokus behutsam.

Mäxchen sah ihn unschlüssig an. »Ich möchte schon«, sagte er. »Aber ich habe auch ein bisschen Angst davor.«

»Wir sind ja bei dir«, meinte der Professor.

»Das stimmt. Denn sonst … Lauter kleine Menschen, die Pichelsteiner heißen und mit mir verwandt sind und erzählen werden, dass sie mit meinen Eltern in der Schule waren …«

Als sie früh am nächsten Morgen in München abfuhren, war es noch finster und neblig. Später, als es heller wurde, löste sich der Nebel auf, und in Regensburg schien schon die Sonne. Der Himmel wurde seidenblau. Die Bäume waren bunt wie Herbststräuße. Hinter Regensburg ging es durch Dorfstraßen. Der Weg führte bergan und durch Wiesen und Wälder.

»Dort oben liegt Pichelstein«, sagte Drinkwaters Chauffeur.

Und damit beginnt …

»Achtung, beim Besuch der Kirche und des Rathauses bücken!« / Seit wann ist die Riesenwelle erblich? / Mäxchens nachgemachte Eltern / Kommissar Steinbeiß kommt aus Südamerika zurück / Señor Lopez wird fotografiert und flieht.

Neben der Landstraße stand ein Schild. Sie hielten und lasen: »Achtung! Kein Durchgangsverkehr! Parkplatz vorm Ortseingang! Übernachtungsgelegenheit nur für Kinder bis 50 cm! Beim Besuch der Kirche und des Rathauses bücken! Wir bitten um Verständnis! Willkommen in Pichelstein! Alois Pichelsteiner, Bürgermeister.«

Rosa Marzipan lachte. »Da werden wir am besten auf allen vieren kriechen. Hoffentlich sind die Dorfstraßen breit genug.«

»Für uns Männer schon«, meinte der Jokus.

»Sei nicht so frech«, sagte Rosa, »sonst löse ich unsere Verlobung auf.«

Doch dann schwiegen sie und blickten gespannt nach rechts.

Denn durch die herbstlichen Stoppelfelder rumpelte ein winziger Leiterwagen, den ein Pony zog. Der Wagen war nicht größer als ein Handkarren und der Bauer sah aus wie ein Junge im ersten Schuljahr. Aber er war ein grauhaariger Mann. Er winkte dem Auto, als er aus dem Feldweg in die Landstraße einbog.

»Es sieht aus wie eine Kinderkutsche im Zoo«, meinte Mister Drinkwater.

»So groß wie der alte Bauer war dein Vater«, sagte der Jokus zu Mäxchen, der hinter dem kleinen Wagen dreinblickte.

Der Junge saß auf der Schulter des Professors, blickte auf die vielen kleinen Rechtecke der Wiesen und der umgepflügten Felder rechts und links und schwieg.

»Ob die Kartoffeln hier so groß sind wie bei uns?«, fragte der Chauffeur. »Dann haben sie's verdammt schwer mit der Ernte.«

Mäxchen sagte: »Nun werden also zwei aus dem Dorf beim Filmen tun, als wären sie meine Eltern.«

Der Empfang fand am Parkplatz statt, nachdem die Gäste aus dem Auto gestiegen waren. Die Feuerwehrkapelle, lauter kleine Männer mit kleinen Instrumenten, spielte den Pichelsteiner Marsch. Der Jubel der Einwohner, so klein sie waren, war riesengroß. Alois Pichelsteiner, der Bürgermeister, hielt eine gewaltige Rede. Ferdinand Pichelsteiner, der Vorsitzende des Turnvereins, begrüßte Mäxchen als Ehrenmitglied. Mister Drinkwater überreichte dem Bürgermeister, als Dank für die Mitwirkung der Gemeinde am Film, einen Scheck auf die Deutsche Bank. Und Ferdinand Pichelsteiner kündigte Mäxchen ein Geschenk an, das ihn immer an den Turnverein Pichelstein 1872 erinnern möge.

»Wir sind eine Turngemeinde seit fast hundert Jahren«, rief er. »Deine lieben Eltern waren bei uns Vorturner. Sie trugen unseren Ruf in die Welt hinaus. Du, verehrtes Ehrenmitglied, hast ihre Talente geerbt und gemehrt. Was könnten wir dir Besseres und Schöneres schenken als – ein Turngerät? Der Schlossermeister Fidelis Pichelsteiner und meine Wenigkeit haben dir aus feinstem Stahl ein Hochreck gebaut, deiner Größe angemessen, mit vierfach verstellbarer Reckstange. Dazu gehört ein weicher Filzteppich, zehn Zentimeter im Quadrat, damit du dir, wenn du die Schwungkippe und die Riesenwelle und den Absprung in der Grätsche übst, nicht die Knöchelchen brichst. Deine Eltern waren Turner, ehe sie Artisten wurden. Du bist ein Artist, nun werde ein Turner, wie es sich für einen Pichelsteiner von echtem Schrot und Korn ziemt!«

Die Feuerwehrkapelle spielte einen Tusch. Die Pichelsteiner brüllten »Bravo«. Und schon kam ein Eselgespann um die Ecke getrabt. In dem Wagen stand ein kleiner Tisch und auf dem Tisch hatte man das winzige Hochreck montiert. Alles staunte. Alle klatschten.

Mäxchen beugte sich weit aus der Brusttasche des Professors und rief: »Liebe Namensvettern, liebe Freunde meiner Eltern! Wir danken euch für den festlichen Empfang und ich danke euch für das wundervolle Geschenk. Ich werde euer Hochreck stets hoch in Ehren halten. Doch zunächst einmal muss ich probieren, ob die Maße stimmen. Artisten sind gründlich.« Und ehe man sich's versah, hing der kleine Mann längelang an der Reckstange.

Der Esel stellte die Löffel hoch. Ihm war ungemütlich zumute, weil er nicht sehen konnte, was hinter ihm vorging. Aber er hielt still wie ein Denkmal, das die Ohren spitzt.

Mäxchen hing also eine Weile regungslos am Reck. Dann hob er langsam die Beine bis zur Waagrechten, brachte die Füße aus der Vorhebhalte, bei durchgedrückten Knien, bis an die Reckstange, schob die Beine senkrecht höher, schwang nach vorn weit aus, schwang zurück, machte die Schwungstemme und eine Bauchwelle vorwärts und pausierte kurz, auf die Stange gestützt, um mit den Fingern nachzugreifen. »Das ist lustig«, sagte er zum Jokus, der erschrocken neben dem Karren niedergekniet war.

»Du bist ja total übergeschnappt«, meinte der Jokus. »Mach, dass du herunterkommst!«

»Nur noch ein paar Sekunden. Es gefällt mir so. Streck, bitte, die Hand aus.« Und ehe ihn der Jokus vom Reck pflücken konnte, schwang Mäxchen erneut durch die Luft. Hoch, höher, am höchsten. Die Arme und Beine gestreckt. Und plötzlich wurde eine Riesenwelle daraus, dann die zweite und dritte. Wie ein Sekundenzeiger rotierte er ums Reck. Dann hielt er im Handstand auf der vibrierenden Stange inne, rief »Juhu!« und sprang, mit gegrätschten Beinen, übers Reck und mitten in die ausgestreckte Hand, die ihm der Jokus entgegenhielt. Er brachte sogar die abschließende Kniebeuge fehlerlos zustande.

»Der Junge zehrt an meinen Nerven«, erklärte Rosa Marzipan aufgeregt. Doch das hörte niemand, weil sämtliche Pichelsteiner klatschten.

Ferdinand Pichelsteiner drängte sich nach vorn und fragte: »Wo hat er das gelernt?«

»Nirgendwo«, antwortete der Jokus, der den kleinen Mann in die Brusttasche stopfte.

»Seine Eltern konnten's natürlich«, sagte Ferdinand Pichelsteiner. »Aber seit wann ist die Riesenwelle erblich?«

Mäxchen kicherte. »Ich habe beim Fernsehen zugeschaut. Bei den Weltmeisterschaften. Die russischen und die japanischen Geräteturner sind fabelhaft.«

»Die Grätsche am Hochreck lernt man nicht durchs Fernsehen«, stellte Turnvater Ferdinand fest.

»Ich schon«, behauptete Mäxchen. »Ich bin Artist.«

»Das weiß ich«, sagte Ferdinand Pichelsteiner. »Das weiß ich ja, mein Junge. Du bist sogar ein weltberühmter Artist. Aber das Turnen musst du gelernt haben. Eine andere Erklärung gibt's nicht. Du hast die Riesenwelle gewissermaßen im Blut.«

Es wurde ein interessanter Tag. Und es war ein anstrengender Tag. Die Straßen waren zu schmal. Die Häuser waren zu niedrig. Mister Drinkwater musste sich manchmal an den Dachrinnen festhalten und konnte in die Stockwerke hineinschauen. Die Kameraleute hatten mit ihren Apparaten in der Turnhalle keinen Platz. Sie mussten das Schauturnen der Männer- und der Frauenriege von draußen drehen. Durch das Fenster am Niedermarkt.

Dort, auf dem Niedermarkt, wurde den Gästen auch das Mittagessen serviert. Es gab Pichelsteiner Fleisch. Das ist ja klar. Al-

les andere war weniger klar. Die Stühle waren für die Gäste zu niedrig und zerbrechlich, die Teller und die Löffel waren zu klein. Man musste sich statt auf Stühle notgedrungen auf Tische setzen und die Mahlzeit mit Suppenkellen aus Töpfen löffeln. So ging es einigermaßen.

Am Nachmittag wurde weitergefilmt. Und weil die Sonne schien, entschloss sich Mister Drinkwater, ein paar wichtige Straßenszenen zu drehen. Nachdem er mit dem Kameramann alles Nötige besprochen hatte, nahm er Rosa Marzipan beiseite und sagte leise: »Machen Sie mit dem Jokus und dem Jungen einen längeren Spaziergang.«

»Warum denn?«, fragte Rosa. »Wir wollen doch bei den Aufnahmen zusehen.«

»Wandern Sie lieber«, bat Drinkwater. »Denn ich drehe nachher, wie sich Mäxchens Eltern auf der Straße von den Nachbarn verabschieden und das Dorf verlassen, um in der Welt ihr Glück zu versuchen.«

»Ich verstehe.«

»Das junge Mädchen und der junge Mann, die wir für die zwei Rollen ausgewählt haben, sehen Mäxchens Eltern sehr ähnlich. Und der Maskenbildner hat das Pärchen nach alten Fotografien so echt hergerichtet, dass Mäxchen erschrecken könnte. Der Junge war ja, als er die Eltern verlor, immerhin sechs Jahre alt, und die Fotografien kennt er auch ...«

»Hänschen klein«, sagte Rosa Marzipan, »Sie sind noch viel netter, als ich bis vor einer Minute dachte.«

»Ich hätte es lieber dem Jokus selber erzählt. Nur, Mäxchen hockt bei ihm in der Brusttasche und ...«

»Keine Sorge. Ich werde mit meinem Bräutigam wandern, bis er auf Pichelsteins Feldern zusammenbricht.«

Doch das war leichter gesagt als getan. Eine Zeit lang ließen sich der Professor und Mäxchen das Wandern gefallen. Dann wurden sie aufsässig. Sie begannen zu murren.

Und so bedeutungsvoll das Marzipanmädchen dem Jokus zuzwinkerte, er verstand heute Rosas Augensprache nicht. Sie erreichte nur, dass der Junge misstrauisch wurde. »Warum klappert dein Fräulein Braut in einem fort mit den Augendeckeln?«, fragte er neugierig.

»Keine Ahnung«, meinte der Jokus. »Frauen sind bekanntlich rätselhafte Wesen. Sogar für Zauberkünstler.«

»Ich will beim Filmen zuschauen«, maulte Mäxchen. »Wie Stoppelfelder aussehen, weiß ich schon.«

Und so kehrten sie um. Rosa Marzipan blieb nichts übrig, als mitzutrotten. »Hoffentlich hat Drinkwater die Szene mit den falschen Eltern schon abgedreht«, dachte sie. Aber ihre Hoffnung war vergeblich.

Sie liefen mitten in die Aufnahmen hinein. Die Kamera war auf einem Elektrokarren montiert worden. Er fuhr langsam vor dem mit Koffern und Bündeln beladenen Paar her, das die schmale Straße entlangkam.

Die junge Frau war bildhübsch. Der junge Mann hatte einen prächtigen schwarzen Schnurrbart. Sie waren nicht größer als zwei fünfjährige Kinder und hatten an ihrem Gepäck schwer zu schleppen.

In den Haustüren und offenen Fenstern lehnten andere kleine Pichelsteiner, winkten und riefen: »Viel Glück!« und »Macht's gut!« und »Schreibt mal eine Ansichtskarte!« und »Vergesst uns nicht ganz!«.

Das Pärchen hätte gerne zurückgewinkt. Aber sie waren zu beladen. Sie konnten nur lächeln und den anderen zunicken und auch das schien ihnen Mühe zu machen. Denn die Zukunft, der sie entgegenmarschierten, lag im Lande Ungewiss. Da lächelt sich's nicht so leicht.

Der Jokus stand starr. Nun begriff er, warum Rosa mit ihm und dem Jungen in die Felder gezogen war. Er begriff auch, warum sie nur gezwinkert hatte.

»Frauen sind bekanntlich rätselhafte Wesen«, flüsterte sie und sah ihn vorwurfsvoll an.

Und Mäxchen? Mäxchen blickte wie gebannt auf die falschen Eltern. Dann schluckte er schwer und sagte: »Lieber Jokus, bring mich fort! So schnell du kannst!«

Alles hat einmal ein Ende. Das gilt auch für Filmaufnahmen. Mitte November war es so weit. Die Kameraleute hatten, wie sie dann zu sagen pflegen, alle Einstellungen im Kasten. Sie hatten die Geschichte vom kleinen Mann abgedreht, marschierten im Regen aus dem Studio übers Gelände in die gemütlich warme Kantine und zwitscherten ein großes Helles. Doch sie tranken nicht nur ein oder zwei oder vier oder sieben Glas Bier, sondern auch schärfere Sachen. In kleineren Gläsern. Und kleine Gläser sind rascher leer als große. Das leuchtet ein.

Zwischendurch gab es Schweinsbraten mit Knödeln und Krautsalat. Man ließ sich nicht lange nötigen. Hunger macht durstig und Durst macht hungrig. Drinkwater, der Boss, hatte sie eingeladen. Er hielt sie frei, dankte ihnen, lobte sie und ging ins Nebenzimmer, wo andere Mitarbeiter auf ihn warteten. Ein Film besteht ja nicht nur aus belichtetem Zelluloid.

Im Nebenzimmer saßen außer dem Jokus, Rosa Marzipan und Mäxchen der Tonmeister Sohnemann, der Schnittmeister Wegehenkel und Mademoiselle Odette. Sie war Scriptgirl, stammte aus Genf und beherrschte fünf Sprachen, als sei jede der fünf ihre Muttersprache. Es war zum Staunen.

Mister Drinkwater steckte sich eine seiner schwarzen Zigarren ins Gesicht und sagte: »Wenn die Ohren der Menschen so gescheit wären wie die Augen, könnten wir uns jetzt zu den Kameraleuten setzen und mitfeiern. Aber die Ohren sind dümmer als die Augen.«

»Tatsächlich?«, fragte Mäxchen.

Der Jokus nickte. »Sehr viel dümmer. Das Auge versteht alles, was es sieht. Das Ohr versteht nur Englisch oder Japanisch oder Portugiesisch.«

»Das stimmt nicht«, meinte Mäxchen. »Mademoiselle Odette versteht fünf Sprachen.«

Fräulein Odette lachte. »Es gibt mehr als fünf. Verlass dich drauf. Es gibt Hunderte.«

»Mir genügen fünf«, sagte Mister Drinkwater. »Auch das sind noch vier Sprachen zu viel. Doch ich kann's nicht ändern. Ich bin kein Ohrenarzt, sondern Kaufmann. Ich will nicht die Welt verbessern. Ich will Filme machen, die man überall versteht, damit ich sie überallhin verkaufen kann.« Dann legte er den Zeitplan fürs Synchronstudio, das er gemietet hatte, auf den Tisch und eröffnete ein Fachgespräch, in dem von Versionen und »Takes« und Terminen für die Musikaufnahmen und fürs »Überspielen« und davon die Rede war, wie viele Kopien gezogen werden müssten.

Die Unterhaltung dauerte drei Stunden und ihr hättet kaum den zehnten Teil verstanden. Ein wahres Glück, dass ihr nicht dabei wart. Die Wirtin blieb an der Tür stehen, nachdem sie das Licht angeknipst hatte. Doch dann zuckte sie die Achseln, ging in die Küche zurück und sagte zur Köchin: »Eher verstehe ich Chinesisch.«

»Na und?«, fragte die Köchin ungerührt. »Die einen machen Filme, die andren machen Knödel. Hauptsache, dass jeder seinen Kram versteht. Mehr wäre zu viel.«

Um sieben Uhr am Abend redete Mister Drinkwater immer noch. Er wurde wieder einmal nicht müde. »Am 30. November fliege ich nach Genua, begebe mich an Bord meiner Jacht ›Sleepwell‹ und bin einen Monat lang für niemanden zu sprechen. Dass mir mit den Kopien der Fernsehserie alles klappt!«, sagte er. »Der erste Teil läuft am ersten Weihnachtsfeiertag über dreißig Stationen. Wer einen Fehler hineinbringt, kriegt es mit mir zu tun.«

»Aber nicht, bevor Sie ausgeschlafen haben«, bemerkte Herr Wegehenkel.

Und Herr Sohnemann ergänzte: »Also nicht vorm 1. Januar. Da können wir ja vorher noch in aller Ruhe Silvester feiern.«

Drinkwater sagte düster: »Es wäre Ihr letztes.« Und weil Mäxchen lachte und auch Rosa Marzipan herausplatzte, fuhr er noch düsterer fort: »Ich fürchte, ich werde in diesem Kreise nicht ernst genommen.« Jetzt lachten alle miteinander. Denn sie hatten den langen Amerikaner sehr gern, und sie wussten, dass er es wusste.

In diesem Augenblick ging die Tür auf. Ein Taxichauffeur stellte zwei Koffer in die Stube, brummte »Grüß Gott!« und verschwand. Dann geschah eine Weile gar nichts.

Schließlich hörte man kräftige Schritte. Im Türrahmen erschien ein braun gebrannter Mann. Und Mäxchen rief: »Das ist ja Kriminalkommissar Steinbeiß!«

Nach viel Hallo und etwas Whisky sahen sie sich im Vorführraum den Farbfilm an, den der Kriminalkommissar aus Südamerika mitgebracht hatte. Der Film war kurz. Und er war stumm. Deshalb übernahm Herr Steinbeiß, als das Deckenlicht erlosch und die Leinwand hell wurde, den Kommentar. Er erklärte, was es zu sehen gab.

»Auf diesem abgelegenen Hochplateau vor Ihren Augen«, so begann er, »herrscht subtropisches Klima. Es ist ein fruchtbares Land. Künstliche Bewässerung tut ein Übriges. Man pflanzt und erntet Zuckerrohr, Baumwolle, Wein, Bananen und Feigen, aber auch Kartoffeln, Weizen, Mais und Gerste. Die Bauern sind Nachkommen der Araucos, eines Indianerstamms, der in früheren Zeiten den Inkas und bis ins 18. Jahrhundert den Spaniern das Leben schwer gemacht hat. Heute treiben sie Landwirtschaft und Viehzucht, benutzen Lamas als Lastesel, lieben Pferde und leben in Ranchos aus Lehm oder Wellblech. Das Dorf zur Linken heißt San Cristobal. Hier fanden wir Unterkunft. Die ersten Wochen filmten wir Kolibris, Schmetterlinge und Papageien. Wir kurbelten Kakteen, Zypressen, Magnolien, kleine Kinder, Lorbeerbäume, verwitterte Großmütter vor der Haustür, Schafe bei der Schur, die Schneegipfel der Kordilleren im Osten, kurz, wir führten uns auf, als drehten wir einen Schulaufsatz mit der Überschrift ›Mein schönstes Ferienerlebnis‹!«

»Ein teurer Schulaufsatz«, stöhnte Drinkwater. »Und das alles für mein Geld.« Doch dann wurde er mucksmäuschenstill. Denn auf der Leinwand erschien eine alte graue Burg. Mit Mauern, Zinnen und Schießscharten und mit einem dicken runden Turm. Hinter den Schießscharten patrouillierten bewaffnete Wachtposten.

»Da wohnt er also, der Señor Lopez«, flüsterte Mäxchen aufgeregt.

»Es handelt sich um ein Kastell, das im 17. Jahrhundert einer der spanischen Vizekönige bauen ließ«, berichtete der Kriminalkommissar. »Hier residierte der jeweilige Generalkapitän während seiner Inspektionsreisen. Hier hielt er Gericht und von hier aus bekämpfte er aufständische Indios. Später verfiel das Fort. Lopez kaufte es vor dreißig Jahren, ließ das Gemäuer wiederherstellen und technisch auf Hochglanz bringen. Eigne Funkstation, eigne Wasserversorgung, eigne Elektrizität. Es ist alles vorhanden. Es gibt nichts, was es nicht gäbe.«

»Waren Sie denn drin?«, fragte Mäxchen gespannt.

»Jawohl. Davon später. Was man jetzt sieht, ist der quadratische Innenhof. Er ist, bis auf den Rosengarten links, mit Betonplatten ausgelegt. Die Mädchen, die im Badeanzug herumhüpfen, sind die Tänzerinnen, die den Señor abends unterhalten müssen. Sie trainieren.«

»Sehr späte Mädchen«, meinte Rosa Marzipan.

»Kein Wunder«, sagte Steinbeiß. »Sie wurden vor zehn Jahren aus einem Nachtklub in Mexico City entführt und waren schon damals nicht mehr ganz neu.«

»Mit dem Teleobjektiv aufgenommen?«, fragte der Jokus.

»Ja.«

»Aber wo, um alles in der Welt, stand die Kamera?«, fragte Drinkwater.

»Sie stand nicht. Sie hing. Im Wipfel einer sechzig Meter hohen Araukarie, eines der riesigen Nadelbäume, die hier wachsen. Unsre Indios hatten einen Hochsitz montiert. Der Kameramann wurde nachts hochgehievt und in der Nacht darauf abgeseilt. Eine luftige Angelegenheit.«

»Sind das die Scharfschützen, die im Hof antreten?«, fragte Mäxchen.

»Ja. Wachablösung«, erklärte Steinbeiß. »Die Gruppe links kommt vom Mittagessen, die Gruppe rechts geht zum Mittagessen.«

»Müde Löwen«, sagte der Jokus abfällig.

»Müde?« Mäxchen schien es zu bezweifeln. »Der eine Herr Löwe hat dem Fräulein im roten Badeanzug eben eins hintendrauf gehauen.«

»So etwas sieht man nicht«, bemerkte Rosa Marzipan streng. »Du wirst nie ein feines Kind.«

Mäxchen kicherte.

»Etwas mehr Ruhe«, bat der Kriminalkommissar. »Der Lastwagen, der aufs Burgtor zufährt, gehört Miguel, einem Viehzüchter. Dreimal in der Woche bringt er frisches Fleisch, Wurst, Schmalz und Hühner. Der Indio, der auf der Plane hockt, ist kein Indio, sondern der Detektiv MacKintosh. Er hat sich die Haare gefärbt.«

»Und wie wurde die Fahrt gefilmt?«, fragte Mister Drinkwater. »Von einem zweiten Wagen aus?«

»Jawohl. Wir folgten in zehn Meter Abstand. Im Wagen von Gonzales, der das Obst und Gemüse liefert. Richardson, der mit seiner Handkamera unter vier Bananenstauden lag, dachte, er werde sich das Kreuz brechen.«

»Waren Sie auch als Indio verkleidet?«, fragte Mäxchen.

»Natürlich. Achtung, das Tor öffnet sich.«

Das Burgtor öffnete sich. Miguels Wagen bremste in der Hofmitte. MacKintosh sprang vom Wagen, schlug die Plane hoch und schulterte ein ausgeschlachtetes Kalb. Ein paar Männer kamen angetrabt und halfen beim Abladen. Als sie einem von ihnen einen halben Ochsen aufpackten, schrie Mäxchen: »Das ist ja der kahle Otto!«

»Stimmt«, sagte Herr Steinbeiß. »Das ist er. Und der Mann mit der weißen Schürze und der Kochmütze, der ins Bild kommt, ist der Küchenchef, Monsieur Gérard, Inhaber von drei Goldmedaillen. Er war, leider gleichzeitig, mit drei Frauen verheiratet gewesen und hatte nichts dagegen einzuwenden gehabt, als ihm Lopez aus der Klemme half. Doch nun bitte ich um Ihre ganz besondere Aufmerksamkeit. Die Kamera schwenkt zum Rosengarten hinüber. Wir sehen einen rundlichen Herrn.«

Der Herr trug einen Anzug aus Rohseide, hatte einen Strohhut auf dem Kopf und schnitt behutsam eine dunkelrote Rose ab. An seinen kurzen, dicken Fingern funkelten und blitzten Ringe wie in einem Juwelierladen.

»Das muss er sein«, flüsterte Mäxchen.

»Das ist er«, sagte der Kriminalkommissar. »Das ist Señor Lopez, der reichste Mann der Welt. Er lässt Menschen rauben, die ihm die Zeit vertreiben und die er füttert. Sie leben wie in einem Zoo für seltene Zweibeiner.«

Mäxchen seufzte. »Hier wäre ich gelandet!«

Señor Lopez kam nun mit wiegenden Schritten über den Hof, blieb vor Miguels Lieferwagen stehen, sprach mit dem französischen Koch und musterte, während er an der Rose schnupperte, einen halben Ochsen, der abgeladen wurde. Dann nickte er, machte kehrt und ging auf ein Gebäude zu, an dessen Portal ihn ein altes, zotteliges Frauenzimmer erwartete. Beide verschwanden im Haus.

»Das war die Zigeunerin, von der er sich wahrsagen lässt«, erklärte der Kommissar. »Und nun kommen zwei Indios mit einer Bananenstaude ins Bild. Sie stapeln das Obst und Gemüse neben Miguels Wagen, damit Richardson, der Kameramann, im zweiten Wagen nicht entdeckt wird. Der eine Indio ist der Bauer Gonzales und der andere Indio heißt im bürgerlichen Leben Steinbeiß.«

Mister Drinkwater lachte. »Nicht zum Wiedererkennen!«

Auch die anderen im Vorführraum freuten sich über die Verkleidungskünste des Kriminalkommissars.

Nur Mäxchen war nicht wohl zumute. »Ein Glück, dass Bernhard Sie nicht gesehen hat«, sagte er mit zittriger Stimme. »Denn Bernhard hätte Sie vielleicht erkannt.«

»Du bist fast so schlau wie Bernhard«, meinte Steinbeiß. »Als ich, eine Woche später, zum dritten Male beim Abladen half, kam dieser verdammte Schlauberger dazu. Er hatte einen Zahnstocher zwischen den Zähnen und stand gelangweilt neben uns. Plötzlich stutzte er und griff mir, ehe ich mich's versah, ins Gesicht. An seinen Fingern klebte braune Schminke. Und nun ging alles sehr rasch. Denn jetzt griff ich ihm ins Gesicht. Er verdrehte die Augen und kippte um. Gonzales ließ die Bananenstaude los. Sie fiel auf Bernhards Bauch. MacKintosh und Miguel sprangen auf den ersten, Gonzales und ich auf den zweiten Lastwagen, und ehe die Wachtposten wussten, worum sich's drehte, ratter-

ten wir durchs Tor. Es gab eine kleine Schießerei. Verletzte gab es nicht.«

»Entweder waren es keine Scharfschützen«, sagte der Jokus, »oder sie haben in die Luft geschossen.«

»Sie haben in die Luft geschossen. Jedenfalls haben sie das nach ihrer Verhaftung erklärt.«

»Sie wurden verhaftet?«, fragte Rosa Marzipan.

»Und Señor Lopez?«, rief Mäxchen.

»Das ist ein anderes Kapitel«, sagte der Kriminalkommissar, und seine Stimme klang sehr traurig. Dann drückte er auf einen Schaltknopf und der Film lief weiter. »Der andere Kameramann saß ja noch immer in seinem Nadelbaum. Die Aufnahmen, die

Sie sehen werden, machte er zwei Stunden nach unserer Flucht aus dem Burghof. Geben Sie gut Obacht. Sie sehen meine Niederlage.«

Die anderen starrten gebannt auf die Leinwand. Man erblickte den menschenleeren Burghof. Ach nein, ganz leer war er nicht. Am Rosenbeet stand ein rundlicher, eleganter Herr. Er trug einen Anzug aus Rohseide, hatte einen Strohhut auf dem Kopf und schnitt behutsam eine dunkelrote Rose ab. Dann drehte er sich um, schnupperte an der Rose und schien auf etwas zu warten.

»Der Mann hat Nerven«, murmelte Mister Drinkwater.

Plötzlich verschoben sich im Hofe die Betonplatten. Eine Versenkung wurde sichtbar. Und aus der Versenkung stieg, Meter um Meter, ein Flugzeug empor. Die Betonplatte, auf der es stand, fügte sich in die übrigen Platten ein. Señor Lopez ging mit wiegenden Schritten auf das Flugzeug zu. Die Bordtür wurde geöffnet. Eine Leiter senkte sich herab. Señor Lopez kletterte an Bord. Die Leiter wurde eingezogen. Die Tür schloss sich. Kurz danach hob sich das Flugzeug in die Luft und verschwand am Horizont. Der Himmel war so leer wie der Burghof.

»Ein Senkrechtstarter«, stellte Mäxchen fest.

»Ganz recht«, knurrte Herr Steinbeiß. »Die Maschinen sind aber noch nicht zur Serienfabrikation freigegeben.«

»Wozu braucht der reichste Mann der Welt auf Serien zu warten?«, fragte Mister Drinkwater. »Ein Versuchspilot verfliegt sich. Nun? Die Maschine ist verschwunden. Der Pilot ist verschwunden. Nun? Vielleicht liegen sie irgendwo im Gletschereis. Vielleicht wurden sie aber auch bestochen und landen wohlbehalten in den Kasematten einer Burg.«

»So muss es gewesen sein«, sagte der Kriminalkommissar. »Jedenfalls verschwanden mit Señor Lopez und dem Flugzeug der Koch, die Zigeunerin, die Ballettratten, unsere Freunde Bernhard und Otto, der Hauptmann der Scharfschützen, ein Kunsthistoriker und einhundertvierundsiebzig gerahmte Gemälde.

Wir konnten nur noch die Nägel zählen, an denen die Bilder gehangen hatten.«

»Weiß man, wohin die Maschine geflogen ist?«

»Man weiß es nicht. Nach Paraguay? Nach Bolivien? Nach Peru? Lopez besitzt Minen und Gruben, Haziendas, Fischereiflotten, Konservenfabriken, Kettenhotels und Kreditinstitute. Krösus war, mit ihm verglichen, ein armes Luder. Er ist verschwunden. In einem anderen Kastell? In einem anderen Erdteil? Er hat mich überlistet.«

»Wait and see«, sagte Mister Drinkwater. »Abwarten und Tee trinken. Ich werde Ihre Aufnahmen in allen Kinos als Vorfilm laufen lassen. Mit den nötigen Erklärungen und mit dem Hinweis auf den Großfilm vom kleinen Mann. Die Expedition war nicht vergeblich. Die Interpol wird nun endlich eingreifen müssen. Señor Lopez hat nicht mehr viel Zeit, an roten Rosen zu schnuppern.«

»Haben Sie die Scharfschützen ausgefragt, die er im Stich gelassen hat?«, fragte der Jokus.

»MacKintosh hat das besorgt. Sie waren wütend. Er hat die Tonbänder nach New York mitgenommen. Die Gespräche werden in diesen Tagen übersetzt. Wir haben die Kerle auch gefilmt und fotografiert.«

»Großartig«, erklärte Drinkwater. »Daraus machen wir einen Dokumentarbericht für ›Life‹ und andere Illustrierte.« Er klopfte dem Kriminalkommissar auf die Schulter. »Warum sind Sie mit sich so unzufrieden?«

»Warum habe ich Ihnen die Expedition eingeredet?«, fragte Steinbeiß. »Um Kolibris zu fotografieren? Um eine alte Burg zu filmen? Um einem Flugzeug nachzuwinken? Wahrhaftig nicht. Ich wollte ein bisschen mehr.«

»Man will immer ein bisschen mehr«, sagte Drinkwater, »und erreicht immer ein bisschen weniger.«

Rosa Marzipan amüsierte sich. »Sie sind ein Philosoph.«

Mister Drinkwater stand auf. »In der Hauptsache bin ich Zigarrenraucher. Und nun muss ich mit New York telefonieren.«

Alles hat einmal ein Ende. Auch der November. Und sogar das sechste Kapitel meines Buches. John F. Drinkwater flog nach Genua, wo die Jacht »Sleepwell« auf ihn wartete. Kriminalkommissar Steinbeiß flog nach Berlin. Der Zirkus Stilke ratterte per Eisenbahn ins Winterquartier. Mäxchen und der Jokus machten sich auf die Reise, um König Bileam zu besuchen. Und damit beginnt …

Wo Breganzona liegt, ist unklar / König Bileams Kopfbedeckung / Beschreibung der Hauptstadt / Judith näht und Mäxchen singt / Vierzehn Tage dauern nur zwei Wochen.

Mister Drinkwater flog also nach Genua. Wo Genua liegt, wisst ihr. Und wer es nicht wissen sollte, kann im Schulatlas nachsehen. Professor Jokus von Pokus fuhr, mit Mäxchen in der Brusttasche, nach Calais, kletterte in das Flugzeug »Dagobert«, das sie dort erwartete, und flog nach Breganzona. Wo Breganzona liegt, wisst ihr nicht. Und wer im Schulatlas nachsieht, wird sich wundern.

Sogar in den größten und dicksten Atlanten findet man es nicht. Da hilft kein Blättern.

Und auch in meinem alten fünfundzwanzigbändigen Lexikon wird es nicht genannt. Mit keinem Wort. Obwohl sogar das Dorf Pichelstein erwähnt ist. Man fasst sich an den Kopf. Nur in dem berühmtesten englischen Nachschlagewerk, der Encyclopaedia Britannica, stehen ein paar Hinweise. Ins Deutsche übersetzt, lauten sie folgendermaßen:

> Breganzona. Sämtl. Angaben ohne Gewähr. Lage, Größe und Einwohnerzahl unbekannt. Vermutlich Stadt und Insel im Atlantik. Ursprünglich Künstlerkolonie. Seit 1912 Wahlkönigtum. König Dagobert der Weise (1912 bis 1950), französ. Abstammung, Kulturphilosoph. Seit 1951 Bileam

der Nette, deutsch. Herkunft, Kunstmaler. Ausfuhrartikel: Spielzeug, Bilder, Bücher, Bilderbücher, Süß- und Wurstwaren, Turnschuhe, Luftballons, Farbkästen, Leb- und Kirschkuchen, Kau- und Knetgummi usw.

Einfuhr: nicht nennenswert. Fremdenverkehr: keiner.

Deckadresse für Export: Calais, Frachthafen, Dock XII B; für Briefpost und Päckchen: Calais, postlagernd Box 97.

Literatur über Br.: keine. Beitrag fußt auf Gerüchten.

Die Red.

Der Flug dauerte knapp zwei Stunden. Meist erblickte man Wasser, manchmal ein Stück Küste und schließlich nur noch Ozean. Keine Wellen, keine weiße Gischt, nur Gänsehaut aus zitterndem Wasser. Und ab und zu, mit Ost- oder Westkurs, winzige Schiffe.

Als die Stewardess auf dem Klapptisch Rührei mit Schinken servierte, fragte der Jokus: »Wie oft fliegen Sie diese Strecke? Täglich? Oder zwei-, dreimal in der Woche?«

Sie schaute ihn verwundert an. »Machen Sie Spaß? Wir fliegen doch nur, um Gäste abzuholen. Und das tun wir nicht zwei-, dreimal in der Woche, sondern zwei-, höchstens dreimal im ganzen Jahr.«

»Kommen denn keine Touristen?«, fragte Mäxchen, während er ein Schinkenhäppchen vom Teller angelte. »Keine Reporter und Fotografen?«

Die Stewardess schlug die Hände über ihrem flotten Mützchen zusammen. »König Bileam bewahre uns! Solchen Störenfrieden ist der Zutritt verboten. Den letzten, der es probierte, hat Bileam der Nette eigenhändig ins Motorboot zurückgeprügelt.«

»Womtrdendamzurkprlt?« Mäxchen musste husten.

Der Jokus sagte streng: »Man spricht nicht mit vollem Mund.«

Mäxchen hustete noch eine Weile, bis er wieder deutlich sprechen konnte. »Ich wollte nur wissen, womit ihn der König zurückgeprügelt hat.«

»Mit einem Teppichklopfer«, erklärte die junge Dame. »Aber hab keine Angst, mein Kleiner. Seine Gäste haut er nicht.« Nach diesen Worten ging sie zur Bordküche und mit einem beladenen

Tablett zum Cockpit, damit der Pilot und der Funker nicht verhungerten.

»Sie hat leicht reden«, sagte Mäxchen leise. »Wenn ich jetzt allein wäre, würde ich mich vermutlich fürchten. Geht's dir auch so? Ein leeres Flugzeug. Nur die Besatzung. Und wo Breganzona liegt, weiß niemand …«

»Iss noch ein bisschen Rührei«, schlug der Jokus vor. »Das stärkt die Nerven.«

»Nein, ich bin satt und mache mir Sorgen.« Schon kletterte der kleine Mann am Professor hoch und verschwand in dessen Brusttasche. Plötzlich steckte er noch einmal den Kopf heraus. »Beschütz mich gut.«

»Besser als mich selber«, sagte der Jokus. Dann spürte er, wie sich Mäxchen in der Brusttasche zurechtkuschelte. Er lächelte, zündete sich eine Zigarette an und blickte durch das runde Fenster zum Horizont, wo sich der Ozean und der Himmel guten Tag wünschten.

König Bileam der Nette stand auf dem Rollfeld des Flugplatzes von Breganzona, zog die Taschenuhr aus der Brokatweste und erklärte laut und deutlich: »Wenn sie nicht gleich kommen, kommen sie später oder nie. Eine vierte Möglichkeit gibt es nicht.« Neben ihm standen Judith und Osram, seine Sprösslinge. Und hinter den dreien bildeten vierzig Schulklassen Spalier. Mit Triangeln, Mundharmonikas, Gitarren und Querpfeifen. Alles wartete.

Der König sah aus wie ein glatt rasierter Weihnachtsmann. Er hatte weißes Haar, gesunde rote Backen und trug einen steifen schwarzen Hut auf dem Kopf. Aber außerdem trug er auch die Königskrone. Sie lag, von der Krempe gestützt, auf dem runden Hutrand, blitzte golden und war von der Königin festgenäht worden. Sonst wäre sie ja beim Hutabnehmen jedes Mal heruntergefallen. (Ich meine die Krone, nicht die Königin.)

»Hut und Krone gehören bei mir untrennbar zusammen«, pflegte Bileam der Nette zu sagen. »Ohne Hut wäre ich nur ein König, ohne Krone wäre ich nur ein Bürger. Ich bin beides, und ich trage beides, bis mir eines Tages die Krone zu schwer wird. Dann nehme ich sie ab, habe nur noch den Hut auf dem Kopf und male wieder Bilder.«

Prinzessin Judith zupfte ihn am Ärmel. »Papa, die Maschine kommt!«

Sie hatte recht. Das Flugzeug »Dagobert« war am Horizont aufgetaucht, wurde größer und lauter, flog eine Schleife, landete, mit gedrosselten Motoren, auf dem Rollfeld, wurde vom Bodenpersonal eingewinkt und stand zitternd still. Der Ausstieg öffnete sich. Die Gangway wurde hingefahren. Zuerst erschien die Stewardess. Hinter ihr tauchte der Jokus auf. Er winkte.

»Musik!«, rief König Bileam, und schon begannen die vierzig Schulklassen zu musizieren, dass die Wände gewackelt hätten, wenn Wände in der Nähe gewesen wären. Ob es sehr schön klang, weiß ich nicht so genau. Sehr laut klang es ganz bestimmt. Man könnte am ehesten sagen: Es klang sehr schön laut.

Die Begrüßung verlief äußerst herzlich. Der König nahm Hut und Krone ab. Judith machte einen Knicks. Osram machte einen Diener. Der Jokus schüttelte allen dreien die Hand. Mäxchen winkte aus der Brusttasche und lachte. Aber man hörte nicht, dass er lachte. Und man hörte nicht, was Bileam und der Jokus sagten. Denn in jeder Schulklasse des Königreichs Breganzona sitzen zwar nur fünfundzwanzig Kinder, aber wenn vierzig Klassen Musik machen, machen tausend Kinder Musik.

Erst als sich Bileam entsetzt die Ohren zuhielt, wurden die Musikanten still. Nun sagten der König und der Jokus noch einmal dasselbe, was sie schon gesagt, aber wegen des Lärms nicht verstanden hatten. Der Jokus holte Mäxchen aus der Brusttasche, setzte ihn dem König auf den Handteller, und nun schritten sie, unter dem Jubel der tausend Kinder, zu dem Auto, das auf sie wartete. Es war ein Rolls-Royce aus dem Baujahr 1930. Ein geräumiges und bequemes Vehikel. Beim Einsteigen musste sich, trotz Hut und Krone, nicht einmal der König bücken.

»Meine Frau lässt sich entschuldigen. Sie konnte nicht mitkommen«, sagte der König, während sie durch die Stadt fuhren. »Sie kocht Kakao und stellt belegte Brötchen her. Das lässt sie sich nicht nehmen. Dabei weiß sie doch, dass wir vorher beim Würstchengott einkehren wollen.«

»Beim Würstchengott?«, fragte Mäxchen. »Wer ist denn das?« Er saß auf der königlichen Krempe, mit dem Rücken zur goldenen Krone, und fühlte sich wie zu Hause.

»Der Würstchengott ist ein Fleischermeister«, sagte Osram. »Sein Lachen ist berühmt, und …«

»… und am berühmtesten sind seine heißen Würstchen«, schwärmte Judith. »Die macht ihm keiner nach. Sie zergehen einem auf der Zunge.«

»Wie machen sie das denn?«, fragte Mäxchen. »Ich kenne nur Würstchen, in die man hineinbeißt, dass es knackt, und die man tüchtig kauen muss.«

Fast wären sich die Kinder in die Haare geraten. Erst als sich der König umdrehte und gemütlich meinte: »Zankt euch nicht, haut euch lieber«, wurden sie wieder friedlich, und die zwei Männer konnten ihre Unterhaltung in aller Ruhe fortsetzen.

»Warum haben Sie eigentlich die Dame Ihres Herzens nicht mitgebracht?«, fragte Bileam. »Ihr hübsches Marzipanfräulein?«

»Sie besucht eine alte Tante«, sagte der Professor, »und lässt sich vielmals entschuldigen.«

»Rosa hat gar keine alte Tante«, rief Mäxchen, »und du mogelst.«

»Stimmt das?«, fragte der König amüsiert und faltete die Hände überm Bauch.

Der Jokus zwinkerte ihm verstohlen zu. »Es stimmt, dass sie keine alte Tante hat, und es stimmt, dass ich gemogelt habe.«

Mäxchen schob den Kopf über den königlichen Hutrand und drohte dem Professor mit dem Finger. »Ihr habt Geheimnisse vor mir.«

»Auch das stimmt, Söhnchen. Es ist allerdings nur ein einziges Geheimnis, aber …«

»Können Sie mir's nicht ins Ohr sagen?«, fragte Bileam.

»Erst wenn der Lümmel nicht mehr auf Ihrem Hut sitzt. Denn für das, was er nicht hören soll, hat er besonders feine Ohren.«

»Mit meinen Kindern ist es genau dasselbe«, gestand der König. »Wenn man ihnen etwas befiehlt, sind sie taub wie der Mann im Mond. Doch wenn mir ihre Mutter was ins Ohr tuschelt, verstehen sie jedes Komma.«

»Ist es wenigstens ein schönes Geheimnis?«, wollte der kleine Mann wissen.

»Du wirst Augen machen, so groß wie Suppentassen.«

»Und wann werde ich so große Augen machen?«

»In vierzehn Tagen.«

Breganzona ist eine heitere Stadt. Die Leute sind vergnügter als anderswo. Die Verkäuferinnen sind freundlicher. Die Gardinen an den Fenstern, ja sogar die Regenwolken über den Dächern blicken lächelnd auf die Straßen und Plätze. Wer in der Straßenbahn mindestens zehn Stationen weit fährt, erhält vom Schaffner einen Becher Limonade gratis. Und keine der vielen städtischen Laternen gleicht der anderen. Sie sind bunt und verschieden wie Lampions bei einem Gartenfest.

Wer Einkäufe macht, muss nicht, wie ein Hase bei der Treibjagd, über die Fahrbahn springen. Die Autobesitzer parken ihre Wagen außerhalb des Geschäftsviertels, holen ihre Trittroller aus dem Kofferraum und trittrollern gemütlich von Laden zu Laden.

»Sonst machen wir das auch«, sagte König Bileam. »Nur wenn wir Gäste abholen, bleiben wir in der Staatskarosse sitzen. Ehre, wem Ehre gebührt.«

Mäxchen gefiel so viel Ehre ganz und gar nicht. »Können wir denn nicht trotzdem umsteigen? Sie auf dem Trittroller und ich auf Ihrem Kronenhut oder Ihrer Hutkrone – das wäre ein Riesenspaß.«

»Vielleicht ein andermal«, meinte der König.

»Außerdem sind wir schon da«, stellte Osram fest. »Alles aussteigen.«

Der Würstchengott war ein umfangreicher Fleischermeister und schüttelte ihnen kräftig die Hand. Nur bei Mäxchen traute er sich nicht. Die Kundschaft in dem engen Laden nahm vom König und von seiner Begleitung keine Notiz. Das war in Breganzona so üblich.

Ob er auf dem Jahrmarkt mit seiner Familie Achterbahn fuhr oder auf den Lukas haute, ob er irgendwo für Judiths Aquarium Wasserflöhe kaufte oder für Hildegard, die Königin, eine Langspielplatte oder eine Eieruhr – die Leute blickten freundlich beiseite.

Natürlich kam es trotzdem vor, dass sie gelegentlich zu ihm hinschielten. Noch dazu heute, wo der kleine Mann auf der königlichen Hutkrempe saß. Denn so etwas sah man ja nun wirklich nicht alle Tage.

Hinter der Ladentafel glänzten und dampften die Verkäuferinnen und die Wurstkessel. Davor standen, blank gescheuert, sieben runde mannshohe Holztische. Für Stühle war kein Platz. Man aß im Stehen. Deshalb waren ja auch die Tische doppelt so hoch wie anderswo. Außerdem hatten sie, in halber Höhe, eine untere Tischplatte. Dort standen die Teller für die Kinder, wenn man welche mitbrachte. Sechs Tische waren mit Tellern, Würstchen, Semmeln und Senftöpfen beladen und von schwatzenden und schmatzenden Kunden umlagert.

Den leeren Tisch in der Mitte schmückte ein bestickter Wimpel mit der Inschrift: »Hier schmeckt's dem König. Täglich zwischen 16 und 17 Uhr. Würstchengott, Hoflieferant.«

»Das nenne ich praktisch«, meinte der Jokus, »jeder Tisch hat zwei Etagen.«

Der Meister, der sie persönlich bediente, strahlte. »Meine eigne Erfindung«, sagte er stolz. »Ich habe sie als den ›Zweistöckigen Steh- und Esstisch für Groß und Klein‹ beim Patentamt angemeldet. Guten Appetit allerseits.« Dann stapfte er ins Schlachthaus, um für die dampfenden Kessel noch ein paar Spieße mit Würstchen zu holen.

»Solche Tische nennst du praktisch?«, fragte Mäxchen den Professor. »Da kann ich nur staunen.«

Der Jokus und der König bissen andächtig in die heißen Würstchen und seufzten selig. Mäxchen bekam von beiden Männern einen Happen ab, seufzte gleichfalls und rutschte an einem der Tischbeine in die untere Etage.

Dort bissen gerade Judith und Osram in ihre Würstchen, dass es nur so knackte. Sie verdrehten vor Wonne die Augen. Mäxchen kostete auch hier, hätte sich fast die Zunge verbrannt und schnappte nach Luft.

»Was sagst du nun?«, fragte Osram.

Aber Mäxchen sagte gar nichts. Er war schon wieder am Tischbein hochgeklettert und ließ sich droben vom König weiterfüttern.

»Noch zwei Paar heiße Würstchen!«, rief der König.

Kurz darauf rief Judith: »Noch zwei Paar heiße Würstchen, bitte! Für die Kinderetage!«

Der Fleischermeister brachte wieder vier Paar angeschleppt. Wieder ließ man sich's schmecken. Und wieder kletterte Mäxchen zwischen den zwei Tischplatten hin und her und hinauf und herunter. Erst nach der zwanzigsten Klettertour gab er das Rennen auf.

»Wie hat's geschmeckt?«, fragte Judith.

»Du hast recht gehabt«, antwortete Mäxchen. »Sie zergehen einem auf der Zunge.«

Auf der Fahrt zum Schloss kaufte König Bileam fünf rote Tulpen. »Für meine liebe Frau«, sagte er.

»Damit Mutti nicht schimpft«, stellte Osram sachlich fest.

Prinzessin Judith lächelte klug vor sich hin. »Zwei Tulpen, weil wir zu spät kommen, und zwei Tulpen, weil wir satt sind. Doch wozu die fünfte?«

»Damit sie sich freut«, erklärte der König. »Und nun putzt euch den Mund. Hier ist mein Taschentuch.«

Die Königin blieb bis zur vierten Tulpe ungnädig. Doch bei der fünften schmolz ihr strenger Blick. Denn in der fünften Tulpe stand Mäxchen, steckte den Wuschelkopf über den Blumenrand und sagte: »Je später der Abend, umso schöner die Gäste.« Da band sich die Königin vor Vergnügen die Küchenschürze ab.

Nach der Begrüßung liefen die zwei Königskinder, mit Mäxchen in der Hand, ins Spielzimmer, wo sie schon am Vormittag die Ritterburg, die Eisenbahn und das Blockhaus mit den Trappern und den Siouxindianern aufgebaut hatten. Zuerst setzten sie die elektrische Eisenbahn in Betrieb. Osram stellte die Weichen. Judith bediente die Signale. Und Mäxchen war der Lokomotivführer. Er hatte genau die richtige Größe. (Aber wir wollen die drei beim Spielen nicht stören. Kinder haben das gar nicht gerne.)

Inzwischen saßen Bileam, seine Frau und der Jokus in der

Schlossbibliothek. Die Herren tranken ein Glas Wein. Die Königin nähte mit ein paar Stichen die Krone auf dem Hut ihres Mannes fester. Und manchmal hörten sie das Kindergeschrei aus dem Spielzimmer.

»Das Schloss ist nicht sehr groß«, sagte der König. »Und alt ist es erst recht nicht. Dagobert, mein Vorgänger, ließ es nach seiner Wahl im Jahre 1912 bauen, und der Geschmack war damals ziemlich schauderhaft.«

»Aber die Mauern sind solide«, meinte seine Frau, »die Zimmer sind nicht so niedrig wie heutzutage, und seit wir Ölheizung haben, gibt es auch keine feuchten Wände mehr.« Sie biss den Nähfaden ab. »So, Bileam, nun sitzt die Krone wieder fest. Ich hänge den Hut in die Garderobe.« Sie ging und ließ die beiden allein.

»Stimmt es, dass Breganzona ursprünglich eine Künstlerkolonie war?«, fragte der Jokus.

»Eine Ferieninsel für Maler, Musiker und Schriftsteller, nichts weiter. Aber die Welt draußen wurde immer lauter, die Fabrikschornsteine qualmten immer giftiger, die Kriege wurden immer übler, und das Goldene Kalb wuchs, bis es ein Riesenochse war – da blieben die Sommergäste für immer hier.«

»Und aus dem Künstlervölkchen wurde ein Volk.«

»Nennen wir's weiterhin ein Völkchen«, meinte der König. »Mehr sind wir nicht und mehr wollen wir nicht sein. Wir wollen weder in den Atlas noch ins Lexikon. Wir wollen weder Ruhm noch Reichtum.«

»Seien Sie froh, dass Breganzona so klein ist«, sagte der Jokus. »Sonst hätten Sie großen Ärger.«

»Prosit, Professor.« Der König hob sein Glas. »Und nun verraten Sie mir endlich, warum Rosa Marzipan nicht mitgekommen ist.«

»Wir haben, ohne dass der Junge es ahnt, ein Haus gekauft, und sie richtet es heimlich ein. Man kann nicht ewig von einem Hotel ins nächste ziehen.«

»Nur zu wahr«, brummte Bileam. »Man will wissen, wohin man gehört. Man wird nicht jünger.«

»Das gilt sogar für Mäxchen. Auch er wird älter. Er braucht endlich ein Zuhause. Er braucht endlich gründlichen Privatunterricht. Außerdem will ich meine ›Geschichte der Zauberkunst‹ schreiben …«

»… und Fräulein Marzipan heiraten.«

»Das ist leichter gesagt als getan.«

»Nanu. Will sie nicht?«

»Lieber König Bileam, können Sie schweigen?«

»Nicht nur wie das Grab, sondern wie ein ganzer Friedhof. Was ist los?«

»Wir haben Angst um Mäxchen«, sagte der Jokus bekümmert. »Wo ich bin und schlafe und gehe und stehe, er ist bei mir, er war bei mir, und er kennt es nicht anders. Was soll werden, wenn Rosa und ich heiraten? Wenn wir Kinder haben? Ich kann mich nicht in Stücke schneiden. Er würde glauben, ich liebte ihn weniger. Er wäre unglücklich, der kleine Kerl, und ich wäre es auch.«

»So unglücklich können glückliche Menschen sein«, meinte König Bileam bedächtig. »Was sollen erst die Unglücklichen machen?«

Mittlerweile ging es im Spielzimmer hoch her. Mäxchen hatte den Beruf des Lokomotivführers längst an den Nagel gehängt. Er war, trotz der hochgeklappten Zugbrücke und des tiefen Wassergrabens, in die Burg eingedrungen. Im Burghof, auf den Wehrgängen und auf dem Söller hatte er sämtliche Ritter umgelegt, von den Knappen und Knechten ganz zu schweigen.

Nachdem Maximilian von Pichelstein, der edle Ritter, jeglichen Widerstand gebrochen hatte, nahm er den erbeuteten Helm vom Haupt, trocknete sich die Heldenstirn und blickte kühn in die Ferne. »Ich dürste nach neuen Taten«, rief er. »Den nächsten Feind, bitte!«

Prinz Osram wusste Rat. »Im Wilden Westen tut sich was. Die Sioux belagern das Blockhaus. Wie wär's?«

»Wer wird siegen, o Fremdling?«

»Die Rothäute wollen die Palisaden anzünden. Die Fackeln lodern schon.«

»Wir werden sie auslöschen.«

»Womit?«, fragte Osram ratlos. »Die Brunnen sind leer. Die Wasserleitung ist kaputt.«

»Dann nehmen wir Spucke«, rief Trapper Max, das unerschrockene Bleichgesicht.

»Jawohl«, schrie Osram. »Das ist die Lösung!«

»Ihr seid zwei kleine Dreckschweine«, sagte Judith pikiert. »Untersteht euch, im Zimmer herumzuspucken.«

Mäxchen blickte Osram an. »Wer ist die vorlaute Squaw? Was mischt sie sich in Männersachen?«

»Soll ich sie auf den Rücken eines Mustangs binden und in die Prärie jagen?«

Doch daraus wurde nichts. Die rüden Männer aus dem Wilden Westen vergaßen ihre grausamen Pläne mit einem Schlag und starrten fasziniert auf Judiths Hände. Denn die Prinzessin nähte. Sie nähte auf einem runden schwarzen Hut eine goldene Krone fest!

Die Krone war Judiths kleiner goldener Geburtstagsring, und der Hut war auch nicht viel größer, weil er eigentlich einer Puppe gehörte, einem fingerlangen Hirten aus der Puszta. Nun lag er kahl und unbeachtet neben Judiths Nähzeug. Sie biss den Faden ab und sagte: »So.«

»Genau wie Papas Ausgehkrone«, rief Osram.

»Für mich?«, fragte Mäxchen vorsichtig.

»Vielleicht«, sagte Judith. Und während sie ihm den Kronenhut aufsetzte, verdrehte er die Augen, als wolle er sich selber auf den Kopf sehen.

Die Geschwister klatschten vor Begeisterung in die Hände.

»Er passt wie angegossen«, rief Judith.

Und Osram rief: »Wie Vati auf den Briefmarken!«

Und Mäxchen? Da stand er nun neben Judiths Nähkästchen und wusste nicht, wie schön er aussah. Wie schön man aussieht, sehen immer nur die anderen. »Habt ihr denn keinen Spiegel im Haus?«, fragte er zappelig.

Judith holte ihren Handspiegel, lehnte ihn ans Nähkästchen, und nun konnte sich der kleine Mann endlich betrachten. Er ließ sich Zeit und fand sich wunderbar. Er stolzierte auf und ab, winkte seinem Spiegelbild zu, schwenkte den Hut zum Gruß und rief: »Majestät sehen heute wieder blühend aus! Na ja, kein Wunder. Heiße Würstchen sind die beste Medizin. Vor allem für Leber und Galle. Es gibt keine bessere Diät.«

Mäxchen war aufgezogen wie ein Uhrwerk. Ihm fiel ein Unsinn nach dem anderen ein. Und die Königskinder wollten sich schief und scheckig lachen.

Bileam runzelte die Stirn. »Der Krach wird ja immer toller. Waren wir als Kinder auch so schrecklich laut? Ich fürchte, wir müssen mal dazwischenfahren. Kommen Sie, Professor.« Sie verließen die Bibliothek, gingen auf Zehenspitzen den Korridor entlang und blieben vorm Spielzimmer stehen. Sie hörten, wie Mäxchen rief: »Und nun, meine Dame und mein Herr, bringe ich das Lied auf König Bileam zum Vortrag. Ich habe es vorhin in der roten Tulpe gedichtet. Sie dürfen klatschen. Der Beifall ist das Brot des Künstlers. Wollen Sie mich verhungern lassen?«

Der Jokus schmunzelte. Im Zimmer wurde laut geklatscht. Der König öffnete die Tür. Natürlich nur einen Spalt. Sie schauten hindurch und hielten sich vor Staunen aneinander fest. Mäxchen mit Hut und Krone!

Judith und Osram hockten auf dem Fußboden. Mäxchen stand vor dem Nähkästchen und erklärte: »Ich bitte um Ihre geschätzte Aufmerksamkeit. Die Kapelle lässt sich entschuldigen. Sie hat den Keuchhusten und liegt bei Doktor Ziegenpeter im Krankenhaus. Mir bleibt auch nichts erspart. Trotzdem, es – geht – los!«

Er machte ein paar Tanzschritte, drehte eine Pirouette, breitete die Arme aus und sang:

»König Bileam der Nette
trägt die Krone auf dem Hut.
Doch er trägt sie nicht im Bette,
weil sie ihn dort stören tut.
König Bileam der Nette
liegt ganz ohne
goldne Krone
und Melone
nachts im Bette,

wenn er ruht.
Denn –
wenn –
Bileam der Nette
beides nachts im Bett aufhätte,
schliefe er nur halb so gut.«

Mäxchen machte noch ein paar Tanzschritte, drehte noch eine Pirouette, zog den Hut und sagte: »Aus. Das war's. Wenn es Ihnen nicht gefallen hat, können Sie an der Kasse Ihr Eintrittsgeld zurückverlangen.«

»Es war großartig«, rief Judith, »du wirst ein Dichter wie Aznavour. Der ist ja auch nicht groß.«

»Sing's noch einmal«, bat Osram. »Wir klatschen im Takt in die Hände und singen mit.«

»Wir auch«, sagte Bileam und trat mit dem Jokus ins Zimmer. »Los, kleiner König, eins und zwei und …«

Sie klatschten zu fünft in die Hände. Mäxchen schmetterte sein Lied. Die anderen sangen mit, manchmal allerdings nur »Lalala«,

aber schon bei der vierten Wiederholung konnten sie den Text auswendig und hüpften singend durch den Korridor bis zur Garderobe. Dort hängten sie Mäxchens Kronenhut neben den des Königs.

»Sie sehen wie David und Goliath aus«, meinte Osram.

»Nein«, sagte Mäxchen. »David und Goliath hingen nicht an der Garderobe.«

»Außerdem glichen sie einander nicht wie ein kleiner und ein großer Hut«, stellte Judith fest.

Osram zog einen Flunsch. »Ihr seid Rechthaber.«

»Und ich bin müde«, erklärte der König. »Marsch, ins Bett mit uns!« (Dass er der Königin im Schlafzimmer noch das neue Lied vorsingen wollte, behielt er für sich.)

Die vierzehn Tage in Breganzona vergingen wie im Fluge. Manchmal gab Bileam seinen Kindern Unterricht in Bürgerkunde und der Jokus und Mäxchen durften zuhören. Manchmal fuhr man in

die Stadt. Dann saß Mäxchen stolz mit seinem kleinen Kronenhut auf dem großen Kronenhut des Königs. So spazierten und trittrollerten sie auch, zur Freude der Einwohner, durch die Straßen.

Und wenn Bileam, zum Spaß, plötzlich ins Schloss zurückwollte und fragte: »Oder haben wir etwas vergessen?«, beugte sich Mäxchen jedes Mal schnell über die große Hutkrempe und flüsterte: »Die heißen Würstchen!«

»Wahrhaftig«, rief dann der König erschrocken, »mein Gedächtnis lässt nach. Geht's Ihnen ähnlich, Professor?«

So kehrten sie schließlich, bevor sie heimfuhren, doch noch beim Würstchengott ein. Das gehörte zu den Fahrten in die Stadt wie der Donner zum Blitz.

Gegen Abend, wenn sie im Spielzimmer saßen, zauberte der Jokus. Er hatte ja den Zauberfrack mitgebracht. Oder Mäxchen und er zeigten ihre Glanznummer »Der große Dieb und der kleine Mann«. Sie stahlen wie die Raben. Sie stahlen auch die Krone von Bileams Hut, obwohl sie festgenäht war. Die Königin konnte es überhaupt nicht fassen. Im »Lokalanzeiger« stand sogar, die beiden hätten am Freitag das Nadelöhr aus Judiths Nähnadel gestohlen. Doch das halte ich für leicht übertrieben, und auch der Pressechef der Königlichen Staatskanzlei schrieb in einem Leserbrief an die Zeitung, das Nadelöhr sei keine Minute vermisst worden.

Viel Spaß machte der Königsfamilie und der Dienerschaft auch die Nummer »Der Bauchredner und seine Puppe«. Der Jokus tat während dieser Szene, als könne er bauchreden, und Mäxchen, der auf seinem Knie saß, bewegte, während sie sich unterhielten, den Kopf, die Augen und die Arme, als sei er eine vom Jokus heimlich gelenkte Gliederpuppe.

Liebe Leser, ich hätte euch diese Darbietung gerne näher beschrieben, aber der verehrte Herr Bauchredner war dagegen. Und Mäxchen sagte: »Die Nummer ist noch lange nicht bühnenreif.«

Außerdem fand die Vorstellung am 14. Dezember statt und wurde, trotz aller Bitten, nicht wiederholt. Denn es war Zeit zum Kofferpacken. Sogar höchste Zeit. Habt ihr schon einmal einen Zauberfrack in einem Koffer verstaut? Nein? Dazu braucht man eine bis anderthalb Stunden.

Frühmorgens am 15. Dezember brachte die königliche Familie den Professor und den kleinen Mann zum Flugplatz. Der Abschied war herzlich und schmerzlich. Alle sagten gleichzeitig: »Auf baldiges Wiedersehen.« Die Maschine »Dagobert« stieg in die Lüfte. Und damit beginnt …

Mäxchen zählt Schweizer Tunnels / Das Geheimnis lüftet sich / Rosa soll gemästet werden / »Villa Glühwürmchen« / Eine Fernsehsendung und viele Ferngespräche / Fairbanks 3712 / Mrs Simpson hieß vor ihrer Heirat Hannchen Pichelsteiner.

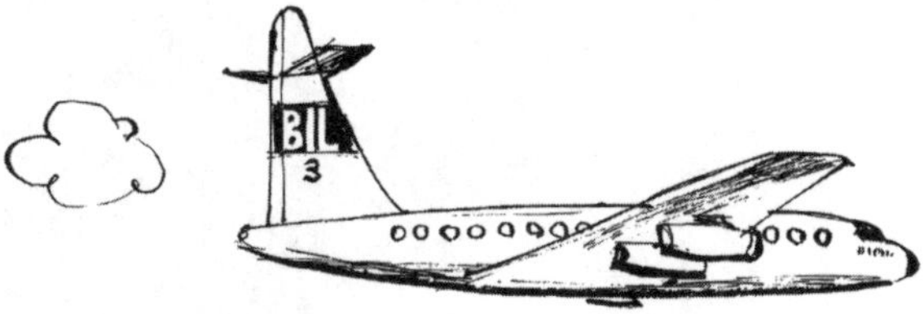

In Calais kletterten sie in eine Caravelle der Air France und flogen mit vielen vergnügten Franzosen, die zum Wintersport wollten, nach Zürich. Dort hatte es geschneit. Vorm Flugplatz stieg der Jokus in ein Taxi.

»Bleiben wir in Zürich?«, fragte Mäxchen.

»Nein, mein Kleiner«, sagte der Professor.

Im Züricher Hauptbahnhof kletterten sie in einen hochmodernen Zug, der nur aus vier Waggons 1. Klasse bestand, und nahmen in der Bar des Speisewagens Platz.

»Draußen steht auf einem Schild ›Zürich–Mailand‹. Fahren wir nach Mailand?«

»Nein, mein Kleiner«, sagte der Professor. Dann bestellte er für sich einen Whisky und für den Jungen einen Tom Collins. »Natürlich ohne Wodka.«

»Sehr gern«, meinte das Servierfräulein und musterte Mäxchen. »Aber Fingerhüte haben wir leider nicht.«

»In einem normalen Glas und mit einem Strohhalm. Der Kleine sitzt gern auf dem Glasrand. Doch das Glas nicht zu voll. Sonst kriegt er nasse Füße.«

»Sehr gern«, sagte das Servierfräulein. »Ganz wie die Herren wünschen.«

Die Welt war schneeweiß. Der Zug sauste am Zürichsee entlang.

Er raste am Vierwaldstätter See vorbei. Die Berge kamen näher. Die Strecke stieg an. Ein Tunnel folgte dem anderen. Die Lampen brannten.

Nachdem der Jokus seine Zeitungen gelesen hatte, vertiefte er sich in ein Buch mit dem Titel »Wichtige Winke eines Fachmanns zur Erlernung der Bauchredekunst«. Mäxchen saß auf dem Rande des Glases, hielt sich am Strohhalm fest, schlürfte seinen Tom Collins schlückchenweise und zählte die Tunnels. »Kannst du mir dein Geheimnis noch immer nicht verraten?«, bohrte er.

»Nein, mein Kleiner.«

»Pfui Spinne! Und du willst mein väterlicher Freund sein? Sechsundzwanzig.«

»Was heißt hier sechsundzwanzig?«

»Der sechsund…, schon wieder einer: der siebenundzwanzigste Tunnel.«

Es schneite dicke Flocken. Man konnte Gletscher sehen. Und zu Eis erstarrte Wasserfälle. Es ging stampfend bergan. Immer höher. »Göschenen« stand an einem Bahnhof. Und schon wurde es von Neuem dunkel.

»Jetzt fahren wir durch den Sankt Gotthard«, erklärte der Professor. »Mindestens zehn Minuten lang. Und wenn wir drüben in Airolo wieder aus dem Berg herauskommen, scheint die Sonne.«

»Bist du sicher?«

»Nein.«

Trotzdem behielt der Jokus recht. Als sie zehn Minuten später aus der Finsternis auftauchten, mussten sie vor lauter Sonnenschein erst einmal die Augen zukneifen. Der Himmel schimmerte

blitzblau. Die Reisenden strahlten. Und der Zug selber freute sich auch. Denn nun ging es endlich bergab. Tiefer und tiefer. Schneller und schneller. Bunt bemalte Häuser sausten vorbei. Auf den Balkonen wiegte sich Wäsche, die in der Sonne trocknen sollte. Die Bahnhöfe hatten italienisch klingende Namen. Alles hatte sich geändert. Nur Tunnels gab es noch immer. »Dreiundvierzig«, sagte Mäxchen. »Seit Zürich dreiund… Nein, vierundvierzig.« Denn schon wieder ratterten sie durch eine halbe Minute Finsternis.

»Verzähle dich nicht«, meinte der Jokus amüsiert. »Sonst müssen wir nach Zürich zurück und die Fahrt wiederholen.«

»Mach keine Witze, sonst verzähle ich mich wirklich.« Es wurde wieder dunkel. Es wurde wieder hell. »Fünfundvierzig«, stellte Mäxchen fest.

Der Zug brauste durch die Ebene. Man sah grüne Hecken mit roten Beeren. Die ersten Zypressen und Palmen tauchten links und rechts von den Gleisen auf. An einem großen Umladebahn-

hof hing das Schild »Bellinzona«. Und als der Schaffner nach einer Weile durch die Waggons ging und ausrief: »Die nächste Station ist Lugano. Wir halten nur eine Minute!«, da steckte der Professor den kleinen Mann in die Brusttasche und stand auf.

»Das ist das ganze Geheimnis?«, fragte Mäxchen enttäuscht. »Wir steigen in Lugano aus? Aber wieso ist das denn geheimnisvoll?«

Der Jokus wollte antworten. Doch es kamen noch ein paar Tunnels und Mäxchen war vollauf mit Zählen beschäftigt.

Dann hielt der Zug. Draußen rief jemand: »Lugano! Beim Aussteigen, bitte, beeilen!« Sie beeilten sich also. Es ging überhaupt sehr eilig zu. Kaum dass der Jokus auf dem Bahnsteig stand, breitete er auch schon die Arme aus, und kaum dass er die Arme ausgebreitet hatte, fiel ihm auch schon eine junge blonde Dame um den Hals. »Vorsicht«, warnte er, »zerdrücke Mäxchen nicht!«

Der Kleine lachte. »Lasst euch nicht stören. Mich stört's auch nicht. Marzipan ist ja weich.«

Vorm Bahnhof stiegen sie in ein Auto und das Marzipanfräulein setzte sich hinter das Steuer.

»Wieso?«, fragte Mäxchen verwundert. »Ist das ein Mietwagen?«

»Nein. Er gehört uns«, antwortete der Jokus. »Jedem gehört ein Drittel. Welches Drittel möchtest du haben?«

Aber Mäxchen schwieg. Sie waren nach Zürich geflogen. Warum? Um nach Lugano zu fahren. Wozu? Weil Rosa auf dem Bahnsteig wartete. Weshalb? Um in ein Auto zu steigen, wovon ihm ein Drittel gehörte. Und jetzt? Jetzt fuhren sie durch eine hübsche Stadt, die Lugano hieß, über einen hübschen Platz, in dessen Mitte ein riesiger Christbaum stand, an einem hübschen See und hübschen Hotels entlang. Wohin? Vor welchem Hotel würden sie halten?

Aber sie hielten vor keinem der Hotels. Sie durchquerten die Stadt und fuhren einen der Hügel hinauf, die den See umkränzten. An Villen und Gärten vorüber. Durch Kastanienwälder und durch Dörfer mit Kirchen, Friedhöfen, Schulen, Konsumläden, Kneipen und Tankstellen. Die Straßen wurden schmäler. Sie waren nicht mehr asphaltiert. Das Auto hoppelte wie ein Kaninchen. Doch dann, ganz unerwartet, bog es in einen Wiesenweg ein und hielt vor einer weißen Mauer. Neben der Einfahrt war ein Schild angebracht. »Villa Sorgenklein«, las Mäxchen.

Rosa Marzipan sperrte das Tor auf, fuhr mit dem Wagen über den knirschenden Kies bis zur Garage, stieg wieder aus und sagte lächelnd: »Herzlich willkommen! Wir sind zu Hause.«

Das also war das Geheimnis. Deshalb hatte Rosa eine alte

Tante besucht, obwohl sie gar keine Tante hatte. Deswegen hatten sie den kleinen Mann angeschwindelt. Es sollte eine Überraschung sein und das war es ja auch.

Mäxchen betrachtete die schöne ockergelbe Villa mit den grünen Fensterläden und meinte: »Ich bin platt.« Und nachdem sie über den Rasen, zwischen den Bäumen und Beeten, bis zur Terrasse spaziert waren, von der aus man, tief unten, den Luganer See und, überm anderen Ufer, den Monte Brè und den San Salvatore mit ihren Seilbahnen sah, sagte Mäxchen, nach einer Schweigeminute, sogar: »Ich bin total geplättet.« Das war das höchste Lob, das er kannte, und er ging damit sehr sparsam um.

Die »Villa Sorgenklein« war weder zu klein noch zu groß. Sie hatte Platz für die dressierten Tauben Emma und Minna, für das weiße Zylinderkaninchen Alba und den schönen Waldemar. Es gab, von den Schlaf- und Schrankzimmern abgesehen, ein Wohnzimmer mit hohen, breiten Fenstern und eine Küche, worin man nicht nur kochen und braten, sondern auch, wenn man wollte, in aller Gemütlichkeit essen konnte.

Sie hatten Appetit. Sie aßen. Es war gemütlich. Emma und Minna pickten Körner. Alba knabberte Chicorée. Die drei Hausbesitzer verzehrten Wiener Schnitzel und goldgelbe Bratkartoffeln. Mäxchen aß an einem kleinen Tisch auf dem großen Küchentisch und erfuhr, während es allen schmeckte, alles, was er noch nicht wusste. (Fast alles.)

Der Jokus, erfuhr er, habe die Villa in aller Heimlichkeit gekauft. Rosa habe das leere Haus, während er und Mäxchen in Breganzona gewesen waren, mit schönen alten Möbeln eingerichtet und dabei drei Pfund und siebzig Gramm abgenommen. Das seien eintausendfünfhundertundsiebzig (1570) Gramm, und sie, Rosa, denke nicht im Traum daran, diese Abmagerungskur fortzusetzen.

»Andere Frauen sind heilfroh, wenn sie dünn werden«, sagte der Jokus zu Mäxchen und zwinkerte.

Rosa erklärte: »Ich bin aber keine andere Frau.«

»Da hat sie, glaube ich, recht«, sagte Mäxchen zwinkernd zum Jokus. »Außerdem weiß sie, dass du runde Damen liebst. Vielleicht sollten wir sie mästen.«

Der Professor nickte. »Ein guter Vorschlag.«

»Mit ›Leichsenrings Kraftfutter‹? Oder hilft das nur bei Hühnern?«

»Wahrscheinlich. Es wäre mir auch zu teuer. Wir füttern sie, fünfmal täglich, mit Spaghetti und Makkaroni. Teigwaren sind hier billig.«

»Sechsmal«, schlug Mäxchen vor. »Mit viel Butter, Tomatenmark und Fleischsoße. Bis sie schön dick ist.«

»Aber was machen wir, wenn sie uns auch dann nicht gefällt?«, fragte der Jokus. »Wenn sie zu breit wird?«

Mäxchen wusste Rat. »Dann lassen wir sie überall tätowieren und zeigen sie auf dem Jahrmarkt. Als entflohene Haremswitwe. Gegen Eintrittsgeld.«

»Kinder und Militär die Hälfte«, sagte der Jokus. »Und du bist der Ausrufer.«

»Jawohl!« Mäxchen rieb sich die Hände. »Treten Sie näher, meine Herrschaften! Hier sehen Sie etwas völlig Neues. Tätowiertes Marzipan, frisch aus Arabien eingetroffen. Die Lieblingswitwe des Emirs Omar.«

»Hereinspaziert, meine Herr- und Damschaften«, rief der Jokus. »Sie heißt Prinzessin Corpulenta, liest Ihnen aus der Hand, falls dieselbe gewaschen ist, und zeigt in der Zweiten Abteilung ihren Siebenschleierharemstanz, wobei sie Gewichte stemmt und Füttern verboten ist.«

»Wunderbar«, sagte Mäxchen. »So machen wir's. Und von dem Geld, das wir mit ihr verdienen, kaufen wir uns eine Makkaronifarm.«

Rosa Marzipan, die Hübsche, blickte die beiden entgeistert an. Dann flüsterte sie: »Ihr seid ja zwei fürchterliche und ausgekochte

Halunken. Wäre ich doch bloß in Arabien geblieben. Dort gab es zwar zum Frühstück verdünntes Wasser und zehn Stockhiebe auf die Fußsöhlchen – aber ihr zwei seid ja noch viel schlimmer als mein lieber Emir Omar mit dem Beinamen der Grässliche.«

Dann mussten sie endlich laut lachen. Auch Minna und Emma, die Lachtauben, lachten mit. Nur das weiße Kaninchen beteiligte sich nicht. Kaninchen lachen höchstens im Traum.

Nach dem Essen wusch Rosa das Geschirr. Der Jokus trocknete ab. Und Mäxchen sang, mit Judiths Kronenhut auf dem Kopf, das Lied von König Bileam.

Als es draußen finster geworden war, gingen sie noch einmal durch den Garten bis zur Terrasse hinaus und freuten sich am Glanz der Dunkelheit. Lugano glitzerte, tief unten, wie ein Juwelierladen. Über den schwarzen See fuhr ein illuminierter Dampfer. Der Monte Brè, der kleine zugespitzte Berg mit seinen Villen, Hotels und Dörfern, glich einem schimmernden Christbaum.

Doch der Märchenhimmel über den drei Hausbesitzern, mit seinen goldenen, grünen, blauen und weißen Sternen, dieser uralte funkelnde Himmel übertraf auch diesmal die Welt der Glühbirnen, so schön sie sein kann.

»Ich bin ja nicht neugierig«, meinte Mäxchen, als er es sich in der alten Streichholzschachtel bequem machte, »aber wo ist eigentlich meine Wohnung geblieben?«

Professor Jokus von Pokus räkelte sich in dem breiten französischen Bett zurecht, das ihm seit heute gehörte, und fragte beiläufig: »Was denn für eine Wohnung?«

Mäxchen sagte: »Die Zweizimmerwohnung, die mir Judith und Osram seinerzeit geschenkt haben.«

»Ach, richtig. Deine Zweizimmerwohnung. Wer weiß, wo Rosa sie hingestellt hat. Sie steht nirgends. Rosa hat uns, als wir ankamen, alle Zimmer gezeigt. Ich bin doch nicht blind.«

»Nein, das kann man dir nicht vorwerfen. Vielleicht hat sie beim Umzug vergessen, sie einzupacken?«

»Ihr zwei macht mir Spaß«, meinte Mäxchen verdrossen. »Eher hätte sie ihren Namen vergessen als meine niedliche Wohnung. Das weiß ich. Und ich weiß noch etwas: Ihr habt schon wieder Heimlichkeiten vor mir.«

»Das ist natürlich auch möglich«, sagte der Jokus. »Um Weihnachten herum kommt das vor. Weil du aber Heimlichkeiten nicht leiden kannst, werde ich dir jetzt klipp und klar erzählen, was wir dir bis zum Heiligabend verschweigen wollten. Also …«

»Hör auf!«, rief Mäxchen. »Ich will es gar nicht mehr wissen. Ich bin ein kleiner Schafskopf.«

»Irrtum«, sagte der Jokus. »Du bist ein großer Schafskopf. Und man lösche das Licht aus, ja? Der Herr Zauberkünstler sind müde.«

»Der kleine Herr Schafskopf auch«, murmelte Mäxchen und drückte auf den Knopf der Nachttischlampe.

Am 24. Dezember nach dem Mittagessen fuhr ein Kombiwagen durchs Tor der »Villa Sorgenklein«. Drei Männer kletterten heraus, trugen Kisten und Kasten und allerlei Geräte in den Garten und machten sich, auf halbem Wege zwischen der Terrasse und der Villa, in der Wiese zu schaffen. Was sie dort trieben, war nicht zu sehen.

Außerdem musste Mäxchen die zwei Meter hohe Tanne schmücken, die im Wohnzimmer stand. Er hüpfte, leicht wie ein Vogel, von Zweig zu Zweig, steckte Kerzen fest, hängte Glaskugeln, Zuckerkringel und Engelshaar in den Baum. Der Jokus stand wie ein General daneben und sagte nur: »Die blaue Kugel etwas weiter rechts … Die dritte Kerze am vierten Ast von unten steht schief … Den Schokoladenring mehr in die Mitte … Noch ein bisschen … Das war zu viel …«

Rosa schaute zu ihnen ins Zimmer, erklärte: »So gut möchte ich's auch mal haben«, und wollte wieder in die Küche zurück.

»Kannst du nicht hierbleiben?«, fragte Mäxchen. »Wir könnten dich gut gebrauchen.«

»Wofür denn?«

»Als Marzipan am Christbaum!«

Sie stemmte die Hände in die Hüften. »Du bist und bleibst das nichtschmutzigste, nein, das nichtsnutzigste Kind, das ich kenne.«

Aber Mäxchen, der sich in einem Zuckerkringel schaukelte, rief: »Warte nur ab, bis du selber welche hast.«

Da räumte sie das Feld, murmelte: »Ich glaube, der Gänsebraten verbrennt«, und fort war sie.

Als es hübsch dunkel geworden war, zündeten sie am Baum die Lichter an, ließen ein paar Wunderkerzen zischen und sprühen, sangen »O du fröhliche«, und jeder gab jedem einen Kuss. Das machte insgesamt sechs.

»Andere Geschenke gibt es nicht«, erklärte der Jokus energisch. »Wir haben einander die Villa geschenkt. Das ist Bescherung genug.«

»Ihr Schwindler«, meinte Mäxchen seelenruhig. »Wo ist denn meine Zweizimmerwohnung? Und was haben die Leute mittags im Garten gemacht?«

»Na schön«, sagte der Jokus. »Es ist zwar nicht üblich, am Heiligabend im Garten Ostereier zu suchen, aber wir können ja einmal nachschauen.« Er steckte den Jungen in die Brusttasche. Rosa nahm zwei Klappstühle. Und so spazierten sie ins Freie.

Zunächst zeigten ihnen die beiden Scheinwerfer am Dach der Villa den Weg. Dann wurde es für kurze Zeit finster. Doch ganz plötzlich begann es in der Wiese zu schimmern und zu leuchten und zu flimmern, als hielten, zu ihren Füßen, tausend Glühwürmchen ihre Weihnachtsfeier ab. Doch es waren keine tausend Glühwürmchen, sondern es war ein kleines Haus, kaum höher als zwanzig Zentimeter, und aus allen Fenstern zwinkerte Licht.

Mäxchens Zweizimmerwohnung mit Bad und Küche nahm den ersten Stock ein. Im Erdgeschoss lagen ein Arbeits- und ein Spielzimmer sowie ein Turnsaal mit einem Duschraum. Eine Treppe war natürlich auch da. Sie führte bis ins Dachgeschoss, und auch hier oben, im schrägen Dach, glänzten drei Fenster.

Rosa und der Jokus saßen auf den Klappstühlen, schwiegen und lächelten zufrieden. Wisst ihr übrigens, was Mäxchen sagte? Er sagte gar nichts! Es gibt solche Kinder. Je mehr sie sich freuen, umso stiller werden sie. Mir ging es, als ich ein kleiner Junge war,

ganz genauso. Und manche Erwachsene verstehen das falsch. Das ist schade, lässt sich aber nicht ändern.

Das Marzipanfräulein und der Professor gehörten glücklicherweise nicht zu der falschen Sorte. Sie konnten warten, und so warteten sie. Sie blieben auch still, als Mäxchen am Jokus hinunterkletterte, langsam zu dem Häuschen schlich und durch die Fenster blickte. Er konnte sich nicht sattsehen.

Schließlich räusperte sich der Jokus. »Willst du den Schlüssel haben und hineingehen?«

Der kleine Mann schüttelte den Kopf.

»Der Schlüssel ist entsetzlich klein. Vielleicht verlieren wir ihn«, meinte Rosa.

Mäxchen schüttelte wieder den Kopf, lief plötzlich auf das Paar zu, kletterte am Jokus hoch, kroch in die Brusttasche und sagte ein einziges Wort. »Morgen«, sagte er.

Am ersten Feiertag, also am 25. Dezember, war er munter und vorlaut wie immer. Der Jokus nahm eine Kamelhaardecke mit und setzte sich, weil das Wetter mild und sonnig war, vor dem Liliputhaus mitten in die Wiese. Mäxchen inspizierte inzwischen sein Eigenheim vom Keller bis zum Boden, und immer wieder einmal riss er ein Fenster auf und rief: »Hier steht ja das Hochreck aus Pichelstein!«, und: »Auch meine Bibliothek ist da!«, und: »Ist das ein richtiges Telefon?«

»Natürlich, mein Kleiner. Und wenn du die Nummer 01 wählst, meldet sich eine uns nicht ganz unbekannte Dame.«

Mäxchen hockte sich in den Lehnstuhl und wählte die Nummer 01. (So einen kleinen Apparat habt ihr noch nie gesehen.) »Wer spricht?«, fragte er. »Mademoiselle Rosa? Sind Sie es höchstpersönlich? Mein Name ist Hausbesitzer Max Pichelsteiner. Ich begrüße Sie auf das Herzlichste … Was tut not? … Eile? … Wieso? Warum sollen wir denn schon jetzt zum Essen kommen? … Waaas?« Der kleine Mann starrte zum Professor hinaus und legte auf. »Weißt du, was sie gefragt hat?«, rief er.

»Nein, mein Kleiner.«

»Ob wir zwei Spielmätze verschwitzt hätten, dass 15 Uhr 15 eine interessante Fernsehsendung gezeigt wird.«

Der Jokus blickte auf die Uhr und sprang hoch. »Wie die Zeit vergeht, wenn man nichts zu tun hat! Komm, mach die Fenster zu und schließ die Tür ab!«

Als sie dann schließlich durch die Wiese zurückmarschierten, hatte es Mäxchen wieder einmal mit dem Dichten. Er sang:

»Wohlauf zu frischen Taten!
Es riecht nach Gänsebraten.
Das merkt sogar ein Kind.
Als Nachtisch gibt es Fernsehn.
Da werden wir zwei Herrn sehn,
die werden wir sehr gern sehn,
weil wir es selber sind!«

An diesem Nachmittag saßen viele Millionen Kinder mit ihren Eltern vorm Fernsehschirm und hatten eine halbe Stunde lang rote Ohren. Sie sahen Pichelstein und den Zirkus, den Zauberprofessor mit dem weißen Kaninchen und den beiden Tauben, die drei Schwestern Marzipan als Luftspringerinnen, und sie sahen, das war die Hauptsache, mit eignen Augen den fünf Zentimeter großen Jungen, der in einer Streichholzschachtel schlief. Sie sahen und hörten, wie er beim Jokus Lesen und Schreiben lernte. Sie erlebten, wie die beiden in einem Herrengeschäft die Schaufensterpuppe kauften und wie dann Mäxchen, im Hotelzimmer, auf dem schönen Waldemar die Kunst des Kletterns übte. Die Sendung endete mit dem Lied vom »Leutnant Unsichtbar« und die Ansagerin wies auf die Fortsetzung am Sonntag in vierzehn Tagen hin.

Die Kinder waren allesamt begeistert und schwärmten bis zum Schlafengehen vom kleinen Mann. Auch die Erwachsenen sprachen noch stundenlang darüber und meinten, wenn sie das Kerlchen nicht selbst gesehen hätten, könnten sie kaum glauben, dass es so etwas überhaupt gäbe.

Inzwischen saßen die Hauptdarsteller im Wohnzimmer ihrer stillen Villa und blickten nachdenklich vor sich hin. »Ich finde, wir waren ziemlich gut«, sagte der Jokus, »aber ganz genau weiß ich's nicht.«

»Mein Absprung zum doppelten Salto war miserabel«, erklärte Rosa Marzipan zerknirscht. »Ich sah aus wie ein lahmer Schimmel.«

Dann klingelte das Telefon und der erste Gratulant meldete sich. Es war der Schüler Jakob Hurtig aus Berlin, und er schwor bei seinem Schulranzen, dass er, seine Eltern, die Verwandten, die Nachbarn und die gesamte Kickelhahnstraße so etwas Fabelhaftes noch nie vorher gesehen hätten. »Sie sind ganz weg«, rief er aus der Ferne, »und ich bin auch gleich weg, sonst wird das Gespräch zu teuer.« Weg war er.

»Schade«, sagte Mäxchen. »Ich wollte ihm gerade von meinem kleinen Haus erzählen. Wisst ihr schon, wie ich es nennen werde? ›Villa Glühwürmchen‹! Gefällt euch das?«

Während es ihnen noch gefiel, klingelte das Telefon von Neuem. Diesmal meldete sich der Bürgermeister aus dem völlig verschneiten Dorf Pichelstein. Sie seien hell begeistert und fühlten sich kolossal geehrt, weil ihr Dorf ja nun weltberühmt geworden sei, was sich auch auf den Fremdenverkehr vorteilhaft auswirken werde.

Das nächste Ferngespräch kam aus Breganzona. König Bileam gratulierte im Namen sämtlicher Schlossbewohner. Es sei großartig gewesen und er gäbe den Apparat an die Kinder weiter. Nun fand Mäxchen endlich Gelegenheit, die »Villa Glühwürmchen« zu beschreiben. Judith und Osram eigneten sich als Zuhörer wie niemand sonst. Denn das jetzige erste Stockwerk, die Zweizimmerwohnung mit Küche und Bad, hatten sie ihm ja seinerzeit geschenkt.

Die Anrufe rissen nicht ab. Der nächste Gratulant war Mister Drinkwater, und der Jokus rief: »Hallo, Hänschen klein. Ich denke, du schläfst?«

»Nein. Ich habe mich wecken lassen. Die Sendung war sehr gut. Ich kann mit euch und ihr könnt mit mir zufrieden sein. Und somit: Gute Nacht allerseits.«

»Wo steckst du denn?«, fragte der Jokus.

Da sagte eine fremde Stimme: »Hier spricht der Bordfunker der Jacht ›Sleepwell‹. Mister Drinkwater schläft bereits wieder. Wir liegen im Hafen von Alexandria vor Anker. Es war eine unvergessliche halbe Stunde. Grüßen Sie, bitte, den kleinen Mann. Ende der Durchsage.«

Der letzte Anruf an diesem denkwürdigen Tage kam aus dem Winterquartier des Zirkus Stilke. Direktor Brausewetter war, schien es, völlig aus dem Häuschen. »Dass ich euch drei jetzt nicht an meine gerührte Brust drücken kann, ist das Einzige, was

mir zu meinem Glücke fehlt. Ihr wart göttlich. Ihr wart umwerfend. Ihr wart …«

Mäxchen rollte von der Hör- zur Sprechmuschel. »Direktor Brausepulver, was für Handschuhe haben Sie an?«

»Goldene«, rief der Direktor zurück. »Goldene Handschuhe, du Goldjunge! Meine Gattin legte mir ein Paar unter den Christbaum. Sie hat ein prophetisches Gemüt.«

Und wer rief am Morgen des zweiten Feiertags noch einmal und schon wieder an? Direktor Brausewetter. »Professor, sind Sie allein? Oder ist Mäxchen in der Nähe?«

»Nein, er badet zurzeit in seinem Eigenheim. Wo brennt's denn?«

»Ich habe vorhin ein Telegramm aus Alaska erhalten, das höchst merkwürdig klingt.«

»Aus Alaska? Liegt das nicht beim Nordpol gleich um die Ecke?«, fragte der Jokus.

»Das ist leicht möglich. Der Text des Telegramms lautet jedenfalls: ›Übermittelt Professor Jokus dringende Bitte, Fairbanks 3712 anzurufen, weil lebenswichtig. Danke schön. Jane Simpson, geborene Hannchen Pichelsteiner.‹ Haben Sie die Nummer notiert?«

»Fairbanks 3712. Jane Simpson.«

»Geborene Pichelsteiner! Hannchen, auch das noch! Mitten in Alaska! Wo es dort angeblich nur Goldsucher, Eskimos und Hundeschlitten gibt. Meine Frau meint …«

»Vielleicht hat Ihre Frau recht«, sagte der Jokus, legte rasch den Hörer auf, hob ihn sofort wieder ab und meldete beim Fernamt Lugano »Fairbanks 3712« an.

»Fairbanks 3712«, wiederholte das Fräulein vom Amt, »sehr gern. Aber dort ist jetzt, glaube ich, Mitternacht oder gestern.«

»Ich bitte um ein Blitzgespräch.«

»Sehr gern, Herr Professor. Und herzlichen Dank für die schöne Fernsehsendung. Es war einmalig.«

Nach dem Essen klagte der Jokus über Kopfschmerzen, legte sich aufs Sofa, sagte, dass er Ruhe brauche, und bat die beiden, eine Spazierfahrt zu machen. Sie hatten nichts dagegen einzuwenden. Doch zuvor zwang ihn Rosa, zwei Kopfschmerztabletten zu schlucken. Das war ihm gar nicht recht, weil er ja gar keine Kopfschmerzen hatte.

Als die zwei aus dem Hause waren, setzte er sich ans Telefon und wartete. Warum er ihnen von Fairbanks 3712 kein Wort erzählt hatte, wusste er selbst nicht genau.

Inzwischen kutschierten Rosa und Mäxchen nach Carona hinüber, wo sie den alten und den kleinen Esel sowie den meckernden Ziegenbock bewunderten, die dort seit Jahren über eine bröcklige Mauer auf die Straße schauen und sich fotografieren lassen. Dann rollten sie nach Morcote hinunter und, am See entlang, nach Melide.

Hier bestaunten sie »La Suisse en miniature«, eine im Freien für Kinder erbaute »Schweiz im Kleinen«: mit Bergen und Burgen, Seen und Städten, fahrenden Dampfern, Eisenbahnen und Omnibussen. Man konnte zu Fuß in einer Viertelstunde bequem durch die gesamte Schweiz spazieren. Mäxchen hockte in Rosas Manteltasche und sagte, als sie wieder ins Auto stiegen: »Das wäre ein Ländchen für mich! Genau meine Kragenweite!«

In Lugano kehrten sie im »Kursaal« ein, wo ihnen ein reizender Oberkellner heiße Schokolade und frische Ananastörtchen servierte. Als er Mäxchen sah, strahlte er. »So ein Zufall! An demselben Tisch hat seinerzeit Dottore Kästner jeden Nachmittag gesessen und an dem Buch ›Der kleine Mann‹ geschrieben.«

»Auf welchem Stuhl?«, fragte Mäxchen.

»Auf dem Stuhl, auf dem jetzt Fräulein Marzipan sitzt.«

»Woher wissen Sie denn, wie ich heiße?«, fragte Rosa.

Mäxchen blinzelte dem Oberkellner zu. Dieser blinzelte zurück, verbeugte sich und begrüßte neue Gäste.

»Was gibt es denn da zu blinzeln?«, fragte Rosa spitz. »Woher weiß er es denn wirklich?«

»Aus dem Buch ›Der kleine Mann‹. Woher denn sonst?«

Rosa lachte, dass sich die Leute umdrehten. »Natürlich!«, rief sie. »Aber nun rasch in den Spielsaal! Dumme Menschen haben Glück beim Roulette.« Und tatsächlich, sie gewann in zehn Minuten dreißig Franken.

Als sie in die Villa heimkamen, wollte Rosa dem Professor noch zwei Tabletten geben. Er aber wollte nicht, sondern sagte: »Ich hatte gar keine Kopfschmerzen. Ich wollte euch nur für einige Zeit los sein.«

»Da habe ich mir ja einen feinen Mann als Bräutigam eingehandelt«, sagte Rosa Marzipan zu Mäxchen.

»Einen notariellen Lügner«, sagte Mäxchen zu Rosa.

»Einen ›notorischen‹ Lügner«, verbesserte sie.

Der Jokus drohte ihnen. »Wenn ihr euch nicht sofort auf eure vier Buchstaben setzt …«

»Wir sind zwei Personen«, meinte Mäxchen.

»… dann meinetwegen auf eure acht Buchstaben …«

»Wir sitzen schon, o Herr«, flötete Rosa. »Nicht nur auf vier oder acht Buchstaben, sondern auf dem ganzen Alphabet. Mäxchen auf dem kleinen, und ich …«

»Ruhe!«, befahl der Professor. »Ich habe vorhin mit Alaska telefoniert. Mit einer Mrs Jane Simpson. Es sei lebenswichtig, hatte in ihrem Telegramm an Brausewetter gestanden, der mich heute früh anrief. Lebenswichtig, was konnte das bedeuten? Ihr Mädchenname sei Hannchen Pichelsteiner. Ich meldete sofort ein Gespräch an, schützte Kopfschmerzen vor, schluckte zwei scheußliche Tabletten und bat euch, spazieren zu fahren.«

Rosa saß auf dem Sofa. Mäxchen saß auf der Sofalehne. Und sie schwiegen um die Wette.

»Vor etwa einer Stunde kam die Verbindung zustande. Ich habe mich mit Mrs Simpson lange unterhalten, und sie versprach mir, sofort die Koffer zu packen. Morgen überweise ich ihr telegrafisch das Reisegeld, und wenn alles gut geht, werden wir mit den beiden Silvester feiern.«

»Mit den beiden?«, fragte Rosa. »Wieso mit den beiden?«

»Mrs Simpson hat eine Tochter. Miss Emily Simpson ist neun Jahre alt, und wir könnten sie, wenn sie damit einverstanden ist, Emilie nennen. Oder Miss Emil. Uns wird schon etwas Unpassendes einfallen.«

Mäxchen saß wie versteinert.

»Sie haben uns auf dem Bildschirm gesehen und den ganzen Abend geweint«, erzählte der Professor. »Mrs Simpson scheint eine kleine unglückliche Frau zu sein.«

»Wie klein?«, flüsterte Mäxchen.

»Fünfzig Zentimeter groß.«

»Und wie unglücklich?«, fragte Rosa.

»Ihr gefiel es nicht in Pichelstein. Damit fing es an und deshalb lief sie vor zehn Jahren bei Nacht und Nebel davon. Sie wollte keinen Pichelsteiner, sondern einen richtigen großen Mann haben. Und große Kinder. Dreimal so groß, wie sie selber war. ›Guten Tag‹, sollten die Leute zu ihren Kindern sagen, ›wer ist denn die kleine Frau, die ihr an der Hand haltet?‹ ›Ach, das ist doch unsere Mutti‹, sollten die Kinder vergnügt antworten. Das war damals Hannchen Pichelsteiners sehnlichster Wunsch. Sie fuhr als blinder Passagier auf einem Transportdampfer bis nach Kanada. Der

Matrose, der sie versteckt hatte, wurde vom Kapitän erwischt und gefeuert. Und weil der Matrose, der Simpson hieß, ein richtiger großer Mann war, heirateten sie. Er fand Arbeit als Packer in einer Konservenfabrik. Dann ließ er sich von einem Agenten für eine Pelztierfarm in Alaska anwerben. Dort bekam Mrs Simpson eine Tochter. Und am nächsten Tag verschwand Mister Simpson. Er ist nie wiederaufgetaucht.«

»Das verstehe ich nicht«, meinte Rosa. »War er denn so sehr enttäuscht, dass es kein Junge war? Mädchen können doch auch ganz nett sein. Ich zum Beispiel …«

Doch sie brachte ihren Satz nicht zu Ende. Denn Mäxchen riss sich an den Haaren und rief: »Lieber, lieber Jokus, nun erzähle mir endlich, wie groß die Tochter ist! Ich halte es nicht länger aus!«

»Du hast es ja schon erraten«, sagte der Jokus und lächelte.

»Ist sie wirklich …?«

»Sie ist wirklich ganz genauso klein wie du.«

Von diesem denkwürdigen Abend ließe sich noch allerlei berichten. Doch ich tue es nicht. Es gibt, finde ich, Augenblicke, in denen der Erzähler auf Zehenspitzen aus dem Zimmer gehen und seine Romanfiguren allein lassen sollte. Er schließt hinter sich die Tür, lauscht noch eine Weile und spaziert dann, an der schimmernden »Villa Glühwürmchen« vorbei, bis zur Terrasse und blickt auf Lugano hinunter. Welch ein Glanz und Geglitzer!

»Miss Emily heißt das daumenlange Mädchen«, denkt er, während er hinunterblickt. »Ob sie so hübsch und gescheit wie Mäxchen ist?«, fragt er sich bekümmert. »Aber Emily oder Emilie, nein, das passt nicht. Mäxchen und Emily? Nein. Mäxchen und Emilie? Nein. Mäxchen und …« Plötzlich ruft er: »Ich hab's! Mäxchen und Mielchen!« Und damit beginnt …

Freundschaft auf den ersten Blick / Mielchen kocht »Quatsch mit Soße« / Mrs Simpson will fort und bleibt / Was sind männliche Knopflöcher? / Polterabend und Aschermittwoch / Mäxchen und Mielchen sagen nicht, worüber sie gelacht haben.

Als Mrs Jane Simpson (aus Fairbanks, Alaska) in Kloten bei Zürich aus dem Flugzeug stieg und an der Sperre ihren Pass stempeln ließ, wunderte sich kein Mensch, dass sie nur fünfzig Zentimeter groß war. Auf internationalen Flugplätzen hat man sich das Wundern längst abgewöhnt.

Sogar wenn jemand mit zwei Köpfen ankäme oder ganz und gar ohne Kopf, auch dann gäbe es nicht die mindeste Aufregung. Wenn im Pass unter der Rubrik »Besondere Kennzeichen« »zwei Köpfe« oder »kopflos« stünde, wäre alles in bester Ordnung.

Wie gesagt, über die bloß einen halben Meter große Mrs Simpson in ihrem Mantel aus Seehundfell wunderte sich niemand. Es bemerkte auch keiner, wie sie dem Jokus rasch und ängstlich etwas in die Hand drückte und wie er dieses Etwas behutsam in die Brusttasche steckte. Erst danach fand die förmliche Begrüßung statt. Mrs Simpson hatte vor lauter Dankbarkeit Tränen in den Augen. Rosa Marzipan meinte munter, das sei übertrieben. Und der Professor winkte einem Taxi.

Nun steckten also zwei Däumlinge in seiner Brusttasche. »Hoffentlich haben sie genügend Platz«, dachte er. »Ich muss mit meinem Schneider darüber sprechen.« Dann reckte er den Hals, drehte die Augen nach unten und versuchte, sich in die eigne Brusttasche zu blicken. Er sah Mäxchens Wuschelkopf und, gleich daneben, eine winzige Pferdeschwanzfrisur mit einem roten Samtbändchen. Das war also Miss Emily Simpson.

Der kleine Mann und die kleine Miss staunten einander an und sagten kein einziges Wort, doch dann lächelten beide. Später spürte Mäxchen, wie sich eine Hand in seine Hand schob. Da drückte er herzhaft zu.

Es war Freundschaft auf den ersten Blick und das ist ja auch kein Wunder. Das große Los zieht man nicht alle Tage, sondern nur einmal im Leben, und nicht einmal das ist ganz sicher. Die meisten ziehen Nieten oder sie erwischen mit Ach und Krach einen Trostpreis. Doch wir wollen nicht neidisch sein. Neid verdirbt den Teint.

Im Zug nach Lugano waren sie immer noch sehr scheu und schüchtern. Eigentlich hatte Mäxchen mit ihr zusammen die vielen Tunnels zählen wollen. Aber dann traute er sich doch nicht, den Mund aufzumachen. Ihm war zumute, als habe man ihm ein Heftpflaster draufgeklebt.

Erst in dem zehn Minuten langen Gotthardtunnel fasste er sich ein Herz. »Ich werde dich Mielchen nennen«, flüsterte er ihr ins Ohr.

Da lachte sie leise und flüsterte: »Mäxchen und Mielchen, das klingt hübsch.«

»Und Mielchen und Mäxchen«, sagte er, »das klingt noch hübscher. Außerdem ist es höflicher.«

Sie kicherte. »Du bist ein regelrechter Gentleman.«

In diesem Augenblick fuhr der Zug aus dem Tunnel mitten in die südliche Sonne hinein. Sie blinzelten und lächelten. »So schön kann es also sein«, sagte Mielchen und wunderte sich. Glück war ihr völlig neu.

Am nächsten Abend feierten sie Silvester. Tags darauf feierten sie das neue Jahr. Und auch die Wochentage, die dann folgten, sahen Feiertagen zum Verwechseln ähnlich. Natürlich schlug man nicht in einem fort Kobolz. Und Mielchen und Mäxchen hopsten auch nicht pausenlos im Weihnachtsbaum herum. Schon deswegen nicht, weil der kleinen Miss leicht schwindlig wurde. Als Mäxchen mit ihr auf der Taube Emma ein paar Runden gedreht hatte, musste sie sich eine Viertelstunde hinlegen.

»Schade«, sagte Mäxchen, »eine Artistin wirst du nicht.«

»Es muss auch Zuschauer geben«, meinte Mielchen. Und ich halte es für ausgeschlossen, dass zu diesem Thema Treffenderes zu sagen wäre.

Wenn sie in der »Villa Glühwürmchen« kochte, war die kleine Miss völlig schwindelfrei. Sie kochte, backte und briet, dass es nur so rauchte. Und wenn sie wirklich nicht mehr weiterwusste, rief sie von dem kleinen Telefon aus ihre Mutter an, die in der großen Villa für die Großen kochte.

Mäxchen saß gern in der Küche und schaute Mielchen zu.

Manchmal las er ihr auch etwas vor. Und manchmal kochten sie, absichtlich, dummes Zeug. »Heute Mittag gibt's ›Quatsch mit Soße‹«, sagten sie dann begeistert, oder »Unsinn mit rechteckigem Kartoffelsalat« oder »Veilchenpastillen mit Dill vom Grill«, und was das Tollste ist: Es schmeckte ihnen auch noch!

Einmal wollte eine Amsel unbedingt durchs offene Küchenfenster und mitessen. Das war eine Aufregung! Mäxchen schickte Mielchen zum Telefon und hielt den Vogel inzwischen mit einem Bratenmesser in Schach. Die Amsel schimpfte. Der Junge schrie: »Hau ab, oder ich mache dich zu Geflügelsalat!«

Doch das war glücklicherweise nicht nötig. Denn mitten in der Redeschlacht kam der Jokus über die Wiese gerannt, als wolle er den Weltrekord im Wiesenlauf unterbieten, und die Amsel suchte das Weite. Das Weite? Sie flog auf den nächsten Baum und schimpfte.

Es ist wirklich merkwürdig: Wenn Amseln singen, singen sie so süß wie Nachtigallen. Womöglich noch süßer und einfallsreicher. Doch wenn sie schimpfen, dann schimpfen und zetern sie wie Autofahrer bei Blechschaden.

Als die Zankamsel endlich davongeflogen war, bückte sich der Jokus und fragte: »Was gibt's denn zu Mittag?«

»Gänseleber vom Huhn mit Meerrettich und noch mehr Meerrettich«, meldete Mielchen. »Wollen Sie mal kosten?« Sie hielt ihm einen Löffel voll durchs Fenster.

Er kostete, musste husten und meinte: »Eine scharfe Sache.«

»Aber gesund«, sagte Mielchen. »Meerrettich reinigt die Luftwege.«

»Und noch mehr Meerrettich reinigt die Luftwege noch mehr«, erklärte Mäxchen. »Außerdem ist es ein lustiges Essen, weil man dabei weint.«

»Ihr solltet eure Rezepte aufschreiben und ein ›Kochbuch für Kinder‹ herausgeben«, meinte Jokus. »Das würde Aufsehen erregen.«

»Lieber nicht«, sagte Mielchen. »Sonst kämen alle Eltern angerückt und zögen uns die Hosen straff.«

Mäxchen war trotzdem für das Kochbuch. »Dabei lernst du lesen und schreiben und Spaß haben wir außerdem. Über unsere Rezepte wird man ziemlich staunen.«

»Davon bin ich überzeugt«, sagte der Jokus. »Und nun wünsche ich euch guten Appetit. Bei uns drüben gibt's Sahnegulasch mit Semmelknödeln. Wenn's dunkel wird, hole ich euch ab. Auf Wiedersehen.«

Als er über die Wiese stelzte, tat ihm das Kreuz weh. Das kommt davon, wenn man sich so lange und so tief bückt, um fremde Küchen zu bewundern.

Nach dem ebenso lustigen wie tränenreichen Menü mit Meerrettich und noch mehr Meerrettich setzten sich die kleine Miss und der kleine Mann in die Bibliothek und tranken aus ihren klitzekleinen Porzellantassen Schokolade. Dazu gab es Mandelsplitter und gehackte Rosinen.

»Es war mir ein Festessen«, sagte Mäxchen. »Du bist die geborene Hausfrau. Aber nun erkläre mir einmal, wieso du nicht lesen und schreiben kannst.«

»Wer hätte mir's denn beibringen sollen?«

»Deine Mutter.«

»Aber Mäxchen, sie stand doch von früh bis spät im Laden, und abends war sie todmüde.«

»Gab es denn sonst niemanden? Keinen Lehrer? Keine Kindergärtnerin? Keinen Jungen aus der Nachbarschaft, der in eine richtige Schule ging? Wo du doch ein so niedliches Mädchen bist? Kannst du mir das erklären?«

Mielchen sah ihm fest in die Augen und nickte. »Ich kann dir's erklären. Aber nur, wenn du mir schwörst, es keinem Menschen weiterzusagen.«

»Ich schwöre es. Bei Jakob Hurtigs Schulranzen. Er ist mein Freund und noch toller schwören kann ich nicht.«

»In Fairbanks wusste doch überhaupt niemand, dass es mich

gab«, flüsterte Mielchen geheimnisvoll. »Ich habe nicht einmal einen Geburtsschein.«

Er saß und staunte.

»Als ich zur Welt gekommen war und mein Vater sah, wie klein ich war, lief er doch fort. Ich weiß nicht, wo er ist und ob er noch lebt, und ich will's auch gar nicht wissen. Ein paar Wochen später fuhr Mutti nach Fairbanks und mietete von ihrem letzten Geld ein Kolonialwarengeschäft. Dazu gehörte eine Ladenstube. Und dort hat sie mich versteckt, bis wir hierhergekommen sind.«

Da nahm Mäxchen seine Porzellantasse und schmetterte sie an die Wand. »Neun Jahre in der Ladenstube?«, schrie er. »Das war gemein! Das durfte sie nicht! Niemals!«

Mielchen kniete am Boden, sammelte die Scherben und sagte: »Schade um die schöne Tasse.«

»Ach was!«, rief Mäxchen wütend. »Um die neun Jahre ist es

schade!« Doch wie er die kleine Miss auf dem Teppich zwischen den Scherben hocken sah, sprang er vom Stuhl, schlang den Arm um sie und drückte sie fest an sich. So saßen sie eine ganze Weile. Mielchen weinte und diesmal lag es nicht am Meerrettich. Der Junge wischte ihr die Tränen von den Backen, betrachtete seine Hände und sagte: »Ausgerechnet heute habe ich dreckige Finger.«

»Das macht nichts«, meinte sie und lächelte schon wieder ein bisschen.

Ich weiß ja nicht, wie ihr darüber denkt. Mäxchens erste Wut war begreiflich und diese erste Wut war nicht seine letzte. Wochenlang konnte er Mielchens Mutter vor lauter Zorn nicht in die Augen sehen. Und sagen durfte er nichts. Er hatte bei Jakob Hurtigs Schulranzen geschworen, das wollen wir nicht vergessen. Andrerseits …

Immer gibt es dieses ruhelose Einerseits und Andrerseits. Es plagt einen noch, wenn man graue Haare oder überhaupt keine Haare mehr hat. Andrerseits, meine ich, war doch Mrs Jane Simpson nicht so schlimm wie die beiden Eltern, die, weil sie nichts zu essen hatten, Hänsel und Gretel nachts ganz einfach in den Wald schickten!

Sie hatte sich abgerackert und in ihrem armseligen Laden Konserven und Schnaps an Eskimos und Indianer, an Lachsfischer und Pelzhändler verkauft. Auch an amerikanische Flieger und Mechaniker, die in der Nähe stationiert waren und mitunter nach Fairbanks kamen, um eine Nacht durchzubummeln.

»Sperr deinen blöden Laden zu«, hatten sie gegrölt. »Mit einem Fräulein, das nur einen halben Meter groß ist, wollten wir schon lange mal tanzen gehen.« Einer hatte sogar nach der Ladenkasse gegriffen. Und wenn sie damals nicht mit dem spitzen Büchsenöffner zugeschlagen hätte …

Doch wozu soll ich euch mit solchen abenteuerlichen Geschichten langweilen? Ich versuche ja nur, euch und mir selber zu erklären, warum Mrs Simpson ihr Kind so lange versteckt und totgeschwiegen hatte. Es war doch das reine Wunder, dass Mielchen trotz der neun einsamen Jahre ein gesundes und normales Kind geblieben war. Hatte das die Mutter denn nicht bedacht?

Ich kann es einfach nicht glauben. Deshalb schlage ich vor, dass wir uns anhören, was sie, etwa zur gleichen Zeit, im Wohnzimmer der »Villa Sorgenklein« erzählte.

Rosa Marzipan und der Jokus saßen auf dem Sofa. Mrs Simpson saß ihnen gegenüber auf einem Sessel, ließ den Kopf hängen und wirkte wie ein Schulmädchen aus der vierten oder fünften Klasse. Doch wenn sie den Kopf hob, sah man ein müdes und abgehärmtes Frauengesicht.

»Alles, was ich getan habe, war falsch«, erklärte sie. »Ich wollte einen großen Mann und große Kinder haben. Ist das eine Sünde? Sind es zwei Sünden? Sind es siebenundachtzig Sünden?«

»Nein«, sagte Rosa. »Aber …«

»Ich fand den großen Mann. Aber ich bekam ein fünf Zentimeter kleines Kind. Der Mann lief vor Schreck auf und davon. Er hielt mich für verhext. Ich hatte Angst. Angst vor mir selber, Angst vor dem Baby, Angst um das Baby, Angst vor der Farm mit den Blaufüchsen, Angst vor der Kälte. Und in dem Laden in Fairbanks gab es neue Angst. Wenn ich nun krank geworden wäre? Oder Emily? Und die Angst vor den betrunkenen Männern im Laden …«

Mrs Jane Simpson, geborene Pichelsteiner, hob den Kopf und blickte das Paar auf dem Sofa traurig an. »Ich bin kein schlechter Mensch, aber ich war keine gute Mutter. Können Sie meine Tochter hierbehalten?«

»Natürlich bleibt sie hier«, sagte der Jokus. »Mäxchen würde uns den Kragen umdrehen, wenn Mielchen nicht bliebe. Aber warum fragen Sie?«

Rosa Marzipan beugte sich vor. »Sie wollen doch nicht etwa …?«

»Doch, ich will fort. Ich bin ein überflüssiger Mensch. Nicht einmal das Kind wird mich vermissen.«

»Das glauben Sie ja selber nicht«, meinte der Jokus. »Kein Quadrat ist rund und keine Mutter ist überflüssig.«

»Sie müssen bleiben«, sagte Rosa. »Nicht nur Mielchen zuliebe, sondern auch wegen Ihrer Semmelknödel.«

»Außerdem muss jemand das große und das kleine Haus hüten, während wir mit dem Zirkus unterwegs sind.« Der Jokus zündete sich eine Zigarette an. »Wir wollen uns doch noch nicht endgültig zur Ruhe setzen. Kurz und gut, meine liebe Mrs Simpson, Sie bleiben, weil wir Sie brauchen, und damit basta!«

Die Aussprache hatte Mielchens Mutter gutgetan. Das merkte man schon nach ein paar Tagen. Sie war nicht mehr so schüchtern und niedergedrückt wie zu Anfang. Es kam sogar vor, dass sie lächelte, wenn die anderen lachten, und da sah man erst, wie hübsch sie eigentlich war.

Einmal holte Rosa den Jokus aus dem Arbeitszimmer, legte den Finger vor den Mund und machte an der Küchentür halt. Sie hörten Tellergeklapper, weil Mrs Simpson das Geschirr abwusch, aber sie hörten noch etwas. Sie sang!

Da schlichen sie wieder ins Arbeitszimmer zurück, und der

Professor sagte: »Na also. Das hätten wir geschafft. Sie ist über den Berg.«

»Und morgen schleppe ich sie zum Friseur«, teilte Rosa Marzipan mit. »Eine neue Frisur verleiht uns Frauen neue, ungeahnte Kräfte.«

Am selben Abend, gleich nach dem Essen, sagte Mrs Simpson, sie wolle Rosa und Mielchen etwas zeigen. So kam es, dass der Jokus und Mäxchen allein waren.

»Eine günstige Gelegenheit für ein Gespräch unter Männern«, meinte der Jokus.

Mäxchen fühlte sich geehrt. »Ich bin ganz Ohr.«

»Du hast Mrs Simpson in den letzten Tagen so unverhohlen wütend angestarrt, dass ich dachte, du wolltest ihr den Kopf abbeißen.« Weil der Junge schwieg, fuhr der Professor fort: »Vermutlich hast du ein paar Dinge aus Fairbanks erfahren. Zum Beispiel über Ladenstuben. Und sicher hast du geschworen, den Mund zu halten.«

Mäxchen schwieg noch immer.

»Halte dein Wort und halte den Mund«, sagte der Jokus. »Das ist völlig in Ordnung. Ich habe aber niemandem Stillschweigen versprochen. Deshalb darf ich wenigstens zu dir über Mielchens Mutter sprechen. Du tust ihr unrecht.«

»Nein!«, rief Mäxchen empört. Er zitterte vor Zorn.

»Doch, doch«, sagte der Jokus. »Vor ein paar Tagen hat sie uns alles erzählt. Hier in diesem Zimmer.«

»Weil sie ein schlechtes Gewissen hatte.«

»Ganz sicher. Aber auch, weil sie fortwollte.«

»Fort? Wohin denn?«

»Ich weiß es nicht. Und sie wusste es ebenso wenig.«

»Mit Mielchen?« Mäxchen war sehr blass geworden.

»Nein«, sagte der Jokus. »Allein. Sie sei ein überflüssiger Mensch.«

»Und warum ist sie ...?«

»Warum sie nicht fortgegangen ist? Weil ich ihr befohlen habe hierzubleiben.«

Damit war das ernste Männergespräch zu Ende. Denn das Marzipanfräulein und Mrs Jane Simpson kamen ins Zimmer, setzten sich und schienen recht vergnügt zu sein. Der Junge blickte von einer zur anderen und fragte: »Wo ist denn Mielchen?«

Da legte Mrs Simpson eine halb offene Streichholzschachtel auf den Tisch. In der Streichholzschachtel lag die kleine Miss und schlief.

Das heißt, sie tat nur so, als ob sie schliefe. Und Mäxchen tat, als ärgere er sich. »Das ist ja der Gipfel«, schimpfte er. »Wenn man einer Frau den kleinen Finger gibt, nimmt sie gleich die ganze Schachtel! Und was hat die freche Person an? Einen meiner Pyjamas! Man merkt es ganz deutlich an den männlichen Knopflöchern.«

»Um alles in der Welt, was sind denn männliche Knopflöcher?«, fragte der Jokus.

»Wir Männer haben die Knopflöcher links und die Knöpfe rechts. Und die Frauen erkennt man daran, dass es bei ihnen genau umgekehrt ist«, erklärte Mäxchen eifrig. »Also hat sie den Schlafanzug gestohlen. Ich rufe die Funkstreife.«

Da setzte sich Mielchen mit einem Ruck hoch. Ihre Augen blitzten vor Übermut. »Aber die Streichholzschachtel ist meine eigne Schachtel, und die Matratze, das Plumeau und die Kissen hat meine Mutter extra für mich genäht. Merk dir das, du … du … du männliches Knopfloch!« Und dann streckte sie ihm, man sollte es nicht für möglich halten, die Zunge heraus. »Bäh!«

Mäxchen wollte sich nicht lumpen lassen. Doch der Jokus hielt ihm den Mund zu und sagte: »Morgen bestelle ich mir beim Schneider ein Jackett mit zwei Brusttaschen, einer auf der linken und einer auf der rechten Seite, damit ihr euch wenigstens nicht zanken könnt, wenn wir unterwegs sind.«

»Da hast du's«, meinte der Professor später, als er sich voller Wohlbehagen im Bett ausstreckte. »Sie ist gar keine schlechte Mutter. Sie hatte vor lauter Freude rote Backen.«

Mäxchen, der in seiner Streichholzschachtel saß, nickte. »Einmal hat sie sogar ganz richtig gelacht.«

»Seit neun Jahren wahrscheinlich zum ersten Male. Ihr beiden wart aber auch sehr ulkig«, sagte der Jokus. »Merkwürdig, mir ist, als lebte dieses Mädchen schon seit einer Ewigkeit bei uns. Dabei haben wir sie doch erst vor einer Woche am Flugplatz abgeholt! Rosa begreift es genauso wenig.«

Plötzlich machte es »klick«, und sie lagen im Dunkeln. Der Junge hatte die Lampe ausgeknipst.

»Nanu, bist du denn schon müde?«, fragte der Jokus.

»Nein.«

»Sondern?«

»Ich bin über Mielchen sooo froh, dass ich's bei elektrischem Licht gar nicht sagen könnte. Nicht einmal dir.«

Sie lagen eine ganze Weile still. Vorm Fenster zauste der Wind die Zypressen. Es war der Südwind, der aus Italien kam und über die Alpen nach Norden wollte, wo es seine Leibspeise gab: frisch gefallenen Schnee.

Der Jokus glaubte schon, der Junge sei eingeschlafen.

Doch mit einem Male fing Mäxchen wieder zu reden an. »Da ist noch etwas. Noch ein Gespräch ohne Licht. Hörst du zu?«

»Freilich.«

»Ich weiß, warum ihr nicht geheiratet habt.«

»So?«

»Mir zuliebe. Ich tat euch leid. Ihr dachtet, ich käme mir sonst zu einzeln vor.«

»Werde nicht melodramatisch«, warnte der Jokus. »Sonst knipse ich die Lampe an.«

»Bitte nicht!«

»Na schön. Ich frage dich also im Dunkeln: Warum glaubst du, wir hätten deinetwegen nicht geheiratet?«

»Weil es wahr ist«, erklärte Mäxchen. »Du hast es selber gesagt: zweimal, als der Zirkus in Glasgow gastierte, einmal in London, zweimal im Schloss von Breganzona und einmal hier, in der Silvesternacht.«

»Da hört doch alles auf«, meinte der Jokus. »Dass du schwindelst, ist schon hart genug. Dass du dabei aber auch noch mit Orts- und Zeitangaben um dich wirfst ...«

»Du sprichst nämlich im Schlaf!«, sagte Mäxchen laut. Kein Wort weiter. Aber das genügte. Daraufhin war es lange Zeit sehr still. Wenigstens in dem dunklen Zimmer. Draußen rumorte der Südwind heftiger als zuvor. Die Bäume bogen sich und stöhnten und seufzten, als hätten sie Rückenschmerzen. In der Ferne pfiff ein Zug.

Schließlich seufzte der Jokus, als habe auch er Rückenschmerzen, und sagte: »Ab morgen stopfe ich dir jeden Abend vorm Schlafengehen Watte in die Ohren.«

Mäxchen lachte leise. »Wozu denn?«, fragte er. »Seit Mielchen da ist, bin ich ja nicht mehr einzeln! Jetzt könnt ihr doch heiraten, ohne dass euch das Gewissen beißt! Mielchen ist ganz meiner Meinung.«

»Was denn? Du hast mit ihr über Rosa und mich und das alles gesprochen?«

»Ich wollte gar nicht. Aber sie hat es herausgekriegt.«

»Was soll das heißen? Herausgekriegt?«

»Nun ja, das kam so … Wir aßen bei uns zu Mittag. Es gab Sternsuppenschnupfen, nein, Sternschnuppensuppe mit Grüßklößchen. Dann legte ich mich für Nureinviertelstündchen aufs Sofa und schlief ein. Mielchen saß daneben. Sie häkelte an einem Topflappen aus Topflappland. Das gibt es natürlich gar nicht.«

»Und?«, fragte der Jokus ungeduldig. »Weiter?«

»Mielchen häkelte und hörte mir zu.«

»Wieso hörte sie dir zu? Ich denke, du schliefst?«

»Lieber Jokus, sei nicht böse«, sagte Mäxchen ängstlich, »und auslachen darfst du mich auch nicht. Aber …«

»Was aber?«

»… mir geht es ganz genau wie dir. Und ich habe es genauso wenig gewusst. Bis es Mielchen gemerkt hat. Ich … Ich spreche auch im Schlaf!«

Da begann der Jokus zu lachen, dass die Fensterscheiben klirrten. Es klang, als könne er nie wieder aufhören. Mäxchen fing auch an. Und so lachten sie zweistimmig, bis jemand die Tür aufriss und das Licht einschaltete.

Es war Rosa Marzipan. Sie trug einen hellblauen Pyjama, hatte bereits geschlafen und fragte entgeistert: »Was soll denn dieses Höllengelächter? Noch dazu im Dunkeln? Seid ihr übergeschnappt?«

»Nein, das nicht«, fing der Jokus an. Doch dann packte ihn die Lachlust von Neuem und auch Mäxchen stimmte wieder ein und zog sich vor Wonne an den Haaren.

Das Marzipanfräulein setzte sich auf die Bettkante, nahm die Hand des Professors, fühlte ihm den Puls und sagte, sanft wie eine Krankenschwester: »Lasst euch bitte nicht stören. Ich habe Zeit.«

Alles hat einmal ein Ende. Auch ein Gelächter, das nicht enden will. So erfuhr Rosa nach und nach, worüber die beiden im Dunkeln gesprochen hatten.

»Na schön«, meinte sie fröhlich, »da werde ich also meine Marzipanjahre einmotten und Frau Hokuspokus werden.«

»Aber vorher musst du bei mir um seine Hand anhalten«, erklärte Mäxchen. »Am besten ist, du tust es gleich. Dann haben wir's hinter uns.«

»Jetzt?«, fragte sie. »Im Pyjama? Schickt sich das?«

»Jetzt!«, befahl Mäxchen.

Und der Jokus sagte: »Sonst bleibst du Fräulein.«

Da stand sie rasch auf, machte vor der Streichholzschachtel auf dem Nachttisch einen tiefen Hofknicks und deklamierte: »Allerwertester Herr von Pichelsteiner, ich bitte Sie trotz der vorgerückten Stunde um die berühmte Hand des berühmten Taschendiebes Jokus von Pokus.«

Mäxchen war aus seiner Schachtel herausgeklettert, verbeugte sich vor Rosa Marzipan und sagte: »Es sei. Ich händige Ihnen hiermit seine Hand aus.«

»Ich möchte nicht unbescheiden sein«, fuhr sie fort, »aber daran erinnern, dass er zwei Hände hat.«

»Da hast du's, mein Kleiner«, seufzte der Jokus. »Erst bat sie nur um eine Hand. Nun will sie beide. In spätestens einer Minute will sie auch noch die Füße.«

»Selbstverständlich halte ich auch um seine Füße an«, sagte

Rosa und machte einen zweiten Knicks. »Ferner um seine Kniekehlen, Schlüsselbeine und Bandscheiben ...«

»Sie will mich an die Anatomie verkaufen«, rief der Professor.

Rosa Marzipan knickste in einem fort und zählte dabei weiter auf. »Auch bitte ich um seinen Schnurrbart, seine Augenbrauen, Ohrläppchen und Sorgenfalten. Ich werde ihm eine gute Frau sein, und wenn seine Schädeldecke eines Tages zu dünn werden sollte, häkle ich ihm eine neue.« Damit versank sie in einem abgrundtiefen Knicks und erhob sich erst, als Mäxchen es gnädig erlaubte.

»Sie haben«, erklärte er salbungsvoll, »um seine Hand und alles Übrige angehalten. Das genügt und jetzt ist alles in Butter. Miss Emily Simpson aus Alaska schließt sich meinem Jawort von Ja bis Z an.«

»Besten Dank, Exzellenz«, flüsterte Rosa.

»Jubeln Sie nicht zu früh«, warnte Mäxchen. »Unser Jawort hängt von zweierlei ab.«

»Ich habe geahnt, dass etwas dahintersteckt«, seufzte der Jokus. »Also? Heraus mit der Sprache.«

»Ihr müsst einen richtigen Polterabend machen. Mit Blindekuh und Knallbonbons und anderem Unsinn. Ja?«

»Genehmigt. Und zweitens?«

»Der Polterabend soll am Faschingsdienstag stattfinden. Mielchen hat beides noch nie erlebt. Und wenn man beides am gleichen Tage feiert, wird es billiger. Mielchen will für sich und mich rote Pappnasen machen. Das kann sehr lustig werden.«

»Davon bin ich überzeugt«, meinte der Jokus. »Nur an eines habt ihr nicht gedacht. Ihr seid zwar ein geriebenes Pärchen, aber ihr habt vergessen, welcher Tag auf den Faschingsdienstag folgt.«

»Wieso? Der nächste Tag ist der Aschermittwoch. Und?«

»Und an einem so traurigen Tage sollen wir heiraten?«, fragte Rosa.

»Das ist ein sehr praktischer Tag«, erklärte Mäxchen. »Da ist das Standesamt nicht so überfüllt.«

Der Polterabend am Faschingsdienstag wurde ein großer Erfolg. Dazu trugen nicht nur Mäxchen und Mielchen mit ihren karminroten Pappnasen bei, sondern auch die Brautleute und, nicht zuletzt, die Trauzeugen, die pünktlich eingetroffen waren: Mister John F. Drinkwater und Zirkusdirektor Brausewetter. Auch den Kriminalkommissar Steinbeiß hatte man eingeladen, aber er musste in Berlin einen Banküberfall aufklären. Das ging vor.

Weil Fasching war, hatten sich alle verkleidet. Mrs Simpson zum Beispiel erschien als Eskimomädchen, Mister Drinkwater als algerischer Seeräuber, Rosa Marzipan als dressierter weißer Pudel – aber den ersten Preis erhielt dann doch, noch dazu einstimmig, Direktor Brausewetter.

»Mich wird keiner erkennen«, hatte er schon am Nachmittag verkündet, und er behielt recht. Denn er kam abends völlig ohne Handschuhe!

Da riefen alle: »Das kann unmöglich unser lieber Brausewetter sein«, und damit hatte er gewonnen. Als Preis wurde ihm vom Jokus ein Paar eiserner Handschuhe aus der Ritterzeit überreicht und er war selig. Eiserne Handschuhe besaß er noch nicht.

Weil nicht nur Faschingsdienstag, sondern gleichzeitig Polterabend war, wurde selbstverständlich auch mächtig gepoltert. Vor allem beim Topfschlagen.

Es ist gar nicht so einfach, mit einem Stock einen Topf zu treffen, wenn man die Augen verbunden hat, und es wurde viel danebengehauen. Mister Drinkwater schlug versehentlich so sehr daneben, dass er, statt des Topfes, Direktor Brausewetters Zylinder traf!

Na, der arme Brausewetter sah ziemlich merkwürdig aus, mit dem Zylinder bis über die Nase! Und es dauerte fünf Minuten, bis man ihn befreit hatte.

Mäxchen rief: »Sie sahen aus wie der Schwarze Prinz!«

»Hauptsache, dass es dir gefallen hat«, sagte Direktor Brausewetter und massierte sich die Ohren.

Anschließend gab es heiße Würstchen aus Breganzona. König Bileam hatte zwanzig Dosen geschickt. In jeder Dose steckten sechs Paar. Und so blieben schließlich, trotz heißem Bemühen, elf Dosen übrig.

»Für unsere silberne Hochzeit«, sagte Rosa zum Jokus.

Am Aschermittwoch fuhren alle miteinander nach Lugano hinunter. Zum Standesamt. Mäxchen hatte recht gehabt: Das Rathaus war so leer, dass sich der Beamte geradezu freute, als er Besuch bekam.

Er prüfte die Papiere. Das Brautpaar und die Zeugen schrieben ihre Namen. Mäxchen und Mielchen durften neben dem Tintenfass sitzen. Der Beamte hielt eine schwungvolle italienische Ansprache und schüttelte allen die Hand, dann war es überstanden. Fräulein Marzipan hieß nun Frau von Pokus. Aber sonst hatte sie sich glücklicherweise überhaupt nicht verändert.

Das Festessen fand im Ristorante Bianchi statt. Der Tisch war wunderschön gedeckt. Er war mit so vielen Blumen dekoriert, dass Brausewetter, beim Filet Café de Paris, drei Blümchen mitaß, weil er dachte, es sei die Gemüsebeilage. Den kleinen Irrtum bemerkte nur der Oberkellner und er ließ sofort frische Blumen bringen.

Am Nachmittag saßen die Großen, von all den festlichen Anstrengungen erschöpft, im Wohnzimmer der »Villa Sorgenklein« und tranken starken Kaffee. Mister Drinkwater berichtete über den Erfolg der Fernsehserie »Der kleine Mann« sowie über den für Ostern geplanten Start des Films in tausend Kinos. Und er erzählte auch, dass die Reportage über Señor Lopez großes Aufsehen erregt habe. Die Interpol sei ihm dicht auf den Fersen.

»Er wird wieder Fersengeld zahlen«, meinte Direktor Brausewetter, »reich genug ist er ja.« Nun war das zwar kein umwerfender Witz, doch weil er von ihm selbst war, lachte er, bis ihm der Magen wehtat. Vielleicht lag es aber auch an den Tischblumen. Wer kann das wissen? Es ist schwer, in das Innere eines Menschen zu blicken.

»Nun zu etwas Wichtigerem als Ihrem Magendrücken«, sagte Drinkwater. »Ich habe seit gestern einen Plan.«

»Lass ihn fallen«, erklärte der Jokus.

»Erlaube mal«, rief Drinkwater. »Du kennst doch meinen Plan gar nicht.«

»Selbstverständlich kenne ich ihn. Du willst mit Mielchen und Mäxchen einen Film drehen.«

»Du bist ein Gedankenleser. ›Der kleine Mann und die kleine Miss‹ soll der Film heißen.«

»Das klingt hübsch«, meinte Mrs Simpson und blickte den Filmonkel aus Amerika erwartungsvoll an.

Mister Drinkwater begann: »Zunächst möchte ich …«

»Mir geht es genau wie dir«, unterbrach ihn der Professor. »Auch ich möchte noch eine Tasse Kaffee. Wie wäre es, wenn die Dame des Hauses und die Hausdame in die Küche marschierten und einen Mokka brauten, der alle Sprachen spricht? Vielleicht sogar Türkisch?«

»Sehr wohl, mein Gebieter«, flüsterte Rosa und verneigte sich orientalisch. Dann zwinkerte sie dem Gebieter zu und zog Mielchens Mutter aus dem Zimmer.

»Was soll denn das?«, fragte Mister Drinkwater gereizt. »Warum muss ich denn türkischen Mokka trinken?«

»Damit Mrs Simpson nicht hört, was ich dir jetzt klipp und klar sagen werde«, erklärte der Jokus, und seine Stimme klang sehr energisch. »Diesen Film wirst du nicht drehen! Kaum haben sich Mielchen und ihre Mutter von ihrer Zeit in Alaska erholt, kommst du daher und willst sie, als Schauspieler, noch einmal in das gleiche Elend zurückjagen – was fällt dir eigentlich ein?«

»Im Allgemeinen ist er ja ein guter Kerl«, meinte Direktor Brausewetter. »Nur beim Topfschlagen oder wenn er Filmpläne hat, wird er roh wie ein Fleischerhund.«

Mister Drinkwater nagte eine Minute an der Unterlippe. Dann sagte er: »Okay, gentlemen.«

»Du gibst den Plan auf?«, fragte der Jokus erleichtert.

Drinkwater lächelte. »Darüber unterhalten wir uns in einem Jahr.«

Mielchen und Mäxchen saßen in ihrer »Villa Glühwürmchen« gemütlich am offenen Fenster und übten Faulsein. Es stand als Pflichtfach auf dem Stundenplan, der an der Wand hing. »Faulsein, täglich 15 bis 16 Uhr, auch sonntags«, hatte der Jokus in Schönschrift eingetragen.

Mäxchen musterte die tickende Pendeluhr überm Sofa. »Noch vier Minuten«, stellte er fest. »Dann können wir wieder Krach machen. Was wollen wir spielen? ›Frau Vogelbauer beim Friseur‹? Oder ›Der Opernsänger hat den Keuchhusten‹?«

»Bis die Uhr schlägt, bin ich faul«, sagte Mielchen und betrachtete die Gänseblümchen vorm Fenster. Sie waren so groß wie Mielchen selbst. Und daneben wuchs ein Himmelschlüsselchen, das war sogar einen Kopf größer.

»Oder wir gehen in den Turnsaal«, schlug er vor. »Ich mache am Hochreck die Riesenwelle und du fängst mich auf. Wie wäre das? Auch nicht?«

Sie legte den Finger vor die Lippen.

»Na schön«, brummte er. »Faul, fauler, am faulsten.« Und dann blickten sie in die Wiese, bis die Wanduhr viermal geschlagen hatte.

»So«, rief er tatendurstig, »jetzt geht's los! Aber was?«

Mielchen lachte ihn an. »Ich weiß was. Wir spielen ›Das

kleinste Ehepaar der Welt‹. Das ist ein Spiel ganz für uns allein, weil andere Kinder dafür viel zu groß sind.«

Mäxchen war Feuer und Flamme. »Jawohl«, rief er. »Womit fangen wir an? Mit dem Polterabend?«

»Bloß nicht«, sagte sie entsetzt. »Geschirr zerschlagen, das könnte dir so passen!«

»Oder: Wir sind schon ein paar Jahre verheiratet und ich komme von einer Reise zurück. Wir fallen uns um die Hälse, freuen uns, dass wir gesund geblieben sind …«

»… und dann fragst du, wo die Kinder stecken«, meinte Mielchen. »Das ist gut.«

»Was denn für Kinder?«, fragte Mäxchen.

»Na, hör mal«, sagte sie. »Unsere eignen! Wir sind doch verheiratet und haben zwei. Einen kleinen Jungen und ein kleines Mädchen. Er heißt Fridolin und sie heißt vielleicht Kunigunde. Ist dir das recht?«

»Fridolin und Kunigunde? Schön. Dann also los!« Und schon flitzte er aus dem Zimmer. Mielchen strich ihr Kleid glatt und stellte sich erwartungsvoll auf den Teppich.

Dann hörte sie im Flur schwere Schritte, und eine Stimme rief: »Hallo! Wo ist denn meine liebe Frau?«

»Hier, mein lieber Mann«, rief sie laut zurück. »Hier ist deine liebe Gemahlin.« Sie breitete die Arme aus, so weit sie konnte.

Mäxchen riss die Tür auf, strahlte und sagte: »Da bin ich wieder.« »Blühend siehst du aus«, sagte er auch noch. Dann stolperte er versehentlich über den Teppichrand und fiel ihr nicht um den Hals, sondern auf seine Nase. Darüber gerieten sie ins Kichern. Doch das ging vorbei.

Als sie, Hand in Hand, auf dem Sofa saßen, fragte sie zärtlich: »Was macht dein Husten? Wie waren die Geschäfte? Hast du großen Hunger? Wie war der Flug? Ist mein Liebling sehr müde? Soll ich dir den Schlafrock holen? Willst du einen Whisky? Oder einen Tom Collins? Warum sagst du denn gar nichts, mein Schatz?«

Mäxchen räkelte sich genüsslich. »Endlich wieder daheim«, meinte er. »Endlich wieder diese himmlische Ruhe in den eignen vier Wänden …«

Sie stieß ihn an und flüsterte: »Jetzt musst du nach den Kindern fragen.«

Er nickte kurz. Dann fragte er laut: »Hatten wir, bevor ich verreiste, nicht ein paar Kinder? Zwei oder drei?«

»Zwei, mein lieber Mann. Den goldigen Fridolin und Kunigunde, unser Zuckerpüppchen.«

»Richtig, meine liebe Frau! Sind sie, während ich fort war, tüchtig gewachsen?«

»Leider nein. Ich habe sie gestern mit dem Lineal nachgemessen. Fridolin und auch Kunigündchen sind nach wie vor nur fünf Millimeter groß. Viel ist das nicht. Dabei essen sie wie die Scheunendrescher.«

»Fünf Millimeter sind ein halber Zentimeter.«

»Gewiss, mein kluger Mann.«

»Und wo stecken sie jetzt, statt an ihrem Vater hochzuklettern?«

»Schimpfe nicht«, bat Mielchen. »Aber ich musste sie in die Schnellwäscherei bringen. Dort hängen sie zum Trocknen auf der Leine.«

Mäxchen schien entsetzt zu sein. »Ist das dein Ernst?«

»Nein«, rief sie. »Das ist nicht mein Ernst, sondern unser Fridolin! Und nach Kunigündchen fragst du gar nicht erst. Es ist ja nur ein Mädchen!«

»Erzähle, was passiert ist, oder ich zerhacke die Kommode«, knurrte er.

»Sie waren plötzlich beide weg. Ich rief und suchte und kroch durchs ganze Haus. Nichts. Endlich fiel mir der Staubsauger ein! Ich hatte alle Zimmer geputzt ...«

»... und der Staubsauger hatte die Kinder verschluckt?«

»Ja. Sie saßen bis über die Ohren im Dreck, als ich den Beutel aufmachte. Staub und Teppichhaare und Zigarettenasche und Blumenerde – und dazwischen unsere beiden Lieblinge! Nicht zum Wiedererkennen. Verschmiert, verklebt, hustend, mit Rotznasen, und wie sie heulten!«

»Die lieben Kleinen«, meinte Mäxchen ergriffen.

»Ich stopfte sie in eine Tragtüte und sauste zur Schnellwäscherei.«

»Dort hängen sie nun auf der Leine?«

»Sie tropften vorhin noch ein bisschen. Aber in einer Stunde können wir sie abholen. Bis dahin hat man sie auch schon gebügelt. Sie werden wieder wie neu, hat mir der Besitzer versprochen.« Weil Mäxchen nicht antwortete, fragte sie: »Warum spielst du denn nicht weiter?«

Er zeigte in den Garten. »Wir bekommen Besuch.«

Rosa Marzipan, Verzeihung, Frau von Pokus spazierte mit ihrem Ehemann in der Wiese auf und ab. Sie hatten sich untergehakt und schienen mit sich, mit der Welt und den umliegenden Ortschaften restlos zufrieden zu sein.

»Was meinst du«, fragte Mielchen, »ob sie bald ein Baby kriegen?«

»Ob bald, weiß ich nicht«, sagte Mäxchen. »Aber schön wär's schon. Dann setzen wir uns mit in den Kinderwagen und kitzeln ihn, wenn er heult.«

»Ihn?«, fragte Mielchen. »Den Kinderwagen?«

»Den Jungen!«

»Und wenn's ein Mädchen wird?«

»Dann kitzeln wir eben das Mädchen. Aber es wird bestimmt ein Junge, verlass dich drauf. Ich habe mir sogar schon einen bildschönen Namen für ihn ausgedacht. Weil der Vater Jokus von Pokus heißt, müsste der Junge …« Mäxchen flüsterte Mielchen rasch etwas ins Ohr.

»Nicht so schnell. Noch einmal, Joküsschen von …?«

Da flüsterte er ihr den bildschönen Namen zum zweiten Male ins Ohr. Langsamer und deutlicher.

Jetzt hatte sie ihn genau verstanden, rief »Guuut!« und lachte und klatschte in die Hände. Mäxchen lachte tüchtig mit. Und sie lachten noch, als Herr und Frau von Pokus neugierig durchs offene Fenster blickten.

»Euch scheint's gut zu gehen«, sagte der Jokus. »Das merken sogar Schwerhörige.«

Und Rosa von Pokus fragte: »Worüber lacht ihr denn?«

Aber Mäxchen und Mielchen riefen wie aus einem Munde: »Das verraten wir nicht!«

Liebe Leser,
da saßen nun Herr und Frau von Pokus verdutzt im Gras und hatten nichts zu lachen. Na ja, Hauptsache, dass ihr selber wisst, was Mäxchen der kleinen Miss ins Ohr geflüstert hat.

Wer von euch es nicht wissen sollte, der hat vielleicht die ersten Seiten dieses Buches schon wieder vergessen. Dort erzählt nämlich Jakob Hurtig … Doch keine Angst, ich fange nicht wieder von vorne an, sondern schreibe, mit kühnem Schwung, das Wörtchen

ENDE

Das verhexte Telefon

Vorwort

Der Oberkellner Nietenführ
war neulich wieder mal bei mir.
Und weil er mich am Schreibtisch sah,
sprach er: »Was machen Sie denn da?«

»Ich schreibe«, sprach ich, »ein Gedicht
für Kinder. Soll ich lieber nicht?
Ich bin zwar auch mal klein gewesen
und habe Verse gern gelesen,
doch neulich meinte Dr. Kraus,
die Kinder machten sich nichts draus.«

Da wurde Nietenführ ganz wild
und rief: »Der Kerl ist nicht im Bild!
Auf so was darf man gar nicht hören.
Ich ließe mich dadurch nicht stören.«
Ich war sehr geistesgegenwärtig
und sprach: »Na schön, ich dichte fertig.«

Er ging. Ich brachte Nietenführ
noch rasch bis an die Wohnungstür.
Dann nahm ich Platz und schrieb und schrieb.
Nun habt das Buch auch bisschen lieb!

Das verhexte Telefon

Neulich waren bei Pauline
sieben Kinder zum Kaffee.
Und der Mutter taten schließlich
von dem Krach die Ohren weh.

Deshalb sagte sie: »Ich gehe.
Aber treibt es nicht zu toll.
Denn der Doktor hat verordnet,
dass ich mich nicht ärgern soll.«

Doch kaum war sie aus dem Hause,
schrie die rote Grete schon:
»Kennt ihr meine neuste Mode?
Kommt mal mit ans Telefon.«

Und sie rannten wie die Wilden
an den Schreibtisch des Papas.
Grete nahm das Telefonbuch,
blätterte darin und las.

Dann hob sie den Hörer runter,
gab die Nummer an und sprach:
»Ist dort der Herr Bürgermeister?
Ja? Das freut mich. Guten Tag!

Hier ist Störungsstelle Westen.
Ihre Leitung scheint gestört.
Und da wäre es am besten,
wenn man Sie mal sprechen hört.

Klingt ganz gut. Vor allen Dingen
bittet unsere Stelle Sie,
prüfungshalber was zu singen.
Irgendeine Melodie.«

Und die Grete hielt den Hörer
allen sieben an das Ohr.
Denn der brave Bürgermeister
sang »Am Brunnen vor dem Tor«.

Weil sie schrecklich lachen mussten,
hängten sie den Hörer ein.
Dann trat Grete in Verbindung
mit Finanzminister Stein.

»Exzellenz, hier Störungsstelle.
Sagen Sie doch dreimal ›Schrank‹.
Etwas lauter, Herr Minister!
'tschuldigung und besten Dank.«

Wieder mussten alle lachen.
Hertha schrie »Hurra!«, und dann
riefen sie von Neuem lauter
sehr berühmte Männer an.

Von der Stadtbank der Direktor
sang zwei Strophen »Hänschen klein«.
Und der Intendant der Oper
knödelte die »Wacht am Rhein«.

Ach, sogar den Klassenlehrer
rief man an. Doch sagte der:
»Was für Unsinn! Störungsstelle?
Grete, Grete! Morgen mehr.«

Das fuhr allen in die Glieder.
Was geschah am Tage drauf!
Grete rief: »Wir tun's nicht wieder.«
Doch er sagte: »Setzt euch nieder.
Was habt ihr im Rechnen auf?«

Der Preisboxer

Vermutlich kennt ihr solche Knaben,
die (wenn sie kleine Kinder sehn)
die grässliche Gewohnheit haben,
mit Fäusten auf sie loszugehn.

Dann boxen sie wie Titelhalter
die kleinen Kerls zu Kuchenteig.
Doch zeigt sich wer in ihrem Alter,
so kneifen sie. Denn sie sind feig.

Der Adolf war ein solcher Kunde.
Und trat er tückisch aus dem Haus,
so rissen in der ganzen Runde
die kleinen Kinder alle aus.

Er stieß. Er zog sie an den Haaren.
Es war ihm gleich, wohin er traf.
Zu denen, welche größer waren,
benahm er sich hingegen brav.

Da zogen Leute namens Bock
im Haus von Adolfs Eltern ein.
Sie zogen in den dritten Stock.
Ihr Sohn hieß Fritz und war noch klein.

Bereits am nächsten Tag erhielt
der Fritz von Adolf seine Schläge.
Er hatte still für sich gespielt.
Doch Adolf rief: »Geh aus dem Wege!«

Nun kamen, von dem Krach beflügelt,
die Kinder aus der Gegend an.
Sie wollten sehn, wie Adolf prügelt
und was der Fritz vertragen kann.

Er schlug, so sehr es ihm behagte,
und fand an diesem Sport Genuss,
bis Fritz den Rock auszog und sagte:
»Nun aber Schluss!«

Er gab dem Adolf eins vors Kinn
und rief: »Das war ein Uppercut!«
Der Adolf fiel beinahe hin
und wünschte sich nach Haus ins Bett.

Dann schlug Fritz Haken rechts und links
und gab ihm einen Magenstoß.
Die kleinen Kinder staunten rings.
Und schließlich brach der Jubel los.

Was half dem Adolf seine Länge?
Er sank fast um und weinte laut.
Zum Schluss erklärte Fritz der Menge:
»Passt auf! Jetzt schlag ich ihn knock-out.«

Er drehte sich herum, als ging' er.
Doch plötzlich, scheinbar ohne Ziel,
gab er dem Großen einen Schwinger,
dass Adolf steif zu Boden fiel!

Da lag er wie vom Blitz getroffen
und hielt die Augen zugepresst.
Und Fritzchen sprach: »Es steht zu hoffen,
dass er euch jetzt in Ruhe lässt.«

Ferdinand saugt Staub

Wenn Ferdinand Maschinen sah,
dann war er meistens hingerissen,
ob Radio, ob Kamera –
er schraubte hier – er schraubte da,
er wollte alles wissen.

Sein Vater sparte und erstand
den größten Staubsaugapparat,
den er im Kaufhaus Ury fand.
Er ahnte nicht, was Ferdinand,
als er allein war, tat.

Es ließ dem Jungen keine Ruh,
ob denn der Apparat was taugte.
Er drehte an und ab und zu.
Er hielt den Sauger an die Schuh.
Es stob der Staub. Er saugte.

Es stob der Staub aus jeder Ecke.
Der Apparat war wie verrückt.
Er schob den Bücherschrank vom Flecke.
Er schluckte die geblümte Decke.
Ein Fenster ward zerdrückt.

Es stob der Staub. Der Schrank schlug Wellen.
Dem Ferdinand misslang vor Schreck,
die Mordmaschine abzustellen.
Er hörte seinen Dackel bellen –
schwupp, war das Tierchen weg.

Durchs Zimmer flog ein Blumenstrauß.
Am Boden häuften sich die Reste.
Der Vater kam verstört nach Haus.
Er zog ihm gleich die Stiefel aus.
Sein Bauch quoll aus der Weste.

Die Wände wurden krumm und krümmer.
Die Lampe sauste aufs Parkett.
Der Zustand wurde immer schlimmer.
Schon schwebte aus dem Nebenzimmer
das Mahagonibett.

Es drehte sich. Es stürzte dann.
Die Stühle hüpften wie Gespenster.
Da packte der empörte Mann
den Apparat energisch an
und schmiss ihn aus dem Fenster.

Die Straßenbahn sprang aus den Schienen
und überfuhr den Apparat.
Der Vater sah mit strengen Mienen
auf Ferdinand und die Ruinen
und sprach: »Da hast du den Salat.«

Arthur
mit dem langen Arm

Unerhört ist die Geschichte,
welche ich euch jetzt berichte.
Sie behandelt lang und breit
Arthurs Ungezogenheit.

Ach, er war der tollste Knabe,
den ich je gesehen habe!
Doch nun wird er nie mehr froh.
Wie das kam? Ja, das kam so:

Arthurs Schwester, namens Trude,
fuhr einmal nach Buxtehude.
Arthur, der den Koffer trug,
brachte sie bis an den Zug.

Wagen quiekten. Leute rannten.
Arthur brüllte: »Grüß die Tanten!«
Trude, die am Fenster stand,
reichte ihm noch rasch die Hand.

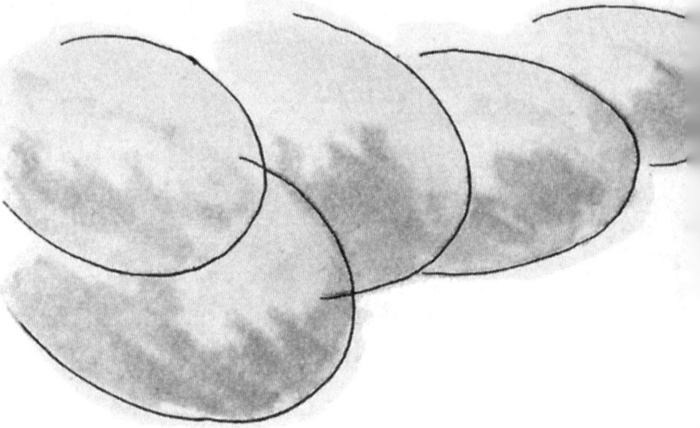

Doch da kam ein Ruck, ein Stoß!
Und der Zug fuhr plötzlich los.
Arthur hielt die Hand der Schwester,
so aus Unsinn, immer fester.

Und er wankte nicht vom Flecke,
doch der Zug bog um die Ecke.
Arthur wich nicht einen Schritt,
aber seine Hand fuhr mit!

Trude krähte wie ein Sänger.
Arthurs Arm ward lang und länger.
Und trotz ihrem Angstgezeter
wuchs der Arm auf dreißig Meter.

Jemand zog das Notsignal.
Und der Zug, der hielt noch mal.
Arthur mit dem langen Arm
übergab man dem Gendarm.

Dieser wusste mit dem langen
Arme auch nichts anzufangen.
In der Schule und zu Haus
lachte man den Arthur aus.

Schließlich wurde er für Geld
auf dem Jahrmarkt ausgestellt.
Für 10 Pfennig zog und rollte
man den Arm, sooft man wollte.

Man benutzte ihn als Reck
und zu manchem andern Zweck,
wie etwa zum Bäumestutzen
und zum Kirchturmfensterputzen.

Wisst ihr, was er in der Nacht
mit dem langen Arme macht?
Wegen seiner Riesenmaße
hängt der Arm bis auf die Straße.

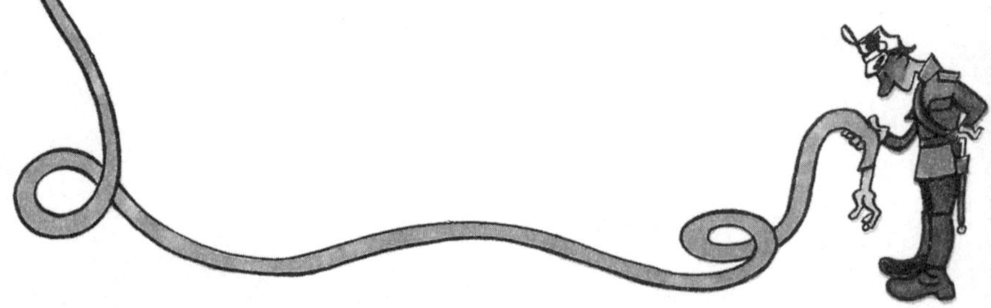

Leute, die vorübergehn,
bleiben dann gewöhnlich stehn.
Und sie zupfen unter Witzen
Arthur an den Fingerspitzen.

Jedes Mal, wenn man ihn neckt,
wird er aus dem Schlaf geweckt.
Schreiben wir ihm einen Brief:
Wir bedauerten ihn tief.

Ursula
hängt in der Luft

Luftballons sind sehr beliebt
und das Schönste, was es gibt.
Erstens sind sie immer rund.
Zweitens sind sie meistens bunt.

Drittens fliegen sie so fein!
Hierbei fällt mir wieder ein,
was damals mit Ursula
und dem alten Knoll geschah.

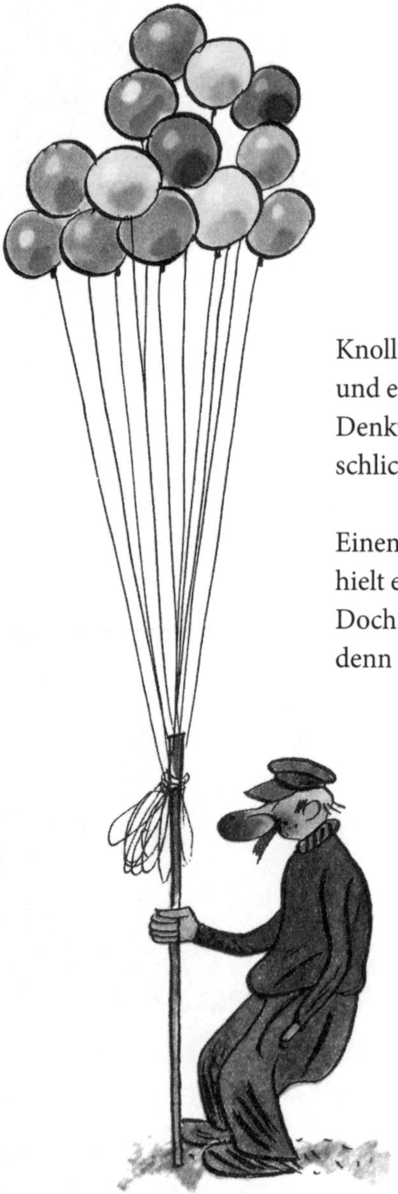

Knoll war ein bekannter Säufer
und ein Luftballonverkäufer.
Denkt, an diesen alten Mann
schlich sie sich von hinten ran.

Einen langen Stab benutzend,
hielt er Luftballons, vier Dutzend!
Doch er wackelte bedenklich,
denn er war vom Trinken kränklich.

Ursel gab ihm einen Stoß!
Da ließ Knoll die Stange los.
Hastig griff sie zu und flog
in die Luft, so sehr sie zog.

Langsam ward sie klein und kleiner.
Und allmählich konnte keiner
ihr noch mit den Augen folgen.
So verschwand sie hinter Wolken.

Immer weiter trieb der Wind
die Ballons mitsamt dem Kind.
Als sie wieder runtersah,
hing sie über Afrika.

Überm Tanganjikasee
taten ihr die Finger weh.
Aber mit dem letzten Rest
ihrer Kraft hielt sie sich fest.

Schließlich kam ein Negerheer
und beschoss sie mit dem Speer.
Die Ballons zerplatzten laut,
übrig blieb nur ihre Haut.

Ursula, die langsam sank,
fühlte sich vor Schreck ganz krank.
Und dann fiel sie unter Schreien
mitten in die Negerreihen.

Anfangs wollten sie sie braten.
Welches Glück, dass sie's nicht taten.
König Wum nahm sie zur Frau.
(Doch das weiß man nicht genau.)

Fest steht, dass sie leben blieb,
weil sie eine Karte schrieb.
Darauf stand in ihrer Schrift:
»Seht, wie mich das Schicksal trifft.
Holt mich heim aus Afrika.
Herzlichst Eure Ursula.«

Das zersägte Motorrad

Der Max hat täglich einen Tanz
mit seinem großen Bruder Franz,
weil dieser lange Goliath
ein herrliches Motorrad hat.

Das wäre schön und wäre gut
und wäre noch kein Grund zur Wut.
Doch Franz hat auch ein Fräulein Braut.
Und nächstens werden sie getraut.

Max sagt zu Franz auf Schritt und Tritt:
»Nimm mich doch, bitte, einmal mit!«
Franz nickt in solchen Fällen prompt,
bis dann die Braut dazwischenkommt.

Da fahren sie dann fort, und der
empörte Max schaut hinterher.
Er kann vor Ärger kaum noch sprechen
und denkt bei sich: Ich muss mich rächen.

Er will nicht stets der Dumme sein,
und endlich fällt ihm etwas ein.
Am nächsten Abend führt er's aus.
Der Bruder Franz ist noch im Haus.

Max schraubt und sägt, mit Ruck und Stoß,
den Beiwagen vom Rade los.
Doch macht er's so, dass jeder denkt,
dass beides noch zusammenhängt.

Dann stellt er, um was zu erleben,
sich sanft und unschuldsvoll daneben.
Er ist vergnügt, sein Herz schlägt laut.
Er freut sich so auf Franzens Braut.

Er malt sich aus, was kommen muss,
den Anfang und nachher den Schluss:
wenn Franzens Braut zur Abfahrt treibt
und trotz der Abfahrt sitzen bleibt.

Da tritt Franz aus dem Haus und spricht:
»Max, meine Braut kommt heute nicht,
weil sie …, ich weiß nicht, was sie vorhat.
Deshalb fährst du mit mir Motorrad!«

Max hat natürlich keine Lust.
Doch denkt er: Menschenskind, du musst!
Und setzt sich, ohne viel zu sagen,
in Franzens abgesägten Wagen.

Der Franz gibt Gas. Der Krach ist groß.
Der Franz springt auf. Die Fahrt geht los.
Schon gibt es aber einen Knacks.
Der Franz fährt ab, doch ohne Max.

Dem ist es eine harte Lehre.
Was lernt er denn? Die Lehre wäre?
Wer andern schadet, sich zu nützen,
bleibt oft, auch wenn er recht hat, sitzen.

Die Sache mit den Klößen

Der Peter war ein Renommist.
Ihr wisst vielleicht nicht, was das ist?
Ein Renommist, das ist ein Mann,
der viel verspricht und wenig kann.

Wer fragte: »Wie weit springst du, Peter?«,
bekam zur Antwort: »Sieben Meter.«
In Wirklichkeit – Kurt hat's gesehn –
sprang Peter bloß drei Meter zehn.

So war es immer: Peter log,
dass sich der stärkste Balken bog.
Und was das Schlimmste daran war:
Er glaubte seine Lügen gar!

Als man einmal vom Essen sprach,
da dachte Peter lange nach.
Dann sagte er mit stiller Größe:
»Ich esse manchmal dreißig Klöße.«

Die andern Kinder lachten sehr.
Doch Peter sprach: »Wenn nicht noch mehr!«
»Nun gut«, rief Kurt, »wir wollen wetten.«
(Wenn sie das bloß gelassen hätten.)

Der Preis bestand, besprachen sie,
in einer Taschenbatterie.
Die Köchin von Kurts Eltern kochte
die Klöße, wenn sie's auch nicht mochte.

Kurts Eltern waren ausgegangen.
So wurde schließlich angefangen.
Vom ersten bis zum fünften Kloß,
da war noch nichts Besondres los.

Die andern Kinder saßen stumm
um Peter und die Klöße rum.
Beim siebenten und achten Stück
bemerkte Kurt: »Er wird schon dick.«

Beim zehnten Kloß ward Peter weiß
und dachte: Kurt erhält den Preis.
Ihm war ganz schlecht, doch tat er heiter
und aß, als ob's ihm schmeckte, weiter.

Er schob die Klöße in den Mund
und wurde langsam kugelrund.
Der Anzug wurde furchtbar knapp.
Die Knöpfe sprangen alle ab.

Die Augen quollen aus dem Kopf.
Doch griff er tapfer in den Topf.
Nach fünfzehn Klößen endlich sank
er stöhnend von der Küchenbank.

Die Köchin Hildegard erschrak,
als er so still am Boden lag.
Dann fing er grässlich an zu husten,
dass sie den Doktor holen mussten.

»Um Gottes willen«, rief er aus,
»der Junge muss ins Krankenhaus.«
Vier Klöße steckten noch im Schlund.
Das war natürlich ungesund.

Mit Schmerzen und für teures Geld
ward Peter wiederhergestellt.
Das Renommieren hat zuzeiten
auch seine großen Schattenseiten.

Übermut tut selten gut

Klaus und Kläre gehn im Zoo spazieren.
Und sie bleiben immer wieder stehn,
um den Garten mit den tausend Tieren
sich so recht ausführlich anzusehn.

Denn da gibt es ganz verrückte Biester,
mit Geweih und Bart und Pinselohr.
Klaus tut sich gern wichtig, und so liest er
Kläre alle Namensschilder vor.

Ganz besonders stehen sie und gaffen
durch das eine hohe Gitter dort.
Denn dahinter stehen zwei Giraffen.
Kläre möchte gar nicht wieder fort.

Klaus sucht unterdessen spitze Steine.
Diese wirft er dann (und holt weit aus)
den Giraffen an die langen Beine.
Seine Schwester sagt nur: »Aber Klaus!«

Er sucht Steine von enormer Größe,
und er knallt sie auf das gelbe Fell.
»Warum werden sie«, brüllt er, »nicht böse?«
Kläre sagt nur: »Das geht manchmal schnell.«

Wieder bückt er sich und sucht und sieht
nicht, dass die Giraffen näher kommen.
Und bevor er es bemerkt und flieht,
haben ihn die beiden festgenommen.

Jede der Giraffen schnappt ein Ohr.
Und dann ziehen sie ihn erst mal breit.
Und dann ziehn sie ihn zu sich empor.
Kläre steckt vor Schreck den Kopf ins Kleid.

Klaus brüllt so, als stecke er am Spieße.
Doch sie hören gar nicht auf sein Weinen.
Wenn man ihn, schreit er, jetzt gehen ließe,
würfe er nie mehr mit spitzen Steinen.

Die Giraffen machen sich nichts draus,
sondern ziehn und zerren wutentbrannt.
Kläre holt die Wärter, aber Klaus
hat schon Ohren wie ein Elefant.

Auch die Wärter können hier nichts machen,
wenn der Anblick sie auch sehr erregt.
Alle Tiere schauen zu und lachen.
Und die Ohren wachsen unentwegt.

Bis die Wärter mit Pistolen knallen.
Dann erst lassen die Giraffen den
ganz und gar verzerrten Knaben fallen.
Kläre wagt es kaum, ihn anzusehn.

Seine Ohren schlenkern ihm wie Schleppen
um die Füße bei dem kleinsten Schritt.
Er hat Mühe, dass er auf den Treppen
sich nicht auf die eignen Ohren tritt.

Armer Klaus, was wird mit dir geschehen,
wenn die Eltern deine Ohren sehen?
Ach, was wird dir noch damit passieren!
Und im Winter wirst du sie erfrieren.

Brauchen wir dir jetzt noch einzuschärfen:
Du sollst nicht mit spitzen Steinen werfen?
Nein, du weißt es endlich, Tiere quälen
ist so gut wie gar nicht zu empfehlen.

In diesem Band wird der Ausdruck ›Neger‹ verwendet, der zur Zeit der Entstehung des entsprechenden Textes gebräuchlich war. Der Verlag hat sich entschieden, Kästners Romane unverändert zur Verfügung zu stellen.

FSC
www.fsc.org
MIX
Papier aus verantwortungsvollen Quellen
FSC® C014496

Neuausgabe
2. Auflage 2018

Erstveröffentlichung: Atrium Verlag AG, Zürich, 1985
Umschlagillustrationen von Walter Trier
Innenillustrationen von Walter Trier und Horst Lemke
Satz: Greiner & Reichel, Köln
Druck und Bindung: GGP Media GmbH, Pößneck
Printed in Germany
ISBN 978-3-85535-406-1

www.atrium-verlag.com

ATRIUM

ERICH

BAND 3

KÄSTNER

für Kinder

Pünktchen und Anton
Als ich ein kleiner Junge war
Das Schwein beim Friseur
Die Konferenz der Tiere

Mit Illustrationen
von Walter Trier und Horst Lemke

ATRIUM VERLAG · ZÜRICH

INHALT

Pünktchen und Anton

Die Einleitung ist möglichst kurz 11
Pünktchen spielt Theater 15
Anton kann sogar kochen 24
Ein Hund wird rasiert 34
Einige Meinungsverschiedenheiten 42
Jeder sein eigener Zahnarzt 49
Die Kinder machen Nachtschicht 55
Fräulein Andacht hat einen Schwips 62
Herrn Bremser geht ein Licht auf 67
Frau Gast erlebt eine Enttäuschung 73
Es konnte auch schiefgehen 79
Herr Pogge übt sich im Spionieren 85
Klepperbein verdient zehn Mark und eine Ohrfeige 91
Die dicke Berta schwingt Keulen 96
Ein Abendkleid wird schmutzig 103
Ein Polizist tanzt Tango 110
Ende gut, alles gut 117
Das kleine Nachwort 125

Als ich ein kleiner Junge war

Kein Buch ohne Vorwort 129
Die Kästners und die Augustins 137
Die kleine Ida und ihre Brüder 145
Meine zukünftigen Eltern lernen sich endlich kennen 157
Koffer, Leibbinden und blonde Locken 167
Die Königsbrücker Straße und ich 177
Lehrer, Lehrer, nichts als Lehrer 187
Riesenwellen und Zuckertüten 197
Der ungefähre Tagesablauf eines ungefähr Achtjährigen 208
Vom Kleinmaleins des Lebens 220
Zwei folgenschwere Hochzeiten 230
Ein Kind hat Kummer 238
Onkel Franz wird Millionär 251
Die Villa am Albertplatz 264
Der zwiefache Herr Lehmann 277
Meine Mutter, zu Wasser und zu Lande 286
Das Jahr 1914 298
Und zum Schluss ein Nachwort 306

Das Schwein beim Friseur

Das Schwein beim Friseur 315
Fauler Zauber 319
Der neugierige Friedrich 321
Arno schwimmt Weltrekord 326
Mama ist nicht zu Hause 327
Kicherfritzen 331
Die Sache mit dem Löwen und dem Marktnetz 333

Arthur mit dem langen Arm 337
Frau Hebestreit spioniert 341
Weltreise durchs Zimmer 346
Zwei Mütter und ein Kind 349
Ein Kind hat Kummer 357
Als der Nikolaus kam 364
Ein kleiner Junge unterwegs 367
Felix holt Senf 375
Zwei Schüler sind verschwunden 378

Die Konferenz der Tiere 405

Pünktchen und Anton

DIE EINLEITUNG IST MÖGLICHST KURZ

Was wollte ich gleich sagen? Ach ja, ich weiß schon wieder. Die Geschichte, die ich euch diesmal erzählen werde, ist höchst merkwürdig. Erstens ist sie merkwürdig, weil sie merkwürdig ist, und zweitens ist sie wirklich passiert. Sie stand vor ungefähr einem halben Jahr in der Zeitung. Aha, denkt ihr und pfeift durch die Zähne: Aha, Kästner hat geklaut!

Hat er aber gar nicht.

Die Geschichte, die in der Zeitung stand, war höchstens zwanzig Zeilen lang. Die wenigsten Leute werden sie gelesen haben, so klein war sie. Es war eine Notiz, und darin hieß es bloß, am Soundsovielten sei in Berlin das und das los gewesen. Ich holte mir sofort eine Schere, schnitt die Notiz aus und legte sie behutsam in das Kästchen für Merkwürdigkeiten. Das Kästchen für Merkwürdigkeiten hat mir Ruth geklebt, auf dem Deckel ist ein Eisenbahnzug mit knallroten Rädern zu sehen, daneben stehen zwei dunkelgrüne Bäume, und darüber schweben drei weiße Wolken, rund wie Schneebälle, alles aus echtem Glanzpapier, wundervoll. Den paar Erwachsenen, die außer mir die Geschichte gelesen haben mögen, ist sie bestimmt nicht aufgefallen. Die Notiz war für sie aus Holz. Wieso aus Holz? Das meine ich so:

Wenn ein kleiner Junge ein Stück Holz unterm Ofen vorholt und zu dem Holz »Hü!« sagt, dann ist es ein Pferd, ein richtiges lebendiges Pferd. Und wenn der große Bruder sich kopfschüttelnd das Holz betrachtet und zu dem kleinen Jungen sagt: »Das ist ja gar kein Pferd, sondern du bist ein Esel«, so ändert das nicht das Ge-

ringste daran. Und mit meiner Zeitungsnotiz war es ähnlich. Die anderen Leute dachten: Na ja, das ist eben eine Notiz von zwanzig Zeilen. Ich aber murmelte »Hokuspokus!« und da war's ein Buch.

Ich erzähle euch das aus einem ganz bestimmten Grunde. Man wird, wenn man Geschichten schreibt, sehr oft gefragt: »He Sie, ist das, was Sie geschrieben haben, auch wirklich passiert?« Besonders die Kinder wollen das immer genau wissen. Da steht man dann da mit seinem dicken Kopf und zieht sich am Spitzbart. Manches in den Geschichten ist natürlich wirklich passiert, aber alles? Man ist doch nicht immer mit dem Notizblock hinter den Leuten hergesaust, um haarklein nachzustenografieren, was sie geredet und getan haben! Oder man wusste noch gar nicht, als ihnen dies und das zustieß, dass man jemals darüber schreiben würde! Ist doch klar, nicht?

Nun stellen sich aber viele Leser, große und kleine, breitbeinig hin und erklären: »Sehr geehrter Herr, wenn das, was Sie zusammengeschrieben haben, nicht passiert ist, dann lässt es uns eiskalt.« Und da möchte ich antworten: Ob wirklich passiert oder nicht, das ist egal. Hauptsache, dass die Geschichte wahr ist! Wahr ist eine Geschichte dann, wenn sie genau so, wie sie berichtet wird, wirklich hätte passieren können. Habt ihr das verstanden? Wenn ihr das verstanden habt, habt ihr ein wichtiges Gesetz der Kunst begriffen. Und wenn ihr's nicht verstanden habt, dann ist es auch nicht schlimm. Und damit ist die Einleitung schon zu Ende, hurra.

Nun weiß ich aus Erfahrung, dass manche Kinder solche Überlegungen, wie eben die mit dem Holz und dem Pferd und der Wirklichkeit und der Wahrheit, sehr gern lesen. Andere Kinder essen lieber drei Tage nichts als Haferschleim, ehe sie sich an so knifflige Dinge heranwagen. Sie haben Angst, ihr kleines, niedliches Gehirn könnte Falten kriegen. Was soll man da machen?

Ich weiß einen Ausweg. Ich werde alles, was in diesem Buch mit Nachdenken verbunden ist, in kleine Abschnitte zusammenfassen, und den Mann, der das Buch druckt, werde ich bitten, dass er meine »Nachdenkereien« anders druckt als die Geschichte selber. Er soll die Nachdenkereien schräg drucken, genau wie diese Einleitung hier. Wenn ihr also etwas Schräggedrucktes seht, dann könnt ihr es überschlagen, als ob es gar nicht dastünde. Kapiert? Ich hoffe, dass ihr verständnisvoll mit den Köpfen nickt.

Was wollte ich gleich noch sagen? Ach ja, ich weiß schon wieder. Ich wollte sagen: Nun kann die Geschichte anfangen.

ERSTES KAPITEL

Pünktchen spielt Theater

Als Herr Direktor Pogge mittags heimkam, blieb er wie angewurzelt stehen und starrte entgeistert ins Wohnzimmer. Dort stand nämlich Pünktchen, seine Tochter, mit dem Gesicht zur Wand, knickste andauernd und wimmerte dabei. Hat sie Bauchschmerzen?, dachte er. Aber er hielt die Luft an und rührte sich nicht von der Stelle. Pünktchen streckte der silbern tapezierten Wand beide Arme entgegen, knickste und sagte mit zitternder Stimme: »Streichhölzer, kaufen Sie Streichhölzer, meine Herrschaften!« Neben dem Kind kauerte Piefke, Pünktchens kleiner brauner Dackel, hielt den Kopf ganz schief, wunderte sich und klopfte mit dem Schwanz den Takt dazu. Pünktchen erklärte kläglich: »Haben Sie doch ein Herz mit uns armen Leuten. Die Schachtel nur zehn Pfennige.« Piefke, der Hund, begann, sich hinterm Ohr zu kratzen. Wahrscheinlich fand er den Preis zu hoch, oder er bedauerte, dass er kein Geld bei sich hatte.

Pünktchen streckte die Arme noch höher, knickste und stammelte: »Mutter ist völlig erblindet und noch so jung. Drei Schachteln fünfundzwanzig. Gott segne Sie, liebe Dame!« Anscheinend hatte ihr die Wand drei Schachteln Streichhölzer abgekauft.

Herr Pogge lachte laut. So etwas war ihm noch nicht vorgekommen. Da stand seine Tochter in dem Wohnzimmer, das dreitausend Mark gekostet hatte, und bettelte die Tapete an. Pünktchen erschrak, als sie jemanden lachen hörte, drehte sich um, sah den Vater und riss aus. Piefke hoppelte teilnahmslos hinterher.

Pünktchen stand vor der Wand und knickste.

»Bei euch piept's wohl?«, fragte der Vater, aber er bekam keine Antwort. Da machte er kehrt und ging in sein Arbeitszimmer. Auf dem Schreibtisch lagen Briefe und Zeitungen. Er setzte sich tief in den Ledersessel, zündete sich eine Zigarre an und las.

Pünktchen hieß eigentlich Luise. Aber weil sie in den ersten Jahren gar nicht hatte wachsen wollen, war sie Pünktchen genannt worden. Und so hieß sie auch jetzt noch, obwohl sie längst zur Schule ging und gar nicht mehr klein war. Ihr Vater, der Herr Pogge, war Direktor einer Spazierstockfabrik. Er verdiente viel Geld und viel zu tun hatte er auch. Seine Frau, Pünktchens Mutter, war allerdings anderer Meinung. Sie fand, er verdiene viel zu wenig Geld und arbeite viel zu viel. Er sagte dann immer: »Davon verstehen Frauen nichts.« Aber das konnte sie nicht recht glauben.

Sie wohnten in einer großen Wohnung, nicht weit vom Reichstagsufer. Die Wohnung bestand aus zehn Zimmern und war so groß, dass Pünktchen, wenn sie nach dem Essen ins Kinderzimmer zurückkam, meist schon wieder Hunger hatte. So lang war der Weg!

Weil wir gerade vom Essen sprechen: Herr Pogge hatte Hunger. Er klingelte. Berta, das dicke Dienstmädchen, trat ein. »Soll ich verhungern?«, fragte er ärgerlich.

»Bloß nicht!«, sagte Berta. »Aber die gnädige Frau ist noch in der Stadt, und ich dachte …«

Herr Pogge stand auf. »Wenn Sie noch einmal denken, kriegen Sie morgen keinen Ausgang«, erklärte er. »Los! Essen! Rufen Sie das Fräulein und das Kind.« Die dicke Berta setzte sich in Trab und kugelte durch die Tür.

Herr Pogge war der Erste im Speisezimmer. Er nahm eine Tablette, verzog das Gesicht und trank Wasser hinterher. Er schluckte Tabletten, sooft sich dazu Gelegenheit bot. Vor dem Essen, nach dem Essen, vorm Schlafengehen, nach dem Aufstehen, manchmal waren es kreisrunde Tabletten, manchmal kugelrunde, manchmal viereckige. Man hätte vermuten können, es mache ihm Spaß. Er hatte es aber nur mit dem Magen.

Dann erschien Fräulein Andacht. Fräulein Andacht war das Kinderfräulein. Sie war sehr groß, sehr mager und sehr verrückt. »Die hat man als Kind zu heiß gebadet«, erzählte die dicke Berta immer, und die beiden konnten einander auch sonst gut leiden. Früher, als es bei Pogges noch kein Kinderfräulein gab und als noch das Kindermädchen Käte da war, hatte Pünktchen immer bei Berta und Käte in der Küche gesessen. Da hatten sie Schoten ausgepult, und Berta war mit Pünktchen einkaufen gegangen und hatte ihr von ihrem Bruder in Amerika erzählt. Und Pünktchen war immer wohl und munter gewesen und hatte nicht so blass ausgesehen wie jetzt, wo die verrückte Andacht im Hause war.

»Meine Tochter sieht blass aus«, sagte Herr Pogge besorgt. »Finden Sie nicht auch?«

»Nein«, erwiderte Fräulein Andacht. Dann brachte Berta die Suppe und lachte. Fräulein Andacht schielte zu dem Dienstmädchen hinüber. »Was lachen Sie denn so dämlich?«, fragte der Hausherr und löffelte, als kriege er es bezahlt. Aber plötzlich ließ er den Löffel mitten in die Suppe fallen, presste die Serviette vor den Mund, verschluckte sich, hustete entsetzlich und zeigte zur Tür.

Dort stand Pünktchen. Aber, du grüne Neune, wie sah sie aus!

Sie hatte die rote Morgenjacke ihres Vaters angezogen und ein Kopfkissen daruntergewürgt, sodass sie einer runden verbeulten Teekanne glich. Die dünnen nackten Beine, die unter der Jacke vorguckten, wirkten wie Trommelstöcke. Auf dem Kopf schaukelte Bertas Sonntagshut. Das war ein tolles Ding aus buntem Stroh. In der einen Hand hielt Pünktchen das Nudelholz und einen aufgespannten Regenschirm, in der anderen einen Bindfaden. An dem Bindfaden war eine Bratpfanne festgebunden, und in der Bratpfanne, die klappernd hinter dem Kind hergondelte, saß Piefke, der Dackel, und runzelte die Stirn. Übrigens runzelte er die Stirn nicht etwa, weil er verstimmt war, sondern er hatte zu viel Haut am Kopf. Und weil die Haut nicht wusste, wohin, schlug sie Dauerwellen.

Pünktchen spazierte einmal rund um den Tisch, blieb dann vor ihrem Vater stehen, betrachtete ihn prüfend und fragte ernsthaft: »Kann ich mal die Fahrscheine sehen?«

»Nein«, sagte der Vater. »Erkennen Sie mich denn nicht? Ich bin doch der Eisenbahnminister.«

»Ach so«, sagte sie.

Fräulein Andacht stand auf, packte Pünktchen beim Kragen und rüstete sie ab, bis sie wieder wie ein normales Kind aussah. Die dicke Berta nahm das Kostüm und das Nudelholz und den Regenschirm und brachte die Sachen hinaus. Sie lachte noch in der Küche. Man konnte es ganz deutlich hören.

»Wie war's in der Schule?«, fragte der Vater, und weil Pünktchen nicht antwortete, sondern in der Suppe herumplanschte, fragte er gleich weiter: »Wie viel ist drei mal acht?«

»Drei mal acht? Drei mal acht ist einhundertzwanzig durch fünf«, sagte sie. Herr Direktor Pogge wunderte sich über gar nichts mehr. Er rechnete heimlich nach, und weil's stimmte, aß er weiter. Piefke war auf einen leeren Stuhl geklettert, stützte die Vorderpfoten auf den Tisch und gab stirnrunzelnd Obacht, dass alle ihre Suppe aßen. Es sah aus, als wolle er eine Rede halten. Berta brachte Huhn mit Reis und gab Piefke einen Klaps. Der Dackel verstand das falsch und kroch völlig auf den Tisch. Pünktchen setzte ihn auf die Erde hinunter und sagte: »Am liebsten möchte ich ein Zwilling sein.«

Der Vater hob bedauernd die Schultern.

»Das wäre großartig«, sagte das Kind. »Wir gingen dann beide gleich angezogen und hätten die gleiche Haarfarbe und die gleiche Schuhnummer und gleiche Kleider und ganz, ganz gleiche Gesichter.«

»Na und?«, fragte Fräulein Andacht.

Pünktchen stöhnte vor Vergnügen, während sie sich die Sache mit den Zwillingen ausmalte. »Keiner wüsste, wer ich bin und wer sie ist. Und wenn man dächte, ich bin es, ist sie es. Und wenn man dächte, sie ist es, dann bin ich's. Hach, das wäre blendend.«

»Nicht zum Aushalten«, meinte der Vater.

»Und wenn die Lehrerin ›Luise!‹ riefe, dann würde ich aufstehen und sagen: ›Nein, ich bin die andere.‹ Und dann würde die Lehrerin ›Setzen!‹ sagen und die andere aufrufen und schreien: ›Warum stehst du nicht auf, Luise?‹, und die würde sagen: ›Ich bin doch Karlinchen.‹ Und nach drei Tagen bekäme die Lehrerin Krämpfe und Erholungsurlaub fürs Sanatorium, und wir hätten Ferien.«

»Zwillinge sehen meist sehr verschieden aus«, behauptete Fräulein Andacht.

»Karlinchen und ich jedenfalls nicht«, widersprach Pünktchen. »So was von Ähnlichkeit habt ihr noch nicht gesehen. Nicht mal der Direktor könnte uns unterscheiden.« Der Direktor, das war ihr Vater.

»Ich habe schon an dir genug«, sagte der Direktor und nahm sich die zweite Portion Huhn.

»Was hast du gegen Karlinchen?«, fragte Pünktchen.

»Luise!«, rief er laut. Wenn er ›Luise‹ sagte, dann hieß das, jetzt wird pariert, oder es setzt was. Pünktchen schwieg also, aß Huhn mit Reis und schnitt Piefke, der neben ihr kauerte, heimlich Grimassen, bis der sich vor Entsetzen schüttelte und in die Küche sauste.

Als sie beim Nachtisch saßen, es gab Reineclauden, erschien endlich Frau Pogge. Sie war zwar sehr hübsch, aber, ganz unter uns, sie war auch ziemlich unausstehlich. Berta, das Dienstmädchen, hatte mal zu einer Kollegin gesagt: »Meine Gnädige, die sollte man mit 'nem nassen Lappen erschlagen. Hat so ein nettes, ulkiges Kind und so einen reizenden Mann, aber denkst du vielleicht, sie kümmert sich um die zwei? Nicht in die Tüte. Den lieben langen Tag kutschiert sie in der Stadt rum, kauft ein, tauscht um, geht zu Fünfuhrtees und zu Modevorführungen, und abends muss dann der arme Mann auch noch mitstolpern. Sechstagerennen, Theater, Kino, Bälle, dauernd ist der Teufel los. Nach Hause kommt sie überhaupt nicht mehr. Na, das hat ja nun wieder sein Gutes.«

Frau Pogge erschien also, setzte sich nieder und war gekränkt. Eigentlich hätte sie sich entschuldigen sollen, dass sie so spät kam. Stattdessen tat sie beleidigt, weil man mit dem Essen nicht gewartet hatte. Herr Pogge nahm wieder Tabletten, diesmal viereckige, verzog das Gesicht und trank Wasser hinterher.

»Vergiss nicht, dass wir heute Abend bei Generalkonsul Ohlerich eingeladen sind«, sagte seine Frau.

»Nein«, sagte Herr Pogge.

»Das Huhn ist ganz kalt«, sagte sie.

»Jawohl«, sagte die dicke Berta.

»Hat Pünktchen Schularbeiten auf?«, fragte sie.

»Nein«, sagte Fräulein Andacht.

»Kind, bei dir ist ja ein Zahn locker!«, rief sie.

»Jawohl«, sagte Pünktchen.

Herr Pogge stand vom Tisch auf. »Wie es abends bei uns zu Hause ist, weiß ich schon gar nicht mehr.«

»Dabei sind wir gestern Abend nicht bis vor die Tür gekommen«, entgegnete seine Frau.

»Aber Brückmanns waren da«, sagte er, »und Schramms und Dietrichs, die ganze Bude war voll.«

»Waren wir gestern zu Hause oder waren wir gestern nicht zu Hause?«, fragte sie energisch und sah ihn gespannt an. Herr Direktor Pogge antwortete vorsichtshalber nichts und ging ins Arbeitszimmer. Pünktchen folgte ihm und setzte sich zu ihm in den großen Ledersessel, denn da war Platz für beide. »Der Zahn ist locker?«, fragte er. »Tut es weh?«

»Ach wo«, sagte sie. »Den reiß ich mir gelegentlich raus. Vielleicht heute noch.«

Dann hupte es vor dem Haus. Pünktchen brachte ihren Vater bis vor die Haustür. Herr Hollack, der Schofför, grüßte sie, und sie grüßte ihn wieder. Sie machte das genau wie er, sie legte die Hand an die Mütze, obwohl sie gar keine Mütze aufhatte. Der Vater stieg ein, das Auto fuhr ab, der Vater winkte. Pünktchen winkte wieder.

Als sie ins Haus zurückgehen wollte, stand Gottfried Klepperbein vor der Tür, das war der Sohn von den Portiersleuten, ein ausgemachter Lümmel.

»Du«, sagte er, »wenn du mir zehn Mark gibst, verrat ich's nicht. Sonst sag ich's deinem Vater.«

»Was denn?«, fragte Pünktchen harmlos.

Gottfried Klepperbein vertrat ihr drohend den Weg. »Das weißt du schon ganz gut, stell dich nicht so dumm, mein Herzblatt!«

Pünktchen wollte gern ins Haus, aber er ließ sie nicht hinein. Da stellte sie sich neben ihn, legte die Hände auf den Rücken und blickte erstaunt nach dem Himmel, als ob der Zeppelin käme oder ein Maikäfer auf Schlittschuhen oder so etwas.

Der Junge guckte natürlich auch hinauf, und da rannte sie wie der Blitz an ihm vorbei, und Gottfried Klepperbein sah, wie es so schön heißt, in den Mond.

DIE ERSTE NACHDENKEREI HANDELT: VON DER PFLICHT

Im ersten Kapitel sind eigentlich schon ziemlich viel Menschen aufmarschiert, nicht? Mal sehen, ob wir sie im Kopf behalten haben:

Da ist also Herr Direktor Pogge, seine werte Frau Gemahlin, Pünktchen, das dürre Fräulein Andacht, die dicke Berta, Gottfried Klepperbein und Piefke, der kleine Dackel. Das heißt, Piefke müssen wir weglassen, Dackel sind keine richtigen Menschen, schade.

Und nun will ich Folgendes fragen: Wer von den Personen hat euch gefallen und wer nicht?

Wenn ich mal meine Meinung äußern darf: Pünktchen gefällt mir ganz gut und die dicke Berta auch. Über Herrn Pogge kann ich mir noch kein Urteil bilden. Aber Pünktchens Mutter, die kann ich für den Tod nicht leiden.

An der Frau stört mich was. Sie kümmert sich nicht um ihren Mann, warum hat sie ihn dann geheiratet? Sie kümmert sich nicht um ihr Kind, warum hat sie es dann zur Welt gebracht? Die Frau vernachlässigt ihre Pflicht, habe ich recht? Niemand wird etwas dabei finden, dass sie gern ins Theater geht oder ins Kino oder meinetwegen auch zum Sechstagerennen. Aber zunächst einmal ist sie Pünktchens Mutter und Herrn Pogges Frau.

Und wenn sie das vergisst, kann sie uns gernhaben.

Stimmt's?

ZWEITES KAPITEL

Anton kann sogar kochen

Nach dem Mittagessen kriegte Frau Direktor Pogge Migräne. Migräne sind Kopfschmerzen, auch wenn man gar keine hat. Die dicke Berta musste im Schlafzimmer die Jalousien herunterlassen, damit es ganz dunkel wurde, wie richtige Nacht. Frau Pogge legte sich ins Bett und sagte zu Fräulein Andacht: »Gehen Sie mit dem Kind spazieren und nehmen Sie den Hund mit! Ich brauche Ruhe. Und dass nichts passiert!«

Fräulein Andacht ging ins Kinderzimmer, um Pünktchen und den Hund zu holen. Sie platzte mitten in eine Theatervorstellung hinein. Piefke lag in dem Kinderbett und schaute nur mit der Schnauze heraus. Er spielte gerade den Wolf, der Rotkäppchens Großmutter gefressen hat. Er kannte das Märchen zwar nicht, aber er spielte seine Rolle nicht übel. Pünktchen stand vor dem Bett, hatte ihre rote Baskenmütze aufgesetzt und trug Bertas Marktkorb am Arm. »Aber Großmutter«, sagte sie erstaunt, »warum hast du so ein großes, großes Maul?«

Dann verstellte sie ihre Stimme und brummte furchtbar tief: »Damit ich dich besser fressen kann.« Sie stellte ihren Korb ab, trat dicht ans Bett und flüsterte, wie eine Souffleuse, dem kleinen Piefke zu: »So, nun musst du mich fressen.«

Piefke kannte, wie gesagt, das Märchen vom Rotkäppchen noch nicht, wälzte sich auf die Seite und tat nichts dergleichen.

»Friss mich!«, befahl Pünktchen. »Willst du mich gleich fressen?« Dann stampfte sie mit dem Fuß auf und rief: »Donnerwetter noch mal! Hörst du denn schwer? Fressen sollst du mich!«

Piefke wurde ärgerlich, kroch unter der Bettdecke vor, setzte sich aufs Kopfkissen und bellte, so laut er konnte.

»Keinen Schimmer hat der Kerl«, erklärte Pünktchen, »ein hundsmiserabler Schauspieler!«

Fräulein Andacht band Piefke, dem ahnungslosen Wolf, Halsband und Leine um, stopfte das Mädchen in den blauen Mantel mit den Goldknöpfen und sagte: »Hol deinen Leinenhut. Wir gehen spazieren.« Eigentlich wollte Pünktchen die Baskenmütze aufbehalten, aber die Andacht meinte: »Dann darfst du nicht zu Anton.« Das wirkte.

Sie gingen fort. Piefke setzte sich aufs Pflaster und ließ sich von Fräulein Andacht ziehen. »Er rodelt schon wieder«, sagte das Kinderfräulein und nahm ihn auf den Arm, und dort hing er nun wie eine verunglückte Handtasche und zwinkerte unfreundlich. »Auf welcher Straße wohnt der Anton? Hast du dir's gemerkt?«

»Artilleriestraße, vierte Etage, rechts«, sagte Pünktchen.

»Und welche Hausnummer?«

»Einhundertachtzig durch fünf«, sagte Pünktchen.

»Warum merkst du dir nicht gleich sechsunddreißig?«, fragte Fräulein Andacht.

»Es behält sich leichter«, behauptete das Kind. »Übrigens scheint Berta Lunte zu riechen, sie sagt, die Streichhölzer müsste geradezu jemand fressen. Dauernd kaufte sie welche und dauernd wären sie weg. Hoffentlich kommt die Sache nicht raus. Der Klepperbein hat auch schon wieder gedroht. Zehn Mark will er haben, sonst verrät er uns. Wenn er's dem Direktor erzählt, au Backe!«

Fräulein Andacht antwortete nichts. Erstens war sie von Natur mundfaul und zweitens passte ihr diese Unterhaltung nicht. Sie gingen die Spree entlang, über eine kleine eiserne Brücke, den Schiffbauerdamm hinauf, die Friedrichstraße links herum, bogen rechts um die Ecke, und da waren sie in der Artilleriestraße.

»Ein sehr altes, hässliches Haus«, bemerkte das Kinderfräulein. »Sieh dich vor, vielleicht sind Falltüren drin.«

Pünktchen lachte, nahm Piefke auf den Arm und fragte: »Wo treffen wir uns nachher?«

»Du holst mich Punkt sechs Uhr bei Sommerlatte ab.«

»Tanzen Sie da wieder mit Ihrem Bräutigam? Grüßen Sie ihn. Und vergnügtes Tanzbein!« Dann trennten sie sich. Fräulein Andacht ging tanzen und Pünktchen trat in das fremde Haus. Piefke jaulte, anscheinend gefiel ihm das Haus nicht.

Anton wohnte im vierten Stock. »Das ist fein, dass du mich mal besuchst«, sagte er. Sie begrüßten einander und standen eine ganze Weile in der Tür. Der Junge hatte eine große blaue Schürze um.

»Das ist Piefke«, erklärte Pünktchen.

»Sehr erfreut«, sagte Anton und streichelte den kleinen Dackel. Und wieder standen sie nebeneinander und hielten den Mund.

»Nun aber mal rin in die gute Stube«, meinte Pünktchen schließlich.

Da lachten sie und Anton ging voran. Er führte sie in die Küche. »Ich koche gerade«, sagte er.

»Du kochst?«, fragte sie und brachte den Mund gar nicht wieder zu.

»Na ja«, sagte er. »Was soll man machen? Meine Mutter ist doch schon so lange krank, und da koche ich eben, wenn ich aus der Schule komme. Wir können doch nicht verhungern?«

»Bitte, lass dich nicht stören«, erklärte Pünktchen, setzte Piefke zur Erde, zog den Mantel aus und legte den Hut ab. »Koche nur ruhig weiter. Ich schau dir zu. Was gibt's denn heute?«

»Salzkartoffeln«, sagte er, nahm einen Topflappen und trat zum Herd. Auf diesem stand ein Topf, Anton hob den Deckel hoch, spießte mit einer Gabel in die Kartoffeln, nickte befriedigt und meinte: »Es geht ihr aber schon viel besser.«

»Wem?«, fragte Pünktchen.

»Meiner Mutter. Morgen, hat sie gesagt, will sie ein paar Stunden aufstehen. Und nächste Woche wird sie vielleicht wieder arbeiten. Sie ist Aufwartefrau, weißt du.«

»Aha«, meinte Pünktchen. »Meine Mutter macht gar nichts. Augenblicklich hat sie Migräne.«

Anton nahm zwei Eier, zerschlug sie an einem Topf, kippte die Schalen um, warf sie in den Kohlenkasten, goss etwas Wasser in den Topf, nahm eine Tüte, schüttete etwas Weißes hinter den Eiern und dem Wasser her, und dann quirlte er mit einem kleinen Quirl darin herum. »Du mein Schreck!«, rief er. »Es werden Klümpchen.«

Piefke spazierte zum Kohlenkasten und besuchte die Eierschalen.

»Warum hast du Zucker hineingeschüttet?«, fragte das Mädchen.

»Das war doch Mehl«, antwortete Anton. »Ich mache Rührei, und wenn man Mehl und Wasser daranschüttet, werden die Portionen größer als sonst.«

Pünktchen nickte. »Und wie viel Salz schüttet man an die Salzkartoffeln?«, erkundigte sie sich. »Ein ganzes Pfund oder bloß ein halbes?«

Anton lachte laut. »Viel, viel weniger!«, sagte er. »Das könnte ja gut schmecken. Nur ein paar Messerspitzen voll natürlich.«

»Natürlich«, sagte Pünktchen und sah ihm zu. Er nahm einen Tiegel, tat Margarine hinein und stellte den Tiegel über die zweite Gasflamme, dann schüttete er die gequirlten Eier in den Tiegel, dass es aufzischte. »Vergiss das Salz nicht, Anton!«, befahl er sich selber, holte eine Prise Salz und streute sie über die gelbe Suppe, die im Tiegel schwamm. Als sie zu backen anfing, rührte er mit einem Löffel um. Es knisterte zutraulich.

»Deswegen heißt es also Rührei«, erklärte das Mädchen.

»Rühr mal 'n bisschen weiter«, bat der Junge und drückte ihr den Löffel in die Hand, und sie rührte in Stellvertretung. Er nahm den Kartoffeltopf, packte ihn mit zwei wollenen Lappen an den Henkeln und schüttete das kochende Wasser in den Ausguss. Die Kartoffeln verteilte er dann auf zwei Teller. »Bei Salzkartoffeln muss man furchtbar aufpassen, sonst wird Matsch daraus«, sagte er.

Pünktchen hörte aber nicht zu. Sie rührte, dass ihr der Arm wehtat. Piefke spielte inzwischen mit den Eierschalen Fußball.

Anton drehte den Gashahn zu, verteilte das Rührei gerecht auf die beiden Teller, wusch sich die Hände und band die große Schürze ab.

»Wir konnten gestern Abend nicht kommen«, meinte Pünktchen. »Meine Eltern hatten Gäste und blieben zu Haus.«

»Ich dachte mir's schon«, sagte der Junge. »Moment, ich bin gleich wieder da.«

Er nahm die beiden Teller und schob durch die Tür. Pünktchen war allein. Sie versuchte, Piefke eine Eierschale auf den Kopf zu setzen. »Wenn du das lernst«, flüsterte sie, »darfst du im Zirkus auftreten.« Aber der Dackel schien etwas gegen den Zirkus zu haben. Er warf die Eierschale immer wieder herunter. »Denn nicht, oller Dussel«, sagte Pünktchen und sah sich um. Kinder, Kinder, war das eine kleine Küche! Dass Anton ein armer Junge war, hatte sie sich zwar gleich gedacht. Aber dass er eine so kleine Küche hatte, setzte sie dann doch in Erstaunen. Vom Fenster aus blickte man in einen grauen Hof. »Unsere Küche dagegen, was?«, fragte sie den Dackel. Piefke wedelte mit dem Schwanz.

Da kam Anton wieder und fragte: »Wollt ihr mit ins Schlafzimmer kommen, während wir essen?« Pünktchen nickte und nahm Piefke am Schlafittchen.

»Sie sieht noch ziemlich krank aus«, sagte der Junge. »Aber tu mir den Gefallen und lass dir's nicht merken.«

Es war ganz gut gewesen, dass er das Mädchen schonend vorbereitet hatte. Antons Mutter saß im Bett und sah sehr blass und

»Wie viel Salz schüttet man an die Salzkartoffeln?«,
erkundigte sich Pünktchen.

elend aus. Sie nickte Pünktchen freundlich zu und meinte: »Das ist schön, dass du gekommen bist.«

Pünktchen machte einen Knicks und sagte: »Guten Appetit, Frau Anton. Sie sehen vorzüglich aus. Wie geht es der werten Gesundheit?«

Der Junge lachte, stopfte seiner Mutter noch ein Kopfkissen hinter den Rücken und sagte: »Meine Mutter heißt doch nicht Anton. Anton heiße doch nur ich.«

»Die Männer, die Männer«, sagte Pünktchen ganz verzweifelt und verdrehte die Augen. »Was man sich über diese Kerle ärgern muss, nicht wahr, gnädige Frau?«

»Ich bin keine gnädige Frau«, erklärte Antons Mutter lächelnd, »ich bin Frau Gast.«

»Gast«, wiederholte Pünktchen. »Richtig, es steht ja auch draußen an der Tür. Ein hübscher Name übrigens.« Sie hatte sich vorgenommen, alles, was sie hier sah, schön zu finden, um Anton und seine Mutter nicht zu kränken.

»Schmeckt's dir, Muttchen?«, fragte er.

»Großartig, mein Junge«, antwortete die kranke Frau und langte tüchtig zu. »Na, morgen koch ich wieder selber. Du kommst ja überhaupt nicht mehr zum Spielen. Die Schularbeiten leiden auch drunter. Gestern hat er sogar Deutsches Beefsteak zustande gebracht«, erzählte sie dem Mädchen. Und Anton bückte sich tief über den Teller, um nicht zu zeigen, dass ihn das Lob freute.

»Vom Kochen verstehe ich keine Silbe«, gab Pünktchen zu. »Das erledigt bei uns die dicke Berta, hundertachtzig Pfund wiegt sie. Dafür kann ich aber Tennis spielen.«

»Und ihr Vater hat ein Auto und einen Schofför«, berichtete Anton.

»Wenn du willst, nehmen wir dich mal mit. Der Direktor ist ein netter Mann«, sagte Pünktchen. »Der Direktor, das ist mein Vater«, fügte sie erläuternd hinzu.

»Es ist ein großer Mercedes, eine Limousine«, ergänzte Anton, »und zehn Zimmer haben sie außerdem.«

»Sie wohnen aber auch sehr schön, Frau Gast«, sagte das Mädchen und setzte Piefke aufs Bett.

»Woher kennt ihr euch eigentlich?«, fragte Frau Gast.

Anton trat Pünktchen auf die Zehen und sagte: »Ach, weißt du, wir haben uns mal auf der Straße angesprochen. Wir waren uns gleich so sympathisch.« Pünktchen nickte zustimmend, betrachtete den Dackel von der Seite und meinte: »Herrschaften, ich glaube, Piefke muss mal raus.«

Frau Gast sagte: »Ihr könntet überhaupt ein bisschen spazieren gehen. Ich werde noch ein paar Stunden nicken.« Anton brachte die Teller in die Küche und holte seine Mütze. Als er wieder hereinkam, meinte die Mutter: »Anton, du musst dir die Haare schneiden lassen.«

»Bloß nicht!«, rief er. »Da fallen einem dann so viele kleine Haare in den Kragen und das kitzelt scheußlich.«

»Gib mir mein Portemonnaie. Du gehst Haar schneiden«, befahl sie.

»Wenn dir so viel daran liegt«, sagte er, »na schön. Aber Geld habe ich selber.« Und weil ihn die Mutter so merkwürdig ansah, sagte er noch: »Ich habe am Bahnhof 'n paar Koffer tragen helfen.« Er gab der Mutter einen Kuss auf die Backe und riet ihr, sehr fest zu schlafen und ja nicht aufzustehen und sich warm zuzudecken und so weiter.

»Zu Befehl, Herr Doktor«, sagte die Mutter und gab Pünktchen die Hand.

»Machen Sie's gut«, meinte Pünktchen zum Abschied. »Aber nun fort, Piefke kann nicht länger warten.«

Der Dackel saß an der Tür und blickte unverwandt zur Klinke hinauf, als wolle er sie hypnotisieren. Da mussten alle drei lachen und dann liefen die Kinder vergnügt fort.

DIE ZWEITE NACHDENKEREI HANDELT: VOM STOLZ

Ich weiß nicht, wie ihr darüber denkt. Findet ihr es recht, dass ein Junge kocht? Dass er sich eine Schürze von der Mutter umbindet und Kartoffeln schält und sie in einen Topf tut und Salz darüberstreut und was sonst alles?

Paul, mit dem ich davon sprach, sagte: »Ich würde nicht kochen. Ich denke ja gar nicht daran.«

»Hm«, sagte ich, »wenn deine Mutter nun im Bett läge, und sie wäre krank, und der Arzt hätte verordnet, dass sie tüchtig und regelmäßig zu essen bekommt, sonst würde sie vielleicht sterben …«

»Also schön«, antwortete Paul hastig, »dann würde ich eben auch kochen, genau wie Ihr Anton. Meinetwegen, aber schämen würde ich mich trotzdem. Kochen ist nichts für Jungen.«

»Wenn du mit einer Puppenküche spieltest, hättest du vielleicht Grund, dich zu schämen«, sagte ich. »Wenn du aber dafür sorgst, dass deine kranke Mutter pünktlich zu essen kriegt, kannst du eher stolz darauf sein. Du könntest noch viel stolzer darauf sein als darauf, dass du vier Meter weit springst …«

»Vier Meter zwanzig«, sagte Paul.

»Siehst du«, rief ich, »darauf bildest du dir nun etwas ein!«

»Ich habe mir's überlegt«, sagte Paul nach einer Weile, »ich würde mich vielleicht doch nicht schämen, wenn man mich beim Kochen erwischte. Aber lieber wäre mir's, es käme keiner dazu. Ich glaube, ich würde die Küchentür abriegeln. Im Übrigen ist meine

Mutter ja gar nicht krank. Und wenn sie krank wäre, hätten wir eine Zugehfrau. Da könnte die doch kochen!«

So ein Dickkopf, was?

DRITTES KAPITEL

Ein Hund wird rasiert

Piefke machte gleich an der ersten Laterne Station. Als die Kinder weiterwollten, lief er nicht mit. Pünktchen musste ihn ziehen. »Er rodelt schon wieder«, erklärte sie.

»Gib mal her!«, sagte Anton. »Das werden wir gleich haben.« Er packte die Leine und zog sein Taschentuch aus der Tasche, dass man einen weißen Zipfel leuchten sah. Dann rief er: »Piefke!«

Der Dackel hob den Kopf, betrachtete den Zipfel neugierig und dachte: Das ist was zum Fressen. Und als Anton weiterging, wackelte er eilig hinterher, blickte dauernd nach dem Taschentuch und schnupperte.

»Großartig!«, erklärte Pünktchen. »Eine glänzende Idee. Das muss ich mir merken.«

»Wie findest du eigentlich unser Haus?«, fragte er. »Ziemlich schrecklich, was?«

»Es sieht ein bisschen verwahrlaust aus«, meinte sie.

»Wie?«, fragte er.

»Verwahrlaust!«, sagte sie. »Gefällt dir das Wort? Das ist von mir. Ich entdecke manchmal neue Wörter. Wärmometer ist auch von mir.«

»Wärmometer statt Thermometer?«, rief er. »Du meinst es auch nicht gerade böse.«

»Und ob«, sagte sie. »Wollen wir mal Gelächter spielen?« Sie wartete gar nicht ab, ob er wollte oder nicht, sondern nahm ihn bei der Hand und murmelte: »Oje, oje, mir ist gar nicht lächerlich zumute. Ich bin tief-, tieftraurig.« Anton sah sie verwundert an.

Sie machte große Augen und hatte eine Falte auf der Stirn. »Oje, oje, mir ist gar nicht lächerlich zumute. Ich bin tief-, tieftraurig«, wiederholte sie. Dann knuffte sie ihn und flüsterte: »Du auch!«

Anton tat ihr den Gefallen. »Oje, oje«, brummte er. »Mir ist gar nicht lächerlich zumute. Ich bin tief-, tieftraurig.«

»Und ich erst«, murmelte sie erschüttert, »oje, oje, mir ist gar nicht lächerlich zumute, ich bin tief-, tieftraurig.« Und weil sich beide anblickten und weil sie beide solche Leichenbittermienen aufgesetzt hatten, lachten sie aus vollem Halse.

»Oje, oje, mir ist gar nicht lächerlich zumute«, fing nun Anton wieder an, und nun mussten sie noch mehr lachen. Schließlich konnten sie sich überhaupt nicht mehr ansehen. Sie lachten und kicherten, fanden kein Ende und bekamen kaum noch Luft. Die Leute blieben bereits stehen. Und Piefke setzte sich hin. Jetzt sind sie völlig übergeschnappt, dachte der Dackel. Pünktchen hob ihn hoch. Und nun gingen die Kinder weiter. Aber jedes blickte in eine andere Richtung. Pünktchen gackerte noch ein paarmal in sich hinein, dann war auch das vorüber.

»Alle Wetter!«, sagte Anton. »War das anstrengend. Ich bin vollständig zerlacht.« Er wischte sich die Lachtränen aus den Augen. Und dann waren sie beim Friseur. Der Friseur hatte einen ganz kleinen Laden, man musste ein paar Stufen hochklettern.

»Guten Tag, Herr Habekuß«, sagte Anton. »Ich soll mir die Haare schneiden lassen.«

»Schon recht. Nimm Platz, mein Sohn«, sagte Herr Habekuß. »Wie geht's der Mutter?«

»Danke für die Nachfrage. Es geht ihr besser. Aber mit dem Bezahlen geht's noch nicht besser.«

»Wieder wie das letzte Mal«, sagte Herr Habekuß. »Zwanzig Pfennig Anzahlung, den Rest in Raten, hinten kurz, vorn etwas länger, ich weiß schon. Und das kleine Fräulein?«

»Ich bin bloß Publikum«, erklärte Pünktchen. »Lassen Sie sich durch mich nicht stören.«

Pünktchen tat, als ob sie Piefke rasierte.

Herr Habekuß band Anton ein großes weißes Tuch um und säbelte mit der Schere drauflos.

»Kitzelt's schon?«, fragte Pünktchen gespannt. Sie konnte es nicht erwarten. Und weil Anton nicht antwortete, sondern mäuschenstill saß, dachte sie sich rasch etwas anderes aus. Sie setzte Piefke auf den zweiten Stuhl, band ihm ihr Taschentuch um den Hals und schmierte ihm Seifenschaum um die Schnauze. Piefke hielt den Schaum zunächst für Schlagsahne, aber weil das weiße Zeug nicht schmeckte, zog er die Zunge wieder zurück und schüttelte den Kopf.

Pünktchen tat, als ob sie ihn rasierte. Sie schabte ihm mit dem Zeigefinger den Seifenschaum allmählich wieder vom Fell, tanzte um ihn herum und unterhielt ihn dabei, wie sie es bei Friseuren beobachtet hatte.

»Ja, ja, mein Herr«, sagte sie zu dem Dackel. »Das sind Zeiten! Ist Ihnen mein Zeigefinger scharf genug? Das sind Zeiten! Es ist zum, Sie wissen schon, was ich meine. Stellen Sie sich vor, bitte die andere Seite, stellen Sie sich vor, wie ich gestern nach Hause komme, hat meine Frau Drillinge gekriegt, drei Zelluloidpuppen, lauter Mädchen. Und auf dem Kopf wächst ihnen rotes Gras. Soll man da nicht verrückt werden? Und wie ich heute früh den Laden aufmache, steht der Gerichtsvollzieher schon drin und sagt, er müsse die Spiegel abholen. Warum?, frag ich den Mann. Wollen Sie mich ruinieren? Tut mir leid, sagt er, der Finanzminister schickt mich, Sie essen keinen Rhabarber. Gegen den Strich, Herr Piefke? Wovon sind Sie übrigens so schön braun? Ach so, Sie benützen Höhensonne. Eine halbe Stunde später kam der Minister persönlich. Wir haben uns geeinigt, ich rasiere ihn eine Woche lang umsonst, täglich zehnmal. Ja, er hat einen sehr starken Bartwuchs. Wünschen Sie Kölnischwasser? Ich werde nächstens verreisen. Der Zeppelin sucht für seine Nordpolfahrt einen seekranken Friseur, der soll den Eisbären die Haare schneiden. Wenn es Ihnen recht ist, bringe ich Ihnen ein Eisbärfell mit. Puder angenehm?«

Pünktchen schmierte dem Dackel weißen Puder über die Schnauze und Piefke starrte entsetzt in den Spiegel. Herr Friseur Habekuß vergaß, Anton die Haare zu schneiden, und Anton schüttelte sich vor Vergnügen. Pünktchen war todernst und begann jetzt, abwechslungshalber, laut vorzulesen, was auf den Plakaten stand, die im Laden hingen. Manchmal warf sie auch die Texte durcheinander. »Benutzen Sie Dralles neue Haarfrisur, Sie erhalten in meinem Geschäft alle einschlägigen Preise zu Originalartikeln, sind Sie zufrieden, sagen Sie es den andern, hier werden Ohrlöcher gestochen, sind Sie unzufrieden, sagen Sie es mir, keine Glatze mehr, die große Mode, sonntags von acht bis zehn Uhr geöffnet, die Herrschaften werden gebeten, das Haareschneiden wochentags erledigen zu lassen, Hühneraugen werden vor dem Gebrauch desinfiziert, die Rasiermesser sind eine unnötige Plage, hüten Sie sich vor Zahnstein.« Sie las das alles in einem so langweilig singenden Ton, als ob sie ein Gedicht deklamiere. Piefke wurde ganz müde davon, gähnte, rollte sich auf dem Stuhl zusammen und machte ein Schläfchen.

»Ist sie nicht erstklassig?«, fragte Anton Herrn Habekuß.

»Ich danke für Obst«, sagte der Friseur. »So was zwei Tage um mich rum und ich sehe weiße Mäuse.« Dann riss er sich zusammen und klapperte mit der Schere. Er wollte rasch fertig werden, um das Mädchen aus dem Laden zu kriegen. Er hatte schwache Nerven.

Dann kam ein Kunde, ein dicker Mann, mit einer weißen Fleischerschürze.

»Sofort, Herr Bullrich«, sagte der Friseur. Anton blickte gespannt in den Spiegel, damit er ja nichts verpasste. Der Fleischermeister nickte, kaum dass er sich gesetzt hatte, ein. Pünktchen stellte sich vor ihm in Positur.

»Lieber Herr Bullrich«, sagte sie zu dem dicken Mann, »können Sie singen?« Der Fleischermeister wurde munter, drehte verlegen seine dicken roten Wurstfinger hin und her und schüttelte den Kopf.

»Oh, wie schade«, meinte Pünktchen. »Sonst hätten wir zwei irgendetwas Schönes vierstimmig singen können. Können Sie wenigstens ein Gedicht vortragen? Wer hat dich, du schöner Wald? Oder Festgemauert in der Erden?«

Herr Bullrich schüttelte wieder den Kopf und schielte nach der Zeitung, die am Haken hing. Er traute sich aber nicht.

»Nun die letzte Frage«, erklärte Pünktchen. »Können Sie Handstand?«

»Nein«, sagte Herr Bullrich entschieden.

»Nein?«, fragte Pünktchen bekümmert. »Nehmen Sie's mir nicht übel, aber so etwas von Talentlosigkeit ist mir in meinem ganzen Leben noch nicht vorgekommen!« Dann drehte sie ihm den Rücken und trat neben Anton, der in sich hineinkicherte. »So sind aber die Erwachsenen«, sagte sie zu ihrem Freund. »Wir sollen alles können, rechnen und singen und zeitig schlafen gehen und Purzelbäume, und sie selber haben von nichts 'ne blasse Ahnung. Übrigens habe ich einen wackligen Zahn, guck mal.« Sie machte den Mund weit auf und stieß mit der Zunge an dem kleinen weißen Zahn herum, dass er nur so schaukelte.

»Den musst du dir ziehen«, meinte Anton. »Du nimmst einen Zwirnsfaden, machst eine Schlinge um den Zahn, bindest das andere Ende an die Türklinke, und dann rennst du von der Tür weg. Bums, ist er raus!«

»Der praktische Anton«, sagte Pünktchen und klopfte ihm anerkennend auf die Schulter. »Weißen oder schwarzen?«

»Was denn?«, fragte er.

»Zwirn«, erwiderte sie.

»Weißen«, sagte Anton.

»Gut, ich werde mir's mal beschlafen«, meinte Pünktchen. »Sind Sie bald fertig, Herr Habekuß?«

»Jawohl«, antwortete der Friseur. Dann drehte er sich um und sagte zu Herrn Bullrich: »Ein schwer erziehbares Kind, wie?«

Auf der Straße fasste Pünktchen Anton bei der Hand und fragte: »War's sehr schlimm?«

»Na, es war allerhand«, sagte er. »Das nächste Mal nehme ich dich nicht wieder mit.«

»Dann lässt du's eben bleiben«, entgegnete sie und ließ seine Hand los.

Sie waren schon an der Weidendammer Brücke. Pünktchen unterhielt sich mit dem Hund, aber lange ertrug sie Antons Schweigen nicht. »Was fehlt eigentlich deiner Mutter?«, fragte sie.

»Sie hatte ein Gewächs im Leib. Dann wurde sie ins Krankenhaus gebracht und dort wurde ihr das Gewächs herausgeschnitten. Ich habe sie täglich besucht. Mein Gott, sah sie damals schlecht aus, ganz mager und quittegelb. Und nun liegt sie seit vierzehn Tagen zu Haus. Es geht ihr schon viel besser. Die Krankenschwestern waren immer sehr nett zu mir. Ich glaube, sie dachten, meine Mutter müsste sterben.«

»Was für ein Gewächs hatte sie denn?«, fragte Pünktchen. »Eines mit Blüten und Blättern und einem Blumentopf und so? Hatte sie das denn aus Versehen verschluckt?«

»Sicher nicht«, sagte er. »Davon müsste ich doch was wissen. Nein, es war ihr innerlich gewachsen.«

»Eine Geranie oder eine Stechpalme?«, fragte Pünktchen neugierig.

»Nein, nein, das muss Haut und Fleisch sein, was im Innern wächst. Und wenn man es nicht rausmachen lässt, stirbt man.«

Nach einer Weile blieb Pünktchen stehen, verschränkte die Hände vor ihrem Bauch und jammerte: »Anton, lieber Anton, es drückt so hier drin. Pass auf, ich habe auch ein Gewächs. Es ist sicher eine kleine Tanne. Ich habe Tannen so gern.«

»Nein«, sagte er. »Du hast keinen Baum, du hast einen Vogel.«

DIE DRITTE NACHDENKEREI HANDELT: VON DER FANTASIE

Es ist euch sicher aufgefallen, dass Pünktchen ein ziemlich abwechslungsreiches Mädchen ist. Sie macht vor der Wand Knickse und verkauft ihr Streichhölzer, sie verkleidet sich und zieht den Dackel in einer Bratpfanne hinter sich her, sie legt ihn ins Bett und bildet sich ein, er wäre der Wolf und müsste sie fressen. Sie bittet Herrn Fleischermeister Bullrich, mit ihr vierstimmig zu singen. Schließlich bildet sie sich sogar ein, sie habe ein Gewächs. Sie bildet sich Dinge ein, die es gar nicht gibt oder die in Wirklichkeit ganz anders sind, als sie es sich einbildet.

Ich habe einmal von einem Mann gelesen, der sehr viel Fantasie besaß und deshalb sehr lebhaft träumte. Einmal träumte er zum Beispiel, er spränge aus dem Fenster. Und da wachte er auf und lag doch tatsächlich auf der Straße! Nun wohnte er glücklicherweise im Parterre. Aber stellt euch vor, der arme Mann hätte vier Treppen hoch gewohnt! Da hätte ja seine Fantasie lebensgefährlich werden können. Fantasie ist eine wunderbare Eigenschaft, aber man muss sie im Zaum halten.

VIERTES KAPITEL

Einige Meinungsverschiedenheiten

Fräulein Andacht saß inzwischen mit ihrem Bräutigam bei Sommerlatte und manchmal tanzten sie miteinander. Zwischen den Tischen standen herrlich blühende Apfelbäumchen, die waren aus Pappe und Papier und sahen sehr natürlich aus. In den Pappzweigen hingen, außer den Papierblüten, bunte Ballons und lange Luftschlangen. Das Lokal sah lustig aus und die Kapelle spielte vergnügte Tänze. Fräulein Andacht hatte, weil sie so groß und mager war, eigentlich nicht mehr geglaubt, dass sie einen Bräutigam bekäme, und nun hatte sie seit vierzehn Tagen doch einen. Wenn er bloß nicht so streng gewesen wäre! Fortwährend kommandierte er herum, und wenn sie nicht gleich gehorchte, blickte er sie so unheimlich an, dass ihr vor Schreck die Ohren abstanden.

»Hast du kapiert?«, fragte er, beugte sich weit vor und funkelte sie böse an.

»Willst du das wirklich tun, Robert?«, fragte sie ängstlich. »Ich habe zweihundert Mark auf der Sparkasse, die kannst du haben.«

»Deine paar Groschen, dämliche Ziege!«, sagte er. Woraus man sieht, dass er kein sehr vornehmer Kavalier war. »Bis morgen muss ich den Plan haben.«

Fräulein Andacht nickte ergeben. Dann flüsterte sie: »Still, die Kinder kommen.«

Pünktchen und Anton traten an den Tisch. »Das ist Robert der Teufel«, sagte Pünktchen zu Anton und zeigte auf den Bräutigam.

»Aber Pünktchen!«, rief Fräulein Andacht entsetzt.

»Lass sie doch«, meinte der Bräutigam und lächelte künstlich. »Sie macht ja nur Spaß, die kleine Prinzessin. Ei, ist das ein niedlicher Pinscher!«, sagte er dann und wollte den Dackel streicheln. Aber Piefke sperrte die Schnauze auf, knurrte und wollte beißen. Dann mussten sie sich setzen. Der Bräutigam wollte ihnen heiße Schokolade bestellen, aber Anton sagte: »Nein, mein Herr, machen Sie sich unsertwegen keine unnötigen Ausgaben.«

Weil die Kapelle wieder zu spielen begann, tanzte Fräulein Andacht mit ihrem Robert. Die Kinder blieben am Tisch.

»Wollen wir auch tanzen?«, fragte Pünktchen.

Anton lehnte das Angebot strikt ab. »Ich bin doch schließlich ein Junge. Übrigens, dieser Robert gefällt mir gar nicht!«

»Nicht wahr!«, meinte Pünktchen. »Er hat einen Blick, der ist wie gespitzte Bleistifte. Piefke hat auch etwas gegen ihn. Aber sonst ist es hier hinreizend!«

»Hinreizend?«, erkundigte sich Anton. »Ach so, wieder eine Erfindung von dir.«

Pünktchen nickte. »Anton, es gibt noch einen, der mir nicht gefällt. Das ist unser Portiersjunge. Er hat gesagt, wenn ich ihm nicht zehn Mark gebe, verrät er die Sache meinem Vater. Gottfried Klepperbein heißt er.«

Anton sagte: »Du, den kenn ich. Der geht in meine Schule, eine Klasse höher. Na warte, den werde ich mal aus dem Anzug stoßen.«

»Au fein!«, rief das Mädchen. »Er ist aber größer als du.«

»Von mir aus«, sagte der Junge. »Den zerreiß ich in der Luft.«

Währenddem tanzten also Fräulein Andacht und ihr Bräutigam. Und viele andere Leute tanzten auch. Robert schielte wütend zu den Kindern hinüber und flüsterte: »Schaff mir die Bälger aus den Augen. Morgen Nachmittag treffen wir uns wieder hier. Was sollst du mitbringen?«

»Den Plan«, sagte Fräulein Andacht. Es klang, als hätte sich ihre Stimme den Fuß verstaucht.

Auf der Straße sagte Fräulein Andacht: »Du schreckliches Kind! Meinen Bräutigam so zu ärgern!«

Pünktchen gab keine Antwort, sondern verdrehte die Augen, um Anton zum Lachen zu bringen.

Fräulein Andacht war beleidigt. Sie lief mit Piefke vorneweg, als kriegte sie es bezahlt. Ehe sie sich's recht versahen, standen sie vor Pogges Haus.

»Also heute Abend treffen wir uns wieder«, sagte Pünktchen. Und Anton nickte. Während sie so herumstanden, kam Gottfried Klepperbein zufällig aus der Tür und wollte an ihnen vorbeigehen.

»Moment mal«, rief Anton. »Ich habe dir was Wichtiges zu erzählen.« Gottfried Klepperbein blieb stehen.

»Marsch ins Haus!«, sagte Anton zu Pünktchen.

»Hör mal gut zu«, sagte Anton zu
Gottfried Klepperbein.

»Zerreißt du ihn jetzt in der Luft?«, fragte Pünktchen.

»Das ist nichts für Frauen«, sagte er. Fräulein Andacht und Pünktchen gingen ins Haus. Pünktchen blieb gleich hinter der Tür stehen und blinzelte durch die Glasscheibe, die in der Tür war. Aber Anton wusste das nicht.

»Hör mal gut zu«, sagte er zu Gottfried Klepperbein. »Wenn du die Kleine noch mal belästigst, kriegst du's mit mir zu tun. Sie steht unter meinem Schutz, verstanden?«

»Du mit deiner feinen Braut«, lachte Klepperbein. »Du bist ja total blödsinnig!« In diesem Moment bekam er eine solche Ohrfeige, dass er sich aufs Pflaster setzte. »Na warte!«, rief er und sprang hoch. Doch da kriegte er bereits die zweite Ohrfeige, diesmal von der andern Seite, und er setzte sich wieder hin. »Na warte«, sagte er, aber vorsichtshalber blieb er gleich sitzen.

Anton trat noch einen Schritt näher. »Heute habe ich dir's im Guten gesagt«, meinte er. »Wenn ich aber wieder etwas hören sollte, dann werde ich handgreiflich.« Damit schritt er an Gottfried Klepperbein vorüber und blickte ihn nicht mehr an.

»Kruzitürken«, sagte Pünktchen hinter der Tür, »was der Junge alles kann!«

Fräulein Andacht war schon immer in die Wohnung gegangen. Als sie an der Küche vorbeikam, rief die dicke Berta, die auf einem Stuhl saß und Kartoffeln schälte: »Treten Sie mal einen Schritt näher!«

Die Andacht hatte gar keine Lust dazu, aber sie folgte. Denn sie hatte vor Berta Angst.

»Sie«, sagte Berta, »ich habe zwar mein Zimmer drei Treppen höher, unterm Dach. Aber ich merke trotzdem, dass hier irgendwas nicht stimmt. Wollen Sie mir gefälligst erklären, warum das Kind in der letzten Zeit so blass aussieht und solche Ringe unter den Augen hat? Und warum es früh nicht aus dem Bett will?«

»Pünktchen wächst«, meinte die Andacht. »Sie müsste Lebertran einnehmen oder Eisen.«

»Sie sind mir schon längst ein Haar in der Suppe«, sagte Berta. »Wenn ich mal dahinterkäme, dass Sie Heimlichkeiten haben, dann trinken Sie den Lebertran, und zwar gleich mit der Flasche!«

»Sie sind mir ja viel zu gewöhnlich, Sie können mich nicht beleidigen«, bemerkte das Kinderfräulein und rümpfte die Nase.

»Ich kann Sie nicht beleidigen?«, fragte die dicke Berta und erhob sich. »Das wollen wir doch mal sehen. Sie Schafsnase, Sie hinterlistige Hopfenstange, Sie können ja aus der Dachrinne Kaffee trinken, Sie impertinentes Gespenst, Sie …«

Fräulein Andacht hielt sich beide Ohren zu, kniff vor Wut die Augen klein und schob wie eine Giraffe durch den Korridor.

DIE VIERTE NACHDENKEREI HANDELT: VOM MUT

Ich möchte an dieser Stelle ein bisschen über den Mut reden. Anton hat eben einem Jungen, der größer ist als er, zwei Ohrfeigen gegeben. Und da könnte man ja nun meinen, Anton habe Mut bewiesen. Es war aber gar nicht Mut, es war Wut. Und das ist ein kleiner Unterschied, nicht nur im Anfangsbuchstaben.

Mut kann man nur haben, während man kaltes Blut hat. Wenn sich ein Arzt, um zu probieren, ob er recht hat, lebensgefährliche Bakterien einspritzt und anschließend mit einem Gegenmittel impft, das er entdeckt hat, zeigt er Mut. Wenn ein Polarforscher, um Entdeckungen zu machen, mit ein paar Hundeschlitten nach dem Nordpol kutschiert, beweist er Mut. Wenn Professor Piccard mit einem Ballon in die Stratosphäre aufsteigt, obwohl noch niemand vorher dort oben war, dann ist er mutig.

Habt ihr die Sache mit Professor Piccard verfolgt? Das war interessant. Er wollte wiederholt aufsteigen, aber dann unterließ er es wieder, weil das Wetter nicht geeignet war. Die Zeitungen machten sich schon über ihn lustig. Die Leute lachten schon, wenn sie seine Fotografie sahen. Aber er wartete den geeigneten Moment ab. Er war so mutig, dass er sich lieber auslachen ließ, als eine dumme Handlung zu begehen. Er war nicht tollkühn, er war nicht verrückt, er war ganz einfach mutig. Er wollte etwas erforschen, er wollte nicht berühmt werden.

Mut beweist man nicht mit der Faust allein, man braucht den Kopf dazu.

Jeder sein eigener Zahnarzt

Direktor Pogge war noch in seiner Spazierstockfabrik. Die gnädige Frau lag noch im Schlafzimmer und vertrieb sich die Zeit mit Migräne. Fräulein Andacht saß in ihrer Stube.

Pünktchen und Piefke waren bis zum Abendessen allein. Pünktchen holte sich bei der dicken Berta weißen Zwirn und sagte zu dem Dackel, der etwas müde in seinem Körbchen hockte: »Nun pass mal auf, mein Kleiner!« Piefke passte auf. Er war, solange er müde war, ein folgsamer Hund.

Das Kind riss etwas Zwirn von der Rolle, schlang das eine Ende in einem Knoten um den wackligen Zahn und befestigte das andere Ende an der Türklinke. »Jetzt wird's ernst«, sagte Pünktchen und machte »Brrr!«. Dann ging sie allmählich von der Tür weg, bis der Zwirnsfaden straff gespannt war. Sie ruckte ein wenig an, stöhnte erbärmlich und schnitt ein verzweifeltes Gesicht. Sie ging wieder zur Tür, der Zwirn wurde wieder locker. »Piefke, Piefke«, erklärte sie, »das ist kein Beruf für mich.« Dann lief sie noch einmal von der Tür fort, aber sie jammerte schon, bevor der Faden straff war.

»Ausgeschlossen«, sagte sie, »wenn der Junge hier wäre, würde ich's vielleicht riskieren.« Sie lehnte sich an die Tür und dachte angestrengt nach. Dann knotete sie den Zwirn von der Klinke los.

»Gib mal Pfötchen«, befahl sie. Aber das konnte Piefke noch nicht. Pünktchen bückte sich, hob den Dackel hoch und setzte ihn auf ihr kleines Schreibpult. Sie band das freie Fadenende um Piefkes linkes Hinterbein. »Und nun spring runter!«, bat sie.

Piefke rollte sich stattdessen zusammen und gedachte, auf dem Pult einen langen Schlaf zu tun.

»Spring runter!«, murmelte Pünktchen drohend und schloss, dem Schicksal ergeben, die Augen.

Der kleine Dackel spitzte, so gut das bei seinen Löffeln möglich war, die Ohren. Aber vom Springen war nach wie vor keine Rede.

Pünktchen öffnete die Augen wieder. Die auf Vorrat ausgestandene Angst war umsonst gewesen. Da gab sie Piefke einen Stoß und nun blieb ihm nichts weiter übrig: Er sprang auf den Boden. »Ist der Zahn raus?«, fragte sie ihn. Der Hund wusste es auch nicht. Pünktchen griff sich in den Mund. »Nein«, sagte sie. »Der Faden ist zu lang, mein Sohn.«

Da kletterte sie mit Piefke unterm Arm auf den Schemel, der vor dem Pult stand; dann bückte sie sich und setzte den Hund wieder aufs Pult. »Wenn das nicht hilft«, murmelte sie, »lass ich mich chloroformieren.« Sie gab Piefke einen kleinen Stoß, er rutschte das Pult hinab, Pünktchen stellte sich kerzengerade. Der Hund segelte über die Pultkante ins Parterre.

»Au!«, schrie das Kind. Es schmeckte Blut. Piefke hoppelte in den Korb. Er war froh, dass er nicht mehr angebunden war. Pünktchen wischte sich ein paar Tränen aus den Augen. »Junge, Junge«, sagte sie und suchte ein Taschentuch. Schließlich fand sie eines, schob es in ihren Mund und biss darauf. Der Zwirnsfaden hing über den Korbrand. Ein kleiner, weißer Zahn lag mitten im Zimmer. Pünktchen befreite den Hund von seinem Zwirn, hob den Zahn auf und tanzte durch das Zimmer. Dann sauste sie zu Fräulein Andacht.

»Der Zahn ist raus, der Zahn ist raus!«

Fräulein Andacht bedeckte rasch ein Stück Papier, in der rechten Hand hielt sie einen Bleistift. »So?«, sagte sie. Das war alles.

»Was ist mit Ihnen los?«, fragte Pünktchen. »Sie sind seit ein paar Tagen sehr komisch, merken Sie das nicht selbst? Wo brennt's denn?« Sie stellte sich neben das Kinderfräulein, schielte heimlich nach dem Papier und sagte, als sei sie ihr eigner Großvater: »Na, nun schütten Sie mal Ihr Herz aus.«

Fräulein Andacht hatte keine Lust zu beichten. »Wann hat Berta eigentlich Ausgang?«, fragte sie.

»Morgen«, erklärte Pünktchen. »Und wozu wollen Sie das wissen?«

»Nur so«, sagte das Fräulein.

»Nur so!«, rief Pünktchen aufgebracht. »Solche Antworten hab ich gern.«

Aber aus dem Fräulein war heute nichts herauszubringen. Jedes Wort kostete einen Taler. Da ließ sich Pünktchen, als ob sie gestolpert sei, gegen den Arm des Fräuleins fallen. Das Papier wurde sichtbar. Es enthielt lauter mit Bleistift gezogene Vierecke. »Wohnzimmer« stand in dem einen Viereck, »Arbeitszimmer« in dem andern. Aber dann lagen schon wieder die großen, dürren Hände des Fräuleins darüber.

Pünktchen wusste nicht, was sie davon halten sollte, und dachte: Das muss ich heut Abend Anton erzählen, vielleicht versteht der's.

Anderthalb Stunden später lag das Kind im Bett. Die Andacht saß daneben und las das Märchen vom Swinegel und seiner Frau vor. »Da haben Sie's«, meinte Pünktchen, »die beiden Schweinigel sehen aus wie Zwillinge. Ich hatte schon ganz recht, heute Mittag. Wenn ich ein Zwilling wäre, und der andere Zwilling hieß Karlinchen, dann könnten wir in der Turnstunde auch jedes Wettrennen gewinnen.«

Dann kamen die Eltern ins Kinderzimmer. Die Mutter trug ein schönes seidenes Abendkleid und goldene Schuhe und der Vater war im Smoking. Sie gaben der Tochter je einen Gutenachtkuss und Frau Pogge sagte: »Schlaf gut, meine Süße.«

»Wird gemacht«, erklärte Pünktchen.

Der Vater setzte sich auf den Bettrand, aber seine Frau drängte: »Komm, der Generalkonsul liebt die Pünktlichkeit.«

Das kleine Mädchen nickte dem Vater zu und sagte: »Direktor, macht keine Dummheiten!«

Kaum waren die Eltern fort, sprang Pünktchen aus dem Bett und rief: »Los geht's!« Fräulein Andacht rannte in ihr Zimmer und holte aus der Kommode ein altes zerrissenes Kleidchen. Das brachte sie dem Kind. Sie selber zog einen mit Flicken besetzten Rock an und einen schrecklich verschossenen grünen Jumper. »Bist du fertig?«, fragte sie.

»Jawohl!«, rief Pünktchen vergnügt, und dabei sah sie in ihrem zerrissenen Kleid zum Erbarmen aus. »Sie haben Ihr Kopftuch noch nicht um«, sagte sie.

»Wo habe ich das denn vorgestern hingelegt?«, fragte Fräulein Andacht; doch dann fand sie es, band es sich um, setzte eine blaue Brille auf, holte eine Markttasche unterm Sofa vor, und so verkleidet schlichen die beiden auf den Zehenspitzen aus dem Haus.

Zehn Minuten nachdem sie das Haus verlassen hatten, kam Berta die Treppe, die zu ihrem höher gelegenen Mädchenzimmer führte, leise herabgeschlichen, so leise die dicke Berta eben schleichen konnte. Sie klopfte sacht an Pünktchens Tür, aber niemand antwortete.

»Ob sie denn schon schläft, die kleine Krabbe?«, fragte sie sich. »Vielleicht verstellt sie sich bloß. Da will ich ihr nun ein Stück von dem frisch gebackenen Kuchen zustecken; aber seit die Andacht, dieses dumme Luder, da ist, traut man sich rein gar nichts mehr. Neulich, wie ich die Tür aufgeklinkt habe, hat sie mich gleich bei der Gnädigen verklatscht. Der Schlaf vor Mitternacht sei der beste und dürfe nicht gestört werden. So 'n Quatsch, Schlaf vor Mitternacht! Pünktchen sieht jetzt manchmal aus, als ob sie nachts überhaupt nicht mehr schläft. Und dauernd das Getue und Getuschle. Ich weiß nicht, mir kommt hier neuerdings alles ganz komisch vor. Wenn der Direktor und Pünktchen nicht wären, wär ich längst getürmt.«

»Wirst du wohl«, drohte sie Piefke, der sich in seinem Körbchen vor Pünktchens Tür aufgerichtet hatte und nach dem Kuchen sprang. »Leg dich hin, du Töle, keinen Mucks! Hier hast du ein Stückchen, aber nun ruhig. Du bist noch der Einzige im Haus, der keine Heimlichkeiten vor einem hat.«

DIE FÜNFTE NACHDENKEREI HANDELT: VON DER NEUGIERDE

Wenn meine Mutter einen Roman liest, macht sie das so: Erst liest sie die ersten zwanzig Seiten, dann den Schluss, dann blättert sie in der Mitte, und nun nimmt sie erst das Buch richtig vor und liest es von Anfang bis Ende durch. Warum macht sie das? Sie muss, ehe sie den Roman in Ruhe lesen kann, wissen, wie er endet. Es lässt ihr sonst keine Ruhe. Gewöhnt euch das nicht an! Und falls ihr es schon so macht, gewöhnt es euch wieder ab, ja?

Das ist nämlich so, als wenn ihr vierzehn Tage vor Weihnachten in Mutters Schrank stöbert, um vorher zu erfahren, was ihr geschenkt kriegt. Und wenn ihr dann zur Bescherung gerufen werdet, wisst ihr schon alles. Ist das nicht schrecklich? Da müsst ihr dann überrascht tun, aber ihr wisst ja längst, was ihr bekommt, und eure Eltern wundern sich, warum ihr euch gar nicht richtig freut. Euch ist das Weihnachtsfest verdorben und ihnen auch.

Und als ihr heimlich im Schrank herumsuchtet und die Geschenke vierzehn Tage früher fandet, hattet ihr, vor lauter Angst, überrascht zu werden, auch keine rechte Freude. Man muss abwarten können. Die Neugierde ist der Tod der Freude.

SECHSTES KAPITEL

Die Kinder machen Nachtschicht

Kennt ihr die Weidendammer Brücke? Kennt ihr sie am Abend, wenn unterm dunklen Himmel ringsum die Lichtreklamen schimmern? Die Fassaden der Komischen Oper und des Admiralspalastes sind mit hellen Schaukästen und bunter Leuchtschrift bestreut. An einem anderen Giebel, jenseits der Spree, zappelt in tausend Glühbirnen die Reklame für ein bekanntes Waschmittel, man sieht einen riesigen Kessel, der Wasserdampf steigt empor, ein blütenweißes Hemd erhebt sich wie ein freundlicher Geist, eine ganze bunte Bilderserie läuft ab. Und dahinter, über den Häusern des Schiffbauerdamms, glänzt der Giebel des Großen Schauspielhauses.

Autobusse rollen in Kolonnen über den Brückenbogen. Im Hintergrunde erhebt sich der Bahnhof Friedrichstraße. Hochbahnen fahren über die Stadt hin, die Fenster der Züge sind erleuchtet, und die Wagen gleiten wie schillernde Schlangen in die Nacht. Manchmal ist der Himmel rosa vom Widerschein des vielen Lichts, das unter ihm strahlt.

Berlin ist schön, hier besonders, an dieser Brücke, und abends am meisten! Die Autos drängen die Friedrichstraße hinauf. Die Lampen und die Scheinwerfer blitzen und auf den Fußsteigen schieben sich die Menschen vorwärts. Die Züge pfeifen, die Autobusse rattern, die Autos hupen, die Menschen reden und lachen. Kinder, das ist ein Leben!

Auf der Brücke stand eine dürre, arme Frau mit einer dunklen Brille. Sie hielt eine Tasche und ein paar Schachteln Streichhölzer in der Hand. Neben ihr knickste ein kleines Mädchen in einem zerrissenen Kleid. »Streichhölzer, kaufen Sie Streichhölzer, meine Herrschaften!«, rief das kleine Mädchen mit zitternder Stimme. Viele Menschen kamen, viele Menschen gingen vorüber. »Haben Sie doch ein Herz mit uns armen Leuten«, rief das Kind kläglich, »die Schachtel nur zehn Pfennig.« Ein dicker Mann näherte sich der Gruppe und griff in die Tasche.

»Mutter ist völlig erblindet und noch so jung. Drei Schachteln fünfundzwanzig!«, stammelte das Mädchen. Der dicke Mann gab ihr einen Groschen und ging weiter. »Gott segne Sie, liebe Dame!«, rief das Kind. Da erhielt es von der dürren Person einen Stoß. »Das war doch keine Dame, das war doch ein Mann, du dummes Ding«, murmelte die Frau ärgerlich.

»Sind Sie nun blind oder nicht!«, fragte das kleine Mädchen gekränkt. Dann knickste sie aber wieder und rief zitternd: »Streichhölzer, kaufen Sie Streichhölzer, meine Herrschaften!«, und jetzt gab ihr eine alte Dame einen Groschen und nickte freundlich.

»Das Geschäft blüht«, flüsterte das Kind. »Wir haben schon zwei Mark dreißig eingenommen und nur fünf Schachteln Streichhölzer hergegeben.« Dann rief sie wieder kläglich: »Haben Sie doch ein Herz mit uns armen Leuten. Die Schachtel nur zehn Pfennige!« Plötzlich hüpfte sie vergnügt und winkte. »Anton steht auf der anderen Seite«, berichtete sie. Dann fiel sie aber gleich wieder in sich zusammen, knickste und klagte, dass den Vorübergehenden angst und bange wurde. »Vielen heißen Dank«, sagte sie. Das Kapital wuchs. Sie warf das Geld in die Markttasche. Es fiel auf die anderen Münzen und klimperte lustig. »Und Sie schenken das ganze Geld Ihrem Bräutigam?«, fragte sie. »Da kann der aber lachen.«

»Halte den Mund«, befahl die Frau.

»Na ja, ist doch wahr!«, erwiderte Pünktchen. »Wozu stehen wir denn sonst Abend für Abend hier und halten Maulaffen feil?«

»Kein Wort mehr!«, murmelte die Frau böse.

»Streichhölzer, kaufen Sie Streichhölzer, meine Herrschaften!«, jammerte Pünktchen wieder, denn es kamen Leute vorbei. »Wir sollten lieber dem Anton was abgeben. Er hat doch bis zum Sonnabend die faule Seite.« Plötzlich quiekte sie, als hätte sie wer getreten. »Da kommt der Klepperbein, der Lausejunge.«

Anton stand auf der anderen Seite der Brücke, auf der faulen Seite, wo wenig Menschen vorübergingen. Er hielt einen kleinen aufgeklappten Handkoffer vor sich und sagte, wenn jemand vorbeikam: »Braune oder schwarze Schnürsenkel für Halbschuhe gefällig? Streichhölzer kann man immer brauchen, bitte schön.« Er hatte kein kaufmännisches Talent. Er verstand es nicht, den Leuten vorzujammern, obwohl ihm das Heulen näher war als das Lachen. Er hatte dem Hauswirt versprochen, übermorgen fünf Mark Miete abzuzahlen, das Wirtschaftsgeld war auch schon wieder zu Ende. Er musste morgen Margarine besorgen, sogar ein Viertelpfund Leberwurst plante er.

»Du gehörst ja auch eher ins Bett als hierher«, sagte ein Herr.

Anton sah ihn groß an. »Das Betteln macht mir aber solchen Spaß«, murmelte er.

Der Mann schämte sich ein bisschen. »Na ja, schon gut«, meinte er. »Sei nur nicht gleich böse.« Und dann gab er ihm ein Geldstück. Es waren fünfzig Pfennig!

»Ich danke Ihnen sehr«, sagte Anton und hielt ihm zwei Paar Schnürsenkel hin.

»Ich trage Zugstiefel«, erklärte der Herr, zog den Hut vor dem Jungen und ging eilig weiter.

Anton freute sich und blickte über die Brücke zu seiner Freundin. Hallo, war das nicht Klepperbein? Er schlug sein Köfferchen zu und rannte über die Straße. Gottfried Klepperbein hatte sich vor Pünktchen und Fräulein Andacht postiert und musterte sie frech. Pünktchen streckte dem Portiersjungen zwar die Zunge raus, doch das Kinderfräulein zitterte vor Aufregung. Anton gab dem Klepperbein einen Tritt in den Allerwertesten. Der Junge fuhr wütend herum, als er aber Anton Gast dastehen sah, erinnerte er sich der Ohrfeigen vom Nachmittag und verschwand im Dauerlauf.

»Den wären wir los«, sagte Pünktchen und reichte Anton die Hand.

»Kommt!«, meinte Fräulein Andacht. »Kommt, wir gehen ins Automatenrestaurant. Ich lade Anton ein.«

»Bravo!«, sagte Pünktchen, fasste den Jungen bei der Hand und lief mit ihm voraus. Fräulein Andacht rief das Mädchen zurück. »Willst du mich wohl führen? Was sollen denn die Leute denken, wenn ich trotz meiner Brille drauflosrenne?« Pünktchen fasste also das Kinderfräulein an der Hand und zog sie hinter sich her, die Brücke hinunter, die Friedrichstraße entlang, dem Oranienburger Tor zu. »Wie viel hast du verdient?«, fragte sie.

»Fünfundneunzig Pfennige«, sagte der Junge betrübt. »Ein Herr gab mir fünfzig Pfennig, sonst könnte ich überhaupt einpacken.«

Pünktchen drückte ihm etwas in die Hand. »Steck ein!«, flüsterte sie geheimnisvoll.

»Was ist los?«, fragte Fräulein Andacht misstrauisch.

»Sie alte Neugierde!«, sagte Pünktchen. »Ich frage Sie doch auch nicht, was das für komische Zeichnungen sind, die Sie machen.«

Da schwieg Fräulein Andacht, als hätte es geblitzt.

Die Straße war ziemlich leer. Das Kinderfräulein nahm die dunkle Brille ab und ließ Pünktchens Hand los. Sie bogen ein paarmal um die Ecke. Dann waren sie am Ziel.

DIE SECHSTE NACHDENKEREI HANDELT: VON DER ARMUT

Vor ungefähr hundertfünfzig Jahren zogen einmal die Ärmsten der Pariser Bevölkerung nach Versailles, wo der französische König und seine Frau wohnten. Es war ein Demonstrationszug, ihr wisst ja, was das ist. Die armen Leute stellten sich vor dem Schloss auf und riefen: »Wir haben kein Brot! Wir haben kein Brot!« So schlecht ging es ihnen.

Die Königin Marie Antoinette stand am Fenster und fragte einen hohen Offizier: »Was wollen die Leute?«

»Majestät«, antwortete der Offizier, »sie wollen Brot, sie haben zu wenig Brot, sie haben zu großen Hunger.«

Die Königin schüttelte verwundert den Kopf. »Sie haben nicht genug Brot?«, fragte sie. »Dann sollen sie doch Kuchen essen!«

Ihr denkt vielleicht, sie sagte das, um sich über die armen Leute lustig zu machen. Nein, sie wusste nicht, was Armut ist! Sie dachte, wenn zufällig nicht genug Brot da ist, isst man eben Kuchen. Sie kannte das Volk nicht, sie kannte die Armut nicht, und ein Jahr später wurde sie geköpft. Das hatte sie davon.

Glaubt ihr nicht auch, dass die Armut leichter abgeschafft werden könnte, wenn die Reichen schon als Kinder wüssten, wie schlimm es ist, arm zu sein?

Glaubt ihr nicht, dass sich dann die reichen Kinder sagten: Wenn wir mal groß sind und die Banken und Rittergüter und Fabriken unserer Väter besitzen, dann sollen es die Arbeiter besser haben!

Die Arbeiter, das wären ja dann ihre Spielkameraden aus der Kindheit …

Glaubt ihr, dass das möglich wäre?
Wollt ihr helfen, dass es so wird?

Fräulein Andacht hat einen Schwips

In dem Lokal standen und saßen manchmal seltsame Leute, und Pünktchen kam sehr gern her, sie fand es hochinteressant. Manchmal waren sogar Betrunkene da!

Anton gähnte und machte vor Müdigkeit ganz kleine Augen. »Schrecklich«, sagte er, »heute bin ich in der Rechenstunde richtiggehend eingeschlafen. Herr Bremser hat mich angeniest, dass ich fast aus der Bank gefallen wäre. Ich sollte mich schämen, hat er gerufen, und meine Schularbeiten ließen in der letzten Zeit sehr zu wünschen übrig. Und wenn das so weiterginge, würde er meiner Mutter einen Brief schreiben.«

»Ach, du gerechter Strohsack«, meinte Pünktchen. »Das fehlte gerade noch. Weiß er denn nicht, dass deine Mutter krank ist und dass du kochen und Geld verdienen musst?«

»Woher soll er denn das wissen?«, fragte Anton neugierig.

»Von dir natürlich«, erklärte Pünktchen.

»Lieber beiß ich mir die Zunge ab«, sagte Anton.

Pünktchen verstand das nicht. Sie zuckte die Achseln. Dann wandte sie sich zu Fräulein Andacht. Die saß in ihrer Ecke und stierte vor sich hin. »Ich denke, Sie haben uns eingeladen?«

Fräulein Andacht zuckte zusammen und kam langsam zu sich. »Was wollt ihr haben?«

»Apfelsinen mit Schlagsahne«, schlug Pünktchen vor, und Anton nickte. Das Fräulein stand auf und ging zum Büfett.

»Wo hast du denn das Geld her, das du mir vorhin zugesteckt hast?«, fragte der Junge.

»Die Andacht gibt das Geld doch nur ihrem Bräutigam. Da habe ich ’n bisschen was unterschlagen. Pscht, keine Widerrede!«, rief sie streng. »Pass auf, sie trinkt bestimmt wieder Schnaps. Sie säuft, die Gute. Du, heute saß sie in ihrem Zimmer und zeichnete mit dem Bleistift Vierecke, und in dem einen stand ›Wohnzimmer‹ und im anderen ›Arbeitszimmer‹, mehr konnte ich nicht sehen.«

»Das war ein Wohnungsplan«, stellte Anton fest.

Pünktchen schlug sich mit der Hand vor die Stirn. »Ich Affe«, sagte sie, »und darauf bin ich nicht gekommen! Aber wozu zeichnet sie Wohnungspläne?« Das wusste Anton auch nicht. Dann kam Fräulein Andacht zurück und brachte den Kindern zerteilte Apfelsinen. Sie selber trank Kognak. »Wir müssen doch mindestens drei Mark verdient haben«, erklärte sie. »Und dabei liegen nur eine Mark achtzig in der Tasche. Verstehst du das?«

»Vielleicht hat die Tasche ein Loch?«, fragte Pünktchen.

Fräulein Andacht sah gleich nach. »Nein«, sagte sie, »die Tasche hat kein Loch.«

»Komisch«, meinte Pünktchen. »Man könnte fast denken, da hat jemand geklaut.« Dann seufzte sie und murmelte: »Das sind Zeiten.«

Fräulein Andacht schwieg, trank ihr Glas leer, stand auf und holte sich noch einen Schnaps. »Erst stehen wir stundenlang auf der Brücke und dann versäuft sie das ganze Einkommen«, schimpfte Pünktchen hinter ihr her.

»Du solltest überhaupt lieber zu Hause bleiben«, erklärte Anton. »Wenn deine Eltern mal dahinterkommen, gibt’s großen Krach.«

»Von mir aus«, sagte Pünktchen. »Habe ich mir vielleicht das Kinderfräulein ausgesucht?«

Anton nahm eine Papierserviette, die auf dem Nebentisch lag, drehte eine kleine Tüte und legte sechs Apfelsinenschnitten hinein. Dann schloss er die Tüte in sein Handköfferchen. Und wie ihn Pünktchen fragend anschaute, sagte er verlegen: »Bloß für meine Mutter.«

»Da fällt mir noch etwas ein«, rief sie und kramte in ihrer kleinen Tasche. »Hier!« Sie hielt etwas in der Hand.

Er beugte sich darüber. »Ein Zahn«, bemerkte er. »Ist er denn raus?«

»So eine dämliche Frage«, sagte sie beleidigt. »Willst du ihn haben?«

Der Junge hatte kein rechtes Verständnis für Zähne und so steckte sie ihn wieder ein. Dann kam Fräulein Andacht, hatte einen mittelgroßen Schwips und trieb zum Aufbruch. Sie gingen gemeinsam bis zur Weidendammer Brücke und verabschiedeten sich dort.

»Bremser heißt dein Klassenlehrer?«, fragte Pünktchen.

Anton nickte.

»Morgen Nachmittag besuch ich dich wieder«, versprach sie. Er schüttelte ihr erfreut die Hand, machte vor Fräulein Andacht eine Verbeugung und rannte auf und davon.

Pünktchen und Fräulein Andacht gelangten ohne Zwischenfälle in die Wohnung. Die Eltern waren noch immer beim Generalkonsul Ohlerich. Das Kind legte sich ins Bett und schlief auf der Stelle ein. Piefke knurrte leise, weil er geweckt worden war. Das Kinderfräulein ging in ihr Zimmer, schloss die Bettelkleider in die Kommode, und dann begab auch sie sich zur Ruhe.

Anton konnte noch nicht ins Bett. Er schlich, am Zimmer seiner Mutter vorbei, durch den Korridor, machte in der Küche Licht, versteckte sein Handköfferchen, setzte sich an den Tisch, stützte den Kopf in die Hände und gähnte, dass er sich fast die Kiefer ausgerenkt hätte. Dann zog er ein blaues Oktavheft und einen Bleistift aus der Tasche und schlug das Heft auf. »Ausgaben« stand auf der einen Seite, »Einnahmen« stand auf der anderen. Er griff in die Hosentasche, legte ein Häufchen Münzen auf den Tisch und zählte eifrig. Zwei Mark fünfzehn waren es. Wenn Pünktchen und der nette Herr nicht gewesen wären, hätte ich jetzt fünfundvierzig Pfennige, dachte er und trug die Abendeinnahme ins Heft ein.

Mit dem Überschuss, den er heimlich im Tuschkasten aufbewahrte, hatte er fünf Mark und sechzig Pfennige, und fünf Mark wollte der Wirt allein für Miete haben! Demnach blieben sechzig Pfennig fürs Essen. Er blickte in die kleine Speisekammer. Kartoffeln waren noch da. Auf dem Schneidebrett lag eine Speckschwarte. Wenn er morgen den Tiegel mit der Schwarte einrieb, kamen vielleicht Bratkartoffeln zustande. Aber aus dem Viertelpfund Leberwurst wurde wieder nichts. Und er hatte so riesigen Appetit auf Leberwurst! Er zog die Schuhe aus, legte die Apfelsinenscheiben auf einen Teller, machte dunkel und schlich aus der Küche. An der Tür zum Schlafzimmer blieb er stehen und presste das Ohr ans Holz. Die Mutter schlief. Er hörte ihre ruhigen Atemzüge, manchmal schnarchte sie sogar ein bisschen. Anton streichelte die Tür und lächelte, weil die Mutter gerade wieder aufschnarchte. Dann schlich er in die Wohnstube. Er zog sich im Finstern aus, hängte den Anzug über den Stuhl, legte das Geld in den Tuschkasten, kroch aufs Sofa und deckte sich zu.

Hatte er die Korridortür abgeschlossen? War der Gashahn zugedreht? Anton warf sich unruhig hin und her, dann stand er noch einmal auf und sah nach, ob alles in Ordnung war.

Es war alles in Ordnung. Er legte sich wieder hin. Die Rechenaufgaben hatte er gemacht. Aufs Diktat vorbereitet hatte er sich auch. Hoffentlich schrieb Herr Bremser der Mutter keinen Brief. Denn dann kam es heraus, dass er abends auf der Weidendammer Brücke stand und Schnürsenkel verkaufte. Hatte er noch genug Schnürsenkel? Die braunen würden nicht mehr lange reichen. Man trug anscheinend mehr braune Schuhe als schwarze. Oder gingen braune Schnürsenkel schneller entzwei?

Anton legte sich auf seine Schlafseite. Hoffentlich wurde die Mutter wieder ganz gesund. Dann schlief er endlich ein.

DIE SIEBENTE NACHDENKEREI HANDELT: VOM ERNST DES LEBENS

Neulich war ich in Rostock auf dem Jahrmarkt. Die Straßen, die sich schräg zur Warnow hinabsenken, standen voller Buden, und unten am Ufer drehten sich Karussells. Ich wurde, weil alles so schön laut war, sehr fidel, stellte mich an eine Zuckerwarenbude und verlangte für zehn Pfennige türkischen Honig. Er schmeckte großartig.

Da kam ein Junge mit seiner Mutter vorüber, zog die Frau am Ärmel und sagte: »Noch einen Pfefferkuchen!« Dabei trug er schon fünf Pfefferkuchenpakete unterm Arm. Die Mutter stellte sich taub. Da blieb er stehen, stampfte mit dem Fuß auf und krähte: »Noch einen Pfefferkuchen!«

»Du hast doch schon fünf Pakete«, erklärte die Mutter. »Denk nur, die armen Kinder kriegen überhaupt keinen Pfefferkuchen!«

Wisst ihr, was der Junge antwortete?

Er schrie ärgerlich: »Was gehen mich denn die armen Kinder an?« Ich erschrak so, dass ich fast meinen türkischen Honig samt dem Papier auf einmal verschluckt hätte. Kinder, Kinder! Hält man das für möglich?

Da hat so ein Junge das unverdiente Glück, wohlhabende Eltern zu bekommen, und dann stellt er sich hin und schreit: »Was gehen mich die armen Kinder an!« Anstatt von seinen fünf Paketen Pfefferkuchen armen Kindern zwei zu schenken und sich zu freuen, dass er denen eine kleine Freude machen kann!

Das Leben ist ernst und schwer. Und wenn die Menschen, denen es gut geht, den anderen, denen es schlecht geht, nicht aus freien Stücken helfen wollen, wird es noch mal ein schlimmes Ende nehmen.

Herrn Bremser geht ein Licht auf

Freitags kam Pünktchen eine Stunde früher als sonst aus der Schule. Direktor Pogge wusste das und schickte den Schofför mit dem Auto hin, dass er das Mädchen mit dem Wagen heimführe. Um diese Zeit brauchte er das Auto noch nicht und Pünktchen fuhr so gern im Auto.

Der Schofför legte die Hand an die Mütze, als sie aus dem Portal der Schule trat, und öffnete den Schlag. Sie lief auf ihn zu und gab ihm begeistert die Hand. »Tag, Herr Hollack«, sagte sie. Die andern kleinen Mädchen freuten sich schon. Denn wenn Pünktchen Pogge mit dem Wagen abgeholt wurde, durften stets so viele mitfahren, wie hineingingen. Heute aber drehte sich Pünktchen auf dem Trittbrett herum, blickte alle betrübt an und sagte: »Kinders, nehmt mir's nicht übel, ich fahre allein.« Da standen nun die andern vorm Auto wie die begossenen Pudel. »Ich habe etwas Wichtiges vor«, erklärte Pünktchen. »Und da wärt ihr mir nur im Wege.« Dann setzte sie sich ganz allein in das große Auto, nannte dem Schofför eine Adresse, er stieg auch ein, fort ging's, und zwanzig kleine Mädchen blickten traurig hinter dem schönen Auto her.

Nach ein paar Minuten hielt der Wagen vor einem großen Gebäude und das war schon wieder eine Schule!

»Lieber Herr Hollack«, sagte Pünktchen, »einen kleinen Moment, wenn ich bitten dürfte.« Herr Hollack nickte und Pünktchen lief rasch die Stufen hinan. Es war noch Pause. Sie kletterte in die erste Etage und fragte einen Jungen, wo das Lehrerzimmer sei. Er führte sie hin. Sie klopfte. Weil niemand öffnete, klopfte sie noch einmal, und zwar ziemlich heftig.

Da ging die Tür auf. Ein großer, junger Herr stand vor ihr und kaute eine Stulle.

»Schmeckt's?«, fragte Pünktchen.

Er lachte. »Und was willst du noch wissen?«

»Ich beabsichtige, Herrn Bremser zu sprechen«, erklärte sie. »Mein Name ist Pogge.«

Der Lehrer kaute hinter und sagte dann: »Na, da komm mal rein.« Sie folgte ihm und sie kamen in ein großes Zimmer mit vielen Stühlen. Auf jedem der vielen Stühle saß ein Lehrer und Pünktchen kriegte bei diesem schauerlich schönen Anblick Herzklopfen. Ihr Begleiter führte sie ans Fenster, dort lehnte ein alter, dicker Lehrer mit einer uferlosen Glatze. »Bremser«, sagte Pünktchens Begleiter, »darf ich dir Fräulein Pogge vorstellen? Sie will dich sprechen.«

Dann ließ er die beiden allein.

»Du willst mich sprechen?«, fragte Herr Bremser.

»Jawohl«, sagte sie. »Sie kennen doch den Anton Gast?«

»Er geht in meine Klasse«, erklärte Herr Bremser und guckte aus dem Fenster.

»Eben, eben«, meinte Pünktchen befriedigt. »Ich sehe schon, wir verstehen uns.«

Herr Bremser wurde langsam neugierig. »Also, was ist mit dem Anton?«

»In der Rechenstunde eingeschlafen ist er«, erzählte Pünktchen. »Und seine Schularbeiten gefallen Ihnen leider auch nicht mehr.«

Herr Bremser nickte und meinte: »Stimmt.« Inzwischen waren noch ein paar andere Lehrer hinzugetreten, sie wollten hören, was es gebe.

»Entschuldigen Sie, meine Herren«, sagte Pünktchen, »wollen Sie sich bitte wieder auf Ihre Plätze begeben? Ich muss mit

Herrn Bremser unter vier Augen sprechen.« Die Lehrer lachten und setzten sich wieder auf ihre Stühle. Aber sie sprachen fast gar nicht mehr und spitzten die Ohren.

»Ich bin Antons Freundin«, sagte Pünktchen. »Er hat mir erzählt, Sie wollten, wenn das so weiterginge, seiner Mutter einen Brief schreiben.«

»Stimmt. Heute hat er sogar während der Geografiestunde ein Oktavheft aus der Tasche gezogen und darin gerechnet. Der Brief an seine Mutter geht heute noch ab.«

Pünktchen hätte gern einmal probiert, ob man sich in der Glatze von Herrn Bremser spiegeln konnte, aber sie hatte jetzt keine Zeit. »Nun hören Sie mal gut zu«, sagte sie. »Antons Mutter ist sehr krank. Sie war im Krankenhaus, dort hat man ihr eine Pflanze herausgeschnitten, nein, ein Gewächs, und nun liegt sie seit Wochen zu Haus im Bett und kann nicht arbeiten.«

»Das wusste ich nicht«, sagte Herr Bremser.

»Nun liegt sie also im Bett und kann nicht kochen. Aber jemand muss doch kochen! Und wissen Sie, wer kocht? Anton kocht. Ich kann Ihnen sagen, Salzkartoffeln, Rührei und solche Sachen, einfach großartig!«

»Das wusste ich nicht«, antwortete Herr Bremser.

»Sie kann auch seit Wochen kein Geld verdienen. Aber jemand muss doch Geld verdienen. Und wissen Sie, wer das Geld verdient? Anton verdient das Geld. Das wussten Sie nicht, natürlich.« Pünktchen wurde ärgerlich. »Was wissen Sie denn eigentlich?«

Die anderen Lehrer lachten. Herr Bremser wurde rot, über die ganze Glatze weg.

»Und wie verdient er denn das Geld?«, fragte er.

»Das verrate ich nicht«, meinte Pünktchen. »Ich kann Ihnen nur so viel sagen, dass sich der arme Junge Tag und Nacht abrackert. Er hat seine Mutter gern, und da schuftet er und kocht und verdient Geld und bezahlt das Essen und bezahlt die Miete,

Herr Bremser wurde langsam neugierig.

und wenn er sich die Haare schneiden lässt, bezahlt er's ratenweise. Und es wundert mich überhaupt, dass er nicht während Ihres ganzen Unterrichts schläft.« Herr Bremser stand still. Die anderen Lehrer lauschten. Pünktchen war in voller Fahrt. »Und da setzen Sie sich hin und schreiben seiner Mutter einen Brief, dass er faul wäre, der Junge! Da hört sich doch Verschiedenes auf. Die arme Frau wird gleich wieder krank vor Schreck, wenn Sie den Brief schicken. Vielleicht kriegt sie Ihretwegen noch ein paar Gewächse und muss wieder ins Krankenhaus! Dann wird der Junge aber auch krank, das versprech ich Ihnen! Lange hält er dieses Leben nicht mehr aus.«

Herr Bremser sagte: »Schimpf nur nicht so sehr. Warum hat er mir denn das nicht erzählt?«

»Da haben Sie recht«, meinte Pünktchen. »Ich habe ihn ja auch gefragt, und wissen Sie, was er gesagt hat?«

»Na?«, fragte der Lehrer. Und seine Kollegen waren wieder von den Stühlen aufgestanden und bildeten um das kleine Mädchen einen Halbkreis.

»Lieber beiß ich mir die Zunge ab, hat er gesagt«, berichtete Pünktchen. »Wahrscheinlich ist er sehr stolz.«

Herr Bremser stieg von seinem Fensterbrett herunter. »Also gut«, sagte er, »ich werde den Brief nicht schreiben.«

»Das ist recht«, sagte Pünktchen. »Sie sind ein netter Mensch. Ich dachte mir's gleich und vielen Dank.«

Der Lehrer brachte sie zur Tür. »Ich danke dir auch, mein Kind.«

»Und noch eins«, sagte Pünktchen. »Ehe ich's vergesse. Erzählen Sie dem Anton ja nicht, dass ich Sie besucht habe.«

»Keine Silbe«, meinte Herr Bremser und streichelte ihr die Hand. Da klingelte es. Der Unterricht begann wieder. Pünktchen sauste die Treppe hinunter, stieg zu Herrn Hollack ins Auto und fuhr nach Hause. Während der ganzen Fahrt wippte sie auf dem Sitzpolster und sang vor sich hin.

DIE ACHTE NACHDENKEREI HANDELT: VON DER FREUNDSCHAFT

Ob ihr mir's nun glaubt oder nicht: Ich beneide Pünktchen. Nicht oft hat man eine solche Gelegenheit wie sie hier, dem Freund nützlich zu sein. Und wie selten kann man seinen Freundschaftsdienst so heimlich tun! Herr Bremser wird keinen Brief an Antons Mutter schreiben. Er wird den Jungen nicht mehr herunterputzen. Anton wird erst staunen, dann wird er sich freuen, und Pünktchen wird sich heimlich die Hände reiben. Sie weiß ja, wie es dazu kam. Ohne sie wäre es schiefgegangen.

Aber Anton erfährt es nicht. Pünktchen braucht keinen Dank. Die Tat selber ist der Lohn. Alles andere würde die Freude eher verkleinern als vergrößern.

Ich wünsche jedem von euch einen guten Freund. Und ich wünsche jedem von euch die Gelegenheit zu Freundschaftsdiensten, die er jenem ohne sein Wissen erweist. Haltet euch dazu, zu erfahren, wie glücklich es macht, glücklich zu machen!

NEUNTES KAPITEL

Frau Gast erlebt eine Enttäuschung

Als Anton im Schulranzen den Wohnungsschlüssel suchte, um aufzuschließen, öffnete sich die Tür ganz von selber, und seine Mutter stand vor ihm. »Mahlzeit, mein Junge«, sagte sie und lächelte.

»Mahlzeit«, antwortete er perplex. Dann riskierte er einen Freudensprung, umarmte sie und sagte: »Ich bin so froh, dass du wieder gesund bist.« Sie gingen ins Wohnzimmer, Anton setzte sich aufs Sofa und bestaunte jeden Schritt, den die Mutter machte. »Es strengt noch ein bisschen an«, erklärte sie und setzte sich müde neben ihn. »Wie war's in der Schule?«

»Naumanns Richard hat in Erdkunde gesagt, in Indien wohnten die Indianer. Herrschaften, ist das ein blödes Kind. Und der Schmitz hat den Pramann gezwickt, und da ist der Pramann raus aus der Bank, und Herr Bremser hat gefragt, was es gibt. Und der Pramann hat gemeint, er müsse einen Floh haben, vielleicht sogar zwei. Und da ist der Schmitz aufgesprungen und hat gerufen, neben Jungens, die Flöhe hätten, dürfe er nicht sitzen. Seine Eltern erlaubten das nicht. Wir haben uns schiefgelacht.« Anton lachte, wie ein Wiederkäuer, gleich noch mal. Dann fragte er: »Magst du heute keinen Spaß?«

»Erzähl nur ruhig weiter«, sagte sie.

Er legte den Kopf auf die Sofalehne und streckte die Beine aus. »Herr Bremser war in der letzten Stunde sehr freundlich zu mir, und ich soll ihn mal besuchen, wenn ich Zeit habe.« Plötzlich zuckte er zusammen: »Ich Dussel!«, rief er. »Ich muss doch kochen!« Die Mutter hielt ihn zurück und zeigte auf den Tisch. Da standen schon Teller und eine große, dampfende Schüssel. »Linsen mit Würstchen?«, fragte er. Sie nickte, dann setzten sie sich und aßen. Anton langte tüchtig zu. Als er den Teller kahl gegessen hatte, gab ihm die Mutter mehr. Er nickte ihr begeistert zu. Dabei sah er, dass ihre Portion noch unberührt war. Nun schmeckte es ihm auch nicht mehr. Er stocherte traurig in der Linsensuppe und fischte Wurststückchen. Die Schweigsamkeit senkte sich wie ein drohender Nebel aufs Zimmer.

Schließlich hielt er das nicht mehr aus. »Muttchen, habe ich nicht gefolgt? Manchmal weiß man das selber nicht … Oder ist es wegen des Geldes? Die Würstchen waren eigentlich gar nicht nötig.« Er legte seine Hand zärtlich auf ihre.

Doch die Mutter trug rasch das Geschirr in die Küche. Dann kam sie zurück und sagte: »Fang immer mit Schularbeiten an. Ich komme gleich wieder.« Er saß auf seinem Stuhl und schüttelte den Kopf. Was hatte er denn angestellt. Draußen schlug die Korridortür. Er öffnete das Fenster, setzte sich aufs Fensterbrett und beugte sich weit hinaus. Es dauerte ziemlich lange, bis die Mutter unten aus dem Haus trat. Sie machte kleine Schritte. Das Laufen strengte sie an. Sie ging die Artilleriestraße hinunter, dann bog sie um die Ecke.

Er setzte sich trübselig an den Tisch, holte den Ranzen und die Tinte und begann, am Federhalter zu kauen.

Endlich kam die Mutter wieder. Sie hatte einen kleinen Blumenstrauß besorgt, holte Wasser, stellte die Blumen in die blau getupfte Vase, zupfte an den Blättern, schloss das Fenster, blieb davor stehen, wandte Anton den Rücken und schwieg.

»Schöne Blumen«, sagte er, hielt die Hände gefaltet und konnte kaum atmen. »Himmelschlüssel, wie?«

Die Mutter stand im Zimmer, als sei sie fremd. Sie sah zum Fenster hinaus und zuckte mit den Schultern. Am liebsten wäre er zu ihr hingelaufen. Aber er stand nur halb vom Stuhl auf und bat: »Sag doch ein Wort!« Seine Stimme klang heiser und wahrscheinlich hatte sie ihn gar nicht gehört.

Und dann fragte sie, ohne sich umzuwenden: »Den Wievielten haben wir heute?«

Er wunderte sich zwar, lief aber, um sie nicht noch mehr zu ärgern, zum Wandkalender hinüber und las laut: »Den 9. April.«

»Den 9. April«, wiederholte sie und presste ihr Taschentuch vor den Mund.

Und plötzlich wusste er, was geschehen war! Die Mutter hatte heute Geburtstag. Und er hatte ihn vergessen!

Er fiel auf seinen Stuhl zurück und zitterte. Er schloss die Augen und wünschte nichts sehnlicher, als auf der Stelle tot zu sein … Deswegen war sie also heute aufgestanden. Und deswegen hatte sie Linsen mit Würstchen gekocht. Selber hatte sie sich einen Blumenstrauß kaufen müssen! Nun stand sie am Fenster und war von aller Welt verlassen. Und er durfte nicht einmal hingehen und sie streicheln. Denn das konnte sie ihm nicht verzeihen. Wenn er wenigstens gewusst hätte, wie man ganz schnell krank wird. Dann wäre sie natürlich an sein Bett gekommen und wieder gut gewesen. Er stand auf und ging zur Tür. Dort drehte er sich noch einmal um und fragte bittend: »Hast du gerufen, Mama?«

Aber sie lehnte still und unbeweglich am Fenster. Da ging er hinaus, hinüber in die Küche, setzte sich neben den Herd und wartete, dass er weinte. Aber es kamen keine Tränen. Nur manchmal schüttelte es ihn, als hielte ihn wer am Kragen.

Dann suchte er den Tuschkasten hervor und nahm eine Mark heraus. Das hatte ja nun alles keinen Sinn mehr. Er steckte die Mark in die Tasche. Ob er vielleicht doch noch hinunterlief und etwas holte? Er konnte es ja nachher durch den Briefkasten werfen und fortlaufen. Und nie mehr wiederkommen! Schokolade ließ sich leicht durch den Briefkastenspalt schieben und eine

Gratulationskarte dazu. »Von Deinem tiefunglücklichen Sohn Anton«, würde er darunterschreiben. So würde ihm die Mutter wenigstens ein gutes Andenken bewahren können.

Auf den Zehenspitzen schlich er aus der Küche, durch den Korridor, klinkte die Korridortür behutsam auf, trat hinaus und schloss die Tür wie ein Dieb.

Die Mutter stand noch lange am Fenster und sah durch die Scheiben, als liege dort draußen ihr armseliges, trübes Leben ausgebreitet. Nichts als Kummer hatte sie gehabt, nichts als Krankheit und Sorgen. Dass ihr Junge den Geburtstag vergessen hatte, schien ihr von heimlicher Bedeutung. Auch er ging ihr allmählich verloren wie alles vorher und so verlor ihr Leben den letzten Sinn. Als sie operiert worden war, hatte sie gedacht: Ich muss leben bleiben, was soll aus Anton werden, wenn ich jetzt sterbe? Und nun vergaß er ihren Geburtstag!

Endlich regte sich Mitleid mit dem kleinen Kerl. Wo mochte er stecken? Er hatte seine Vergesslichkeit längst bereut. »Hast du gerufen, Mama?«, hatte er noch gefragt, bevor er mutlos das Zimmer verließ. Sie durfte nicht hart sein. Er war so erschrocken gewesen. Sie durfte nicht streng sein, er hatte in den letzten Wochen ihretwegen viel ausgestanden. Erst hatte er sie jeden Tag im Krankenhaus besucht. In der Volksküche hatte er essen müssen, und Tag und Nacht war er mutterseelenallein in der Wohnung gewesen. Dann war sie nach Haus gebracht worden. Seit vierzehn Tagen lag sie im Bett, und er kochte und holte ein, und ein paarmal hatte er sogar die Zimmer mit einem nassen Lappen aufgewischt.

Sie begann ihn zu suchen. Sie trat ins Schlafzimmer. Sie ging in die Küche. Sie sah sogar in der Toilette nach. Sie machte im Korridor Licht und schaute hinter die Schränke. »Anton!«, rief sie. »Komm, mein Junge, ich bin wieder gut! Anton!«

Sie rief bald laut und bald leise und zärtlich. Er war nicht in der

Wohnung. Er war fortgelaufen! Sie wurde sehr unruhig. Sie rief bittend seinen Namen. Er war fort.

Er war fort! Da riss sie die Wohnungstür auf und rannte die Treppe hinunter, ihren Jungen suchen.

Mögt ihr den Anton gut leiden? Ich hab ihn sehr gern. Aber einfach davonlaufen und die Mutter sitzen lassen, das gefällt mir, offen gestanden, nicht besonders. Wo kämen wir hin, wenn jeder, der etwas falsch gemacht hat, davonrennen wollte? Das ist gar nicht auszudenken. Man darf nicht den Kopf verlieren, man muss ihn hinhalten!

Mit anderen Sachen ist es auch so. Da hat ein Junge schlechte Zensuren gekriegt, oder der Lehrer hat den Eltern einen Brief geschrieben, oder ein Kind hat zu Hause aus Versehen eine teure Vase entzweigeschlagen, und wie oft liest man dann: »Aus Angst vor Strafe geflohen. Nirgends auffindbar. Die Eltern befürchten das Schlimmste.«

Nein, Herrschaften, so geht das nicht! Wenn man etwas angestellt hat, muss man sich zusammennehmen und Rede stehen. Wenn man so große Angst vor Strafe hat, sollte man sich das gefälligst vorher überlegen.

Selbstbeherrschung ist eine wichtige, wertvolle Eigenschaft. Und was an ihr besonders bemerkenswert ist: Selbstbeherrschung ist erlernbar. Alexander der Große zählte, um sich nicht zu unüberlegten Taten hinreißen zu lassen, jedes Mal erst bis dreißig. Also, das ist ein wunderbares Rezept. Befolgt es, wenn es nötig sein sollte!

Noch besser ist es, ihr zählt bis sechzig.

ZEHNTES KAPITEL

Es konnte auch schiefgehen

Guten Tag, Frau Gast«, sagte jemand, als sie aus dem Haus trat. »Sie sehen ja glänzend aus.« Es war Pünktchen mit Piefke und eigentlich fand das Kind Antons Mutter schrecklich blass und aufgeregt. Aber der Junge hatte sie ja gebeten, das Aussehen seiner Mutter vortrefflich zu finden. Und sie war ein Mädchen, das Wort hielt, oho! Fräulein Andacht war mit ihrem Herrn Bräutigam bei Sommerlatte und hatte sie Punkt sechs Uhr zum Abholen bestellt.

Frau Gast blickte verstört um sich und gab Pünktchen die Hand, ohne ein Wort zu sprechen.

»Wo ist denn Anton?«, fragte das Kind.

»Fort!«, flüsterte Frau Gast. »Denk dir, er ist davongelaufen. Ich war böse, weil er meinen Geburtstag vergessen hatte.«

»Da gratuliere ich von Herzen«, sagte Pünktchen. »Ich meine, weil Sie Geburtstag haben.«

»Ich danke dir«, erwiderte die Frau. »Wo kann er nur sein?«

»Nun verlieren Sie mal nicht den Kopf«, tröstete Pünktchen. »Den Jungen kriegen wir wieder. Unkraut verdirbt nicht. Was halten Sie davon, wenn wir in die Geschäfte gehen und uns überall erkundigen?« Weil die Frau nichts zu hören schien und nur immer den Kopf nach allen Seiten drehte, nahm Pünktchen Antons Mutter bei der Hand und zog sie zu dem Milchgeschäft im Nebenhaus. Ihren Dackel setzte sie auf die Straße und sagte: »Guter Hund, such den Anton!« Aber Piefke verstand wieder mal kein Deutsch.

Inzwischen kaufte Anton Schokolade.

Die Verkäuferin war eine alte Dame mit einem riesigen Kropf. Sie sah ihn misstrauisch an, als er mit todtrauriger Miene eine Tafel von der besten Milchschokolade verlangte.

»Es ist für einen Geburtstag«, sagte er niedergeschlagen.

Da wurde sie etwas freundlicher, wickelte die Schokolade schön geschenkmäßig in Seidenpapier und band ein blassblaues Seidenband drum. »Danke verbindlichst«, sagte er ernst, steckte die Tafel vorsichtig in die Tasche und zahlte. Sie gab ihm Geld heraus und nun ging er in ein Schreibwarengeschäft.

In dem Schreibwarengeschäft suchte er sich aus dem Geburtstagsalbum eine Gratulationskarte aus. Die Karte, die er wählte, war wundervoll. Einen dicken, fidel schmunzelnden Dienstmann sah man darauf und der Dienstmann hielt in jedem Arm einen großen Blumentopf. Zu seinen Füßen stand in goldnen Buchstaben: »Die herzlichsten Glück- und Segenswünsche zum Wiegenfeste.«

Anton betrachtete das schöne Bild wehmütig. Dann stellte er sich hinter das Schreibpult und malte mit mühevoller Schönschrift auf die Rückseite: »Von Deinem tiefunglücklichen Sohne Anton. Und nimm es mir nicht übel, liebe Mama, es war nicht böse gemeint.« Dann klemmte er die Karte unter die blaue Schleife, die das Schokoladenpäckchen zierte, und lief schnell auf die Straße. Jetzt überkam ihn große Rührung, seines traurigen Schicksals wegen. Er fürchtete sich vor Tränen, schluckte tapfer und ging mit gesenktem Kopf weiter.

Im Haus überfiel ihn heftige Angst. Wie ein Indianer auf dem Kriegspfad schlich er sich zum vierten Stock hinauf. Er stieg auf den Zehenspitzen bis zur Tür. Er öffnete die Klappe des Briefkastens und warf sein Geschenk hindurch. Das machte Lärm und er bekam Herzklopfen.

Doch in der Wohnung rührte sich nichts.

Eigentlich hätte er ja nun fortlaufen und irgendwo ganz rasch sterben müssen. Aber er brachte das nicht ohne Weiteres fertig, sondern drückte zaghaft auf die Klingel. Dann rannte er bis zum nächsten Treppenabsatz hinunter. Dort wartete er atemlos. In der Wohnung rührte sich nichts.

Da wagte er sich noch einmal bis vor die Tür. Und wieder klingelte er. Und wieder rannte er die Stufen hinunter.

Und wieder war nichts zu hören! Was war denn mit seiner Mutter los? War ihr etwas zugestoßen? War sie wieder krank geworden, weil sie sich so sehr über ihn hatte ärgern müssen? Lag sie im Bett und konnte sich nicht rühren? Er hatte die Schlüssel nicht eingesteckt. Vielleicht hatte sie den Gashahn aufgedreht, um sich vor Kummer zu vergiften? Er stürzte zur Tür hinauf und schlug an den Briefkasten, dass es laut klapperte. Er hieb mit beiden Fäusten gegen die Türfüllung. Er rief durchs Schlüsselloch: »Mama! Mama! Ich bin's! Mach mir doch auf!«

In der Wohnung regte sich nichts.

Da sank er schluchzend auf der Strohdecke in die Knie. Nun war alles aus.

Antons Mutter und Pünktchen hatten in allen Geschäften, wo man Anton kannte, gefragt. Der Milchmann, der Bäcker, der Fleischer, der Grünwarenhändler, der Schuster, der Installateur, keiner wusste etwas.

Pünktchen lief zu dem Schutzmann, der an der Verkehrskreuzung stand, und fragte den. Aber der Schutzmann schüttelte bloß den Kopf und fuhr fort, mit beiden Armen den Fahrzeugen zu winken. Piefke ärgerte sich über das Winken und quiekte. Frau Gast wartete inzwischen auf dem Fußsteig und blickte mit ängstlichen, eilig irrenden Augen um sich. »Nichts«, sagte Pünktchen. »Wissen Sie, was? Das Beste wird sein, wir gehen nach Hause.«

Aber Frau Gast rührte sich nicht.

»Vielleicht ist er im Keller«, sagte das Kind.

»Im Keller?«, fragte Antons Mutter.

»Ja, oder auf dem Boden«, schlug Pünktchen vor.

Und sie liefen, so rasch sie konnten, über die Straße und ins Haus. Gerade als Frau Gast die Kellertür aufschließen wollte, hörten sie, dass oben jemand weinte.

»Das ist er!«, rief Pünktchen.

Antons Mutter lachte und weinte in einem Atem und lief die Treppe so schnell hinauf, dass Pünktchen kaum mitkommen konnte. »Anton!«, rief die Mutter.

Und von oben klang es: »Mama! Mama!« Und dann begann von oben und unten her ein großes Wettrennen. Pünktchen blieb in der ersten Etage stehen. Sie wollte nicht stören und hielt Piefke die Schnauze zu.

Auf halbem Wege trafen sich Mutter und Sohn und fielen einander in die Arme. Sie streichelten sich unermüdlich, als ob sie nicht glauben wollten, dass sie sich wiederhatten. Sie saßen auf den Stufen, hielten sich bei den Händen und lächelten. Sie waren sehr müde und wussten nichts weiter, als dass sie froh waren. Endlich sagte die Mutter: »Komm, mein Junge. Wir können doch nicht immer hier sitzen bleiben. Wenn uns jemand sähe.«

»Ja, das geht nicht. Die würden uns nicht verstehen«, erklärte er. Nun kletterten sie gemeinsam, Hand in Hand, treppauf. Als die Mutter die Tür aufgeschlossen hatte und mit ihm in der Wohnstube war, flüsterte er ihr ins Ohr: »Guck mal in den Briefkasten.«

Sie tat es, klatschte in die Hände und rief: »Ei, es war schon ein Gratulant da!«

»So?«, fragte er, sprang ihr an den Hals und wünschte ihr furchtbar viel Glück und alles, alles Gute. Die Rückseite der schönen Gratulationskarte las sie dann heimlich beim Kaffeekochen. Sie weinte ein bisschen. Aber das Weinen machte ihr jetzt geradezu Vergnügen.

Dann klingelte es. Frau Gast öffnete. »Ach, dich habe ich ja ganz vergessen!«

»Nochmals meinen herzlichsten Glückwunsch zum Geburtstag«, sagte Pünktchen. »Darf man näher treten?« Dann kam Anton und begrüßte sie und den Dackel. »Weiße Haare kann man deinetwegen kriegen!«, sagte sie vorwurfsvoll. »Wir haben dich gesucht wie eine Stecknadel.« Sie versetzte ihm einen Nasenstüber. Dann kam seine Mutter mit der Kaffeekanne und sie tranken zu dritt Geburtstagskaffee. Kuchen gab es zwar nicht, aber sie waren trotzdem alle drei sehr zufrieden. Und Piefke bellte dem Geburtstagskind ein Ständchen.

Nach dem Kaffeeklatsch sagte die Mutter: »So, nun geht nur wieder ein bisschen spazieren. Ich leg mich ins Bett. Das war heute ein bisschen viel für den ersten Tag. Ich werde sehr schön schlafen.«

Auf der Treppe sagte Anton zu Pünktchen: »An den Tag werde ich denken.«

DIE ZEHNTE NACHDENKEREI HANDELT: VOM FAMILIENGLÜCK

Erwachsene haben ihre Sorgen. Kinder haben ihre Sorgen. Und manchmal sind die Sorgen größer als die Kinder und die Erwachsenen, und dann werfen die Sorgen, weil sie so groß und breit sind, sehr viel Schatten. Und da sitzen dann die Eltern und die Kinder in diesem Schatten und frieren. Und wenn das Kind zum Vater kommt und etwas fragt, knurrt der: »Lass mich in Ruhe! Ich habe den Kopf voll!« Puh, und dann verkriecht sich das Kind und der Vater versteckt sich hinter der Zeitung. Und wenn die Mutter ins Zimmer tritt und fragt: »Was hat's denn gegeben?«, sagen beide: »Och, nichts weiter«, und dann ist es mit dem Familienglück Essig. Und manchmal zanken sich die Eltern, oder sie sind, wie Pünktchens Eltern, nie zu Hause, und die Kinder sind fremden Leuten ausgeliefert, zum Beispiel irgendeinem Fräulein Andacht. Oder sonst wem, und dann …

Beim Schreiben fällt mir plötzlich auf, dass diese Nachdenkerei eigentlich von den Erwachsenen gelesen werden müsste. Also, wenn's mal wieder zu Hause qualmt, dann schlagt die Seite hier auf und gebt sie euren Eltern zum Lesen. Ja? Schaden wird es nichts.

Herr Pogge übt sich im Spionieren

Als Herr Direktor Pogge gegen Abend nach Hause kam, fing ihn Gottfried Klepperbein vor der Tür ab. »Sie sind hinten dreckig, Herr Direktor«, sagte er. »Moment mal.« Pünktchens Vater blieb stehen, und der Portiersjunge klopfte ihm den Mantel sauber, obwohl der gar nicht schmutzig war. Das war ein bewährter Trick von dem Jungen und er hatte schon eine Stange Geld damit verdient. »So«, sagte er und hielt die Hand hin. Herr Pogge gab ihm einen Groschen und wollte ins Haus. Aber Gottfried Klepperbein vertrat ihm die Tür. »Ich könnte da Herrn Direktor einen Tipp geben, der seine zehn Mark wert ist«, meinte er.

Herr Direktor Pogge sagte: »Lass mich vorbei.«

»Das Fräulein Tochter betreffend«, flüsterte Gottfried Klepperbein und zwinkerte.

»Also, was ist los?«

»Zehn Märker, sonst kein Wort«, erklärte der Junge und hielt wieder die Hand hin.

»Ich bezahle nur nach Lieferung der Ware«, sagte Pünktchens Vater.

»Auf Tod?«, fragte der Junge.

»Was? Ach so. Also schön: auf Tod!«

»Gehen Sie heute Abend wieder fort?«

»Wir gehen in die Oper«, sagte Herr Pogge.

»Dann tun Sie mal nur so, als ob Sie ins Theater gingen«, riet Gottfried Klepperbein. »Und dann stellen Sie sich vorm Hause auf, und wenn Sie eine Viertelstunde später nicht Ihr blaues Wunder erleben, will ich Matz heißen.«

»Geht in Ordnung«, sagte Herr Pogge, schob den Jungen zur Seite und trat ins Haus.

Bevor die Eltern ins Theater gingen, besuchten sie, wie üblich, Pünktchens Kinderzimmer. Pünktchen lag im Bett und Fräulein Andacht las das Märchen von Aladin und der Wunderlampe vor.

Die Mutter schüttelte den Kopf: »So ein großes Mädchen lässt sich noch Märchen vorlesen.«

»Ach, Märchen sind so abenteuerlich und so verzaubert und überhaupt so seltsam«, erklärte Pünktchen. »Es ist geradezu ein Genuss!«

»Na ja«, sagte der Vater. »Aber die richtige Lektüre vorm Einschlafen ist es gerade nicht.«

»Direktor, weißt du, ich habe starke Nerven«, behauptete das Kind.

»Schlaf gut, meine Süße«, erklärte die Mutter. Heute trug sie silberne Halbschuhe und ein silbernes Hütchen und ein blaues Kleid mit lauter Spitzen. Pünktchen sagte: »Gut Nass!«

»Wieso?«, fragte die Mutter.

»Es wird regnen«, sagte das Kind. »Ich habe Rheumatismus im Nachthemd.«

»Es regnet ja schon«, meinte die Mutter.

»Da hast du's«, sagte Pünktchen. »Ja, ja, mein Rheumatismus hat immer recht.«

Herr Pogge fragte Fräulein Andacht, ob sie später noch weggehe.

»Wo denken Sie hin, Herr Direktor!«, bekam er zur Antwort.

Als seine Frau im Wagen saß, sagte er: »Gib mir mein Billett. Ich habe die Zigarren vergessen. Fahren Sie voraus, Hollack. Ich komme mit einem Taxi nach.«

Frau Pogge betrachtete ihren Mann neugierig und gab ihm ein Billett. Er winkte dem Schofför. Das Auto fuhr los.

Herr Pogge ging natürlich nicht in die Wohnung zurück. Er gehörte nicht zu den Männern, die ihre Zigarren vergessen. Er trat, dem Haus gegenüber, hinter einen Baum und wartete. Es war ja ziemlich albern, dass er sich von so einem Lausejungen Flausen einreden ließ. Und er schämte sich auch dementsprechend. Andrerseits hatte er schon seit Tagen ein so merkwürdiges Gefühl in der Magengrube.

Kurzum, er wartete. Es regnete dünn. Die Straße war einsam. Nur manchmal sauste ein Auto vorüber. Herr Direktor Pogge konnte sich nicht entsinnen, jemals wie heute im Regen gestanden und auf etwas Geheimnisvolles gelauert zu haben.

Er holte eine Zigarre aus dem Etui. Dann fiel ihm ein, dass glimmende Zigarren im Dunkeln äußerst verräterisch wirken, und er behielt sie unangezündet zwischen den Zähnen. Wenn ihn jetzt ein Bekannter träfe! Das konnte ein reizender Skandal werden. »Direktor Pogge steht abends vor seinem eignen Haus und spioniert«, würde es heißen.

Er blickte nach den Fenstern hinüber. Im Kinderzimmer war Licht. Na also!

Da! Das Licht erlosch!

Wozu regte er sich eigentlich auf? Pünktchen war wahrscheinlich eingeschlafen und das Fräulein war in ihr Zimmer gegangen. Trotzdem hatte er Herzklopfen. Er blickte scharf durch die Dämmerung zur Haustür hinüber.

Und da öffnete sie sich! Herr Pogge biss sich auf die Lippen. Er hätte beinahe die Zigarre verschluckt. Durch die halb offene Tür schlüpfte eine Frauengestalt und zog ein Kind hinter sich her. Die beiden bewegten sich in der Dunkelheit wie Gespenster. Die Haustür schlug zu. Die Frau blickte sich besorgt um. Herr Pogge presste sich dicht an den Baum. Dann rannten die zwei stadtwärts.

Herr Pogge trat, dem Haus gegenüber,
hinter einen Baum und wartete.

Vielleicht waren es wildfremde Leute? Auf der anderen Straßenseite lief Herr Direktor Pogge hinter ihnen her. Er hielt die Hand vor den keuchenden Mund. Er trat in Pfützen, streifte Laternenpfähle, merkte kaum, dass der Strumpfhalter riss. Die zwei drüben ahnten nichts davon, dass sie verfolgt wurden. Das Kind stolperte und wurde von der dürren, großen Person weitergezerrt. Plötzlich blieben sie stehen. Kurz bevor die ruhige Straße in den Großstadtverkehr mündet.

Herr Pogge schlich auf den Zehenspitzen noch ein paar Meter weiter. Was geschah dort drüben? Er konnte nichts erkennen. Er hatte Angst, dass sie ihm entschlüpften. Er hielt die Augen aufgesperrt, ohne zu zwinkern, als könnten die beiden, wenn er auch nur sekundenlang die Lider senkte, vom Erdboden verschwunden sein.

Aber nein, die beiden Gestalten, die Frau und das Kind, traten aus dem Schatten der stillen Häuser und schritten den Bogenlampen der anderen Straße entgegen. Die Frau hatte sich ein Kopftuch umgebunden. Sie gingen sehr langsam, und das kleine Mädchen führte die Frau, als sei diese plötzlich krank geworden. Herr Pogge konnte ihnen nun trotz des Menschenstroms, der hier durch die Straße trieb, bequem folgen. Sie steuerten, am Bahnhof Friedrichstraße vorbei, der Weidendammer Brücke zu.

Und auf der Brücke blieben sie, ans Geländer gelehnt, stehen.

Es regnete noch immer.

DIE ELFTE NACHDENKEREI HANDELT: VON DER LÜGE

Pünktchen belügt ihre Eltern, daran ist nicht zu wackeln. Und so nett sie sonst ist, dass sie lügt, ist abscheulich. Wenn wir sie jetzt hier hätten und sie fragten: »Du, schämst du dich denn gar nicht? Warum belügst du deine Eltern?« Was würde sie antworten? Sie steht zwar gerade auf der Weidendammer Brücke und da dürfen wir sie nicht stören. Aber was würde sie sagen, wenn sie bei uns säße? »Fräulein Andacht ist schuld«, würde sie sagen. Und das wäre eine faule Ausrede.

Denn wenn man nicht lügen will, kann man durch keine Macht der Welt dazu gezwungen werden. Vielleicht hat sie Angst vor dem Kinderfräulein? Vielleicht hat die Andacht dem Kind gedroht?

Dann brauchte Pünktchen nur zu ihrem Vater zu gehen und zu sagen: »Direktor, das Fräulein will mich zwingen, dass ich euch belüge.« Dann würde Fräulein Andacht auf der Stelle entlassen und ihre Drohung wäre umsonst gewesen.

Es bleibt dabei: Pünktchen lügt und das ist sehr unanständig. Wir wollen hoffen, dass sie sich, durch ihre Erlebnisse belehrt, bessert und das Lügen künftig bleiben lässt.

ZWÖLFTES KAPITEL

Klepperbein verdient zehn Mark und eine Ohrfeige

Herr Pogge stand an der Komischen Oper mitten auf der Straße und blickte angestrengt zur Weidendammer Brücke hinüber. Er sah, wie das Kind den Vorübergehenden die Hände entgegenstreckte und dazu knickste. Manchmal blieben Passanten stehen und gaben Geld. Dann knickste die Kleine wieder und schien sich zu bedanken. Er entsann sich der gestrigen Szene zu Hause. Pünktchen hatte im Wohnzimmer gestanden, die Wand angejammert und gesagt: »Streichhölzer, kaufen Sie Streichhölzer, meine Herrschaften!« Sie hatte geprobt! Es war kein Zweifel möglich: Dort drüben stand sein Kind und bettelte! Ihn fror.

Er betrachtete die dürre, lange Person daneben. Natürlich war das Fräulein Andacht. Sie trug ein Kopftuch und hatte eine dunkle Brille vor den Augen. Er erkannte sie trotzdem.

Sein Kind stand in einem dünnen, alten Kleid auf der Brücke, ohne Hut, die Locken waren strähnig vom Regen. Er schlug den Mantelkragen hoch. Dabei bemerkte er, dass er noch immer die kalte Zigarre zwischen den Fingern hielt. Sie war völlig zerblättert, und er warf sie wütend, als sei sie an allem schuld, in eine Pfütze. Dann kam ein Schutzmann und wies ihn auf den Fußsteig.

»Herr Wachtmeister«, sagte Herr Pogge, »ist es erlaubt, dass kleine Kinder abends hier herumstehen und betteln?«

Der Schutzmann zuckte die Achseln. »Sie meinen die beiden auf der Brücke? Was wollen Sie machen? Wer soll die blinde Frau denn sonst hierherführen?«

»Sie ist blind?«

»Ja freilich. Und dabei noch ziemlich jung. Fast jeden Abend stehen sie dort drüben. Solche Leute wollen auch leben.« Der Schutzmann wunderte sich, dass ihn der Fremde ziemlich schmerzhaft am Arm packte. Dann sagte er: »Ja, es ist ein Elend.«

»Wie lange stehen denn die zwei normalerweise dort?«

»Zwei Stunden wenigstens, so bis gegen zehn.«

Herr Pogge trat wieder von dem Trottoir herunter. Er machte ein Gesicht, als wollte er hinüberstürzen, dann besann er sich und bedankte sich bei dem Beamten. Der Schutzmann grüßte und ging weiter.

Plötzlich stand Gottfried Klepperbein da, grinste übers ganze Gesicht und zupfte ihn am Mantel. »Na, was habe ich gesagt, Herr Direktor?«, flüsterte er. »Habe ich Ihnen zu viel versprochen?«

Herr Pogge schwieg und starrte über die Straße.

»Auf der anderen Seite der Brücke steht der Freund vom Fräulein Tochter«, sagte Klepperbein gehässig. »Der bettelt auch. Aber richtig. Anton Gast heißt er. Der gehörte schon längst in Fürsorge.«

Herr Pogge schwieg und betrachtete Anton. Mit einem Betteljungen war Pünktchen befreundet? Und warum verkauften seine Tochter und das Kinderfräulein eigentlich Streichhölzer? Was steckte dahinter? Wozu brauchten sie denn heimlich Geld? Er wusste nicht, was er denken sollte.

»So, hiermit wäre das Honorar fällig«, erklärte Gottfried Klepperbein und tippte Herrn Pogge auf den Mantel. Herr Direktor zog die Brieftasche, nahm einen Zehnmarkschein heraus und gab ihn dem Jungen.

»Lassen Sie die Brieftasche gleich draußen«, meinte Klepperbein. »Wenn Sie mir noch zehn Mark dazugeben, sag ich's nicht weiter, was Sie gesehen haben. Sonst rede ich's nämlich rum und dann steht's morgen in der Zeitung. Das wäre Ihnen sicher peinlich!«

Jetzt riss Herrn Pogge die Geduld. Er gab dem Jungen eine Ohrfeige, dass es nur so knallte. Ein paar Passanten blieben stehen und wollten sich einmischen. Aber der Junge rannte so schnell davon, dass sie dachten, es würde wohl seine Richtigkeit gehabt haben. Gottfried Klepperbein lief, so schnell ihn die Füße trugen. Die Geschichte brachte ihm schrecklich viele Ohrfeigen ein. Das war nun schon die dritte, und er beschloss, sich mit den zehn Mark zufriedenzugeben. Zehn Mark und drei Ohrfeigen, er hatte vorläufig genug.

Herr Pogge konnte es gar nicht mehr mit ansehen, wie sein Kind auf der Brücke im Regen stand. Sollte er hinüberlaufen und Pünktchen nach Hause bringen? Doch da hatte er einen Einfall, der ihm noch besser schien. Er winkte einem Taxi. »Fahren Sie so rasch wie möglich in die Oper Unter den Linden!«, rief er, setzte sich in den Wagen und fuhr fort.

Was hatte er vor?

Anton machte schlechte Geschäfte. Erstens stand er wieder auf der faulen Seite und zweitens regnete es. Wenn es regnete, hatten es die Menschen auf der Straße noch eiliger als sonst. Sie hatten dann gar keine Lust, sich hinzustellen und das Portemonnaie aus der Tasche zu ziehen. Er machte schlechte Geschäfte, aber er war guter Laune. Die Versöhnung mit seiner Mutter freute ihn so.

Plötzlich zuckte er leicht zusammen. Das war doch der Bräutigam von Fräulein Andacht, das war doch Robert der Teufel? Der Mann spazierte in einem Regenmantel und mit einer schief ins Gesicht gezogenen Mütze an dem Jungen vorbei, ohne ihn zu sehen. Anton klappte sein Köfferchen zu und folgte in gemessenem Abstand.

Der Mann ging bis ans Ende der Brücke, dort überquerte er sie und ging langsam auf der anderen Brückenseite wieder zurück. Anton sperrte die Augen auf. Gleich musste der Mann bei

Fräulein Andacht angelangt sein. Er schob sich ganz allmählich am Geländer hin. Jetzt gab der Kerl dem Kinderfräulein ein Zeichen und sie erschrak. Pünktchen merkte nichts. Sie knickste und klagte und wollte den Vorübergehenden partout Streichhölzer verkaufen.

Anton presste sich, ein paar Meter von den dreien entfernt, dicht ans Geländer und beobachtete, was jetzt geschah. Der Mann gab Fräulein Andacht einen Rippenstoß, sie schüttelte den Kopf, da packte er ihren Arm, griff in die Tasche, die an dem Arm hing, wühlte darin und zog etwas Glänzendes heraus. Anton blickte ganz scharf hin: Es waren Schlüssel.

Schlüssel? Wozu holte sich der Kerl von Fräulein Andacht Schlüssel?

Er drehte sich um, Anton beugte sich über das Brückengeländer, um nicht aufzufallen, und spuckte in die Spree. Der Mann ging vorüber und jetzt hatte er es auf einmal sehr eilig. Er lief den Schiffbauerdamm hinunter.

Anton überlegte nicht lange. Er rannte ins erste beste Restaurant, ließ sich das Telefonbuch geben und suchte unter P. Dann holte er einen Groschen aus der Tasche und stürzte in die Telefonzelle.

DIE ZWÖLFTE NACHDENKEREI HANDELT: VON DEN SCHWEINEHUNDEN

Gottfried Klepperbein ist ein Schweinehund. Vertreter dieser menschlichen Tiergattung kommen auch schon unter Kindern vor. Das ist besonders schmerzlich. Anzeichen dafür, dass jemand ein Schweinehund ist, gibt es eine ganze Reihe. Wenn jemand faul und zugleich schadenfroh, heimtückisch und gefräßig, geldgierig und verlogen ist, dann kann man zehn gegen eins wetten, dass es sich um einen Schweinehund handelt. Aus einem solchen Schweinehund einen anständigen Menschen zu machen, ist wohl die schwerste Aufgabe, die sich ausdenken lässt. Wasser in ein Sieb schütten ist eine Kinderei dagegen. Woran mag das liegen? Wenn man jemandem beschreibt, wie schön und wie wohltuend es ist, anständig zu sein, müsste er sich doch darum reißen, anständig zu werden, nein?

Es gibt Fernrohre, die man auseinanderziehen kann. Kennt ihr die? Sie sehen hübsch klein aus; und man kann sie bequem in die Tasche stecken. Dann kann man sie aber auch auseinanderziehen und dann sind sie länger als einen halben Meter. So ähnlich, scheint mir, ist es mit den Schweinehunden. Und vielleicht mit den Menschen überhaupt. Sie sind als Kinder schon genau dasselbe, was sie später werden. Wie die auseinanderziehbaren Fernrohre. Sie wachsen nur, sie ändern sich nicht. Was nicht im Menschen von Anfang an drinliegt, das kann man nicht aus ihm herausholen, und wenn man sich auf den Kopf stellt …

DREIZEHNTES KAPITEL

Die dicke Berta schwingt Keulen

Die dicke Berta saß in der Küche, aß eine Wurststulle und trank Kaffee. Sie war, weil sie Ausgang hatte, mit ihrer Freundin spazieren gewesen; weil aber das Regenwetter nicht aufhörte, war sie früher als gewöhnlich nach Haus gekommen. Nun erstickte sie ihren Ärger über den verregneten Ausgang mit Leberwurst und las den Roman in der Illustrierten. Plötzlich klingelte das Telefon. »Auch das noch!«, murmelte sie und schlurfte an den Apparat. »Hier bei Direktor Pogge«, sagte sie.

»Kann ich den Herrn Direktor sprechen?«, fragte eine Kinderstimme.

»Nein«, sagte Berta, »die Herrschaften sind in der Oper.«

»Das ist ja entsetzlich«, meinte das Kind.

»Worum handelt sich's denn, wenn man fragen darf?«, sagte Berta.

»Wer spricht dort?«

»Das Dienstmädchen bei Pogges.«

»Ach so, die dicke Berta!«, rief das Kind.

»Von wegen dick«, sagte sie gekränkt. »Aber Berta ist richtig. Und mit wem habe ich das Vergnügen?«

»Ich bin ein Freund von Pünktchen«, erklärte die Kinderstimme.

»So«, sagte Berta, »und ich soll mal in ihr Zimmer gehen und fragen, ob sie mit dir mitten in der Nacht Fußball spielen will?«

»Unsinn!«, sagte der Junge. »Sondern der Bräutigam von Fräulein Andacht wird gleich bei Ihnen sein.«

»Das wird ja immer schöner!«, sagte Berta. »Das Kinderfräulein schläft doch längst.«

»Keine Spur«, sagte die Kinderstimme. »Außer Ihnen ist kein Mensch in der Wohnung.«

Die dicke Berta guckte in den Telefonhörer, als wolle sie nachsehen, ob da auch alles stimme. »Was?«, fragte sie dann. »Was? Die Andacht und Pünktchen sind nicht in ihren Betten?«

»Nein«, rief das Kind. »Das erkläre ich Ihnen ein anderes Mal. Sie sind ganz allein zu Haus. Glauben Sie's nur endlich. Und nun kommt der Bräutigam, um einzubrechen. Die Schlüssel hat er schon. Und einen Wohnungsplan auch. Er wird gleich da sein.«

»Das ist ja reizend«, sagte Berta. »Was mach ich denn da?«

»Sie rufen rasch das Überfallkommando an. Und dann suchen Sie eine Kohlenschaufel oder etwas Ähnliches. Und wenn der Bräutigam kommt, hauen Sie ihm eins übern Schädel.«

»Du hast gut reden, mein Sohn«, sagte Berta.

»Hals- und Beinbruch!«, rief das Kind. »Machen Sie Ihre Sache gut! Vergessen Sie nicht, die Polizei anzurufen. Wiedersehen!«

Berta kam vor lauter Kopfschütteln und Zähneklappern kaum vom Fleck. Sie war sehr aufgeregt, rüttelte an Pünktchens Tür und an der von Fräulein Andacht, keine Seele war zu Hause! Niemand rührte sich. Nur Piefke bellte ein bisschen. Er saß in seinem Körbchen vor Pünktchens Tür, rappelte sich hoch und bummelte hinter Berta her. Nun nahm sie sich zusammen und rief das Überfallkommando an.

»So«, sagte ein Beamter. »Na, ich schicke gleich mal rum.«

Und nun suchte Berta etwas zum Zuschlagen. »Wie sich der Junge das mit der Kohlenschaufel denkt«, sagte sie zu Piefke. »Wo wir doch Zentralheizung haben.« Im Kinderzimmer fand sie endlich zwei hölzerne Keulen, mit denen Pünktchen manchmal turnte. Eine dieser Keulen nahm sie, stellte sich neben die Flurtür und löschte das Korridorlicht aus.

»Wenn nur die Polizei bald käme«,
sagte Berta.

»Das Licht in der Küche lassen wir brennen«, sagte sie zu Piefke. »Sonst hau ich daneben.« Piefke legte sich neben sie und wartete geduldig. Er war noch nicht ganz im Bilde und knurrte, während er dalag, seinen Schwanz an.

»Halt die Schnauze!«, flüsterte Berta. Piefke konnte diesen Ton nicht vertragen. Aber er gehorchte. Berta holte einen Stuhl und setzte sich, denn ihr war sehr schwach zumute. Heute ging alles drunter und drüber. Wo mochten bloß Pünktchen und die Andacht stecken? Verflucht noch mal, hätte sie nur früher etwas gesagt!

Da kam jemand die Treppe herauf. Sie erhob sich, nahm die Keule und hielt die Luft an. Der Jemand stand vor der Tür. Piefke richtete sich hoch und machte einen Buckel, als sei er ein Kater. Ihm standen die Haare zu Berge.

Der Jemand steckte den Schlüssel ins Schloss und drehte um. Dann steckte er den Sicherheitsschlüssel ins Sicherheitsschloss und drehte um. Dann steckte er den Drücker ins Schloss. Die Tür schnappte auf. Der Jemand trat in den von der Küche her schwach erleuchteten Korridor. Berta hob ihre Keule hoch und schlug dem Mann eins über den Kürbis. Der Mann taumelte und fiel um wie ein Sack.

»Den hätten wir«, sagte Berta zu Piefke und machte Licht. Es war ein Mann in einem Regenmantel und mit einer tief ins Gesicht gezogenen Mütze. Piefke beschnupperte den Bräutigam von Fräulein Andacht, wurde plötzlich, wenn auch zu spät, außerordentlich mutig und biss den Mann in die Wade. Aber der Mann lag auf dem Kokosläufer und rührte sich nicht.

»Wenn nur die Polizei bald käme«, sagte Berta, setzte sich auf ihren Stuhl, nahm die Keule in die Hand und passte gut auf. »Man sollte ihn fesseln«, meinte sie zu Piefke. »Hol mal eine Wäscheleine aus der Küche.« Piefke hustete ihr was. Beide saßen vor dem Einbrecher und hatten Angst, er könnte wieder munter werden.

Da! Der Mann öffnete die Augen und richtete sich hoch. Langsam wurde sein Blick klarer.

»Tut mir furchtbar leid«, erklärte die dicke Berta ganz gerührt und schlug ihm zum zweiten Mal auf den Kopf. Der Mann seufzte ein bisschen und sank wieder um.

»Wo bleibt nur die Polizei?«, schimpfte Berta.

Aber dann kamen die Gesetzeshüter. Es waren drei Polizisten, und sie mussten über den Anblick, der sich bot, lachen.

»Ich möchte nur wissen, was daran komisch ist«, rief die dicke Berta. »Fesseln Sie den Kerl lieber! Er wird gleich wieder munter werden.« Die Polizisten legten dem Einbrecher Handschellen an und durchsuchten ihn. Sie fanden die Schlüssel, den Wohnungsplan, ein Bündel Dietriche und einen Revolver. Der Oberwachtmeister nahm die Gegenstände an sich, Berta setzte den drei Herren in der Küche Kaffee vor und bat sie, doch ja zu warten, bis Pogges kämen. Das Kind und das Kinderfräulein wären verschwunden. Wer weiß, was heute noch alles passierte!

»Gut, aber nur ein paar Minuten«, sagte der Oberwachtmeister.

Bald waren sie mitten in einer Unterhaltung. Piefke bewachte unterdessen den gefesselten Halunken und probierte heimlich, wie Schuhsohlen schmecken.

DIE DREIZEHNTE NACHDENKEREI HANDELT: VOM ZUFALL

Wenn es an diesem Abend nicht geregnet hätte, wäre die dicke Berta später nach Hause gekommen. Wenn die dicke Berta später nach Hause gekommen wäre, hätte der Dieb ungestört stehlen können. Es war der reine Zufall, dass sie zu Hause war und dass der Diebstahl misslang. Wenn Galvani nicht zufällig ein paar Froschschenkel, die er aufgehängt hatte, hätte zucken sehen, wäre die tierische Elektrizität nicht entdeckt worden oder erst viel später.

Wenn Napoleon am 18. Oktober 1813 nicht so müde gewesen wäre, hätte er vielleicht die Schlacht bei Leipzig gewonnen.

Viele Ereignisse, die für die Entwicklung der Menschen entscheidend waren, trafen zufällig ein, und ebenso hätte das Gegenteil oder ganz etwas anderes geschehen können.

Der Zufall ist die größte Großmacht der Welt.

Andere Leute sagen statt Zufall: Schicksal. Sie sagen: Es war eine schicksalhafte Fügung, dass Napoleon am 18. Oktober 1813 so müde war und solche Magenschmerzen hatte. Zufall oder Schicksal: Das ist Geschmacksache. Meine Mutter sagt in solchen Fällen: »Der eine isst gern Wurst, der andere grüne Seife.«

VIERZEHNTES KAPITEL

Ein Abendkleid wird schmutzig

Direktor Pogge sprang vor der Lindenoper aus der Autodroschke, zahlte und rannte in das Theater. Seine Frau saß in einer Loge, hatte die Augen zusammengekniffen und lauschte der Musik. Man gab »Bohème«, das ist eine sehr schöne Oper, und die Musik klingt, als ob es süße Bonbons regnet. Ein sehr berühmter Tenor sang die Partie des Roudolphe und die Logenplätze waren schrecklich teuer. Von dem, was die zwei Plätze gekostet hatten, hätten Anton und seine Mutter vierzehn Tage leben können.

Herr Pogge trat in die Loge. Seine Frau öffnete erstaunt die Augen und sah ihn erzürnt an. Er stellte sich hinter ihren Sessel, packte sie an den Schultern und sagte: »Komm hinaus!« Sie fand den Griff unausstehlich und wandte ihm ihr empörtes Gesicht zu. Er stand im Halbdunkel, vom Regen durchnässt, mit hochgestelltem Mantelkragen, und blickte an ihr vorbei.

Sie hatte nie viel Respekt vor ihrem Mann gehabt, denn er war zu gut zu ihr. Aber jetzt bekam sie es mit der Angst. »Was soll denn das heißen?«, fragte sie.

»Komm auf der Stelle hinaus!«, befahl er. Und als sie noch immer zögerte, riss er sie aus dem Sessel und zerrte sie, hinter sich her, aus der Loge. Sie fand es unglaublich, wagte aber nicht mehr zu widersprechen. Sie lief, von ihm gefolgt, die Treppe hinunter. Er verlangte ihre Garderobe, hängte ihr das Cape um, stampfte wütend mit dem Fuß auf, als sie sich vor den Spiegel stellte und ihr silbernes Hütchen hin und her rückte. Dann zog er sie aus dem Haus. Herr Hollack, der Schofför, war natürlich nicht da.

Er sollte sie ja erst zum Schluss der Vorstellung mit dem Wagen abholen. Herr Pogge ließ die Hand seiner Frau nicht los. Er stolperte mit ihr durch die Pfützen über die Straße. Am liebsten hätte sie geheult. An der Ecke standen Autodroschken. Er stieß sie in die erste hinein, nannte dem Schofför eine Adresse und kletterte der Frau nach. Dann setzte er sich auf ihr seidenes Cape. Aber sie wagte nicht, es ihm zu sagen.

Das Auto fuhr sehr schnell. Er hockte neben ihr, machte ein abwesendes Gesicht und scharrte nervös mit den Füßen.

»Meine silbernen Schuhe sind hin«, murmelte sie. »Ich habe die Überschuhe in der Garderobe vergessen.«

Er antwortete nichts und stierte geradeaus. Wie kam die Person dazu, nachts, in Lumpen gehüllt und angeblich blind, mit seinem Kind betteln zu gehen? War dieses Fräulein Andacht denn vollständig übergeschnappt? »Dieses Aas!«, sagte er.

»Wer?«, fragte seine Frau.

Er schwieg.

»Was soll denn das alles bedeuten?«, fragte die Frau. »Ich sitze im Theater, du schleppst mich in den Regen hinaus. Die Aufführung war erstklassig. Und die teuren Eintrittskarten!«

»Ruhe!«, entgegnete er und blickte durch die Scheiben. An der Komischen Oper stand das Auto still. Sie stiegen aus. Frau Pogge musterte verzweifelt ihre durchweichten Schuhe. Nein, dass sie die Überschuhe in der Garderobe hatte stehen lassen! Fräulein Andacht musste sie gleich morgen früh holen.

»Da!«, flüsterte ihr Mann und zeigte nach der Weidendammer Brücke hinüber.

Sie sah Autos, Radfahrer, einen Schupo, eine Bettlerin mit einem Kind, einen Zeitungsverkäufer mit einem Schirm, der Fünfer-Autobus kam vorüber. Sie zuckte die Achseln.

Er fasste ihren Arm und führte sie vorsichtig der Brücke entgegen. »Gib auf die Bettlerin und das Kind acht«, flüsterte er befehlend.

Sie beobachtete, wie das kleine Mädchen Knickse machte, Streichhölzer hochhielt und von Passanten Geld bekam. Plötzlich erschrak sie, sah ihren Mann an und sagte: »Pünktchen?«

Sie kamen noch näher. »Pünktchen!«, flüsterte Frau Pogge und verstand nicht, was sie mit ihren eigenen Augen sah.

»Mutter ist total erblindet und noch so jung. Drei Schachteln fünfundzwanzig, Gott segne Sie, liebe Dame«, sagte das Kind gerade.

Es war Pünktchen! Da lief Frau Pogge auf das im Regen frierende und knicksende Kind zu, kniete trotz der verregneten, schmutzigen Straße vor der Kleinen nieder und schloss sie in die Arme. »Mein Kind!«, schrie sie außer sich.

Pünktchen war zu Tode erschrocken. So ein Pech zu haben. Das Kleid der Mutter sah skandalös aus. Die Passanten blieben stehen und dachten, es würde ein Film gedreht.

Direktor Pogge riss der blinden Frau die Brille von den Augen.

»Fräulein Andacht!«, rief Frau Pogge entsetzt.

Die Andacht war blass wie der Tod, hielt schützend die Hände vors Gesicht und wusste sich keinen Rat. Ein Schutzmann tauchte auf.

»Herr Wachtmeister!«, rief Herr Pogge. »Verhaften Sie diese Person hier! Es ist unser Kinderfräulein, sie geht, wenn wir nicht zu Hause sind, mit unserm Kind betteln!«

Der Schutzmann zog das Notizbuch. Der Zeitungsverkäufer mit dem Regenschirm lachte.

»Nicht einsperren!«, rief Fräulein Andacht. »Nicht einsperren!« Mit einem Sprung durchbrach sie den Kreis der Menschen und rannte gehetzt davon.

Herr Pogge wollte ihr nach. Aber die Leute hielten ihn fest.

»Lassen Sie das Mädchen laufen!«, sagte ein alter Mann.

Frau Pogge war aufgestanden und putzte mit einem kleinen Spitzentuch ihr seidenes Kleid ab, es war furchtbar dreckig.

Da tauchte Anton von der anderen Straßenseite her auf und

»Mein Kind!«, schrie Frau Pogge außer sich.

legte Pünktchen die Hand auf die Schulter. »Was ist denn hier los?«, fragte er.

»Meine Eltern haben mich erwischt«, sagte Pünktchen leise, »und die Andacht ist eben durchgebrannt. Das kann gut werden.«

»Wollen sie dir was tun?«, fragte er besorgt.

»Das ist noch nicht raus«, meinte Pünktchen achselzuckend.

»Soll ich dir helfen?«, fragte er.

»Ach ja«, sagte sie. »Bleibe hier, das beruhigt mich.«

Herr Pogge sprach mit dem Schutzmann. Seine Frau putzte noch immer an dem teuren Kleid herum. Die Leute, die dabeigestanden hatten, gingen wieder ihrer Wege.

Da blickte Frau Pogge auf, sah, dass sich ihre Tochter mit einem fremden Jungen unterhielt, und riss das Kind an ihre Seite. »Gleich kommst du zu mir!«, rief sie. »Was stehst du mit dem Betteljungen zusammen?«

»Nun schlägt's dreizehn«, sagte Anton. »So fein wie Sie bin ich schon lange. Dass Sie es nur wissen. Und wenn Sie nicht zufällig die Mutter meiner Freundin wären, würde ich mit Ihnen überhaupt nicht sprechen, verstanden?«

Herr Direktor Pogge wurde aufmerksam und trat hinzu.

»Das ist mein bester Freund«, sagte Pünktchen und fasste ihn an der Hand. »Er heißt Anton und ist ein Prachtkerl.«

»So?«, fragte der Vater belustigt.

»Prachtkerl ist übertrieben«, sagte Anton bescheiden. »Aber beschimpfen lass ich mich nicht.«

»Meine Frau hat es nicht so schlimm gemeint«, erklärte Herr Pogge.

»Das wollen wir auch stark hoffen«, sagte Pünktchen stolz und lächelte ihrem Freund zu. »So, und nun gehen wir nach Hause. Was haltet ihr davon? Anton, kommst du mit?«

Anton lehnte ab. Er musste ja zu seiner Mutter.

»Dann kommst du morgen nach der Schule mal vorbei.«

»Gut«, sagte Anton und schüttelte ihr die Hand. »Wenn es deinen Eltern recht ist.«

»Einverstanden«, meinte Pünktchens Vater und nickte.

Anton machte eine kleine Verbeugung und rannte fort.

»Der ist goldrichtig«, erklärte Pünktchen und blickte ihm nach. Dann nahmen sie ein Taxi und fuhren heim. Das Kind saß zwischen den Eltern und spielte mit Groschen und Streichholzschachteln.

»Wie ist das nur alles gekommen?«, fragte der Vater streng.

»Fräulein Andacht hat einen Bräutigam«, berichtete Pünktchen. »Und weil der immer Geld brauchte, ging sie mit mir immer hierher. Und wir haben ja auch ganz hübsch verdient. Das kann man ohne Übertreibung sagen.«

»Entsetzlich, meine Süße«, rief die Mutter.

»Wieso entsetzlich?«, fragte Pünktchen. »Es war kolossal spannend.«

Frau Pogge sah ihren Mann an, schüttelte den Kopf und sagte: »Nein, diese Dienstboten!«

DIE VIERZEHNTE NACHDENKEREI HANDELT: VOM RESPEKT

Im vorhergegangenen Kapitel steht ein Satz, der es verdient, dass wir ihn noch einmal anschauen. Es hieß dort von Frau Pogge: »Sie hatte nie viel Respekt vor ihrem Mann gehabt, denn er war zu gut zu ihr.«

Kann man denn überhaupt zu gut zu jemandem sein? Ich glaube schon. In der Gegend, wo ich geboren bin, gibt es ein Wort, das heißt: dummgut. Man kann vor lauter Freundlichkeit und Güte dumm sein, und das ist falsch. Die Kinder spüren es am allerersten, wenn jemand zu gut zu ihnen ist. Wenn sie etwas angestellt haben, wofür sie sogar ihrer Meinung nach Strafe verdienten, und die Strafe bleibt aus, dann wundern sie sich. Und wenn sich der Fall wiederholt, verlieren sie Schritt für Schritt den Respekt vor dem Betreffenden.

Respekt ist etwas sehr Wichtiges. Manche Kinder tun von selber fast immer das Richtige, aber die meisten müssen es erst lernen. Und sie bedürfen dazu eines Barometers. Sie müssen fühlen: Oh weh, was ich da eben getan habe, war falsch, dafür verdiene ich Strafe.

Wenn dann aber die Strafe oder der Verweis ausbleibt, wenn die Kinder noch dafür, dass sie frech waren, Schokolade kriegen, sagen sie sich vielleicht: Ich will mal immer hübsch frech sein, dann kriegt man Schokolade.

Respekt ist nötig, und Respektspersonen sind nötig, solange die Kinder, und wir Menschen überhaupt, unvollkommen sind.

FÜNFZEHNTES KAPITEL

Ein Polizist tanzt Tango

Als sie zu Hause die Treppe hinaufgingen, hörten sie in der ersten Etage Grammofonmusik. »Nanu«, sagte Herr Pogge und schloss auf. Im Anschluss hieran erstarrte er zur Salzsäule, seine Frau tat desgleichen. Nur Pünktchen war nicht weiter überrascht, sondern unterhielt sich mit Piefke, der ihr entgegenlief.

Im Korridor tanzte die dicke Berta mit einem Polizisten Tango. Ein anderer Polizist stand am Reisegrammofon und drehte die Kurbel.

»Aber Berta!«, rief Frau Pogge entrüstet.

Pünktchen ging zu dem Polizisten, der am Grammofon stand, machte einen Knicks vor ihm und sagte: »Damenwahl, Herr Wachtmeister.«

Der Polizist legte den Arm um sie und tanzte mit ihr eine Ehrenrunde.

»Nun ist's aber genug!«, rief der Direktor. »Berta, was soll das heißen? Haben Sie sich mit einer ganzen Polizeikompanie verlobt?«

»Leider nein«, sagte die dicke Berta. Doch da kam ein dritter Polizist aus der Küche und Frau Pogge murmelte: »Ich verliere den Verstand.«

Pünktchen baute sich vor ihr auf und bat: »Ach ja, Mutti, mach das mal!«

»Ist nicht mehr nötig!«, rief Berta. Das war ja eigentlich ziemlich unverschämt, aber Frau Pogge kapierte die Bemerkung nicht, und ihr Mann hatte mit Kopfschütteln alle Hände voll zu tun.

Endlich führte Berta die Herrschaften in die Küche. Dort saß ein Mann im Regenmantel und trug Handschellen.

»Der Herr wollte bei uns einbrechen und da hab ich ihm die Birne weich geschlagen und das Überfallkommando verständigt. Und weil Sie nicht da waren, haben wir mal rasch eine kesse Sohle aufs Parkett gelegt.«

Der Mann, der die Handschellen trug, öffnete gerade die Augen. Sein Blick war völlig verglast.

»Das ist ja Robert der Teufel!«, rief Pünktchen.

Die Eltern sahen sie überrascht an. »Wer?«

»Der Bräutigam von Fräulein Andacht! Ach so, deswegen hat sie mich gefragt, wann Berta Ausgang hätte!«

Der Vater sagte: »Und deswegen habt ihr betteln gehen müssen.«

»Und deswegen hat sie einen Wohnungsplan gezeichnet«, rief Pünktchen.

»Den Plan haben wir bei ihm gefunden«, sagte der eine Wachtmeister und gab dem erstaunten Hausherrn ein Stück Papier.

»Wie haben Sie denn den Kerl überwältigt?«, fragte Frau Pogge.

Die dicke Berta holte die Turnkeule und stellte sich neben die Tür. »Hier habe ich mich hingestellt, und als er die Tür aufschloss und den Kopf hereinsteckte, habe ich ihm eins übergezogen. Dann wollte er wieder munter werden und da habe ich ihn noch mal aufs Köpfchen geschlagen. Na, und dann erschienen die drei Kavaliere hier.«

Sie zeigte auf die drei Polizisten und die fühlten sich sehr geschmeichelt.

Pünktchens Vater schüttelte schon wieder den Kopf. »Das verstehe ich ganz und gar nicht«, erklärte er. »Woher wussten Sie denn, dass ein Einbrecher in die Wohnung wollte? Wenn ich das nun gewesen wäre?«

»Dann hättest du jetzt 'ne weiche Birne!«, rief Pünktchen vergnügt.

Berta erklärte, wenn auch etwas unverständlich: »Als ich nach Hause kam, es hat doch so schweinemäßig geregnet, was soll ich im Regen rumlaufen, denk ich mir, wie ich also in der Küche sitze, klingelt das Telefon. Es wird gleich ein Einbrecher kommen, sagt jemand am andern Ende der Strippe, ziehen Sie ihm eins mit der Kohlenschaufel über und rufen Sie das Überfallkommando an. Nun haben wir doch aber keine Kohlenschaufel. So war das.«

»Aber wer hat denn gewusst, dass der Kerl bei uns einbrechen wollte. Wer hat Sie denn angerufen?«, fragte Frau Pogge.

»Das ist doch klar wie Kloßbrühe«, sagte Pünktchen. »Das war natürlich mein Freund Anton.«

»Stimmt«, sagte Berta. »Vorgestellt hat er sich nicht, doch er erzählte, dass er Pünktchens Freund wäre.«

»Da habt ihr's«, erklärte Pünktchen, kreuzte die Arme auf dem Rücken und stolzierte im Korridor auf und ab. »Ich habe euch gleich gesagt, der Junge ist goldrichtig.«

»Das scheint mir allerdings auch so«, sagte Papa Pogge und brannte sich eine Zigarre an. »Woher hat er das aber gewusst?«

»Vielleicht hat er gesehen, wie Fräulein Andacht dem Mausehaken die Schlüssel gegeben hat«, meinte Pünktchen.

Robert der Teufel rückte wütend auf dem Stuhl hin und her. »So war das also«, meinte er. »Na warte nur, du Lausejunge, wenn ich dir mal begegne.«

»Verschieben Sie das ruhig auf später«, sagte der Wachtmeister, »erst sperren wir Sie ein.«

Pünktchen trat auf den Mann zu. »Lassen Sie sich davon dringend abraten«, sagte sie. »Anton zerreißt Sie in der Luft. Dem Gottfried Klepperbein hat er ein paar Ohrfeigen gegeben, dass der sich glatt hinsetzte.«

»Hat er das?«, fragte der Vater erfreut. »Wirklich ein Prachtkerl, dein Anton.«

Piefke saß vor dem Dieb und zog ihm die Schnürsenkel auf. Frau Pogge bekam Migräne. Sie verzog leidend das Gesicht. »Es waren der Aufregungen zu viele«, klagte sie. »Meine Herren, wollen Sie den Einbrecher nicht fortführen? Der Mann geht mir schrecklich auf die Nerven.«

»Sie mir auch«, murmelte Robert der Teufel. Dann zogen die Polizisten mit ihm ab.

»Liebe Berta«, sagte Frau Pogge, »bringen Sie das Kind ins Bett. Ich lege mich schlafen. Kommst du auch bald, Fritz? Gute Nacht, meine Süße! Und mach nie wieder solche Streiche.« Sie gab Pünktchen einen reizenden Kuss und ging in ihr Zimmer.

Herr Pogge war plötzlich sehr niedergeschlagen. »Ich bringe das Kind selber zu Bett, Berta«, meinte er. »Gehen Sie schlafen. Sie haben sich tapfer gehalten.« Dann gab er ihr erstens die Hand und zweitens einen Zwanzigmarkschein.

»Ich danke auch schön«, sagte die dicke Berta. »Wissen Sie, was, wenn man vorher verständigt wird, habe ich gar nichts gegen Einbrecher.« Dann ging auch sie in ihr Zimmer.

Herr Pogge half Pünktchen beim Waschen und beim Auskleiden, dann legte sie sich lang, und Piefke kam mit ins Bett. Der Vater setzte sich auf den Bettrand. »Luise«, sagte er ernst. »Nun hör mal gut zu, mein Kind.« Sie nahm seine große Hand in ihre kleinen Hände und blickte ihm in die Augen.

»Weißt du, dass ich dich sehr lieb habe?«, fragte er leise. »Aber ich kann mich nicht viel um dich kümmern. Ich muss Geld verdienen. Warum machst du solche Geschichten? Warum belügst du uns? Ich habe keine ruhige Minute mehr, wenn ich weiß, dass ich dir nicht vertrauen kann.«

Pünktchen streichelte seine Hand. »Ich weiß ja, dass du keine Zeit hast, weil du Geld verdienen musst«, meinte sie. »Aber die Mutter muss kein Geld verdienen und trotzdem hat sie keine Zeit für mich. Ihr habt beide keine Zeit für mich. Nun werde ich wieder ein anderes Kinderfräulein kriegen, und was dann wird, kann man nicht vorher wissen.«

Der Vater setzte sich auf den Bettrand.

»Ja, ja«, sagte er. »Du hast ganz recht. Willst du mir aber versprechen, künftig immer die Wahrheit zu sagen? Es würde mich sehr beruhigen.«

Das Kind lächelte ihm zu. »Gut, wenn es dich sehr beruhigt.«

Er gab ihr einen Gutenachtkuss. Als er sich an der Tür umdrehte, um das Licht auszuschalten, sagte sie: »Direktor, es war aber trotzdem sehr interessant.«

Herr Pogge hatte eine schlaflose Nacht trotz der vielen Tabletten, die er schluckte.

DIE FÜNFZEHNTE NACHDENKEREI HANDELT: VON DER DANKBARKEIT

Die dicke Berta ist doch mutig gewesen, nein? Einbrecher auf den Kopf zu hauen, das steht nicht in ihrem Dienstvertrag, und sie tat es doch. Das verdient Dankbarkeit. Was tut daraufhin Frau Pogge? Sie geht schlafen!

Aber Herr Pogge, der gibt Berta erstens die Hand und zweitens einen Zwanzigmarkschein. Mancher würde vielleicht nur die Hand geben, obwohl er bei Kasse ist. Ein anderer würde vielleicht nur zwanzig Mark geben, obwohl er eine Hand hat. Herr Pogge hat beides und tut beides. Er drückt dem dicken Fräulein erst die Hand und dann gibt er ihr Geld. Ich finde auch die Reihenfolge in Ordnung! Er hätte ihr ja erst den Schein hinhalten und dann die Hand schütteln und sagen können: »Im Übrigen danke ich Ihnen auch.«

Nein, er macht alles ganz richtig. Er benimmt sich tadellos.

Je länger ich Herrn Pogge kenne, umso besser gefällt er mir. Er wird mir von Kapitel zu Kapitel sympathischer. Na, und nun gar im letzten Kapitel, das gleich folgt!

SECHZEHNTES KAPITEL

Ende gut, alles gut

Als Pünktchen am nächsten Tag aus der Schule kam, stand, ganz gegen die Gewohnheit, wieder das Auto vor der Tür. Und diesmal saß, außer Herrn Hollack, sogar der Vater drin. Er winkte ihr zu. Da rissen die andern kleinen Mädchen vor Wut aus. Wieder war es nichts mit der Autofahrt!

Pünktchen begrüßte den Schofför und stieg ein. »Ist irgendwas passiert?«, fragte sie ängstlich.

»Nein«, sagte der Vater. »Ich habe gerade etwas Zeit.«

»Was hast du?«, fragte sie und sah ihn an, als trüge er plötzlich einen Vollbart. »Zeit?«

Herr Pogge wurde vor seiner kleinen Tochter richtig verlegen. »Na ja«, meinte er. »Frag nicht so dumm. Man kann doch mal Zeit haben.«

»Das ist fein«, rief sie. »Wollen wir nach Charlottenhof fahren und Windbeutel essen?«

»Ich dachte, wir holen lieber deinen Anton von der Schule ab.«

Da fiel sie ihrem Vater um den Hals und gab ihm einen Kuss, der klang wie ein Kanonenschuss. Dann fuhren sie rasch vor Antons Schule und kamen gerade noch zurecht. Anton schlug fast der Länge nach hin, als er den schönen Wagen mit Pünktchen und ihrem Vater warten sah. Pünktchen winkte ihn heran, ihr Vater drückte ihm die Hand, er sei ein Mordskerl. Das mit Robert dem Teufel hätte er glänzend gedeichselt.

»Sehr geehrter Herr Pogge«, sagte Anton, »das lag doch auf der Hand.« Und dann durfte er sich vorn neben Herrn Hollack setzen und der ließ ihn manchmal auf den Gashebel treten und die Winker bedienen. Es war einfach wundervoll.

Pünktchen zog ihren Vater am Ohr und flüsterte: »Direktor, der Junge kann sogar kochen.«

»Was kann er eigentlich nicht?«, fragte Herr Pogge.

»Anton? Anton kann alles«, sagte sie stolz. Und weil Anton alles konnte, fuhren sie nun doch noch nach Charlottenhof und aßen Windbeutel. Sogar Herr Pogge aß einen Windbeutel, obwohl ihm der Arzt gerade Windbeutel streng verboten hatte. Dann spielten sie zu dritt Versteck, damit Pünktchens Vater magerer wurde. Denn er bekam einen Bauch. Anton wollte nachher nach Hause, aber der Direktor meinte, er würde Antons Mutter schon benachrichtigen.

»Hat Herr Bremser wieder mal geschimpft?«, fragte Pünktchen.

»Nein«, sagte Anton. »Er ist neuerdings sehr nett zu mir und ich soll ihn mal zum Kaffee besuchen.«

»Na siehst du«, meinte Pünktchen ganz ruhig. Unterm Tisch kniff sie sich aber vor lauter Zufriedenheit in die Waden.

Zum Mittagessen kamen sie denn auch richtig zu spät. Frau Pogge war tief gekränkt. Aber die anderen drei waren so vergnügt, dass sie es gar nicht bemerkten. Da kränkte sich Frau Pogge noch mehr, und sie konnte überhaupt nichts essen, sonst wäre sie zerplatzt.

»Wo mag jetzt Fräulein Andacht stecken?«, fragte Anton, denn er hatte ein gutes Herz. Frau Pogge hatte für solche Fragen kein Verständnis. Sie murmelte nur: »Wo kriegen wir jetzt ein zuverlässiges Kinderfräulein her?«

Herr Pogge hatte eine kleine Erleuchtung. Er nahm Pünktchen beiseite, flüsterte mit ihr und sagte dann: »Ich komme gleich wieder.« Dann war er verschwunden.

Die anderen aßen, ohne viel zu sprechen, zu Ende. Hinterher

liefen die beiden Kinder in Pünktchens Zimmer, wo Piefke sie bereits sehnlichst erwartete.

Anton musste sich auf einen Stuhl setzen. Die anderen spielten ihm das Märchen von Rotkäppchen vor. Piefke konnte seine Rolle schon sehr gut. Aber auch diesmal wollte er Pünktchen nicht fressen. »Vielleicht lernt er es, wenn er ein paar Jahre älter geworden ist«, sagte das Mädchen. Anton meinte, die Aufführung sei trotzdem ausgezeichnet gewesen. Er klatschte wie im Theater. Pünktchen verbeugte sich zehnmal und warf Kusshände, und Piefke bellte, bis er ein Stück Zucker bekam.

»Und was spielen wir jetzt?«, fragte Pünktchen. »Ich könnte ja heute mal ›Der bucklige Schneider und sein Sohn‹ sein. Oder spielen wir Mutter und Kind und Piefke ist das Baby? Nein, wir spielen Einbrecher! Du bist Robert der Teufel, ich bin die dicke Berta, und wenn du durch die Tür kommst, haue ich dir mit der Keule über den Kopf.«

»Und wer spielt die drei Polizisten?«, fragte er.

»Ich bin Berta und die drei Polizisten«, erklärte sie.

»Du kannst doch nicht mit dir selber tanzen«, wandte Anton ein. Das war also wieder nichts. »Ich weiß etwas«, sagte er: »Wir spielen die Entdeckung Amerikas. Ich bin Kolumbus.«

»Gut«, rief Pünktchen. »Ich bin Amerika und Piefke ist das Ei.«

»Was ist er?«

»Das Ei«, meinte sie. »Das Ei des Kolumbus.« Das kannte er nicht, es war in der Schule noch nicht dran gewesen.

»Jetzt hab ich's!«, rief er. »Wir spielen: Im Faltboot über den Ozean.« Sie räumten den Tisch ab und stürzten ihn um, dass die Beine nach oben ragten. Das war das Boot. Und während Anton aus der Tischdecke ein Segel machte, ging Pünktchen in die Speisekammer und holte Schiffsvorräte: einen Topf mit Marmelade, die Butterdose, mehrere Messer und Gabeln, zwei Pfund

Kartoffeln, eine Schüssel Birnenkompott und eine halbe Schlackwurst. »Schlackwurst ist gut«, sagte sie. »Schlackwurst hält sich monatelang.« Sie packten die Vorräte ins Boot und dann war gerade noch Platz für die Kinder und den Hund. Neben dem Tisch stand eine Waschschüssel mit Wasser. Darin planschte Pünktchen, während sie über den Ozean fuhren, und sagte: »Das Meer ist furchtbar kalt.« Anton stieg mitten auf dem Ozean aus, holte Salz und streute es in die Waschschüssel. »Meerwasser muss salzig sein«, behauptete er.

Dann kam eine Windstille. Die dauerte drei Wochen. Anton ruderte zwar mit Spazierstöcken, aber man kam kaum vom Fleck. Pünktchen und er und Piefke aßen die Schlackwurst auf und Pünktchen jammerte: »Kapitän, die Vorräte gehen zu Ende.«

»Wir müssen aushalten!«, rief Anton. »Dort drüben liegt Rio de Janeiro«, und er zeigte aufs Bett.

»Gott sei Dank«, sagte Pünktchen. »Sonst wäre ich glatt verhungert.« Dabei war sie vom Mittagessen und von der Schlackwurst so satt, dass ihr ganz schlecht war.

»Und jetzt kommt ein scheußlicher Sturm«, sagte Anton, stieg aus und wackelte an dem Tisch. »Hilfe!«, schrie Pünktchen verzweifelt. »Wir gehen unter!« Dann warfen sie die zwei Pfund Kartoffeln über Bord, um das Boot zu erleichtern. Aber Anton und der Sturm ließen nicht nach. Pünktchen hielt sich den Bauch und erklärte: »Ich werde seekrank.« Und Piefke fiel, weil haushohe Wellen kamen, in die Schüssel mit dem Birnenkompott, dass es nur so spritzte. Anton war der Wind und heulte.

Endlich ließ das Unwetter nach, der Junge schob den Tisch ans Bett, und in Rio de Janeiro stiegen sie an Land. Die dortige Bevölkerung begrüßte die Ozeanfahrer aufs Herzlichste. Sie wurden zu dritt fotografiert. Piefke hatte sich zusammengerollt und leckte begeistert sein klebriges Fell. Es schmeckte nach Birnentunke.

»Vielen Dank für den freundlichen Empfang«, sagte Pünktchen. »Es war eine Zeit voller Entbehrungen, aber wir werden gern daran zurückdenken. Mein Kleid ist leider hin, und heimwärts fahre ich mit der Eisenbahn. Sicher ist sicher.«

»Ich bin Antonio Gastiglione, der Oberbürgermeister von Rio de Janeiro«, brummte der Junge. »Ich heiße Sie und mich bei uns herzlich willkommen und ernenne Sie und Ihren Hund zum Weltmeister im Ozeanfahren.«

»Vielen Dank, mein Herr«, sagte Pünktchen. »Wir werden Ihren Pokal stets hochhalten.« Damit nahm sie die Butterbüchse aus dem Boot und meinte mit Kennermiene: »Echt Silber, mindestens zehntausend Karat.«

Dann ging die Tür auf und Antons Mutter kam herein. Da war die Freude groß. »Herr Pogge hat mich mit dem Auto abgeholt«, erzählte sie. »Aber wie sieht es denn hier aus?«

»Wir haben soeben den Ozean überquert«, teilte Pünktchen mit, und dann räumten sie das Zimmer auf. Piefke wollte sich aus freien Stücken noch einmal in das Birnenkompott setzen, aber Antons Mutter schlug es ihm rundweg ab.

Währenddem hatte Herr Pogge ein ernsthaftes Gespräch mit seiner Frau. »Ich will, dass Pünktchen ein anständiger Kerl wird«, sagte er. »Ein Fräulein Andacht kommt mir nicht zum zweiten Mal ins Haus. Mein Kind soll keine hochnäsige Gans werden. Sie soll den Ernst des Lebens kennenlernen. Pünktchen hat sich ihre Freunde gewählt, ich billige diese Wahl. Wenn du dich mehr um das Kind kümmertest, wäre das etwas anderes. Aber so bleibt es bei meinem Entschluss. Kein Wort der Widerrede! Ich habe lange genug zu allem Ja und Amen gesagt. Das wird nun anders.«

Frau Pogge hatte Tränen in den Augen. »Also schön, Fritz! Wenn du's durchaus willst«, meinte sie und fuhr sich mit dem Taschentuch übers Gesicht. »Mir ist es recht, aber du darfst nicht mehr böse sein.« Er gab ihr einen Kuss. Dann holte er Antons Mutter ins Zimmer und fragte, wie sie über seinen Plan dächte.

Frau Gast war gerührt und sagte, wenn es seiner Frau recht wäre, sie schlüge mit Freuden ein. Sie war sehr glücklich.

»Nun passt mal auf, Kinder!«, rief er. »Achtung! Achtung! Antons Mutter zieht noch heute in Fräulein Andachts Zimmer. Für den Jungen richten wir die Stube mit der grünen Tapete her und von nun an bleiben wir alle zusammen. Einverstanden?«

Anton brachte kein Wort heraus. Er schüttelte Herrn Pogge und dessen Frau die Hand. Dann drückte er seine Mutter an sich und flüsterte: »Nun haben wir keine so großen Sorgen mehr, wie?«

»Nein, mein guter Junge«, sagte sie.

Dann setzte sich Anton wieder neben Pünktchen und sie zog ihn vor lauter Freude an den Ohren. Piefke hoppelte gemütlich durchs Zimmer. Es sah aus, als ob er in sich hineinlächelte.

»Na, meine Tochter, ist es so recht?«, fragte der Vater und strich Pünktchen übers Haar. »Und in den großen Ferien fahren wir mit Frau Gast und mit Anton an die Ostsee.«

Da lief Pünktchen aus dem Zimmer, und als sie zurückkam, hielt sie eine Zigarrenkiste in der Hand und in der anderen Streichhölzer. »Zur Belohnung«, sagte sie. Der Vater steckte sich eine Zigarre an, ächzte gut gelaunt, als er das erste Rauchwölkchen ausstieß, und sagte: »Die hab ich mir verdient.«

DIE SECHZEHNTE NACHDENKEREI HANDELT: VOM GLÜCKLICHEN ENDE

Somit wäre die Geschichte zu Ende. Und dieses Ende ist gerecht und glücklich. Jeder ist dort angekommen, wo er hingehört, und wir können, der Zukunft vertrauend, sämtliche Personen getrost ihrem weiteren Schicksal überlassen. Fräulein Andachts Bräutigam sitzt im Gefängnis, Anton und seine Mutter sitzen im Glück, Pünktchen sitzt neben ihrem Anton, und Fräulein Andacht sitzt in der Tinte. Jeder hat die seiner Sitzfläche angemessene Sitzgelegenheit gefunden. Das Schicksal hat nach Maß gearbeitet.

Nun könntet ihr womöglich daraus schließen, dass es auch im Leben immer so gerecht zuginge und ausginge wie in unserm Buch hier! Das wäre allerdings ein verhängnisvoller Irrtum! Es sollte so sein, und alle verständigen Menschen geben sich Mühe, dass es so wird. Aber es ist nicht so. Es ist noch nicht so.

Wir hatten einmal einen Mitschüler, der schrieb regelmäßig von seinem Nachbarn ab. Denkt ihr, er wurde bestraft? Nein, der Nachbar wurde bestraft, von dem er abschrieb. Seid nicht allzu verwundert, wenn euch das Leben einmal bestraft, obwohl andere die Schuld tragen. Seht zu, wenn ihr groß seid, dass es dann besser wird! Uns ist es nicht ganz gelungen. Werdet anständiger, ehrlicher, gerechter und vernünftiger, als die meisten von uns waren!

Die Erde soll früher einmal ein Paradies gewesen sein. Möglich ist alles.

Die Erde könnte wieder ein Paradies werden. Alles ist möglich.

Anton
Emil

DAS KLEINE NACHWORT

Obwohl nun die Geschichte von Pünktchen, Anton und Piefke zu Ende ist, hab ich noch eine Kleinigkeit auf dem Herzen.

Nämlich: Es könnten Kinder, die mein andres Buch, das von »Emil und den Detektiven«, kennen, sagen: »Lieber Mann. Ihr Anton ist ja genau so ein Junge wie Ihr Emil. Warum haben Sie denn in dem neuen Buch nicht lieber von einem Jungen geschrieben, der ganz anders ist?«

Und da möchte ich, weil die Frage nicht unberechtigt ist, doch noch darauf antworten, ehe ich den Schlusspunkt setze. Ich habe von Anton erzählt, obwohl er dem Emil Tischbein so ähnlich ist, weil ich glaube: Von dieser Sorte Jungen kann man gar nicht genug erzählen und Emile und Antone können wir gar nicht genug kriegen!

Vielleicht entschließt ihr euch, so wie sie zu werden? Vielleicht werdet ihr, wenn ihr sie lieb gewonnen habt, wie diese Vorbilder, so fleißig, so anständig, so tapfer und so ehrlich?

Das wäre der schönste Lohn für mich. Denn aus dem Emil, dem Anton und allen, die den beiden gleichen, werden später einmal sehr tüchtige Männer werden. Solche, wie wir sie brauchen können.

Als ich ein kleiner Junge war

KEIN BUCH OHNE VORWORT

Liebe Kinder und Nichtkinder!

Meine Freunde machen sich schon seit Langem darüber lustig, dass keines meiner Bücher ohne ein Vorwort erscheint. Ja, ich hab auch schon Bücher mit zwei und sogar mit drei Vorworten zustande gebracht! In dieser Hinsicht bin ich unermüdlich. Und auch wenn es eine Unart sein sollte – ich werde mir's nicht abgewöhnen können. Erstens gewöhnt man sich Unarten am schwersten ab und zweitens halte ich es für gar keine Unart.

Ein Vorwort ist für ein Buch so wichtig und so hübsch wie der Vorgarten für ein Haus. Natürlich gibt es auch Häuser ohne Vorgärtchen und Bücher ohne Vorwörtchen, Verzeihung, ohne Vorwort. Aber mit einem Vorgarten, nein, mit einem Vorwort sind mir die Bücher lieber. Ich bin nicht dafür, dass die Besucher gleich mit der Tür ins Haus fallen. Es ist weder für die Besucher gut noch fürs Haus. Und für die Tür auch nicht.

So ein Vorgarten mit Blumenrabatten, beispielsweise mit bunten, kunterbunten Stiefmütterchen, und einem kleinen, kurzen Weg aufs Haus zu, mit drei, vier Stufen bis zur Tür und zur Klingel, das soll eine Unart sein? Mietskasernen, ja siebzigstöckige Wolkenkratzer, sie sind im Laufe der Zeit notwendig geworden. Und dicke Bücher, schwer wie Ziegelsteine, natürlich auch. Trotzdem gehört meine ganze Liebe nach wie vor den kleinen gemütlichen Häusern mit den Stiefmütterchen und Dahlien im Vorgarten. Und den schmalen, handlichen Büchern mit ihrem Vorwort.

Vielleicht liegt es daran, dass ich in Mietskasernen aufgewachsen bin. Ganz und gar ohne Vorgärtchen. Mein Vorgarten war der Hinterhof und die Teppichstange war mein Lindenbaum. Das ist kein Grund zum Weinen und es war kein Grund zum Weinen. Höfe und Teppichstangen sind etwas sehr Schönes. Und ich habe wenig geweint und viel gelacht. Nur, Fliederbüsche und Holundersträucher sind auf andere und noch schönere Weise schön. Das wusste ich schon, als ich ein kleiner Junge war. Und heute weiß ich's fast noch besser. Denn heute hab ich endlich ein Vorgärtchen und hinterm Haus eine Wiese. Und Rosen und Veilchen und Tulpen und Schneeglöckchen und Narzissen und Hahnenfuß und Männertreu und Glockenblumen und Vergissmeinnicht und meterhohe blühende Gräser, die der Sommerwind streichelt. Und Faulbaumsträucher und Fliederbüsche und zwei hohe Eschen und eine alte, morsche Erle hab ich außerdem. Sogar Blaumeisen, Kohlmeisen, Hänflinge, Kleiber, Dompfaffen, Amseln, Buntspechte und Elstern hab ich. Manchmal könnte ich mich fast beneiden!

In diesem Buche will ich Kindern einiges aus meiner Kindheit erzählen. Nur einiges, nicht alles. Sonst würde es eines der dicken Bücher, die ich nicht mag, schwer wie ein Ziegelstein, und mein

Schreibtisch ist ja schließlich keine Ziegelei, und überdies: Nicht alles, was Kinder erleben, eignet sich dafür, dass Kinder es lesen! Das klingt ein bisschen merkwürdig. Doch es stimmt. Ihr dürft mir's glauben.

Dass ich ein kleiner Junge war, ist nun fünfzig Jahre her, und fünfzig Jahre sind immerhin ein halbes Jahrhundert. (Hoffentlich hab ich mich nicht verrechnet!) Und ich dachte mir eines schönen Tages, es könne euch interessieren, wie ein kleiner Junge vor einem halben Jahrhundert gelebt hat. (Auch darin hab ich mich hoffentlich nicht verrechnet.)

Damals war ja so vieles anders als heute! Ich bin noch mit der Pferdebahn gefahren. Der Wagen lief schon auf Schienen, aber er wurde von einem Pferde gezogen, und der Schaffner war zugleich der Kutscher und knallte mit der Peitsche. Als sich die Leute an die »Elektrische« gewöhnt hatten, wurden die Humpelröcke Mode. Die Damen trugen ganz lange, ganz enge Röcke.

Sie konnten nur winzige Schrittchen machen und in die Straßenbahn klettern konnten sie schon gar nicht. Sie wurden von den Schaffnern und anderen kräftigen Männern, unter Gelächter, auf die Plattform hinaufgeschoben, und dabei mussten sie auch noch den Kopf schräg halten, weil sie Hüte trugen, so groß wie Wagenräder, mit gewaltigen Federn und mit ellenlangen Hutnadeln und polizeilich verordneten Hutnadelschützern!

Damals gab es noch einen deutschen Kaiser. Er hatte einen hochgezwirbelten Schnurrbart im Gesicht und sein Berliner Hof-Friseur machte in den Zeitungen und Zeitschriften für die vom Kaiser bevorzugte Schnurrbartbinde Reklame. Deshalb banden sich die deutschen Männer morgens nach dem Rasieren eine breite Schnurrbartbinde über den Mund, sahen albern aus und konnten eine halbe Stunde lang nicht reden.

Einen König von Sachsen hatten wir übrigens auch. Des Kaisers wegen fand jedes Jahr ein Kaisermanöver statt, und dem König zuliebe, anlässlich seines Geburtstags, eine Königsparade. Die Uniformen der Grenadiere und Schützen, vor allem aber der Kavallerieregimenter, waren herrlich bunt. Und wenn, auf dem Alaunplatz in Dresden, die Gardereiter mit ihren Kürassierhelmen, die Großenhainer und Bautzener Husaren mit verschnürter Attila und brauner Pelzmütze, die Oschatzer und Rochlitzer Ulanen mit Ulanka und Tschapka und die Reitenden Jäger, allesamt hoch zu Ross, mit gezogenem Säbel und erhobener Lanze an der königlichen Tribüne vorübertrabten, dann war die Begeisterung groß, und alles schrie Hurra. Die Trompeten schmetterten. Die Schellenbäume klingelten. Und die Pauker schlugen auf ihre Kesselpauken, dass es nur so dröhnte. Diese Paraden waren die prächtigsten und teuersten Revuen und Operetten, die ich in meinem Leben gesehen habe.

Der Monarch, dessen Geburtstage so bunt und laut gefeiert wurden, hieß Friedrich August. Und er war der letzte sächsische König. Doch das wusste er damals noch nicht. Manchmal fuhr er mit seinen Kindern durch die Residenzstadt. Neben dem Kutscher saß, mit verschränkten Armen und einem schillernden Federhut, der Leibjäger. Und aus dem offenen Wagen winkten die kleinen Prinzen und Prinzessinnen uns anderen Kindern zu. Der König winkte auch. Und er lächelte freundlich. Wir winkten zurück und bedauerten ihn ein bisschen. Denn wir und alle Welt wusste ja, dass ihm seine Frau, die Königin von Sachsen, davongelaufen war. Mit Signore Toselli, einem italienischen Geiger! So war der König eine lächerliche Figur geworden und die Prinzessinnen und Prinzen hatten keine Mutter mehr.

Um die Weihnachtszeit spazierte er manchmal, ganz allein und mit hochgestelltem Mantelkragen, wie andere Offiziere auch, durch die abendlich funkelnde Prager Straße und blieb nachdenklich vor den schimmernden Schaufenstern stehen. Für Kinderkleider und Spielwaren interessierte er sich am meisten. Es schneite. In den Läden glitzerten die Christbäume. Die Passanten stießen sich an, flüsterten: »Der König!«, und gingen eilig weiter, um ihn nicht zu stören. Er war einsam. Er liebte seine Kinder. Und deshalb liebte ihn die Bevölkerung. Wenn er in die Fleischerei Rarisch hineingegangen wäre und zu einer der Verkäuferinnen gesagt hätte: »Ein Paar heiße Altdeutsche, mit viel Senf, zum Gleichessen!«, wäre sie bestimmt nicht in die Knie gesunken, und sie hätte sicher nicht geantwortet: »Es ist uns eine hohe Ehre, Majestät!« Sie hätte nur gefragt: »Mit oder ohne Semmel?« Und wir anderen, auch meine Mutter und ich, hätten beiseitegeschaut, um ihm den Appetit nicht zu verderben. Aber er traute sich wohl nicht recht. Er ging nicht zu Rarisch, sondern die Seestraße entlang, blieb vor Lehmann & Leichsenring, einem schönen Delikatessengeschäft, stehen, passierte den Altmarkt, schlenderte die Schlossstraße hinunter, musterte, bei Zeuner in der Auslage, die in Schlachtformation aufgestellten Nürnberger Zinnsoldaten, und dann war es mit seinem Weihnachtsbummel auch schon vorbei! Denn auf der anderen Straßenseite stand das

Schloss. Man hatte ihn bemerkt. Die Wache sprang heraus. Kommandoworte ertönten. Das Gewehr wurde präsentiert. Und der letzte König von Sachsen verschwand, unter Anlegen der Hand an die Mütze, in seiner viel zu großen Wohnung.

Ja, ein halbes Jahrhundert ist eine lange Zeit. Aber manchmal denk ich: Es war gestern. Was gab es seitdem nicht alles! Kriege und elektrisches Licht, Revolutionen und Inflationen, lenkbare Luftschiffe und den Völkerbund, die Entzifferung der Keilschrift und Flugzeuge, die schneller sind als der Schall! Doch die Jahreszeiten und die Schularbeiten, die gab es immer schon, und es gibt sie auch heute noch. Meine Mutter musste zu ihren Eltern noch »Sie« sagen. Aber die Liebe zwischen Eltern und Kindern hat sich nicht geändert. Mein Vater schrieb in der Schule noch »Brod« und »Thür«. Aber ob nun Brod oder Brot, man aß und isst es gerne. Und ob nun Thür oder Tür, ohne sie kam und käme man nicht ins Haus. Fast alles hat sich geändert und fast alles ist sich gleich geblieben.

War es erst gestern, oder ist es wirklich schon ein halbes Jahrhundert her, dass ich meine Rechenaufgaben unter der blakenden Petroleumlampe machte? Dass plötzlich, mit einem dünnen »Klick«, der gläserne Zylinder zersprang? Und dass er vorsichtig mit dem Topflappen ausgewechselt werden musste? Heutzutage brennt die Sicherung durch, und man muss, mit dem Streichholz, eine neue suchen und einschrauben. Ist der Unterschied so groß? Nun ja, das Licht schimmert heute heller als damals, und man braucht den elektrischen Strom nicht in der Petroleumkanne einzukaufen. Manches ist bequemer geworden. Wurde es dadurch schöner? Ich weiß nicht recht. Vielleicht. Vielleicht auch nicht.

Als ich ein kleiner Junge war, trabte ich, morgens vor der Schule, zum Konsumverein in die Grenadierstraße. »Anderthalb Liter Petroleum und ein frisches Vierpfundbrot, zweite Sorte«, sagte ich zur Verkäuferin. Dann rannte ich – mit dem Wechselgeld, den Rabattmarken, dem Brot und der schwappenden Kanne – weiter. Vor den zwinkernden Gaslaternen tanzten die Schneeflocken. Der Frost nähte mir mit feinen Nadelstichen die Nasenlöcher zu. Jetzt ging's zu Fleischermeister Kießling. »Bitte, ein Viertelpfund hausschlachtene Blut- und Leberwurst, halb und halb!« Und nun in den Grünkramladen zu Frau Kletsch. »Ein Stück Butter und sechs Pfund Kartoffeln. Einen schönen Gruß, und die letzten waren erfroren!« Und dann nach Hause! Mit Brot, Petroleum, Wurst, Butter und Kartoffeln! Der Atem quoll weiß aus dem Mund, wie der Rauch eines Elbdampfers. Das warme Vierpfundbrot unterm Arm kam ins Rutschen. In der Tasche klimperte das Geld. In der Kanne schaukelte das Petroleum. Das Netz mit den Kartoffeln schlug gegen das Knie. Die quietschende Haustür. Die Treppe, drei Stufen auf einmal. Die Klingel im dritten Stock, und zum Klingeln keine Hand frei. Mit dem Schuh gegen die Tür. Sie öffnete sich. »Kannst du denn nicht klingeln?« – »Nein, Muttchen, womit denn?« Sie lacht. »Hast du auch nichts vergessen?« – »Na, erlaube mal!« – »Treten Sie näher, junger Mann!« Und dann gab's, am Küchentisch, eine Tasse Malzkaffee mit Karlsbader Feigenzusatz und den warmen Brotkanten, das »Ränftchen«, mit frischer Butter. Und der gepackte Schulranzen stand im Flur und trat ungeduldig von einem Bein aufs andre.

»Seitdem sind mehr als fünfzig Jahre vergangen«, erklärt nüchtern der Kalender, dieser hornalte, kahle Buchhalter im Büro der Geschichte, der die Zeitrechnung kontrolliert und, mit Tinte und Lineal, die Schaltjahre blau und jeden Jahrhundertbeginn rot unterstreicht. »Nein!«, ruft die Erinnerung und schüttelt die Locken. »Es war gestern!« Und lächelnd fügt sie, leise, hinzu: »Oder allerhöchstens vorgestern.« Wer hat unrecht?

Beide haben recht. Es gibt zweierlei Zeit. Die eine kann man mit der Elle messen, mit der Bussole und dem Sextanten. Wie man Straßen und Grundstücke ausmisst. Unsere Erinnerung aber, die andere Zeitrechnung, hat mit Meter und Monat, mit Jahrzehnt und Hektar nichts zu schaffen. Alt ist, was man vergessen hat. Und das Unvergessliche war gestern. Der Maßstab ist nicht die Uhr, sondern der Wert. Und das Wertvollste, ob lustig oder traurig, ist die Kindheit. Vergesst das Unvergessliche nicht! Diesen Rat kann man, glaub ich, nicht früh genug geben.

Damit ist die Einleitung zu Ende. Und auf der nächsten Seite beginnt das erste Kapitel. Das gehört sich so. Denn auch wenn der Satz »Kein Buch ohne Vorwort« eine gewisse Berechtigung haben sollte – seine Umkehrung stimmt erst recht. Sie lautet:

KEIN VORWORT OHNE BUCH

DAS ERSTE KAPITEL

Die Kästners und die Augustins

Wer von sich selber zu erzählen beginnt, beginnt meist mit ganz anderen Leuten. Mit Menschen, die er nie gesehen hat und nie gesehen haben kann. Mit Menschen, die er nie getroffen hat und niemals treffen wird. Mit Menschen, die längst tot sind und von denen er fast gar nichts weiß. Wer von sich selber zu erzählen beginnt, beginnt meist mit seinen Vorfahren.

Das ist begreiflich. Denn ohne die Vorfahren wäre man im Ozeane der Zeit, wie ein Schiffbrüchiger auf einer winzigen und unbewohnten Insel, ganz allein. Mutterseelenallein. Großmutterseelenallein. Urgroßmutterseelenallein. Durch unsere Vorfahren sind wir mit der Vergangenheit verwandt und seit Jahrhunderten verschwistert und verschwägert. Und eines Tages werden wir selber Vorfahren geworden sein. Für Menschen, die heute noch nicht geboren und trotzdem schon mit uns verwandt sind.

Die Chinesen errichteten, in früheren Zeiten, ihren Ahnen Hausaltäre, knieten davor nieder und besannen sich auf die Zusammenhänge. Der Kaiser und der Mandarin, der Kaufmann und der Kuli, jeder besann sich darauf, dass er nicht nur der Kaiser oder ein Kuli, sondern auch das einzelne Glied einer unzerreißbaren Kette war und, sogar nach seinem Tode, bleiben würde. Mochte die Kette nun aus Gold, aus Perlen oder nur aus Glas, mochten die Ahnen Söhne des Himmels, Ritter oder nur Torhüter sein – allein war keiner. So stolz oder so arm war niemand.

Doch wir wollen nicht feierlich werden. Wir sind, ob es uns gefällt oder nicht, keine Chinesen. Drum will ich meinen Vorfahren auch keinen Hausaltar bauen, sondern nur ein klein wenig von ihnen erzählen.

Von den Vorfahren meines Vaters »nur ein klein wenig« zu erzählen, macht nicht die geringsten Schwierigkeiten. Denn ich weiß nichts über sie. Fast nichts. Ihr Hochzeitstag und ihr Sterbejahr, ihre Namen und Geburtsdaten wurden von protestantischen Pfarrern gewissenhaft in sächsischen Kirchenbüchern eingetragen. Die Männer waren Handwerker, hatten viele Kinder und überlebten ihre Frauen, die meist bei der Geburt eines Kindes starben. Und viele der Neugeborenen starben mit ihren Müttern. Das war nicht nur bei den Kästners so, sondern in ganz Europa und Amerika. Und es besserte sich erst, als Doktor Ignaz Philipp Semmelweis das Kindbettfieber ausrottete.

Das geschah vor etwa hundert Jahren. Man hat Doktor Semmelweis den »Retter der Mütter« genannt und vor lauter Bewunderung vergessen, ihm Denkmäler zu errichten. Doch das gehört nicht hierher.

Meines Vaters Vater, Christian Gottlieb Kästner, lebte als Tischlermeister in Penig, einer sächsischen Kleinstadt an einem Flüsschen, das die Mulde heißt, und hatte mit seiner Frau Laura, einer geborenen Eidam, elf Kinder, von denen fünf starben, ehe sie laufen gelernt hatten. Zwei seiner Söhne wurden, wie der Vater, Tischler. Ein anderer, mein Onkel Karl, wurde Hufschmied. Und Emil Kästner, mein Vater, erlernte das Sattler- und Tapeziererhandwerk.

Vielleicht haben sie und ihre Vorväter mir die handwerkliche Sorgfalt vererbt, mit der ich meinem Beruf nachgehe. Vielleicht verdanke ich mein – im Laufe der Zeit freilich eingerostetes – turnerisches Talent dem Onkel Hermann, der noch mit fünfundsiebzig Jahren im Peniger Turnverein die Altherrenriege anführte. Ganz sicher aber haben mir die Kästners eine Familieneigenschaft in die Wiege gelegt, die alle meine Freunde immer wieder verwundert und oft genug ärgert: die echte und unbelehrbare Abneigung vorm Reisen.

Wir Kästners sind auf die weite Welt nicht sonderlich neugierig. Wir leiden nicht am Fernweh, sondern am Heimweh. Warum sollten wir in den Schwarzwald oder auf den Gaurisankar oder zum Trafalgar Square? Die Kastanie vorm Haus, der Dresdner Wolfshügel und der Altmarkt tun es auch. Wenn wir unser Bett und die Fenster in der Wohnstube mitnehmen könnten, dann ließe sich vielleicht darüber reden! Aber in die Fremde ziehen und das Zuhause daheim lassen? Nein, so hoch kann kein Berg und so geheimnisvoll kann keine Oase sein, so abenteuerlich kein Hafen und so laut kein Niagarafall, dass wir meinen, wir müssten sie kennenlernen! Es ginge noch, wenn wir daheim einschliefen und in Buenos Aires aufwachten! Das Dortsein wäre vorübergehend zu ertragen, aber das Hinkommen? Niemals! Wir sind, fürchte ich, Hausfreunde der Gewohnheit und der Bequemlichkeit. Und wir haben, neben diesen zweifelhaften Eigenschaften, eine Tugend: Wir sind unfähig, uns zu langweilen. Ein Marienkäfer an der Fensterscheibe beschäftigt uns vollauf. Es muss kein Löwe in der Wüste sein.

Trotzdem sind meine Herren Vorväter und noch mein Vater, wenigstens einmal im Leben, gereist. Auf Schusters Rappen. Als Handwerksburschen. Mit dem Gesellenbrief in der Tasche. Doch sie taten's nicht freiwillig. Die Zünfte und Innungen verlangten es. Wer nicht in anderen Städten und bei fremden Meistern gearbeitet hatte, durfte selber nicht Meister werden. Man musste in der Fremde Geselle gewesen sein, wenn man daheim Meister werden wollte. Und das wollten die Kästners unbedingt, ob sie nun Tischler, Schmied, Schneider, Ofensetzer oder Sattler waren! Diese Wanderschaft blieb zumeist ihre erste und letzte Reise. Wenn sie Meister geworden waren, reisten sie nicht mehr.

Als mein Vater im verflossenen August vor meiner Münchner Wohnung aus einem Dresdner Auto kletterte – ein bisschen ächzend und müde, denn er ist immerhin neunzig Jahre alt –, war er nur gekommen, um festzustellen, wie ich wohne, und um aus meinem Fenster ins Grüne zu sehen. Ohne die Sorge um mich hätten ihn nicht zehn Pferde von seinem Dresdner Fenster fortgebracht. Auch dort blickt er ins Grüne. Auch dort gibt es Kohlmeisen, Buchfinken, Amseln und Elstern. Und viel mehr Sperlinge als in Bayern! Wozu also, wenn nicht meinetwegen, hätte er reisen sollen?

Ich selber bin ein bisschen mehr in der Welt herumgekommen als er und unsere Vorfahren. Ich war schon in Kopenhagen und Stockholm, in Moskau und Petersburg, in Paris und London, in Wien und Genf, in Edinburgh und Nizza, in Prag und Venedig, in Dublin und Amsterdam, in Radebeul und Lugano, in Belfast und in Garmisch-Partenkirchen. Aber ich reise nicht gern. Nur, man muss wohl auch in meinem Beruf unterwegs gewesen sein, wenn man daheim, eines schönen Tages vielleicht, Meister werden will. Und Meister werden, das möchte ich schon sehr gerne. Doch das gehört nicht hierher.

Ida Amalia Kästner, meine Mutter, stammt aus einer sächsischen Familie namens Augustin. Im 16. Jahrhundert hießen diese meine Vorfahren noch Augsten und Augstin und Augusten. Und erst um 1650 taucht der Name Augustin in den Kirchenbüchern und den Jahresrechnungen der Stadtkämmerei Döbeln auf.

Woher ich das weiß? Es gibt eine »Chronik der Familie Augustin«. Sie reicht bis ins Jahr 1568 zurück. Das war ein interessantes Jahr! Damals sperrte Elisabeth von England die Schottenkönigin Maria Stuart ins Gefängnis und König Philipp von Spanien tat dasselbe mit seinem Sohne Don Carlos. Herzog Alba ließ in Brüssel die Grafen Egmont und Horn hinrichten. Pieter Brueghel malte sein Bild »Die Bauernhochzeit«. Und mein Vorfahre Hans Augustin wurde vom Stadtkämmerer in Döbeln mit einer Geldstrafe belegt, weil er zu kleine Brote gebacken hatte. Nur wegen dieser Geldstrafe geriet er in die Jahresrechnungen der Stadt und mithin neben Maria Stuart, Don Carlos, Graf Egmont und Pieter Brueghel ins Buch der Geschichte. Wäre er damals nicht erwischt worden, wüssten wir nichts von ihm. Mindestens bis zum Jahre 1577. Denn da wurde er wieder wegen zu klein geratener Brote und Semmeln erwischt, bestraft und eingetragen! Desgleichen 1578, 1580, 1587 und, zum letzten Mal, im Jahre 1605. Man muss also zu kleine Brötchen backen und sich dabei erwischen lassen, wenn man berühmt werden will! Oder, im Gegenteil, zu große! Doch das hat noch keiner getan. Jedenfalls habe ich nichts dergleichen gehört oder gelesen.

Sein Sohn, Caspar Augustin, heißt in meiner Chronik Caspar I. Auch er war Bäcker und wird in den Annalen Döbelns dreimal erwähnt: 1613, 1621 und 1629. Und warum? Ihr ahnt es schon. Auch Caspar I. buk zu kleine Brötchen! Ja, die Augustins waren ein verwegenes Geschlecht! Aber es half ihnen nicht recht weiter. Obwohl sie Scheunen, Gärten und Wiesen kauften, Hopfen bauten und nicht nur Brot buken, sondern auch Bier brauten. Erst fiel die Pest über die Stadt her und raffte die halbe Familie hin. 1636 plünderten die Kroaten und 1645 die Schweden die kleine sächsische Stadt. Denn es herrschte ja der Dreißigjährige Krieg, und die Soldaten schlachteten das Vieh, verfütterten die Ernte, luden die Betten und das Kupfergeschirr auf Caspar Augustins Pferdewagen, verbrannten, was sie nicht mitnehmen konnten, fuhren mit der Beute davon und freuten sich diebisch auf das nächste Städtchen.

Der Sohn Caspar Augustins hieß gleichfalls Caspar. Die Chronik nennt ihn deshalb Caspar II. Auch er war Bäcker, regierte die Familie bis zum Jahre 1652 und ärgerte sich zu Tode. Denn sein Bruder Johann, der in Danzig lebte, kam nach Kriegsende angereist und verlangte sein Erbteil, das ja doch die Schweden mitgenommen hatten! Er forderte, weil er während des Krieges nicht hatte reisen wollen, sogar beträchtliche Zinsen! Es kam zu einem Prozess, der mit einem Vergleich endete. Der Vergleich wurde vom Stadtkämmerer fein säuberlich aufgeschrieben und damit gerieten meine Vorfahren wieder ins Buch der Geschichte. Diesmal nicht mit zu kleinen Brötchen, sondern mit einem Familienstreit. Nun, auch ein Bruderzwist kann sich sehen lassen!

Allmählich merke ich, dass ich mich werde kürzerfassen müssen, wenn ich beizeiten zum eigentlichen Gegenstande dieses Buches gelangen will: zu mir selber. Ich fasse mich also kurz. Was gäbe es auch groß zu berichten? Die Augustins rappelten sich wieder hoch, und jeder – ob nun Wolfgang Augustin oder Johann Georg I., Johann Georg II. oder Johann Georg III. –, ein jeder von ihnen wurde Bäckermeister. 1730 brannte die Stadt ab. Im Siebenjährigen Krieg, als es Döbeln wieder besser erging, kamen die Preußen. Die Stadt wurde eines ihrer Winterquartiere. Denn damals hatte der Krieg im Winter große Ferien. Das konnte selbst

Friedrich der Große nicht ändern. Die Regimenter machten es sich also bequem und vernichteten die feindlichen Städte und Dörfer, statt mit Pulver und Blei, mit ihrem Appetit. Als man sich wieder erholt hatte, kam Napoleon mit seiner Großen Armee, und als er in der Völkerschlacht bei Leipzig geschlagen wurde, waren auch die Augustins wieder einmal am Ende. Denn erstens liegt Döbeln in Leipzigs Nähe. Und zweitens war der König von Sachsen mit Napoleon verbündet gewesen. Er gehörte zu den Verlierern. Und das spürten seine Untertanen, auch die in Döbeln, mehr als er selber.

Doch die Augustins ließen nicht locker. Wieder brachten sie es zu einigem Wohlstand. Wieder als Bäcker, und wieder mit der Genehmigung, Bier zu brauen und zu verkaufen. Dreihundert Jahre waren sie nun schon Bäcker. Trotz Pest und Brand und Kriegen. Da vollzog sich, im Jahre 1847, die große, entscheidende Wendung: Der Bäckermeister Johann Carl Friedrich Augustin eröffnete ein Fuhrgeschäft! Seit diesem historischen Datum haben die Vorfahren meiner Mutter mit Pferden zu tun. Und es ist nicht ihre Schuld, dass das Pferd, dieses herrliche Tier, im Aussterben begriffen ist, und mit dem Pferd der Beruf des Fuhrwerksbesitzers und des Pferdehändlers.

Das dritte Kind Johann Friedrich Augustins wurde Carl Friedrich Louis getauft. Er wurde später, in Kleinpelsen bei Döbeln, Schmied und Pferdehändler. Und Pferdehändler wurden sieben seiner Söhne. Zwei davon brachten es zum Millionär. Mit dem Pferdehandel lässt sich mehr verdienen als mit Brot und Semmeln, selbst wenn sie zu klein geraten. Dazu kommt, dass man Pferde, auch wenn man sie kauft und verkauft und an ihnen verdient, lieben kann. Bei Brötchen ist das viel, viel schwieriger. Endlich hatten die Augustins ihren wahren Beruf entdeckt!

Der Schmied aus Kleinpelsen wurde mein Großvater. Seine mit Pferden handelnden Söhne wurden meine Onkels. Und seine Tochter Ida Amalia ist meine Mutter. Doch sie gehört nicht hierher. Denn meine Mutter ist ein ganz, ganz andres Kapitel.

Die kleine Ida und ihre Brüder

Meine Mutter kam am 9. April 1871 im Dorfe Kleinpelsen zur Welt. Und auch damals gab es, wie so oft im Leben, gerade Krieg. Deshalb wurde ihr Geburtsort auch nicht halb so berühmt wie im gleichen Jahre Wilhelmshöhe bei Kassel, wo Napoleon III., der Kaiser der Franzosen, interniert, oder wie Versailles bei Paris, wo König Wilhelm von Preußen zum deutschen Kaiser ernannt wurde.

Der französische Kaiser wurde in einem deutschen Schloss eingesperrt und der deutsche Kaiser wurde in einem französischen Schloss proklamiert. Umgekehrt wär's eigentlich viel einfacher und wesentlich billiger gewesen! Aber die Weltgeschichte kann ja nicht genug kosten! Wenn ein Kolonialwarenhändler in seinem kleinen Laden so viele Dummheiten und Fehler machte wie die Staatsmänner und Generäle in ihren großen Ländern, wäre er in spätestens vier Wochen bankrott. Und er käme ganz und gar nicht ins goldne Buch der Geschichte, sondern ins Kittchen. Doch das gehört, schon wieder einmal, nicht hierher.

Die kleine Ida Augustin, meine zukünftige Mama, verbrachte ihre Kindheit in einem Bauernhaus. Zu diesem Hause gehörte mancherlei: eine Scheune, ein Vorgärtchen mit Stiefmütterchen und Astern, ein Dutzend Geschwister, ein Hof mit Hühnern, ein alter Obstgarten mit Kirsch- und Pflaumenbäumen, ein Pferdestall, viel Arbeit und ein langer Schulweg. Denn die Schule lag in einem Nachbardorf. Und sehr viel gab's in der Schule im Nachbardorfe nicht zu lernen. Denn sie hatte nur einen einzigen Lehrer und nur zwei Klassen. In der einen Klasse saßen die Kinder vom siebenten bis zum zehnten, in der andern vom elften Lebensjahre bis zur Konfirmation. Da war außer Lesen, Schreiben und Rechnen nichts zu holen, und für die gescheiten Kinder war es schrecklich langweilig! Vier Jahre in ein und derselben Klasse – es war zum Auswachsen!

Im Sommer war es damals heißer als heutzutage und im Winter kälter. Woran das gelegen hat, weiß ich nicht. Es gibt Leute, die behaupten, sie wüssten es. Aber ich habe sie im Verdacht, dass sie renommieren.

Im Winter lag der Schnee mitunter so hoch, dass die Haustür nicht aufging! Dann mussten die Kinder durchs Fenster klettern, wenn sie in die Schule wollten. Oder weil mein Großvater meinte, sie sollten wollen! Wenn sich die Tür, trotz des Schnees, öffnen ließ, musste man mit Schaufeln erst einen Tunnel graben, durch den die Kinder dann ins Freie krochen! Das war zwar ganz lustig, aber die Lustigkeit dauerte nicht lange. Denn der Wind pfiff eisig über die Felder. Man versank im Schnee bis zu den Hüften. Man fror an den Fingern und Zehen und Ohren, dass einem die Tränen in die Augen schossen. Und wenn man schließlich pitschnass, halb erfroren und zu spät in der Schule ankam, gab es nicht einmal etwas Rechtes und Interessantes zu lernen!

Das alles verdross die kleine Ida nicht. Sie kletterte aus dem Fenster. Sie kroch durch den Schneetunnel. Sie fror und weinte auf dem Schulweg vor sich hin. Es machte ihr wenig aus. Denn sie war wissensdurstig und wissenshungrig. Sie wollte alles lernen, was der alte Lehrer selber wusste. Und wusste er auch nicht sehr viel, so wusste er doch immer noch etwas mehr als die kleine Ida!

Ihre älteren Brüder – vor allem der Franz, der Robert und der Paul – hatten von der Schule und vom Lernen eine durchaus andre Auffassung. Sie hielten das Herumsitzen im Klassenzimmer für verlorene Zeit. Das bisschen Lesen und Schreiben, das sie später brauchen würden, war rasch gelernt. Und Rechnen? Ich glaube, rechnen konnten die drei Jungen schon in der Wiege und bevor sie die Worte »Mutter« und »Vater« aussprechen konnten. Das Rechnenkönnen war ihnen angeboren. Wie das Atmen und Hören und Sehen.

Aus diesen Gründen diente ihnen der Schulweg zwar dazu, um von zu Hause wegzukommen, aber sie kamen, oft genug, sonst wo an, nur nicht in der Schule! Wo trieben sich die Bürschchen herum und was stellten sie an? Spielten sie auf einer abgelegenen Wiese Ball? Warfen sie Fensterscheiben ein? Ärgerten sie einen bissigen Hofhund, der an der Kette zerrte? Dergleichen ließ sich natürlich nicht immer vermeiden. Aber in der Hauptsache taten sie, statt in der Dorfschule zu hocken, eines: Sie handelten mit Kaninchen!

Selbstverständlich hätten sie schon damals lieber mit Pferden gehandelt! Aber Pferde sind anspruchsvolle Tiere und viel zu groß, als dass man sie in Holzkisten verstecken könnte! Außerdem: Kaninchen vermehren sich bekanntlich »wie die Kaninchen«. In einem fort kriegen sie Junge. Man braucht nur ein paar Rüben, Möhren und Salatköpfe zu finden, damit die lieben Tierchen satt werden und für prächtigen Nachwuchs sorgen.

Nun, die drei Brüder fanden das nötige Futter. Ich vermute, dass sie es nicht einmal bezahlten. Wer billig einkauft, kann billig verkaufen. Das Geschäft blühte. Die Gebrüder Augustin versorgten Kleinpelsen und Umgebung so lange und so reichlich mit Kaninchen, bis der Ruhm der Firma das Ohr meines Großvaters erreichte. Er war nicht entfernt so stolz auf seine Söhne, wie man hätte glauben sollen. Da sie, als er sie zur Rede stellte, stumm blieben, auch nachdem er sie verprügelt hatte, bis ihm beide Arme wehtaten, knöpfte er sich die kleine Ida vor. Sie erzählte ihm, was sie wusste. Und sie wusste allerlei.

Dem Robert, dem Franz und dem Paul gefiel das ganz und gar nicht. Deshalb unterhielten sie sich anschließend in aller Stille mit der Schwester, und sie hatte nach dieser Unterhaltung noch sehr lange blaue Flecke, die erst grün und dann gelb wurden, bevor sie schließlich wieder verschwanden.

Im Grunde war, abgesehen von den blauen Flecken, die Unterhaltung ergebnislos verlaufen. Fast wie eine internationale Konferenz. Die Schwester hatte erklärt, der Vater habe die Wahrheit wissen wollen, und die Wahrheit müsse man unter allen Umständen sagen. Das lerne man daheim und in der Schule. Doch die drei Brüder waren viel zu selten daheim und in der Schule gewesen, um diese Ansicht zu teilen. Sie sagten, Ida habe geklatscht. Sie sei kein guter Kamerad und keine ordentliche Schwester. Und sie solle sich schämen.

Zum Büro
Gebr. Augustin
Kaninchen
en gros
en detail

Wer recht hatte, ist schwer zu entscheiden, und der Streit darüber ist älter als sämtliche Augustins. Er ist so alt wie die Welt! Darf man, den Brüdern zuliebe, die Eltern belügen? Oder muss man, den Eltern zuliebe, die Geschwister anschwärzen?

Hätte mein Großvater auf seine Lausejungen besser aufgepasst, so hätte er die kleine Ida nicht ausfragen müssen. Aber er war oft unterwegs, um ein Pferd zu kaufen oder zu verkaufen. War das sein Fehler?

Wären die drei Lausejungen brave, musterhafte Knaben gewesen, so hätte die kleine Ida sie nicht verklatschen müssen. Aber der Geschäftsgeist steckte ihnen im Blut. Der Vater handelte mit Pferden. Sie handelten, statt in die Schule zu gehen, mit Kaninchen. War das ihr Fehler?

Der einzige Mensch, der sich Gewissensbisse machte, war die kleine Ida! Und warum? Sie ging brav zur Schule. Sie half wie ein Heinzelmännchen im Haushalt, kümmerte sich um ihre kleineren Geschwister und sagte, als man danach fragte, die Wahrheit. War das ein Fehler?

Liebe Kinder, lest über diese Zeilen nicht hinweg! Worum es sich dreht, ist vielleicht nicht so interessant wie der Deutsch-Französische Krieg 1870/71 oder wie unerlaubter Kaninchenhandel, aber es ist wichtiger als beides zusammen! Deshalb wiederhole ich die drei Punkte noch einmal!

Erstens: Ein Vater hat für seine Familie, um genug Geld für sie zu verdienen, zu wenig Zeit, erwischt und verprügelt drei seiner zwölf Kinder, und damit ist für ihn alles wieder in bester Ordnung. Zweitens: Drei Jungens schwänzen die Schule, werden vom Vater verprügelt, verhauen eine Schwester, und damit ist für sie alles wieder in Ordnung. Und drittens: Ein kleines kreuzbraves Mädchen, das die Eltern und die Geschwister gernhat, soll die Wahrheit sagen und sagt sie. Und damit gerät für sie alles in Unordnung!

Das war so und das ist schlimm. Meine Mutter hat ihr Leben lang – und sie ist achtzig Jahre geworden – darunter gelitten, dass sie, damals als kleine Ida, die Wahrheit gesagt hatte! War es nicht Verrat gewesen? Hätte sie lügen sollen? Warum hatte sich der Vater gerade an sie gewendet? Fragen über Fragen! Und keine gescheite Antwort drauf!

Sehr, sehr viel später, als aus dem kleinen Kaninchenzüchter Franz längst der steinreiche Pferdehändler Augustin samt Villa, Auto und Chauffeur geworden war, sollte sich zeigen, dass er das Damals keineswegs vergessen hatte. Ebenso wenig wie meine Mutter. Und wenn wir ihn zu Weihnachten besuchten und friedlich unterm Christbaum saßen, bei Glühwein und Dresdner Rosinenstollen … Doch das gehört noch nicht hierher.

Das Leben in Kleinpelsen ging seinen Gang. Die Mutter meiner Mutter starb. Eine Stiefmutter kam ins Haus, schenkte dem Schmied und Pferdehändler Carl Friedrich Louis Augustin drei Kinder und liebte die Kinder aus der ersten Ehe genauso innig wie die eignen. Sie war eine gütige noble Frau. Ich habe sie noch gekannt. Ihre Tochter Alma, die Stiefschwester meiner Mutter, hatte, als ich ein kleiner Junge war, in Döbeln, in der Bahnhofstraße, ein Zigarrengeschäft.

Sooft die Klingel an der Ladentür schepperte, stand die alte, weißhaarige Frau aus ihrem Lehnstuhl auf, ging hoch aufgerichtet in den Laden und bediente die Kundschaft. Ein Päckchen Rauchtabak, Bremer Krüllschnitt. Fünf Zigarren à zehn. Eine Rolle Kautabak. Zehn Zigaretten, eine zum Sofortrauchen. Der Laden duftete herrlich. Und die alte Frau, neben der ich hinterm Ladentisch stand, war eine Dame. So hätte es ausgesehen, wenn die Kaiserin Maria Theresia in Döbeln Kautabak verkauft hätte! Doch das gehört nicht hierher.

Wir sind ja noch in Kleinpelsen! Die älteren Schwestern und Brüder der kleinen Ida, die mittlerweile auch älter wurde, waren aus der Schule gekommen. Und aus dem Elternhaus. Lina und Emma gingen, wie man das nannte, »in Stellung«. Sie wurden Dienstmädchen. Sie wurden sehr tüchtige Dienstmädchen. Denn das Arbeiten hatten sie ja daheim gründlich studiert.

Und die Brüder, der entlarvte Geheimbund der Kaninchenhändler? Was lernten denn diese Brüder? Den Pferdehandel? Dazu hätte zweierlei gehört: der sogenannte Pferdeverstand und das sogenannte Kapital. Nun, den Pferdeverstand, den hatten sie! Sie waren im Pferdestall aufgewachsen wie andre Kinder im Kindergarten oder im Kirchenchor. Aber das Geld, das sie gebraucht hätten, das hatte ihr Vater, mein Großvater, nicht. Wenn er ein Pferd kaufte oder verkaufte, war das für ihn und seine Familie eine große Sache. Und wenn ein Pferd im Stall die Druse hatte oder an Kolik einging, war es eine Katastrophe!

Wenn man meinem Großvater damals erzählt hätte, dass seine Söhne Robert und Franz, eines Tages, auf einer einzigen Reise zu den großen europäischen Pferdemärkten in Holstein, Dänemark, Holland und Belgien hundert, ja zweihundert Pferde kaufen würden! Dass ganze Güterzüge voller stampfender Pferde nach Dresden und Döbeln rollen würden, in die Stallungen der berühmten Firmen Augustin! Dass sich die Kommandeure der Kavallerieregimenter und die Generaldirektoren der Brauereien gegenseitig auf die Zehen treten würden, wenn der Robert in Döbeln und der Franz in Dresden ihre frischen Pferde mustern ließen!

Wenn man das meinem Großvater damals erzählt hätte, dann hätte er, trotz seinem beginnenden Asthma, laut gelacht. Er hätte kein Wort geglaubt. Er hätte allerdings auch nicht geglaubt, dass ihn diese selben Söhne, als sie schon wohlhabend waren und er selber arm und sterbenskrank, nahezu vergessen würden. Doch das gehört nicht hierher. Noch nicht.

Er ließ sie das Fleischerhandwerk erlernen und ihnen war es recht. Die Ahnen waren dreihundert Jahre lang Bäcker gewesen. Die Enkel wurden Fleischer. Warum auch nicht? Ochsen und Schweine sind zwar keine Pferde, aber vierbeinige Tiere sind es immerhin. Und wenn man lange genug Schweine, Hammel und Ochsen totgeschlagen und daraus Koteletts und Leberwurst gemacht hat, kann man sich eines Tages vielleicht doch ein Pferd kaufen! Ein richtiges, großes, lebendiges Pferd, und das Stroh und den Hafer dazu!

Und wenn man erst das erste Pferd billig gekauft, gut gefüttert, gestriegelt, gepflegt und günstig weiterverkauft hatte, war es schon leichter, zwei Pferde zu kaufen und, nach sorgfältiger Wartung, mit Gewinn loszuschlagen. Glück, Geschicklichkeit und Fleiß halfen weiter. Drei Pferde. Vier Pferde. Fünf Pferde. Bei fremden Leuten im Stall. Dann in irgendeinem Hinterhof der erste eigne Stall! Eigne Boxen, eigne Futterkisten, eignes Zaumzeug!

Und noch immer die Fleischerei! Morgens um fünf Uhr auf den Schlachthof, in die Kühlhalle, dann ins Schlachthaus, frische Wurst und Würstchen machen, Schweinefleisch ins Pökelfass legen, dann mit blütenweißer Schürze und gezogenem Pomadescheitel in den Laden, den Kundinnen zulächeln und beim Fleischwiegen den Daumen heimlich auf die Waage legen, dann zu den Pferden in den Stall, mit dem Pächter einer Fabrikskantine in die Kneipe, damit man den Lieferungsauftrag kriegt, dann einen Posten Hafer billig einhandeln und ein sechsjähriges Pferd als dreijähriges verkaufen, dann zehn Spieße Knoblauchwurst abfassen, wieder hinter die Ladentafel, an den Hackklotz und, nach Geschäftsschluss, die Tageskasse abrechnen, dann in den Pferdestall, wieder in eine Kneipe, wo man den Fuhrhalter einer Möbeltransportfirma einseifen muss, schließlich ins Bett, noch im Traume rechnend und Pferde kaufend, und morgens um fünf Uhr auf den Schlachthof und in die Kühlhalle. Und so weiter. Jahrelang. Man schuftete sich halb tot. Und der jungen Frau Augustin ging's nicht besser. Mit den Pferden hatte sie nichts zu tun. Dafür stand und lächelte sie von früh bis spät im Fleischerladen und bekam außerdem zwei, drei Kinder.

Eines Tages wurde dann die Fleischerei verkauft oder verpachtet. Und nun ging der Pferdehandel erst richtig los!

Drei Brüder meiner Mutter schafften es auf diese Weise. Die drei Kaninchenhändler! Der Robert, der Franz und auch der Paul. Aber der Paul spezialisierte sich auf Kutsch- und Reitpferde und fuhr selber, vornehm wie ein Graf, im Dogcart einspännig durch die Dresdner Straßen. Robert und Franz waren robuster und brachten es noch viel weiter als er.

Die anderen Brüder – der Bruno, der Reinhold, der Arno und der Hugo – versuchten dasselbe. Auch sie begannen als Fleischer und brachten es bis zu zwei, drei Pferden. Doch dann verließ sie das Glück. Oder die Kraft. Oder der Mut. Sie schafften es nicht.

Reinhold starb in den besten Jahren. Arno wurde Gastwirt. Bruno half seinem Bruder Franz als Geschäftsführer. Ein Pferd zerschlug ihm den Unterkiefer, ein anderes ein Bein. So hinkte er durch die Ställe, ließ sich vom Bruder und Chef anbrüllen und brüllte seinerseits die Knechte an. Und Hugo, mein Lieblingsonkel, blieb, nach mehreren verlustreichen Ausflügen ins Land der Pferde, bis ans Lebensende Fleischermeister.

Seine Söhne sind Fleischermeister. Seine Töchter haben Fleischer geheiratet. Seine Enkel sind Fleischermeister. Alle lieben sie die Pferde. Aber die Pferde sind im Aussterben begriffen, und so nützt den Augustins ihr Pferdeverstand nichts mehr. Mit dem Nachfolger des Pferdes, dem Automobil, möchten sie keinen Handel treiben. Denn Autos sind nichts Lebendiges. Sie tun nur so.

Mein Neffe Manfred versuchte, als ganz junger Bursche, etwas Neues. Er wurde Berufsringer! Auch als Ringkämpfer hat man es schließlich mit Lebendigem zu tun. Wenn auch weder mit Ochsen noch gar mit Pferden, doch immerhin mit Lebewesen. Aber das Geschäft gefiel ihm auf die Dauer nicht recht. Dabei war er gar kein übler Ringer! Ich habe ihm mehrere Male im Münchener Zirkus Krone zugesehen. Den Zuschauern, besonders den Zuschauerinnen, sagte er sehr zu. Auch wenn er, durch Würgegriff oder Beinschere, den einen oder anderen Kampf aufgeben musste.

Es ist doch wohl leichter, ein halbes Kalb aus dem Schlachthaus über den Hof in den Laden zu tragen, als den »Stier der

Pampas« mit seinen drei Zentnern auf die Matte zu legen, wenn man selber knapp zweihundert Pfund wiegt!

Jedenfalls, nun ist auch der Manfred diplomierter Fleischermeister geworden. Auch er! Wenn ich einmal sehr viel Zeit haben sollte, werde ich nachzählen, wie viele Fleischer ich in der Familie habe. Es sind Dutzende! Und ob nun Schmied, Pferdehändler oder Fleischer – ein Einziger von ihnen allen ist Schriftsteller geworden: der kleine Erich, das einzige Kind der kleinen Ida …

Und sie wundern sich alle ein wenig und immer wieder von Neuem, wenn wir einander treffen und beisammensitzen. Und ich wundre mich auch ein bisschen. Nicht über sie. Eher über mich. Denn wenn ich auch von grober Mettwurst und Kalbsnierenbraten etwas mehr verstehe als die durchschnittlichen Nichtfleischermeister und sogar einigen Pferdeverstand besitze, so komme ich mir doch immer wie ein Stief-Augustin vor.

Andrerseits, hat nicht auch das Bücherschreiben mit dem Lebendigen zu tun? Und sogar damit, dass man aus dem Leben einen Beruf macht und es zu Gulasch und Rollschinken verarbeitet? Doch das, geschätzte Leser, gehört nun wirklich nicht hierher!

DAS DRITTE KAPITEL

Meine zukünftigen Eltern lernen sich endlich kennen

Als die kleine Ida ein junges hübsches Mädchen von sechzehn Jahren geworden war, ging auch sie »in Stellung«. Ihre jüngeren Schwestern, Martha und Alma, waren jetzt groß genug, um der Mutter zur Hand zu gehen. Das Haus wirkte, mit früheren Zeiten verglichen, fast leer. Ida ließ die Eltern und nur fünf Geschwister zurück. Und neue Kindtaufen gab es nicht mehr.

Sie wurde Stubenmädchen. Auf einem Rittergut bei Leisnig. Sie bediente bei Tisch. Sie bügelte die feine Wäsche. Sie half in der Küche. Sie stickte Monogramme in Tisch- und Taschentücher. Es gefiel ihr gut. Und sie gefiel der Herrschaft. Bis sie eines Abends dem Rittergutsbesitzer, einem flotten Kavallerieoffizier, allzu gut gefiel! Er wollte zärtlich werden und da stürzte sie vor Schreck aus dem Hause. Rannte im Finstern durch den unheimlichen Wald und über die Stoppelfelder. Bis sie, tief in der Nacht, weinend bei den Eltern anlangte. Tags darauf holte mein Großvater, mit Pferd und Wagen, den Spankorb der Tochter auf dem Rittergut ab. Der schneidige Offizier ließ sich, zu seinem Glück, nicht blicken.

Nach einiger Zeit fand Ida eine neue Stellung. Diesmal in Döbeln. Bei einer alten gelähmten Dame. Sie diente ihr als Vorleserin, Gesellschafterin und Krankenpflegerin. Kavallerieoffiziere, denen sie zu gut hätte gefallen können, waren nicht in der Nähe.

Dafür aber die älteren Schwestern Lina und Emma! Sie hatten inzwischen geheiratet und wohnten in Döbeln. Beide im gleichen Haus: in der Niedermühle. Das war eine richtige Mühle mit einem großen Wasserrad und hölzernen Wehrgängen. Und der Müller mahlte aus dem Weizen und Roggen, den ihm die Bauern brachten, weißes Mehl, das sie dann, in Zentnersäcken, abholten und den Bäckern und Krämern der Gegend verkauften.

Meine Tante Lina hatte einen Vetter geheiratet, der ein Fuhrgeschäft betrieb, und so hieß sie auch nach der Hochzeit, genau wie vorher, Augustin. Tante Emma, die ein Stockwerk höher wohnte, hieß jetzt Emma Hanns, und ihr Mann handelte mit Obst. Er hatte die endlosen Pflaumen- und Kirschenalleen gepachtet, die, rings um die Stadt, die Dörfer miteinander verbanden. Und wenn sich die Bäume unter der Last der reifen Kirschen und Pflaumen bogen, mietete er viele Männer und Frauen zum Pflücken. Das Obst kam in große Weidenkörbe und wurde auf dem Döbelner Wochenmarkt verkauft.

In manchen Jahren war die Ernte gut. In anderen Jahren war sie schlecht. Die Hitze, der Regen und der Hagelschlag waren des Onkels Feinde. Und oft genug war der Verkaufserlös kleiner als die Pachtsumme. Dann musste Onkel Hanns Geld borgen und einen Teil davon vertrank er vor Kummer in den Wirtshäusern.

In solchen Stunden stieg Tante Emma zu Tante Lina hinunter, um ihren Kummer zu klagen. Weil auch das Fuhrgeschäft nicht sonderlich florierte, klagte Tante Lina ihr eignes Leid. So klagten sie zu zweit. Die kleinen Kinder, die in der Stube herumkrochen, ließen sich das nicht zweimal sagen. Sie weinten im Chor, was das Zeug hielt. Und wenn die Schwester Ida, meine zukünftige Mutter, grad zu Besuch war und das traurige Konzert anhörte, machte sie sich ihre eignen Gedanken. Auch noch auf dem Weg zurück ins Haus der alten gelähmten Dame, der sie bis spät in die Nacht blöde Romane vorlesen musste. Manchmal schlief sie vor lauter Müdigkeit überm Vorlesen ein und wachte erst wieder, zu Tode erschrocken, auf, wenn die alte Dame wütend mit dem

Stock auf den Boden stampfte und die pflichtvergessene Person auszankte!

Was war wohl für ein hübsches, aber armes Mädchen besser? Vor Offizieren davonzulaufen? Gelähmten Damen dumme Bücher vorzulesen und darüber einzuschlafen? Oder sich zu verheiraten und alte Sorgen gegen neue einzutauschen? Hagelwetter gab es überall. Nicht nur dort, wo die Kirschalleen übers Land liefen.

Heutzutage wird ein junges fleißiges Mädchen, wenn das Geld fürs Studieren nicht reicht, Sekretärin, Empfangsdame, Heilgehilfin, Vertreterin für Eisschränke oder Babykleidung, Bankangestellte, Dolmetscherin, Mannequin, Fotomodell, vielleicht sogar, nach Jahren, Leiterin einer Schuhfiliale oder zeichnungsberechtigte Prokuristin einer Zweigstelle der Commerzbank – das alles gab es damals noch nicht. Schon gar nicht in einer Kleinstadt. Heute gibt es einhundertfünfundachtzig Frauenberufe, hab ich in der Zeitung gelesen. Damals blieb man ein alterndes Dienstmädchen oder man heiratete. War es nicht besser, in der eignen Wohnung für den eignen Mann als in einem fremden Haushalt für fremde Leute zu waschen, zu nähen und zu kochen?

Die Schwestern in der Niedermühle berieten hin und her. Sie meinten schließlich, eigne Sorgen seien eben doch ein bisschen weniger schlimm als fremde Sorgen. Und so suchten sie, trotz all ihrem Kummer und Ärger, trotz der Arbeit und des Kindergeschreis, in der freien Zeit, die ihnen übrig blieb, für die Schwester Ida einen Bräutigam!

Und da sie zu zweit und sehr energisch suchten, fanden sie auch bald einen Kandidaten, der ihnen geeignet erschien. Er war vierundzwanzig Jahre alt, arbeitete bei einem Döbelner Sattlermeister, wohnte in der Nachbarschaft zur Untermiete, war fleißig und tüchtig, trank nicht über den Durst, sparte jeden Groschen, weil er sich selbstständig machen wollte, stammte aus Penig an der Mulde, suchte eine Werkstatt, einen Laden und eine junge Frau und hieß Emil Kästner.

Tante Lina lud den jungen Mann an einigen Sonntagen zu Kaffee und selbst gebacknem Kuchen in die Niedermühle ein. So lernte er die Schwester Ida kennen und sie gefiel ihm ausnehmend gut. Ein paar Male führte er sie auch zum Tanz aus. Aber er war kein guter Tänzer und so ließen sie es bald wieder bleiben. Ihm machte das nichts aus. Er suchte ja keine Tänzerin, sondern eine tüchtige Frau fürs Leben und fürs künftige Geschäft! Und dafür schien ihm die zwanzigjährige Ida Augustin die Richtige zu sein.

Für Ida lag die Sache nicht ganz so einfach. »Ich liebe ihn doch gar nicht!«, sagte sie zu den älteren Schwestern. Lina und Emma hielten von der Liebe, wie sie in Romanen stattfindet, sehr wenig. Ein junges Mädchen verstehe sowieso von der Liebe nichts. Außerdem komme die Liebe mit der Ehe. Und wenn nicht, so sei das auch kein Beinbruch, denn die Ehe bestehe aus Arbeit, Sparen, Kochen und Kinderkriegen. Die Liebe sei höchstens so wichtig wie ein Sonntagshut. Und ohne einen Extrahut für sonntags komme man auch ganz gut durchs Leben!

So wurden Ida Augustin und Emil Kästner am 31. Juli 1892 in der protestantischen Dorfkirche zu Börtewitz getraut. Und im Vaterhaus in Kleinpelsen fand die Hochzeitsfeier statt. Die Eltern und alle Geschwister der Braut und die Eltern und sämtliche Geschwister des Bräutigams waren anwesend. Es ging hoch her. Der Brautvater ließ sich nicht lumpen. Es gab Schweinebraten und Klöße und Wein und selbst gebacknen Streuselkuchen und Quarkkuchen und echten Bohnenkaffee! Und auf das Glück des jungen Paares wurden mehrere Reden gehalten. Man wünschte den beiden viel Erfolg, viel Geld und gesunde Kinder. Man stieß mit den Weingläsern an und war gerührt. Wie das bei solchen Festen üblich ist.

Wenn man sich überlegt, von welchen Zufällen es abhängt, dass man eines Tages in der Wiege liegt, brüllt und »man selber« geworden ist! Wenn der junge Sattler von Penig nicht nach Döbeln gezogen wäre, sondern beispielsweise nach Leipzig oder Chemnitz, oder wenn das Stubenmädchen Ida nicht ihn geheiratet hätte, sondern, zum Beispiel, einen Klempnermeister Schanze oder einen Buchhalter Pietsch, wäre ich nie auf die Welt gekommen! Dann hätte es nie einen gewissen Erich Kästner gegeben, der jetzt vor seinem Schreibblock sitzt und euch von seiner Kindheit erzählen will! Niemals!

Das täte mir, bei Lichte betrachtet, sehr leid. Andrerseits: Wenn es mich nicht gäbe, könnte es mir eigentlich gar nicht leidtun, dass ich nicht auf der Welt wäre! Nun gibt es mich aber und ich bin im Grunde ganz froh darüber. Man hat viel Freude davon, dass man lebt. Freilich auch viel Ärger. Aber wenn man nicht lebte, was hätte man dann? Keine Freude. Nicht einmal Ärger. Sondern gar nichts! Überhaupt nichts! Also, dann hab ich schon lieber Ärger.

Das junge Ehepaar eröffnete in der Ritterstraße in Döbeln eine Sattlerei. Ida Kästner, geborene Augustin, ging, wenn es klingelte, in den Laden und verkaufte Portemonnaies, Brieftaschen, Schulranzen, Aktenmappen und Hundeleinen. Emil Kästner saß in der Werkstatt und arbeitete. Am liebsten verfertigte er Sättel, Kumte, Zaumzeug, Satteltaschen, Reitstiefel, Peitschen und überhaupt alles, was aus Leder für Reit-, Kutsch- und Zugpferde gebraucht wurde.

Er war ein vorzüglicher Handwerker. Er war in seinem Fach

ein Künstler! Und die neunziger Jahre des vorigen Jahrhunderts waren zudem für einen jungen Sattlermeister außerordentlich günstig. Es herrschte wachsender Wohlstand und viele reiche Leute hielten sich Pferd und Equipage oder Reitpferde. Die Brauereien, die Fabriken, die Baufirmen, die Möbeltransporteure, die Bauern, die Großkaufleute und die Rittergutsbesitzer, sie alle brauchten Pferde und alle Pferde brauchten Lederzeug! Und in den kleinen Städten ringsum lagen Kavallerieregimenter in Garnison, in Borna, in Grimma, in Oschatz. Husaren, Ulanen, berittene Artillerie, reitende Jäger! Alle hoch zu Ross, und die Leutnants, die Eskadron- und Schwadronchefs auf Eigentumspferden mit besonders elegantem Sattelzeug! Und überall gab es Pferderennen, Reitturniere und Pferdeausstellungen! Heute gibt es Lastautos, Sportwagen, Panzer, damals gab es Pferde, Pferde, Pferde!

Mein zukünftiger Vater war zwar ein erstklassiger Handwerker, ja ein Lederkünstler, aber ein schlechter Geschäftsmann. Und eines hing mit dem andern eng zusammen. Der Schulranzen, den er mir 1906 machte, war, als ich 1913 konfirmiert wurde, noch genauso neu wie an meinem ersten Schultage. Er wurde dann an irgendein Kind in der Verwandtschaft verschenkt und immer wieder weitervererbt, sobald das jeweilige Kind aus der Schule kam. Ich weiß nicht, wo mein guter alter brauner Ranzen heute steckt. Doch ich würde mich nicht wundern, wenn er nach wie vor auf dem Rücken eines kleinen Kästners oder Augustins zur Schule ginge! Doch das gehört noch nicht hierher. Wir befinden uns ja erst im Jahre 1892. (Und müssen noch sieben Jahre warten, bis ich auf die Welt komme!)

Jedenfalls, wer Schulranzen macht, die nie kaputtgehen, verdient zwar höchstes Lob, aber es ist für ihn und seine Zunft ein schlechtes Geschäft. Wenn ein Kind drei Ranzen braucht, so ist der Umsatz wesentlich höher, als wenn drei Kinder einen Ranzen brauchen. In dem einen Fall würden drei Kinder neun Ranzen brauchen, im andern Fall einen einzigen. Das ist ein kleiner Unterschied.

Der Sattlermeister Kästner stellte also unverwüstliche Ranzen her, unzerreißbare Mappen und ewige Herren- und Damensättel. Natürlich waren seine Erzeugnisse etwas teurer als anderswo. Denn er verwendete das beste Leder, den besten Filz, den besten Faden und sein bestes Können. Den Kunden gefielen seine Arbeiten weit besser als seine Preise, und mancher ging wieder aus dem Laden hinaus, ohne gekauft zu haben.

Es soll sogar einmal vorgekommen sein, dass ein Husarenrittmeister einen besonders schönen Sattel trotz des hohen Preises kaufen wollte. Aber plötzlich gab mein Vater den Sattel nicht her! Er gefiel ihm selber zu gut! Dabei konnte er nicht reiten und hatte kein Pferd – ihm war nur eben zumute wie einem Maler, der sein bestes Bild verkaufen soll und lieber hungert, als es fremden Menschen für Geld auszuliefern! Handwerker und Künstler scheinen miteinander verwandt zu sein.

Die Geschichte mit dem Rittmeister hat mir meine Mutter erzählt. Und mein Vater, den ich im vorigen Sommer danach fragte, sagte, es sei kein wahres Wort daran. Aber ich möchte trotzdem wetten, dass die Geschichte stimmt.

Jedenfalls stimmt es, dass er ein zu guter Sattler und ein zu schlechter Geschäftsmann war, um den nötigen Erfolg zu haben. Der Laden ging mäßig. Der Umsatz blieb niedrig. Die Unkosten blieben hoch. Aus kleinen Schulden wurden größere Schulden. Meine Mutter holte ihr Geld von der Sparkasse. Doch auch das half nicht lange.

Im Jahr 1895 verkaufte der achtundzwanzigjährige Sattler Emil Kästner den Laden und die Werkstatt mit Verlust, und die jungen Eheleute überlegten, was sie nun beginnen sollten. Da kam ein Brief aus Dresden! Von einem Verwandten meines Vaters. Alle nannten ihn Onkel Riedel. Er war Zimmermann gewesen, hatte selber lange auf dem Bau gearbeitet und schließlich einen guten Einfall gehabt. Er hatte zwar nicht den Flaschenzug erfunden, wohl aber die nützliche Verwendung des Flaschenzugs beim Häuserbau. Onkel Riedel erfand gewissermaßen den »Großeinsatz« des Flaschenzugs. Er vermietete Flaschenzüge und alle anderen einschlägigen Geräte dutzendweise an kleinere Baufirmen und Bauherren und brachte es damit zu einigem Vermögen.

Was ein Flaschenzug ist, lasst ihr euch am besten von eurem Vater oder einem Lehrer erklären. Zur Not könnte ich's zwar auch, aber es würde mich eine Menge Papier und Nachdenken kosten. Im Grunde handelt es sich darum, dass die Maurer und Zimmerleute nun nicht mehr jeden Ziegelstein und Balken auf Leitern hochschleppen mussten, sondern am Neubau über ein Rollensystem an Seilen hochkurbeln und in der gewünschten Etagenhöhe einschwenken und abladen konnten.

Damit verdiente also mein Onkel Riedel ganz schönes Geld und er hat mir später manches goldne Zehn- und Zwanzigmarkstück zu Weihnachten und zu meinem Geburtstag geschenkt! Ach ja, der Onkel Riedel mit seinen Flaschenzügen, das war ein netter, würdiger Mann! Und die Tante Riedel auch. Das heißt, die Tante Riedel war kein netter Mann, sondern eine nette Frau. In ihrem Wohnzimmer stand ein großer Porzellanpudel am Ofen. Und einen Schaukelstuhl hatten sie außerdem.

Onkel Riedel schrieb also seinem Neffen Emil, er möge doch nach Dresden, der sächsischen Residenzstadt, ziehen. Mit dem eignen Geschäft und größeren Plänen sei es ja nun wohl für längere Zeit Essig. Es gäbe aber andere Möglichkeiten für tüchtige Sattlermeister. So hätten sich beispielsweise die großen bestickten Reisetaschen und die unförmigen Spankörbe völlig überlebt. Die Zukunft, vielleicht auch die des tüchtigen Neffen Emil, gehöre den Lederkoffern! Es gäbe in Dresden bereits Kofferfabriken!

Und so zogen meine zukünftigen Eltern mit Sack und Pack in die königlich sächsische Haupt- und Residenzstadt Dresden. In die Stadt, wo ich geboren werden sollte. Aber damit ließ ich mir noch vier Jahre Zeit.

DAS VIERTE KAPITEL

Koffer, Leibbinden und blonde Locken

Dresden war eine wunderbare Stadt, voller Kunst und Geschichte und trotzdem kein von sechshundertfünfzigtausend Dresdnern zufällig bewohntes Museum. Die Vergangenheit und die Gegenwart lebten miteinander im Einklang. Eigentlich müsste es heißen: im Zweiklang. Und mit der Landschaft zusammen, mit der Elbe, den Brücken, den Hügelhängen, den Wäldern und mit den Gebirgen am Horizont, ergab sich sogar ein Dreiklang. Geschichte, Kunst und Natur schwebten über Stadt und Tal, vom Meißner Dom bis zum Großsedlitzer Schlosspark, wie ein von seiner eignen Harmonie bezauberter Akkord.

Als ich ein kleiner Junge war und mein Vater, an einem hellen Sommerabend, mit mir zum Waldschlösschen spazierte, weil es dort ein Kasperletheater gab, das ich innig liebte, machte er plötzlich halt und sagte: »Hier stand früher ein Gasthaus. Das hatte einen seltsamen Namen. Es hieß ›Zur stillen Musik‹!« Ich blickte ihn verwundert an. »Zur stillen Musik«? Das war wirklich und wahrhaftig ein seltsamer Name! Er klang so merkwürdig und so heiter verwunschen, dass ich ihn nicht mehr vergessen konnte. Ich dachte damals: »Entweder macht man in einem Gasthaus Musik oder es ist still. Aber eine stille Musik, die gibt es nicht.«

Die Frauenkirche
Coselpalais
Hofkirche
Corradini-Vase
Der Zwinger
Zwinger
Schloss Pillnitz

Wenn ich später an der gleichen Stelle stehen blieb und auf die Stadt hinabschaute, zum Wielisch und zur Babisnauer Pappel hinüber und elbaufwärts bis zur Festung Königstein, dann verstand ich, von Jahr zu Jahr, den Gastwirt, der ja längst tot und dessen Gasthaus längst verschwunden war, immer besser. Ein Philosoph, das wusste ich damals schon, hatte die Architektur, die Dome und Paläste, »gefrorene Musik« genannt. Dieser sächsische Philosoph war eigentlich ein Dichter. Und ein Gastwirt hatte, auf den silbernen Fluss und das goldene Dresden blickend, sein Gasthaus »Zur stillen Musik« getauft. Nun, auch mein sächsischer Gastwirt war wohl eigentlich ein Dichter gewesen.

Wenn es zutreffen sollte, dass ich nicht nur weiß, was schlimm und hässlich, sondern auch, was schön ist, so verdanke ich diese Gabe dem Glück, in Dresden aufgewachsen zu sein. Ich musste, was schön sei, nicht erst aus Büchern lernen. Nicht in der Schule und nicht auf der Universität. Ich durfte die Schönheit einatmen wie Försterkinder die Waldluft. Die katholische Hofkirche, George Bährs Frauenkirche, der Zwinger, das Pillnitzer Schloss, das Japanische Palais, der Jüdenhof und das Dinglingerhaus, die Rampische Straße mit ihren Barockfassaden, die Renaissance-Erker in der Schlossstraße, das Coselpalais, das Palais im Großen Garten mit den kleinen Kavaliershäusern und gar, von der Loschwitzhöhe aus, der Blick auf die Silhouette der Stadt mit ihren edlen, ehrwürdigen Türmen – doch es hat ja keinen Sinn, die Schönheit wie das Einmaleins herunterzubeten!

Mit Worten kann man nicht einmal einen Stuhl so genau beschreiben, dass ihn der Tischlermeister Kunze in seiner Werkstatt nachbauen könnte! Wie viel weniger das Schloss Moritzburg mit seinen vier Rundtürmen, die sich im Wasser spiegeln! Oder die Vase des Italieners Corradini am Palaisteich, schrägüber vom Café Pollender! Oder das Kronentor im Zwinger! Ich sehe schon: Ich werde den Herrn Illustrator bitten müssen, für dieses Kapitel eine Reihe Zeichnungen zu machen. Damit ihr, bei deren Anblick, wenigstens ein wenig ahnt und spürt, wie schön meine Heimatstadt gewesen ist!

Vielleicht frage ich ihn sogar, ob er Zeit hat, eines der Kavaliershäuschen zu zeichnen, die das Palais im Großen Garten flankierten! »In einem davon«, dachte ich als junger Mann, »würdest du fürs Leben gerne wohnen! Womöglich wirst du eines Tages berühmt, und dann kommt der Bürgermeister, mit seiner goldenen Kette um den Hals, und schenkt es dir im Namen der Stadt.« Da wäre ich dann also mit meiner Bibliothek eingezogen. Morgens hätte ich im Palaiscafé gefrühstückt und die Schwäne gefüttert. Anschließend wäre ich durch die alten Alleen, den blühenden Rhododendronhain und rund um den Carolasee spaziert. Mittags hätte sich der Kavalier zwei Spiegeleier gebraten und anschließend, bei offenem Fenster, ein Schläfchen geleistet. Später wäre ich, nur eben um die Ecke, in den Zoo gegangen. Oder in die Große Blumenausstellung. Oder ins Hygienemuseum. Oder zum Pferderennen nach Reick. Und nachts hätte ich, wieder bei offenem Fenster, herrlich geschlafen. Als einziger Mensch in dem großen, alten Park. Ich hätte von August dem Starken geträumt,

von Aurora von Königsmarck und der ebenso schönen wie unglücklichen Gräfin Cosel.

Wann ich dann wohl gearbeitet hätte, wollt ihr wissen? Wie kann man nur so neugierig sein! Das hätten doch die Heinzelmännchen besorgt! Die Nachkommen der königlich polnischen, kursächsischen Hofzwerge! Sehr kleine, sehr tüchtige Leute! Sie hätten, nach knappen Angaben von mir, auf winzigen Schreibmaschinen meine Gedichte und Romane geschrieben, und ich wäre inzwischen auf dem Apfelschimmel Almansor, meinem Lieblingspferd, über die breiten dunkelbraunen Reitwege galoppiert. Bis zur »Pikardie«. Dort hätten ich und Almansor Kaffee getrunken und Streuselkuchen verzehrt! Doch Hofzwerge, die Gedichte schreiben, und Pferde, die Kuchen fressen, gehören nicht hierher.

Ja, Dresden war eine wunderbare Stadt. Ihr könnt es mir glauben. Und ihr müsst es mir glauben! Keiner von euch, und wenn sein Vater noch so reich wäre, kann mit der Eisenbahn hinfahren, um nachzusehen, ob ich recht habe. Denn die Stadt Dresden gibt es nicht mehr. Sie ist, bis auf einige Reste, vom Erdboden verschwunden. Der Zweite Weltkrieg hat sie, in einer einzigen Nacht und mit einer einzigen Handbewegung, weggewischt. Jahrhunderte hatten ihre unvergleichliche Schönheit geschaffen. Ein paar Stunden genügten, um sie vom Erdboden fortzuhexen. Das geschah am 13. Februar 1945. Achthundert Flugzeuge warfen Spreng- und Brandbomben. Und was übrig blieb, war eine Wüste. Mit ein paar riesigen Trümmern, die aussahen wie gekenterte Ozeandampfer.

Ich habe, zwei Jahre später, mitten in dieser endlosen Wüste gestanden und wusste nicht, wo ich war. Zwischen zerbrochenen, verstaubten Ziegelsteinen lag ein Straßenschild. »Prager Straße«

entzifferte ich mühsam. Ich stand auf der Prager Straße? Auf der weltberühmten Prager Straße? Auf der prächtigsten Straße meiner Kindheit? Auf der Straße mit den schönsten Schaufenstern? Auf der herrlichsten Straße der Weihnachtszeit? Ich stand in einer kilometerlangen, kilometerbreiten Leere. In einer Ziegelsteppe. Im Garnichts.

Noch heute streiten sich die Regierungen der Großmächte, wer Dresden ermordet hat. Noch heute streitet man sich, ob unter dem Garnichts fünfzigtausend, hunderttausend oder zweihunderttausend Tote liegen. Und niemand will es gewesen sein. Jeder sagt, die anderen seien dran schuld. Ach, was soll der Streit? Damit macht ihr Dresden nicht wieder lebendig! Nicht die Schönheit und nicht die Toten! Bestraft künftig die Regierungen und nicht die Völker! Und bestraft sie nicht erst hinterher, sondern sofort! Das klingt einfacher, als es ist? Nein. Das ist einfacher, als es klingt.

Im Jahre 1895 zogen also meine Eltern mit Sack und Pack nach Dresden. Emil Kästner, der so gerne selbstständiger Meister geblieben wäre, wurde Facharbeiter. Das Maschinenzeitalter rollte wie ein Panzer über das Handwerk und die Selbstständigkeit hinweg. Die Schuhfabriken besiegten die Schuhmacher, die Möbelfabriken die Tischler, die Textilfabriken die Weber, die Porzellanfabriken die Töpfer und die Kofferfabriken die Sattler. Die Maschinen arbeiteten schneller und billiger. Schon gab es Brotfabriken und Wurstfabriken und Hutfabriken und Marmeladefabriken und Papierfabriken und Essigfabriken und Knopffabriken und Saure-Gurken-Fabriken und Tote-Blumen-Fabriken. Die Handwerker lieferten ein zähes Rückzugsgefecht und sie wehren sich heute noch. Es ist ein bewundernswerter, aber aussichtsloser Kampf.

In Amerika ist er schon entschieden. Zum Herrenschneider, der gründlich Maß nimmt und zwei bis drei Anproben braucht, gehen dort nur noch ein paar Millionäre. Die anderen Männer gehen rasch in ein Geschäft hinein, ziehen den alten Anzug aus und einen nagelneuen an, legen Geld auf den Tisch und stehen schon wieder auf der Straße. Es geht wie das Brezelbacken. Aber nicht wie das Brezelbacken beim Bäcker, sondern in der Brezelfabrik.

Der Fortschritt hat seine Vorteile. Man spart Zeit und man spart Geld. Ich gehe lieber zum Maßschneider. Er kennt meinen Geschmack, ich kenne seinen Geschmack, und Herr Schmitz, der Zuschneider, kennt unsern Geschmack. Das ist umständlich, teuer und altmodisch. Aber uns drei Männern ist es recht. Und während der Anproben wird viel gelacht. Erst vorgestern war ich wieder einmal dort. Es wird ein hellblauer Sommeranzug, federleicht, das Material heißt »Fresko«, lockerer Jackensitz, zweireihig, nur ein Paar Knöpfe, der zweite Knopf innen zum Gegenknöpfen, Hosenweite über den Schuhen vierundvierzig Zentimeter – oje! Da fällt mir ja ein, dass ich zur Anprobe muss! Stattdessen sitze ich an der Schreibmaschine! Dabei gehöre ich gar nicht hierher!

So. Da bin ich wieder. Es wird ein schöner Anzug. Wir drei sind sehr zufrieden. Und wo war ich stehen geblieben? Richtig, bei meinem zukünftigen Vater. Bei Emil Kästners ausgeträumtem Traum. Der alte Spruch »Handwerk hat goldnen Boden« war nicht mehr wahr. Die eigne Werkstatt, dicht neben der Wohnung, existierte nicht mehr. Die Lehr- und Hungerjahre, die Hunger- und Wanderjahre, die drei Meister- und Kummerjahre waren vergeblich gewesen. Der Traum war aus. Das Geld war fort. Schulden mussten abgezahlt werden. Die Maschinen hatten gesiegt.

Morgens um sechs Uhr rasselte der Wecker. Eine halbe Stunde lief der junge Mann, über die Albertbrücke, quer durch Dresden bis in die Trinitatisstraße. Bis zur Kofferfabrik Lippold. Hier arbeitete er mit anderen ehemaligen Handwerkern an Lederteilen, die zu Koffern zusammengenäht und -genietet wurden, bis sie einander glichen wie ein Ei dem andern. Abends kam er müde zu seiner Frau nach Hause. Samstags brachte er die Lohntüte heim. Neue Anschaffungen, alte Schulden, das Geld reichte nicht.

Da sah sich auch Ida Kästner, geborene Augustin, nach Arbeit um. Nach einer Arbeit, die sie zu Hause tun konnte. Denn sie hasste die Fabriken, als wären es Gefängnisse. Sie fand es schon schlimm genug, dass ihr Mann in die Fabrik ging. Es war nicht zu ändern. Er hatte sich unters Joch der Maschinen beugen müssen. Aber sie? Niemals! Und wenn sie sechzehn Stunden hätte daheim schuften müssen statt acht Stunden in der Fabrik, ihr wär es recht gewesen! Und es war ihr recht.

Sie begann, für eine Firma im Stücklohn Leibbinden zu nähen. Derbe, breite, korsettähnliche Leinenbinden für dicke Frauen. Sie schleppte schwere, unförmige Pakete mit vorfabrizierten Teilen dieser Binden nach Hause. Bis spät in die Nacht hockte sie an der Nähmaschine mit Fußantrieb. Manchmal sprang der Treibriemen aus den Rädern. Oft zerbrachen die Nadeln. Es war eine Schinderei für ein paar Pfennige. Aber hundert Leibbinden brachten eben doch ein paar Mark ein. Das half ein wenig. Es war besser als nichts.

Im Spätherbst des Jahres 1898 unterbrach Ida Kästner diese Heimarbeit und nähte stattdessen Babywäsche. Immer schon hatte sie sich ein Kind gewünscht. Nie hatte sie daran gezweifelt, dass es ein kleiner Junge sein werde. Und da sie es ihr Leben lang liebte, recht zu behalten, sollte sie auch diesmal recht haben.

Am 23. Februar 1899, morgens gegen vier Uhr, nach fast siebenjähriger Ehe, brachte sie, in der Königsbrücker Straße 66, einen kleinen Jungen zur Welt, der den Kopf voller goldblonder Locken hatte. Und Frau Schröder, die resolute Hebamme, meinte anerkennend: »Das ist aber ein hübsches Kind!«

Nun ja, die blonden Locken hielten nicht sehr lange vor. Aber ich besitze noch heute eine angegilbte Fotografie aus meinen ersten Lebenstagen, die den künftigen Verfasser bekannter und beliebter Bücher im kurzen Hemd auf einem Eisbärenfell zeigt, und auf dem Kinderkopf ringeln sich tatsächlich seidenfeine, hellblonde Locken! Da nun Fotografien nicht lügen können, dürfte der Beweis einwandfrei erbracht sein. Andrerseits – ist euch schon aufgefallen, dass alle Leute, samt und sonders und ohne jede Ausnahme, auf ihren Fotos viel zu große Ohren haben? Viel, viel größere Ohren als in Wirklichkeit? So groß, dass man glauben möchte, sie könnten sich nachts damit zudecken? Sollten Fotografien also doch gelegentlich schwindeln?

Jedenfalls, ob nun blond oder braun, wurde ich bald darauf in der schönen alten Dreikönigskirche an der Hauptstraße protestantisch getauft und erhielt feierlich die Vornamen EMIL ERICH. In der gleichen Kirche wurde ich, vom gleichen Pfarrer Winter, am Palmsonntag des Jahres 1913 konfirmiert. Und noch einige Jahre später betätigte ich mich hier an den Sonntagvormittagen als Helfer beim Kindergottesdienst. Doch das gehört nicht hierher.

Die Königsbrücker Straße und ich

Die Königsbrücker Straße begann, als Verlängerung der Achse Prager Straße, Schlossstraße, Augustusbrücke, Hauptstraße und Albertplatz, freundlich und harmlos. Mit »Hollacks Festsälen«, einer alten Gastwirtschaft nebst Vorgarten, auf der einen und mit der von Nold'schen Privatschule »für höhere Töchter« auf der andren Seite. Damals gab es noch »höhere« Töchter! So nannte man Mädchen, deren Väter adlig waren oder eine Menge Geld verdienten. Höhere Töchter hießen sie vielleicht, weil sie die Nase höher trugen als die anderen. Es gab aber auch »höhere Schulen« und noch höher als die höheren waren die Hochschulen.

Und auch sonst war man nicht gerade bescheiden. An vornehmen Haustüren stand »Eingang nur für Herrschaften« und an den Hintertüren »Für Lieferanten und Dienstboten«. Die Herrschaften hatten ihre eignen Treppen mit weichen Teppichläufern. Die Dienstboten und Lieferanten mussten die Hintertreppe benutzen. Sonst wurden sie vom Hausmeister ausgeschimpft und zurückgeschickt. An den hochherrschaftlichen Türen erklärten hochherrschaftliche Porzellanschilder streng und energisch: »Betteln und Hausieren verboten!« Wieder andre Schilder benahmen sich höflicher und bemerkten: »Es wird gebeten, die Füße abzustreichen«. Habt ihr es einmal versucht? Ich weiß bis heute noch nicht, was man tun muss, um sich »die Füße abzustreichen«. Ich wüsste zur Not, was man anstellen müsste, um sie sich anzustreichen! Andrerseits, so hochherrschaftlich kann keine Villa sein, dass ich mir an der höchstherrschaftlichen Haustür die Füße lackierte!

In solchen Fällen pflegt mein Vater zu sagen: »Sachen gibt's, die gibt's gar nicht!« Nun ja, fast alle diese Schilder sind mittlerweile verschwunden. Sie sind ausgestorben. Auch die Göttinnen und Nymphen aus Bronze und Marmor, die nackt und ratlos am Treppenaufgang herumstanden, wie bestellt und nicht abgeholt. Höhere Töchter und bessere Herrschaften gibt es allerdings auch heute noch. Sie heißen nur nicht mehr so. Es steht nicht mehr auf Schildern.

In den drei Häusern meiner Kindheit gab es keine Marmorgöttinnen, keine Nymphen aus Bronze und keine höheren Töchter. Je mehr sich die Königsbrücker Straße von der Elbe entfernte, umso unfeierlicher und unherrschaftlicher geriet sie. Die Vorgärten wurden seltener und schmäler. Die Häuser waren höher, meistens vierstöckig, und die Mieten waren billiger. Es kam das »Volkswohl«, ein gemeinnütziges Unternehmen, mit der Volksküche, der Volksbücherei und einem Spielplatz, der im Winter in eine Eisbahn verwandelt wurde. Es kamen der Konsumverein, Bäckereien, Fleischereien, Gemüseläden, kleine Kneipen, eine Fahrradhandlung, zwei Papierläden, ein Uhrengeschäft, ein Schuhgeschäft und der Görlitzer Wareneinkaufsverein.

In diesem Viertel lagen die drei Häuser meiner Kindheit. Mit den Hausnummern 66, 48 und 38. Geboren wurde ich in einer vierten Etage. In der 48 wohnten wir im dritten und in der 38 im zweiten Stock. Wir zogen tiefer, weil es mit uns bergauf ging. Wir näherten uns den Häusern mit den Vorgärten, ohne sie zu erreichen.

Je weiter unsere Straße aus der Stadt hinausführte, umso mehr veränderte sie sich. Sie durchquerte das Kasernenviertel. In ihrer Nähe, auf leichten Anhöhen, lagen die Schützenkaserne, die beiden Grenadierkasernen, die Kaserne des Infanterieregiments 177, die Gardereiterkaserne, die Trainkaserne und die zwei Artilleriekasernen. Und an der Königsbrücker Straße selber lagen die Pionierkaserne, die Militärbäckerei, das Militärgefängnis und das Arsenal, dessen Munitionsdepot eines Tages in die Luft fliegen würde.

»Das Arsenal brennt!« Ich höre die Schreie heute noch. Flammen und Rauch bedeckten den Himmel. Die Feuerwehr, die Polizei und die Sanitätswagen der Stadt und der Umgegend jagten in Kolonnen den Flammen und dem Rauch entgegen, und hinter ihnen, außer Atem, meine Mutter und ich. Es war Krieg und mein Vater arbeitete dort draußen in den Militärwerkstätten. Die Flammen fraßen sich weiter und immer neue Munitionslager und -züge explodierten. Die Gegend wurde abgesperrt. Wir durften nicht weiter. Nun, am Abend kam mein Vater verrußt, aber heil nach Hause.

Und das brennende und explodierende Arsenal gehört eigentlich gar nicht in dieses Buch. Denn ich war damals schon konfirmiert und kein kleiner Junge mehr. Ja, und noch etwas später stand ich als Soldat, mit umgehängtem Karabiner, vor der Pionierkaserne Wache. Natürlich wieder auf der Königsbrücker Straße! Diese Straße und ich kamen voneinander nicht los!

Wir trennten uns erst, als ich nach Leipzig zog. Dabei hätte ich mich gar nicht gewundert, wenn sie mir nachgereist wäre! So anhänglich war sie. Und ich selber bin, was sonst ich auch wurde, eines immer geblieben: ein Kind der Königsbrücker Straße. Dieser merkwürdig dreigeteilten Straße mit ihren Vorgärten am Anfang, ihren Mietshäusern in der Mitte und ihren Kasernen, dem Arsenal und dem Heller, dem sandigen Exerzierplatz, am Ende der Stadt. Hier, auf dem Heller, durfte ich als Junge spielen und als Soldat strafexerzieren. Habt ihr schon einmal mit vorgehaltenem Karabiner, Modell 98, zweihundertfünfzig Kniebeugen gemacht? Nein? Seid froh! Man kriegt für den Rest seines Lebens nicht wieder richtig Luft. Einige Kameraden fielen schon nach fünfzig Kniebeugen um. Sie waren gescheiter als ich.

An die vierte Etage, Königsbrücker Straße 66, kann ich mich nicht mehr erinnern. Jedes Mal, wenn ich an dem Haus vorüberging, dachte ich: »Hier bist du also zur Welt gekommen.« Manchmal trat ich in den Hausflur hinein und blickte mich neugierig um. Doch er gab mir keine Antwort. Es war ein wildfremdes Haus. Dabei hatte mich meine Mutter, mitsamt dem Kinderwagen, hundert- und aberhundertmal die vier Treppen herunter- und hinaufgeschleppt! Ich wusste es ja. Aber das half nichts. Es blieb ein fremdes Gebäude. Eine Mietskaserne wie tausend andre auch.

Umso besser erinnere ich mich an das Haus mit der Nummer 48. An den Hausflur. An das Fensterbrett, wo ich saß und in die Hinterhöfe blickte. An die Treppenstufen, auf denen ich spielte. Denn die Treppe war mein Spielplatz. Hier stellte ich meine Ritterburg auf. Die Burg mit den Schießscharten, den Spitztürmen und der beweglichen Zugbrücke. Hier fanden heiße Schlachten statt. Hier fielen französische Kürassiere, nach kühnen Umgehungsmanövern über zwei Treppenstufen, den Holk'schen Jägern und Wallensteins Arkebusieren in den Rücken. Sanitätssoldaten, mit dem Roten Kreuz am Ärmel, standen bereit, um auf ihren Tragbahren die Verwundeten zu bergen. Sie wollten allen helfen, den Schweden und den Kaiserlichen aus dem siebzehnten Jahrhundert genauso gut wie der französischen Kavallerie aus dem neunzehnten. Meinen Sanitätern war jede Nation und jedes Jahrhundert recht. Doch zuvor musste der verbissene Kampf um die Zugbrücke aus dem Mittelalter entschieden sein.

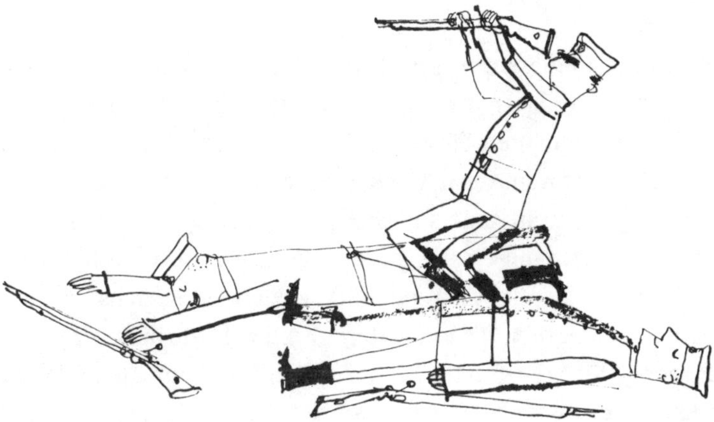

Es waren verlustreiche Gefechte. Eine einzige Handbewegung von mir erledigte ganze Regimenter. Und Napoleons Alte Garde starb, aber sie ergab sich nicht. Noch im inneren Burghof, nachdem die Zugbrücke erstürmt worden war, focht man weiter. Die Nürnberger Zinnsoldaten waren harte Burschen. Und der Briefträger und die kleine Frau Wilke aus der vierten Etage mussten Riesenschritte machen, wie die Störche im Salat, um Sieg und Niederlage nicht zu gefährden. Sie stiegen vorsichtig über Freund und Feind hinweg und ich merkte es gar nicht. Denn ich war der Frontgeneral und der Generalstabschef für beide Armeen. Von mir hing das Schicksal aller beteiligten Jahrhunderte und Völker ab. Da hätte mich ein Postbote aus Dresden-Neustadt stören sollen? Stören können? Oder die kleine Frau Wilke, nur weil sie ein paar Kohlrabis und ein bisschen Salz und Zucker einkaufen wollte?

Sobald die Schlacht entschieden war, legte ich die toten, verwundeten und gesunden Zinnsoldaten in die Nürnberger Spanschachteln zurück, zwischen die Schichten aus feiner Holzwolle, demontierte die stolze Ritterburg und schleppte die Spielzeugwelt und Spielzeugweltgeschichte in unsere winzige Wohnung zurück.

Königsbrücker Straße 48, das zweite Haus meiner Kindheit. Wenn ich, in diesem Augenblick, in München und als, wie man so sagt, älterer Herr, die Augen schließe, spüre ich die Treppenstufen unter meinen Füßen und die Treppenkante, auf der ich hockte, am Hosenboden, obwohl es mehr als fünfzig Jahre später wahrhaftig ein ganz andrer Hosenboden ist als der von damals. Wenn ich mir die vollgepackte Einkaufstasche aus braunem Leder vorstelle, die ich treppauf trug, zieht es zunächst in meinem linken Arm und dann erst im rechten. Denn bis zur zweiten Etage hielt ich die Tasche mit der linken Hand, um an der Wand nicht anzustoßen. Dann nahm ich die Tasche in die rechte Hand und hielt mich mit der linken am Geländer fest. Und schließlich seufze ich, genau wie damals, erleichtert auf, als ich die Tasche vor der Wohnungstür niedersetzte und auf den Klingelknopf drückte.

Gedächtnis und Erinnerung sind geheimnisvolle Kräfte. Und die Erinnerung ist die geheimnisvollere und rätselhaftere von beiden. Denn das Gedächtnis hat nur mit unserem Kopf zu schaffen. Wie viel ist 7 mal 15? Und schon ruft Paulchen: »105!« Er hat es gelernt. Der Kopf hat es behalten. Oder er hat es vergessen. Oder Paulchen ruft begeistert: »115!« Ob wir dergleichen falsch oder richtig wissen oder ob wir es vergessen haben und von Neuem ausrechnen müssen – das gute Gedächtnis und das schlechte wohnen im Kopf. Hier sind die Fächer für alles, was wir gelernt haben. Sie ähneln, glaub ich, Schrank- oder Kommodenfächern. Manchmal klemmen sie beim Aufziehen. Manchmal liegt nichts drin und manchmal etwas Verkehrtes. Und manchmal gehen sie überhaupt nicht auf. Dann sind sie und wir »wie vernagelt«. Es gibt große und kleine Gedächtniskommoden. Die Kommode in meinem eignen Kopf ist, zum Beispiel, ziemlich klein. Die Fächer sind nur halb voll, aber einigermaßen aufgeräumt. Als ich ein kleiner Junge war, sah das ganz anders aus. Damals war mein Oberstübchen das reinste Schrankzimmer!

Die Erinnerungen liegen nicht in Fächern, nicht in Möbeln und nicht im Kopf. Sie wohnen mitten in uns. Meistens schlummern sie, aber sie leben und atmen, und zuweilen schlagen sie die Augen auf. Sie wohnen, leben, atmen und schlummern überall. In den Handflächen, in den Fußsohlen, in der Nase, im Herzen und im Hosenboden. Was wir früher einmal erlebt haben, kehrt nach Jahren und Jahrzehnten plötzlich zurück und blickt uns an. Und wir fühlen: Es war ja gar nicht fort. Es hat nur geschlafen. Und wenn die eine Erinnerung aufwacht und sich den Schlaf aus den Augen reibt, kann es geschehen, dass dadurch auch andere Erinnerungen geweckt werden. Dann geht es zu wie morgens im Schlafsaal!

Eine besondere Sache sind die frühesten Erinnerungen. Warum erinnere ich mich an einige Erlebnisse aus meinem dritten Lebensjahr, aber an gar nichts aus dem vierten oder fünften? Wieso erinnere ich mich noch an Geheimrat Haenel und die betulichen Krankenschwestern und an den kleinen Garten der Privatklinik? Ich war am Bein geschnitten worden. Die bandagierte Wunde brannte wie Feuer. Und meine Mutter trug mich, obwohl ich damals schon laufen konnte, auf beiden Armen nach Hause. Ich schluchzte. Sie tröstete mich. Und ich spüre jetzt noch, wie schwer ich war und wie müd ihre Arme wurden. Schmerz und Angst haben ein gutes Gedächtnis.

Warum erinnere ich mich dann aber an Herrn Patitz und an sein »Atelier für künstlerische Portrait-Photographie« in der Bautzener Straße? Ich trug ein Matrosenkleidchen mit weißem Pikeekragen, schwarze Strümpfe, die mich juckten, und Schnürschuhe. (Heute tragen die kleinen Mädchen Hosen. Damals trugen die kleinen Jungen Röckchen!) Ich stand an einem niedrigen Schnörkeltisch und auf dem Tisch stand ein buntes Segelschiff. Herr Patitz steckte, hinter dem hochbeinigen Fotokasten, den Künstlerkopf unter ein schwarzes Tuch und befahl mir zu lächeln. Weil der Befehl nichts nützte, holte er einen Hampelmann aus der Tasche, wedelte damit in der Luft herum und rief wildvergnügt: »Huhuh! Guckguck! Huhuh! Guckguck!« Ich fand Herrn Patitz schrecklich albern, tat ihm aber trotzdem den Gefallen und quälte mir, der Mama zuliebe, die danebenstand, ein verlegenes Lächeln ins Gesicht. Dann drückte der Bildkünstler auf einen Gummiballon, zählte langsam vor sich hin und in sich hinein, schloss die Kassette und notierte den Auftrag. »Zwölf Abzüge, Visitformat«.

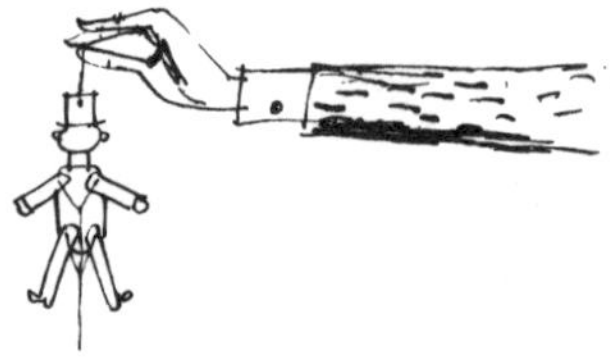

Einen dieser zwölf Abzüge besitze ich heute noch. Auf der Rückseite steht, in verblasster Tinte: »Mein Erich, 3 Jahre alt«. Das hat meine Mutter 1902 hingeschrieben. Und wenn ich mir den kleinen Jungen im Röckchen betrachte, das rundliche und verlegen lächelnde Kindergesicht mit der sauber geschnittnen Ponyfrisur und die unentschlossne in Gürtelhöhe verhaltene linke Patschhand, dann jucken meine Kniekehlen heute noch. Sie erinnern sich an die wollenen Strümpfe von damals. Warum? Wieso haben sie das nicht vergessen? War denn der Besuch bei dem »künstlerischen Portrait-Photographen« Albert Patitz wirklich so wichtig? War er für den Dreijährigen eine solche Sensation? Ich glaube es nicht und ich weiß es nicht. Und die Erinnerungen selber? Sie leben und sie sterben und sie und wir wissen dafür keine Gründe.

Manchmal raten und rätseln wir an dieser Frage herum. Wir

versuchen, den Vorhang ein bisschen hochzuheben und die Gründe zu erblicken. Die Gelehrten und die Ungelehrten versuchen's und meist bleibt es Rätselraten und Nüsseknacken. Und auch meine Mutter und ich versuchten es einmal. Bei einem Jungen aus der Nachbarschaft, der mit mir im gleichen Alter war und Naumanns Richard hieß. Er war einen Kopf größer als ich, ein ganz netter Kerl, und konnte mich nicht leiden. Dass es so war, hätte ich zur Not hingenommen. Aber ich wusste nicht, warum. Und das verwirrte mich.

Unsere Mütter hatten schon nebeneinander auf den grünen Bänken im Garten des Japanischen Palais an der Elbe gesessen, als wir noch im Kinderwagen lagen. Später hockten wir zusammen auf dem Spielplatz im Sandkasten und buken Sandkuchen. Wir gingen gemeinsam in den Turnverein Neu- und Antonstadt, in der Alaunstraße und in die Vierte Bürgerschule. Und bei jeder Gelegenheit suchte er mir eins auszuwischen.

Er warf mit Steinen nach mir. Er stellte mir ein Bein. Er stieß mich hinterrücks, dass ich hinfiel. Er lauerte mir, der ahnungslos des Wegs kam, in Haustoren auf, schlug mich und lief kreischend davon. Ich rannte ihm nach, und wenn ich ihn einholen konnte, hatte er nichts zu lachen. Ich war nicht ängstlich. Aber ich verstand ihn nicht. Warum überfiel er mich? Warum ließ er mich nicht in Frieden? Ich tat ihm doch nichts. Ich hatte ihn ganz gern. Warum griff er mich an?

Eines Tages sagte meine Mutter, der ich davon erzählt hatte: »Er kratzte dich schon, als ihr noch im Kinderwagen saßt.« »Aber warum denn?«, fragte ich ratlos. Sie dachte eine Weile nach. Dann antwortete sie: »Vielleicht weil dich alle so hübsch fanden! Die alten Frauen, die Gärtner und die Kinderfräuleins, die an unsrer Bank vorüberkamen, schauten in eure Kinderwagen hinein und fanden dich viel reizender als ihn. Sie lobten dich über den grünen Klee!« – »Und du meinst, das hat er verstanden? Als Baby?« – »Nicht die Worte. Aber den Sinn. Und den Ton, womit sie es sagten.« – »Und daran erinnert er sich noch? Obwohl er es gar nicht verstand?« – »Vielleicht«, meinte die Mutter. »Und nun mach deine Schularbeiten.« – »Ich habe sie längst gemacht«, antwortete ich. »Ich gehe spielen.«

Und als ich aus dem Haus trat, stolperte ich über Naumanns Richards Bein. Ich sauste hinter ihm her, holte ihn ein und gab ihm eins hinter die Ohren. Es konnte schon sein, dass er mich seit unsrer Kinderwagenzeit hasste. Dass er sich daran erinnerte. Dass er mich gar nicht angriff, wie ich geglaubt hatte. Sondern dass er sich nur verteidigte. Doch ein Bein stellen ließ ich mir deshalb noch lange nicht.

DAS SECHSTE KAPITEL

Lehrer, Lehrer, nichts als Lehrer

Ich lag in der Wiege und wuchs. Ich saß im Kinderwagen und wuchs. Ich lernte laufen und wuchs. Der Kinderwagen wurde verkauft. Die Wiege erhielt eine neue Aufgabe: Sie wurde zum Wäschekorb ernannt. Mein Vater arbeitete noch immer in Lippolds Kofferfabrik. Und meine Mutter nähte noch immer Leibbinden. Von meinem Kinderbett aus, das vorsorglicherweise mit einem Holzgitter versehen war, schaute ich ihr zu.

Sie nähte bis tief in die Nacht hinein. Und von dem singenden Geräusch der Nähmaschine wachte ich natürlich auf. Mir gefiel das so weit ganz gut. Doch meiner Mutter gefiel es gar nicht. Denn die Lebensaufgabe kleiner Kinder besteht, nach der Meinung der Eltern, darin, möglichst lange zu schlafen. Und weil der Hausarzt, Sanitätsrat Dr. med. Zimmermann aus der Radeberger Straße, derselben Ansicht war, hängte sie die Leibbinden an den Nagel. Sie stülpte den polierten Deckel über Singers Nähmaschine und beschloss kurzerhand, ein Zimmer zu vermieten.

Die Wohnung war schon klein genug, aber das Portemonnaie war noch kleiner. Ohne Nebenverdienst, erklärte sie meinem Vater, gehe es nicht. Der Papa war, wie fast immer, einverstanden. Die Möbel wurden zusammengerückt. Das leer gewordene Zimmer wurde ausstaffiert. Und an die Haustür wurde ein in Winters Papiergeschäft erworbenes Pappschild gehängt. »Schönes, sonniges Zimmer mit Frühstück ab sofort zu vermieten. Näheres bei Kästner, 3. Etage.«

Der erste Untermieter hieß Franke und war Volksschullehrer. Dass er Franke hieß, hat sich für meinen ferneren Lebensweg nicht als sonderlich wichtig erwiesen. Dass er Lehrer war, wurde für mich von größter Bedeutung. Das konnten meine Eltern damals freilich noch nicht wissen. Es war ein Zufall. Das schöne, sonnige Zimmer hätte ja auch ein Buchhalter mieten können. Oder eine Verkäuferin. Aber es zog ein Lehrer ein. Und dieser Zufall hatte es, wie sich später zeigen sollte, hinter den Ohren.

Der Lehrer Franke war ein junger lustiger Mann. Das Zimmer gefiel ihm. Das Frühstück schmeckte ihm. Er lachte viel. Der kleine Erich machte ihm Spaß. Abends saß er bei uns in der Küche. Er erzählte aus seiner Schule. Er korrigierte Hefte. Andre junge Lehrer besuchten ihn. Es ging lebhaft zu. Mein Vater stand schmunzelnd am warmen Herd. Meine Mutter sagte: »Emil hält den Ofen.« Alle fühlten sich pudelwohl. Und Herr Franke erklärte: Nie im Leben werde er ausziehen. Und nachdem er das ein paar Jahre lang erklärt hatte, zog er aus.

Er heiratete und brauchte eine eigne Wohnung. Das war zwar ein ziemlich hübscher Kündigungsgrund. Doch wir waren trotzdem alle miteinander traurig. Er zog in einen Vorort namens Trachenberge und nahm nicht nur seine Koffer mit, sondern auch sein übermütiges Lachen. Manchmal kam er noch, mit Frau Franke und seinem Lachen, zu Besuch. Wir hörten ihn schon lachen, wenn er ins Haus trat. Und wir hörten ihn noch lachen, wenn wir ihm und seiner Frau vom Fenster aus nachwinkten.

Als er gekündigt hatte, wollte meine Mutter das Pappschild »Schönes, sonniges Zimmer zu vermieten« wieder an die Haustür hängen. Aber er meinte, das sei höchst überflüssig. Er werde schon für einen Nachfolger sorgen. Und er sorgte dafür. Der Nachfolger war allerdings eine Nachfolgerin. Eine Französischlehrerin aus Genf. Sie lachte viel, viel weniger als er und bekam eines Tages ein Kind. Das gab einige Aufregung. Und Ärger und Verdruss gab es außerdem. Doch das gehört nicht hierher.

Mademoiselle T., die Französischlehrerin, zog bald danach mit ihrem kleinen Jungen von uns fort. Meine Mutter fuhr nach Trachenberge und erzählte Herrn Franke, dass unser schönes, sonniges Zimmer wieder leer stünde. Da lachte er und versprach ihr, diesmal besser aufzupassen. Und so schickte er uns, als nächsten Mieter, keine Nachfolgerin, sondern einen Nachfolger. Einen Lehrer? Selbstverständlich einen Lehrer! Einen Kollegen aus seiner Schule in der Schanzenstraße. Einen sehr großen, sehr blonden, sehr jungen Mann, der Paul Schurig hieß und noch bei uns wohnte, als ich das Abitur machte. Er zog mit uns um. Er bewohnte lange Zeit sogar zwei Zimmer unserer Dreizimmerwohnung, sodass für die drei Kästners nicht viel Platz übrig blieb. Doch ich durfte in seinem Wohnzimmer lesen und schreiben und Klavier üben, wenn er nicht zu Hause war.

Im Laufe der Zeit wurde er für mich eine Art Onkel. Ich machte meine erste größere Reise mit ihm. In meinen ersten Schulferien. In sein Heimatdorf Falkenhain bei Wurzen bei Leipzig. Hier hatten seine Eltern ein Kurzwarengeschäft und den herrlichsten Obstgarten, den ich bis dahin gesehen hatte. Ich durfte die Leitern hochklettern und miternten. Die Gute Luise, den Schönen von Boskop, den Grafensteiner, die Goldparmäne, die Alexander und wie die edlen Birnen und Äpfel sonst hießen.

Es waren Herbstferien, und wir sammelten im Walde Pilze, bis uns der Rücken wehtat. Wir wanderten bis nach Schilda, wo bekanntlich die Schildbürger herstammen. Und in der Dachkammer weinte ich meine ersten Heimwehtränen. Hier schrieb ich die erste Postkarte meines Lebens und tröstete meine Mutter. Sie brauche beileibe keine Angst um mich zu haben. In Falkenhain gäbe es keine Straßenbahnen, sondern ab und zu höchstens einen Mistwagen, und vor dem nähme ich mich schon in Acht.

Der Lehrer Paul Schurig wurde also im Lauf der Jahre für mich eine Art Onkel. Und beinahe wäre er auch eine Art Vetter geworden! Denn beinahe hätte er meine Cousine Dora geheiratet. Sie wollte es gern. Er wollte es gern. Aber Doras Vater, der wollte es gar nicht gern. Doras Vater war nämlich der ehemalige Kaninchenhändler Franz Augustin und hielt von Volksschullehrern und anderen »Hungerleidern« nicht das Mindeste. Als sich während der Großen Pferdeausstellung in Reick, im Segen der Goldenen und Silbernen Medaillen, unser Untermieter dem ersehnten Schwiegervater mit den Worten »Mein Name ist Schurig!« vorstellte, schob mein Onkel Franz die braune Melone aus der Stirn, musterte den großen, hübschen und blonden Heiratskandidaten von oben bis unten, sprach die denkwürdigen Worte: »Von mir aus können Sie Hase heißen!«, drehte ihm und uns den Rücken und ging zu seinen prämierten Pferden.

Damit fiel der Plan ins Wasser. Gegen meinen Onkel Franz war kein Kraut gewachsen. Und da er meine Mutter im Verdacht hatte, an dem Heiratsprojekt nicht ganz unbeteiligt zu sein, bekam sie von ihm künftig mancherlei zu hören. Onkel Franz war ein Despot, ein Tyrann, ein Pferde-Napoleon. Und im Grunde ein prächtiger Kerl. Dass sich niemand traute, ihm energisch zu widersprechen, war nicht seine Schuld. Vielleicht wäre er selig gewesen, wenn ihm jemand endlich einmal richtig die Meinung gegeigt hätte! Vielleicht wartete er sein Leben lang darauf! Aber keiner tat ihm den Gefallen. Er brüllte und die anderen zitterten. Sie zitterten noch, wenn er Späße machte. Sie zitterten sogar, wenn er unterm Christbaum »O du fröhliche« schmetterte!

Er genoss es und er bedauerte es. Ich wiederhole, falls ihr es überlesen haben solltet: Dass ihm niemand widersprach, war nicht seine Schuld. Und damit verlasse ich meinen Onkel Franz und wende mich erneut dem eigentlichen Gegenstande des sechsten Kapitels zu: den Lehrern. Dem Onkel Franz werden wir noch einmal begegnen. Und etwas ausführlicher. Er eignet sich nicht zur Nebenfigur. Das hat er mit anderen großen Männern gemeinsam. Zum Beispiel mit Bismarck, dem Gründer des Deutschen Reiches.

Als Bismarck eine internationale Konferenz einberufen hatte und sich mit den übrigen Staatsmännern an den Verhandlungstisch setzen wollte, erschraken alle Teilnehmer. Denn der Tisch, so groß er war, war rund! Und an einem runden Tisch ist beim besten Willen keine Sitz- und Rangordnung möglich! Doch Bismarck lächelte, nahm Platz und sagte: »Wo ich sitze, ist immer oben.« Das hätte auch mein Onkel Franz sagen können. Es hätte ihn auch nicht gestört, wenn am Tisch nur ein einziger Stuhl gestanden hätte. Er hätte schon Platz gefunden, mein Onkel.

Ich wuchs also mit Lehrern auf. Ich lernte sie nicht erst in der Schule kennen. Ich hatte sie zu Hause. Ich sah die blauen Schulhefte und die rote Korrekturtinte, lange bevor ich selber schreiben und Fehler machen konnte. Blaue Berge von Diktatheften, Rechenheften und Aufsatzheften. Vor Michaelis und Ostern braune Berge von Zensurheften. Und immer und überall Lesebücher, Lehrbücher, Lehrerzeitschriften, Zeitschriften für Pädagogik, Psychologie, Heimatkunde und sächsische Geschichte. Wenn Herr Schurig nicht daheim war, schlich ich mich in sein Zimmer, setzte mich aufs grüne Sofa und starrte, ängstlich und hingerissen zugleich, auf die Landschaft aus bedrucktem und beschriebenem Papier. Da lag ein fremder Erdteil vor mir zum Greifen nahe, doch ich hatte ihn noch nicht entdeckt. Und wenn mich die Leute, wie sie es ja bei Kindern gerne tun, fragten: »Was willst du denn später einmal werden?«, antwortete ich aus Herzensgrunde: »Lehrer!«

Ich konnte noch nicht lesen und schreiben, und schon wollte ich Lehrer werden. Nichts anderes. Und trotzdem war es ein Missverständnis. Ja, es war der größte Irrtum meines Lebens. Und er klärte sich erst auf, als es fast zu spät war. Als ich, mit siebzehn Jahren, vor einer Schulklasse stand und, da die älteren Seminaristen im Felde standen, Unterricht erteilen musste. Die Professoren, die als pädagogische Beobachter dabeisaßen, merkten nichts von meinem Irrtum und nichts davon, dass ich selber, in dieser Stunde, ihn endlich begriff und dass mir fast das Herz stehen blieb. Doch die Kinder in den Bänken, die spürten es wie ich. Sie blickten mich verwundert an. Sie antworteten brav. Sie hoben die Hand. Sie standen auf. Sie setzten sich. Es ging wie am Schnürchen. Die Professoren nickten wohlwollend. Und trotzdem war alles grundverkehrt. Und die Kinder wussten es. »Der Jüngling auf dem Katheder«, dachten sie, »das ist kein Lehrer, und er wird nie ein richtiger Lehrer werden.« Und sie hatten recht.

Ich war kein Lehrer, sondern ein Lerner. Ich wollte nicht lehren, sondern lernen. Ich hatte Lehrer werden wollen, um möglichst lange ein Schüler bleiben zu können. Ich wollte Neues, immer wieder Neues aufnehmen und um keinen Preis Altes, immer wieder Altes weitergeben. Ich war hungrig, ich war kein Bäcker. Ich war wissensdurstig, ich war kein Schankwirt. Ich war ungeduldig und unruhig, ich war kein künftiger Erzieher. Denn Lehrer und Erzieher müssen ruhig und geduldig sein. Sie dürfen nicht an sich denken, sondern an die Kinder. Und sie dürfen Geduld nicht mit Bequemlichkeit verwechseln. Lehrer aus Bequemlichkeit gibt es genug. Echte, berufene, geborene Lehrer sind fast so selten wie Helden und Heilige.

Vor einigen Jahren unterhielt ich mich mit einem Basler Universitätsprofessor, einem berühmten Fachgelehrten. Er befand sich seit Kurzem im Ruhestand, und ich fragte ihn, was er jetzt tue. Da blitzten seine Augen vor lauter Wonne, und er rief: »Ich studiere! Endlich habe ich dafür Zeit!« Er saß, siebzigjährig, Tag für Tag in den Hörsälen und lernte Neues. Er hätte der Vater der Dozenten sein können, denen er lauschte, und der Großvater der Studenten, zwischen denen er saß. Er war Mitglied vieler Akademien. Sein Name wurde in der ganzen Welt mit Respekt genannt. Er hatte sein Leben lang gelehrt, was er wusste. Nun endlich konnte er, was er nicht wusste, lernen. Er war im siebenten Himmel. Mochten andere über ihn lächeln und ihn für etwas wunderlich halten – ich verstand ihn, als wär's mein großer Bruder.

Ich verstand den alten Herrn, wie dreißig Jahre früher meine Mutter mich verstand, als ich, noch in Feldgrau, vor sie hintrat und, bedrückt und schuldbewusst, sagte: »Ich kann nicht Lehrer werden!« Sie war eine einfache Frau und sie war eine herrliche Mutter. Sie war bald fünfzig Jahre alt und hatte geschuftet und gespart, damit ich Lehrer werden könnte. Nun war es so weit. Nun fehlte nur noch ein Examen, das ich in ein paar Wochen spielend und mit Glanz bestanden haben würde. Dann konnte sie endlich aufatmen. Dann konnte sie die Hände in den Schoß legen. Dann konnte ich für mich selber sorgen. Und da sagte ich: »Ich kann nicht Lehrer werden!«

Es war in unserem großen Zimmer. Also in einer der zwei Stuben, die der Lehrer Schurig bewohnte. Paul Schurig saß schweigend auf dem grünen Sofa. Mein Vater lehnte schweigend am Kachelofen. Meine Mutter stand unter der Lampe mit dem grünen Seidenschirm und den Perlfransen und fragte: »Was möchtest du denn tun?« – »Auf einem Gymnasium das Abitur machen und dann studieren«, sagte ich. Meine Mutter dachte einen Augenblick nach. Dann lächelte sie, nickte und sagte: »Gut, mein Junge! Studiere!«

Doch da hab ich schon wieder ins Rad der Zeit gegriffen. In die Speichen der Zukunft. Wieder bin ich dem Kalender voraus. Wieder hätte ich schreiben müssen: »Das gehört noch gar nicht hierher!« Aber es wäre falsch. Manches, was man als Kind erlebt hat, erhält seinen Sinn erst nach vielen Jahren. Und vieles, was uns später geschieht, bliebe ohne die Erinnerung an unsre Kindheit so gut wie unverständlich. Unsere Jahre und Jahrzehnte greifen ineinander wie die Finger beim Händefalten. Alles hängt mit allem zusammen.

Der Versuch, die Geschichte einer Kindheit zu erzählen, wird zur Springprozession. Man springt voraus und zurück und voraus und zurück. Und die Leser, die Ärmsten, müssen mitspringen. Ich kann's nicht ändern. Auch kleine Seitensprünge sind unvermeidlich. So. Und nun springen wir wieder zwei Schritte zurück. In jene Zeit, da ich noch nicht in die Schule ging und trotzdem schon Lehrer werden wollte.

Wenn damals ein Junge aufgeweckt war und nicht der Sohn eines Arztes, Anwalts, Pfarrers, Offiziers, Kaufmanns oder Fabrikdirektors, sondern eines Handwerkers, Arbeiters oder Angestellten, dann schickten ihn die Eltern nicht aufs Gymnasium oder in die Oberrealschule und anschließend auf die Universität, denn das war zu teuer. Sondern sie schickten ihn ins Lehrerseminar. Das war wesentlich billiger. Der Junge ging bis zur Konfirmation in die Volksschule und dann erst machte er seine Aufnahmeprüfung. Fiel er durch, wurde er Angestellter oder Buchhalter wie sein Vater. Bestand er die Prüfung, so war er sechs Jahre später Hilfslehrer, bekam Gehalt, konnte damit beginnen, die Eltern zu unterstützen, und hatte eine »Lebensstellung mit Pensionsberechtigung«.

Auch Tante Martha, die nächstjüngere Schwester meiner Mutter, meine Lieblingstante, war dafür. Sie hatte den Zigarrenvorarbeiter Richter geheiratet, ihn und die zwei Töchter aus erster Ehe, bekam ein eignes Kind, besaß einen Schrebergarten und sechs Hühner und war eine von Herzen heitere Frau. Sie hatte immer Sorgen und war immer lustig. Zwei der drei Töchter starben, im ersten Jahr nach dem Ersten Weltkrieg, am Hungertyphus. Obwohl wir doch so viele Fleischer in der Verwandtschaft hatten! Ihr starben eine der zwei Stieftöchter und die eigne Tochter, die blonde Helene. Doch da bin ich schon wieder zwei Schritte voraus!

Auch Tante Martha sagte also: »Lasst den Erich Lehrer werden. Die Lehrer haben es gut. Ihr seht es ja selbst. Schaut euch doch eure Mieter an. Den Franke und den Schurig. Und seine Freunde, die Tischendorfs!« Die Tischendorfs waren Paul Schurigs Freunde und sie waren Lehrer wie er. Sie kamen oft zu Besuch. Sie saßen bei uns in der Küche. Oder sie beugten sich, im Vorderzimmer, über Landkarten und besprachen zu dritt ihre Pläne für die Sommerferien. Sie wurden, vier Wochen im Jahr, zu gewaltigen Bergsteigern. In Nagelschuhen, mit Eispickeln, Steigeisen, zusammengerollten Kletterseilen, Verbandszeug und überlebensgroßen Rucksäcken fuhren sie alljährlich in die Alpen, bestiegen den Mont Cenis, den Monte Rosa, die Marmolatagruppe oder den Wilden Kaiser. Sie schickten prächtig bunte Ansichtskarten in die Königsbrücker Straße. Und wenn sie, am Ferienende, heimkehrten, sahen sie aus wie blonde Neger. Tiefbraun gebrannt, gewaltig, übermütig, hungrig wie die Wölfe. Die Dielen bogen sich unter ihren Nagelschuhen. Der Tisch bog sich unter den Tellern mit Wurst und Obst und Käse. Und die Balken bogen sich, wenn sie von ihren Gratwanderungen, Kamintouren und Gletscherspalten erzählten.

»Außerdem«, sagte Tante Martha, »haben sie Weihnachtsferien, Osterferien und Kartoffelferien. In der Zwischenzeit geben sie ein paar Stunden Unterricht, immer dasselbe, immer fürs gleiche Alter, korrigieren dreißig Hefte mit roter Tinte, gehen mit der Klasse in den Zoologischen Garten, erzählen den Kindern, dass die Giraffen lange Hälse haben, holen am Monatsersten ihr Gehalt ab und bereiten sich in aller Ruhe auf den Ruhestand vor.« Nun, so bequem und so gemütlich ist der Lehrerberuf ganz bestimmt nicht. So fidel war er auch damals nicht. Aber meine Tante Martha war nicht die Einzige, die so dachte. So dachten viele. Und auch manche Lehrer dachten so. Nicht jeder war ein Pestalozzi.

Ich wollte also Lehrer werden. Nicht nur aus Bildungshunger. Auch sonst hatte ich einen gesunden Appetit. Und wenn ich meiner Mutter dabei half, für Herrn Schurig abends den Tisch zu decken, wenn ich den Teller mit drei Spiegeleiern auf Wurst und Schinken ins Vorderzimmer balancierte, dachte ich: »So ein Lehrer hat es gar nicht schlecht.«

Und der blonde Riese Schurig merkte überhaupt nicht, wie gern ich mein Abendbrot gegen seines eingetauscht hätte.

DAS SIEBENTE KAPITEL

Riesenwellen und Zuckertüten

Mit mir und unserem Buche geht es voran. Zur Welt gekommen bin ich schon. Das ist die Hauptsache. Ich bin bereits fotografiert worden, mit meinen Eltern in eine andre Wohnung gezogen und seitdem von Lehrern umgeben. Zur Schule gehe ich noch nicht. Ich habe die Lehrer im Haus. Aber es sind keine Hauslehrer. Sie bringen mir nicht das Einmaleins bei, nicht einmal das Kleinmaleins. Sondern ich bringe ihnen, auf vorgewärmten Tellern, brutzelnde Spiegeleier in unsere gute Stube, die gar nicht unsere, sondern ihre gute Stube ist. »Wenn ich groß bin«, denk ich, »werd ich Lehrer. Dann les ich alle Bücher und ess alle Spiegeleier, die es gibt!«

Ein Jahr bevor ich zur Schule kam, wurde ich, mit knapp sechs Jahren, das jüngste Mitglied des Turnvereins »zu Neu- und Antonstadt«. Ich hatte meiner Mutter keine Ruhe gelassen. Sie war strikt dagegen gewesen. Ich sei noch zu klein. Ich hatte sie gequält, bestürmt, belästigt und umgaukelt. »Du musst warten, bis du sieben Jahre alt bist«, hatte sie immer wieder geantwortet.

Und eines Tages standen wir, in der kleineren der zwei Turnhallen, vor Herrn Zacharias. Die Knabenriege machte gerade Freiübungen. Er fragte: »Wie alt ist denn der Junge?« – »Sechs«, gab sie zur Antwort. Er sagte: »Du musst warten, bis du sieben Jahre alt bist.« Da nahm ich die Hände, ordnungsgemäß zu Fäusten geballt, vor die Brust, sprang in die Grätsche und turnte ihm ein gymnastisches Solo vor! Er lachte. Die Knabenriege lachte.

Die Halle hallte vor fröhlichem Gelächter. Und Herr Zacharias sagte zu meiner verdatterten Mama: »Also gut, kaufen Sie ihm ein Paar Turnschuhe! Am Mittwoch um drei ist die erste Stunde!« Ich war selig. Wir gingen ins nächste Schuhgeschäft. Abends wollte ich mit den Turnschuhen ins Bett. Am Mittwoch war ich eine Stunde zu früh in der Halle. Und was, glaubt ihr, war der Herr Zacharias von Beruf? Lehrer war er, natürlich. Seminarlehrer. Als Seminarist wurde ich sein Schüler. Und er lachte noch manches Mal, wenn er von unserer ersten Begegnung sprach.

Ich war ein begeisterter Turner und ich wurde ein ziemlich guter Turner. Mit eisernen Hanteln, mit hölzernen Keulen, an Kletterstangen, an den Ringen, am Barren, am Reck, am Pferd, am Kasten und schließlich am Hochreck. Das Hochreck wurde mein Lieblingsgerät. Später, viel später. Ich genoss die Schwünge, Kippen, Stemmen, Hocken, Grätschen, Kniewellen, Flanken und, aus dem schwungvollen Kniehang, das Fliegen durch die Luft mit der in Kniebeuge und Stand abschließenden Landung auf der Kokosmatte. Es ist herrlich, wenn der Körper, im rhythmischen Schwung, leichter und leichter wird, bis er fast nichts mehr zu wiegen scheint und, nur von den Händen schmiegsam festgehalten, in eleganten und fantasievollen Kurven eine biegsam feste Eisenstange umtanzt!

Ich wurde ein ziemlich guter Turner. Ich glänzte beim Schauturnen. Ich wurde Vorturner. Aber ein sehr guter Turner wurde ich nicht. Denn ich hatte Angst vor der Riesenwelle! Ich wusste auch, warum. Ich war einmal dabei gewesen, als ein anderer während einer Riesenwelle, in vollem Schwung, den Halt verlor und kopfüber vom Hochreck stürzte. Die Kameraden, die zur Hilfestellung bereitstanden, konnten ihn nicht auffangen. Er wurde ins Krankenhaus gebracht. Und die Riesenwelle und ich gingen einander zeitlebens aus dem Wege. Das war eigentlich eine rechte Blamage und wer blamiert sich schon gern? Doch es half nichts. Ich bekam die Angst vor der Riesenwelle nicht aus den Kleidern.

Und so war mir die Blamage immer noch ein bisschen lieber als ein Schädelbruch. Hatte ich recht? Ich hatte recht.

Ich wollte turnen und turnte, weil es mich freute. Ich wollte kein Held sein oder werden. Und ich bin auch keiner geworden. Kein falscher Held und kein echter Held. Wisst ihr den Unterschied? Falsche Helden haben keine Angst, weil sie keine Fantasie haben. Sie sind dumm und haben keine Nerven. Echte Helden haben Angst und überwinden sie. Ich habe manches liebe Mal im Leben Angst gehabt und sie, weiß Gott, nicht jedes Mal überwunden. Sonst wäre ich heute vielleicht ein echter und sicherlich ein toter Held. Nun will ich mich allerdings auch nicht schlechter machen, als ich bin. Zuweilen hielt ich mich ganz wacker, und das war mitunter gar nicht so einfach. Doch die Heldenlaufbahn als Hauptberuf, das wäre nichts für mich gewesen.

Ich turnte, weil meine Muskeln, meine Füße und Hände, meine Arme und Beine und der Brustkorb spielen und sich bilden wollten. Der Körper wollte sich bilden wie der Verstand. Beide verlangten, gleichzeitig und gemeinsam, ungeduldig danach, geschmeidig zu wachsen und, wie gesunde Zwillinge, gleich groß und kräftig zu werden. Mir taten alle Kinder leid, die gern lernten und ungern turnten. Ich bedauerte alle Kinder, die gern turnten und nicht gern lernten. Es gab sogar welche, die weder lernen noch turnen wollten! Sie bedauerte ich am meisten. Ich wollte beides brennend gern. Und ich freute mich schon auf den Tag, an dem ich zur Schule kommen sollte.

Der Tag kam und ich weinte.

Die 4. Bürgerschule in der Tieckstraße, unweit der Elbe, war ein vornehm düsteres Gebäude mit einem Portal für die Mädchen und einem für die Knaben. In jener Zeit sahen alle Schulen düster aus, dunkelrot oder schwärzlich grau, steif und unheimlich. Wahrscheinlich waren sie von denselben Baumeistern gebaut worden, die auch die Kasernen gebaut hatten. Die Schulen sahen aus wie Kinderkasernen. Warum den Baumeistern keine fröhlicheren Schulen eingefallen waren, weiß ich nicht. Vielleicht sollten uns die Fassaden, Treppen und Korridore denselben Respekt einflößen wie der Rohrstock auf dem Katheder. Man wollte wohl schon die Kinder durch Furcht zu folgsamen Staatsbürgern erziehen. Durch Furcht und Angst, und das war freilich ganz verkehrt.

Mich erschreckte die Schule nicht. Ich kannte keine heiteren Schulhäuser. Sie mussten wohl so sein. Und der gemütlich dicke Lehrer Bremser, der die Mütter, Väter und Abc-Schützen willkommen hieß, erschreckte mich schon gar nicht. Ich wusste von daheim, dass auch die Lehrer lachen konnten, Spiegeleier aßen, an die großen Ferien dachten und ihr Nachmittagsschläfchen hielten. Da war kein Grund zum Zittern.

Herr Bremser setzte uns, der Größe nach, in die Bankreihen und notierte sich die Namen. Die Eltern standen, dicht gedrängt, an den Wänden und in den Gängen, nickten ihren Söhnen ermutigend zu und bewachten die Zuckertüten. Das war ihre Hauptaufgabe. Sie hielten kleine, mittelgroße und riesige Zuckertüten in den Händen, verglichen die Tütengrößen und waren, je nachdem, neidisch oder stolz. Meine Zuckertüte hättet ihr sehen müssen! Sie war bunt wie hundert Ansichtskarten, schwer wie ein Kohleneimer und reichte mir bis zur Nasenspitze! Ich saß vergnügt auf meinem Platz, zwinkerte meiner Mutter zu und kam mir vor wie ein Zuckertütenfürst. Ein paar Jungen weinten herzzerbrechend und rannten zu ihren aufgeregten Mamas.

Doch das ging bald vorüber. Herr Bremser verabschiedete uns; und die Eltern, die Kinder und die Zuckertüten stiefelten gesprächig nach Hause. Ich trug meine Tüte wie eine Fahnenstange vor mir her. Manchmal setzte ich sie ächzend aufs Pflaster. Manchmal griff meine Mutter zu. Wir schwitzten wie die Möbelträger. Auch eine süße Last bleibt eine Last.

So wanderten wir mit vereinten Kräften durch die Glacisstraße, die Bautzener Straße, über den Albertplatz und in die Königsbrücker Straße hinein. Von der Luisenstraße an ließ ich die Tüte nicht mehr aus den Händen. Es war ein Triumphzug. Die Passanten und Nachbarn staunten. Die Kinder blieben stehen und liefen hinter uns her. Sie umschwärmten uns wie die Bienen, die Honig wittern. »Und nun zu Fräulein Haubold!«, sagte ich hinter meiner Tüte.

Fräulein Haubold führte die in unserm Hause befindliche Filiale der stadtbekannten Färberei Märksch und ich verbrachte manche Stunde in dem stillen, sauberen Laden. Es roch nach frischer Wäsche, nach chemisch gereinigten Glacéhandschuhen und nach gestärkten Blusen. Fräulein Haubold war ein älteres Fräulein und wir mochten einander sehr gern. Sie sollte mich bewundern. Ihr wie keinem sonst gebührte der herrliche Anblick. Das war selbstverständlich.

Meine Mutter öffnete die Tür. Ich stieg, die Zuckertüte mit der seidnen Schleife vorm Gesicht, die Ladenstufe hinauf, stolperte, da ich vor lauter Schleife und Tüte nichts sehen konnte, und dabei brach die Tütenspitze ab! Ich erstarrte zur Salzsäule. Zu einer Salzsäule, die eine Zuckertüte umklammert. Es rieselte und purzelte und raschelte über meine Schnürstiefel. Ich hob die Tüte so hoch, wie ich irgend konnte. Das war nicht schwer, denn sie wurde immer leichter. Schließlich hielt ich nur noch einen bunten Kegelstumpf aus Pappe in den Händen, ließ ihn sinken und blickte zu Boden. Ich stand bis an die Knöchel in Bonbons, Pralinen, Datteln, Osterhasen, Feigen, Apfelsinen, Törtchen, Waffeln und goldenen Maikäfern. Die Kinder kreischten. Meine Mutter hielt die Hände vors Gesicht. Fräulein Haubold hielt sich an der Ladentafel fest. Welch ein Überfluss! Und ich stand mittendrin.

Auch über Schokolade kann man weinen. Auch wenn sie einem selber gehört.

Wir stopften das süße Strandgut und Fallobst in den schönen, neuen, braunen Schulranzen und wankten durch den Laden und die Hintertür ins Treppenhaus und, treppauf, in die Wohnung. Tränen verdunkelten den Kinderhimmel. Die Fracht der Zuckertüte klebte im Schulranzen. Aus zwei Geschenken war eines geworden. Die Zuckertüte hatte meine Mutter gekauft und gefüllt. Den Ranzen hatte mein Vater gemacht. Als er abends heimkam, wusch er ihn sauber. Dann nahm er sein blitzscharfes Sattlermesser zur Hand und schnitt für mich ein Täschchen zu. Aus dem gleichen unverwüstlichen Leder, woraus der Ranzen gemacht worden war. Ein Täschchen mit einem langen verstellbaren Riemen. Zum Umhängen. Fürs Frühstück. Für die Schule.

Der Schulweg war eine schwierigere Angelegenheit als die Schule selber. Denn im Klassenzimmer gab es nur einen einzigen Erwachsenen, den Lehrer Bremser. Er durfte dort sein, weil er dort sein musste. Ohne ihn hätte man die Buchstaben und die Ziffern, das Abc und das Kleinmaleins ja gar nicht lernen können. Aber dass einen die Mutter bei der Hand nahm und bis zum Schulportal transportierte, das war ausgesprochen lästig. Man war doch, mit seinen sieben Jahren, kein kleines Kind mehr! Oder wagte dies etwa irgendjemand zu behaupten? Frau Kästner wagte es. Sie war eine tapfere Frau. Doch sie wagte es nur acht Tage lang. Denn sie war eine gescheite Mutter. Sie gab nach. Und ich spazierte, mit Ranzen und Frühstückstasche bewaffnet, stolz und allein, jeder Zoll ein Mann, morgens in die Tieckstraße und mittags wieder nach Hause. Ich hatte gesiegt, hurra!

Viele Jahre später hat mir meine Mutter erzählt, was damals in Wirklichkeit geschah. Sie wartete, bis ich aus dem Hause war. Dann setzte sie sich rasch den Hut auf und lief heimlich hinter mir her. Sie hatte schreckliche Angst, mir könne unterwegs etwas zustoßen, und sie wollte meinen Drang zur Selbstständigkeit nicht behindern. So verfiel sie darauf, mich auf dem Schulwege zu begleiten, ohne dass ich es wusste. Wenn sie befürchtete, ich könne mich umdrehen, sprang sie rasch in eine Haustür oder hinter eine Plakatsäule. Sie versteckte sich hinter großen, dicken Leuten, die den gleichen Weg hatten, lugte an ihnen vorbei und ließ mich nicht aus den Augen. Der Albertplatz mit seinen Straßenbahnen und Lastfuhrwerken war ihre größte Sorge. Doch völlig beruhigt war sie erst, wenn sie, von der Ecke Kurfürstenstraße aus, mich in der Schule verschwinden sah. Dann atmete sie auf, schob sich den Hut zurecht und ging, diesmal hübsch gesittet und ohne Indianermethoden, nach Hause. Nach einigen Tagen gab sie ihr Morgenmanöver auf. Die Angst, ich könne unvorsichtig sein, war verflogen.

Dafür verblieb ihr ein anderer kleiner Kummer: mich früh und beizeiten aus dem Bett zu bringen. Das war keine leichte Aufgabe, besonders im Winter, wenn es draußen noch dunkel war. Sie hatte sich einen melodischen Weckruf ausgedacht. Sie sang: »Eeerich – auaufstehn – in die Schuuule gehn!« Und sie sang es so lange, bis ich, knurrend und augenreibend, nachgab. Wenn ich die Augen schließe, hör ich den zunächst vergnügten, dann immer bedrohlicher werdenden Singsang heute noch. Übrigens, geholfen hat das Liedchen nichts. Noch heute finde ich nicht aus den Federn.

Ich überlege mir eben, was ich wohl dächte, wenn ich morgen früh in der Stadt spazieren ginge, und plötzlich spränge vor mir eine hübsche junge Frau hinter eine Plakatsäule! Wenn ich ihr neugierig folgte und sähe, wie sie, bald langsam, bald schnell, hinter dicken Leuten hergeht, in Haustore hüpft und hinter Straßenecken hervorlugt! Und was dächte ich, wenn ich merkte, sie verfolgt einen kleinen Jungen, der, brav nach links und rechts blickend, Straßen und Plätze überquert? Dächt ich: »Die Ärmste ist übergeschnappt?« Oder: »Beobachte ich eine Tragödie?« Oder: »Wird hier ein Film gedreht?«

Nun, ich wüsste ja Bescheid. Aber kommt dergleichen heute noch vor? Ich habe keine Ahnung. Denn ich bin ja kein Frühaufsteher.

In der Schule selber gab es keine Schwierigkeiten. Außer einer einzigen. Ich war sträflich unaufmerksam. Es ging mir zu langsam voran. Ich langweilte mich. Deshalb knüpfte ich mit den Nachbarn neben, vor und hinter mir launige Unterhaltungen an. Junge Männer im Alter von sieben Jahren haben einander begreiflicherweise viel zu erzählen. Herr Bremser, so gemütlich er im Grunde war, empfand meine Plauderlust als durchaus störend. Sein Versuch, aus etwa dreißig kleinen Dresdnern brauchbare Alphabeten zu machen, litt empfindlich darunter, dass ein Drittel der Klasse außerdienstliche Gespräche führte, und ich war der Anstifter. Eines Tages riss ihm der Geduldsfaden, und er erklärte ärgerlich, er werde, wenn ich mich nicht bessere, meinen Eltern einen Brief schreiben.

Als ich mittags heimkam, berichtete ich die interessante Neuigkeit. »Wenn das nicht endlich anders wird«, sagte ich, noch im Korridor und während ich den Ranzen vom Rücken nahm, »wird er einen Brief schreiben. Seine Geduld ist am Ende.« Die Mama fand meinen Lagebericht und die Gelassenheit, womit ich ihn vortrug, erschreckend. Sie redete mir gewaltig ins Gewissen. Ich versprach ihr, mich zu bessern. Dass ich nun, mit einem Schlag und immerzu, aufmerksam sein werde, dafür könne ich nicht garantieren, aber die anderen Schüler wolle ich künftig nicht mehr stören. Das war ein faires Angebot.

Und am kommenden Tag ging meine Mutter heimlich zu Herrn Bremser. Als sie ihm alles erzählt hatte, lachte er. »Nein, so etwas!«, rief er. »Ein komischer Junge! Jeder andre würde hübsch abwarten, bis der Brief bei den Eltern einträfe!« – »Mein Erich verschweigt mir nichts«, gab Frau Kästner stolz zur Antwort. Herr Bremser wiegte den Kopf hin und her und sagte nur: »Soso.« Und dann fragte er: »Weiß er schon, was er später einmal werden will?« – »Oh ja«, meinte sie, »Lehrer!« Da nickte er und sagte: »Gescheit genug ist er.«

Nun, von dieser Unterhaltung im Lehrerzimmer erfuhr ich damals nichts. Ich hielt mein Wort. Ich störte den Unterricht nicht mehr. Ich versuchte sogar, möglichst aufmerksam zu sein, obwohl ich diesbezüglich keine bindenden Zusagen abgegeben hatte. Dabei fällt mir ein, dass ich auch heute noch so handle. Ich verspreche lieber zu wenig als zu viel. Und ich halte lieber mehr, als ich versprochen habe. Meine Mutter pflegte zu sagen: »Jeder Mensch ist anders albern.«

Wenn ein Kind lesen gelernt hat und gerne liest, entdeckt und erobert es eine zweite Welt, das Reich der Buchstaben. Das Land des Lesens ist ein geheimnisvoller, unendlicher Erdteil. Aus Druckerschwärze entstehen Dinge, Menschen, Geister und Götter, die man sonst nicht sehen könnte. Wer noch nicht lesen kann, sieht nur, was greifbar vor seiner Nase liegt oder steht: den Vater, die

Türklingel, den Laternenanzünder, das Fahrrad, den Blumenstrauß und, vom Fenster aus, vielleicht den Kirchturm. Wer lesen kann, sitzt über einem Buch und erblickt mit einem Male den Kilimandscharo oder Karl den Großen oder Huckleberry Finn im Gebüsch oder Zeus als Stier, und auf seinem Rücken reitet die schöne Europa. Wer lesen kann, hat ein zweites Paar Augen, und er muss nur aufpassen, dass er sich dabei das erste Paar nicht verdirbt.

Ich las und las und las. Kein Buchstabe war vor mir sicher. Ich las Bücher und Hefte, Plakate, Firmenschilder, Namensschilder, Prospekte, Gebrauchsanweisungen und Grabinschriften, Tierschutzkalender, Speisekarten, Mamas Kochbuch, Ansichtskartengrüße, Paul Schurigs Lehrerzeitschriften, die »Bunten Bilder aus dem Sachsenlande« und die klitschnassen Zeitungsfetzen, worin ich drei Stauden Kopfsalat nach Hause trug.

Ich las, als wär es Atemholen. Als wär ich sonst erstickt. Es war eine fast gefährliche Leidenschaft. Ich las, was ich verstand und was ich nicht verstand. »Das ist nichts für dich«, sagte meine Mutter, »das verstehst du nicht!« Ich las es trotzdem. Und ich dachte: »Verstehen denn die Erwachsenen alles, was sie lesen?« Heute bin ich selber erwachsen und kann die Frage sachverständig beantworten: Auch die Erwachsenen verstehen nicht alles. Und wenn sie nur läsen, was sie verstünden, hätten die Buchdrucker und die Setzer in den Zeitungsgebäuden Kurzarbeit.

Der ungefähre Tagesablauf eines ungefähr Achtjährigen

Auch vor fünfzig Jahren hatte der Tag nur vierundzwanzig Stunden und zehn davon musste ich schlafen. Die restliche Zeit war ausgefüllt wie der Terminkalender eines Generaldirektors. Ich lief in die Tieckstraße und lernte. Ich ging in die Alaunstraße und turnte. Ich saß in der Küche und machte meine Schularbeiten, wobei ich achtgab, dass die Kartoffeln nicht überkochten. Ich aß mittags mit meiner Mutter, abends mit beiden Eltern und musste lernen, die Gabel in die linke und das Messer in die rechte Hand zu nehmen. Das hatte seine Schwierigkeiten, denn ich war und bin ein Linkshänder. Ich holte ein und musste lange warten, bis ich an die Reihe kam, weil ich ein kleiner Junge war und mich nicht vordrängte. Ich begleitete die Mama in die Stadt und musste neben ihr an vielen Schaufenstern stehen bleiben, deren Auslagen mich ganz und gar nicht interessierten. Ich spielte mit Försters Fritz und Großhennigs Erna in diesem oder jenem Hinterhof. Ich spielte mit ihnen und Kießlings Gustav am Rande des Hellers, zwischen Kiefern, Sand und Heidekraut, Räuber und Gendarm oder Trapper und Indianer. Ich unterstützte, am Bischofsplatz, die Königsbrücker Bande gegen die gefürchtete Hechtbande, eine Horde kampflustiger Flegel aus der Hechtstraße. Und ich las. Und las. Und las.

Erwachsene brächten so viel nicht zustande. Während ich an einem Buch schreibe, find ich keine Zeit, Bücher zu lesen.

Versuch ich es trotzdem, kommt der Schlaf zu kurz. Schlaf ich mich aber aus, so verspäte ich mich bei der Verabredung im Hotel »Vier Jahreszeiten«. Dadurch gerät der übrige Tagesplan ins Rutschen. Die Sekretärin muss eine halbe Stunde warten, bis ich endlich in meinem Stammcafé anlange, um dringende Briefe zu diktieren. Und wenn ich das, oder wenigstens die Hälfte, erledigt habe, verspät ich mich im Kino. Oder ich gehe gar nicht erst hin. Die Zeit und ich kommen miteinander nicht mehr zurecht. Sie ist zu knapp und zu kurz geworden, wie eine Bettdecke, die beim Waschen eingelaufen ist.

Kinder bringen viel mehr zuwege. Und ganz nebenbei wachsen sie auch noch! Manche schießen wie die Spargel in die Höhe. Das tat ich allerdings nicht. Meine Leistungen im Lernen, Lesen, Turnen, Einkaufen und Kartoffelschälen übertrafen meine Fähigkeiten im Wachsen bei Weitem. Als ich, zum vorläufig letzten Mal, an der Messlatte stand, sagte der Sanitätsfeldwebel zu dem Sanitätsgefreiten, der das Maß in meinem Wehrpass eintrug: »1,68 m!« Das ist kaum der Rede wert. Aber auch Cäsar, Napoleon und Goethe waren klein. Und Adolph Menzel, der große Maler und Zeichner, war noch viel kleiner! Wenn er saß, glaubte man, er stehe. Und wenn er vom Stuhl aufstand, dachte man, er setze sich. Unter den großen Männern gibt es viele kleine Leute, man muss nicht verzweifeln.

Ich ging sehr gern zur Schule und habe, in meiner gesamten Schulzeit, keinen Tag gefehlt. Es grenzte an Rekordhascherei. Ich marschierte morgens mit dem Ranzen los, ob ich gesund oder stockheiser war, ob mir die Mandeln wehtaten oder die Zähne, ob ich Bauchschmerzen hatte oder einen Furunkel auf der Sitzfläche. Ich wollte lernen und nicht einen Tag versäumen. Bedenklichere Krankheiten verlegte ich in die Ferien. Ein einziges Mal hätte ich beinahe kapituliert. Daran war ein Unfall schuld, und der kam so zustande:

Ich war, an einem Sonnabend, im Turnverein gewesen, hatte auf dem Heimweg bei der klitzekleinen Frau Stamnitz ein paar Sonntagsblumen besorgt und hörte, als ich den Hausflur betrat, wie ein paar Stockwerke höher die Treppen mit der Wurzelbürste gescheuert wurden. Da ich wusste, dass meine Mutter, laut Hausordnung, am Scheuern war, sprang ich, drei Stufen auf einmal nehmend, treppauf, rief laut und fröhlich: »Mama!«, rutschte aus und fiel, noch im Rufen und deshalb mit offenem Mund, aufs Kinn. Die Treppenstufen waren aus Granit. Meine Zunge nicht.

Es war eine grässliche Geschichte. Ich hatte mir die Zungenränder durchgebissen. Näheres konnte Sanitätsrat Zimmermann, der freundliche Hausarzt mit dem Knebelbart, zunächst nicht sagen, denn die Zunge war dick geschwollen und füllte die Mundhöhle wie ein Kloß. Wie ein teuflisch schmerzender und keineswegs schmackhafter Kloß! Womöglich, sagte Doktor Zimmermann, werde man die Wunden nähen müssen, denn die Zunge sei ein fürs Sprechen, Essen und Trinken unentbehrlicher Muskel. Die Zunge nähen! Meine Eltern und ich fielen fast in Ohnmacht. Und auch der Doktor Zimmermann fühlte sich nicht zum Besten. Er kannte mich, seit ich auf der Welt war, und hätte sich die Zunge lieber selber mit Nadel und Faden zusammenflicken lassen als mir. Zunächst verordnete er Bettruhe und Kamillentee. Es wurde keine erfreuliche Nacht. Kaum zehn Tropfen Kamillentee hatten im Munde Platz. Schluckbewegungen waren unmöglich. Von Schlaf konnte nicht die Rede sein. Daran änderte sich auch am Sonntag nichts.

Aber am Montagmorgen ging ich, mit wackligen Knien und gegen den Willen der Eltern und des Arztes, in die Schule! Niemand hätte mich aufhalten können. Meine Mutter lief, besorgt und erschöpft, neben mir her, erzählte dem Lehrer, was geschehen sei, bat ihn, auf mich ein Auge zu haben, und verließ, nach einem letzten Blick auf mein verquollenes Gesicht, das völlig verblüffte Klassenzimmer.

Die Heilung dauerte sechs Wochen. Drei Wochen lang lebte ich von Milch, die ich mühsam mit einem Glasröhrchen trank. Drei Wochen ernährte ich mich von Milch mit eingebrocktem Zwieback. In den Frühstückspausen saß ich allein im Klassenzimmer, verzog beim Schlucken das Gesicht und lauschte dem Lärm und dem Lachen, die vom Schulhof heraufdrangen. Während des Unterrichts blieb ich stumm. Manchmal, wenn niemand sonst die Antwort wusste, schrieb ich sie auf einen Zettel und brachte ihn zum Katheder.

Die Zunge musste nicht genäht werden. Sie schwoll langsam ab. Nach anderthalb Monaten konnte ich wieder essen und sprechen. Zwei Narben blieben, links und rechts, zurück, und ich habe sie heute noch. Sie sind im Laufe der Jahrzehnte kleiner geworden und der Zungenwurzel näher gerückt. Aber verlangt nur nicht, dass ich euch die Narben zeige! Ich strecke meinen Lesern nicht die Zunge heraus.

Der Weg zum Heller, wo wir im Sommer spielten, war nicht weit, und doch war es, aus dem Wirrwarr der Straßen heraus, der Weg in eine andere Welt. Wir pflückten Blaubeeren. Das Heidekraut duftete. Die Wipfel der Kiefern bewegten sich lautlos. Der müde Wind trug, aus der Militärbäckerei, den Geruch von frischem, noch warmem Kommissbrot zu uns herüber. Manchmal ratterte der Bummelzug nach Klotzsche über die Gleise. Oder zwei bewaffnete Soldaten brachten einen Trupp verdrossener Häftlinge vom Arbeitskommando ins Militärgefängnis zurück. Sie trugen Drillich, hatten an der Mütze keine Kokarden, und unter ihren Knobelbechern knirschte der Sand.

Wir sahen, wie sie die Bahnüberführung kreuzten und im Gefängnis verschwanden. Manche Zellenfenster waren vergittert, andre mit dunkelbraunem Bretterholz so vernagelt, dass nur von oben ein bisschen Tageslicht in die Zellen sickern konnte. Hinter den verschalten Fenstern, hatten wir gehört, hockten die Schwerverbrecher. Sie sahen die Sonne nicht, die Kiefern nicht und auch uns nicht, die vom Indianerspiel ermüdeten Kinder im blühenden Heidekraut. Aber sie hörten es wie wir, wenn am Bahnwärterhäuschen das Zugsignal läutete. Was mochten sie verbrochen haben? Wir wussten es nicht.

Die Glöckchen der Erikablüten und das Kommissbrot dufteten. Das Zugsignal läutete. Der Bahnwärter, der seine Blumen gegossen hatte, setzte die Dienstmütze auf und erwartete, in strammer Haltung, den nächsten Zug. Der Zug schnaufte vorbei. Wir winkten, bis er in der Kurve verschwand. Dann gingen wir nach Hause. Zurück in unsere Mietskasernen. Die Eltern, die Königsbrücker Straße und das Abendbrot warteten schon.

Sonst spielten wir in den Hinterhöfen, turnten an den Teppichstangen und ließen uns, aus den Küchenfenstern, die Vesperbrote herunterwerfen. Es war wie im Märchen, wenn sie, in Papier gewickelt, durch die Luft trudelten und auf dem Hofpflaster aufklatschten. Es war, als fiele Manna vom Himmel, obwohl es Brote mit Leberwurst und Schweineschmalz waren. Ach, wie sie schmeckten! Nie im Leben hab ich etwas Besseres gegessen, nicht im Baur au Lac in Zürich und nicht im Hotel Ritz in London. Und es hülfe wohl auch nichts, wenn ich künftig den Chefkoch bäte, mir die getrüffelte Gänseleberpastete aus dem Fenster auf die Hotelterrasse zu werfen. Denn sogar wenn er es, gegen ein beträchtliches Trinkgeld, täte – Brote mit Schweineschmalz wären es deshalb noch lange nicht.

Bei Regen spielten wir im Hausflur oder, über Fleischer Kießlings Pferdestall, auf dem Futterboden, wo es nach Häcksel, Heu und Kleie roch. Oder wir enterten den Lieferwagen, knallten mit der Peitsche und jagten ratternd und rumpelnd über die Prärie. Oder wir plauderten mit dem stampfenden Pferd im Stall. Manchmal besuchten wir auch Gustavs Vater, den Herrn Fleischermeister, im Schlachthaus, wo er mit dem Gesellen zwischen hölzernen Mulden, Schweinsdärmen und Wurstkesseln hantierte. Wir bevorzugten die Freitage. Da wurde frische Blut- und Leberwurst gekocht, gerührt und abgefasst, und wir durften sachverständig kosten. Unser Sachverständnis war über jeden Zweifel erhaben. Auch auf dem Spezialgebiet »Warme Knoblauchwurst«.

Noch jetzt, an meiner Schreibmaschine, läuft mir das Wasser im Munde zusammen. Aber das hilft mir nichts. Es gibt keine warme Knoblauchwurst mehr. Sie ist ausgestorben. Auch in Sachsen. Vielleicht haben sich die Fleischermeister meiner Kindheit mit dem Rezept im Bratenrock begraben lassen? Das wäre ein schwerer Verlust für die Kulturwelt.

Eine Zeit lang frönte ich dem Billardspiel. Der Vater eines Schulkameraden hatte, in der Nähe des Johannstädter Ufers, eine Gastwirtschaft. Nachmittags war sie leer, der Vater machte oben in der Wohnung sein Schläfchen, und nur die Kellnerin passte auf, ob womöglich doch ein verirrter und durstiger Wanderer einträte. Sie spülte hinter der Theke Gläser, machte uns Zuckerbier oder einfaches Bier mit Himbeersaft zurecht, stiftete jedem von uns beiden einen langen Holzlöffel zum Umrühren, und dann zogen wir uns dezent ins Vereinszimmer zurück! Hier stand ein Billard!

Wir hängten unsre Jacken über Stühle, denn die Haken am Garderobenständer waren für uns zu hoch. Wir suchten uns an der Wand die kleinsten Billardstöcke aus und stellten uns beim Einkreiden auf die Zehenspitzen. Denn die Queues waren zu lang, und zu dick und zu schwer waren sie außerdem. Es war ein mühsames Geschäft. Das Billard war zu hoch und zu breit. Die Elfenbeinkugeln kamen nicht richtig in Fahrt. Bei raffinierten Effetstößen lagen wir mit dem Bauch auf dem Brett und unsre Beine zappelten in der Luft. Wer das Resultat auf die Schiefertafel schreiben wollte, musste auf einen Stuhl steigen. Wir quälten uns wie Gulliver im Lande der Riesen ab und eigentlich hätten wir über uns lachen sollen. Doch wir lachten keineswegs, sondern benahmen und bewegten uns ernst und gemessen, wie erwachsene Männer beim Turnier um die Mitteldeutsche Billardmeisterschaft. Dieser Ernst machte uns sehr viel Spaß.

Bis wir eines Tages ein Loch in das grüne Tuch stießen! Ich weiß nicht mehr, wer der Pechvogel war, ob er oder ich, doch dass ein großer dreieckiger Riss in dem kostbaren Tuche klaffte, das weiß ich noch. Ich schlich zerknirscht von dannen. Der Schulfreund erhielt, noch am gleichen Abend, von kundiger Vaterhand die erwarteten Prügel. Und mit unseren Billardturnieren samt Zuckerbier war es für alle Zeit vorbei. Den Namen der Gastwirtschaft und der Straße, sogar den des Schulfreundes hab ich vergessen. Er ist durch das große, grobe Sieb gefallen. Wohin? Ins Leere, das leer bleibt, so viel auch hineinfällt? Das Gedächtnis ist ungerecht.

Kinder spielen unbändig gerne Theater. Kleine Mädchen legen ihre Puppen trocken und zanken sie aus. Kleine Jungen stülpen sich Aluminiumtöpfe aufs Haupt, senken die Stimme und sind, mit einem Schlage, kühne Ritter und allmächtige Kaiser. Und auch die Erwachsenen verkleiden und verstellen sich gern. Besonders im Februar. Dann kaufen, leihen oder nähen sie sich Kostüme, tanzen als Odalisken, Marsmenschen, Neger, Apachen und Zigeunerinnen durch die Ballsäle und benehmen sich ganz, ganz anders, als sie in Wirklichkeit sind.

Dieses heitere Talent war und ist mir fremd. Ich kann, wie es heißt, nicht aus meiner Haut heraus. Ich kann Figuren erfinden, doch ich mag sie nicht darstellen. Ich liebe das Theaterspielen von Herzen, aber als Zuschauer. Und wenn ich mir zum Karneval, um nur ja niemandem den Spaß zu verderben, einen Bart klebe und als Kaiser Wilhelm mitgehe, stehe und sitze ich wie ein Ölgötze im Saal herum und spiele nicht mit, sondern schaue zu. Bin ich zu schüchtern? Bin ich zu nüchtern? Ich weiß es nicht genau.

Nun, es muss auch Zuschauer geben! Wenn niemand im Parkett säße, brauchten die Schauspieler ihre Perücken und Kronen gar nicht erst aufzusetzen. Sie müssten ihre Schminkschatullen ins Leihhaus tragen und einen Beruf ergreifen, der ohne Zuschauer auskommt. Ein wahres Glück also, dass es mich und meinesgleichen gibt!

Meine Laufbahn als Zuschauer begann sehr früh und der Zeitpunkt war ein Zufall. Ich war sieben oder acht Jahre alt, als meine Mutter bei Frau Wähner, ihrer Putzmacherin, eine gewisse Frau Gans kennenlernte und sich mit ihr anfreundete. Frau Gans war eine imposante Dame. Sie wirkte, ihrem Namen zum Trotz, eher wie ein Schwan oder ein Pfau, war mit einem Theatermanne befreundet und hatte zwei kleine Töchter. Die ältere war sanft und bildschön, lag meist krank im Bett und starb, sanft und schön, schon als Kind. Die andere Tochter hieß Hilde und war weder schön noch sanft, sondern hatte, stattdessen, ein Temperament wie ein Gala-Riesenfeuerwerk. Dieses wilde Temperament platzte ihr aus allen Nähten, war unbezähmbar und stürmte, wie zwischen zwei hohen Mauern, auf ein einziges Ziel los: aufs Theaterspielen.

Die kleine Hilde Gans spielte Theater, wo sie ging und stand. Sie spielte ohne Publikum. Sie spielte mit Publikum. Und das Publikum bestand, wenn wir in der Kurfürstenstraße zu Besuch waren, aus vier Personen: aus ihrer und meiner Mutter, aus mir und ihrer bettlägerigen Schwester. Die Vorstellung begann damit, dass sie zunächst die Kassiererin spielte und uns Eintrittskarten verkaufte. Sie hockte, im Kopftuch, zwischen dem Schlaf- und Wohnzimmer in der offenen Tür und händigte uns, gegen angemessene Bezahlung, bekritzelte Papierschnitzel aus. Der Erste Platz kostete zwei Pfennige, der Zweite Platz einen Pfennig.

Der Preisunterschied wäre eigentlich gar nicht nötig gewesen. Denn die Schwester blieb sowieso im Bett, und die restlichen drei

Zuschauer hätten es sehr ungeschickt anstellen müssen, wenn sie einander die Aussicht hätten verderben wollen. Aber Ordnung musste sein, und Hilde schickte, als Platzanweiserin, jeden, der nur einen Pfennig gezahlt hatte, unnachsichtig in die zweite Stuhlreihe. Als Platzanweiserin trug sie übrigens kein Kopftuch, sondern eine weiße Haarschleife.

Sobald wir saßen, begann die Vorstellung. Das Ensemble bestand nur aus der Künstlerin Hilde Gans. Doch das machte nichts. Sie spielte alle Rollenfächer. Sie spielte Greise, Kinder, Helden, Hexen, Feen, Mörder und holde Jungfrauen. Sie verkleidete und verwandelte sich auf offener Bühne. Sie sang, sprang, tanzte, lachte, schrie und weinte, dass das Wohnzimmer zitterte. Die Eintrittspreise waren nicht zu hoch! Wir bekamen für unser teures Geld wahrhaftig allerlei geboten! Und aus dem Schlafzimmer hörten wir ab und zu das hüstelnde, dünne Lachen der sanften, kranken Schwester.

Der mit Frau Gans, der Mutter der jungen Künstlerin, befreundete Theaterfachmann, selber ein Künstler von ehemals hohen Graden, hatte mit der Verwaltung der beiden Bühnen des Dresdner »Volkswohls« zu tun. Die eine Bühne hieß das »Naturtheater« und lag, von einem hohen gebeizten Bretterzaun umschlossen, unter freiem Himmel mitten im Wald. Hier wurde an drei Nachmittagen der Woche gespielt. Man saß, im Halbrund, auf primitiven Holzbänken und erfreute sich an Märchen, handfesten Volksstücken, Lustspielen und Schwänken. Es roch nach Kiefernnadeln. Ameisen krabbelten strumpfauf. Zaungäste steckten die Nase über die Palisaden. Der Sommer schnurrte in der Sonne wie eine Katze.

Manchmal zogen schwarze Wolken herauf und wir blickten besorgt nach oben. Manchmal grollte der Donner und die Schauspieler erhoben ihre Stimmen gegen die unlautere, immer lauter werdende Konkurrenz. Und manchmal zerplatzten die Wolken, die Blitze züngelten, und der Regen prasselte in den letzten Akt.

Dann flohen wir und auch die Schauspieler brachten sich und die Kostüme in Sicherheit. Die Natur hatte über die Kunst gesiegt.

Wir standen, mit den Mänteln überm Kopf, unter mächtigen Bäumen. Sie bogen sich im Sturm. Ich drängte mich an meine Mutter, suchte den Schluss des Theaterstücks zu erraten, um den uns der Himmel, boshafterweise, betrogen hatte, und wurde nass und nässer.

Die andere Bühne des Volkswohls, ein vom Himmel unabhängiger Saal, befand sich in der Trabantengasse. Auch hier waren wir Stammgäste. Auch hier wurde ordentlich Theater gespielt. Und hier stand die kleine Hilde Gans zum ersten Male selber droben auf den Brettern! Sie spielte, in einer Bearbeitung des wundervollen Hauff'schen Märchens »Zwerg Nase«, die Titelrolle! Sie spielte sie mit einem Buckel, einer roten Perücke, einer enormen Klebnase, einer Fistelstimme und einem Temperament, das die Zuschauer umwarf! Auch meine Mutter und ich, erfahrene Hilde-Gans-Kenner, waren hingerissen! Von der Muttergans, nein, der Mutter Gans, ganz zu schweigen!

Mit diesem Erfolge war das Schicksal meiner Freundin Hilde besiegelt. Sie wurde, als Kind schon, Berufsschauspielerin, nahm Gesangsunterricht und wurde Soubrette. Da gerade für eine Sängerin der Name Gans nicht sehr vorteilhaft klingt, nannte sie sich seitdem Inge van der Straaten. Warum sie nicht berühmt geworden ist, weiß ich nicht. Das Leben hat seinen eigenen Kopf.

Bald wurden die Dresdner Theater mein zweites Zuhause. Und oft musste mein Vater allein zu Abend essen, weil Mama und ich, meist auf Stehplätzen, der Muse Thalia huldigten. Unser Abendbrot fand in der großen Pause statt. In Treppenwinkeln. Dort wurden die Wurstsemmeln ausgewickelt. Und das Butterbrotpapier verschwand, säuberlich gefaltet, wieder in Mutters brauner Handtasche.

Wir bevölkerten das Alberttheater, das Schauspielhaus und die Oper. Stundenlang warteten wir auf der Straße, um, wenn die Kasse geöffnet wurde, die billigsten Plätze zu ergattern. Misslang uns das, so gingen wir niedergeschlagen heim, als hätten wir eine Schlacht verloren. Doch wir verloren nicht viele Schlachten. Wir eroberten uns unsre Stehplätze mit Geschick und Geduld. Und wir harrten tapfer aus. Wer jemals den »Faust« oder eine Oper von Richard Wagner buchstäblich durchgestanden hat, wird uns seine Anerkennung nicht versagen. Ein einziges Mal nur sank meine Mutter ohnmächtig zusammen, während der »Meistersinger«, an einem heißen Sommerabend. So kamen wir, auf den Stufen im letzten Rang, sogar zu zwei Sitzplätzen und konnten die Feier auf der Festwiese wenigstens hören.

Meine Liebe zum Theater war die Liebe auf den ersten Blick, und sie wird meine Liebe bis zum letzten Blick bleiben. Mitunter hab ich Theaterkritiken geschrieben, zuweilen ein Stück, und die Ansichten über diese Versuche mögen auseinandergehen. Doch eines lasse ich mir nicht abstreiten: Als Zuschauer bin ich nicht zu übertreffen.

Vom Kleinmaleins des Lebens

Die ersten Schuljahre flossen friedlich und freundlich dahin. Lehrer Bremser musste sich nicht allzu sehr über uns ärgern und auch wir waren mit ihm recht zufrieden. Vor den Osterferien wurden feierlich die Zensuren verteilt. Die Eltern durften dabei sein, und um sie zu erfreuen, sangen wir Kinderlieder und deklamierten Lesebuchgedichte. Da ich damals, für besondere Gelegenheiten, einen Samtanzug trug und als Vortragskünstler unentbehrlich zu sein schien, nickten die Erwachsenen, wenn ich aufstand und zur Saalmitte schritt, einander lächelnd zu und murmelten: »Die kleine Samthose macht auch wieder mit!« Die kleine Samthose, das war ich. Und Frau Kästner setzte sich, stolzgeschwellt, kerzengerade. Sie hatte, im Gegensatz zu mir, keinerlei Lampenfieber und nicht die mindeste Sorge, ich könne stecken bleiben. Sie behielt, wie immer, recht. Ich blieb nicht stecken. Die Zensuren waren, wie immer, vorzüglich. Und auf dem Nachhauseweg gingen wir in die Konditorei »Parseval«, wo ich mit Bienenstich, Prasselkuchen und heißer Schokolade traktiert wurde. (Wisst ihr, was Prasselkuchen ist? Nein? Ach, ihr Ärmsten!)

Da ich Lehrer werden wollte und sollte, gab es beizeiten mancherlei zu bedenken. Und es wurde beizeiten bedacht. Die Ausbildung würde Geld kosten. Die Jahre im Internat würden Geld kosten. Das Schulgeld würde Geld kosten. Der Klavierunterricht würde Geld kosten. Und das Klavier selber würde auch Geld kosten. Es kostete dann, ich weiß es noch genau, »gebraucht und aus privater Hand«, achthundert Mark. Das war ein Vermögen!

Mein Vater hatte längst begonnen, nach Feierabend daheim für Nachbarn und Verwandte Taschen und Mappen instand zu setzen, Schuhe zu besohlen, Ranzen und Koffer nachzunähen und unzerreißbare Portemonnaies und Brieftaschen herzustellen, die das Entzücken der Kundschaft wachriefen. Er saß, mit der Zigarre im Mund, neben dem Küchenfenster auf seinem Schusterschemel und hantierte unermüdlich mit Nägeln, Stiften, Sandpapier, Pechfaden, Wachs und Nadeln, mit Hammer, Messer, Knieriemen, Schmiege und Falzbein, und auf dem Herd, neben der Nudelsuppe, kochte der Leim im Topf. Wisst ihr, wie kochender und brutzelnder Leim riecht? Noch dazu in der Küche? Für einen Sattler und Tapezierer mag er ja wie Rosenwasser duften. Doch für eine Frau, die am Herde steht und abends das Mittagessen vorkocht, stinkt er wie tausend ungewaschne Teufel! Die Nudelsuppe, das Rindfleisch, die weißen Bohnen und die Linsen, alles, was sie koche, erklärte meine Mutter, rieche und schmecke nach Leim, und nun sei damit Schluss!

So wurde mein Vater aus dem Küchenparadies vertrieben. Er ging in die Verbannung. Von nun an saß er abends, hinter dem Lattenverschlag, zwischen unseren Kohlen, Briketts und Kartoffeln, mit der Strickjacke und dicken Filzpantoffeln, drunten im Keller. Hier war jetzt seine Werkstatt. Hier kräuselte sich jetzt der Rauch seiner Zigarre. Hier unten schmorte nun, auf einem Spirituskocher, der Blasen werfende Leim. Dem Leim und meinem Vater war seitdem viel wohler zumute.

Hier unten baute er noch, mit siebzig Jahren und manchem Topfe Leim, ein lebensgroßes Pferd! Ein Pferd mit Glasaugen, aber mit echter Mähne und echtem Schweif; und Sattel und Zaumzeug wurden von den Hausbewohnern ehrfürchtig angestaunt. Auf diesem Pferde, vom Widerrist aus lenkbar, weil das edle Tier unter der Schabracke statt der Hufe gekoppelte Gummiräder hatte – auf diesem stolzen Renner wollte mein Vater am Faschingsumzug teilnehmen. Daraus wurde leider nichts. Denn der Motor des Pferdes, ein gleichfalls siebzigjähriger Bekannter, der, unter der Schabracke verborgen, Pferd und Reiter hätte schieben müssen, bekam die Grippe. So fiel der schöne Plan ins Wasser. Doch mein Vater trug auch diese Enttäuschung mit der ihm eignen Geduld. Der Geduldsfaden riss ihm, in seinem geduldigen Leben, nur ganz, ganz selten. Er war stets ein Meister des Handwerks und fast immer ein Meister im Lächeln. Er ist es auch heute noch.

Als ich ein kleiner Junge war, baute mein Vater noch keine lebensgroßen Pferde. Er wollte so viel Geld wie möglich verdienen, damit ich Lehrer werden konnte. Und er arbeitete und verdiente, so viel er vermochte, und das war zu wenig.

Deshalb beschloss meine Mutter, einen Beruf zu erlernen. Und wenn meine Mutter etwas beschlossen hatte, gab es niemanden, der es gewagt hätte, sich ihr in den Weg zu stellen. Kein Zufall und kein Schicksal wären so vorlaut gewesen! Ida Kästner, schon über fünfunddreißig Jahre alt, beschloss, einen Beruf zu ergreifen, und sie ergriff ihn. Weder sie noch das Schicksal zuckten mit der Wimper. Die Größe eines Menschen hängt nicht von der Größe seines Wirkungsfeldes ab. Das ist ein Lehrsatz und ein Grundsatz aus dem Kleinmaleins des Lebens. In den Schulen wird er nur selten erwähnt.

Meine Mutter wollte, trotz ihres Alters, wie ein Lehrling das Frisieren erlernen und eine selbstständige Friseuse werden. Nicht mit einem Ladengeschäft, das wäre zu teuer geworden. Sondern mit der Erlaubnis, das Gewerbe des Frisierens, des Ondulierens,

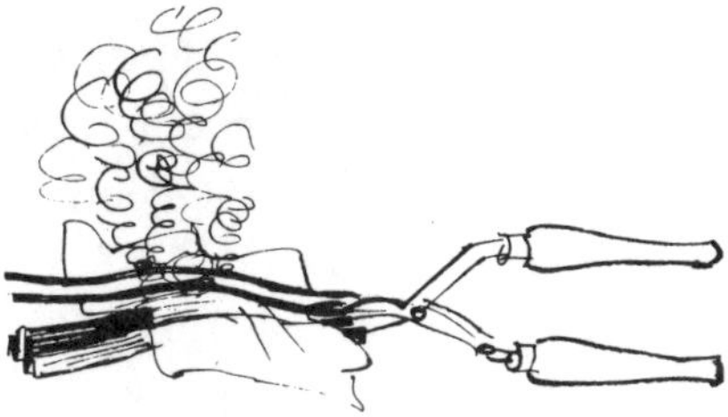

der Kopfwäsche und der schwedischen Kopfmassage in der Wohnung auszuüben. Der Innungsmeister, den sie aufsuchte, machte viele Einwände. Sie ließ keinen Einwand gelten und so galt keiner. Sie wurde an Herrn Schubert, einen renommierten Damenfriseur in der Strehlener Straße, verwiesen. Hier lernte sie, mit Talent und Feuereifer, alles, was es zu lernen gab, und kam, wochenlang, erst abends nach Ladenschluss heim. Müde und glücklich.

Damals war ich viel allein. Mittags aß ich für fünfzig Pfennig im Volkswohl. Hier herrschte Selbstbedienung, und das Essbesteck, das man mitbringen musste, holte ich aus dem Ranzen. Zu Hause spielte ich, mit Mamas Schlüsselbund, Wohnungsinhaber, machte Schularbeiten und Besorgungen, holte Holz und Kohlen aus dem Keller, schob Briketts in den Ofen, kochte und trank mit dem Lehrer Schurig, wenn er heimgekommen war, Kaffee und ging, während er sein Nachmittagsschläfchen auf dem grünen Sofa erledigte, in den Hof. Wenn er wieder fort war, wusch und schälte ich Kartoffeln, schnitt mich ein bisschen in den Finger und las, bis es dämmerte.

Oder ich marschierte quer durch die Stadt und holte meine Mutter bei Schuberts ab. Wenn ich, aus Angst, zu spät zu kommen, zu früh kam, sah ich zu, wie sie die Brenneisen schwang, erst an einem Stück Seidenpapier ausprobierte und dann an den meterlangen Haaren der Kundinnen. Die Frauen hatten ja damals noch lange Haare und bei manchen reichten sie bis in die Kniekehlen! Es roch nach Parfum und Birkenwasser. Die Kundinnen blickten unverwandt in den Spiegel und begutachteten die Frisur, die unter Mamas flinken Händen und unter Zuhilfenahme von Haarwolle, Brillantine und Lockennadeln hervorwuchs. Zuweilen blieb Meister Schubert, im weißen Kittel, neben seiner Schülerin und deren Opfer stehen, lobte oder griff kurz ein und zeigte sich von Woche zu Woche zufriedener.

Schließlich teilte er der Innung mit, dass die Hospitantin bei ihm alles Erforderliche gelernt habe, für ihr Handwerk viel Geschick und Geschmack besitze und dass er, als Meister und Inhaber Goldener und Silberner Medaillen, die Zulassung der Antragstellerin entschieden befürworte. Daraufhin erhielt Frau Ida Amalia Kästner, geb. Augustin, eine Urkunde, worauf der »Vorgenannten« erlaubt wurde, sich als selbstständige Friseuse zu bezeichnen und zu betätigen. Daraufhin holte ich, am selben Abend, in der Restauration »Sibyllenort«, Ecke Jordanstraße, zwei Liter einfaches Bier, und der Sieg wurde gewaltig gefeiert.

Als Friseurladen wurde, da kein anderer Platz übrig blieb, das linke Vorderviertel des Schlafzimmers hergerichtet. Mit einem Wandspiegel, einer Lampe, einem Wasserbecken, einem Anschluss für den Trockenapparat und mit Wandarmen für die Erhitzung der Brenn- und Ondulierscheren. Auf eine Warmwasseranlage wurde großzügig verzichtet. Sie wäre zu teuer geworden. Die Herstellung heißen Wassers für die Kopfwäsche, auf den Gasflammen in der Küche, wurde mir übertragen, und ich habe in den folgenden Jahren ganz gewiss Tausende von Krügen aus der Küche ins Schlafzimmer transportiert.

Kämme und Bürsten, Frottier- und Handtücher, flüssige Seife, Haarwasser, Brillantine, Nadeln, Lockennadeln, Haarnetze, Haareinlagen und Fette für die Kopfmassage mussten angeschafft werden. Geschäftskarten wurden verteilt. An der Haustür wurde ein Porzellanschild angeschraubt. Abonnementkarten, für Frisuren und für Kopfmassagen, wurden gedruckt. Oh, es gab vielerlei zu bedenken!

Schließlich musste Tante Martha noch ein paar Tage ihren Kopf hinhalten. Die ältere Schwester ondulierte, massierte und frisierte die jüngere, bis beiden vor Eifer und Gelächter die Puste ausging. Der einen taten die Finger und der anderen der Kopf weh. Doch die Generalprobe war nötig gewesen. Premieren ohne Generalprobe gibt es nicht. Erst dann darf das Publikum kommen. Und das Publikum kam.

Die Frau Bäckermeisterin Wirth und die Frau Bäckermeisterin Ziesche, die Frau Fleischermeisterin Kießling und die Frau Gemüsehändlerin Kletsch, die Frauen des Klempnermeisters, des Fahrradhändlers, des Tischlermeisters, des Blumenhändlers, des Drogisten und des Papierwarengeschäftsinhabers, die Frau des Schneidermeisters Großhennig, des Weiß- und Kurzwarenhändlers Kühne, des Restaurateurs, des Fotografen, des Apothekers, des Spirituosenhändlers, des Kohlenhändlers, des Wäschereibesitzers Bauer, die Inhaberin des Milchgeschäfts, die Töchter dieser Frauen, die Leiterinnen von Filialen und die Verkäuferinnen – alle strömten herbei. Erstens mussten sie, hinterm Ladentisch, adrett aussehen. Zweitens gab es in unserer Gegend wenig Damenfriseure. Drittens kamen sie, weil wir bei ihnen einkauften, und viertens, weil meine Mutter tüchtig und preiswert war.

Sie hatte alle Hände voll zu tun. Das Geschäft florierte. Und oft genug musste ich aufpassen, dass das Mittagessen auf dem Herde nicht völlig verbrutzelte. »Erich, iss schon immer!«, rief sie von nebenan. Aber ich wartete, drehte die Gasflamme klein, löffelte Wasser in die dampfenden Kochtöpfe, präparierte die Bratpfanne, deckte den Küchentisch und las, bis, nach längeren Unterhaltungen zwischen der Kundschaft und der geschätzten Friseuse im Korridor, endlich die Wohnungstür zuschlug.

Die geschätzte Friseuse wirkte auch außer Haus. Dann packte sie ihr Handwerkszeug, samt dem Spiritusbrenner, in die Mappe und eilte im Geschwindschritt bis, wenn es sein musste, in die entferntesten Stadtviertel. Diese beruflichen Gewaltmärsche galten vor allem den Kundinnen »im festen Abonnement«. Auf sie musste besondere Rücksicht genommen werden, denn sie waren schließlich das Rückgrat des Geschäfts. Sie zahlten ja zehn oder zwanzig Frisuren oder Massagen auf einmal! Unter den Abonnentinnen befand sich die Gattin eines reichen Juweliers, aber auch eine ärmliche Hausiererin, und gerade an sie erinnere ich mich gut.

Sie hieß Fräulein Jaenichen, wohnte am Turnerweg, über einer Kneipe, in einem trostlosen Zimmer und konnte sich nicht selbst frisieren, weil sie ein Krüppel war. Ihre Hände, aber auch die Füße, ja, der ganze Körper, alles war krumm und schief und verbogen. Niemand kümmerte sich um die unglückliche Person. Und so humpelte sie, auf eine kurze und eine längere Krücke gestützt, mit einer schweren Kiepe auf dem Buckel, über Land. Sie klingelte bei den Bauern und verkaufte allerlei kleinen Hausrat: Knöpfe, Bänder, Sicherheitsnadeln, Borten, Schnürsenkel, Schürzen, Wetzsteine, Gasanzünder, Nähseide, Strickwolle, Häkeldeckchen, Taschenmesser, Bleistifte und vieles andre. Und gerade weil sie so abschreckend aussah, die Arme, legte sie besonderen Wert darauf, schön frisiert zu sein.

Morgens gegen sechs Uhr musste meine Mutter aus dem Haus. Ich begleitete sie sehr oft, als würde es ihr dadurch leichter, das muffige Zimmer und den Anblick der unglückseligen Person zu ertragen. Eine halbe Stunde später halfen wir ihr, den schweren Korb mit den breiten Ledergurten zu schultern. Und dann kroch und watschelte sie, auf die ungleichen Krücken gestützt, zum Neustädter Bahnhof, von wo aus sie, in Vorortzügen, auf die Dörfer fuhr. Sie wankte, gebückt und nach beiden Seiten pendelnd, den Bahndamm entlang, hinein in die kühle Frühe und brauchte zehnmal mehr Zeit als die anderen Leute, die sie überholten. Es sah aus, als humple und trete sie auf der Stelle.

Sehr wichtig waren auch, geschäftlich betrachtet, die Hochzeiten. Da galt es, in der Wohnung der Brauteltern zehn, zwölf, wenn nicht gar fünfzehn weibliche Wesen herzurichten: die Brautjungfern, die Mutter, die Schwiegermutter, die Schwestern, Tanten, Freundinnen, Großmütter und Schwägerinnen und, vor allem, die glückliche Braut höchstselbst. Die Wohnungen waren klein. Die Aufregung war groß. Man trank süßen Südwein. In der Küche brannte der Quarkkuchen an. Die Schneiderin brachte das Hochzeitskleid zu spät. Die Braut heulte. Der Bräutigam kam zu früh. Die Braut heulte noch mehr. Der Brautvater schimpfte, weil er die Schachtel mit den Kragenknöpfchen nicht fand. Die Frauen, in Taft und Seide, schnatterten. »Frau Kästner!«, rief es hier. »Frau Kästner!«, rief es dort. Frau Kästner steckte inzwischen den Brautschleier und schnitt, weil er zu lang war, mit der Schere einen halben Meter weißen Tüll ab.

Vorm Haus bremsten die Hochzeitskutschen. Der Bräutigam und ein Brautführer polterten mit Flaschenbieren treppab, um den Kutschern das Warten zu erleichtern. Doch auch das war kein rechter Ausweg. Denn der Herr Pastor am Traualtar, der wartete nicht! Es wurde ja nicht nur bei Müllers geheiratet, sondern auch bei Schulzes, Meiers und Grundmanns. Wo waren die Buketts und die Körbchen für die Blumenstreukinder und wo steckten die Blumenstreukinder selber? Natürlich in der Küche, voller Kakaoflecken! Wo war die Flasche mit dem Fleckenwasser? Wo die Zylinderschachtel? Wo das Myrtensträußchen fürs Knopfloch? Wo waren die Gesangbücher?

Endlich knallte die Wohnungstür zu. Endlich rollten die Kutschen zur Kirche. Endlich war die Wohnung leer. Fast leer! Die Nachbarin, die versprochen hatte, auf den Braten aufzupassen, begann die Tische und die Stühle zusammenzustellen und die Hochzeitstafel zu decken. Mit den schönen Damasttüchern. Mit dem Meißner Zwiebelmusterporzellan. (»Protzellan« nannte ich das.) Mit dem Alpakasilber. Mit den bunten Kristallgläsern, die »Römer« heißen. Mit kunstvoll über den Damast verstreuten Blumen.

Meine Mutter saß inzwischen, mit müden Füßen und schmerzenden Händen, am Küchentisch, trank eine Tasse Bohnenkaffee, probierte den Kuchen, wickelte für mich ein Stück ein, stopfte es in ihre große Tasche und zählte den Verdienst und das Trinkgeld. Alle Knochen taten ihr weh. Im Kopf sauste und brauste es. Doch die Hochzeit hatte sich gelohnt. Die nächste Rate fürs Klavier konnte bezahlt werden. Und die nächste Klavierstunde bei Fräulein Kurzhals auch.

Fräulein Kurzhals wohnte bei ihren Eltern, im gleichen Haus wie wir, nur zwei Stock höher, und war mit mir leider sehr unzufrieden. Und leider mit Recht. Das teure, goldverzierte Klangmöbel stand ja in Lehrer Schurigs Wohnzimmer! Wenn er in seiner Schule war, war ich in meiner Schule. Wenn ich zu Hause war, war meist auch er zu Hause. Wann hätte ich gründlich üben sollen? Andrerseits, ich musste doch die geheimnisvolle schwarzweiße Tastenkunst erlernen, denn ich wollte ja Lehrer werden!

Mir blieb ein schwacher Trost in dunklen Stunden. Auch Paul Schurig spielte miserabel Klavier. Und er war trotzdem Lehrer geworden, na also!

DAS ZEHNTE KAPITEL

Zwei folgenschwere Hochzeiten

Die seltsamste Hochzeit, an die ich mich erinnere, hat sich mir deswegen eingeprägt, weil sie überhaupt nicht stattfand. Und das lag nicht daran, dass der Bräutigam vorm Altar Nein gesagt hätte oder aus der Kirche geflüchtet wäre. Es lag daran, dass es gar keinen Bräutigam gab! Das Beste wird sein, wenn ich die Geschichte der Reihe nach erzähle.

Eines Tages erschien bei uns ein älteres Fräulein namens Strempel, erzählte, dass sie am kommenden Sonnabend in der St.-Pauli-Kirche getraut werden würde, und bestellte meine Mutter für acht Uhr morgens. In die Oppelstraße 27, zwei Treppen links. Zehn Köpfe müssten festlich hergerichtet werden. Die Brautkutsche und fünf Droschken seien bestellt. Das Essen liefere das Hotel Bellevue, mit einer Eisbombe zum Nachtisch und einem Servierkellner im Frack. Fräulein Strempel machte verklärte Augen und schwärmte wie ein Backfisch. Wir gratulierten ihr zu ihrem Glück, und als sie gegangen war, gratulierten wir uns. Doch wir gratulierten zu früh.

Denn als ich am Sonnabendmittag aus der Schule kam, saß meine Mutter niedergeschlagen in der Küche und hatte verweinte Augen. Sie hatte Punkt acht Uhr im Hause Oppelstraße 27, zwei Treppen links, geläutet, war verblüfft angegafft und ärgerlich abgewiesen worden. Hier wohne kein Fräulein Strempel, und niemand denke daran, mittags in der St.-Pauli-Kirche zu heiraten!

Hatte sich meine Mutter eine falsche Hausnummer gemerkt? Sie fragte in den umliegenden Läden. Sie erkundigte sich in den

Nachbarhäusern. Sie klingelte an allen Türen. Sie stellte die Opelstraße auf den Kopf. Keiner kannte Fräulein Strempel. Und niemand hatte die Absicht, sich frisieren oder gar am Mittage trauen zu lassen. Unter den Leuten, die Auskunft gaben, waren auch nette Menschen, aber so gefällig war nicht einer.

Nun saßen wir also in der Küche und wunderten uns. Dass wir angeführt worden waren, hatten wir begriffen. Doch warum hatte uns die Person beschwindelt? Warum denn nur? Sie hatte meine Mutter geschädigt. Aber wo war ihr eigner Nutzen?

Ein paar Wochen später sah ich sie wieder! Ich kam mit Kießlings Gustav aus der Schule, und sie ging an uns vorüber, ohne mich zu erkennen. Sie schien es eilig zu haben. Da war nicht viel Zeit zu verlieren! Jetzt oder nie! Rasch nahm ich den Ranzen vom Rücken, gab ihn dem Freund, flüsterte: »Bring ihn zu meiner Mutter und sag ihr, ich käme heute später!« Und schon lief ich der Person nach. Gustav starrte hinter mir drein, zuckte die Achseln und brachte brav den Schulranzen zu Kästners. »Der Erich kommt heute später«, richtete er aus. »Warum?«, fragte meine Mutter. »Keine Ahnung«, sagte Gustav.

Inzwischen spielte ich Detektiv. Da mich Fräulein Strempel, die wahrscheinlich gar nicht Strempel hieß, nicht wiedererkannt hatte, war die Sache einfach. Ich brauchte mich nicht zu verstecken. Ich brauchte mir keinen Vollbart umzuhängen. Wo hätte ich den auch so schnell hernehmen sollen? Ich musste nur aufpassen, dass ich ihr auf den Fersen blieb. Nicht einmal das war ganz leicht, denn Fräulein Strempel oder Nichtstrempel hatte große Eile und lange Beine. Wir kamen gut vorwärts.

Albertplatz, Hauptstraße, Neustädter Markt, Augustusbrücke, Schlossplatz, Georgentor, Schlossstraße, es wollte kein Ende nehmen. Und ganz plötzlich nahm es doch ein Ende. Die Person bog links in den Altmarkt ein und verschwand hinter den gläsernen Flügeltüren von Schlesinger & Co., feinste Damenkonfektion. Ich fasste mir ein Herz und folgte ihr. Was werden sollte, wusste ich nicht. Dass mich der Geschäftsführer, die Direktricen und die Verkäuferinnen musterten, war peinlich. Aber was half's? Die Person durchquerte das Erdgeschoss, Abteilung Damenmäntel. Ich auch. Sie stieg die Treppe hoch und passierte den ersten Stock, Abteilung Kostüme, und stieg die nächste Treppe hoch. Ich auch. Sie betrat den zweiten Stock, Abteilung Sommer- und Backfischkleider, ging auf einen Wandspiegel zu, schob ihn zur Seite – und verschwand! Der Spiegel schob sich, hinter ihr, wieder an den alten Fleck. Es war wie in »Tausendundeine Nacht«.

Da stand ich nun zwischen Ladentischen, Spiegeln, fahrbaren Garderoben und unbeschäftigten Verkäuferinnen und rührte mich, vor Schreck und Pflichtgefühl, nicht von der Stelle. Wenn wenigstens Kundinnen da gewesen wären und anprobiert und gekauft hätten! Aber es war ja Mittagszeit, da war man daheim und nicht bei Schlesingers! Die Verkäuferinnen begannen zu kichern. Eine von ihnen kam auf mich zu und fragte mutwillig: »Wie wär's mit einem flotten Sommerkleidchen für den jungen Herrn? Wir haben entzückende Dessins auf Lager. Darf ich Sie zum Anprobieren in die Kabine bitten?« Die anderen Mädchen lachten und hielten sich die Hand vor den Mund.

Solche Gänse! Wieso war Fräulein Nichtstrempel hinter dem Spiegel verschwunden? Und wo war sie jetzt? Ich stand wie auf Kohlen. Eine Minute kann sehr lang sein.

Und schon wieder näherte sich eines dieser niederträchtigen Frauenzimmer! Sie hatte ein buntes Kleid vom Bügel genommen, hielt es mir unters Kinn, kniff prüfend die Augen zusammen und sagte: »Der Ausschnitt bringt Ihre wundervolle Figur vorzüglich zur Geltung!« Die Mädchen wollten sich vor Lachen ausschütten. Ich wurde rot und wütend. Da erschien eine ältere Dame auf der Bildfläche und die Etage wurde mäuschenstill. »Was machst denn du hier?«, fragte sie streng. Weil mir nichts Besseres einfiel, antwortete ich: »Ich suche meine Mutter.« Eines der Mädchen rief: »Von uns ist es keine!«, und das Gelächter brach von Neuem los. Sogar die ältere Dame verzog das Gesicht.

In diesem Moment glitt der Wandspiegel lautlos zur Seite und Fräulein Nichtstrempel trat heraus. Ohne Hut und Mantel. Sie strich sich übers Haar, sagte zu den anderen: »Mahlzeit allerseits!«, und begab sich hinter einen der Ladentische – sie war, bei Schlesinger im zweiten Stock, Verkäuferin! Und schon war ich auf der Treppe. Ich suchte den Geschäftsführer. Hier war ein Gespräch zwischen Männern am Platze!

Nachdem sich der Geschäftsführer meine Geschichte angehört hatte, hieß er mich warten, stieg in den zweiten Stock und kehrte, nach fünf Minuten, mit Fräulein Nichtstrempel zurück. Sie war wieder in Hut und Mantel. Und sie sah durch mich hindurch, als sei ich aus Glas. »Hör gut zu!«, sagte er zu mir. »Fräulein Nitzsche geht jetzt mit dir nach Hause. Sie wird sich mit deiner Mutter einigen und deren Schaden ratenweise gutmachen. Hier ist ein Zettel mit Fräulein Nitzsches Adresse, steck ihn ein und gib ihn deiner Mutter! Sie kann mich, falls es notwendig sein sollte, jederzeit aufsuchen. Adieu!«

Die Glastüren schwangen auf und zu. Fräulein Strempel, die Nitzsche hieß, und ich standen auf dem Altmarkt. Sie bog, ohne mich eines Blickes zu würdigen, in die Schlossstraße ein, und ich folgte ihr. Es war ein schrecklicher Marsch. Ich hatte gesiegt und fühlte mich recht elend. Ich kam mir vor wie einer jener bewaffneten Soldaten, die auf dem Heller hinter den Militärgefangenen herliefen. Ich war stolz und schämte mich. Beides zu gleicher Zeit. Das gibt es.

Schlossstraße, Schlossplatz, Augustusbrücke, Neustädter Markt, Hauptstraße, Albertplatz, Königsbrücker Straße – immer ging sie, kerzengerade, vor mir her. Immer folgte ich ihr mit fünf Schritten Abstand. Noch auf der Treppe. Vor unsrer Wohnungstür drehte sie sich zur Wand. Ich klingelte dreimal. Meine Mutter stürmte zur Tür, riss sie auf und rief: »Nun möchte ich endlich wissen, warum du …« Dann merkte sie, dass ich nicht allein war und wen ich mitbrachte. »Treten Sie näher, Fräulein Strempel«, sagte sie. »Fräulein Nitzsche«, verbesserte ich.

Sie wurden sich einig. Man vereinbarte drei Monatsraten, und Fräulein Nitzsche kehrte, mit einer Bescheinigung meiner Mutter in der Handtasche, zu Schlesinger & Co. zurück. Sie verzog keine Miene. Der Schaden ließ sich verschmerzen. Und trotzdem war es eine Katastrophe. Wir erfuhren es mit der Zeit. Die Gläubiger kamen von allen Seiten. Das Hotel, die Weinhandlung, der Fuhrhalter mit der Hochzeitskutsche, der Blumenladen, ein Wäschegeschäft, alle fühlten sich geschädigt, und alle wollten einen Teil des Schadens ratenweise ersetzt haben. Und Fräulein Nitzsche zahlte ihn ab. Monatelang.

Zum Glück behielt sie ihren Posten bei Schlesinger. Denn sie war eine tüchtige Verkäuferin. Und der Geschäftsführer hatte begriffen, was ich noch nicht begreifen konnte. Ein alterndes Fräulein, das keinen Mann fand, hatte heiraten wollen, und weil sich ihr Wunsch nicht erfüllte, log sie sich die Hochzeit zusammen.

Es war ein teurer Traum. Ein vergeblicher Traum. Und als sie erwacht war, bezahlte sie ihn ratenweise und wurde mit jeder Monatsrate ein Jahr älter. Manchmal begegneten wir uns auf der Straße. Wir sahen einander nicht an. Wir hatten beide recht und unrecht. Doch ich war besser dran. Denn sie bezahlte einen ausgeträumten Traum, ich aber war ein kleiner Junge.

Eine andere Hochzeit, an die ich mich erinnere, brachte uns noch viel mehr Kummer, obwohl sie kein missratener Traum war, sondern stattfand, wie sich's gehört. Diesmal war der Bräutigam keine Erfindung. Es gab ihn und er machte keine Fluchtversuche. Doch das Elternhaus der Braut und die Kirche lagen in Niederpoyritz, weit draußen im Elbtal, und der Wintertag, zwischen Weihnachten und Neujahr, war hart, eiskalt und unerbittlich.

Ich wartete im Gasthof. Ich saß und aß und las, und die Stunden ließen sich viel Zeit. Sie schlichen müde um den glühenden Kanonenofen herum. Die Welt vorm Fenster war grauweiß und kahl und der Wind fegte die Felder wie ein betrunkener Hausknecht. Er kehrte den alten, verharschten Schnee aus einer Ecke in die andre. Er wirbelte ihn wie Staub in die Luft und heulte und johlte, dass die Fenster klirrten. Manchmal blickte ich hinaus und dachte: »So muss es in Sibirien sein!« Und es war doch nur in Niederpoyritz bei Dresden an der Elbe.

Als mich meine Mutter nach fünf Stunden abholte, war sie von der Arbeit so erschöpft, dass sie sich nicht auszuruhen traute. Sie drängte zum Aufbruch. Sie wollte heim. Und so machten wir uns auf den Weg. Es war ein Weg ohne Wege. Es war ein Tag ohne Licht. Wir versanken in Schneewehen. Der Sturm sprang uns von allen Seiten an, dass wir taumelten. Wir hielten uns aneinander fest. Wir froren bis unter die Haut. Die Hände starben ab. Die Füße waren wie aus Holz. Die Nase und die Ohren wurden kalkweiß.

Kurz bevor wir die Haltestelle erreichten, fuhr die Straßenbahn davon, sosehr wir auch riefen und winkten. Die nächste kam zwanzig Minuten später. Sie war ungeheizt und von Schnee verklebt. Wir saßen während der langen Fahrt stumm und steif nebeneinander und klapperten mit den Zähnen. Daheim legte sich meine Mutter ins Bett und blieb zwei Monate liegen. Sie hatte große Schmerzen in den Kniegelenken. Sanitätsrat Zimmermann sprach von einer Schleimbeutelentzündung und verordnete Umschläge mit fast kochendem Wasser.

In diesen Wochen war ich Krankenschwester, verbrühte mir die Hände und panierte sie mit Kartoffelmehl. Ich war Koch und fabrizierte mittags, wenn ich aus der Schule kam, Rühreier, deutsche Beefsteaks, Bratkartoffeln, Reis- und Nudelsuppen mit Rindfleisch, Niere und Wurzelwerk, Linsen mit Würstchen, sogar Rindfleisch mit Senf- und Rosinensoße. Ich war Kellner und servierte meine versalzenen, zerkochten und angebrannten Meisterwerke stolz und ungeschickt auf Mutters Bett. Ich deckte abends Lehrer Schurigs Tisch mit kalter Küche und schnitt mir manchmal heimlich eine Scheibe Wurst ab. Ich holte, für unser eignes Abendbrot, die Mahlzeiten in großen Töpfen aus dem Volkswohl, und wenn mein Vater aus der Kofferfabrik heimkam, wärmten wir das Essen auf. Nach dem Essen wuschen wir das Geschirr ab und Paul Schurig half beim Abtrocknen. Die Teller und Tassen klapperten und klirrten, dass die Mama im Schlafzimmer zusammenzuckte.

Manchmal wuschen wir sogar die Wäsche und hängten sie auf die Leine, die wir quer durch die Küche gezogen hatten. Dann krochen wir, geduckt wie Indianer auf dem Kriegspfad, unter und zwischen den klatschnassen Taschentüchern, Hemden, Bett- und Handtüchern und Unterhosen umher und probierten alle Viertelstunden, ob die Wäsche endlich trocken sei. Doch sie ließ sich nicht drängen, und wir mussten mit dem Scheuerhader manche Pfütze aufwischen, damit das Linoleum keine Flecken bekam.

Es war eine rechte Junggesellenwirtschaft. Und meine Mutter litt nicht nur wegen ihrer Knie, sondern auch unsertwegen. Sie hatte Angst ums Geschirr. Sie hatte Angst, ich könne verhungern. Und sie hatte Angst, die Kundinnen würden ihr untreu werden und zur Konkurrenz gehen. Diese dritte Sorge war nicht unberechtigt. In der Eschenstraße hatte sich ein Damenfriseur etabliert und machte in den umliegenden Geschäften seine Antrittsbesuche. Da tat Eile not.

Sanitätsrat Zimmermann erklärte, die Patientin sei noch krank. Die Patientin behauptete, sie sei gesund. Und so blieb kein Zweifel, wer von beiden recht behielte. Sie stand auf, biss die Zähne zusammen, hielt sich beim Gehen unauffällig an den Möbeln fest und war gesund. Ich trabte, die frohe Botschaft verkündend, von Geschäft zu Geschäft. Die Konkurrenz war abgeschlagen. Der Haushalt kam wieder ins Lot. Das Leben nahm seinen alten Gang.

Ein Kind hat Kummer

Es gibt viele gescheite Leute auf der Welt und manchmal haben sie recht. Ob sie recht haben, wenn sie behaupten, Kinder sollten unbedingt Geschwister haben, nur weil sie sonst zu allein aufwüchsen, verzärtelt würden und fürs ganze Leben Eigenbrötler blieben, weiß ich nicht. Auch gescheite Leute sollten sich vor Verallgemeinerungen hüten. Zwei mal zwei ist immer und überall vier, in Djakarta, auf der Insel Rügen, sogar am Nordpol; und es stimmte auch schon unter Kaiser Barbarossa. Doch bei manchen anderen Behauptungen liegen die Dinge anders. Der Mensch ist kein Rechenexempel. Was auf den kleinen Fritz zutrifft, muss bei dem kleinen Karl nicht stimmen.

Ich blieb das einzige Kind meiner Eltern und war damit völlig einverstanden. Ich wurde nicht verzärtelt und fühlte mich nicht einsam. Ich besaß ja Freunde! Hätte ich einen Bruder mehr lieben können als Kießlings Gustav und eine Schwester herzlicher als meine Cousine Dora? Freunde kann man sich aussuchen, Geschwister nicht. Freunde wählt man aus freien Stücken, und wenn man spürt, dass man sich ineinander geirrt hat, kann man sich trennen. Solch ein Schnitt tut weh, denn dafür gibt es keine Narkose. Doch die Operation ist möglich und die Heilung der Wunde im Herzen auch.

Mit Geschwistern ist das anders. Man kann sie sich nicht aussuchen. Sie werden ins Haus geliefert. Sie treffen per Nachnahme ein und man darf sie nicht zurückschicken. Geschwister sendet das Schicksal nicht auf Probe. Zu unserm Glück können aus Geschwistern Freunde werden. Häufig bleiben sie nur Geschwister. Manchmal werden sie zu Feinden. Das Leben und die Romane erzählen über das Thema schöne und rührende, aber auch traurige und schreckliche Geschichten. Ich habe manche gehört und gelesen. Aber mitreden, das kann ich nicht. Denn ich blieb, wie gesagt, das einzige Kind und war damit einverstanden.

Nur einmal in jedem Jahr hätte ich sehnlich gewünscht, Geschwister zu besitzen: am Heiligabend! Am ersten Feiertag hätten sie ja gut und gerne wieder fortfliegen können, meinetwegen erst nach dem Gänsebraten mit den rohen Klößen, dem Rotkraut und dem Selleriesalat. Ich hätte sogar auf meine eigene Portion verzichtet und stattdessen Gänseklein gegessen, wenn ich nur am 24. Dezember abends nicht allein gewesen wäre! Die Hälfte der Geschenke hätten sie haben können und es waren wahrhaftig herrliche Geschenke!

Und warum wollte ich gerade an diesem Abend, am schönsten Abend eines Kinderjahres, nicht allein und nicht das einzige Kind sein? Ich hatte Angst. Ich fürchtete mich vor der Bescherung! Ich hatte Furcht davor und durfte sie nicht zeigen. Es ist kein Wunder, dass ihr das nicht gleich versteht. Ich habe mir lange überlegt, ob ich darüber sprechen solle oder nicht. Ich will darüber sprechen! Also muss ich es euch erklären.

Meine Eltern waren, aus Liebe zu mir, aufeinander eifersüchtig. Sie suchten es zu verbergen und oft gelang es ihnen. Doch am schönsten Tag im Jahr gelang es ihnen nicht. Sie nahmen sich sonst, meinetwegen, so gut zusammen, wie sie konnten, doch am Heiligabend konnten sie es nicht sehr gut. Es ging über ihre Kraft. Ich wusste das alles und musste, uns dreien zuliebe, so tun, als wisse ich's nicht.

Wochenlang, halbe Nächte hindurch, hatte mein Vater im Keller gesessen und zum Beispiel einen wundervollen Pferdestall gebaut. Er hatte geschnitzt und genagelt, geleimt und gemalt,

Schriften gepinselt, winziges Zaumzeug zugeschnitten und genäht, die Pferdemähnen mit Bändern durchflochten, die Raufen mit Heu gefüllt, und immer noch war ihm, beim Blaken der Petroleumlampe, etwas eingefallen, noch ein Scharnier, noch ein Beschlag, noch ein Haken, noch ein Stallbesen, noch eine Haferkiste, bis er endlich zufrieden schmunzelte und wusste: »Das macht mir keiner nach!«

Ein andermal baute er einen Rollwagen mit Bierfässern, Klappleitern, Rädern mit Naben und Eisenbändern, ein solides Fahrzeug mit Radachsen und auswechselbaren Deichseln, je nachdem, ob ich zwei Pferde oder nur eins einspannen wollte, mit Lederkissen fürs Abladen der Fässer, mit Peitschen und Bremsen am Kutschbock, und auch dieses Spielzeug war ein fehlerloses Meisterstück und Kunstwerk!

Es waren Geschenke, bei deren Anblick sogar Prinzen die Hände überm Kopf zusammengeschlagen hätten, aber Prinzen hätte mein Vater sie nicht geschenkt.

Wochenlang, halbe Tage hindurch, hatte meine Mutter die Stadt durchstreift und die Geschäfte durchwühlt. Sie kaufte jedes Jahr Geschenke, bis sich deren Versteck, die Kommode, krumm bog. Sie kaufte Rollschuhe, Ankersteinbaukästen, Buntstifte, Farbtuben, Malbücher, Hanteln und Keulen für den Turnverein, einen Faustball für den Hof, Schlittschuhe, musikalische Wunderkreisel, Wanderstiefel, einen Norwegerschlitten, ein Kästchen mit Präzisionszirkeln auf blauem Samt, einen Kaufmannsladen, einen Zauberkasten, Kaleidoskope, Zinnsoldaten, eine kleine Druckerei mit Setzbuchstaben und, von Paul Schurig und den Empfehlungen des Sächsischen Lehrervereins angeleitet, viele,

viele gute Kinderbücher. Von Taschentüchern, Strümpfen, Turnhosen, Rodelmützen, Wollhandschuhen, Sweatern, Matrosenblusen, Badehosen, Hemden und ähnlich nützlichen Dingen ganz zu schweigen.

Es war ein Konkurrenzkampf aus Liebe zu mir und es war ein verbissener Kampf. Es war ein Drama mit drei Personen und der letzte Akt fand, alljährlich, am Heiligabend statt. Die Hauptrolle spielte ein kleiner Junge. Von seinem Talent aus dem Stegreif hing es ab, ob das Stück eine Komödie oder ein Trauerspiel wurde. Noch heute klopft mir, wenn ich daran denke, das Herz bis in den Hals.

Ich saß in der Küche und wartete, dass man mich in die gute Stube riefe, unter den schimmernden Christbaum, zur Bescherung. Meine Geschenke hatte ich parat: für den Papa ein Kistchen mit zehn oder gar fünfundzwanzig Zigarren, für die Mama einen Schal, ein selbst gemaltes Aquarell oder – als ich einmal nur noch fünfundsechzig Pfennige besaß – in einem Karton aus Kühnes Schnittwarengeschäft, hübsch verpackt, die sieben Sachen. Die sieben Sachen? Ein Röllchen weißer und ein Röllchen schwarzer Seide, ein Heft Stecknadeln und ein Heft Nähnadeln, eine Rolle weißen Zwirn, eine Rolle schwarzen Zwirn und ein Dutzend mittelgroßer schwarzer Druckknöpfe, siebenerlei Sachen für fünfundsechzig Pfennige. Das war, fand ich, eine Rekordleistung! Und ich wäre stolz darauf gewesen, wenn ich mich nicht so gefürchtet hätte.

Ich stand also am Küchenfenster und blickte in die Fenster gegenüber. Hier und dort zündete man schon die Kerzen an. Der Schnee auf der Straße glänzte im Laternenlicht. Weihnachtslieder erklangen. Im Ofen prasselte das Feuer, aber ich fror. Es duftete nach Rosinenstollen, Vanillezucker und Zitronat. Doch mir war elend zumute. Gleich würde ich lächeln müssen, statt weinen zu dürfen.

Und dann hörte ich meine Mutter rufen: »Jetzt kannst du kommen!« Ich ergriff die hübsch eingewickelten Geschenke für die beiden und trat in den Flur. Die Zimmertür stand offen. Der Christbaum strahlte. Vater und Mutter hatten sich links und rechts vom Tisch postiert, jeder neben seine Gaben, als sei das Zimmer samt dem Fest halbiert. »Oh«, sagte ich, »wie schön!«, und meinte beide Hälften. Ich hielt mich noch in der Nähe der

Tür, sodass mein Versuch, glücklich zu lächeln, unmissverständlich beiden galt. Der Papa, mit der erloschnen Zigarre im Munde, beschmunzelte den firnisblanken Pferdestall. Die Mama blickte triumphierend auf das Gabengebirge zu ihrer Rechten. Wir lächelten zu dritt und überlächelten unsre dreifache Unruhe. Doch ich konnte nicht an der Tür stehen bleiben!

Zögernd ging ich auf den herrlichen Tisch zu, auf den halbierten Tisch, und mit jedem Schritt wuchsen meine Verantwortung, meine Angst und der Wille, die nächste Viertelstunde zu retten. Ach, wenn ich allein gewesen wäre, allein mit den Geschenken und dem himmlischen Gefühl, doppelt und aus zweifacher Liebe beschenkt zu werden! Wie selig wär ich gewesen und was für ein glückliches Kind! Doch ich musste meine Rolle spielen, damit das Weihnachtsstück gut ausgehe. Ich war ein Diplomat, erwachsener als meine Eltern, und hatte dafür Sorge zu tragen, dass unsre feierliche Dreierkonferenz unterm Christbaum ohne Missklang verlief. Ich war, schon mit fünf und sechs Jahren und später erst recht, der Zeremonienmeister des Heiligen Abends und entledigte mich der schweren Aufgabe mit großem Geschick. Und mit zitterndem Herzen.

Ich stand am Tisch und freute mich im Pendelverkehr. Ich freute mich rechts, zur Freude meiner Mutter. Ich freute mich an der linken Tischhälfte über den Pferdestall im Allgemeinen. Dann freute ich mich wieder rechts, diesmal über den Rodelschlitten, und dann wieder links, besonders über das Lederzeug. Und noch einmal rechts, und noch einmal links, und nirgends zu lange, und nirgends zu flüchtig. Ich freute mich ehrlich und musste meine Freude zerlegen und zerlügen. Ich gab beiden je einen Kuss auf die Backe. Meiner Mutter zuerst. Ich verteilte meine Geschenke und begann mit den Zigarren. So konnte ich, während der Papa das Kistchen mit seinem Taschenmesser öffnete und die Zigarren beschnupperte, bei ihr ein wenig länger stehen bleiben als bei ihm. Sie bewunderte ihr Geschenk, und ich drückte sie heimlich an mich, so heimlich, als sei es eine Sünde. Hatte er es trotzdem bemerkt? Machte es ihn traurig?

Nebenan, bei Grüttners, sangen sie »O du fröhliche, o du selige, gnadenbringende Weihnachtszeit!«. Mein Vater holte ein Portemonnaie aus der Tasche, das er im Keller zugeschnitten und genäht hatte, hielt es meiner Mutter hin und sagte: »Das hätt ich ja beinahe vergessen!« Sie zeigte auf ihre Tischhälfte, wo für ihn Socken, warme lange Unterhosen und ein Schlips lagen. Manchmal fiel ihnen, erst wenn wir bei Würstchen und Kartoffelsalat saßen, ein, dass sie vergessen hatten, einander ihre Geschenke zu geben. Und meine Mutter meinte: »Das hat ja Zeit bis nach dem Essen.«

Anschließend gingen wir zu Onkel Franz. Es gab Kaffee und Stollen. Dora zeigte mir ihre Geschenke. Tante Lina klagte ein bisschen über ihre Aderbeine. Der Onkel griff nach einer Havannakiste, hielt sie meinem Vater unter die Nase und sagte: »Da, Emil! Nun rauch mal 'ne anständige Zigarre!« Der Papa erklärte, leicht gekränkt: »Ich hab selber welche!« Onkel Franz meinte ärgerlich: »Nun nimm schon eine! So was kriegst du nicht alle Tage!« Und mein Vater sagte: »Ich bin so frei.«

Frieda, die Wirtschafterin und treue Seele, schleppte Stollen, Pfefferkuchen, Rheinwein oder, wenn der Winter kalt geraten war, dampfenden Punsch herbei und setzte sich mit an den Tisch. Dora und ich versuchten uns auf dem Klavier an Weihnachtsliedern, der »Petersburger Schlittenfahrt« und dem »Schlittschuhwalzer«. Und Onkel Franz begann, meine Mutter zu hänseln, indem er aus der Kaninchenhändlerzeit erzählte. Er machte uns vor, wie die Schwester damals ihre Brüder verklatscht hätte. Meine Mutter wehrte sich, so gut sie konnte. Aber gegen Onkel Franz und seine Stimme war kein Kraut gewachsen. »Eine alte Klatschbase warst du!«, rief er laut, und zu meinem Vater sagte er übermütig: »Emil, deine Frau war schon als Kind zu fein für uns!« Mein Vater blinzelte stillvergnügt über den Brillenrand, trank einen Schluck Wein, wischte sich den Schnurrbart und genoss es von ganzem Herzen, dass meine Mutter endlich einmal nicht das letzte Wort haben sollte. Das war für ihn das schönste Weihnachtsgeschenk! Sie hatte vom Weintrinken rote Bäckchen bekommen. »Ihr wart ganz gemeine, niederträchtige und faule Lausejungen!«, rief sie giftig. Onkel Franz freute sich, dass sie sich ärgerte. »Na und, Frau Gräfin?«, gab er zur Antwort. »Aus uns ist trotzdem was geworden!« Und er lachte, dass die Christbaumkugeln schepperten.

Das Quadrat ist kein Kreis und der Mensch ist kein Engel. Die Quadrate scheinen sich damit abgefunden zu haben, dass sie nicht rund sind. Jedenfalls hat man bis heute nichts Gegenteiliges gehört. Sie sind, lässt sich vermuten, mit ihren vier rechten Winkeln und mit ihren vier gleich langen Seiten einverstanden. Sie sind die vollkommensten Vierecke, die man sich denken kann. Damit ist ihr Ehrgeiz befriedigt.

Bei den Menschen ist das anders, zumindest bei denen, die über sich hinausstreben. Sie wollen nicht etwa vollkommene Menschen werden, was ein schönes und angemessenes Ziel wäre, sondern Engel. Sie streben, soweit sie das überhaupt tun, nach dem falschen Ideal. Die unvollkommene Frau Lehmann möchte nicht die vollkommene Frau Lehmann werden, sondern eine Art heiliger Cäcilie. Glücklicherweise erreicht sie das falsche Ziel nicht, sonst hätten Herr Lehmann und die Kinder nichts zu lachen. Mit einer Heiligen, mit einem Engel wäre ihnen nicht gedient. Sondern mit der vollkommenen Frau Lehmann. Doch gerade diese kriegen sie nicht. Denn gerade das will Frau Lehmann nicht werden. So sieht sie zum Schluss aus wie ein schiefes, krumm gezogenes Viereck, das ein Kreis werden wollte. Das ist kein schöner Anblick.

Meine Mutter war kein Engel und wollte auch keiner werden. Ihr Ideal war handgreiflicher. Ihr Ziel lag in der Ferne, doch nicht in den Wolken. Es war erreichbar. Und weil sie energisch war wie niemand sonst und sich von niemandem dreinreden ließ, erreichte sie es. Ida Kästner wollte die vollkommene Mutter ihres Jungen werden. Und weil sie das werden wollte, nahm sie auf niemanden Rücksicht, auch auf sich selber nicht, und wurde die vollkommene Mutter. All ihre Liebe und Fantasie, ihren ganzen Fleiß, jede Minute und jeden Gedanken, ihre gesamte Existenz setzte sie, fanatisch wie ein besessener Spieler, auf eine einzige Karte, auf mich. Ihr Einsatz hieß: ihr Leben, mit Haut und Haar!

Die Spielkarte war ich. Deshalb musste ich gewinnen. Deshalb durfte ich sie nicht enttäuschen. Deshalb wurde ich der beste Schüler und der bravste Sohn. Ich hätte es nicht ertragen, wenn sie ihr großes Spiel verloren hätte. Da sie die vollkommene Mutter sein wollte und war, gab es für mich, die Spielkarte, keinen Zweifel: Ich musste der vollkommene Sohn werden. Wurde ich's? Jedenfalls versuchte ich es. Ich hatte ihre Talente geerbt: ihre Tatkraft, ihren Ehrgeiz und ihre Intelligenz. Damit war schon etwas anzufangen. Und wenn ich, ihr Kapital und Spieleinsatz, wirklich einmal müde wurde, nur und immer wieder zu gewinnen, half mir, als letzte Reserve, eines weiter: Ich hatte die vollkommene Mutter ja lieb. Ich hatte sie sehr lieb.

Erreichbare Ziele sind besonders deshalb und deshalb besonders anstrengend, weil wir sie erreichen möchten. Sie fordern uns heraus, und wir machen uns, ohne nach links oder rechts zu blicken, auf den Weg. Meine Mutter blickte weder nach links noch nach rechts. Sie liebte mich und niemanden sonst. Sie war gut zu mir und darin erschöpfte sich ihre Güte. Sie schenkte mir ihren Frohsinn und für andere blieb nichts übrig. Sie dachte nur an mich, weitere Gedanken hatte sie keine. Ihr Leben galt mit jedem Atemzuge mir, nur mir.

Darum erschien sie allen anderen kalt, streng, hochmütig, selbstherrlich, unduldsam und egoistisch. Sie gab mir alles, was sie war und was sie hatte, und stand vor allen anderen mit leeren Händen da, stolz und aufrecht und doch eine arme Seele. Das erfüllte sie mit Trauer. Das machte sie unglücklich. Das trieb sie manchmal zur Verzweiflung. Ich sage das nicht obenhin und nicht als Redensart. Ich weiß, was ich sage. Ich war ja dabei, wenn sich ihre Augen verdunkelten. Damals, als ich ein kleiner Junge war. Ich fand sie ja, die hastig bekritzelten Zettel, wenn ich aus der Schule kam! Auf dem Küchentisch lagen sie. »Ich kann nicht mehr!« stand darauf. »Sucht mich nicht!« stand darauf. »Leb wohl, mein lieber Junge!« stand darauf. Und die Wohnung war leer und tot.

Dann jagte ich, von wilder Angst gehetzt und gepeitscht, laut weinend und fast blind vor Tränen, durch die Straßen, elbwärts und den steinernen Brücken entgegen. Die Schläfen hämmerten. Der Kopf dröhnte. Das Herz raste. Ich lief in Passanten hinein, sie schimpften, und ich jagte weiter. Ich taumelte vor Atemlosigkeit, schwitzte und fror, fiel hin, rappelte mich hoch, merkte nicht, dass ich blutete, und jagte weiter. Wo konnte sie sein! Würde ich sie finden? Hatte sie sich etwas angetan? War sie gerettet worden? War es noch Zeit oder war es zu spät? »Mutti, Mutti, Mutti!«, stammelte ich in einem fort und rannte um ihr Leben. »Mutti, Mutti, Mutti, Mutti!« Mir fiel nichts weiter ein. Es war bei diesem Wettlauf mit dem Tod mein einziges endloses Gebet.

Ich fand sie fast jedes Mal. Und fast jedes Mal auf einer der Brücken. Dort stand sie bewegungslos, blickte auf den Strom hinunter und sah aus wie eine Wachsfigur. »Mutti, Mutti, Mutti!« Nun schrie ich es laut und immer lauter. Mit letzter Kraft schleppte ich mich zu ihr hin. Ich packte sie, zerrte an ihr, umarmte sie, schrie und weinte und schüttelte sie, als sei sie eine große bleiche Puppe – und dann erwachte sie wie aus einem Schlaf mit offnen Augen. Jetzt erst erkannte sie mich. Jetzt erst merkte sie, wo wir waren. Jetzt erst erschrak sie. Jetzt erst konnte sie weinen und mich fest an sich drücken und mühsam und heiser sagen: »Komm, mein Junge, bring mich nach Hause!« Und nach den ersten zaghaften Schritten flüsterte sie: »Es ist schon wieder gut.«

Manchmal fand ich sie nicht. Dann irrte ich ratlos von einer Brücke zur andern, lief heim, um nachzusehen, ob sie inzwischen zurückgekommen sei, rannte wieder zum Fluss, die Brückentreppen hinunter, das Neustädter Ufer entlang, schluchzte und bebte vor Angst, ich könne Boote entdecken, von denen aus man mit langen Stangen nach jemandem fischte, der von der Brücke gesprungen war. Dann schleppte ich mich wieder nach Hause und warf mich, von Hoffnung und Verzweiflung geschüttelt, über ihr Bett. Halb ohnmächtig vor Erschöpfung schlief ich ein. Und wenn ich erwachte, saß sie neben mir und drückte mich fest an sich. »Wo bist du gewesen?«, fragte ich, glücklich und ratlos. Sie wusste es nicht. Sie schüttelte über sich selber den Kopf. Dann versuchte sie zu lächeln und flüsterte, auch diesmal: »Es ist schon wieder gut.«

Eines Nachmittags ging ich, statt zu spielen, heimlich zu Sanitätsrat Zimmermann in die Sprechstunde und schüttete ihm mein Herz aus. Er drehte seinen Knebelbart zwischen den nikotinbraunen Fingern, betrachtete mich freundlich und sagte: »Deine Mutter arbeitet zu viel. Ihre Nerven sind nicht gesund. Es sind Krisen, schwer und kurz wie Gewitter im Sommer. Sie müssen sein, damit sich die Natur wieder einrenkt. Hinterher ist die Luft doppelt frisch und rein.« Ich sah ihn zweifelnd an. »Auch die Menschen«, meinte er, »gehören zur Natur.« – »Aber nicht alle Menschen wollen von Brücken springen«, wandte ich ein. »Nein«, sagte er, »glücklicherweise nicht.«

Er fuhr mir übers Haar. »Deine Mutter müsste ein paar Monate ausspannen. Irgendwo in der Nähe. In Tharandt, in Weixdorf, in Langebrück. Du könntest mittags von der Schule aus hinausfahren und bis zum Abend bei ihr bleiben. Schularbeiten kann man auch in Weixdorf machen.« – »Sie wird es nicht tun«, erwiderte ich, »wegen der Kundschaft. Ein paar Monate, das ist zu lange.« – »Weniger wäre zu wenig«, gab er zur Antwort, »aber du hast recht: Sie wird es nicht tun.« Ich sagte schuldbewusst: »Sie wird es meinetwegen nicht tun. Sie plagt sich meinetwegen ab. Meinetwegen braucht sie das Geld.« Während er mich zur Tür brachte, klopfte er mir auf die Schulter. »Mach dir keine Vorwürfe! Wenn sie dich nicht hätte, wär es viel schlimmer.« – »Sie erzählen ihr nicht, dass ich hier war?« – »Na erlaube mal! Natürlich nicht!« – »Und Sie glauben nicht, dass sie wirklich von der Brücke … vielleicht … eines Tages …?« – »Nein«, sagte er, »das glaub ich nicht. Auch wenn sie alles um sich her vergisst, wird ihr Herz an dich denken.« Er lächelte. »Du bist ihr Schutzengel.«

An diese letzten Sätze dachte ich oft im Leben. Sie haben mich zugleich getröstet und bedrückt. Ich erinnerte mich ihrer auch noch, als ich ein Mann von etwa fünfzig Jahren war und meine Mutter im Sanatorium besuchte. Es war viel geschehen. Dresden lag in Trümmern. Die Eltern hatten es überlebt. Wir waren lange getrennt gewesen. Die Post und die Eisenbahn hatten lange Zeit lahmgelegen. Nun endlich sahen wir einander wieder. In einem Sanatorium. Denn meine Mutter litt, fast achtzigjährig und erschöpft von einem Leben, das Mühe und Arbeit gewesen war, am Dahinschwinden ihres Gedächtnisses und bedurfte der Aufsicht und Pflege.

Sie hielt ein Taschentuch auf den Knien, breitete es auseinander und faltete es zusammen, in einem fort und ruhelos, schaute mich verwirrt lächelnd an, schien mich zu erkennen, nickte mir zu und fragte mich dann: »Wo ist denn der Erich?« Sie fragte mich nach ihrem Sohn! Und mir krampfte sich das Herz zusammen. Wie damals, wenn sie geistesabwesend auf einer der Brücken stand.

»Auch wenn sie alles um sich her vergisst«, hatte Sanitätsrat Zimmermann gesagt, »wird ihr Herz an dich denken.« Jetzt hatten ihre Augen sogar mich vergessen, ihr einziges Ziel und Glück! Doch nur die Augen. Ihr Herz nicht.

Onkel Franz wird Millionär

Das vorige Kapitel klang nicht sehr heiter. Ein Kind hatte Kummer und das Kind war ich selber. Hätte ich's euch nicht erzählen sollen? Das wäre falsch gewesen. Kummer gibt es, glaub ich, wie es Hagelschlag und Waldbrände gibt. Man kann sich eine glücklichere Welt als die unsrige ausmalen. Eine Welt, worin keiner hungert und niemand in den Krieg muss. Doch auch dann bliebe noch Kummer genug zurück, der sich durch vernünftigere Regierungen und beherztere Maßnahmen nicht ausrotten ließe. Und wer diesen Kummer verschwiege, wäre ein Lügner.

Durch rosarote Brillen sieht die Welt rosarot aus. Das mag ein hübscher Anblick sein, aber es handelt sich um eine optische Täuschung. Es liegt an der Brille und nicht an der Welt. Wer beides miteinander verwechselt, wird sich wundern, wenn ihm das Leben die Brille von der Nase nimmt.

Es gibt auch Optiker – ich meine eigentlich Dichter und Philosophen –, die den Leuten Brillen mit schwarzen Gläsern verkaufen, und schon ist die Erde ein Jammertal und ein hoffnungslos verfinsterter Stern. Wer uns dunkle Brillen empfiehlt, damit uns die Sonne nicht zu sehr in die Augen sticht, ist ein braver Kaufmann. Wer sie uns aufsetzt, damit wir glauben sollen, die Sonne scheine nicht, ist ein Gauner.

Das Leben ist nicht nur rosafarben und nicht nur schwarz, sondern bunt. Es gibt gute Menschen und böse Menschen und die guten sind mitunter böse und die bösen manchmal gut. Wir können lachen und weinen, und zuweilen weinen wir, als könnten wir nie wieder lachen, oder wir lachen so herzlich, als hätten wir nie vorher geweint. Wir haben Glück und haben Unglück, und Glück im Unglück gibt es auch. Wer es besser weiß, ist ein Besserwisser. Wer sich hinstellt und behauptet, zwei mal zwei sei fünf, steht einzig da, doch das ist auch alles. Er kann sich mit seiner Originalität einpacken lassen. Alte Wahrheiten sind und klingen nicht originell, doch es sind und bleiben Wahrheiten, und das ist die Hauptsache.

Ich hatte geweint, als könne ich nie wieder lachen. Und ich konnte wieder lachen, als hätte ich nie geweint. »Es ist schon wieder gut«, hatte meine Mutter gesagt, und so war es wieder gut. Fast wieder gut.

Die Hechtstraße war eine schmale graue und übervölkerte Straße. Hier hatten, weil die Läden billig waren, Onkel Franz und Onkel Paul als junge Fleischermeister begonnen, ihr Leben zu meistern. Und obwohl die beiden einfenstrigen Geschäfte, nur durch die Fahrstraße getrennt, einander gegenüberlagen und die zwei Inhaber gleicherweise Augustin hießen, geriet man sich nicht in die Haare. Beide Brüder waren geschickt, fleißig, munter und beliebt, ihre Jacken und Schürzen blütenweiß und ihre Wurst, ihr Fleischsalat und ihre Sülze vorzüglich. Tante Lina und Tante Marie standen von früh bis spät hinter ihren Ladentischen, und manchmal winkten sie einander, über die Straße hinweg, fröhlich zu.

Tante Marie hatte vier Kinder, darunter den von Geburt an blinden Hans. Er war immer fidel, aß und lachte gern und kam, als Tante Marie, seine Mutter, starb, in die Blindenanstalt. Dort wurde er im Korbflechten und als Klavierstimmer ausgebildet und, noch sehr jung, von Onkel Paul mit einem armen Mädchen verheiratet, damit er jemanden hatte, der sich um ihn kümmere. Denn der Vater selber hatte für den Sohn mit den blinden, pupillenlosen Augen keine Zeit.

Die drei ehemaligen Kaninchenhändler – auch der älteste, der

Robert Augustin in Döbeln – waren robuste Leute. Sie dachten nicht an sich und an andre dachten sie schon gar nicht. Sie dachten nur ans Geschäft. Wenn der Tag achtundvierzig Stunden gehabt hätte, hätten sie vielleicht mit sich reden lassen. Dann wäre womöglich ein bisschen Zeit für Nebensachen und Kleinigkeiten übrig geblieben, wie für ihre Frauen, Kinder, Brüder und Schwestern oder für ihre eigene Gesundheit.

Doch der Tag hatte nur vierundzwanzig Stunden und so waren sie rücksichtslos. Sogar gegen ihren Vater. Er litt an Asthma, besaß kein Geld und wusste, dass er bald sterben würde. Doch er war zu stolz, um seine drei ältesten Söhne um Hilfe zu bitten. Er entsann sich wohl auch des Sprichworts, ein Vater könne leichter zwölf Kinder ernähren als zwölf Kinder einen Vater.

Die Döbelner Schwestern, arm wie die Kirchenmäuse, schrieben meiner Mutter, wie schlimm es um meinen Großvater stehe. Meine Mutter lief in die Hechtstraße und beschwor ihren Bruder Franz, etwas zu tun. Er versprach es ihr und hielt sein Wort. Er schickte ein paar Mark per Postanweisung und eine Ansichtskarte mit herzlichen Grüßen und besten Wünschen für die väterliche Gesundheit. Das heißt: Er schrieb die Karte nicht etwa selbst! Das erledigte seine Frau. Der Sohn hatte für den Gruß an den Vater keine Zeit. Zum Begräbnis des alten Mannes, kurz darauf, reiste er allerdings persönlich. Da ließ er sich nicht lumpen.

Denn Hochzeiten und Silberhochzeiten in der Familie, vor allem aber Begräbnisse, bildeten eine Ausnahme. Dafür fand man Zeit. Auf den Friedhöfen, an den Särgen, da traf man sich. Mit Gehrock und Zylinder. Mit Taschentüchern zum Tränenwischen. Die Augen und die Nasenspitzen wurden rot. Und die Tränen waren sogar echt!

Auch noch beim Leichenschmaus saß man zusammen. Während des Mittagessens ging es angemessen traurig zu. Beim Kaffee und Kuchen wurde gelacht. Und beim Kognak zogen die Kaninchenhändler a. D. heimlich die goldenen Taschenuhren aus der schwarzen Weste. Sie hatten es wieder eilig. »Adieu!« – »Lasst euch mal wieder blicken!« – »Schade, es ist gerade so gemütlich!«

Nur bei ihrem eignen Begräbnis blieben sie länger.

Franz Augustin und Paul Augustin residierten in der Hechtstraße auch noch, nachdem sie ihre Fleischerläden mit Gewinn verkauft hatten und endgültig Pferdehändler geworden waren. In den Hinterhöfen war für Pferdeställe Platz genug, für Onkel Paul schon gar, weil er nur Warm- und Vollblüter kaufte und verkaufte, nur Kutsch- und Reitpferde, nur das Feinste vom Feinen. Schon nach wenigen Jahren durfte er sich »Königlicher Hoflieferant« nennen. Er ließ den Titel auf das Firmenschild überm Haustor malen und war nun etwas ähnlich Nobles wie der Hofjuwelier. Dieser handelte nur mit den schönsten Brillanten und Perlen, und Onkel Paul bot nur die edelsten Pferde an. Dafür genügten ihm zehn Ställe. Manchmal kam der König selber! Stellt euch das vor! In die schmale, mickrige Hechtstraße! Mit den Prinzen und dem Hofmarschall und dem Leibjäger! Zu meinem Onkel Paul!

Trotzdem trieb ich mich tausendmal lieber und hundertmal häufiger im Hof und in den Stallungen auf der anderen Straßenseite herum. Onkel Franz war zwar saugrob und zum Hoflieferanten hätte er bestimmt kein Talent gehabt. Wer weiß, was er Friedrich August III. von Sachsen alles gesagt und wie mächtig er ihm auf die Schulter geklopft hätte! Mindestens der Hofmarschall und der Adjutant à la suite wären in Ohnmacht gefallen. Aber der saugrobe Onkel Franz gefiel mir besser als der hochnoble Onkel Paul, den die Geschwister aus Jux »Herr Baron« nannten. Und zwischen seinen Knechten und Pferden fühlte ich mich wie zu Hause.

In den braunen Holzställen, die sich an den Längsseiten des schmalen Hofs hinzogen, war für etwa dreißig Pferde Raum, für die Dänen und Ostpreußen, für die Oldenburger und Holsteiner und für die flämischen Kaltblüter, die gewaltigen Brabanter mit den breiten Kruppen und ihren hellen Riesenmähnen. Zentnerweise schleppten die Knechte Heu, Hafer und Häcksel heran und hektoliterweise, Eimer für Eimer, frisches Wasser. Die Gäule futterten und soffen, dass man nur staunen konnte. Sie stampften mit den klobigen Hufen, peitschten mit den Schweifen die Fliegenschwärme vom Rücken und wieherten einander, von Stall zu Stall, herzliche Grüße zu. Wenn ich näher trat, wandten sie den Kopf und schauten mich, fremd und geduldig, aus ihren unerforschlichen Augen an. Manchmal nickten sie dann und manchmal schüttelten sie die riesigen Häupter. Aber ich wusste nicht, was sie meinten. Rasmus, der hagere Großknecht aus Dänemark, der kein S sprechen konnte, ging prüfend von Stall zu Stall. Und Onkel Bruno hinkte neben dem dicken Tierarzt geschäftig übers Kopfsteinpflaster. Der dicke Tierarzt kam oft.

Pferde haben ähnliche Krankheiten wie wir. Manche, wie Influenza und Darmkolik, haben den gleichen Namen, andre heißen Druse, Mauke, Rotz und Spat, und alle miteinander sind sehr gefährlich. Wir sterben nicht an Husten, Schnupfen, Halsschmerzen, Mumps oder Bauchgrimmen. Bei den Pferden, diesen vorgeschichtlichen Vegetariern, ist das gar nicht so sicher. Sie fressen zu nasses Heu und schon blähen sich ihre Bäuche wie Ballons, schon wühlen Schmerzen wie Messer im Leib, schon können sich die Därme verschlingen und der Tod klopft an die Stalltür. Sie sind erhitzt und saufen zu kaltes Wasser und bald beginnen sie zu husten, die Drüsen schwellen, die Nüstern triefen, das Fieber steigt, die Bronchien rasseln, die Augen werden stumpf und schon wieder hebt der Tod den Knöchel. Manchmal kam der dicke Tierarzt beizeiten. Manchmal kam er zu spät. Dann rumpelte der Wagen des Abdeckers in den Hof und holte den Kadaver fort. Die Haut, die Hufe und das Rosshaar waren noch zu gebrauchen.

Das Ärgste an solch einem Pferdetod war der Geldverlust. Im Übrigen hielt sich der Schmerz in Grenzen und das war kein Wunder. Die Pferde gehörten ja nicht zur Familie. Eher glichen sie vierbeinigen Hotelgästen, die, ein paar Tage und mit voller Verpflegung, in Dresden übernachteten. Dann ging die Reise weiter, auf ein Rittergut, zu einer Brauerei, in eine Kaserne, je nachdem. Oder, mitunter, zur Abdeckerei. Hoteliers weinen nicht, wenn ein Gast stirbt. Man trägt ihn heimlich über die Hintertreppe.

Die ungemütliche, kleinbürgerlich möblierte Wohnung lag über dem Fleischerladen, worin längst ein anderer Meister Koteletts hackte und mit der Breitseite des Beils flach klopfte. In der Wohnung regierte Frieda, das schmale Mädchen aus dem Erzgebirge, das stille und energische Dienstmädchen. Frieda kochte, wusch, putzte und vertrat an meiner Cousine Dora Mutterstelle. Denn die Mutter selber, Tante Lina, hatte keine Zeit für ihr Kind.

Sie war, ohne jede kaufmännische Vorbildung, Geschäftsführerin geworden und saß von früh bis spät im Büro. Mit Schecks, Lieferantenrechnungen, Steuern, Löhnen, Wechselprolongationen, Krankenkassenbeiträgen, Bankkonten und ähnlichen Kleinigkeiten gab sich Onkel Franz nicht ab. Er hatte gesagt: »Das erledigst du!«, und so erledigte sie es. Hätte er gesagt: »Spring heute Abend um sechs von der Kreuzkirche!«, wäre sie gesprungen. Womöglich hätte sie, droben auf dem Turm, einen Zettel hinterlassen. »Lieber Franz! Entschuldige, dass ich acht Minuten zu spät springe, aber der Bücherrevisor hielt mich auf. Deine Dich liebende Gattin Lina.« Glücklicherweise kam er nicht auf die Idee, sie springen zu lassen. Sonst hätte er ja seine Prokuristin verloren! Das wäre dumm von ihm gewesen, und dumm war er nicht, mein Onkel Franz.

Das Büro, es hieß noch Comptoir, befand sich am Ende des Hofs, zwischen den Stallzeilen, im Erdgeschoss eines kleinen Hintergebäudes. Hier diente und herrschte Tante Lina. Hier am Schreibtisch handelte sie mit Lieferanten. Hier holten die Knechte ihren Wochenlohn. Hier stellte sie Schecks aus. Hier führte sie Buch. Hier prüfte der Revisor ihre Eintragungen. An der Rückwand stand der Panzerschrank und nur die Tante hatte die Schlüssel dazu. Schlüsselbund und Geldtasche baumelten an ihrer Schürze. Den Bleistift steckte sie schräg in die Frisur. Sie war resolut und ließ sich nichts vormachen. Ein einziger Mensch auf der Welt verursachte ihr Herzklopfen, der »Herr«. So nannte sie ihn, wenn er nicht dabei war. War er im Zimmer oder am Telefon, sagte sie »Franz« zu ihm. »Ja, Franz«, »Natürlich, Franz«, »Gewiss, Franz«, »Selbstverständlich, Franz«. Dann klang ihre sonst recht energische Stimme wie die eines Schulmädchens.

Wenn er sie brauchte, brüllte er, wo er ging oder stand, nur das Wort »Frau!«. Und schon rief sie »Ja, Franz?« und rannte, als gelte es ihr Leben. Dann brauchte er nur noch zu sagen: »Heute Nacht fahr ich mit Rasmus nach Flensburg zum Markt. Gib mir zwanzigtausend Mark mit! In Hundertmarkscheinen!« Noch im Weglaufen band sie die Schürze ab. Und eine Stunde später war sie von der Bank zurück. Mit zweihundert Hundertmarkscheinen. Später, als sie in der »Villa« wohnten, rannte ich statt ihrer. Doch meine Bankbotenzeit gehört noch nicht hierher.

Wenn Onkel Franz von den Märkten und Auktionen zurückkam, wenn die Pferde an der Rampe des Neustädter Güterbahnhofs ausgeladen und von den unterwegs gemieteten Knechten den Dammweg entlang und über den Bischofsplatz in die Hechtstraße geführt worden waren, begann des Onkels große Zeit. Erst mussten sich die Gäule herausfuttern, denn die Reise in den Güterwagen und der Klimawechsel hatten die lebende Ware strapaziert.

Doch schon ein paar Tage später drängten sich die Kunden im Hof wie auf einem Jahrmarkt. Lauter imposante Leute mit beträchtlichem Pferdeverstand und dicken Brieftaschen. Offiziere mit ihren Wachtmeistern, Rittergutsbesitzer, Großbauern, Brauereidirektoren, Spediteure, Herren von der Städtischen Müllabfuhr und der Pfund'schen Molkerei – man hatte den Eindruck, hier würden keine Pferde, sondern dicke Männer verkauft! Onkel Bruno hinkte, mit einer Kiste Zigarren, von einem zum andern und bot Havannas an. In den Fenstern der umliegenden Hinterhäuser lehnten neugierige Frauen und Kinder, genossen das Schauspiel und warteten auf den Hauptdarsteller, auf Franz Augustin, den Herrn der Pferde. Und wenn er dann auftrat, wenn er lächelnd durch die Toreinfahrt kam, die Zigarre im Mund, den dicken Stock aus Bambus schwingend, die braune Melone flott und etwas schief auf dem Kopf, wussten auch die, die ihn noch nie gesehen hatten, sofort: »Das ist er! Der wird mich hineinlegen, und ich werde mir noch einbilden, er hätte mir den Fuchswallach geschenkt!« Gegen diesen Mann, gegen so viel selbstgewisse Kraft und heitere Selbstverständlichkeit war kein Kraut gewachsen. Wo er sich, nach einigem Händeschütteln und

Schulterklopfen, gelassen und vierschrötig aufpflanzte, dort war die Mitte, und alles hörte auf sein Kommando: die Knechte, die Pferde und die Kunden!

Die Tiere wurden, eines nach dem andern, in allen Gangarten gemustert. Die Knechte hatten die Pferde kurz am Halfter und rannten mit ihnen, hin und her und wieder hin und her, über den Hof. Besonders eigenwillige Gäule wurden von Rasmus vorgeführt. An seiner Hand trabten auch die hartmäuligsten Krippensetzer fromm wie die Lämmer. Manchmal knallte Onkel Franz mit der Peitsche. Meistens wedelte er nur mit seinem großen weißen Taschentuch. Er konnte das wie ein Varietékünstler. Das Taschentuch knatterte wie eine Fahne im Wind und brachte die faulsten Rösser in Fahrt.

War ein Pferd gemustert worden, traten die Interessenten näher und begutachteten das Gebiss und die Fesseln. Der Onkel nannte den Preis und ließ nicht lange mit sich handeln. Dann wurde der Kauf durch Handschlag besiegelt, dass es nur so klatschte. Mir taten vom bloßen Zuhören die Handflächen weh. Tante Lina zog den Bleistift aus der Frisur und notierte den Käufer. Es war kaum nötig, denn der Handschlag galt wie ein Eid. Wer eine solche Abrede nicht eingehalten hätte, wäre als Geschäftsmann erledigt gewesen. Das konnte sich keiner leisten.

Manchmal hatte der Onkel so viele Pferde mitgebracht, dass er über die Hälfte in fremden Ställen unterbringen musste: bei seinem Bruder Paul und bei seinem Freunde, dem Kommissionsrat Gäbler. Dann dauerte die Musterung tagelang und in der Kneipe im Vorderhaus ging es hoch her. Den Zigarrenqualm hätte man nicht einmal mit der Gartenschere zerschneiden können. Der Lärm und das wilde Gelächter quollen bis auf die Straße. Onkel Franz trank wie ein Bürstenbinder und behielt einen klaren Kopf. Onkel Bruno war schon nach dem vierten Schnaps blau wie ein Veilchen. Und Tante Lina trank gar nichts, sondern kassierte, still und beharrlich, Hundert-, Fünfhundert- und Tausendmarkscheine. Die dicken Brieftaschen ringsum magerten zusehends ab. Die Tante schrieb Quittungen, steckte den Kopierstift wieder in die Frisur und brachte die Geldbündel in den Panzerschrank. Ins Comptoir hinten im Hof.

»Der Franz Augustin«, sagten die Leute, »verdient sich noch dumm und dämlich!« Dumm und dämlich? Da kannten sie ihn schlecht. Aber sie meinten es wohl auch nicht ganz wörtlich. Insgeheim waren sie sogar recht stolz auf ihn. Hier bewies einer der Welt, dass man es auch in der Hechtstraße zum Millionär bringen konnte! Das rechneten sie ihm hoch an. Sein Erfolg war ihr Märchen. Und sie dichteten es weiter. »Wer so reich geworden ist«, sagten sie, »der muss seinen Reichtum zeigen! Er braucht einen Palast. Er muss aus der Hechtstraße fort, das ist er der Hechtstraße schuldig.« – »So ein Quatsch!«, knurrte Onkel Franz. »Mir genügt unsre Wohnung über dem Fleischerladen. Ich bin ja sowieso fast nie zu Hause.« Doch das Hechtviertel war stärker als er. Und schließlich gab er nach.

Er kaufte das Haus Antonstraße 1. »Haus« ist nicht ganz das richtige Wort. Es handelte sich um eine zweistöckige, geräumige Villa mit einem schattigen Garten, der fast ein Park war und mit der Schmalseite an den Albertplatz grenzte. An den Albertplatz, der zu meinem Schulweg gehörte. An diesen geschäftigen und trotzdem feierlichen Platz mit dem Theater und seinen zwei großen Springbrunnen, die »Stilles Wasser« und »Stürmische Wogen« hießen.

Zu der großen Villa und dem kleinen Park gehörten, außer den hohen, alten Bäumen, ein Treibhaus, zwei Pavillons und ein Seitengebäude mit einem Pferdestall, einer Wagenremise und einer Kutscherwohnung. In die Kutscherwohnung zog Frieda, die Perle, und wurde zur Wirtschafterin ernannt. Sie erhielt ein Dienstmädchen und einen Gärtner als Hilfe und übernahm die Regierung. Sie beherrschte, vom ersten Tag an, ihre neuen Pflichten, als sei sie in zweistöckigen Villen aufgewachsen. Tante Lina tat sich schwerer. Sie wollte keine gnädige Frau werden und sie wurde keine. Sie und Frieda stammten aus dem Erzgebirge und ihre Väter waren im gleichen Steinkohlenbergwerk Häuer gewesen.

Die Villa am Albertplatz

Von der Königsbrücker Straße 48 bis zur Antonstraße 1 war es ein Katzensprung. Und da sich Tante Lina in ihrer Villa recht fremd fühlte, war sie froh, wenn wir sie besuchten. Bei schönem Wetter kam ich schon nachmittags. Der Onkel saß in irgendeinem Schnellzug. Die Tante schrieb hinter ihrem Schreibtisch in der Hechtstraße Rechnungen und Quittungen. Dora, die Cousine, war bei einer Schulfreundin eingeladen. Und so gehörten Haus und Garten mir.

Am liebsten hockte ich dann auf der Gartenmauer und schaute dem Leben und Treiben auf dem Albertplatze zu. Die Straßenbahnen, die nach der Altstadt, nach dem Weißen Hirsch, nach dem Neustädter Bahnhof und nach Klotzsche und Hellerau fuhren, hielten dicht vor meinen Augen, als täten sie's mir zuliebe. Hunderte von Menschen stiegen ein und aus und um, damit ich etwas zu sehen hätte. Lastwagen, Kutschen, Autos und Fußgänger taten für mich, was sie konnten. Die zwei Springbrunnen zeigten ihre Wasserkünste. Die Feuerwehr ratterte, mit ihrem Hornsignal und glockenläutend, vorbei. Schwitzende Grenadiere kehrten, singend und im Gleichschritt, von einer Übung in die Kaserne zurück. Eine königliche Equipage rollte vornehm übers Pflaster. Eisverkäufer in weißer Uniform verkauften an der Ecke Waffeln für fünf und für zehn Pfennige. Ein Bierwagen verlor ein Hektoliterfass und die Neugierigen kamen gelaufen. Der Albertplatz war die Bühne. Ich saß, zwischen Jasmin und Bäumen, in der Loge und konnte mich nicht sattsehen.

Irgendwann tippte mir Frieda auf die Schulter und sagte: »Ich hab dir Kaffee hingestellt!« Dann setzte ich mich in die schattige, luftige, gusseiserne Laube und vesperte wie ein Prinz. Anschließend kontrollierte ich die Johannisbeeren und die Sauerkirschen oder schlug, im Herbst, mit einer langen Wäschestange Nüsse vom Nussbaum. Oder ich holte für Frieda rasch etwas aus dem Grünkramladen gegenüber. Dill, Würfelzucker, Zwiebeln, Schnittlauch, Pumpernickel, je nachdem. Neben dem Laden stand, in einem Garten halb verborgen, ein kleines Haus, und an dem Gartentor war ein Schild angebracht. »Hier lebte und starb Gustav Nieritz.« Er war Lehrer und Schulinspektor gewesen, hatte viele, viele Kinderbücher geschrieben, und ich hatte sie alle gelesen. Im Jahre 1876 war er in dem kleinen Haus in der Antonstraße gestorben, nicht weniger berühmt als sein Dresdner Zeitgenosse Ludwig Richter, der Zeichner und Maler. Den Ludwig Richter liebt und bewundert man heute noch. Den Gustav Nieritz kennt niemand mehr. Die Zeit wählt aus, was bleiben und dauern soll. Und meistens hat sie recht, die Zeit.

Auch abends spazierten wir oft in die »Villa«. Vor allem, wenn Onkel Franz verreist war. Dann kam sich Tante Lina, trotz der Dora, so verlassen vor, dass sie selig war, wenn wir ihnen beim Abendbrot im Wohnzimmer Gesellschaft leisteten. Frieda beherrschte die Kunst, belegte Brote herzustellen, in souveräner Manier, und wir hätten sie tief gekränkt, wenn auch nur eine Brotscheibe mit Landleberwurst oder rohem Schinken übrig geblieben wäre. Da keiner sie verletzen wollte, taten wir unser Möglichstes.

Es waren gemütliche Abende. Überm Sofa hing die genaue Kopie eines Bildes aus der Gemäldegalerie. Es zeigte einen alten Fuhrmann, der neben seinem Pferde steht und eben die Kumtlampe angezündet hat. Der Herr Kunstmaler Hofmann aus Trachau, der eigentlich Impressionist war, hatte, um Geld zu verdienen, das Bild im Zwinger kopiert, und Tante Lina hatte es Onkel Franz zum Einzug geschenkt. »Ein Bild?«, hatte der Onkel naserümpfend bemerkt. »Na meinetwegen, es ist ja ein Pferd drauf!«

Ungemütlicher verliefen die Abende, wenn der Onkel nicht auf Reisen war. Nicht etwa, dass er daheim gewesen wäre, behüte! Er saß in Kneipen und Weinlokalen, trank mit anderen Männern über den Durst, scharmutzierte mit den Kellnerinnen und verkaufte Pferde. Aber – er hätte ja, wider alles Erwarten, plötzlich ins Haus treten können! Denn nichts auf der Welt ist unmöglich! Deshalb mussten wir in die Küche.

Es war eine schöne und geräumige Küche. Warum also nicht? Bei uns zu Hause hielten wir es ja auch nicht anders. Und Friedas belegte Brote waren und schmeckten genauso gut wie im Wohnzimmer. Und trotzdem stimmte die Sache nicht. Da hockten wir nun, von Tante Linas Angst angesteckt, alle miteinander am Küchentisch, das ganze große Haus war leer, und die Tante sah aus, als sei sie bei sich selber zu Besuch. Da saßen und aßen wir nun und legten dabei die Ohren an wie die Kaninchen. Würde er kommen oder nicht? Es war ungewiss. Es war unwahrscheinlich. Doch manchmal kam er.

Zunächst hörten wir, wie jemand das Gartentor heftig zuschlug, und Frieda sagte: »Der Herr kommt.« Anschließend sprang die Haustür auf, dass die bunten, bleigefassten Glasscheiben klirrten, und die Tante rief, von Furcht und Freude übermannt: »Der Herr kommt!« Dann brüllte im Korridor ein Löwe das Wort »Frau!«. Und mit dem Rufe »Ja, Franz!« stürzte die Tante, von Frieda und Dora umgeben, aus der Küche ins Treppenhaus, wo ihnen der Herr der Pferde, bereits ungeduldig, Hut und Spazierstock entgegenstreckte. Sie rissen ihm die Utensilien beflissen aus den Händen, halfen ihm zu dritt aus dem Mantel, verstauten Stock und Hut und Mantel an der Garderobe und rannten, ihn überholend, durch den Korridor, um die Wohnzimmertür zu öffnen und das Licht anzuknipsen.

Er setzte sich ächzend aufs Sofa und streckte ein Bein von sich. Tante Lina kniete vor ihm nieder und zog ihm den Schuh aus. Frieda kniete neben ihr und angelte die Pantoffeln unterm Sofa hervor. Während ihm die Tante den zweiten Schuh auszog und Frieda den ersten Pantoffel über den Fuß schob, knurrte er das Wort »Zigarre!«. Dora rannte ins Arbeitszimmer, kehrte eilends mit Zigarrenkiste und Streichhölzern zurück, klappte die Kiste auf, stellte sie, nachdem er eine Zigarre gegriffen hatte, auf den Tisch und hielt ein Streichholz parat. Nachdem er die Zigarrenspitze abgebissen und auf den Teppich gespuckt hatte, gab sie ihm Feuer.

Die drei umstanden und umknieten ihn wie die Sklavinnen ihren Großmogul, hingen an seinen Lippen und warteten auf weitere Befehle. Fürs Erste sagte er nichts, und so standen und knieten sie eifrig weiter. Er paffte seine Zigarre, strich sich den blonden Schnurrbart, worin schon graue Haare schimmerten, und sah aus wie ein Räuber, wenn er satt ist. Dann fragte er: »War was los?« Tante Lina erstattete Bericht. Er brummte. »Wollen Sie was essen?«, fragte Frieda. »Hab ich schon«, knurrte er. »Mit Gäbler in der ›Traube‹.« – »Ein Glas Wein?«, fragte die Tochter. »Meinetwegen«, sagte er gnädig, »aber rasch! Ich muss noch einmal weg.« Und schon sprangen sie auf und davon, zur Kredenz und in den Keller.

Wir saßen mittlerweile in der Küche und waren leise. Meine Mutter lächelte ironisch, mein Vater ärgerte sich, und ich aß von Zeit zu Zeit ein belegtes Brot. Was sich in der Wohnstube abspielte, wussten wir auswendig. Es musste sich nur noch herausstellen, welchen der drei möglichen Schlüsse die Komödie gerade heute haben würde.

Entweder ging Onkel Franz wirklich wieder fort, die drei Sklavinnen kamen in die Küche zurück, womöglich mit der angebrochenen Flasche Wein, und wir blieben noch ein Stündchen. Oder

der Onkel blieb daheim. In diesem zweiten Fall erschien Frieda allein auf dem Plan und entließ uns, leicht verlegen, durch die Hintertür. Wir schlichen über den Kiesweg, als seien wir Einbrecher, und zuckten zusammen, wenn das Gartentor quietschte. Am dramatischsten war der dritte Komödienschluss und auch er ereignete sich gar nicht selten.

Es konnte nämlich geschehen, dass der Onkel die Tante misstrauisch und von der Seite ansah und betont gleichgültig fragte: »Ist sonst noch jemand im Hause?« Dann wurde Tante Linas Nase blass und spitz. Das Schweigen, das darauf folgte, war auch eine Antwort, und er fragte weiter: »Wer? Heraus mit der Sprache!« – »Ach«, sagte sie, blässlich lächelnd, »es sind nur Kästners.« »Wo sind sie denn?«, fragte er drohend und beugte sich vor. »Wo sie sind, hab ich gefragt!« – »In der Küche, Franz.« Und jetzt brach das Gewitter los. Er geriet außer Rand und Band. »In der Küche?«, brüllte er. »Es sind nur Kästners? Du versteckst unsre Verwandten in der Küche? Ihr seid wohl alle miteinander blödsinnig geworden, wie?« Er stand auf, schmiss die Zigarre auf den Tisch, stöhnte vor Wut und stapfte mit großen Schritten in den Korridor. Leider hatte er Pantoffeln an. Mit Stiefeln hätte sich die Szene noch viel effektvoller ausgenommen.

Er riss die Küchentür auf, musterte uns von oben bis unten, stemmte die Hände in die Seiten, holte tief Luft und rief empört: »Das lasst ihr euch gefallen?« Meine Mutter sagte kühl und leise: »Wir wollten dich nicht stören, Franz.« Mit einer einzigen Handbewegung wischte er ihre Bemerkung fort. »Wer«, rief er, »erzählt in diesem Hause, dass mich meine Verwandten stören? Das ist ja unglaublich!« Dann streckte er herrisch den Arm aus, ähnlich wie ein Heerführer, der die Reserven ins Feuer schickt. »Ihr kommt auf der Stelle ins Wohnzimmer! Nun? Wird's bald? Oder soll ich euch erst eine schriftliche Einladung schicken? Ida! Emil! Erich! Los! Aber ein bisschen plötzlich!«

Er stapfte voraus. Wir folgten ihm zögernd. Wie die armen

Sünder, die der Holzstoß erwartet. »Frau!«, rief er. »Frieda, Dora!«, rief er. »Zwei Flaschen Wein! Zigarren! Und etwas zu essen!« Die drei Sklavinnen stoben auf und davon. »Wir haben schon in der Küche gegessen«, sagte meine Mutter. »Dann esst ihr eben noch einmal!«, schrie er ärgerlich. »Und nun setzt euch schon endlich hin! Da, Emil, 'ne Zigarre!« – »Ich dank dir schön«, sagte mein Vater, »aber ich hab selber welche.« Es war ihr altes Spiel. »Nimm!«, befahl der Onkel. »So was Gutes rauchst du nicht alle Tage!« – »Ich bin so frei«, meinte mein Vater und griff vorsichtig in die Kiste.

Wenn alle unter der Lampe saßen und mit Essen und Trinken versorgt waren, rieb sich Onkel Franz die Hände. »So«, sagte er befriedigt, »nun wollen wir's uns mal recht gemütlich machen! Greif zu, mein Junge! Du isst ja gar nichts!« Glücklicherweise konnte ich damals viel mehr essen als heute. Ich kaute also um des lieben Friedens willen ein belegtes Brot nach dem anderen. Dora kniff, wenn sie mich anschaute, amüsiert ein Auge zu. Frieda goss Wein nach. Der Onkel kam auf Kleinpelsen, den Kaninchenhandel und wie stets darauf zu sprechen, dass meine Mutter eine Klatschbase gewesen sei, und je mehr sie sich ärgerte, umso vergnügter wurde er. Wenn er sie auf den Siedepunkt gebracht hatte, begann er das Interesse am Thema zu verlieren und erörterte mit der Tante geschäftliche Dinge. Bis er dann plötzlich aufstand, laut gähnte und erklärte, er gehe jetzt ins Bett. »Lasst euch nicht stören«, knurrte er, und schon war er weg. Manchmal wurde er noch deutlicher und sagte in aller Gemütsruhe: »So. Und jetzt könnt ihr gehen.« Ja, mein Onkel Franz war eine Nummer für sich. Und er hatte Nerven wie Stricke.

Da ich mich, auch tagsüber, in der Villa und im Garten herumtrieb, konnte es nicht ausbleiben, dass ich gelegentlich zu Botengängen herangezogen wurde. Ich entledigte mich der verschiedensten Aufträge mit gleicher und gleichbleibender

Pünktlichkeit und Zuverlässigkeit. So wurde ich, etwa mit dem zehnten Lebensjahre, Tante Linas linke Hand, man könnte auch sagen, ihr linker Fuß. Denn durch das jahrelange Herumstehen im Fleischerladen und, später, in den Pferdeställen und im Hofe waren ihre Beine schwer und müde geworden. So saß sie lieber, als dass sie ging, und ich übernahm Aufgaben, die man sonst einem kleinen Jungen nicht anvertraut. Ich brachte Verträge zum Notar, dass sie beglaubigt würden, und Wechsel, die zu Protest gehen sollten. Und ich trug, nach den großen Pferdeverkäufen, das Geld zur Bank.

Ich werde die erstaunten Augen der übrigen Kunden nicht vergessen, wenn ich in der Filiale der Dresdner Bank an den Kassenschalter trat, die dicke Aktenmappe öffnete und die Geldbündel auspackte, die ich vorher mit der Tante durchgezählt hatte. Nun war der Kassierer an der Reihe. Er zählte und zählte und zählte. Er klebte bedruckte Streifen um die Bündel und machte sich Notizen, die ich sorgfältig mit den meinigen verglich. Fünftausend Mark, zehntausend Mark, fünfzehntausend, zwanzigtausend, fünfundzwanzigtausend, dreißigtausend, ja, manchmal vierzigtausend Mark und noch mehr! Die Kunden, die hinter und neben mir standen und auf ihre Abfertigung warteten, vergaßen vor Staunen, ungeduldig zu werden.

Hatte der Kassierer am Ende eine andere Schlusssumme auf seinem Zettel als ich auf meinem, dann wusste er schon, wer sich verrechnet hatte. Natürlich er. Meine Additionen stimmten immer. Und so fing er noch einmal von vorne an. Schließlich zog ich stolz mit der Quittung und der leeren Aktenmappe ab.

Die Tante lobte mich, schloss die Quittung im Schreibtisch ein und schenkte mir fünf Mark. Oder sogar zehn Mark. Und auch sonst griff sie gelegentlich ins Portemonnaie. Sie war eine liebe, gute Frau. Nicht nur, wenn sie mir Geld schenkte.

Eines schönen Tages fehlten ihr, wie oft sie auch nachrechnete, zweihundert Mark. Ihre Rechnung stimmte. Das Geld fehlte. Es war nirgends. Nirgends? Das gab es nicht. Wo war es? Und schon bog die nächste Frage unaufhaltsam um die Ecke: Wer hatte die zweihundert Mark gestohlen? Wer war der Dieb? Wer kam überhaupt infrage? Onkel Franz und Tante Lina besprachen die Sache unter vier Augen und stellten zunächst einmal fest, wer im Haus es nicht gewesen sein konnte. Dieses Verfahren hat sich seit alters bewährt. Wenn man Glück hat, bleibt der Verbrecher übrig.

Infrage kamen, nach kurzem Nachdenken, nur zwei Personen: Meta, das Dienstmädchen, und ich selber. Meta, die zuerst vernommen wurde, schwor bei allem, was ihr teuer war, sie sei es nicht gewesen, und da man ihr Glauben schenken musste, blieb der Tante nichts andres übrig, als nunmehr mich zur Rede zu stellen. Die Unterhaltung war sehr kurz. Noch ehe die Tante zu Ende gesprochen hatte, war ich auf und davon. Meine Mutter hörte sich meinen Bericht an und sagte: »Schade. Es waren eigentlich ganz nette Leute.« Damit war der Fall für uns erledigt.

Ein paar Tage später fand die Tante das Geld zufällig in einer Schublade. Sie hatte es wohl selber hineingelegt und über wichtigeren Geschäften vergessen gehabt. Als erste Abgesandte klingelte meine Cousine Dora bei uns. Sie erzählte, was sich zugetragen habe, und überbrachte herzliche Grüße. »Du kannst nichts dafür«, sagte meine Mutter zu ihr, »aber es wird das Beste sein, wenn du machst, dass du fortkommst.« Tags darauf erschien Frieda, die Perle, doch auch sie stand sehr bald wieder auf der Straße. Am nächsten Tage kam Tante Lina, trotz ihrer Krampfadern, die Treppen heraufgeächzt. »Es ist schon gut, Lina«, sagte meine Mutter. »Ich hab dich gern, das weißt du ja. Doch wer meinem Jungen zutraut, er sei ein Dieb, den kenn ich nicht mehr.« Damit schlug sie der Tante die Tür vor der Nase zu.

Als wieder ein Tag vergangen war, fuhr vorm Haus eine Kutsche vor, und Onkel Franz kletterte heraus! Er vergewisserte sich, ob die Hausnummer stimme, verschwand im Tor und stand kurz darauf, zum ersten Mal in seinem Leben, vor unsrer Tür. »Nanu!«, meinte meine Mutter. »Was willst du denn hier?« – »Sehen, wie ihr wohnt!«, knurrte er. »Willst du mich nicht hineinlassen?« – »Nein!«, sagte meine Mutter. Doch er schob sie beiseite und trat ein. Wieder wollte sie ihm den Weg versperren. »Sei nicht albern, Ida!«, brummte er verlegen und schob sie vor sich her, als sei er eine Dampfwalze.

Die Unterhaltung, die Bruder und Schwester miteinander in Paul Schurigs Zimmer führten, verlief ziemlich laut. Ich saß in der Küche und hörte sie schreien. Es war ein leidenschaftliches Zankduett und die aufgebrachte Stimme meiner Mutter übernahm mehr und mehr die Führung. Als der Onkel ging, trocknete er sich mit seinem großen Taschentuch die Stirn. Trotzdem schien er erleichtert zu sein. In der Wohnungstür blieb er noch einmal stehen und meinte: »Schön habt ihr's hier!« Dann ging er.

»Er hat sich entschuldigt«, sagte meine Mutter. »Er hat uns gebeten, die Sache zu vergessen und bald wiederzukommen.« Sie trat ans Küchenfenster und beugte sich hinaus. Drunten kletterte der Onkel gerade wieder auf den Kutschbock, lockerte die Bremse, hob die Zügel, schnalzte mit der Zunge und fuhr davon. »Was meinst du?«, fragte meine Mutter. »Wollen wir's vergessen?« – »Ich denke schon«, gab ich zur Antwort. »Also gut«, sagte sie. »Es wird das Beste sein. Schließlich ist er ja mein Bruder.«

Und so wurde es wieder, wie es gewesen war. Ich blickte wieder von der Gartenmauer auf den Albertplatz, trank wieder im kleinen Pavillon Kaffee und trug wieder viel Geld auf die Bank. Die Aktenmappe, worin ich die Scheine und Schecks transportierte, wurde von Mal zu Mal dicker, und der alte Gärtner sagte zu mir: »Ich möchte nur wissen, was er davon hat! Mehr als ein Schnitzel kann er nicht essen. Mehr als einen Hut kann er sich nicht auf den Kopf setzen. Und im Sarg kann er kein Geld ausgeben. Die Würmer fressen ihn gratis und franko.« – »Es ist der Ehrgeiz«, meinte ich. Der Gärtner verzog das Gesicht und sagte: »Der Ehrgeiz! Wenn ich das schon höre! Der Mann lebt in seiner eignen Villa als Schlafbursche. Er weiß gar nicht, dass zu dem Haus ein Garten gehört. Er hat in seinem ganzen Leben noch nicht einen Tag Urlaub gemacht. Er wird nicht eher Ruhe geben, als bis er in der Erde liegt und sich die Radieschen von unten ansieht.« »Sie reden ziemlich viel vom Sterben«, stellte ich fest. Er warf seinen Zigarrenstummel ins Beet, zerhackte ihn mit dem Spaten und sagte: »Das ist kein Wunder. Ich bin von Haus aus Friedhofsgärtner.«

Natürlich hatte er recht. Das Leben, das Onkel Franz und Tante Lina führten, war unsinnig. Sie kamen kaum zum Atemholen. Sie fanden keine Zeit, die Blumen im eignen Garten zu betrachten. Sie wurden immer reicher. Doch wozu eigentlich? Einmal wurde die Tante vom Arzt nach Bad Elster zur Kur geschickt. Nach zehn Tagen war sie wieder da. Sie hatte keine Ruhe gehabt und von kranken Pferden und geplatzten Wechseln geträumt. Wenn Dora

Ferien hatte, reiste und wanderte sie mit meiner Mutter und mir, und auch das fand der Onkel höchst überflüssig. »Sind denn wir als Kinder an der Ostsee gewesen?«, fragte er ärgerlich. »Was soll dieser neumodische Quatsch?« Und als sie, mit fünfzehn Jahren, in ein Pensionat gegeben werden sollte, schickte er sie nicht etwa nach Lausanne, Genf oder Grenoble, sondern nach Herrnhut in Sachsen, ins Töchterschulheim der Brüdergemeinde, wo es so streng und fromm zuging, dass die Ärmste ganz blass, verhärmt und verschüchtert zurückkehrte.

Sie heiratete mit zwanzig Jahren einen Geschäftsmann, der dem Onkel zusagte, und sie starb bei der Geburt des ersten Kindes. Es war ein Junge. Er wurde Franz getauft und bei den Großeltern aufgezogen. Die Inflation brachte sie um ihr Vermögen. Aber Onkel Franz ließ nicht locker. Noch einmal brachte er es zu ansehnlichem Wohlstand. Dann war es mit ihm aus! Er fiel um wie ein Baum und war tot. Geld hinterließ er genug, sodass Tante Lina in der Villa wohnen bleiben und den Enkel, von Frieda unterstützt, aufs Sorgfältigste erziehen konnte. Den Enkel, der sie mit seinen blonden Haaren und blauen Augen bis ans Lebensende an ihre Dora erinnerte!

Nicht bis an ihr, sondern bis an sein Lebensende. Er fiel als Medizinstudent und Unterarzt, im Jahre 1945, kurz vorm Zusammenbruch, beim Rückzug aus Ungarn und hinterließ eine junge Frau und einen kleinen blonden und blauäugigen Jungen, der die Tante nun an zwei Paar blaue Augen erinnerte, die für immer geschlossen waren. Da starb auch meine Tante Lina.

Hätte es etwas genützt, wenn, etwa im Jahre 1910, nachts im Schnellzug nach Holland, ein Mitreisender zu Onkel Franz gesagt hätte: »Entschuldigen Sie, dass ich Sie störe, Herr Augustin! Aber ich bin der Erzengel Michael, und ich soll Ihnen ausrichten, dass Sie alles falsch machen!«, hätte es denn wirklich etwas genützt? »Lassen Sie mich gefälligst in Ruhe!«, hätte mein Onkel geknurrt. Und wenn sein Gegenüber energisch wiederholt hätte, dass sein Auftrag wichtig und dass er tatsächlich der Erzengel Michael sei, hätte Onkel Franz bloß den steifen Hut über die Augen geschoben und gesagt: »Von mir aus können Sie Hase heißen!«

DAS VIERZEHNTE KAPITEL

Der zwiefache Herr Lehmann

Nach den ersten vier Schuljahren verabschiedete sich etwa die Hälfte meiner Mitschüler, verließ die Tieckstraße und tauchte nach Ostern, stolz und mit bunten Mützen, in den Sexten der Gymnasien, Realgymnasien, Reformgymnasien, Oberrealschulen und Realschulen wieder auf. Es war nicht die bessere Hälfte, doch die Dümmsten darunter bildeten es sich ein. Und wir anderen waren zwar in der Tieckstraße, nicht aber geistig zurückgeblieben. Alle miteinander wussten wir, dass die Frage »Höhere Schule oder nicht?« nicht von uns selber, sondern vom väterlichen Geldbeutel beantwortet worden war. Es war eine Antwort aus der falschen Ecke. Und ohne einen Rest Bitterkeit in manchem Kinderherzen ging das nicht ab. Das Leben war ungerecht und wartete damit nicht bis zur Konfirmation. Weil auch aus der Parallelklasse viele Jungen ins Land der bunten Schülermützen ausgewandert waren, wurden die zwei Klassenreste zu einer einzigen Klasse zusammengefasst, und unser Klassenlehrer, dem ein schrecklicher Ruf vorausging, hieß Lehmann. Man hatte uns berichtet, dass man bei ihm in einem Jahre mehr lernen müsse als anderswo in zwei Jahren, und diese Berichte waren, wie wir bald merken sollten, nicht übertrieben. Außerdem hatte man uns erzählt, dass er pro Woche einen Rohrstock verbrauche, und auch diese Erzählungen trafen ungefähr zu. Wir zitterten vor ihm, bevor wir ihn kannten, und wir zitterten noch mehr, als wir ihn kennengelernt hatten und immer besser kennenlernten. Er regierte, dass uns die Köpfe und die Hosenböden rauchten!

Lehrer Lehmann machte keine Späße und verstand keinen Spaß. Er malträtierte uns mit Hausaufgaben, bis wir umsanken. Er traktierte uns mit Lernstoff, Diktaten und anderen Prüfungen, dass sogar die flinksten und besten Schüler nervös wurden. Wenn er ins Klassenzimmer trat und, kühl bis ans Herz hinan, sagte: »Nehmt die Hefte heraus!«, wären wir am liebsten ins nächste Mauseloch gekrochen. Es war nur keines da, schon gar nicht eines für dreißig Knaben. Und dass er pro Woche einen Rohrstock verbrauchte, stimmte nur zur Hälfte. Er verbrauchte zwei.

Unser Herr Lehmann war auf tägliche Zornesausbrüche fest abonniert. Ihn übermannte der Zorn angesichts fauler Schüler, frecher Schüler, dummer Schüler, stummer Schüler, feiger Schüler, bockiger Schüler, wispernder Schüler, heulender Schüler und verzweifelter Schüler. Und wer von uns wäre nicht das eine oder andre Mal dies oder das gewesen? Lehrer Lehmanns Zorn hatte die Auswahl.

Er gab uns Ohrfeigen, dass die Backen schwollen. Er nahm den Rohrstock, ließ uns die Hand ausstrecken und hieb uns fünfmal oder zehnmal über die geöffnete Handfläche, bis sie brandrot anlief, wie Hefeteig schwoll und niederträchtig schmerzte. Dann kam, da der Mensch auch schon als Kind zwei Hände hat, die andre Hand an die Reihe. Wer die Hände vor Schreck schloss, dem schlug er auf die Faust und die Finger. Er befahl einem halben Dutzend von uns, sich nebeneinander über die vorderste Bankreihe zu legen, und vermöbelte sechs stramm gezogene Hosenböden in gerechtem Wechsel und rascher Folge, bis ein sechsstimmig schauerlicher Knabenchor die Luft erschütterte und wir Übrigen uns die Ohren zuhielten. Wer an der Wandtafel nicht weiterwusste, dem schlug er auf die Waden und Kniekehlen, und wer sich dann umdrehte, war noch übler dran. Manchmal spaltete sich der Rohrstock der Länge nach. Manchmal zersprang er in der Quere. Die Stücke pfiffen durch die Luft und um unsere Köpfe. Dann setzte es bis zur Pause Backpfeifen. Lehmanns Hände gingen nicht in Stücke! Und zu Beginn der nächsten Stunde brachte er den nächsten Rohrstock mit.

Es gab damals Lehrer, die sich beim Pedell ihre Rohrstöcke genießerisch auswählten, wie das verwöhnte Raucher mit Zigarren tun. Es gab welche, die den Stock vor der Exekution ins Waschbecken legten, weil es dann doppelt wehtat. Das waren Halunken, denen das Prügeln ein delikates Vergnügen bedeutete. Zu dieser hundsgemeinen Sorte gehörte der Lehrer Lehmann nicht. Er war weniger ordinär, aber viel gefährlicher als sie. Er schlug nicht, weil er unseren Schmerz genießen wollte. Er schlug aus Verzweiflung. Er verstand nicht, dass wir nicht verstanden, was er verstand. Er begriff nicht, dass wir ihn nicht begriffen. Darüber geriet er außer sich. Darüber verlor er den Kopf und die Nerven und schlug wie ein Tobsüchtiger um sich. Es war zuweilen wie im Irrenhaus.

Immer wieder liefen die Eltern zum Direktor und beschwerten sich unter Drohungen und Tränen. Sie brachten ärztliche Zeugnisse mit, worin von körperlichen und seelischen Schäden die Rede war, die der oder jener Junge davongetragen hatte. Schadenersatzforderungen wurden in Aussicht gestellt. Der Direktor rang die Hände. Er wusste das ja alles und er wusste es länger als wir und unsre Eltern. Er versprach, sich den Herrn Kollegen vorzuknöpfen. Und jedes Mal endete er mit dem Satz: »Es ist schrecklich, denn im Grunde ist er mein bester Lehrer.« Das war natürlich falsch.

Dieser Herr Lehmann war ein tüchtiger Mann, ein fleißiger Mann, ein gescheiter Mann, der aus uns tüchtige, fleißige und gescheite Schüler machen wollte. Sein Ziel war vortrefflich. Der Weg dahin war abscheulich. Der tüchtige, fleißige und gescheite Mann war kein guter, sondern er war überhaupt kein Lehrer. Denn ihm fehlte die wichtigste Tugend des Erziehers, die Geduld. Ich meine nicht jene Geduld, die an Gleichgültigkeit grenzt und zum Schlendrian führt, sondern die andere, die wahre Geduld, die sich aus Verständnis, Humor und Beharrlichkeit zusammensetzt. Er war kein Lehrer, sondern ein Dompteur mit Pistole und Peitsche. Er machte das Klassenzimmer zum Raubtierkäfig.

Wenn er nicht im Käfige stand, nicht vor dreißig jungen und faulen, verschlagnen und aufsässigen Raubtieren, war er ein anderer Mensch. Dann kam der eigentliche Herr Lehmann zum Vorschein und eines Tages lernte ich ihn kennen. Eines Tages und einen ganzen Tag lang. Damals stand schon fest, dass drei seiner Schüler dem unheimlichen Rohrstock ein ganzes Jahr vor der Konfirmation entrinnen würden: Johannes Müller, mein Freund Hans Ludewig und ich selber.

Wir hatten die Aufnahmeprüfung für die Präparanda, so nannte sich die dem Seminar angegliederte Vorbereitungsklasse, mit Glanz und Ehre bestanden. Die Herren Professoren hatten unsre Kenntnisse offenkundig bestaunt. Sie wussten ja nicht, welchem Tierbändiger wir unsere Künste verdankten, und so war ihr Lob an die falsche Adresse geraten, an die Zöglinge statt an den Zuchtmeister. Immerhin, auch er schien auf das Resultat stolz zu sein, und sein Rohrstock machte seitdem um uns drei einen Bogen.

Während einer Frühstückspause trat er im Schulhof zu mir und fragte obenhin: »Willst du am Sonntag mit mir in die Sächsische Schweiz fahren?« Ich war verdutzt. »Am Abend sind wir wieder zurück«, meinte er. »Grüß deine Eltern und frag sie um Erlaubnis! Wir treffen uns Punkt acht Uhr in der Kuppelhalle des Hauptbahnhofs.« – »Gern«, sagte ich verlegen. »Und bring deine Turnschuhe mit!« – »Die Turnschuhe?« – »Wir werden ein bisschen klettern.« – »Klettern?« – »Ja, in den Schrammsteinen. Es ist nicht gefährlich.« Er nickte mir zu, biss in sein Frühstücksbrot und ging davon. Die Kinder wichen vor ihm zurück, als sei er ein Eisbrecher. »Was wollte er denn?«, fragte mein Freund Ludewig. Und als ich es ihm erzählt hatte, schüttelte er den Kopf. Dann sagte er: »Das kann ja gut werden! In deinem Rucksack die Turnschuhe und in seinem der Rohrstock!«

Seid ihr schon einmal an einem mehr oder weniger senkrechten Sandsteinfelsen hochgeklettert? Wie eine Fliege an der Tapete? Dicht an die Wand gepresst? Mit den Fingern und Fußspitzen in schmalen Fugen und Rillen? Nach den nächsten schmalen Simsen und Vorsprüngen über euch tastend? Sobald die linke Hand einen neuen Halt gefunden hat, den linken Fuß nachziehend, bis auch die Zehen neuen Widerstand spüren? Dann, nach der Linksverlagerung des Körpergewichts, das Manöver mit der rechten Hand und dem rechten Fuß wiederholend? Viertelmeter für Viertelmeter, immer höher hinauf, zehn oder fünfzehn Meter empor, bis endlich ein Felsvorsprung Platz und Zeit zum Verschnaufen bietet? Und dann, mit der gleichen Ruhe und Vorsicht, die nächste senkrechte Felswand hoch? Ihr habt so etwas noch nicht versucht? Ich warne Neugierige.

Droben auf dem Gipfelchen, wo sich eine kleine krumme Kiefer festgekrallt hatte, ruhten wir uns aus. Das Elbtal schimmerte in sonnigem Dunst. Geisterhaft bizarre Felsen, Zyklopen mit Riesenköpfen, standen wie Wächter vorm Horizont. Es roch nach Hitze. Irgendwo im Tal lagen unsere Stiefel, Jacken und Rucksäcke. Dorthin mussten wir zurück und ich tat mir aufrichtig leid.

Lehrer Lehmann war zwar, was ich vorher nicht gewusst hatte, ein Meister der Kletterkunst und kannte die Felsen ringsum in- und auswendig und wie seine Westentasche. Außerdem hatte er mich durch taktische Zurufe gelenkt und ein paarmal angeseilt. Doch bis auf eine gemütliche Kaminstrecke hatte ich seiner Fassadenkletterei in Gottes freier Natur nichts abgewinnen können. Meine Angst hatte mir nicht den geringsten Spaß gemacht. Und auch der Gipfelblick bereitete mir, so reizvoll er sein mochte, keine ungetrübte Freude. Denn ich dachte insgeheim an den Rückweg und befürchtete, dass er noch schwieriger sein werde als der Aufstieg. Ich hatte recht.

Stubenfliegen sind, mindestens an senkrechten Wänden, besser dran als wir, insbesondere beim Abstieg. Sie klettern mit dem Kopfe voran zu Tale. Das kann der Mensch nicht. Er behält an senkrechten Wänden auch beim Hinunterklettern den Kopf oben. Seine gesamte Aufmerksamkeit verlagert sich in die Füße, die, blind und zentimeterweise, nach unten tasten und den nächsten Halt suchen. Wenn dann dieser nächste schmale Sims aus porösem und verwittertem Sandstein unter dem Schuh wegbröckelt und der Fuß in der Luft hängt, bleibt, glücklicherweise nur für kurze Zeit, das Herz stehen. In solchen Momenten liegt die Gefahr nahe, dass man den Kopf senkt, weil die Augen den Zehen beim Suchen helfen wollen. Diese Gefahr ist nicht zu empfehlen.

Ich erinnere mich noch heute, wie mir zumute wurde, als ich die Wand hinunterblickte. Tief und senkrecht unter mir sah ich, klein wie Puppenspielzeug, unsre Jacken und Rucksäcke an einem zwirndünnen Wege liegen, und ich presste vor Schreck die Augen zu. Mir wurde schwindlig. Es brauste in den Ohren. Mein Herz stand still. Endlich besann es sich auf sein altes Geschäft. Es begann wieder zu schlagen. Dass ich schließlich drunten, neben unseren Rucksäcken, lebend eintraf, ist unter anderem daraus ersichtlich, dass ich jetzt, im Jahre 1957, davon berichte. Zu behaupten, mein Leben habe damals an einem Faden gehangen, träfe nicht ganz zu. Denn es war kein Faden da.

Als wir, am Fuß des Felsens, unsere Stiefel und Jacken angezogen hatten, zeigte mir Herr Lehmann auf einer Landkarte, welche Gipfel er noch nicht erklettert hatte. Ihre Zahl war nicht der Rede wert. Bei ihnen sei das Risiko zu groß, meinte er, und man dürfe nicht mit seinem Leben spielen. Wir schulterten unsere Rucksäcke. »Und sonst«, fragte ich, »wandern Sie immer allein?« Er versuchte zu lächeln. Das war gar nicht so einfach, denn er hatte darin keine rechte Übung. »Ja«, sagte er. »Ich bin ein einsamer Wandersmann.«

Der Nachmittag verlief gemütlicher. Die Turnschuhe blieben im Rucksack. Die Felsen waren nun keine Turngeräte mehr, sondern vorsintflutliche Sedimente aus der Kreidezeit, bizarre Zeugen dafür, dass wir über uralten Meeresboden wanderten, der sich vor zahllosen Jahrtausenden ans Licht gehoben hatte. Muschelabdrücke im Sandstein erzählten davon. Die Felsen wussten spannende Geschichten vom Wasser, vom Eis und vom Feuer, und Lehrer Lehmann verstand, den Steinen zuzuhören. Er begriff die Dialekte der Vögel. Er studierte die Spuren des Wildes. Er zeigte mir die Sporenlaternen im Moos mit den kleinen Zipfelmützen, die später herunterpurzelten. Er kannte die Gräser beim Vornamen, und wir bewunderten, beim Vesperbrot in der Wiese, ihr grünes Vielerlei und ihr zärtliches Blühen. Die Natur war vor ihm aufgeschlagen wie ein Buch und er las mir daraus vor.

Auf dem Deck des Raddampfers, der von Bodenbach-Tetschen heruntergeschwommen kam und mit dem wir gemächlich heimfuhren, blätterte er dann im Buch der Geschichte. Er erzählte vom Lande Böhmen, wo unser Dampfer noch vor einer Stunde geankert hatte, von König Ottokar und Karl IV., von den Hussiten, den unseligen Kirchenkriegen, der unheilvollen und unheilbaren Rivalität zwischen Preußen und Österreich, von den

Jungtschechen und dem drohenden Zerfall der Donaumonarchie. Immer und immer wieder, sagte er traurig, begehe Europa Selbstmordversuche. Die Besseres wüssten, schimpfe man Besserwisser. Und so werde Europas krankhafter Plan, sich selber umzubringen, eines Tages endlich glücken. Er zeigte auf Dresden, dessen Türme in der Abendsonne golden vor uns auftauchten. »Dort liegt Europa!«, sagte er leise.

Als ich mich an der Augustusbrücke für den schönen Tag bedankte, versuchte er wieder zu lächeln, und diesmal gelang es ihm fast. »Ich wäre ein ganz brauchbarer Hofmeister geworden«, meinte er, »ein Hauslehrer und Reisemarschall für drei, vier Kinder. Das brächte ich zuwege. Doch dreißig Schüler, das sind für mich fünfundzwanzig zu viel.« Damit ging er. Ich sah hinter ihm drein.

Plötzlich blieb er stehen und kam zurück. »Die Kletterpartie war ein großer Fehler«, sagte er. »Ich habe um dich mehr Angst gehabt als du selber.« – »Es war trotzdem ein schöner Tag, Herr

Lehmann.« – »Dann ist es ja gut, mein Junge.« Und nun ging er wirklich, der einsame Wandersmann. Er ging allein. Er wohnte allein. Er lebte allein. Und er hatte fünfundzwanzig Schüler zu viel.

Meine Mutter, zu Wasser und zu Lande

Und noch einmal – weil eben von Fels und Fluss und Wiesen die Rede war – will ich die Fanfare an die Lippen setzen und das Lob meiner Mutter in die Lüfte schmettern, dass es von den Bergen widerhallt. Aus allen Himmelsrichtungen antwortet das Echo, bis es klingt, als stimmten hundert Waldhörner und Trompeten, Frau Kästner zu Ehren, in mein Preislied ein. Und schon mischen sich die Bäche und Wasserfälle ins Konzert, die Gänse auf den Dorfstraßen, die Hämmer vor der Schmiede, die Bienen im Klee, die Kühe am Hang, die Mühlräder und Sägewerke, der Donner überm Tal, die Hähne auf dem Mist und auf den Kirchtürmen und die Bierhähne in den abendlichen Gasthöfen. Die Enten im Tümpel schnattern Beifall, die Frösche quaken bravo, und der Kuckuck ruft von weit her seinen Namen. Sogar die Pferde vorm Pflug blicken von der Feldarbeit hoch und wünschen dem ungleichen Paar auf der Landstraße wiehernd gute Reise.

Wer sind die beiden, die singend und braun gebrannt das Land durchstreifen? Die wie zwei Handwerksburschen aus der gluckernden Feldflasche trinken? Die hoch über Hügeln und Tälern rasten, hart gekochte Eier frühstücken und zum Nachtisch das liebliche Panorama mit den Augen verzehren? Die bei Sturm und Regen mit Pelerinen und Kapuzen trotzig und unverdrossen durch die Wälder ziehen? Die abends am Wirtshaustisch eine warme Suppe löffeln und, kurz darauf, herrlich müde ins bunt karierte Bauernbett sinken?

Das Wandern wurde, mir zuliebe, Frau Kästners Lust, und sie betrieb dieses dem Gemüt und der Gesundheit dienliche Vergnügen höchst systematisch. So ließ sie sich zunächst einmal, etwa als ich acht Jahre zählte, zum Erstaunen der Schneiderin, ein wetterfestes Kostüm aus grünem Loden anfertigen. Im Geschäft wäre es billiger gewesen, doch in Geschäften gab es dergleichen nicht. Frauen wanderten damals nicht, es war ganz und gar nicht Mode. Der Rock reichte, der Zeit gemäß, fast bis zu den Knöcheln! Frau Wähner, die Putzmacherin, fabrizierte nach Mutters Angaben einen breitkrempigen grünen Lodenhut, der mit zwei gabelförmigen Patenthutnadeln in der Frisur verankert und vertäut wurde, und auch Frau Wähner staunte. Zwei grüne Regenpelerinen wurden eingekauft. Mein Vater, der das Staunen längst verlernt hatte, schuf in der Kellerwerkstatt mit wahrem Feuereifer zwei unzerreißbare grüne Rucksäcke, den kleineren für mich. Und so waren wir bald aufs Beste und aufs Grünste ausgerüstet.

Nicht das Geringste fehlte. Alles Notwendige war beschafft worden: zwei eisenbewehrte Bergstöcke, eine Feldflasche, Büchsen für Butter, Wurst, Eier, Salz, Zucker und Pfeffer, ein Kochgeschirr für Knorrs Erbswurst und Maggi-Suppen, ein Spirituskocher und zwei leichte Essbestecke. Zu den kernigen Stiefeln gehörte eine Büchse mit Lederfett, und nur einmal wurde sie, bei einem Picknick irgendwo in der Lausitz, mit der Butterbüchse verwechselt. Schon nach dem ersten Bissen war uns klar, dass es sich nicht empfiehlt, Lederfett aufs Brot zu streichen. Es heißt zwar, über den Geschmack ließe sich streiten. Doch auf die Frage, ob Lederfett ein Genussmittel sei, dürfte es wirklich nur eine einzige Antwort geben. Jedenfalls ist dies seitdem meine fundierte Meinung. Gegenteilige Belehrungen müsste ich rundweg ablehnen.

Wir waren aufs Wandern lückenlos vorbereitet und brauchten nur noch das Wandern selber zu erlernen. Unsre Wanderjahre waren Lehrjahre. Anfangs glaubten wir zum Beispiel, der Mensch wisse auch an Kreuzungen den richtigen Weg, der zum richtigen Ziele führt. Als wir aber, zu wiederholten Malen, nach vier, ja fünf Stunden verblüfft dort anlangten, wo wir morgens aufgebrochen waren, begannen wir am Instinkt des Europäers zu zweifeln. Wir waren keine Indianer. Und es half nichts, sich nach dem Stande der Sonne zu richten. Vor allem dann nicht, wenn man sie vor lauter Wald und Wolken gar nicht sah!

Deshalb gingen wir dazu über, anhand von Landkarten und Messtischblättern das Weite zu suchen, und brachten es mit der Zeit zu nahezu fehlerlosen Ergebnissen. Auch Blasen an den Füßen, Atemnot und Kreuzschmerzen überwanden wir bald. Wir gaben nicht nach. Wir schritten fort und wurden Fortgeschrittene. Schließlich kannten wir alle Schliche des Wanderns. Wir legten am Tag vierzig, sogar fünfzig Kilometer zurück, ohne dass uns dies sonderlich angestrengt hätte, und wir durchstreiften auf diese Weise Thüringen, Sachsen, Böhmen und Teile Schlesiens. Wir erstiegen, langsamen Schritts, zwölfhundert Meter hohe Berge, und wir hätten auch noch höhere Gipfel erklommen, wenn es nur welche gegeben hätte. Wo es uns besonders gefiel, spendierten wir uns einen Ruhetag und faulenzten wie schnurrende Katzen. Dann ging es weiter im Text, eine Woche und manchmal vierzehn Tage lang, zuweilen mit Dora, der Cousine, meist und fast noch lieber ohne sie. Die Märsche wurden für unsere gelehrigen Füße zu Spaziergängen. Zwischen uns und der Natur stand keine Mühe mehr. Die Flüsse, der Wind, die Wolken und wir blieben im Takt. Es war herrlich. Und gesund war es außerdem. Vom Fuß bis zum Kopf und vom Kopf bis zu den Füßen. Mens sana in corpore sano, wie wir Lateiner sagen.

So eroberten wir uns den Thüringer Wald und die Lausitzer Berge, die Sächsische Schweiz und das böhmische Mittelgebirge, das Erzgebirge und das Isergebirge, und dazu sangen wir: »O Täler weit, o Höhen, o schöner grüner Wald!« Vom Jeschken bis zum Fichtelberg, von der Rosstrappe bis zum Milleschauer erstiegen wir alle Gipfel und Gipfelchen. Ruinen und Klöster, Burgen und Museen, Dome und Schlösser, Wallfahrtskirchen und Rokokogärten lagen am Weg, und wir hielten feierlich Umschau. Dann zogen wir weiter, kreuz und quer durchs Land, die Friseuse in grünem Loden und ihr Junge. Manchmal hatte ich sogar meine bunt bebänderte Laute dabei, da sang es sich noch besser. »Da draußen, stets betrogen, saust die geschäft'ge Welt«, sangen wir, und der Herr von Eichendorff, der Dichter des Liedes, hätte seine helle Freude an uns beiden gehabt, wenn er nicht schon tot gewesen wäre. Zwei glücklichere Enkel der Romantik hätte er so bald nicht gefunden.

Dieser oder doch einer ähnlichen Meinung schien eines Tags ein Herr zu sein, der noch lebte. Meine Mutter und ich waren nach einer mehrtägigen Wanderung durch die Sächsische Schweiz im Lincke'schen Bad eingekehrt, einem Gartenlokal an der Elbe, das durch den Kammergerichtsrat E. T. A. Hoffmann, einen romantischen Kollegen Eichendorffs, berühmt geworden ist. Die Königsbrücker Straße lag nur um die Ecke, aber wir hatten Durst und noch keine rechte Lust aufs Daheimsein. So ließen wir uns Zeit, tranken kühle Limonade und brachen, nachdem die Kellnerin kassiert hatte, in schallendes Gelächter aus. Denn jetzt besaßen wir, wie wir das Portemonnaie auch drehten und wendeten, nur noch ein einziges Geldstück, einen Kupferpfennig! Mitten im »Goldenen Topf«! (Diese Bemerkung gilt bloß für belesene Leute.)

Der Herr am Nebentisch wollte wissen, warum wir so fröhlich waren. Und als wir es ihm gesagt hatten, machte er meiner Mutter einen Heiratsantrag. Er sei, erzählte er, ein in den Vereinigten Staaten reich gewordener Deutscher, der sich für drüben eine Frau suche. Meine Mutter sei, das habe er sofort gemerkt, die Richtige, und dass er bei dieser einmaligen Gelegenheit auch noch einen so aufgeweckten und lustigen Sohn als Zuwaage erhalte, sei ein Glücksfall ohnegleichen. Unsere unverdrossen wachsende Heiterkeit steigerte seinen Eifer, statt ihn zu dämpfen. Dass wir einen Ehemann und Vater bereits besäßen, focht ihn nicht an. Dergleichen lasse sich, meinte er selbstsicher, mit genügend Geld und bei einigem guten Willen bequem regeln. Er war von seinem Vorsatz, uns beide zu heiraten und nach Amerika mitzunehmen, durch nichts abzubringen. Und so blieb uns schließlich nichts übrig als die Flucht. Wir waren, als geübte Wanderer, besser zu Fuß als er. Er verlor uns aus den Augen und so konnten wir uns gerade noch retten und dem Deutschen Reich erhalten.

Hätten wir nicht so schnell laufen können, meine Mutter und ich, dann wär ich heute womöglich ein amerikanischer Schriftsteller oder, in Anbetracht meiner deutschen Sprachkenntnisse von Kind auf, Generalvertreter für Coca-Cola, Chrysler oder die Paramount in Nordrhein-Westfalen oder Bayern! Und im Jahre 1917 hätte ich dann vor dem soeben erwähnten Lincke'schen Bad nicht im Schilderhause stehen und Wache schieben müssen! Aber stattdessen wär ich vielleicht amerikanischer Soldat gewesen! Denn so schnell und so weit weg, dass man auf dieser verrückten Welt nicht doch irgendwo Soldat wird, kann man gar nicht laufen! Nun ja, das gehört nicht hierher.

Mein Vater war eine beinahe noch peniblere Hausfrau als meine Mutter. Bevor sie und ich aus der Wildnis heimkehrten, begann er in Kernseife, Sidol und Bohnerwachs förmlich zu schwelgen. Wie ein Berserker fiel er mit Schrubbern, Scheuerhadern, Wurzelbürsten, Putzlappen und Fensterledern über die Wohnung her. Auf jedes Stäubchen machte er Jagd. Er rumorte bis tief in die Nacht. Tagsüber war er ja in der Kofferfabrik und hatte für Zimmerkosmetik keine Zeit. Grützners und Stefans, die nebenan wohnten, konnten dann nicht einschlafen und sagten: »Aha, die zwei Wanderburschen kommen morgen zurück!«

Es war jedes Mal dasselbe. Wir traten in den Korridor und fühlten uns plötzlich noch viel staubiger und dreckiger, als wir schon waren. Die Klinken, der Herd und die Ofentüren blitzten. Die Fenster schimmerten lupenrein. Im Linoleum hätten wir uns, wenn wir gewollt hätten, spiegeln können. Aber wir wollten nicht. Wir wussten ohnehin, dass wir wie Landstreicher aussahen. Da half nur eins: der Sprung in die Badewanne.

Kaum dass wir wieder gesitteten Stadtbewohnern einigermaßen ähnlich sahen, trabte ich als Herold durch die Straßen und brachte den Kunden die Kunde, dass die Friseuse Ida Kästner aus den Ferien zurück sei und nach Weiberköpfen lechze. So wurde denn in den nächsten Tagen frisiert, onduliert, kopfmassiert und kopfgewaschen, bis alle Geschäftsfrauen und Verkäuferinnen hinter ihren Ladentischen wieder wie neu aussahen. Sie blieben ihrer Friseuse treu. Einmal wurde, weil wir auf Wanderschaft waren, sogar eine Hochzeit verschoben. Die Braut, ein Ladenfräulein aus dem Konsum, hatte darauf bestanden.

Am Abend nach unserer Rückkunft trat dann mein Vater, nachdem er sein Fahrrad im Keller verstaut hatte, in die Küche und sagte befriedigt: »Da seid ihr ja wieder!« Mehr sagte er nicht, und mehr war ja auch nicht nötig. Das Reden besorgten wir.

Länger als zwei Wochen pflegten, aus notwendiger Rücksicht auf Mutters Kundinnen, unsere Landstreichereien nicht zu dauern. Doch meine Sommerferien dauerten länger. Und so verbrachten wir halbe, manchmal sogar ganze Tage der restlichen Ferienzeit an den Waldteichen in Dresdens Nähe oder im König-Friedrich-August-Bad in Klotzsche-Königswald. Obwohl mir weder der Schwimmunterricht an der Angel, mit den stupiden Kommandos des Bademeisters, noch das Herumkrebsen mit einem Korkgürtel um den Bauch auch nur das Mindeste genützt hatte, war ich, heimlich im Selbstlehrgang, ein leidlicher Schwimmer geworden.

Da meine Mutter es nur schwer ertragen konnte, wenn sie, hilflos vom Ufer oder vom Bassin für Nichtschwimmer aus, nichts als meinen Haarschopf erblickte, beschloss sie, Schwimmerin zu werden. Wisst ihr, wie damals Badeanzüge für Frauen aussahen? Nein? Seid froh! Sie glichen Kartoffelsäcken aus Leinen, nur dass sie bunt waren und lange Hosenbeine hatten. Und statt anliegender Badehauben trug die Damenwelt aufgeplusterte Kochmützen aus rotem Gummi. Es war ein Anblick zum Steinerweichen.

In diesem närrischen und unbequemen Kostüm stieg meine Mutter in die Fluten des Weixdorfer Teichs, legte sich waagrecht auf den Wasserspiegel, machte einige energiegeladene Bewegungen, öffnete den Mund, um etwas zu sagen, und versank! Was sie hatte sagen wollen, weiß ich nicht. Ganz bestimmt war es nicht das, was sie, als sie einige Sekunden später zornig wieder auftauchte, tatsächlich äußerte. Die Sohnespflicht und die Schicklichkeit verbieten es mir, die Bemerkung zu wiederholen. Die Nachwelt wird sich näherungsweise denken können, was gesagt wurde. Und die Nachwelt hat bekanntlich immer recht. Festgestellt sei jedenfalls, dass die hier unwiederholbare Erklärung erst abgegeben wurde, nachdem meine Mutter einen nicht unbeträchtlichen Teil des idyllisch gelegenen Waldteichs ausgespuckt hatte und, von mir gestützt, zum Ufer wankte.

Weitere Schwimmversuche unternahm sie nicht. Das Element, das keine Balken hat, hatte ihr den Gehorsam verweigert. Die Folgen hatte es sich selber zuzuschreiben. Das leuchtete allen, die meine Mutter kannten, ohne Weiteres ein. Sie war in ihrem Leben schon mit ganz anderen Elementen fertiggeworden! Das Wasser wollte nicht? Ida Kästner grüßte es nicht mehr.

Im König-Friedrich-August-Bad gab es, außer einer mit der sächsischen Krone verzierten Umkleidekabine für den Monarchen, die von diesem freilich nur selten benutzt und bei starkem Publikumsandrang gegen ein minimales Aufgeld auch an Nichtkönige vergeben wurde, jahrelang eine weitere, keineswegs geringere Sensation. Der Herr hieß Müller. Er stammte dessen ungeachtet aus Schweden und war der Erfinder einer Freiluftgymnastik, die er sich zu Ehren das »Müllern« getauft hatte. Herr Müller trug einen kleinen schwarzen Bart und eine kleine weiße Badehose, war athletisch gewachsen, am ganzen Körper bronzebraun und würde heute, wenn es ihn in seiner damaligen Verfassung noch gäbe, unweigerlich zum Mister Universum gewählt werden. Herr Müller war ohne Frage der schönste Mann des neuen Jahrhunderts. Das fand, bei aller skandinavischen Bescheidenheit, sogar er selber. Das Herrenbad – die Bäder waren streng voneinander getrennt, und man konnte sich mit seiner Mama nur im »Restaurant« treffen (oh, die Thüringer Bratwürste mit Kartoffelsalat!) –, das Herrenbad also schloss sich Herrn Müllers Ansichten über Herrn Müller vorbehaltlos an, und da das Turnen im Grünen ein Schönheitsmittel zu sein schien, müllerten wir Männer begeistert und voller Hoffnungen. Es gibt eine Fotografie, worauf wir, in Badehosen und hübsch hintereinander, zu sehen sind. Herr Müller beschließt die Reihe. Ich bin der Erste. Fast schon so schön wie der Schwede. Nur ohne Bart und wesentlich kleiner.

Dass das Damenbad hinter unserer Bewunderung nicht zurückstehen wollte und konnte, versteht sich am Rande. Dank seiner Eigenschaften als Erfinder und Vorturner war Herr Müller der einzige Mann, der das Paradies der Damen betreten durfte, und die Dresdner Frauenwelt müllerte, in sogenannte Lufthemden gehüllt, dass die Wiese zitterte. Trotzdem blieb der Schwede schön, und wenn es ihm gelungen war, sich von den Evastöchtern und -müttern loszureißen, turnte er, zur Erholung, wieder mit uns Männern.

Mit dem Schwimmen war meine Mutter böse. Mit dem Radfahren fand sie sich ab. Tante Lina hatte Dora ein Fahrrad geschenkt. Ich hatte die Fahrkunst auf meines Vaters Rad gelernt. Und weil der Gedanke auftauchte, man könne durch gelegentliche Radtouren das Ferienprogramm noch bunter als bisher gestalten, kaufte sich meine Mutter bei Seidel & Naumann ein fabrikneues Damenrad und nahm neugierig darauf Platz. Mein Vater hielt das Rad am Sattel fest, lief eifrig neben seiner kurvenden Gattin her und erteilte atemlos Ratschläge. Diese Versuche waren nicht nur von ihm, sondern auch von Erfolg begleitet, und so stand einem Ausflug per Rad nichts Sonderliches im Wege. Er lieh mir sein Fahrrad, schraubte den Sattel so niedrig wie möglich und wünschte uns viel Glück.

Glück kann man immer gebrauchen. Ebene Wegstrecken und leichte Steigungen boten keine nennenswerten Schwierigkeiten, und von der Mordgrundbrücke bis zum Weißen Hirsch wurden die Räder, weil es steil bergauf ging, geschoben. Dann saßen wir wieder auf, strampelten nach Bühlau und bogen in die Heide ein. Denn wir wollten in der Ullersdorfer Mühle Kaffee trinken und Quarkkuchen essen. Oder Eierschecke? (Eierschecke heißt eine sächsische Kuchensorte, die zum Schaden der Menschheit auf dem restlichen Globus unbekannt geblieben ist.) Vielleicht wollten wir auch beides essen, Eierschecke und Quarkkuchen, und schließlich taten wir es ja auch – nur meine Mutter, die freute sich nicht, sondern trank Kamillentee. Sie war, kurz zuvor und gegenüber der Mühle, in einen dörflichen Gartenzaun gesaust. Dabei waren der Zaun und die tollkühne Radlerin leicht beschädigt worden. Der Schreck war größer gewesen als das Malheur, aber die Kaffeelust und Kuchenlaune waren ihr vergangen. Sie hatte beim Bergab vergessen gehabt, auf die Rücktrittbremse zu treten, und das nahm sie sich und der Bremse übel.

Was Zufall, Pech und Anfängerei gewesen zu sein schien, entpuppte sich mit der Zeit als Gesetz. Meine Mutter vergaß die Rücktrittbremse jedes Mal und immer wieder! Kaum senkte sich ein Weg, so raste sie auch schon davon, etwa wie die Rennfahrer der Tour de France, wenn sie von den Pyrenäen herunterkommen.

Dora und ich jagten hinterdrein, und wenn wir sie am Ende des Berges endlich eingeholt hatten, stand sie neben ihrem Rad, war blass und sagte: »Wieder vergessen!« Es war lebensgefährlich.

Von der Augustusburg sauste sie die steile Straße nach Erdmannsdorf hinunter, dass uns Kindern das Herz stehen blieb.

Wieder war ihr nichts zugestoßen. Vielleicht war ein Schutzengel mit ihr Tandem gefahren. Doch unsere Radtouren wurden mehr und mehr zu Angstpartien. Man konnte davon träumen. Manchmal sprang sie mitten auf dem Berg ab und ließ das Rad fallen. Manchmal lenkte sie es in den Straßengraben und fiel selber. Es ging immer glimpflich ab. Aber ihre und unsere Nerven wurden dünner und dünner. Das konnte nicht der Sinn solcher Ferientage sein. Und so stiegen wir für immer von den Pedalen herab und auf Schusters Rappen um. Das Damenrad wanderte in den Keller und wir wanderten wie ehedem zu Fuß. Da gab es keine Rücktrittbremse, die man vergessen konnte.

Wenn ich ein moderner Seelenprofessor wäre, würde ich mir tiefe Gedanken machen und in einer der Fachzeitschriften unter dem Titel »Die Rücktrittbremse als Komplex, Versuch einer Deutung« einen Aufsatz veröffentlichen, worin es etwa hieße: »Für Frau Ida K., die vorerwähnte Patientin, konnte es, wie im Leben überhaupt, so auch beim Radfahren im Besonderen, nur ein Bergauf geben. Dem unverwüstlichen Ehrgeiz, der diese Frau, nach eigenen Enttäuschungen und im Hinblick auf ihren hoffnungsvollen Sohn, pausenlos erfüllte, war der gegenteilige Begriff, das Bergab, ziel- und wesensfremd. Da Ida K. das Bergab kategorisch ablehnte und dessen Konsequenzen deshalb gar nicht bedenken konnte, fehlte ihr naturnotwendig jeder Sinn für Vorsichtsmaßregeln. Befand sie sich, wie beispielsweise bei Radtouren, dennoch einem Bergab gegenüber, so weigerte sich ihr Bewusstsein, eingelernte Regeln anzuwenden. Sie wurden automatisch über die Bewusstseinsschwelle ins Unterbewusstsein abgedrängt. Dort fristete die Rücktrittbremse, obwohl gerade die Firma Seidel & Naumann vorzügliche Bremsen fabrizierte, ein für Frau Ida K. im Momente der Gefahr unbekanntes, weil von ihr radikal abgestrittenes Dasein. Sie konnte weder das Phänomen des Bergab noch wie auch immer geartete Techniken anerkennen, die den Niedergang bremsen sollen. Damit hätte sie, implicite, ihren magischen Willen zum Bergauf kritisiert und angezweifelt. Das kam für sie nicht in Betracht. Lieber bezweifelte sie grundsätzlich, dass Berge nicht nur empor, sondern auch abwärtsführen. Lieber bezweifelte sie, auf jedes Risiko hin, die Realität.«

Glücklicherweise bin ich kein beruflicher Tiefseelentaucher und kann mir derartig hintersinnige Abhandlungen und Deutungen ersparen. Menschen zu beschreiben, interessiert mich mehr, als sie zu erklären. Beschreibung ist Erklärung genug. Doch vielleicht ist in dem vorigen Absatz, den ich zum Spaß schrieb, ein Fünkchen Wahrheit enthalten? Es würde mich gar nicht wundern.

Jedenfalls steht fest, dass wir allesamt heilfroh waren, als die Angstpartien ihr Ende gefunden hatten, und noch dazu ein glückliches Ende. Am frohesten war mein Vater. Denn nun hatte er sein Rad wieder und brauchte während der Schulferien nicht mehr mit der Straßenbahn in die Fabrik zu fahren.

DAS SECHZEHNTE KAPITEL

Das Jahr 1914

Ich wurde älter und meine Mutter wurde nicht jünger. Die Cousine Dora kam aus der Schule und ich kam in die Flegeljahre. Sie begann die Haare hochzustecken, und ich begann die Weiber zu verachten, dieses kurzbeinige Geschlecht. Dora behielt ihre neue Frisur bei, ich gab meine neue Weltanschauung später wieder auf. Aber für ein paar Jahre wurden wir uns fremd.

Erst später, als ich kein kleiner Junge mehr war, erneuerte sich unsere Freundschaft, damals, als sie mir lachend half, mich als Mädchen zu verkleiden. Ich wollte während einer Seminarfeier die Professoren und die Mitschüler zum Besten haben und der Spaß gelang vorzüglich. Niemals wieder bin ich so umschwärmt worden wie als angeblicher Backfisch in der festlich geschmückten Turnhalle des Freiherrlich von Fletcherschen Lehrerseminars! Erst als ich, blond bezopft und in wattierter Bluse, zum Hochreck lief und eine Kür turnte, dass der Rock flog, ließ die Anbetung nach. Doch das gehört nicht hierher.

Nachdem Dora konfirmiert worden war und weil Tante Lina keine Zeit hatte, wurde meine Mutter als Reisemarschall und Anstandsdame engagiert und fuhr mit der Nichte wiederholt an die Ostsee. Der Ort hieß Müritz, und sie schickten fleißig Ansichtskarten und Gruppenbilder, die der Strandfotograf geknipst hatte.

Während solcher mutterlosen Wochen verbrachte ich die schulfreien Stunden in der Villa am Albertplatz. Abends kam mein Vater, von der Fabrik her, angeradelt. Wir aßen mit Frieda und der Tante in der Küche und gingen nicht nach Hause, bevor man uns hinauskomplimentierte. Onkel Franz meinte lakonisch, dass seine Tochter und seine Schwester sich an der Ostsee herumtrieben, sei ein ausgemachter Blödsinn. Doch die Tante gab nicht klein bei. Für sich selber hätte sie so viel Mut nicht aufgebracht. Für Dora war sie, in Grenzen, tapfer.

Paul Schurig, der Lehrer und Untermieter, spürte, dass daheim die Hausfrau fehlte, nicht weniger als mein Vater und ich. Es fehlte die Frau im Haus. Und mir fehlte die Mutter. Doch in den Flegeljahren gibt ein Junge so etwas nicht zu. Eher beißt er sich die Zunge ab.

Die Schulferien blieben für mich reserviert, daran änderte sich nichts. Manchmal schloss sich uns das hochfrisierte Fräulein Dora an. Doch die großen Zeiten der Wanderungen ins Böhmerland und der wilden Bettenschlachten abends in irgendeinem Landgasthof, die waren vorbei und kamen niemals wieder. Das Goldene wich dem Silbernen Zeitalter, doch auch dieses hatte seinen Glanz.

Meine Mutter war jetzt vierzig Jahre alt und mit vierzig war man damals ein gutes Stück älter als heutzutage. Man bleibt heute länger jung. Man lebt länger. Und man wird länger. Der Fortschritt der Menschheit findet anscheinend der Länge nach statt. Das ist ein recht einseitiges Wachstum, wie man zugeben muss und täglich feststellen kann. Der längste Staudamm, die längste Flugstrecke, die längste Lebensdauer, der längste Weihnachtsstollen, die längste Ladenstraße, die längste Kunstfaser, der längste Film und die längste Konferenz, das überdehnt mit der Zeit auch die längste Geduld.

Meine Mutter wurde älter und die Wanderungen wurden kürzer. Wir beschränkten uns auf Tagesausflüge und auch sie boten Schönheit genug und Freude im Überfluss. In welche Himmelsrichtung man mit der Straßenbahn auch fuhr und an welcher Endstation man auch aus dem Wagen kletterte, in Pillnitz oder in Weinböhla, in Hainsberg oder Weißig, in Klotzsche oder im Plauenschen Grund, überall stand man tief in der Landschaft und mitten im Glück. Mit jedem Bummelzuge war man nach der ersten halben Stunde so weit von der Großstadt fort, als sei man seit Tagen unterwegs. Wehlen, Königstein, Kipsdorf, Langebrücke, Roßwein, Gottleuba, Tharandt, Freiberg, Meißen, wo man auch ausstieg, war Feiertag. Die Siebenmeilenstiefel waren kein Märchen.

Sobald wir dann aus einem der kleinen Bahnhöfe traten, mussten wir freilich die eigenen Stiefel benutzen. Aber wir hatten ja das Wandern an der Quelle studiert. Wir wussten die Füße zu setzen. Wo andere Ausflügler ächzten und schwitzten, machten wir Spaziergänge. Den größeren der zwei Rucksäcke trug jetzt ich! Es hatte sich so ergeben. Und meiner Mutter war es recht.

In den Sommerferien des Jahres 1914 griff Tante Lina tief und energisch in den Geldbeutel. Sie schickte uns beide mit Dora an die Ostsee. Das war meine erste große Reise und statt des Rucksacks trug ich zum ersten Mal zwei Koffer. Ich kann nicht sagen, dass mir der Tausch sonderlich gefallen hätte. Ich kann Koffertragen nicht ausstehen. Ich habe dabei das fatale Gefühl, dass die Arme länger werden, und wozu brauch ich längere Arme? Sie sind lang genug und auch als Junge wünschte ich mir keine längeren.

Vom Anhalter zum Stettiner Bahnhof spendierten wir uns eine Pferdedroschke »zweiter Güte«, und so sah ich, zwischen Koffern hindurchlugend, zum ersten Mal ein Eckchen der Reichshauptstadt Berlin. Und zum ersten Male sah ich, auf der Fahrt durch Mecklenburgs Kornfelder und Kleewiesen, ein Land ohne Hügel und Berge. Der Horizont war wie mit dem Lineal gezogen. Die Welt war flach wie ein Brett, mit Kühen drauf. Hier hätte ich nicht wandern mögen.

Besser gefiel mir schon Rostock mit seinem Hafen, den Dampfern, Booten, Masten, Docks und Kränen. Und als wir gar von einer Bahnstation aus, die Rövershagen hieß, durch einen dunkelgrünen Forst laufen mussten, wo Hirsche und Rehe über den Weg wechselten und einmal sogar ein Wildschweinehepaar mit flinken gestreiften Frischlingen, da war ich mit der Norddeutschen Tiefebene ausgesöhnt. Zum ersten Male sah ich Wacholder im Wald und an meinen Händen hingen keine Koffer. Ein Fuhrmann hatte sie übernommen. Er wollte sie abends beim Fischer Hoff in Müritz-Ost abliefern. Der Wind, der die Baumwipfel wiegte, roch und schmeckte schon nach der See. Die Welt war anders als daheim und genauso schön.

Eine Stunde später stand ich, vom Strandhafer zerkratzt, zwischen den Dünen und sah aufs Meer hinaus. Auf diesen atemberaubend grenzenlosen Spiegel aus Flaschengrün und Mancherleiblau und Silberglanz. Die Augen erschraken, doch es war ein heiliger Schrecken, und Tränen trübten den ersten Blick ins Unendliche, das selber keine Augen hat. Das Meer war groß und blind, unheimlich und voller Geheimnisse. Gekenterte Schiffe lagen auf seinem Grund und tote Matrosen mit Algen im Haar. Auch die versunkene Stadt Vineta lag drunten, durch deren Straßen Nixen schwammen und in die Hutläden und Schuhgeschäfte starrten, obwohl sie keine Hüte brauchten, und Schuhe schon gar nicht. Fern am Horizont tauchte eine Rauchfahne auf, dann ein Schornstein und nun erst das Schiff, denn die Erde war ja rund, sogar das Wasser. Monoton und nass, mit weißen Spitzenborten gesäumt, klatschten die Wellen gegen den Strand. Schillernde Quallen spuckten sie aus, die im Sande zu blassem Aspik wurden. Raunende Muscheln brachten sie mit und goldgelben Bernstein, worin, wie in gläsernen Särgen, zehntausendjahralte Fliegen und Mücken lagen, winzige Zeugen der Urzeit.

Sie wurden im Kiosk neben der Mole als Andenken verkauft, zwischen Zwetschgen und Kinderschaufeln, Gummibällen, Basthüten und Zeitungen von gestern. Am Rande des Erhabenen fand das Lächerliche statt. Man war den Städten entflohen und hockte jetzt, angesichts der Unendlichkeit, noch viel enger nebeneinander als in Hamburg, Dresden und Berlin. Man quetschte sich auf einem Eckchen Strand laut und schwitzend zusammen wie in einem Viehwagen. Links und rechts davon war der Strand leer. Die Dünen waren leer. Die Wälder und die Heide waren leer. Während der Ferien lagen die Mietskasernen am Ozean. Sie hatten keine Dächer, das war gut. Sie hatten keine Türen, das war peinlich. Und die Nachbarn waren funkelnagelneu, das war für die Funkelnagelneugierde ein gefundenes Fressen. Der Mensch glich dem Schaf und trat in Herden auf.

Wir gingen an den Strand, ins Wasser und auf die Mole nur hinaus, während die Herde in den Pensionen zu Mittag und zu Abend aß. Sonst machten wir Spaziergänge und Ausflüge wie daheim. Die Küste entlang nach Graal und Arendsee. In die Wälder, an schwelenden Kohlenmeilern vorbei, zu einsamen Forsthäusern, wo es frische Milch und Blaubeeren gab. Wir borgten uns Räder und fuhren durch die Rostocker Heide nach Warnemünde, wo die Menschenherde auf der Ferienweide noch viel, viel größer war als in Müritz. Sie schmorten zu Tausenden in der Sonne, als sei die Herde schon geschlachtet und läge in einer riesigen Bratpfanne. Manchmal drehten sie sich um. Wie freiwillige Koteletts. Es roch, zwei Kilometer lang, nach Menschenbraten. Da wendeten wir die Räder um und fuhren in die einsame Heide zurück. (Hier oben in Mecklenburg hatte sich meine Mutter endlich wieder aufs Rad gewagt. Denn an der Ostsee gab es keine Berge. Hier war die vertrackte Rücktrittbremse ein überflüssiges Möbel.)

Am schönsten war die Welt am Meer in sternklaren Nächten. Über unseren Köpfen funkelten und zwinkerten viel mehr Sterne als daheim und sie leuchteten königlicher. Der Mondschein lag wie ein Silberteppich auf dem Wasser. Die Wellen schlugen am

Strand ihren ewigen Takt. Von Gjedser zuckte das Blinkfeuer herüber. Es war ein Gruß aus Dänemark, das ich noch nicht kannte. Wir saßen auf der Mole. Uns war so vieles unbekannt und wir schwiegen. Plötzlich erscholl Operettenmusik in der Ferne und kam langsam näher. Ein Küstendampfer kehrte, mit Lampions geschmückt, von einer der beliebten und preiswerten »Mondscheinfahrten in See« zurück. Er legte schaukelnd am Molenkopf an. Ein paar Dutzend Feriengäste stiegen aus. Lachend und lärmend trabten sie an unserer Bank vorüber. Kurz darauf versank das Gelächter hinter den Dünen und wir waren wieder mit der See, dem Mond und den Sternen allein.

Am 1. August 1914, mitten im Ferienglück, befahl der deutsche Kaiser die Mobilmachung. Der Tod setzte den Helm auf. Der Krieg griff zur Fackel. Die apokalyptischen Reiter holten ihre Pferde aus dem Stall. Und das Schicksal trat mit dem Stiefel in den Ameisenhaufen Europa. Jetzt gab es keine Mondscheinfahrten mehr und niemand blieb in seinem Strandkorb sitzen. Alle packten die Koffer. Alle wollten nach Hause. Es gab kein Halten.

Im Handumdrehen waren, bis zum letzten Karren, alle Fuhrwerke vermietet. Und so schleppten wir unsere Koffer zu Fuße durch den Wald. Diesmal wechselten keine Rehe und keine Wildschweine über die sandigen Wege. Sie hatten sich versteckt. Mit Sack und Pack und Kind und Kegel wälzte sich der Menschenstrom dahin. Wir flohen, als habe hinter uns ein Erdbeben stattgefunden. Und der Wald sah aus wie ein grüner Bahnsteig, auf dem sich Tausende stießen und drängten. Nur fort!

Der Zug war überfüllt. Alle Züge waren überfüllt. Berlin glich einem Hexenkessel. Die ersten Reservisten marschierten, mit Blumen und Pappkartons, in die Kasernen. Sie winkten und sie sangen: »Siegreich woll'n wir Frankreich schlagen, sterben als ein tapfrer Held!« Extrablätter wurden ausgerufen. Der Mobilmachungsbefehl und die neuesten Meldungen klebten an jeder Hausecke und jeder sprach mit jedem. Der Ameisenhaufen war in wildem Aufruhr und die Polizei regelte ihn.

Am Anhalter Bahnhof standen Sonderzüge unter Dampf. Wir schoben meine Mutter und die Koffer durch ein Abteilfenster und kletterten hinterdrein. Unterwegs begegneten uns Transportzüge mit Truppen, die nach dem Westen gebracht wurden. Sie schwenkten Transparente und sangen: »Fest steht und treu die Wacht, die Wacht am Rhein!« Die Ferienflüchtlinge winkten den Soldaten zu. Und Dora sagte: »Jetzt wird mein Vater noch viel mehr Pferde verkaufen.« Als wir verschwitzt und todmüde in Dresden eintrafen, kamen wir gerade zurecht, um uns von Paul Schurig zu verabschieden. Auch er musste in die Kaserne.

Der Weltkrieg hatte begonnen und meine Kindheit war zu Ende.

Die Arbeit ist getan, das Buch ist fertig. Ob mir gelungen ist, was ich vorhatte, weiß ich nicht. Keiner, der eben das Wort »Ende« hingeschrieben hat, kann wissen, ob sein Plan gelang. Er steht noch zu dicht an dem Hause, das er gebaut hat. Ihm fehlt der Abstand. Und ob sich's in seinem Wortgebäude gut wird wohnen lassen, weiß er schon gar nicht. Ich wollte erzählen, wie ein kleiner Junge vor einem halben Jahrhundert gelebt hat, und hab es erzählt. Ich wollte meine Kindheit aus dem Reich der Erinnerung ans Licht holen. Als Orpheus seine Eurydike im Hades bei der Hand nahm, hatte er den Auftrag, sie nicht anzublicken. Hatte ich den umgekehrten Auftrag? Hätte ich nur zurückschauen dürfen und keinen Augenblick voraus? Das hätte ich nicht vermocht und ich hab es gar nicht erst gewollt.

Während ich am Fenster saß und an meinem Buche schrieb, gingen die Jahreszeiten und die Monate durch den Garten. Manchmal klopften sie an die Scheibe, dann trat ich hinaus und unterhielt mich mit ihnen. Wir sprachen übers Wetter. Die Jahreszeiten lieben das Thema. Wir sprachen über die Schneeglöckchen und den späten Frost, über die erfrorenen Stachelbeeren und den dürftig blühenden Flieder, über die Rosen und den Regen. Gesprächsstoff gab es immer.

Gestern klopfte der August ans Fenster. Er war vergnügt, schimpfte ein bisschen über den Juli, das tut er fast jedes Jahr, und hatte es eilig. Während er ein Radieschen aus dem Beete

zog, bemäkelte er meine Bohnenblüten, seine Schuld sei es nicht, und lobte die Dahlien und die Tomaten. Dann biss er herzhaft in sein Radieschen und spuckte es wieder aus. Es war holzig. »Probieren Sie ein andres!«, sagte ich. Doch da sprang er schon über den Zaun, und ich hörte nur noch, wie er rief: »Grußen Sie den September! Er soll mich nicht blamieren!« – »Ich werd's ausrichten!«, rief ich zurück. Die Monate haben es eilig. Die Jahre haben es noch eiliger. Und die Jahrzehnte haben es am eiligsten. Nur die Erinnerungen haben Geduld mit uns. Besonders dann, wenn wir mit ihnen Geduld haben.

Es gibt Erinnerungen, die man, wie einen Schatz in Kriegszeiten, so gut vergräbt, dass man selber sie nicht wiederfindet. Und es gibt andere Erinnerungen, die man wie Glückspfennige immer bei sich trägt. Sie haben ihren Wert nur für uns. Und wem wir sie, stolz und verstohlen, zeigen, der sagt womöglich: »Herrje, ein Pfennig! So was heben Sie sich auf? Warum sammeln Sie Grünspan?« Zwischen unseren Erinnerungen und fremden Ohren sind mancherlei Missverständnisse möglich. Das merkte ich neulich, als ich abends auf der Terrasse meinen vier Katzen ein paar Kapitel vorlas.

Das heißt, Anna, die Jüngste, schwarzer Frack mit weißem Hemd, hörte nicht lange zu. Sie versteht Vorgelesenes noch nicht. Sie kletterte auf eine der Eschen, blieb in der Baumgabel sitzen und sah wie ein kleiner Oberkellner aus, der eine alberne Wette gewinnen möchte.

Pola, Butschi und Lollo hörten sich die Vorlesung geduldiger an. Manchmal schnurrten sie. Manchmal gähnten sie, leider ohne die Pfote vorzuhalten. Pola kratzte sich ein paarmal hinterm Ohr. Und als ich, leicht nervös, das Manuskript zugeklappt und auf den Tisch gelegt hatte, sagte sie: »Den Abschnitt über das Waschhaus, das Wäschelegen und die Wäschemangel beim Bäcker Ziesche sollten Sie weglassen.«

»Warum?«, fragte ich. Meine Stimme klang etwas ungehalten. Denn mein Herz hängt an all den Zeremonien, die schmutzige Wäsche in frische, glatte, duftende Stücke zurückverwandeln. Wie oft hatte ich meiner Mutter bei fast jedem Handgriff geholfen! Die Wäscheleinen, die Wäscheklammern, der Wäschekorb, die Sonne und der Wind auf dem Trockenplatz beim Kohlenhändler Wendt in der Scheunhofstraße, das Besprengen der Betttücher, bevor sie auf die Docke gerollt wurden, das Quietschen und Kippen der elefantenhaften Mangel, das Zurückschlagen und Abfangen der Kurbel, die ganze weiße Wäschewelt sollte ich vernichten? Wegen einer schwarzen Angorakatze?

»Pola hat vollkommen recht«, sagte Butschi, der vierzehn Pfund schwere grauhaarige Kater. »Lassen Sie die weiße Wäsche weg! Sonst legen wir uns drauf und dann schimpfen Sie.« »Oder Sie hauen uns wieder, bis Ihnen der Arm wehtut«, meinte Lollo, die persische Dame, pikiert. »Ich haue euch, bis mir der Arm wehtut?«, fragte ich empört. »Nein«, gab Pola zur Antwort, »aber Sie drohen uns immer damit, und das ist genauso schlimm.« – »Lassen Sie die blütenweiße Wäsche fort!«, sagte Butschi und klopfte energisch mit dem Schweif auf die Terrassenziegel. »Sonst gibt es wieder Ärger«, erklärte Lollo, »wie neulich wegen Ihrer schönen weißen Hemden. Dass die Schranktür offen stand und dass es vorm Haus geregnet hatte, war ja schließlich nicht unsre Schuld!«

»Um alles in der Welt!«, rief ich. »Zwischen wirklicher und geschriebener Wäsche ist doch ein Unterschied! Wirkliche Katzen, so dreckig sie aus dem Regen kommen, können sich doch nicht auf geschriebene Wäsche legen!« – »Das sind Haarspaltereien«, meinte Pola und begann sich zu putzen. Lollo starrte mich aus ihren goldgelben Augen an und sagte gelangweilt: »Typisch Mensch! Wäsche ist Wäsche. Und Schläge sind Schläge. Uns Katzen können Sie nichts vormachen.«

Dann dehnten sich alle drei und spazierten in die Wiese. Butschi drehte sich noch einmal um und meinte: »Wenn wenigstens Mäuse in Ihrem Buche vorkämen! Ich fresse auch geschriebene! Aber die Menschen sind nett und rücksichtslos. Das ist für Katzen nichts Neues.« Auf halbem Wege machte er wieder kehrt. »Ich komme heute Nacht etwas später«, teilte er mit. »Es ist Vollmond. Machen Sie sich meinetwegen keine unnötigen Sorgen!« Nun war auch er verschwunden. Nur die Grashalme, die sich über ihm bewegten, verrieten, wohin er ging. Drei Häuser weiter wohnt sein zurzeit bester Freund.

Nun, das Wäschekapitel hab ich gestrichen. Nicht mit ihren Gründen, doch in der Sache mochten die Katzen recht haben. Ich hatte ihnen einen meiner Glückspfennige gezeigt und nun steckte ich ihn wieder in die Tasche. Es tat mir ein bisschen leid, und ich war ein wenig gekränkt, aber Verdruss gibt es schließlich in jedem Beruf. Anstelle der Wäsche hätte ich jetzt, dem Kater zu Gefallen, mühelos zwei, drei Mäuse anbringen können, doch so weit geht die Liebe nicht. Denn fürs Aufschreiben von Erinnerungen gelten zwei Gesetze. Das erste heißt: Man kann, ja man muss vieles weglassen. Und das zweite lautet: Man darf nichts hinzufügen, nicht einmal eine Maus.

Vorhin spazierte ich gemächlich durch meine Wiese und blieb am Zaun stehen. Draußen trieben der Hirt und sein schwarzer Spitz ihre blökende Schafherde vorüber. Aus den winzigen Osterlämmern sind, in nur ein paar Monaten, ziemlich große Schafe geworden. Bei uns Menschen dauert das länger. Am Weg stand ein kleiner Junge, betrachtete die Herde und ihr Hinken und Hoppeln und zog dabei seine Strümpfe hoch. Dann trabte er vergnügt neben den Schafen her.

Nach zwanzig Schritten blieb er kurz stehen. Denn die Strümpfe waren wieder gerutscht und er musste sie wieder hochziehen. Ich beugte mich neugierig über den Zaun und schaute hinter ihm her. Die Schafe waren ihm voraus und er wollte sie einholen. Sie liefern zwar Strümpfe, doch sie selber tragen keine. Womöglich sind sie klüger, als sie aussehen. Wer keine Strümpfe trägt, dem können sie nicht rutschen.

Bei den Treibhäusern der Gärtnerei machte der kleine Junge wieder halt. Er zerrte die Strümpfe hoch und diesmal war er wütend. Dann lief er hastig um die Ecke. Er dürfte, nach meiner Schätzung, bis zur Gellertstraße gekommen sein, bevor es wieder so weit war. Auf diesem Gebiete kenn ich mich aus. Oh diese Strümpfe, oh diese Erinnerungen! Als ich ein kleiner Junge war, da schenkte mir meine Mutter zu den Strümpfen runde Gummibänder, die aber …

Keine Angst, liebe Leser, ich bin schon still. Es folgt kein Strumpfkapitel und es folgt kein Gummibandkapitel. Die Arbeit ist getan. Das Buch ist fertig. Schluss, Punkt, Streusand!

Das Schwein beim Friseur

und andere Geschichten

Das Schwein beim Friseur

Schon seit Wochen hingen dem kleinen Berthold die Haare über den Kragen, und seine Mutter überlegte sich, wie sie ihn zum Friseur kriegen könnte. Sie sagte, er sähe wie ein Mädchen aus, und lauter ähnlich kränkende Sachen. Aber Berthold, obwohl er sonst ziemlich brav war, schüttelte den Kopf und antwortete immer: »Wenn ich doch nicht mag!« Das machte: Ihm fehlte der Vater, denn der war früh gestorben. Und außerdem ließ sich der Junge lieber drei Backenzähne ziehen als einmal die Haare schneiden. Na ja, so war er eben.

Da kam der Mutter eine Idee. Sie versprach dem Jungen, sie wolle mit ihm zum ›Friseur am Zoo‹ gehen. Damit war Berthold sofort einverstanden. Der ›Friseur am Zoo‹ war nämlich etwas besonders Feines. Erst mussten sie durch den Herrensalon. Hier wurde mit Schlagsahne eingeseift und rasiert, und Berthold schimpfte innerlich, weil er noch keinen Bart hatte. Dann war ein Herr da, der ärgerte sich über seine abstehenden Ohren. Und da ließ er sich mit Brennscheren, mit denen man sonst die Haare umlegt, seine Ohren so lange biegen, bis sie ordentlich und glatt am Kopf anlagen. Einem alten Herrn, der eine große Glatze hatte, wurde Haarsamen auf die kahle Billardkugel gesät; dann kam ein Gehilfe mit einer Gießkanne, begoss den Kopf, und schon krochen die ersten Haarspitzen aus dem Schädel. Berthold lachte und fragte, ob auch noch Blumen herauswüchsen. Da wurde der Herr böse. Und die Mutter zog den Jungen schnell fort.

Im Kinderzimmer vom ›Friseur am Zoo‹ war es noch viel

großartiger. Vor jedem Spiegel stand ein Tier, ein lebendiges, versteht sich, und da stiegen die Kinder in den Sattel und klopften den Tieren auf den Rücken, fütterten sie, kraulten sie hinter den Ohren und merkten so kaum, dass ihnen inzwischen ein Friseurgehilfe das Haar schnitt. Es gab da ein Pony, einen Esel, ein Schwein, einen Hirsch, einen jungen Elefanten, einen Bernhardinerhund und ein zahmes Einhorn.

Als Berthold kam, waren schon mehrere Kinder da, und nur das Schwein lag noch auf dem Teppich und grunzte. Es war auf Kinder nicht gut zu sprechen, weil die überallhin lieber wollten als auf ein Schwein. Berthold wollte auch nicht darauf, und das Schwein dachte bei sich: Dafür werde ich dich ärgern!

Kurz und gut, das Schwein wurde gesattelt, und Berthold musste hinaufklettern. Als er oben saß, kam auch schon der Friseur mit einer Schere und einem Kamm und fing an, die Haare auf der linken Seite wegzuschneiden. Plötzlich trat das Schwein von einem Bein aufs andere und verlangte: »Streichle mich!« Aber der Junge schüttelte den Kopf. Dabei tat ihm die Schere des Friseurs weh. Er stieß versehentlich dem Schwein in die Flanken, und das begann sofort, wütend im Salon hin und her zu rennen.

Der Friseur setzte sich hinter dem Jungen auf den Schweinerücken und versuchte, im Haarschneiden fortzufahren. Das Schwein lief wie angestochen umher und machte alle übrigen Tiere furchtbar nervös. Die schimpften sehr, und das Einhorn drehte sich um und kitzelte das Schwein mit dem Horn. Da quiekte das Schwein, rannte zur Tür hinaus, durch den Herrensalon, die Treppe hinunter und auf die Straße.

Könnt ihr euch vorstellen, wie das aussah? Ein Schwein mit einem Jungen auf dem Rücken, dem die linke Hälfte der Haare weggeschnitten war?

Er sah zum Schreien aus.

Die Straßenbahnen standen auf der Stelle still. Ein Autobus machte Männchen. Aber das Schwein rannte weiter. Schließlich

fiel der Friseur hinunter und blieb zwischen den Straßenbahnschienen sitzen. Berthold begann das Galoppieren Spaß zu machen. Doch plötzlich sauste das Schwein in eine Villa, die Treppe hoch, einen Gang entlang und, weil eine Tür offen stand, in ein Zimmer hinein. Dort blieb es stehen.

In dem Zimmer war ein Bett. Und in dem Bett lag ein kleines Mädchen, das Bella hieß und sehr krank war. Es lag seit acht Tagen gleichgültig im Bett, mochte nichts essen und nichts reden, und Bellas Vater – die Mutter war tot – wusste, obwohl er selber Arzt war, absolut nicht, was der Kleinen fehlte.

Sie sah das Schwein im Zimmer stehen, einen Jungen obendrauf, dem man zur Hälfte die Haare geschnitten hatte und der aussah, wie Gänse aussehen, wenn's gedonnert hat, und da fing sie an zu lachen. Berthold lachte mit, und nun lachten die zwei Kinder, dass man es im ganzen Hause hörte! Verblüfft kam Bellas Vater aus dem Sprechzimmer gelaufen, sah seine Tochter vergnügt und mit roten Backen und erkannte sofort: Jetzt ist sie wieder gesund. Dann klingelte Bertholds Mutter an der Haustür und fragte aufgeregt, ob hier ein Schwein und ein kleiner Junge eingetroffen seien. Nun war die Freude groß. Und später wurde Bertholds Mutter sogar die Frau von Bellas Vater, zog mit ihrem Jungen in die Villa, und Bella und Berthold wurden Geschwister, die einander sehr lieb hatten. Das Schwein kauften sie dem ›Friseur am Zoo‹ ab, und es blieb bei ihnen, hatte es gut und wurde niemals geschlachtet.

Ob es wahr ist, dass auf diese Weise die Redensart entstanden ist: Na, die haben aber Schwein gehabt?

Fauler Zauber

Der Zauberkünstler Mamelock
hebt seinen goldnen Zauberstock.
»Ich brauche«, spricht er dumpf, »zwei Knaben,
die ziemlich viel Courage haben.«

Da steigen aus dem Publikum
schnell Fritz und Franz aufs Podium.
Er hüllt sie in ein schwarzes Tuch
und liest aus seinem Zauberbuch.
Er schwingt den Stock ein paar Sekunden.
Er hebt das Tuch – sie sind verschwunden!

Des Publikums Verblüffung wächst.
Wo hat er sie nur hingehext?
Sie sind nicht fort, wie mancher denkt.
Er hat die beiden bloß – versenkt!

Fritz sagt zu Franz: »Siehst du die Leiter?«
Sie klettern abwärts und gehn weiter.
Der Zauberkünstler lässt sich Zeit,
nimmt dann sein Tuch und wirft es breit.
Er schwingt sein Zepter auf und nieder –

doch kommen Fritz und Franz nicht wieder!
Der Zaubrer fällt vor Schrecken um.
Ganz ähnlich geht's dem Publikum.

Nur Fritz und Franz sind voller Freude.
Sie schleichen sich aus dem Gebäude.
Und Mamelock sucht sie noch heute.

Der neugierige Friedrich

Es ist ganz bestimmt so: Die Neugierde ist eine recht gewöhnliche und üble Eigenschaft. Schon neugierige kleine Mädchen können sehr auf die Nerven fallen; denn ihnen erscheint erst dann etwas wissenswert, wenn es sie nichts angeht oder wenn sie es nicht erfahren sollen. Neugierige Jungen aber sind das Unausstehlichste, was es weit und breit gibt. Eltern und Lehrer sollen brave Männer aus ihnen machen, und dabei schnüffeln diese Burschen wie die kleinen Ferkel überall herum!

Seid ihr auch manchmal neugierig? Doch ich will lieber nicht fragen, sonst sähe es aus, als sei ich selber neugierig … Ich will besser eine kleine Geschichte erzählen, und zwar die Geschichte vom neugierigen Friedrich.

Friedrich wäre ein netter und gescheiter Junge gewesen, aber er war entsetzlich neugierig. Es war nicht zum Aushalten. Er war auf seine Neugier auch noch stolz und sagte immer, er wolle, wenn er größer wäre, Detektiv werden.

Er spionierte, lange vor Weihnachten, in den Kommodenfächern herum. Er horchte an den Türen, wenn sich die Eltern unterhielten. Er lief hinter der Mutter her, wenn sie Besorgungen machte. Einmal versteckte er sich sogar unter dem Sofa, um zu lauschen. Da musste er aber plötzlich niesen, wurde vom Vater hervorgeholt und ausgiebig verprügelt. Es hieß, er solle nichts zu Weihnachten bekommen. Da heulte er und versprach, nie im Leben wieder neugierig zu sein. Und so kriegte er seine Geschenke. Doch schon zu Silvester horchte er wieder an den Türen.

Der neugierige Friedrich spionierte nicht nur zu Hause herum, sondern er schlich auch in fremden Häusern leise über die Treppen, besuchte seine Klassenkameraden, trat in Geschäfte, ohne etwas kaufen zu wollen – alles nur, um seine verflixte Neugier zu füttern. Doch die blieb ewig mager und hatte ständig Appetit.

Auf seinen geheimnisvollen Ausflügen geriet er auch einmal in ein altes buckliges Häuschen. Als er die Stiegen hinaufschlich, spielten plötzlich die Stufen, als wären sie ein Akkordeon, laute Musik. Da rutschte Friedrich am Geländer hoch. Oben drang aus der ersten Tür, die er erblickte, helles Licht. Neugierig beugte er sich vor das Schlüsselloch. Plötzlich sprang die Tür auf. Friedrich wurde von einem Haken, der aus der Öffnung herausfuhr, gepackt und in die Wohnung gezogen. Dann fing die Tür zu pendeln an, als ob Wind wäre, gab ihm einen Riesenklaps hintendrauf und schlug zu.

Der neugierige Friedrich stand nun in einem hellen Zimmer, klapperte mit den Zähnen und kniff beide Augen fest zu. Schließlich blinzelte er dann doch, weil es ihm im Gesicht juckte, und da sah er einen alten Mann in einem großen Kochtopf auf dem Herd sitzen. Er hielt eine bunte Pfauenfeder in der Hand. Mit der hatte er den Jungen gekitzelt.

»Ich bin Sherlock Holmes, der bekannte Detektiv«, sagte der alte Mann, der im Topf saß, »und du bist der neugierige Friedrich. Was willst du wissen?«

Aber der Junge hatte keine Lust zum Fragen.

»Also«, sagte Sherlock Holmes, »du weißt schon alles? Auch gut! Damit du aber nicht umsonst bei mir warst, will ich dich mit der Fähigkeit beschenken, durch die Wände zu gucken.« Er betupfte Friedrichs Augen mit der Pfauenfeder und murmelte: »Hulle Wulle Spionier! Fort sind Wände, Dach und Tür.« Dann schickte er den Jungen fort. Doch er dürfe wiederkommen.

Nun konnte also der neugierige Friedrich durch Türen und Wände schauen, und das machte ihm großen Spaß. Er trat vor irgendein Haus hin, sagte: »Hulle Wulle Spionier! Fort sind Wände, Dach und Tür«, und schon blickte er in die Häuser, als seien sie aus Fensterglas gebaut. Das war natürlich riesig spannend. Er sah, wie die Nachbarskinder spielten. Er sah Herrn Sekretär Deichmüller in der Badewanne hocken. Er sah, von der Straße aus, seine Eltern in der Wohnung sitzen und miteinander sprechen. Wenn er in der Schule war, sah er gleichzeitig viele Klassenzimmer auf einmal. Und es kam vor, dass er, wenn ihn der Lehrer aufrief, eine Frage beantwortete, die der Lehrer in der Nachbarklasse gestellt hatte.

Wie das so geht: Wenn man alles sieht, ist man nicht länger neugierig. Genauso erging es dem Friedrich. Seit er überall zuschauen konnte, fand er das gar nicht mehr lustig. Es kam auch oft vor, dass er, wenn er durch die Wände blickte, andere neugierige Kinder horchen und spionieren sah. Und da merkte er erst, wie hässlich das war. Schließlich entschloss er sich, zu Sherlock Holmes zu laufen und ihm zu sagen, er könne die Wundergabe getrost zurückhaben.

Er ging also wieder in das alte Häuschen, stieg die musikalische Treppe empor, ließ sich von dem Widerhaken in die Wohnung befördern, von der Tür den Klaps hintendrauf geben und sagte zu Sherlock Holmes: »Geehrter Herr! Ich mag nicht länger durch die Wände schauen, und ich bin überhaupt nicht mehr neugierig.«

Der Detektiv saß wie beim ersten Mal in seinem Topf auf dem Herd und wedelte mit der Pfauenfeder. Er hörte dem neugierigen Friedrich, der nicht mehr neugierig war, zu und fragte: »Da willst du also auch gar nicht mehr Detektiv werden?«

»Doch, doch«, sagte Friedrich, »aber das ist doch keine Neugierde, wenn man Detektiv ist, sondern da will man jemanden schützen oder jemandem helfen.«

Sherlock Holmes klopfte dem neugierigen Friedrich wohlwollend mit der Pfauenfeder auf die Schulter und sagte: »Freut mich, dass du vernünftig geworden bist. Ich habe das schon damals gewusst.«

»Wieso haben Sie das schon damals gewusst?«, fragte Friedrich.

»Wozu ist man Detektiv?«, antwortete Sherlock Holmes.

Dagegen war nichts einzuwenden, und Friedrich verbeugte sich höflich. An der Tür drehte er sich noch einmal um und meinte: »Entschuldigen Sie, Mister Holmes, nun seh ich also nicht mehr durch die Wände?«

»Nein«, sagte der Detektiv, »das hat sich erledigt.«

»Und«, fragte Friedrich, »warum sitzen Sie eigentlich immer in einem Kochtopf?«

Da drohte Sherlock Holmes mit der Pfauenfeder und rief: »Damit dumme Jungen was zu fragen haben!«

Und dann kriegte Friedrich von der Tür einen Schwingerling und landete erschrocken auf der Straße. Ob ein Detektiv aus ihm wird, muss man abwarten.

Arno schwimmt Weltrekord

Das Trockenschwimmen ist ein toller Sport!
Ganz ohne Pferd kann keiner reiten.
Ganz ohne Grund kann keiner streiten.
Doch ohne Wasser schwimmt der Mensch sofort.

Wenn sich Großhennigs Arno mit dem Magen
auf einen Stuhl (als ob er schwömme) legt
und Gustav mit dem Teppich Wellen schlägt,
ist Arno nicht zu schlagen!

Die andern wetten hoch und geben acht.
Sie hoffen, dass dies Arno kräftigt.
Er ist von Kopf bis Fuß beschäftigt
und bricht Rekorde, dass es kracht.

Zum Schluss durchquert er rasch noch den Kanal
und unterbietet gar den Weltrekord!
Das Trockenschwimmen ist ein toller Sport.
Versucht es mal!

Mama ist nicht zu Hause

Es war höchste Zeit, Mittag zu essen, und Peter kam aus der Schule heim. Er klopfte dreimal und wartete, dass die Mama öffne. Er klingelte zweimal. Er klopfte sechsmal und klingelte wieder. Er legte das Ohr an die Tür. Drinnen schlug ein Fenster. Peter wurde ungeduldig und rief durchs Schlüsselloch: »Mama, Mama! Mama!« Sie antwortete aber nicht. Er trommelte mit der Faust an den Briefkasten und klingelte wie ein Telefon. Dann wurde er unruhig, bekam es mit der Angst und trat mit den Stiefeln gegen die Tür. Wo sie bloß stecken mochte, seine Mama? Wenn sie nun beim Fensterputzen auf die Straße gefallen war? Und es roch so gut nach Eierkuchen! Peter klingelte noch einmal. Aber ganz behutsam. Dann setzte er sich auf die Treppe, holte tief Atem, stopfte die Hände unters Kinn und guckte zum Schlüsselloch hinüber, als wäre es ein verzaubertes Auge.

Ja, und mit einem Mal stand ein Polizist da. Oje! Der zwirbelte den Schnurrbart, zog ein Notizbuch und fragte: »Welche Hausnummer ist das hier?«

»72«, sagte Peter.

»So, so«, murmelte der Polizist, »9 mal 8 ist 72.« Er blätterte in seinem Buch und zuckte die Schultern. »Meldungen liegen nicht vor.«

Peter kamen die Tränen in die Augen.

»Heul bloß nicht!«, sagte der Polizist, griff in die Tasche und holte ein kleines Automobil heraus. Das hielt er an den Mund und blies die Backen auf. Wie ein Posaunenbläser sah er aus, und das Auto wurde immer größer und größer, bis es kaum noch auf der Treppe Platz hatte.

Der Polizist setzte sich ans Steuer und sagte: »Hopp! Jetzt wollen wir die Mama suchen.«

Peter kletterte in den Wagen, und dann rumpelten sie die Treppe hinunter. Das war eine Partie, verflixt noch einmal!

Unten kam gerade Frau Huber aus dem Keller. Die machte Augen! Nun fuhren sie viele Straßen entlang. Peter musterte alle Leute, und manchmal dachte er schon, die Mama wär's.

Sie war's aber nie.

Wenn der Polizist hupte, nahmen alle Frauen ihre Hüte ab, damit Peter sie besser anschauen konnte, und ein paar Mal fuhren sie sogar mitten in die Läden hinein, in denen Peters Mutter für gewöhnlich einkaufte. Aber niemand hatte sie gesehen. Der Polizist borgte Peter sein Taschentuch, ließ den Schnurrbart traurig hängen und sagte: »Da müssen wir zur Hauptwache fahren. Vielleicht ist sie dort abgegeben worden.«

Und dann sausten sie zur Polizeihauptwache. Treppen hinauf und Gänge entlang und in ein Zimmer hinein, an dessen Türe Fundbüro stand. Dort saß ein Beamter vor einem Schreibtisch, klapperte mit einem großen Schlüsselbund und fragte, was sie wollten. Als sie es ihm gesagt hatten, ging er zu einem Schrank in der Ecke und schloss ihn auf.

Das war ja nun wirklich ein komischer Schrank!

In seinen Fächern standen Männer und Frauen und Jungen und Mädchen und warteten darauf, dass sie von ihren Angehörigen abgeholt würden. Ein kleiner Junge war schon fünf Tage da und hatte verweinte Augen. Er hatte vergessen, wie er hieß. Ja, seinen Namen muss man sich eben merken!

Peters Mama stand nicht im Schrank. Da meinte der Polizist betrübt, weiter könne er nun auch nichts tun. Und so brachte er Peter auf die Treppe zurück. Nun saß er wieder auf seiner kalten Stufe und war recht unglücklich. Die Eierkuchen dufteten durchs Schlüsselloch, dass es eine Art hatte. Aber vom Riechen wird man nicht satt. Peter wurde immer trauriger.

Ihm war, als warte er schon viele, viele Stunden. Da schlug unten die Haustür, und er dachte: Hoppla, jetzt kommt sie! Es war aber ein schwerer, schwerer Schritt, als brächte jemand ein Klavier herauf. Und dann war's der Briefträger.

Er stellte einen Riesenkarton neben Peter und fragte: »Ist deine Mutter zu Hause?«

»Nein«, sagte Peter, »was bringen Sie denn da?«

Der Briefträger wusste es nicht.

Auf dem Karton stand: Vorsicht! Lebendig! Peter nahm sein

Taschenmesser und schnitt die Stricke durch. Der Briefträger hätte gern gesehen, was in dem Karton war. Aber er hatte noch viel zu tun und ging.

Peter hob den Deckel ab und warf mit beiden Händen die Holzwolle auf die Treppe. Als er wieder in den Karton griff, kriegte er eine Nase zu packen und erschrak mordsmäßig. Und nun bewegte sich die Holzwolle – irgendetwas krabbelte daraus hervor – ja, und das war Peters Mama! Er stand starr vor Staunen. Sie aber lachte herzlich, weil sie ihn so überrascht hatte, kletterte vollends aus dem Karton und stupste ihn an die Nase.

Es war tatsächlich so! Die Mama gab ihm einen Nasenstüber und rief munter: »Wer wird denn auf der Treppe einschlafen!«

»Donnerwetter«, sagte Peter, »wo ich dich überall gesucht hab! In den Geschäften, auf dem Fundbüro und …«, aber da merkte er, dass der Karton und die Holzwolle gar nicht mehr auf der Treppe lagen.

»Wo warst du nur so lange?«, fragte er.

»Einkaufen!«, rief sie. »Und jetzt gibt's Eierkuchen.«

»Das hab ich längst gerochen«, meinte er. »Mit Heidelbeeren oder mit Pflaumen?«

»Mit Quittengelee«, sagte die Mama und schloss die Tür auf.

Kicherfritzen

Habt ihr das schon mal gemacht:
ohne jeden Grund gelacht?
Na, wie steht's? Ich glaube sicher,
dass ihr dieses Lachen kennt,
das man allgemein Gekicher
nennt.

Wie entsteht so etwas bloß?
Es entsteht nicht. Es geht los!
Eben noch tat keiner mucksen.
Fritz beginnt herumzudrucksen.
Paul hat sich parterre gesetzt,
denkt nichts Böses, hört sie juxen
und bekichert sich zuletzt.

Schließlich platzen sie vor Lachen.
Und sie meckern wie die Ziegen,
bis sie fast am Boden liegen.
Und sie finden es zu dumm!
Doch da lässt sich gar nichts machen,
und sie meckern, und sie lachen,
und sie wissen nicht, warum.

Keiner sieht den andern an,
denn sonst würde es noch schlimmer.
Und das Kichern wird Gewimmer.
Mutter sitzt im Nebenzimmer
und bleibt ernst, so gut sie kann.
Kichern strengt genauso an
Wie ein Tausend-Meter-Lauf.

Und so leise, wie's begann,
hört es auf.

Die Sache mit dem Löwen und dem Marktnetz

Es war Pause, und die Jungen blieben, weil es regnete, in den Gängen des Schulgebäudes. Gustav Mühlbach, einer aus den oberen Klassen, spazierte stolz hinter den Achtjährigen. Er war bei ihnen eine Art von Aufsichtsrat und liebte diesen Beruf. Plötzlich sagte er: »Hab ich euch das eigentlich schon erzählt?«

Die Kleinen fuhren herum und fragten: »Was denn, Gustav?«

»Na, die Sache mit dem Löwen und dem Marktnetz!«, antwortete er.

Ohne weitere Redensarten drängten sich die Jungen um ihn, und einer, es war so ziemlich der frechste, rief: »Mensch, fang an!«

»Na ja«, meinte Gustav Mühlbach, »ich war doch diesen Sommer in Regiswalde. Erst wollten wir nach Italien, aber Regiswalde wurde von meinem Vater mächtig empfohlen, und da fuhren wir eben dorthin. Regiswalde ist ein Dorf. Wisst ihr, was ein Dorf ist? Wenn man einen großen Schritt macht, ist man draußen, jawoll. Und da gab mir meine Mutter mal unser Marktnetz und sagte, ich solle in Prenzlau drei Pfund Quark holen. Prenzlau liegt schräg gegenüber. Sie gab mir zehn Pfennig mit und …«

»Quark kostet mehr«, warf ein kleiner Junge ein.

»Quark nicht!«, sagte Gustav. »Deswegen ging ich ja nach Prenzlau, weil dort alles so billig ist. Dort kriegte man ein Fahrrad für drei Mark sechzig. Ob das jetzt noch so ist, weiß ich nicht. Zwischen Prenzlau und Regiswalde liegt ein Wald, so ein richtiger Urwald mir Brombeeren, Fliegenpilzen, Schlangen, Mistkäfern, Farnkraut …«

»Und mit Bäumen«, bemerkte ein kleiner Junge.

»Ich werde gleich nicht weitererzählen«, sagte Gustav und fuhr fort:

»Durch den Wald musste ich nun durch. Es wurde viel von ihm gemunkelt. Der zehnte Baum von rechts könne reden, und ein Schatz sei irgendwo vergraben mit blödsinnig viel Geld aus der Zeit des Kolumbus, jawoll, und andere, noch tollere Geschichten. – Zu Anfang ging es auch ganz gut«, berichtete Gustav weiter. »Nur beim Brombeerenpflücken kam ich ein bisschen vom Weg ab, bis an den Bauch und immer tiefer. Da musste ein Sumpf sein. Ich rutschte und rutschte. Das war ein Dreck, sag ich euch! Unser Marktnetz hielt ich mit den Armen hoch, denn wenn es schmutzig geworden wäre, hätte ich den Quark in der Hand tragen müssen, und das wollte ich nicht. Als ich gerade noch mit meinem Kopf aus dem Kakao herausguckte, kam eine wilde Ente vorbei, eine sehr wilde Ente. Die packte ich an den Füßen. Da begann sie zu fliegen, zog mich hoch und beförderte mich aufs Trockene und …«

»Das liest meine große Schwester jetzt in einem Buch«, sagte ein Junge.

»Halt doch den Rand!«, rief ein anderer ärgerlich.

»Lesen ist natürlich keine Kunst«, bemerkte Gustav Mühlbach verächtlich und erzählte weiter: »Wir sprachen noch ein bisschen miteinander, die Ente und ich. Ich bedankte mich bei ihr, dann flog sie weiter. Und während ich an meinem Anzug herumkratzte – er sah geradezu gemein aus –, brüllte es ganz in meiner Nähe. Es brüllte fürchterlich, kann ich euch sagen! Und wie ich die Zweige vor mir auseinanderbiege, steht doch da ein Löwe! Jawoll, ein Löwe, groß wie zwei übereinandergestellte Bernhardinerhunde. Donnerkiel noch mal, da hätte ich fast Angst gekriegt! Mein Luftgewehr hatte ich dummerweise zu Hause gelassen.«

»Das hätte dir auch nichts genützt«, rief jemand.

»Immerhin besser als gar nichts«, antwortete Gustav. »Was sollte ich machen? Er hatte mich auch schon gesehen, wischte sich den Schnurrbart und kam langsam auf mich zu.«

»Hör auf!«, bat ein kleiner Junge.

»Immer näher kam er«, beschrieb Gustav, »er schien noch nicht gefrühstückt zu haben, denn er guckte starr zu Boden, als suche er was Fressbares. Mir wurde mulmig. Da besann ich mich in der höchsten Not auf ein paar Briefmarkenränder, die ich in der Tasche hatte. Ich nahm sie heraus, leckte sie an, warf sie vor mich hin und ging langsam rückwärts, ganz langsam. Der Löwe knurrte und schnüffelte an dem Briefmarkenpapier herum, bis es klebte. Er kriegte es nicht mehr los, wühlte und wühlte und verkleisterte sich das ganze Maul. Ich schlich von der Seite dicht an ihn ran und stupste ihn ein paarmal kräftig mit dem Kopf auf die Erde. Also, ich kann euch sagen: Sein Maul war zugepappt wie ein Brief ins Ausland!«

»Er konnte doch aber das Papier zerreißen«, gab einer zu bedenken.

»Wenn er's getan hätte, stünde ich jetzt nicht hier«, sagte Gustav, »und außerdem: Ehe er's versuchte, zog ich ihm unser Marktnetz über den Kopf. Das war wie ein Beißkorb mit Henkeln. Ich kletterte auf ihn rauf, hielt mich an den Griffen des Marktnetzes fest, spuckte dem Biest zwischen die Ohren, und los ging's, quer durch den Wald. Drei Minuten später waren wir in Prenzlau, genau drei Minuten. Ich habe auf die Uhr gesehen.«

»Und dann?«, wollte ein Junge wissen.

»Wieso und dann?«, erkundigte sich Gustav.

»Ich meine bloß, wie kam denn der Löwe überhaupt in den Wald?«, fragte der Junge.

»Ach sooo!«, sagte Gustav. »Vielleicht wohnte er dort!«

»In Prenzlau gastierte damals ein Wanderzirkus«, verkündete eine tiefe Stimme.

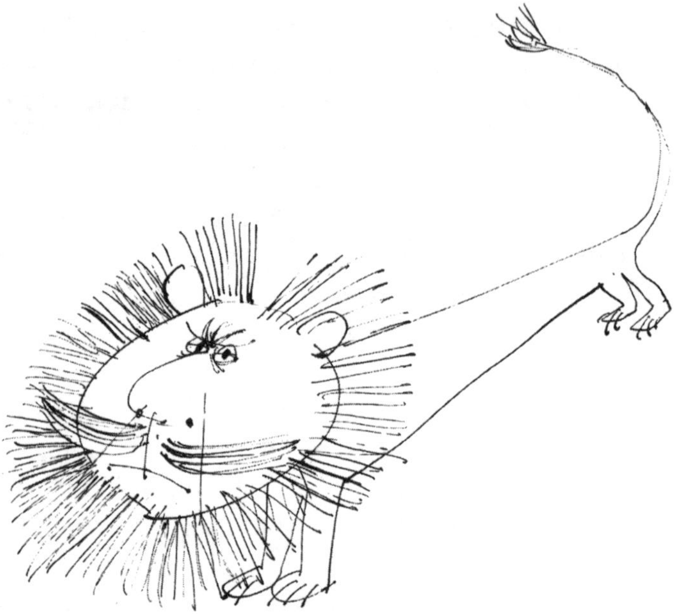

Alle drehten sich um.

Es war der Lehrer Eberlein, Gustav Mühlbachs Klassenlehrer. Der machte ein ernsthaftes Gesicht und sagte zu Gustav: »Komm doch mal mit ins Lehrerzimmer!« Und dann gingen beide zusammen fort.

»Hat er nun eigentlich seinen Quark gekriegt?«, fragte einer der kleinen Jungen.

»Keine Ahnung«, gab ein anderer zur Antwort. »Aber etwas steht fest.«

»Was denn?«

»Jetzt kriegt er sein Fett!«

Arthur mit dem langen Arm

Unerhört ist die Geschichte,
welche ich euch jetzt berichte.
Sie behandelt lang und breit
Arthurs Ungezogenheit.

Ach, er war der tollste Knabe,
den ich je gesehen habe!
Doch nun wird er nie mehr froh.
Wie das kam? Ja, das kam so:

Arthurs Schwester, namens Trude,
fuhr einmal nach Buxtehude.
Arthur, der den Koffer trug,
brachte sie bis an den Zug.

Wagen quiekten. Leute rannten.
Arthur brüllte: »Grüß die Tanten!«
Trude, die am Fenster stand,
reichte ihm noch rasch die Hand.

Doch da kam ein Ruck, ein Stoß!
Und der Zug fuhr plötzlich los.
Arthur hielt die Hand der Schwester,
so ein Unsinn, immer fester.

Und er wankte nicht vom Flecke,
doch der Zug bog um die Ecke.
Arthur wich nicht einen Schritt,
aber seine Hand fuhr mit!

Trude krähte wie ein Sänger.
Arthurs Arm ward lang und länger.
Und trotz ihrem Angstgezeter
wuchs der Arm auf dreißig Meter.

Jemand zog das Notsignal.
Und der Zug, der hielt noch mal.
Arthur mit dem langen Arm
übergab man dem Gendarm.

Dieser wusste mit dem langen
Arme auch nichts anzufangen.
In der Schule und zu Haus
lachte man den Arthur aus.

Schließlich wurde er für Geld
auf dem Jahrmarkt ausgestellt.
Für 10 Pfennig zog und rollte
man den Arm, sooft man wollte.

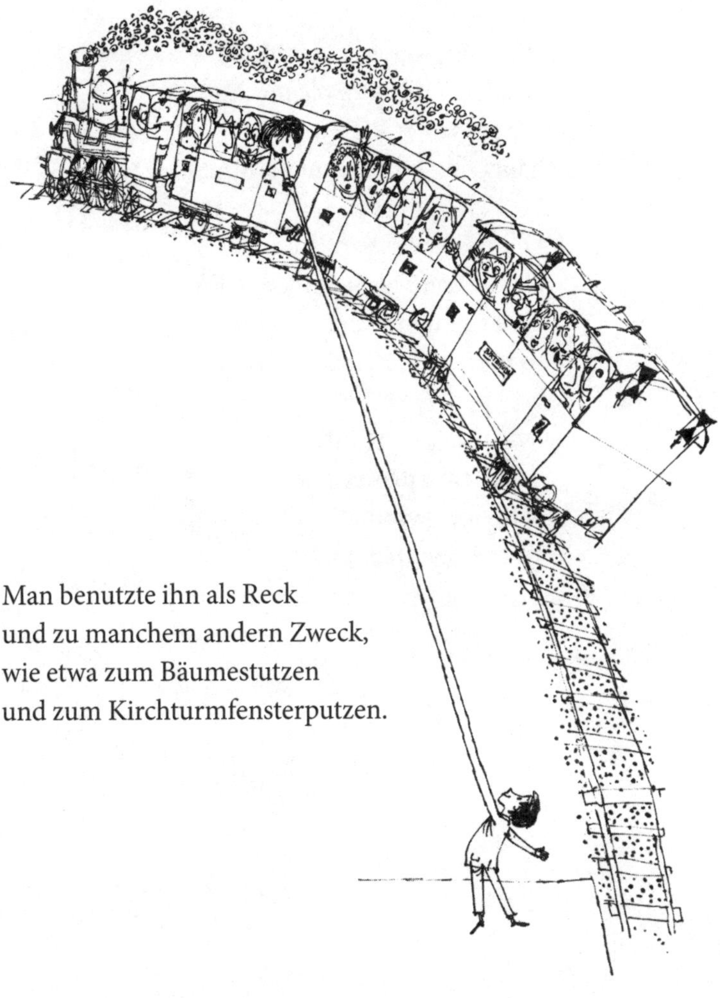

Man benutzte ihn als Reck
und zu manchem andern Zweck,
wie etwa zum Bäumestutzen
und zum Kirchturmfensterputzen.

Wisst ihr, was er in der Nacht
mit dem langen Arme macht?
Wegen seiner Riesenmaße
hängt der Arm bis auf die Straße.

Leute, die vorübergehn,
bleiben dann gewöhnlich stehn.
Und sie zupfen unter Witzen
Arthur an den Fingerspitzen.

Jedes Mal, wenn man ihn neckt,
wird er aus dem Schlaf geweckt.
Schreiben wir ihm einen Brief:
Wir bedauerten ihn tief.

Frau Hebestreit spioniert

»Es muss mal wieder jemand in die Stadt«, sagte Frau Friseuse Hebestreit, denn sie wohnten am anderen Ufer. »Es muss mal wieder jemand in die Stadt«, sagte sie, »es fehlt an allen Ecken. Brillantine brauch ich. Ein neues Ondulierereisen brauch ich. Teerseife muss auch bestellt werden. Wo die Zeit hernehmen und nicht stehlen?«

Daraufhin trabte Georg in den Korridor, holte seine Mütze, kam zurück und fragte: »Also, was soll ich bringen?«

»Du bist viel zu klein. Jeden Tag wird jemand überfahren. Ich stürbe vor Angst. Da gehe ich schon lieber selber.«

»Wo du doch keine Zeit hast«, trumpfte der siebenjährige Sohn auf, holte Mutters Handtasche vom Tisch und sagte: »Na, komm, gib mir Geld!«

Frau Hebestreit schüttelte den Kopf. »Es geht nicht. Über die Brücke, ja. Aber Schlossstraße, Altmarkt, Johannstraße, da darfst du nicht allein hin.«

»Naumanns Richard geht auch allein, und gar nichts ist passiert«, fing der Junge wieder an.

»Versprichst du mir, dass du ganz vorsichtig sein wirst?«

»Natürlich.«

»Und dass du immer erst warten wirst, bis der Schutzmann winkt?«

»Versprech ich.«

Dann bekam er Geld. Dann wiederholte er dreimal fließend, was er besorgen und was er bestellen sollte. Und dann sprang er pfeifend die Treppe hinunter.

Zwei Minuten später setzte sich Frau Hebestreit, obwohl sie doch eigentlich gar keine Zeit hatte, den Hut auf und begann mit der Verfolgung. Sie verließ das Haus und rannte, bis sie ihren Jungen, zwanzig Meter vor sich, wieder sah. Nun verlangsamte sie den Schritt und behielt ihn im Auge.

»Tag, Frau Hebestreit«, sagte plötzlich jemand. Es war Frau Postinspektor Pfeffer. »Ich bin gerade auf dem Weg zu Ihnen. Mein Kopf ist reif. Muss gewaschen werden. Und bisschen durchondulieren. Mein Mann hat Theaterkarten. Passt Ihnen wohl nicht?«

»Ach, Frau Postinspektor, hat's eine Stunde Zeit? Ich muss noch rasch eine Besorgung machen.«

»Na gut, da gehe ich vorher einen Sprung zu meiner Schwester. Und in einer Stunde …«

»In einer Stunde!«, rief Frau Hebestreit und war schon weiter. Wenn er sich nur nicht umdrehte! Wenn er sie nur nicht sah! Kleine Jungen sind in Vertrauenssachen äußerst empfindlich. Sobald sie entdecken, dass man sie nicht ernst nimmt, werden sie entweder sehr traurig oder tückisch wie die Baumaffen. Frau Hebestreit kannte sich aus, und sie ging, als schliche sie auf Zehen.

Aber Georg sah sich nicht um. Er marschierte seines Weges, als verrichte er eine Aufgabe von großer Tragweite. Bevor er die Fahrbahnen und die Plätze überquerte, blickte er nach links und nach rechts. Wenn die Situation bedenklich war, wartete er mit onkelhafter Geduld, bis die Passage frei wurde. Dann aber sauste er zum gegenüberliegenden Fußsteig wie ein Flitzbogen. Auf diese Weise gelangte er ungefährdet durch die Hauptstraße und über die Brücke. Und die Mutter lächelte gerührt, zwanzig Schritte hinter ihm, über so viel Sorgfalt. Am Ende der Schlossstraße, dort, wo sie in den Altmarkt mündet, wartete Georg wieder und betrat die Straße erst, als sie leer war. Plötzlich schoss – ganz unvorhergesehen und im Widerspruch zu den Verkehrsregeln – ein Auto aus der Wilsdruffer Straße und bremste im letzten Augenblick, dicht vor dem Jungen.

Frau Hebestreit schrie und schlug, über sich selbst erschrocken, beide Hände vor den Mund. Sie trat rasch hinter einige Leute, die um den Wagen einen Kreis zu bilden begannen, und hörte, wie ihr Sohn schimpfte: »Sie wissen wohl nicht, was sich gehört, Sie? Wenn jetzt meine Mutter hier wäre, gäb's Ohrfeigen, verstanden?« Die Leute lachten.

Frau Hebestreit schluckte.

Dann setzte Georg seinen Weg weiter fort. Noch vorsichtiger als vorher. So kam er wohlbehalten in der Zirkusstraße an und verschwand im Hause der Firma Eck & Co.

Frau Hebestreit versteckte sich. Sie versteckte sich im Hausflur hinter der Treppe. Zehn Minuten später klangen Kinderschritte auf den Stufen. Die Mutter beugte sich vor und sah ihren Jungen herunterkommen. In der Tür blieb er stehen, prüfte die Quittung, zählte das Geld nach, klemmte sein Paket nachdrücklich unter den rechten Arm und zog ab.

Der Rückweg verlief gefahrlos. Frau Hebestreit folgte Georg bis zur Ritterstraße. Dann eilte sie – durch die Albert- und Luisenstraße – heim, und zwar so geschwind, dass sie, trotz des Umweges, fast fünf Minuten früher zu Hause war als der Junge. Sie setzte rasch den Hut ab, schlüpfte in den weißen Frisiermantel und legte ein großes Stück Kirschkuchen bereit.

»Da bin ich«, erklärte Georg, als sie ihm die Tür öffnete.

Er packte die Brillantine aus und die neue Ondulierschere. »Die Teerseife bringt morgen ein Bote, und das Geld stimmt.« Er zählte es auf den Tisch.

»Das hast du gut gemacht, Georg«, meinte die Mutter. »Hier hast du ein Stück Kirschkuchen zur Belohnung.«

Er biss hinein und kaute in dem schönen Bewusstsein, sich den Kuchen ehrlich verdient zu haben. Eigentlich hatte er große Lust, das Erlebnis vom Altmarkt zu erzählen. Aber er behielt es für sich, um die Mutter nicht zu ängstigen.

Später kam Frau Postinspektor Pfeffer, und Georg ging in die Küche. Frau Hebestreit erzählte der Kundin, während sie ihr den Kopf wusch, die Geschichte.

»Mir stand das Herz still«, sagte sie. »Denken Sie nur, wenn der Kerl meinen Jungen überfahren hätte! Ich darf es mir gar nicht vorstellen, gleich wackeln mir die Knie.«

»Da ist man machtlos«, erklärte Frau Pfeffer unter einem Berg von Seifenschaum. »Mehr als aufpassen kann kein Mensch. Hätte Ihnen genauso gut passieren können.«

»Das wäre mir dann schon lieber gewesen, Frau Postinspektor.«

»Aber Ihrem Jungen nicht. Au, nicht so heiß spülen!«

Frau Hebestreit ließ kaltes Wasser zu, schrubbte den Kopf und meinte: »Erst dachte ich, ich hätte keine Zeit. Und kaum war er aus dem Haus, da rannte ich wie der Teufel!«

»So ist das Leben«, sagte Frau Postinspektor Pfeffer und musste niesen.

Inzwischen saß Georg in der Küche auf den Fliesen und spielte Großstadtverkehr. Der Platz vor dem Herd war der Altmarkt. Der Kohlenkasten war das Automobil und bog gerade aus der Wilsdruffer Straße um die Ecke.

»Sie ekliger Lümmel«, schrie der Junge und meinte damit den scheckigen Stoffhund, der bescheiden auf dem Kohlenkasten hockte. »Sehen Sie denn nicht, dass die Durchfahrt verboten ist? Anzeigen werde ich Sie, dann gibt's ein paar Jahre Gefängnis! Haben Sie überhaupt einen Führerschein?«

Die Mutter steckte den Kopf durch die Tür. »Warum schreist du denn so?«

»Es ist bloß Spaß«, sagte Georg. »Der Hund hat nicht gefolgt.«

Weltreise durchs Zimmer

Ihr bindet einen Schleier vors Gesicht
und sagt, ihr müsstet unbedingt verreisen
nach Madagaskar, Schottland oder Meißen.
Wohin, ist wurst. Nur bleiben dürft ihr nicht.
In eine Tüte stopft ihr dann den Pass,
den Kragenschoner und die Kleiderbürste,
ein Bügeleisen und zwei Leberwürste,
und in die Zwischenräume irgendwas.
Dann seid ihr reisefertig, und ihr müsst
den Tisch behutsam auf den Rücken legen.
Und ihr besteigt das Schiff der Abfahrt wegen,
wobei ihr Herta, die nicht mitfährt, küsst.
Dann schifft ihr fort. Das Tischtuch weht im Wind.
Der Teppich schlägt mit Hertas Hilfe Wellen.
Ihr stoßt auf Rom und kreuzt die Dardanellen,
wo wilde Volksstämme üblich sind.
Das Seekrankwerden lasst ihr besser sein.
Es ist nicht leicht und ruiniert die Sachen.
Ihr braucht die Reise nicht so echt zu machen
und lauft dann schnell in Madagaskar ein.
Das Sofa stellt den Felsenrücken dar.
Dort könnt ihr (wenn die Eltern fort sind) stranden,
sonst ist es klüger, ungestört zu landen.

Am Ufer schreit ihr laut: Wie wunderbar!
Wenn ihr dann eine Zeit lang fröhlich wart,
vom Schrank herab auf Löwen zieltet
und Mutters Zopf für eine Schlange hieltet,
geht ihr zum Tisch, auf dem ihr heimwärts fahrt.
Zu Haus erzählt ihr, wie es euch gefiel:
Erzählt von Sonnenstich und Menschenfressern,
von Nasenringen, Gift und krummen Messern –
doch das ist eigentlich ein neues Spiel!

Zwei Mütter und ein Kind

Gerade als die achtjährige Marlene im Hof des Merck'schen Grundstücks ihre Puppe Oswald hoch auf die Teppichklopfstange gesetzt hatte, weil man modernen Puppen beizeiten das Schwindelgefühl abgewöhnen soll, denn es kann ja leicht sein, dass sie einmal im Flugzeug verreisen müssen, da erschien Pony, die kleine Schwester, auf der Bildfläche und sagte: »Du sollst sofort nach Hause kommen. Unsere neue Mutter ist da.«

Marlene nickte und schüttelte die Betten im Puppenwagen zurecht. Pony machte kehrt, stieg langsam über das holprige Pflaster zurück und verschwand im Torbogen.

Die Merck'schen Kinder standen staunend neben Marlene.

Und einer der Jungen fragte: »Wie heißt sie denn?«

»Fräulein Stampfer, glaub ich«, gab sie zur Antwort.

»Das ist ja nun Unsinn«, meinte Herta Merck. »Wenn sie eure neue Mutter ist, heißt sie natürlich Frau Nieritz, genau wie dein Vater.«

»Gott, bist du blöd!«, sagte der Junge. »Der Vater heißt doch nicht Frau Nieritz!« Er streckte die Hand vor und wollte der Schwester, um den Grad ihrer Dummheit auszudrücken, ein unsichtbares Kreuz auf die Stirn zeichnen. Da kriegte er aber eins auf die Finger. Er schlug zurück. Und es entstand einer der üblichen Merck'schen Familienzwiste. Die anderen Geschwister ergriffen, damit die Erbitterung der Duellanten nicht zu rasch nachlasse, Partei, und schließlich stand Marlene allein auf dem Hof. Das Gefecht tobte abseits, auf den Barrikaden des Lagerschuppens, weiter. Marlene nahm ihren Wagen und verschwand straßenwärts.

Die Puppe Oswald hockte noch immer oben auf der Klopfstange, wurde plötzlich nervös, kippte hintenüber und schlug aufs Pflaster. Mit zum Himmel erhobenen Armen, ängstlich zurückgelehnt, saß sie da. Unverletzt. Denn sie war aus Stoff.

Auf der Straße draußen blickte Marlene sich vorsichtig um. Dann schob sie ihren Puppenwagen dicht an der Häuserfront entlang und bog rasch in eine der Gassen ein, die auf die Oppelstraße führen. Hier verlangsamte sie den Schritt, spazierte unter den großen Ulmen vor der ehemaligen Feldartilleriekaserne wie ein Kindermädchen nach dem Mittagessen, mit gutmütiger Würde. Und dort, wo links das freie Feld beginnt, mit den Landschaftsgärtnereien und den Kranzbuden, blieb sie eine Weile stehen. Sie spielte mit den Ästen, die sich über die Zäune bogen, brach kleine Birkenzweige ab, legte sie in den Wagen, pflückte drei Gänseblümchen, die nahe an der Straße standen, tat die Blumen zu den Zweigen und setzte dann ihren Weg fort. Bis zum St.-Pauli-Friedhof.

Oben im vierten Revier, wo die Gräber der letzten Jahre liegen, auf einem Hügel hoch über den unzähligen Grabkreuzen vergangener Jahrzehnte, öffnete sie ein quietschendes Gruftgitter, zog den Puppenwagen mühsam über drei Stufen, stellte ihn an die Taxuszeile, setzte sich auf die kleine grüne Bank neben dem Grab und blickte über die Gräber und Kreuze und Urnen und Engel hinweg, zur Stadt hinunter, deren Türme und Gasometer in violettem Dunst lagen.

Eine der alten Frauen ging vorüber, die dazu bestellt sind, die Gräber sauber zu halten und die Topfblumen zu begießen. Sie nickte dem Kinde freundlich zu. Marlene merkte es gar nicht. Sie kniete sich hin, entfernte verdorrte Zweige und Blumen, legte an ihrer statt die drei Gänseblümchen und das frische Birken-

grün sorgfältig verteilt aufs Grab, holte die Puppe Florfina aus dem Wagen, setzte sie neben eins der Gänseblümchen, kauerte sich auf den Granitrand und sagte nach einiger Zeit: »Oswald sitzt noch auf der Teppichstange. Erinnere mich nachher dran, dass wir ihn abholen. Sonst bleibt er die ganze Nacht über dort und weint. Vielleicht würde er auch vor Angst herzkrank. Sitz ruhig!«

Ein Herr und eine Dame kamen vorbei, in schwarzen Kleidern, und er trug einen glänzenden Zylinder. Der Kies knirschte.

Marlene strich Florfina übers Filzhaar, schüttelte den Kopf, als antwortete sie auf irgendetwas, und meinte: »Fräulein Stampfer heißt nun Frau Nieritz und denkt, deswegen wäre sie unsre Mutter. So ein Einfall, was? Das ist genauso, als wenn ich zu Mercks ginge und sagte: Guten Tag, ich bin ab heute Ihre Tochter und heiße Marlene Merck. Verstehst du? Na also. Sogar du verstehst es und bist bloß eine Puppe. Vater versteht es nicht. Weil wir keine Mutter mehr hätten, müssten wir eine neue bekommen, hat er gesagt. Wenn man aber keine Mutter mehr hat, da hat man eben keine Mutter mehr.«

Marlene holte sich die Puppe Florfina auf den Schoß, fragte: »Bist du müde?«, und betrachtete das Panorama der Stadt. Dann fuhr sie halblaut fort: »Soll ich dir eine Geschichte erzählen? Vielleicht das Märchen von der kleinen Martha, die stets allein war? Der kleinen Martha war nämlich die Mutter gestorben. Und da dachte sie eines Tages, ich will sie doch mal besuchen. Und kaufte sich ein Flugzeug von ihrem gesparten Geld. Und das Flugzeug wurde in eine große Kanone gesteckt. Und Martha saß drin. In einem Rucksack hatte sie Milch und Zwieback. Und eine Bonbonniere für ihre Mutter. Dann wurde die große Kanone abgefeuert. Und das Flugzeug sauste direkt vor den Himmel. Und am Himmel hieß es: Wer nicht tot ist, darf nicht hinein! Aber Martha gab dem Schupo die Bonbonniere, und da durfte sie. Sie suchte lange, und die Straßen hatten blaue Nummern, und auf der Straße Nummer hunderttausendelf saß Marthas Mutter und hatte ein schönes goldenes Kostüm an.

Und Marthas Mutter merkte nichts, sondern saß auf einem Klappsessel wie im Kino und sah sich die Fotografien an, wo ihre sechs Kinder drauf waren. Da setzte sich Martha heimlich mit auf den Sessel und nahm ihre Mutter bei der Hand und sagte fröhlich: ›Endlich hab ich dich gefunden. Ich mag nicht allein auf der Erde bleiben und tue hier so, als ob ich tot wäre, und der Schupo hat deine Pralinés, aber das ist nicht schlimm, ich kaufe dir neue. Gar nichts ist jetzt schlimm, denn jetzt hab ich dich wieder, meine gute Mutti, und …‹«

»Meine gute Mutti«, sagte die kleine Marlene noch einmal und konnte die Türme der Stadt nicht mehr sehen, weil sie weinen musste. Sie legte den Kopf neben die drei Gänseblümchen und hielt die Hände vors Gesicht.

Pferdehändler Nieritz saß mit den Hochzeitsgästen – es waren nur Verwandte von ihm da und ein alter Geschäftsfreund – in der guten Stube. Lisbeth, seine neue Frau, schnitt Napfkuchen in Stücke, goss Kaffee ein und nötigte die Gesellschaft zuzulangen. Mitunter stand sie von ihrem Platz auf und trat ins Nebenzimmer, in dem die Kinder saßen und frohen Lärm machten.

»Robert hat eben Mutter zu mir gesagt, und Gertrud hat mir die Hand gestreichelt«, erzählte sie halblaut am Tisch und freute sich.

»Ja, ja, aber wo bleibt Marlene?«, fragte Herr Nieritz. »Sie hat so an meiner ersten Frau gehangen, und seit Lisbeth zu uns kommt, ist das Kind fast nie zu Hause.«

»Bei uns auf dem Turnerweg, zwei Häuser weiter«, wusste eine der Schwägerinnen, »wohnt eine Witwe und will seit zwei Jahren einen gewissen Lippold heiraten, einen hübschen, ordentlichen Menschen. Er ist bei der Post. Aber das Kind lässt es einfach nicht zu. Wenn Lippold zu Besuch ist, heult und schreit es so lange, bis der Mann wieder geht. Die beiden Leute sind verzweifelt und wissen nicht, was sie anfangen sollen.«

»Pony!«, rief Herr Nieritz. Und die Kleine kam, mit einem großen Stück Napfkuchen in der Hand, aus dem Nebenzimmer.

»Hast du Marlene nicht geholt?«

»Doch. Sie hat genickt. Und da bin ich wieder gegangen.«

»Ob sie noch immer bei Mercks ist?«, fragte die neue Mutter.

»Nein.«

»Wo denn? Im Keller? In den Ställen oder auf dem Heuboden?«

»Nein, auch nicht.«

»Wo denn sonst?«

»Ich möchte es nicht sagen.«

»Komm mal her!«, befahl der Vater. »Wo ist Marlene? Ich will es wissen.«

»Marlene ist … Nein, ich sag es nicht.«

»Wo?«

»Auf dem Friedhof wird sie sein. Da ist sie meistens. Mich hat sie auch schon mitgenommen.«

Die Gesellschaft saß etwas betroffen da. Der Vater senkte den Kopf und spielte an der Uhrkette.

»Es ist gut. Geh wieder hinüber«, sagte er dann, und das kleine Mädchen ging. Man hörte, wie die Kinder nebenan lachten und mit den Tassen klapperten.

Plötzlich stand die neue Frau Nieritz auf, holte ihren Hut, hob einen Nelkenstrauß aus einer Vase und wickelte die Blumen in weißes Papier.

»Du willst sie holen gehen?«, fragte der Mann.

»Ja, ich hole sie. Seid mir nicht böse. Aber ich muss fort.«

»Das ist sehr schön von dir, Lisbeth«, sagte eine Schwägerin.

Dann ging die Frau. Und der Freund des Hauses meinte zu Herrn Nieritz, zu so einer Gattin könne er sich gratulieren.

Sie bemerkten einander schon von Weitem. Und das Kind stellte sich wie zur Verteidigung dicht hinter die Gittertür. Die Frau war sehr blass, blieb unten vor den Stufen stehen und musste das Gesicht heben, um der kleinen Stieftochter in die Augen zu sehen.

»Willst du nicht nach Hause kommen?«, fragte sie.

Marlene schüttelte, kaum spürbar, den Kopf und schwieg.

»Warum bist du mir so böse? Ist es denn so schlimm von mir,

dass ich sechs Kindern, die keine Mutter mehr haben, ein bisschen helfen will? Ich weiß, dass man nur eine Mutter haben kann, und wenn die stirbt, ist man für immer mutterlos. Aber man braucht doch jemanden, Marlene!«

Die Frau setzte sich müde auf eine der Stufen, zu Füßen des Kindes, blickte auf ihren Hochzeitsstrauß und sagte: »Glaub mir, es ist noch immer besser, ich bin bei dir als gar keiner … Siehst du, ich war doch auch einmal ein kleines Mädchen wie du. Hast du nie daran gedacht? Und mein Vater hat sich nicht wieder verheiratet, als meine Mutter starb. Ich glaube, das war noch trauriger, und ich war noch unglücklicher als du heute.«

Marlene stand ganz still hinter der sitzenden Frau und hörte zu.

»Als Kind war ich immer allein. Denn mein Vater fuhr zwar nicht nach Holstein, Belgien und Dänemark wie deiner. Weil er kein Pferdehändler war. Aber zu Hause war er trotzdem nicht. Und dann ging ich selber fort nach Hamburg und war Verkäuferin in einem Handschuhgeschäft. Sonntags ging ich mit Freundinnen spazieren, doch ich passte nicht zu ihnen. Sie waren hübscher als ich, und sie lachten immer. Geheiratet hat mich auch niemand. Dabei wollte ich so gerne Kinder haben.«

Die Frau nahm die Nelken aus dem weißen Papier und hielt den Strauß im Schoß. »Und ich wurde immer älter«, sagte sie, »und als mich dein Vater fragte, ob ich eure Mutter werden wollte, kam ich nicht deshalb, weil ihr eine Mutter braucht. Denn die ist tot. Sondern weil ich Kinder lieb haben möchte … Du denkst, du bist allein, Marlene. Aber ich bin viel mehr allein als du.«

Die Frau saß gebückt und faltete mit großer Sorgfalt das Seidenpapier zusammen. Da stahl sich eine kleine Hand an ihr vorbei und nahm den Nelkenstrauß fort. Und als die Frau sich umdrehte, sah sie, wie Marlene die Blumen auf das Grab legte. Dann setzte das Kind die Puppe in den Wagen, schob das kleine Fahrzeug durch die offene Gittertür, die Stufen hinab, auf den Kies und sagte leise: »Komm, steh auf, du machst sonst dein Kleid schmutzig!«

Sie gingen nebeneinander durch die leeren Grabreihen und sprachen kein Wort. Erst auf der Straße, bei den Gärtnereien, deutete die Frau, beinahe schüchtern, auf den Wagen und fragte: »Wie heißt sie denn?«

»Florfina«, sagte das kleine Mädchen, »und Oswald sitzt noch auf der Stange.«

Ein Kind hat Kummer

»Mahlzeit, Mama!«, sagte Jochen, als ihm seine Mutter die Tür öffnete, und er hüpfte an ihr vorbei auf dem rechten Bein durch den Korridor. Im Wohnzimmer schlug er einen Purzelbaum, blieb platt auf dem Rücken liegen, lachte laut und hielt sich den kleinen Bauch. Die Mutter setzte sich still aufs Sofa und blätterte in einer Zeitung. »Naumanns Richard hat heute in der Erdkunde gesagt, in Indien wohnten die Indianer! Herrschaften, ist der blöd! Und der Schmiedel hat den Berger hinten reingezwickt, dass der wie verrückt aufsprang, und Herr Jäschke fragte, was los sei. Und da hat Berger gesagt, er müsse ganz bestimmt einen Floh haben. Da ist der Schmiedel aus der Bank raus, hat sich überall gejuckt und hat geschrien: Neben den Jungens, die Flöhe hätten, könne er nicht sitzen. Das verböten ihm auch seine Eltern. Wir haben uns totgelacht!«

Jochen lachte noch einmal, in Erinnerung an den Vormittag, setzte sich dann hoch, hakte den Ranzen ab und musterte das Gesicht der Mutter.

»Magst du heute keinen Spaß?«, fragte er bekümmert wie ein Hausarzt.

Sie stand auf und sagte: »Wir wollen essen.«

»Was gibt es denn?«

»Makkaroni mit Schinken.«

»Und mit geriebenem Käse?«

»Ja, das auch.«

»Oh, wie herrlich!« Jochen stand auf und tanzte eine Art

Schuhplattler. Diese Springerei schickte sich nicht recht zu dem ernsten Blick, mit dem er seine Mutter heimlich beobachtete.

Dann trug sie das Essen auf, und der Junge war damit beschäftigt, die Makkaroni aufzuspießen und in den offenen Mund zu balancieren. Als er den Teller kahl gegessen hatte, gab ihm die Mutter mehr. Er nickte ihr begeistert zu und sah dabei, dass ihre Portion noch unberührt war. Er wagte nicht zu fragen, was denn sei, und stocherte melancholisch im Essen herum. Schließlich vertrug er die Schweigsamkeit nicht länger.

»Mama … Habe ich nicht gefolgt? Man weiß das manchmal selber nicht … Oder haben wir kein Geld? Der Schinken war gar nicht nötig, weißt du!« Er legte zärtlich seine Hand auf ihre.

Doch die Mutter trug rasch das Geschirr ab, setzte den kleinen Hut auf und sagte, sie käme gleich wieder. Er möge mit den Schularbeiten anfangen. Dann schlug die Wohnungstür.

Jochen öffnete das Fenster und beugte sich weit hinaus. Er sah die Mutter aus dem Hause treten, langsam die Straße hinunterlaufen und in die Scheunenhofgasse einbiegen. Er setzte sich trübselig an den Tisch, holte den Ranzen und die Tinte und begann, am Federhalter zu kauen.

Die Mutter kam bald zurück. Sie hatte Blumen besorgt, holte in der blau getupften Vase Wasser, stellte den Strauß hinein, zupfte an den Stängeln, schloss das Fenster, blieb schweigend davor stehen, wandte dem Jungen den Rücken und schwieg.

»Schöne Blumen«, sagte Jochen, hielt dabei die Hände fest gefaltet und konnte kaum atmen. Seine Mutter stand wie ein fremder Gast im Zimmer, hatte vergessen, den Hut abzusetzen, und zuckte mit den Schultern. Am liebsten wäre er zu ihr hingelaufen. Aber er stand nur halb vom Stuhl auf und bat: »Sag doch ein Wort, Mama!«

Seine Stimme klang klein und heiser, und wahrscheinlich hatte sie ihn gar nicht gehört.

Und dann fragte sie, ohne sich umzuwenden: »Den Wievielten haben wir heute?«

Er wunderte sich zwar über diese Frage, lief aber eilig zum Wandkalender hinüber und las laut: »Den 9. April!«

»Den 9. April«, wiederholte sie leise und presste das Taschentuch vor den Mund.

Und plötzlich wusste er, was geschehen war. Die Mutter hatte heute Geburtstag, und er hatte es vergessen! Er fiel auf seinen

Stuhl zurück und zitterte. Er schloss die Augen und wünschte nur eins: auf der Stelle zu sterben. So lieb hatte er sie, und sie waren ohne Freunde und Verwandte in dieser Stadt. Sie kannte keinen anderen Gedanken als den an ihr Kind, und er war ein verspotteter Musterknabe geworden, um ihr jeden Kummer zu ersparen. Und nun hatte er ihren Geburtstag vergessen!

Selber hatte sie sich einen Blumenstrauß kaufen müssen, stand am Fenster und war von aller Welt verlassen! Und er durfte nicht einmal hingehen und sie streicheln. Denn sie konnte ihm nicht verzeihen … Wenn er doch wenigstens gewusst hätte, wie man geschwind sehr krank würde! Denn dann wäre sie ja an sein Bett gekommen und wieder gut zu ihm gewesen.

Er stand auf und ging leise zur Tür. Dort drehte er sich noch einmal um und fragte bittend: »Hast du gerufen, Mama?« Aber sie lehnte still und unbewegt am Fenster. Da ging er hinaus, hinüber ins Schlafzimmer, setzte sich auf sein Bett und wartete, dass er weinte. Aber es kamen keine Tränen. Nur manchmal schüttelte es ihn, als halte ihn jemand am Kragen.

Dann suchte er sein gespartes Geld. Es klapperte in einem Blechbüchschen. Und es waren fast zwei Mark. Das hatte ja nun alles keinen Zweck mehr … Aber er nahm es und tat's in die Tasche. Ob er vielleicht doch hinunterlief und etwas holte? Er konnte es nachher durch den Briefkasten werfen und fortlaufen. Und nie mehr wiederkommen! Schokolade war leicht durch den Briefkastenspalt zu schieben und eine Gratulationskarte dazu: Von Deinem tiefunglücklichen Sohn Jochen! So würde ihm die Mutter wenigstens ein gutes Andenken bewahren können.

Auf den Zehenspitzen schlich er aus der Kammer, den Korridor entlang, klinkte die Außentür auf, trat ins Treppenhaus und schloss die Tür wie ein Dieb.

Die Mutter hatte noch lange am Fenster gestanden und durch die Scheiben geblickt, als läge dort draußen ihr armes, trübes Leben ausgebreitet. Dass ihr Junge den Geburtstag vergessen hatte, schien ihr von heimlicher Bedeutung. Auch er ging ihr allmählich verloren, wie alles vorher, und nun verlor ihr Leben den letzten Sinn. Endlich regte sich in ihr ein wenig Mitleid mit dem kleinen Kerl …

Wo mochte er stecken? Er hatte seine Vergesslichkeit längst bereut. Sie durfte nicht hart sein. So erschrocken war er gewesen, und ›Hast du gerufen, Mama?‹, hatte er gefragt, bevor er mutlos das Zimmer verließ.

Sie begann ihn zu suchen. Sie trat ins Schlafzimmer. Sie ging in die Küche. Sie lief ins Bad. Sie suchte hastig den Korridor ab und schaute hinter die Schränke. Sie rief ihn bald laut und bald zärtlich. »Jochen!« Er war nicht in der Wohnung. Er war fortgelaufen! Sie wurde sehr unruhig und rief bittend seinen Namen. Er war fort! Da riss sie die Wohnungstür auf und rannte die Treppe hinunter, ihren Jungen zu suchen.

Inzwischen kaufte Jochen Schokolade. Die Verkäuferin – eine alte Dame mit einem Kropf – sah ihn misstrauisch an, als er mit todtrauriger Miene zwei Tafeln von der besten Milchschokolade verlangte. »Es ist für einen Geburtstag«, sagte er. Da wurde sie freundlicher, wickelte die Tafeln geschenkmäßig in Seidenpapier und band ein blassblaues Seidenband herum. Er bedankte sich, zahlte und ging dann in ein Schreibwarengeschäft. Er suchte eine Gratulationskarte aus. Sie war wundervoll: Einen fidel schmunzelnden Dienstmann sah man darauf, der in jedem Arm einen großen Blumentopf hielt. Zu seinen Füßen stand in goldener Schnörkelschrift: Die herzlichsten Glück- und Segenswünsche zum Wiegenfeste. Der Junge betrachtete das schöne Bild recht wehmütig, stellte sich hinter das Schreibpult und malte mit mühevoller Schönschrift auf die Rückseite: Von Deinem tiefunglücklichen Sohn Jochen. Und sei mir nicht mehr böse, liebe gute Mama. Viele Küsse und lebe wohl!

Als er gezahlt hatte, besaß er noch fünfzehn Pfennig. Er nahm seine Karte, klemmte sie unter die Seidenschleife des Schokoladenpäckchens und lief schnell hinaus. Und nun, auf der Straße, fanden sich die Tränen ein. Sie rannen ihm über die Backen, und er schluckte tapfer und ging mit gesenktem Kopf heim.

Im Hause überfiel ihn große Angst. Wie ein Indianer auf dem Kriegspfad schlich er sich die Stufen hinauf. Er öffnete die Klappe des Briefkastens und warf sein Geschenk hinein. Das machte Lärm, und er bekam Herzklopfen. Doch in der Wohnung rührte sich nichts. Eigentlich hätte er ja nun schnell fortlaufen und irgendwo sehr rasch sterben müssen! Aber er brachte das nicht ohne Weiteres fertig, sondern drückte zaghaft auf die Klingel und rannte dann ein Stück die Treppe abwärts.

Er wartete. Es rührte sich nichts …

Da wagte er sich noch einmal bis an die Tür. Und er klingelte wieder. Und wieder versteckte er sich im Treppenhaus. Und wieder war nichts zu hören! War sie denn gar nicht in der Wohnung? Wenn ihr etwas passiert wäre! Vielleicht hatte sie den Gashahn aufgedreht, um sich vor Kummer zu vergiften?

Er stürzte zur Wohnung zurück, klingelte, klopfte, schlug an den Briefkasten, hieb mit den Fäusten gegen die Türfüllung. Er rief durch das Schlüsselloch: »Mama, Mama! Ich bin's! Mach mir doch auf!« Dann sank er schluchzend in die Knie. Nun war alles aus!

Die Mutter war vergeblich in den benachbarten Straßen herumgelaufen. Sie hatte in allen Geschäften, wo man sie kannte, gefragt, ob man ihren Jungen gesehen habe. Niemand wusste etwas zu sagen. Sie fragte den Schutzmann, der an der Verkehrskreuzung stand. Der schüttelte bloß den Kopf und fuhr fort, mit beiden Armen den Fahrzeugen zu winken. Lange stand sie neben ihm, mutlos und mit eilig irrenden Augen. Endlich ging sie nach

Hause. Vielleicht war er im Keller? Sie rannte über die Straße durch den Hof ins Haus.

Da hörte sie im Treppenflur, dass jemand weinte. Das war er! Sie lachte froh und nervös und rief: »Jochen!« Und von oben klang es: »Mama, Mama!« Und dann begann von unten und oben her ein Rennen über die Treppen.

Auf halbem Weg trafen sie sich und fielen sich in die Arme. Sie streichelten sich unermüdlich, ob es auch wahr sei, dass sie sich wiederhatten. Sie saßen auf den Treppenstufen, flüsterten sich dummes und verliebtes Zeug zu, lächelten und baten sich jeden Kummer ab. Dann hockten sie ganz still und müde nebeneinander, wussten nichts, als dass sie glücklich waren, und hielten sich bei den Händen.

Endlich sagte sie: »Komm, mein Junge! Wir können doch nicht immer hier sitzen bleiben. Wenn uns jemand sähe!«

»Ja, das geht nicht. Die würden das nicht verstehen«, gab er zu. Nun kletterten sie mühsam treppauf, als seien sie lange krank gewesen und versuchten wieder die ersten Schritte.

Als die Mutter aufgeschlossen hatte und mit ihm in der Küche war, flüsterte er ihr ins Ohr: »Mutti, guck mal in den Briefkasten!« Sie tat es, klatschte in die Hände und rief: »Oh, es war ein kleiner Geburtstagsmann da!«

»Ja, ja! Nicht wahr?«, sagte er, heimlich auf sich stolz, und lachte. Und es klang ein versteckter Schluchzer mit.

»Ein guter kleiner Geburtstagsmann. Wo mag er denn aber nun stecken?«

»Na hier«, rief er, »hier steckt er doch!« Er sprang ihr an den Hals und wünschte furchtbar viel Glück und alles, alles Gute.

Die Rückseite der Gratulationskarte las sie ganz verstohlen beim Kaffeekochen und noch viele Male am Abend, als Jochen längst im Bett lag. Da weinte sie sogar noch ein bisschen. Aber jetzt machte ihr das Weinen geradezu Freude.

Als der Nikolaus kam

In der Nacht vor dem Christfest, da regte im Haus
sich niemand und nichts, nicht mal eine Maus.
Die Strümpfe, die hingen paarweis am Kamin
und warteten drauf, dass Sankt Niklas erschien.
Die Kinder lagen gekuschelt im Bett
und träumten vom Äpfel- und Nüsseballett.

Die Mutter schlief tief, und auch ich schlief brav,
wie die Murmeltiere im Winterschlaf,
als draußen vorm Hause ein Lärm losbrach,
dass ich aufsprang und dachte: Siehst rasch einmal nach!
Ich rannte zum Fenster, und fast noch im Lauf
stieß ich die knarrenden Läden auf.

Es hatte geschneit, und der Mondschein lag
So silbern auf allem, als sei's heller Tag.
Acht winzige Rentierchen kamen gerannt,
vor einen ganz, ganz kleinen Schlitten gespannt!
Auf dem Bock saß ein Kutscher, so alt und so klein,
dass ich wusste, das kann nur der Nikolaus sein!

Die Rentiere kamen daher wie der Wind,
und der Alte, der pfiff, und er rief: »Geschwind!
Renn, Renner! Tanz, Tänzer! Flieg, fliegende Hitz'!
Hui, Sternschnupp'! Hui, Liebling! Hui, Donner und Blitz!
Die Veranda hinauf, und die Hauswand hinan!
Immer fort mit euch! Fort mit euch! Hui, mein Gespann!«

Wie das Laub, das der Herbststurm die Straßen lang fegt
und, steht was im Weg, in den Himmel hoch trägt,
so trug es den Schlitten auf unser Haus
samt dem Spielzeug und samt dem Sankt Nikolaus!
Kaum war das geschehen, vernahm ich schon schwach
das Stampfen der zierlichen Hufe vom Dach.

Dann wollt' ich die Fensterläden zuziehn,
da plumpste der Nikolaus in den Kamin!
Sein Rock war aus Pelzwerk, vom Kopf bis zum Fuß.
Jetzt klebte er freilich voll Asche und Ruß.
Sein Bündel trug Nikolaus huckepack,
so wie die Hausierer bei uns ihren Sack.

Zwei Grübchen, wie lustig! Wie blitzte sein Blick!
Die Bäckchen zartrosa, die Nas' rot und dick!
Der Bart war schneeweiß, und der drollige Mund
sah aus wie gemalt, so klein und halbrund.
Im Munde, da qualmte ein Pfeifenkopf,
und der Rauch, der umwand wie ein Kranz seinen Schopf.

Ich lachte hell, wie er so vor mir stand,
ein rundlicher Zwerg aus dem Elfenland.
Er schaute mich an und schnitt ein Gesicht,
als wollte er sagen: »Nun, fürchte dich nicht!«

Das Spielzeug stopfte er, eifrig und stumm,
in die Strümpfe, war fertig, drehte sich um,
hob den Finger zur Nase, nickte mir zu,
kroch in den Kamin und war fort im Nu!

In den Schlitten sprang er und pfiff dem Gespann,
da flogen sie schon über Tal und Tann.
Doch ich hört' ihn noch rufen, von fern klang es sacht:
»Frohe Weihnachten allen,
und allen gut' Nacht!«

In den Vorweihnachtstagen des Jahres 1822 schrieb Clement Clarke Moore, Professor an der Columbia – Universität von New York, zum Entzücken seiner sechs Kinder »A Visit from St. Nicholas«. Das Gedicht eroberte sich in Windeseile die Herzen aller amerikanischen Kinder. Sein Verfasser blieb lange unbekannt, wollte wohl auch nicht genannt werden.
1947 veröffentlichte Erich Kästner die deutsche Übersetzung.

Ein kleiner Junge unterwegs

Bahnsteig 8 hatte sich geleert. Der Stationsvorsteher musterte gewohnheitsmäßig die Waggons und blieb überrascht bei der Lokomotive stehen. Die Lokomotive war nicht allein. Ein kleiner Junge marschierte langsam an ihr entlang, drehte sich um, marschierte ebenso langsam zurück, stellte sich dann mit durchgedrückten Knien vor dem Beamten auf und sagte: »Ich messe.«

»Kannst du denn schon zählen?«

»Na längst. Wer sie malen will, braucht hundert Meter Papier.«

»Aber man kann doch die Lokomotive auch kleiner zeichnen.«

Der kleine Junge schüttelte den Kopf, sah sich um und fragte: »Wohnst du hier? Nein? Bei uns in Breitenbach wohnt er im Bahnhof. Und zwölf blaue Kaninchen hat er! Hast du auch zwölf?«

»Nein«, sagte der Stationsvorsteher. »Aber wo willst du eigentlich hin?«

»Meine Mutter besuchen. Es weiß keiner. Vater denkt, ich bringe das Geld nur zur Post.« Er hob seine Hand zwischen die Finger des anderen, zog ihn durch die Sperre, die Treppe hinab und zum Portal des Bahnhofs hinaus.

Hier besann sich der Stationsvorsteher auf seinen Dienst, blieb stehen und fragte: »Warum holt dich deine Mutter nicht ab?«

»Sie ist krank und wohnt bei einem Doktor.«

»Was fehlt ihr denn?«

»Ein Gewächs hat sie. Das hat er abgeschnitten. Ob er's mir zeigt?«

Der Stationsvorsteher zuckte die Achseln. Er schien dergleichen nicht zu wissen.

Der kleine Junge holte einen Zettel aus der Tasche, hielt ihn in die Höhe und sagte: »Du darfst es lesen. Gürtlers, das sind wir.«

Geehrter Herr Gürtler!
Es wurde höchste Zeit, dass die Operation bei Ihrer Frau vorgenommen wurde. Sie befindet sich, den Umständen angemessen, wohl und wird, falls keine Komplikationen eintreten, in 14 Tagen nach Breitenbach zurückkehren können. Ich darf Sie bitten, umgehend die Kosten der Operation, die 250 Mark betragen, begleichen zu wollen. Mit diesem Preis hoffe ich, Ihren Einkommensverhältnissen weitgehend entgegengekommen zu sein.

Mit vorzüglicher Hochachtung
Ihr ergebener
Dr. Brausewetter, Pasewalker Allee 18a

Der Stationsvorsteher faltete den Brief zusammen und wollte ihn zurückgeben. Aber der kleine Junge war nicht da. Er stand bei einer Blumenfrau. Die wickelte gerade einen Strauß ein und gab Geld zurück. Der Stationsvorsteher trat hinzu und sagte: »Komm, jetzt setz ich dich auf die Straßenbahn.«

Der Junge nickte und fragte: »Hast du auch kleine Kinder?«

»Freilich! Genau so einen kleinen Jungen.«

»Genau so einen? Wie heißt er denn?«

»Arno.«

»Arno? Grünwalds Arno heißt auch so. Ich heiße Fritz, Rudi auch noch. Aber nur selten. Da kommt die Straßenbahn.«

»Das ist nicht die richtige.«

»Die fährt nicht zu meiner Mutter?«

»Nein, wir müssen auf die andere Seite.«

Der Stationsvorsteher ging mit Fritz über die Straße. Und dann kam auch die richtige Straßenbahn. Er hob den Jungen hinauf und sagte zum Schaffner: »Das ist der Fritz aus Breitenbach. Er will in die Klinik von Dr. Brausewetter in der Pasewalker Allee. Dort liegt seine Mama.«

»Mutter«, korrigierte der kleine Junge.

»Wird besorgt«, meinte der Schaffner und nahm ihn bei der Hand.

»Pass gut auf dein Geld auf«, mahnte der Stationsvorsteher, »und grüß deine Mutter schön – und gute Besserung!«

Fritz rief, während die Bahn losfuhr: »Vielen Dank noch! Und grüß deinen Arno!«

Die Fahrt war lang. Der kleine Junge putzte sich erst einmal die Nase. Dann zählte er sein Geld. Er legte Schein für Schein aufs linke Knie und fragte, als er damit fertig war, seinen Nachbarn, einen jungen Mann, der angelegentlich zusah: »Wie viel ist das?«

»245 Mark.«

»Hast du dich nicht verrechnet?«

»Nein.«

»Die kriegt der Doktor. So viel Geld, was? Mein Vater war gestern Abend gleich bei allen Bekannten und hat es geborgt. Börner hat nichts gegeben. Börner ist geizig.« Fritz stand auf, steckte das Geld tief in die Hosentasche, behielt die Hand drin und erläuterte: »Da muss man mächtig aufpassen. Manchmal ist ein Loch in der Tasche, und man weiß es nicht, und schwupp!, ist das Geld weg.«

Er seufzte und ging im Wagen spazieren. Eine dicke Dame hielt ihm ein Stück Schokolade entgegen. Er schüttelte den Kopf und sagte: »Nein, danke. Da kriegt der Anzug Flecken. Und wenn meine Mutter das sieht, ärgert sie sich. Seh ich überhaupt ordentlich aus?« Er drehte sich ein paarmal um sich selber.

Die Leute nickten und lachten.

WARTES

RESTAURANT
P
3
3 3
3

Der Schaffner rief von draußen herein: »Fritz, setz dich anständig hin!«

Der kleine Junge kletterte also wieder auf seinen Sitz, schaute zum Fenster hinaus und meinte nach einer Weile: »So ein Rummel bei euch!«

»Wie wahr doch ein Kindermund spricht!«, bemerkte eine nervös zwinkernde Frau. »Immer steht man mit einem Bein im Grabe.«

Fritz musterte eingehend ihre Füße und wandte sich schließlich, durchaus enttäuscht, wieder der Straße zu.

»Breitenbach ist viel kleiner«, erzählte er zum Fenster hinaus. »Tausendmal kleiner.«

Er zog den jungen Mann am Ohr und sagte: »Du musst mich mal besuchen. Da machen wir Spaß. Vielleicht ist in Liebenwerda gerade Jahrmarkt. Du lachst dich schief! Und dann essen wir bei uns zu Mittag. – Was isst du denn am liebsten?«

»Hammelfleisch mit grünen Bohnen«, sagte der junge Mann und wurde rot.

»Ich Makkaroni mit Schinken. Aber das macht nichts. Meine Mutter kocht …« Der kleine Junge schwieg und baumelte mit den Füßen.

»Pasewalker Allee!«, rief der Schaffner und klingelte. »Fritz, aussteigen!«

Der Junge rutschte vom Sitz, machte eine Verbeugung und sagte: »Gute Besserung!« Da lachten sie alle, und die dicke Schokoladendame patschte sich vor Wonne auf die Knie. Der Schaffner hob den Jungen aus dem Wagen und zeigte ihm das Haus des Doktor Brausewetter. Dann fuhr die Straßenbahn weiter.

Der kleine Junge klingelte, putzte sich die Schuhe sauber und holte das Geld aus der Tasche.

Als die Tür geöffnet wurde, hielt er das Bündel weit von sich und sagte: »Hier bringe ich das Geld für Frau Gürtler.«

»Komm nur herein«, sagte ein Fräulein und nahm ihn bei der Hand.

Sie gingen auf weichen Läufern und traten in ein helles, stilles Zimmer.

»Es stimmt nicht ganz«, erklärte der kleine Junge, »ich hab die Fahrt davon bezahlt und auch die Blumen. Hier ist der Zettel.«

Er legte das Geld und den Brief auf den Tisch. Das Fräulein zählte, schrieb etwas auf und gab ihm den Brief wieder. »Es stimmt schon, kleiner Gürtler. Heb den Zettel gut auf!«

Er steckte ihn in die Tasche und fragte: »Wer bist du denn?«

»Ich bin die Schwester.«

»Die Schwester vom Doktor?«

»Nein. Von den Kranken.«

»Auch von meiner Mutter?«

»Freilich!«

»Da bist du ja eine Tante von mir!«

»Gewiss, das bin ich.«

Dann wickelte er die Blumen aus dem Papier. Die Schwester strich ihm den Kragen glatt und fragte: »Willst du deine Mama sehen?«

Der kleine Junge nickte.

Sie gingen den Korridor entlang und durch eine Tür, auf der eine 5 stand.

Er blieb im Zimmer stehen und hielt den Strauß auf dem Rücken. Zwei Betten sah er, und in jedem lag eine Frau. Sie schliefen und hatten gelbe, schmale Gesichter. Langsam blickte der kleine Junge von einer zur anderen. Dann drehte er sich zur Schwester und zeigte auf das Bett, das am Fenster stand. Sie nickte.

Er hob sich auf die Zehenspitzen, ging vorsichtig hinüber, setzte sich auf die Stuhlkante und sah seiner schlafenden Mutter ins Gesicht. Die Augenhöhlen schimmerten schwarzbraun, als wäre es gar keine Haut. Die Schläfen lagen tief eingesunken, und viele violette Äderchen zogen sich durch die blasse Stirn. Der Mund stand offen, der Atem ging schnell und doch mühsam, und obwohl die Augen geschlossen waren, meinte man, ihren müden und ängstlichen Blick zu spüren.

Der kleine Junge lächelte hilflos zu dem schlafenden Gesicht hinüber, legte die Blumen behutsam auf die Bettdecke und fuhr streichelnd mit den Händen durch die Luft. Dann lief er, an der Schwester vorbei, schnell aus dem Zimmer. Sie folgte ihm.

»Erst hab ich sie gar nicht erkannt«, sagte er draußen flüsternd. »Bleibt ihr Gesicht immer so?«

»Aber nein! In vierzehn Tagen sieht sie wieder wie früher aus. Und wenn du gut folgst, wird sie ganz gesund.«

»Wenn ich bei ihr bleiben könnte, bis sie gesund wird! Sie dürfte es nicht wissen. Und bloß, wenn sie schläft, guck ich ins Zimmer … Es geht nicht. Ich weiß schon.«

Die Schwester brachte ihn ins Wartezimmer zurück und ging in die Küche. Als sie zurückkam, war die Tür verriegelt, und sie hörte den kleinen Jungen weinen. Es klang ganz leise und verzweifelt. Sie blieb unschlüssig stehen und bekam feuchte Augen.

Ein Herr im weißen Mantel kam vorbei und fragte: »Was ist denn hier los?«

»Der kleine Gürtler aus Breitenbach ist heimlich gekommen, Herr Doktor.«

»Hat er sie gesehen?«

»Ja, sie schlief.«

»Er soll noch hierbleiben. Die Frau hat ein verteufelt schwaches Herz. Vielleicht …«

Der Arzt schwieg. Und beide hörten das unablässige Weinen. Dann gab sich Doktor Brausewetter einen Ruck, nickte der Schwester zu und ging weiter.

Felix holt Senf

Es war am Weihnachtsabend im Jahre 1927 gegen sechs Uhr, und Preissers hatten eben beschert. Der Vater balancierte auf einem Stuhl dicht vorm Weihnachtsbaum und zerdrückte die Stearinflämmchen zwischen den angefeuchteten Fingern. Die Mutter hantierte draußen in der Küche, brachte das Essgeschirr und den Kartoffelsalat in die Stube und meinte: »Die Würstchen sind gleich heiß!« Ihr Mann kletterte vom Stuhl, klatschte fidel in die Hände und rief ihr nach: »Vergiss den Senf nicht!«

Sie kam, statt zu antworten, mit dem leeren Senfglas zurück und sagte: »Felix, hol Senf! Die Würstchen sind sofort fertig.«

Felix saß unter der Lampe und drehte an einem kleinen billigen Fotoapparat herum. Der Vater versetzte dem Fünfzehnjährigen einen Klaps und polterte: »Nachher ist auch noch Zeit. Hier hast du Geld. Los, hol Senf! Nimm den Schlüssel mit, damit du nicht zu klingeln brauchst. Soll ich dir Beine machen?«

Felix hielt das Senfglas, als wollte er damit fotografieren, nahm Geld und Schlüssel und lief auf die Straße. Hinter den Ladentüren standen die Geschäftsleute ungeduldig und fanden sich vom Schicksal ungerecht behandelt. Aus den Fenstern aller Stockwerke schimmerten die Christbäume. Felix spazierte an hundert Läden vorbei und starrte hinein, ohne etwas zu sehen. Er war in einem Schwebezustand, der mit Senf und Würstchen nichts zu tun hatte. Er war glücklich, bis ihm vor lauter Glück das Senfglas aus der Hand aufs Pflaster fiel. Die Rollläden prasselten an den Schaufenstern herunter, und Felix merkte, dass er sich seit einer Stunde in der Stadt herumtrieb. Die Würstchen waren inzwischen längst geplatzt. Er brachte es nicht über sich, nach Hause zu gehen. So ganz ohne Senf! Gerade heute hätte er Ohrfeigen nicht gut vertragen.

Herr und Frau Preisser aßen die Würstchen mit Ärger und ohne Senf. Um acht wurden sie ängstlich. Um neun liefen sie aus dem Haus und klingelten bei Felix' Freunden. Am ersten Weihnachtsfeiertag verständigten sie die Polizei. Sie warteten drei Tage vergebens. Sie warteten drei Jahre vergebens. Langsam ging ihre Hoffnung zugrunde, schließlich warteten sie nicht mehr und versanken in hoffnungslose Traurigkeit.

Die Weihnachtsabende wurden von nun an das Schlimmste im Leben der Eltern. Da saßen sie schweigend vorm Christbaum, betrachteten den kleinen billigen Fotoapparat und ein Bild ihres Sohnes, das ihn als Konfirmanden zeigte, im blauen Anzug, den schwarzen Filzhut keck auf dem Ohr. Sie hatten den Jungen so lieb gehabt, und dass der Vater manchmal eine lockere Hand bewiesen hatte, war doch nicht böse gemeint gewesen, nicht wahr? Jedes Jahr lagen die zehn alten Zigarren unterm Baum, die Felix dem Vater damals geschenkt hatte, und die warmen Handschuhe für die Mutter. Jedes Jahr aßen sie Kartoffelsalat mit Würstchen, aber aus Pietät ohne Senf. Das war ja auch gleichgültig, es konnte ihnen doch niemals wieder schmecken.

Sie saßen nebeneinander, und vor ihren weinenden Augen verschwammen die brennenden Kerzen zu großen glitzernden Lichtkugeln. Sie saßen nebeneinander, und er sagte jedes Jahr: »Diesmal sind die Würstchen aber ganz besonders gut.« Und sie antwortete jedes Mal: »Ich hol dir die von Felix noch aus der Küche. Wir können jetzt nicht mehr warten.«

Doch um es rasch zu sagen: Felix kam wieder. Das war am Weihnachtsabend im Jahre 1932 kurz nach sechs Uhr … Die Mutter

hatte die heißen Würstchen hereingebracht, da meinte der Vater: »Hörst du nichts? Ging nicht eben die Tür?« Sie lauschten und aßen dann weiter. Als jemand ins Zimmer trat, wagten sie nicht, sich umzudrehen. Eine zitternde Stimme sagte: »So, da ist der Senf, Vater.« Und eine Hand schob sich zwischen den beiden alten Leuten hindurch und stellte wahrhaftig ein gefülltes Senfglas auf den Tisch.

Die Mutter senkte den Kopf ganz tief und faltete die Hände. Der Vater zog sich am Tisch hoch, drehte sich trotz der Tränen lächelnd um, hob den Arm, gab dem jungen Mann eine schallende Ohrfeige und sagte: »Das hat aber ziemlich lange gedauert, du Bengel. Setz dich hin!«

Was nützt der beste Senf der Welt, wenn die Würstchen kalt werden? Dass sie kalt wurden, ist erwiesen. Felix saß zwischen den Eltern und erzählte von seinen Erlebnissen in der Fremde, von fünf langen Jahren und vielen wunderbaren Sachen. Die Eltern hielten ihn bei den Händen und hörten vor Freude nicht zu …

Unterm Christbaum lagen Vaters Zigarren, Mutters Handschuhe und der billige Fotoapparat. Und es schien, als hätten fünf Jahre nur zehn Minuten gedauert. Schließlich stand die Mutter auf und sagte: »So, Felix, jetzt hol ich dir deine Würstchen.«

Zwei Schüler sind verschwunden

I. Im Klassenzimmer erscheint ein Briefträger

Es war im Kirchberger Gymnasium. Und zwar am 11. Februar, nachmittags zwischen drei und vier Uhr. In der Tertia.

Draußen schneite es. Der Park wurde langsam weiß und weißer. Aber die Schüler blickten nicht zum Fenster hinaus. Denn Doktor Bökh, der Hauslehrer, hatte Kummer. Und die Jungen waren eisern entschlossen, auf diesen Kummer Rücksicht zu nehmen.

Was war geschehen?

Zwei Tertianer waren verschwunden!

Mittags hatten sie noch im Speisesaal des Internats mit den anderen gegessen. Und der eine von beiden, Matz mit Vornamen, hatte wie immer zwei Portionen verdrückt. Unter dem tat er's nie.

Nun waren sie fort. Niemand hatte sie seitdem gesehen. Martin Thaler, der Primus, erhob sich verlegen und meinte: »Vielleicht kommen sie noch, Herr Doktor. Wenn sie etwas Bestimmtes vorgehabt hätten, dann hätten sie doch Ihnen oder mir ein Wort davon gesagt!«

Der Lehrer rieb sich nachdenklich das Kinn und sah seine Jungen forschend an. »Weiß denn keiner etwas von den zwei Halunken?«

»Aber Herr Doktor!«, rief einer. »Wenn wir was wüssten, hätten wir's Ihnen doch längst erzählt!« Die übrigen Schüler nickten im Chor.

In diesem Augenblick klopfte es. Einmal. Zweimal. Dreimal.

Johnny Trotz stand auf und öffnete. Im Flur stand ein Briefträger. Ein älterer Mann mit einem grauen Schnurrbart. Er lächelte und fragte: »Wohnt hier ein Herr Doktor Bökh?«

»Jawohl.«

Der Postbeamte trat ein und nickte der Klasse und dem Lehrer wohlwollend zu. Dann marschierte er zum Katheder vor. »Es handelt sich um einen Einschreibebrief, Herr Doktor. Bitte zu quittieren!« Bökh gab seine Unterschrift. Der Briefträger legte den Brief aufs Katheder, hob die Hand grüßend zum Mützenschirm und ging.

Johnny Trotz stand noch an der Tür. Der Briefträger fragte gedämpft: »Was habt ihr denn grade?«

»Mathematik«, flüsterte der Junge.

Der Briefträger verzog das Gesicht, sagte: »Pfui Teufel!«, und entfernte sich hastig, als habe er Angst, zur Zinsrechnung herangezogen zu werden. Johnny schloss die Tür und setzte sich leise.

Der Lehrer hatte den Umschlag geöffnet, entfaltete den Briefbogen und las, während seine Tertianer unbeweglich wie lauter kleine Buddhas in ihren Bänken saßen, folgenden Brief:

Lieber Herr Doktor! Es gibt Dinge, die sich nicht ändern lassen, obwohl sie verkehrt sind. Seien Sie uns bitte nicht allzu böse! Wir müssen für ein paar Tage verreisen. Spätestens am Montag sind wir wieder da. Vielleicht auch früher. Aber hoffentlich nicht. Nun haben wir uns den Kopf zerbrochen, wie wir unsern Fehler gutmachen können.

Es ist natürlich nur ein Vorschlag. Aber wenn er Ihnen passt, wären wir damit einverstanden. Wir wollen nämlich zur Strafe während der Osterferien nicht nach Hause fahren, sondern im Internat bleiben und alles nachholen, was wir jetzt versäumen. Wenn Sie oder der Herr Direktor mit unserm Vorschlag nicht einverstanden sein sollten, verpflichten wir uns ehrenwörtlich, nicht nur während der Osterferien, sondern auch noch während der Pfingstferien nachzusitzen. Das wäre zusammen dreimal so viel Zeit, wie wir wegbleiben wollen. Es ist wirklich keine Frechheit, lieber Herr Doktor, sondern eine solche Gelegenheit kommt niemals wieder. Und wir haben es uns reiflich überlegt. Viele herzliche Grüße von Ihren wenn auch unfolgsamen Schülern

Ulrich von Simmern und Matthias Selbmann

PS: Schlimmstenfalls sitzen wir auch noch während der Sommerferien nach! Das wäre allerdings ein bisschen sehr viel Strafe. Doch wir richten uns ganz nach Ihnen, Herr Doktor. Was Sie tun, ist immer richtig.

Die Obigen

Der Lehrer legte den Brief beiseite und hielt lange den Kopf gesenkt. Endlich hob er ihn wieder, blickte die Jungen nachdenklich an und sagte: »Ich fürchte, ich habe euch falsch erzogen.« Er lächelte. Aber man merkte, dass es eigentlich gar kein Lächeln war. Die Tertianer schauten erschrocken zu ihm auf. Und einer von ihnen rief: »Ausgeschlossen, Herr Doktor!«

II. Zehn Grad unter null

Es war nur wenige Stunden später. Allerdings nicht in Kirchberg, sondern in Garmisch-Partenkirchen. In einer Seitengasse, fern vom ärgsten Menschengewühl, standen zwei Jungen mitten im tiefsten Schnee. Sie betrachteten die nahrhaften Auslagen einer Metzgerei. Der Größere hielt eine Tüte mit Semmeln in der Hand und kaute still vor sich hin. Der andere, ein kleiner blonder Kerl, schien zu frieren. Er trat von einem Bein aufs andere, hatte die

Hände in den Hosentaschen und sagte: »Das kann ja heiter werden, Matz!« Es klang ziemlich verzweifelt.

»Dass mir immer alles zu spät einfällt!«, sagte Matz. »Wir hätten Doktor Bökh natürlich vorschlagen sollen, mit der ganzen Penne zur Olympiade zu fahren. Hier lernt man alles gleichzeitig. Sport und Sprachen und Geografie und vor allem weltmännisches Benehmen.«

Im gleichen Augenblick stolperte er über ein fremdes Bein. Die Semmeltüte fiel in den Schneehaufen, und Matthias rief: »Sie Trottel!«

Der junge Mann, den er meinte, zeigte alle zweiunddreißig Zähne, packte den Jungen am Kragen, hob den rechten Arm und tat, als wolle er ernstlich zuschlagen. Matthias Selbmann ging in Verteidigungsstellung, hielt eine Faust vors Kinn und die andere vor den Magen. Seine Augen blitzten. Der junge Mann, dem das Manöver galt, war zunächst erstaunt, dann lachte er von Neuem, nickte dem Jungen anerkennend zu und zog ihm, mit einer blitzschnellen Handbewegung, die Mütze über beide Augen. Matz fluchte wie ein Rollkutscher, schob die Mütze mühselig aus dem Gesicht und holte zum Faustschlag aus. Der Fremde war verschwunden. Uli lächelte dezent. »Vor allem«, meinte er, »lernt man weltmännisches Benehmen.«

Matz starrte benommen in die wogende Menschenmenge. »Das war ein Engländer«, erklärte er schließlich. »Einer von der englischen Olympiamannschaft! Ein toller Bursche, was? Hat der Junge ein Glück gehabt, dass ich 'ne Mütze aufhabe.« Er bückte sich und hob die Tüte auf. »So, und jetzt stiefeln wir zum Eisstadion.«

»Nein!« Uli schüttelte energisch den Kopf. »Jetzt muss ich mich aufwärmen. Sonst erfrier ich schon am ersten Tag.«

Der Große sah den Kleinen bekümmert von der Seite an. »Tatsache?«

»Tatsache!«

»Dann sause ich solo zum Stadion«, sagte Matthias. »Sonst kriegen wir keine Eintrittskarten. Und den Eishockeykampf Kanada gegen England müssen wir sehen! Sonst hat die ganze Reise keinen Zweck gehabt.«

»Findet der Kampf im Freien statt?« Uli klapperte mit den Zähnen.

»Du dachtest wohl, im Rathaus? So eine idiotische Frage! Jetzt hör mal gut zu. Du setzt dich in den Bahnhof. In den Wartesaal. Dort hol ich dich ab. Und nun gib mir Geld! Her damit!«

»Genügt eine Mark?« Uli kramte im Portemonnaie.

»Nein!«

»Mehr als zwei Mark kriegst du aber nicht!« Uli wurde streng. »Wenn wir bloß schon wüssten, wo wir übernachten.«

»Eins nach dem anderen. Geschlafen wird später. Auf Wiedersehen im Wartesaal!« Matthias lachte dem Freund vergnügt zu und stürzte sich ins Gedränge. Die Leute schimpften. Macht nichts, dachte er, Hauptsache, dass man vorwärtskommt.

Uli blickte ihm eine Weile nach. Auf seiner Stirn zeigten sich Sorgenfalten … Plötzlich hellten sich seine Züge ein wenig auf. Er hatte einen Jungen entdeckt, der einen Packen Zeitungen austrug. Er stolperte hinter ihm in ein Haus und rief leise: »He, du!« Der andere drehte sich um. »Weißt du, wo man billig übernachten kann?«

»Nirgends«, erwiderte der Zeitungsjunge. »Alles ausverkauft. Alle Betten besetzt. In den Hotels vermietet man schon die Badewannen.«

»Scheußlich«, meinte Uli. »Wir können doch nicht in der Dachrinne schlafen.«

»Am Bahnhof sind Schlafwagenzüge aufgestellt. Dort sollen noch Betten frei sein.«

»Kostenpunkt?«

»Sechs Mark pro Puppe.«

»Sechs Mark?«, fragte Uli. »Ich werde verrückt.«

»Meinetwegen«, sagte der Zeitungsjunge, »'n Abend.« Er verschwand hinter der Treppenbrüstung. Uli trat auf die eiskalte Straße hinaus. Ihm war schon wesentlich wohler gewesen als ausgerechnet heute.

III. England gegen Kanada

Matthias hatte für seine zwei Mark natürlich keine Eintrittskarten bekommen. Und während abends die kanadische und die englische Mannschaft auf Schlittschuhen über die strahlend beleuchtete Eisfläche jagten, während das Publikum vor Begeisterung tobte und schrie, standen draußen vorm Stadion zwei Jungen, froren bis auf die Knochen, kauten trockene Semmeln und lauschten auf den Lärm, der zu ihnen herausdrang.

Matthias war wütend.

»Junge Hunde könnte man kriegen«, knurrte er verbiestert. »Ich werde mal fragen, wie der Kampf steht.« Er stapfte zu dem Pförtner hinüber und erkundigte sich. Dieser Portier war leider ein wortkarger Mann. Das Einzige, was er sagte, war: »Kleine Kinder gehören um diese Zeit ins Bett.«

Matz schaute sich suchend um. »Wo sind denn hier kleine Kinder?« Er warf sich stolz in die Brust und blickte den Mann herausfordernd an. Eigentlich wollte der Portier etwas ziemlich Herzhaftes antworten. Doch der hatte anderes zu tun. Er hob die Hand grüßend zur Mütze und sagte: »Gute Nacht, meine Herrschaften.«

Es kamen nämlich eine alte Dame und ein alter, vornübergeneigter Herr langsam die Treppe herunter. Der Herr trug zwei dicke Kamelhaardecken. Dann stürzte ein Chauffeur herbei, nahm die Decken und bot der alten Dame hilfreich seinen Arm.

»Es wurde mir zu kalt, Friedrich«, meinte sie.

»Es ist ein besonders strenger Winter, Frau Gräfin«, erwiderte der Chauffeur zuvorkommend.

Matthias zog seine Mütze. »Verzeihung, Frau Gräfin. Können Sie mir sagen, wie das Spiel steht?«

Die alte Dame blickte ihn neugierig an. Dann lächelte sie. »Ich verstehe nicht viel von Sport, mein Junge. Aber ich glaube, jede Mannschaft hat ein Tor geschossen.«

»Donnerwetter noch mal!« Matthias' Augen blitzten. »Diese Engländer! Das ist ja kolossal, Frau Gräfin!«

Mittlerweile war der alte Herr herangekommen. Sie standen vor einem großen grauen Wagen. Der Chauffeur öffnete den Schlag. Die Gräfin stieg ein, und ihr Mann setzte schon einen Fuß aufs Trittbrett. Da holte Matz sehr tief Atem, und dann sagte er zögernd: »Herr Graf, haben Sie Ihre Eintrittskarten schon weggeworfen?«

Der alte Herr vergaß einzusteigen. »Warum denn?«

»Mein Freund dort drüben und ich, wir haben keinen Platz bekommen. Und wenn Sie Ihre Karten noch nicht fortgeworfen haben, könnten wir uns doch eigentlich auf Ihre Plätze setzen. Nicht? Wir stehen nun schon so lange vorm Stadion!«

Der alte Herr sagte: »Aha!« Dann winkte er dem Portier. Der kam im Galopp durch den dicken Schnee gefegt. »Bringen Sie die beiden Jungen auf unsere Plätze«, befahl der Graf. »Verstanden?« Dann stieg er ins Auto.

Die Plätze waren Ehrenplätze. In der allerbesten Reihe. Direkt hinter dem einen Tor!

Matthias und Uli saßen anfangs völlig verzaubert in den beiden Sesseln und konnten während der ersten Minuten vor lauter Glück überhaupt nichts erkennen. Uli vergaß sogar, dass ihn fror. Vor ihnen auf der von schwarzen Menschenmassen umgebenen Eisfläche jagten die Hockeyspieler auf Schlittschuhen hin und her und schwangen die gebogenen Schlaghölzer. Zwei Spieler prallten gegeneinander. Der eine fiel um und blieb reglos liegen. Man trug ihn weg. Ein Ersatzmann sprang ein. Der Kampf tobte weiter. Die kleine schwarze Hartgummischeibe sauste übers Eis. Manchmal flog sie hoch durch die Luft. Die Spieler rasten gebückt hinterdrein. Es war ein herrlicher Tumult. Man versäumte beinahe das Atemholen.

Matthias ächzte vor Begeisterung. Plötzlich packte er Uli am Arm und rief: »Das ist er!«

»Wer ist was?«

»Der Engländer, der mit mir boxen wollte!«

Tatsächlich, jener junge Mann, der Matz am Nachmittag die Mütze über die Augen gezogen hatte, war einer der englischen Stürmer. Er ging drauf wie Blücher.

Matz schlug sich begeistert auf die Schenkel. »Mensch, diese Vorlage! Der hat den Bogen raus!«

Auch Uli war hingerissen. Das Klirren und Knirschen der Schlittschuhe, das Gegeneinanderprallen der Stöcke, das wirbelnde Auf und Ab des Kampfes, die spannenden Momente vor

den Toren, die stürzenden und sich wieder erhebenden Spieler – das alles war so wunderbar, dass die zwei Jungen auf ihren vornehmen Plätzen nicht wussten, wo ihnen vor lauter Wonne der Kopf stand. Manchmal, wenn der Puck, die kleine schwarze Scheibe, gegen eins der Tore schnellte, warf sich der Tormann darüber. Die Verteidiger und die heranbrausenden Gegner prallten zusammen und stürzten. Der Torhüter schleuderte den Puck in die Mitte der Eisfläche zurück. Die Spieler erhoben sich hastig und flitzten hinter ihm her wie die wilde Jagd. Das Publikum fieberte. Der Lärm drang bis in die fernen Berge und kam als Echo wieder. Trotz aller

Aufregungen und Mühen verlief das zweite Drittel torlos. Noch immer stand das Spiel 1:1. Und auch das dritte und letzte Drittel schien ohne entscheidenden Erfolg verlaufen zu wollen.

»Dann kommt eine Verlängerung«, erklärte Matthias. »Unentschieden gibt's nicht!«

»Fein!«, rief Uli. Er hatte knallrote Backen und rutschte in seinem Sessel hin und her, als säße er auf einer glühenden Herdplatte. Die Zeiger der Stadionuhr bewegten sich unaufhaltsam. Und der erbitterte Kampf tobte immer weiter.

»Wie in der Ilias«, behauptete Matthias. »Uli, mein Engländer macht einen Durchbruch!« Er sprang vor Erregung auf.

Doch der Durchbruch misslang. Ein Kanadier schob Matthias' Engländer gegen die Bande, dass es nur so krachte. Beide schlugen lang hin. Beide sprangen wieder auf, schwangen ihre Hölzer und rasten davon.

»In einer Minute ist das dritte Drittel zu Ende«, sagte Matz heiser.

»Dann kommt die Verlängerung?«

»Ja.«

»Und wenn's auch dann unentschieden bleibt?«

»Dann gibt's noch eine Verlängerung.«

»Oje«, meinte Uli. »Das kann ja lange dauern!«

In diesem Augenblick schoss einer der Engländer die Scheibe mit voller Wucht gegen das kanadische Tor. Der Torwächter hielt den Schuss. Die Scheibe sprang ins Feld zurück. Matzens Engländer erwischte sie, holte mit dem Schläger aus und knallte die Scheibe ins gegnerische Tor. Drin war sie!

2:1 für England! »Hurra!«, brüllte Matz. Doch er hörte seine eigene Stimme nicht mehr. Der Lärm, der jetzt ausbrach, war unbeschreiblich. Er glich am ehesten einer Dynamitexplosion. Die Kanadier, die unschlagbaren Weltmeister im Eishockey, waren besiegt worden. England hatte sie geschlagen. Das heißt: Matzens Engländer hatte sie geschlagen. Er allein. Jimmy hieß er.

Und »Jimmy!«, schrie das ganze Stadion. Man hob Jimmy auf die Schultern.

Matthias sah Uli an, als habe er selber das Tor geschossen. Und Uli fand das völlig in Ordnung.

IV. Schlafen, schlafen, nichts als schlafen! (Shakespeare)

In der Nacht vom 11. zum 12. Februar 1936 ging man in Garmisch-Partenkirchen sehr spät schlafen. In den Hotels und Pensionen, in den Wohnungen, in den Kneipen, Bars und Cafés, überall hockte man dicht beisammen und unterhielt sich immer wieder über den Eishockeykampf zwischen Kanada und England. Zum Schluss wussten diejenigen, die nicht dabei gewesen waren, besser Bescheid als die Augenzeugen. Na, und Jimmy, der Engländer, der das entscheidende Tor geschossen hatte, war selbstverständlich der Held des Tages.

Leute, die ein Bett besitzen, haben es verhältnismäßig leicht, nachts aufzubleiben. Schwerer ist es für jene, die nicht wissen, wo sie ihr müdes Haupt hinlegen sollen. Matz und Uli hatten sich ursprünglich im Wartesaal des Bahnhofes eingemietet gehabt. Doch dann war leider der Stationsvorsteher neugierig geworden. Er war sogar so weit gegangen, Fragen zu stellen. Ein unmöglicher Mensch! Kurz und gut, die beiden Jungen gaben schließlich nach und trabten in die Schneelandschaft hinaus. Die Hotels waren noch immer erleuchtet. Tanzmusik drang gedämpft auf die Straßen. Manchmal kamen lustige Leute vorüber und sangen laut und falsch. Der Sternhimmel war blank geputzt wie ein Juwelier-Schaufenster. Es war hundekalt. Der Schnee knirschte mit den Zähnen.

»Ich weiß nicht recht«, sagte Matthias nach einer guten halben Stunde, »aber in Büchern wirkt das Herumstiefeln im Schnee wesentlich schöner, als wenn die Stiefel einem selber gehören!«

Der Kleine widersprach nicht. »Wir können natürlich versuchen, in einem der Schlafwagenzüge zu übernachten«, meinte er endlich.

Matthias war starr. »Warum hast du das nicht schon längst gesagt?«

»Weil das Bett sechs Mark kostet.«

»Sechs Mark?«, fragte der Große. »Dafür kriegt man ja 'ne Villa! Weißt du nichts Gescheiteres?«

»Doch«, erklärte Uli. »Komm mit!« Er lief voraus. Er bog in eine Seitenstraße. Wenige Minuten später standen sie vor einem hell erleuchteten Haus, das in einem tief verschneiten Garten lag.

»Darf man fragen, was das darstellt?« Matz blickte skeptisch zu dem Haus hinüber.

»Das ist eine Schule.«

»Eine Schule? Was soll ich denn in einer Schule? Noch dazu mitten in der Nacht? Grauenhaft!«

Uli lachte.

»Während der Winterspiele befindet sich hier das Olympische Komitee. Wir gehen einfach hinein, klopfen höflich an und sagen, wir wüssten nicht, wo wir schlafen sollen.«

»Bist du übergeschnappt?« Sie standen unter einer brennenden Laterne. »Wenn wir jetzt hier hineingehen, sitzen wir in einer Stunde im Zug nach Kirchberg. Darauf kannst du Gift nehmen.«

»Weißt du was Besseres? Wollen wir uns eine Schneehöhle bauen?«

»Nein. Aber ich muss auf alle Fälle bis zum Sonntag hierbleiben! Ich will das Skispringen sehen, das Bobrennen, die Kür im Eislauf und überhaupt alles! Sonst beiße ich mir die Nase ab.«

»Du bist ein Dickschädel«, stellte Uli fest. »Also schön, wir können ja auch im Stehen schlafen!«

Hui!, machte der Wind. Sie froren wie die Schneider. »Und Hunger hab ich außerdem«, konstatierte Matthias zerknirscht. Uli kramte in der Manteltasche und holte eine Semmel hervor. »Da hast du! Ich habe sie extra für dich aufgehoben.«

Matz griff danach und biss hinein, dass es krachte.

Dann wurde er verlegen. »Hast du denn gar keinen Hunger?«

»Du bist der Größere«, erklärte Uli. »Guten Appetit!« Er hüpfte auf einem Bein rund um die Laterne. Erst auf dem rechten Bein. Dann auf dem linken. Es half alles nichts. Die Füße waren und blieben kalt wie Eiszapfen. Während Uli hüpfte und Matthias kaute, trat jemand aus dem erleuchteten Gebäude, schritt durch den verschneiten Garten, blieb vor den zwei Jungen stehen und sagte schließlich: »Hallo! Was treibt ihr denn hier?«

»Nichts Besonderes«, antwortete Matthias. »Wir frieren.« Dann zuckte er zusammen. Der junge Mann, der mit ihnen sprach, war Jimmy, der englische Eishockeystürmer!

»Kennen wir uns nicht schon?«, fragte der junge Mann.

»Freilich«, erklärte Uli. »Sie haben meinem Freund heute Nachmittag die Mütze über die Ohren gezogen.«

»Richtig.«

Der junge Mann lachte.

Matthias nahm die Mütze vom Kopf. »Wir waren im Stadion. Sie haben fabelhaft gespielt. Ich gratuliere Ihnen.«

»Vielen herzlichen Dank!«, sagte der junge Mann. »Man tut, was man kann. Aber warum liegt ihr nicht längst im Bett?«

Uli fasste sich ein Herz. »Weil wir kein Bett haben! Das heißt: Wir haben natürlich Betten. Aber unsere Betten stehen leider nicht in Garmisch, sondern in einer Stadt namens Kirchberg.«

»Oha!«, sagte der Engländer. »Ihr seid getürmt?«

Matthias nickte. »Erraten! Wir wollten zur Olympiade. Eigentlich wollte nur ich. Uli kam bloß mit, damit ich nicht allein bestraft werde.«

»Quatsch keine Opern!«, sagte Ulrich von Simmern.

»Wir sind nämlich Freunde!«, erklärte Matz.

Der Engländer schwieg eine Weile. Dann fragte er: »Und was wollt ihr jetzt tun?«

Die zwei Jungen sagten: »Keine Ahnung.«

Jimmy schob die blaue Norwegermütze ins Genick. »Wisst ihr, was? In unserm Quartier, draußen am Gudiberg, werden schon noch ein paar Decken und Kissen übrig sein. Ihr kommt einfach mit. Und echt englisches Cornedbeef gibt's außerdem. Seid ihr einverstanden?«

»Einverstanden ist gar kein Ausdruck«, sagte Matthias. Man hörte förmlich, wie ihm ein Stein vom Herzen fiel.

Uli zögerte. »Werden wir auch ganz bestimmt nicht stören?«

Der junge Mann winkte ab. »Wenn ihr stört, fliegt ihr raus!« Er lachte. Dann kommandierte er: »Ganze Abteilung marsch!«

Matthias und Uli sträubten sich nicht lange. Jimmy Brenchley, der Engländer, nahm sie bei der Hand. Und sie folgten ihm, brav wie zwei Lämmer. Uli stolperte vor Müdigkeit.

Jimmy wusste Rat. Er sang. Er sang: »It's a long way to Tipperary!«

Plötzlich sagte Matthias: »Eins ist mir noch unklar.«

»Was denn, junger Freund?«

»Wieso Sie so gut Deutsch sprechen!«

»Meine Mutter stammt aus Deutschland«, gab Jimmy Brenchley zur Antwort. »Englisch ist meine Vatersprache. Und Deutsch meine Muttersprache.«

»Drum«, sagte Matz.

Professor Hirsekorn, der Direktor des Kirchberger Gymnasiums, sagte: »Wenn mich nicht alles täuscht, ist heute Freitag. Am Dienstag verschwanden die beiden Tertianer. Ich kann dieses Abenteuer nicht länger verantworten, Herr Doktor. Ich habe mich entschlossen, die Eltern zu benachrichtigen.«

»Haben Sie noch einen Tag Geduld«, bat Doktor Bökh. »Es hat keinen Sinn, die Eltern in Aufregung zu versetzen.« Er ging pausenlos im Arbeitszimmer des Direktors auf und ab. »Wenn ich nur eine Ahnung hätte, wohin dieser Rüpel, der Matthias, ausgekniffen ist! Uli ist selbstverständlich bloß mitgegangen, weil er seinen Freund nicht allein lassen wollte. Außerdem hat ihm Matthias bestimmt vorgeworfen, dass er keine Courage hat. Und in diesem Punkt ist Uli empfindlich.«

»Was nützt uns das? Man kann doch Kinder, nur weil man sie versteht, nicht dauernd entschuldigen! Wir müssen die Angehörigen ins Bild setzen. Wenn den Jungen etwas Ernstliches zugestoßen ist?«

»Matthias kann überhaupt nichts Ernstliches zustoßen«, behauptete der Hauslehrer. »Überdies passt Uli ja auf ihn auf. Ich warne davor, einen Dummejungenstreich an die große Glocke zu hängen. Je mehr Leute davon erfahren, umso strenger müssen wir die Jungen nachher bestrafen.« Der Direktor schob beide Daumen in die Weste. »Wollen Sie den Bengels, wenn wir sie jemals wiedersehen sollten, vielleicht noch einen Orden verleihen?«

»Nein, das will ich nicht! Haben Sie den Eindruck, dass ich mich nicht zum Lehrer an Ihrer Anstalt eigne?«

»Wie kommen Sie denn auf so etwas?« Der Direktor rang die Hände. »Sie sind der tüchtigste und beliebteste Lehrer, der jemals an diesem Institut gewesen ist! Wollen Sie Komplimente hören, Herr Doktor?«

»Keineswegs. Aber ich möchte die zwei Tertianer auf meine eigene Weise bestrafen. Ich will vermeiden, dass die Eltern, die Behörden und weiß der Teufel wer noch in meine pädagogischen Maßnahmen hineinreden!«

Der Direktor war ein hartnäckiger Mensch. »Das hilft nun alles nichts«, bemerkte er abschließend. »Ich muss die Eltern benachrichtigen. Und ich werde es noch heute tun. Ich danke Ihnen, Herr Doktor.«

Der Hauslehrer verbeugte sich und wollte gehen. Da klopfte es. Der Direktor rief: »Herein!« Im Türrahmen erschien der Schuldiener. Das war ein müder, von Rheumatismus und Plattfüßen übermäßig geplagter Mann. Er hielt sich die Hüfte und sagte: »Der Martin Thaler steht draußen. Er will Doktor Bökh sprechen. Es sei dringend.«

»Soll eintreten«, befahl der Direktor. Der Schuldiener entfernte sich schlurfend.

Martin Thaler, der Primus der Tertia, trat ein. Er war vollkommen außer Atem.

»Was gibt's?«, fragte Bökh.

»Ich komme aus dem Kino«, erzählte Martin. »Aus den Gloria-Lichtspielen. Wir wollten uns den neuen Garbo-Film anschauen.«

»Ein schöner Film?«, fragte der Lehrer.

»Wir haben ihn überhaupt nicht gesehen. Das heißt, Johnny und ich haben ihn nicht gesehen. Die anderen sitzen noch im Kino. Aber Johnny und ich sind gleich nach der Wochenschau weggelaufen, weil wir Sie dringend sprechen müssen.«

»Nanu«, brummte der Direktor. »Was hat denn die Wochenschau mit uns zu tun?«

»Viel«, erwiderte der Junge. »Sehr viel. Es wurden nämlich die neuesten Berichte von der Winterolympiade in Garmisch gezeigt.«

»Und?«, fragte Doktor Bökh.

»Und als der Eishockeykampf zwischen England und Kanada vom letzten Dienstag vorgeführt wurde, da haben wir auf der Leinwand, gleich in der ersten Reihe, Matz und Uli erkannt. Ganz genau wissen wir's allerdings nicht. Das Bild war gleich wieder weg.«

»Natürlich!«, rief der Hauslehrer. »Natürlich waren sie's! Es gibt keinen Zweifel. Sie sind in Garmisch-Partenkirchen.«

»Jawohl«, sagte Martin Thaler. »Matthias stand auf und sprang wie ein Indianer herum. Die Engländer hatten nämlich gerade das Siegestor geschossen. Uli war übrigens auch ziemlich aufgeregt. Und dann war der Sportbericht zu Ende. Und es kam ein Fest der japanischen Feuerwehr in Tokio. Mit hohen Leitern und vielen Feuerspritzen. Und Johnny und ich sind sofort losgesaust, um es Ihnen zu erzählen, Herr Doktor. Weil wir doch nun endlich wissen, wo die beiden stecken.«

»Vielen Dank, mein Junge«, sagte Bökh. »Und nun verschwinde wieder. Vielleicht kommt ihr, wenn ihr euch beeilt, noch zum Garbo-Film zurecht.«

»Sicher«, meinte Martin. »Zuvor läuft ja ein Kurzfilm. Und unsere Eintrittskarten sind noch gültig. Wir haben mit der Kassiererin gesprochen. Guten Tag!«

Er verbeugte sich hastig und war wie ein Blitz verschwunden.

Doktor Bökh wandte sich an Direktor Hirsekorn. »Es ist also überflüssig geworden, die Eltern der zwei Schüler zu benachrichtigen. Ich fahre mit dem nächsten Zug nach Garmisch und hole die verlorenen Söhne heim. Sobald ich sie erwischt habe, depeschiere ich. Ich bitte Sie nur, den Unterricht, den ich morgen zu erteilen habe, von einem Stellvertreter geben zu lassen.«

»Selbstverständlich«, erklärte der Direktor. Er gab dem Lehrer die Hand. »Glückliche Reise, Herr Doktor! Und bringen Sie uns die zwei Ausreißer möglichst unbeschädigt zurück!«

Doktor Bökh lächelte. »Ich reiße ihnen höchstens die Ohren ab«, meinte er.

VI. Die Überraschung in der Morgenstunde

Uli und Matthias fühlten sich seit Tagen wie die Schneekönige. Sie hatten in einem der Häuser, die den Engländern eingeräumt waren, ihr eigenes Zimmerchen. Sie aßen täglich mit den Gastgebern und was Matthias pro Mahlzeit verschlang, überstieg alle Begriffe. Anfangs wetteten die Engländer untereinander, ob der Junge immer noch und immer noch eine Scheibe Cornedbeef hinunterkriegen werde. Später ließ das Wetten nach. Es hatte keinen Sinn. Man verlor nur Geld. Matzens Appetit übertraf jede Vermutung und jeden Rekord. Jimmy Brenchley behauptete, Matz sei in Garmisch-Partenkirchen drei Zentimeter gewachsen. Er konnte recht haben.

Manchmal borgten sich die beiden Jungen Schneeschuhe und machten kleine Skiausflüge in die Berge. Aber meistens wurden sie von ihren Engländern zu den olympischen Wettkämpfen mitgenommen. Man brauchte die zwei Kirchberger Gymnasiasten als Talisman. Man glaubte, ihre Anwesenheit bringe der englischen Mannschaft Glück.

Himmel, was hatten sie in diesen Tagen alles gesehen! Die Eishockey-Zwischenrunden, das Eis-Paarlaufen, das Eis-Schnelllaufen über fünftausend und zehntausend Meter, den Militär-Patrouillenlauf, die ersten Läufe des Zweierbobrennens, das Kürlaufen der Männer – und was stand ihnen noch alles bevor!

Matz ging völlig in der Rolle des künftigen Sportmannes auf. Er ließ sich sogar von dem Trainer der Engländer massieren. Und mit einem Back des Eishockeyteams übte er sich täglich im Boxen. Er war überglücklich. Nur Ulis ernstes Gesicht irritierte ihn mitunter. »Was hast du denn?«, fragte er dann unwillig.

»Ach, ich muss an die Penne denken – und an Doktor Bökh.«

»Schließlich sitzen wir doch zur Strafe während der Ferien

nach!«, sagte Matthias dann. »Man tut, was man kann. Komm, leg dich hin! Ich will dich massieren.«

»Nein«, erklärte Uli in solchen Fällen. »Was du Massage nennst, ist Körperverletzung.«

Am Sonnabend, dem 15. Februar, waren sie schon um sechs Uhr morgens aufgestanden. Denn oben am Rießersee fand der Endlauf im Zweierbobrennen statt. Sie hatten, hoch über Garmisch, an der Bayernkurve prächtige Tribünenplätze, hockten zwischen ihren englischen Freunden und fieberten, wenn einer der Bobs an den Tribünen vorbeischoss und steil die aus Eisplatten gemauerte haushohe Kurve hinanfegte. Vom Beobachtungsturm wurde durch den Lautsprecher der letzte Lauf angekündigt. Matz rechnete die bisher erzielten Zeiten zusammen und sagte zu Uli: »Wenn nichts dazwischenkommt, holen sich die Amerikaner die Goldene Medaille.«

»Oder die Schweizer!«

»Wetten?«

»Nein.«

Hoch über den verschneiten Tannenwipfeln meldete sich erneut der Lautsprecher: »Achtung, Achtung! Bahn frei! Als Erster startet Bob USA I! Alles fertig! Bob – los!«

Die Zuschauer starrten gebannt bergauf.

»Der Bob hat schnelle Fahrt«, berichtete der Beobachter von der Strecke. »Er liegt allerdings nicht ruhig. Jetzt passiert er das Looping! Er nähert sich dem Kilianseck! Er schleudert! Halt – nein, er fängt sich wieder! Gleich kommt er in die Bayernkurve!«

Matz sprang auf und beugte sich vor. Uli kaute an einem Fingernagel. (Er konnte und konnte sich das, wenn er aufgeregt war, nicht abgewöhnen.) Da! Der amerikanische Bob schoss um die Ecke, schlingerte ein wenig, aber der Bremser wollte das Tempo nicht verringern. Man ging aufs Ganze. Das Eis knirschte. Der Schlitten raste die vertikale Kurve empor, fast bis an die äußerste

Kante. Dann zwang der Lenker den Bob wieder in die Bahn. Der Schlitten und die Sturzhelme verschwanden hinter der Biegung.

»Pass auf!«, schrie Matthias. »Die Amerikaner machen das Rennen!«

In diesem Augenblick legte sich eine Hand bleischwer auf seine Schulter. »Mensch, lass mich doch in Ruhe!«, knurrte der Junge. »Gleich meldet der Lautsprecher die Zeit.«

»Wieso soll ich dich denn in Ruhe lassen?«, fragte Uli verwundert.

»Du sollst die Pfote von meinem Jackett runternehmen!«

»Ich fasse dich doch gar nicht an, du blöder Kerl!«

Da meinte jemand hinter ihnen: »Guten Morgen, die Herren!« Oh, diese Stimme!

Die Köpfe der beiden Jungen fuhren herum. Allmächtiger, der Doktor Bökh! Er war's tatsächlich. Er stemmte Uli hoch, setzte sich auf dessen Platz und ließ den Jungen langsam auf sein Knie nieder. Matz zog ein Gesicht, als fixiere er eine Brillenschlange.

»Lass dich nur nicht stören«, meinte Bökh gelassen. »Und vergiss nicht, auf die Zeit der Amerikaner zu achten!« Dann nahm er einen Notizblock aus der Tasche, schrieb einige Zeilen auf einen Zettel und reichte Matthias das Papier. »Hast du die Zeit notiert?«

Matz schüttelte den Kopf. »Nein.«

»Nimm diesen Zettel, mein Sohn! Und renne damit in Weltrekordzeit zur Post in Garmisch und gib das Telegramm an Professor Hirsekorn auf! Wann kannst du unten sein?«

»In zwanzig Minuten.«

»Gut so. Wenn die Depesche bis zum Mittagessen nicht in Kirchberg ist, benachrichtigt der Direktor eure Eltern. Hier hast du Geld. Kehrt, marsch!«

Matthias kletterte wie eine Gämse über die Tribünenreihen und verschwand in der Zuschauermenge.

Uli fasste sich ein Herz und fragte: »Herr Doktor, sind Sie uns sehr böse?«

»Davon reden wir später«, meinte Bökh.

Jimmy Brenchley musterte Uli von der Seite. »Wem gehört eigentlich das Knie, auf dem du sitzt?«

Ulrich von Simmern, der ziemlich blass ausschaute, sagte mit zitternder Stimme: »Das Knie gehört unserem Klassenlehrer.«

»Hallo!«, rief Jimmy. »Sehr erfreut!« Er schüttelte Doktor Bökh die Hand und lachte übers ganze Gesicht. »Was die Bengels für'n Glück haben! So einen Lehrer hätten wir haben müssen! Dann wäre ich heute Lordsiegelbewahrer!«

Am Nachmittag errang die englische Eisläuferin Cecilia Colledge eine Silberne Medaille, und abends schlug die englische Eishockeymannschaft in der Endrunde die Mannschaft der USA. Die Weltmeisterschaft war ihnen nicht mehr zu nehmen. Matz und Uli drückten während beider Wettbewerbe die Daumen und schrieben die englischen Erfolge mehr oder weniger ihren Daumen zu.

Doktor Bökh saß im Eisstadion hinter seinen Tertianern und musterte sie heimlich und belustigt. Nach der Hockeyschlacht erhob er sich und sagte streng: »So, jetzt verabschiedet euch von euren Freunden. Und zwar etwas plötzlich. Ich erwarte euch am Bahnhof. Hier sind die Fahrkarten. In zwanzig Minuten geht der Zug. Wenn ihr zu spät kommt, fahrt ihr am besten gleich zu euren Eltern. In Kirchberg möchte ich euch dann nämlich nicht wieder sehen.«

»Morgen ist Sonntag, Herr Doktor«, meinte Matthias nachdenklich. »Früh findet auf der Olympiaschanze der Sprunglauf statt. Das würde Sie sicher sehr interessieren. Birger Ruud springt auch mit. Und die Preisverleihung am Nachmittag, die …« Er unterbrach seine Rede, weil der Lehrer überhaupt nicht zuzuhören schien. »Aber ganz wie Sie wollen«, fuhr Matz treuherzig fort. »In einer Viertelstunde sind wir am Bahnhof. Wir verabschieden uns rasch in den Umkleidekabinen. Los, Uli! Bis nachher, Herr Doktor.« Die Jungen stürmten davon.

»Bis nachher, ihr Lausejungen«, murmelte Bökh hinterdrein. Der Zug stand wartend am Bahnsteig. Als Matz und Uli erschienen, wurden sie von einer Eskorte von Engländern begleitet. Jimmy Brenchley, der während des Matchs einen Schlag vors Schienbein abgekriegt hatte, humpelte auf Doktor Bökh los und nahm ihn beiseite. »Entschuldigen Sie«, sagte er, »dass ich mich einmische. Uli ist, glaube ich, kolossal niedergeschlagen, dass Sie seinetwegen Ärger und Sorge gehabt haben. Seien Sie großmütig! Sie sind das Ideal der kleinen Kerle. Wenn alle Ihre Schüler so begeistert von Ihnen sind, dann sind Sie der beliebteste Lehrer Europas!«

»Dass mir meine Schüler einfach durchbrennen«, sagte Bökh, »spricht dafür, dass man sogar *zu* beliebt sein kann.«

»Na ja«, meinte Jimmy. »Hoffentlich haben Sie unrecht. Und es täte mir leid, wenn Sie die Bengel schwer bestrafen würden! Es sind ein paar Prachtexemplare. Ich habe sie übrigens nach England eingeladen. Auch meine Eltern und jüngeren Geschwister würden sich darüber freuen. Es ist gut, wenn die männlichen Vertreter verschiedener Völker einander kennenlernen, bevor sie sich das erste Mal rasieren. Hätten Sie Lust mitzukommen?«

»Nur wenn Sie und Ihre Geschwister den Besuch später bei uns in Kirchberg erwidern wollen.«

»Großartig!«, rief Jimmy. »Im nächsten Winter tanzen wir an.«

Sie schüttelten einander die Hand. Der Lehrer stieg ein. Matz und Uli beugten sich aus dem Wagenfenster und unterhielten sich mit den Engländern. Der Stationsvorsteher gab das Abfahrtszeichen. Der Zug rollte aus dem Bahnhof. Es wurde fleißig gewinkt.

Garmisch-Partenkirchen war verschwunden. Doktor Bökh saß den Jungen gegenüber und las Zeitung. Die zwei kleinen Verbrecher wagten nicht zu sprechen. Matthias baumelte mit den Beinen und hatte Hunger. Er hatte zwar belegte Brote eingesteckt, aber er traute sich nicht, sie auszupacken.

Uli hielt das Schweigen nicht mehr aus. Er hüstelte, und dann sagte er leise: »Seien Sie doch wieder gut, Herr Doktor!«

Bökh legte die Zeitung beiseite und sah die Jungen streng an. »Dass ihr Strafe verdient, seht ihr ein.« Die beiden nickten. »Euch während der Osterferien in die Schule zu sperren, erscheint mir als Methode ziemlich fragwürdig. Wer soll auf euch aufpassen? Ich selber werde nicht da sein. Ich will eine Fußwanderung durchs Maintal unternehmen. Und ohne Lehrer würdet ihr nichts als Dummheiten machen.«

»Nein!«, sagte Uli entsetzt.

»Doch«, sagte Matthias verlegen. »Ich kenne mich.«

Doktor Bökh hätte beinahe gelacht. Er blickte zu Boden und runzelte die Stirn. Dann fuhr er fort. »Da ihr in den Ferien nicht nach Hause fahren sollt und da man euch andererseits nicht ohne Aufsicht lassen kann, habe ich beschlossen, dass ihr mich zur Strafe auf meiner Mainwanderung begleiten werdet.« Er erhob sich. »Keine Widerrede! So, und jetzt gehe ich in den Speisewagen. Ich habe Durst.« Er verließ das Abteil.

Die zwei Jungen blieben sitzen. Uli schluckte schwer. Am liebsten hätte er vor Freude geheult. Matthias packte die belegten Brote aus, biss in eines hinein, gab Uli ein anderes und sagte, während er kaute, begeistert: »Für diesen Mann könnte ich mich schlachten lassen.«

»Ich mich auch«, meinte Uli ergriffen.

»Ach, Mensch«, knurrte Matthias, »dafür bist du viel zu mager!«

Die Konferenz der Tiere

telegramm an alle welt: –..– konferenz in london beendet –..– verhandlungen ergebnislos –..– bildung von vier internationalen kommissionen –..– nächste konferenz beschlossen –..– wegen tagungsort noch meinungsverschiedenheiten –..––..–––..––––

Eines schönen Tages wurde es den Tieren zu dumm. Der Löwe Alois, der sich mit Oskar, dem Elefanten, und dem Giraffenmännchen Leopold wie immer freitags zum Abendschoppen am Tsadsee in Nordafrika traf, sagte, seine Künstlermähne schüttelnd: »Oh diese Menschen! Wenn ich nicht so blond wäre, könnte ich mich auf der Stelle schwarzärgern!«

Oskar, der Elefant, drehte sich unter dem eignen hoch erhobenen Rüssel, woraus er, wie unter einer lauen Badezimmerdusche, den staubigen Rücken besprengte, räkelte sich faul und brummte etwas im tiefsten Bass vor sich hin, was die beiden anderen nicht verstanden.

Die Giraffe Leopold stand mit gegrätschten Beinen am Wasser und trank in kleinen hastigen Schlucken. Dann meinte sie, ach nein, er: »Schreckliche Leute! Und sie könnten's so hübsch haben! Sie tauchen wie die Fische, sie laufen wie wir, sie segeln wie die Enten, sie klettern wie die Gämsen und fliegen wie die Adler, und was bringen sie mit ihrer Tüchtigkeit zustande?«

»Kriege!«, knurrte der Löwe Alois. »Kriege bringen sie zustande. Und Revolutionen. Und Streiks. Und Hungersnöte. Und neue Krankheiten. Wenn ich nicht so blond wäre, könnte ich mich auf der Stelle …«

»Schwarzärgern«, vollendete die Giraffe den Satz. Denn den kannten die Tiere der Wüste längst auswendig.

»Mir tun bloß die Kinder leid, die sie haben«, meinte der Elefant Oskar und ließ die Ohren hängen. »So nette Kinder! Und immer müssen sie die Kriege und die Revolutionen und Streiks mitmachen, und dann sagen die Großen noch: Sie hätten alles nur getan, damit es den Kindern später einmal besser ginge. So eine Frechheit, was?«

»Ein Vetter meiner Frau«, erzählte Alois, »war während des letzten Weltkriegs an einem großen Zirkus in Deutschland engagiert. Als Balanceakt und Reifenspringer. Hasdrubal, der Wüstenschreck, ist sein Künstlername. Bei einem schweren Luftangriff brannte das Zelt ab, und die Tiere rissen sich los …«

»Die armen Kinder«, brummte der große Elefant.

»… und die ganze Stadt stand in Flammen, und die Tiere und die Menschen schrien«, fuhr der Löwe fort, »und Hasdrubal,

dem Vetter meiner Frau, sengte der glühende Wind die Mähne ab, und er trägt seitdem ein Toupet.« Wütend schlug Alois den Sand der Sahara mit seinem Schweif. »Diese Dummköpfe!«, brüllte er. »Immer wieder müssen sie Kriege machen, und kaum haben sie alles entzweigemacht, raufen sie sich die Haare! Wenn ich nicht so blond wäre …«

»Schon gut«, unterbrach ihn die Giraffe. »Aber Schimpfen hilft nichts. Es müsste etwas geschehen!«

»Jawohl!«, trompetete Oskar, der Elefant. »Vor allem wegen der Kinder, die sie haben – aber was?«

Da ihnen nichts einfiel, trotteten sie betrübt heim.

Als Oskar nach Hause kam, wollten die Elefantenkinder nicht ins Bett, und das Kleinste rief: »Lies uns, bitte, noch was vor!« Da griff der Vater zur »Neuen Sahara-Illustrierten« und las mit lauter Stimme: »Vier Jahre nach dem Krieg gibt es in Europa immer noch viele Tausende von Kindern, die nicht wissen, wo ihre Eltern sind, und unzählige Eltern, die …«

»Hör auf, Oskar!«, sagte da seine Frau. »Das ist nichts für kleine Elefanten!«

Als Leopold heimkam, wollten die kleinen Giraffen noch nicht schlafen, und das Jüngste rief: »Bitte, Papa, lies uns was vor!« Da

griff der Vater zum »Täglichen Sahara-Boten« und las: »Vier Jahre nach dem Kriege hat sich die Zahl der Flüchtlinge in Westdeutschland auf vierzehn Millionen, vorwiegend Greise und Kinder, erhöht, und ihre Zahl nimmt von Monat zu Monat zu. Niemand will sie …«

»Hör auf, Leopold!«, sagte da seine Frau. »Das ist nichts für kleine Giraffen!«

Als Alois ins Schlafzimmer trat, riefen alle seine Kinder: »Bitte, bitte, lies uns noch was vor!« Da griff der Vater zum »Allgemeinen Sahara-Anzeiger«, sagte: »Seid schon still!«, und las: »Vier Jahre nach dem Krieg, der die halbe Welt zerstört hat und dessen Folgen auch heute noch nicht abzusehen sind, kursieren bereits Gerüchte von einem neuen Kriege, der sich heimlich vorbereite und nächstens …«

»Höre sofort auf, Alois!«, rief da seine Frau. »Still! Das ist nichts für kleine Löwen!«

Als die Elefäntchen und alle anderen Tierkinder schliefen, musste Oskar, der große Elefant, in der Küche, wo seine Frau abwusch, das Geschirr abtrocknen. »Es ist zum Aus-der-Haut-Fahren«, brummte er. »Das bisschen Geschirr!«, maulte sie. »Du wirst täglich fauler!« »Ich meine doch nicht deine Teller und Tassen«, sagte er, »ich denk an die Menschen! An die Flüchtlinge, an die Atombombe, an die Streiks, an den Hunger in China, an den Überfluss in Südamerika, an den Krieg in Vietnam, an die verlorenen Kinder und Eltern, an die Unruhen in Palästina, an die Gefängnisse in Spanien, an den schwarzen Markt, an die Emigranten …« Er sank erschöpft auf einen Küchenstuhl. Seine Frau spülte gerade die Milchtöpfe der Kinder mit ihrem Rüssel. »Da!«, rief er plötzlich. Sie ließ vor Schreck eins der Töpfchen fallen. »Da!«, brüllte er dumpf und schlug mit der Faust auf den Küchentisch, wo das »Sahara-Abendblatt« lag. »Da! Lies! Wieder eine Konferenz zum Teufel! Oh diese Menschen! Sie können nur zerstören! Sooft sie aufbauen wollen, wird's ein Turm zu Babel! Mir tun bloß die Kinder leid!«

telegramm an alle welt: –..– konferenz der aussenminister in paris abgebrochen –..– keine resultate –..– verstimmung in den hauptstädten –..– wiederaufnahme der konferenz donnerstag in vier wochen –..– überall geheime kabinettssitzungen anberaumt –..––..–––..––––

Oskar zerknüllte die Zeitung und warf sie unter den Tisch. Dabei fiel ihm der Schulranzen seines Ältesten ins Auge. Er packte ihn, nahm Malkasten und Zeichenpapier heraus und sagte: »Schau her, Frau! Jetzt zeig ich dir, wie's auf der Erde aussieht!« Dann zeichnete er zwei Kreise. Das waren die Erdhälften …

»Das ist die eine Erdhälfte«, sagte der Elefant zu seiner Frau.

»Und überall herrschen unter den Menschen Not und Unvernunft. Das sieht jedes Tier …«

»Nur ein Tier«, sagte der Elefant, »will das Elend und Durcheinander nicht sehen – das ist der Vogel Strauß. Er steckt den Kopf in den Sand.«

»Das ist die andere Erdhälfte«, sagte der Elefant zu seiner Frau.

»Und überall herrschen seit Jahrhunderten Krieg, Not und Unvernunft. Das sieht jeder Mensch …«

»Nur manche Menschen«, meinte der Elefant, »wollen daraus nichts lernen. Sie regieren und reden und machen Konferenzen …« »Ich weiß«, sagte seine Frau, »und stecken den Kopf in den Sand.«

Nach einer Nacht voller merkwürdiger Träume rannte der Elefant, noch verschlafen und in Pantoffeln, in aller Herrgottsfrühe zum Telefon und meldete sechs Ferngespräche an: eines mit seinem kleinen Neffen, dem Tapir Theodor, in Südamerika; eins mit dem Känguru Gustav in Australien; eines mit dem alten Eisbären Paul am Nordpol; eins mit der Eule Ulrich in Mitteleuropa; das fünfte mit der Maus Max in Asien und das sechste mit Reinhold, dem Stier, in Nordamerika.

Da hatten die Störche und Flamingos, die im ägyptischen Hauptpostamt als Telefonfräuleins angestellt waren, mächtig zu tun. Erst gab es ein paar Fehlverbindungen, aber schließlich klappte es.

»Hört bitte genau zu!«, rief Oskar, der Elefant. »Mit den Menschen geht das so nicht weiter! Versteht ihr mich?« »Ja, Oskar!«, antworteten die sechs, so laut sie konnten. »Ich habe eine Idee gehabt!«, brüllte der Elefant. »Es ist ihrer Kinder wegen, bloß deshalb! Eine ausgezeichnete Idee! Das heißt, mir und meiner Frau gefällt sie sehr gut … Sie ist bestimmt nicht übel … Nein, schlecht ist sie nicht … Es gibt dümmere Einfälle … Warum sagt ihr denn gar nichts?« »Wir warten auf deine Idee!«, rief der Stier Reinhold in Nordamerika. »Ach so!«, sagte der Elefant und alle sieben mussten lachen. »Nun, verrate sie uns schon!«, kicherte die Maus Max in Asien. »Also, hört zu!«, rief der Elefant. »Die Menschen machen in einem fort Konferenzen, ohne etwas zu erreichen, und so ist meine Idee, dass wir auch – eine Konferenz abhalten!«

Nach diesen Worten blieb es in den sechs Telefonleitungen

ziemlich lange still. Schließlich schnatterten und klapperten die Flamingos und Störche ungeduldig mit den Schnäbeln und fragten spitz: »Sprechen Sie noch?« »Unterstehen Sie sich, mich zu trennen!«, trompetete der Elefant. Dann brüllte er: »Paul! Theodor! Max! Reinhold! Ulrich! Gustav! Seid ihr plötzlich taubstumm geworden?« »Das nun nicht gerade«, meinte der Eisbär und wiegte nachdenklich den weißen Kopf, »es ist nur ein bisschen merkwürdig … Erst schimpfst du auf die Konferenzen und dann …« »Paul hat ganz recht«, schnarrte die Eule, »erst schimpfst du, und nun sollen wir selber so ein Ding abhalten!« »Hui!«, pfiff Max, die Maus. »Wir werden uns blamieren, passt auf!« »Den Teufel werden wir tun!«, donnerte Oskar. »Es liegt doch nicht an den Konferenzen, sondern an den Menschen! Habt ihr denn gar keine Selbstachtung, wie? Das wäre ja gelacht! Hört zu, ihr Angstmeier: Heute in vier Wochen versammeln sich sämtliche Abordnungen im Hochhaus der Tiere! Verständigt umgehend alle Gattungen und Arten! Termin – heute in

vier Wochen! Treffpunkt – Hochhaus der Tiere! Da werden wir ja sehen, ob …«

»Die fünf Minuten sind um«, schnatterten die Telefonfräuleins im ägyptischen Hauptpostamt, »wir müssen trennen.« »Dumme Gänse«, brummte Oskar verärgert. »Gänse?«, riefen die Telefonfräuleins empört. »Erlauben Sie mal! Hier werden nur Störche und Flamingos beschäftigt!« »Dann also: Dumme Stelzfüßler!«, meinte der Elefant achselzuckend und hängte ein. Er war völlig erschöpft und musste sich die Stirn abtrocknen. (Sein Taschentuch war übrigens vier Meter lang und vier Meter breit.)

Der Nachrichtendienst klappte wie am Schnürchen. Die Hunde jagten wie der Wirbelwind durch die Städte und Dörfer. Die Wiesel raschelten durch die Gärten. Die Hirsche und Rehböcke galoppierten durch die Wälder, dass es dürre Zweige regnete. »Heute in vier Wochen Konferenz im Hochhaus der Tiere!« Die Zebras donnerten wie ein Gewitter durch die Wüsten. Die

Gazellen und Antilopen schossen wie Pfeile über die Steppen. Der Vogel Strauß und der Emu griffen aus, dass der Staub wie Wolken von der Erde aufstieg. »Heute in vier Wochen Konferenz im Hochhaus der Tiere!«

Die Rentiere trabten dampfend über die Tundra. Die Polar-

hunde sprangen bellend durch die Mittsommernacht. Die Möwen gellten es den Pinguinen ins Ohr: »Heute in vier Wochen Konferenz im Hochhaus der Tiere!«

Die Affen schwangen sich schreiend in den Urwäldern von Baum zu Baum. Die schillernden Käfer summten es. Die kleinen bunten Kolibris zirpten es. »Heute in vier Wochen Konferenz im Hochhaus der Tiere!«

Die Papageien und Kakadus plapperten es wie schnarrende Automaten, während sie sich in den Lianen wiegten. Die Spechte klopften es wie Morsezeichen gegen die hohlen, dröhnenden Baumstämme. »Heute in vier Wochen Konferenz im Hochhaus der Tiere!«

Die Frösche hockten aufgeplustert in den Sümpfen und Teichen und quakten die Nachricht unermüdlich in die Lüfte. »Heute in vier Wochen Konferenz im Hochhaus der Tiere!«

Die Schwalben saßen, wohin man blickte, auf den Telefondrähten der Überlandpost und meldeten die Neuigkeit in alle Länder der Erde. »Heute in vier Wochen Konferenz im Hochhaus der Tiere!«

Die Brieftauben schossen zu Tausenden über die Gebirge und Meere, und in den winzigen Kapseln, die sie am Halse trugen, stand es deutlich zu lesen: »Heute in vier Wochen Konferenz im Hochhaus der Tiere!«

Die Kängurus hüpften mit Riesensprüngen quer durch das Innere Australiens. Sie hatten, als wären sie Briefträger, die wichtige Post in ihren Beuteln. Und die Post lautete: »Heute in vier Wochen Konferenz im Hochhaus der Tiere!«

Und noch in die dämmrige Tiefe der Ozeane drang die Kunde zu den absonderlichen, fremdartigen Wesen, die dort unten hausen. Hier schrieben es die Tintenfische mit Riesenbuchstaben ins Wasser. »Heute in vier Wochen Konferenz im Hochhaus der Tiere!«

Ja, sogar die Schnecke Minna kroch aufgeregt aus ihrem Einfamilienhaus heraus und schleppte sich, das Haus auf dem Rücken, vor lauter Atembeschwerden prustend und schnaufend, durch die Weinberge. Manchmal hielt sie inne, schnappte gierig nach Luft und rief heiser: »Heute in vier Wochen Konferenz im Hochhaus der Tiere!«

»Was erzählst du da?«, fragte der Regenwurm Fridolin, neben dem Minna zufällig verschnaufte. »Das ist ja hochinteressant!«, erklärte er ganz aufgeregt und begann sich auch schon in der Erde einzubuddeln. »Wo willst du denn so eilig hin?«, fragte die Schnecke. Fridolins Kopf war nur noch halb zu sehen. »Dumme Frage!«, brabbelte er. »Die Tiere auf der anderen Seite der Erde müssen es ja schließlich auch erfahren! Heute in vier Wochen Konferenz im Hoch…« Und schon war er verschwunden.

Ehe man sich's versah, wussten alle Tiere Bescheid, ob sie nun in der Wüste lebten oder im ewigen Eis, ob hoch in den Lüften oder auf dem Grunde des Ozeans. Sie hielten Versammlungen ab und wählten für jede Art und Gattung einen Delegierten. Es war fast wie damals vor der großen Sintflut, als Noah zu ihnen geschickt und sie gebeten hatte, paarweise in seine Arche zu kommen. Die Delegierten trafen auf der Stelle die notwendigsten

Reisevorbereitungen. Reinhold, der Stier, lief zum Schuster und ließ sich die Hufe frisch besohlen.

Der Vogel Strauß ließ sich beim Friseur die Pleureusen schwungvoll ondulieren.

Der Büffel ließ sich die Stirnlocken mit der Brennschere rollen.

Und in der Nachbarkabine saß der Löwe Alois schwitzend unter der Haube, weil er für die Konferenz neue Dauerwellen haben wollte. »Diese Hitze!«, sagte er stöhnend zu dem Fräulein, das ihm währenddem die Krallen schnitt und feilte. »Die Hitze könnte mich rasend machen! Wenn ich nicht so blond wäre …«

»Ich schwärme für blonde Mähnen«, meinte die Maniküre und lächelte ihn an. Daraufhin sagte Alois seinen berühmten Satz nicht zu Ende.

Der Pfau stolzierte zu einem berühmten Kunstmaler und ließ sich von ihm die Radfedern auffrischen.

Paul, der Eisbär, nahm ein heißes Bad in einem dampfenden Geysir. Er fand das fast kochende Wasser scheußlich. Aber hinterher sah er aus wie frisch gefallener Schnee, und seine Familie bewunderte ihn außerordentlich.

Oskars Frau bügelte den Sonntagsanzug ihres Mannes. Sie konnte sowieso seine zerknitterten Hosenbeine nicht leiden, und auf der Konferenz sollte er endlich einmal elegant wirken.

Oskar selber saß inzwischen beim Zahnarzt und ließ sich den linken Stoßzahn plombieren. Der Zahnarzt war ein Neger,

schwarz wie Ebenholz, und hatte einen kleinen Sohn mit großen, runden Augen. »Dich nehm ich mit auf die Reise«, sagte Oskar zu dem Jungen. »Denn im Grunde halten wir ja die Konferenz nur wegen der Kinder …« »Wollen Sie bitte mal nachspülen«, meinte der Zahnarzt und hielt ihm einen Eimer voll Wasser hin.

Zu Hause packten die Tierfrauen die Koffer mit Reiseproviant

voll. Und mit Wäsche und Thermosflaschen und Moos und Mais und gedörrtem Fleisch und Fisch und mit Hafer, Wabenhonig, Brathühnern und gekochten Eiern. Und dann zogen die Delegierten die Mäntel an, denn es war Zeit, zum Bahnhof zu gehen.

Es war sogar allerhöchste Zeit. Auf den Bahnhöfen in Afrika,

Asien, Amerika, Europa und Australien standen schon die Schnellzüge unter Dampf. Die Lautsprecher brüllten: »Höchste Eisenbahn – alles Platz nehmen! Abfahrt zum Hochhaus der Tiere – Türen schließen!« Dann ruckten die Lokomotiven an. Oskar und Alois und Leopold und viele andere Delegierte hatten die Wagenfenster heruntergelassen und winkten mit ihren Taschentüchern. Und die Mütter mit den Elefäntchen und den anderen Tierkindern winkten zurück. »Blamiert euch nicht!«, rief Oskars Frau mit erhobenem Rüssel. »Keine Bange!«, schrie Oskar zurück. »Wir werden die Welt schon in Ordnung bringen! Wir sind ja schließlich keine Menschen!«

In den Häfen am Meer ging es nicht weniger lebhaft zu. Die

Tiere, die nicht schwimmen konnten, gingen an Bord moderner Schnelldampfer. Es lagen aber auch große Walfische am Pier und sperrten ihre riesigen Mäuler auf. Sie hatten sich freiwillig für den Transport der Konferenzteilnehmer zur Verfügung gestellt, und wer den Schiffsmotoren nicht traute, brauchte nur über die Laufplanke in einen der Walfische hineinzuspazieren. »Schiffe gehen zuweilen unter«, sagte der Hase zum Fuchs. »Aber dass ein Walfisch untergegangen ist, habe ich noch nie gehört.« – Damit hoppelte er über die Planke in den aufgesperrten Rachen des Ungeheuers. Schließlich war alles an Bord. Die Schiffssirenen heulten auf. Die Walfische klappten ihre Mäuler zu. Wasserfontänen spritzten hoch, und die Flottille setzte sich in Bewegung. Die

Verwandten am Ufer winkten. Die Delegierten an der Schiffsreling winkten zurück. Nur die Abgeordneten im Bauch der Walfische – die winkten nicht. Weil Walfische keine Fenster haben.

Auch auf den Flugplätzen sämtlicher Erdteile war Hochbetrieb. Die meisten Delegierten – soweit es nicht Vögel waren – flogen zum allerersten Mal in ihrem Leben und benahmen sich ein bisschen nervös und zimperlich. Aber als der Adler, der Geier, der Bussard und der Reiher sie auslachten, nahmen sie sich zusammen und setzten sich ergeben auf ihre Kabinenplätze. Man konnte übrigens auch, gegen einen entsprechenden Preiszuschlag, einen fliegenden Teppich mieten. Das tat beispielsweise der Skunk. Als wohlhabendes Pelztier konnte er sich das leisten. Außerdem blieb ihm gar nichts andres übrig. Weil er stank, hatte man ihm an der Kasse kein Flugbillett verkauft. Nun ja, schließlich waren alle untergebracht. Die Luftflottille erhob sich. Die Propeller sausten und blitzten in der Sonne. Die fliegenden Teppiche schimmerten bunt wie große Schmetterlinge. Raben und Reiher, Falken, Marabus und Wildenten flogen im Gefolge. Und die Erde unter ihnen wurde immer kleiner und kleiner.

Die Polartiere hätten um ein Haar Pech gehabt. Denn als sie am Hafen ankamen, waren die Dampfer allesamt eingefroren. Aber der Eisbär Paul wusste Rat. Erst fuhren sie samt ihrem Gepäck auf Rentierschlitten südwärts und dann stiegen sie auf einen Eisberg um: Paul und das schnauzbärtige Walross und der Pinguin und das Schneehuhn und der Silberfuchs. Ja, und ein kleines paus-

bäckiges Eskimomädchen, das mit Paul schon lange befreundet war. – Der Eisberg hatte einen großen Nachteil: Er war schrecklich langsam, und sie fürchteten schon, sie kämen womöglich zu spät.

Da hatte zum Glück das Walross einen ausgezeichneten Einfall. Es bat alle Robben, denen sie begegneten, ihnen vorwärts zu helfen, und die Seelöwen und Seehunde ließen sich nicht zweimal bitten. Mit der einen Flosse hielten sie sich am Eisberg fest, mit der anderen ruderten sie im Takt wie tausend gelernte Matrosen, dass der schneeglitzernde, kristallblaue Eisberg förmlich dahinflog! Die Überseedampfer, die ihnen begegneten, bekamen es mit der Angst und nahmen schleunigst Reißaus.

Die Tiere, die mit der Eisenbahn fuhren, hatten es am schwersten. Denn die Erde und die Kontinente sind ja bekanntlich in viele, viele Reiche und Länder eingeteilt, und überall waren Schranken heruntergelassen, und überall standen uniformierte Beamte und machten böse Gesichter.

»Was haben Sie zu verzollen?«, fragten die uniformierten Beamten. »Zeigen Sie sofort Ihre Pässe!«, sagten sie. »Haben Sie ein Ausreisevisum?« »Haben Sie ein Einreisevisum?« »Was ist los?«, knurrte der Löwe Alois. »Wir können ja einmal nachsehen«, meinte Oskar, der Elefant.

Und nun stiegen die beiden mit dem Tiger und dem Krokodil aus dem Zug und näherten sich neugierig den Beamten.

Da kriegten die uniformierten Beamten einen großen Schreck und rannten davon, so schnell sie konnten. »Haben Sie denn ein Ausreißevisum?«, rief Oskar hinter ihnen her. Darüber mussten alle Tiere im Zug so lachen, dass sie sich fast verschluckten. Und dann fuhren sie ungestört weiter.

Obwohl nun doch zu Wasser, zu Lande und in der Luft so viele Tiere auf dem Wege zur Konferenz waren, merkten die wenigsten Menschen etwas davon. Nur die Leute, die an der Eisenbahn wohnten, wunderten sich ein bisschen. Aber wenn dann einer sagte: »Es wird wohl ein Wanderzirkus sein«, gaben sie sich wieder zufrieden. Am erstauntesten waren die kleinen Kinder, die in diesen Tagen in ihren Bilderbüchern blätterten. Die Bilderbuchtiere waren nämlich aus den Büchern verschwunden! Es

sah aus, als hätte sie jemand fein säuberlich mit der Schere herausgeschnitten! Aber es hatte sie natürlich gar niemand herausgeschnitten, sondern sie waren mitten in der Nacht aus den Büchern gesprungen und hatten sich auf die Socken gemacht, um ja rechtzeitig im Hochhaus der Tiere zu sein …

Das Hochhaus der Tiere ist bestimmt das merkwürdigste und vielleicht das größte Gebäude der Welt. Es hat einen eignen Hafen, einen eignen Bahnhof und hoch oben auf dem Riesendach seinen eignen Flugplatz. Es enthält das Hauptpostamt für die Brieftauben, ein Hotel für die Zugvögel, eine Stellenvermittlung für Tiere, die in den Zoo wollen, eine Tanzschule für Bären, eine Akademie für Dressurlöwen, eine Reit- und Springschule für Pferde, ein Institut zur Förderung begabter Affen, ein Konservatorium für Singvögel, eine Technische Hochschule für Spinnen, Biber und Ameisen, ein Raritätenmuseum, eine zahnärztliche Klinik, ein Sanatorium, einen Kindergarten für Tierbabys, deren Eltern tagsüber arbeiten müssen, ein Waisenhaus, einen Optikerladen für Brillenschlangen, ein Gefängnis für Tierquäler, eine Krebsscherenschleiferei, eine Leuchtfarbenfabrik für

Glühwürmchen, Konzertsäle, Schwimmbassins, Speisesäle für Fleischfresser, Speisesäle für Pflanzenfresser, Aufenthaltsräume für Wiederkäuer und vieles, vieles mehr.

Weil nun jeden Tag neue Flugzeuge, Dampfer, Walfische, Züge und fliegende Teppiche mit seltsamen Tieren eintrafen, wurden die Menschen immer neugieriger. Schließlich kamen Zeitungsleute, Rundfunkreporter und Männer von der Wochenschau angerückt, knipsten, kurbelten, fragten, was das Zeug hielt, und

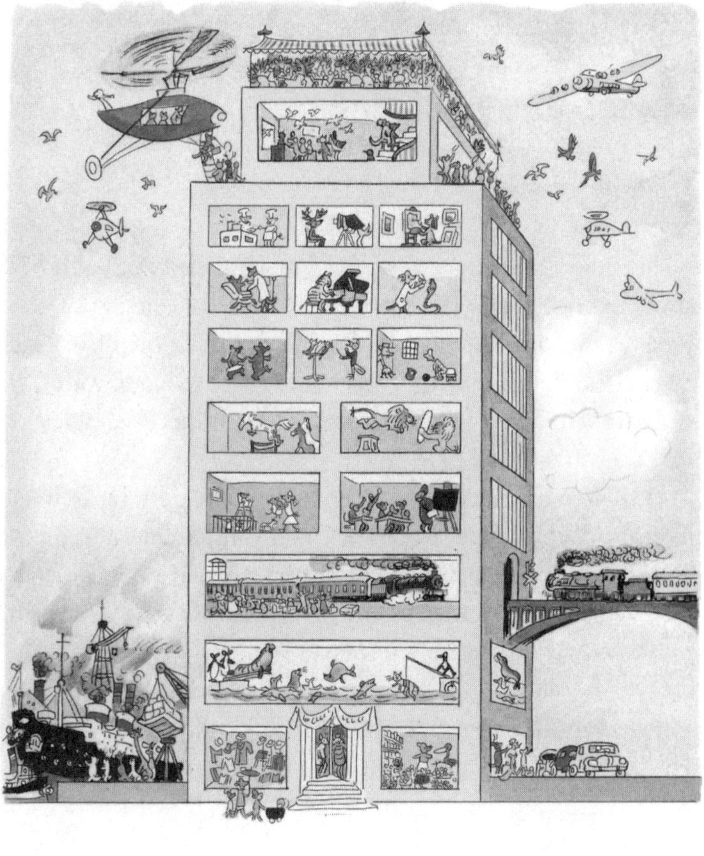

machten sich Notizen. »Was ist eigentlich die Absicht Ihrer Zusammenkunft, meine Herren Tiere?«, fragten sie gespannt.

»Ganz einfach«, meinte die Giraffe von oben herab, »es handelt sich um die Menschen.« »Wenn ich nicht so blond wäre«, rief der Löwe Alois aufgeregt, »könnte ich mich ihretwegen auf der Stelle schwarzärgern!«

Da lachten die Reporter und notierten sich, dass der Löwe ein ausgesprochen witziger Kopf sei. Oskar rümpfte hierüber seinen Rüssel, dann sagte er ruhig: »Es ist wegen der Kinder, verstehen Sie?« Nein, sie verstünden ihn nicht, erwiderten sie. Da brummte er nur: »Das wäre ja auch ein wahres Wunder!«

»Also, hören Sie gut zu«, sagte Reinhold, der Stier, zu einem jungen Mann, der ihm ein Mikrofon vor die Nase hielt. »Ich höre«, meinte der junge Mann, »und die übrige Menschheit hört mit!« »Wissen Sie, was?«, fuhr der Stier fort. »Es wird besser sein,

wenn Sie zuvor Ihre rote Krawatte abbinden. Rot macht mich nervös, und wenn ich nervös werde …« Der junge Mann band sich, so schnell er konnte, die Krawatte ab, und Reinhold, der Stier, sagte nun: »Unsere Konferenz im Hochhaus der Tiere beginnt am gleichen Tage wie die Konferenz der Staatspräsidenten in Kapstadt, es ist, glaube ich, ihre siebenundachtzigste.« »Ganz recht«, erklärte der junge Mann, »und bei Ihnen, soviel ich weiß, die erste, nicht wahr?« »Stimmt«, sagte der Stier, »und die letzte!«

Die Fotografen machten gerade ein hübsches Gruppenbild.

Mit Oskar, Alois, Leopold, dem Känguru Gustav, dem Tapir Theodor und Julius, dem größten Kamel des 20. Jahrhunderts – da brüllte der Elefant plötzlich so laut, dass alle miteinander erschraken: »Moment! Wo ist denn Paul?! Hoffentlich ist ihm nichts passiert!« Und schon rannte er, so schnell ihn seine Plattfüße trugen, zum Fahrstuhl.

Die Angst hatte Oskar nicht getrogen. Der Eisbär und die anderen Delegierten des Polarkreises befanden sich in Seenot. Sie waren unversehens in den warmen Golfstrom geraten, und der schneeglitzernde, kristallblaue Eisberg, auf dem sie dahinfuhren, wurde von Stunde zu Stunde kleiner und kleiner. Sosehr Paul und das Walross die rudernden Seelöwen und Seehunde antrieben und sosehr diese sich mühten und quälten, aus dem Eisberg, dem gewaltigen, war längst ein unbedeutender, harmloser Eishügel geworden …

Die Tiere mussten immer mehr zusammenrücken. Das Schneehuhn wurde noch blasser, als es schon war. Der Silberfuchs klapperte leise mit den Zähnen. Das Walross ließ den Schnauzbart hängen. Und Paul, der Eisbär, brummte: »Wenn das noch lange so

weitergeht, müssen wir den Rest zu Fuß zurücklegen!« Schließlich zogen sie gar dem kleinen Eskimomädchen das Hemd aus und schwenkten es in der Luft. Ihr Eisberg war jetzt nur noch so groß wie eine ganz gewöhnliche Eisscholle.

Während die Ärmsten auf ihrer schrumpfenden Eisscholle dahintrieben, ging es im Hochhaus, wie sich leicht denken lässt, äußerst lebhaft zu. Viele der Gäste hatten merkwürdige, zuweilen schwer erfüllbare Sonderwünsche. Aus dem Bassinzimmer des Delfins mussten beispielsweise vierzig Kubikmeter Wasser abgelassen werden, damit er für seine Luftsprünge genügend Platz hatte.

Für das Krokodil mussten mehrere Sperlinge besorgt werden, die ihm, wie's das nun einmal gewohnt war, in dem weit aufgesperrten Rachen umherspazieren sollten. Leopold, die Giraffe, verlangte zum Wohnen nicht nur zwei übereinandergelegene

Zimmer, man musste auch noch in die Decke des unteren ein großes Loch schlagen, damit das Tier den Kopf hindurchstecken konnte! Ulrich, die Eule, bestand auf einer Dunkelkammer. Die exotischen Schmetterlinge bestellten unbekannte Blumen, und frisch sollten sie überdies sein! Max, die Maus, wollte kein Zimmer, sondern ein Mauseloch. Wo sollte man das in einem so modernen Bau hernehmen? Reinhold, der Stier, trieb's am ärgsten. Er klingelte und sagte, man möge ihm, weil er sich so allein fühle, eine hübsche, bunte Kuh heraufschicken.

Dem Hoteldirektor, dem Marabu, sträubte sich das Gefieder.

Aber schließlich kam alles in die Reihe. Auf der ersten Seite der neuesten Zeitungen erschienen die Fotografien der im Hochhaus der Tiere eingetroffenen Delegierten. Daneben waren die Interviews mit ihnen abgedruckt. Der Rundfunk brachte die Unterhaltung zwischen ihnen und den Reportern, und der Kommentator äußerte seine Vermutungen über die Absichten und Ziele

der Konferenz. Da gab's für die Gäste natürlich viel zu sehen und zu hören.

Außerdem rückte ja auch der Beginn der Konferenz immer näher, und man hatte mit den Vorbereitungen alle Hände voll zu tun! Die Singvögel übten im Konservatorium die feierliche Eröffnungshymne. Der Specht schlug den Takt. Weil der Pfau –

des Glaubens, er habe eine schöne Stimme – mitkrächzen wollte, hatte man eine kurze Auseinandersetzung. Dann rauschte er, ein prächtiges Rad schlagend, aus dem Saale.

Die Spinnen und die Webervögel woben zwei wundervolle große Spruchbänder. Eines fürs Portal, mit dem Wortlaute: »Herzlich willkommen!«

Und auf dem anderen, noch schöneren, das für den Konferenzsaal bestimmt war, stand zu lesen: »Es geht um die Kinder!«

Im oberen Zimmer der Giraffe, die mit ihrem Kopf aus dem Loch im Fußboden hereinragte, saßen indessen der Elefant, der Löwe, der Adler, der Fuchs und die Eule, die eine dunkle Brille

trug. Sie debattierten darüber, was man während der Konferenz sagen wolle. Wie man die Menschen davon überzeugen könne, dass sie sich, mindestens ihren Kindern zuliebe, vertragen müssten. Ob man sie notfalls zur Vernunft zwingen solle, und wie das wohl zu machen sei. Manchmal schaute der Marabu ins Zimmer. »Noch keine Nachricht?«, fragte dann jedes Mal Oskar, der Elefant. Und jedes Mal schüttelte der Marabu den Kopf.

Wir wissen, auf welche Nachricht die Tiere warteten. Paul, der Eisbär, war noch immer nicht eingetroffen. Und die Wasserflugzeuge, die das Meer nach ihm absuchten, hatten noch immer keine Spur von ihm und den übrigen Polardelegierten entdecken können, obwohl sie flach über den Wellen dahinflogen wie über den grün wogenden Wipfeln eines unendlichen Waldes.

Nun sahen zwar die Flugzeuge den Eisbären nicht, aber der Eisbär sah die Flugzeuge. Die Eisscholle war schon so winzig, dass Paul und das Walross nebenherschwimmen mussten. »Zustände

sind das!«, rief das Walross prustend. »Wenn wir wenigstens einen Vogel an Bord hätten!« »Wir sind doch zwei Vögel!«, piepsten das Schneehuhn und der Pinguin. »Wirklich?«, fragte das Walross ärgerlich. »Na, dann fliegt gefälligst, ehe wir hier absaufen, zu den Flugzeugen hinauf und zeigt ihnen, wo wir stecken!« Da tat das Schneehuhn den Kopf zwischen die Flügel, und der Pinguin begann leise zu weinen …

Das Leitflugzeug hatte einen Turmfalken als Beobachter mitgenommen. Der stieß plötzlich einen pfeifenden Schrei aus, schwang sich aus dem Kabinenfenster und fiel, senkrecht wie ein Stein, in die Tiefe. Die Flugzeuge folgten ihm im Sturzflug, und ehe sich's die Schiffbrüchigen versahen, waren sie von Falken, Bussarden, Seeadlern und wassernden Hydroplanen umgeben. »Höchste Zeit!«, sagte Paul, der Eisbär, als man ihn aus dem Ozean herauszog. »Steward, bitte einen Grog von Rum!«

Als der Eisbär – weil er sich erkältet hatte, mit einem dicken Wollschal um den Hals – im Hochhaus eintraf, umarmte ihn Oskar und umschlang ihn gerührt mit dem Rüssel. »Vorsicht!«, rief Paul. »Hast du Angst, dass ich dir die Rippen breche?«, brummte Oskar. »Nein«, sagte der Bär, »ich hab Angst, dass du meinen Schnupfen kriegst.« Da lachten sie beide, bis der Elefant plötzlich große Augen machte. »Nanu!« »Ja, da staunst du, was?«, sagte Paul. »Das ist eine kleine Freundin von mir, ein Eskimomädchen, gefällt sie dir?« »Reizend«, meinte Oskar, »ich werde nie begreifen, wie aus so netten Kindern später Erwachsene werden!« Damit trabte er zu der Giraffe und flüsterte dieser etwas ins Ohr.

Nun machte die Giraffe einen ganz, ganz langen Hals, bis sie den Kopf in ein offenes Fenster der sechzehnten Etage des Hochhauses stecken konnte. Nach einer Weile kam ein kleiner kohlrabenschwarzer Negerjunge aus dem Fenster geklettert. »Nanu!«, rief der Eisbär. »Da staunst du, was?«, meinte Oskar stolz. »Das ist

ein kleiner Freund von mir, der Sohn meines Zahnarztes.« Und als die Giraffe den kleinen Jungen vor Paul niedergesetzt hatte, brummte dieser: »Ich werde nie begreifen, wie aus so netten Kindern später Zahnärzte werden!«

Während sich die beiden Kinder noch ein bisschen neugierig und von der Seite ansahen, kam der Königstiger lautlos des Wegs, und auf seinem Rücken saß ein zierliches, braunhäutiges Kind. »Da!«, knurrte der Tiger. »Das ist meine Überraschung! Meine kleine Freundin aus dem bengalischen Dschungel!« Er ließ sie sanft nieder. Sie stieg von ihm herunter und kam schwebenden Gangs auf den Negerjungen und das Eskimomädchen zu. »Reizend!«, meinte Oskar. »Entzückend!«, flüsterte Leopold. »Wie eine Eisheilige!«, sagte der Eisbär hingerissen. »Hoffentlich wird sie später nicht Zahnärztin!«

»Kleine Tiere haben auch Einfälle!«, piepste es auf einmal hinter ihnen, und als sie sich alle umdrehten, erblickten sie Max, die Maus, die übermütig um einen kleinen Jungen herumsprang.

»Ein Chinese!«, riefen die andern und bestaunten einen gelben Knaben, der sie aus seinen schief gestellten Augen verschmitzt anlächelte. »Da staunt ihr, was?«, quiekte die Maus. »Gefällt er euch? Er ist mein Freund, und sein Vater ist der Tanzmäusedresseur, bei dem ich mein Diplom als Solotänzer erworben habe!«

»Kinder in allen Farben!«, meinte Paul. »Jetzt fehlt nur noch ein weißes!«

Kaum hatte der Eisbär das gesagt, kam das Shetlandpony angetrabt, und auf dem vergnügt wiehernden Pony ritt ein blonder Bengel, rotbackig, mit blauen Augen!

Mitten im Trab sprang er zur Erde und lief lachend auf die anderen vier Kinder zu. »Wunderbar!«, sagte Oskar, der Elefant. »Nun wissen wir also auch, wer während unserer Konferenz auf der Tribüne der Ehrengäste sitzen wird!« »Da kann ich mich ja beruhigt ins Bett legen und schwitzen«, meinte der Eisbär. »Wegen des kleinen Schnupfens?«, fragte der Tiger. »Ja«, erwiderte Paul, »der kleine Schnupfen muss weg. Denn wenn ich niese, sprenge ich die Konferenz!«

An einem schönen, sonnigen Donnerstag war es schließlich so weit. Da wurde in Kapstadt, Südafrika, die siebenundachtzigste Konferenz der Staatshäupter, Staatspräsidenten, Ministerpräsidenten und ihrer Ratgeber eröffnet. Im Frack, in Uniform, je nachdem, stiegen sie, dicke Aktenmappen tragend, die Stufen zum Konferenzgebäude empor.

telegramm an alle welt: –..– konferenz in kapstadt eröffnet –..– alle staatshäupter und staatsoberhäupter gesund eingetroffen –..– sehen verständigung aufs zukunftsfroheste entgegen –..– unbedeutende meinungsverschiedenheiten hinsichtlich tagesordnung –..– änderungsantrag betreffs geschäftsordnung –..– erregte debatte wegen sitzordnung –..– wetter ausgezeichnet –..––..–––

Am gleichen schönen, sonnigen Donnerstag stiegen die Tierdelegierten, vom Zweibeiner bis zum Tausendfüßler, die Stufen ihres Hochhauses hinan, um ihren Kongress zu eröffnen. Der von den Spinnen und Webervögeln angefertigte Begrüßungsspruch »Herzlich willkommen!« wehte luftig und duftig im lauen Winde. Aktenmappen trug niemand.

telegramm an alle welt: –..– konferenz im hochhaus der tiere eröffnet –..– alle delegierten pünktlich eingetroffen –..– mit kapstadter konferenz in rundfunk- und fernsehverbindung –..– es geht um die kinder! –..– nicht siebenundachtzigster, sondern erster und letzter versuch der tiere aller zonen –..– vernünftige einigung jetzt oder nie –..– später zu spät –..– wetter ausgezeichnet –..–

Die Versammlung der Tiere im großen Verhandlungssaal des Hochhauses bot einen denkwürdigen Anblick. Die Raubvögel hockten auf Stangen. Die Affen saßen auf Schaukelstühlen, und der Orang-Utan paffte eine Zigarre. Die Fledermaus und der Fliegende Hund hingen kopfunter am Kronleuchter. Die Singvögel wiegten sich auf dem Geweih des Hirschs und den spitzen Hörnern der Antilope. Die Schlangen und Lurche lagen auf Teppichen. Der Skunk hatte aus den auf Seite 431 mitgeteilten Gründen am offenen Fenster Platz genommen. Die Fische drängten sich, großäugig und offnen Munds, hinter der hohen Glaswand des Bassins, das linker Hand den Saal abschloss. Das Marienkäferchen kauerte, weil es kurzsichtig war, zwischen Oskars Rüssel und der Präsidentenglocke auf dem langen, grün belegten Verhandlungstisch. Die Stille war so feierlich, dass das Kaninchen, weil der Floh auf dem Mandrill umherhüpfte, ärgerlich »Pst!« machte. Hoch in der Luft wehte das Spruchband »Es geht um die Kinder!«, und drunter saßen, frisch gewaschen und gekämmt, die fünf kleinen Ehrengäste. Auf den Lehnen ihrer Stühle schillerten bunte Schmetterlinge und Kolibris, und zu ihren Füßen spielten Mickymaus, Babar, Ferdinand, Reineke Fuchs, der

Gestiefelte Kater und die anderen Bilderbuchtiere. Die Rednertribüne war von Mikrofonen und Fernsehkameras dicht umstellt, und als Oskar mit dem Rüssel die Glocke schwang und rief: »Als Erstem erteile ich dem Eisbären Paul das Wort!«, ging es wie ein Seufzen der Erleichterung durch den Saal. »Liebe Freunde!«, rief Paul. »Ich will nicht viele Worte machen. Ich halte nichts davon. Außerdem bin ich erkältet. Also – wir sind hier zusammenge-

kommen, um den Kindern der Menschen zu helfen. Warum? Weil die Menschen selber diese ihre wichtigste Pflicht vernachlässigen! Wir verlangen einstimmig, dass es nie wieder Krieg, Not und Revolution geben darf! Sie *müssen* aufhören! Denn sie *können* aufhören! Und deshalb *sollen* sie aufhören!« An dieser Stelle brach im Saal ungeheurer Jubel los. Man stampfte mit den Hufen, schlug mit den Flügeln, klatschte mit den Flossen, klapperte mit

den Schnäbeln, wieherte, krähte, zwitscherte, bellte, pfiff, röhrte, trompetete – es war toll!

Während Pauls Eröffnungsrede saßen die Staatspräsidenten, in ihren Fräcken und Uniformen, im Konferenzsaal zu Kapstadt, Südafrika, und starrten schweigend auf die große, straff gespannte Leinwand des Fernsehsenders, von der aus, als stünde er leibhaftig vor ihnen, der Eisbär mit seiner dröhnenden, freilich recht verschnupften Stimme auf sie heruntersprach. »Wenn sich Hindernisse in den Weg stellen«, sagte er, »so kommt man nicht mit kleinen Schritten weiter. Nein, dann muss man springen! Das wissen wir Tiere; und die Menschen, die so gescheit tun, sollten es auch wissen. Heute fordern wir nun in aller Form die Vertreter der siebenundachtzigsten Konferenz der Menschen auf, das wichtigste Hindernis, das es gibt, zu überspringen: nämlich die Grenzen zwischen ihren Ländern. Die Schranken müssen fallen. Sie sind … sie … sie … sind … Vorsicht … ich muss nie… nie… nie…« Und nun musste Paul, der Eisbär, so gewaltig niesen, dass die Leinwand zerplatzte! Brillen, Orden, Staub, Stenogrammblöcke, Aschenbecher – alles wirbelte wie bei einem Taifun wild durch die Luft!

An diesem Tage saßen alle Schulkinder in ihren Klassenzimmern am Radio. Durch die offenen Fenster steckten die Ziegen, Kühe, Pferde und Truthähne ihre Köpfe und hörten zu. Und auf den Fensterbrettern hockten Hunde, Hühner und Katzen; denn auch sie wollten, wie sich denken lässt, kein Wort versäumen.

telegramm an alle welt: –..– konferenz der tiere fordert von kapstadt ende der staatsidee –..– seltsamer sprengstoffanschlag auf präsidentenversammlung glimpflich verlaufen –..– sondergesandter general zornmüller mit flugzeug und protestnote unterwegs –..– sonst erster konferenztag ohne zwischenfälle –..–

Am Abend landete das Kapstadter Kurierflugzeug auf dem Hochhaus, und der Herr in Uniform, der aus dem Aeroplan kletterte, wurde sofort zu Oskar und seinen Freunden gebracht. Sie saßen auf dem Dachgarten. Eine Tierkapelle musizierte. Der Eisbär trank Lindenblütentee. »Mein Name ist General Zornmüller«, erklärte der Herr. Der Elefant sagte gemütlich: »Machen Sie sich nichts draus! Schließlich ist es nicht Ihre Schuld!« »Wenn Sie Admiral Wutmaier hießen«, meinte der Löwe Alois, »wär's auch nicht besser.« Weil die Tiere lachten, bekam Herr Zornmüller einen puterroten Kopf. »Hier ist die Protestnote der Kapstadter Konferenz!« Er legte ein gesiegeltes Schreiben auf den Tisch. »Ich bin ermächtigt, Ihre schriftliche Antwort entgegenzunehmen.« Die Tiere lasen die Protestnote. »Wenn ich nicht so blond wäre«, knurrte der Löwe, »könnte ich mich …« »Hör auf!«, warnte der Eisbär. »Sonst niese ich dich samt dem zornigen Herrn Müller vom Dach herunter!« Oskar legte das Schreiben auf den Tisch, blickte den General ernst an und sagte ruhig: »So, so. Wir sollen uns nicht einmischen. Die Herren sind sich darüber einig.« Wütend hieb er auf die Tischplatte. »Zum ersten Mal sind sie sich einig! Und warum? Weil wir wollen, dass sie einig sind!« »Scheren Sie sich nach Kapstadt zurück!«, rief Leopold, die Giraffe. »Mit dem größten Vergnügen«, meinte Herr Zornmüller, »ich warte

nur auf eine schriftliche Erklärung Ihrerseits!« »Verschwinden Sie!«, brüllte Oskar. »Wir sind nicht zusammengekommen, um Papier vollzuklecksen, sondern um den Kindern zu helfen, verstanden?« »Gewiss«, antwortete der General, »ich bin ja nicht schwerhörig!« Da erhob sich der Löwe Alois ganz langsam und fragte: »Soll ich Sie zu Ihrem Flugzeug bringen?« »Nicht nötig!«, versicherte der General. Und dann hatte er es ziemlich eilig.

Bevor sie sich an diesem Abend gute Nacht sagten, schauten Paul, Alois und Oskar noch einmal ins Kinderzimmer. Sie schlichen auf Zehenspitzen, aber das war gar nicht notwendig. Die fünf Ehrengäste schliefen in ihren fünf Betten wie die Murmeltiere. »Es ist schade um die Kinder«, murmelte der Löwe. Er war ganz gerührt. »Verzweifle nicht, du Häuflein klein«, sagte der Eisbär leise zu Alois, »wir werden den Herren in Kapstadt unseren Standpunkt schon noch klarmachen.«

»Diese Aktenfabrikanten!«, schnaufte Oskar. »Diese Tintenkleckser! Diese Leitzordner! Diese zweibeinigen Büroschemel! Diese … Nanu, Mäxchen, was machst du denn hier?« »Ich?«, piepste die Maus. »Erst hab ich nachgeschaut, ob mein kleiner Chinese schön zugedeckt ist, und dann hab ich mich ein bisschen mit der Mickymaus unterhalten. Wenn sie auch nur aus Pappe ist – schließlich sind wir ja verwandt miteinander!«

Plötzlich lief Max, die Maus, wie der Blitz an dem Elefanten empor und wisperte ihm etwas ins Ohr. »Donnerwetter!«, sagte der. »Das ist deiner Pappcousine eingefallen?« Dann beugte er sich zu Alois und flüsterte diesem etwas ins Ohr. Dann beugte sich der Löwe zum Eisbären und sprach leise auf ihn ein. Und dann lächelten allesamt verschmitzt. Endlich meinte Oskar: »Wird gemacht! Ich telefoniere sofort mit Südafrika! Die Herren werden morgen früh die Augen nicht schlecht aufreißen!«

Am nächsten Morgen bot sich in Kapstadt ein erstaunliches Schauspiel. Aus allen Himmelsrichtungen strömten Mäuse und Ratten in die Stadt. Die Autos und Straßenbahnen blieben stecken. Die Menschen flohen in die Häuser und auf die Dächer. Es war wie eine Springflut! Die Tiere blickten nicht rechts noch links. Ihr Ziel war das gewaltige weiße Gebäude, in dem gerade die Konferenzmitglieder Platz genommen hatten. Millionenweise strömten die Nagetiere die Stufen hinauf durch Türen und Fenster und über Balkone, endlos und unaufhaltsam, einem unbekannten Befehl gehorchend. Den Menschen, die es sahen, blieb fast das Herz stehen …

Schon nach wenigen Minuten waren die Zimmer, Korridore und Säle nicht wiederzuerkennen. Sämtliche Akten der Konferenzteilnehmer, der Kommissionen, Unterkommissionen, Referenten und Sekretäre lagen in Fetzen am Boden. Kein Stück Pa-

pier blieb verschont. Im großen Verhandlungssaal sah es aus, als sei eine Papierlawine niedergegangen. Einige der Anwesenden blickten gerade noch mit der Nasenspitze aus den Aktenschnitzeln heraus. So schnell sie gekommen waren, verschwanden die Mäuse und Ratten wieder. Und nun erschien auf der Fernsehleinwand Alois, der Löwe, und seine Stimme sprach: »Es musste sein. Eure Akten waren eurer Vernunft im Wege. Jetzt ist der Weg frei. Wir verlangen, dass ihr euch einigt. Es geht um die Kinder!«

telegramm an alle welt: –..– gesamtes akten-material der kapstadter konferenz durch mäuseplage vernichtet –..– fortführung der verhandlungen dadurch ernstlich infrage gestellt –..– konferenz der tiere stellt ultimative forderung –..– geheime beratungen im gange –..– ablehnung des ultimatums selbstverständlich –..–..

Nachdem die Mäuse in den Kapstadter Palast eingedrungen waren und sämtliche Akten vernichtet hatten, war es ein paar Fotografen auf der Pressetribüne gelungen, mehrere Aufnahmen von dem merkwürdigen Durcheinander zu machen. Die Fotos erschienen noch in allen Abendblättern, und in sämtlichen Hauptstädten der Erde sah man vergnügte Gesichter.

Mittlerweile saßen die Staatsmänner in Kapstadt zusammen, kauten vor Wut an den Fingernägeln und schämten sich. Da trat General Zornmüller, aufrecht wie immer, in den Saal und sagte: »Alles in Ordnung, meine Herren Staatshäupter! Die Flugzeuge mit den Kopien und Abschriften aller vernichteten Akten sind

unterwegs. Die morgige Sitzung kann ungehindert stattfinden.«

»Wir danken Ihnen, Feldmarschall Zornmüller!«, antworteten die Präsidenten.

Während General Zornmüller auf diese Weise zum Feldmarschall ernannt wurde, flogen Hunderte von großen Flugzeugen aus allen Richtungen der Erde nach Kapstadt in Südafrika. Und die letzte Radiomeldung des Abends lautete: »Die Kopien der vernichteten Akten sind aus den Staatsarchiven eingetroffen. Militär wird die Aktenschränke bewachen und im Notfalle von den Waffen Gebrauch machen.«

»Das war ein kurzes Vergnügen«, brummte Paul, der Eisbär, der mit den anderen im Hochhaus der Tiere am Radio saß. »Sie sind uns über«, klagte der Tapir Theodor. »Kunststück!«, trompetete Oskar. »Mit ihren Fliegenden Festungen, mit ihrer Infanterie und Artillerie! Fällt euch nichts ein? Gar nichts? Max, dir auch nicht? Freunde, lasst uns nachdenken!« Und so zogen sie ernste Gesichter und dachten nach …

Darüber verging eine Stunde. Dann erklärte die Giraffe Leopold mit hoher, leiser Stimme: »Die meisten Menschen sind, glaub ich, viel netter und vernünftiger, als wir denken. Es liegt im Grunde an den Akten und am Militär.« »Dazu hättest du

nicht so lange nachzudenken brauchen«, sagte Julius, das Kamel, »das wussten wir schon vor einer Stunde!« »Ist den anderen auch nichts eingefallen?«, fragte Oskar. »Freunde, denkt weiter nach!« »Na schön«, murmelten alle. Und dachten weiter nach …

Darüber verging wieder eine Stunde. Sie waren schon ganz müde vor lauter Nachdenken. »Die Akten und die Uniformen«, rief plötzlich Reinhold, der Stier, »nur daran liegt's!« »Du merkst aber auch alles!«, knurrte der Eisbär. Und das Kamel sagte: »Das wussten wir schon vor zwei Stunden.« »Freunde«, bat Oskar,

»denkt weiter nach! Wenn keinem von uns etwas einfällt, sind wir …« Plötzlich zeigte Gustav, das Känguru, auf die Motte, die gegen die Lampe flog, und flüsterte: »Ich hab's!«

Am Morgen des dritten Konferenztags war in Kapstadt alles wieder auf seinem Platz: die Staatshäupter, die Akten, die Schränke, die Mikrofone, die Fernsehleinwand, die Notizblöcke, die Schreibmaschinen, das Durchschlagpapier und die harten und weichen Radiergummis. An den Aktenschränken, ja sogar an jeder Aktenmappe stand ein Soldat mit geladenem Gewehr. An der Tür, auf den Gängen, an den Treppen und vor dem Portal hatten Artilleristen ihre Kanonen postiert. Und Feldmarschall Zornmüller hatte so viel echtes Gold an der Uniform, dass er sich

auf seinen Säbel stützen musste, um nicht zusammenzubrechen. Weil es plötzlich so dunkel im Saale wurde, als ob ein schweres Gewitter heraufzöge, steckte der Feldmarschall den Kopf aus dem Fenster. »Was ist denn das schon wieder?«, fragte er ärgerlich. Der Himmel war voller Wolken, die mit rasender Geschwindigkeit näher und näher kamen …

Um es gleich zu sagen: Es waren Motten! Diese sausenden Mottenwolken schwirrten, alles verdunkelnd, durch die Fenster und Türen und sanken, sich teilend, wie dichte graue Schleier auf jeden herab, der eine Uniform trug. Denen, doch auch den Zivilisten, die verschont blieben, stockte der Atem. In diesem Augenblick wurde auf der Fernsehleinwand Reinhold, der Stier, sichtbar. »Eure Uniformen«, rief er, »stehen der Einigkeit und der Vernunft im Wege! Nicht nur in diesem Saal, sondern auf der ganzen Welt! Sie müssen verschwinden! Nicht nur in diesem Saal, sondern auf der ganzen Welt! Wir verlangen, dass ihr euch einigt! Es geht um die Kinder!« So schnell, wie sie gekommen waren, schwebten die Wolken wieder hoch, fort durch Fenster und Türen, empor zum Himmel, immer weiter weg, bis die Sonne wieder schien und man denken konnte, das Ganze sei nur ein Traum gewesen! Wenn man sich aber im Saal umsah und die Soldaten betrachtete, die neben den Kanonen und die mit den Schießgewehren, merkte man, dass es beileibe kein Traum gewesen war … Sie sahen toll aus … Von Feldmarschall Zornmüller

wollen wir gar nicht erst reden. Er hatte nur noch seinen Säbel an …

Nicht nur im Konferenzsaal zu Kapstadt, Südafrika, sondern auf dem gesamten Planeten müssten die Uniformen verschwinden, hatte Reinhold, der Stier, gesagt. Und die Motten hielten, was er versprochen hatte! Kein Land, keine Kaserne, kein Uniformrock blieb verschont. Überall sanken die Wolle fressenden Wolken silbergrauer Motten aus dem Himmel auf die Erde herab. Und weil die Motten die Uniformen nicht zu unterscheiden wussten, mussten nicht nur die Soldaten, sondern auch die Briefträger, Stationsvorsteher, Hotelportiers und Straßenbahnschaffner dran glauben!

telegramm an alle welt: –..– kapstadter konferenz zum zweiten mal unterbrochen –..– mottenplage vernichtet alle uniformen –..– zweites ultimatum der tiere –..– geheime beratungen im gange –..– achtung, achtung! zwanzig uhr erklärung der konferenz über alle sender –..– es spricht sonderbeauftragter zornmüller –..–

Am Abend, Punkt 20 Uhr, stand Herr Zornmüller in einer funkelnagelneuen Uniform vor einem Wald von Mikrofonen und erklärte: »Namens aller in Kapstadt versammelten Staatsmänner lehnt die Konferenz das Ansinnen der Tiere ab. Schon morgen werden alle Soldaten der Erde neue Uniformen tragen! Und was die Hauptsache ist: In Kanonen und Granaten können weder Motten noch Heuschrecken, noch Krokodile Löcher fressen! Das soll man sich im Hochhaus der Tiere gesagt sein lassen! Und wenn die Welt voll Motten wär – uns schreckt das nicht! Wenn wir keine Uniformen mehr besitzen, werden wir uns die Regimentsnummern und Rangabzeichen auf die Haut malen! Verstanden? Die Tiere wollen uns Menschen zur Einigkeit zwingen. Das wird ihnen nicht gelingen! Darin sind sich alle Staatsmänner in Kapstadt einig! Und der Wille der Staatsmänner, darüber sollte keinerlei Zweifel herrschen, ist der Wille der Menschheit!«

Als die Tiere in ihrem Hochhaus diese Erklärung angehört hatten, waren sie sehr niedergeschlagen. Und Julius, das Kamel, sagte: »Es hat keinen Sinn. Wir sollten wieder nach Hause fahren. Ich reise morgen. Was gehen uns die Menschen an! Sollen sie sich doch zugrunde richten, wenn's ihnen Spaß macht!« Da bekam Oskar, der Elefant, einen Wutanfall. »Die Menschen«, brüllte er, »die Menschen können uns gestohlen bleiben, du Schaf! Es geht doch nur um ihre Kinder!« »Erlaube mal«, sagte Julius gekränkt, »ich bin kein Schaf.« »Nein, du Kamel!«, antwortete Oskar und knallte die Tür ins Schloss … Er ging ins Kinderzimmer, riegelte sich ein und ging stundenlang auf Zehenspitzen zwischen den fünf kleinen Bet-

ten hin und her. Dann setzte er sich auf einen Stuhl, seufzte und dachte die halbe Nacht nach.

Der Tag, der dieser Nacht folgte – der vierte Tag der siebenundachtzigsten Konferenz der Staatsmänner und zugleich der ersten und letzten Konferenz der Tiere –, dieser Tag wird für immer in den Geschichtsbüchern als »der größte Schreckenstag der Menschheit« verzeichnet bleiben und von niemandem, der ihn miterlebt hat, jemals vergessen werden. Was war geschehen? Man wagt es kaum zu sagen: Die Kinder waren verschwunden!

Sämtliche Kinder sämtlicher Menschen waren fort! Die Babys lagen nicht mehr in der Wiege. Die Kinderbetten waren leer. Die Schulen blieben ausgestorben. Nirgends hörte man ein Kinderlachen, nirgends ein Weinen. Die Eltern und Lehrer und alle Erwachsenen waren allein auf der Erde. Ganz kinderseelenallein. Da begannen sie zu schreien, zu rufen, auf die Straßen zu rennen, zum Rathaus, einander zu fragen, zu weinen, zu wüten und zu beten. Aber es nützte ihnen nichts. Gar nichts … Herr Wagenthaler, der Nachtwächter in der Fahrradfabrik, sagte, er habe im Morgengrauen gesehen, wie von Grubers Dach ein großer Vogel aufgestiegen sei, mit einem Bündel in den Fängen. Und – ja, auch daran erinnere er sich jetzt – etwas später habe er aus dem Birkenwäldchen Kinderstimmen herüberklingen gehört, die sich allmählich entfernt hätten! Ob es nun stimmte oder nicht, das war alles, was man wusste. Es nützte so und so nichts. Die Kinder, alle Kinder auf der ganzen Welt, waren wie vom Erdboden verschwunden …

Vor dem Konferenzgebäude in Kapstadt, Südafrika, stauten sich Zehntausende verzweifelter Menschen. Sie standen stumm.

Sie waren viel zu traurig, um zu schreien und zu schimpfen. Doch gerade die unheimliche Stille auf dem überfüllten Platz tat ihre besondere Wirkung. Die Artilleristen bewachten zwar noch das Portal. Aber sie hatten ihre Kanonen umgedreht. Die Mündungen waren jetzt auf das Gebäude gerichtet. Denn auch Artilleristen haben Kinder …

Im großen Verhandlungssaal saßen die Staatsmänner auf ihren Plätzen und blickten ratlos auf ihre Notizblöcke. Auch hier fiel kein Wort. Auch ihre Kinder und Enkel waren ja verschwunden! Feldmarschall Zornmüller biss sich auf den Schnurrbart.

Wo mochte jetzt der kleine Philipp sein, sein jüngster Enkel, der später einmal sein Nachfolger und mindestens Generaladmiral oder Admiralgeneral hätte werden sollen! Plötzlich knackte es im Lautsprecher und eine etwas heisere Stimme rief: »Achtung, Achtung! In einer Minute wird aus dem Hochhaus der Tiere eine wichtige Erklärung abgegeben. Oskar, der Elefant, spricht über alle Sender zur Menschheit!«

Die Rede, die Oskar, der Elefant, im Kreise der Tierdelegierten hielt und in der er sich an alle Menschen wandte, war kurz und lautete folgendermaßen: »Seit heute früh sind alle eure Kin-

der spurlos verschwunden. Diese Maßnahme ist uns nicht leichtgefallen. Denn auch wir sind Eltern, fühlen mit euch und hätten euch den Schmerz gern erspart. Aber wir wussten uns keinen anderen Rat mehr. Nicht wir sind schuld, dass es dazu kam, sondern eure Staatsmänner. Bedankt euch bei ihnen. Unsere Geduld ist erschöpft. Wir wollen und werden nicht länger tatenlos zusehen, wie eure Regierungen eure Kinder, die wir lieben, und deren Zukunft, die uns am Herzen liegt, immer von Neuem durch Zank, Krieg, Hinterlist und Geiz aufs Spiel setzen und ruinieren. In euren Gesetzbüchern gibt es eine Bestimmung, dass man Eltern, die nichts taugen, entmündigen kann, das heißt: dass man ihnen ihre Kinder fortnehmen und geeigneteren Erziehern übergeben darf. Wir haben von diesem Gesetz Gebrauch gemacht und eure Regierungen entmündigt. Sie sind ihrer Aufgabe seit Jahrhunderten nicht mehr würdig, und nun ist es genug. Wir haben seit heute früh die Verantwortung für eure Kinder übernommen, und ihr werdet sie nicht eher zurückbekommen, als bis sich eure Regierungen untereinander vertraglich verpflichtet haben, die Welt vernünftig und anständig zu verwalten. Sollten sich die Staatsmänner weigern, so werdet ihr wissen, warum ihr eure Kinder nie mehr wiederseht. Mehr habe ich euch nicht zu sagen. Die erste und letzte Konferenz der Tiere hat, so gut sie es vermochte, ihre Pflicht getan. Heute Abend sechs Uhr ist sie zu Ende. Vorschläge aus Kapstadt werden nur bis zu diesem Zeitpunkt entgegengenommen, geprüft und beantwortet. Tut, was ihr wollt. Wir tun, was wir müssen.«

Nach diesen Worten verließ Oskar die Rednertribüne. Die übrigen Delegierten nickten ihm ernst und anerkennend zu.

telegramm an alle welt: –..– sämtliche kinder spurlos verschwunden –..– drittes und letztes ultimatum der tiere –..– konferenz in kapstadt mit sofortverhandlungen einverstanden –..– sonderflugzeuge bereits unterwegs, um tierdelegation abzuholen –..– spätestens dreizehn uhr mit eintreffen der delegation in kapstadt zu rechnen –..– bitte an alle eltern, ruhe zu bewahren –

Der Flug nach Kapstadt verging schneller als hinterdrein die Autofahrt durch die von Menschen bis zum Bersten angefüllten Straßen. Alle wollten Oskar, Paul, Leopold, Alois und Max sehen. Max, die Maus, saß ganz allein im letzten Wagen, hoch auf vier Kissen, und verbeugte sich nach allen Seiten. Im großen Verhandlungssaal wurden die fünf feierlich empfangen. Feldmarschall Zornmüller war ihnen zu Ehren in Zivil erschienen

und führte sie zum Verhandlungstisch. »Meine Herren Menschen«, sagte Oskar, »– nicht so viel Umstände, wenn wir bitten dürfen. Unsere Zeit ist kostbar. Und Ihre Zeit leider auch.« Er nahm Platz. »Wo sind unsere Kinder?«, fragte ein Staatspräsident schüchtern. Paul, der Eisbär, gab nur zur Antwort: »Es geht ihnen gut.« Dann begannen die Verhandlungen.

Paul, der Eisbär, hatte nicht gelogen: Es ging den Kindern rechtschaffen gut. Vom Erdboden waren sie natürlich nicht verschwunden. So etwas bringen auch die klügsten Tiere nicht fertig. Man hatte sie ganz einfach versteckt. In Höhlen und Grotten, die kein Mensch kennt. Auf Inseln und Atollen, die auf keiner Land- oder Seekarte eingezeichnet sind. In halb verwehten

Oasen. In versunkenen Städten. Auf gestrandeten Schiffen. In zerfallenen Palästen und Ritterburgen. Auf einsamen Bergwiesen. In Wäldern und Dschungeln. In Walfischen. In zerborstenen Tempeln. In verlassenen Pfahlbauten, Bergwerken und Weinkellereien. In Adlerhorsten, Taubenschlägen, Dachsbauten und in den Beuteln der Kängurus. Manche Kinder, vor allem die ganz kleinen, hatten zunächst etwas Angst und ein bisschen Heimweh. Aber die Tiere waren allesamt so nett zu ihnen, dass sogar die Babys ihren Kummer vergaßen. Die Kühe und Ziegen kamen angetrabt und brachten frische, noch warme Milch. Die Bären brachten Bienenhonig. Die Affen und Makis schüttelten Kokosnüsse und Datteln aus den Palmwipfeln, Weintrauben gab's, Bananen, Apfelsinen, Himbeeren, Zuckerrohr, Ananas, Erdbeeren, Brombeeren, wilde Kirschen, Pfirsiche, Sauerampfersalat, Sonnenblumenkerne, Maiskolben, Rettiche, Feigen, Spargelspitzen, Reis, Tomaten, Frikassee aus Jasminblüten, Thymian und Waldmeister – die Mahlzeiten waren wirklich sehr abwechslungsreich. Und Spiele gab's auch im Überfluss. Man spielte mit den Tierjungen, ritt huckepack auf den Eseln, Rehen und Wildschweinen, schwamm mit den Schwänen und Delfinen, kletterte mit den Affen und Eichhörnchen schwindelhoch, spielte mit den Büffeln und Zebus Blindekuh und mit den Libellen und Zwergnilpferden Schnelle Post. Ehe man sich's versah, war der Tag herum! Und als sie sich im Wald, in den Höhlen, auf den Schiffen und in den Tempelhöfen schlafen legten, dachten fast alle Kinder: Hoffentlich dauert der Streit zwischen den Tieren und unseren Eltern noch recht lange!

Die Eltern dachten anders. In dieser stummen, kinderlosen Nacht konnte auf der ganzen Erde kein Erwachsener schlafen. Die Väter lehnten an den Fenstern und blickten ratlos zum Monde empor, der vom Leid der Menschen unberührt übers Firmament hinzog. Die Mütter saßen an den leeren Kinderbetten und Wiegen, und ihre Tränen tropften die Kissen nass. Und die

alten Großeltern hockten kopfschüttelnd im Ohrensessel. Es war für alle die schlimmste Nacht ihres Lebens.

Die Verhandlung zwischen den Staatshäuptern und den Tieren ging auch während der Nacht weiter. Die Minister und Präsidenten sahen blass, verstört und unrasiert aus. Aber Oskar hatte kein Mitleid mit ihnen und blieb unerbittlich. Plötzlich zersplitterte ein Fenster. Ein Stein fiel auf den Verhandlungstisch. An dem Stein war ein Zettel festgebunden. Auf dem Zettel stand: »Es geht um die Kinder, nicht um die Staatshäupter!« »Sehr richtig!«, piepste die Maus.

Währenddem wachten vieltausend Tiere über den Schlaf der Kinder. Der Löwe Hasdrubal, der Vetter von Alois' Frau, saß im Mondschein über einem Rechenbuch für die erste Schulklasse und büffelte, obwohl er ein Löwe war. Wenn die Kinder länger bleiben sollten, musste sie doch jemand unterrichten! »Dass ich, Hasdrubal, der Wüstenschreck, noch einmal Volksschullehrer werden würde, hätte ich bis gestern nicht für möglich gehalten«, sagte er zum Gnu. »Wie viel ist drei mal vier?«

»Weiß ich nicht«, antwortete das Gnu, »frag doch die Kinder! Wo ist eigentlich dein Toupet hingeraten?« »Weiß ich nicht«, sagte der Löwe und grinste. »Frag doch die Kinder!«

Am nächsten Morgen, als die Sonne heraufkam, saßen die Tiere mit den Staatshäuptern noch immer am Tisch. Alois gähnte und riss dabei das Maul so weit auf, dass Herr Zornmüller erschrocken wegrückte. Oskar sagte: »Wir geben Ihnen noch zwei Minuten Zeit. Wenn Sie dann nicht unterschreiben, gehe ich auf den Balkon und halte eine kurze Ansprache an die vorm Palast versammelten Menschen. Ich vermute, dass Sie nach meiner kleinen

Rede nicht mehr lange regieren werden.« Da endlich zogen die Herren die Füllfederhalter heraus und unterzeichneten den Vertrag.

Die Tiere hatten gesiegt!

Der Vertrag, den die Staatshäupter unterschrieben, lautete: »Wir, die verantwortlichen Vertreter aller Länder der Erde, verpflichten uns mit Leben und Vermögen zur Durchführung folgender Punkte: 1. Alle Grenzpfähle und Grenzwachen werden beseitigt. Es gibt keine Grenzen mehr. 2. Das Militär und alle Schuss- und Sprengwaffen werden abgeschafft. Es gibt keine Kriege mehr. 3. Die zur Aufrechterhaltung der Ordnung erforderliche Polizei wird mit Pfeil und Bogen ausgerüstet. Sie hat vornehmlich darüber zu wachen, dass Wissenschaft und Technik ausschließlich im Dienst des Friedens stehen. Es gibt keine Mordwissenschaften mehr. 4. Die Zahl der Büros, Beamten und Aktenschränke wird auf das unerlässliche Mindestmaß herabgeschraubt. Die Büros sind für die Menschen da, nicht umgekehrt. 5. Die bestbezahlten Beamten werden in Zukunft die Lehrer sein. Die Aufgabe, die Kinder zu wahren Menschen zu erziehen, ist die höchste und schwerste Aufgabe. Das Ziel der echten Erziehung soll heißen: Es gibt keine Trägheit des Herzens mehr!« Wie gesagt, das unterschrieben alle Staatshäupter …

Als die Menschen durch den Rundfunk erfuhren, dass ihre Staatshäupter den Tieren nachgegeben und den ewigen Friedens-

vertrag feierlich unterzeichnet hätten, brach ein solcher Jubel auf der Erde aus, dass sich die Erdachse um einen halben Zentimeter verbog. Und als die Eltern hörten, die Kinder kämen zurück, sobald alle Grenzpfähle beseitigt wären, liefen sie im Dauerlauf an die Grenzen und sägten sämtliche Pfähle und Barrieren kurz und klein. Wo früher die Sperren gewesen waren, errichteten sie Blumenpforten und zogen Girlanden. Sogar die Polizei half tüchtig mit. Und nun gab es kein Hüben und Drüben mehr, und alle schüttelten einander die Hände. Und da kamen auch schon alle ihre Kinder wieder! Es war ein Umarmen und Lachen und Weinen, natürlich vor lauter Freude, wie noch nie auf der Welt. Und als gleich nach den Kindern die Staatshäupter einzogen, wurden auch sie umarmt und geherzt. Es war ein Aufwaschen. Sogar Herr Zornmüller kriegte einen Kuss auf die Backe. Er tat, als ob ihm das gar nicht recht sei, und gab deshalb dem jungen Mädchen den Kuss rasch wieder zurück. Das junge Mädchen nahm es ihm aber nicht etwa übel, sondern sagte lachend: »Sie sollten nicht Zornmüller, sondern Schlaumeier heißen!«

Am Freitag darauf trafen sich Oskar, Alois und Leopold wieder, wie freitags immer, zum Abendschoppen am Tsadsee in Nordafrika. »So eine Konferenz ist eine anstrengende Sache«, brummte Oskar, der Elefant, »alle Wetter! Ich habe mich heute früh beim Baden gewogen. Wisst ihr, wie viel ich abgenommen habe? Vierhundert Pfund!« »Macht nichts«, meinte die Giraffe, »die schlanke Linie ist modern.« Dabei blickte sie neugierig in die Luft. Denn hoch über ihnen kehrten gerade die letzten Vögel, Flugzeuge und fliegenden Teppiche von der Tierkonferenz nach Hause zurück. »Dass ich mich nicht schwarzgeärgert habe«, knurrte der Löwe, »ist ein wahres Wunder!« »Dass wir die Menschen zur Vernunft gebracht haben, ist ein noch viel größeres Wunder«, sagte Oskar. »Habt ihr auch gehört, dass sie uns zu Ehren-Erdenbürgern ernennen wollen?«, fragte Leopold. »Das wird sich auch so gehören!«, erklärte Alois stolz. »Mir zu Ehren

wollen sie eine Straße Leopoldstraße nennen«, erklärte die Giraffe und reckte ihren Hals noch höher als sonst. »Werdet bloß nicht albern!«, trompetete der Elefant. »Wir taten's ihrer Kinder wegen. Deren Glück ist mir Ehre und Ruhm genug!« Dann hustete er verlegen, verabschiedete sich und rannte nach Hause, weil er seine Elefäntchen ins Bett bringen musste.

Damit ist unsere Geschichte zu Ende. Oder fehlt noch etwas? Natürlich fehlt noch etwas! Stellt euch vor: Tags darauf, am Sonnabend, kam in Südaustralien der Regenwurm Fridolin aus der Erde gekrochen, schleppte sich müde durch den Sand und rief in einem fort: »Heute in vier Wochen Konferenz im Hochhaus der Tiere! Heute in vier Wochen Konferenz im Hochhaus der Tiere!« Das hörte eine Heuschrecke im Vorübersurren, landete und fragte: »Was faselst du da?« »Heute in vier Wochen Konferenz im Hochhaus der Tiere!«, keuchte Fridolin. Die Heuschrecke betrachtete den Regenwurm ironisch. Dann sagte sie: »Das nächste Mal musst du früher aufstehen, mein Lieber. Die Konferenz ist ja längst gewesen!« »So ein Pech!«, meinte Fridolin. »Und ich habe mich so beeilt!« Damit begann er sich auch schon wieder in die Erde einzubuddeln. »Wo willst du denn hin?«, fragte die Heuschrecke. Fridolins Kopf war nur noch halb zu sehen. »Dumme Frage!«, brabbelte er. »Nach Hause! Ich wohne doch auf der anderen Hälfte der …« Und schon war er verschwunden.

In diesem Band wird der Ausdruck ›Neger‹ verwendet, der zur Zeit der Entstehung des entsprechenden Textes gebräuchlich war. Der Verlag hat sich entschieden, Kästners Romane unverändert zur Verfügung zu stellen.

FSC
www.fsc.org
MIX
Papier aus verantwortungsvollen Quellen
FSC® C014496

Neuausgabe
2. Auflage 2018

Erstveröffentlichung: Atrium Verlag AG, Zürich, 1985
Umschlagillustrationen von Walter Trier
Innenillustrationen von Walter Trier und Horst Lemke
Satz: Greiner & Reichel, Köln
Druck und Bindung: GGP Media GmbH, Pößneck
Printed in Germany
ISBN 978-3-85535-406-1

www.atrium-verlag.com

ATRIUM

ERICH

BAND 1

KÄSTNER

für Kinder

Emil und die Detektive
Emil und die drei Zwillinge
Das doppelte Lottchen
Der 35. Mai

Mit Illustrationen
von Walter Trier und Horst Lemke

ATRIUM VERLAG · ZÜRICH

Emil und die Detektive

Die Geschichte fängt noch gar nicht an 9
Emil hilft Köpfe waschen 29
Wachtmeister Jeschke bleibt stumm 35
Die Reise nach Berlin kann losgehen 39
Ein Traum, in dem viel gerannt wird 45
Emil steigt an der falschen Station aus 51
Straßenbahnlinie 177 56
Große Aufregung in der Schumannstraße 61
Der Junge mit der Hupe taucht auf 64
Die Detektive versammeln sich 71
Eine Autodroschke wird verfolgt 78
Ein Spion schleicht ins Hotel 86
Ein grüner Liftboy entpuppt sich 91
Herr Grundeis kriegt eine Ehrengarde 96
Stecknadeln haben auch ihr Gutes 102
Emil besucht das Polizeipräsidium 108
Der Kriminalkommissar lässt grüßen 118
Frau Tischbein ist so aufgeregt 123
Lässt sich daraus was lernen? 130

Emil und die drei Zwillinge

Das Vorwort für Laien 135
Das Vorwort für Fachleute 139
Oberwachtmeister Jeschke hat ein Anliegen 157
Post aus Berlin und Post nach Berlin 162
Emil setzt sich in Bewegung 181
Villa Seeseite 188
Ein Wiedersehen in der Ostsee 197
Gustav und die Physik 207
Varieté in Korlsbüttel 216
Der dritte Zwilling taucht auf 224
Detektive unter sich 233
Ein Abenteuer zu Wasser und zu Lande 242
Passkontrolle 250
Die Rückkehr des Kapitäns 263
Die nächsten Schritte 271
Ein ernstes Gespräch 281
Schluss der Vorstellung 291

Das doppelte Lottchen 301

Der 35. Mai

Es war am 35. Mai 425
Eintritt frei! Kinder die Hälfte! 441
Hannibal beniest es 463
Die Verkehrte Welt ist noch nicht die verkehrteste 477
Vorsicht, Hochspannung! 491
Die Begegnung mit Petersilie 505
Der Onkel liest, was er erlebt hat 529

Emil und die Detektive

DIE GESCHICHTE FÄNGT NOCH GAR NICHT AN

Euch kann ich's ja ruhig sagen: Die Sache mit Emil kam mir selber unerwartet. Eigentlich hatte ich ein ganz anderes Buch schreiben wollen. Ein Buch, in dem, vor lauter Angst, die Tiger mit den Zähnen und die Dattelpalmen mit den Kokosnüssen klappern sollten. Und das kleine schwarz-weiß karierte Kannibalenmädchen, das quer durch den Stillen Ozean schwamm, um sich bei Drinkwater & Co. in Frisco eine Zahnbürste zu holen, sollte Petersilie heißen. Nur mit dem Vornamen natürlich.

Einen richtigen Südseeroman hatte ich vor. Weil mir mal ein Herr mit einem großen Umhängebart erzählt hatte, so was würdet ihr am liebsten lesen.

Und die ersten drei Kapitel waren sogar schon fix und fertig. Der Häuptling Rabenaas, auch »Die schnelle Post« genannt, entsicherte gerade sein mit heißen Bratäpfeln geladenes Taschenmesser, legte kalten Blutes an und zählte, so schnell er konnte, bis dreihundertsiebenundneunzig …

Plötzlich wusste ich nicht mehr, wie viel Beine ein Walfisch hat! Ich legte mich längelang auf den Fußboden, weil ich da am besten nachdenken kann, und dachte nach. Aber diesmal half es nichts. Ich blätterte im Konversationslexikon. Erst im Bande W und dann, vorsichtshalber, noch im Bande F, nirgends stand ein Wort davon. Und ich musste es doch genau wissen, wenn ich weiterschreiben wollte. Ich musste es sogar ganz genau wissen!

Denn wenn in diesem Augenblick der Walfisch mit dem verkehrten Bein aus dem Urwalde getreten wäre, hätte ihn der

Häuptling Rabenaas, auch »Die schnelle Post« genannt, unmöglich treffen können.

Und wenn er den Walfisch mit den Bratäpfeln nicht getroffen hätte, wäre das kleine schwarz-weiß karierte Kannibalenmädchen, das Petersilie hieß, nie im Leben der Diamantenwaschfrau Lehmann begegnet.

Und wenn Petersilie der Frau Lehmann nicht begegnet wäre, hätte sie nie den wertvollen Gutschein gekriegt, den man in San Francisco bei Drinkwater & Co. vorzeigen musste, wenn man gratis eine funkelnagelneue Zahnbürste wollte. Ja, und dann ...

Mein Südseeroman – und ich hatte mich so darauf gefreut! – scheiterte also sozusagen an den Beinen des Walfisches. Ich hoffe, ihr versteht das. Mir tat es schrecklich leid. Und Fräulein Fiedelbogen hätte, als ich's ihr sagte, beinahe geweint. Sie hatte aber gerade keine Zeit, weil sie den Abendbrottisch decken musste, und verschob das Weinen auf später. Und dann hat sie es vergessen. So sind die Frauen.

Das Buch wollte ich »Petersilie im Urwald« nennen. Ein piekfeiner Titel, was? Und nun liegen die ersten drei Kapitel bei mir zu Hause unter dem Tisch, damit er nicht wackelt. Aber ist das vielleicht die richtige Beschäftigung für einen Roman, der in der Südsee spielt?

Der Oberkellner Nietenführ, mit dem ich mich manchmal über meine Arbeiten unterhalte, fragt mich paar Tage später, ob ich denn überhaupt schon mal unten gewesen sei.

»Wo unten?«, frage ich ihn.

»Na, in der Südsee und in Australien und auf Sumatra und Borneo und so.«

»Nein«, sage ich, »weshalb denn?«

»Weil man doch bloß Dinge schreiben kann, die man kennt und gesehen hat«, gibt er zur Antwort.

»Aber erlauben Sie, bester Herr Nietenführ!«

»Das ist doch klar wie dicke Tinte«, sagt er. »Neugebauers, sie verkehren hier bei uns im Lokal, haben mal ein Dienstmädchen gehabt, die hatte noch nie gesehen, wie man Geflügel brät. Und vorige Weihnachten, wie sie die Gans braten soll, und Frau Neugebauer macht unterdessen Einkäufe und kommt dann wieder, es war eine schöne Bescherung! Das Mädchen hatte die Gans, wie sie in der Markthalle gekauft worden war, in die Pfanne gesteckt. Nicht gesengt, nicht aufgeschnitten und nicht ausgenommen. Es war ein mordsmäßiger Gestank, kann ich Ihnen flüstern.«

»Na und?«, antworte ich. »Sie behaupten doch wohl nicht, dass Gänsebraten und Bücherschreiben dasselbe ist? Sie nehmen's mir, bitte, nicht allzu übel, lieber Nietenführ, da muss ich rasch mal lachen.«

Er wartet, bis ich mit Lachen fertig bin. Sehr lange dauert es ja auch nicht. Und dann sagt er: »Ihre Südsee und die Menschenfresser und die Korallenriffe und der ganze Zauber, das ist Ihre Gans. Und der Roman, das ist Ihre Pfanne, in der Sie den Stillen Ozean und die Petersilie und die Tiger braten wollen. Und wenn Sie eben noch nicht wissen, wie man solches Viehzeug brät, kann das ein prachtvoller Gestank werden. Genau wie bei dem Dienstmädchen von Neugebauers.«

»Aber so machen es doch die meisten Schriftsteller!«, rufe ich.

»Guten Appetit!« Das ist alles, was er sagt.

Ich grüble ein Weilchen. Dann fange ich die Unterhaltung wieder an: »Herr Nietenführ, kennen Sie Schiller?«

»Schiller? Meinen Sie den Schiller, der in der Waldschlösschenbrauerei Lagerverwalter ist?«

»Nicht doch!«, sage ich. »Sondern den Dichter Friedrich von Schiller, der vor mehr als hundert Jahren eine Menge Theaterstücke geschrieben hat.«

»Ach so! Den Schiller! Den mit den vielen Denkmälern!«

»Richtig. Der hat ein Stück verfasst, das spielt in der Schweiz und heißt ›Wilhelm Tell‹. Früher mussten die Schulkinder immer Aufsätze drüber schreiben.«

»Wir auch«, sagt Nietenführ, »den Tell kenn ich. Ein großartiges Drama, wirklich wahr. Das muss man dem Schiller lassen. Alles, was recht ist. Bloß die Aufsätze waren was Furchtbares. An einen erinnere ich mich sogar noch. Der hieß: ›Warum hat Tell nicht gezittert, als er nach dem Apfel zielte?‹ Ich bekam damals ’ne Fünf. Überhaupt, Aufsätze waren nie meine …«

»Na ja, nun lassen Sie mich mal wieder aufs Rednerpult«, sage ich, »und sehen Sie, obwohl Schiller nie in seinem Leben in der Schweiz war, stimmt sein Theaterstück von Wilhelm Tell bis aufs Komma mit der Wirklichkeit überein.«

»Da hat er eben vorher Kochbücher gelesen«, meint Nietenführ.

»Kochbücher?«

»Freilich! Wo alles drinstand. Wie hoch die Berge in der Schweiz sind. Und wann der Schnee schmilzt. Und wie es ist, wenn’s auf dem Vierwaldstätter See ein Gewitter gibt. Und wie es war, als die Bauern gegen den Gouverneur Geßler ihre Revolution machten.«

»Da haben Sie allerdings recht«, antworte ich, »das hat der Schiller wirklich getan.«

»Sehen Sie!«, erklärt mir Nietenführ und schlägt mit seiner Serviette nach einer Fliege, »sehen Sie, wenn Sie das genauso machen und vorher Bücher lesen, können Sie natürlich auch Ihre Kängurugeschichte über Australien schreiben.«

»Dazu hab ich aber gar keine Lust. Wenn ich Geld hätte, würde ich gern mal hinfahren und mir alles scharf ansehen. Auf der Stelle! Aber Bücher lesen, och …«

»Da will ich Ihnen mal einen prima Rat geben«, sagt er, »das Beste wird sein, Sie schreiben über Sachen, die Sie kennen. Also, von der Untergrundbahn und Hotels und solchem Zeug. Und von Kindern, wie sie Ihnen täglich an der Nase vorbeilaufen und wie wir früher einmal selber welche waren.«

»Aber mir hat doch wer, der einen großen Umhängebart trug

und die Kinder wie seine Westentasche kannte, ausdrücklich erklärt, das gefiele ihnen nicht!«

»Quatsch!«, brummt Herr Nietenführ. »Verlassen Sie sich auf das, was ich Ihnen sage. Schließlich hab ich ja auch Kinder. Zwei Jungens und ein Mädel. Und wenn ich denen, an meinem freien Tag in der Woche, erzähle, was so hier im Lokal passiert. Wenn einer die Zeche prellt, oder wie damals, als ein beschwipster Gast dem Zigarettenboy eine kleben wollte und stattdessen eine feine Dame traf, die zufällig vorbeiging, dann lauschen meine Kinder, kann ich Ihnen flüstern, als ob's im Keller donnert.«

»Na, wenn Sie meinen, Herr Nietenführ?«, sage ich zögernd.

»Bestimmt! Darauf können Sie Gift nehmen, Herr Kästner«, ruft er und verschwindet; denn ein Gast klopft laut mit dem Messer ans Glas und will zahlen.

Und so habe ich, eigentlich nur, weil der Oberkellner Nietenführ es so wollte, eine Geschichte über Dinge geschrieben, die wir, ihr und ich, längst kennen.

Nun ging ich erst mal nach Hause, lümmelte mich ein bisschen aufs Fensterbrett, blickte die Prager Straße lang und dachte, vielleicht käme unten gerade die Geschichte vorbei, die ich suchte. Dann hätte ich ihr nämlich gewinkt und gesagt: »Ach bitte, kommen Sie doch mal einen Sprung rauf! Ich möchte Sie gerne schreiben.«

Doch die Geschichte kam und kam nicht. Und mich fing schon an zu frieren. Da machte ich das Fenster ärgerlich wieder zu und rannte dreiundfünfzigmal rund um den Tisch. Auch das half nichts.

Und so legte ich mich endlich, genau wie vorhin, längelang auf den Fußboden und vertrieb mir die Zeit mit tiefem Nachdenken.

Wenn man so der Länge nach in der Stube liegt, kriegt die Welt ein ganz anderes Gesicht. Man sieht Stuhlbeine, Hausschuhe, Teppichblumen, Zigarettenasche, Staubflocken, Tischbeine; und sogar den linken Handschuh findet man unterm Sofa wieder, den man vor drei Tagen im Schrank suchte. Ich lag also neugierig in meiner Stube, betrachtete mir die Gegend abwechslungshalber von unten statt von oben und bemerkte zu meinem größten Erstaunen, dass die Stuhlbeine Waden hatten. Richtige stramme und dunkelfarbige Waden, als gehörten sie einem Negerstamm an oder Schulkindern mit braunen Strümpfen.

Und während ich noch dabei war, die Stuhlbeine und Tischbeine nachzuzählen, damit ich wüsste, wie viel Neger oder Schulkinder eigentlich auf meinem Teppich herumstünden, fiel mir die Sache mit Emil ein! Vielleicht, weil ich gerade an Schulkinder mit braunen Strümpfen dachte? Oder vielleicht deshalb, weil er mit seinem Familiennamen Tischbein hieß?

Jedenfalls, die Sache mit ihm fiel mir in diesem Augenblick ein. Ich blieb ganz still liegen. Denn mit den Gedanken und mit den Erinnerungen, die sich uns nähern, ist es wie mit verprügelten Hunden. Wenn man sich zu hastig bewegt oder etwas zu ihnen sagt, oder wenn man sie streicheln will – schwupp, sind sie weg! Und dann kann man Grünspan ansetzen, ehe sie sich wieder heranwagen.

Ich lag also, ohne mich zu rühren, und lächelte meinem Einfall freundlich entgegen. Ich wollte ihm Mut machen. Er beruhigte sich denn auch, wurde beinahe zutraulich, kam noch einen und noch einen Schritt näher ... Da packte ich ihn im Genick. Und hatte es.

Das Genick nämlich. Und das war vorläufig alles. Denn es ist ein großer Unterschied, ob man einen Hund am Fell erwischt und festhält oder nur eine Geschichte, an die man sich erinnert. Hat man den Hund am Genick, so hat man wohl oder übel den ganzen Kerl; die Pfoten, die Schnauze, das Schwänzchen und alles Übrige, was so zum Lebendgewicht gehört.

Erinnerungen fängt man anders. Erinnerungen fängt man ratenweise. Erst packt man, vielleicht, ihren Schopf. Dann fliegt das linke Vorderbein herzu, dann das rechte, dann der Podex, dann eine Hinterhaxe, Stück für Stück. Und wenn man schon glaubt, die Geschichte wäre komplett, kommt, ratsch!, noch ein Ohrläppchen angebummelt. Und endlich weiß man, wenn man Glück hat, das Ganze.

Im Film habe ich einmal etwas gesehen, was mich lebhaft an das, was ich eben beschrieb, erinnert. Da stand ein Mann in einem Zimmer und hatte nichts am Leibe als sein Hemd. Plötzlich ging die Tür auf und die Hosen flogen herein. Die zog er an. Dann sauste der linke Stiefel herein. Dann der Spazierstock. Dann der Schlips. Dann der Kragen. Dann die Weste, der eine Strumpf, der andere Stiefel, der Hut, das Jackett, der andere Strumpf, die Brille. Es war toll. Doch zum Schluss war der Mann richtig angezogen. Und es stimmte alles.

Genauso ging mir's mit meiner Geschichte, als ich in der Stube lag und Tischbeine zählte und dabei an Emil dachte. Und auch euch wird's schon manchmal ähnlich gegangen sein. Ich lag da und fing die Erinnerungen auf, die mir von allen Seiten in den Kopf fielen, wie sich das für Einfälle gehört.

Schließlich hatte ich alles hübsch beisammen und die Geschichte war fertig! Nun brauchte ich mich nur noch hinzusetzen und sie der Reihe nach aufzuschreiben.

Das tat ich natürlich auch. Denn wenn ich's nicht getan hätte, hieltet ihr ja jetzt das fertige Buch von Emil nicht in der Hand. Vorher erledigte ich aber noch ganz schnell etwas anderes. Ich schrieb die Portionen auf, in der Reihenfolge, wie sie durch die Tür auf mich losgerannt waren, bis ich das Ganze beisammenhatte: den linken Stiefel, den Kragen, den Spazierstock, den Schlips, den rechten Strumpf usw.

Eine Geschichte, ein Roman, ein Märchen – diese Dinge gleichen den Lebewesen und vielleicht sind es sogar welche. Sie haben ihren Kopf, ihre Beine, ihren Blutkreislauf und ihren Anzug wie richtige Menschen. Und wenn ihnen die Nase im Gesicht fehlt oder wenn sie zwei verschiedene Schuhe anhaben, merkt man es bei genauem Zusehen.

Ich möchte euch nun, ehe ich die Geschichte im Zusammenhang berichte, das kleine Bombardement vorführen, das mir die einzelnen Glieder des Ganzen, die Einfälle und die Bestandteile, zuwarf.

Vielleicht seid ihr geschickt genug und könnt euch aus den verschiedenen Elementen die Geschichte zusammenstellen, ehe ich sie erzähle? Es ist eine Arbeit, als solltet ihr aus Bauklötzen, die man euch gibt, einen Bahnhof oder eine Kirche aufbauen; und ihr hättet keinen Bauplan und kein Klötzchen dürfte übrig bleiben!

Es ist fast so etwas wie eine Prüfung.

Brrr!

Aber es gibt keine Zensuren.

Gott sei Dank!

Erstens: Emil persönlich

Da ist, erstens einmal, Emil selber. In seinem dunkelblauen Sonntagsanzug. Er zieht ihn gar nicht gern an und nur, wenn er muss. Blaue Anzüge kriegen so grässlich leicht Flecken. Und dann macht Emils Mutter die Kleiderbürste nass, klemmt den Jungen zwischen ihre Knie, putzt und bürstet und sagt stets: »Junge, Junge! Du weißt doch, dass ich dir keinen andern kaufen kann.« Und dann denkt er immer erst, wenn's zu spät ist, daran, dass sie den ganzen Tag arbeitet, damit sie zu essen haben und damit er in die Realschule gehen kann.

Zweitens: Frau Friseuse Tischbein, Emils Mutter

Als Emil fünf Jahre alt war, starb sein Vater, der Herr Klempnermeister Tischbein. Und seitdem frisiert Emils Mutter. Und onduliert. Und wäscht Ladenfräuleins und Frauen aus der Nachbarschaft die Köpfe. Außerdem muss sie kochen, die Wohnung in Ordnung halten, und auch die große Wäsche besorgt sie ganz allein. Sie hat den Emil sehr lieb und ist froh, dass sie arbeiten kann und Geld verdienen. Manchmal singt sie lustige Lieder. Manchmal ist sie krank und Emil brät für sie und sich Spiegeleier. Das kann er nämlich. Beefsteak braten kann er auch. Mit aufgeweichter Semmel und Zwiebeln.

Drittens: Ein ziemlich wichtiges Eisenbahnabteil

Der Zug, zu dem dieses Coupé gehört, fährt nach Berlin. Und voraussichtlich werden in dem Abteil, schon in den nächsten Kapiteln, merkwürdige Dinge passieren. So ein Eisenbahnabteil ist eben doch eine seltsame Einrichtung. Wildfremde Leute sitzen hier auf einem Häufchen und werden miteinander in ein paar Stunden so vertraut, als kennten sie sich seit Jahren. Manchmal ist das ja ganz nett und angebracht. Manchmal aber auch nicht. Denn wer weiß, was es für Menschen sind?

Viertens: Der Herr im steifen Hut

Niemand kennt ihn. Nun heißt es zwar, man solle von jedem Menschen, ehe er das Gegenteil bewiesen hat, das Beste annehmen. Aber ich möchte euch doch recht herzlich bitten, in dieser Beziehung etwas vorsichtig zu sein. Denn Vorsicht ist, wie es so schön heißt, die Mutter der Porzellankiste. Der Mensch ist gut, hat man gesagt. Nun, vielleicht ist das richtig. Doch man darf es ihm nicht zu leicht machen, dem guten Menschen. Sonst kann es plötzlich passieren, dass er schlecht wird.

Fünftens: Pony Hütchen, Emils Kusine

Das kleine Kind auf dem kleinen Fahrrad ist Emils Kusine aus Berlin. Manche Leute behaupten, es heißt nicht Kusine, sondern Base. Ich weiß nicht, wie das bei euch zu Hause ist; aber ich nenne meine Kusinen nicht Basen, sondern Kusinen. Und bei Tischbeins ist es genauso. Aber natürlich, wem es nicht passt, der kann das Fremdwort ja durchstreichen und stattdessen »Base« drüber- oder drunterschreiben. Deswegen werden wir uns nicht zanken. Im Übrigen ist Pony Hütchen ein reizendes Mädchen und heißt eigentlich ganz anders. Ihre Mutter und Frau Tischbein sind Schwestern. Und Pony Hütchen ist bloß ein Spitzname.

Sechstens: Das Hotel am Nollendorfplatz

Der Nollendorfplatz liegt in Berlin. Und am Nollendorfplatz liegt, wenn ich mich nicht zufällig irre, das Hotel, in dem verschiedene Personen der Geschichte zusammentreffen, ohne sich die Hand zu geben. Das Hotel kann aber auch am Wittenbergplatz stehen. Vielleicht sogar am Fehrbelliner Platz. Das heißt: Ich weiß ganz genau, wo es steht! Aber der Wirt kam zu mir, als er hörte, dass ich ein Buch über die Sache schreibe, und sagte, ich solle doch den Platz nicht nennen. Denn es sei begreiflicherweise, sagte er, für sein Hotel keine Empfehlung, wenn man erführe, dass darin »solche« Leute übernachten. Das sah ich denn ein. Und dann ging er wieder.

Siebentens: Der Junge mit der Hupe

Gustav heißt er. Und im Turnen hat er die blanke Eins. Was hat er sonst noch? Ein verhältnismäßig gutes Herz und eine Hupe. Alle Kinder im Viertel kennen ihn und behandeln ihn, als wäre er ihr Präsident. Wenn er durch die Höfe rennt und auf die Hupe drückt, dass sie laut heult, lassen die Jungens alles stehen und liegen, prasseln die Treppe herunter und fragen, was los ist. Meist stellt er dann nur zwei Fußballmannschaften zusammen und sie ziehen auf den Spielplatz. Mitunter dient die Hupe aber auch anderen Zwecken. So zum Beispiel bei der Sache mit Emil.

Achtens: Die kleine Bankfiliale

In allen Stadtteilen haben die großen Banken ihre Zweigstellen. Dort kann man, wenn man Geld hat, Aktienkäufe in Auftrag geben, und wenn man ein Konto hat, Geld holen. Auch Schecks kann man einlösen, wenn sie nicht »Zur Verrechnung« gehen. Manchmal kommen auch Lehrlinge und Laufmädchen hin und wollen für zehn Mark hundert Zehnpfennigstücke haben, damit ihre Kassiererin Kleingeld zum Herausgeben hat. Und wer Dollars oder Schweizer Franken oder Lire in deutsches Geld umgetauscht haben will, kriegt sie hier gewechselt. Sogar nachts kommen die Leute zuweilen in die Bank. Obwohl dann niemand da ist, der sie bedienen kann. Deswegen bedienen sie sich dann selber.

Neuntens: Emils Großmutter

Sie ist die fidelste aller Großmütter, die ich kenne. Dabei hat sie ein Leben lang nichts als Sorgen gehabt. Manchen Menschen macht eben das Lustigsein nicht die geringste Mühe. Für andere ist es dagegen eine anstrengende, ernste Angelegenheit. Früher wohnte Emils Großmutter bei seinen Eltern. Erst als der Klempnermeister Tischbein gestorben war, zog sie zu ihrer anderen Tochter, nach Berlin. Denn Emils Mutter verdiente zu wenig, als dass drei Leute davon hätten leben können. Nun wohnt die alte Frau in Berlin. Und in jedem Brief, den sie schreibt, steht zum Schluss: »Mir geht's gut, was ich von Euch auch hoffe.«

Zehntens: Die Setzerei der großen Zeitung

Alles, was geschieht, kommt in die Zeitung. Es muss nur ein bisschen außergewöhnlich sein. Wenn ein Kalb vier Beine hat, so interessiert das natürlich niemanden. Wenn es aber fünf oder sechs hat – und das kommt vor! –, so wollen das die Erwachsenen zum Frühstück lesen. Wenn Herr Müller ein anständiger Kerl ist, so will das niemand wissen. Wenn Herr Müller aber Wasser in die Milch schüttet und das Gesöff für süße Sahne verkauft, dann kommt er in die Zeitung. Da kann er machen, was er will. Seid ihr schon einmal nachts an einem Zeitungsgebäude vorbeigekommen? Da klingelt's und tippt's und rattert's, da wackelt die Wand.

SO, NUN WOLLEN WIR ABER ENDLICH ANFANGEN!

Emil hilft Köpfe waschen

»So«, sagte Frau Tischbein, »und nun bringe mir mal den Krug mit dem warmen Wasser nach!« Sie selber nahm einen anderen Krug und den kleinen blauen Topf mit der flüssigen Kamillenseife und spazierte aus der Küche in die Stube. Emil packte seinen Krug an und lief hinter der Mutter her.

In der Stube saß eine Frau und hielt den Kopf über das weiße Waschbecken gebückt. Ihre Frisur war aufgelöst und hing wie drei Pfund Wolle nach unten. Emils Mutter goss die Kamillenseife in das blonde Haar und begann, den fremden Kopf zu waschen, dass es schäumte.

»Ist es nicht zu heiß?«, fragte sie.

»Nein, es geht«, antwortete der Kopf.

»Ach, das ist ja Frau Bäckermeister Wirth! Guten Tag!«, sagte Emil und schob seinen Krug unter die Waschtoilette.

»Du hast's gut, Emil. Du fährst nach Berlin, wie ich höre«, meinte der Kopf. Und es klang, als spräche wer, der in Schlagsahne untergetaucht worden ist.

»Erst hatte er zwar keine rechte Lust«, sagte die Mutter und schrubbte die Bäckermeisterin. »Aber wozu soll der Junge die Ferien hier totschlagen? Er kennt Berlin überhaupt noch nicht. Und meine Schwester Martha hat uns schon immer mal einladen wollen. Ihr Mann verdient ganz anständig. Er ist bei der Post. Im Innendienst. Ich kann freilich nicht mitfahren. Vor den Feiertagen gibt's viel zu tun. Na, er ist ja groß genug und muss eben unterwegs gut aufpassen. Außerdem holt ihn meine Mutter am Bahnhof Friedrichstraße ab. Sie treffen sich am Blumenkiosk.«

»Berlin wird ihm sicher gefallen. Das ist was für Kinder. Wir waren vor anderthalb Jahren mit dem Kegelklub drüben. So ein Rummel! Da gibt es doch wirklich Straßen, die nachts genauso hell sind wie am Tage. Und die Autos!«, berichtete Frau Wirth aus der Tiefe des Waschbeckens.

»Sehr viele ausländische Wagen?«, fragte Emil.

»Woher soll ich das wissen?«, sagte Frau Wirth und musste niesen. Ihr war Seifenschaum in die Nase gekommen.

»Na, nun mach aber, dass du fertig wirst«, drängte die Mutter. »Deinen guten Anzug hab ich im Schlafzimmer zurechtgelegt. Zieh ihn an, damit wir dann sofort essen können, wenn ich Frau Wirth frisiert habe.«

»Was für 'n Hemd?«, erkundigte sich Emil.

»Liegt alles auf dem Bett. Und zieh die Strümpfe vorsichtig an. Und wasch dich erst gründlich. Und ziehe dir neue Schnürsenkel in die Schuhe. Dalli, dalli!«

»Puh!«, bemerkte Emil und trollte sich.

Als Frau Wirth, schön onduliert und mit ihrem Spiegelbild zufrieden, gegangen war, trat die Mutter ins Schlafzimmer und sah, wie Emil unglücklich herumlief.

»Kannst du mir nicht sagen, wer die guten Anzüge erfunden hat?«

»Nein, tut mir leid. Aber warum willst du's wissen?«

»Gib mir die Adresse und ich erschieße den Kerl.«

»Ach, hast du's schwer! Andere Kinder sind traurig, weil sie keinen guten Anzug haben. So hat jeder seine Sorgen … Ehe ich's vergesse: Heute Abend lässt du dir von Tante Martha einen Kleiderbügel geben und hängst den Anzug ordentlich auf. Vorher wird er mir aber ausgebürstet. Vergiss es nicht! Und morgen kannst du schon wieder deinen Pullover, dieses Räuberjackett, anziehen. Sonst noch was? Der Koffer ist gepackt. Die Blumen für die Tante sind eingewickelt. Das Geld für Großmutter gebe ich dir nachher. Und nun wollen wir essen. Kommen Sie, junger Mann!« Frau Tischbein legte den Arm um seine Schulter und transportierte ihn nach der Küche.

Es gab Makkaroni mit Schinken und geriebenem Parmesankäse. Emil futterte wie ein Scheunendrescher. Nur manchmal setzte er ab und blickte zur Mutter hinüber, als fürchtete er, sie könne ihm, so kurz vor dem Abschied, seinen Appetit übel nehmen.

»Und schreib sofort eine Karte. Ich habe sie dir zurechtgelegt. Im Koffer, gleich obenauf.«

»Wird gemacht«, sagte Emil und schob, möglichst unauffällig, einen Makkaroni vom Knie. Die Mutter merkte glücklicherweise nichts.

»Grüße sie alle schön von mir. Und pass gut auf. In Berlin geht es anders zu als bei uns in Neustadt. Und am Sonntag gehst du mit Onkel Robert ins Kaiser-Friedrich-Museum. Und benimm dich anständig, damit es nicht heißt, wir hier wüssten nicht, was sich gehört.«

»Mein großes Ehrenwort«, sagte Emil.

Nach dem Essen zogen beide in die Stube. Die Mutter holte einen Blechkasten aus dem Schrank und zählte Geld. Dann schüttelte sie den Kopf und zählte noch einmal. Dann fragte sie: »Wer war eigentlich gestern Nachmittag da, hm?«

»Fräulein Thomas«, sagte er, »und Frau Homburg.«

»Ja. Aber es stimmt noch nicht.« Sie dachte nach, suchte den Zettel, auf dem sie die Geschäftseinnahmen notierte, rechnete und meinte schließlich: »Es fehlen acht Mark.«

»Der Gasmann war heute früh hier.«

»Richtig! Nun stimmt es leider.« Die Mutter pfiff sich eins, vermutlich, um ihre Sorgen zu ärgern, und holte drei Scheine aus dem Blechkasten. »So, Emil! Hier sind hundertvierzig Mark. Ein Hundertmarkschein und zwei Zwanzigmarkscheine. Hundertzwanzig Mark gibst du der Großmutter und sagst ihr, sie solle nicht böse sein, dass ich voriges Mal nichts geschickt hätte. Da wäre ich zu knapp gewesen. Und dafür brächtest du es diesmal selber. Und mehr als sonst. Und gib ihr einen Kuss. Verstanden? Die zwanzig Mark, die übrig bleiben, behältst du. Davon kaufst du dir die Fahrkarte, wenn du wieder heimfährst. Das macht ungefähr zehn Mark. Genau weiß ich's nicht. Und von dem Rest bezahlst du, wenn ihr ausgeht, was du isst und trinkst. Außerdem ist es immer gut, wenn man ein paar Mark in der Tasche hat, die man nicht braucht und für alle Fälle parat hat. Ja. Und hier ist das Kuvert von Tante Marthas Brief. Da stecke ich das Geld hinein. Pass mir ja gut auf, dass du es nicht verlierst! Wo willst du es hintun?«

Sie legte die drei Scheine in den seitlich aufgeschnittenen Briefumschlag, knickte ihn in der Mitte um und gab ihn Emil.

Der besann sich erst eine Weile. Dann schob er ihn in die rechte innere Tasche, tief hinunter, klopfte sich, zur Beruhigung, noch einmal von außen auf die blaue Jacke und sagte überzeugt: »So, da klettert es nicht heraus.«

»Und erzähle keinem Menschen im Coupé, dass du so viel Geld bei dir hast!«

»Aber Muttchen!« Emil war geradezu beleidigt. Ihm so eine Dummheit zuzutrauen!

Frau Tischbein tat noch etwas Geld in ihr Portemonnaie. Dann trug sie den Blechkasten wieder zum Schrank und las rasch noch einmal den Brief, den sie von ihrer Schwester aus Berlin erhalten hatte und in dem die genauen Abfahrtszeiten und Ankunftszeiten des Zuges standen, mit dem Emil fahren sollte …

Manche von euch werden sicher der Ansicht sein, man brauche sich wegen hundertvierzig Mark wahrhaftig nicht so gründlich zu unterhalten wie Frau Friseuse Tischbein mit ihrem Jungen. Und wenn jemand zweitausend oder zwanzigtausend oder gar hunderttausend Mark im Monat verdient, hat er das ja auch nicht nötig.

Aber, falls ihr es nicht wissen solltet: Die meisten Leute verdienen viel, viel weniger. Und wer pro Woche fünfunddreißig Mark verdient, der muss, ob es euch gefällt oder nicht, hundertvierzig Mark, die er gespart hat, für sehr viel Geld halten. Für zahllose Menschen sind hundert Mark fast so viel wie eine Million und sie schreiben hundert Mark sozusagen mit sechs Nullen. Und wie viel eine Million in Wirklichkeit ist, das können sie sich nicht einmal vorstellen, wenn sie träumen.

Emil hatte keinen Vater mehr. Doch seine Mutter hatte zu tun, frisierte in ihrer Stube, wusch blonde Köpfe und braune Köpfe und arbeitete unermüdlich, damit sie zu essen hatten und die Gasrechnung, die Kohlen, die Miete, die Kleidung, die Bücher und das Schulgeld bezahlen konnten. Nur manchmal war sie krank und lag zu Bett. Der Doktor kam und verschrieb Medikamente. Und Emil machte der Mutter heiße Umschläge und kochte in der Küche für sie und sich. Und wenn sie schlief, wischte er sogar die Fußböden mit dem nassen Scheuerlappen, damit sie nicht sagen sollte: »Ich muss aufstehen. Die Wohnung verkommt ganz und gar.«

Könnt ihr es begreifen und werdet ihr nicht lachen, wenn ich euch jetzt erzähle, dass Emil ein Musterknabe war?

Seht, er hatte seine Mutter sehr lieb. Und er hätte sich zu Tode geschämt, wenn er faul gewesen wäre, während sie arbeitete, rechnete und wieder arbeitete. Da hätte er seine Schularbeiten verbummeln oder von Naumanns Richard abschreiben sollen? Da hätte er, wenn es sich machen ließ, die Schule schwänzen sollen? Er sah, wie sie sich bemühte, ihn nichts von dem entbehren zu lassen, was die andern Realschüler bekamen und besaßen. Und da hätte er sie beschwindeln und ihr Kummer machen sollen?

Emil war ein Musterknabe. So ist es. Aber er war keiner von der Sorte, die nicht anders kann, weil sie feig ist und geizig und nicht richtig jung. Er war ein Musterknabe, weil er einer sein wollte! Er hatte sich dazu entschlossen, wie man sich etwa dazu entschließt, nicht mehr ins Kino zu gehen oder keine Bonbons mehr zu essen. Er hatte sich dazu entschlossen und oft fiel es ihm recht schwer.

Wenn er aber zu Ostern nach Hause kam und sagen konnte: »Mutter, da sind die Zensuren und ich bin wieder der Beste!«, dann war er sehr zufrieden. Er liebte das Lob, das er in der Schule und überall erhielt, nicht deshalb, weil es ihm, sondern weil es seiner Mutter Freude machte. Er war stolz darauf, dass er ihr, auf seine Weise, ein bisschen vergelten konnte, was sie für ihn, ihr ganzes Leben lang, ohne müde zu werden, tat …

»Hoppla«, rief die Mutter, »wir müssen zum Bahnhof. Es ist schon Viertel nach eins. Und der Zug geht kurz vor zwei Uhr.«

»Also los, Frau Tischbein!«, sagte Emil zu seiner Mutter. »Aber, dass Sie es nur wissen, den Koffer trage ich selber!«

ZWEITES KAPITEL

Wachtmeister Jeschke bleibt stumm

Vor dem Hause sagte die Mutter: »Falls die Pferdebahn kommt, fahren wir bis zum Bahnhof.«

Wer von euch weiß, wie eine Pferdebahn aussieht? Aber da sie gerade um die Ecke biegt und hält, weil Emil winkt, will ich sie euch rasch beschreiben. Bevor sie weiterzuckelt.

Also, die Pferdebahn ist, zunächst mal, ein tolles Ding. Ferner, sie läuft auf Schienen, wie eine richtige erwachsene Straßenbahn, und hat auch ganz ähnliche Wagen, aber es ist eben doch nur ein Droschkengaul vorgespannt. Für Emil und seine Freunde war der Droschkengaul einfach ein Skandal, und sie fantasierten von elektrischen Bahnen mit Ober- und Unterleitung und fünf Scheinwerfern vorn und drei hinten, aber der Magistrat von Neustadt fand, dass die vier Kilometer Schienenstrang ganz gut von einer lebenden Pferdekraft bewältigt werden konnten. Bis jetzt konnte also von Elektrizität gar keine Rede sein, und der Wagenführer hatte nicht das Geringste mit irgendwelchen Kurbeln und Hebeln zu tun, sondern er hielt in der linken Hand die Zügel und in der rechten die Peitsche. Hü hott!

Und wenn jemand in der Rathausstraße 12 wohnte und er saß in der Pferdebahn und wollte aussteigen, so klopfte er ganz einfach an die Scheibe. Dann machte der Herr Schaffner »Brrr!« und der Fahrgast war zu Hause. Die richtige Haltestelle war vielleicht erst vor der Hausnummer 30 oder 46. Aber das war der Neustädter Straßenbahn GmbH ganz egal. Sie hatte Zeit. Das Pferd hatte

Zeit. Der Schaffner hatte Zeit. Die Neustädter Einwohner hatten Zeit. Und wenn es wirklich einmal jemand besonders eilig hatte, ging er zu Fuß …

Auf dem Bahnhofsplatz stiegen Frau Tischbein und Sohn aus. Und während Emil den Koffer von der Plattform angelte, brummte eine dicke Stimme hinter ihnen: »Na, Sie fahren wohl in die Schweiz?«

Das war der Polizeiwachtmeister Jeschke. Die Mutter antwortete: »Nein, mein Junge fährt für eine Woche nach Berlin zu Verwandten.« Und Emil wurde es dunkelblau, beinahe schwarz vor Augen. Denn er hatte ein sehr schlechtes Gewissen. Neulich hatte ein Dutzend Realschüler, nach der Turnstunde auf den Flusswiesen, dem Denkmal des Großherzogs, der Karl mit der schiefen Backe hieß, heimlich einen alten Filzhut aufs kühle Haupt gedrückt. Und dann war Emil, weil er gut zeichnen konnte, von den andern hochgestemmt worden, und er hatte dem Großherzog mit Buntstiften eine rote Nase und einen pechschwarzen Schnurrbart ins Gesicht malen müssen. Und während er noch malte, war Wachtmeister Jeschke am andern Ende des Obermarkts aufgetaucht!

Sie waren blitzartig davongesaust. Doch es stand zu befürchten, dass er sie erkannt hatte.

Aber er sagte nichts, sondern wünschte dem Emil gute Reise und erkundigte sich bei der Frau Mutter nach dem werten Befinden und dem Geschäftsgang.

Emil war trotz alledem nicht wohl zumute. Und als er seinen Koffer über den freien Platz weg zum Bahnhof transportierte, war ihm flau in den Knien. Und jeden Augenblick rechnete er damit, Jeschke werde plötzlich hinter ihm herbrüllen: »Emil Tischbein, du bist verhaftet! Hände hoch!« Doch es geschah gar nichts. Vielleicht wartete der Wachtmeister nur, bis Emil wiederkam?

Dann kaufte die Mutter am Schalter den Fahrschein (Holzklasse natürlich) und eine Bahnsteigkarte. Und dann gingen sie auf den Bahnsteig 1 – bitte sehr, Neustadt hat vier Bahnsteige – und warteten auf den Zug nach Berlin. Es fehlten nur noch ein paar Minuten. »Lass nichts liegen, mein Junge! Und setz dich nicht auf den Blumenstrauß! Und den Koffer lässt du dir von jemandem ins Gepäcknetz heben. Sei aber höflich und bitte erst darum!«

»Den Koffer krieg ich selber hoch. Ich bin doch nicht aus Pappe!«

»Na schön. Und verpass nicht auszusteigen. Du kommst 18.17 Uhr in Berlin an. Am Bahnhof Friedrichstraße. Steige ja nicht vorher aus, etwa am Bahnhof Zoo oder auf einer anderen Station!«

»Nur keine Bange, junge Frau.«

»Und sei vor allem zu den anderen Leuten nicht so frech wie zu deiner Mutter. Und wirf das Papier nicht auf den Fußboden, wenn du deine Wurststullen isst. Und – verliere das Geld nicht!«

Emil fasste sich entsetzt an die Jacke und in die rechte Brusttasche. Dann atmete er erleichtert auf und meinte: »Alle Mann an Bord.« Er fasste die Mutter am Arm und spazierte mit ihr auf dem Bahnsteig hin und her. »Und überarbeite dich nicht, Muttchen! Und werde ja nicht krank! Du hättest ja niemanden, der dich pflegen könnte. Ich nähme auf der Stelle ein Flugzeug und käme nach Hause. Und schreib mir auch einmal. Und ich bleibe höchstens eine Woche, dass du's nur weißt.« Er drückte die Mutter fest an sich. Und sie gab ihm einen Kuss auf die Nase.

Dann kam der Personenzug nach Berlin, mit Heulen und Zischen, und hielt. Emil fiel der Mutter noch ein bisschen um den Hals. Dann kletterte er mit seinem Koffer in ein Abteil. Die Mutter reichte ihm die Blumen und das Stullenpaket nach und fragte, ob er Platz hätte. Er nickte.

»Also, Friedrichstraße aussteigen!«

Er nickte.

»Und die Großmutter wartet am Blumenkiosk.«

Er nickte.

»Und benimm dich, du Schurke!«

Er nickte.

»Und sei nett zu Pony Hütchen. Ihr werdet euch gar nicht mehr kennen.«

Er nickte.

»Und schreib mir.«

»Du mir auch.«

So wäre es wahrscheinlich noch stundenlang fortgegangen, wenn es nicht den Eisenbahnfahrplan gegeben hätte. Der Zugführer mit dem roten Ledertäschchen rief: »Alles einsteigen! Alles einsteigen!« Die Wagentüren klappten. Die Lokomotive ruckte an. Und fort ging's.

Die Mutter winkte noch lange mit dem Taschentuch. Dann drehte sie sich langsam um und ging nach Hause. Und weil sie das Taschentuch sowieso schon in der Hand hielt, weinte sie gleich ein bisschen.

Aber nicht lange. Denn zu Hause wartete schon Frau Fleischermeister Augustin und wollte gründlich den Kopf gewaschen haben.

DRITTES KAPITEL

Die Reise nach Berlin kann losgehen

Emil nahm seine Schülermütze ab und sagte: »Guten Tag, meine Herrschaften. Ist vielleicht noch ein Plätzchen frei?«

Natürlich war noch ein Platz frei. Und eine dicke Dame, die sich den linken Schuh ausgezogen hatte, weil er drückte, sagte zu ihrem Nachbarn, einem Mann, der beim Atmen schrecklich schnaufte: »Solche höflichen Kinder sind heutzutage selten. Wenn ich da an meine Jugend zurückdenke, Gott! Da herrschte ein andrer Geist.« Dabei turnte sie im Takte mit den gequetschten Zehen im linken Strumpf herum. Emil schaute interessiert zu. Und der Mann konnte vor Schnaufen kaum nicken.

Dass es Leute gibt, die immer sagen: Gott, früher war alles besser, das wusste Emil längst. Und er hörte überhaupt nicht mehr hin, wenn jemand erklärte, früher sei die Luft gesünder gewesen oder die Ochsen hätten größere Köpfe gehabt. Denn das war meistens nicht wahr, und die Leute gehörten bloß zu der Sorte, die nicht zufrieden sein wollen, weil sie sonst zufrieden wären.

Er tastete die rechte Jackentasche ab und gab erst Ruhe, als er das Kuvert knistern hörte. Die Mitreisenden sahen so weit ganz vertrauenerweckend und nicht gerade wie Räuber und Mörder aus. Neben dem schrecklich schnaufenden Mann saß eine Frau, die an einem Schal häkelte. Und am Fenster, neben Emil, las ein Herr im steifen Hut die Zeitung.

Plötzlich legte er das Blatt beiseite, holte aus seiner Tasche eine

Ecke Schokolade, hielt sie dem Knaben hin und sagte: »Na, junger Mann, wie wär's?«

»Ich bin so frei«, antwortete Emil und nahm die Schokolade. Dann zog er, hinterher erst, hastig seine Mütze, verbeugte sich und meinte: »Emil Tischbein ist mein Name.«

Die Reisegefährten lächelten. Der Herr lüftete seinerseits ernst den steifen Hut und sagte: »Sehr angenehm, ich heiße Grundeis.«

Dann fragte die dicke Dame, die den linken Schuh ausgezogen hatte: »Lebt denn in Neustadt der Schnittwarenhändler Kurzhals noch?«

»Ja freilich lebt Herr Kurzhals noch«, berichtete Emil, »kennen Sie ihn? Er hat jetzt das Grundstück gekauft, auf dem sein Geschäft ist.«

»So, na grüß ihn schön von Frau Jakob aus Groß-Grünau.«

»Ich fahre doch aber nach Berlin.«

»Das hat ja auch Zeit, bis du zurückkommst«, sagte Frau Jakob, turnte wieder mit den Zehen und lachte, dass ihr der Hut ins Gesicht rutschte.

»So, so, nach Berlin fährst du?«, fragte Herr Grundeis.

»Jawohl, und meine Großmutter wartet am Bahnhof Friedrichstraße am Blumenstand«, antwortete Emil und fasste sich wieder ans Jackett. Und das Kuvert knisterte, Gott sei Dank, noch immer.

»Kennst du Berlin schon?«

»Nein.«

»Na, da wirst du aber staunen! In Berlin gibt es neuerdings Häuser, die sind hundert Stockwerke hoch, und die Dächer hat man am Himmel festbinden müssen, damit sie nicht fortwehen ...

Und wenn es jemand besonders eilig hat und er will in ein andres Stadtviertel, so packt man ihn auf dem Postamt rasch in eine Kiste, steckt die in eine Röhre und schießt sie, wie einen

Rohrpostbrief, zu dem Postamt, das in dem Viertel liegt, wo der Betreffende hinmöchte …

Und wenn man kein Geld hat, geht man auf die Bank und lässt sein Gehirn als Pfand dort, und da kriegt man tausend Mark. Der Mensch kann nämlich nur zwei Tage ohne Gehirn leben; und er kriegt es von der Bank erst wieder, wenn er zwölfhundert Mark zurückzahlt. Es sind jetzt kolossal moderne medizinische Apparate erfunden worden und …«

»Sie haben wohl Ihr Gehirn auch gerade auf der Bank«, sagte der Mann, der so schrecklich schnaufte, zu dem Herrn im steifen Hut und fügte hinzu: »Lassen Sie doch den Blödsinn!«

Der dicken Frau Jakob standen vor Angst die Zehen still. Und die Dame, die den Schal häkelte, hielt inne.

Emil lachte gezwungen. Und zwischen den Herren kam es zu einer längeren Auseinandersetzung. Emil dachte: Ihr könnt mich gernhaben!, und packte seine Wurststullen aus, obwohl er eben erst Mittag gegessen hatte. Als er die dritte Stulle kaute, hielt der Zug auf einem großen Bahnhof. Emil sah kein Stationsschild, und er verstand auch nicht, was der Schaffner vor dem Fenster brüllte. Fast alle Fahrgäste stiegen aus; der schnaufende Mann, die häkelnde Dame und auch Frau Jakob. Sie wäre beinahe zu spät gekommen, weil sie ihren Schuh nicht wieder zukriegte.

»Also grüße Herrn Kurzhals schön«, sagte sie noch.

Emil nickte.

Und dann waren er und der Herr mit dem steifen Hut allein. Das gefiel Emil nicht sehr. Ein Mann, der Schokolade verteilt und verrückte Geschichten erzählt, ist nichts Genaues. Emil wollte, zur Abwechslung, wieder einmal nach dem Kuvert fassen. Er wagte es aber nicht, sondern ging, als der Zug weiterfuhr, auf die Toilette, holte dort das Kuvert aus der Tasche, zählte das Geld – es stimmte immer noch – und war ratlos, was er machen sollte. Endlich kam ihm ein Gedanke. Er nahm eine Nadel, die er im

Jackettkragen fand, steckte sie erst durch die drei Scheine, dann durch das Kuvert und schließlich durch das Anzugfutter durch. Er nagelte sozusagen sein Geld fest. So, dachte er, nun kann nichts mehr passieren. Und dann ging er wieder ins Coupé.

Herr Grundeis hatte es sich in einer Ecke gemütlich gemacht und schlief. Emil war froh, dass er sich nicht zu unterhalten brauchte, und blickte durchs Fenster. Bäume, Windmühlen, Felder, Fabriken, Kuhherden, winkende Bauern zogen draußen vorbei. Und es war sehr hübsch anzusehen, wie sich alles vorüberdrehte, fast wie auf einer Grammofonplatte. Aber schließlich kann man nicht stundenlang durchs Fenster starren.

Herr Grundeis schlief immer weiter und schnarchte ein bisschen. Emil wäre gern auf und ab marschiert, aber dann hätte er den andern geweckt, und das wollte er ganz und gar nicht. Er lehnte sich also in die entgegengesetzte Ecke des Coupés und betrachtete den Schläfer. Warum der Mann nur immer den Hut aufbehielt? Und ein längliches Gesicht hatte er, einen ganz schmalen, schwarzen Schnurrbart und hundert Falten um den Mund, und die Ohren waren sehr dünn und standen weit ab.

Wupp! Emil zuckte zusammen und erschrak. Beinahe wäre er eingeschlafen! Das durfte er unter keinen Umständen. Wenn doch wenigstens noch irgendjemand zugestiegen wäre! Der Zug hielt ein paarmal, aber es kam kein Mensch. Dabei war es erst vier Uhr und Emil hatte noch über zwei Stunden zu fahren. Er kniff sich in die Beine. In der Schule half das immer, wenn Herr Bremser Geschichte gab.

Eine Weile ging's. Und Emil überlegte sich, wie Pony Hütchen jetzt aussähe. Aber er konnte sich gar nicht mehr auf ihr Gesicht besinnen. Er wusste nur, dass sie während des letzten Besuchs – als sie und die Großmutter und Tante Martha in Neustadt gewesen waren – mit ihm hatte boxen wollen. Er hatte natürlich abgelehnt, weil sie Papiergewicht war und er mindestens Halbschwergewicht. Das wäre unfair, hatte er damals gesagt. Und

Herr Grundeis schlief
und schnarchte ein bisschen.

wenn er ihr einen Uppercut geben würde, müsse man sie hinterher von der Wand runterkratzen.

Sie hatte aber erst Ruhe gegeben, als Tante Martha dazwischenkam.

Schwupp! Er fiel fast von der Bank. Schon wieder eingeschlafen? Er kniff und kniff sich in die Beine. Sicher hatte er schon überall blaue und grüne Flecken. Und trotzdem wollte es nichts nützen.

Er versuchte es mit Knopfzählen. Er zählte von oben nach unten und dann noch einmal von unten nach oben. Von oben nach unten waren es dreiundzwanzig Knöpfe. Und von unten nach oben vierundzwanzig. Emil lehnte sich zurück und überlegte, woran das wohl liegen könnte.

Und dabei schlief er ein.

VIERTES KAPITEL

Ein Traum, in dem viel gerannt wird

Plötzlich war es Emil, als führe der Zug immer im Kreise herum, wie die kleinen Eisenbahnen tun, mit denen die Kinder im Zimmer spielen. Er sah zum Fenster hinaus und fand das sehr seltsam. Der Kreis wurde immer enger. Die Lokomotive kam dem letzten Wagen immer näher. Und es schien, als täte sie das mit Absicht! Der Zug drehte sich um sich selber wie ein Hund, der sich in den Schwanz beißen will. Und in dem schwarzen, rasenden Kreise standen Bäume und eine Mühle aus Glas und ein großes Haus mit zweihundert Stockwerken.

Emil wollte nach der Zeit sehen und zog die Uhr aus der Tasche. Er zog und zog und schließlich war es die Standuhr aus Mutters Stube. Er sah aufs Zifferblatt und da stand drauf: ›185 Stunden-km. Es ist bei Lebensgefahr verboten, auf den Fußboden zu spucken.‹ Er blickte wieder aus dem Fenster. Die Lokomotive kam dem letzten Wagen immer näher. Und er hatte große Angst. Denn wenn die Lokomotive gegen den letzten Wagen fuhr, gab es natürlich ein Zugunglück. Das war klar. Emil wollte das unter keinen Umständen abwarten. Er öffnete die Tür und lief auf der Trittleiste entlang. Vielleicht war der Lokomotivführer eingeschlafen? Emil blickte, während er nach vorn kletterte, in die Coupéfenster. Nirgends saß jemand. Der Zug war leer. Nur einen einzigen Mann sah Emil, der hatte einen steifen Hut aus Schokolade auf, brach ein großes Stück von der Hutkrempe ab und verschlang es. Emil pochte an die Scheibe und zeigte nach der Lokomotive. Aber der Mann lachte nur, brach sich noch ein Stück Schokolade ab und strich sich über den Magen, weil es ihm so gut schmeckte.

Endlich war Emil am Kohlentender. Dann kletterte er, mit einem tüchtigen Klimmzug, zum Lokomotivführer hinauf. Der hockte auf einem Kutschbock, schwang die Peitsche und hielt die Zügel, als seien Pferde vor den Zug gespannt. Und so war es tatsächlich! Dreimal drei Pferde zogen den Zug. Sie hatten silberne Rollschuhe an den Hufen, fuhren darauf über die Schienen und sangen: Muss i denn, muss i denn zum Städtele hinaus.

Emil rüttelte den Kutscher und schrie: »Durchparieren! Sonst gibt's ein Unglück!« Da sah er, dass der Kutscher niemand anders war als Herr Wachtmeister Jeschke. Der blickte ihn durchdringend an und rief: »Wer waren die anderen Jungens? Wer hat den Großherzog Karl angeschmiert?«

»Ich!«, sagte Emil.

»Wer noch?«

»Das sage ich nicht!«

»Dann fahren wir eben weiter im Kreise!«

Und Wachtmeister Jeschke schlug auf seine Gäule los, dass sie sich aufbäumten und dann noch schneller als vorher auf den letzten Wagen losflogen. Auf dem letzten Wagen aber saß Frau Jakob und fuchtelte mit den Schuhen in der Hand und hatte grässliche Angst, weil die Pferde schon nach ihren Zehen schnappten.

»Ich gebe Ihnen zwanzig Mark, Herr Wachtmeister«, schrie Emil.

»Lass gefälligst den Blödsinn!«, rief Jeschke und hieb mit der Peitsche wie verrückt auf die Pferde ein.

Da hielt es Emil nicht länger aus und sprang aus dem Zug. Er schlug zwanzig Purzelbäume den Abhang hinunter, aber es schadete ihm nichts. Er stand auf und hielt nach dem Zug Umschau. Der stand still und die neun Pferde drehten die Köpfe nach Emil um. Wachtmeister Jeschke war aufgesprungen, schlug die Tiere mit der Peitsche und brüllte: »Hü! Los! Hinter ihm her!« Und da sprangen die neun Pferde aus den Schienen, sprengten auf Emil zu, und die Wagen hüpften wie Gummibälle.

Emil überlegte nicht lange, sondern rannte, was er konnte, davon. Über eine Wiese, an vielen Bäumen vorbei, durch einen Bach, dem Wolkenkratzer zu. Manchmal sah er sich um; der Zug donnerte hinter ihm her, ohne abzulassen. Die Bäume wurden über den Haufen gerannt und zersplitterten. Nur eine Riesen-eiche war stehen geblieben, und auf ihrem höchsten Aste saß die dicke Frau Jakob, wehte im Winde, weinte und kriegte ihren Schuh nicht zu. Emil lief weiter.

In dem Haus, das zweihundert Stockwerke hoch war, befand sich ein großes schwarzes Tor. Er rannte hinein und hindurch und am andern Ende wieder hinaus. Der Zug kam hinter ihm her. Emil hätte sich am liebsten in eine Ecke gesetzt und geschlafen, denn er war so schrecklich müde und zitterte am ganzen Leibe. Aber er durfte nicht einschlafen! Der Zug ratterte schon durchs Haus.

Emil sah eine Eisenleiter. Die ging am Hause hoch, bis zum Dach. Und er begann zu klettern. Zum Glück war er ein guter Turner. Während er kletterte, zählte er die Stockwerke. In der 50. Etage wagte er es, sich umzudrehen. Die Bäume waren ganz klein geworden und die gläserne Mühle war kaum noch zu erkennen. Aber, o Schreck!, die Eisenbahn kam das Haus hinaufgefahren! Emil kletterte weiter und immer höher. Und der Zug stampfte und knatterte die Leitersprossen empor, als wären es Schienen.

100. Etage, 120. Etage, 140. Etage, 160. Etage, 180. Etage, 190. Etage, 200. Etage! Emil stand auf dem Dach und wusste nicht mehr, was er beginnen sollte. Schon war das Wiehern der Pferde zu hören. Da lief der Junge über das Dach hin bis zum anderen Ende, zog sein Taschentuch aus dem Anzug und breitete es aus. Und als die Pferde schwitzend über den Dachrand krochen

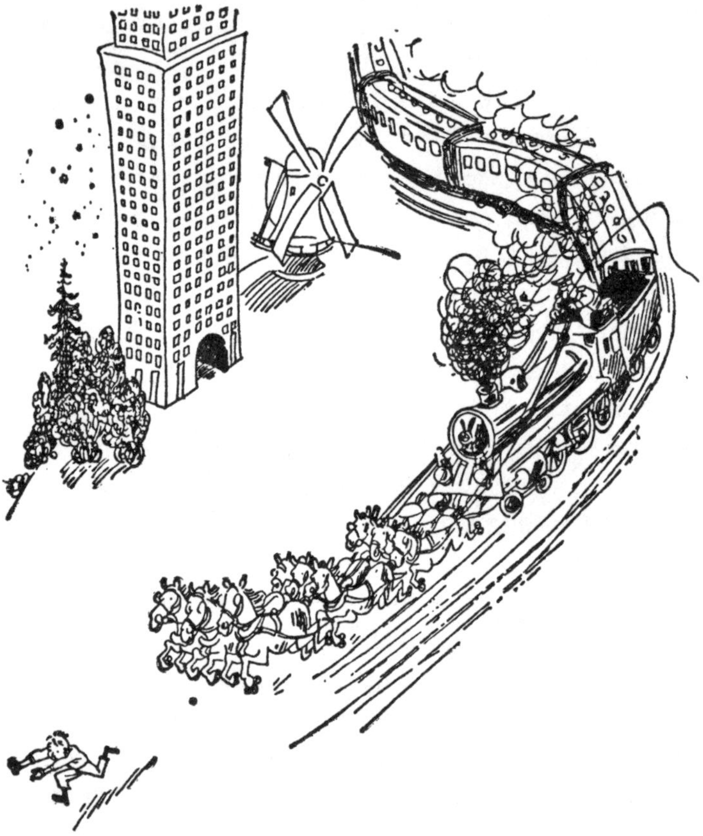

Emil überlegte nicht lange, sondern rannte,
was er konnte, davon.

und der Zug hinterher, hob Emil sein ausgebreitetes Taschentuch hoch über den Kopf und sprang ins Leere. Er hörte noch, wie der Zug die Schornsteine über den Haufen fuhr. Dann verging ihm für eine Weile Hören und Sehen.

Und dann plumpste er, krach!, auf eine Wiese.

Erst blieb er müde liegen, mit geschlossenen Augen, und hatte eigentlich Lust, einen schönen Traum zu träumen. Doch weil er noch nicht ganz beruhigt war, blickte er an dem großen Hause hinauf und sah, wie die neun Pferde oben auf dem Dach Regenschirme aufspannten. Und der Wachtmeister Jeschke hatte auch einen Schirm und trieb damit die Pferde an. Sie setzten sich auf die Hinterbeine, gaben sich einen Ruck und sprangen in die Tiefe. Und nun segelte die Eisenbahn auf die Wiese herab und wurde immer größer und größer.

Emil sprang wieder auf und rannte quer über die Wiese auf die gläserne Mühle los. Sie war durchsichtig, und er sah seine Mutter drinnen, wie sie gerade Frau Augustin die Haare wusch. Gott sei Dank, dachte er und rannte durch die Hintertür in die Mühle.

»Muttchen!«, rief er. »Was mach ich bloß?«

»Was ist denn los, mein Junge?«, fragte die Mutter und wusch weiter.

»Sieh nur mal durch die Wand!«

Frau Tischbein blickte hinaus und sah gerade, wie die Pferde und der Zug auf der Wiese landeten und auf die Mühle loshetzten.

»Das ist doch Wachtmeister Jeschke«, sagte die Mutter und schüttelte erstaunt den Kopf.

»Er saust schon die ganze Zeit wie blödsinnig hinter mir her!«

»Na und?«

»Ich habe neulich dem Großherzog Karl mit der schiefen Backe auf dem Obermarkt eine rote Nase und einen Schnurrbart ins Gesicht gemalt.«

»Ja, wo solltest du denn den Schnurrbart sonst hinmalen?«, fragte Frau Augustin und prustete.

»Nirgendshin, Frau Augustin. Aber das ist nicht das Schlimmste. Er wollte auch wissen, wer mit dabei war. Und das kann ich ihm nicht sagen. Das ist doch Ehrensache.«

»Da hat Emil recht«, meinte die Mutter, »aber was machen wir nun?«

»Stellen Sie mal den Motor an, liebe Frau Tischbein«, sagte Frau Augustin.

Emils Mutter drückte am Tisch einen Hebel herunter, und da begannen sich die vier Mühlenflügel zu drehen, und weil sie aus Glas waren und weil die Sonne schien, schimmerten und glänzten sie so sehr, dass man überhaupt kaum hinblicken konnte. Und als die neun Pferde mit ihrer Eisenbahn angerannt kamen, wurden sie scheu, bäumten sich hoch auf und wollten keinen Schritt weiter. Wachtmeister Jeschke fluchte, dass man es durch die gläsernen Wände hörte. Aber die Pferde wichen nicht von der Stelle.

»So, und nun waschen Sie mir meinen Schädel ruhig weiter«, sagte Frau Augustin, »Ihrem Jungen kann nichts mehr passieren.«

Frau Friseuse Tischbein ging also wieder an die Arbeit. Emil setzte sich auf einen Stuhl, der war auch aus Glas, und pfiff sich eins. Dann lachte er laut und sagte: »Das ist ja großartig. Wenn ich früher gewusst hätte, dass du hier bist, wäre ich doch gar nicht erst das verflixte Haus hochgeklettert.«

»Hoffentlich hast du dir nicht den Anzug zerrissen!«, sagte die Mutter. Dann fragte sie: »Hast du auf das Geld gut Obacht gegeben?«

Da gab es Emil einen riesigen Ruck. Und mit einem Krach fiel er von dem gläsernen Stuhl herunter.

Und wachte auf.

FÜNFTES KAPITEL

Emil steigt an der falschen Station aus

Als er aufwachte, setzte sich die Bahn eben wieder in Bewegung. Er war, während er schlief, von der Bank gefallen, lag jetzt am Boden und war sehr erschrocken. Er wusste nur noch nicht recht, weswegen. Sein Herz pochte wie ein Dampfhammer. Da hockte er nun in der Eisenbahn und hatte fast vergessen, wo er war. Dann fiel es ihm, portionsweise, wieder ein. Richtig, er fuhr nach Berlin. Und war eingeschlafen. Genau wie der Herr im steifen Hut …

Emil setzte sich mit einem Ruck bolzengerade und flüsterte: »Er ist ja fort!« Die Knie zitterten ihm. Ganz langsam stand er auf und klopfte sich mechanisch den Anzug sauber. Jetzt war die nächste Frage: Ist das Geld noch da? Und vor dieser Frage hatte er eine unbeschreibliche Angst.

Lange Zeit stand er an die Tür gelehnt und wagte nicht, sich zu rühren. Dort drüben hatte der Mann, der Grundeis hieß, gesessen und geschlafen und geschnarcht. Und nun war er fort. Natürlich konnte alles in Ordnung sein. Denn eigentlich war es albern, gleich ans Schlimmste zu denken. Es mussten ja nun nicht gleich alle Menschen nach Berlin-Friedrichstraße fahren, nur weil er hinfuhr. Und das Geld war gewiss noch an Ort und Stelle. Erstens steckte es in der Tasche. Zweitens steckte es im Briefumschlag. Und drittens war es mit einer Nadel am Futter befestigt. Also, er griff sich langsam in die rechte innere Tasche.

Die Tasche war leer! Das Geld war fort!

Emil durchwühlte die Tasche mit der linken Hand. Er befühlte und presste das Jackett von außen mit der rechten. Es blieb dabei: Die Tasche war leer und das Geld war weg.

»Au!« Emil zog die Hand aus der Tasche. Und nicht bloß die Hand, sondern die Nadel dazu, mit der er das Geld vorhin durchbohrt hatte. Nichts als die Stecknadel war übrig geblieben. Und sie saß im linken Zeigefinger, dass er blutete.

Er wickelte das Taschentuch um den Finger und weinte. Natürlich nicht wegen des lächerlichen bisschen Bluts. Vor vierzehn Tagen war er gegen den Laternenpfahl gerannt, dass der bald umgeknickt wäre, und Emil hatte noch jetzt einen Buckel auf der Stirn. Aber geheult hatte er keine Sekunde.

Er weinte wegen des Geldes. Und er weinte wegen seiner Mutter. Wer das nicht versteht, und wäre er noch so tapfer, dem ist nicht zu helfen. Emil wusste, wie seine Mutter monatelang geschuftet hatte, um die hundertvierzig Mark für die Großmutter zu sparen und um ihn nach Berlin schicken zu können. Und kaum saß der Herr Sohn im Zug, so lehnte er sich auch schon in eine Ecke, schlief ein, träumte verrücktes Zeug und ließ sich von einem Schweinehund das Geld stehlen. Und da sollte er nicht weinen? Was sollte er nun anfangen? In Berlin aussteigen und zur Großmutter sagen: ›Da bin ich. Aber Geld kriegst du keins, dass du es weißt. Gib mir lieber rasch das Reisegeld, damit ich wieder nach Neustadt fahren kann. Sonst muss ich laufen‹?

Prachtvoll war das! Die Mutter hatte umsonst gespart. Die Großmutter bekam keinen Pfennig. In Berlin konnte er nicht bleiben. Nach Hause durfte er nicht fahren. Und alles das wegen eines Kerls, der den Kindern Schokolade schenkte und tat, als ob er schliefe. Und zu guter Letzt raubte er sie aus. Pfui Spinne, war das eine feine Welt!

Emil schluckte die Tränen, die noch ins Freie wollten, hinunter und sah sich um. Wenn er die Notleine zog, würde der Zug sofort stehen bleiben. Und dann käme ein Schaffner. Und noch einer. Und immer noch einer. Und alle würden fragen: ›Was ist los?‹

›Mein Geld ist gestohlen worden‹, spräche er.

›Ein andres Mal passt du besser auf‹, würden sie antworten, ›steige gefälligst wieder ein! Wie heißt du? Wo wohnst du? Einmal Notleine ziehen kostet hundert Mark. Die Rechnung wird geschickt.‹

In Schnellzügen konnte man wenigstens durch die Wagen laufen, von einem Ende des Zuges zum andern, bis ins Dienstabteil, und Diebstähle melden. Aber hier! In so einem Bummelzug! Da musste man bis zur nächsten Station warten und inzwischen war der Mensch im steifen Hut über alle Berge. Nicht einmal die Station, wo der Kerl ausgestiegen war, wusste Emil. Wie spät mochte es sein? Wann kam Berlin? An den Fenstern des Zuges wanderten große Häuser vorbei und Villen mit bunten Gärten und dann wieder hohe, schmutzig rote Schornsteine. Wahrscheinlich war das schon Berlin. An der nächsten Station musste er den Schaffner rufen und dem alles erzählen. Und der würde es schleunigst der Polizei melden!

Auch das noch. Jetzt kriegte er es auch noch mit der Polizei zu tun. Nun konnte Wachtmeister Jeschke natürlich nicht mehr schweigen, sondern musste dienstlich melden: ›Ich weiß nicht, aber der Realschüler Emil Tischbein aus Neustadt gefällt mir nicht. Erst schmiert er ehrwürdige Denkmäler voll. Und dann lässt er sich hundertvierzig Mark stehlen. Vielleicht sind sie ihm gar nicht gestohlen worden? Wer Denkmäler beschmiert, der lügt auch. Da habe ich meine Erfahrungen. Wahrscheinlich hat er das Geld im Walde vergraben oder verschluckt und will damit nach Amerika? Den Dieb zu verfolgen hat nicht den mindesten Sinn. Der Realschüler Tischbein ist selber der Dieb. Bitte, Herr Polizeipräsident, verhaften Sie ihn.‹

Schrecklich. Nicht einmal der Polizei konnte er sich anvertrauen!

Er holte den Koffer aus dem Gepäcknetz, setzte die Mütze auf, steckte die Nadel wieder in den Jackettaufschlag und machte sich fertig. Er hatte zwar keine Ahnung, was er beginnen sollte. Aber hier, in diesem Coupé, hielt er es keine fünf Minuten länger aus. Das stand fest.

Inzwischen verlangsamte der Zug seine Geschwindigkeit. Emil sah draußen viele Gleise glänzen. Dann fuhr man an Bahnsteigen vorbei. Ein paar Gepäckträger liefen, weil sie was verdienen wollten, neben den Wagen her.

Der Zug hielt!

Emil schaute durchs Fenster und erblickte hoch über den Schienen ein Schild. Darauf stand: ZOOLOG. GARTEN. Die Türen flogen auf. Leute kletterten aus den Abteilen. Andere warteten schon und breiteten froh die Arme aus.

Emil beugte sich weit aus dem Fenster und suchte den Zugführer. Da erblickte er, in einiger Entfernung und zwischen vielen Menschen, einen steifen schwarzen Hut. Wenn das der Dieb war? Vielleicht war er, nachdem er Emil bestohlen hatte, gar nicht ausgestiegen, sondern nur in einen anderen Wagen gegangen?

Im nächsten Augenblick stand Emil auf dem Bahnsteig, setzte den Koffer hin, stieg noch einmal ein, weil er die Blumen, die im Gepäcknetz lagen, vergessen hatte, stieg wieder aus, packte den Koffer kräftig an, hob ihn hoch und rannte, sosehr er konnte, dem Ausgang zu.

Wo war der steife Hut? Der Junge stolperte den Leuten vor den Beinen herum, stieß wen mit dem Koffer, rannte weiter. Die Menschenmenge wurde immer dichter und undurchdringlicher.

Da! Dort war der steife Hut! Himmel, da drüben war noch einer! Emil konnte den Koffer kaum noch schleppen. Am liebsten hätte er ihn einfach hingestellt und stehen lassen. Doch dann wäre ihm auch der noch gestohlen worden!

Endlich hatte er sich bis dicht an die steifen Hüte herangedrängt.

Der konnte es sein! War er's?

Nein.

Dort war der nächste.

Nein. Der Mann war zu klein.

Emil schlängelte sich wie ein Indianer durch die Menschenmassen.

Dort, dort!

Das war der Kerl. Gott sei Dank! Das war der Grundeis. Eben schob er sich durch die Sperre und schien es eilig zu haben.

»Warte nur, du Kanaille«, knurrte Emil, »dich kriegen wir!« Dann gab er seine Fahrkarte ab, nahm den Koffer in die andre Hand, klemmte den Blumenstrauß unter den rechten Arm und lief hinter dem Mann die Treppe hinunter.

Jetzt kam's drauf an.

SECHSTES KAPITEL

Straßenbahnlinie 177

Am liebsten wäre er auf den Kerl losgerannt, hätte sich vor ihm aufpostiert und gerufen: ›Her mit dem Geld!‹ Doch der sah nicht so aus, als würde er dann antworten: ›Aber gern, mein gutes Kind. Hier hast du's. Ich will es bestimmt nicht wieder tun.‹ Ganz so einfach lag die Sache nicht. Zunächst war es das Wichtigste, den Mann nicht aus den Augen zu verlieren.

Emil versteckte sich hinter einer großen breiten Dame, die vor ihm ging, und guckte manchmal links und manchmal rechts an ihr vorbei, ob der andere noch zu sehen war und nicht plötzlich im Dauerlauf davonrannte. Der Mann war mittlerweile am Bahnhofsportal angelangt, blieb stehen, blickte sich um und musterte die Leute, die hinter ihm herdrängten, als suche er wen. Emil presste sich ganz dicht an die große Dame und kam dem andern immer näher. Was sollte jetzt werden? Gleich würde er an ihm vorbeimüssen und dann war es aus mit den Heimlichkeiten. Ob ihm die Dame helfen würde? Aber sie würde ihm sicher nicht glauben. Und der Dieb würde sagen: ›Erlauben Sie mal, meine Dame, was fällt Ihnen eigentlich ein? Habe ich es etwa nötig, kleine Kinder auszurauben?‹ Und dann würden alle den Jungen ansehen und schreien: ›Das ist doch der Gipfel! Verleumdet erwachsene Menschen! Nein, die Jugend von heute ist doch zu frech!‹ Emil klapperte schon mit den Zähnen.

Da drehte der Mann seinen Kopf glücklicherweise wieder weg und trat ins Freie. Der Junge sprang blitzrasch hinter die

Tür, stellte seinen Koffer nieder und blickte durch die vergitterte Scheibe. Alle Wetter, tat ihm der Arm weh!

Der Dieb ging langsam über die Straße, sah noch einmal rückwärts und spazierte ziemlich beruhigt weiter. Dann kam eine Straßenbahn, mit der Nummer 177, von links angefahren und hielt. Der Mann überlegte einen Augenblick, stieg auf den Vorderwagen und setzte sich an einen Fensterplatz.

Emil packte wieder seinen Koffer an, lief geduckt an der Tür vorbei, die Halle entlang, fand eine andere Tür, rannte auf die Straße und erreichte, von hinten her, den Anhängewagen gerade, als die Bahn losfuhr. Er warf den Koffer hinauf, kletterte nach, schob ihn in eine Ecke, stellte sich davor und atmete auf. So, das war überstanden!

Doch was sollte nun werden? Wenn der andere während der Fahrt absprang, war das Geld endgültig weg. Denn mit dem Koffer abspringen, das ging nicht. Das war zu gefährlich.

Diese Autos! Sie drängten sich hastig an der Straßenbahn vorbei; hupten, quiekten, streckten rote Zeiger links und rechts heraus, bogen um die Ecke; andere Autos schoben sich nach. So ein Krach! Und die vielen Menschen auf den Fußsteigen! Und von allen Seiten Straßenbahnen, Fuhrwerke, zweistöckige Autobusse! Zeitungsverkäufer an allen Ecken. Wunderbare Schaufenster mit Blumen, Früchten, Büchern, goldenen Uhren, Kleidern und seidener Wäsche. Und hohe, hohe Häuser.

Das war also Berlin.

Emil hätte sich gern alles in größter Ruhe betrachtet. Aber er hatte keine Zeit dazu. Im vorderen Wagen saß ein Mann, der hatte Emils Geld, konnte jeden Augenblick aussteigen und im Gedränge verschwinden. Dann war es aus. Denn dort hinten, zwischen den Autos und Menschen und Autobussen, da fand man niemanden wieder. Emil steckte den Kopf hinaus. Wenn nun der Kerl schon weg war? Dann fuhr er hier oben allein weiter, wusste nicht, wohin, wusste nicht, warum, und die Großmutter wartete unterdessen am Bahnhof Friedrichstraße, am Blumenstand, und hatte keine Ahnung, dass ihr Enkel inzwischen auf der Linie 177 quer durch Berlin gondelte und großen Kummer hatte. Es war zum Platzen!

Da hielt die Straßenbahn zum ersten Mal. Emil ließ den Triebwagen nicht aus den Augen. Doch es stieg niemand aus. Es drängten nur viele neue Fahrgäste in die Bahn. Auch an Emil vorbei. Ein Herr schimpfte, weil der Junge den Kopf herausstreckte und im Wege war. »Siehst du nicht, dass Leute raufwollen?«, brummte er ärgerlich.

Der Schaffner, der im Innern des Wagens Fahrscheine verkaufte, zog an einer Schnur. Es klingelte. Und die Straßenbahn fuhr weiter. Emil stellte sich wieder in seine Ecke, wurde gedrückt und auf die Füße getreten und dachte erschrocken: ›Ich habe ja kein Geld! Wenn der Schaffner herauskommt, muss ich einen Fahrschein lösen. Und wenn ich es nicht kann, schmeißt er mich raus. Und dann kann ich mich gleich begraben lassen.‹

Er sah sich die Leute an, die neben ihm standen. Konnte er einen von ihnen am Mantel zupfen und sagen: ›Borgen Sie mir doch bitte das Fahrgeld!‹? Ach, die Menschen hatten so ernste Gesichter! Der eine las Zeitung. Zwei andere unterhielten sich über einen großen Bankeinbruch. »Einen richtigen Schacht haben sie gegraben«, erzählte der Erste, »da sind sie hinein und haben alle Tresorfächer ausgeräumt. Der Schaden beläuft sich vermutlich auf mehrere Millionen.«

»Es wird aber kolossal schwierig sein, festzustellen, was in den Schränken eigentlich drin war«, sagte der Zweite, »denn die Tresormieter sind doch der Bank keine Auskunft darüber schuldig gewesen, was sie in ihren Fächern verschlossen hatten.«

»Da wird mancher erklären, er hätte für hunderttausend Mark Brillanten eingeschlossen gehabt, und in Wirklichkeit war nur ein Haufen wertloses Papiergeld drin oder ein Dutzend Alpakalöffel«, meinte der Erste. Und beide lachten ein bisschen.

›Ganz genau so wird es mir gehen‹, dachte Emil traurig. ›Ich werde sagen, Herr Grundeis hat mir hundertvierzig Mark gestohlen. Und niemand wird es mir glauben. Und der Dieb wird sagen, das sei eine Frechheit von mir und es wären nur drei Mark fünfzig gewesen. So eine verdammte Geschichte!‹

Der Schaffner kam der Tür immer näher. Jetzt stand er schon im Türrahmen und fragte laut: »Wer hat noch keinen Fahrschein?«

Er riss große weiße Zettel ab und machte mit einer Zange eine Reihe Löcher hinein. Die Leute auf dem Perron gaben ihm Geld und bekamen dafür Fahrscheine.

»Na, und du?«, fragte er den Jungen.

»Ich habe mein Geld verloren, Herr Schaffner«, antwortete Emil. Denn den Diebstahl hätte ihm keiner geglaubt.

»Geld verloren? Das kenn ich. Und wo willst du hin?«

»Das … das weiß ich noch nicht«, stotterte Emil.

»So. Na, da steige mal an der nächsten Station wieder ab und überlege dir erst, wo du hinwillst.«

»Nein, das geht nicht. Ich muss hier oben bleiben, Herr Schaffner. Bitte schön.«

»Wenn ich dir sage, du sollst absteigen, steigst du ab. Verstanden?«

»Geben Sie dem Jungen einen Fahrschein!«, sagte da der Herr, der Zeitung gelesen hatte. Er gab dem Schaffner Geld. Und der Schaffner gab Emil einen Fahrschein und erzählte dem Herrn: »Was glauben Sie, wie viele Jungen da täglich raufkommen und einem weismachen, sie hätten das Geld vergessen. Hinterher lachen sie uns aus.«

»Der hier lacht uns nicht aus«, antwortete der Herr.

Der Schaffner stieg wieder ins Wageninnere.

»Haben Sie vielen, vielen Dank, mein Herr!«, sagte Emil.

»Bitte schön, nichts zu danken«, meinte der Herr und schaute wieder in seine Zeitung.

Dann hielt die Straßenbahn von Neuem. Emil beugte sich hinaus, ob der Mann im steifen Hut ausstiege. Doch es war nichts zu sehen.

»Darf ich vielleicht um Ihre Adresse bitten?«, fragte Emil den Herrn.

»Wozu denn?«

»Damit ich Ihnen das Geld zurückgeben kann, sobald ich welches habe. Ich bleibe vielleicht eine Woche in Berlin, und da komme ich mal bei Ihnen vorbei. Tischbein ist mein Name. Emil Tischbein aus Neustadt.«

»Nein«, sagte der Herr, »den Fahrschein habe ich dir selbstverständlich geschenkt. Soll ich dir noch etwas geben?«

»Unter keinen Umständen«, erklärte Emil fest, »das nähme ich nicht an!«

»Wie du willst«, meinte der Herr und guckte wieder in die Zeitung.

Und die Straßenbahn fuhr. Und sie hielt. Und sie fuhr weiter. Emil las den Namen der schönen breiten Straße. Kaiserallee hieß sie. Er fuhr und wusste nicht, wohin. Im andern Wagen saß ein Dieb. Und vielleicht saßen und standen noch andere Diebe in der Bahn. Niemand kümmerte sich um ihn. Ein fremder Herr hatte ihm zwar einen Fahrschein geschenkt. Doch nun las er schon wieder Zeitung.

Die Stadt war so groß. Und Emil war so klein. Und kein Mensch wollte wissen, warum er kein Geld hatte und warum er nicht wusste, wo er aussteigen sollte. Vier Millionen Menschen lebten in Berlin und keiner interessierte sich für Emil Tischbein. Niemand will von den Sorgen des andern etwas wissen. Jeder hat mit seinen eigenen Sorgen und Freuden genug zu tun. Und wenn man sagt: »Das tut mir aber wirklich leid«, so meint man meistens gar nichts weiter als: »Mensch, lass mich bloß in Ruhe!«

Was würde werden? Emil schluckte schwer. Und er fühlte sich sehr, sehr allein.

Große Aufregung in der Schumannstraße

Während Emil auf der Straßenbahn 177 stand, die Kaiserallee langfuhr und nicht wusste, wo er landen würde, warteten die Großmutter und Pony Hütchen, seine Kusine, im Bahnhof Friedrichstraße auf ihn. Sie hatten sich am Blumenkiosk, wie es ausgemacht war, aufgestellt und sahen dauernd nach der Uhr. Viele Leute kamen vorüber. Mit Koffern und Kisten und Schachteln und Ledertaschen und Blumensträußen. Doch Emil war nicht dabei.

»Wahrscheinlich ist er mächtig gewachsen, was?«, fragte Pony Hütchen und schob ihr kleines vernickeltes Fahrrad hin und her. Sie hatte es ja eigentlich nicht mitnehmen sollen. Doch sie hatte so lange gemauzt, bis die Großmutter erklärte: »Nimm's mit, alberne Liese!« Nun war die alberne Liese guter Laune und freute sich auf Emils respektvollen Blick. »Sicher findet er es oberfein«, sagte sie und war ihrer Sache völlig gewiss.

Die Großmutter wurde unruhig: »Ich möchte bloß wissen, was das heißen soll. Jetzt ist es schon 18 Uhr 20. Der Zug müsste doch längst da sein.«

Sie lauerten noch ein paar Minuten. Dann schickte die Großmutter das kleine Mädchen fort, sich zu erkundigen.

Pony Hütchen nahm natürlich ihr Rad mit. »Können Sie mir nicht erklären, wo der Zug aus Neustadt bleibt, Herr Inspektor?«, fragte sie den Beamten, der mit einer Lochzange an der Sperre stand und Obacht gab, dass jeder, der an ihm vorbeiwollte, ein Billett mitbrachte.

»Neustadt? Neustadt?«, überlegte er. »Ach so, 18 Uhr 17! Der Zug ist längst rein.«

»Ach, das ist aber schade. Wir warten nämlich dort drüben am Blumenstand auf meinen Vetter Emil.«

»Freut mich, freut mich«, sagte der Mann.

»Wieso freut Sie denn das, Herr Inspektor?«, fragte Pony neugierig und spielte mit ihrer Radklingel.

Der Beamte antwortete nicht und drehte dem Kinde den Rücken zu.

»Na, Sie sind aber ein ulkiger Knabe«, sagte Pony beleidigt. »Auf Wiedersehen!«

Ein paar Leute lachten. Der Beamte biss sich ärgerlich auf die Lippen. Und Pony Hütchen trabte zum Blumenstand.

»Der Zug ist längst rein, Großmutter.«

»Was mag da nur passiert sein?«, überlegte die alte Dame. »Wenn er überhaupt nicht abgefahren wäre, hätte seine Mutter doch depeschiert. Ob er verkehrt ausgestiegen ist? Aber wir haben es doch ganz genau beschrieben!«

»Ich werde daraus nicht gescheit«, behauptete Pony und tat sich wichtig. »Sicher ist er verkehrt ausgestiegen. Jungens sind manchmal furchtbar blöde. Ich möchte wetten! Du wirst noch sehen, dass ich recht habe.«

Und weil ihnen nichts andres übrig blieb, warteten sie von Neuem. Fünf Minuten.

Noch mal fünf Minuten.

»Das hat nun aber wirklich keinen Zweck«, sagte Pony zur Großmutter. »Da können wir ja hier stehen bleiben, bis wir schwarz werden. Ob es noch einen anderen Blumenstand gibt?«

»Du kannst ja mal zusehen. Aber bleibe nicht so lange!«

Hütchen nahm wieder ihr Rad und inspizierte den Bahnhof.

Es gab weiter keinen zweiten Blumenstand. Dann fragte sie noch rasch zwei Eisenbahnbeamten Löcher in den Bauch und kam stolz zurück.

»Also«, erzählte sie, »Blumenstände gibt's keine sonst. Wäre ja auch komisch. Was wollte ich noch sagen? Richtig, der nächste Zug aus Neustadt kommt hier 20 Uhr 33 an. Das ist kurz nach halb neun. Wir gehen jetzt hübsch nach Hause. Und Punkt acht fahre ich mit meinem Rad wieder hierher. Wenn er dann immer noch nicht da ist, kriegt er einen hundsgemeinen Brief von mir.«

»Drücke dich etwas gewählter aus, Pony!«

»Kriegt er einen Brief, der sich gewaschen hat, kann man auch sagen.«

Die Großmutter machte ein besorgtes Gesicht und schüttelte den Kopf. »Die Sache gefällt mir nicht. Die Sache gefällt mir nicht«, erklärte sie. Wenn sie aufgeregt war, sagte sie nämlich alles zweimal. Sie gingen langsam nach Hause. Unterwegs, an der Weidendammer Brücke, fragte Pony Hütchen: »Großmutter, willst du dich auf die Lenkstange setzen?«

»Halte den Mund!«

»Wieso? Schwerer als Zicklers Arthur bist du auch nicht. Und der setzt sich oft drauf, wenn ich fahre.«

»Wenn das noch ein einziges Mal vorkommt, nimmt dir dein Vater das Rad für immer weg.«

»Ach, euch darf man aber auch gar nichts erzählen«, schimpfte Pony. Als sie zu Hause – Schumannstraße 15 – angekommen waren, gab es bei Ponys Eltern, Heimbold hießen sie, große Aufregung. Jeder wollte wissen, wo Emil war, und keiner wusste es.

Der Vater riet, an Emils Mutter zu depeschieren.

»Um Gottes willen!«, rief seine Frau, Ponys Mutter. »Sie würde sich zu Tode erschrecken. Wir gehen gegen acht Uhr noch einmal auf den Bahnhof. Vielleicht kommt er mit dem nächsten Zug.«

»Hoffentlich«, jammerte die Großmutter, »aber ich kann mir nicht helfen: Die Sache gefällt mir nicht, die Sache gefällt mir nicht!«

»Die Sache gefällt mir nicht«, sagte Pony Hütchen und wiegte bedenklich ihr kleines Haupt hin und her.

Der Junge mit der Hupe taucht auf

In der Trautenaustraße, Ecke Kaiserallee, verließ der Mann im steifen Hut die Straßenbahn. Emil sah's, nahm Koffer und Blumenstrauß, sagte zu dem Herrn, der die Zeitung las: »Haben Sie nochmals verbindlichen Dank, mein Herr!«, und kletterte vom Wagen.

Der Dieb ging am Vorderwagen vorbei, überquerte die Gleise und steuerte nach der anderen Seite der Straße. Dann fuhr die Bahn weiter, gab den Blick frei, und Emil bemerkte, dass der Mann unschlüssig stehen blieb und dann die Stufen zu einer Café-Terrasse hinaufschritt.

Jetzt hieß es wieder einmal vorsichtig sein. Wie ein Detektiv, der Flöhe fängt. Emil orientierte sich flink, entdeckte an der Ecke einen Zeitungskiosk und lief, so rasch er konnte, dahinter. Das Versteck war ausgezeichnet. Es lag zwischen dem Kiosk und einer Litfaßsäule. Der Junge stellte sein Gepäck hin, nahm die Mütze ab und witterte.

Der Mann hatte sich auf die Terrasse gesetzt, dicht ans Geländer, rauchte eine Zigarette und schien seelenvergnügt. Emil fand es abscheulich, dass ein Dieb überhaupt vergnügt sein kann und dass der Bestohlene betrübt sein muss, und wusste sich keinen Rat.

Was hatte es denn im Grunde für einen Sinn, dass er sich hinter einem Zeitungskiosk verbarg, als wäre er selber der Dieb und nicht der andere? Was hatte es für einen Zweck, dass er wusste, der Mann säße im Café Josty an der Kaiserallee, tränke helles Bier und rauchte Zigaretten? Wenn der Kerl jetzt aufstand, konnte die Rennerei weitergehen. Blieb er aber, dann konnte Emil hinter dem Kiosk stehen, bis er einen langen grauen Bart kriegte. Es fehlte wirklich nur noch, dass ein Schupomann angerückt kam und sagte: ›Mein Sohn, du machst dich verdächtig. Los, folge mir mal unauffällig. Sonst muss ich dir leider Handschellen anlegen.‹

Plötzlich hupte es dicht hinter Emil! Er sprang erschrocken zur Seite, fuhr herum und sah einen Jungen stehen, der ihn auslachte. »Na Mensch, fall nur nicht gleich vom Stühlchen«, sagte der Junge.

»Wer hat denn eben hinter mir gehupt?«, fragte Emil.

»Na Mensch, ich natürlich. Du bist wohl nicht aus Wilmersdorf, wie? Sonst wüsstest du längst, dass ich 'ne Hupe in der Hosentasche habe. Ich bin hier nämlich bekannt wie 'ne Missgeburt.«

»Ich bin aus Neustadt. Und komme gerade vom Bahnhof.«

»So, aus Neustadt? Deswegen hast du so 'nen doofen Anzug an.«

»Nimm das zurück! Sonst kleb ich dir eine, dass du scheintot hinfällst.«

»Na Mensch«, sagte der andere gutmütig, »bist du böse? Das Wetter ist mir zum Boxen zu vornehm. Aber von mir aus, bitte!«

»Verschieben wir's auf später«, erklärte Emil, »ich hab jetzt keine Zeit für so was.« Und er blickte nach dem Café hinüber, ob Grundeis noch dort säße.

»Ich dachte sogar, du hättest viel Zeit! Stellt sich mit Koffer und Blumenkohl hinter die Zeitungsbude und spielt mit sich selber Verstecken! Da muss man doch glatt zehn bis zwanzig Meter Zeit übrig haben.«

»Nein«, sagte Emil, »ich beobachte einen Dieb.«

»Was? Ich verstehe fortwährend: Dieb«, meinte der andre Junge, »wen hat er denn beklaut?«

»Mich!«, sagte Emil und war direkt stolz darauf. »In der Eisenbahn. Während ich schlief. Hundertvierzig Mark. Die sollte ich meiner Großmutter hier in Berlin geben. Dann ist er in ein andres Coupé geturnt und am Bahnhof Zoo ausgestiegen. Ich natürlich hinterher, kannst du dir denken. Dann auf die Straßenbahn. Und jetzt sitzt er drüben im Café, mit seinem steifen Hut, und ist guter Laune.«

»Na Mensch, das ist ja großartig!«, rief der Junge. »Das ist ja wie im Kino! Was willst du nun anstellen?«

»Keine Ahnung. Immer hinterher. Weiter weiß ich vorderhand nichts.«

»Sag's doch dem Schupo dort. Der nimmt ihn hopp.«

»Ich mag nicht. Ich habe bei uns in Neustadt was ausgefressen. Da sind sie nun vielleicht scharf auf mich. Und wenn ich …«

»Verstehe, Mensch!«

»Und am Bahnhof Friedrichstraße wartet meine Großmutter.«

Der Junge mit der Hupe dachte ein Weilchen nach. Dann sagte er: »Also, ich finde die Sache mit dem Dieb knorke. Ganz große Klasse, Ehrenwort! Und, Mensch, wenn du nischt dagegen hast, helfe ich dir.«

»Da wär ich dir kolossal dankbar!«

»Quatsch nicht, Krause! Das ist doch klar, dass ich hier mitmache. Ich heiße Gustav.«

»Und ich Emil.«

Sie gaben sich die Hand und gefielen einander ausgezeichnet.

»Nun aber los«, sagte Gustav, »wenn wir hier nichts weiter machen als rumstehen, geht uns der Schuft durch die Lappen. Hast du noch etwas Geld?«

»Keinen Sechser.«

Gustav hupte leise, um sein Denken anzuregen. Es half nichts.

»Wie wäre denn das«, fragte Emil, »wenn du noch ein paar Freunde herholtest?«

»Mensch, die Idee ist hervorragend!«, rief Gustav begeistert.

»Das mach ich! Ich brauch bloß mal durch die Höfe zu sausen und zu hupen, gleich ist der Laden voll.«

»Tu das mal!«, riet Emil. »Aber komme bald wieder. Sonst läuft der Kerl da drüben weg. Und da muss ich selbstverständlich hinterher. Und wenn du wiederkommst, bin ich über alle Berge.«

»Klar, Mensch! Ich mache schnell! Verlass dich drauf. Übrigens isst der Mausehaken im Café Josty drüben Eier im Glas und solche Sachen. Der bleibt noch 'ne Weile. Also, Wiedersehen, Emil! Mensch, ich freu mich noch halb dämlich. Das wird eine tolle Kiste!« Und damit fegte er fort.

Emil fühlte sich wunderbar erleichtert. Denn Pech bleibt nun zwar auf alle Fälle Pech. Aber ein paar Kameraden zu haben, die freiwillig mit von der Partie sind, das ist kein kleiner Trost.

Er behielt den Dieb scharf im Auge, der sich's – wahrscheinlich noch dazu von Mutters Erspartem – gut schmecken ließ, und hatte nur eine Angst: dass der Lump dort aufstehen und fortlaufen könne. Dann waren Gustav und die Hupe und alles umsonst.

Aber Herr Grundeis tat ihm den Gefallen und blieb. Wenn er freilich von der Verschwörung etwas geahnt hätte, die sich über ihm wie ein Sack zusammenzog, dann hätte er sich mindestens ein Flugzeug bestellt. Denn nun wurde die Sache langsam brenzlich …

Zehn Minuten später hörte Emil die Hupe wieder. Er drehte sich um und sah, wie mindestens zwei Dutzend Jungen, Gustav allen voran, die Trautenaustraße heraufmarschiert kamen.

»Das Ganze halt! Na, was sagst du nun?«, fragte Gustav und strahlte übers ganze Gesicht.

»Ich bin gerührt«, sagte Emil und stieß Gustav vor Wonne in die Seite.

»Also, meine Herrschaften! Das hier ist Emil aus Neustadt. Das andre hab ich euch schon erzählt. Dort drüben sitzt der Schweinehund, der ihm das Geld geklaut hat. Der rechts an der Kante, mit der schwarzen Melone auf dem Dach. Wenn wir den

Bruder entwischen lassen, nennen wir uns alle von morgen ab nur noch Moritz. Verstanden?«

»Aber Gustav, den kriegen wir doch!«, sagte ein Junge mit einer Hornbrille.

»Das ist der Professor«, erläuterte Gustav. Und Emil gab ihm die Hand.

Dann wurde ihm, der Reihe nach, die ganze Bande vorgestellt.

»So«, sagte der Professor, »nun wollen wir mal auf den Akzelerator treten. Los! Erstens, Geld her!«

Jeder gab, was er besaß. Die Münzen fielen in Emils Mütze. Sogar ein Markstück war dabei. Es stammte von einem sehr kleinen Jungen, der Dienstag hieß. Er sprang vor Freude von einem Bein aufs andre und durfte das Geld zählen. »Unser Kapital beträgt«, berichtete er den gespannten Zuhörern, »fünf Mark und siebzig Pfennige. Das Beste wird sein, wir verteilen das Geld an drei Leute. Für den Fall, dass wir uns mal trennen müssen.«

»Sehr gut«, sagte der Professor. Er und Emil kriegten je zwei Mark. Gustav bekam eine Mark und siebzig.

»Habt vielen Dank«, sagte Emil, »wenn wir ihn haben, geb ich euch das Geld wieder. Was machen wir nun? Am liebsten würde ich erst mal meinen Koffer und die Blumen irgendwo unterbringen. Denn wenn die Rennerei losgeht, ist mir das Zeug mächtig im Wege.«

»Mensch, gib den Kram her«, meinte Gustav. »Den bring ich gleich rüber ins Café Josty, geb ihn am Büfett ab und beschnuppre bei der Gelegenheit mal den Herrn Dieb.«

»Aber mache es geschickt«, riet der Professor. »Der Halunke braucht nicht zu merken, dass ihm Detektive auf der Spur sind. Denn das würde die Verfolgung erschweren.«

»Hältst du mich für dusslig?«, knurrte Gustav und schob ab …

»Ein feines Fotografiergesicht hat der Herr«, sagte er, als er zurückkam. »Und die Sachen sind gut aufgehoben. Die können wir holen, wenn's uns passt.«

»Na, was sagst du nun?«, fragte Gustav und strahlte übers ganze Gesicht.

»Jetzt wäre es gut«, schlug Emil vor, »wenn wir einen Kriegsrat abhielten. Aber nicht hier. Das fällt zu sehr auf.«

»Wir gehen nach dem Nikolsburger Platz«, riet der Professor. »Zwei von uns bleiben hier am Zeitungskiosk und passen auf, dass der Kerl nicht durchbrennt. Fünf oder sechs stellen wir als Stafetten auf, die sofort die Nachricht durchgeben, wenn's so weit ist. Dann kommen wir im Dauerlauf zurück.«

»Lass mich nur machen, Mensch!«, rief Gustav und begann, den Nachrichtendienst zu organisieren. »Ich bleibe mit hier bei den Vorposten«, sagte er zu Emil, »mach dir keine Sorgen! Wir lassen ihn nicht fort. Und beeilt euch ein bisschen. Es ist schon ein paar Minuten nach sieben. So, und nun haut gefälligst ab!«

Er stellte die Stafetten auf. Und die anderen zogen, mit Emil und dem Professor an der Spitze, zum Nikolsburger Platz.

NEUNTES KAPITEL

Die Detektive versammeln sich

Sie setzten sich auf die zwei weißen Bänke, die in den Anlagen stehen, und auf das niedrige eiserne Gitter, das den Rasen einzäunt, und zogen ernste Gesichter. Der Junge, der Professor genannt wurde, hatte anscheinend auf diesen Tag gewartet. Er griff sich, wie sein Vater, der Justizrat, an die Hornbrille, hantierte daran herum und entwickelte sein Programm. »Es besteht die Möglichkeit«, begann er, »dass wir uns nachher aus praktischen Gründen trennen müssen. Deshalb brauchen wir eine Telefonzentrale. Wer von euch hat Telefon?«

Zwölf Jungen meldeten sich.

»Und wer von denen, die ein Telefon haben, hat die vernünftigsten Eltern?«

»Vermutlich ich!«, rief der kleine Dienstag.

»Eure Telefonnummer?«

»Bavaria 0579.«

»Hier sind Bleistift und Papier. Krummbiegel, mach dir zwanzig Zettel zurecht und schreibe auf jeden von ihnen Dienstags Telefonnummer. Aber gut leserlich! Und dann gibst du jedem von uns einen Zettel. Die Telefonzentrale wird immer wissen, wo sich die Detektive aufhalten und was los ist. Und wer das erfahren will, der ruft ganz einfach den kleinen Dienstag an und erhält von ihm genauen Bescheid.«

»Ich bin doch aber nicht zu Hause«, sagte der kleine Dienstag.

»Doch, du bist zu Hause«, antwortete der Professor. »Sobald

wir hier mit Ratschlagen fertig sind, gehst du heim und bedienst das Telefon.«

»Ach, ich möchte aber lieber dabei sein, wenn der Verbrecher gefangen wird. Kleine Jungens kann man bei so was sehr gut verwenden.«

»Du gehst nach Hause und bleibst am Telefon. Es ist ein sehr verantwortungsvoller Posten.«

»Na schön, wenn ihr wollt.«

Krummbiegel verteilte die Telefonzettel. Und jeder Junge steckte sich den seinen vorsichtig in die Tasche. Ein paar besonders Gründliche lernten gleich die Nummer auswendig.

»Wir werden auch eine Art Bereitschaftsdienst einrichten müssen«, meinte Emil.

»Selbstredend. Wer bei der Jagd nicht unbedingt gebraucht wird, bleibt hier am Nikolsburger Platz. Ihr geht abwechselnd nach Hause und erzählt dort, ihr würdet heute vielleicht sehr spät heimkommen. Ein paar können ja auch sagen, sie blieben zur Nacht bei einem Freund. Damit wir Ersatzleute haben und Verstärkung, falls die Jagd bis morgen dauert. Gustav, Krummbiegel, Arnold Mittenzwey, sein Bruder und ich rufen von unterwegs an, dass wir wegblieben … Ja, und Traugott geht mit zu Dienstags, als Verbindungsmann, und rennt zum Nikolsburger Platz, wenn wir wen brauchen. Da hätten wir also die Detektive, den Bereitschaftsdienst, die Telefonzentrale und den Verbindungsmann. Das sind vorläufig die nötigsten Abteilungen.«

»Was zum Essen werden wir brauchen«, mahnte Emil. »Vielleicht rennen ein paar von euch nach Hause und holen Stullen ran.«

»Wer wohnt am nächsten?«, fragte der Professor. »Los! Mittenzwey, Gerold, Friedrich der Erste, Brunot, Zerlett, schwirrt ab und bringt paar Fresspakete mit!«

Die fünf Jungen rannten auf und davon.

»Ihr Holzköppe, ihr quatscht dauernd von Essen, Telefon und Auswärtsschlafen. Aber wie ihr den Kerl kriegt, das besprecht ihr nicht. Ihr … ihr Studienräte!«, grollte Traugott. Ihm fiel kein ärgeres Schimpfwort ein.

»Habt ihr denn einen Apparat für Fingerabdrücke?«, fragte Petzold. »Vielleicht hat er sogar, wenn er gerissen war, Gummihandschuhe getragen. Und dann kann man ihm überhaupt nichts nachweisen.« Petzold hatte schon zweiundzwanzig Kriminalfilme gesehen. Und das war ihm, wie man merkt, nicht gut bekommen.

»Du kriegst die Motten!«, sagte Traugott empört. »Wir werden ganz einfach die Gelegenheit abpassen und ihm das Geld, das er geklaut hat, wieder klauen!«

»Quatsch!«, erklärte der Professor. »Wenn wir ihm das Geld klauen, sind wir ganz genau solche Diebe, wie er selber einer ist!«

»Werde bloß nicht drollig!«, rief Traugott. »Wenn mir jemand was stiehlt und ich stehl's ihm wieder, bin ich doch kein Dieb!«

»Doch, dann bist du ein Dieb«, behauptete der Professor.

»Quatsch dir keine Fransen«, murrte Traugott.

»Der Professor hat sicher recht«, griff Emil ein. »Wenn ich jemandem heimlich was wegnehme, bin ich ein Dieb. Ob es ihm gehört oder ob er es mir erst gestohlen hat, ist egal.«

»Genau so ist es«, sagte der Professor. »Tut mir den Gefallen und haltet hier keine klugen Reden, die nichts nützen. Der Laden ist eingerichtet. Wie wir uns den Halunken kaufen, können wir noch nicht wissen. Das werden wir schon deichseln. Jedenfalls steht fest, dass er es freiwillig wieder hergeben muss. Stehlen wäre idiotisch.«

»Das versteh ich nicht«, meinte der kleine Dienstag. »Was mir gehört, kann ich doch nicht stehlen können! Was mir gehört, gehört eben mir, auch wenn's in einer fremden Tasche steckt!«

»Das sind Unterschiede, die sich schwer begreifen lassen«, dozierte der Professor, »moralisch bist du meinetwegen im Recht. Aber das Gericht verurteilt dich trotzdem. Das verstehen sogar viele Erwachsene nicht. Aber es ist so.«

»Von mir aus«, sagte Traugott und zuckte die Achseln.

»Und seid ja recht geschickt! Könnt ihr gut schleichen?«, fragte Petzold. »Sonst dreht er sich um und schon sieht er euch. Dann guten Abend.«

»Ja, gut geschlichen muss werden«, bestätigte der kleine Dienstag. »Deswegen hatte ich ja auch gedacht, ihr könntet mich brauchen. Ich schleiche wundervoll. Und ich wäre unerhört als so eine Art Polizeihund. Bellen kann ich auch.«

»Schleiche mal in Berlin, dass dich niemand sieht!« Emil regte sich auf. »Wenn du willst, dass dich alle sehen sollen, brauchst du nur zu schleichen.«

»Aber einen Revolver müsstet ihr haben!«, riet Petzold. Er war nicht totzukriegen mit seinen Vorschlägen.

»Einen Revolver braucht ihr«, riefen zwei, drei andere.

»Nein«, sagte der Professor.

»Der Dieb hat sicher einen.« Traugott hätte am liebsten gewettet.

»Gefahr ist eben dabei«, erklärte Emil, »und wer Angst hat, geht am besten schlafen.«

»Willst du etwa damit sagen, dass ich ein Feigling bin?«, erkundigte sich Traugott und trat wie ein Ringkämpfer in die Mitte.

»Ordnung!«, rief der Professor. »Keilt euch morgen! Was sind das für Zustände? Ihr benehmt euch ja wahrhaftig wie … wie die Kinder!«

»Wir sind doch auch welche«, sagte der kleine Dienstag. Und da mussten alle lachen.

»Eigentlich sollte ich meiner Großmutter ein paar Zeilen schreiben. Denn meine Verwandten haben ja keine Ahnung, wo ich bin. Womöglich rennen sie noch zur Polizei. Kann mir jemand, während wir den Kerl hetzen, einen Brief besorgen? Schumannstraße 15 wohnen sie. Es wäre sehr freundlich.«

»Mach ich«, meldete sich ein Junge, der Bleuer hieß. »Schreib nur schnell! Damit ich hinkomme, ehe das Haus geschlossen wird. Ich fahre bis zum Oranienburger Tor. Mit der Untergrund. Wer gibt mir Pinke?«

Der Professor gab ihm Fahrgeld. Zwanzig Pfennige, für Hin- und Rückfahrt. Emil borgte sich Bleistift und Papier. Und schrieb:

Liebe Großmutter!
Sicher habt Ihr Sorge, wo ich bin. Ich bin in Berlin. Kann aber leider noch nicht kommen, weil ich vorher was Wichtiges erledigen muss. Fragt nicht, was. Und ängstigt Euch nicht. Wenn alles geordnet ist, komm ich und freu mich schon jetzt. Der Junge mit dem Brief ist ein Freund und weiß, wo ich stecke. Darf es aber nicht erzählen. Denn es ist ein Amtsgeheimnis. Viele Grüße auch an Onkel, Tante und Pony Hütchen

Dein treuer Enkel Emil.

NB. Mutti lässt vielmals grüßen. Blumen hab ich auch mit. Die kriegst Du, sobald ich kann.

Emil schrieb dann noch die Adresse auf die Rückseite, kniff das Papier zusammen und sagte: »Dass du aber niemandem von meinen Leuten erzählst, wo ich stecke und dass das Geld futsch ist. Sonst geht mir's elend.«

»Schon gut, Emil!«, meinte Bleuer. »Gib das Telegramm her! Wenn ich zurück bin, klingle ich den kleinen Dienstag an, um zu hören, was indessen passiert ist. Und melde mich beim Bereitschaftsdienst.« Dann rannte er fort.

Inzwischen waren die fünf Jungen wiedergekommen und brachten Stullenpakete angeschleppt. Gerold lieferte sogar eine ganze Schlackwurst ab. Er hätte sie von seiner Mutter gekriegt, erzählte er. Na ja.

Die fünf hatten zu Hause angedeutet, dass sie noch ein paar Stunden wegblieben.

Emil verteilte die Stullen, und jeder steckte sich eine als Reserve in die Tasche. Die Wurst erhielt Emil selber zur Verwaltung.

Dann rannten fünf andere Jungen heim, um zu bitten, dass sie noch einmal, für längere Zeit, wegdürften. Zwei von ihnen kamen nicht wieder. Die Eltern hatten es wahrscheinlich verboten.

Der Professor gab die Parole aus. Damit man immer gleich wüsste, wenn jemand käme oder telefonierte, ob er dazugehöre. Die Parole lautete: »Emil!« Das war leicht zu merken.

Dann schob der kleine Dienstag mit Traugott, dem mürrischen Verbindungsmann, ab und wünschte den Detektiven Hals- und Beinbruch. Der Professor rief ihm noch nach, er möge doch für ihn zu Hause anrufen und dem Vater sagen, er, der Professor, habe was Dringendes vor. »Dann ist er beruhigt und hat nichts dagegen«, fügte er hinzu.

»Donnerwetter noch mal«, sagte Emil, »gibt's in Berlin famose Eltern!«

»Bilde dir ja nicht ein, dass sie alle so gemütlich sind«, meinte Krummbiegel und kratzte sich hinter den Ohren.

»Doch, doch! Der Durchschnitt ist ganz brauchbar«, widersprach der Professor. »Es ist ja auch das Gescheiteste. Auf diese Weise werden sie nicht belogen. Ich habe meinem alten Herrn versprochen, nichts zu tun, was unanständig oder gefährlich ist. Und solange ich das Versprechen halte, kann ich machen, was ich will. Ist ein glänzender Kerl, mein Vater.«

»Wirklich famos!«, wiederholte Emil. »Aber höre mal, vielleicht wird's heute doch gefährlich?«

»Na, da ist's eben aus mit der Erlaubnis«, erklärte der Professor und zuckte die Achseln. »Er hat gesagt, ich solle mir immer ausmalen, ob ich genauso handeln würde, wenn er dabei wäre. Und das täte ich heute. So, nun wollen wir aber abhauen!«

Er pflanzte sich vor den Jungens auf und rief: »Die Detektive erwarten, dass ihr funktioniert. Die Telefonzentrale ist eingerichtet. Mein Geld lasse ich euch da. Es sind noch eine Mark und fünfzig Pfennige. Hier, Gerold, nimm und zähle nach! Proviant ist da. Geld haben wir. Die Telefonnummer weiß jeder. Noch eins, wer nach Hause muss, saust ab! Aber mindestens fünf Leute müssen dableiben. Gerold, du haftest uns dafür. Zeigt, dass ihr richtige Jungens seid! Wir werden inzwischen unser Möglichstes tun. Wenn wir Ersatz brauchen, schickt der kleine Dienstag den Traugott zu euch. Hat wer noch 'ne Frage? Ist alles klar? Parole Emil!«

»Parole Emil!«, riefen die Jungen, dass der Nikolsburger Platz wackelte und die Passanten Stielaugen machten.

Emil war direkt glücklich, dass ihm das Geld gestohlen worden war.

Eine Autodroschke wird verfolgt

Da kamen drei Stafettenläufer aus der Trautenaustraße gestürmt und fuchtelten mit den Armen.

»Los!«, sagte der Professor. Und schon rannten er, Emil, die Brüder Mittenzwey und Krummbiegel nach der Kaiserallee, als sollten sie den Weltrekord über hundert Yards brechen. Die letzten zehn Meter bis zur Zeitungsbude legten sie vorsichtig und im Schritt zurück, weil Gustav abwinkte.

»Zu spät?«, fragte Emil außer Atem.

»Bist du meschugge, Mensch?«, flüsterte Gustav. »Wenn ich was mache, mach ich's richtig.«

Der Dieb stand, auf der anderen Seite der Straße, vor dem Café Josty und betrachtete sich die Gegend, als wäre er in der Schweiz. Dann kaufte er einem Zeitungsverkäufer ein Abendblatt ab und begann zu lesen.

»Wenn er jetzt hier rüberkommt, auf uns los, wird's eklig«, meinte Krummbiegel.

Sie standen hinter dem Kiosk, drängten die Köpfe an der Wand vorbei und zitterten vor Spannung. Der Dieb nahm darauf nicht die mindeste Rücksicht, sondern blätterte mit bewundernswerter Ausdauer in seiner Zeitung.

»Der schielt sicher übern Rand weg, ob ihm jemand auflauert«, taxierte Mittenzwey der Ältere.

»Hat er oft zu euch hergeblickt?«, fragte der Professor.

»Nicht die Bohne, Mensch! Gefuttert hat er, als hätte er seit drei Tagen nischt gegessen.«

»Achtung!«, rief Emil.

Der Mann im steifen Hut faltete die Zeitung wieder zusammen, musterte die Vorübergehenden, winkte dann, blitzartig, einer leeren Autodroschke, die an ihm vorbeifuhr. Das Auto hielt, der Mann stieg ein, das Auto fuhr weiter.

Doch da saßen die Jungen schon in einem andren Auto und Gustav sagte zu dem Chauffeur: »Sehen Sie die Droschke, die jetzt zum Prager Platz einbiegt? Ja? Fahren Sie hinterher, Herr Chauffeur. Aber vorsichtig, dass er es nicht merkt.«

Der Wagen zog an, überquerte die Kaiserallee und fuhr, in gemessenem Abstand, hinter der anderen Droschke her.

»Was ist denn los?«, fragte der Chauffeur.

»Ach, Mensch, da hat einer was ausgefressen, und dem gehen wir nicht mehr von der Pelle«, erklärte Gustav. »Aber das bleibt unter uns, verstanden?«

»Wie die Herren wünschen«, antwortete der Chauffeur und fragte noch: »Habt ihr denn auch Geld?«

»Wofür halten Sie uns eigentlich?«, rief der Professor vorwurfsvoll.

»Na, na«, knurrte der Mann.

»I A 3733 ist seine Nummer«, gab Emil bekannt.

»Sehr wichtig«, meinte der Professor und notierte sich die Ziffer.

»Nicht zu nahe ran an den Kerl!«, warnte Krummbiegel.

»Schon gut«, murmelte der Chauffeur.

So ging es die Motzstraße entlang, über den Viktoria-Luise-Platz und die Motzstraße weiter. Ein paar Leute blieben auf den Fußsteigen stehen, blickten dem Auto nach und lachten über die komische Herrenpartie.

»Ducken!«, flüsterte Gustav.

Die Jungen warfen sich zu Boden und lagen wie Kraut und Rüben durcheinander.

»Was gibt's denn?«, fragte der Professor.

»An der Lutherstraße ist rotes Licht, Mensch! Wir müssen gleich halten und der andre Wagen kommt auch nicht rüber.«

Tatsächlich hielten beide Wagen und warteten hintereinander, bis das grüne Licht wieder aufleuchtete und die Durchfahrt frei gab. Aber niemand konnte merken, dass die zweite Autodroschke besetzt war. Sie schien leer. Die Jungen duckten sich geradezu vorbildlich. Der Chauffeur drehte sich um, sah die Bescherung und musste lachen. Während der Weiterfahrt krochen sie vorsichtig wieder hoch.

»Wenn die Fahrt nur nicht zu lange dauert«, sagte der Professor und musterte die Taxameteruhr. »Der Spaß kostet schon 80 Pfennige.«

Die Fahrt war sogar sehr schnell zu Ende. Am Nollendorfplatz hielt die erste Autodroschke, direkt vor dem Hotel Kreid. Der zweite Wagen hatte rechtzeitig gebremst und wartete, außerhalb der Gefahrenzone, was nun werden würde.

Der Mann im steifen Hut stieg aus, zahlte und verschwand im Hotel.

»Gustav, hinterher!«, rief der Professor nervös. »Wenn das Ding zwei Ausgänge hat, ist er futsch.«

Gustav verschwand.

Dann stiegen die anderen Jungen aus. Emil zahlte. Es kostete eine Mark. Der Professor führte seine Leute rasch durch das eine Tor, das an einem Lichtspieltheater vorbei in einen großen Hof führt, der sich hinter dem Kino und dem Theater am Nollendorfplatz ausbreitet. Dann schickte er Krummbiegel vor, er möge Gustav abfangen.

»Wenn der Kerl in dem Hotel bleibt, haben wir Glück«, urteilte Emil. »Dieser Hof hier ist ja ein wundervolles Standquartier.«

»Mit allem Komfort der Neuzeit«, stimmte der Professor bei, »Untergrundbahnhof gegenüber, Anlagen zum Verstecken, Lokale zum Telefonieren. Besser geht's gar nicht.«

»Hoffentlich benimmt sich Gustav gerissen«, sagte Emil.

»Auf den ist Verlass«, antwortete Mittenzwey der Ältere. »Der ist gar nicht so ungeschickt, wie er aussieht.«

»Wenn er nur bald käme«, meinte der Professor und setzte sich auf einen Stuhl, der verlassen auf dem Hofe stand. Er sah aus wie Napoleon während der Schlacht bei Leipzig.

Und dann kam Gustav wieder. »Den hätten wir«, sagte er und rieb sich die Hände. »Er ist also richtig im Hotel abgestiegen. Ich sah, wie ihn der Boy im Lift hochfuhr. Einen zweiten Ausgang gibt's auch nicht. Ich habe mir die Bude von allen Seiten aus betrachtet. Wenn er nicht übers Dach davonwandert, ist er in der Falle.«

»Krummbiegel steht Wache?«, fragte der Professor.

»Natürlich, Mensch!«

Dann erhielt Mittenzwey der Ältere einen Groschen, rannte in ein Café und telefonierte mit dem kleinen Dienstag.

»Hallo, Dienstag?«

»Jawohl, am Apparat«, krähte der kleine Dienstag am anderen Ende.

»Parole Emil! Hier Mittenzwey senior. Der Mann im steifen Hut wohnt im Hotel Kreid, Nollendorfplatz. Das Standquartier befindet sich im Hof der West-Lichtspiele, linkes Tor.«

Der kleine Dienstag notierte sich alles gründlich, wiederholte und fragte: »Braucht ihr Verstärkung, Mittendurch?«

»Nein!«

»War's schwer bis jetzt?«

»Na, es ging. Der Kerl nahm sich ein Auto, wir ein andres, verstehst du, und immer hinterher, bis er hier ausstieg. Er hat ein Zimmer genommen und ist jetzt oben. Guckt wahrscheinlich nach, ob wer unterm Bett liegt und mit sich Skat spielt.«

»Welche Zimmernummer?«

»Das wissen wir noch nicht. Aber wir kriegen's schon raus.«

»Ach, ich wäre so gern mit dabei! Weißt du, wenn wir nach den Ferien den ersten freien Aufsatz haben, schreib ich drüber.«

»Haben schon andre angerufen?«

Der kleine Dienstag notierte
sich alles gründlich.

»Nein, niemand. Es ist zum Kotzen.«

»Na servus, kleiner Dienstag.«

»Guten Erfolg, meine Herren. Was ich noch sagen wollte … Parole Emil!«

»Parole Emil!«, antwortete Mittenzwey und meldete sich dann wieder im Hof der West-Lichtspiele zur Stelle. Es war schon acht Uhr. Der Professor ging, die Wache zu kontrollieren.

»Heute kriegen wir ihn sicher nicht mehr«, sagte Gustav ärgerlich.

»Es ist trotzdem das Beste für uns, wenn er gleich schlafen geht«, erklärte Emil, »denn wenn er jetzt noch stundenlang im Auto rumsaust und in Restaurants geht oder tanzen oder ins Theater oder alles zusammen – da können wir ja vorher ruhig ein paar Auslandskredite aufnehmen.«

Der Professor kam zurück, schickte die beiden Mittenzwey als Verbindungsleute auf den Nollendorfplatz und war sehr wortkarg. »Wir müssen was überlegen, wie wir den Kerl besser beobachten können«, sagte er, »denkt mal, bitte, scharf nach.«

So saßen sie geraume Zeit und grübelten heftig.

Da ertönte im Hof eine Fahrradklingel und in den Hof rollte ein kleines vernickeltes Rad. Darauf saß ein kleines Mädchen und hinten auf dem Rad stand Kamerad Bleuer. Und beide riefen: »Hurra!«

Emil sprang auf, half beiden vom Rad, schüttelte dem kleinen Mädchen begeistert die Hand und sagte zu den andern: »Das ist meine Kusine Pony Hütchen.«

Der Professor bot Hütchen höflich seinen Stuhl an und sie setzte sich.

»Also, Emil, du Rabe«, sagte sie, »kommt nach Berlin und dreht gleich 'nen Film! Wir wollten gerade noch mal nach dem Bahnhof Friedrichstraße zum Neustädter Zug, da kam dein Freund Bleuer mit dem Brief. Netter Kerl übrigens. Gratuliere.«

Bleuer wurde rot und drückte die Brust raus.

»Na ja«, erzählte Pony, »die Eltern und Großmutter sitzen nun zu Haus und bohren sich Löcher in den Kopf, was mit dir eigentlich los ist. Wir haben ihnen natürlich nichts erzählt. Ich habe bloß Bleuer noch vors Haus gebracht und bin ein bisschen mit ihm ausgekratzt. Aber ich muss gleich wieder nach Haus. Sonst alarmieren sie das Überfallkommando. Denn noch ’n Kind weg, an ein und demselben Tag, das hielten ihre Nerven nicht aus.«

»Hier ist der Groschen für die Rückfahrt«, sagte Bleuer stolz, »den haben wir gespart.« Und der Professor steckte das Geld ein.

»Waren sie böse?«, fragte Emil.

»Nicht die Bohne«, meinte Hütchen, »Großmutter ist durchs Zimmer galoppiert und hat dauernd gerufen: ›Mein Enkel Emil ist erst auf ’nen Sprung beim Reichspräsidenten!‹, bis sich die Eltern beruhigten. Aber morgen schnappt ihr den Kunden hoffentlich? Wer ist denn euer Stuart Webbs?«

»Hier«, sagte Emil, »das ist der Professor.«

»Sehr angenehm, Herr Professor«, erklärte Hütchen, »endlich lerne ich mal ’nen richtigen Detektiv kennen.«

Der Professor lachte verlegen und stotterte ein paar unverständliche Worte.

»So, und hier«, sagte Pony, »ist mein Taschengeld, fünfundzwanzig Pfennige. Kauft euch ein paar Zigarren.«

Emil nahm das Geld.

Sie saß wie eine Schönheitskönigin auf dem Stuhl und die Jungen umstanden sie wie die Preisrichter.

»Und nun mach ich mich schwach«, sagte Pony Hütchen, »morgen früh bin ich wieder da. Wo werdet ihr schlafen? Gott, ich bliebe ja zu gern hier und würde euch Kaffee kochen. Aber was soll man machen? Ein anständiges Mädchen gehört in die Klappe. So! Wiedersehen, meine Herren! Gute Nacht, Emil!«

Sie gab Emil einen Schlag auf die Schulter, sprang auf ihr Rad, klingelte fidel und radelte davon.

Die Jungen standen eine ganze Zeit sprachlos.

Dann tat der Professor den Mund auf und sagte: »Verflucht noch mal!«

Und die andern gaben ihm völlig recht.

ELFTES KAPITEL

Ein Spion schleicht ins Hotel

Die Zeit verging langsam.

Emil besuchte die drei Vorposten und wollte einen von ihnen ablösen. Aber Krummbiegel und die beiden Mittenzwey sagten, sie blieben. Dann wagte sich Emil, sehr vorsichtig, bis ans Hotel Kreid, informierte sich und kehrte, ziemlich aufgeregt, in den Hof zurück.

»Ich habe das Gefühl«, sagte er, »es müsste was geschehen. Wir können doch nicht die ganze Nacht das Hotel ohne Spion lassen! Krummbiegel steht zwar an der Ecke Kleiststraße. Aber er braucht nur den Kopf wegzudrehen und schon kann Grundeis flöten gehn.«

»Du hast gut reden, Mensch«, entgegnete Gustav. »Wir können doch nicht einfach zu dem Portier laufen und sagen: ›Hörnse mal, wir sind so frei und setzen uns auf die Treppe.‹ Und du selber kannst schon gar nicht in das Haus. Wenn der Halunke aus seiner Tür guckt und dich erkennt, war der ganze Zauber bis jetzt umsonst.«

»So meine ich's auch nicht«, antwortete Emil.

»Sondern?«, fragte der Professor.

»In dem Hotel gibt's doch einen Jungen. Der den Fahrstuhl bedient und derartige Sachen. Wenn nun wer von uns zu ihm ginge und erzählte, was los ist, na, der kennt doch das Hotel wie seine Westentasche und weiß bestimmt einen guten Rat.«

»Gut«, sagte der Professor, »sehr gut sogar!« Er hatte eine komische Angewohnheit. Es war stets, als verteile er an die anderen Zensuren. Deshalb hieß er ja auch der Professor.

»Dieser Emil! Noch so ein Tipp und wir machen dich zum Ehrendoktor. Schlau wie ein Berliner!«, rief Gustav.

»Bilde dir bloß nicht ein, nur ihr seid schlau!« Emil wurde empfindlich. Er fühlte sich in seinem Neustädter Patriotismus verwundet. »Wir müssen überhaupt noch miteinander boxen.«

»Warum denn?«, fragte der Professor.

»Ach, er hat meinen guten Anzug schwer beleidigt.«

»Der Boxkampf findet morgen statt«, entschied der Professor, »morgen oder überhaupt nicht.«

»Er ist gar nicht so doof, der Anzug. Ich hab mich schon dran gewöhnt, Mensch«, erklärte Gustav gutmütig. »Boxen können wir aber trotzdem. Ich mache dich aber darauf aufmerksam, dass ich der Champion der Landhausbande bin. Sieh dich vor!«

»Und ich bin in der Schule der Meister fast aller Gewichtsklassen«, behauptete Emil.

»Schrecklich, ihr Muskelpietsche!«, sagte der Professor. »Eigentlich wollte ich selber hinüber ins Hotel. Aber euch beide kann man ja keine Minute allein lassen. Sonst fangt ihr euch sofort zu hauen an.«

»Dann geh eben ich!«, schlug Gustav vor.

»Richtig!«, sagte der Professor. »Da gehst eben du! Und sprich mit dem Boy. Sei aber vorsichtig! Vielleicht lässt sich was machen. Stelle fest, in welchem Zimmer der Kerl wohnt. In einer Stunde kommst du wieder und erstattest Bericht.«

Gustav verschwand.

Der Professor und Emil traten vors Tor und erzählten sich von ihren Lehrern. Dann erklärte der Professor dem andern die verschiedenen in- und ausländischen Automarken, die vorbeifuhren, bis Emil ein bisschen Bescheid wusste. Und dann aßen sie gemeinsam eine Stulle.

Es war schon dunkel geworden. Überall flammten Lichtreklamen auf. Die Hochbahn donnerte vorüber. Die Untergrundbahn dröhnte. Straßenbahnen und Autobusse, Autos und Fahrräder vollführten ein tolles Konzert. Im Café Woerz wurde Tanzmusik gespielt. Die Kinos, die am Nollendorfplatz liegen, begannen mit der letzten Vorstellung. Und viele Menschen drängten hinein.

»So ein großer Baum wie der da drüben am Bahnhof«, meinte Emil, »kommt einem hier ganz ulkig vor. Nicht? Er sieht aus, als hätte er sich verlaufen.« Der Junge war bezaubert und gerührt. Und er vergaß beinahe, wozu er hier stand und dass ihm hundertvierzig Mark fehlten.

»Berlin ist natürlich großartig. Man denkt, man sitzt im Kino. Aber ich weiß nicht recht, ob ich immer hier leben möchte. In Neustadt haben wir den Obermarkt und den Niedermarkt und den Bahnhofsplatz. Und die Spielplätze am Fluss und im Amselpark. Das ist alles. Trotzdem, Professor, ich glaube, mir genügt's. Immer solcher Fastnachtsrummel, immer hunderttausend Straßen und Plätze? Da würde ich mich dauernd verlaufen. Überleg dir mal, wenn ich euch nicht hätte und stünde ganz alleine hier! Da krieg ich gleich 'ne Gänsehaut.«

»Man gewöhnt sich dran«, sagte der Professor. »Ich hielte es wahrscheinlich wieder nicht in Neustadt aus, mit drei Plätzen und dem Amselpark.«

»Man gewöhnt sich dran«, sagte Emil, »aber schön ist Berlin. Keine Frage, Professor. Wunderschön.«

»Ist deine Mutter eigentlich sehr streng?«, fragte der Berliner Junge.

»Meine Mutter?«, fragte Emil. »Aber keine Spur. Sie erlaubt mir alles. Aber ich tu's nicht. Verstehst du?«

»Nein«, erklärte der Professor offen, »das versteh ich nicht.«

»So? Also pass mal auf. Habt ihr viel Geld?«

»Das weiß ich nicht. Wir sprechen zu Hause wenig drüber.«

»Ich glaube, wenn man zu Hause wenig über Geld spricht, hat man viel von der Sorte.«

Der Professor dachte einen Moment nach und sagte: »Das ist schon möglich.«

»Siehst du. Wir sprechen oft darüber, meine Mutter und ich. Wir haben eben wenig. Und sie muss fortwährend verdienen und trotzdem reicht es an keiner Ecke. Aber wenn wir einen Klassenausflug machen, gibt mir meine Mutter genauso viel Geld mit, wie die anderen Jungen kriegen. Manchmal sogar noch mehr.«

»Wie kann sie das denn?«

»Das weiß ich nicht. Aber sie kann's. Und da bring ich dann eben die Hälfte wieder mit.«

»Will sie das?«

»Unsinn! Aber ich will's.«

»Aha!«, sagte der Professor. »So ist das bei euch.«

»Jawohl. So ist das. Und wenn sie mir erlaubt, mit Prötzsch aus der ersten Etage bis neun Uhr abends in die Heide zu gehen, bin ich gegen sieben wieder zurück. Weil ich nicht will, dass sie allein in der Küche sitzt und Abendbrot isst. Dabei verlangt sie unbedingt, dass ich mit den andern bleiben soll. Ich hab's ja auch versucht. Aber da macht mir das Vergnügen gar kein Vergnügen mehr. Und im Grunde freut sie sich ja doch, dass ich früh heimkomme.«

»Nee«, sagte der Professor. »Das ist bei uns allerdings anders. Wenn ich wirklich zeitig nach Hause komme, kann ich wetten, sie sind im Theater oder eingeladen. Wir haben uns ja auch ganz gerne. Muss man schon sagen. Aber wir machen wenig Gebrauch davon.«

»Es ist eben das Einzige, was wir uns leisten können! Deswegen bin ich noch lange kein Muttersöhnchen. Und wer das nicht glaubt, den schmeiße ich an die Wand. Es ist eigentlich ganz einfach zu verstehen.«

»Ich versteh es schon.«

Die zwei Knaben standen eine Zeit lang im Torbogen, ohne zu sprechen. Es wurde Nacht. Sterne glitzerten. Und der Mond schielte mit einem Auge über die Hochbahn weg.

Der Professor räusperte sich und fragte, ohne den andern anzusehn: »Da habt ihr euch wohl sehr lieb?«

»Kolossal«, antwortete Emil.

ZWÖLFTES KAPITEL

Ein grüner Liftboy entpuppt sich

Gegen zehn Uhr erschien eine Abordnung des Bereitschaftsdienstes im Kinohofe, brachte noch einmal Stullen angeschleppt, als gelte es, hundert hungernde Völker zu füttern, und erbat weitere Befehle. Der Professor war sehr aufgebracht und erklärte, sie hätten hier gar nichts zu suchen, sondern am Nikolsburger Platz auf Traugott, den Verbindungsmann von der Telefonzentrale, zu warten.

»Sei nicht so ekelhaft!«, sagte Petzold. »Wir sind ganz einfach neugierig, wie es bei euch aussieht.«

»Und außerdem dachten wir schon, euch sei was zugestoßen, weil Traugott überhaupt nicht kam«, fügte Gerold entschuldigend hinzu.

»Wie viele sind noch am Nikolsburger Platz?«, fragte Emil.

»Vier. Oder drei«, berichtete Friedrich der Erste.

»Es können auch nur zwei sein«, meinte Gerold.

»Frage sie nicht weiter«, rief der Professor wütend, »sonst sagen sie noch, es wäre überhaupt niemand mehr dort!«

»Schrei gefälligst nicht so«, sagte Petzold, »du hast mir einen Dreck zu befehlen.«

»Ich schlage vor, dass Petzold sofort ausgewiesen wird und dass man ihm verbietet, weiterhin an der Jagd teilzunehmen«, rief der Professor und stampfte mit dem Fuß auf.

»Es tut mir leid, dass ihr euch meinetwegen zankt«, sagte Emil. »Wir wollen wie im Reichstag abstimmen. Ich beantrage nur,

Petzold streng zu verwarnen. Denn es geht natürlich nicht, dass jeder einfach tut, was er will.«

»Macht euch ja nicht mausig, ihr Saukerle! Ich gehe sowieso, dass ihr's wisst!« Dann sagte Petzold noch etwas furchtbar Unanständiges und zog ab.

»Er hat uns überhaupt erst angestiftet. Sonst wären wir gar nicht hierhergelaufen«, erzählte Gerold. »Und Zerlett ist im Bereitschaftslager zurückgeblieben.«

»Kein Wort mehr über Petzold«, befahl der Professor und sprach schon wieder ganz ruhig. Er nahm sich mächtig zusammen. »Erledigt.«

»Und was wird nun aus uns?«, fragte Friedrich der Erste.

»Das Beste wird sein, ihr wartet, bis Gustav aus dem Hotel eintrifft und Bericht gibt«, schlug Emil vor.

»Gut«, sagte der Professor. »Ist das dort nicht der Hotelboy?«

»Ja, das ist er«, bestätigte Emil.

Im Torbogen stand – in einer grünen Livree und mit einem genauso grünen, schräg sitzenden Käppi auf dem Kopf – ein Junge. Er winkte den andern und kam langsam näher.

»Eine schneidige Uniform hat er an. Donnerwetter!«, meinte Gerold neidisch.

»Bringst du von unserem Spion Gustav Nachricht?«, rief der Professor.

Der Boy war schon ganz nahe, nickte und sagte: »Jawohl.«

»Also, bitte schön, was gibt's?«, fragte Emil gespannt.

Da erklang plötzlich eine Hupe! Und der grüne Boy sprang wie verrückt im Hausflur hin und her und lachte. »Emil, Mensch«, rief er, »bist du aber dämlich!«

Es war nämlich gar nicht der Boy, sondern Gustav selber.

»Du grüner Junge!«, schimpfte Emil zum Spaß. Da lachten die andern auch. Bis jemand in einem der Hofhäuser ein Fenster aufriss und »Ruhe!« schrie.

»Großartig!«, sagte der Professor. »Aber leiser, meine Herren. Komm her, Gustav, setz dich und erzähle.«

»Mensch, das reinste Theater. Zum Quietschen. Also, hört zu! Ich schleiche ins Hotel, sehe den Boy rumstehn und mache winke, winke. Er kommt zu mir, na, und ich bete ihm die ganze Geschichte vor. Von A bis Z, so ungefähr. Von Emil. Und von uns. Und von dem Dieb. Und dass er in dem Hotel wohnte. Und dass wir eklig aufpassen müssten, damit wir ihm morgen das Geld wieder abjagen.

›Sehr niedlich‹, sagt der Boy. ›Ich hab noch eine Uniform. Die ziehst du an und machst den zweiten Boy.‹

›Aber was wird denn der Portier dazu sagen? Er meckert sicher‹, geb ich zur Antwort.

›Der meckert nicht. Der erlaubt's‹, sagt er, ›denn der Portier ist mein Vater.‹

Was er seinem Ollen aufgeredet hat, weiß ich nicht. Jedenfalls kriegte ich die Uniform hier, darf in einer Hausdienerstube, die grade leer steht, übernachten und sogar noch jemanden mitbringen. Na, was sagt ihr nun?«

»In welchem Zimmer wohnt der Dieb?«, fragte der Professor.

»Dir kann man aber auch mit gar nichts imponieren«, knurrte Gustav gekränkt. »Ich habe natürlich nichts zu arbeiten. Nur im Wege sein soll ich nicht. Der Boy vermutete, der Dieb wohnt auf Zimmer 61. Ich also rauf in die dritte Etage. Und nun Spion gespielt. Gänzlich unauffällig, versteht sich. Hinterm Treppengeländer gelauert und so. Nach einer halben Stunde etwa geht auch richtig die Tür von 61 auf. Und wer kommt rausgedusselt? Unser Herr Dieb! Er musste mal – na ja, ihr wisst schon. Ich hatte ihn mir am Nachmittag gründlich beschnarcht. Er war's! Kleiner schwarzer Schnurrbart, Ohren, durch die der Mond scheinen kann, und eine Visage, die ich nicht geschenkt haben möchte. Wie er wieder zurückkommt, von – na ja, ihr wisst schon, da trudle ich ihm vor die Beine, stehe stramm und frage: ›Suchen der Herr was? Haben der Herr Gast einen Wunsch?‹

›Nein‹, sagt er, ›ich brauche nichts. Oder doch! Warte mal! Melde dem Portier, er soll mich morgen früh Punkt acht Uhr wecken lassen. Zimmer 61. Vergiss es aber nicht!‹

›Nein, darauf können sich der Herr verlassen‹, sag ich und kneif mir vor Begeisterung in die Hose, ›das vergess ich nicht! Punkt acht klingelt auf Zimmer 61 das Telefon!‹ Die wecken nämlich telefonisch. Er nickt friedlich und trollt in die Klappe.«

»Ausgezeichnet!« Der Professor war aufs Höchste befriedigt und die andern erst recht. »Ab acht Uhr wird er vor dem Hotel feierlich erwartet. Dann geht die Jagd weiter. Und dann wird er geschnappt.«

»Der ist so gut wie erledigt«, rief Gerold.

»Blumenspenden verbeten«, sagte Gustav. »Und nun haue ich ab. Ich musste nur für Zimmer 12 einen Brief in den Kasten werfen. Fünfzig Pfennig Trinkgeld. Ein lohnender Beruf. Der Boy hat an manchem Tag zehn Mark Trinkgelder. Erzählt er. Also, gegen sieben Uhr steh ich auf, kümmere mich darum, dass unser Halunke pünktlich geweckt wird. Und dann finde ich mich hier wieder ein.«

»Lieber Gustav, ich bin dir dankbar«, meinte Emil, fast feierlich. »Nun kann nichts mehr passieren. Morgen wird er gehascht. Und jetzt können alle ruhig schlafen gehen, was, Professor?«

»Jawohl. Alles rückt ab und schläft sich aus. Und morgen früh, Punkt acht Uhr, sind alle Anwesenden wieder hier. Wer noch etwas Geld lockermachen kann, tut's. Ich rufe jetzt noch den kleinen Dienstag an. Er soll die andern, die sich morgens melden, wieder als Bereitschaftsdienst versammeln. Vielleicht müssen wir ein Kesseltreiben machen. Man kann nicht wissen.«

»Ich gehe mit Gustav ins Hotel schlafen«, sagte Emil.

»Los, Mensch! Es wird dir großartig gefallen. Eine wunderbare Flohkiste!«

»Ich telefoniere erst noch«, sagte der Professor. »Dann geh ich auch nach Hause und schicke Zerlett heim. Der sitzt sonst bis morgen früh am Nikolsburger Platz und wartet auf Kommandos. Ist alles klar?«

»Jawohl, Herr Polizeipräsident«, lachte Gustav.

»Morgen früh Punkt acht hier im Hof«, sagte Gerold.

»Bisschen Geld mitbringen«, erinnerte Friedrich der Erste.

Man verabschiedete sich. Alle schüttelten sich, wie kleine ernste Männer, die Hände. Die einen marschierten heim. Gustav und Emil zogen ins Hotel. Der Professor ging quer über den Nollendorfplatz, um vom Café Hahnen aus den kleinen Dienstag anzurufen.

Und eine Stunde später schliefen sie alle. Die meisten in ihren Betten. Zwei in einer Gesindestube, im vierten Stock des Hotels Kreid.

Und einer neben dem Telefon, in Vaters Lehnstuhl. Das war der kleine Dienstag. Er verließ seinen Posten nicht. Traugott war nach Hause gegangen. Der kleine Dienstag aber wich nicht vom Apparat. Er hockte in den Polstern und schlief und träumte von vier Millionen Telefongesprächen.

Um Mitternacht kamen seine Eltern aus dem Theater heim. Sie wunderten sich nicht wenig, als sie ihren Sohn im Lehnstuhl erblickten.

Die Mutter nahm ihn hoch und trug ihn in sein Bett. Er zuckte zusammen und murmelte noch im Schlaf: »Parole Emil!«

DREIZEHNTES KAPITEL

Herr Grundeis kriegt eine Ehrengarde

Die Fenster des Zimmers 61 gingen auf den Nollendorfplatz. Und als Herr Grundeis, am nächsten Morgen, während er sich die Haare kämmte, hinuntersah, fiel ihm auf, dass sich zahllose Kinder herumtrieben. Mindestens zwei Dutzend Jungen spielten gegenüber, vor den Anlagen, Fußball. Eine andere Abteilung stand an der Kleiststraße. Am Untergrundbahnhofeingang standen Kinder.

»Wahrscheinlich Ferien«, knurrte er verärgert und band sich den Schlips um.

Inzwischen hielt der Professor im Kinohof eine Funktionärsversammlung ab und schimpfte wie ein Rohrspatz: »Da zerbricht man sich Tag und Nacht den Schädel, wie man den Mann erwischen kann, und ihr Hornochsen mobilisiert unterdessen ganz Berlin! Brauchen wir vielleicht Zuschauer? Drehen wir etwa einen Film? Wenn der Kerl uns durch die Lappen geht, seid ihr dran schuld, ihr Klatschtanten!«

Die andern standen zwar geduldig im Kreise, schienen aber keineswegs an übertrieben heftigen Gewissensbissen zu leiden. Es zwickte nur ganz wenig und Gerold meinte: »Reg dich nicht auf, Professor. Wir kriegen den Dieb so und so.«

»Macht, dass ihr rauskommt, ihr albernen Nussknacker! Und gebt Befehl, dass sich die Bande wenigstens nicht allzu auffällig benimmt, sondern das Hotel überhaupt nicht beachtet. Kapiert? Vorwärts marsch!«

Die Jungen zogen ab. Und nur die Detektive blieben im Hofe zurück.

»Ich habe mir von dem Portier zehn Mark geborgt«, berichtete Emil. »Wenn der Mann ausreißt, haben wir also Geld genug, ihn zu verfolgen.«

»Schicke doch einfach die Kinder draußen nach Hause«, schlug Krummbiegel vor.

»Glaubst du denn im Ernst, dass sie gehen? Und wenn der Nollendorfplatz zerspringt, die bleiben«, sagte der Professor.

»Da hilft nur eins«, meinte Emil. »Wir müssen unsern Plan ändern. Wir können den Grundeis nicht mehr mit Spionen umzingeln, sondern wir müssen ihn richtig hetzen. Dass er's merkt. Von allen Seiten und mit allen Kindern.«

»Das hab ich mir auch schon gedacht«, erklärte der Professor. »Wir ändern am besten unsere Taktik und treiben ihn in die Enge, bis er sich ergibt.«

»Wunderbar!«, schrie Gerold.

»Es wird ihm lieber sein, das Geld rauszugeben, als dass stundenlang circa hundert Kinder hinter ihm herturnen und schreien, bis die ganze Stadt zusammenläuft und die Polizei ihn hoppnimmt«, urteilte Emil. Die andern nickten klug. Da klingelte es im Torbogen! Und Pony Hütchen radelte strahlend in den Hof. »Morgen, ihr Hannaken«, rief sie, sprang aus dem Sattel, begrüßte Vetter Emil, den Professor und die Übrigen und holte dann einen kleinen Korb, den sie an der Lenkstange festgebunden hatte. »Ich bringe euch nämlich Kaffee mit«, krähte sie, »und ein paar Buttersemmeln! Sogar eine saubere Tasse hab ich. Ach, der Henkel ist ab! Pech muss der Mensch haben!«

Die Jungen hatten zwar samt und sonders gefrühstückt. Auch Emil schon, im Hotel Kreid. Aber keiner wollte dem kleinen Mädchen die gute Laune verderben. Und so tranken sie aus der Tasse ohne Henkel Milchkaffee und aßen Semmeln, als hätten sie vier Wochen nichts gekriegt.

»Nein, schmeckt das großartig!«, rief Krummbiegel.

»Und wie knusprig die Semmeln sind«, brummte der Professor kauend.

»Nicht wahr?«, fragte Pony. »Ja, ja, es ist eben doch was andres, wenn eine Frau im Hause ist!«

»Im Hofe«, berichtigte Gerold.

»Wie steht's in der Schumannstraße?«, fragte Emil.

»Es geht ihnen danke. Und einen besonderen Gruß von der Großmutter. Du sollst bald kommen, sonst kriegst du zur Strafe jeden Tag Fisch.«

»Pfui Teufel«, murmelte Emil und verzog das Gesicht.

»Warum pfui Teufel?«, erkundigte sich Mittenzwey der Jüngere. »Fisch ist doch was Feines.«

Alle sahen ihn erstaunt an, denn es war seine Gewohnheit, niemals zu reden. Er wurde auch sofort rot und verkrümelte sich hinter seinem großen Bruder.

»Emil kann keinen Bissen Fisch essen. Und wenn er's wirklich versucht, muss er auf der Stelle raus«, erzählte Pony Hütchen.

So plauderten sie und waren denkbar guter Laune. Die Jungen benahmen sich äußerst aufmerksam. Der Professor hielt Ponys Rad. Krummbiegel ging, die Thermosflasche und die Tasse auszuspülen. Mittenzwey senior faltete das Brötchenpapier fein säuberlich zusammen. Emil schnallte den Korb wieder an die Lenkstange. Gerold prüfte, ob noch Luft im Radreifen wäre. Und Pony Hütchen hüpfte im Hof umher, sang sich ein Lied und erzählte zwischendurch alles Mögliche.

»Halt!«, rief sie plötzlich und blieb auf einem Beine stehen. »Ich wollte doch noch was fragen! Was wollen denn die furchtbar vielen Kinder auf dem Nollendorfplatz draußen? Das sieht ja aus wie eine Ferienkolonie!«

»Das sind Neugierige, die von unsrer Verbrecherjagd gehört haben. Und nun wollen sie dabei sein«, erklärte der Professor.

Da kam Gustav durchs Tor gerannt, hupte laut und brüllte: »Los! Er kommt!« Alle wollten davonstürzen.

»Achtung! Zuhören!«, schrie der Professor. »Wir werden ihn also einkreisen. Hinter ihm Kinder, vor ihm Kinder, links Kinder, rechts Kinder! Ist das klar? Weitere Kommandos geben wir unterwegs. Marsch und raus!«

Sie liefen, rannten und stolperten durchs Tor. Pony Hütchen blieb, etwas beleidigt, allein zurück. Dann schwang sie sich auf ihr kleines vernickeltes Rad, murmelte wie ihre eigne Großmutter: »Die Sache gefällt mir nicht. Die Sache gefällt mir nicht!«, und fuhr hinter den Jungen her.

Der Mann im steifen Hut trat gerade in die Hoteltür, stieg langsam die Treppe herunter und wandte sich nach rechts, der Kleiststraße zu. Der Professor, Emil und Gustav jagten ihre Eilboten zwischen den verschiedenen Kindertrupps hin und her. Und drei Minuten später war Herr Grundeis umzingelt.

Er sah sich, höchlichst verwundert, nach allen Seiten um. Die Jungen unterhielten sich, lachten, knufften sich und hielten gleichen Schritt mit ihm. Manche starrten den Mann an, bis er verlegen wurde und wieder geradeaus guckte.

Sssst!, pfiff ein Ball dicht an seinem Kopf vorbei. Er zuckte zusammen und beschleunigte seinen Gang. Doch nun liefen die Jungen ebenfalls rascher. Er wollte geschwind in eine Seitenstraße abbiegen. Doch da kam auch schon ein Kindertrupp dahergestürmt.

»Mensch, der hat ein Gesicht, als wollte er dauernd niesen«, rief Gustav.

»Lauf ein bisschen vor mir«, riet Emil, »mich braucht cr jetzt noch nicht zu erkennen. Das erlebt er noch früh genug.« Gustav machte breite Schultern und stieg vor Emil her wie ein Boxkämpfer, der vor Kraft nicht laufen kann. Pony Hütchen fuhr neben dem Umzuge und klingelte vergnügt.

Der Mann im steifen Hut wurde sichtlich nervös. Er ahnte

dunkel, was ihm bevorstünde, und stiefelte mit Riesenschritten. Aber es war umsonst. Er entging seinen Feinden nicht.

Plötzlich blieb er wie angenagelt stehen, drehte sich um und lief die Straße, die er gekommen war, wieder zurück. Da machten auch sämtliche Kinder kehrt; und nun ging's in umgekehrter Marschordnung weiter.

Da lief ein Junge – es war Krummbiegel – dem Mann in die Quere, dass er stolperte.

»Was fällt dir ein, du Lausejunge?«, schrie er. »Ich werde gleich einen Polizisten rufen!«

»Ach ja, bitte, tun Sie das mal!«, rief Krummbiegel. »Darauf lauern wir schon lange. Na, so rufen Sie ihn doch!«

Herr Grundeis dachte nicht daran zu rufen, im Gegenteil. Ihm wurde die Geschichte immer unheimlicher. Er bekam förmlich Angst und wusste nicht mehr, wohin. Schon sahen Leute aus allen Fenstern. Schon rannten die Ladenfräuleins mit ihren Kunden vor die Geschäfte und fragten, was los wäre. Wenn jetzt ein Polizist kam, war's aus.

Da hatte der Dieb einen Einfall. Er erblickte eine Filiale der Commerz- und Privatbank. Er durchbrach die Kette der Kinder, eilte auf die Tür zu und verschwand.

Der Professor sprang vor die Tür und brüllte: »Gustav und ich gehen hinterher! Emil bleibt vorläufig noch hier, bis es so weit ist! Wenn Gustav hupt, kann's losgehen! Dann kommt Emil mit zehn Jungen hinein. Such dir inzwischen die richtigen aus, Emil. Es wird eine kitzlige Sache!«

Dann verschwanden auch Gustav und der Professor hinter der Tür.

Emil summten vor Herzklopfen die Ohren. Jetzt musste sich's entscheiden! Er rief Krummbiegel, Gerold, die Brüder Mittenzwey und noch ein paar andre zu sich und ordnete an, dass die Übrigen, der große Trupp, sich zerstreuten.

Die Kinder gingen ein paar Schritte von dem Bankgebäude

fort, aber nicht weit. Was nun geschah, konnten sie sich unter keinen Umständen entgehen lassen.

Pony Hütchen bat einen Knaben, ihr Rad zu halten, und trat zu Emil.

»Da bin ich«, sagte sie. »Kopf hoch. Jetzt wird's ernst. O Gott, o Gott, ich bin gespannt. Wie ein Regenschirm.«

»Denkst du etwa, ich nicht?«, fragte Emil.

VIERZEHNTES KAPITEL

Stecknadeln haben auch ihr Gutes

Als Gustav und der Professor die Bank betraten, stand der Mann im steifen Hut bereits an einem Schalter, an dem ein Schild mit der Aufschrift »Ein- und Auszahlungen« hing, und wartete ungeduldig, dass er an die Reihe käme.

Der Bankbeamte telefonierte.

Der Professor stellte sich neben den Dieb und passte wie ein Schießhund auf. Gustav blieb hinter dem Mann stehen und hielt die Hand, zum Hupen fertig, in der Hosentasche.

Dann kam der Kassierer an den Schalter und fragte den Professor, was er wolle.

»Bitte sehr«, sagte der, »der Herr war vor mir da.«

»Sie wünschen?«, fragte der Kassierer nun Herrn Grundeis.

»Wollen Sie mir, bitte schön, einen Hundertmarkschein in zwei Fünfziger umtauschen und für vierzig Mark Silber geben?«, fragte dieser, griff sich in die Tasche und legte einen Hundertmarkschein und zwei Zwanzigmarkscheine auf den Tisch.

Der Kassierer nahm die drei Scheine und ging damit zum Geldschrank.

»Einen Moment!«, rief da der Professor laut. »Das Geld ist gestohlen!«

»Waaas?«, fragte der Bankbeamte erschrocken, drehte sich um; seine Kollegen, die in den anderen Abteilungen saßen und kopfrechneten, hörten auf zu arbeiten und fuhren hoch, als hätte sie eine Schlange gebissen.

»Das Geld gehört gar nicht dem Herrn. Er hat es einem Freund von mir gestohlen und will es nur umtauschen, damit man ihm nichts nachweisen kann«, erklärte der Professor.

»So was von Frechheit ist mir in meinem ganzen Leben noch nicht vorgekommen«, sagte Herr Grundeis, fuhr, zum Kassierer gewandt, fort: »Entschuldigen Sie!«, und gab dem Professor eine schallende Ohrfeige.

»Dadurch wird die Sache auch nicht anders«, meinte der Professor und landete bei Grundeis einen Magenstoß, dass der Mann sich am Tisch festhalten musste. Und jetzt hupte Gustav dreimal entsetzlich laut. Die Bankbeamten sprangen auf und liefen neugierig nach dem Kassenschalter.

Der Herr Depositenkassenvorsteher stürzte zornig aus seinem Zimmer.

Und – durch die Tür kamen zehn Jungen gerannt, Emil allen voran, und umringten den Mann mit dem steifen Hut.

»Was, zum Donnerkiel, ist denn mit den Bengels los?«, schrie der Vorsteher.

»Die Lausejungen behaupten, ich hätte einem von ihnen das Geld gestohlen, das ich eben Ihrem Kassierer zum Wechseln einzahlte«, erzählte Herr Grundeis und zitterte vor Ärger.

»So ist es auch!«, rief Emil und sprang an den Schalter. »Einen Hundertmarkschein und zwei Zwanzigmarkscheine hat er mir gestohlen. Gestern Nachmittag. Im Zug, der von Neustadt nach Berlin fuhr! Während ich schlief.«

»Ja, kannst du das denn auch beweisen?«, fragte der Kassierer streng.

»Ich bin seit einer Woche in Berlin und war gestern von früh bis abends in der Stadt«, sagte der Dieb und lächelte höflich.

»So ein verdammter Lügner!«, schrie Emil und weinte fast vor Wut.

»Kannst du denn nachweisen, dass dieser Herr hier der Mann ist, mit dem du im Zuge saßt?«, fragte der Vorsteher.

»Das kann er natürlich nicht«, meinte der Dieb nachlässig.

»Denn wenn du allein mit ihm im Zug gesessen haben willst, hast du doch keinen einzigen Zeugen«, bemerkte einer der Angestellten. Und Emils Kameraden machten betroffene Gesichter.

»Doch!«, rief Emil. »Doch! Ich hab doch einen Zeugen! Er heißt Frau Jakob aus Groß-Grünau. Sie saß erst mit im Coupé. Und stieg später aus. Und sie trug mir auf, Herrn Kurzhals in Neustadt herzlich von ihr zu grüßen!«

»Es scheint, Sie werden ein Alibi erbringen müssen«, sagte der Depositenkassenvorsteher zu dem Dieb. »Können Sie das?«

»Selbstverständlich«, erklärte der. »Ich wohne drüben im Hotel Kreid …«

»Aber erst seit gestern Abend«, rief Gustav. »Ich hab mich dort als Liftboy eingeschlichen und weiß Bescheid, Mensch!«

Die Bankbeamten lächelten ein wenig und gewannen an den Jungen Interesse.

»Wir werden das Geld am besten vorläufig hierbehalten, Herr …«, sagte der Vorsteher und riss sich von einem Block einen Zettel ab, um Namen und Adresse zu notieren.

»Grundeis heißt er!«, rief Emil.

Der Mann im steifen Hut lachte laut und sagte: »Da sehen Sie, dass es sich um eine Verwechslung handeln muss. Ich heiße Müller.«

»Oh, wie gemein er lügt! Mir hat er im Zug erzählt, dass er Grundeis heißt«, schrie Emil wütend.

»Haben Sie Ausweispapiere?«, fragte der Kassierer.

»Leider nicht bei mir«, sagte der Dieb. »Aber wenn Sie einen Augenblick warten wollen, so hole ich sie aus dem Hotel herüber.«

»Der Kerl lügt fortwährend! Und es ist mein Geld. Und ich muss es wiederhaben«, rief Emil.

»Ja, sogar wenn's wahr wäre, mein Junge«, erklärte der Kassierer, »so einfach geht das nicht! Wie kannst du denn beweisen, dass es dein Geld ist? Steht vielleicht dein Name drauf? Oder hast du dir etwa die Nummern gemerkt?«

»Natürlich nicht«, sagte Emil. »Denkt man denn, dass man beklaut wird? Aber es ist trotzdem mein Geld, hören Sie? Und meine Mutter hat es mir für die Großmutter, die hier in der Schumannstraße 15 wohnt, mitgegeben.«

»War an einem der Scheine eine Ecke abgerissen oder war sonst etwas nicht in Ordnung?«

»Nein, ich weiß nicht.«

»Also, meine Herren, ich erkläre Ihnen, auf Ehrenwort: Das Geld gehört wirklich mir. Ich werde doch nicht kleine Kinder ausrauben!«, behauptete der Dieb.

»Halt!«, schrie Emil plötzlich und sprang in die Luft, so leicht war ihm mit einem Male geworden. »Halt! Ich habe mir im Zug das Geld mit einer Stecknadel ins Jackett gesteckt. Und deshalb müssen Nadelstiche in den drei Scheinen zu sehen sein!«

Der Kassierer hielt das Geld gegen das Licht. Den anderen stockte der Atem.

Der Dieb trat einen Schritt zurück. Der Bankvorsteher trommelte nervös auf dem Tisch herum.

»Der Junge hat recht«, schrie der Kassierer, blass vor Erregung. »In den Scheinen sind tatsächlich Nadelstiche!«

»Und hier ist die Nadel dazu«, sagte Emil und legte die Stecknadel stolz auf den Tisch. »Gestochen hab ich mich auch.«

Da drehte sich der Dieb blitzschnell um, stieß die Jungen links und rechts zur Seite, dass sie hinfielen, rannte durch den Raum, riss die Tür auf und war weg.

»Ihm nach!«, schrie der Bankvorsteher.

Alles lief nach der Tür.

Als man auf die Straße kam, war der Dieb schon von mindestens zwanzig Jungen umklammert. Sie hielten ihn an den Beinen. Sie hingen an seinen Armen. Sie zerrten an seinem Jackett. Er ruderte wie verrückt. Aber die Jungen ließen nicht locker.

Der Schutzmann, der Bankbeamte, der Dieb in der Mitte,
und hinterher neunzig bis hundert Kinder!

Und dann kam auch schon ein Schupo im Dauerlauf daher, den Pony Hütchen mit ihrem kleinen Rade geholt hatte. Und der Bankvorsteher forderte ihn ernst auf, den Mann, der sowohl Grundeis wie auch Müller hieße, festzunehmen. Denn er sei, wahrscheinlich, ein Eisenbahndieb.

Der Kassierer nahm sich Urlaub, holte das Geld und die Stecknadel und ging mit. Na, es war ein toller Aufzug! Der Schutzmann, der Bankbeamte, der Dieb in der Mitte, und hinterher neunzig bis hundert Kinder! So zogen sie zur Wache.

Pony Hütchen fuhr auf ihrem kleinen vernickelten Fahrrade nebenher, nickte dem glücklichen Vetter Emil zu und rief: »Emil, mein Junge! Ich fahre rasch nach Hause und erzähle dort das ganze Theater.«

Der Junge nickte zurück und sagte: »Zum Mittagessen bin ich zu Hause! Grüße schön!«

Pony Hütchen rief noch: »Wisst ihr, wie ihr ausseht? Wie ein großer Schulausflug!« Dann bog sie, heftig klingelnd, um die Ecke.

FÜNFZEHNTES KAPITEL

Emil besucht das Polizeipräsidium

Der Zug marschierte zur nächsten Polizeiwache. Der Schupo meldete einem Wachtmeister, was geschehen sei. Emil ergänzte den Bericht. Dann musste er sagen, wann und wo er geboren wurde, wie er heiße und wo er wohne. Und der Wachtmeister schrieb alles auf. Mit Tinte.

»Und wie heißen Sie?«, fragte er den Dieb.

»Herbert Kießling«, sagte der Kerl.

Da mussten die Jungen – Emil, Gustav und der Professor – laut lachen. Und der Bankbeamte, der dem Wachtmeister die hundertvierzig Mark übergeben hatte, schloss sich ihnen an.

»Mensch, so eine Rübe!«, rief Gustav. »Erst hieß er Grundeis. Dann hieß er Müller. Jetzt heißt er Kießling! Nun bin ich ja bloß gespannt, wie er in Wirklichkeit heißt!«

»Ruhe!«, knurrte der Wachtmeister. »Das kriegen wir auch noch raus.«

Herr Grundeis-Müller-Kießling nannte daraufhin seine augenblickliche Adresse, das Hotel Kreid. Dann den Geburtstag und seine Heimat, Ausweispapiere habe er keine.

»Und wo waren Sie bis gestern?«, fragte der Wachtmeister.

»In Groß-Grünau«, erklärte der Dieb.

»Das ist bestimmt schon wieder gelogen«, rief der Professor.

»Ruhe!«, knurrte der Wachtmeister. »Das kriegen wir auch noch raus.«

Der Bankbeamte erkundigte sich, ob er gehen dürfe. Dann

wurden noch seine Personalien notiert. Er klopfte Emil freundlich auf die Schulter und verschwand.

»Haben Sie gestern Nachmittag dem Realschüler Emil Tischbein aus Neustadt im Berliner Zuge hundertvierzig Mark gestohlen, Kießling?«, fragte der Wachtmeister.

»Jawohl«, sagte der Dieb düster. »Ich weiß auch nicht, das kam ganz plötzlich. Der Junge lag in der Ecke und schlief. Und da fiel ihm das Kuvert heraus. Und da hob ich es auf und wollte bloß mal nachsehen, was drin wäre. Und weil ich grade kein Geld hatte …«

»So ein Schwindler!«, rief Emil. »Ich hatte das Geld in der Jackentasche festgesteckt. Es konnte gar nicht herausfallen!«

»Und so nötig hat er's bestimmt nicht gebraucht. Sonst hätte er Emils Geld nicht vollzählig in der Tasche gehabt. Er hat doch unterdessen Auto und Eier im Glas und Bier bezahlen müssen«, bemerkte der Professor.

»Ruhe!«, knurrte der Wachtmeister. »Das kriegen wir auch noch raus.« Und er notierte alles, was erzählt wurde.

»Könnten Sie mich vielleicht auf freien Fuß setzen, Herr Wachtmeister?«, fragte der Dieb und schielte vor lauter Höflichkeit. »Ich hab ja den Diebstahl zugegeben. Und wo ich wohne, wissen Sie auch. Ich habe geschäftlich in Berlin zu tun und möchte ein paar Gänge erledigen.«

»Dass ich nicht lache!«, sagte der Wachtmeister ernst und rief das Polizeipräsidium an: Es solle einen Wagen schicken; in seinem Revier sei ein Eisenbahndieb gefasst worden.

»Wann kriege ich denn mein Geld?«, fragte Emil besorgt.

»Im Polizeipräsidium«, sagte der Wachtmeister. »Ihr fahrt jetzt gleich hinüber. Und dort wird sich alles finden.«

»Emil, Mensch!«, flüsterte Gustav. »Nun musst du in der grünen Minna zum Alex!«

»Quatsch!«, sagte der Wachtmeister. »Hast du Geld, Tischbein?«

»Jawohl!«, erklärte Emil. »Die Jungen haben gestern gesammelt. Und der Portier aus dem Hotel Kreid hat mir zehn Mark geborgt.«

»Die reinsten Detektive! Ihr verfluchten Kerle!«, knurrte der Wachtmeister. Doch das Knurren klang sehr gutmütig.

»Also, Tischbein, du fährst mit der Untergrundbahn zum Alexanderplatz und meldest dich bei Kriminalwachtmeister Lurje. Das Weitere wirst du dann schon merken. Auch dein Geld kriegst du dort wieder.«

»Darf ich erst dem Portier die zehn Mark zurückbringen?«, erkundigte sich Emil.

»Natürlich.«

Wenige Minuten später kam das Kriminalauto. Und Herr Grundeis-Müller-Kießling musste einsteigen. Der Wachtmeister gab einem Schupo, der im Wagen saß, den schriftlichen Bericht und die hundertvierzig Mark. Die Stecknadel auch. Und dann gondelte die grüne Minna fort. Die Kinder, die auf der Straße standen, schrien hinter dem Dieb her. Aber der rührte sich nicht. Wahrscheinlich war er zu stolz, weil er in einem Privatauto fahren durfte.

Emil gab dem Wachtmeister die Hand und bedankte sich. Dann teilte der Professor den Kindern, die vor der Wache gewartet hatten, mit, das Geld erhalte Emil am Alex und die Jagd wäre erledigt.

Da zogen die Kinder, in großen Trupps, wieder heim. Nur die engeren Bekannten brachten Emil zum Hotel und zum Bahnhof Nollendorfplatz. Und er bat sie, nachmittags den kleinen Dienstag anzurufen. Der würde dann wissen, wie alles verlaufen wäre. Und er hoffe sehr, sie noch einmal zu sehen, ehe er nach Neustadt zurückführe. Und er danke ihnen schon jetzt von ganzem Herzen für ihre Hilfe. Und das Geld bekämen sie auch wieder.

»Wenn du es wagst, uns das Geld wiederzugeben, kriegst du den Buckel voll, Mensch!«, rief Gustav. »Übrigens müssen wir auch noch boxen. Wegen deines drolligen Anzugs.«

»Ach, Mensch!«, sagte Emil und fasste Gustav und den Professor an den Händen. »Ich bin so guter Laune! Das Boxen lassen wir am besten sein. Ich brächte es vor lauter Rührung nicht übers Herz, dich für die Zeit zu Boden zu schicken.«

»Das würde dir auch nicht gelingen, wenn du schlechter Laune wärst, du Lümmel!«, rief Gustav.

Und dann fuhren die drei zum Alexanderplatz ins Polizeipräsidium, mussten durch viele Korridore laufen und an unzähligen Zimmern vorbei. Und schließlich fanden sie den Kriminalwachtmeister Lurje. Der frühstückte gerade.

Emil meldete sich.

»Aha!«, sagte Herr Lurje und kaute. »Emil Stuhlbein. Jugendlicher Amateurdetektiv. Telefonisch schon gemeldet. Der Kriminalkommissar wartet. Will sich mit dir unterhalten. Komm mal mit!«

»Tischbein heiß ich«, korrigierte Emil.

»Jacke wie Hose«, sagte Herr Lurje und biss von Neuem in die Stulle.

»Wir warten hier auf dich«, meinte der Professor. Und Gustav rief Emil nach: »Mach schnell, Mensch! Wenn ich wen kauen sehe, kriege ich immer gleich Hunger!«

Herr Lurje spazierte durch mehrere Gänge, links, rechts, wieder links. Dann klopfte er an eine Tür. Eine Stimme rief: »Herein!« Lurje öffnete die Tür ein wenig und sagte kauend: »Der kleine Detektiv ist da, Herr Kommissar. Emil Fischbein, Sie wissen schon.«

»Tischbein heiß ich«, erklärte Emil nachdrücklich.

»Auch 'n ganz hübscher Name«, sagte Herr Lurje und gab Emil einen Stoß, dass er in das Zimmer purzelte.

Der Kriminalkommissar war ein netter Herr. Emil musste sich in einen bequemen Sessel setzen und die Diebsgeschichte haarklein und von Anfang an erzählen. Zum Schluss sagte der Kommissar feierlich: »So, und nun bekommst du auch dein Geld wieder.«

»Gott sei getrommelt!« Emil atmete befreit auf und steckte das Geld ein. Und zwar besonders vorsichtig.

»Lass dir's aber nicht wieder klauen!«

»Nein! Ausgeschlossen! Ich bring's gleich zur Großmutter!«

»Richtig! Bald hätte ich's vergessen. Du musst mir deine Berliner Adresse geben. Bleibst du noch ein paar Tage hier?«

»Ich möchte schon«, sagte Emil. »Ich wohne Schumannstraße 15. Bei Heimbold. So heißt mein Onkel. Die Tante übrigens auch.«

»Wunderbar habt ihr das gemacht, ihr Jungen«, meinte der Kommissar und steckte sich eine dicke Zigarre an.

»Die Kerls haben glänzend funktioniert, wirklich wahr!«, rief Emil begeistert. »Dieser Gustav mit seiner Hupe und der Professor und der kleine Dienstag und Krummbiegel und die Gebrüder Mittenzwey, überhaupt alle. Es war direkt ein Vergnügen, mit ihnen zu arbeiten. Vor allem der Professor, das ist ein Ass!«

»Na ja, du bist auch nicht grade aus Pfefferkuchen!«, meinte der Herr und qualmte.

»Was ich noch fragen wollte, Herr Kommissar – was wird denn nun aus dem Grundeis oder wie mein Dieb sonst heißt?«

»Den haben wir zum Erkennungsdienst gebracht. Dort wird er fotografiert. Und seine Fingerabdrücke werden genommen. Und nachher vergleichen wir sein Bild und die Abdrücke mit den Fotos in unsrer Kartothek.«

»Was ist denn das?«

»Da haben wir alle schon einmal bestraften Verbrecher abgebildet. Und dann haben wir auch Abdrücke, Fußspuren und Ähnliches von solchen Verbrechern, die man noch nicht erwischt hat und die man sucht. Denn es wäre ja möglich, dass der Mann, der dich bestohlen hat, auch noch andere Diebstähle und Einbrüche ausführte, ehe er dich um dein Geld brachte. Nicht wahr?«

»Das stimmt. Daran habe ich noch gar nicht gedacht!«

»Moment«, sagte der nette Kommissar. Denn das Telefon läutete. »Jawohl … interessante Sache für Sie … kommen Sie doch mal in mein Zimmer …«, sprach er in den Apparat. Dann hängte er ab und sagte: »Jetzt werden gleich ein paar Herren von der Zeitung erscheinen und dich interviewen.«

»Was ist denn das?«, fragte Emil.

»Interviewen heißt ausfragen.«

»Nicht möglich!«, rief Emil. »Da komme ich sogar noch in die Zeitung?«

»Wahrscheinlich«, sagte der Kommissar. »Wenn ein Realschüler einen Dieb fängt, wird er eben berühmt.«

Dann klopfte es. Und vier Herren traten ins Zimmer. Der Kommissar gab ihnen die Hand und erzählte kurz Emils Erlebnisse. Die vier Herren schrieben fleißig nach.

»Wunderbar!«, sagte zum Schluss einer der Reporter. »Der Knabe vom Lande als Detektiv.«

»Vielleicht engagieren Sie ihn für den Außendienst?«, riet ein anderer und lachte.

»Warum bist du denn nicht sofort zu einem Schupo gegangen und hast ihm alles gesagt?«, fragte ein dritter.

Emil bekam es mit der Angst. Er dachte an Wachtmeister Jeschke in Neustadt und an den Traum. Jetzt ging's ihm an den Kragen.

»Na?«, ermunterte ihn der Kommissar.

Emil zuckte mit den Achseln und sagte: »Also schön! Weil ich in Neustadt dem Denkmal von Großherzog Karl eine rote Nase und einen Schnurrbart angemalt habe. Bitte, verhaften Sie mich, Herr Kommissar!«

Da lachten die fünf Männer, anstatt entsetzte Gesichter zu ziehen. Und der Kommissar rief: »Aber Emil, wir werden doch nicht einen unsrer besten Detektive ins Gefängnis sperren!«

»Nein? Wirklich nicht? Na, da bin ich aber froh«, sagte der Junge erleichtert.

Dann ging er auf einen der Reporter zu und fragte: »Kennen Sie mich denn nicht mehr?«

»Nein«, sagte der Herr.

»Sie haben mir doch gestern auf der Linie 177 das Straßenbahnbillett bezahlt, weil ich kein Geld hatte.«

»Richtig!«, rief der Herr. »Jetzt entsinne ich mich. Du wolltest noch meine Adresse wissen, um mir den Groschen wiederzubringen.«

»Wollen Sie ihn jetzt haben?«, fragte Emil und suchte zehn Pfennig aus der Hosentasche heraus.

»Aber Unsinn«, meinte der Herr. »Du stelltest dich doch sogar vor.«

»Freilich«, erklärte der Junge. »Das tue ich oft. Emil Tischbein ist mein Name.«

»Ich heiße Kästner«, sagte der Journalist und sie gaben sich die Hand.

»Großartig!«, rief der Kommissar. »Alte Bekannte!«

»Hör mal, Emil«, sagte Herr Kästner, »kommst du ein bisschen zu mir auf die Redaktion? Vorher essen wir irgendwo Kuchen mit Schlagsahne.«

»Darf ich Sie einladen?«, fragte Emil.

»So ein ehrgeiziger Bengel!« Die Herren lachten vor Vergnügen.

»Nein, bezahlen musst du mich lassen«, sagte Herr Kästner.

»Sehr gern«, meinte Emil. »Aber der Professor und Gustav warten draußen auf mich.«

»Die nehmen wir selbstverständlich mit«, erklärte Herr Kästner.

Die andern Journalisten hatten noch allerlei zu fragen. Emil gab ihnen genaue Auskunft. Und sie machten sich wieder Notizen.

»Ist der Dieb eigentlich ein Neuling?«, fragte einer von ihnen.

»Ich glaube es nicht«, antwortete der Kommissar. »Vielleicht

Die Journalisten hatten noch allerlei zu fragen.

erleben wir sogar noch eine große Überraschung. Rufen Sie mich auf alle Fälle in einer Stunde noch einmal an, meine Herren.«

Dann verabschiedete man sich. Und Emil ging mit Herrn Kästner zu Kriminalwachtmeister Lurje zurück. Der kaute noch immer und sagte: »Aha, der kleine Überbein!«

»Tischbein«, sagte Emil.

Dann verfrachtete Herr Kästner Emil, Gustav und den Professor in ein Auto und fuhr mit ihnen erst mal in eine Konditorei. Unterwegs hupte Gustav. Und sie freuten sich, als Herr Kästner erschrak. In der Konditorei waren die Jungen sehr fidel. Sie aßen Kirschtorte mit viel Schlagsahne und erzählten, was ihnen gerade einfiel: von dem Kriegsrat am Nikolsburger Platz, von der Autojagd, von der Nacht im Hotel, von Gustav als Liftboy, von dem Skandal in der Bank. Und Herr Kästner sagte zum Schluss: »Ihr seid wirklich drei Prachtkerle.«

Und da wurden sie sehr stolz auf sich selber und aßen noch ein Stück Torte.

Nachher stiegen Gustav und der Professor auf einen Autobus. Emil versprach, am Nachmittag den kleinen Dienstag anzurufen, und fuhr mit Herrn Kästner in die Redaktion.

Das Zeitungsgebäude war riesengroß. Fast so groß wie das Polizeipräsidium am Alex. Und auf den Korridoren war ein Gerenne und Gesause, als sei ein Hindernislauf im Gange.

Sie kamen in ein Zimmer, in dem ein hübsches blondes Fräulein saß. Und Herr Kästner lief im Zimmer auf und ab und diktierte das, was Emil erzählt hatte, dem Fräulein in die Schreibmaschine. Manchmal blieb er stehen, fragte Emil: »Stimmt's?« Und wenn Emil genickt hatte, diktierte Herr Kästner weiter.

Dann rief dieser noch einmal den Kriminalkommissar an.

»Was sagen Sie?«, rief Herr Kästner. »Na, das ist ja toll … Ich soll's ihm noch nicht erzählen? … Sooo, auch noch? … Das freut mich ungemein … Haben Sie vielen Dank! … Das wird eine glänzende Sensation …«

Er hängte ab, betrachtete den Jungen, als ob er ihn noch gar nicht gesehen hätte, und sagte: »Emil, komm mal rasch mit! Wir müssen dich fotografieren lassen!«

»Nanu«, meinte Emil erstaunt. Aber er ließ sich alles gefallen, fuhr mit Herrn Kästner drei Etagen höher, in einen hellen Saal mit vielen Fenstern, er kämmte sich erst die Haare, und dann wurde er fotografiert.

Anschließend ging Herr Kästner mit ihm in die Setzerei – das war ein Geklapper, wie von tausend Schreibmaschinen! –, gab einem Mann die Seiten, die das hübsche blonde Fräulein getippt hatte, und sagte, er käme sofort wieder herauf, denn es wäre was sehr Wichtiges, und er müsse nur erst den Jungen zu seiner Großmutter schicken.

Dann fuhren sie mit dem Fahrstuhl ins Erdgeschoss und traten vor den Verlag. Herr Kästner winkte ein Auto heran, setzte Emil hinein, gab dem Chauffeur Geld, obwohl der Junge es nicht erlauben wollte, und sagte: »Fahren Sie meinen kleinen Freund in die Schumannstraße Nummer 15.«

Sie schüttelten sich herzlich die Hände. Und Herr Kästner meinte: »Grüße deine Mutter, wenn du nach Hause kommst. Es muss eine sehr liebe Frau sein.«

»Und ob«, sagte Emil.

»Und noch eins«, rief Herr Kästner, als das Auto schon fuhr, »lies heute Nachmittag die Zeitung! Du wirst dich wundern, mein Junge!«

Emil drehte sich um und winkte. Und Herr Kästner winkte auch.

Dann sauste das Auto um eine Ecke.

SECHZEHNTES KAPITEL

Der Kriminalkommissar lässt grüßen

Das Automobil war schon Unter den Linden. Da klopfte Emil dreimal an die Scheibe. Der Wagen hielt. Und der Junge fragte: »Wir sind wohl schon bald da, Herr Chauffeur?«

»Jawoll«, sagte der Mann.

»Es tut mir leid, dass ich Ihnen Ungelegenheiten mache«, meinte Emil. »Aber ich muss vorher erst noch nach der Kaiserallee. Ins Café Josty. Dort liegt nämlich ein Blumenstrauß für meine Großmutter. Der Koffer auch. Würden Sie so freundlich sein?«

»Was heißt da freundlich? Hast du denn Geld, wenn das, was ich schon habe, nicht reicht?«

»Ich hab Geld, Herr Chauffeur. Und ich muss die Blumen haben.«

»Na schön«, sagte der Mann, bog links ab, fuhr durchs Brandenburger Tor, den grünen schattigen Tiergarten lang, nach dem Nollendorfplatz. Emil fand, der sähe jetzt, da nun alles gut war, viel harmloser und gemütlicher aus. Aber er griff sich doch vorsichtshalber in die Brusttasche. Das Geld war noch vorhanden.

Dann fuhren sie die Motzstraße hinauf, bis zum anderen Ende, bogen rechts ein und hielten vor dem Café Josty.

Emil stieg aus, begab sich zum Büfett, bat das Fräulein, sie möge ihm, bitte, Koffer und Blumen aushändigen, erhielt die Sachen, bedankte sich, kletterte wieder ins Auto und sagte: »So, Herr Chauffeur, und nun zur Großmutter!«

Sie kehrten um, fuhren den weiten Weg zurück, über die

Spree, durch ganz alte Straßen mit grauen Häusern. Der Junge hätte sich gern die Gegend näher betrachtet. Aber es war wie verhext. Dauernd fiel der Koffer um. Und blieb er mal ein paar Minuten stehen, so kroch bestimmt der Wind in das weiße Blumenpapier, dass es raschelte und riss. Und Emil musste aufpassen, dass ihm der Strauß nicht einfach fortflog.

Da bremste der Chauffeur. Das Auto hielt. Es war Schumannstraße 15.

»Na, da wären wir ja«, sagte Emil und stieg aus. »Bekommen Sie noch Geld von mir?«

»Nein. Sondern du kriegst noch dreißig Pfennige raus.«

»I wo!«, rief Emil. »Davon kaufen Sie sich ein paar Zigarren!«

»Ich prieme, mein Junge«, sagte der Chauffeur und fuhr weiter.

Nun stieg Emil in die dritte Etage und klingelte bei Heimbolds. Es entstand großes Geschrei hinter der Tür. Dann wurde geöffnet. Und die Großmutter stand da, kriegte Emil beim Wickel, gab ihm gleichzeitig einen Kuss auf die linke Backe und einen Klaps auf die rechte, schleppte ihn an den Haaren in die Wohnung und rief: »O du verflixter Halunke, o du verflixter Halunke!«

»Schöne Sachen hört man ja von dir«, sagte Tante Martha freundlich und gab ihm die Hand. Und Pony Hütchen hielt ihm den Ellbogen hin, trug eine Schürze von ihrer Mutter und quiekte: »Vorsicht! Ich habe nasse Hände. Ich wasche nämlich Geschirr ab. Wir armen Frauen!«

Nun gingen sie allesamt in die Stube. Emil musste sich aufs Sofa setzen. Großmutter und Tante Martha betrachteten ihn, als wäre er ein sehr teures Bild von Tizian.

»Hast du die Pinke?«, fragte Pony Hütchen.

»Klar!«, meinte Emil, holte die drei Scheine aus der Tasche, gab hundertzwanzig Mark der Großmutter und sagte: »Hier, Großmutter, das ist das Geld. Und Mutter lässt herzlich grüßen. Und du sollst nicht böse sein, dass sie in den letzten Monaten nichts geschickt hat. Aber das Geschäft ginge nicht besonders. Und dafür wäre es diesmal mehr als sonst.«

»Ich danke dir schön, mein gutes Kind«, antwortete die alte Frau, gab ihm den Zwanzigmarkschein zurück und sagte: »Der ist für dich! Weil du so ein tüchtiger Detektiv bist.«

»Nein, das nehme ich nicht. Ich habe ja von Mutter noch zwanzig Mark in der Tasche.«

»Emil, man muss seiner Großmutter folgen. Marsch, steck es ein!«

»Nein, ich nehme es nicht.«

»Menschenskind!«, rief Pony Hütchen. »Das ließe ich mir nicht zweimal sagen!«

»Ach nein, ich möchte nicht.«

»Entweder du nimmst es, oder ich kriege vor Wut Rheumatismus«, erklärte die Großmutter.

»Schnell, steck das Geld weg!«, sagte Tante Martha und schob ihm den Schein in die Tasche.

»Ja, wenn ihr durchaus wollt«, jammerte Emil. »Ich danke auch schön, Großmutter.«

»Ich habe zu danken, ich habe zu danken«, entgegnete sie und strich Emil übers Haar.

Dann überreichte Emil den Blumenstrauß. Pony schleppte eine Vase heran. Aber als man die Blumen ausgewickelt hatte, wusste man nicht, ob man lachen oder weinen sollte.

»Das reinste Dörrgemüse«, sagte Pony.

»Sie haben seit gestern Nachmittag kein Wasser mehr gehabt«, erklärte Emil traurig. »Das ist ja kein Wunder. Als Mutter und ich sie gestern bei Stamnitzens kauften, waren sie noch ganz frisch.«

»Glaube ich, glaube ich«, meinte die Großmutter und stellte die verwelkten Blumen ins Wasser.

»Vielleicht werden sie wieder«, tröstete Tante Martha. »So, und nun wollen wir zu Mittag essen. Der Onkel kommt erst zum Abend heim. Pony, deck den Tisch!«

»Jawohl«, sagte das kleine Mädchen. »Emil, was gibt's?«

»Keine Ahnung.«

»Was isst du am liebsten?«

»Makkaroni mit Schinken.«

»Na also. Da weißt du ja, was es gibt!«

Eigentlich hatte Emil ja schon am Tage vorher Makkaroni mit Schinken gegessen. Aber erstens verträgt man sein Lieblingsessen fast alle Tage. Und zweitens kam es Emil so vor, als wäre seit dem letzten Mittag, in Neustadt bei der Mutter, mindestens eine Woche vergangen. Und er hieb auf die Makkaroni los, als wäre er Herr Grundeis-Müller-Kießling.

Nach dem Essen liefen Emil und Hütchen ein bisschen auf die Straße, weil der Junge Ponys kleines vernickeltes Rad probieren wollte. Großmutter legte sich aufs Sofa. Und Tante Martha buk einen Apfelkuchen im Ofen. Ihr Apfelkuchen war in der ganzen Familie berühmt. Emil radelte durch die Schumannstraße. Und Hütchen rannte hinter ihm her, hielt den Sattel fest und behauptete, das sei nötig, sonst fliege der Vetter hin. Dann musste er absteigen und sie fuhr ihm Kreise und Dreien und Achten vor. Da kam ein Polizist auf sie zu, der eine Mappe trug, und fragte: »Kinder, hier in Nummer 15 wohnen doch Heimbolds?«

»Jawohl«, sagte Pony, »das sind wir. Einen Moment, Herr Major.« Sie schloss ihr Rad in den Keller.

»Ist es was Schlimmes?«, erkundigte sich Emil. Er musste noch immer an den verflixten Jeschke denken.

»Ganz im Gegenteil. Bist du der Schüler Emil Tischbein?«

»Jawohl.«

»Na, da kannst du dir aber wirklich gratulieren!«

»Wer hat Geburtstag?«, fragte Pony, die dazukam.

Aber der Wachtmeister erzählte nichts, sondern stieg schon die Treppe hoch. Tante Martha führte ihn in die Stube. Die Großmutter erwachte, setzte sich auf und war neugierig. Emil und Hütchen standen am Tisch und spannten.

»Die Sache ist die«, sagte der Wachtmeister und schloss dabei die Aktentasche auf. »Der Dieb, den der Realschüler Emil Tischbein heute früh hat festnehmen lassen, ist mit einem seit vier Wochen gesuchten Bankräuber aus Hannover identisch. Dieser Räuber hat eine große Menge Geld gestohlen. Und unser Erkennungsdienst hat ihn überführt. Er hat auch schon ein Geständnis abgelegt. Das meiste Geld hat man, in seinem Anzugfutter eingenäht, wiedergefunden. Lauter Tausendmarkscheine.«

»Du kriegst die Motten«, sagte Pony Hütchen.

»Die Bank«, fuhr der Polizist fort, »hat nun vor vierzehn Tagen eine Prämie ausgesetzt, die der erhalten soll, der den Kerl erwischt. Und weil du«, wandte er sich an Emil, »den Mann eingefangen hast, kriegst du die Prämie. Der Herr Kriminalkommissar lässt dich grüßen und freut sich, dass auf diese Weise deine Tüchtigkeit belohnt wird.«

Emil machte eine Verbeugung.

Dann nahm der Beamte ein Bündel Geldscheine aus seiner Mappe, zählte sie auf den Tisch, und Tante Martha, die genau aufpasste, flüsterte, als er fertig war: »Tausend Mark!«

»Ei potz!«, rief Pony. »Nun haut's dreizehn!«

Großmutter unterschrieb eine Quittung. Dann ging der Wachtmeister. Und Tante Martha gab ihm vorher ein großes Glas Kirschwasser aus Onkels Schrank.

Emil hatte sich neben die Großmutter gesetzt und konnte kein Wort reden. Die alte Frau legte ihren Arm um ihn und sagte kopfschüttelnd: »Es ist doch kaum zu glauben. Es ist doch kaum zu glauben.«

Pony Hütchen stieg auf einen Stuhl, taktierte, als wäre eine Kapelle im Zimmer, und sang: »Nun laden wir, nun laden wir die andern Jungens zum Kaffee ein!«

»Ja«, sagte Emil, »das auch. Aber vor allem … eigentlich könnte doch nun … was denkt ihr … Mutter auch nach Berlin kommen …«

SIEBZEHNTES KAPITEL

Frau Tischbein ist so aufgeregt

Am nächsten Morgen klingelte Frau Bäckermeister Wirth in Neustadt an der Tür von Frau Friseuse Tischbein. »Tag, Frau Tischbein«, sagte sie dann. »Wie geht's?«

»Morgen, Frau Wirth. Ich bin so sehr in Sorge! Mein Junge hat noch nicht eine Zeile geschrieben. Immer, wenn es klingelt, denke ich, es ist der Briefträger. Soll ich Sie frisieren?«

»Nein. Ich wollte nur mal herkommen, und ... weil ich Ihnen etwas ausrichten soll.«

»Bitte schön«, sagte die Friseuse.

»Viele Grüße von Emil und ...«

»Um Himmels willen! Was ist ihm passiert? Wo ist er? Was wissen Sie?«, rief Frau Tischbein. Sie war furchtbar aufgeregt und hob ängstlich beide Hände hoch.

»Aber es geht ihm doch gut, meine Liebe. Sehr gut sogar. Er hat einen Dieb erwischt. Denken Sie nur! Und die Polizei hat ihm eine Belohnung von tausend Mark geschickt. Was sagen Sie nun? Hm? Und da sollen Sie, mit dem Mittagszug, nach Berlin kommen.«

»Aber woher wissen Sie das denn alles?«

»Ihre Schwester, Frau Heimbold, hat eben aus Berlin bei mir im Geschäft angerufen. Emil hat auch ein paar Worte gesagt. Und Sie sollten doch ja kommen! Wo Sie jetzt so viel Geld hätten, wäre das doch zu machen.«

»So, so ... Ja freilich«, murmelte Frau Tischbein verstört. »Tausend Mark? Weil er einen Dieb erwischt hat? Wie ist er bloß auf die Idee gekommen? Nichts als Dummheiten macht er!«

»Aber es hat sich doch gelohnt! Tausend Mark sind doch eine Menge Geld!«

»Gehen Sie mir ja mit den tausend Mark!«

»Na, na, es kann einem Schlimmeres passieren. Also, werden Sie fahren?«

»Natürlich! Ich habe keinen Augenblick Ruhe, bis ich den Jungen gesehen habe.«

»Also, gute Reise. Und viel Vergnügen!«

»Danke schön, Frau Wirth«, sagte die Friseuse und schloss kopfschüttelnd die Tür.

Als sie, nachmittags, im Berliner Zug saß, erlebte sie eine noch größere Überraschung. Ihr gegenüber las ein Herr Zeitung. Frau Tischbein blickte nervös aus einer Ecke in die andere, zählte die Telegrafenmasten, die vorm Fenster vorbeizogen, und wäre am liebsten hinter den Zug gerannt, um zu schieben. Es ging ihr zu langsam.

Während sie so herumrutschte und den Kopf hin und her drehte, fiel ihr Blick auf die Zeitung gegenüber.

»Allmächtiger!«, rief sie und riss dem Herrn das Blatt aus der Hand. Der Herr dachte, die Frau sei plötzlich verrückt geworden, und kriegte Angst.

»Da! Da!«, stammelte sie. »Das hier … das ist mein Junge!« Und sie stieß mit dem Finger nach einer Fotografie, die auf der ersten Zeitungsseite zu sehen war.

»Was Sie nicht sagen!«, meinte der Mann erfreut. »Sie sind die Mutter von Emil Tischbein? Das ist ja ein Prachtkerl. Hut ab, Frau Tischbein, Hut ab!«

»So, so«, sagte die Friseuse. »Behalten Sie den Hut ruhig auf, mein Herr!« Und dann begann sie den Artikel zu lesen. Darüber stand in Riesenbuchstaben:

EIN KLEINER JUNGE ALS DETEKTIV
HUNDERT BERLINER KINDER
AUF DER VERBRECHERJAGD

Und dann folgte ein ausführlich spannender Bericht über Emils Erlebnisse vom Bahnhof in Neustadt bis ins Berliner Polizeipräsidium. Frau Tischbein wurde richtig blass. Und die Zeitung raschelte, als wäre es windig. Und dabei waren die Fenster verschlossen. Der Herr konnte es kaum erwarten, dass sie den Artikel zu Ende las. Doch der war sehr lang und füllte fast die ganze erste Seite aus. Und mittendrin saß Emils Bild.

Endlich legte sie das Blatt beiseite, sah ihn an und sagte: »Kaum ist er allein, macht er solche Geschichten. Und ich hatte ihm so eingeschärft, auf die hundertvierzig Mark aufzupassen! Wie konnte er nur so nachlässig sein! Als ob er nicht wüsste, dass wir kein Geld zum Stehlenlassen übrig haben!«

»Er ist eben müde geworden. Vielleicht hat ihn der Dieb sogar hypnotisiert. Das soll vorkommen«, meinte der Herr. »Aber finden Sie es denn nicht einfach bewundernswert, wie sich die Jungen aus der Affäre gezogen haben? Das war doch genial! Das war doch einfach großartig! Einfach großartig war doch das!«

»Das schon«, sagte Frau Tischbein geschmeichelt. »Er ist schon ein kluger Junge, mein Junge. Immer der Beste in der Klasse. Und fleißig dazu. Aber bedenken Sie doch, wenn ihm was zugestoßen wäre! Mir stehen die Haare zu Berge, obwohl ja alles längst vorüber ist. Nein, ich kann ihn nie mehr allein fahren lassen. Ich stürbe vor Angst.«

»Sieht er genauso aus wie auf dem Bild?«, fragte der Herr.

Frau Tischbein betrachtete das Foto wieder und sagte: »Ja. Genauso. Gefällt er Ihnen?«

»Großartig!«, rief der Mann. »So ein richtiger Kerl, aus dem später mal was werden wird.«

»Nur ein bisschen ordentlicher hinsetzen hätte er sich sollen«, zankte die Mutter. »Das Jackett schlägt lauter Falten. Er soll es stets aufknöpfen, bevor er sich setzt. Aber er hört ja nicht!«

»Wenn er keine größeren Fehler hat!«, lachte der Herr.

»Nein, Fehler hat er eigentlich keine, mein Emil«, sagte Frau Tischbein und putzte sich vor Rührung die Nase …

Dann stieg der Herr aus.

Sie durfte die Zeitung behalten und las Emils Erlebnisse bis Berlin-Friedrichstraße immer wieder. Insgesamt elfmal.

Als sie in Berlin ankam, stand Emil schon auf dem Bahnsteig. Er hatte der Mutter zu Ehren den guten Anzug an, fiel ihr um den Hals und rief: »Na, was sagst du nun?«

»Sei nur nicht auch noch eingebildet, du Lümmel!«

»Ach, Frau Tischbein«, sagte er und hakte sich bei ihr unter, »ich freue mich ja enorm, dass du hier bist.«

»Besser ist dein Anzug bei der Verbrecherjagd auch nicht geworden«, meinte die Mutter. Aber es klang nicht etwa böse.

»Wenn du willst, krieg ich einen neuen Anzug.«

»Von wem denn?«

»Ein Kaufhaus will mir und dem Professor und Gustav neue Anzüge schenken und in den Zeitungen annoncieren, dass wir Detektive nur bei ihnen neue Anzüge kaufen. Das ist Reklame, verstehst du?«

»Ja, ich versteh.«

»Aber wir werden wahrscheinlich ablehnen, obwohl wir statt der langweiligen Anzüge auch jeder 'nen Fußball kriegen könnten«, erzählte Emil großspurig. »Denn weißt du, wir finden den Rummel, den man um uns macht, reichlich albern. Die Erwachsenen können so was, von uns aus, ja ruhig tun. Die sind nun mal so komisch. Aber Kinder sollten es bleiben lassen.«

»Bravo!«, sagte die Mutter.

»Das Geld hat Onkel Heimbold eingeschlossen. Tausend Mark. Ist das nicht herrlich? Vor allen Dingen kaufen wir dir eine elektrische Haartrockenanlage. Und einen Wintermantel, innen mit Pelz gefüttert. Und mir? Das muss ich mir erst überlegen. Vielleicht doch einen Fußball. Oder einen Fotografenapparat. Mal sehn.«

»Ich dachte schon, wir sollten das Geld lieber aufheben und zur Bank bringen. Später kannst du es sicher mal sehr gut brauchen.«

»Nein, du kriegst den Trockenapparat und den warmen Mantel. Was übrig bleibt, können wir ja wegbringen, wenn du willst.«

»Wir sprechen noch darüber«, sagte die Mutter und drückte seinen Arm.

»Weißt du schon, dass in allen Zeitungen Fotos von mir sind? Und lange Artikel über mich?«

»Einen hab ich schon im Zug gelesen. Ich war erst sehr unruhig, Emil! Ist dir gar nichts geschehen?«

»Keine Spur. Es war wunderbar! Na, ich erzähle dir alles noch ganz genau. Erst musst du aber meine Freunde begrüßen.«

»Wo sind sie denn?«

»In der Schumannstraße. Bei Tante Martha. Sie hat gleich gestern Apfelkuchen gebacken. Und dann haben wir die ganze Bande eingeladen. Sie sitzen jetzt zu Hause und machen Krach.«

Bei Heimbolds war wirklich ein toller Betrieb. Alle waren sie da: Gustav, der Professor, Krummbiegel, die Gebrüder Mittenzwey, Gerold, Friedrich der Erste, Traugott, der kleine Dienstag und wie sie hießen. Die Stühle reichten kaum. Pony Hütchen rannte mit einer großen Kanne von einem zum andern und schenkte heiße Schokolade ein. Und Tante Marthas Apfelkuchen war ein Gedicht! Die Großmutter saß auf dem Sofa, lachte und schien zehn Jahre jünger.

Als Emil mit seiner Mutter kam, gab's eine große Begrüßung. Jeder Junge gab Frau Tischbein die Hand. Und sie bedankte sich bei allen, dass sie ihrem Emil so geholfen hatten. »Also«, sagte der dann, »die Anzüge oder die Fußbälle, die nehmen wir nicht. Wir lassen mit uns keine Reklame machen. Einverstanden?«

»Einverstanden!«, rief Gustav und hupte, dass Tante Marthas Blumentöpfe klapperten.

Pony Hütchen rannte mit einer großen Kanne
von einem zum andern.

Dann klopfte die Großmutter mit dem Löffel an ihre goldne Tasse, stand auf und sagte: »Nun hört mal gut zu, ihr Kadetten. Ich will nämlich eine Rede halten. Also, bildet euch bloß nichts ein! Ich lobe euch nicht. Die andern haben euch schon ganz verrückt gemacht. Da tu ich nicht mit. Nein, da tu ich nicht mit!«

Die Kinder waren ganz still geworden und wagten nicht einmal weiterzukauen.

»Hinter einem Dieb herschleichen«, fuhr die Großmutter fort, »und ihn mit hundert Jungen einfangen – na, das ist keine große Kunst. Kränkt euch das, ihr Genossen? Aber es sitzt einer unter euch, der wäre auch gerne auf den Zehenspitzen hinter Herrn Grundeis hergestiegen. Der hätte auch gerne als grüner Liftboy im Hotel rumspioniert. Aber er blieb zu Hause, weil er das einmal übernommen hatte, jawohl, weil er das einmal übernommen hatte.«

Alle blickten den kleinen Dienstag an. Der hatte einen himbeerroten Kopf und schämte sich.

»Ganz recht. Den kleinen Dienstag meine ich. Ganz recht!«, sagte die Großmutter. »Er hat zwei Tage am Telefon gesessen. Er hat gewusst, was seine Pflicht war. Und er hat sie getan, obwohl sie ihm nicht gefiel. Das war großartig, verstanden? Das war großartig! Nehmt euch an ihm ein Beispiel! Und nun wollen wir alle aufstehen und rufen: Der kleine Dienstag, er lebe hoch!«

Die Jungen sprangen auf. Pony Hütchen hielt die Hände wie eine Trompete vor den Mund. Tante Martha und Emils Mutter kamen aus der Küche. Und alle riefen: »Er lebe hoch! Hoch! Hoch!«

Dann setzten sie sich wieder. Und der kleine Dienstag holte tief Atem und sagte: »Danke schön. Doch das ist übertrieben. Ihr hättet das auch getan. Klar! Ein richtiger Junge tut, was er soll. Basta!«

Pony Hütchen hielt die große Kanne hoch und rief: »Wer will noch was zu trinken, ihr Leute? Jetzt wollen wir mal auf Emil anstoßen!«

ACHTZEHNTES KAPITEL

Lässt sich daraus was lernen?

Gegen Abend verabschiedeten sich die Jungen. Und Emil musste ihnen hoch und heilig versprechen, am nächsten Nachmittag mit Pony Hütchen zum Professor zu kommen. Dann lief Onkel Heimbold ein und es wurde gegessen. Hinterher gab er der Schwägerin, Frau Tischbein, die tausend Mark und riet ihr, das Geld auf eine Bank zu schaffen.

»Das war sowieso meine Absicht«, sagte die Friseuse.

»Nein!«, rief Emil. »Da macht mir das Zeug gar keinen Spaß. Mutter soll sich einen elektrischen Trockenapparat kaufen und einen Mantel, der innen mit Pelz gefüttert ist. Ich weiß gar nicht, was ihr wollt! Das Geld gehört doch mir. Damit kann ich machen, was ich will! Oder nicht?«

»Damit kannst du gar nicht machen, was du willst«, erklärte Onkel Heimbold. »Du bist doch ein Kind. Und die Entscheidung, was mit dem Geld geschehen soll, hat deine Mutter zu treffen.«

Emil stand vom Tisch auf und trat ans Fenster.

»Alle Wetter, Heimbold, bist du ein Dickschädel«, sagte Pony Hütchen zu ihrem Vater. »Siehst du denn nicht, dass Emil sich so darauf freut, seiner Mutter was zu schenken? Ihr Erwachsenen seid manchmal kolossal hart verpackt.«

»Natürlich kriegt sie den Trockenapparat und den Mantel«, meinte die Großmutter. »Aber was übrig bleibt, das wird auf die Bank geschafft, nicht wahr, mein Junge?«

»Jawohl«, antwortete Emil. »Bist du einverstanden, Muttchen?«

»Wenn du durchaus willst, du reicher Mann!«

»Wir gehen gleich morgen früh einkaufen. Pony, du kommst mit!«, rief Emil zufrieden.

»Denkst du vielleicht, ich fange inzwischen Fliegen?«, sagte die Kusine. »Aber du musst dir auch was kaufen. Natürlich soll Tante Tischbein ihren Haartrockner kriegen, aber du wirst dir 'n Rad kaufen, verstanden, damit du deinen Kusinen die Räder nicht kaputt zu fahren brauchst.«

»Emil«, fragte Frau Tischbein besorgt, »hast du Ponys Rad kaputt gemacht?«

»I wo, Mutter, ich hab ihr bloß den Sattel ein bisschen höher gestellt, sie fährt immer auf so 'nem ganz niedrigen, bloß aus Afferei, um wie eine Rennfahrerin auszusehen.«

»Selber Affe«, rief Hütchen, »wenn du noch mal mein Rad verstellst, ist es mit uns beiden aus, verstanden?«

»Wenn du nicht ein Mädchen wärst und dünn wie eine Strippe, würde ich dich mal Moritz lehren, mein Kind. Außerdem will ich mich heut nicht ärgern, aber was ich mir von dem Geld kaufe oder nicht kaufe, geht dich gar nichts an.« Und Emil steckte bockig beide Fäuste in die Hosentaschen.

»Zankt euch nicht, haut euch nicht, kratzt euch lieber die Augen aus«, meinte die Großmutter beruhigend. Und das Thema wurde fallen gelassen.

Später brachte Onkel Heimbold den Hund hinunter. Das heißt: Heimbolds hatten gar keinen Hund, aber Pony nannte es immer so, wenn der Vater abends ein Glas Bier trinken ging.

Dann saßen die Großmutter und die beiden Frauen und Pony Hütchen und Emil in der Stube und sprachen über die vergangenen Tage, die so aufregend gewesen waren.

»Nun, vielleicht hat die Geschichte auch ihr Gutes gehabt«, sagte Tante Martha.

»Natürlich«, meinte Emil. »Eine Lehre habe ich bestimmt daraus gezogen: Man soll keinem Menschen trauen.«

Und seine Mutter meinte: »Ich habe gelernt, dass man Kinder niemals allein verreisen lassen soll.«

»Quatsch!«, brummte die Großmutter. »Alles verkehrt. Alles verkehrt!«

»Quatsch, Quatsch, Quatsch!«, sang Pony Hütchen und ritt auf einem Stuhl durchs Zimmer.

»Du meinst also, aus der Sache ließe sich gar nichts lernen?«, fragte Tante Martha.

»Doch«, behauptete die Großmutter.

»Was denn?«, fragten die anderen wie aus einem Munde.

»Geld soll man immer nur per Postanweisung schicken«, brummte die Großmutter und kicherte wie eine Spieldose.

»Hurra!«, rief Pony Hütchen und ritt auf ihrem Stuhl ins Schlafzimmer.

Emil und die drei Zwillinge

DAS VORWORT FÜR LAIEN

Es gibt Kinder, die »Emil und die Detektive« gelesen haben. Und es gibt Kinder, die das Buch noch nicht gelesen haben. Die einen will ich im weiteren Verlauf kurzerhand die »Fachleute« nennen und die anderen die »Laien«. Eine solche Einteilung empfiehlt sich, weil ich an jede der zwei Gruppen ein besonderes Vorwort zu richten habe.

»Ordnung muss sein«, sagte Onkel Karl und schmiss auch noch den letzten Teller an die Wand.

Es sind tatsächlich zwei Vorworte nötig. Sonst könnte es womöglich geschehen, dass der alte Herr Schlaumeier den zweiten Band heimbringt und dass seine Kinder – also die kleinen Schlaumeier – ganz aufgeregt rufen: »Aber wir haben doch den ersten Teil noch nicht gelesen!« Und dann müsste Herr Schlaumeier senior das Buch sorgfältig wieder einwickeln, in den Buchladen zurückbringen und dort sagen: »Tut mir leid, Herr Buchhändler. Aus dem Geschäft kann nichts werden. Das Buch ist ja der zweite Band.«

Sehr geehrte Laien! Auch wer den ersten Band noch nicht kennt, kann den zweiten lesen und verstehen. Verlasst euch in dieser Angelegenheit ganz auf mich. Ich gehöre, was den Emil Tischbein betrifft, zu den ältesten Fachleuten, die es links und rechts der Elbe gibt.

Da fällt mir übrigens ein, dass ich euch ja schließlich kurz erzählen könnte, worum es sich im ersten Band handelt. Soll ich? Also gut.

Zuvor muss ich nur die Herren Fachleute bitten, weiterzublättern und gleich das zweite Vorwort aufzuschlagen. Was ich bis dahin erzählen werde, wissen sie längst.

Sehr geehrte Fachleute! Entschuldigt mich eine Weile. Auf Wiederhören im zweiten Vorwort! Parole Emil!

Der erste Band handelte von der ersten Reise des Neustädter Realschülers Emil Tischbein nach Berlin.

Emil sollte seiner Großmutter hundertvierzig Mark nach Berlin bringen. Aber das Geld wurde ihm in der Eisenbahn gestohlen, während er schlief. Emil hatte einen Mann im Verdacht, der Grundeis hieß und einen steifen Hut trug. Doch der Junge wusste erstens nicht, ob dieser Herr Grundeis tatsächlich der Dieb war. Und zweitens war Herr Grundeis, als Emil erwachte, nicht mehr im Abteil. – Der Junge war, wie ihr euch denken könnt, sehr verzweifelt. Am Bahnhof Zoo hielt der Zug. Emil blickte zum Fenster hinaus, sah einen Mann im steifen Hut und rannte, mit seinem Koffer und einem Blumenstrauß bewaffnet, hinter der schwarzen Melone her. Dabei sollte er aber erst am Bahnhof Friedrichstraße aussteigen!

Kinder, Kinder! Die Melone war wirklich Herr Grundeis! Emil folgte ihm. Der Mann stieg in eine Straßenbahn. Emil kletterte schleunigst auf den Anhänger. Und nun fuhr der kleine Neustädter Realschüler ohne einen Pfennig Geld durch das riesengroße, fremde Berlin. Er fuhr hinter seinen hundertvierzig Mark her und wusste nicht einmal, ob Herr Grundeis der richtige Dieb war.

Inzwischen wurde Emil von seiner Großmutter und seiner Kusine Pony Hütchen auf dem Bahnhof Friedrichstraße erwartet. Der Zug aus Neustadt kam. Doch wer nicht kam, war Emil! Sie wussten nicht, was sie davon denken sollten. Schließlich wanderten sie sehr besorgt nach Hause. Das heißt, wandern tat nur die Großmutter. Pony Hütchen fuhr auf ihrem Fahrrad neben der wandernden Großmutter her.

Herr Grundeis stieg auf der Kaiserallee an der Ecke Trautenaustraße von der Straßenbahn und setzte sich auf die Sommerterrasse des Cafés Josty.

(Er hatte selbstverständlich keine blasse Ahnung davon, dass er verfolgt wurde.)

Emil stieg ebenfalls aus und versteckte sich hinter einem Zeitungskiosk. Dort sprach ihn ein Berliner Junge an. Und diesem erzählte er, was geschehen war. Der Junge hieß Gustav mit der Hupe. Weil er in der Hosentasche eine Autohupe hatte.

Dieser Junge fegte nun laut hupend durch die Gegend und alarmierte seine Freunde. Mit diesen kam er zu Emil zurück. Sie hielten einen Kriegsrat ab. Sie gaben ihr Taschengeld her. Sie gründeten einen Bereitschaftsdienst, eine Telefonzentrale und andere notwendige Unterabteilungen.

Und als sich der ahnungslose Herr Grundeis auf der Kaffeehausterrasse satt gegessen hatte und in einer Autotaxe davonfuhr, fuhren Emil und die »Detektive« in einer anderen Autotaxe hinterher.

Herr Grundeis nahm im Hotel Kreid am Nollendorfplatz ein Zimmer. Emil und seine Freunde ernannten den Hof des gegenüberliegenden Theaters zu ihrem Standquartier. Nur Gustav folgte dem Mann im steifen Hut und wurde im Hotel Kreid für einen Tag Liftboy. So erfuhren die Detektive, dass Herr Grundeis am nächsten Morgen um acht Uhr aufstehen wollte.

Na ja. Und als Herr Grundeis am nächsten Tag früh um acht ans Fenster trat, war der ganze Nollendorfplatz voller Kinder!

Aber ich will nicht zu viel erzählen. Wie die Verfolgung weiterging, kann sich jeder richtige Junge an den eigenen Fingern abklavieren. Ich muss nur noch hinzufügen, dass Herr Grundeis tatsächlich der Dieb war und dass er nicht nur Grundeis hieß, sondern mindestens ein halbes Dutzend Familiennamen hatte. Das ist bei besseren Verbrechern bekanntlich immer so.

Jawohl. Und wenn Emil im Zug keine Stecknadeln bei sich

gehabt hätte, hätte ihm Kriminalkommissar Lurje die hundertvierzig Mark wahrscheinlich gar nicht zurückgeben können. Die Stecknadeln waren nämlich die Beweise! Aber mehr verrate ich nun wirklich nicht. Über die Prämie von tausend Mark zum Beispiel sage ich kein Sterbenswort. Auch nicht über das Denkmal vom Großherzog Karl mit der schiefen Backe oder darüber, wie er eines Tages einen Schnurrbart und eine rote Nase bekam. Oder über Wachtmeister Jeschke, der hinter Emil mit einer Eisenbahn herfuhr, die von neun Pferden gezogen wurde. – Und dass schließlich Emils Mutter nach Berlin kam, behalte ich auch für mich.

Ein Mann muss, wenn es darauf ankommt, schweigen können.

Ich will nur noch erzählen, dass Emils Großmutter ganz zum Schluss sagte: »Geld soll man nur per Postanweisung schicken.« Sie war, wie ihr seht, eine sehr gescheite alte Frau. Sie war es nicht nur. Sie ist es noch immer. Ihr werdet sie kennenlernen. Vorher muss ich nur noch das Vorwort für die Fachleute abdrucken lassen.

Ach richtig, die Fachleute!

Zwei Jahre nach Emils Abenteuern mit Herrn Grundeis hatte ich auf der Kaiserallee, an der bewussten Ecke Trautenaustraße, ein höchst seltsames Erlebnis.

Eigentlich wollte ich mit der Linie 177 nach Steglitz fahren. Nicht, dass ich in Steglitz etwas Besonderes zu erledigen gehabt hätte. Aber ich gehe gern in Stadtvierteln spazieren, die ich nicht kenne und in denen man mich nicht kennt. Ich bilde mir dann ein, ich sei irgendwo in der Fremde. Und wenn ich mich dann so richtig einsam und verlassen fühle, fahre ich rasch wieder heim und trinke in meiner Wohnung gemütlich Kaffee.

So bin ich nun einmal.

Aber aus meiner Steglitzer Weltreise sollte an diesem Tage nichts werden. Denn als die Straßenbahn kam und bremste und ich gerade auf den Vorderwagen klettern wollte, stieg ein merkwürdiger Mann ab. Er hatte einen steifen schwarzen Hut auf und blickte sich um, als habe er ein ziemlich angeschmutztes Gewissen. Er lief rasch an dem Vorderwagen vorbei, überquerte die Straße und ging zum Café Josty hinüber.

Ich schaute gedankenvoll hinter dem Mann her.

»Wollen Sie mitfahren?«, erkundigte sich der Schaffner bei mir.

»Ich bin so frei«, meinte ich.

»Na, dann beeilen Sie sich ein bisschen!«, sagte der Schaffner streng.

Aber ich beeilte mich keineswegs, sondern blieb wie angewurzelt stehen und starrte entgeistert auf den Anhängerwagen.

Von diesem Anhänger kletterte nämlich ein Junge herunter. Er trug einen Koffer und einen in Seidenpapier gewickelten Blumenstrauß und blickte sich nach allen Seiten um. Dann schleppte er den Koffer hinter den Zeitungskiosk, der sich an der Ecke befindet, setzte sein Gepäck ab und musterte die Umgebung.

Der Schaffner wartete noch immer auf mich. »Nun reißt mir aber die Geduld«, sagte er dann. »Wer nicht will, der hat schon!« Er zog an der Klingelschnur, und die Straßenbahn 177 fuhr ohne meine werte Person nach Steglitz.

Der Herr im steifen Hut hatte auf der Terrasse des Cafés Platz genommen und sprach mit einem Kellner. Der Junge guckte vorsichtig hinter dem Kiosk hervor und ließ den Mann nicht aus den Augen.

Ich stand noch immer am gleichen Fleck und sah wie ein Ölgötze aus. (Hat übrigens jemand eine Ahnung, wie Ölgötzen aussehen? Ich nicht.) Das war ja allerhand! Vor zwei Jahren waren Herr Grundeis und Emil Tischbein an genau derselben Ecke aus der Straßenbahn gestiegen. Und jetzt passierte die ganze Sache noch einmal? Da musste doch wohl ein Irrtum vorliegen.

Ich rieb mir die Augen und blickte wieder zum Café Josty hin. Aber der Mann im steifen Hut saß noch immer da! Und der Junge hinterm Kiosk setzte sich müde auf seinen Koffer und zog ein betrübtes Gesicht.

Ich dachte: Das Beste wird sein, wenn ich zu dem Jungen hingehe und frage, was das Ganze bedeuten soll. Und wenn er mir erzählt, man hätte ihm hundertvierzig Mark gestohlen, klettere ich auf den nächsten Baum.

Ich ging also zu dem Jungen, der auf dem Koffer saß, und sagte: »Guten Tag. Wo fehlt's denn?«

Aber er schien nicht nur auf dem Koffer, sondern auch auf den Ohren zu sitzen. Er antwortete nicht und blickte unausgesetzt nach dem Café hinüber. »Hat man dir vielleicht zufällig 140 Mark gestohlen?«, fragte ich.

Da blickte er auf, nickte und sagte: »Jawohl. Der Halunke dort drüben auf der Terrasse, der war's.«

Ich wollte gerade mit dem Kopf schütteln und dann, weil ich's mir vorgenommen hatte, auf den nächsten Baum klettern, als es laut hupte. Wir fuhren erschrocken herum. Doch hinter uns stand gar kein Auto, sondern ein Junge, der uns auslachte.

»Was willst du denn hier?«, fragte ich.

Er hupte noch einmal und meinte: »Mein Name ist Gustav.«

Mir blieb die Spucke weg. Das war ja ein tolles Ding! Träumte ich auch ganz bestimmt nicht?

Da kam ein fremder Mann quer über die Trautenaustraße gerannt, fuchtelte mit den Armen, blieb dicht vor mir stehen und brüllte: »Machen Sie sich gefälligst schwach! Mischen Sie sich nicht in fremde Angelegenheiten! Sie schmeißen uns ja die ganze Außenaufnahme!«

»Was denn für 'ne Außenaufnahme?«, fragte ich neugierig.

»Sie sind ja reichlich begriffsstutzig«, meinte der wütende Mann.

»Das ist bei mir ein Geburtsfehler«, entgegnete ich.

Die beiden Jungen lachten. Und Gustav mit der Hupe sagte zu mir: »Mann, wir drehen doch hier einen Film!«

»Natürlich«, erwiderte der Junge mit dem Koffer. »Den Emil-Film. Und ich bin der Emil-Darsteller.«

»Sehen Sie zu, dass Sie weiterkommen«, bat mich der Filmonkel. »Zelluloid ist teuer.«

»Entschuldigen Sie die kleine Störung«, antwortete ich. Dann ging ich meiner Wege.

Der Mann rannte zu einem großen Auto, auf dem eine Filmkamera montiert war und auf dem der Kameramann stand und nun wieder zu kurbeln begann.

Ich spazierte nachdenklich zum Nikolsburger Platz und setzte mich auf eine der Bänke. Dort blieb ich lange sitzen und blickte leicht verblüfft vor mich hin. Ich hatte zwar gewusst, dass die Geschichte von Emil und den Detektiven verfilmt werden sollte. Aber ich hatte es wieder vergessen. Na, und wenn man eine Geschichte wie diese nach zwei Jahren zum zweiten Mal erlebt, mit Koffern, Blumensträußen und Hupen und steifen Hüten – ein Wunder ist es nicht, wenn einem die Augen vor Staunen aus dem Kopf treten …

Plötzlich setzte sich ein sehr großer, hagerer Herr zu mir. Er war älter als ich, trug einen Kneifer und blickte mich lächelnd an. Nachdem er ein Weilchen gelächelt hatte, sagte er: »Eine verrückte Sache, hm? Man denkt, man erlebt etwas Wirkliches. Und dabei ist es nur etwas Nachgemachtes.« Dann sagte er, glaube ich, noch, die Kunst sei eine Fiktion der Realität. Aber er meinte es nicht böse. Und so redeten wir eine Zeit lang gescheit daher. Als uns diesbezüglich nichts mehr einfiel, meinte er: »Nachher wird hier auf unsrer friedlichen Bank der Kriegsrat der Detektive abgehalten werden.«

»Woher wissen Sie denn das? Sind Sie auch vom Film?«

Er lachte. »Nein. Die Sache liegt anders. Ich warte hier auf meinen Sohn. Der will die Filmaufnahmen begutachten. Er war nämlich damals einer von den richtigen Detektiven.«

Ich wurde munter und betrachtete meinen Nachbarn genauer. »Gestatten Sie, dass ich zu raten versuche, wer Sie sind?«

»Ich gestatte«, meinte er vergnügt.

»Sie sind Justizrat Haberland, der Vater vom Professor!«

»Erraten!«, rief er. »Aber woher wissen Sie denn das? Haben Sie das Buch ›Emil und die Detektive‹ gelesen?«

Ich schüttelte den Kopf. »Nein. Ich habe es geschrieben.«

Das freute den Justizrat außerordentlich. Und binnen weniger Minuten unterhielten wir uns, als kennten wir uns seit der Konfirmation. Und ehe wir's uns versahen, stand ein Gymnasiast vor der Bank und zog seine Schülermütze.

»Da bist du ja, mein Junge«, sagte Justizrat Haberland.

Ich erkannte den Professor auf den ersten Blick wieder. Er war seit damals gewachsen. Nicht sehr, aber immerhin. Ich hielt ihm die Hand entgegen.

»Das ist doch Herr Kästner«, meinte er.

»Das ist er«, rief ich. »Und wie gefallen dir die Filmaufnahmen, die sie von eurer Geschichte machen?«

Der Professor rückte seine Brille zurecht. »Sie geben sich alle Mühe. Kann man nicht leugnen. Aber ein Film wie dieser müsste selbstredend von Jungens geschrieben und gedreht werden. Erwachsene haben da nichts zu suchen.«

Sein Vater, der Justizrat, lachte. »Er heißt noch immer der Professor. Aber eigentlich müsste er längst der ›Geheimrat‹ genannt werden.«

Na, und dann setzte sich der Professor zwischen uns und erzählte mir von seinen Freunden. Von Gustav mit der Hupe, der inzwischen zu seiner Hupe ein Motorrad bekommen habe. Und vom kleinen Dienstag. Dessen Eltern seien nach Dahlem hinausgezogen. Er komme aber noch oft in die Stadt, weil es ihm ohne seine alten Kameraden nicht gefalle. Und von Bleuer und Mittenzwey und Mittendrei und von Traugott und Zerlett. Ich erfuhr eine Menge Neuigkeiten. Und der böse Petzold sei immer noch derselbe tückische, ekelhafte Lümmel wie vor zwei Jahren. Dauernd hätten sie mit dem Kerl ihren Ärger. »Was sagen Sie übrigens dazu?«, meinte der Professor dann. »Ich bin Hausbesitzer geworden.« Er setzte sich gerade und sah furchtbar stolz aus.

»Ich bin fast dreimal so alt wie du«, sagte ich, »und ich bin noch immer kein Hausbesitzer. Wie hast du das bloß gemacht?«

»Er hat geerbt«, erklärte der Justizrat. »Von einer verstorbenen Großtante.«

»Das Haus steht an der Ostsee«, erzählte der Professor glücklich. »Und im nächsten Sommer lade ich Emil und die Detektive zu mir ein.« Er machte eine Pause. »Das heißt, wenn's meine Eltern erlauben.«

Der Justizrat blickte seinen Sohn von der Seite an. Und es sah sehr ulkig aus, wie sie einander gegenseitig durch ihre Brillengläser musterten. »Wie ich deine verehrten Eltern kenne«, meinte dann der Justizrat, »werden sie nicht zu widersprechen wagen. Das Haus gehört dir. Ich bin nur der Vormund.«

»Abgemacht!«, sagte der Professor. »Und wenn ich später heiraten und Kinder kriegen werde, benehme ich mich zu ihnen genauso wie du zu mir.«

»Vorausgesetzt, dass du so vorbildliche Kinder kriegst wie dein Vater«, erklärte der Justizrat Haberland.

Der Junge lehnte sich dicht an den Justizrat und meinte: »Vielen Dank.«

Damit war das Gespräch erledigt. Wir standen auf und gingen alle drei nach der Kaiserallee. Auf der Terrasse vom Café Josty stand der Schauspieler, der Herrn Grundeis zu spielen hatte. Er hatte seinen steifen Hut abgenommen und trocknete sich die Stirn mit dem Taschentuch. Vor ihm standen der Regisseur, der Kameramann und jener Mann, der mich am Zeitungskiosk so angeschnauzt hatte.

»Das halte ich nicht länger aus«, rief der Schauspieler, der den Herrn Grundeis zu spielen hatte, ärgerlich. »Davon wird man ja magenkrank! Zwei Eier im Glas soll ich essen! Das steht im Film-Manuskript. Zwei Eier! Nicht mehr! Nun hab ich schon acht Eier gefressen, und ihr seid mit der Aufnahme noch immer nicht zufrieden!«

»Das hilft nun alles nichts«, sagte der Regisseur. »Die Aufnahme muss immer noch einmal gemacht werden, mein Lieber.«

Der Schauspieler setzte sich den steifen Hut auf, blickte gequält zum Himmel empor, winkte dem Kellner und erklärte traurig: »Herr Ober, bitte noch zwei Eier im Glas!« Der Kellner notierte die Bestellung, schüttelte den Kopf und sagte: »Das wird aber ein teurer Film!« Dann machte er sich aus dem Staube.

Erstens: Emil persönlich

Da ist er wieder! Seit wir ihn zum letzten Male sahen, sind mehr als zwei Jahre vergangen. Er ist inzwischen größer geworden. Und einen neuen blauen Sonntagsanzug hat er auch. Mit langen Hosen natürlich! Aber wenn der Junge so schnell weiterwächst, kann er sie im nächsten Jahr als kurze Hosen auftragen. Sonst hat er sich wenig verändert. Er ist noch immer der freiwillige Musterknabe von damals. Er hat seine Mutter noch genauso lieb wie früher. Und manchmal, wenn sie beisammensitzen, sagt er ungeduldig: »Hoffentlich verdiene ich bald viel Geld. Dann darfst du aber nicht mehr arbeiten.« Und sie lacht und sagt: »Fein, dann fange ich Fliegen.«

Zweitens: Oberwachtmeister Jeschke

Die Überschrift stimmt. Aus dem Wachtmeister Jeschke in Neustadt ist ein Oberwachtmeister geworden. Die Sache mit dem bemalten Denkmal ist längst in Vergessenheit geraten. Und der Herr Oberwachtmeister kommt sogar manchmal, wenn er dienstfrei hat, zu Tischbeins zum Kaffeetrinken. Vorher kauft er dann jedes Mal beim Bäcker Wirth eine große Portion Kuchen. Und Frau Wirth, die ja eine Kundin von Frau Friseuse Tischbein ist, sagte erst neulich zu ihrem Mann, dem Bäckermeister Wirth: »Du, Oskar, fällt dir nichts auf?« Und als er den Kopf schüttelte, meinte sie: »Ein Glück, dass das Pulver schon erfunden ist!«

Drittens: Das Erbe des Professors

Das also ist das Haus, das der Professor von seiner Tante geerbt hat. Es liegt in Korlsbüttel an der Ostsee. Irgendwo zwischen Travemünde und Zinnowitz. Die tote Tante war, als sie noch lebte, eine leidenschaftliche Gärtnerin. Und der Garten, in dem das einstöckige alte Haus liegt, ist eine Sehenswürdigkeit. Der Badestrand ist ganz in der Nähe. Man kann gleich im Schwimmtrikot hinspazieren. Drei Minuten durch einen grün dämmernden Erlenbruch – und schon steht man oben auf den Dünen. Drunten breitet sich die Ostsee aus. Und die hölzerne Brücke, an der die Küstendampfer anlegen, reicht fast bis an den Horizont.

Viertens: Gustav mit der Hupe

Kennt ihr die Geschichte von dem Mann, der einen Knopf fand und sich dazu einen Anzug machen ließ? So ähnlich ging's mit Gustav. Erst hatte er nur eine Hupe. Und dann piesackte er seinen Vater so lange, bis ihm der ein Motorfahrrad dazuschenkte. Es ist natürlich keine sehr schwere, sondern eine führerscheinfreie Maschine. Aber den Bewohnern der Nachbarhäuser genügt der Krach, den Gustav macht, auch so. Wenn er, in seinem Trainingsanzug, aufspringt oder ratternd um die Ecke biegt, denkt man mindestens: Der deutsche Motorradmeister kommt. Die Schularbeiten gucken mittlerweile in den Mond. »Ach, Mensch«, sagt Gustav, »in der Penne rutsche ich so mit durch. Ich bin der Vorletzte. Das genügt mir.«

Fünftens: Fräulein Hütchen

Wenn ein Junge vierzehn Jahre alt wird, ist er noch immer ein richtiger Junge, vielleicht sogar ein Lausejunge. Wenn aber ein Mädchen in dieses Alter kommt, wird es eine junge Dame. Und wehe, wenn man dann so ’n Frollein auslacht! Oder wenn man sagt: »Gib nicht so an, du Göre!« Da kann man anschließend sein himmelblaues Wunder erleben. Pony Hütchen ist natürlich in den letzten Jahren nicht gerade ein Affe geworden. Dazu ist sie ja ein viel zu patenter Kerl. Aber früher war sie ein halber Junge. Und heute ist sie ein halber Backfisch. Die Großmutter sagt oft zu ihr: »Lass dir Zeit, mein Kind, lass dir Zeit, mein Kind; ’ne alte Schachtel wirst du früh genug.«

Sechstens: Der Eisenbahn-Dampfer

Habt ihr schon einmal ein Trajekt gesehen? In Saßnitz? Oder in Warnemünde? Oder in Stralsund? Das sind merkwürdige Dampfer! Sie legen am Bahnhof an, sperren das Maul auf, und plötzlich fährt ein Zug aufs Schiff. Und dann fahren sie mit einer ganzen Eisenbahn im Bauch über die Ostsee weg. Bis nach Dänemark oder Rügen oder Schweden. Dort landen sie, und der Zug fährt vom Dampfer herunter und auf dem Festland weiter, als sei überhaupt nichts gewesen. Das ist eine Sache, was? Mit der Eisenbahn fahren ist schön. Mit dem Dampfer fahren ist schön. Wie schön muss es erst sein, mit der Eisenbahn Dampfer zu fahren!

Siebentens: The three Byrons

The three Byrons, die drei Byrons also, spielen in unsrer Geschichte keine unwichtige Rolle. Sie sind Artisten und treten in Varietés auf. Manchmal auch im Zirkus oder im Kabarett. Der eine Byron ist der Vater und die zwei andren Byrons sind die Söhne. Die Söhne heißen Mackie und Jackie. Sie sind Zwillinge, aber Jackie ist größer als Mackie. Der alte Byron ist darüber böse. Aber was soll Jackie machen? Er wächst. Andre kleine Jungen freuen sich, wenn sie wachsen. Jackie Byron ist außer sich.

Achtens: Ein alter Bekannter

Das, was ihr hier seht, ist ein Piccolo. Also ein kleiner Hotelangestellter, der später einmal Kellner werden will. Oder Oberkellner. Oder Empfangschef. Vorläufig ist er noch Piccolo und hilft im Hotel beim Tischdecken und beim Tellertragen. Piccolo zu sein ist ein anstrengender Beruf. Manchmal hat man allerdings ein paar Stunden frei. Dann kann man rasch ins Familienbad rennen und bis zur Sandbank schwimmen. Oder sich auf die große Tube aus Gummi setzen, die fürs Zähneputzen Reklame macht. Und dann trifft man vielleicht sogar alte Bekannte aus Berlin und erinnert sich an längst vergangene Zeiten.

Neuntens: Der Herr Kapitän Schmauch

Dass es sich um eine alte Wasserratte handelt, sieht man dem obigen Herrn tausend Meter gegen den Wind an. Er ist Kapitän und besitzt einen Handelsdampfer, mit dem er auf der Ostsee herumschifft. Manchmal hat er Holz geladen. Manchmal Kohlen. Manchmal schwedisches Eisen. Und manchmal zu viel Rum. Na ja, das kann vorkommen. Seewind macht durstig. Kapitän Schmauch hat in Korlsbüttel ein Häuschen. Und im Hafen liegt ein tüchtiges Segelboot, das ihm gehört. Und ehe ich's vergesse: Der Piccolo ist sein Neffe. Es gibt überhaupt viel mehr Verwandte auf der Welt, als man glaubt.

Zehntens: Die Insel mit der Palme

Nicht weit von der Ostseeküste entfernt liegt mitten im Meer eine ganz, ganz kleine Insel. Früher einmal hat ein Fischer aus Spaß eine Topfpalme zu dem Inselchen hinübergerudert und sie dort in den Sand gepflanzt. Da steht nun die afrikanische Palme im nördlichen Sand und im Strandhafer und ist ein ziemlicher Strunk geworden. Der Anblick könnte einen Hund jammern, wenn's auf der Insel Hunde gäbe. Aber sie ist vollkommen unbewohnt. Erstens besteht sie nur aus Sand, und zweitens ist sie viel zu klein zum Draufwohnen. Wenn man beim Schlafen aus dem Bett rollte, fiele man mitten in die Ostsee.

Und nun nimmt die Geschichte ihren Anfang.

Oberwachtmeister Jeschke hat ein Anliegen

Herr Oberwachtmeister Jeschke hatte einen dienstfreien Nachmittag. Er war mit einem sehenswürdigen Kuchenpaket bei Tischbeins erschienen. Emils Mutter hatte Kaffee gekocht. Mit echtem Karlsbader Zusatz! Und nun saßen die drei an dem runden Tisch in der guten Stube und entwickelten Appetit. Der große Kuchenteller wurde langsam leer. Emil bekam kaum noch Luft. Und Herr Jeschke erzählte, der Neustädter Bürgermeister wolle die alte Pferdebahn abschaffen und eine richtige elektrische Straßenbahn bauen lassen. Es sei nur noch eine Geldfrage.

Emil fragte: »Warum denn nicht gleich 'ne Untergrundbahn? Wenn unsere Pferdebahn verschwindet, ist Neustadt nur noch halb so schön. Elektrische Straßenbahnen gibt's schließlich überall.«

Aber seine Mutter sagte: »Wenn es nur noch eine Geldfrage ist, behält Neustadt seine Pferdebahn bis zum Jüngsten Tag.«

Daraufhin nahm Emil getröstet das letzte Stück Apfelkuchen vom Teller und tat seine Pflicht.

Der Oberwachtmeister erkundigte sich höflich, ob man rauchen dürfe. Frau Tischbein sagte: »Aber selbstverständlich, Herr Jeschke!« Der Gast holte eine große schwarze Zigarre aus dem Lederetui, zündete sie an und hüllte sich in dichte blaugraue Wolken.

Dann erhob sich Frau Tischbein, setzte die Tassen und Teller zusammen, trug das Geschirr in die Küche, kam zurück und erklärte, sie wolle rasch in die Drogerie laufen und Teerseife besorgen. In einer Stunde komme Frau Homburg zur Kopfwäsche.

Emil stand auf und kaute schnell hinunter.

»Nein, mein Junge«, meinte die Mutter. »Ich gehe selber.«

Emil sah sie verwundert an.

Herr Jeschke blickte zu Frau Tischbein hinüber, verschluckte bei dieser Gelegenheit zu viel Zigarrenrauch und kriegte das Husten. Als er damit fertig war, sagte er: »Emil, ich möchte mit dir reden. Gewissermaßen unter Männern.«

Draußen schlug die Vorsaaltür ins Schloss. Frau Tischbein war fort.

»Bitte schön«, meinte Emil. »Ganz wie Sie wünschen. Ich begreife bloß nicht, wieso meine Mutter plötzlich davonrennt. Besorgungen gehören nämlich in mein Fach.«

Der Oberwachtmeister legte die Zigarre auf den Aschenbecher, schlug ein Bein übers andere und schnippte mit den Fingern Asche von seiner Litewka. (Es lag aber gar keine Asche drauf.) Er sagte: »Deine Mutter ist vielleicht gegangen, damit wir zwei uns in aller Ruhe unterhalten können.« Dann blickte er verlegen an die Zimmerdecke.

Emil schaute gleichfalls nach oben. Es gab aber gar nichts zu sehen.

Der Oberwachtmeister holte seine Zigarre vom Tisch herüber und fragte unvermittelt: »Bin ich dir eigentlich sehr unsympathisch?«

Emil fiel fast vom Stuhl. »Wie kommen Sie denn darauf? Das ist eine komische Frage, Herr Jeschke.« Er dachte nach. »Früher hab ich allerdings große Angst vor Ihnen gehabt.«

Der Oberwachtmeister lachte. »Wegen des Denkmals, was?«

Der Junge nickte.

»Solche Dummheiten haben wir doch auch gemacht, als wir Schuljungen waren.«

Emil staunte. »Sie auch? Persönlich?«

Der Polizeibeamte meinte: »Höchstpersönlich!«

»Dann sind Sie mir sympathisch«, erklärte Emil.

Herr Jeschke schien sich darüber zu freuen. Dann sagte er: »Ich muss dich nämlich etwas Wichtiges fragen. Mit deiner Mutter habe ich schon am vorigen Sonntag darüber gesprochen. Aber sie meinte, es komme auf dich an. Wenn es dir nicht recht sei, könne nichts daraus werden.«

»So, so«, meinte Emil. Er dachte eine Weile nach. Dann erklärte er: »Seien Sie mir nicht böse. Aber ich verstehe kein Wort.«

Der andere betrachtete seine Zigarre. Und weil sie inzwischen ausgegangen war, brannte er sie umständlich wieder an. Dann meinte er: »Es ist schwer, mit einem so großen Jungen darüber zu sprechen. – Erinnerst du dich an deinen Vater?«

»Fast gar nicht. Ich war fünf Jahre alt, als er starb.«

Der Oberwachtmeister nickte. Dann sagte er schnell: »Ich möchte nämlich deine Mutter heiraten!« Und dann hustete er eine Weile. Als er wieder zu sich kam, fuhr er fort: »Ich kann in den Innendienst kommen. Und später werde ich Inspektor. Die Prüfung bestehe ich sicher. Wenn ich auch keine Realschule besucht habe – ich bin so weit kein dummer Kopf. Als Inspektor verdiene ich ganz hübsch. Und du könntest sogar studieren, wenn du Lust dazu hast.«

Emil strich ein paar Kuchenkrümel von der bunten Tischdecke. Der Oberwachtmeister sagte: »Wenn du es nicht möchtest, heiratet sie mich nicht.« Der Junge stand auf und trat zum Fenster. Er blickte auf die Straße hinaus. Dann drehte er sich um und meinte leise: »Ich muss mich nämlich erst an den Gedanken gewöhnen, Herr Jeschke.«

»Selbstverständlich«, antwortete der Mann.

Emil schaute wieder aus dem Fenster. Eigentlich habe ich mir's ja anders vorgestellt, dachte er bei sich, während seine Augen einem Lastwagen nachblickten. Selber wollte ich Geld verdienen. Viel Geld. Damit sie nicht mehr zu arbeiten braucht. Und ich wollte das ganze Leben mit ihr zusammenbleiben. Wir beide allein. Niemand außerdem. Und nun kommt ein Polizist und will ihr Mann werden!

Da bog seine Mutter um die Ecke. Sie ging sehr rasch über die Straße und blickte angespannt geradeaus.

Emil zog die Gardine vors Gesicht. Jetzt muss ich mich entscheiden, dachte er. Und ich darf dabei nicht an mich denken. Das wäre gemein. Sie hat immer nur an mich gedacht. Sie hat ihn gern. Ich darf mir auf keinen Fall anmerken lassen, dass ich traurig bin. Ich muss sogar sehr fidel sein. Sonst verderbe ich ihr die Freude.

Er holte tief Atem, drehte sich um und sagte laut: »Es ist mir recht, Herr Jeschke.«

Der Oberwachtmeister stand auf, kam zu ihm hin und drückte ihm die Hand.

Da ging auch schon die Tür auf. Die Mutter trat hastig in die Stube und blickte ihren Jungen forschend an. Der dachte noch einmal blitzschnell: Nun aber fidel sein! Dann hakte er sich bei Jeschke unter, lachte und sagte zu seiner Mutter: »Was sagst du dazu! Der Herr Oberwachtmeister hat eben bei mir um deine Hand angehalten!«

Als Frau Homburg zur Kopfwäsche erschien, zog Jeschke, der Bräutigam, vergnügt ab. Zum Abend war er wieder da und brachte Blumen mit. Und ein halbes Pfund feinen Aufschnitt. Und eine Flasche Süßwein. »Zum Anstoßen«, meinte er.

Nach dem Abendbrot stießen sie also an. Emil hielt eine feierliche Ansprache, über die Herr Jeschke sehr lachen musste. Frau Tischbein saß zufrieden auf dem Sofa und streichelte Emils Hand.

»Mein lieber Junge«, erklärte Herr Jeschke, »ich danke dir für deine Glückwünsche. Ich bin riesig froh über alles und habe jetzt nur noch eine Bitte. Du sollst nicht Vater zu mir sagen. Das fände ich nämlich merkwürdig. Ich werde bestimmt wie ein Vater zu dir sein. Das steht auf einem anderen Blatt. Aber die Bezeichnung als solche kommt mir nicht zu.«

Insgeheim war Emil recht froh über den Vorschlag. Laut sagte er: »Zu Befehl, Herr Oberwachtmeister. Wie soll ich Sie denn nun aber anreden? Guten Tag, Herr Jeschke – das klingt auf die Dauer ein bisschen komisch. Finden Sie nicht?«

Der Bräutigam erhob sich. »Zunächst trinken wir beide Brüderschaft miteinander. Ich duze dich zwar schon. Aber nun musst du mich auch duzen.«

Sie tranken Brüderschaft.

»Und wenn du künftig das Bedürfnis spüren solltest, mich mit einem Namen zu benennen«, meinte Herr Jeschke, »so möchte ich vorsorglich darauf hinweisen, dass ich Heinrich heiße. Ist das so weit klar?«

»Zu Befehl, Heinrich!«, sagte Emil.

Und als er seine Mutter lachen hörte, war er selig.

Nachdem Heinrich Jeschke nach Hause abmarschiert war, gingen die beiden Tischbeins schlafen. Sie gaben sich, wie immer, einen Gutenachtkuss. Und dann legte sich jeder in sein Bett. Aber obwohl sie sich schlafend stellten, lagen sie noch lange wach.

Emil dachte: Sie hat nichts gemerkt. Sie denkt, ich bin gar nicht traurig. Nun kann sie Herrn Jeschke heiraten und so glücklich werden, wie ich's ihr wünsche. Er ist ja auch ein netter Mensch.

Und Emils Mutter dachte: Ach, bin ich froh, dass der Junge nichts gemerkt hat! Er darf nie erfahren, dass ich am liebsten mit ihm, nur mit ihm allein zusammenbliebe! Aber ich darf nicht an mich denken. Sondern immer nur an meinen Jungen. Und an seine Zukunft. Wer weiß, wie lange ich noch Geld verdiene. – Und Herr Jeschke ist ja auch ein netter Mensch.

Post aus Berlin und Post nach Berlin

Als Emil am nächsten Mittag aus der Schule kam, gab ihm seine Mutter einen Brief und sagte: »Ein Brief an dich. Aus Berlin.«

»Von Pony Hütchen?«

»Nein. Es ist keine bekannte Handschrift.«

»Was steht denn drin?«

»Aber Junge!«, rief Frau Tischbein erstaunt. »Ich werde doch deine Briefe nicht aufmachen!«

Er lachte. »Na hör mal! Seit wann haben wir denn Geheimnisse voreinander?« Dann brachte er seine Schulmappe schnell ins Nebenzimmer und dachte: Seit gestern! Seit Herrn Jeschke! – Als er zurückkam, setzte er sich aufs Sofa, öffnete den Brief und las:

Mein lieber Emil!

Wir haben ja lange nichts vonein=
ander gehört, was? Ich hoffe, dass es
Dir trotzdem gut geht. Ich meinerseits
kann nicht klagen. Mir ist zwar von

mehreren Wochen eine Grossmutter
gestorben. Aber ich kannte sie nur sehr
ungenau. Da wird man nicht sehr traurig,
wenn wer stirbt. Und damit komm ich
nun auf den eigentlichen Grund meines
heutigen Schreibens. Die Grosstante hat
mir nämlich ihr Haus vererbt. Es liegt
direckt an der Ostsee. In Korlsbüttel,
wenn wenn du's kennst. Das ist ein Bade
ort. Und ausserdem liegt mein Haus in
einem ziemlich grossen, sehr schönen
Garten. Merkst du was? Pass einmall
gut auf. Die Grossen Ferien stehen be
kanntlich vor der Tür, wie man zu
sagen pflegt. Und seit ich Hausbesi

zer bin, habe ich eine gross artige
Idee. Ich möchte Dich und deine
Dedektive vielmals einladen. Die Som=
merferien in meinem Eigentum an
der Ostsee zu verbringen. Meine El=
tern haben es erlaubt und würden
sich sehr freuen. Wirklich sehr! Sie
werden zwar auch in meinem Hause
wohnen. Aber das braucht uns weiter
nicht zu stöhren. Du weisst ja von
damals, wie prima ich mit mei=
nen alten Herrschaften auskom=
men. Ausserdem hat das Gebäude
eine erste Etage. Mehr kann man
nicht verlangen.

Gustav hat schon zugesagt. Und die Erlaubniss seiner Eltern hat er auch. „Auch.„ Aber nicht nur er will kommen! Sondern auch, nun halte dich fest, Deine Kusine Rony Heimbold, genannt Hütchen Sowie deine Grossmutter, die uns alle so fabelhaft gefallen hat. Sie wollen alle mitkommen, wenn du auch kommst. Vielleicht auch noch der kleine Dienstag. Wenn seine Mutter nicht nach Bad Nauheim muss. Da muss er mit. Es hängt noch vom Artzt ab. Ob er ihr die See erlaubt. Sie hat es mit dem Herzen.
Du siehst also, es wird eine tolle An=

gelegenheit. Nun gib Dir einen
Rippenstoss und sage ja, Du alter
Räuberhauptmann! Deine Mutter wird
sicher nichts dagegen haben. Wo a
doch doch Deine Grossmutter und
Pony dabei sind. Was hältest Du von
der Sache? Wir holen Dich in Berlin
ab, wenn Du eintriffst. Damit Du nicht
wieder am verkehrten Bahnhof austeigst
Und dann fahren wir zusammen
zum Stettiner Bahnhof und von
dort an die See. In mein Haus.
Ehe ich's vergesse: Geld brauchst
Du natürlich keines. Wir nehmen
unser Dienstmädchen Klotilde mit.
Die kocht. Sogar prima. Das ist

ebher) sehr preswert. Vnd ob ein
paar mehr mitfuttern, das spielt
gar keine Rolle. Das sagt meine
Mutter.
Vnd das Fahrgeld stiftet mein Va-
ter, solt ich Dir ausrichten. Die
Tante hat nämlich nicht nur mein
Haus hinterlassen, sondern auch
ihr Geld. Vnd das hat mein Vater
geerbt. Nicht ich.
Du sollst nur schreiben, ob du mit-
kommst. Dann schicht er Dir so-
fort das Fahrgeld. Ich freue mich
so, Dich endlich wiederzusehen.
Vnd entschuldige, dass ich von Geld
schreibe. Du sagtest damals, wenn
man Geld hätte, spräche man nicht

darüber. Ich habe es nicht vergessen:
Aber in diesem Falle muss ich doch
darüber sprechen! Weil du sonst
vielleicht nicht kommen könn-
test. Und dann machten mir
die Ferien keinen Spass mehr. Und
die ganze Ostsee fiele ins Wasser.
Gewissermassen.
Lieber Emil! Ich sehe Deiner Ant-
wort voller Spannung entgegen,
grüsse Dich von meinen Eltern und
von mir und bleibe immer

Dein Theodor Haberland
genannt der Professor.

Nota Bene: Vor ein paar Monaten,
kurz nach meiner Erbschaft, wur-

de hier in Berlin der Emil-Film
gedreht. Ich habe es mir angesehen.
Es ist sehr seltsam, wenn eine wirk=
liche Geschichte plötzlich zu einem
Film verarbeitet wird. Es ist ganz
ähnlich, und es ist trotzdem
ganz, ganz anders. Mein Vater sagt
dass selbe, der Film soll bald her-
auskommen. Ich bin sehr gespannt
Du auch? Nochmals viele, viele
Grüsse und antworte bald

Deinem Professor.

Nota bene: Ehe ich's vergesse, —
Parole Emil!

Nachdem Emil den Brief zu Ende gelesen hatte, gab er ihn seiner Mutter und verschwand im Nebenzimmer. Dort packte er die Schulmappe aus, klappte das Geometrieheft auf und tat, als ob er seine Hausaufgaben mache. Er starrte aber nur vor sich hin und dachte angestrengt nach. Er dachte: Es ist bestimmt gut, wenn ich an die Ostsee fahre. Ich bliebe allerdings lieber hier. Aber vielleicht bin ich dem Oberwachtmeister Jeschke im Wege. Wenn auch nur ein kleines bisschen. Schließlich ist er seit gestern Mutters Bräutigam. Und sie hat ihn gern. Darauf muss man als Sohn Rücksicht nehmen!

Frau Friseuse Tischbein freute sich über den Brief des Professors. Das würden für ihren Emil wunderbare Ferien werden! Er wird mir zwar an allen Ecken und Enden fehlen. Aber das muss ich ihm ja nicht auf die Nase binden. Sie ging ins andere Zimmer hinüber.

Emil sagte: »Muttchen, ich denke, ich werde die Einladung annehmen.«

»Natürlich wirst du«, entgegnete sie. »Der Brief ist ja so reizend abgefasst. Nicht? Du musst mir nur versprechen, dass du nicht zu weit hinausschwimmst. Sonst kommt eine große Welle. Oder ein Strudel. Und dann hätte ich keine ruhige Minute!«

Er versprach es hoch und heilig.

Sie meinte: »Nur mit dem Fahrgeld, das dir der Justizrat schicken will, bin ich ganz und gar nicht einverstanden. Das Fahrgeld holen wir von der Sparkasse. Es wird schon den Kopf nicht kosten.« Sie streichelte den Jungen, der über das Geometrieheft gebeugt saß. »Schon wieder bei den Schularbeiten? Geh doch bis zum Essen noch ein bisschen an die frische Luft!«

»Gerne«, sagte er. »Kann ich dir irgendetwas besorgen oder bei sonst was helfen?«

Sie schob ihn zur Tür. »Hinaus mit dir! Wenn das Menü fertig ist, rufe ich dich.«

Emil ging in den Hof, setzte sich auf die Treppe, die zur Waschküche hinunterführte, und zupfte nachdenklich das Gras aus den Ritzen der schief getretenen Stufen.

Plötzlich sprang er auf, lief im Galopp aus dem Haustor, die Straße hinunter, bog in die Sporengasse ein, rannte durch die Webergasse, stand am Obermarkt still und sah sich suchend um.

Drüben reihten sich die Zeltbuden der Obst- und Gemüsehändler, die irdenen Batterien der Töpfer, die Stände der Gärtner und Metzger. Und durch diese bunten Marktreihen spazierte, die Hände würdevoll auf dem Uniformrücken verschränkt, Herr Oberwachtmeister Jeschke und übte Aufsicht.

Bei einer Hökerfrau blieb er stehen. Sie gestikulierte. Er zog ein Notizbuch zwischen den Rockknöpfen hervor, schrieb irgendeine wichtige Bemerkung hinein und schritt sehr gemessen weiter. Die Leute, die auf dem Markt einkauften, und die Hökerfrauen rotteten sich zusammen und tuschelten.

Der Junge ging quer über das bucklige Katzenkopfpflaster des Platzes weg, bis er den Oberwachtmeister erreicht hatte.

»Hallo!«, rief dieser. »Suchst du etwa mich?«

»Jawohl, Herr Jeschke, ich wollte sagen: Jawohl, Heinrich«, meinte Emil. »Ich wollte dich etwas fragen. Ein Berliner Freund von mir hat nämlich an der Ostsee ein Haus geerbt. Und er hat mich für die großen Ferien eingeladen. Meine Großmutter und Pony Hütchen übrigens auch.«

Herr Jeschke klopfte Emil auf die Schulter. »Meinen herzlichsten Glückwunsch. Das ist ja fabelhaft!«

»Nicht wahr?«

Der Polizeigewaltige blickte seinen zukünftigen Stiefsohn liebevoll an.

»Erlaubst du, dass ich das Reisegeld spendiere?«

Emil schüttelte energisch mit dem Kopf. »Ich habe ja mein eignes Sparkassenbuch.«

»Schade.«

»Nein, Heinrich. Ich komme wegen etwas ganz anderem.«

»Weswegen denn?«

»Es ist wegen meiner Mutter, weißt du? Wenn du nicht gerade gestern … Ich meine, sonst würde ich sie bestimmt nicht allein lassen. Und ich fahre überhaupt nur, wenn du mir fest versprichst, dass du jeden Tag mindestens eine Stunde bei ihr bist. Sonst wird sie nämlich – ich kenne sie doch sehr genau, und ich möchte nicht, dass sie sich in der Zeit ganz allein fühlt.« Emil machte eine Pause. Das Leben war doch manchmal recht schwer.

»Du musst mir dein Ehrenwort geben, dass du dich um sie kümmerst. Sonst fahre ich nicht fort.«

»Ich verspreche es dir. Ohne Ehrenwort. Mit Ehrenwort. Wie du's verlangst, mein Junge.«

»Dann ist ja alles in Ordnung«, erklärte Emil. »Also jeden Tag. Nicht wahr? Ich werde zwar sehr viele Briefe schreiben. Aber Geschriebenes ist eben doch nicht das Richtige. Es muss immer jemand da sein, den sie lieb hat. Ich erlaube nicht, dass sie traurig wird!«

»Ich komme täglich«, versprach Herr Jeschke. »Mindestens eine Stunde. Wenn ich mehr Zeit habe, bleibe ich länger.«

»Danke schön!«, sagte Emil. Dann machte er kehrt und galoppierte den Weg, den er gekommen war, zurück.

Im Hof setzte er sich wieder auf die Treppenstufen, zupfte Grashalme aus den Ritzen und tat, als sei er nie fort gewesen.

Fünf Minuten später blickte Frau Tischbein aus dem Küchenfenster.

»He, junger Mann!«, rief sie laut. »Platz nehmen zum Mittagessen!«

Er schaute lächelnd hoch. »Ich komme, Muttchen!«

Ihr Kopf verschwand wieder.

Da stand er langsam auf und trat ins Haus.

Am Nachmittag ließ er sich von seiner Mutter Briefpapier geben, setzte sich an den Tisch und schrieb an den Gymnasiasten Theodor Haberland, wohnhaft in Berlin-Wilmersdorf, folgenden Brief:

Mein lieber Professor!
Vielen herzlichen Dank für
dein Schreiben, über das ich mich
mächtig gefreut habe. Daß Du
Hausbesitzer geworden bist,
ist fantastisch. Noch dazu
an der Ostsee: Meine Glückwün=
sche! Ich war noch nicht dort.
Aber in Erdkunde war bei uns
neulich die Mecklenburgische
Seenplatte und die Ostseeküste
dran. Ich kann mir alles vor=

stellen. Die Dünen, die großen
Schiffe, die Backsteinkirchen,
die Häfen, die Strandkörbe
und so. Es muß sehr schön sein,
glaube ich.
Und es ist noch viel schöner, daß
Du mich eingeladen hast, Dich
zu besuchen. Ich nehme die Einla-
dung dankbar an und danke
Dir und Deinen Eltern kolos-
sal dafür. Ich freue mich auf
Dich, den Gustav und den

kleinen Dienstag. Denn ich habe alle die mir damals so geholfen haben, gern. Und daß Du auch Pony und die Großmutter eingeladen hast, finde ich enorm.

Wenn in Deiner Villa nicht genug Platz ist, bauen wir Jungens in Deinem Garten ein Zelt und leben wie die Beduinen in der Wüste. Die Bettücher nehmen wir als Burnusse. Und jeder muß nachts eine Stunde Wache halten. Damit die an=

dern ruhig schlafen können.
Aber das hat ja noch Zeit.
An meine Großmutter und an
Pony schreibe ich heute auch
noch. Und daß Ihr mich an
der Bahn abholen wollt, ist
ein schöner Zug von Euch.
Na diesmal lasse ich mir das
Geld nicht wieder klauen.
Und wenn ich mir's in einen
Schuh stecken soll!
Sage Deinem Vater daß ich ihm
für sein Angebot danke, was
das Reisegeld betrifft. Doch ich

möchte es von meinem Spar-
kassenbuch abheben. Ich habe
nämlich noch siebenhundert
Mark von damals, weisst
Du. Für die anderen drei=
hundert Mark kaufte ich
meiner Mutter wie es be=
sprochen war, einen Elek=
trischen Haartrockenapparat
und einen warmen Winterman=
tel. Er sieht immer noch sehr
anständig aus. Meine Mutter
schont ihre Sachen fabelhaft.
Dann lässt meine Mutter noch

Deine Mutter höflich fragen,
ob ich Bettwäsche mitbringen
soll. Und wieviel Handtü=
cher. Und ob ich an der Ostsee
einen Badeanzug brauche.
Ich habe nur rote Badehosen
und die sind manchmal in
feineren Bädern verboten.
Und noch eins, fahrt Ihr
auch 3. Klasse? Weil wir sonst
nicht im selben Abteil fahren
könnten. 2. Klasse ist viel
teuer. Und in der 3. Klasse
kommt man genau so schnell

an Ort und Stelle, nicht?
Du musst mir wenn wir in
Deiner Villa wohnen, aus=
führlich erzählen wie es
war, als Du beiden Aufnah=
men zum Emil-Film zuge=
sehen hast. Hoffentlich kön=
nen wir uns den Film bald
im Kino anschauen. Vielleicht
sogar zusammen!

Herzliche Grüsse von meiner
Mutter und mir an Dich
und unsere Empfehlungen an
Deine freundlichen Eltern und
noch einmal besten Dank!
Ich freue mich. Parole Emil!
Immer
Dein getreuer Emil Tischbein

DRITTES KAPITEL

Emil setzt sich in Bewegung

Die schlimmen Tage und Stunden, auf die man warten muss, kommen mit Windeseile. Sie nahen wie schwarze, regenschwere Wolken, die der Sturm am Himmel vor sich hertreibt.

Die heiteren Tage jedoch, die lassen sich Zeit. Es ist, als sei das Jahr ein Labyrinth, und sie fänden den Weg nicht heraus und erst recht nicht zu uns.

Aber eines Morgens sind die Sommerferien schließlich doch da! Zeitig wie immer wacht man auf und will aus dem Bett springen. Dann besinnt man sich. Man muss ja gar nicht zur Schule! Faul dreht man sich zur Wand und schließt die Augen. Ferien! Das klingt wie zwei Portionen gemischtes Eis mit Schlagsahne. Noch dazu große Ferien!

Dann blinzelt man vorsichtig zum Fenster hinüber und merkt: Die Sonne scheint. Der Himmel ist blau. Der Nussbaum vorm Fenster rührt kein Blatt. Es ist, als stehe er auf den Zehen und blinzle ins Schlafzimmer. Man ist stillvergnügt und selig und bisse sich, wenn man nicht zu faul dazu wäre, am liebsten in die Nase.

Doch plötzlich springt man wie angestochen aus den Federn. Alle Wetter, man muss ja verreisen! Der Koffer ist noch nicht fertig gepackt!

Man rast, ohne in die Pantoffeln zu fahren, aus der Schlafstube hinaus und schreit schon im Korridor: »Muttchen, wie spät ist es eigentlich?«

Schließlich stand Emil auf dem Bahnsteig. Die Mutter hielt seine Hand gefasst. Oberwachtmeister Jeschke, der sich außer der Reihe eine Stunde freigemacht hatte, trug den Koffer und das Stullenpaket und hielt sich, weil er nicht stören wollte, im Hintergrund.

»Und schreibe mir jeden zweiten Tag«, bat Frau Tischbein. »Dass du nicht zu weit hinausschwimmen wirst, hast du mir versprochen. Aber ich werde trotzdem in Unruhe sein. So viele Jungens auf einem Haufen! Was da alles passieren kann!«

»Na erlaube mal!«, sagte Emil. »Du kennst mich doch. Wenn ich was verspreche, halte ich's. Ich sorge mich aber deinetwegen und das ist viel schlimmer. Was wirst du denn die ganze Zeit ohne deinen Sohn anfangen?«

»Ich habe ja zu arbeiten. Und wenn ich Zeit habe, gehe ich spazieren. Sonntags werde ich mit Jeschke Ausflüge machen. In die Meierei. Oder in den Amselgrund. Wenn er dienstfrei hat, heißt das. Das Essen nehmen wir mit. Und wenn er nicht freihat, bessere ich Wäsche aus. Ein paar Bettüberzüge sind gar nicht mehr schön. Oder ich schreibe dir einen langen Brief, gelt?«

»Recht oft, bitte«, sagte Emil und drückte ihre Hand. »Und wenn irgendwas los ist, telegrafierst du. Und dann komme ich sofort zurück.«

»Was soll denn los sein?«, fragte Frau Tischbein.

»Das kann man nie vorher wissen. Wenn du mich brauchst, komme ich. Und wenn gerade kein Zug fährt, komme ich zu Fuß. Ich bin kein kleiner Junge mehr. Das darfst du nicht vergessen. Ich will nicht mehr, dass du mir deine Sorgen und alles andere verheimlichst.«

Frau Tischbein sah Emil erschrocken an. »Was verheimliche ich dir denn?«

Sie schwiegen beide und blickten auf die blanken Schienen.

»Ich meine nichts Bestimmtes«, sagte der Junge. »Und heute Abend, wenn wir an der Ostsee sind, schreibe ich dir sofort eine

Karte. Aber vielleicht kriegst du sie erst übermorgen. Wer weiß, wie oft da oben an der Küste die Briefkästen geleert werden.«

»Und ich schreibe dir gleich, wenn ich nach Hause komme«, erklärte die Mutter. »Damit du bald ein Lebenszeichen von mir hast. Sonst fühlst du dich so fremd.«

Na, und dann kam der Zug nach Berlin angerattert. Oberwachtmeister Jeschke stürzte, als die Eisenbahn ächzend hielt, in ein Abteil 3. Klasse, belegte einen Fensterplatz, verstaute Emils Koffer sorgsam im Gepäcknetz und wartete, bis der Junge ins Abteil geklettert kam.

»Verbindlichen Dank«, sagte Emil. »Du bist furchtbar nett zu mir.«

Jeschke winkte ab. »Nicht der Rede wert, mein Junge.« Dann holte er sein Portemonnaie aus der Tasche, griff hinein, drückte Emil zwei Fünfmarkstücke in die Hand und meinte: »Ein bisschen Taschengeld. Das kann man immer brauchen. Und viel Vergnügen. Das Wetter soll ja in den nächsten Wochen schön bleiben. Es stand wenigstens in der Zeitung. Na, und was ich dir am Obermarkt versprochen habe, halte ich selbstverständlich. Ich schaue täglich nach deiner Mutter. Und wenn's nur ein Stündchen ist.«

Emil steckte die zwei Fünfmarkstücke sorgfältig ein. Dann schüttelte er dem Oberwachtmeister die Hand. »Vielen Dank, Heinrich.«

»Schon gut, mein Junge.« Jeschke versuchte, den Koffer noch tiefer nach hinten zu schieben. »Sonst fällt er dir bei der ersten Kurve auf den Kopf. Und nun will ich mal abschieben.« Er verfügte sich auf den Bahnsteig und trat hinter Frau Tischbein.

Sie kam dicht ans Abteilfenster, aus dem Emil herausblickte, und trug ihm viele Grüße an die Großmutter, an Pony und an alle Übrigen auf. »Und gehe nicht erhitzt ins Wasser! Sonst kriegt man den Herzschlag.«

»Und das hat keinen Zweck!«, rief Jeschke und lachte verlegen.

»Vergiss nicht, die Stullen zu essen!«, meinte die Mutter. »Sie werden sonst altbacken.«

Der Stationsvorsteher hob den Signalstab. Der Zug gab sich einen Ruck.

»Behalte mich lieb«, sagte der Junge. Aber er sagte es so leise, dass die Mutter es nicht verstand. Er war hinterher ganz froh darüber.

Der Zug fuhr langsam an.

»Und beschmiert keine Denkmäler!«, rief Oberwachtmeister Jeschke lachend.

Dann wurde nur noch gewinkt.

Die Reise ging dieses Mal ohne Träume und Diebstähle vonstatten. Emil hatte sein Lehrbuch der Geografie – I. Teil, Deutschland – mitgenommen und unterrichtete sich noch einmal ganz genau über die Lübecker Bucht, über die Mecklenburgische Seenplatte, über Pommern, die Insel Rügen und die Ostseeküste. Er bereitete sich fast wie auf eine Prüfung vor. Gründlichkeit war nun einmal eine Gewohnheit von ihm. (Es gibt schlechtere Gewohnheiten.)

Als er alles, was in dem Lehrbuch stand, zweimal gelesen hatte, klappte er den Band zu, blickte zum Fenster hinaus und betrachtete die friedliche Landschaft, die der Zug durcheilte. Die Lektüre ging ihm, während er die reifenden Felder anschaute, wie ein Dutzend Mühlräder im Kopf herum: die vergebliche Belagerung von Stralsund und die Holsteinische Schweiz, die Backsteingotik und der Geburtsort des Feldmarschalls Blücher, die Kreidefelsen von Rügen und die mecklenburgische Viehzucht, die Köhlereien, der Wacholderschnaps und das Lübecker Marzipan, die Landung Gustav Adolfs von Schweden und der Kantor Buxtehude, alles vermischte sich wie in einem Kaleidoskop, das man dreht.

Um sich zu beruhigen, aß Emil seine Stullen auf. Mit Stumpf und Stiel. Das Papier warf er aus dem Fenster. Es raschelte, knatterte und blieb schließlich drüben auf einem Kürbisbeet liegen, das zu einem Bahnwärterhäuschen gehörte. Die Bahnschranke war geschlossen. Dahinter wartete ein Fuhrwerk. Neben dem Kutscher saß ein Junge und winkte. Emil winkte wieder. –

Manchmal stiegen Leute aus. Manchmal stiegen Leute ein. Manchmal kletterte der Schaffner ins Abteil und machte auf der Rückseite der Fahrkarten dicke Bleistiftstriche. Für Abwechslung war also gesorgt. Und viel, viel schneller als damals vor zwei Jahren näherte sich der Zug der Hauptstadt des Deutschen Reiches.

Es ist immer dasselbe. Ob es sich nun um einen kleinen Spaziergang oder um eine Eisenbahnfahrt handelt – das zweite Mal erscheint die gleiche Strecke viel kürzer als das erste Mal. (Das gilt übrigens nicht nur für Strecken, die nach Metern und Zentimetern messbar sind.)

Emils Großmutter und Pony schoben sich am Bahnhof Friedrichstraße durch die Sperre. »Renne nicht so«, sagte die Großmutter. »Eine alte Frau ist kein Schnellzug.« Ihr schwarzes Kapotthütchen war schief gerutscht.

»In einer Minute kommt der Junge an«, sagte Pony ungeduldig. »Wir hätten ruhig etwas pünktlicher sein können.«

Die Großmutter schüttelte energisch den Kopf und ihr Hut rutschte dadurch noch schiefer. »Pünktlicher als pünktlich, das gibt's nicht. Eine halbe Stunde zu früh ist genauso unpünktlich wie eine halbe Stunde zu spät.«

Pony wollte eigentlich widersprechen. Aber der Professor hatte sie entdeckt, kam auf sie zu, zog die Mütze und sagte: »Guten Tag, meine Damen!« Er nahm Pony die Koffer ab und bahnte ihnen einen Weg.

»Guten Tag, Herr Großgrundbesitzer«, antwortete die Großmutter.

Er lachte und brachte die Feriengäste zu seinen Eltern. Justizrat Haberland begrüßte die beiden und stellte ihnen seine Gattin vor. Frau Haberland, die Mutter des Professors, war hübsch und zierlich und nicht größer als ihr Sohn. Neben ihrem langen, hageren Mann sah sie wie ein kleines Mädchen aus.

Pony machte etliche Knickse und entledigte sich der Grüße und Empfehlungen, die sie den Eltern des Professors von ihren Eltern zu überbringen hatte. Und die Großmutter erzählte, dass sie noch nie am Meer gewesen sei und sich riesig freue.

Dann schwiegen sie alle und warteten auf Emil. Lange brauchten sie nicht zu warten. Der Zug näherte sich der Bahnhofshalle und lief mit Getöse ein. Er hielt. Die Fahrgäste stiegen aus.

»Sicher ist der Junge wieder am Bahnhof Zoo ausgestiegen«, jammerte Pony. Doch da stieg der »Junge« auch schon aus seinem Abteil, zog den Koffer hinterdrein, schaute sich suchend um, entdeckte die andern, lächelte und kam zu ihnen gelaufen. Nachdem er den Koffer niedergesetzt hatte, gab er seiner Großmutter einen Kuss, reichte den Eltern des Professors die Hand und sagte zu Pony: »Meine Herrn, bist du aber gewachsen!« Zum Schluss begrüßte er den Professor. Die Jungen benahmen sich sehr förmlich. Aber so sind Jungen stets, wenn sie einander lange nicht gesehen haben. (Nach zehn Minuten legt sich das übrigens.)

»Gustav ist auf seinem Motorrad schon heute früh losgebraust«, erklärte der Professor.

»Aha«, sagte Emil.

»Er lässt dich vielmals grüßen.«

»Vielen Dank.«

»Und der kleine Dienstag ist schon gestern Abend abgereist.«

»Nicht nach Nauheim?«

»Nein. Der Arzt hat seiner Mutter die See erlaubt.«

»Großartig«, erklärte Emil.

»Finde ich auch«, meinte der Professor.

Anschließend entstand eine Verlegenheitspause. Der Justizrat rettete die Lage. Er stieß dreimal mit dem Spazierstock auf den

Boden. »Alles herhören! Wir fahren jetzt zum Stettiner Bahnhof. Ich spendiere zwei Taxen. In dem einen Auto fahren die Erwachsenen. In dem andern die Kinder.«

»Und ich?«, fragte Pony Hütchen.

Da mussten alle lachen. Außer Pony natürlich. Die war leicht gekränkt und meinte: »Ein Kind ist man nicht mehr. Ein Erwachsener ist man noch nicht. Was bin ich denn überhaupt?«

»Ein albernes Frauenzimmer«, sagte die Großmutter. »Zur Strafe fährst du mit den Erwachsenen. Damit dir klar wird, dass du noch ein Kind bist.«

Das hatte Pony Hütchen nun davon.

Im Wartesaal des Stettiner Bahnhofs aßen sie zu Mittag. Später setzten sie sich in den Zug, der sie an die Ostsee fahren würde. Und weil sie beizeiten gekommen waren, hatten sie trotz des Ferienandranges ein Abteil für sich. Der Zug war mit Kindern, Eimern, Fähnchen, Bällen, Schaufeln, Apfelsinenschalen, zusammengeklappten Liegestühlen, Kirschentüten, Luftballons, Gelächter und Geheul bis an den Rand beladen und dampfte munter durch die Kiefernwälder der Mark Brandenburg. Es war ein kreuzfideler Zug. Der Lärm drang aus den offenen Abteilfenstern hinaus in die stille Landschaft.

Die Kiefern wiegten sich leicht im Sommerwind und flüsterten einander zu: »Die großen Ferien haben begonnen.«

»Drum«, brummte eine uralte Buche.

Villa Seeseite

Korlsbüttel ist keiner von den großen Badeorten. Noch vor zehn Jahren hatte Korlsbüttel nicht einmal einen Bahnhof. Damals musste man auf der Strecke Lübeck–Stralsund in einem kleinen Nest aus dem Zug steigen, das, wenn ich nicht irre, Stubbenhagen hieß. Dort stand, wenn man besonderes Glück hatte, irgendein altmodisches Fuhrwerk, das mit einem schweren mecklenburgischen Gaul bespannt war, und zockelte die Badegäste nach Korlsbüttel hinüber. Auf zerfahrenen, sandigen Waldwegen. Links und rechts dehnte sich die Heide. Die Wacholderbüsche standen wie grüne Zwerge zwischen den hundertjährigen Eichen und Buchen. Und manchmal fegte ein Rudel Rehe durch die Stille. Und von den Kohlenmeilern, die auf den Waldwiesen lagen, stieg blauer, beizender Rauch in die Sommerluft empor. Es war wie in Grimms Märchen.

Heute ist das anders. Heute fährt man, ohne umzusteigen, bis Korlsbüttel, stiefelt vornehm aus dem Bahnhof, gibt seinen Koffer einem Gepäckträger und ist in drei Minuten im Hotel und in zehn Minuten am Meer. Ich glaube, dass es früher schöner war. Damals war es mit Schwierigkeiten verbunden, ans Meer zu kommen. Und man soll Schwierigkeiten, die einem Ziel im Wege stehen, nicht unterschätzen. Sie haben ihr Gutes.

Halb Korlsbüttel war am Bahnhof, um den Ferienzug zu empfangen. Der Bahnhofsplatz stand voller Leiterwagen, Kutschen,

Dreiräder, Tafelwagen und Karren. Man erwartete viele Gäste und noch mehr Gepäck.

Fräulein Klotilde Seelenbinder, Haberlands altes Dienstmädchen, lehnte an der Sperre und winkte, als sie den Justizrat erblickte, mit beiden Händen. Er überragte die aus dem Zug strömenden Menschen um Haupteslänge. »Hier bin ich!«, rief sie. »Herr Justizrat! Herr Justizrat!«

»Schreien Sie nicht so, Klotilde«, sagte er und schüttelte ihr die Hand.

»Lange nicht gesehen, was?«

Sie lachte. »Es waren doch nur zwei Tage.«

»Ist alles in Ordnung?«

»Das will ich meinen. Guten Tag, gnädige Frau. Wie geht's? Ein Glück, dass ich vorausgefahren bin. So ein Haus macht Arbeit. Guten Tag, Theo! Du bist blass, mein Liebling. Fehlt dir was? Und das ist sicher dein Freund Emil. Stimmt's? Guten Tag, Emil. Ich habe schon viel von dir gehört. Die Betten sind überzogen. Heute Abend gibt's Beefsteak mit Mischgemüse. Das Fleisch ist billiger als in Berlin. Ach, und das ist Pony Hütchen, Emils Kusine. Das sieht man sofort. Diese Ähnlichkeit! Hast du dein Fahrrad mitgebracht? Nein?«

Emils Großmutter hielt sich die Ohren zu. »Machen Sie 'ne Pause!«, bat sie. »Machen Sie 'ne Pause, Fräulein. Sie reden einem ja Plissee in die Ohrläppchen. Ich bin Emils Großmutter. Guten Tag, meine Liebe.«

»Nein, diese Ähnlichkeit!«, meinte Haberlands Dienstmädchen. Dann verneigte sie sich und sagte: »Klotilde Seelenbinder.«

»Ist das ein neuer Beruf?«, fragte die Großmutter.

»Nein. Ich heiße so.«

»Sie Ärmste!«, rief die Großmutter. »Gehen Sie doch mal zum Arzt. Vielleicht verschreibt Ihnen der einen anderen Namen.«

»Ist das Ihr Ernst?«, fragte Klotilde.

»Nein«, erwiderte die Großmutter. »Nein, Sie kluges Geschöpf. Ich bin fast nie ernst. Es lohnt sich zu selten.«

Dann wurden die Koffer und Taschen auf einen Tafelwagen geladen. Den Wagen hatte Klotilde vom Fuhrhalter Kröger geliehen und ein Knecht zog ihn. Emil und der Professor schoben. So ging's die Blücherstraße entlang. Die Erwachsenen und Pony spazierten hinterdrein.

Plötzlich hupte es laut. Aus einem Seitenweg bog, in voller Fahrt, ein Motorrad. Das Motorrad bremste. Krögers Knecht hielt den Wagen an und fluchte, dass die Fensterscheiben der Umgegend zitterten. Glücklicherweise fluchte er plattdeutsch.

»Nu treten Sie sich bloß nicht auf den Schlips!«, rief der Motorradfahrer. »Is ja alles halb so wichtig.«

Emil und der Professor guckten erstaunt hinter den Koffern vor und brüllten begeistert: »Gustav!« Sie rannten um Krögers Wagen herum und begrüßten den alten Freund.

Der legte vor Schreck sein Motorrad auf die Straße, schob die Schutzbrille hoch und sagte: »Das hätte mir gerade noch gefehlt, Herrschaften! Dass ich meine zwei besten Freunde zerquetscht hätte! Eigentlich wollten wir euch nämlich von der Bahn abholen.«

»Gegen sein Schicksal kann keiner an«, behauptete eine Stimme aus dem Straßengraben.

Gustav blickte erschrocken auf sein Rad. »Aber wo ist denn der kleine Dienstag?«, rief er. »Er saß doch eben noch hinter mir!«

Sie blickten in den Straßengraben. Dort hockte der kleine Dienstag. Passiert war ihm nichts. Er war nur hoch im Bogen ins Gras geflogen. Er lachte den Freunden entgegen und sagte: »Die Ferien fangen ja gut an!« Dann sprang er auf und schrie: »Parole Emil!«

»Parole Emil!«, riefen sie alle vier und setzten einträchtig den Weg fort.

Die Erwachsenen folgten weit hinten. Sie hatten überhaupt nichts gemerkt.

»Dort liegt Theos Haus!«, sagte Klotilde Seelenbinder stolz und zeigte mit der Hand geradeaus.

Es war ein reizendes, altmodisches Haus. Mitten in einem Garten voller Blumen, Beete und Bäume. »Villa Seeseite« stand am Giebel.

Klotilde fuhr fort: »Was Sie links unten sehen, ist eine große gläserne Veranda. Mit Schiebefenstern. Darüber befindet sich ein offner Balkon. Für Sonnenbäder. Das Zimmer, das anschließt, habe ich für Herrn und Frau Justizrat hergerichtet. Es ist Ihnen doch recht, gnädige Frau?«

»Alles, was Sie machen, ist mir recht«, sagte die Mutter des Professors freundlich.

Das Dienstmädchen wurde rot. »Das Nebenzimmer gehört Emils Großmutter und Pony Hütchen. Die Jungens werden wir im Erdgeschoss unterbringen. Im Zimmer neben der Veranda. Im Nebenraum steht noch ein Sofa. Falls noch wer zu Besuch kommen sollte. Und ein zusammenklappbares Feldbett können wir auch noch aufschlagen. Gegessen wird in der Veranda. Bei schönem Wetter kann man natürlich auch im Garten essen. Obwohl im Freien das Essen schneller kalt wird. Aber man kann ja etwas drüberdecken.« Sie sah sich um. »Wo sind denn eigentlich die Jungens hin? Sie müssen doch vor uns angekommen sein.«

»Sie haben sich zu Bett gelegt«, sagte Emils Großmutter. »Und wenn Sie noch eine Weile so weiterreden, werden die Knaben bald ausgeschlafen haben und wieder aufstehen.«

Das Dienstmädchen blickte unsicher zu der kleinen alten Frau hin. »Bei Ihnen weiß man nie, wie Sie's eigentlich meinen.«

»Das ist Übungssache«, erklärte Pony. »Mein Vater sagt, Großmutter habe den Schalk im Nacken.« Dann öffnete sie das Gartentor und rannte auf das Haus zu. Die Erwachsenen folgten ihr langsam und gaben Krögers Knecht Anweisung, wohin er die einzelnen Koffer und Taschen bringen solle.

Hinterm Haus lag der größere Teil des Gartens. Dort stöberten die vier Jungen herum und suchten eine Garage. Für Gustavs Motorrad. Der Professor saß auf einer Bank, baumelte mit den Beinen und erklärte: »Es gibt offensichtlich zwei Möglichkeiten. Wir stellen die Maschine entweder ins Treibhaus zu den Tomaten. Oder in den Geräteschuppen.«

»Im Treibhaus ist es zu warm«, vermutete Dienstag.

Emil dachte nach. »Im Geräteschuppen liegen sicher Messer und andre scharfe Gegenstände rum. Das kann leicht über die Gummireifen gehen.«

Gustav lief zu dem Schuppen hinüber, blickte hinein und zuckte die Achseln. »Da ist nicht einmal Platz für einen Roller, geschweige denn für meine schwere Maschine.«

Der Professor lachte. »Das nennst du eine schwere Maschine?«

Gustav war beleidigt. »Ohne Führerschein gibt's keine schwerere. Mir ist sie schwer genug. Und wenn ich vorhin nicht so doll gebremst hätte, wärt ihr jetzt Knochenmehl.«

»Wir werden im Treibhaus die Heizung abstellen«, schlug Dienstag vor.

Der Professor schüttelte den Kopf. »Da bleiben doch die Tomaten grün!«

»Was glaubst du, wie egal das den Tomaten ist, ob sie grün oder rot sind!«, rief Gustav. »Is ja alles halb so wichtig!«

Da kam Pony Hütchen anspaziert.

Emil winkte ihr und fragte: »Weißt du keine Garage für Gustavs Motorrad?«

Sie blieb stehen und sah sich suchend um. Dann zeigte sie ans Ende des Gartens. »Was für ein Gebäude ist denn das dort?«

Der Professor sagte: »Das ist der sogenannte Pavillon.«

»Und wozu braucht man denselben?«, fragte das Mädchen.

»Keine Ahnung«, entgegnete der Professor.

Sie gingen zu dem Pavillon. Gustav schob sein Motorrad hinterher.

Der Pavillon war ein Glashäuschen, in dem ein weiß lackierter Tisch stand und eine grüne Gießkanne.

»Großartig!«, rief der Professor. »Die geborene Garage!«

Pony Hütchen meinte: »Wenn ich nicht wäre!« Sie öffnete die Tür.

Der Schlüssel steckte. Gustav schob das Rad in den Pavillon, schloss die Tür, zog den Schlüssel ab und steckte ihn in die Tasche.

Die andren Jungen gingen zum Haus zurück. Sie hatten Hunger.

Pony Hütchen wollte ihnen folgen.

Gustav fragte: »Wie gefällt dir eigentlich meine Maschine?«

Sie trat noch einmal zum Pavillon, blickte durch die Glaswand und musterte das Rad.

»Na«, fragte der Junge, »wie gefällt sie dir?«

»Untermittelprächtig«, erklärte sie. Hierauf schritt sie wie eine Königinmutter von dannen.

Gustav schaute ihr verdutzt nach. Dann nickte er seinem kleinen Motorrad freudestrahlend zu, sah beleidigt hinter Pony her und sagte zu sich selber: »Is ja alles halb so wichtig.«

Nach dem Abendessen saßen sie noch eine Weile in der Veranda und blickten in den bunt blühenden Garten hinaus.

»Hat's geschmeckt?«, fragte Klotilde schließlich neugierig.

Es herrschte selbstredend nur eine Meinung. Und als Emils Großmutter behauptete, seit ihrer silbernen Hochzeit kein gelungeneres Beefsteak gegessen zu haben, war Fräulein Seelenbinder geradezu glücklich.

Während sie, von Pony unterstützt, abräumte, schrieb Emil eine Karte an seine Mutter. Gustav entschloss sich ebenfalls dazu, einen Gruß nach Hause zu schicken und seine glückliche Ankunft zu vermelden. Sie gaben ihre Karten dem kleinen Dienstag, der in der Pension »Sonnenblick« längst von seinen Eltern erwartet wurde. Er versprach, an der Post vorbeizugehen.

»Aber nicht nur vorbeigehen«, bat Emil. »Steck die Karten lieber in den Kasten!«

Dienstag verabschiedete sich allerseits und sagte: »Morgen nicht zu spät!« Dann verschwand er eilig.

Der Justizrat trat in die Verandatür und betrachtete den Himmel. »Die Sonne ist zwar schon untergegangen«, meinte er. »Aber wir müssen dem Meer noch guten Abend sagen, ehe wir in die Klappe gehen.«

Sie wanderten also durch den dämmrigen Erlenbruch. Nur Klotilde blieb zurück. Sie wollte das Geschirr abwaschen.

Als der Erlenbruch zu Ende war und die Steigung begann, die zur Düne hinaufführt, von der aus das Meer zu sehen ist, sagte Justizrat Haberland: »Wer die See noch nicht kennt, der trete vor!«

Emil, Pony und die Großmutter meldeten sich.

»Wir kommen nach«, erklärte der Justizrat.

Da hängte sich die Großmutter bei ihren beiden Enkelkindern ein und ging mit ihnen voran. Nach kurzer Zeit standen sie auf dem höchsten Punkt der Düne. Rechts lag das Strandhotel. Vor ihnen erstreckte sich zu beiden Seiten der Strand. Mit all seinen Strandkörben und Wimpeln und Sandburgen.

Und dort, wo der Strand aufhörte, begann das Meer! Es nahm, wohin man auch blickte, kein Ende. Es lag da, als sei es aus flüssigem Quecksilber. Am Horizont, ganz hinten, fuhr ein Schiff in den Abend hinein. Ein paar Lichter blinkten. Und am Himmel, der von der Sonne, die längst untergegangen war, noch immer rosig widerstrahlte, hing die Mondsichel. Sie sah noch ganz blass aus. Als ob sie lange krank gewesen wäre. Und über das pastellfarbene Himmelsgewölbe glitten die ersten Lichtstreifen entfernter Leuchttürme. Weit draußen heulte ein Dampfer. Die Großmutter und die beiden Kinder standen überwältigt. Sie schwiegen und hatten das Empfinden, als ob sie nie im Leben wieder würden reden können.

Die Großmutter und die beiden Kinder
standen überwältigt.

Da knirschten hinter ihnen Schritte. Haberlands und Gustav näherten sich behutsam.

Gustav trat neben Emil. »Das ist ein dolles Ding, was?«, meinte er.

Emil nickte nur.

Sie standen stumm nebeneinander und blickten unentwegt aufs Meer.

Da sagte die Großmutter leise: »Endlich weiß ich, wozu ich so ’ne alte Schachtel geworden bin.«

FÜNFTES KAPITEL

Ein Wiedersehen in der Ostsee

Als Klotilde am nächsten Morgen an die Tür klopfen wollte, hinter der die Jungen schliefen, hörte sie Gekicher. »Ihr seid schon wach?«, fragte sie und legte ein Ohr an die Tür.

»Wach ist gar kein Ausdruck«, rief der Professor und lachte.

»Wer spricht?«, fragte Gustav streng. »Wer redet mit uns, ohne sich vorzustellen?«

Das Dienstmädchen rief: »Ich bin's! Die Klotilde!«

»Aha«, sagte Emil, »das Fräulein Selbstbinder.«

»Seelenbinder«, verbesserte Klotilde ärgerlich.

»Nein, nein«, meinte Gustav. »Selbstbinder gefällt uns besser. Wir werden Sie von jetzt ab Selbstbinder nennen. Und wenn Ihnen das nicht passt, nennen wir Sie Schlips! Verstanden, Fräulein Klotilde Schlips?«

»Eine hervorragende Bezeichnung«, erklärte der Professor. (Er hatte noch immer die Angewohnheit, Zensuren zu verteilen.) »Klotilde, du heißt von jetzt ab Schlips!«

»Mit mir könnt ihr's machen«, sagte das alte Dienstmädchen düster. »Ach so, ihr sollt frühstücken kommen! Die andern sind schon im Garten. Und jetzt geh ich.«

»Auf Wiedersehen, Schlips!«, riefen die drei. Dann spazierten sie im Gänsemarsch durch die Verandatür in den Garten hinterm Haus. Mitten auf dem Rasen war ein großer runder Tisch gedeckt. Die Eltern des Professors, Pony Hütchen und die Großmutter hatten bereits Platz genommen. Der Justizrat las die Zeitung. Die andern aber blickten dem Aufzug der Jungen reichlich fassungslos entgegen. Frau Haberland klopfte ihrem Mann leise auf die Schulter. Der Justizrat fragte: »Was gibt's denn?« Und ließ die Zeitung sinken. Dann schloss er sich dem allgemeinen Staunen an.

Der Professor und Gustav kamen im Badeanzug, Emil in seiner roten Badehose. Doch das war nicht das Auffällige. Sondern: Der Professor hatte den Panamahut seines Vaters auf dem Kopf und schwenkte einen dicken Spazierstock. Emil hatte Ponys Sommermäntelchen umgehängt, trug ihren gelben Strohhut mit den roten Lackkirschen und hatte einen bunt gestreiften Sonnenschirm aufgespannt, den er, wie eine leicht verrückte Dame, hochnäsig über den Rasen balancierte. Gustav sah am abnormsten aus. Er hatte das Kapotthütchen von Emils Großmutter aufgesetzt und es mit den schwarzseidenen Kreuzbändern unterm Kinn festgebunden. So fest, dass er den Mund kaum aufkriegte. Vor den Augen trug er seine Motorradbrille. In der einen Hand schwenkte er zierlich Ponys Handtäschchen. In der anderen schleppte er einen Koffer. Die drei Jungen verzogen keine Miene und setzten sich wortlos in ihre Korbstühle. Dann schlug der Professor mit dem Kaffeelöffel an seine Tasse. Und wie aus einem Munde riefen sie plötzlich: »Guten Abend, die Herrschaften!«

»Die armen Kleinen haben den Sonnenstich«, sagte der Justizrat. »Und das am zweiten Ferientag. Welch ein Jammer!« Dann griff er wieder zu seiner Zeitung.

»Man sollte den Arzt holen«, meinte Pony. »Wehe euch, wenn ihr meine Handtasche dreckig macht!«

Gustav drehte sich um und rief: »Kellner! Bedienung! Ist das nun eine Kneipe oder ist das nun keine Kneipe?« Dann band er rasch die Hutbänder auf. Er wäre fast erstickt. »Den nächsten Kompotthut kauf ich bei einer andern Schneiderin«, knurrte er. »Das Biest sitzt ja an keiner Ecke und Kante!«

Klotilde kam aus der Villa und brachte frischen Kaffee.

»Da haben wir's«, sagte der Professor. »Natürlich wieder Fräulein Klotilde Schlips. Immer dieselben, immer dieselben!«

Das Dienstmädchen goss Kaffee ein, setzte die Kanne auf den Tisch und fragte weinerlich: »Muss ich mir eigentlich gefallen lassen, dass man mich Schlips nennt?«

»Wieso denn Schlips?«, erkundigte sich Frau Haberland.

»Unter Seelenbinder können wir uns nichts vorstellen«, meinte Emil.

»Darum wollten wir sie Selbstbinder nennen«, erklärte der Professor. »Aber das war ihr nicht fein genug.«

Gustav kaute und brummte: »Deswegen haben wir sie Schlips getauft. Andre Leute wären froh, wenn sie Schlips hießen. Mein Sportlehrer heißt Philipp Ochse. Wenn der irgendwo eingeladen ist und seinen Namen sagt, kann er gleich wieder abhauen. Die Leute lachen ja doch bloß.«

»Wie so ein Ochse sich freute, wenn er Schlips hieße«, behauptete Emil.

Klotilde Seelenbinder sagte gar nichts mehr, sondern kehrte stumm ins Haus zurück.

Pony sah zur Großmutter hinüber. »Was fehlt denn den Jungens? Ist es was Schlimmes?«

»Bewahre«, sagte die Großmutter. »Eine ganz normale Krankheit. Man nennt sie die Flegeljahre.«

Der Justizrat nickte. »Ich kenne die Krankheit aus Erfahrung. Ich habe sie früher auch einmal gehabt.«

Nach dem Frühstück erschien Dienstag auf der Bildfläche und holte sie zum Baden ab. Der Justizrat und seine Frau blieben zu Hause. Aber alle anderen, die Großmutter inbegriffen, pilgerten zum Strand. Die Jungen beschlossen, barfuß zu gehen. Das sei gesund.

Droben auf der Düne machten sie halt. Die Ostsee sah ganz anders aus als am Abend vorher. Grünlich und blau glänzte sie. Und manchmal, wenn Wind aufkam, schillerte sie golden, dass man die Augen schließen musste. Die Großmutter setzte eine Sonnenbrille auf, die ihr Fräulein Klotilde Seelenbinder geliehen hatte.

Unten am Strand wimmelte es, so weit man sehen konnte, von Strandkörben, Sandburgen, Fähnchen, Wimpeln und Menschen.

Manchmal liefen Wellen über den Meeresspiegel. Und Pony bemerkte: »Das sieht aus, als ob ein unsichtbarer Verkäufer auf einem unendlichen Ladentisch schillernde Seide aufrollt.«

Die vier Jungen schauten einander vielsagend an und schwiegen. Nur der kleine Dienstag konnte sich nicht beherrschen und platzte laut heraus.

»Blöde Bande«, sagte Pony und schlug den Strandweg ein. Emil und die Großmutter folgten ihr lächelnd. Als sie eine Weile gegangen waren, drehte sich Emil nach den Freunden um. Die standen in einiger Entfernung still und machten keine Anstalten weiterzulaufen.

»Wo bleibt ihr denn?«, rief Emil.

Sie setzten sich langsam in Bewegung. Aber schon nach ein paar Metern streikten sie von Neuem. Gustav hüpfte auf einem Bein und schimpfte schrecklich.

Die Großmutter lachte. »Deine Berliner sind das Barfußlaufen nicht gewohnt. Der Kiesweg stört sie.«

Emil lief zurück. Gustav zog ein schiefes Gesicht und knurrte: »Mensch, das soll gesund sein?«

Und der Professor erklärte: »Ich danke für Obst. Meine Fußsohlen sind doch nicht aus Rindsleder!«

»Nie wieder barfuß!«, schwor Dienstag und versuchte den nächsten Schritt. Er stieg wie ein Hahn auf den Mist.

Gustav ging vom Weg herunter und wollte im Gras weitergehen. Es war aber gar kein Gras, sondern Strandhafer. Und der schnitt ihm so in die Waden, dass er wütend »Aua!« schrie und auf den Kies zurückkam. Emil erklärte: »Der Strandhafer enthält viel Kieselsäure.«

Gustav sagte: »Ich hätte nie gedacht, dass Kieselsäure so spitz ist. Da kann man genauso gut zwischen Rasiermessern herumlaufen.«

Emil erzählte noch einiges vom Aufbau der Pflanzenzellen und von der Beschaffenheit der Sand- und Strandgewächse im Besonderen.

Doch der Professor meinte: »Alles ganz schön und gut. Du magst zwar ein enormer Botaniker sein. Aber ich renne rasch in meine Villa zurück und hole meine Turnschuhe.«

Das tat er denn auch. Gustav und Dienstag rannten hinter ihm her.

Emil ging zu seiner Großmutter. Sie setzten sich auf eine Bank und betrachteten das Meer. An der Brücke lag gerade ein kleiner weißer Küstendampfer. Der Junge suchte Pony. Sie war schon weit voraus.

Die Großmutter schob ihre geborgte Sonnenbrille auf die faltige Stirn. »Endlich sind wir einmal eine Minute unter uns. Wie geht's dir denn eigentlich, mein Junge? Und wie geht's deiner Mutter?«

»Danke, danke. Ausgezeichnet.«

Die alte Frau legte den Kopf etwas schief. »Sehr gesprächig bist du nicht grade. Erzähle noch ein bisschen mehr. Na los, junger Mann!«

Er sah aufs Meer. »Aber Großmutter, das weißt du doch schon alles aus unsern Briefen! Muttchen hat viel zu tun. Aber ohne Arbeit würde ihr das Leben keinen Spaß machen. Na und ich, ich bin noch immer der Beste in der Klasse.«

»So, so«, erklärte die alte Frau. »So, so. Das klingt ja hocherfreulich.« Dann rüttelte sie ihn liebevoll an der Schulter. »Willst du gleich mit der Sprache herausrücken, du Halunke! Da stimmt doch was nicht. Da stimmt doch was nicht! Emil, ich kenne doch dein Gesicht wie meine Handtasche!«

»Was soll denn nicht stimmen, Großmutter? Es ist alles in schönster Ordnung. Glaub's nur!«

Sie stand auf und sagte: »Das kannst du deiner Großmutter erzählen!«

Schließlich landeten alle miteinander im Familienbad. Die Großmutter setzte sich in den Sand, zog die Schuhe und Strümpfe aus und ließ die Füße von der Sonne bescheinen. Außerdem behütete sie die Badetücher, die man mitgebracht hatte. Die Jungens nahmen Pony in die Mitte, fassten einander bei den Händen und rannten mit Gebrüll in die Wellen hinein. Eine dicke Dame, die nicht weit vom Ufer im Meer saß und still vor sich hin döste, schluckte bei dieser Gelegenheit Wasser und schimpfte wie am Spieß.

Die Großmutter schürzte den Rock, ging ein paar Schritte ins Wasser und fragte höflich: »Waren Sie auch einmal jung, meine Dame?«

»Natürlich«, war die Antwort.

»Na also«, meinte die Großmutter. »Na also.« Und ohne ausführlicher zu werden, setzte sie sich wieder in den warmen Sand und blickte fröhlich hinter den jauchzenden Kindern her. Jetzt sah man nur noch die Köpfe. Und auch die nicht immer.

Gustav schwamm am schnellsten. Und als Erster kletterte er auf das große Sonnenbrett, das draußen verankert lag und auf dem sich die Schwimmer ausruhten. Pony und Emil schwammen gleich schnell und halfen einander beim »Landen«. Dienstag und der Professor kamen wesentlich später.

»Wie macht ihr das bloß?«, fragte Dienstag, als er neben den Freunden auf den Planken saß. »Warum schwimmt ihr denn schneller als Theo und ich?«

Der Professor lachte. »Mach dir nichts draus. Wir sind eben Geistesarbeiter.«

Gustav sagte: »Mit dem Kopf hat das nur insofern zu tun, als ihr ihn zu hoch übers Wasser haltet. Ihr müsst kraulen lernen!« Er ließ sich von der Planke herunterrollen, plumpste in die Ostsee und zeigte ihnen, wie man krault.

Pony fragte ihn: »Was verlangst du für die Stunde?«

Er holte tief Atem, tauchte lange, kam prustend wieder zum Vorschein und meinte: »Sechzig Minuten!«

Dann schwammen sie alle wieder zurück. Gustav kraulte ihnen etwas vor. Sie versuchten, es nachzumachen. Dabei stieß der Professor mit einem Herrn zusammen, der sich auf den Rücken gelegt hatte und gemächlich hinausschwamm. »Pass besser auf!«, rief der Herr. »Wo hast du denn deine Augen?«

»Unter Wasser«, antwortete der Junge und kraulte wie eine Schiffsschraube hinter den Freunden her.

Die waren schon im Gebiet für Nichtschwimmer angekommen und standen vor einer riesigen Zahnpastatube aus Gummi. (Es handelte sich um eine Reklame.) Alle versuchten hinaufzuklettern. Aber kaum war man oben, drehte sich die Tube, und man purzelte ins Wasser zurück. Das Geschrei war groß.

Die Freunde blickten zum Strand hinüber. Dort standen Turngeräte. Am Hochreck schwebte ein Mann, machte eine Schwungstemme, eine Welle vorwärts, schloss, im Vorwärtsschwingen, eine großartige Riesenfelge an, steckte plötzlich die Beine zwischen den Armen durch und kam mit Hilfe einer Kippe oben auf der Stange in den Sitz. Dann machte er eine Sitzwelle rückwärts, breitete beide Arme aus, schwang nach vorne, ließ das Reck auch mit den Knien los, schwebte durch die Luft, sprang in den Sand und beendete die Übung mit einer eleganten Kniebeuge.

»Donnerwetter!«, sagte Gustav. »Das kann nicht einmal ich!«

Als der Turner beiseitegegangen war, stellten sich zwei kleine Jungen unter das Reck. Sie sprangen hoch, hingen still, holten Schwung und wiederholten beide gleichzeitig und nebeneinander dieselbe schwierige Übung, die der Mann vorgeführt hatte. Als sie zum Schluss aus dem Kniehang graziös in die Luft schwebten und die Übung mit eleganten Kniebeugen im Sand beendeten, klatschte das ganze Familienbad Beifall.

»Ich werde verrückt«, behauptete Gustav. »So etwas habe ich, noch dazu von solchen Knirpsen, noch nie gesehen!«

Ein Junge, der neben ihnen im Wasser stand, sagte: »Das sind die ›Three Byrons‹. Eine Artistenfamilie. Ein Vater mit Zwillingen. Abends treten sie im Strandhotel auf.«

»Das müssen wir uns mal ansehen«, erklärte Pony Hütchen.

»Das Programm beginnt abends acht Uhr«, berichtete der fremde Junge. »Die anderen Nummern sind auch Weltklasse. Ich kann das Programm dringend empfehlen.«

»Kriegt man bestimmt Platz?«, fragte Dienstag.

»Ich kann euch ja einen Tisch reservieren«, meinte der Junge.

»Bist du auch ein Akrobat?«, fragte Emil.

Der andere schüttelte den Kopf. »Nein. Ich kann zwar auch gut turnen. Aber von Beruf bin ich der Piccolo vom Strandhotel.«

Gustav lachte. »Piccolos sterben früh.«

»Wieso?«, fragte Dienstag.

»Na, hast du schon einmal einen alten Piccolo gesehen?«

Pony rümpfte die Nase: »Lass deine ollen Witze!«

Der fremde Junge sagte: »Seit ich Gustav zum letzten Male gesehen habe, ist er nur größer geworden. Sonst hat er sich überhaupt nicht verändert.«

Die Freunde sahen einander verdutzt an.

»Woher kennst du mich denn?«, fragte Gustav verblüfft.

»Ich kenne euch alle«, versicherte der badende Piccolo. »Und Gustav hat sogar einmal einen Anzug von mir angehabt.«

Gustav sperrte den Mund auf. »So ein Quatsch! Ich habe noch nie im Leben fremde Anzüge angehabt!«

»Doch, doch«, sagte der Piccolo.

Die anderen wussten nicht, was sie denken sollten.

Pony fragte: »Wie heißt du denn?«

»Hans Schmauch.«

»Keine Ahnung«, sagte Gustav. »Kenne keine Schmauchs.«

»Meinen Vater kennst du auch«, behauptete Hans Schmauch. »Und auch Emil kennt ihn.«

»Das wird ja immer schleierhafter«, erklärte Emil.

Gustav stapfte durchs Wasser, rückte dem Piccolo auf die Pelle

Der fremde Junge sagte:
»Seit ich Gustav zum letzten Male gesehen habe,
ist er nur größer geworden.«

und sagte: »Nun aber raus mit der Sprache, Kleiner! Sonst tauche ich dich so lange, dass du niemals Kellner wirst.«

Hans Schmauch lachte. »Ich war früher Liftboy in Berlin. Im Hotel Kreid am Nollendorfplatz. Parole Emil!«

Das schlug dem Fass den Boden aus. Sie tanzten wie irrsinnig gewordene Indianer um den kleinen Schmauch herum. Das Salzwasser spritzte meterhoch. Und dann schüttelten sie dem Jungen die Hand, dass die Knochen knackten.

»Nein, so eine Freude«, meinte Emil. »Dein Vater, der Portier, war damals so nett zu mir. Zehn Mark hat er mir geborgt. Na, und Gustav und ich haben ja sogar in einer Hotelkammer bei euch übernachtet.«

»Freilich«, sagte der Piccolo. »Das war 'ne aufregende Geschichte, was? Daran werde ich mein Leben lang denken, und wenn ich Hotelbesitzer werden sollte. Übrigens, wenn ich freihabe, können wir einmal miteinander segeln. Mein Onkel wohnt nämlich hier in Korlsbüttel. Er hat einen großen Handelsdampfer.«

»Kann man denn mit einem Handelsdampfer segeln?«, fragte Dienstag.

»Das nun gerade nicht«, sagte der Piccolo. »Aber mein Onkel hat auch noch ein feines Segelboot. Er ist ein famoser alter Knabe.«

Darüber freuten sie sich und dann trabten sie an Land und stellten den kleinen Schmauch der Großmutter vor.

Die freute sich mit ihnen. Aber erst, nachdem sich alle gut abgetrocknet hatten.

Gustav blickte den Piccolo vergnügt an und sagte, während er sich mächtig frottierte: »Ich verstehe nur eins nicht.«

»Was denn?«, fragte Hans Schmauch und schaute zu dem großen Gustav hinauf.

Gustav blickte kopfschüttelnd zu ihm hinunter und meinte: »Ich verstehe nur nicht, dass mir früher einmal deine Anzüge gepasst haben sollen.«

Gustav und die Physik

Es folgte eine Kette glücklicher Tage. Und die Sonne schien, als betrachte sie die Ostsee durch ein Brennglas. Der Professor und seine Sommergäste wurden rot wie die Krebse und später braun wie die Mulatten. Nur Pony Hütchen blieb dauernd rot und schälte sich wie eine Zwiebel. Die Großmutter beschmierte den Rücken der jungen Dame in einem fort mit Vaseline, Nussöl, Lanolin und Sonnenbrandcreme. Es half alles nichts.

Frühmorgens, wenn die Großmutter Pony weckte und sagte: »Aufstehen, Gräfin! Die Sonne scheint«, dann hätte Pony am liebsten geheult.

»Warum regnet es denn noch immer nicht?«, fragte sie verzweifelt.

Doch die Jungen, die waren von dem schönen Wetter schwer begeistert. Meistens waren sie im Wasser oder irgendwo am Strand. Oder sie gingen zum Hafen, der rechts von der Brücke lag, bewunderten das Segelboot des Kapitäns Schmauch – es hieß »Kunigunde IV« – und freuten sich auf den nächsten freien Tag ihres Freundes, des Piccolos, weil er dann mit ihnen segeln wollte.

Oder Gustav fuhr per Motorrad in die Heide hinaus. Mit einem der Freunde auf dem Gepäckrost. Er setzte den Beifahrer im Forsthaus oder am Kohlenmeiler ab. Dann fuhr er nach Korlsbüttel zurück und holte den Nächsten. Und er machte die Fuhre so oft, bis sie alle beisammen waren. Einmal ließ sich sogar die Großmutter von ihm nach dem Forsthaus fahren. Als sie draußen abstieg, sagte sie: »Es war großartig. Ich habe meinen Beruf verfehlt. Ich hätte Rennfahrer werden müssen. Und keine Großmutter.«

Manchmal schrieben sie Briefe nach Hause. Manchmal erhielten sie Post. Manchmal wurden sie von dem Justizrat fotografiert. Und im nächsten Brief schickten sie die Abzüge der Fotos heim.

Oder sie gingen in den Wald und brachten große Sträuße mit. Emil kannte fast alle Pflanzen und nannte ihnen die Besonderheiten und die Namen. Vom Wollgras bis zur Eberesche, vom Sauerampfer bis zu den Schmetterlingsblütlern, vom Moos und seiner geheimnisvollen Fortpflanzung bis zum Knabenkraut – alles erzählte er ihnen, so gut er's wusste.

Daraufhin fuhr der Justizrat nach Rostock und besorgte in der Universitätsbuchhandlung ein botanisches Lehrbuch und einen Leitfaden zur Pflanzenbestimmung.

Doch ausgerechnet seit diesem Tag interessierte sich niemand mehr für Blumen, Gräser und Sträucher. Außer Emil.

»Drucksachen machen mich nervös«, erklärte Gustav, der Motorradmeister.

Eines Tages erhielt die Großmutter einen Brief aus Neustadt. Es war ein langer Brief. Sie las ihn zweimal. Dann steckte sie ihn in ihren Pompadour und sagte zu sich: »Aha.«

Doch zu Emil sagte sie nichts. Wenigstens vorläufig nicht.

Als sie mittags in der Veranda saßen und sich's schmecken ließen, meinte der Justizrat: »Falls es den verehrten Anwesenden nicht allzu unangenehm ist, möchte ich vorschlagen, dass wir heute Abend ins Strandhotel gehen und uns die dortigen Darbietungen zu Gemüte führen.«

Die Jungens hätten am liebsten den Nachtisch stehen und liegen lassen. Obwohl es sich um Weingelee handelte. Und Weingelee war eine Spezialität von Klotilde Schlips!

Na, sie aßen den Nachtisch trotz alledem. Dann aber rannten sie im Dauerlauf zum Strandhotel. Während sie vor dem Hoteleingang herumstanden und beratschlagten, wer von ihnen hineingehen und mit dem Piccolo reden solle, erschien Pony Hütchen auf der Bildfläche.

»Nanu, wie kommst denn du hierher?«, fragte Gustav.

»Auf zwei Beinen«, erklärte Pony. »Im Übrigen will ich für heute Abend einen Tisch bestellen. Oder habt ihr etwas dagegen?«

Es erhob sich kein Widerspruch.

Pony ging in das Hotel hinein.

Der Herr Geschäftsführer kam auf sie zu. »Womit kann ich Ihnen dienen, gnädiges Fräulein?«

»Ich möchte den Piccolo sprechen.«

»Schmauch ist im Speisesaal«, sagte der Herr Geschäftsführer, drehte ihr den Rücken zu und verschwand im Schreibzimmer.

Pony fand den Speisesaal! Und sie fand Hans Schmauch, den Piccolo. Er balancierte gerade einen Berg Teller übers Parkett und meinte: »Moment, Pony. Stehe sofort zu Diensten.«

Sie wartete.

Er kam eilends zurück und fragte: »Was darf's denn sein?«

»Ich möchte für heute Abend einen Tisch bestellen.«

»Für wie viel Personen?«

»Moment. Ich muss mal nachrechnen. Also für den Justizrat, seine Frau, die Großmutter, mich, Klotilde Schlips und drei Jungens, das sind …«

»Acht Personen«, erklärte der Piccolo. »Ist gemacht. Möglichst weit vorn. – Vielleicht kommt mein Onkel, der Kapitän, auch her. Den müsst ihr kennenlernen.«

Pony gab Hans Schmauch die Hand und sagte: »Also einen Tisch für neun Personen.«

Der Piccolo machte eine Verbeugung. »Die Vorstellung beginnt kurz nach acht Uhr.«

»Das macht nichts«, erwiderte Pony. »Wir kommen trotzdem!«

Nach dem Abendessen zogen sich sämtliche Bewohner der Villa Seeseite so fein wie möglich an und spazierten feierlich zum Strandhotel. Der Tisch, den Hans Schmauch reserviert hatte, stand in der ersten Tischreihe, ganz vorn an der Bühne.

Der Justizrat bestellte für die Erwachsenen Wein. Die Kinder bekamen Orangeade.

Die Vorstellung hatte noch nicht begonnen, obwohl es acht Uhr war. Die Kapelle spielte bekannte Konzertstücke, eins nach dem andern, und der Saal füllte sich mit vergnügten Kurgästen, bis schließlich kein Tisch mehr frei war.

Vorm Hotel hatten sich zahlreiche Einwohner aus Korlsbüttel eingefunden. Sie blickten neugierig durch die Hotelfenster und wollten gratis zuschauen. Doch da kamen ein Kellner und der Piccolo angerückt und zogen die Vorhänge zu. Der Piccolo war übrigens nicht sehr gründlich. Die Portieren, die er schloss, ließen breite Spalte offen.

»Das ist nett von ihm«, sagte Emil. »Nun können die Leute draußen doch noch ein bisschen was sehen.«

»Hans Schmauch, der Menschenfreund«, meinte der Professor.

Sein Vater, der Justizrat, klopfte Gustav auf die Schulter. »Seit wann bist du denn so fleißig, dass du mit Büchern ins Varieté gehst?«

Gustav wurde rot. »Es ist ein englisches Wörterbuch«, erklärte er.

»Willst du hier Vokabeln pauken?«

Gustav schüttelte den Kopf. »In den Ferien? Das fehlte noch!«

Pony lachte. »Er will sich bestimmt mit den zwei akrobatischen Zwillingen unterhalten.«

»Will ich auch«, meinte Gustav. »Die Jungens heißen Byron. Sind also Engländer. Na, und wenn sie mir etwas antworten, was ich nicht kapiere, schlage ich einfach im Wörterbuch nach.«

»Auf diese Unterhaltung bin ich gespannt«, sagte die Großmutter. Sie hatte ein schwarzes Taftkleid an und sah pompös aus.

Dann tauchte noch ein Gast auf. Ein großer, behäbiger Mann. Er trug eine blaue Schiffermütze und einen blauen Anzug, blieb auf dem Parkett stehen und schaute sich suchend um.

Plötzlich kam der Piccolo angefegt, sprach mit dem Mann, führte ihn an Haberlands Tisch und sagte: »Darf ich den Herrschaften meinen Onkel vorstellen? Herr Kapitän Schmauch.« Dann ging Hans wieder fort.

Die Kinder standen auf. Der Justizrat auch. Er begrüßte den Onkel des Piccolos und bat ihn, am Tisch Platz zu nehmen.

Der Kapitän gab allen die Hand und meinte: »Nur nicht so förmlich. Sonst gehe ich wieder.«

Deshalb setzten sie sich alle. Der neue Gast bestellte beim Kellner einen Grog von Rum. Dann sagte er: »So 'n Haufen junges Volk am Tisch – das ist ganz was Feines. Erzählt mal was aus der Schule, ihr Brüder. Seit ich vom Gymnasium flog, sind vierzig Jahre vergangen. Das war eine dolle Zeit.«

Die Jungen dachten nach. Aber es wollte ihnen nichts einfallen, was einen alten Kapitän interessieren konnte. Er blickte erwartungsvoll von einem zum andern, schlug sich aufs Knie und meinte: »Ist's die Möglichkeit! Da waren wir aber andre Kerls! Bei uns passierte jeden Tag irgendein Unfug.«

»Ach, so was wollen Sie hören?«, rief Gustav.

»Dachtet ihr vielleicht, ihr sollt mir das ›Lied von der Glocke‹ aufsagen?«

Gustav meinte: »Ich habe mir in der letzten Woche vor den Ferien ein Ding eingerührt, das war nicht von schlechten Eltern. Erst wollten sie mich gleich an die Luft setzen. Aber es hat sich noch einmal eingerenkt.«

Die andern hörten gespannt zu.

»Das kam so«, erzählte Gustav. »Vor der Physikstunde war große Pause. Und da war der Mehnert, das ist unser Primus, zum

Direktor gelaufen und hatte einen von uns verraten. Nicht mich. Aber ich bin in der Klasse 'ne Art höhere Gewalt. Und wenn so was los ist, bin ich die Exekutive. Nun hatte der gute Mehnert aber Angst und ließ sich in der Pause nirgends blicken. Er kam erst, als wir schon alle im Physiksaal saßen, mit Purzel, ich meine, mit Herrn Professor Kaul angerückt. Der Schuldiener war auch dabei. Der hilft dem Professor Kaul immer bei den Experimenten.

Es sollte irgendwas mit elektrischen Funken gezeigt werden. Die Funkenlänge oder etwas Ähnliches.

Kaul und der Schuldiener bauten die Apparate auf. Und dann wurden die schwarzen Vorhänge zugezogen. Damit wir im Dunkeln die Funken besser sehen konnten.

›Mensch‹, sagt da Körte, mein Nachbar, leise. ›Das ist eine fulminante Gelegenheit. Du schleichst dich im Dunkeln vor bis an die erste Reihe, knallst dem Mehnert ein Ding hinter die Löffel, und ehe Purzel, nein, Professor Kaul Licht gemacht hat, bist du längst wieder auf deinem Platz.‹

Der Vorschlag gefiel mir kolossal. Denn wenn so 'n Verräter wie Mehnert vor allen Leuten eine geklebt kriegt, dass es 'n Echo gibt, und bei Licht war's gar niemand, sondern die Gerechtigkeit persönlich – na, so ein überirdischer Vorgang ist natürlich ein Glücksfall.« Gustav sah sich prüfend um.

Die andern lauschten angespannt.

»Na ja«, meinte er. »Es war stockdunkel. Wie im Kohlenkeller. Und Purzel, nein, Professor Kaul sagte, es ginge gleich los und wir sollten auf die Funken Obacht geben. Und während nun alle Obacht gaben, schlich ich mich bis zur ersten Reihe vor und holte mächtig aus. Fehlgehen konnte die Ohrfeige nicht. Denn Mehnert sitzt seit Jahren in der ersten Reihe auf dem ersten Platz.

Ich holte, wie gesagt, enorm aus und knallte dem Kerl ein Ding, dass mir fast die Hand abgebrochen wäre.«

Kapitän Schmauch schlug sich aufs Knie. »Ausgezeichnet! Dann setztest du dich wieder hin. Und niemand war's gewesen.«

Gustav schüttelte melancholisch den Kopf. »Nein, ich setzte mich nicht wieder hin. Sondern ich blieb vor Schreck stehen, wo ich stand.«

»Vor Schreck?«, fragte Klotilde. »Wieso vor Schreck?«

»Mehnert hatte nämlich keine Haare.«

»Keine Haare?«, fragte Emil.

»Er hatte eine Glatze. Es war nämlich gar nicht Mehnert, sondern Purzel, nein, der Herr Professor Kaul.« Sogar der Kellner, der den Grog für den Kapitän gebracht hatte, hörte zu.

»Jawohl«, meinte Gustav. »Professor Kaul hatte sich im Dunkeln neben Mehnert in die Bank gesetzt. Weil er das Experiment auch sehen wollte. Kann man ja verstehen. Physik ist für einen Physikprofessor natürlich hochinteressant. Aber ich konnte ja schließlich nicht riechen, dass er sich im Finstern auf Mehnerts Platz gesetzt hatte.«

Kapitän Schmauch lachte derartig, dass man die Kapelle nicht mehr hörte. Obwohl sie gerade einen Marsch spielte.

Fräulein Klotilde Seelenbinder war ganz blass geworden. »Entsetzlich!«, flüsterte sie. »Da kriegt man ja Gänsehaut.«

Der Justizrat beugte sich vor. »Und wie ging die Geschichte weiter?«

Gustav kratzte sich hinterm Ohr. »Is ja alles halb so wichtig«, sagte er. »Aber immerhin. Mir ist schon manchmal wohler zumute gewesen. Na ja, plötzlich machte wer Licht. Und Purzel saß auf Mehnerts Platz und hielt sich die Glatze. Ein Wunder war's nicht, dass ihm der Kopf wehtat. Ich hatte mein Möglichstes getan. Die Klasse saß da, als ob's gedonnert hätte. Und vor der Wandtafel stand unser alter Schuldiener und machte sein dämlichstes Gesicht. Und die elektrischen Funken sprühten fleißig weiter. Aber kein Aas guckte hin.

›Wer war das?‹, fragte Purzel, nein, Herr Professor Kaul nach einer langen Pause.

›Ich‹, sagte ich. ›Ich bitte um Entschuldigung, Herr Professor. Ich habe mich geirrt.‹

›Darauf kannst du dich verlassen‹, meinte er. Und dann rannte er mitten in der Physikstunde aus dem Zimmer. Dabei hielt er sich den Kopf, als hätte er Angst, er könnte ihm runterpurzeln, nein, runterfallen.«

»Fabelhaft«, meinte Pony. »Du bist ein Mordskerl!«

Gustav dachte nach. Dann sagte er: »Mir war nun schon alles egal. Während die andern noch baff dasaßen, griff ich mir Mehnert und verbläute ihn, bis er nicht mehr in seinen Anzug passte. Er hat drei Tage gefehlt. – Na ja, und nachdem ich unsern edlen Primus vertrimmt hatte, kam der Pedell und transportierte mich zum Direktor. Purzel saß auf dem Sofa und hatte einen kalten Wickel im Genick.

›Ich erfahre soeben, dass du in der Dunkelheit einen alten verdienten Lehrer unsrer Anstalt überfallen hast‹, erzählte der Direktor. ›Wir werden dich selbstverständlich von der Schule weisen. Aber zuvor möchte ich dich ersuchen, uns die Beweggründe deines heimtückischen Unterfangens mitzuteilen.‹

Da war's aber bei mir zappenduster! Dass ich heimtückisch wäre, hat mir noch niemand gesagt. Na, und da packte ich gründlich aus. Ich sagte, wenn jemand ein heimtückischer Kerl sei, dann sei's der Vorzugsschüler Mehnert. Und der Genickschlag hätte eigentlich Mehnert gegolten, weil er in der großen Pause einen Klassenkameraden beim Direx verpfiffen hätte. Und sie könnten ja in den Physiksaal gehen und sich die Überreste ihres Lieblings gerührt betrachten. Wenn sie solche schlechten Charaktere lieber hätten als mich, könnte ich's auch nicht ändern. Und so weiter.«

Kapitän Schmauch betrachtete Gustav, der zornig dasaß, liebevoll. »Und was geschah dann?«

Gustav sagte: »Dann geschah etwas, was ich dem Herrn Professor Kaul bis an mein Lebensende nicht vergessen werde.«

»Was hat er denn getan?«, fragte Emil.

»Er hat gelacht«, berichtete Gustav. »Gelacht hat er, dass ihm die Kompresse herunterfiel!«

Kapitän Schmauch schlug sich aufs Knie. Dann drehte er sich zu dem Kellner um, der noch immer dastand und zuhörte, und rief: »Ober, Grog Nummer zwei!«

SIEBENTES KAPITEL

Varieté in Korlsbüttel

Die Kapelle spielte einen Tusch. Auf der Bühne erschien ein chic angezogener, etwas zu geschniegelter Herr und begrüßte die so zahlreich Erschienenen im Namen der Hoteldirektion. Er versprach ihnen einen gelungenen Abend und machte anschließend ein paar Kalauer, über die er nur selber lachte. Das verdross ihn, und er kündigte geschwind die erste Darbietung an. Und zwar Ferdinand Badstübner, den Caruso zur Laute.

Caruso Badstübner war ein dicker grauhaariger Herr mit einer Basslaute und einer kleinen Studentenmütze. Die Laute hatte er in der Hand, die bunte Mütze hingegen auf dem Kopfe. Er griff in die Saiten und schmetterte einige Lieder, die vorwiegend von Heidelberg, von einem Feinsliebchen, von schönen Wirtstöchtern und von ziemlich vielen Weinfässern und Bierkrügen handelten. Seine Stimme klang nicht mehr ganz neu. Als er am Ende war, schwenkte er sein Mützchen. Und dann fiel der Vorhang.

»Zum Studium blieb damals wohl gar keine Zeit übrig?«, fragte der Professor seinen Vater.

»Die Lieder übertreiben«, erklärte der Justizrat. »Wenn wir gar nicht studiert hätten, dann hätten wir ja auch gar nichts gelernt.«

Klotilde wollte auch etwas wissen. »Wieso ist der alte Mann, der eben gesungen hat, eigentlich noch Student? Und wenn er Student ist, wieso singt er hier Lautenlieder vor?«

Die andern sahen einander an. Schließlich sagte die Großmutter: »Es ist wahrscheinlich ein Werkstudent.«

»Aha«, meinte Klotilde Seelenbinder. »Dann freilich.«

Und als die andern laut lachten, wusste sie nicht einmal, weshalb.

Gustav sagte: »Ich werde überhaupt nicht studieren. Ich werde Autorennfahrer oder Kunstflieger.« Er wendete sich an Emil. »Wirst du studieren?«

Emil schloss einen Moment die Augen. Er dachte an Oberwachtmeister Jeschke und an die Unterhaltung mit ihm. – »Nein«, antwortete er. »Ich studiere nicht. Ich will so rasch wie möglich Geld verdienen und selbstständig werden.«

Die Großmutter blickte ihn von der Seite an. Aber sie schwieg.

Die nächste Darbietung bestand aus einer akrobatischen Tänzerin.

Sie wirbelte so schnell um ihre eigene Achse, dass man manchmal denken konnte, sie habe die Augen auf dem Rücken und den Hinterkopf im Gesicht.

Der Kapitän klatschte mit seinen Riesenfäusten so laut, dass es klang, als zerschlüge er prall mit Luft gefüllte Tüten. Er beugte sich vor und fragte Klotilde: »Können Sie auch so tanzen?«

Da kam er aber an die falsche Adresse. »Ich würde mich schämen«, erwiderte sie, »mich vor fremden Leuten derartig zu verrenken!«

»Na, aber zu Hause kannst du's uns ja einmal zeigen«, meinte der Professor. Und die Jungens grinsten bei dem Gedanken, dass Fräulein Seelenbinder, auch Schlips genannt, in der Veranda der Villa Seeseite den Handstand vorführen könnte, statt das Mittagessen zu kochen.

Dann spielte die Kapelle zum Tanz auf. Einige Gäste tanzten. Auch der Kapitän Schmauch. Mit Klotilde. Und der Justizrat mit seiner Frau. Die Großmutter wiegte den Kopf zur Musik und war guter Laune.

Plötzlich machte ein junger Mann vor Pony Hütchen einen Diener und fragte: »Gnädiges Fräulein, darf ich um diesen Tanz bitten?«

Emil blickte den jungen Mann an und lachte: »Das gnädige Fräulein kann noch gar nicht tanzen.«

Pony stand auf. »Hast du eine Ahnung, mein Junge«, sagte sie. »Ha!« Und dann tanzte sie mit dem jungen Mann, als hätte sie nie etwas anderes getan.

»Nun guckt euch bloß unser gnädiges Fräulein an!«, rief der Professor. »Sie geht doch aber noch gar nicht in die Tanzstunde!«

Die Großmutter erklärte: »Uns jungen Mädchen ist das Tanzen angeboren.«

Gustav schüttelte den Kopf. »So 'ne Göre! Ist nicht älter als ich und spielt hier das gnädige Fräulein.«

Der nächste Tanz war ein Walzer. »Das ist was für uns junges Volk«, sagte der Kapitän zu Pony. Und dann walzte er mit der Kleinen durch den Saal, dass sich gar niemand andres zu tanzen traute. Manchmal schwenkte er Pony hoch durch die Luft. Es ging großartig.

Hinterher applaudierten alle Gäste. Und sogar die Kellner. Der Kapitän ließ Pony einen Knicks machen. Und er selber machte auch einen!

Später erschien der geschniegelte Herr wieder auf der Bühne. Es sei ihm ein besonderes Vergnügen, meinte er, einen Vortragskünstler anzukündigen, der in allen berühmten Kabaretts des Reiches mit wahren Beifallsstürmen überschüttet worden sei.

»Da bin ich aber neugierig«, erklärte Kapitän Schmauch. »Wenn einer solchen Erfolg hat, kommt er hinterher ausgerechnet zu uns nach Korlsbüttel?« Sie warteten also, dass der Vorhang wieder aufginge.

Und als er das tat und der berühmte Künstler zum Vorschein kam, sagte Emil ganz laut: »Ach, du liebes bisschen!«

Denn der große Künstler war niemand anders als der Ansager selber. Er hatte sich nur mit einem Zylinder, einem Spazierstock und einem Monokel ausgerüstet.

»Da bin ich«, behauptete er. »Als Erstes bringe ich Ihnen einen seriösen Vortrag. Und zwar ein Chanson mit dem Titel ›Das Leben ist nun einmal so‹. Theobald, hau rein!« (Mit »Theobald« meinte er den Klavierspieler. Und mit »Hau rein!« das Klavier.)

Als er fertig war, erklärte die Großmutter: »Wenn dieser Klapsmann in großen Kabaretts aufgetreten ist, bin ich die Großherzogin von Lichterfelde-Ost.«

Der Vortragskünstler ließ zwei lustige Lieder folgen, die genauso traurig waren. Und dann kündigte er eine Pause von zehn Minuten an.

Die Jungens traten aus dem Hotel hinaus auf die Düne und betrachteten das Meer. Es lag glatt und bleifarben da. Nur der Widerschein des Mondes lief wie eine schmale silberne Straße über das dunkle Wasser.

Die Wellen klatschten in regelmäßigen Abständen ans Ufer. Die Silhouetten der vielen Strandkörbe hoben sich vom Himmel ab wie Kornpuppen auf einem nächtlichen Feld.

Es war ein klein wenig unheimlich unter dem von glitzernden Sternen übersäten Himmel.

Der Professor flüsterte: »Mir ist kalt.«

Da gingen sie in den Saal zurück und setzten sich wieder zu Pony und den Erwachsenen.

Nach der Pause trat die akrobatische Tänzerin noch einmal auf. Dann zeigte ein Zauberer fantastische Kartenkunststücke. Und dann endlich kam die Glanznummer des Abends, »The three Byrons«!

Was Mister Byron mit seinen beiden Zwillingen zuwege brachte, war geradezu unfassbar. Die Zuschauer saßen steif auf ihren Stühlen und wagten kaum zu atmen. Am großartigsten wurde es, als sich Mister Byron rücklings auf ein Taburett legte und die Arme hochreckte. Jackie Byron, der größere Zwilling, machte in der rechten Handfläche seines Vaters den Kopfstand und Mackie Byron in der linken Hand. Erst hielten sie sich noch mit ihren Händen an Mister Byrons Armen fest. Aber dann ließen sie seine

Arme los und legten ihre Hände stramm an die Hosennaht! So standen sie auf dem Kopf, wie kleine umgekehrte Soldaten.

Hinterher sprangen sie wieder auf die Füße und lächelten, als sei gar nichts gewesen.

Mister Byron blieb auf seinem Taburett liegen, zog die Knie an den Leib und streckte die Füße hoch. Mackie legte sich bäuchlings auf die väterlichen Fußsohlen. Mister Byron bewegte jetzt die Füße, fast wie ein Radfahrer, und Mackie drehte sich auf den Sohlen seines Vaters um die eigene Längsachse wie eine rasende Spindel. Dann flog er plötzlich in die Luft, wirbelte um sich selber, fiel wieder auf Byrons Füße, wurde wieder hochgeworfen, drehte sich in der Luft um neunzig Grad und fiel – nein, er fiel nicht, sondern stand auf einmal mit seinen Füßen auf den Füßen Mister Byrons!

Klotilde meinte mit zitternder Stimme: »Ich kann gar nicht mehr hinsehen.«

Aber Emil, Gustav und der Professor waren hingerissen.

»Schade, dass der kleine Dienstag nicht mit ist«, sagte Gustav.

Dann legte sich Jackie Byron, der eine Zwilling, aufs Taburett, streckte die Arme hoch, ergriff die Hände seines Vaters, und dann machte dieser große, schwere Athlet auf Jackies hochgestreckten Armen einen Handstand!

»Dass dem Jackie nicht die Knochen brechen, ist mir rätselhaft«, flüsterte Emil.

Gustav nickte. »Dass da nichts passiert, spricht gegen sämtliche physikalischen Gesetze.«

Als die drei Byrons mit ihren Künsten zu Ende waren, brach ein unerhörter Beifall los. Die Korlsbüttler Einwohner, die vor dem Hotel standen und durch die Vorhangspalte blickten, klatschten so lange, bis die Fledermäuse aufgeregt umherflatterten. Der Bühnenvorhang musste zwölfmal aufgezogen werden.

Gustav ergriff sein englisches Wörterbuch und stand, zum Äußersten entschlossen, auf. »Los!«, sagte er und lief davon. Der Professor und Emil folgten ihm eilig.

Als die drei Byrons mit ihren Künsten zu Ende waren,
brach ein unerhörter Beifall los.

Sie erwarteten die Zwillinge im Korridor hinter der Bühne. »Hallo, boys!«, rief der Professor.

Die Zwillinge drehten sich um.

»A moment, please«, bat Gustav.

Mackie, der kleinere, setzte sich in Trab und verschwand in einem Hinterzimmer. Jackie blieb stehen.

»You are wonderful«, meinte Emil. »Very nice, indeed. My compliments, Byron.«

Jackie Byron kam auf sie zu. Er sah mächtig müde und verschwitzt aus.

Gustav blätterte im Wörterbuch. »Hallo, dear«, stotterte er dann. »We have seen you. It's the greatest impression in all my life, by Jove! Do you understand?«

Jackie Byron blickte die drei Jungen lange an. Dann sagte er leise: »Nu macht mal keinen Quatsch! Ich verstehe kein einziges Wort Englisch. 'n Tag, die Herren!«

Die drei Freunde machten verblüffte Gesichter.

Gustav klappte das Wörterbuch zu. »Mich trifft der Schlag. Ich denke, du bist Engländer?«

»Ach wo«, erwiderte Jackie. »Unsere Namen sind Künstlernamen. Ausländische Namen ziehen mehr. Was glaubt ihr wohl, wie ich in Wirklichkeit heiße?«

Sie zogen Stirnfalten und dachten nach. »Sag's lieber gleich«, empfahl der Professor. »Sonst können wir ja das ganze Adressbuch durchraten.«

Jackie hielt einen Finger vor den Mund. »Ihr dürft es natürlich nicht weitererzählen. Ich heiße, nein, ich sag's doch lieber nicht.«

Emil meinte: »Ich heiße Tischbein. Viel schlimmer wirst du auch nicht heißen.«

»Doch«, sagte Jackie. »Also gut. Ich heiße Paul Pachulke und bin aus Berlin-Teltow.«

»Paulchen Pachulke«, flüsterte Gustav. »Aus Teltow an der Rübe!« Er staunte. »Na, is ja alles halb so wichtig. Ich heiße Gustav. Und wir wollten dir mitteilen, dass wir schwer begeistert sind. Mensch, ihr seid Sonderklasse.«

Jackie freute sich über das Lob. »Sehr angenehm«, sagte er. »Kommt ihr morgen wieder ins Bad?«

Sie nickten.

»Bis morgen also!«, rief er und lief in das Zimmer, in dem sein Bruder vorher verschwunden war.

Die drei Freunde standen im Korridor, blickten sich an und mussten schließlich lachen.

Gustav schob sein Wörterbuch verächtlich in die Tasche, hakte sich bei Emil und dem Professor ein und sagte: »Da habt ihr's. Dazu lernt der Mensch nun fremde Sprachen!«

ACHTES KAPITEL

Der dritte Zwilling taucht auf

Tags darauf regnete es Strippen. Sie blieben also zu Hause, schrieben Briefe und Ansichtskarten, spielten Schach und Halma, blickten dauernd aus dem Fenster und kamen sich wie Laubfrösche im Wetterglas vor. Glücklicherweise erschien der kleine Dienstag zu Besuch. Er hatte seines Vaters Schirm aufgespannt und stand wie ein Pilz im Garten. Sie ließen ihn herein und schwärmten ihm von den drei Byrons und ihren Kunststücken vor. Sie berichteten ihm auch, dass Pony Hütchen »gnädiges Fräulein« genannt worden war.

»Ja, ja«, sagte Dienstag. »Wir werden alt.«

Und weil Pony bei Klotilde in der Küche war und dort kochen lernte, rannten sie rasch über den Flur, rissen die Küchentür auf und riefen: »Gnädiges Fräulein, Ihr Tänzer steht draußen!«

Pony sah tatsächlich aus dem Fenster.

Da lachten die Jungen und rannten in die Veranda zurück. Dort sagte der Professor: »Habt ihr auch einen Aufsatz über Ferienerlebnisse aufgekriegt?«

»Klar«, meinte Gustav. »Es ist jedes Jahr dasselbe. Das schönste Ferienerlebnis und das spannendste Ferienerlebnis und das interessanteste Ferienerlebnis! Man verliert nach und nach die Lust, überhaupt noch etwas zu erleben!«

»Bei dem Sauwetter könnte man den Aufsatz eigentlich schon heute schreiben«, schlug der Professor vor. »Dann sind wir ihn los.«

Emil war dafür. Aber Gustav und Dienstag waren dagegen.

Der Professor suchte zu vermitteln. »Wir könnten wenigstens mit den Vorstudien anfangen.« Er holte ein Buch, das seinem Vater gehörte, vom Tisch und blätterte darin. »Vielleicht findet man etwas Passendes, und wenn's ein Zitat ist.«

»Unser Deutschlehrer hasst Zitate«, sagte Gustav. »Er ist der Ansicht, wir sollten uns gefälligst selber etwas einfallen lassen, statt aus Büchern abzuschreiben. Das sei genauso verwerflich wie das Abschreiben vom Nachbarn.« Er lachte vor sich hin. »Ich für mein Teil schreibe übrigens lieber von meinem Nachbarn ab.«

Emil fragte den Professor, was er lese.

»Das sage ich nicht«, meinte der. »Ihr müsst raten. Hört einmal zu!« Er setzte sich auf den Tisch und las. »›Bei uns ist Gesang die erste Stufe der Bildung, alles andere schließt sich daran und wird dadurch vermittelt. Der einfachste Genuss sowie die einfachste Lehre werden bei uns durch Gesang belebt und eingeprägt, ja selbst was wir überliefern von Glaubens- und Sittenbekenntnissen, wird auf dem Wege des Gesanges mitgeteilt.‹« Der Professor blickte auf. »Na, von wem ist das wohl?«

»Wahrscheinlich von dem Dirigenten eines Gesangvereins«, erklärte Gustav.

Der Professor lachte. »Falsch! Menschenskind, hast du dich aber blamiert! Es ist von Goethe!«

Dienstag sagte: »Wenn es von Goethe ist, Professor, ist es aber von von Goethe. Mit zwei von. Weil er adlig war.«

»Is ja alles halb so wichtig«, murmelte Gustav.

Der Professor las weiter. »›Indem wir die Kinder üben, Töne, welche sie hervorbringen, mit Zeichen auf die Tafel schreiben zu lernen und nach Anlass dieser Zeichen sodann in ihrer Kehle wiederzufinden, ferner den Text darunterzufügen, so üben sie zugleich Hand, Ohr und Auge und gelangen schneller zum Recht- und Schönschreiben, als man denkt. Und da dieses alles zuletzt nach reinen Maßen, nach genau bestimmten Zahlen ausgeübt und nachgebildet werden muss, so fassen sie den hohen

Wert der Mess- und Rechenkunst viel geschwinder als auf jede andere Weise. Deshalb haben wir denn unter allem Denkbaren die Musik zum Element unserer Erziehung gewählt, denn von ihr laufen gleich gebahnte Wege nach allen Seiten.‹«

»War denn von Goethe Schuldirektor?«, fragte Dienstag erstaunt. »Ich denke, er war Minister.«

»Alles mit Gesang!«, rief Gustav außer sich. »Stellt euch einmal vor, wir müssten in der Penne Zinsrechnungen und Gleichungen mit einer Unbekannten singen! Ich kann das nicht schön finden.«

»Goethe meinte sicher nur die ersten Schuljahre«, sagte Emil. »In den Anfängen hängen doch alle Fächer viel enger miteinander zusammen.«

Da trat der Justizrat in die Veranda. »Was lest ihr denn da?«

Sein Sohn erzählte es ihm.

»Aha«, sagte der Justizrat. »Wilhelm Meisters Wanderjahre.«

»Ich bin ganz entschieden gegen gesungenen Unterricht«, erklärte Gustav. »Ich habe im Singen eine Vier. Weil ich total unmusikalisch bin. Nun stellt euch vor, ich müsste in allen Fächern und Unterrichtsstunden singen! In Latein, Mathematik, Geschichte und so – es ist gar nicht auszudenken.«

Dienstag rief: »Ohne Gesang wirst du in Latein und Mathematik auch nicht viel besser sein!«

»Stimmt«, sagte Gustav. »Also bitte schön, meinetwegen können wir von jetzt ab die unregelmäßigen Verben vierstimmig konjugieren.«

Justizrat Haberland lachte. »Die Pädagogische Provinz, die Goethe in den ›Wanderjahren‹ beschreibt, ist das humanistische Wunschgebilde eines sehr alten und sehr großen Dichters. Später werdet ihr es besser verstehen.«

»So schwer verständlich ist das alles gar nicht«, erklärte der Professor. »Hört einmal zu!« Und er las: »›Wohlgeborene, gesunde Kinder bringen viel mit; die Natur hat jedem alles gegeben, was er für Zeit und Dauer nötig hätte. Dieses zu entwickeln ist unsere Pflicht, öfter entwickelt sich's besser von selbst.‹« Er klappte das Buch zu und sah seine Freunde an. »Da habt ihr's!«

»Was haben wir?«, fragte Gustav. »Wohlgeborene, gesunde Kinder sind wir alle, die wir hier sitzen. Und was weiter?«

Der Professor tippte mit dem Zeigefinger auf das Buch: »Goethe meint …«

»Von Goethe meint«, berichtigte Dienstag.

»Goethe meint, dass wir von Natur aus, sozusagen noch verborgen, schon alles besitzen, was wir fürs Leben brauchen. Es kann sich, meint Goethe, ganz von selber entwickeln. Es muss nicht dauernd jemand an uns herumdoktern. Mit Vorschriften und Aufsicht und Zensurverteilen.« Er blickte zu seinem Vater hinüber. »Du weißt genau, dass ich nicht dich damit meine, alter Herr. Aber viele Eltern und Lehrer packen es grundfalsch an.«

»Es ist verteufelt schwer«, sagte der Justizrat, »Kinder nicht zu sehr, aber auch nicht zu wenig zu erziehen. Und bei jedem Kind liegt der Fall anders. Das eine entwickelt seine angeborenen Fähigkeiten mühelos. Und bei dem andern muss man sie mit der Beißzange herausholen, sonst kämen sie nie ans Licht.« Er setzte sich. »Ihr werdet's schon noch erleben, wenn ihr später einmal selber Väter sein werdet.«

»Darauf freue ich mich schon heute«, meinte Emil.

»Na«, rief der Justizrat, »manchmal kann man dabei auch graue Haare kriegen!« Er blickte zu seinem Sohn hinüber. »Du weißt genau, dass ich nicht dich damit meine, mein Junge.«

»Das mit dem ›Sich-selber-Entwickeln‹ leuchtet mir ein«, erklärte Gustav. »Ich könnte bestimmt ohne Diktate, Nachsitzen und Zensuren ein ebenso guter Autorennfahrer werden. Nein, ein noch viel besserer. Weil ich dann mehr Zeit zum Trainieren hätte.«

»Meine sehr geehrten Herren«, sagte der Justizrat lächelnd, »wollt ihr euch also einmal ein paar Tage von selber und ungestört entwickeln? Das könnt ihr haben. Ich ging vorhin am Reisebüro vorbei und las, dass übermorgen eine mehrtägige Reise nach Kopenhagen beginnt. Nun, ich war lange nicht mehr in Kopenhagen. Und in Klampenborg und in Marienlyst auch nicht. Ich habe Sehnsucht nach Dänemark und schlage vor, dass meine Frau und ich, Emils Großmutter, unsere Klotilde und Pony Hütchen übermorgen von Warnemünde aus mit dem Trajekt nach Norden abdampfen.«

»Und wir?«, fragte der Professor.

»Ihr Jungens bleibt allein in Korlsbüttel. Mittagessen könnt ihr im Gasthof. Geld lasse ich euch da, falls ihr das nicht schon als einen zu großen Eingriff in eure Entwicklung anseht.«

»Wir sind nicht kleinlich«, meinte Gustav. »Das Geld nehmen wir.«

»Aber um alles andre müsst ihr euch selber kümmern«, meinte der Justizrat. »Da habt ihr reichlich Gelegenheit, euch nach Herzenslust zu entwickeln. Da seid ihr nur für euch selber verantwortlich und könnt sehen, ob das ein Vergnügen oder eine Last ist. Einverstanden?«

Die Jungens waren begeistert.

Der Professor trat zu dem Justizrat und fragte stolz: »Gibt es einen besseren Vater als meinen?«

»Nein!«, brüllten sie.

Der kleine Dienstag hob die Hand wie in der Schule und bat: »Herr Justizrat, können Sie meine Eltern nicht auch mitnehmen?«

Am Nachmittag regnete es noch immer. Als sie beim Kaffee saßen, tauchte Kapitän Schmauch auf. Klotilde musste ihm einen steifen Grog brauen. Er setzte sich in den Lehnstuhl, stopfte seine Shagpfeife, paffte blaue Wolken gegen die Gardinen und sagte: »Hier ist's gemütlich! Seit ich gestern Abend mit euch zusammen war, habe ich in meinem eignen Hause Budenangst.«

»Sie hätten, als Sie jünger waren, heiraten sollen«, entgegnete die Großmutter.

»Nee«, sagte der Kapitän. »Der Mann dauernd auf dem Ozean

und die Frau Gemahlin dauernd allein zu Hause – das wäre auch nicht das Richtige gewesen. Heut Abend gondle ich schon wieder auf ein paar Tage nach Südschweden. Holz frachten. So geht das nun seit Jahrzehnten. Und immer solo! Wenn wenigstens der Hans für immer in Korlsbüttel bliebe. Aber wenn seine Lehrzeit als Piccolo vorbei ist, geht er ja nach England und Frankreich. Ein Kellner muss in fremden Ländern herumgekommen sein und kann nicht wegen eines alten Onkels hierbleiben. Na ja, und so wird man älter und älter. Bis man eines schönen Tages nicht mehr älter wird.« Er war richtig gerührt. Deswegen bekam er noch einen Grog.

Dann aber musste er an Bord. Er zog seinen Ölmantel an und stiefelte in den Regen hinaus. In Richtung Schweden.

Nach dem Abendessen saßen die Jungen wieder allein in der Veranda. Dienstag war noch da. Er hatte die Erlaubnis seiner Eltern, bis neun Uhr zu bleiben. Der Regen trommelte aufs Dach. Sie langweilten sich.

Plötzlich presste sich ein Gesicht ans Verandafenster. Und es klopfte leise an der Glasscheibe.

Die vier sprangen auf. Der Professor lief zur Tür und riss sie auf: »Wer ist da?«

Hastig trat eine vermummte Gestalt ein.

Es war Hans Schmauch, der Piccolo. »Entschuldigt die Störung«, sagte er. »Aber ich brauche euren Rat.« Er legte die nasse Pelerine ab. »Stellt euch Folgendes vor: Gegen acht Uhr bestellte Mister Byron einen Tee bei mir. Auf sein Zimmer. Ich trug also den Tee hinauf. Als ich wieder gehen wollte, meinte er, er müsse mich was fragen. Es dürfe aber kein Mensch erfahren. Ich nickte. Was hätte ich andres tun sollen, nicht? Dann sagte er: ›Du bist ein ausgezeichneter Turner. Ich habe dich im Bad turnen sehen. Du hast Talent. Wenn ich dich ausbilde, kannst du ein großartiger Artist werden. Und vor allem bist du so wunderbar klein und leicht! Lass dich einmal heben!‹ Er hob mich mit einem Arm hoch und wirbelte mich derartig durch die Luft, dass mir schwarz vor Augen wurde. Dann setzte er mich wieder nieder. ›Ihr Tee wird kalt, Mister Byron‹, sagte ich und wollte aus dem Zimmer. Er aber verstellte mir die Tür und fragte, ob ich Lust hätte, Artist zu werden und mit ihm aufzutreten. ›Aber Sie haben doch schon Ihre Zwillinge‹, sagte ich. ›Wozu brauchen Sie denn einen dritten?‹ ›Ich brauche keinen dritten‹, erklärte er. ›Sondern einen zweiten.‹ Und wisst ihr, was er dann sagte?«

Die Jungens lauschten aufgeregt.

Der Piccolo fuhr in seinem Bericht fort: »Es klang so komisch, was er dann sagte. Und zugleich klang es so unheimlich! Er sagte nämlich: ›Jackie wird mir zu schwer!‹«

»Zu schwer?«, fragte Dienstag.

»Na ja. Jackie wächst. Und je mehr er wächst, umso mehr wiegt er. Und weil er zu viel wiegt, kann sein Vater manche Übungen mit ihm schon gar nicht mehr machen. Und andre Übungen klappen nicht mehr. Oder sie werden zu gefährlich. Wenn Jackie so weiterwächst, kann Mister Byron überhaupt nichts mehr mit ihm anfangen.«

Die Jungen standen da und schwiegen.

Der Piccolo fuhr fort: »Aus diesem Grunde soll ich mit Mister Byron und Mackie fortfahren. Er will mit uns bei Nacht und Nebel ausreißen. Und Jackie soll keine Silbe davon erfahren. So einen Ersatz wie mich fände er so bald nicht wieder, hat Mister Byron gesagt.«

Emil griff sich an den Kopf. »Aber um alles in der Welt!«, rief er. »Der Mann kann doch nicht einfach einen Sohn von sich irgendwo an der Ostsee sitzen lassen, bloß weil der Junge wächst! Das ist doch heller Wahnsinn! Was soll denn aus dem Jackie werden?«

»Das arme Paulchen!«, flüsterte Gustav.

Der Professor ging auf und ab. »Das wäre ja noch schöner. Wir werden das unter gar keinen Umständen dulden. Einfach einen

»Wenn ich dich ausbilde,
kannst du ein großartiger Artist werden.«

Zwilling versetzen! Und einen dritten engagieren! Das kommt gar nicht infrage.«

»Ein Glück, dass unsre Erwachsenen nach Dänemark gondeln«, erklärte Gustav. »Da sind sie uns wenigstens nicht im Wege.«

Emil schlug auf den Tisch. »Dieser Muskelpietsch soll sich wundern. Das ist wieder einmal eine Sache für uns!« Er wandte sich an den Piccolo. »Wann, glaubst du, will er durchbrennen?«

»Mister Byron richtet sich völlig nach mir«, meinte Hänschen Schmauch. »Ich sei eine nie wiederkehrende Gelegenheit.«

Der Professor erklärte: »Wir warten, bis die Erwachsenen fort sind. Dann halten wir sofort einen Kriegsrat ab. Bis dahin – Hans, höre gut zu –, bis dahin hältst du den Byron mit Redensarten hin. Verstanden?«

Der Piccolo nickte.

Dienstag sagte: »Dieses Mal setze ich mich aber nicht wieder ans Telefon! Damit ihr's wisst!«

»Diesmal wird überhaupt nicht telefoniert«, erklärte Gustav. »Dieses Mal wird nur gehandelt.«

Hans Schmauch hängte sich seine nasse Pelerine um. »Ich höre also von euch.« Er ging zur Tür. »Parole Emil!« Dann war er verschwunden.

»Parole Emil!«, riefen die andern hinterher.

Draußen antwortete nur der heulende Wind.

Plötzlich ging die andere Tür auf. Klotilde Seelenbinder steckte den Kopf ins Zimmer. »Was war denn los?«

»Aber Schlips!«, erwiderte der Professor. »Was soll denn los gewesen sein?«

Detektive unter sich

Am Morgen des übernächsten Tages fuhren die Erwachsenen mit Pony nach Warnemünde, um sich dort nach Dänemark einzuschiffen. Die Frauen, vor allem die schrecklich aufgeregte Klotilde, wollten den Jungens noch rasch tausend hauswirtschaftliche Ratschläge geben. Aber der Justizrat scheuchte sie ins Abteil, gab dem Professor zwanzig Mark und sagte: »Zu Mittag esst ihr im Gasthof. Was ihr sonst braucht, besorgt ihr bei Kaufmann Warkentien. Außerdem habt ihr ja auch noch eiserne Reserven in Klotildes Speisekammer. Schließt abends das Haus gut ab! Macht keine Dummheiten! Und wenn ihr euch nicht zu helfen wisst, depeschiert nach Kopenhagen. Wir wohnen im Hotel d'Angleterre.«

»Telegramme werden nicht nötig sein«, behauptete der Professor.

»Umso besser«, erwiderte sein Vater. »Fröhliche Entwicklung!« Dann stieg er in den Zug. Die Frauen schauten aus dem Abteilfenster und nickten.

Wenige Minuten später waren Emil, Gustav und der Professor allein.

Und ihrer selbstständigen Entwicklung stand nichts mehr im Wege.

Sie gingen in die Villa zurück. Es war trübes Wetter, und der Wind hatte kalte Hände. An Baden war nicht zu denken. Der Professor holte Bleistift und Papier vom Schreibtisch und rückte seine Brille zurecht. »Zunächst«, erklärte er, »brauchen wir einen

Arbeitsplan. Jeden Tag hat einer von uns Tagesdienst. Heute ich; morgen Emil; übermorgen Gustav. Der Tagesdienst muss die anderen wecken, er muss die nötigen Besorgungen erledigen, Kaffee kochen, das Abendbrot richten, den Hausschlüssel verwahren und überhaupt alles tun, was nötig ist.«

»Die Zähne putzt sich aber jeder selber?«, fragte Gustav und kicherte albern. Dann wurde er ernst und sagte, er könne keinen Kaffee kochen.

»Du wirst es lernen«, meinte Emil.

Anschließend gingen sie zur Speisekammer und machten eine gründliche Bestandsaufnahme. Sie notierten genau, wie viel Eier, Büchsenkonserven, Würste, Kartoffeln, Gurken, Äpfel, Brot, Schmalz, Butter und so weiter vorrätig waren.

»Die Erwachsenen sollen staunen, wie leicht uns die Selbstständigkeit fällt«, erklärte der Professor. Dann nahm er, weil er den Tagesdienst hatte, ein Marktnetz und ging zu Warkentien einkaufen. Emil und Gustav kamen mit.

Sie schauten sich in Warkentiens Laden lange um, und der Kaufmann empfahl ihnen alles Mögliche.

Der Professor blickte seine Freunde verlegen an. Dann sagte er: »Entschuldigen Sie die Störung, Herr Warkentien. Aber wir haben, wie ich sehe, schon alles in der Speisekammer.« Und dann zogen sie mit dem leeren Marktnetz wieder heim.

»Das sind Erfahrungen«, erklärte der Professor zu Hause, »die man gemacht haben muss.«

»Aha«, sagte Gustav, holte sich einen Apfel und biss hinein.

Da nahm der Professor die Bestandsliste und strich einen der eingetragenen Äpfel durch. »Tadellose Ordnung ist das Nonplusultra«, sagte er.

Gustav murmelte kauend: »Alles halb so wichtig.«

Als sie mittags in den Gasthof gehen wollten, meinte Emil: »Das Geld könnten wir eigentlich sparen. Wisst ihr, was? Ich koche selber!«

»Was kochst du denn?«, erkundigte sich Gustav.

»Ich brate«, erklärte Emil und krempelte sich die Hemdsärmel hoch. »Eier sind da. Butter ist da. Schlackwurst ist da. Ich brate Spiegeleier auf Wurst. Damit wir satt werden, essen wir Brot dazu. Und hinterher gibt's Büchsenerdbeeren.«

Er band sich eine Schürze von Klotilde vor, legte Butter, Eier, Wurst, Messer und Salz auf den Tisch, stellte die Pfanne auf den Gasbrenner, tat Butter in die Pfanne, legte Wurstscheiben in die zischende Butter, schlug zwei Eier am Pfannenrand auf, goss den Inhalt geschickt aus den Schalen über die Wurst und streute eine Prise Salz über die ganze Geschichte.

Die Freunde verfolgten seine aufreibende Tätigkeit mit Spannung und stiller Bewunderung.

»Das Eigelb ist nicht kaputtgegangen«, stellte Emil voller Stolz fest. »Das ist das Schwerste dran.«

Mit einem Mal guckte der kleine Dienstag durchs offene Küchenfenster. Er kletterte, mit einem Klimmzug, aufs Fensterbrett und ließ sich dort häuslich nieder. Er schaute Emil zu und sagte anerkennend: »Wie 'n richtiger Koch!«

»Alles Übung«, antwortete Emil. »Wir haben doch kein Dienstmädchen. Und wenn meine Mutter über Mittag geschäftlich zu tun hat, kümmere ich mich ums Essen.«

Dann erzählte Dienstag, dass er in den nächsten Tagen bei dem Professor übernachten dürfe. Die Freunde fanden das großartig. »Aber«, sagte er, »nach Kopenhagen wollten meine alten Herrschaften unter keinen Umständen mitfahren. Sie hätten keine Lust! Als ob das ein Grund wäre, wie?«

»Solche Dickköppe!«, rief Gustav ärgerlich.

Dienstag zuckte die Achseln. »Da soll man sich nun selbstständig entwickeln!«

Emil drehte die Gasflamme kleiner. »Wir können nicht gleichzeitig essen. Die Portion, die jetzt in der Pfanne ist, kriegt Gustav, weil er am verfressensten ist.« Die Jungens lachten. Nur Gustav lachte nicht, sondern sagte: »Ihr Feuertüten!« (Das Schimpfwort hatte er selber erfunden.)

Dann holte der Professor einen Teller und ein Besteck aus dem Geschirrschrank. Emil bugsierte die Spiegeleier auf den Teller und schnitt zwei Scheiben Brot ab.

Gustav setzte sich an den Küchentisch, brockte Brot über die Eier und fing zu essen an.

Der Professor holte ein Küchenhandtuch. Das banden sie Gustav um den Hals. Er sah wie ein Patient beim Zahnarzt aus.

Emil schlug die zweite Portion Wurst und Eier in die Pfanne.

Der Professor setzte sich auf die Küchenbank und sagte: »So, nun kommt die Hauptsache. Während Emil und ich essen und das Geschirr abwaschen, gehen Gustav und Dienstag ins Strandhotel und setzen sich mit Hans Schmauch in Verbindung. Vor allem müssen wir wissen, ob Mister Byron noch immer mit ihm ausreißen will. Wenn dem so ist, soll der Piccolo mit Mister Byron alles besprechen. Wann sie fliehen wollen. Und ob mit der Bahn oder dem Dampfer.«

»Ich kann ihnen ja mein Motorrad borgen«, meinte Gustav ironisch. »Wozu sollen wir den Kerl überhaupt erst halb und halb ausreißen lassen? Das ist mir unbegreiflich! Wir können doch zu ihm hingehen und sagen: ›Hören Sie, mein Bester, machen Sie keine Wippchen! Bleiben Sie hübsch hier, sonst kriegen Sie's mit uns zu tun!‹ Das ist doch viel einfacher. Nicht?«

»Nein«, erklärte Emil. »Das ist nicht einfacher. Wenn wir ihm so kommen, bleibt er ein paar Tage hier und reißt dann doch noch aus! Wenn auch ohne Piccolo. Aber Jackie sitzt dann genauso in der Tinte!«

»So ist es«, sagte der Professor. »Macht es, wie ich's euch vorgeschlagen habe.«

Emil fügte hinzu: »Und sagt Hans Schmauch, er solle als Zeitpunkt der Flucht möglichst den späten Abend vorschlagen!«

»Warum?«, fragte Dienstag.

»Weil Jackie dann schläft und von der Flucht seines Vaters überhaupt nichts merkt. Wenn er am nächsten Morgen aufwacht, sind sein Vater und Mackie längst wieder da. Und ihm selber ist die Enttäuschung erspart geblieben.«

Gustav stand auf. »Das waren die besten Spiegeleier, die ich je gegessen habe. Hebt mir einen Teller Erdbeeren auf, ihr beiden Dienstmädchen!«

Er schubste den kleinen Dienstag vom Fensterbrett in den Garten und sprang hinterher. Man hörte sie über den Kiesweg rennen. Dann schlug die Gartentür zu.

Emil und der Professor hatten gegessen. Einen Teller mit Erdbeeren hatten sie für Gustav beiseitegestellt. Jetzt standen sie am Abwaschtisch. Emil spülte das Geschirr ab und putzte die Bestecke. Der Professor trocknete alles ab und tat es wieder in den Schrank.

Die Bratpfanne wurde am schwersten sauber. Doch endlich konnte man sich in ihr spiegeln.

Sie wuschen sich die Hände. Emil sagte, während er das Handtuch an den Nagel hängte: »Es scheint mit Vätern seine Schwierigkeiten zu haben. Dem einen Jungen will der Vater durchbrennen. Und der andre Junge soll einen neuen Vater kriegen, obwohl er eigentlich gar keinen haben will.«

»Welcher andre Junge?«, fragte der Professor. Weil Emil nicht antwortete, blickte er zu ihm hin. Und plötzlich verstand er den Zusammenhang. »Ach so.«

»Ich habe noch mit keinem Menschen darüber gesprochen«, meinte Emil leise. »Auch mit meiner Mutter nicht. Mit ihr sogar am allerwenigsten.«

»Ich erzähle es nicht weiter«, sagte der Professor.

Emil hängte die Pfanne von einem Haken an den andern. Er drehte den Wasserhahn fester zu. Er schloss das Fenster. »Ich muss mit jemandem darüber sprechen. Es ist so schwer für mich, weißt du? Auf meinen Vater kann ich mich kaum besinnen. Seitdem sind meine Mutter und ich allein. Und ich bin nie auf den Gedanken gekommen, dass das anders werden könnte. Und ich dachte immer: Wenn ich erst einmal Geld verdiene, wird's schöner werden. Dann machen wir in den Ferien große Reisen. Oder auch kleine. Und wir nehmen uns eine größere Wohnung. Mit echten Möbeln und vielen guten Büchern. Und zweimal in der Woche kommt eine Aufwartefrau. Und die Wäsche geben wir weg. Na ja, wie man sich das so ausmalt. Stattdessen kommt da plötzlich ein Mann und will meine Mutter heiraten. Und wer wird nun die größere Wohnung mieten? Er! Und wer wird mit meiner Mutter verreisen? Er! Und wer bestellt nun die Aufwartefrau? Er! Er verdient das Geld. Und ob ich welches verdiene, ist ganz unwichtig. Ich darf sogar studieren, sagt er. Immer ist er da! Und mit einem Mal kann man seiner Mutter nicht mehr alles erzählen. Vielleicht interessiert sie's gar nicht mehr, denkt man. Und dann kann man abends nicht einschlafen. Und wenn sie hereinkommt, atmet man tief, als schliefe man doch! Dabei möchte man viel lieber laut heulen! Wie 'n ganz kleiner Sextaner.«

Emil schluckte schwer.

Dann nahm er sich mächtig zusammen. »Na, es wird schon gehen. Wenn sie ihn lieb hat, muss sie ihn natürlich heiraten. Es ist vielleicht gar nicht so wichtig, dass das Leben für mich nun nicht mehr so schön ist.«

»Schon möglich«, meinte der andere. »Aber hat sie ihn denn lieb?«

»Erlaube mal. Warum sollte sie ihn denn sonst heiraten? Bestimmt hat sie ihn lieb. Er ist ja auch ein netter Mann. Er und ich, wir verstehen uns so weit ganz gut.« Er blickte seinen Freund an. »Was hältst du von der Sache?«

Der Professor sagte: »Ich glaube, du bist zu egoistisch. Findest du nicht? Deine Mutter ist doch nicht nur deine Mutter. Sondern auch eine Frau. Seit dein Vater tot ist, hat sie das deinetwegen vergessen. Weil du klein warst. Aber nun bist du groß genug. Und da denkt sie seit Langem wieder einmal an sich selber. Das ist ihr gutes Recht.«

»Das sage ich mir ja jeden Tag hundertmal. Aber es macht mich traurig, weißt du? Und es ist furchtbar schade.«

»Es ist vieles furchtbar schade im Leben«, meinte der Professor. »Das werden wir beide nicht ändern. Aber es ist immer noch besser, es ist für dich schade als für deine Mutter.«

»Selbstverständlich«, sagte Emil. »Aber ich glaube, ich habe zwei Menschen in mir drin. Der eine sieht alles ein und nickt mit dem Kopfe. Und der andre hält sich die Augen zu und weint ganz leise. Kennst du das?«

»Ich habe davon gelesen«, erklärte der Professor. »Aber selber bin ich nicht so. Was ich eingesehen habe, tut mir nicht mehr leid.«

»Dann bist du zu beneiden!«, meinte Emil nachdenklich. »Ich war jedenfalls sehr froh, als deine Einladung kam! Denn ich kann mich so schwer verstellen. Und vielleicht hätte sie etwas gemerkt. Stell dir das vor! Sie hätte sofort erklärt, dass sie ihn nicht nimmt. Denn das hat sie ihm ja gleich gesagt: ›Ich heirate nur, wenn mein Junge damit einverstanden ist!‹ Und da musste er mich erst fragen.«

»Kolossal anständig von der Frau!«, meinte der Professor anerkennend.

»Na Mensch«, sagte Emil. »Meine Mutter!«

Später zogen sie ihre Mäntel an und gingen den beiden Freunden entgegen. Sie trafen einander im Erlenbruch.

»Die Sache kommt morgen Abend zum Klappen«, berichtete Gustav. »Morgen hat nämlich der Piccolo seinen freien Tag. Und abends will der feine Herr mit seinem Zwilling junior und unserem Hans Schmauch türmen. Schmauch will von uns wissen, was er tun soll. Mister Byron, diese Feuertüte, will jedenfalls mit dem letzten Dampfer abhauen. Weil Jackie dann schon schläft. Von

Warnemünde aus will er mit dem Zug nach Polen weiter. Dort hat er Verwandte, und dort will er, bevor er ein neues Engagement annimmt, mit dem neuen Zwilling trainieren.«

Dienstag sagte: »Ich habe einen ganz einfachen Plan. Wir bauen uns an der Dampferhaltestelle auf. Und wenn er anrückt, schicken wir ihn wieder ins Bett.«

Der Professor schüttelte den Kopf. »Der Plan ist zu einfach. So etwas kann vorkommen. Wir müssen den Burschen unterwegs abfangen. Wenn er sich nicht mehr herausreden kann. Er muss schon ein Stück gefahren sein. Sonst lacht er uns aus. Er muss Angst haben, wir könnten die Hafenpolizei alarmieren.«

Sie setzten sich auf eine vom Verschönerungsverein gestiftete Bank und berieten eine halbe Stunde lang. Dann war der Plan fix und fertig.

Und zwar war ihr Plan so: Der Piccolo sollte Mister Byron klarmachen, dass er nicht gut mit ihm und einem Zwilling in Korlsbüttel an Bord gehen könne. Er, Hans Schmauch, wolle erst an der nächsten Station auf den Dampfer kommen. Also in Heidekrug.

»Und wie kommt der Piccolo nach Heidekrug?«, fragte Gustav.

»Fragen stellst du!«, rief Emil. »Natürlich mit dir und deinem Motorrad!«

»Aha«, sagte Gustav.

»Die Detektive hingegen«, erklärte der Professor, »besteigen den Dampfer nicht in Heidekrug, wie Hans Schmauch, und nicht in Korlsbüttel, wie Mister Byron und Mackie, sondern noch früher. In Graal. Wir gehen in die Kajüte und können in Korlsbüttel beobachten, ob der alte Byron auch bestimmt an Bord kommt. In Heidekrug steigt der Piccolo hinzu. Und kurz vor Warnemünde klettern wir an Deck und sagen: ›Sehr verehrter Herr Pachulke, wo haben Sie denn Ihren Sohn Paul? Und wieso reist denn statt seiner ein Piccolo mit Ihnen? Wenn Sie nicht wollen, dass wir Sie in Warnemünde der Polizei übergeben, und zwar wegen Sohnesaussetzung und Kindesraub, dann seien Sie doch so liebenswürdig und kommen Sie schnell wieder mit uns nach Korlsbüttel zurück. Mit dem Zug oder mit dem Taxi auf Ihre werte Rechnung. Uns liegt außerordentlich daran, dass Jackie von alledem nichts erfährt.‹ Na, glaubt ihr etwa, er wird sich sträuben?«

»Er muss nach Korlsbüttel zurück«, rief Dienstag vergnügt. »Ihm bleibt ja gar keine andre Wahl.«

»Alles ganz schön und gut«, gab Gustav zu. »Aber wie kommen die Detektive nach Graal?«

Sie blickten ihn vorwurfsvoll an.

»Aha«, sagte Gustav. »Mit mir und meinem Motorrad.«

»Jawohl«, meinte Emil. »Du musst die Strecke so lange hin- und hergondeln, bis alle Detektive in Graal sind. Und dann fährst du von Graal aus ganz allein über Korlsbüttel und Heidekrug bis nach Warnemünde und kundschaftest die nächste Hafenpolizei aus. Falls Mister Byron doch Schwierigkeiten machen sollte. Wenn wir mit dem Dampfer ankommen, bist du schon da und erwartest uns mit unserm Gefangenen. Ist dir das klar?«

»Mir schon«, erwiderte Gustav. »Aber meinem Motorrad noch nicht.«

ZEHNTES KAPITEL

Ein Abenteuer zu Wasser und zu Lande

Der nächste Tag war ein Dienstag. Als Emil, der den Tagesdienst hatte, frühzeitig die Haustür öffnete, um Milch und Brötchen hereinzuholen, blieb er wie angewurzelt stehen. Draußen, mitten im Gras, saß Hans Schmauch, der Piccolo, und wünschte lachend guten Morgen. »Ich habe doch heute meinen freien Tag. Den muss man ausnutzen.«

»Warum hast du denn nicht geklingelt?«

»Bloß nicht! Als Hotelangestellter weiß man, wie ekelhaft es ist, aus dem Bett geklingelt zu werden. Und hier im Gras war es sehr schön und friedlich. Das Barometer steigt.«

Sie gingen in die Küche und kochten Kaffee. Währenddem setzte Emil dem andern den Plan auseinander, den die Detektive am Abend vorher geschmiedet hatten, und sagte, als er damit fertig war: »Ich wiederhole noch einmal die Hauptpunkte. Wir Detektive steigen schon in Graal auf den Dampfer. Byron und Mackie hier in Korlsbüttel. Du erst in Heidekrug. Und Gustav steht mit dem Motorrad in Warnemünde an der Anlegestelle. Wenn sich Byron sträubt, holt Gustav die Polizei. Wir andern halten den Artisten solange fest.«

Hans Schmauch fand den Plan ausgezeichnet. Sie deckten den Frühstückstisch und weckten die Freunde. Den kleinen Dienstag nannten sie, weil er in Ponys Bett geschlafen hatte, in einem fort »gnädiges Fräulein«.

Der Piccolo klemmte sich eine Serviette unter den Arm und

bediente sie mustergültig. »Schon wie 'n richtiger Ober«, bemerkte Gustav anerkennend. »Bitte, noch ein Glas Milch, Kellner.«

»Sofort, mein Herr«, sagte Hans Schmauch. Er sauste in die Küche, brachte ein Glas Milch, das er auf einem Tablett kunstvoll balancierte, setzte es vor Gustav hin und fragte: »Werden der Herr längere Zeit hierbleiben? Das Wetter verspricht schön zu werden. Und unser Hotel ist ein erstklassig geführtes Haus. Sie werden sich bei uns bestimmt wohlfühlen.«

»Tut mir leid«, meinte Gustav. »Ich muss sofort wieder nach Berlin zurück. Ich habe nämlich meine Frau und meine Kinder gestern in den Kleiderschrank gesperrt und versehentlich den Schlüssel mitgenommen.«

»Schade«, sagte Hans Schmauch. »Sonst hätten Sie am Freitag in unserm Kino den Film ›Emil und die Detektive‹ sehen können.«

»Was?«, schrien die Jungens und sprangen auf.

Der Piccolo holte ein Zeitungsblatt aus der Tasche und klemmte es an einem Bilderrahmen fest. Auf der Inseratenseite war eine große Anzeige und diese hatte folgenden Wortlaut:

Emil und die Detektive

Ein Film mit zweihundert Kindern
Ein Film nach einer wahren Begebenheit
Ein spannender Film aus dem Alltag
Ein Film, der im Berlin von Heute spielt
Ein Film für Kinder zwischen 8 und 80 Jahren

Ab Freitag in den Leuchtturm-Lichtspielen

Sie lasen die Anzeige immer und immer wieder. Gustav stolzierte auf und ab und rief: »Hereinspaziert, meine Herrschaften! Hier sehen Sie die bedeutendsten Knaben der Gegenwart! Treten Sie hinein! Sie werden sich in der ersten Hälfte krank- und in der zweiten Hälfte wieder gesundlachen!«

Der Professor meinte: »Ich habe Lampenfieber. Obwohl es nur ein Film ist. Und obwohl wir selber gar nicht mitgefilmt haben.«

»Es wird ja kein Mensch wissen, dass wir unter den Zuschauern sitzen«, tröstete Emil. »Oder, Hans, hast du etwa geklatscht?«

»Keine Silbe!«, versicherte der Piccolo. »Ihr seid völlig inkognito.«

»Dein Glück!«, sagte Gustav. »Wir haben nämlich keine Lust, wie die Pfingstochsen angegafft zu werden.«

»Bloß nicht!«, rief Dienstag. »Wir sind Jungens und keine Filmfatzken!«

Plötzlich schlug sich Hans Schmauch mit der Hand vor die Stirn. »So etwas von Vergesslichkeit! Ich wollte euch doch zum Segeln abholen! Deswegen bin ich ja so früh aufgestanden. Wisst ihr, was? Wir machen eine richtige große Segelpartie mit Picknick und allen Schikanen. Nachmittags sind wir wieder zurück.«

»Ich bleibe hier«, erklärte Emil. »Ich habe Tagesdienst.«

»So was Blödes«, meinte Gustav. »Die Villa trägt keiner fort. Komm mit, du Feuertüte!«

»Wir haben reichlich Platz im Boot«, sagte der Piccolo. »Eine Kajüte ist auch da.«

Emil blieb bei seinem Entschluss.

»Ich kann übrigens auch nicht mitkommen«, erklärte Dienstag. »Ich muss mit meinen Eltern zu Mittag essen. Sonst qualmt's. Wenn ich nicht zum Essen komme, verbieten sie mir todsicher, nachts hier zu schlafen. Und dann könnte ich die Jagd auf Mister Byron nicht mitmachen. Ich war schon einmal nicht dabei. Damals, als ich am Telefon bleiben musste. Diesmal muss ich dabei sein. Sonst geht die Welt unter.«

Gustav sagte: »Na schön, dann segeln eben nur drei der Herren. Ich bediene den Motor, wenn wir ihn brauchen. Vom Segeln habe ich allerdings keinen Schimmer.«

»Aber ich!«, erwiderte Hans Schmauch. »Ihr braucht nur zu tun, was ich anordne.«

Dann rannten sie in die Küche. Und der Professor gab Fourage aus. Fürs Picknick. Sie packten alles in einen alten Marktkorb: Äpfel, Konserven, Wurst, Brot, Butter, Messer, Gabeln, Teller und Servietten.

Emil, der Tagesdienst, notierte alles genau auf der Bestandsliste.

Gustav übernahm den gefüllten Marktkorb. »Das Zeug trage ich. Mit Esswaren muss man sorgfältig umgehen.«

»Is ja alles halb so wichtig«, sagte Emil und lachte.

»Für Esswaren gilt diese Redensart nicht«, meinte Gustav ernst. »Ehre, wem Ehre gebührt.«

Dann gingen sie zum Hafen.

»Seid pünktlich zurück!«, rief Emil, als der Motor zu tacken begann. »Wir haben heute noch viel vor.«

»Ahoi!«, brüllte Gustav. Er setzte sich neben die Ruderpinne.

»Er frisst schon wieder einen Apfel«, sagte Dienstag zu Emil. Dann rief auch er: »Ahoi!«

Die Jolle schob sich aus dem Hafen hinaus. Hans Schmauch stand am Mast und heißte das Großsegel vor.

Der Professor setzte seine Baskenmütze auf und winkte zurück. Das Boot glitt am Brückenkopf vorüber. Ins offene Meer hinaus. Es wehte ein leichter Wind.

»Jetzt haben sie den Motor abgestellt«, sagte Dienstag. Emil nickte, hielt die Hand über die Augen und blickte hinter den Freunden her.

Hans Schmauch setzte das Focksegel. Das Boot glitt nach Nordwesten.

Um die gleiche Zeit saßen unsere Dänemark-Touristen in Kopenhagen auf der Terrasse eines Restaurants, das »Frascati« hieß. Sie frühstückten und freuten sich über das wunderschöne Glockenspiel des Rathausturms. Außerdem bestaunten sie den Appetit ihrer Nachbarn.

»Je kleiner das Land, umso größer der Appetit seiner Bewohner«, erklärte Justizrat Haberland.

Emils Großmutter betrachtete das dänische Ehepaar, das am Nebentisch saß, und sagte: »Es ist ein Wunder. Wenn man bedenkt, was die beiden Leute gefuttert haben, seit wir hier sitzen, so müssten sie eigentlich längst zerplatzt sein.«

Das dänische Ehepaar ließ sich nicht stören. Der Kellner servierte gerade den nächsten Gang.

»Hier müssen ja die Köchinnen zu tun haben«, vermutete Fräulein Klotilde Seelenbinder. »Da hab ich's bei Ihnen besser, gnädige Frau.«

Frau Haberland lächelte dem alten Mädchen zu. »Fein, dass wir beiden so zufrieden miteinander sind.«

Klotilde wurde rot und schwieg. Denn sie betete Frau Haberland an.

Pony Hütchen hockte über einem Notizbuch, das sie vorsorglich mitgenommen hatte, und trug ein, was sie auf der Reise seit ihrer Ankunft in Kopenhagen erlebt hatte. Es waren natürlich nur Stichwörter. »Gedser« stand da. Und »Feuerschiff«. Vivel, prima Abendbrot. Tivoli, ein riesiger Rummelplatz. Amalienborg. Christiansborg. Alte Börse, prachtvolle Giebelreihe. Ausländische Kriegsschiffe, sogar japanische. Lange Linie, Strandbummel am Hafen. Thorwaldsenmuseum.

»Wie mag es jetzt den Jungen gehen?«, fragte Klotilde.

Der Justizrat sagte: »Die sind froh, dass sie uns los sind.«

Klotilde Schlips wollte es nicht glauben.

Aber der Justizrat erklärte: »Das weiß ich nun besser, meine Liebe. Ich war ja selber einmal so 'n Flegel.«

Pony blickte ihn ungläubig an.

Er lachte. »Doch, doch, Pony!«, meinte er. »Es ist zwar schon lange her. Aber manchmal ist mir zumute, als sei's gestern gewesen.« Dann rief er den Kellner, zahlte und trieb zum Aufbruch.

Auf der Westerbroegade stiegen sie in einen Überland-Autobus und fuhren gemeinsam mit reisenden Engländern, Dänen und Franzosen durch die Insel Seeland.

Die Straße führte nordwärts. Immer an sauberen Häusern und Gärten vorbei. Und überall blühten rote Kletterrosen. Ein Ort, der besonders hübsch war, hieß Klampenborg. Pony schrieb den Namen rasch in ihr Notizbuch.

Manchmal sahen sie zur Rechten das Meer. Es war aber kein Meer, sondern eine Meerenge, die »der Sund« heißt. Überseedampfer fuhren auf dem Sund. Mit Musikkapellen.

Und mit einem Mal entdeckte Pony auf der andern Seite des Sundes Land. Sie kam sich vor wie Kolumbus, zupfte den Justizrat aufgeregt am Ärmel und fragte: »Was ist das dort drüben?«

»Das ist Schweden«, sagte Justizrat Haberland.

»Aha«, meinte Pony. Und dann zückte sie ihr Notizbuch und trug ein: Schwedische Küste gesehen. Justizrat H. ein furchtbar netter Mann.

Das Segelboot »Kunigunde IV« war seit vielen Stunden auf dem Wasser. Noch immer wehte eine leichte Brise. Der Piccolo hatte dem Professor und Gustav gezeigt, wie man die Segel fiert. Sie hockten auf der Luvseite und gondelten vergnügt durch die Ostsee. Das Picknick hatten sie schon intus. Es war alles in schönster Ordnung. Die Sonne schien freigebig. Der Wind streichelte die braun gebrannten Gesichter, als meine er's gut mit der Jugend.

Gustav legte sich in der kleinen Kajüte auf eins der Ruhebetten und träumte, er rase mit seinem Motorrad übers Wasser.

Der Professor saß neben dem Piccolo, der die Ruderpinne bediente, und schaute ins Meer. Manchmal sah er eine bunt schillernde Qualle vorbeischwimmen. Manchmal einen Fisch.

Plötzlich rief Hans Schmauch: »Was ist denn das?«, und zeigte geradeaus.

Vor ihnen lag eine Insel. Sie hielten auf sie zu.

Der Piccolo meinte: »Das müssen wir uns aus der Nähe betrachten!«

Der Professor sagte: »Es scheint sich um einen Sandhaufen zu handeln. Mit etwas Gras drauf.«

Sie waren schon ganz nahe.

»Eine Palme!«, rief Hans Schmauch. »Mitten in der Ostsee eine Palme! Man sollte es nicht für möglich halten.«

»Sie sieht aus, als hätte sie die Grippe«, stellte der Professor sachlich fest.

»Es ist eine Fächerpalme.«

Und dann gab es plötzlich einen Ruck!

Hans Schmauch und der Professor fielen von ihren Sitzen.

Gustav richtete sich jäh auf und stieß mit dem Kopf an die Kajütendecke. Er fluchte. Dann kroch er aus der Kajüte heraus und fragte: »Gehen wir vielleicht zufällig unter?«

»Nein«, sagte Schmauch. »Wir sind gestrandet.«

Gustav betrachtete sich die Gegend. »Ihr seid ja Feuertüten! An diesem Sandhaufen konntet ihr wohl nicht vorbeisteuern, was? Wenn's wenigstens noch die Insel Rügen wäre!« Er kletterte aus dem Boot. »Aber mitten in der Ostsee ausgerechnet auf dieser Wochenend-Parzelle aufzulaufen, das ist ja ein tolles Ding!«

»Ich wollte mir bloß die Palme ansehen«, sagte Schmauch ziemlich niedergeschlagen.

»Sieh sie dir nur gründlich an!«, rief Gustav. Er trat an die seltsame Pflanze heran. »Eine Rarität, Herr Naturforscher! Eine Palme mit Topf. Das wäre etwas für Emil, unsern Botaniker!«

Der Professor sah auf die Uhr. »Trödelt euch aus! Wir müssen nach Korlsbüttel zurück.«

Sie stemmten sich also mit vereinten Kräften gegen das Boot und wollten es ins Meer zurückschieben. Sie arbeiteten, bis sie blaurote Köpfe bekamen. Aber das Boot wollte nicht. Es rührte sich nicht von der Stelle. Nicht einen Zentimeter! Gustav zog Schuhe und Strümpfe aus und stieg ins Wasser. »Los!«, kommandierte er. »Alle Mann, hau ruck! Hau ruck!« Plötzlich rutschte er auf dem schmierigen Gras und Moos, das unter Wasser wuchs, aus und verschwand für längere Zeit unter dem Meeresspiegel.

Als er wieder auftauchte, spuckte er zunächst einmal einen Liter Salzwasser aus. Dann rief er wütend: »So eine Schweinerei!« Dann zog er den pitschnassen Trainingsanzug aus und hängte ihn ärgerlich zum Trocknen auf den Palmenstrunk.

»Siehst du«, sagte der Professor. »Nun ist die Topfpflanze doch noch zu etwas nütze.«

Sie machten sich wieder über das Boot her und arbeiteten eine halbe Stunde wie die Möbelräumer, wenn sie Klaviere ausheben.

Aber das Segelboot war kein Klavier. Es blieb unveränderlich liegen, wo es lag.

»So ein Biest«, murmelte der kleine Schmauch. »Los, Leute! Hau ruck! Hau ruck!«

Umsonst! Alle Liebesmühe war vergeblich. Sie setzten sich müde in den Sand und verschnauften. »Das kann ja heiter werden«, sagte Gustav. »Was machen wir bloß, wenn wir unsern Dampfer nicht flottkriegen?« Schmauch legte sich hintenüber und schloss die Augen. »Wir holen die Segel ein und werden ein kleines Inselvolk. Ein Glück, dass wir Konserven mitgenommen haben.«

Gustav erhob sich und prüfte, ob sein Anzug schon trockener geworden war. Er wrang ihn aus und sagte: »Nun steht ja unsrer selbstständigen Entwicklung überhaupt nichts mehr im Wege. Nicht mal 'n Telefon oder 'n Briefkasten ist hier. Die reinsten Robinsöne!«

Der Professor schlug mit der Faust in den Sand. »Wir müssen zurück!«, rief er. »Wir müssen! Sonst rückt uns Mister Byron aus!«

Gustav blickte sich um. Es gab nichts als Meer und Wolken. Er lachte böse: »Wir können ja zu Fuß gehen, Professor!«

ELFTES KAPITEL

Passkontrolle

Es war gegen Abend. Die Dämmerung war nicht mehr weit. Die Sonne ging hinter einer Wolke unter und überschwemmte die anderen Wolken und die See mit unendlich viel Rosa.

Emil und der kleine Dienstag standen seit über einer Stunde auf der Korlsbüttler Brücke und warteten ungeduldig auf ihre Freunde. Emil hatte für sie Stullen zurechtgemacht. Dienstag trug das Paket. Er war kolossal munter und freute sich wie ein Schneekönig auf die kommenden Ereignisse.

Segelboote in allen Größen bogen in den Hafen ein. Doch das Boot, auf das sie warteten, kam und kam nicht.

»Das sind sie!«, rief Dienstag und zeigte auf ein Boot, das sich der Brücke näherte.

Aber sie waren es nicht.

Emil sagte: »Verstehst du das? Hoffentlich ist ihnen nichts passiert.«

»Was soll ihnen denn passiert sein? Es war doch kein Sturm und überhaupt nichts. Sie werden zu weit hinausgesegelt sein. Und die Heimfahrt dauert länger, als sie gedacht haben.«

Emil brüllte einem heimkehrenden Boot entgegen: »Haben Sie draußen ›Kunigunde IV‹ gesehen?«

Der Mann am Steuer rief: »Nee, wir sind unterwegs überhaupt keinem Mädchen begegnet!« Die andern im Boot lachten laut.

»So ein Dussel«, meinte Dienstag.

Und Emil sagte: »Wir warten noch eine halbe Stunde. Wenn

sie dann noch nicht hier sind, müssen wir zu Fuß nach Graal pilgern statt auf Gustavs Motorrad.«

Sie warteten.

Dann holte Emil einen Zettel aus der Tasche und schrieb: »Wir sind ohne Euch nach Graal. Beeilt Euch gefälligst und seid rechtzeitig in Heidekrug und Warnemünde!«

»Moment, Kleiner«, sagte er anschließend und rannte zum Hafen hinunter. An der Anlegestelle von »Kunigunde IV« befestigte er den Zettel so, dass man ihn beim Landen sofort sehen musste. Er pickte ihn mit einer Stecknadel an einen Pfahl. (Stecknadeln hatte er seit seinem Erlebnis mit Herrn Grundeis immer bei sich.)

Er rannte zum kleinen Dienstag zurück. »Immer noch nichts?«

»Immer noch nichts.«

»Solche Vagabunden«, sagte Emil. »Na, das kann nun alles nichts helfen. Da wollen wir mal die Beine unter die Arme nehmen!«

Und so trabten sie nach Graal hinüber. Manchmal im Dauerlauf. Manchmal im Marschschritt. Dienstag trug das Stullenpaket.

Im Walde war es dumpf und diesig. Sümpfe lagen nahebei. Und die Stechmücken fraßen die zwei eiligen Wanderburschen beinahe auf. Kröten hüpften über den Weg. Und in der Ferne rief ein Kuckuck.

Nach etwa einer Stunde kamen sie auf eine Wiese, auf der schwarz und weiß gefleckte Kühe weideten. Eine der Kühe, es konnte aber auch ein Ochse sein, galoppierte gesenkten Kopfes auf sie los. Sie rannten, was sie konnten. Endlich erreichten sie einen Zaun, kletterten hinüber und standen auf einem Strandweg. Die Kuh, oder der Ochse, blickte sie ernst an, drehte sich um und trollte sich zu der Herde zurück.

»So ein Rindvieh«, sagte der kleine Dienstag. »Einen so abzuhetzen! Und die Stullen hätte ich auch beinahe verloren.«

»Dort liegt Graal!«, rief Emil. »Und da kommt auch schon der Dampfer von Müritz! Laufschritt marsch, marsch!«

Um dieselbe Zeit blickte, auf einer Insel draußen im Meer, der Professor auf die Uhr. »Jetzt fährt der Dampfer in Graal ab«, sagte er. »Es ist zum Verrücktwerden.«

Hans Schmauch, der neben der Palme hockte, hatte Tränen in den Augen. »Ich bin an allem schuld. Könnt ihr mir verzeihen?«

»Quatsch keine Opern«, meinte Gustav. »Meine Herren, im Leid zeigt sich erst die wahre Größe! Außerdem wird Emil diesen Mister Pachulke auch ohne unsere gütige Mitwirkung zur Strecke bringen. Emil und Dienstag sind ja nicht auf den Kopf gefallen.«

Der Professor sagte: »Sie können die Jagd ohne uns nicht durchführen. Emil und Dienstag, das sind viel zu wenig Detektive! Dazu kommt, dass sie natürlich noch immer in Korlsbüttel am Hafen stehen und auf uns warten. Vielleicht alarmieren sie gerade jetzt die Hafenpolizei, weil unser Boot noch nicht zurück ist.«

Gustav war anderer Meinung. »Wozu soll Emil die Polizei alarmieren? Was kann uns hier schon geschehen? Wir schlafen in der Kajüte. Zu essen haben wir auch genug. Na, und morgen wird schon irgendwann ein Fischerboot oder ein Dampfer an dieser blödsinnigen Insel vorbeikommen.«

»Du redest, wie du's verstehst«, entgegnete der Professor. »Woher soll denn Emil wissen, dass wir auf dieser Insel sitzen? Das kann er doch nicht riechen!«

Gustav war völlig verblüfft. »Richtig! Natürlich weiß er das nicht. Entschuldigt, bitte. Ich bin manchmal entsetzlich dämlich.«

Der Piccolo sagte traurig: »Emil denkt sicher, dass wir gekentert sind. Und dass wir uns nur noch mühsam am Bootskiel anklammern. Und dass wir am Ersaufen sind.« Er putzte sich gerührt die Nase. »Und morgen früh kommt mein Onkel aus Schweden zurück.«

»Mensch, gibt das Ohrfeigen!«, meinte Gustav nachdenklich. »Vielleicht sollten wir lieber für den Rest unseres Lebens auf der Insel bleiben? Wie? Vom Fischfang könnten wir uns leidlich ernähren. Glaubt ihr nicht? Aus den Segeln könnten wir ein Nomadenzelt bauen. Und vielleicht gibt's auf diesem idiotischen Archipel Feuersteine. Dann angeln wir Treibholz, trocknen es, zünden es an und braten Fische. Früh, mittags und abends. Was haltet ihr von meinem Vorschlag?«

»Er ist deiner würdig«, sagte der Professor ironisch. »Vielleicht wachsen eines Tages auf der Palme Kokosnüsse. In den Nussschalen braten wir Möweneier. Und die Kokosmilch gießen wir in den Frühstückskaffee.«

»Haben wir denn Kaffee?«, fragte Gustav erstaunt.

»Nein, aber du hast einen Klaps!«, rief der Professor. »Hans, wie lange reicht das Trinkwasser?«

»Wenn wir sparsam sind, ungefähr einen Tag«, antwortete der Piccolo.

»Wir werden noch sparsamer sein!«, erklärte der Professor streng. »Es muss zwei Tage reichen. Hoffentlich regnet's morgen. Dann stellen wir leere Konservenbüchsen auf und sammeln Regenwasser.«

»Großartig!«, rief Gustav. »Professor, du bist immer noch der alte Stratege.«

»Und die Essvorräte schließ ich ein«, sagte der Professor. »Ich übernehme die Verteilung.«

Gustav hielt sich die Ohren zu. »Bitte, redet nicht immer vom Essen«, bat er. »Sonst kriege ich sofort Hunger.«

Der Professor trat ans Ufer und blickte übers Meer.

Gustav stieß den Piccolo in die Rippen und fragte leise: »Weißt du, wie er dasteht?«

»Nein.«

»Wie Napoleon auf Sankt Helena«, flüsterte Gustav und kicherte.

Als der Dampfer in Korlsbüttel anlegte, blickten Emil und Dienstag angespannt durch das Kajütenfenster. Dienstag presste die Nase gegen die Scheibe. »Und wenn der Byron nun nicht einsteigt?«

»Dann sausen wir, bevor sie die Seile loswinden, hinauf und springen an Land«, erklärte Emil. »Aber dort kommt er schon!«

Mister Byron und Mackie, der kleinere Zwilling, betraten das Schiff. Sie hatten mehrere große Koffer bei sich. Endlich war alles verstaut. Der Mann trat an die Reling. Mackie setzte sich auf eine Bank. Der Brückenwärter schlang die Seile los und warf sie einem der Matrosen zu. Der Motor stampfte. Das Schiff setzte sich wieder in Bewegung.

Die beiden Jungen blickten nach dem Strand hinüber. Die erleuchteten Fenster der Korlsbüttler Häuser wurden kleiner und kleiner. Das Wasser klatschte an die Bullaugen.

»Es riecht so nach Öl«, flüsterte Dienstag. »Mir wird mulmig.«

Emil öffnete das Fenster. Kalte Nachtluft strömte herein. Salzwasser spritzte ihnen ins Gesicht. Dienstag steckte den Kopf aus dem Fenster und holte tief Atem. Dann setzte er sich auf die Bank, lächelte Emil zu und sagte: »Wenn das meine Eltern wüssten!«

Emil dachte einen Augenblick lang an seine Mutter in Neustadt und an seine Großmutter in Kopenhagen. Dann nahm er sich zusammen. Er klopfte Dienstag aufs Knie. »Es wird schon alles gut gehen. Pass auf, Kleiner, in Heidekrug kommt der Piccolo an Bord. Dann wissen wir, dass auch die andern auf dem Posten sind. Und alles Übrige ist eine Kleinigkeit.«

Emil hatte sich geirrt. Hans Schmauch kam in Heidekrug nicht an Bord!

Darüber wunderten sich nicht nur Emil und Dienstag. Noch mehr wunderte sich Mister Byron. Er setzte sich neben Mackie, den einen Zwilling, und kratzte sich am Kopf. Drüben am Ufer glitt die dunkle Rostocker Heide vorüber.

Woher sollte Emil wissen,
dass sie auf dieser Insel saßen?

Emil stand auf. Dienstag rutschte erschrocken von der Bank. »Was ist das?«, flüsterte er.

»Es ist so weit«, sagte Emil. »Die andern sind nicht gekommen. Wir müssen die Angelegenheit allein regeln. Komm!« Sie kletterten die Treppe hinauf und wanderten suchend über Deck.

Hinter dem qualmenden Schornstein saßen, von Koffern umgeben, ein Mann und ein Junge. Emil trat hinzu. Dienstag hielt sich dicht hinter ihm. Er schleppte noch immer das Stullenpaket, das sie den Freunden hatten mitbringen wollen.

Emil sagte: »Mister Byron, ich muss Sie sprechen!«

Der Mann blickte erstaunt auf: »Was gibt's?«

»Ich komme im Auftrag meiner Freunde«, sagte Emil. »Wir wissen, dass Sie den Piccolo Hans Schmauch in Heidekrug erwartet haben und mit ihm fliehen wollten.«

Mister Byron bekam böse Augen. »Deswegen ist der Kerl nicht gekommen? Ihr Lausejungen habt es ihm ausgeredet?«

»Mäßigen Sie Ihre Ausdrücke. Ich nenne Sie ja auch nicht, wie ich gern möchte.«

»Tu's doch«, bat Dienstag.

»Da ist ja noch einer«, meinte Byron.

»Guten Abend, Herr Pachulke«, sagte der kleine Dienstag. Der Mann lachte ärgerlich.

Emil erklärte: »Wir kommen vor allem Jackies wegen. Schämen Sie sich denn nicht, den armen Jungen bei Nacht und Nebel zu verlassen?«

»Ich kann ihn nicht mehr brauchen!«

Dienstag trat energisch vor. »Und warum? Weil er Ihnen zu schwer ist. Wir wissen alles, mein Herr. Aber ist das ein Grund?«

»Natürlich ist das ein Grund«, behauptete der Mann. »Ich konnte mit ihm nicht länger arbeiten. Mein Repertoire hat darunter gelitten. Ich bin ein Künstler. Versteht ihr das? Ich könnte im ›Colosseum‹ in London auftreten! Wenn ich doch bloß schon vor zwei Jahren geahnt hätte, dass der Bengel so schnell wachsen würde! Ich könnte mich backpfeifen!«

Emil geriet in Wut. »Tun Sie das nur! Wir werden Sie nicht daran hindern. Ich kann es nicht fassen, dass ein Mensch so roh sein kann. Was soll denn aus Jackie werden, wie?«

»Soll er vielleicht betteln gehen?«, erkundigte sich Dienstag. »Oder soll er in die Ostsee springen? Oder Fürsorgezögling werden? Wir erlauben es nicht!«

»Meine Freunde und ich«, sagte Emil, »haben einstimmig beschlossen, dass Sie mit uns nach Korlsbüttel zurückkehren.«

»So, so!« Mister Byron rollte die Augäpfel. »Steckt eure Nasen lieber in eure Schulbücher, ihr Grünschnäbel!«

Dienstag erwiderte: »Wir haben doch Ferien, Herr Pachulke!«

»Wir dulden unter gar keinen Umständen«, bemerkte Emil, »dass Sie einen Ihrer Zwillinge ins Unglück stürzen, nur weil er nicht klein bleibt, sondern wächst. Ich ersuche Sie, mit uns zurückzukehren. Wir sind in wenigen Minuten in Warnemünde. Dort erwarten uns unsre Freunde. Und wenn Sie weiterreisen wollen, übergeben wir Sie der Polizei.«

Der Hinweis auf die Polizei schien Mister Byron nicht zu gefallen.

»Also?«, fragte Emil nach einer Weile. »Wollen Sie Ihren väterlichen Pflichten nachkommen? Oder sollen wir Sie festnehmen lassen?«

Der Mann sah plötzlich sehr erleichtert aus. »Väterliche Pflichten?«, fragte er.

»Jawohl, Herr Pachulke!«, rief Dienstag entrüstet. »Das ist wohl ein Fremdwort für Sie?«

Mister Byron lächelte finster. »Deswegen nennt mich der alberne Knirps dauernd Pachulke? Ich heiße ja gar nicht Pachulke!«

Die zwei Jungen staunten. »Wie heißen Sie denn?«

»Anders«, antwortete er.

»Na ja. Aber wie denn sonst?«

»Anders«, erklärte der Mann. »Ich heiße Anders.«

»Nennen Sie doch schon Ihren richtigen Namen!«, rief Emil. »Dass Sie anders heißen, haben Sie uns schon ein paarmal mitgeteilt.«

Mackie, der bis jetzt geschwiegen hatte, sagte: »Er heißt nicht anders, sondern Anders. Er heißt Anders, wie andre Müller oder Lehmann heißen. Er heißt Herr Anders.«

»Ach so!«, rief Emil.

»Haben Sie einen Personalausweis bei sich?«, fragte Dienstag.

»Meinen Pass«, bemerkte Mister Anders.

Dienstag fragte höflich: »Darf ich den Pass einmal sehen?« Und weil der Artist sich sträubte, fügte Dienstag hinzu: »Sie können ihn ja auch bei der Polizei zeigen, wenn Ihnen das lieber ist.«

Der Mann zog seinen Pass aus der Tasche. Dienstag nahm ihn und studierte ihn sachlich wie ein Zollbeamter bei der Grenzkontrolle.

»Stimmt die Personalbeschreibung?«, fragte Emil.

Dienstag sagte: »Der Name stimmt. Mister Byron heißt tatsächlich Anders.« Dann las er vor: »Beruf – Artist. Gestalt – auffallend groß und kräftig. Gesicht – gewöhnlich. Haarfarbe – schwarz. Besondere Kennzeichen – Tätowierung am rechten Oberarm.« Er gab den Pass zurück. »In Ordnung. Danke schön.«

Emil waren sämtliche Felle fortgeschwommen. »Sie sind also gar nicht Jackies Vater?«

»Nein«, brummte Mister Anders. »Ich bin weder sein Vater noch seine Mutter. Jackie und Mackie sind auch keine Zwillinge. Sie sind nicht einmal Geschwister. Und Mackies Vater bin ich auch nicht. Sondern Mackie heißt in Wirklichkeit –«

»Josef Kortejohann«, vollendete Mackie. »Der Name Byron und das familiäre Drum und Dran sind Geschäftsrücksichten.

Jackie tut mir natürlich auch leid. Das lässt sich ja denken. Aber wir können ihn tatsächlich nicht mehr brauchen. Der Junge hat Pech, dass er wächst.«

Schon zuckte der Scheinwerfer vom Warnemünder Leuchtturm über Wellen und Himmel. Und die hellen Fenster der Hotels zwinkerten freundlich.

Emil war noch immer wie vor den Kopf geschlagen. Endlich riss er sich zusammen und sagte: »Ich finde es trotzdem unrecht, den armen Jungen sitzen zu lassen. Ich fühle mich, auch im Namen meiner Freunde, für Jackies Zukunft verantwortlich. Deshalb muss ich Sie bitten, mir Geld für ihn mitzugeben. Wenigstens für die ersten Wochen.«

»Ich denke ja gar nicht daran«, rief Mister Anders aufgebracht, »wildfremden Jungen Geld zu geben.«

Emil holte einen Zettel aus der Tasche. »Sie erhalten selbstverständlich eine Quittung mit unsern Unterschriften.«

»Und wenn ich nichts gebe?«, fragte der Mann spöttisch.

»Das können Sie sich ja noch überlegen«, sagte Emil. »Wenn Sie sich weigern, lassen wir Sie verhaften.«

»Aber ich bin doch nicht Jackies Vater!«, rief Mister Anders. »Was soll ich denn bei der Polizei?«

»Das erklärt Ihnen dann schon die Polizei«, meinte Dienstag sanft. »Die kennt sich in solchen Geschichten besser aus als wir.«

Emil setzte sich unter eine Bordlampe. »Ich schreibe schon einmal eine Quittung über hundert Mark aus.«

»Ihr seid wohl wahnsinnig geworden?«, fragte der Mann. »Hundert Mark? Man sollte euch den Kragen umdrehen!«

»Nicht doch!«, sagte Dienstag.

Mackie mischte sich ein. »Das ist zu viel. So viel Geld haben wir nicht übrig.«

»Lügst du?«, fragte Dienstag.

»Nein«, meinte Mackie. »Mein Ehrenwort.«

»Dann also fünfzig Mark«, erklärte Emil. Er schrieb die Quittung aus und unterschrieb sie. »Komm, Kleiner, unterschreibe auch!«

Dienstag setzte seinen Namen unter die Quittung. Und Emil hielt dem Mann den Zettel hin. Doch Mister Anders tat nichts dergleichen.

Der Dampfer näherte sich der Anlegestelle.

»Wie Sie wollen«, sagte Emil ernst.

Der Dampfer hielt und wurde vertäut.

Emil sagte: »Gut, mein Herr. Jetzt hole ich den Kapitän.« Er ging auf die Kommandobrücke zu und wollte gerade die Treppe emporklettern.

»Hier!«, rief Mister Byron. Er zerrte die Brieftasche wütend aus dem Jackett und hielt Emil einen Geldschein hin.

Emil nahm den Schein. Es waren fünfzig Mark. Er sagte: »Bitte schön, hier ist die Quittung.«

Der Mann nahm die Koffer auf. »Behaltet euren Wisch! Und schert euch zum Teufel!« Dann ging er an Land. Mackie folgte ihm. Er drehte sich noch einmal um. »Schönen Gruß an Jackie!« Er tippelte hinter dem Riesen her, der Anders hieß, und verschwand. Emil steckte die Quittung in die Hosentasche.

Kurz darauf standen er und Dienstag im Bahnhofsgebäude. Sie studierten den Fahrplan. Emil zuckte die Achseln. »Es geht kein Zug mehr, Kleiner. Und es geht auch kein Dampfer mehr. Wir müssen trotzdem sofort nach Korlsbüttel zurück. Wir müssen endlich wissen, was aus den anderen geworden ist. Hoffentlich sind sie inzwischen eingetroffen.«

Der kleine Dienstag sagte: »Wir wollen also zu Fuß hinüber?«

Emil nickte. »Ich denke, in drei Stunden schaffen wir's.«

»Dann also hoppla!«, meinte Dienstag müde. »Der Marsch durch die nächtliche Wüste kann beginnen. Ich komme mir schon wie 'n Fremdenlegionär vor.«

»Ich komme mir überhaupt nicht mehr vor«, erklärte Emil.

Während Gustav, der Professor und ein Piccolo in einem gestrandeten Segelboot schliefen, während sich Kapitän Schmauch in der Kajüte seines Handelsschiffes, das auf der Ostsee schwamm, einen Glühwein genehmigte und während Emil und Dienstag auf der finsteren Chaussee nach Markgrafenheide pilgerten, saßen unsre Dänemark-Touristen in ihrem Kopenhagener Hotel, gegenüber der Oper, und aßen vergnügt zu Abend. Die Autobusfahrt durch Seeland, die Besichtigung von Hamlets Grab und von der Festung Helsingör hatten sie hungrig gemacht. Sie aßen, unterhielten sich und lachten.

Nur Frau Haberland, die Mutter des Professors, war noch stiller als gewöhnlich. Sie lächelte auch nicht, wie sie's sonst tat.

»Was hast du denn?«, fragte der Justizrat. »Kopfschmerzen?«

»Ich weiß nicht, was es ist. Aber ich habe Angst. Ich habe das Gefühl, als ob in Korlsbüttel nicht alles so wäre, wie es sein soll.«

Der Justizrat legte den Arm um ihre Schultern. »Aber, aber! Du hast fixe Ideen, meine Liebe. Immer, wenn wir unterwegs sind, glaubst du, dem Jungen fällt in jedem Moment ein Ziegelstein auf den Kopf.« Er lachte. »Die Jungens schwärmen für selbstständige Entwicklung. Da darf man sie nicht stören. Sonst werden sie bockig. Na, Muttchen, nun sei mal wieder fröhlich!«

Sie lächelte. Aber nur, um ihm einen Gefallen zu tun.

Es war eine Stunde später. Auf der dunklen Chaussee nach Heidekrug überholte ein Molkerei-Fuhrwerk zwei langsam dahinwandernde Knaben.

Der Kutscher bremste. »Wo wollt ihr denn noch hin?«

»Nach Korlsbüttel«, rief der Größere von beiden. »Könnten Sie uns ein Stück mitnehmen?«

»Setzt euch hinten drauf!«, sagte der Kutscher barsch. »Aber schlaft nicht ein! Sonst fallt ihr vom Wagen.«

Emil half Dienstag hoch und kletterte neben ihn. Das Fuhrwerk fuhr weiter. Eine Minute später schlief der kleine Dienstag. Emil hielt den Freund fest und blickte, während der andere schlief, in den dunklen Wald hinüber und zu dem Sternenhimmel empor. Er überdachte den Tag. Habe ich etwas falsch gemacht? Was soll jetzt aus Jackie werden? Und wo mögen Gustav und der Professor sein?

Dienstag schlang im Schlaf beide Hände, samt dem Stullenpaket, um Emils Hals. Eine Eule flog lautlos über die Wipfel. Das Pferd scheute. Der Kutscher beruhigte es brummend. Dann drehte er sich um und wollte die Jungen etwas fragen. Als er aber Dienstag in Emils Armen fest schlafen sah, schwieg er und wandte sich wieder seinem Gaul zu.

Emil fühlte sich sehr einsam.

ZWÖLFTES KAPITEL

Die Rückkehr des Kapitäns

Am Mittwoch, zeitig in der Frühe, landete Kapitän Schmauch wieder in Korlsbüttel. Die Hafenarbeiter, welche die Ladung löschen sollten, standen schon am Kai. Der Kapitän erledigte die üblichen Formalitäten mit dem Zollbeamten. Dann ging er an Land. Ihm war kühl, und er spazierte zum Strandhotel hinauf, um einen heißen Kaffee zu trinken.

Kaum war der Kellner verschwunden, erschien der Wirt hastig, begrüßte den Kapitän und fragte: »Haben Sie eine Ahnung, wo Ihr Neffe steckt?«

Der Kapitän lachte sehr: »Immer gut aufgelegt, was? Schicken Sie mir den Bengel einmal her. Ich möchte ihm guten Morgen wünschen.«

»Aber er ist doch nicht hier! Er hatte gestern seinen freien Tag und ist seitdem nicht wiedergekommen. Seit gestern Abend sind übrigens auch Mister Byron und einer seiner Zwillinge spurlos verschwunden. Nichts wie Scherereien hat man!«

Der Kapitän sprang auf. »Bestellen Sie den Kaffee ab!«, rief er. Dann rannte er, so schnell ihn seine alten Seemannsbeine trugen, zum Jachthafen. Sein Segelboot lag nicht da! Ihm wurden die Knie schwach. Er blickte sich Hilfe suchend um. Da sah er an einem der Anlegepflöcke einen Zettel hängen.

Er kniete hin, riss den Zettel ab und las ihn durch. Es war Emils Notiz vom vorigen Abend.

Der Kapitän erhob sich mühsam und lief schwer atmend in den Ort hinein. Endlich stand er vor der Villa Seeseite. Er riss das Gartentor auf und klinkte an der Haustür. Sie war verschlossen. Er rannte um das Haus herum und blickte durch das Verandafenster.

In einem Stuhl am Tisch saß Emil Tischbein. Er hatte die Arme und den Kopf auf die Tischplatte gelegt und schlief.

Auf dem Sofa an der Wand lag der kleine Dienstag und schlief auch. Er war in eine Kamelhaardecke eingewickelt und aus dem Sofakissen schaute nur der Schopf heraus.

Die Verandatür war auch verschlossen. Der Kapitän trommelte mit den Fingern gegen die Scheibe. Erst leise. Aber die Jungen wachten nicht auf. Er klopfte stärker und immer stärker.

Schließlich blickte Emil hoch. Erst ganz verschlafen. Doch plötzlich kam Leben in seine Augen. Er sah sich erstaunt in der Veranda um, schien sich an vieles zu erinnern, fuhr sich durch das verstrubbelte Haar, sprang hoch und schloss die Tür auf.

»Wo ist Hans?«, rief der Kapitän.

Emil erzählte schnell alles, was er wusste. Zum Schluss sagte er: »Wir kamen erst mitten in der Nacht aus Warnemünde zurück. Dienstag wachte überhaupt nicht auf. Ich hob ihn von dem Fuhrwerk herunter, schleppte ihn hierher auf das Sofa und deckte ihn zu. Ich setzte mich in den Stuhl und wollte warten, bis der Morgen käme. Dann wollte ich die Hafenpolizei alarmieren. Und dann wollte ich Jackie auf das, was geschehen ist, vorbereiten und ihm als ersten Trost die fünfzig Mark geben. Und wenn das Segelboot nicht gefunden würde, wollte ich nach Kopenhagen telegrafieren. Ins Hotel d'Angleterre.« Er zuckte die Achseln. »Aber ich muss dann plötzlich eingeschlafen sein. Entschuldigen Sie vielmals, Herr Kapitän. Was werden Sie jetzt tun?«

Der alte Kapitän Schmauch ging zur Tür. »Ich werde alle Motorboote auftreiben, die verfügbar sind! Wir müssen die See absuchen. Wecke deinen Freund! Und kommt zum Hafen hinunter!« Er lief eilig weg.

Emil trat ans Sofa und rüttelte Dienstag wach. Sie putzten sich rasch die Zähne, wuschen sich flüchtig, schnürten das Stullenpaket auf, das Dienstag den ganzen vorigen Tag mit sich herumgeschleppt hatte, und rannten kauend aus dem Haus.

An der Wegkreuzung blieb Emil stehen. »Kleiner, laufe zum Hafen hinunter! Vielleicht kannst du dem Kapitän nützlich sein. Ich wecke Jackie und bringe ihn mit.« Er trabte zur Düne.

Eine halbe Stunde später verließen zweiundzwanzig Fischkutter, fünf Segeljachten und sieben Motorboote den Korlsbüttler Hafen. Hinter dem Brückenkopf fuhren sie in Fächerform auseinander. Es war vereinbart worden, dass die benachbarten Fahrzeuge einander nicht aus den Augen verlieren sollten. Dadurch hoffte man, nichts, was irgendwie auffällig wäre, zu übersehen.

Kapitän Schmauch stand am Ruder des Motorbootes »Argus«. Der Besitzer, ein Fabrikant, hatte es ihm zur Verfügung gestellt. Emil, Dienstag und Jackie knieten auf den Bänken und blickten aufmerksam über die Wellen. Manchmal lag das Boot so schief, dass den Jungen das Salzwasser ins Gesicht klatschte.

Jackie sagte: »Ich glaube fast, ich habe mich noch gar nicht bei euch bedankt. Das lag am Schreck. Der erste Schreck ist immer der beste. Also, habt heißen Dank. Auch für das Geld.« Er drückte ihnen die Hand. »So, und nun will ich mich mal um den alten Onkel kümmern. Dem ist viel mulmiger zumute als mir.«

Er trat neben den Kapitän und nickte ihm munter zu. »Machen Sie sich keine Sorgen, Käpten«, meinte er. »Es ist bestimmt nichts Schlimmes passiert. So etwas fühle ich. Ich habe nämlich die vierte Dimension.«

Der Kapitän blickte steif geradeaus.

Jackie sah sich um. Links draußen stampfte ein dunkler Fischkutter durch die Wellen und ganz rechts eine schlohweiße Jacht. »Eine Frage, Käpten. Gibt's hier irgendwo Sandbänke? Oder kleine Inseln oder so was Ähnliches?«

Der alte Seemann ließ für eine Sekunde das Ruder los. Sie tru-

Eine halbe Stunde später verließen
zweiundzwanzig Fischkutter, fünf Segeljachten und
sieben Motorboote den Hafen.

delten wie ein Kreisel durch die Wellen. Dann griff der Kapitän wieder fester zu. Noch fester als früher. »Junge!«, rief er außer sich. »Das ist eine Idee! Wenn du recht hättest!« Mehr sagte er nicht.

Aber er änderte den Kurs.

Die drei Robinsöne waren sehr, sehr zeitig aufgewacht. Sie hatten wie die Schneider gefroren, waren aus der Kajüte geklettert und hatten Freiübungen gemacht, bis die Sonne höher stieg.

Dann hatten sie ein paar Schluck Wasser getrunken und Konserven gefrühstückt. Nun standen die geleerten Konservenbüchsen mit offenen Mäulern im Sand und warteten auf Regenwasser. Doch es regnete nicht. Im Gegenteil. Der Himmel war blau wie seit Tagen nicht.

»Ich hätte nie für möglich gehalten«, erklärte Gustav, »dass mich schönes Wetter so maßlos ärgern könnte. Man lernt nie aus.«

Der Professor war böse. »Wenn wir keine Konservenbüchsen hätten, regnete es jetzt in Strömen. Das ist immer so.«

»Trotzdem hat alles sein Gutes«, entgegnete Gustav. »Stell dir vor, du hättest deinen Aufsatz über das interessanteste Ferienerlebnis neulich schon geschrieben! Nicht auszudenken! Du könntest das Heft glatt ins Feuer schmeißen.«

»Es erscheint mir fraglich, ob wir in unserm Leben überhaupt noch einmal Aufsätze schreiben werden«, sagte der Professor melancholisch.

Gustav rief: »Wenn's weiter nichts wäre! Das könnte ich notfalls verschmerzen. Aber der Gedanke, dass ich mein Motorrad nicht wiedersehen soll, könnte mich weich stimmen.« Er pfiff vor sich hin.

Hans Schmauch zog sein weißes Hemd aus und hisste es an der Flaggleine hoch. »Vielleicht findet man uns dann leichter«, meinte er.

Später versuchten sie es noch einmal, die »Kunigunde« flottzukriegen. Sie wankte und wich nicht.

»Das Luder hat über Nacht Wurzeln geschlagen«, sagte der Piccolo. »Es hat keinen Zweck.« Als sie wieder im Sand hockten, erklärte er: »Jetzt hört mich einmal an! Ich bin an dem Malheur schuld. Das Trinkwasser reicht bis morgen früh. Wenn wir bis heute Nachmittag nicht aufgestöbert werden, schnalle ich mir eine der Schwimmwesten um, die im Bootskasten liegen, und versuche hinüberzuschwimmen. Vielleicht erwische ich schon unterwegs ein Fischerboot oder einen Dampfer.«

»Ausgeschlossen!«, rief Gustav. »Wenn einer von uns losschwimmt, dann selbstverständlich nur ich!«

»Ich habe die Sache eingerührt«, erklärte der Piccolo. »Ich löffle sie aus.«

»Darauf kommt's überhaupt nicht an«, sagte Gustav. »Schwimmen wird der, der am besten schwimmt. Verstanden?«

»Also ich!«, meinte der Piccolo.

»Nein, ich!«, entgegnete Gustav.

»Ich schwimme!«

»Nein, ich.«

Sie sprangen auf. Sie wollten aufeinander losgehen.

Da warf der Professor jedem eine Handvoll Sand ins Gesicht. Sie spuckten fürchterlich und wischten sich die Augen sauber. »Ihr seid wohl vollkommen übergeschnappt?«, fragte der Professor ruhig. »Legt euch lieber hin und schlaft ein paar Stunden. Dann vergesst ihr Essen und Trinken. Und dann reichen die Vorräte länger.«

Sie legten sich folgsam in den Sand und schlossen die Augen.

Der Professor setzte sich ins Boot, lehnte sich gegen den Mast und überwachte den Horizont.

Das Motorboot »Argus« stampfte unbeirrbar durch die Wellen. Manchmal, wenn die Jungen sich festzuhalten vergaßen, purzelten sie von ihrer Bank quer durchs Boot auf die andere Seite. Dienstag hatte bereits eine Beule auf der Stirn. Kapitän Schmauch stand wie ein Denkmal am Steuer. Sie folgten seinem Blick über die Wasserwüste.

»Dort!«, rief er plötzlich und zeigte in die Ferne. Aber sie sahen nichts.

»Eine weiße Flagge!«, rief er begeistert. »Das sind sie!« Er nickte Jackie zu. »Deine Frage vorhin war Gold wert, mein Junge.«

»Was denn für eine Frage, Käpten?«

»Ob es hier Inseln gäbe«, erwiderte er. »Die Kerls sind auf der Insel mit der Palme festgefahren. Na, die können ja was von mir erleben!«

Die Jungen drängten sich um ihn. Jackie meinte: »Ich hab's ja gleich gewusst, dass nichts Schlimmes passiert ist.«

Der Kapitän lachte erleichtert. »Richtig. Du hast ja die vierte Dimension!«

Emil rief: »Jetzt seh ich auch etwas Weißes! Und einen Mast!«

Jackie schrie: »Ich auch!«

Dienstag sah immer noch nichts. Als ihm Emil beim Suchen helfen wollte, bemerkte er, dass sein Freund weinte. Die Tränen liefen ihm über die braun gebrannten Backen.

»Was hast du denn, Kleiner?«

»Ich bin so scheußlich froh«, flüsterte Dienstag. »Du brauchst es Gustav und dem Professor aber nicht zu erzählen, dass ich ihretwegen geheult habe. Sonst bilden sie sich auch noch was drauf ein, diese blöden Feuertüten!« Er lachte unter Tränen.

Emil versprach zu schweigen.

»Drei Gestalten sind's!«, rief der Kapitän. »Und meine ›Kunigunde‹ ist's auch. Na, wartet nur, ihr Brüder! Wenn ich euch erwische!«

Gustav und der Piccolo sprangen wie die Buschneger auf der kleinen Insel hin und her. Sie winkten und johlten.

Der Professor rührte sich nicht vom Fleck und zeichnete mit dem Finger Figuren in den Sand. Später erhob er sich, las die leeren Konservenbüchsen auf und warf eine nach der andern nachdenklich ins Wasser.

Der Piccolo kletterte auf das Segelboot, holte sein Hemd, die weiße Flagge, wieder ein und zog es rasch an.

Da schoss auch schon das Motorboot durch den Gischt. Der Motor setzte aus. Der Kapitän warf ein Tau durch die Luft. Hans Schmauch fing es geschickt auf und knotete es am Heck des Segelbootes fest. Nun lagen die zwei Fahrzeuge dicht nebeneinander.

»Hurra, ihr Feuertüten!«, rief Gustav.

Kapitän Schmauch sprang als Erster vom »Argus« auf die »Kunigunde IV«.

Sein Neffe trat vor ihn hin und sagte: »Onkel, ich bin an allem schuld!«

Der Kapitän gab ihm eine Ohrfeige, dass es nur so knallte, und rief: »Gott sei Dank, dass ihr gesund seid!«

Die nächsten Schritte

Die Heimkehr der umfangreichen Rettungsflottille und die Ankunft der Schiffbrüchigen gestaltete sich zu einem kleinen Volksfest. Auf der Seebrücke, an den Hafenkais und sogar in den Zugangsstraßen standen die Einheimischen und die Kurgäste dicht gedrängt und winkten. Es war um die Mittagszeit. Und in etwa zwanzig Küchen brannte mittlerweile das Essen an.

Kapitän Schmauch schickte die Jungen auf einem Umweg ins Strandhotel. Er selber ging mit den Fischern und Schiffern, die bei der Suche geholfen hatten, in den Dorfkrug. Dort spendierte er zwei Fass Bier und zwei Lagen Köm. Nachdem er seinen Freibiergästen Bescheid getan und sich bei ihnen bedankt hatte, stiefelte er stracks ins Strandhotel und bestellte für sich und die Jungens ein herzhaftes Mittagessen.

Sie setzten sich, um unter sich zu sein, ins »Zimmer für kleine Vereine« und futterten wie die Scheunendrescher. Währenddem berichteten sie einander ausführlich, was sie erlebt hatten. Hans Schmauch saß, obwohl er doch eigentlich im Hotel Piccolo war, an der Mittagstafel neben den andern und wurde vom Kellner Schmidt, seinem unmittelbaren Vorgesetzten, aufs Zuvorkommendste bedient.

Als Nachtisch gab es Schokoladenpudding mit Vanillesoße.

»Ich möchte vorschlagen«, sagte der Kapitän, »dass wir über die Robinsonade, die einigen unter euch zugestoßen ist, den Schnabel halten. Morgen kommen eure Erwachsenen aus Dänemark zurück. Sie brauchen von dem kleinen Zwischenfall kein

Wort zu erfahren. Sollte sich die Sache nicht verheimlichen lassen, so möchte ich die Anwesenden bitten, alles auf mich zu schieben. Ich bringe es dann schon in Ordnung.«

Emil und der Professor sprangen auf.

Der Kapitän winkte ab. »Ich weiß schon, was ihr sagen wollt. Ihr seid natürlich stolz und wollt eure Schulden selber bezahlen.« Er schüttelte den Kopf. »Es genügt, dass ich Bauchschmerzen gekriegt habe! Schont die Erwachsenen! Wir Großen haben schwache Nerven!«

Emil und der Professor setzten sich wieder auf ihre Stühle.

»Na also«, sagte der Kapitän freundlich. »So, und jetzt geht Onkel Schmauch Holz verkaufen.« Er drehte sich um. »Herr Ober, zahlen!«

Nach dem Essen rannten die Jungen zum Hafen hinunter. Nur Hans Schmauch blieb im Hotel. Er zog seine Kluft an und war wieder Piccolo, als sei nichts gewesen. Die anderen holten aus dem Segelboot »Kunigunde IV« den Marktkorb mit den übrig gebliebenen Esswaren heraus und überführten ihn feierlich in die Speisekammer der Villa. Gustav tat sich wichtig. »Heute hab endlich einmal ich Tagesdienst!«, rief er. Er legte die Bestandsliste auf den Küchentisch und führte darin, so gut er's verstand, Buch. (Sehr gut verstand er's nicht.)

Dann schickten sie Jackie Pachulke ins Hotel, damit er seinen Koffer und seine sieben Zwetschgen hole. Sie stellten mittlerweile das unbenutzte Feldbett, von dem Klotilde seinerzeit erzählt hatte, in ihrem Zimmer auf. Denn im Hotel konnte Jackie ja nun nicht länger bleiben.

Als das erledigt war, sagte der Professor: »Eigentlich müssten wir jetzt erst einmal ausführlich schlafen.« Er hatte sich auf der Insel, trotz der südlichen Palme, erkältet und sprach gewaltig durch die Nase. »Doch wir müssen das Schlafen bis auf Weiteres verschieben und zunächst einmal überlegen, was wir für Jackie tun können. Dass Mister Anders fünfzig Mark ausgespuckt hat, ist zwar ganz schön. Aber sehr alt kann der Junge damit nicht werden. Eltern hat er nicht. Geschwister hat er nicht. Wann er ein neues Engagement kriegt, wissen die Götter. Was schlagt ihr vor?«

Der kleine Dienstag hob die Hand. »Wir gehen jetzt in den Garten. Wir sind vier Detektive und der Garten hat vier Ecken. Jeder Detektiv setzt sich in eine Ecke und denkt angestrengt nach. Nach fünf Minuten treffen wir uns am Gartentisch wieder. Und dann berichtet jeder, was ihm in seiner Ecke eingefallen ist.«

Der Vorschlag wurde angenommen. Sie rannten in den Garten hinaus. Jeder in eine andere Ecke. Dort dachten sie nach.

Das Wetter war beängstigend schön. Die Grillen spielten Mandoline. Die Heuschrecken sprangen von Grashalm zu Grashalm. Vom Erlenbruch her hörte man einen Pirol pfeifen.

Fünf Minuten später trafen sie sich verabredetermaßen an dem großen runden Gartentisch und nahmen, ernst wie Schöffen, Platz. Emil sah sich um und sagte: »Ich habe das dumpfe Gefühl, dass einer fehlt.«

»Gustav«, stellte Dienstag fest.

Sie rannten in Gustavs Ecke. Der Motorradmeister lag längelang im Gras und schlief.

Der Professor rüttelte ihn kräftig. »He, junger Mann!«

Gustav öffnete mühselig die Augen. »Was'n los?«

»Du solltest doch nachdenken«, sagte der kleine Dienstag streng.

Gustav setzte sich auf. »Wie soll man denn nachdenken können, wenn ihr einen stört?«

»Ach so!«, rief Emil. »Du hast nachgedacht! Und was ist dir eingefallen?«

»Nichts, ihr Feuertüten!«

Sie lachten. Dann zogen sie ihn hoch und trabten zu dem Tisch zurück.

»Die Sitzung ist eröffnet«, erklärte der Professor. »Emil hat das Wort.«

Emil stand auf. »Werte Zuhörer! Am Freitag, das ist übermorgen, wird hier in Korlsbüttel, in den Leuchtturm-Lichtspielen, der Film ›Emil und die Detektive‹ aufgeführt. Wir hatten uns vorgenommen, uns nicht zu erkennen zu geben und uns den Film als ganz harmlose Zuschauer anzusehen. Wir können nun aber, glaube ich, Jackie helfen, wenn wir das Geheimnis lüften und dem Kinobesitzer mitteilen, wer wir sind. Es widerspricht zwar unseren Prinzipien und geht uns gegen den Strich. Aber in der Not frisst der Teufel Fliegen. Der Kinobesitzer kann dann zum Beispiel eine Anzeige in der Zeitung erscheinen lassen. Oder er kann über das Plakat, das an den Anschlagsäulen hängt, einen Zettel kleben lassen, auf dem steht, dass die Detektive bei einigen Aufführungen persönlich anwesend sein werden. Dann kommen vielleicht mehr Kinder in sein Kino als sonst. Und dafür, dass er durch uns mehr verdient, kann er dem Jackie die Einnahmen der ersten Vorstellung schenken.« Emil setzte sich.

Die andern nickten nachdenklich.

»Erhebt sich kein Widerspruch?«, fragte der Professor. »Der Vorschlag ist ungewöhnlich ausgezeichnet. Wir werden uns, um Jackie helfen zu können, zu erkennen geben müssen.« Er machte eine Pause. »Emils Vorschlag ist einstimmig angenommen. Es bleibt uns nichts andres übrig. So. Und nun erteile ich mir das Wort. Ich schlage vor, dass einer von uns zu der Redaktion der ›Bäder-Zeitung‹ geht und mit dem Redakteur redet. Dieser Mann muss sofort einen Artikel abdrucken, den einer von uns schreibt und in dem anschaulich erzählt wird, wie Jackie von seinem Mister Anders verlassen worden ist und dass es für alle Kinder in Korlsbüttel und den benachbarten Bädern Pflicht ist, für Jackie geradezustehen und Geld zu sammeln. Und in ein paar Tagen wird dann mitgeteilt werden, wie viel Geld zusammengekommen ist.« Er setzte sich.

»Prima!«, rief Gustav. »Erhebt sich kein Widerspruch? Nein. Der Vorschlag des Professors ist angenommen! Ich erteile Dienstag das Wort.«

Der kleine Dienstag stand auf. »Ich wollte vorschlagen, dass Gustav und vielleicht noch einer von uns heute Nachmittag auf dem Motorrad durch alle Badeorte sausen und überall den Kindern am Strand berichten, was passiert ist und dass man Jackie dringend helfen muss. Vielleicht kann man in jedem Ort am Strand ein Schild anbringen, auf dem alles draufsteht. Dann können es alle lesen und weitererzählen.« Er setzte sich.

»Sehr gut!«, riefen die andern.

Und Gustav sagte: »Ein Glück, dass mir nichts eingefallen ist! Wir wüssten gar nicht, wohin mit den Einfällen.«

Sie redeten noch eine Weile hin und her. Dann rannten sie in die Veranda und malten mit Buntstiften acht Schilder. Eins für Korlsbüttel. Eins für Graal. Eins für Müritz. Eins für Heidekrug. Eins für Warnemünde. Eins für Heiligendamm. Eins für Ahrenshoop. Und eins für Brunshaupten.

Dann holte Gustav seine Maschine aus dem Pavillon und schob sie auf die Straße. Dienstag setzte sich mit den acht Schildern auf den Gepäckrost. Und los ging's! Emil und der Professor winkten hinter den beiden Freunden her.

Als Jackie mit seinem Gepäck eingetroffen war, übertrugen sie ihm die Hausbewachung. Dann ließen sie ihn als »Aufsichtsrat« allein und rannten in den Ort. Warum sie's so eilig hatten, erzählten sie ihm allerdings nicht.

Als Emil in das Büro der Leuchtturm-Lichtspiele trat, sagte der Kinobesitzer, Herr Bartelmann: »Keine Zeit! Andermal!« Fünf Minuten später blickte er, weil der Junge nicht gegangen war, vom Schreibtisch hoch. »Noch immer da? Worum handelt sich's?«

»Ich bin Emil Tischbein.«

Herr Bartelmann lehnte sich im Sessel zurück. »Wieso?«

»Ich bin Emil Tischbein, nach dessen Erlebnis der Film gedreht worden ist, den Sie übermorgen aufführen.«

»Sehr erfreut«, sagte der Kinobesitzer. »Freue mich wirklich. Und?«

Emil setzte ihm den Plan der Detektive auseinander.

Herr Bartelmann kniff die Augen ein. Anders konnte er nicht nachdenken. Dann schnalzte er mit der Zunge. Wie ein Pferdehändler, wenn ein neues Pferd auf dem Hof vorgeführt wird. Herr Bartelmann witterte ein gutes Geschäft. »Ihr kriegt die Einnahmen der ersten Vorstellung für euren Schützling unter einer Bedingung! Ihr müsst euch verpflichten, eine Woche lang nach jeder Vorstellung auf der Bühne zu erscheinen!«

»Eine ganze Woche lang?«, rief Emil. »Nach jeder Vorstellung? Es ist uns schon unangenehm, ein einziges Mal bei Ihnen aufzutreten! Wir sind doch keine Clowns!«

»Umsonst ist der Tod!«, behauptete der Kinobesitzer.

Der Junge überlegte. »Gut«, sagte er dann. »Es bleibt uns nichts anderes übrig. Aber wenn wir uns dazu verpflichten, verlangen wir die Einnahmen des ganzen ersten Tages. Also der ersten drei Vorstellungen.«

Herr Bartelmann kniff die Augen ein. »Tüchtiger Geschäftsmann, wie?« Er nickte. »Einverstanden!« Dann tippte er einen Vertrag in die Schreibmaschine. Mit einem Durchschlag. Sie unterzeichneten die zwei Exemplare und jeder bekam eins davon.

»Perfekt«, sagte Bartelmann. »Freitag nicht zu spät.«

Emil ging. Der Vertrag knisterte in seiner Tasche.

Der Kinobesitzer hängte sich sofort ans Telefon und setzte sich mit dem Anzeigenchef der »Bäder-Zeitung« in Verbindung. Er gab eine neue große Anzeige auf. Dann telefonierte Herr Bartelmann mit der »Plakat GmbH«. Er bestellte für jedes der in Korlsbüttel und in den anderen Bädern hängenden Plakate einen roten Querstreifen. Darauf solle groß zu lesen sein: »Emil und die

Detektive sind eine Woche lang in jeder Vorstellung persönlich anwesend!«

Währenddem saß der Professor in einem Zimmer der »Bäder-Zeitung« und schrieb, wie er's mit dem Schriftleiter besprochen hatte, einen »Aufruf an sämtliche Bäderkinder«. Er beschrieb Jackies Unglück und Notlage und forderte alle auf, die nächste Zukunft des kleinen Artisten durch Geldspenden einigermaßen sicherzustellen. Er unterschrieb: »Für Emil und die Detektive, im besonderen Auftrage, Theodor Haberland, genannt der Professor«.

Er brachte den Text dem Redakteur ins Nebenzimmer. Der las ihn langsam durch, rief einen Boten herein und sagte: »Gehen Sie in die Druckerei. Dieser Artikel soll sofort in Satz gegeben und auf der ersten Seite nachgeschoben werden. Ich komme dann selbst hinüber.« Der Bote verschwand.

Das Telefon klingelte. Der Redakteur nahm den Hörer ab. »Gespräch aus Graal?«, meinte er. »Wer ist dort? Dienstag? Ach so! Ja, er ist gerade bei mir.«

Er gab den Hörer seinem Besuch. »Was Neues?«, fragte der Professor ins Sprachrohr hinein. »So, so. Sehr gut. Ja, der Text auf den Schildern kann so bleiben. Unser Aufruf erscheint morgen in der Zeitung. Müde bist du? Ich auch. Macht's gut! Parole Emil!« Er hängte ein.

»Was sind das für Schilder?«, fragte der Schriftleiter.

Der Professor erzählte es ihm.

»Das ist ja ein Musterbeispiel für durchorganisierte Nächstenliebe!«, rief der Herr anerkennend. »Der Text, den du geschrieben hast, ist übrigens ausgezeichnet. Was willst du denn einmal werden?«

»Ich weiß es nicht«, erwiderte der Professor. »Als kleiner Junge wollte ich Baumeister werden. Jetzt aber nicht mehr. Jetzt interessiere ich mich am meisten für die Zerspaltung der Elemente, für die Atomtheorie und für die positiven und negativen Elektronen. Alles verstehe ich noch nicht. Aber es ist sicher ein enormer Beruf. So, und jetzt muss ich wieder zu meinen Freunden.« Er stand auf und bedankte sich.

»Gerne geschehen«, sagte der Redakteur und brachte seinen Besucher bis zur Tür.

Zur gleichen Zeit standen Gustav und Dienstag am Strand in Graal. Das Motorrad und sieben Schilder lehnten an der Seebrücke. Das achte Schild befestigte Gustav gerade mit Reißzwecken am Schwarzen Brett, an dem die Bekanntmachungen der Kurverwaltung hingen.

Ein paar Kinder blieben neugierig stehen.

Gustav drückte auf seine Hupe.

Die Zahl der Kinder wuchs. Nun blieben auch schon Erwachsene stehen. Alle wollten das Schild sehen.

Dienstag sagte zu Gustav: »Wir müssen ein paar passende Worte sprechen, nicht? Nimm mich mal huckepack!« Gustav ging in die Kniebeuge. Dienstag kletterte auf die Schultern des Freundes. Dann hob er die Hand. Es wurde still.

»Sehr geehrte Anwesende!«, rief Dienstag. »Wir sind gekommen, um euch um Hilfe zu bitten. Natürlich nicht für uns selber. Sondern für einen Jungen, dem es dreckig geht. Ein paar Einzelheiten haben wir auf das Schild geschrieben, das hier am Brett hängt. Näheres findet ihr morgen in der ›Bäder-Zeitung‹. Wer noch nicht lesen kann, lässt sich's vorlesen. Wir fahren heute Nachmittag durch acht Seebäder und hoffen, dass uns die Kinder nicht im Stich lassen werden. Meine Freunde und ich sind Emil und die Detektive. Ich erzähle das nur, damit ihr nicht denkt, wir wollen euch bemogeln. Vielleicht habt ihr schon von uns gehört. Der Junge, auf dem ich sitze, ist Gustav mit der Hupe.«

Gustav verbeugte sich und Dienstag wäre dabei fast vornüber in den Sand gefallen.

»Sehr geehrte Anwesende!«, rief Dienstag.

»Und du bist sicher der kleine Dienstag!«, rief ein Mädchen. »Stimmt's?«

»Jawohl. Aber das ist ja alles nicht so wichtig! Hauptsache, dass die Sammlung klappt! Und nun wollen wir rasch weiter. Gustav, lass mich herunter!«

»Moment!«, knurrte Gustav. »Ich habe eine Idee. Ganz gegen meine Gewohnheit. Hört mal zu!«, rief er. »Ihr könntet das Geld, das ihr sammelt, eigentlich in einem Sparkassenbuch anlegen!« Dann hob er Dienstag herunter. Die beiden Detektive setzten sich mit ihren sieben Schildern auf das Motorrad.

»Auf Wiedersehn am Freitag!«, rief Dienstag. »In den Leuchtturm-Lichtspielen! Parole Emil!«

»Parole Emil!«, schrien die Kinder von Graal.

Das Motorrad stuckerte über den Waldweg, der in den Ort hineinführt. Gustav hupte. Die Propagandafahrt für Jackie Byron alias Paulchen Pachulke nahm ihren Fortgang.

VIERZEHNTES KAPITEL

Ein ernstes Gespräch

Am Donnerstag trafen die Kopenhagener wieder in Korlsbüttel ein. Sie kamen von der dänischen Insel Bornholm, und Fräulein Klotilde Seelenbinder war noch ziemlich grün im Gesicht. Sie war auf dem Dampfer seekrank geworden und behauptete, der Boden schaukle ihr noch jetzt unter den Füßen.

Der Justizrat holte aus der Hausapotheke Baldriantropfen. Die musste sie schlucken. Dann sagte sie: »Es ist ein Skandal, sich so unterkriegen zu lassen!«, und marschierte in die Küche. Dort kontrollierte sie die Bestandsliste der Jungens und die Speisekammer. Es war alles in tadelloser Ordnung. Sie wollte es erst gar nicht glauben. Später ging sie, leise schwankend, in den Ort, um fürs Mittagessen einzukaufen.

Den anderen Reisenden war nicht übel geworden. Sie erzählten viel von Kopenhagen, Seeland und Bornholm, und Pony Hütchen las einiges aus ihrem Stichwort-Katalog vor. Im Grunde waren sie aber doch alle froh, wieder zu Hause zu sein. Emils Großmutter meinte: »Hotelbetten bleiben Hotelbetten. Ich werde mich mal probehalber bis zum Essen in meine Klappe legen.« Sie stieg mit Pony nach oben. Der Justizrat fragte, ob in der Zwischenzeit irgendetwas Ernstes oder Bedenkliches vorgefallen sei.

Die Jungen dachten an die Insel mit der Palme, aber auch an den Kapitän und dessen Rat, und schüttelten verlegen die Köpfe.

»Das habe ich nicht anders erwartet«, meinte der Justizrat. Und er erzählte ihnen von der Angst, die seine Frau am Dienstagabend befallen habe. Er lachte überlegen. »Dass Frauen immer gleich so ängstlich sind. Deine Mutter hatte richtiges Albdrücken, mein Junge, und glaubte euch in einer großen Gefahr. Da sieht man wieder einmal ganz deutlich, wie falsch es ist, auf die innere Stimme zu hören, an der empfindsame Frauen leiden. Es handelt sich um depressive Fantasie, um weiter nichts!«

Die Detektive blickten einander an und schwiegen wohlweislich.

Dienstag benutzte die Gelegenheit, aus der Villa Seeseite auszuziehen. Er holte seinen Schlafanzug und die Zahnbürste von nebenan, bedankte sich für die ihm erwiesene Gastfreundschaft und kehrte in die Pension zurück, in der seine Eltern wohnten.

Dann berichtete der Professor seinem Vater in groben Zügen von der missglückten Razzia auf Mister Byron und von ihren Plänen und Versuchen, Jackie auf die Beine zu helfen. »Außerdem«, erzählte er, »hat Jackie heute Nacht bei uns im Feldbett geschlafen. Jetzt ist er bei Hans Schmauch zu Besuch. Wenn es euch recht ist, bleibt er vorläufig hier wohnen.«

Herr Haberland war einverstanden. »Ihr habt eure Selbstständigkeit gut angewendet«, meinte er. »Da können wir Großen ja gleich wieder abreisen!«

Sie dachten an die Robinsonade auf der kleinen Insel und fühlten sich nicht allzu wohl in ihrer Haut.

Gustav war natürlich vorlaut und sagte: »Manchmal ist es trotzdem ganz praktisch, dass es Erwachsene gibt.«

Die Jungen erschraken. Emil trat Gustav energisch auf den Fuß.

Gustav schnitt eine Grimasse.

»Was hast du denn?«, fragte Justizrat Haberland.

»Magenschmerzen«, erklärte Gustav notgedrungen.

Der Justizrat stand sofort auf und holte die Baldriantropfen herbei. Und obwohl Gustav kerngesund war, musste er Baldrian schlucken.

Die Freunde grinsten vor Schadenfreude wie die Vollmonde.

»Wenn dir nicht besser wird«, meinte der Justizrat, »kriegst du in zehn Minuten noch einen Löffel voll.«

»Bloß nicht!«, rief Gustav außer sich. »Ich bin schon wieder völlig mobil!«

Der Justizrat freute sich. »Ja, ja«, sagte er zufrieden. »Auf Baldriantropfen lasse ich nichts kommen.«

Nach dem Mittagessen erschien der Kapitän. Sie saßen noch zu Tisch.

Er begrüßte die Dänemarkfahrer. Dann holte er die »Bäder-Zeitung«, die soeben erschienen war, hervor und sagte: »Jungs, ihr geht ja aufs Ganze! Mobilisiert die halbe Ostseeküste für diesen Jackie! Übrigens, wo ist denn der Knabe?«

»Bei dem Piccolo«, antwortete Emil. »Bei Ihrem Neffen.«

Der Kapitän gab die Zeitung den Erwachsenen. Die Jungen stellten sich dahinter. Und dann lasen sie alle miteinander den Aufruf des Professors. Nur der Verfasser selber, der blieb sitzen. Obwohl er für sein Leben gern gesehen hätte, wie sich sein Werk gedruckt ausnahm.

Anschließend zeigte der Kapitän das große Inserat der Leuchtturm-Lichtspiele, in dem mitgeteilt wurde, dass Emil und die Detektive eine Woche lang allen Vorstellungen beiwohnen würden und dass die Einnahmen des ersten Tages für Jackie Byron bestimmt seien. Pony war begeistert. »Welches Kleid soll ich denn zum Verbeugen anziehen?«, fragte sie aufgeregt. »Ob ich mir mein neues aus Berlin schicken lasse?«

»Wie einem so etwas Spaß machen kann!«, rief Gustav fassungslos.

»Schrecklich«, meinte der Professor. »Sooft ich dran denke, komme ich mir wie 'n Hanswurst vor.«

»Es gibt keinen andern Ausweg«, sagte Emil. »Der Zweck heiligt die Mittel.«

Pony stand auf.

»Wo willst du denn hin?«, fragte die Großmutter.

»Nach Hause schreiben. Wegen des neuen Kleids.«

»Setz dich sofort wieder hin!«, befahl die Großmutter. »Schnappe nicht über!« Sie schüttelte missbilligend den Kopf. »Frauen sind doch manchmal zu albern!«

»Das stimmt«, sagte Gustav. »Sie denkt schon, sie ist die Garbo.«

Pony murmelte: »Trottel!«

Er tat, als habe er's nicht gehört, und erklärte: »Wenn ich 'n Mädchen wäre, ginge ich vor Kummer ins Kloster.«

»Und wenn ich ein Junge wäre«, antwortete Pony, »dann haute ich dir jetzt ein paar runter.«

Der Kapitän machte sich auf den Weg, um mit Jackie zu reden. Jackie war nicht im Hotel, sondern auf dem Tennisplatz. Der Kapitän pilgerte also vom Hotel zum Tennisplatz. Dort traf er den kleinen Artisten. Er las für die Spieler Bälle auf. Als er den Kapitän sah, rief er vergnügt: »Ahoi, Käpten!«

»Ahoi!«, erwiderte der alte Herr Schmauch. »Kann ich dich mal einen Moment sprechen?«

Jackie warf einem der Tennisspieler zwei Bälle zu, las drei, die am Gitter lagen, auf und meinte: »Im Moment leider ganz ausgeschlossen, Käpten. Ich arbeite hier, wie Sie sehen. Pro Stunde krieg ich fünfzig Pfennige. Man muss doch leben, nicht? Ich kann das Herumfaulenzen außerdem nicht leiden.«

»Aha«, sagte der Kapitän. »Wann bist du denn mit Arbeiten fertig?«

»In einer knappen Stunde. Falls man mich dann nicht mehr braucht.«

»Dann komm doch in einer knappen Stunde zu mir. Falls man dich dann nicht mehr braucht.«

»Mach ich, Käpten!«, rief Jackie. »Ahoi!« Dann warf er einem der Spieler wieder zwei Bälle zu.

»Ahoi, mein Junge«, erwiderte der Kapitän und trottete heimwärts.

Währenddem ging die Großmutter mit Emil und Pony im Walde spazieren. Es war ein herrlicher Wald. Zwischen den Bäumen wuchsen Farnkräuter, Ginsterbüsche, Walderdbeeren, Blaubeeren, Hundsveilchen und wilde Stiefmütterchen. Und Jelängerjelieber rankte sich bis in die höchsten Baumwipfel. Pony war weit zurück und pflückte Blumen.

»Hast du deiner Mutter regelmäßig geschrieben?«, fragte die Großmutter.

»Aber selbstverständlich! Sie schreibt mir doch auch einen Tag um den andern.«

Sie setzten sich ins Gras. Auf einem Birkenzweig schaukelte sich eine Goldammer. Und auf dem Weg spazierten Bachstelzen geschäftig hin und her. »Ich habe deiner Mutter übrigens auch geschrieben«, sagte die Großmutter. »Aus Kopenhagen.« Sie schaute einem Maikäfer zu, der auf einem Grashalm die Flügel ausbreitete und fortflog. »Wie gefällt dir eigentlich Oberwachtmeister Jeschke, mein Junge?«

Emil blickte erschrocken hoch. »Was weißt denn du davon?«

»Hast du etwas dagegen, dass mich meine Tochter fragt, ob sie wieder heiraten soll?«

»Es steht doch längst fest, dass sie sich heiraten.«

»Gar nichts steht fest«, erklärte die Großmutter. »Gar nichts steht fest.«

Da kam Pony Hütchen angefegt. Sie zeigte ihren Blumenstrauß und rief: »Ich glaube, ich möchte Gärtnerin werden.«

»Meinetwegen!«, sagte die Großmutter. »Meinetwegen werde du Gärtnerin! In der vorigen Woche wolltest du Krankenpflegerin werden. Vor vierzehn Tagen Drogistin. Mach nur so weiter, mein Fräulein! Mach nur so weiter. Nur dass du Feuerwehrmann wirst, erlaube ich nicht.«

»Es ist auch schwer, einen passenden Beruf zu finden«, meinte Pony. »Wenn ich reich wäre, würde ich Pilotin.«

»Wenn deine Großmutter Räder hätte, wäre sie ein Omnibus«, erklärte die alte Frau. »Und nun bringst du deinen Strauß in die Villa und stellst ihn in eine Vase! Hoppla, schöne Gärtnersfrau!«

Pony wollte im Wald bleiben.

»Geh los!«, rief die Großmutter. »Emil und ich haben ein ernstes Gespräch miteinander.«

»Ich schwärme für ernste Gespräche«, meinte Pony.

Die Großmutter blickte ihre Enkelin streng an.

Pony zuckte die Achseln. »›Johanna geht‹«, zitierte sie. »›Und niemals kehrt sie wieder.‹« So zog sie ab.

Emil saß eine ganze Weile still. Sie hörten Pony von ferne singen. Er fragte: »Wieso steht es noch nicht fest?«

»Das weiß ich nicht genau. Also, wie gefällt dir der Gendarm?«

»Ich kann nicht klagen«, meinte Emil. »Wir duzen uns schon. Heinrich heißt er mit Vornamen. Und die Hauptsache ist, dass Mutter ihn mag.«

»Stimmt«, gab die Großmutter zu. »Ich glaube aber, dass du ihr gerade das übel nimmst. Widersprich nicht! Wenn man so einen prächtigen, anhänglichen Sohn wie dich hat, braucht man keinen Mann. So denkst du.«

»Etwas Wahres ist dran«, sagte Emil. »Du drückst es nur sehr grob aus.«

»Das muss man, mein Junge. Das muss man! Wenn der eine nicht mit der Sprache herauswill, muss der andere übertreiben.«

»Mutter wird es nie erfahren«, sagte er. »Aber ich hatte mir's anders gedacht. Ich dachte, wir blieben unser Leben lang zusammen. Nur wir zwei. Aber sie hat ihn gern. Das entscheidet. Ich lasse mir bestimmt nichts anmerken.«

»Wirklich nicht?«, fragte die Großmutter. »Du solltest gelegentlich in den Spiegel gucken. Wer ein Opfer bringt, darf nicht wie ein Opferlamm aussehen. Ich bin zwar eine kurzsichtige alte Person. Aber bei deinem Gesicht braucht man nicht mal eine Brille. Eines Tages wird deine Mutter dahinterkommen. Dann wird es zu spät sein.«

Sie kramte in ihrem Pompadour und holte einen Brief und ihre Lesebrille heraus. »Das ist ihr Brief an mich. Ich werde dir eine Stelle draus vorlesen. Obwohl ich es nicht tun dürfte. Doch ich muss dir zeigen, wie wenig du deine Mutter kennst.«

Sie setzte umständlich die Brille auf und las: »Jeschke ist ein wirklich netter, solider und guter Mann. Ich wüsste keinen außer ihm, den ich, wenn ich schon heirate, heiraten möchte. Liebe Mutter, dir ganz allein will ich verraten, dass ich viel lieber mit Emil allein zusammenbliebe. Er hat natürlich keine Ahnung davon und wird es auch nie erfahren. Was soll ich tun? Mir kann eines Tages etwas Menschliches zustoßen. Und was würde dann aus Emil? Oder meine Einnahmen könnten kleiner werden. Im Grunde tun sie's schon. Am Markt hat ein Friseur einen neuen Laden eröffnet. Und die Geschäftsfrauen müssen zu ihm gehen, weil seine Frau bei ihnen kauft. Ich muss an die Zukunft meines Jungen denken. Es gibt nichts Wichtigeres für mich. Und ich werde Jeschke eine gute Frau sein. Das habe ich mir versprochen. Er verdient's. Aber wirklich lieb habe ich ja doch nur meinen einzigen, guten Jungen, meinen Emil.«

Die Großmutter ließ den Brief sinken. Sie blickte ernst vor sich hin und setzte langsam die Brille wieder ab.

Emil hatte die Arme um die Knie geschlungen. Er sah blass aus. Er biss die Zähne zusammen. Aber plötzlich legte er den Kopf auf die Knie und weinte.

»Ja, ja, mein Junge«, meinte die alte Frau. »Ja, ja, mein Junge.« Dann schwieg sie und ließ seinen Tränen Zeit. Nach einer Weile sagte sie: »Du hast nur sie lieb und sie nur dich. Und jeder hat den anderen aus Liebe getäuscht und jeder hat sich trotz so viel Liebe im andern geirrt. Das kommt vor im Leben. Jawohl, das kommt vor.«

Ein Eichelhäher flog knarrend über die Wipfel.

Emil trocknete sich die Augen und sah die alte Frau an. »Ich weiß nicht mehr weiter, Großmutter! Kann ich denn zulassen, dass sie, um mir zu helfen, heiratet? Wo wir doch beide am liebsten allein blieben? Was soll ich tun?«

»Eins von beidem, mein Junge. Entweder bittest du sie, wenn du heimkommst, dass sie nicht heiraten soll. Dann werdet ihr euch um den Hals fallen. Und die Sache ist fürs Erste erledigt.«

»Oder?«

»Oder du sagst es ihr nicht! Sondern verschweigst es ihr bis übers Grab. Dann aber musst du fröhlich schweigen! Nicht mit einer Leichenbittermiene! Wozu du dich entschließt, kannst nur du selber entscheiden. Ich will dir nur noch sagen: Du wirst älter, und auch deine Mutter wird älter. Das klingt einfacher, als es dann ist. Wirst du schon in ein paar Jahren Geld für euch beide verdienen können? Und wenn du es kannst – wo wirst du's verdienen? In Neustadt? Nein, mein Junge. Eines Tages muss man fort von zu Hause. Und wer's nicht muss, der soll's trotzdem tun! Dann bleibt sie zurück. Ohne Sohn. Ohne Mann. Ganz allein. Und noch eins: Was wird, wenn du in zehn, zwölf Jahren heiratest? Eine Mutter und eine junge Frau gehören nicht unters gleiche Dach. Ich weiß das. Ich hab's erlebt. Einmal als Frau. Und einmal als Mutter.« Die Großmutter hatte Augen, als sähe sie, statt in den Wald, mitten in die Vergangenheit hinein. »Wenn sie heiratet, bringt jeder von euch beiden dem andern ein Opfer. Doch sie wird nie erfahren, dass du durch mich von ihrem Opfer weißt. Und sie wird nie erfahren, dass auch du ihr ein Opfer bringst! So wird die Last, die sie deinetwegen auf sich nimmt, leichter sein als jene, die du ihretwegen trägst. Verstehst du mich, mein Junge?«

Er nickte.

»Es ist nicht leicht«, fuhr sie fort, »ein Opfer dankbar anzunehmen, während man selber fröhlich und dem andern verborgen das größere Opfer bringt. Es ist eine Tat, die niemand

»Wer ein Opfer bringt, darf nicht
wie ein Opferlamm aussehen«, sagte die Großmutter.

sieht und keiner lobt. Aber eines Tages bringt sie dem andern Glück. Das ist ihr einziger Lohn.« Die alte Frau erhob sich. »Tu, was du willst! Das eine oder das andre. Und überleg es dir genau! Ich lasse dich jetzt allein.«

Emil sprang auf. »Ich komme mit, Großmutter! Ich weiß, was ich tue. Ich werde schweigen! Bis übers Grab.«

Die Großmutter sah ihm in die Augen. »Meinen Respekt!«, sagte sie. »Meinen Respekt! Heute bist du ein Mann geworden! Nun, wer früher als andre ein Mann wird, der bleibt's länger als die andern. – So, und nun hilf mir gefälligst über den Straßengraben!«

FÜNFZEHNTES KAPITEL

Schluss der Vorstellung

Am Freitagmorgen führten die Detektive in Korlsbüttel die angekündigte Sammlung für Jackie durch. Dienstag und der Professor übernahmen den Strand und den Hafen, Gustav das Familienbad, Emil die Straßen im Ort und Pony den Bahnhof.

»Es ist so aufregend«, erklärte sie, »wenn man sich vorstellt, dass jetzt überall an der ganzen Küste, viel weiter, als man blicken kann, Kinder mit Listen und Bleistiften unterwegs sind und für Jackie Geld kassieren. Gebt mir rasch eine Liste und einen Bleistift. Da kann ich nicht ruhig zusehen!«

Als sie mittags zurückkehrten und sich in der Veranda zusammensetzten, um das Geld zu zählen, lief ihnen Klotilde über den Weg. Sie war total aus dem Häuschen. »Da soll der Mensch kochen können!«, rief sie. »Wisst ihr, wie oft es heute geklingelt hat? Dreiundzwanzigmal! Und jedes Mal standen Kinder draußen, fragten nach euch und brachten Geld!«

»Aber Schlips«, sagte der Professor, »das ist doch wunderbar.«

»Vielleicht für euch«, entgegnete sie gereizt. »Fürs Mittagessen bestimmt nicht! Erst ist die Milch übergelaufen. Dann ist das Gemüse zerkocht. Und zum Schluss ist der Hammelbraten angebrannt. Ich bin eine Köchin und keine Bankfiliale!«

»Für so 'nen Zweck«, meinte Gustav, »schmeckt mir sogar angebrannter Braten, Fräulein Selbstbinder.«

Sie brummte etwas vor sich hin, holte aus der Schürzentasche einen Haufen Geldstücke und packte sie auf den Tisch. »Hier! Drei Mark und neunzig Pfennige. Zur doppelten Buchführung hatte ich keine Zeit.« Sie hob die Nase hoch und schnupperte. »Entsetzlich! Da brennt ja schon wieder was an!« Sie raste in die Küche. (Dass fünfzig Pfennige von ihrem eigenen Geld dabei waren, hatte sie absichtlich verschwiegen. Sie war eine Köchin mit vornehmem Charakter.)

Die Kinder holten aus allen möglichen Taschen Geldstücke hervor, schütteten sie auf den Tisch und sortierten den Berg aus Kupfer, Nickel und Silber. Sie häuften die gleichartigen Münzen übereinander. Dann zählten sie. Es waren dreiundvierzig Mark. Sie addierten die Listenbeträge. Die Rechnung stimmte. Der kleine Dienstag legte schmunzelnd einen Zwanzigmarkschein dazu und sagte: »Von meinem Vater. Vom großen Dienstag.«

Der Professor rannte in den Garten, stöberte seinen Vater im Treibhaus bei den Tomaten auf und kam mit einem Zehnmarkschein zurück.

Dann kramten sie in ihrem Taschengeld, machten Kassensturz und gaben nicht eher Ruhe, als bis insgesamt fünfundsiebzig Mark auf dem Tisch des Hauses lagen.

Sie strahlten vor Begeisterung.

Dienstag holte ein sauberes Taschentuch hervor und schippte das Geld auf das Tuch. Dann knotete er das Tuch fest zu.

»Willst du Zauberkunststücke machen?«, fragte Emil. »Willst du bis drei zählen und die fünfundsiebzig Mark verschwinden lassen?«

»Ich nehme das Geld mit«, erklärte Dienstag.

»Wieso denn?«, fragte der Professor.

»Das kann doch hierbleiben!«, rief Pony.

Gustav sagte: »Lasst den Kleinen nur machen. Wir haben mit dem Geld etwas vor. Es ist ein Einfall von mir.«

»Oje«, rief Pony. »Jetzt hast du auch schon Einfälle! Du bist doch nicht etwa krank?«

»Ich nicht«, sagte er und krempelte die Ärmel hoch. »Komm

mal näher ran. Wir besuchen dich morgen im Krankenhaus.« Er rückte ihr zuleibe. Sie rannte zu Klotilde in die Küche.

»So eine Feuertüte«, meinte Gustav. »Da hat man nun schon einmal eine gute Idee, da kommt so 'n Frauenzimmer und gibt an.«

»Was sich liebt, das neckt sich«, erklärte Dienstag. Dann nahm er seinen Geldsack und ging nach Hause.

Zum Mittagessen tauchte Jackie auf. Der Braten schmeckte, trotz Klotildes ehrlicher Trauer, recht gut. Sie aßen andächtig. Die Großmutter brachte das Gespräch auf die Geldsammlung und fragte Jackie, wie er darüber dächte.

»Ich freue mich kolossal darüber, Frau Großmutter«, meinte er. »Vor allem, weil es so freundlich von den Jungens ist. Aber auch sonst. Geld kann man immer brauchen. Der Käpten ist ganz meiner Meinung. – Sehen Sie, heute Vormittag hab ich drei Stunden lang Tennisbälle gesammelt. Das ist auch 'ne Art Geldsammlung. Mit dem Trinkgeld machte es eine Mark achtzig. Heute Nachmittag arbeite ich noch einmal zwei Stunden. Das ist wieder eine Mark. Wenn Sie sich die Mühe machen und das auf 'nen Monat umrechnen, werden Sie merken, dass ich mir glatt ein möbliertes Zimmer mit voller Pension leisten könnte. Vielleicht sogar mit Balkon.«

Sie lachten alle.

»Na ja«, sagte er. »Hab ich nicht recht? Gestern hab ich auf dem Tennisplatz nur so aus Drall ein paar Saltos aus dem Stand gemacht. Da waren die Spieler so platt, dass mir der eine vor Schreck einen alten Tennisschläger geschenkt hat. Falls mir dieser Sport liegt, kann ich ja später einmal Tennislehrer werden. Dann pachte ich ein paar Plätze, gebe Unterricht und gewinne eines Tages die deutsche Meisterschaft. Dann fahre ich nach Paris und Amerika und werde vielleicht Weltmeister. Oder wenigstens Zweitbester. Na, und dann borge ich mir Geld und eröffne eine Fabrik für Tennisschläger und für Tennissachen überhaupt. Und weil mein

Name bekannt ist, kaufen viele Leute das Zeug. Pachulke werde ich mich natürlich nicht nennen. Mit so einem Namen kann man nicht Weltmeister werden. Aber ich habe auch schon einmal Byron geheißen. Auf einen Namen mehr oder weniger kommt's nicht mehr an.« Er beugte sich über den Teller und aß tüchtig.

»Um den ist mir nicht bange«, erklärte die Großmutter.

»Mir auch nicht«, sagte Jackie. »Es gibt eine Menge Berufe für einen Artisten, der zu schnell gewachsen ist!«

Nachmittags legten an der Brücke nacheinander zwei Dampfer an. Der eine kam aus den westlich gelegenen Seebädern herüber. Der andre kam von Osten. Aus diesen beiden Dampfern drängten Hunderte von Kindern und überschwemmten Korlsbüttel mit Wogen von Geschrei und Gelächter. Am wildesten war das Gewimmel und Getümmel vor den »Leuchtturm-Lichtspielen«. (Die Kassiererin war noch zwei Tage danach krank davon.)

Punkt vier Uhr begann die erste Vorstellung, in welcher der Film »Emil und die Detektive« gezeigt werden sollte. Herr Bartelmann, der Besitzer des Kinos, blickte in den überfüllten Raum. Vorm Haus standen Scharen von Kindern, die auf die zweite Vorstellung warteten. Herrn Bartelmann tat es in der Seele weh, dass die Tageseinnahmen nicht ihm gehörten. Na, das ließ sich nun nicht ändern! Er ging zu den Detektiven, die sich in seinem Büro versammelt hatten, und gab ihnen genaue Anweisungen.

»Brrr!«, sagte Emil. »Jetzt wird's ernst.«

Und Gustav meinte: »Lache, Bajazzo! Wenn 's Herz auch bricht.«

Als das Beiprogramm vorüber war, schloss sich der Vorhang vor der Leinwand. Es wurde Licht. Der Vorhang öffnete sich wieder.

Und nun standen vier Jungen und ein Mädchen auf der Bühne! Die Kinder im Zuschauerraum stellten sich auf die Sitze. Dann wurde es langsam stiller und endlich ganz still.

Emil trat an die Rampe und sagte mit lauter Stimme: »Meine Freunde, meine Kusine und ich danken euch, dass ihr hierhergekommen seid. Und wir danken euch, dass ihr für Jackie Geld gesammelt habt. Er ist ein patenter Kerl. Sonst hätten wir euch ja auch nicht um euren Beistand gebeten. Nach der Vorstellung wird er sich persönlich bei euch bedanken. Und jetzt wollen wir uns miteinander den Film ansehen. Hoffentlich ist er schön.«

Ein ganz kleiner Junge, der seiner Mutter auf dem Schoße saß, rief aus dem Zuschauerraum mit piepsiger Stimme: »Bist du der Emil?«

Die Kinder lachten.

»Jawohl«, sagte Emil. »Ich bin Emil Tischbein.«

Pony trat stolz neben ihn und knickste. »Ich bin Pony Hütchen, Emils Kusine.«

Dann trat der Professor vor. »Ich bin der Professor.« Seine Stimme klang etwas zittrig.

Dienstag machte einen tiefen Bückling. »Ich bin der kleine Dienstag.«

Zum Schluss kam Gustav an die Reihe. »Ich bin Gustav mit der Hupe. Aber jetzt hab ich ein Motorrad.« Er machte eine kleine Pause. »Na, ihr Feuertüten!«, rief er dann. »Seid ihr alle da?«

»Ja!«, brüllten die Kinder.

Gustav lachte. »Und wie heißt die Parole?«

Da schrien alle, dass man's bis an den Bahnhof hören konnte: »Parole Emil!«

Vorm Kino ging ein Pferd durch. So laut brüllten die Kinder! Dann wurde es dunkel und der Vorführungsapparat begann zu surren.

Als der Film zu Ende war, klatschten die Zuschauer minutenlang Beifall. Dann wurde es hell. Ein Mädchen, das neben Pony saß, sagte: »Du hast dich aber seitdem enorm verändert!«

Pony meinte: »Das Mädchen im Film bin ja gar nicht ich! Die spielt mich doch nur!«

»Ach so. Und der Film-Emil und der richtige Emil, der neben dir sitzt, sind auch nicht dieselben?«

»Nein«, erwiderte Pony. »Der richtige Emil ist mein Vetter. Und den Film-Emil kenne ich überhaupt nicht persönlich. Nun sei aber still. Es geht weiter!«

Jackie kam auf die Bühne. Er trat an die Rampe und sagte: »Ihr habt für einen Jungen Geld gesammelt. Der Junge bin ich. Herzlichen Dank allerseits! Ich finde das großartig von euch. Wenn ich später mal ein reicher Mann bin und es geht dann einem von euch dreckig, soll er sich bei mir melden. Aber nicht vergessen!«

Dann kam Gustav auf die Bühne. Er sagte zu Jackie: »Im Auftrage meiner Freunde und der anderen Korlsbüttler Kinder überreiche ich dir das Resultat der hiesigen Sammlung. Es ist ein Sparkassenbuch mit fünfundsiebzig Mark.«

Jackie schüttelte seinem Freunde die Hand.

Unten im Zuschauerraum meinte der Professor zu Dienstag: »Das also war Gustavs Idee!«

Dienstag fragte: »Findest du sie schlecht?«

»Ausgezeichnet ist sie!«, erklärte der Professor. »Ganz ausgezeichnet!«

Gustav rief von der Bühne herunter: »Und nun bitte ich die Vertreter der anderen Bäder heraufzukommen.«

Unten entstand ein wildes Gedränge.

Endlich standen sieben weitere Jungen auf der Bühne. Einer aus Ahrenshoop, einer aus Brunshaupten, einer aus Heiligendamm, einer aus Warnemünde, einer aus Heidekrug, einer aus Graal und einer aus Müritz. Und jeder überreichte ein Sparkassenbuch! Jackie hatte Tränen in den Augen, obwohl er eigentlich gar nicht rührselig veranlagt war.

Gustav blätterte eifrig in den Sparkassenbüchern. Und als die sieben Delegierten wieder von der Bühne geklettert waren, rief er: »Die Gesamtsumme beläuft sich auf sechshundertfünfzehn Mark. Außerdem kriegt Jackie die heutigen Kino-Einnahmen. Jackie, ich gratuliere dir zu deinem Vermögen. Möge es dir zum Schmerbauch gedeihen!«

Gustav verschwand hinter der Bühne.

»Das habe ich nicht erwartet!«, sagte Jackie. »Da brauche ich ja einen Bankier!« Er zog die Jacke aus. »Mein alter Freund, der Käpten Schmauch, hat mir geraten, euch etwas vorzuturnen. Gewissermaßen als Erkenntlichkeit. Nun bin ich zwar gewohnt, mit einem Untermann zu arbeiten. Aber ein bisschen was kann ich auch alleine.« Er warf die Jacke hinter die Bühne und ging in den Handstand. Dann beugte er die Arme, bis er im Ellbogenstütz war. Dann drückte er die Arme wieder durch und spazierte von der einen Seite der Bühne auf die andere. Immer auf den Händen.

Die Zuschauer applaudierten.

Jackie sprang wieder auf die Füße. Dann schlug er Rad. Dann machte er Spagat. Und dann die Brücke. Dann machte er, unter Zuhilfenahme beider Hände, einen Überschlag vorwärts. Noch einen. Noch einen. Dann nur mit einer Hand. Immer wieder. Quer über die ganze Bühne.

Und als Abschluss zeigte er einen Salto. Dann noch einen. Noch einen. Und noch einen. Schneller. Immer schneller. Bald waren die Beine oben. Bald der Kopf. Er wirbelte wie ein kleines Glücksrad durch die Luft!

Die Kinder johlten, jubelten und klatschten sich die Hände rot. Auch die Erwachsenen waren hingerissen.

Dann rauschte der Vorhang zu. Schon drängten die Kinder, die zur zweiten Vorstellung wollten, in den Saal. Es war ein Gewurstel und ein Krach wie in einem Hexenkessel.

»Der Salto hat mir gut gefallen«, sagte die Großmutter zu Emil. »Den muss ich morgen mal üben.«

Am Abend legten die zwei Küstendampfer wieder an der Brücke an. Die Kinder aus den sieben Nachbarbädern stürmten an

Bord. Die Eltern und Kinderfräulein wurden wie von Strudeln mitgerissen.

Die Dampfer läuteten zur Abfahrt. Ein paar Nachzügler kamen schreiend und winkend dahergestolpert und polterten an Deck. Dann seilte der Brückenwärter die Dampfer los. Sie schaukelten. Die Schrauben schaufelten Wasser. Die Motoren arbeiteten. Hunderte von Taschentüchern wurden geschwenkt. (Manche Tücher waren nicht mehr ganz sauber. Aber es war ja schon ziemlich dunkel.)

»Parole Emil!«, brüllten die Kinder auf dem Schiff, das nach Westen fuhr. »Parole Emil!«, schrien die Kinder auf dem Dampfer, der nach Osten fuhr.

Und »Parole Emil!« brüllten die Korlsbüttler Kinder, die auf der Brücke standen.

»Das war der schönste Tag meines Lebens!«, sagte Fräulein Klotilde Seelenbinder.

Drüben auf den Dampfern wurden bunte Lampions angezündet. Der eine fuhr nach links. Der andre nach rechts. Emil und die Detektive standen am Brückenkopf und blickten schweigend hinter den Schiffen her.

Gustav räusperte sich. Dann legte er seine Arme um die drei Jungen, die vor ihm standen, und sagte: »Wir wollen Freunde bleiben. Bis uns die Vollbärte durch den Tisch wachsen.« Die andern sagten nichts. Aber sie waren derselben Meinung.

Da kam Jackie angaloppiert. »Hier seid ihr!«, meinte er befriedigt. »Ich habe euch schon überall gesucht.« Er trat zu ihnen. »An den Tag werde ich denken«, sagte er selbstvergessen. »So viel Geld auf einem Haufen gibt's ja gar nicht.«

»Wo hast du denn deine acht Sparkassenbücher?«, fragte Dienstag.

»Ich hab sie dem Bartelmann zum Wegschließen gegeben. Er hat in seinem Kinobüro einen feuersicheren Geldschrank. Was sagt ihr dazu? Er hat mir einen Antrag gemacht! Ich soll in seinem Kino als artistische Bühnenschau auftreten. Zunächst mal eine Woche lang.«

»Was will er zahlen?«, fragte der Professor sachlich.

»Fünf Mark täglich. Ohne Abzüge.« Die Detektive freuten sich.

»Und die heutigen Einnahmen, die ihr mir herausgeholt habt, betragen ungefähr zweihundertfünfzig Mark. Genau weiß er's noch nicht. Aber so circa!« Jackie lachte leise. »Ich glaub's noch gar nicht. Wenn das so weitergeht, kauf ich mir nächste Woche eine Villa mit Warmwasserbeleuchtung.«

Draußen in der Ostsee schwammen zwei kleine illuminierte Dampfer. Das Meer rauschte. Am Strand überschlugen sich die Wellen. Der weiße Schaum glänzte in der Dunkelheit.

»Herrschaften«, sagte Kapitän Schmauch. »Ich habe unserm Piccolo fest versprechen müssen, dass wir noch ins Hotel kommen. Er hat den ganzen Tag strammen Dienst gehabt. Nicht einmal den Film hat er gesehen.«

Man beschloss also, auf einen Sprung ins Strandhotel zu gehen. »Es sind ja Ferien«, meinte Frau Haberland und hakte sich beim Justizrat unter. Sie gingen alle über die Brücke. Der Kapitän und Jackie marschierten vorneweg. »Ich möchte dir einen Vorschlag machen«, sagte Kapitän Schmauch.

»Worum handelt sich's denn, Käpten?«

»Mein Haus ist zwar klein«, erklärte der Mann. »Aber für mich allein ist es ein bisschen zu groß.«

»Vermieten Sie doch ein Zimmer!«, rief Jackie.

»Das möchte ich ja«, sagte der Kapitän. »Wie lange willst du denn in Korlsbüttel bleiben?«

»Bis die Tennisplätze geschlossen werden. So lange bleibe ich hier als Balljunge. Und wenn die Hauptsaison vorbei ist, gibt mir der Trainer täglich eine Stunde Unterricht. Ganz billig. Vielleicht umsonst.«

»Wenn du Lust hast, kannst du zu mir ziehen«, sagte der Kapitän.

»Mach ich, Käpten! Wie viel verlangen Sie Miete?«

Herr Schmauch knuffte Jackie. »Mach keine faulen Witze! Du tust mir ja nur einen Gefallen.«

»Fein«, sagte der Junge. »Danke schön, Käpten. Und abends spielen wir in der Veranda Schwarzen Peter oder Schafkopf.«

Der Kapitän freute sich mächtig. Dann fragte Jackie: »Brauchen Sie übrigens Geld? Ich bin jetzt vermögend. Ich könnte, wenn ich noch ein paar Wochen spare, tausend Mark in Ihr Geschäft stecken. Was sollen die Moneten auf der Sparkasse, nicht?«

»Gut«, sagte der Kapitän. »Können wir machen. Du wirst mein stiller Teilhaber. Unter einer Bedingung! Du musst jeden Sommer bei mir in Korlsbüttel wohnen.«

»Topp!«, rief Jackie. »Und wenn ich fürs Tennis kein Talent haben sollte, trete ich in unserm Geschäft als Schiffsjunge ein!«

»Das soll ein Wort sein!«, meinte Kapitän Schmauch. »Hoffentlich hast du kein Talent zum Tennis.«

Sie lachten und traten ins Hotel.

Die Großmutter und Emil gingen als Letzte hinterdrein. Sie blieben vorm Hotel stehn und blickten aufs Meer. Der eine Dampfer war schon verschwunden. Der andre schwamm noch am Horizont. Wie eine leuchtende Nussschale.

Emil sagte: »Der Jackie hätte unsre Hilfe gar nicht gebraucht, glaub ich!«

Die Großmutter antwortete: »Jede gute Tat hat ihren Sinn, mein Junge.« Sie trat auf die Stufen: »Und jetzt schreiben wir deiner Mutter eine Ansichtskarte!«

»Könnten wir nicht zwei Karten schreiben?«

»Wem denn noch?«

»Dem Oberwachtmeister Jeschke«, sagte er.

Da gab ihm die alte Frau einen Kuss.

ENDE

Das doppelte Lottchen

ERSTES KAPITEL

Seebühl am Bühlsee / Kinderheime sind wie Bienenstöcke / Ein Autobus mit zwanzig Neuen / Locken und Zöpfe / Darf ein Kind dem andern die Nase abbeißen? / Der englische König und sein astrologischer Zwilling / Über die Schwierigkeit, Lachfältchen zu kriegen

Kennt ihr eigentlich Seebühl? Das Gebirgsdorf Seebühl? Seebühl am Bühlsee? Nein? Nicht? Merkwürdig – keiner, den man fragt, kennt Seebühl! Womöglich gehört Seebühl am Bühlsee zu den Ortschaften, die ausgerechnet nur jene Leute kennen, die man *nicht* fragt? Wundern würde mich's nicht. So etwas gibt's.

Nun, wenn ihr Seebühl am Bühlsee nicht kennt, könnt ihr natürlich auch das Kinderheim in Seebühl am Bühlsee nicht kennen, das bekannte Ferienheim für kleine Mädchen. Schade. Aber es macht nichts. Kinderheime ähneln einander wie Vierpfundbrote oder Hundsveilchen; wer eines kennt, kennt sie alle. Und wer an ihnen vorüberspaziert, könnte denken, es seien riesengroße Bienenstöcke. Es summt von Gelächter, Geschrei, Getuschel und Gekicher. Solche Ferienheime sind Bienenstöcke des Kinderglücks und Frohsinns. Und so viele es geben mag, wird es doch nie genug davon geben können.

Freilich abends, da setzt sich zuweilen der graue Zwerg Heimweh an die Betten im Schlafsaal, zieht sein graues Rechenheft und den grauen Bleistift aus der Tasche und zählt ernsten Gesichts die Kindertränen ringsum zusammen, die geweinten und die ungeweinten.

Aber am Morgen ist er, hast du nicht gesehen, verschwunden! Dann klappern die Milchtassen, dann plappern die kleinen Mäuler wieder um die Wette. Dann rennen wieder die Bademätze rudelweise in den kühlen, flaschengrünen See hinein, planschen, kreischen, jauchzen, krähen, schwimmen oder tun doch wenigstens, als schwömmen sie.

So ist's auch in Seebühl am Bühlsee, wo die Geschichte anfängt, die ich euch erzählen will. Eine etwas verzwickte Geschichte. Und ihr werdet manchmal höllisch aufpassen müssen, damit ihr alles haargenau und gründlich versteht. Zu Beginn geht es allerdings noch ganz gemütlich zu. Verwickelt wird's erst in den späteren Kapiteln. Verwickelt und ziemlich spannend.

Vorläufig baden sie alle im See, und am wildesten treibt es, wie immer, ein kleines neunjähriges Mädchen, das den Kopf voller Locken und Einfälle hat und Luise heißt, Luise Palfy. Aus Wien.

Da ertönt vom Hause her ein Gongschlag. Noch einer und ein dritter. Die Kinder und die Helferinnen, die noch baden, klettern ans Ufer.

»Der Gong gilt für alle!«, ruft Fräulein Ulrike. »Sogar für Luise!«

»Ich komm ja schon!«, schreit Luise. »Ein alter Mann ist doch kein Schnellzug.« Und dann kommt sie tatsächlich.

Fräulein Ulrike treibt ihre schnatternde Herde vollzählig in den Stall, ach nein, ins Haus. Zwölf Uhr, auf den Punkt, wird zu Mittag gegessen. Und dann wird neugierig auf den Nachmittag gelauert. Warum?

Am Nachmittag werden zwanzig »Neue« erwartet. Zwanzig kleine Mädchen aus Süddeutschland. Werden ein paar Zieraffen dabei sein? Ein paar Klatschbasen? Womöglich uralte Damen von dreizehn oder gar vierzehn Jahren? Werden sie interessante Spielsachen mitbringen? Hoffentlich ist ein großer Gummiball drunter! Trudes Ball hat keine Luft mehr. Und Brigitte rückt ihren nicht heraus. Sie hat ihn im Schrank eingeschlossen. Ganz fest. Damit ihm nichts passiert. Das gibt's auch.

Nun, am Nachmittag stehen also Luise, Trude, Brigitte und die anderen Kinder an dem großen, weit geöffneten eisernen Tor und warten gespannt auf den Autobus, der die Neuen von der nächsten Bahnstation abholen soll. Wenn der Zug pünktlich eingetroffen ist, müssten sie eigentlich …

Da hupt es! »Sie kommen!« Der Omnibus rollt die Straße entlang, biegt vorsichtig in die Einfahrt und hält. Der Chauffeur steigt aus und hebt fleißig ein kleines Mädchen nach dem anderen aus dem Wagen. Doch nicht nur Mädchen, sondern auch Koffer und Taschen und Puppen und Körbe und Tüten und Stoffhunde und Roller und Schirmchen und Thermosflaschen und Regenmäntel und Rucksäcke und gerollte Wolldecken und Bilderbücher und Botanisiertrommeln und Schmetterlingsnetze, eine kunterbunte Fracht.

Zum Schluss taucht, mit seinen Habseligkeiten, im Rahmen der Wagentür das zwanzigste kleine Mädchen auf. Ein ernst dreinschauendes Ding. Der Chauffeur streckt bereitwillig die Arme hoch.

Die Kleine schüttelt den Kopf, dass beide Zöpfe schlenkern. »Danke nein!«, sagt sie höflich und bestimmt und klettert, ruhig

und sicher, das Trittbrett herab. Unten blickt sie verlegen lächelnd in die Runde. Plötzlich macht sie große, erstaunte Augen. Sie starrt Luise an! Nun reißt auch Luise die Augen auf. Erschrocken blickt sie der Neuen ins Gesicht!

Die anderen Kinder und Fräulein Ulrike schauen perplex von einer zur anderen. Der Chauffeur schiebt die Mütze nach hinten, kratzt sich am Kopf und kriegt den Mund nicht wieder zu. Weswegen denn?

Luise und die Neue sehen einander zum Verwechseln ähnlich! Zwar, eine hat lange Locken und die andere streng geflochtene Zöpfe – aber das ist auch wirklich der einzige Unterschied!

Da dreht sich Luise um und rennt, als werde sie von Löwen und Tigern verfolgt, in den Garten.

»Luise!«, ruft Fräulein Ulrike. »Luise!« Dann zuckt sie die Achseln und bringt erst einmal die zwanzig Neulinge ins Haus. Als Letzte, zögernd und unendlich verwundert, spaziert das kleine Zopfmädchen.

Frau Muthesius, die Leiterin des Kinderheims, sitzt im Büro und berät mit der alten, resoluten Köchin den Speisezettel für die nächsten Tage.

Da klopft es. Fräulein Ulrike tritt ein und meldet, dass die Neuen gesund, munter und vollzählig eingetroffen seien.

»Freut mich. Danke schön!«

»Dann wäre noch eins …«

»Ja?« Die viel beschäftigte Heimleiterin blickt kurz hoch.

»Es handelt sich um Luise Palfy«, beginnt Fräulein Ulrike nicht ohne Zögern. »Sie wartet draußen vor der Tür …«

»Herein mit dem Fratz!« Frau Muthesius muss lächeln. »Was hat sie denn wieder ausgefressen?«

»Diesmal nichts«, sagt die Helferin. »Es ist bloß …«

Sie öffnet behutsam die Tür und ruft: »Kommt herein, ihr beiden! Nur keine Angst!«

Nun treten die zwei kleinen Mädchen ins Zimmer. Weit voneinander entfernt bleiben sie stehen.

»Da brat mir einer einen Storch!«, murmelt die Köchin.

Während Frau Muthesius erstaunt auf die Kinder schaut, sagt Fräulein Ulrike: »Die Neue heißt Lotte Körner und kommt aus München.«

»Seid ihr miteinander verwandt?«

Die zwei Mädchen schütteln unmerklich, aber überzeugt die Köpfe.

»Sie haben einander bis zum heutigen Tage noch nie gesehen!«, meint Fräulein Ulrike. »Seltsam, nicht?«

»Wieso seltsam?«, fragt die Köchin. »Wie könnens' einander denn g'sehn ham? Wo doch die eine aus München stammt und die andere aus Wien?«

Frau Muthesius sagt freundlich: »Zwei Mädchen, die einander so ähnlich schauen, werden sicher gute Freundinnen werden. Steht nicht so fremd beieinand', Kinder! Kommt, gebt euch die Hand!«

»Nein!«, ruft Luise und verschränkt die Arme hinter dem Rücken.

Frau Muthesius zuckt die Achseln, denkt nach und sagt abschließend: »Ihr könnt gehen.«

Luise rennt zur Tür, reißt sie auf und stürmt hinaus. Lotte macht einen Knicks und will langsam das Zimmer verlassen.

»Noch einen Augenblick, Lottchen«, meint die Leiterin. Sie schlägt ein großes Buch auf. »Ich kann gleich deinen Namen eintragen. Und wann und wo du geboren bist. Und wie deine Eltern heißen.«

»Ich hab nur noch eine Mutti«, flüstert Lotte.

Frau Muthesius taucht den Federhalter ins Tintenfass. »Zuerst also dein Geburtstag!«

Lotte geht den Korridor entlang, steigt die Treppen hinauf, öffnet eine Tür und steht im Schrankzimmer. Ihr Koffer ist noch nicht ausgepackt. Sie fängt an, ihre Kleider, Hemden, Schürzen und Strümpfe in den ihr zugewiesenen Schrank zu tun. Durchs offene Fenster dringt fernes Kinderlachen.

Lotte hält die Fotografie einer jungen Frau in der Hand. Sie schaut das Bild zärtlich an und versteckt es dann sorgfältig unter den Schürzen. Als sie den Schrank schließen will, fällt ihr Blick auf einen Spiegel an der Innenwand der Tür. Ernst und forschend mustert sie sich, als sähe sie sich zum ersten Mal. Dann wirft sie, mit plötzlichem Entschluss, die Zöpfe weit nach hinten und streicht das Haar so, dass ihr Schopf dem Luise Palfys ähnlich wird.

Irgendwo schlägt eine Tür. Schnell, wie ertappt, lässt Lotte die Hände sinken.

Luise hockt mit ihren Freundinnen auf der Gartenmauer und hat eine strenge Falte über der Nasenwurzel.

»*Ich* ließe mir das nicht gefallen«, sagt Trude, ihre Wiener Klassenkameradin. »Kommt da frech mit deinem Gesicht daher!«

»Was soll ich denn machen?«, fragt Luise böse.

»Zerkratz es ihr!«, schlägt Monika vor.

»Das Beste wird sein, du beißt ihr die Nase ab!«, rät Christine. »Dann bist du den ganzen Ärger mit einem Schlag los!« Dabei baumelt sie gemütlich mit den Beinen.

»Einem so die Ferien zu verhunzen!«, murmelt Luise, aufrichtig verbittert.

»Sie kann doch nichts dafür«, erklärt die pausbäckige Steffie. »Wenn nun jemand käme und sähe wie *ich* aus ...«

Trude lacht. »Du glaubst doch selber nicht, dass jemand anderes so blöd wär, mit deinem Kopf herumzulaufen.«

Steffie schmollt. Die anderen lachen. Sogar Luise verzieht das Gesicht.

Da ertönt der Gong.

»Die Fütterung der Raubtiere!«, ruft Christine. Und die Mädchen springen von der Mauer herunter.

Frau Muthesius sagt im Speisesaal zu Fräulein Ulrike: »Wir wollen unsere kleinen Doppelgängerinnen nebeneinandersetzen. Vielleicht hilft eine Radikalkur!«

Die Kinder strömen lärmend in den Saal. Schemel werden gerückt. Die Mädchen, die Dienst haben, schleppen dampfende Terrinen zu den Tischen. Andere füllen die Teller, die ihnen entgegengestreckt werden.

Fräulein Ulrike tritt hinter Luise und Trude, tippt Trude leicht auf die Schulter und sagt: »Du setzt dich neben Hilde Sturm.«

Trude dreht sich um und will etwas antworten. »Aber ...«

»Keine Widerrede, ja?«

Trude zuckt die Achseln, steht auf und zieht maulend um.

Die Löffel klappern. Der Platz neben Luise ist leer. Es ist erstaunlich, wie viele Blicke ein leerer Platz auf sich lenken kann.

Dann schwenken, wie auf Kommando, alle Blicke zur Tür. Lotte ist eingetreten.

»Da bist du ja endlich«, sagt Fräulein Ulrike. »Komm, ich will dir deinen Platz zeigen.« Sie bringt das stille, ernste Zopfmädchen zum Tisch. Luise blickt nicht hoch, sondern isst wütend ihre Suppe in sich hinein. Lotte setzt sich folgsam neben Luise und greift zum Löffel, obwohl ihr der Hals wie zugeschnürt ist.

Die anderen kleinen Mädchen schielen hingerissen zu dem merkwürdigen Paar hinüber. Ein Kalb mit zwei bis drei Köpfen könnte nicht interessanter sein. Der dicken, pausbäckigen Steffie steht vor lauter Spannung der Mund offen.

Luise kann sich nicht länger bezähmen. Und sie will's auch gar nicht. Mit aller Kraft tritt sie unterm Tisch gegen Lottes Schienbein!

Lotte zuckt vor Schmerz zusammen und presst die Lippen fest aufeinander.

Am Tisch der Erwachsenen sagt die Helferin Gerda kopfschüttelnd: »Es ist nicht zu fassen! Zwei wildfremde Mädchen und eine solche Ähnlichkeit!«

Fräulein Ulrike meint nachdenklich: »Vielleicht sind es astrologische Zwillinge?«

»Was ist denn das nun wieder?«, fragt Fräulein Gerda. »Astrologische Zwillinge?«

»Es soll Menschen geben, die einander völlig gleichen, ohne im Entferntesten verwandt zu sein. Sie sind aber im selben Bruchteil der gleichen Sekunde zur Welt gekommen!«

Fräulein Gerda murmelt: »Ah!«

Frau Muthesius nickt. »Ich hab einmal von einem Londoner Herrenschneider gelesen, der genau wie Eduard VII., der englische König, aussah. Zum Verwechseln ähnlich. Umso mehr, als der Schneider denselben Spitzbart trug. Der König ließ den Mann in den Buckingham-Palast kommen und unterhielt sich lange mit ihm.«

»Und die beiden waren tatsächlich in der gleichen Sekunde geboren worden?«

»Ja. Es ließ sich zufälligerweise exakt feststellen.«

»Und wie ging die Geschichte weiter?«, fragt Gerda gespannt.

»Der Herrenschneider musste sich auf Wunsch des Königs den Spitzbart abrasieren lassen!«

Während die anderen lachen, schaut Frau Muthesius nachdenklich zu dem Tisch hinüber, an dem die zwei kleinen Mädchen sitzen. Dann sagt sie: »Lotte Körner bekommt das Bett neben Luise Palfy! Sie werden sich aneinander gewöhnen müssen.«

Es ist Nacht. Und alle Kinder schlafen. Bis auf zwei.

Diese zwei haben einander den Rücken zugekehrt, tun, als schliefen sie fest, liegen aber mit offenen Augen da und starren vor sich hin.

Luise blickt böse auf die silbernen Kringel, die der Mond auf ihr Bett malt. Plötzlich spitzt sie die Ohren. Sie hört leises, krampfhaft unterdrücktes Weinen.

Lotte presst die Hände auf den Mund. Was hatte ihr die Mutter beim Abschied gesagt: »Ich freu mich so, dass du ein paar Wochen mit vielen fröhlichen Kindern zusammen sein wirst! Du bist zu ernst für dein Alter, Lottchen! Viel zu ernst! Ich weiß, es liegt nicht an dir. Es liegt an mir. An meinem Beruf. Ich bin zu wenig zu Hause. Wenn ich heimkomme, bin ich müde. Und du hast inzwischen nicht gespielt wie andere Kinder, sondern aufgewaschen, gekocht, den Tisch gedeckt. Komm bitte mit tausend

Lachfalten zurück, mein Hausmütterchen!« Und nun liegt sie hier in der Fremde, neben einem bösen Mädchen, das sie hasst, weil sie ihm ähnlich sieht. Sie seufzt leise. Da soll man nun Lachfältchen kriegen. Lotte schluchzt vor sich hin.

Plötzlich streicht eine kleine fremde Hand unbeholfen über ihr Haar! Lottchen wird stocksteif vor Schreck. Vor Schreck? Luises Hand streichelt schüchtern weiter.

Der Mond schaut durchs große Schlafsaalfenster und staunt nicht schlecht. Da liegen zwei kleine Mädchen nebeneinander, die sich nicht anzusehen wagen, und die eine, die eben noch weinte, tastet jetzt mit ihrer Hand ganz langsam nach der streichelnden Hand der anderen.

›Na gut‹, denkt der alte silberne Mond. ›Da kann ich ja beruhigt untergehen!‹ Und das tut er denn auch.

ZWEITES KAPITEL

Vom Unterschied zwischen Waffenstillstand und Frieden / Der Waschsaal als Frisiersalon / Das doppelte Lottchen / Trude kriegt eine Ohrfeige / Der Fotograf Eipeldauer und die Förstersfrau / Meine Mutti, unsere Mutti / Sogar Fräulein Ulrike hat etwas geahnt

Besaß der Waffenstillstand zwischen den zweien Wert und Dauer? Obwohl er ohne Verhandlungen und Worte geschlossen worden war? Ich möcht's schon glauben. Aber vom Waffenstillstand zum Frieden ist ein weiter Weg. Auch bei Kindern. Oder?

Sie wagten einander nicht anzusehen, als sie am nächsten Morgen aufwachten, als sie dann in ihren weißen langen Nachthemden in den Waschsaal liefen, als sie sich, Schrank an Schrank, anzogen, als sie Stuhl an Stuhl beim Milchfrühstück saßen, und auch nicht, als sie nebeneinander, Lieder singend, am See entlangliefen und später mit den Helferinnen Reigen tanzten und Blumenkränze flochten. Ein einziges Mal kreuzten sich ihre raschen, huschenden Blicke, doch dann waren sie auch schon wieder erschrocken voneinander weggeglitten.

Jetzt sitzt Fräulein Ulrike in der Wiese und liest einen wunderbaren Roman, in dem auf jeder Seite von Liebe die Rede ist. Manchmal lässt sie das Buch sinken und denkt versonnen an Herrn Rademacher, den Diplomingenieur, der bei ihrer Tante zur Untermiete wohnt: Rudolf heißt er. Ach Rudolf!

Luise spielt indessen mit ihren Freundinnen Völkerball. Aber sie ist nicht recht bei der Sache. Oft schaut sie sich um, als suche sie jemanden und könne ihn nicht finden.

Trude fragt: »Wann beißt du denn nun endlich der Neuen die Nase ab, hm?«

»Sei nicht so blöd!«, sagt Luise.

Christine blickt sie überrascht an. »Nanu! Ich denk, du hast eine Wut auf sie?«

»Ich kann doch nicht jedem, auf den ich eine Wut habe, die Nase abbeißen«, erklärt Luise kühl. Und sie setzt hinzu: »Außerdem *hab* ich gar keine Wut auf sie.«

»Aber gestern hattest du doch welche!«, beharrt Steffie.

»Und was für 'ne Wut!«, ergänzt Monika. »Beim Abendbrot hast du sie unterm Tisch so gegens Schienbein getreten, dass sie beinahe gebrüllt hätte!«

»Na also«, stellt Trude mit sichtlicher Genugtuung fest.

Luises Gefieder sträubt sich. »Wenn ihr nicht gleich aufhört«, ruft sie zornig, »kriegt *ihr* eins vors Schienbein!« Damit wendet sie sich um und rauscht davon.

»Die weiß nicht, was sie will«, meint Christine und zuckt die Achseln.

Lotte sitzt, ein Blumenkränzchen auf den Zöpfen, allein in der Wiese und ist damit beschäftigt, einen zweiten Kranz zu winden. Da fällt ein Schatten über ihre Schürze. Sie blickt auf.

Luise steht vor ihr und tritt, verlegen und unschlüssig, von einem Bein aufs andere.

Lotte wagt ein schmales Lächeln. Kaum, dass man's sehen kann. Eigentlich nur mit der Lupe.

Luise lächelt erleichtert zurück.

Lotte hält den Kranz, den sie eben gewunden hat, hoch und fragt schüchtern: »Willst du ihn?«

Luise lässt sich auf die Knie nieder und sagt leidenschaftlich: »Ja, aber nur, wenn du ihn mir aufsetzt!«

Lotte drückt ihr den Kranz in die Locken. Dann nickt sie und fügt hinzu: »Schön!«

Nun sitzen also die beiden ähnlichen Mädchen nebeneinander

auf der Wiese, sind mutterseelenallein, schweigen und lächeln sich vorsichtig an.

Dann atmet Luise schwer und fragt: »Bist du mir noch böse?«

Lotte schüttelt den Kopf.

Luise blickt zu Boden und stößt hervor: »Es kam so plötzlich! Der Autobus! Und dann du! So ein Schreck!«

Lotte nickt. »So ein Schreck«, wiederholt sie.

Luise beugt sich vor. »Eigentlich ist es furchtbar lustig, nein?«

Lotte blickt ihr erstaunt in die übermütig blitzenden Augen. »Lustig?« Dann fragt sie leise: »Hast du Geschwister?«

»Nein!«

»Ich auch nicht«, sagt Lotte.

Beide haben sich in den Waschsaal geschlichen und stehen vor einem großen Spiegel. Lotte ist voll Feuereifer dabei, Luises Locken mit Kamm und Bürste zu striegeln.

Luise schreit »Au!« und »Oh!«.

»Willst du wohl ruhig sein?«, schimpft Lotte, gespielt streng. »Wenn dir deine Mutti Zöpfe flicht, wird nicht geschrien!«

»Ich hab doch gar keine Mutti!«, murrt Luise. »Deswegen, au!, deswegen bin ich ja auch so ein lautes Kind, sagt mein Vater!«

»Zieht er dir denn nie die Hosen straff?«, erkundigt sich Lotte angelegentlich, während sie mit dem Zopfflechten beginnt.

»Ach wo! Dazu hat er mich viel zu lieb!«

»Das hat doch damit nichts zu tun!«, bemerkt Lotte sehr weise.

»Und außerdem hat er den Kopf voll.«

»Es genügt doch, dass er eine Hand frei hat!« Sie lachen.

Dann sind Luises Zöpfe fertig und nun schauen die Kinder mit brennenden Augen in den Spiegel. Die Gesichter strahlen wie Christbäume. Zwei völlig gleiche Mädchen blicken in den Spiegel hinein! Zwei völlig gleiche Mädchen blicken aus dem Spiegel heraus!

»Wie zwei Schwestern!«, flüstert Lotte begeistert.

Der Mittagsgong ertönt.

»Das wird ein Spaß!«, ruft Luise. »Komm!« Sie rennen aus dem Waschsaal. Und halten sich an den Händen.

Die anderen Kinder sitzen längst. Nur Luises und Lottes Schemel sind noch leer.

Da öffnet sich die Tür und Lotte erscheint. Sie setzt sich, ohne zu zaudern, auf Luises Schemel.

»Du!«, warnt Monika. »Das ist Luises Platz! Denk an dein Schienbein!«

Das Mädchen zuckt nur die Achseln und beginnt zu essen. Die Tür öffnet sich wieder, und – ja, zum Donnerwetter! – Lotte kommt leibhaftig noch einmal herein! Sie geht, ohne eine Miene zu verziehen, auf den letzten leeren Platz zu und setzt sich.

Die anderen Mädchen am Tisch sperren Mund und Nase auf. Jetzt schauen auch die Kinder von den Nebentischen herüber. Sie stehen auf und umdrängen die beiden Lotten. Die Spannung löst sich erst, als die zwei zu lachen anfangen. Es dauert keine Minute, da hallt der Saal von vielstimmigem Kindergelächter wider.

Frau Muthesius runzelt die Stirn. »Was ist denn das für ein Radau?« Sie steht auf und schreitet, mit königlich strafenden Blicken, in den tollen Jubel hinein. Als sie aber die zwei Zopfmädchen entdeckt, schmilzt ihr Zorn wie Schnee in der Sonne dahin. Belustigt fragt sie: »Also, welche von euch ist nun Luise Palfy und welche Lotte Körner?«

»Das verraten wir nicht!«, sagt die eine Lotte zwinkernd und wieder erklingt helles Gelächter.

»Ja um alles in der Welt!«, ruft Frau Muthesius in komischer Verzweiflung. »Was sollen wir denn nun machen?«

»Vielleicht«, schlägt die zweite Lotte vergnügt vor, »vielleicht kriegt es doch jemand heraus?«

Steffie fuchtelt mit der Hand durch die Luft. Wie ein Mädchen, das dringend ein Gedicht aufsagen möchte. »Ich weiß etwas!«, ruft sie. »Trude geht doch mit Luise in dieselbe Klasse! Trude muss raten!«

Trude schiebt sich zögernd in den Vordergrund des Geschehens, blickt musternd von der einen Lotte zur anderen und schüttelt ratlos den Kopf. Dann aber huscht ein spitzbübisches Lächeln über ihr Gesicht. Sie zieht die ihr näher stehende Lotte tüchtig am Zopf – und im nächsten Augenblick klatscht eine Ohrfeige!

Sich die Backe haltend, ruft Trude begeistert: »Das war Luise!« (Womit die allgemeine vorläufige Heiterkeit ihren Höhepunkt erreicht hat.)

Luise und Lotte haben die Erlaubnis erhalten, in den Ort zu gehen. Die »doppelte Lotte« soll unbedingt im Bild festgehalten werden. Um Fotos nach Hause zu schicken! Da wird man sich wundern!

Der Fotograf, ein gewisser Herr Eipeldauer, hat, nach der ersten Verblüffung, ganze Arbeit geleistet. Sechs verschiedene Aufnahmen hat er gemacht. In zehn Tagen sollen die Postkarten fertig sein.

Zu seiner Frau meint er, als die Mädchen fort sind: »Weißt was, am Ende schick ich ein paar Glanzabzüge an eine Illustrierte oder ein Magazin! Zeitschriften interessieren sich manchmal für so was!«

Draußen vor seinem Geschäft dröselt Luise ihre »dummen« Zöpfe wieder auf, denn die brave Haartracht beeinträchtigt ihr Wohlbefinden. Und als sie ihre Locken wieder schütteln kann, kehrt auch ihr Temperament zurück. Sie lädt Lotte zu einem Glas Limonade ein. Lotte sträubt sich. Luise sagt energisch: »Du hast zu folgen! Mein Vater hat vorgestern frisches Taschengeld geschickt. Auf geht's!«

Sie spazieren also zur Försterei hinaus, setzen sich in den Garten, trinken Limonade und plaudern. Es gibt ja so viel zu erzählen, zu fragen und zu beantworten, wenn zwei kleine Mädchen erst einmal Freundinnen geworden sind!

Die Hühner laufen pickend und gackernd zwischen den Gasthaustischen hin und her. Ein alter Jagdhund beschnuppert die beiden Gäste und ist mit ihrer Anwesenheit einverstanden.

»Ist dein Vater schon lange tot?«, fragt Luise.

»Ich weiß es nicht«, sagt Lotte. »Mutti spricht niemals von ihm – und fragen möcht ich nicht gern.«

Luise nickt. »Ich kann mich an meine Mutti gar nicht mehr erinnern. Früher stand auf Vaters Flügel ein großes Bild von ihr.

Einmal kam er dazu, wie ich es mir ansah. Und am nächsten Tag war es fort. Er hat es wahrscheinlich im Schreibtisch eingeschlossen.«

Die Hühner gackern. Der Jagdhund döst. Ein kleines Mädchen, das keinen Vater, und ein kleines Mädchen, das keine Mutter mehr hat, trinken Limonade.

»Du bist doch auch neun Jahre alt?«, fragt Luise.

»Ja.« Lotte nickt. »Am 14. Oktober werde ich zehn.«

Luise setzt sich kerzengerade. »Am 14. Oktober?«

»Am 14. Oktober.«

Luise beugt sich vor und flüstert: »Ich *auch*!«

Lotte wird steif wie eine Puppe.

Hinterm Haus kräht ein Hahn. Der Jagdhund schnappt nach einer Biene, die in seiner Nähe summt. Aus dem offenen Küchenfenster hört man die Förstersfrau singen.

Die beiden Kinder schauen sich wie hypnotisiert in die Augen. Lotte schluckt schwer und fragt heiser vor Aufregung: »Und – *wo* bist du geboren?«

Luise erwidert leise und zögernd, als fürchte sie sich: »In Linz an der Donau!«

Lotte fährt sich mit der Zunge über die trockenen Lippen. »Ich *auch*!«

Es ist ganz still im Garten. Nur die Baumwipfel bewegen sich. Vielleicht hat das Schicksal, das eben über den Garten hinwegschwebte, sie mit seinen Flügeln gestreift?

Lotte sagt langsam: »Ich hab ein Foto von … von meiner Mutti im Schrank.«

Luise springt auf. »Zeig mir's!« Sie zerrt die andere vom Stuhl herunter und aus dem Garten.

»Nanu!«, ruft da jemand empört. »Was sind denn das für neue Moden?« Es ist die Förstersfrau. »Limonade trinken und nicht zahlen?«

Luise erschrickt. Sie kramt mit zitternden Fingern in ihrem

kleinen Portemonnaie, drückt der Frau einen mehrfach geknifften Schein in die Hand und läuft zu Lotte zurück.

»Ihr kriegt etwas heraus!«, schreit die Frau. Aber die Kinder hören sie nicht. Sie rennen, als gälte es das Leben.

»Was mögen die kleinen Gänse bloß auf dem Kerbholz haben?«, brummt die Frau. Dann geht sie ins Haus. Der alte Jagdhund trottet hinterdrein.

Lotte kramt, im Kinderheim, hastig in ihrem Schrank. Unter dem Wäschestapel holt sie eine Fotografie hervor und hält sie der am ganzen Körper fliegenden Luise hin.

Luise schaut scheu und ängstlich auf das Bild. Dann verklärt sich ihr Blick. Ihre Augen saugen sich förmlich an dem Frauenantlitz fest.

Lottes Gesicht ist erwartungsvoll auf die andere gerichtet. Luise lässt, vor lauter Glück erschöpft, das Bild sinken und nickt selig. Dann presst sie es wild an sich und flüstert: »Meine Mutti!«

Lotte legt den Arm um Luises Hals. »*Unsere* Mutti!« Zwei kleine Mädchen drängen sich eng aneinander. Hinter dem Geheimnis, das sich ihnen eben entschleiert hat, warten neue Rätsel, andere Geheimnisse.

Der Gong dröhnt durchs Haus. Kinder rennen lachend und lärmend treppab. Luise will das Bild in den Schrank zurücklegen. Lotte sagt: »Ich schenke dir's!«

Fräulein Ulrike steht im Büro vor dem Schreibtisch der Lehrerin und hat vor Aufregung krebsrote, kreisrunde Flecken auf beiden Backen.

»Ich *kann* es nicht für mich behalten!«, stößt sie hervor. »Ich *muss* mich Ihnen anvertrauen! Wenn ich nur wüsste, was wir tun sollen!«

»Na, na«, sagt Frau Muthesius, »was drückt Ihnen denn das Herz ab, meine Liebe?«

»Es *sind* gar keine astrologischen Zwillinge!«

»Wer denn?«, fragt Frau Muthesius lächelnd. »Der englische König und der Schneider?«

»Nein! Luise Palfy und Lotte Körner! Ich habe im Aufnahmebuch nachgeschlagen! Sie sind beide am selben Tag in Linz geboren! Das *kann* kein Zufall sein!«

»Wahrscheinlich ist es kein Zufall, meine Liebe. Ich habe mir auch schon bestimmte Gedanken gemacht.«

»Sie wissen es also?«, fragt Fräulein Ulrike und schnappt nach Luft.

»Natürlich! Als ich die kleine Lotte, nachdem sie angekommen war, nach ihren Daten gefragt und diese eingetragen hatte, verglich ich sie mit Luises Geburtstag und Geburtsort. Das lag doch einigermaßen nahe. Nicht wahr?«

»Ja, ja. Und was geschieht nun?«

»Nichts.«

»Nichts?«

»Nichts! Falls Sie den Mund nicht halten sollten, schneide ich Ihnen die Ohren ab, meine Liebe.«

»Aber …«

»Kein Aber! Die Kinder ahnen nichts. Sie haben sich vorhin fotografieren lassen und werden die Bildchen heimschicken. Wenn sich die Fäden hierdurch entwirren, gut! Doch Sie und ich, wir wollen uns hüten, Schicksal zu spielen. Ich danke Ihnen für Ihre Einsicht, meine Liebe. Und jetzt schicken Sie mir, bitte, die Köchin.«

Fräulein Ulrike macht kein sonderlich geistreiches Gesicht, als sie das Büro verlässt. Übrigens wäre das bei ihr auch etwas völlig Neues.

DRITTES KAPITEL

Neue Kontinente werden entdeckt / Rätsel über Rätsel / Der entzweigeteilte Vorname / Eine ernste Fotografie und ein lustiger Brief / Steffies Eltern lassen sich scheiden / Darf man Kinder halbieren?

Die Zeit vergeht. Sie weiß es nicht besser.
Haben die zwei kleinen Mädchen ihre Fotos beim Herrn Eipeldauer im Dorf abgeholt? Längst! Hat sich Fräulein Ulrike neugierig erkundigt, ob sie die Fotos nach Haus geschickt hätten? Längst! Haben Luise und Lotte mit den Köpfchen genickt und ja gesagt? Längst!

Und ebenso lange liegen dieselben Fotos, in lauter kleine Fetzen zerpflückt, auf dem Grunde des flaschengrünen Bühlsees bei Seebühl. Die Kinder haben Fräulein Ulrike angelogen! Sie wollen ihr Geheimnis für sich behalten! Wollen es zu zweit verbergen und, vielleicht, zu zweit enthüllen! Und wer ihren Heimlichkeiten zu nahe kommt, wird rücksichtslos beschwindelt. Es geht nicht anders. Nicht einmal Lottchen hat Gewissensbisse. Das will viel heißen.

Die beiden hängen neuerdings wie die Kletten zusammen. Trude, Steffie, Monika, Christine und die anderen sind manchmal böse auf Luise, eifersüchtig auf Lotte. Was hilft's? Gar nichts hilft es! Wo mögen sie jetzt wieder stecken?

Sie stecken im Schrankzimmer. Lotte holt zwei gleiche Schürzen aus ihrem Schrank, gibt der Schwester eine davon und sagt, während sie sich die andere umbindet: »Die Schürzen hat Mutti beim Oberpollinger gekauft.«

»Aha«, meint Luise, »das ist das Kaufhaus auf der Neuhauser Straße, beim … wie heißt das Tor?«

»Karlstor.«

»Richtig, beim Karlstor!«

Sie wissen wechselweise schon recht gut Bescheid über die Lebensgewohnheiten, über die Schulkameradinnen, die Nachbarn, die Lehrerinnen und Wohnungen der anderen! Für Luise ist ja alles, was mit der Mutter zusammenhängt, so ungeheuer wichtig! Und Lotte verzehrt sich, alles, aber auch alles über den Vater zu erfahren, was die Schwester weiß! Tag für Tag sprechen sie von nichts anderem. Und noch abends flüstern sie stundenlang in ihren Betten. Jede entdeckt einen anderen, einen neuen Kontinent. Das, was bis jetzt von ihrem Kinderhimmel umspannt wurde, war ja, wie sich plötzlich herausgestellt hat, nur die eine Hälfte ihrer Welt!

Und wenn sie wirklich einmal nicht damit beschäftigt sind, voller Eifer diese beiden Hälften aneinanderzufügen, um das Ganze zu überschauen, erregt sie ein anderes Thema, plagt sie ein anderes Geheimnis: Warum sind die Eltern nicht mehr zusammen?

»Erst haben sie natürlich geheiratet«, erklärt Luise zum hundertsten Male. »Dann haben sie zwei kleine Mädchen gekriegt. Und weil Mutti Luiselotte heißt, haben sie das eine Kind Luise und das andere Lotte getauft. Das ist doch sehr hübsch! Da müssen sie sich doch noch gemocht haben, nicht?«

»Bestimmt!«, sagt Lotte. »Aber dann haben sie sich sicher gezankt. Und sind voneinander fort. Und haben uns selber genauso entzweigeteilt wie vorher Muttis Vornamen!«

»Eigentlich hätten s' uns erst fragen müssen, ob sie uns halbieren dürfen!«

»Damals konnten wir ja noch gar nicht reden!«

Die beiden Schwestern lächeln hilflos. Dann haken sie sich unter und gehen in den Garten.

Es ist Post gekommen. Überall, im Gras und auf der Mauer und auf den Gartenbänken, hocken kleine Mädchen und studieren Briefe.

Lotte hält die Fotografie eines Mannes von etwa fünfunddreißig Jahren in den Händen und blickt mit zärtlichen Augen auf ihren Vater. So sieht er also aus! Und so wird es einem ums Herz, wenn man einen wirklichen, lebendigen Vater hat!

Luise liest vor, was er ihr schreibt: »Mein liebes, einziges Kind!« – »So ein Schwindler!«, sagt sie hochblickend. »Wo er doch genau weiß, dass er Zwillinge hat!« Dann liest sie weiter: »Hast du denn ganz vergessen, wie dein Haushaltungsvorstand aussieht, dass du unbedingt, noch dazu zum Ferienschluss, eine Fotografie von ihm haben willst? Erst wollte ich dir ja ein Kinderbild von mir schicken. Eines, wo ich als nackiges Baby auf einem Eisbärenfell liege! Aber du schreibst, dass es unbedingt ein funkelnagelneues Bild sein muss! Na, da bin ich gleich zum Fotografen gerannt, obwohl ich eigentlich gar keine Zeit hatte, und hab ihm genau erklärt, weswegen ich das Bild so eilig brauche. Sonst, habe ich ihm gesagt, erkennt mich meine Luise nicht wieder, wenn ich sie von der Bahn abhole! Das hat er zum Glück eingesehen. Und so kriegst du das Bild noch rechtzeitig. Hoffentlich tanzt du den Fräuleins im Heim nicht so auf der Nase herum wie deinem Vater, der dich tausendmal grüßt und große Sehnsucht nach dir hat!«

»Schön!«, sagt Lotte. »Und lustig! Dabei sieht er auf dem Bild so ernst aus!«

»Wahrscheinlich hat er sich vor dem Fotografen geniert zu lachen«, vermutet Luise. »Vor anderen Leuten macht er immer ein strenges Gesicht. Aber wenn wir allein sind, kann er sehr komisch sein.«

Lotte hält das Bild ganz fest. »Und ich darf es wirklich behalten?«

»Natürlich«, sagt Luise, »deswegen hab ich's mir doch schicken lassen!«

Die pausbäckige Steffie sitzt auf einer Bank, hält einen Brief in der Hand und weint. Sie gibt dabei keinen Laut von sich. Die Tränen rollen unaufhörlich über das runde, unbewegliche Kindergesicht. Trude schlendert vorbei, bleibt neugierig stehen, setzt sich daneben und schaut Steffie abwartend an. Christine kommt hinzu und setzt sich auf die andere Seite. Luise und Lotte nähern sich und bleiben stehen. »Fehlt dir was?«, fragt Luise. Steffie weint lautlos weiter. Plötzlich senkt sie die Augen und sagt monoton: »Meine Eltern lassen sich scheiden!«

»So eine Gemeinheit!«, ruft Trude. »Da schicken sie dich erst in die Ferien und dann tun sie so was! Hinter deinem Rücken!«

»Der Papa liebt, glaub ich, eine andere Frau«, schluchzt Steffie.

Luise und Lotte gehen rasch weiter. Was sie eben gehört haben, bewegt ihre Gemüter aufs Heftigste.

»*Unser* Vater«, fragt Lotte, »hat doch aber keine neue Frau?«

»Nein«, erwidert Luise. »Das wüsste ich.«

»Vielleicht eine, mit der er nicht verheiratet ist?«, fragt Lotte zögernd.

Luise schüttelt den Lockenkopf. »Bekannte hat er natürlich. Auch Frauen. Aber *du* sagt er zu keiner! Aber wie ist das mit Mutti? Hat Mutti einen – einen guten Freund?«

»Nein«, meint Lotte zuversichtlich. »Mutti hat mich und ihre Arbeit, und sonst will sie nichts vom Leben, sagt sie.«

Luise blickt die Schwester ziemlich ratlos an. »Ja, aber warum sind sie denn dann geschieden?«

Lotte denkt nach. »Vielleicht waren sie gar nicht auf dem Gericht? So wie Steffies Eltern das wollen?«

»Warum ist Vater in Wien und Mutti in München?«, fragt Luise. »Warum haben sie uns halbiert?«

»Warum«, fährt Lotte grübelnd fort, »haben sie uns nie erzählt, dass wir gar nicht einzeln, sondern eigentlich Zwillinge sind? Und warum hat Vater dir nichts davon erzählt, dass Mutti lebt?«

»Und Mutti hat dir verschwiegen, dass Vati lebt!«

Luise stemmt die Arme in die Seiten. »Schöne Eltern haben wir, was? Na warte, wenn wir den beiden einmal die Meinung geigen! Die werden staunen!«

»Das dürfen wir doch gar nicht«, meint Lotte schüchtern. »Wir sind ja nur Kinder!«

»*Nur?*«, fragt Luise und wirft den Kopf zurück.

VIERTES KAPITEL

Gefüllte Eierkuchen, wie entsetzlich! / Die geheimnisvollen Oktavhefte / Schulwege und Gutenachtküsse / Es ist eine Verschwörung im Gange / Das Gartenfest als Generalprobe / Abschied von Seebühl am Bühlsee

Die Ferien gehen dem Ende zu. In den Schränken sind die Stapel frischer Wäsche zusammengeschmolzen. Die Betrübnis, das Kinderheim bald verlassen zu müssen, und die Freude aufs Zuhause wachsen gleichmäßig.

Frau Muthesius plant ein kleines Abschiedsfest. Der Vater eines der Mädchen, dem ein Kaufhaus gehört, hat eine große Kiste Lampions, Girlanden und viele andere Dinge geschickt. Nun sind die Helferinnen und die Kinder eifrig dabei, die Veranda und den Garten gehörig herauszuputzen. Sie schleppen Küchenleitern von Baum zu Baum, hängen bunte Laternen ins Laub, schlingen Girlanden von Zweig zu Zweig und bereiten auf einem langen Tisch eine Tombola vor. Andere schreiben auf kleine Zettel Losnummern. Der erste Hauptgewinn: ein Paar Rollschuhe mit Kugellager!

»Wo sind eigentlich die Locken und die Zöpfe?«, fragt Fräulein Ulrike. (So nennt man Luise und Lotte neuerdings!)

»Och *die*!«, meint Monika abfällig. »Die werden wieder irgendwo im Gras sitzen und sich an den Händen halten, damit der Wind sie nicht auseinanderweht!«

Die Zwillinge sitzen nicht irgendwo im Gras, sondern im Garten der Försterei. Sie halten sich auch nicht an den Händen – dazu haben sie nicht die mindeste Zeit –, sondern sie haben Oktavheftchen vor sich liegen, halten Bleistifte in der Hand, und im Augenblick diktiert Lotte gerade der emsig kritzelnden Luise: »Am liebsten mag Mutti Nudelsuppe mit Rindfleisch. Das Rindfleisch holst du beim Metzger Huber. Ein halbes Pfund Querrippe, schön durchwachsen.«

Luise hebt den Kopf. »Metzger Huber, Max-Emanuel-Straße, Ecke Prinz-Eugen-Straße«, schnurrt sie herunter.

Lotte nickt befriedigt. »Das Kochbuch steht im Küchenschrank, im untersten Fach ganz links. Und in dem Buch liegen alle Rezepte, die ich kann.«

Luise notiert: »Kochbuch … Küchenschrank … unteres Fach … ganz links …« Dann stützt sie die Arme auf und meint: »Vor dem Kochen hab ich eine Heidenangst! Aber wenn's in den ersten Tagen schiefgeht, kann ich vielleicht sagen, ich hätt's in den Ferien verlernt, wie?«

Lotte nickt zögernd. »Außerdem kannst du mir ja gleich

schreiben, wenn etwas nicht klappt. Ich gehe jeden Tag aufs Postamt und frage, ob etwas angekommen ist!«

»Ich auch«, meint Luise. »Schreib nur recht oft! Und iss tüchtig im ›Imperial‹! Vati freut sich immer so, wenn mir's schmeckt!«

»Zu dumm, dass ausgerechnet gefüllter Eierkuchen dein Lieblingsgericht ist!«, murrt Lottchen. »Na, da kann eben nichts helfen! Aber Kalbsschnitzel und Gulasch wären mir lieber!«

»Wenn du gleich den ersten Tag drei Eierkuchen isst, oder vier oder fünf, kannst du hinterher sagen, du hast dich fürs ganze weitere Leben daran überfressen«, schlägt Luise vor.

»Das geht!«, antwortet die Schwester, obwohl sich ihr bereits bei dem bloßen Gedanken an fünf Eierkuchen der Magen umdreht. Sie macht sich nun einmal nichts daraus!

Dann beugen sich beide wieder über ihre Heftchen und hören einander wechselseitig die Namen der Mitschülerinnen, die Sitzordnung in der Klasse, die Gewohnheiten der Lehrerin und den genauen Schulweg ab.

»Mit dem Schulweg hast du's leichter als ich«, meint Luise. »Du sagst Trude ganz einfach, sie soll dich am ersten Tag abholen! Das macht sie manchmal. Na, und da läufst du dann ganz gemütlich neben ihr her und merkst dir die Straßenecken und den übrigen Palawatsch!«

Lotte nickt. Plötzlich erschrickt sie. »Das hab ich dir noch gar nicht gesagt – vergiss ja nicht, Mutti, wenn sie dich zu Bett bringt, einen Gutenachtkuss zu geben!«

Luise blickt vor sich hin. »Das brauch ich mir nicht aufzuschreiben. *Das* vergesse ich bestimmt nicht!«

Merkt ihr, was sich anspinnt? Die Zwillinge wollen den Eltern noch immer nicht erzählen, dass sie Bescheid wissen. Sie wollen Vater und Mutter nicht vor Entscheidungen stellen. Sie ahnen, dass sie kein Recht dazu haben. Und sie fürchten, die Entschlüsse der Eltern könnten das junge Geschwisterglück sofort und endgültig wieder zerstören. Aber das andere brächten sie erst recht nicht übers Herz: als wäre nichts geschehen, zurückzufahren, woher sie gekommen sind! Weiterzuleben in der ihnen von den Eltern ungefragt zugewiesenen Hälfte! Nein! Kurz und gut, es ist eine Verschwörung im Gange! Der von Sehnsucht und Abenteuerlust geweckte, fantastische Plan sieht so aus: Die beiden wollen die Kleider, Frisuren, Koffer, Schürzen und Existenzen tauschen! Luise will, mit braven Zöpfen (und auch sonst ums Bravsein bemüht), als sei sie Lotte, zur Mutter, von der sie nichts als eine Fotografie kennt, »heimkehren«! Und Lotte wird, mit offenem Haar und so lustig und lebhaft, wie sie's nur vermag, zum Vater nach Wien fahren!

Die Vorbereitungen auf die zukünftigen Abenteuer waren gründlich. Die Oktavhefte sind randvoll von Notizen. Man wird einander postlagernd schreiben, wenn Not am Mann ist oder wenn wichtige unvorhergesehene Ereignisse eintreten sollten.

Vielleicht wird es ihrer gemeinsamen Aufmerksamkeit am Ende sogar gelingen zu enträtseln, warum die Eltern getrennt leben? Und vielleicht werden sie dann eines schönen, eines wunderschönen Tages miteinander und mit beiden Eltern – doch so weit wagen sie kaum zu denken, geschweige denn, darüber zu sprechen.

Das Gartenfest am Vorabend der Abreise ist als Generalprobe vorgesehen. Lotte kommt als lockige, quirlige Luise. Luise erscheint als brave, bezopfte Lotte. Und beide spielen ihre Rollen ausgezeichnet. Niemand merkt etwas! Nicht einmal Trude, Luises Schulkameradin aus Wien! Es macht beiden einen Mordsspaß, einander laut beim eigenen verschenkten Vornamen zu rufen. Lotte schlägt vor Übermut Purzelbäume. Und Luise tut so sanft und still, als könne sie kein Härchen trüben und kein Wässerchen krümmen.

Die Lampions schimmern in den Sommerbäumen. Die Girlanden schaukeln im Abendwind. Das Fest und die Ferien gehen zu Ende. An der Tombola werden die Gewinne verteilt. Steffie, das arme Hascherl, gewinnt den ersten Preis, die Rollschuhe mit Kugellager. (Besser ein schwacher Trost als gar keiner!)

Die Schwestern schlafen schließlich, ihren Rollen getreu, in den vertauschten Betten und träumen vor Aufregung wilde Dinge. Lotte beispielsweise wird in Wien am Bahnsteig von einer überlebensgroßen Fotografie ihres Vaters abgeholt, und daneben steht ein weißbemützter Hotelkoch mit einem Schubkarren voll gefüllter dampfender Eierkuchen – brrr!

Am nächsten Morgen, in aller Herrgottsfrühe, fahren in der Bahnstation Egern, bei Seebühl am Bühlsee, zwei aus entgegengesetzten Richtungen kommende Züge ein. Dutzende kleiner Mädchen klettern schnatternd in die Abteile. Lotte beugt sich weit aus dem Fenster. Aus einem Fenster des anderen Zuges winkt Luise. Sie lächeln einander Mut zu. Die Herzen klopfen. Das Lampenfieber wächst. Wenn jetzt nicht die Lokomotiven zischten und spuckten – die kleinen Mädchen würden vielleicht im letzten Moment doch noch –

Aber nein, der Fahrplan hat das Wort. Der Stationsvorsteher hebt sein Zepter. Die Züge setzen sich gleichzeitig in Bewegung. Kinderhände winken.

Lotte fährt als Luise nach Wien.

Und Luise als Lotte nach München.

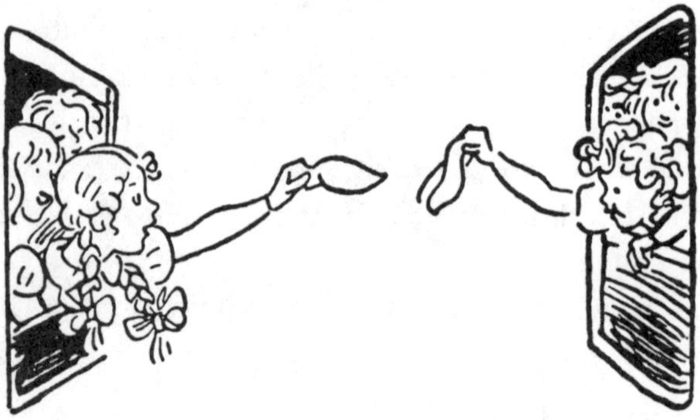

Ein Kind auf einem Koffer / Die einsamen Onkels im »Imperial« / Von Peperl und dem untrüglichen Instinkt der Tiere / »Luise« fragt, ob sie in der Oper winken darf / Rechenfehler im Haushaltsbuch / Shirley Temple durfte sich ihre eigenen Filme nicht ansehen / Herrn Kapellmeister Palfys kompliziertes Innenleben

München. Hauptbahnhof, Bahnsteig 16. Die Lokomotive steht still und ringt nach Luft. In dem Strom der Reisenden haben sich Inseln des Wiedersehens gebildet. Kleine Mädchen umhalsen ihre strahlenden Eltern. Man vergisst vor lauter selig gerührtem Schwadronieren, dass man ja erst auf dem Bahnhof und noch gar nicht daheim ist!

Allmählich wird der Bahnsteig aber doch leer.

Und zum Schluss steht nur noch ein einziges Kind da, ein Kind mit Zöpfen und Zopfschleifen. Bis gestern trug es Locken. Bis gestern hieß es Luise Palfy.

Das kleine Mädchen hockt sich schließlich auf den Koffer und beißt die Zähne fest zusammen. Im Bahnhof einer fremden Stadt auf seine Mutter zu warten, die man nur als Fotografie kennt und die nicht kommt – das ist kein Kinderspiel!

Frau Luiselotte Palfy, geborene Körner, die sich seit sechseinhalb Jahren (seit ihrer Scheidung) wieder Luiselotte Körner nennt, ist im Verlag der »Münchner Illustrierten«, wo sie als Bildredakteurin angestellt ist, durch neu eingetroffenes Material für die aktuellen Seiten aufgehalten worden.

Endlich hat sie ein Taxi ergattert. Endlich hat sie eine Bahnsteigkarte erkämpft. Endlich hat sie im Dauerlauf Bahnsteig 16 erreicht.

Der Bahnsteig ist leer.

Nein! Ganz, ganz hinten sitzt ein Kind auf einem Koffer! Die junge Frau rast wie die Feuerwehr den Bahnsteig entlang!

Einem kleinen Mädchen, das auf einem Koffer hockt, zittern die Knie. Ein ungeahntes Gefühl ergreift das Kinderherz. Diese junge, glückstrahlende, diese wirkliche, wirbelnde, lebendige Frau ist ja die Mutter!

»Mutti!«

Luise stürzt der Frau entgegen und springt ihr, die Arme hochwerfend, an den Hals.

»Mein Hausmütterchen«, flüstert die junge Frau unter Tränen. »Endlich, endlich hab ich dich wieder!«

Der kleine Kindermund küsst leidenschaftlich ihr weiches Gesicht, ihre zärtlichen Augen, ihre Lippen, ihr Haar, ihr schickes Hütchen. Ja, das Hütchen auch!

Sowohl im Restaurant als auch in der Küche des Hotels »Imperial« in Wien herrscht wohlwollende Aufregung. Der Liebling der Stammgäste und der Angestellten, die Tochter des Opernkapellmeisters Palfy, ist wieder da!

Lotte, pardon, Luise sitzt, wie es alle gewohnt sind, auf dem angestammten Stuhl mit den zwei hohen Kissen und isst mit Todesverachtung gefüllte Eierkuchen.

Die Stammgäste kommen, einer nach dem andern, zum Tisch, streichen dem kleinen Mädchen über die Locken, klopfen ihm zärtlich die Schultern, fragen, wie es ihm im Ferienheim gefallen hat, meinen, in Wien beim Papa sei's aber doch wohl am schönsten, legen allerlei Geschenke auf den Tisch: Zuckerln, Schokolade, Pralinen, Buntstifte, ja, einer holt sogar ein kleines altmodisches Nähzeug aus der Tasche und sagt verlegen, es sei noch von seiner Großmutter selig – dann nicken sie dem Kapellmeister zu und wandern an ihre Tische zurück. Heute wird ihnen das Essen endlich wieder richtig schmecken, den einsamen Onkels!

Am besten schmeckt's freilich dem Herrn Kapellmeister selber. Ihm, der sich immer aufs Einsamseinmüssen aller »wahren Künstlernaturen« so viel zugutegetan und der seine verflossene Ehe stets für einen Fehltritt ins Bürgerliche gehalten hat, ihm ist heute höchst »unkünstlerisch« warm und familiär ums Herz. Und als die Tochter schüchtern lächelnd seine Hand ergreift, als habe sie Angst, der Vater könne ihr sonst womöglich davonlaufen, da hat er wahrhaftig, obgleich er Beinfleisch und keineswegs Knödel verspeist, einen Kloß im Hals!

Ach, und da kommt der Kellner Franz schon wieder mit einem neuen Eierkuchen angewedelt!

Lotte schüttelt die Locken. »Ich kann nimmer, Herr Franz!«

»Aber Luiserl!«, meint der Kellner vorwurfsvoll. »Es ist doch erst der fünfte!«

Nachdem der Herr Franz leicht bekümmert mitsamt dem fünften Eierkuchen in die Küche zurückgesegelt ist, nimmt sich Lotte ein Herz und sagt: »Weißt du, was, Vati – ab morgen ess ich immer das, was *du* isst!«

»Nanu!«, ruft der Herr Kapellmeister. »Und wenn ich nun Geselchtes ess? Das kannst du doch nicht ausstehen! Da wird dir doch übel!«

»Wenn du Geselchtes isst«, meint sie zerknirscht, »kann ich ja wieder Eierkuchen essen.« (Es ist halt doch nicht ganz so einfach, seine eigene Schwester zu sein!) Und nun?

Und nun erscheint der Hofrat Strobl mit Peperl. Peperl ist ein Hund. »Schau, Peperl«, sagt der Herr Hofrat lächelnd, »wer wieder da ist! Geh hin und sag dem Luiserl grüß Gott!«

Peperl wedelt mit dem Schwanz und trabt eifrig an Palfys Tisch, um dem Luiserl, seiner alten Freundin, grüß Gott zu sagen.

Ja, Kuchen, nein, Hundekuchen! Als Peperl am Tisch angekommen ist, beschnuppert er das kleine Mädchen und zieht sich, ohne grüß Gott, eiligst zum Herrn Hofrat zurück. »So ein blödes Viech!«, bemerkt dieser ungnädig. »Erkennt seine beste Freundin nicht wieder! Bloß weil sie ein paar Wochen am Land war! Und da reden die Leut immer, ganz g'schwolln, vom untrüglichen Instinkt der Tiere!« Lottchen aber denkt bei sich: ›Ein Glück, dass die Hofräte nicht so gescheit wie der Peperl sind!‹

Der Herr Kapellmeister und seine Tochter sind, mit den Geschenken der Stammgäste, dem Koffer, der Puppe und der Badetasche beladen, zu Haus in der Rotenturmstraße eingetroffen. Und Resi, Palfys Haushälterin, hat sich vor Wiedersehensfreude gar nicht zu lassen gewusst.

Aber Lotte weiß von Luise, dass Resi eine falsche Blunzen und ihr Getue Theater ist. Vater merkt natürlich nichts. Männer merken nie etwas!

Er fischt ein Billett aus der Brieftasche, gibt es der Tochter und sagt: »Heute Abend dirigier ich Humperdincks ›Hänsel und Gretel‹! Resi bringt dich ins Theater und holt dich nach Schluss wieder ab.«

»Oh!« Lotte strahlt. »Kann ich dich von meinem Platz aus sehen?«

»Freilich.«

»Und guckst du manchmal zu mir hin?«

»Na selbstverständlich!«

»Und darf ich ein bisschen winken, wenn du guckst?«

»Ich werd sogar zurückwinken, Luiserl!«

Dann klingelt das Telefon. Am anderen Ende redet eine weibliche Stimme. Der Vater antwortet ziemlich einsilbig. Aber wie er den Hörer aufgelegt hat, hat er es dann doch ziemlich eilig. Er muss noch ein paar Stunden allein sein, ja, und komponieren. Denn schließlich ist er nicht nur Kapellmeister, sondern auch Komponist. Und komponieren kann er nun einmal nicht zu Hause. Nein, dafür hat er sein Atelier in der Ringstraße. Also …

»Morgen Mittag auf Wiedersehen im ›Imperial‹!«

»Und ich darf dir in der Oper zuwinken, Vati?«

»Natürlich, Kind. Warum denn nicht?«

Kuss auf die ernste Kinderstirn! Hut auf den kantigen Künstlerkopf! Die Tür schlägt zu.

Das kleine Mädchen geht langsam zum Fenster und denkt be-

kümmert über das Leben nach. Die Mutter *darf* nicht zu Hause arbeiten. Der Vater *kann* nicht zu Hause arbeiten.

Man hat's schwer mit den Eltern!

Aber da sie, nicht zuletzt dank der mütterlichen Erziehung, ein resolutes und praktisches Persönchen ist, steckt sie sehr bald das Nachdenken auf, bewaffnet sich mit ihrem Oktavheft und beginnt anhand von Luises Angaben systematisch, Zimmer für Zimmer, die schöne Altwiener Wohnung für sich zu entdecken.

Nachdem sie die Forschungsreise hinter sich hat, setzt sie sich aus alter Gewohnheit an den Küchentisch und rechnet in dem herumliegenden Haushaltsbuch der Reihe nach die Ausgabenspalten durch.

Dabei fällt ihr zweierlei auf. Erstens hat sich Resi, die Haushälterin, auf fast jeder Seite verrechnet. Und zweitens hat sie das jedes Mal zu ihren Gunsten getan!

»Ja, was soll denn das heißen?« Resi steht in der Küchentür.

»Ich hab in deinem Buch nachgerechnet«, sagt Lotte leise, aber bestimmt.

»Was sind denn das für neue Moden?«, fragt Resi böse. »Rechne du in der Schule, wo's hingehört!«

»Ich werd jetzt immer bei dir nachrechnen«, erklärt das Kind sanft und hüpft vom Küchenstuhl. »Wir lernen *in* der Schule, aber nicht *für* die Schule, hat die Lehrerin gesagt.« Damit stolziert sie aus der Tür.

Resi starrt verblüfft hinterdrein.

Wertgeschätzte kleinere und größere Leserinnen und Leser! Jetzt wird es, glaube und fürchte ich, allmählich Zeit, dass ich auch ein wenig von Luises und Lottes Eltern berichte, vor allem darüber, wie es seinerzeit zu der Scheidung zwischen ihnen kam. Sollte euch an dieser Stelle des Buchs ein Erwachsener über die Schulter blicken und rufen: »Dieser Mensch! Wie kann er nur, um alles in der Welt, solche Sachen den *Kindern* erzählen!«, dann lest ihm, bitte, das Folgende vor:

»Als Shirley Temple ein kleines Mädchen von sieben, acht Jahren war, war sie doch schon ein auf der ganzen Erde berühmter Filmstar, und die Firmen verdienten viele Millionen Dollar mit ihr. Wenn Shirley aber mit ihrer Mutter in ein Kino gehen wollte, um sich einen Shirley-Temple-Film anzuschauen, ließ man sie nicht hinein. Sie war noch zu jung. Es war verboten. Sie durfte nur Filme drehen. Das war erlaubt. Dafür war sie alt genug.«

Wenn der Erwachsene, der euch über die Schulter guckt, das Beispiel von Shirley Temple und den Zusammenhang mit Luises und Lottes Eltern und ihrer Scheidung nicht verstanden hat, dann richtet ihm einen schönen Gruß von mir aus und ich ließe ihm sagen, es gäbe auf der Welt sehr viele geschiedene Eltern und es gäbe sehr viele Kinder, die darunter litten! Und es gäbe sehr viele andere Kinder, die darunter litten, dass die Eltern sich *nicht* scheiden ließen! Wenn man aber den Kindern zumutete, unter diesen Umständen zu leiden, dann sei es doch wohl allzu zartfühlend und außerdem verkehrt, nicht mit ihnen darüber in verständiger und verständlicher Form zu sprechen!

Also, der Herr Kapellmeister Ludwig Palfy ist ein Künstler und Künstler sind bekanntlich seltsame Lebewesen. Er trägt zwar keine Kalabreser und keine flatternden Krawatten, im Gegenteil, er ist ganz manierlich gekleidet, sauber und beinahe elegant.

Aber sein Innenleben! Das ist kompliziert! Oh! Sein Innenleben, das hat es in sich! Wenn er einen musikalischen Einfall hat, muss er, um ihn zu notieren und kompositorisch auszugestalten, auf der Stelle allein sein. Und so einen Einfall hat er womöglich auf einer großen Gesellschaft! »Wo ist denn Palfy hin?«, fragt dann der Hausherr. Und irgendjemand antwortet: »Es wird ihm wohl wieder etwas eingefallen sein!« Der Hausherr lächelt sauersüß, bei sich aber denkt er: ›Flegel! Man kann doch nicht bei jedem Einfall weglaufen!‹ Doch der Kapellmeister Palfy, der kann!

Der lief auch aus der eigenen Wohnung fort, als er noch verheiratet war, damals, blutjung, verliebt, ehrgeizig, selig und verrückt in einem!

Und als dann gar die kleinen Zwillinge in der Wohnung Tag und Nacht krähten und die Wiener Philharmoniker sein erstes Klavierkonzert uraufführten, da ließ er einfach den Flügel abholen und in ein Atelier am Ring bringen, das er in seiner künstlerischen Verzweiflung gemietet hatte!

Und da er damals sehr viele Einfälle hatte, kam er nur noch sehr selten zu seiner jungen Frau und den brüllenden Zwillingen.

Luiselotte Palfy, geb. Körner, kaum zwanzig Jahre alt, fand das nicht sehr fidel. Und als ihr zu den kaum zwanzigjährigen Ohren kam, dass der Herr Gemahl in seinem Atelier nicht nur Noten malte, sondern auch mit Opernsängerinnen, die ihn sehr nett fanden, Gesangsrollen studierte, da reichte sie empört die Scheidung ein!

Nun war der um seine schöpferische Einsamkeit so besorgte Kapellmeister fein heraus. Nun konnte er so viel allein sein, wie er wollte. Den ihm nach der Scheidung verbliebenen Zwilling versorgte in der Rotenturmstraße ein tüchtiges Kindermädchen. Um ihn selber, im Atelier am Ring, kümmerte sich, wie er sich's so sehnlich gewünscht hatte, kein Aas!

Das war ihm nun mit einem Male auch nicht recht. O diese Künstler! Sie wissen wirklich nicht, was sie wollen! Immerhin, er komponierte und dirigierte fleißig und wurde von Jahr zu Jahr berühmter. Außerdem konnte er ja, wenn ihn der Katzenjammer packte, in die andere Behausung gehen und mit Luise, dem Töchterchen, spielen.

Sooft in München ein Konzert war, bei dem neue Werke von Ludwig Palfy aufgeführt wurden, kaufte sich Luiselotte Körner ein Billett, saß dann, mit gesenktem Kopf, in einer der letzten, billigen Reihen und entnahm der Musik ihres geschiedenen Mannes, dass er kein glücklicher Mensch geworden war. Trotz seiner Erfolge. Und trotz seiner Einsamkeit.

SECHSTES KAPITEL

Wo ist das Geschäft der Frau Wagenthaler? / Aber! Kochen verlernt man doch nicht! / Lotte winkt in der Oper / Es regnet Pralinen / Die erste Nacht in München und die erste Nacht in Wien / Der merkwürdige Traum, worin Fräulein Gerlach als Hexe auftritt / Eltern dürfen alles / Vergissmeinnicht München 18!

Frau Luiselotte Körner hat ihre Tochter gerade noch in die winzige Wohnung in der Max-Emanuel-Straße bringen können. Dann musste sie, sehr ungern und sehr schnell, wieder in den Verlag fahren. Arbeit wartet auf sie. Und Arbeit darf nicht warten.

Luise, ach nein! Lotte hat sich studienhalber kurz in der Wohnung umgesehen. Dann hat sie die Schlüssel, das Portemonnaie und ein Netz genommen. Und nun macht sie Einkäufe. Beim Metzgermeister Huber an der Ecke Prinz-Eugen-Straße ersteht sie ein halbes Pfund Rindfleisch, Querrippe, schön durchwachsen, mit etwas Niere und ein paar Knochen. Und jetzt sucht sie krampfhaft das Viktualiengeschäft der Frau Wagenthaler, um Suppengrün, Nudeln und Salz zu besorgen.

Und Anni Habersetzer wundert sich nicht wenig, dass ihre Mitschülerin Lotte Körner mitten auf der Straße steht und angestrengt in einem Oktavheft blättert.

»Machst du auf der Straße Schularbeiten?«, fragt sie neugierig. »Heut sind doch noch Ferien!«

Luise starrt das andere Mädchen verdutzt an. Es ist ja auch zu blöd, wenn einen jemand anspricht, den man, obwohl man ihn noch nie im Leben sah, genau zu kennen hat! Schließlich reißt sie

sich zusammen und sagt vergnügt: »Grüß Gott! Kommst mit? Ich muss zur Frau Wagenthaler, Suppengrün kaufen.« Dann hängt sie sich bei der anderen ein – wenn sie wenigstens wüsste, wie das sommersprossige Ding mit dem Vornamen heißt! – und lässt sich von ihr, ohne dass sie es merkt, zum Laden der Frau Wagenthaler lotsen.

Die Frau Wagenthaler freut sich natürlich, dass Lottchen Körner aus den Ferien zurück ist und so rote Backen gekriegt hat! Als der Einkauf erledigt ist, erhalten die Mädchen je einen Bonbon und außerdem den Auftrag, der Frau Körner und der Frau Habersetzer einen schönen Gruß auszurichten.

Da fällt der Luise ein Stein vom Herzen. Endlich weiß sie, dass die andere die Anni Habersetzer sein muss! (Im Oktavheft steht: »Anni Habersetzer, ich war dreimal mit ihr böse, sie haut kleinere Kinder, besonders die Ilse Merck, die Kleinste in der Klasse.«) Nun, damit kann man schon etwas anfangen!

Beim Abschied vor der Haustür sagt also Luise: »Eh ich es vergesse – Anni –, dreimal war ich mit dir böse, wegen der Ilse Merck und so, du weißt schon. Das nächste Mal bin ich dir nicht bloß böse, sondern …« Dabei macht sie eine eindeutige Handbewegung und rauscht davon.

›Das werden wir ja sehen‹, denkt Anni wütend. ›Gleich morgen werden wir das sehen! Die ist wohl in den Ferien übergeschnappt?‹

Luise kocht. Sie hat eine Schürze von Mutti umgebunden und rennt zwischen dem Gasherd, wo Töpfe über den Flammen stehen, und dem Tisch, auf dem das Kochbuch aufgeschlagen liegt,

wie ein Kreisel hin und her. Dauernd hebt sie die Topfdeckel hoch. Wenn kochendes Wasser zischend überläuft, zuckt sie zusammen. Wie viel Salz sollte ins Nudelwasser? »Ein halber Esslöffel!« Wie viel Selleriesalz? »Eine Prise!« Wie viel, um alles in der Welt, ist eine Prise?

Und dann: »Muskatnuss reiben!« Wo steckt die Muskatnuss? Wo das Reibeisen?

Das kleine Mädchen wühlt in Schubfächern, klettert auf Stühle, schaut in alle Behältnisse, starrt auf die Uhr an der Wand, springt vom Stuhl herunter, ergreift eine Gabel, hebt einen Deckel auf, verbrennt sich die Finger, quiekt, sticht mit der Gabel in dem Rindfleisch herum – nein, es ist noch nicht weich!

Mit der Gabel in der Hand bleibt sie wie angewurzelt stehen. Was wollte sie eben noch suchen? Ach richtig! Die Muskatnuss und das Reibeisen! Nanu, was liegt denn da friedlich neben dem Kochbuch? Das Suppengrün! Herrje, das muss doch geputzt und in die Bouillon getan werden! Also, Gabel weg, Messer her! Ob das Fleisch jetzt gar ist? Und wo sind die Reibnuss und das Muskateisen? Quatsch, das Reibeisen und die Muskatnuss? Suppengrün muss man erst unter der Wasserleitung waschen. Und die Möhre muss geschabt werden. Au, man darf sich dabei natürlich nicht in den Finger schneiden! Und wenn das Fleisch weich ist, muss man es aus dem Topf herausnehmen. Und um später die Knochen abzuschöpfen, braucht man ein Sieb! Und in einer halben Stunde kommt Mutti! Und zwanzig Minuten vorher muss man die Nudeln in kochendes Wasser werfen! Und wie es in der Küche aussieht! Und die Muskatnuss! Und das Sieb! Und das Reibeisen! Und … Und … Und …

Luise sinkt auf dem Küchenstuhl zusammen. Ach Lottchen! Es ist nicht leicht, deine Schwester zu sein! Hotel »Imperial« … Hofrat Strobl … Peperl … Herr Franz … Und Vati … Vati … Vati …

Und die Uhr tickt.

In neunundzwanzig Minuten kommt Mutti! – In achtundzwanzig und einer halben Minute! – In achtundzwanzig! Luise ballt vor Entschlossenheit die Fäuste und erhebt sich zu neuen Taten. Dabei knurrt sie: »Das wär doch gelacht!«

Doch mit dem Kochen ist das eine eigene Sache. Entschlossenheit genügt vielleicht, um von einem hohen Turm zu springen. Aber um Nudeln mit Rindfleisch zu kochen, dazu braucht's mehr als Willenskraft.

Und als Frau Körner, müde von des Tages Unrast, heimkehrt, findet sie kein lächelndes Hausmütterchen vor, bewahre, sondern ein völlig erschöpftes Häufchen Unglück, ein leicht beschädigtes, verwirrtes, zerknittertes Etwas, aus dessen zum Weinen verzogenem Mund es ihr entgegenklingt: »Schimpf nicht, Mutti! Ich glaub, ich kann nicht mehr kochen!«

»Aber Lottchen, Kochen verlernt man doch nicht!«, ruft die Mutter verwundert. Doch zum Wundern ist wenig Zeit. Es gilt, Kindertränen zu trocknen, Bouillon abzuschmecken, zerkochtes Fleisch hineinzuwerfen, Teller und Bestecke aus dem Schrank zu holen und vieles mehr.

Als sie endlich im Wohnzimmer unter der Lampe sitzen und Nudelsuppe löffeln, meint die Mutter tröstend:

»Es schmeckt doch eigentlich sehr gut, nicht?«

»Ja?« Ein schüchternes Lächeln stiehlt sich in das Kindergesicht. »Wirklich?«

Die Mutter nickt und lächelt still zurück.

Luise atmet auf und nun schmeckt es ihr selber mit einem Male so gut wie noch nie im Leben! Trotz Hotel »Imperial« und Eierkuchen.

»Die nächsten Tage werde ich selber kochen«, sagt die Mutter. »Du wirst dabei schön aufpassen. Dann kannst du's bald wieder wie vor den Ferien.«

Die Kleine nickt eifrig. »Vielleicht sogar noch besser!«, meint sie etwas vorlaut.

Nach dem Essen waschen sie gemeinsam das Geschirr ab. Und Luise erzählt, wie schön es im Ferienheim war. (Allerdings, von dem Mädchen, das ihr zum Verwechseln ähnlich war, erzählt sie kein Sterbenswort!)

Lottchen sitzt währenddem, in Luises schönstem Kleid, an die samtene Brüstung einer Rangloge der Wiener Staatsoper gepresst und schaut mit brennenden Augen zum Orchester hinunter, wo Kapellmeister Palfy die Ouvertüre von »Hänsel und Gretel« dirigiert.

Wie wundervoll Vati im Frack aussieht! Und wie die Musiker parieren, obwohl ganz alte Herren darunter sind! Wenn er mächtig mit dem Stock droht, spielen sie, so laut sie können. Und wenn er will, dass sie leiser sein sollen, dann säuseln sie wie der

Abendwind. Müssen die vor ihm eine Angst haben! Dabei hat er vorhin so vergnügt zur Loge heraufgewinkt!

Die Logentür geht.

Eine elegante junge Dame rauscht herein, setzt sich an die Brüstung und lächelt dem aufblickenden Kind zu.

Lotte wendet sich schüchtern ab und schaut wieder zu, wie Vati die Musiker dressiert.

Die junge Dame holt ein Opernglas hervor. Und eine Konfektschachtel. Und ein Programm. Und eine Puderdose. Sie hört nicht auf, bis die Samtbrüstung wie ein Schaufenster aussieht.

Als die Ouvertüre zu Ende ist, klatscht das Publikum laut Beifall. Der Herr Kapellmeister Palfy verbeugt sich einige Male. Und dann sieht er, während er erneut den Dirigentenstab hebt, zur Loge empor.

Lotte winkt schüchtern mit der Hand. Vati lächelt noch zärtlicher als vorhin.

Da merkt Lotte, dass nicht nur sie mit der Hand winkt – sondern auch die Dame neben ihr!

Die Dame winkt Vati zu? Vati hat vielleicht ihretwegen so zärtlich gelächelt? Und gar nicht wegen seiner Tochter? Ja, und wieso hat Luise nichts von der fremden Frau erzählt? Kennt Vati sie noch nicht lange? Aber wie darf sie ihm dann so vertraulich zuwinken? Das Kind notiert im Gedächtnis: ›Heute noch an Luise schreiben. Ob sie etwas weiß. Morgen vor der Schule zum Postamt. Postlagernd aufgeben: Vergissmeinnicht München 18.‹

Dann hebt sich der Vorhang, und das Schicksal Hänsels und Gretels fordert die gebührende Anteilnahme. Lottchens Atem geht stockend. Da unten schicken die Eltern ihre zwei Kinder in den Wald, um sie loszuwerden. Dabei haben sie die Kinder doch lieb! Wie können sie dann so böse sein? Oder sind sie gar nicht böse? Ist nur das, was sie *tun*, böse? Sie sind traurig darüber. Warum machen sie es dann?

Lottchen, der halbierte und vertauschte Zwilling, gerät in wachsende Erregung. Ohne sich dessen völlig bewusst zu werden, gilt der Widerstreit ihrer Gefühle immer weniger den beiden Kindern und Eltern dort unten auf der Bühne, immer mehr ihr selber, der Zwillingsschwester und den eigenen Eltern. Durften diese tun, was sie getan haben? Ganz gewiss ist Mutti keine böse Frau und auch der Vater ist bestimmt nicht bös. Doch was sie *taten*, das *war* böse! Der Holzhauer und seine Frau waren so arm, dass sie kein Brot für die Kinder kaufen konnten. Aber Vati? War der so arm gewesen?

Als später Hänsel und Gretel vor dem knusprigen Pfefferkuchenhaus ankommen, daran herumknabbern und vor der Hexenstimme erschrecken, beugt sich Fräulein Irene Gerlach, so heißt die elegante Dame, zu dem Kind hinüber, schiebt ihm die Konfektschachtel zu und flüstert: »Willst du auch ein bisschen knuspern?«

Lottchen zuckt zusammen, blickt auf, sieht das Frauengesicht vor sich und macht eine wild abwehrende Geste. Dabei fegt sie leider die Konfektschachtel von der Brüstung, und unten im Par-

kett regnet's vorübergehend, wie aufs Stichwort, Pralinen! Köpfe wenden sich nach oben. Gedämpftes Lachen mischt sich in die Musik. Fräulein Gerlach lächelt halb verlegen, halb ärgerlich.

Das Kind wird ganz steif vor Schreck. Es ist mit einem Schlag aus dem gefährlichen Zauber der Kunst herausgerissen worden. Es befindet sich, mit einem Schlag, im gefährlichen Bereich der Wirklichkeit.

»Entschuldigen Sie vielmals«, wispert Lottchen.

Die Dame lächelt verzeihend. »Oh, das macht nix, Luiserl«, sagt sie.

Ob das auch eine Hexe ist? Eine schönere als die auf der Bühne?

Luise liegt zum ersten Mal in München im Bett. Die Mutter sitzt auf der Bettkante und sagt: »So, mein Lottchen, nun schlaf gut! Und träum was Schönes!«

»Wenn ich nicht zu müd dazu bin«, murmelt das Kind. »Kommst du auch bald?«

An der Gegenwand steht ein größeres Bett. Auf der zurückgeschlagenen Decke liegt Muttis Nachthemd, parat zum Hineinschlüpfen.

»Gleich«, sagt die Mutter. »Sobald du eingeschlafen bist.«

Das Kind schlingt die Arme um ihren Hals und gibt ihr einen Kuss. Dann noch einen. Und einen dritten. »Gute Nacht!«

Die junge Frau drückt das kleine Wesen an sich. »Ich bin so froh, dass du wieder daheim bist«, flüstert sie. »Ich hab ja nur noch dich!«

Der Kopf des Kindes sinkt schlaftrunken zurück. Luiselotte Palfy, geb. Körner, stopft das Deckbett zurecht und lauscht eine Weile auf die Atemzüge ihrer Tochter. Dann steht sie behutsam auf. Und auf Zehenspitzen geht sie ins Wohnzimmer zurück.

Unter der Stehlampe liegt die Aktenmappe. Es gibt noch so viel zu tun.

Lotte ist zum ersten Mal von der mürrischen Resi ins Bett gebracht worden. Anschließend ist sie heimlich wieder aufgestanden und hat den Brief geschrieben, den sie morgen früh zum Postamt bringen will. Dann hat sie sich leise in Luisens Bett zurückgeschlichen und, bevor sie das Licht ausknipste, das Kinderzimmer noch einmal in Ruhe betrachtet.

Es ist ein geräumiger, hübscher Raum mit Märchenfriesen an den Wänden, mit einem Spielzeugschrank, mit einem Bücherbord, einem Schreibpult für die Schularbeiten, einem großen Kaufmannsladen, einer zierlichen altmodischen Frisiertoilette, einem Puppenwagen, einem Puppenbett, nichts fehlt, bis auf die Hauptsache!

Hat sie sich nicht manchmal – ganz im Stillen, damit Mutti es nur ja nicht merke – so ein schönes Zimmer gewünscht? Nun sie es hat, bohrt sich ihr ein spitzer, von Sehnsucht und Neid scharf geschliffener Schmerz ins Gemüt. Sie sehnt sich nach dem kleinen, bescheidenen Schlafzimmer, wo jetzt die Schwester liegt, nach Muttis Gutenachtkuss, nach dem Lichtschein, der aus dem Wohnzimmer herüberzwinkert, wo Mutti noch arbeitet, danach, dass dann leise die Tür geht, dass sie hört, wie Mutti am Kinderbett stehen bleibt, auf Zehenspitzen zum eigenen Bett hinüberhuscht, ins Nachthemd schlüpft und sich in ihre Decke kuschelt.

Wenn hier, wenigstens im *Neben*zimmer, Vatis Bett stünde! Vielleicht würde er schnarchen. Das wäre schön! Da wüsste man, dass er ganz in der Nähe ist! Aber er schläft nicht in der Nähe, sondern in einem anderen Haus, am Kärntner Ring. Vielleicht schläft er überhaupt noch nicht, sondern sitzt mit dem eleganten Pralinenfräulein in einem großen, glitzernden Saal, trinkt Wein, lacht, tanzt mit ihr, nickt ihr zärtlich zu, wie vorhin in der Oper, *ihr*, nicht dem kleinen Mädchen, das glücklich und verstohlen aus der Loge winkte.

Lotte schläft ein. Sie träumt. Das Märchen von den armen Eltern, die, weil sie kein Brot hatten, Hänsel und Gretel in den Wald schickten, mischt sich mit eignen Ängsten und eignem Jammer.

Lotte und Luise sitzen in diesem Traum mit erschrockenen Augen in einem gemeinsamen Bett und starren auf eine Tür, durch die viele weißbemützte Bäcker kommen und Brote hereinschleppen. Sie schichten die Brote an den Wänden auf. Immer mehr Bäcker kommen und gehen. Die Brotberge wachsen. Das Zimmer wird immer enger.

Dann steht der Vater da, im Frack, und dirigiert die Bäckerparade mit lebhaften Gesten. Mutti kommt hereingestürzt und fragt bekümmert: »Aber Mann, was soll denn nun werden?«

»Die Kinder müssen fort!«, schreit er böse. »Wir haben keinen Platz mehr! Wir haben zu viel Brot im Hause!«

Mutti ringt die Hände. Die Kinder schluchzen erbärmlich.

»Hinaus!«, ruft er und hebt drohend den Dirigentenstab. Da rollt das Bett gehorsam zum Fenster. Die Fensterflügel springen auf. Das Bett schwebt zum Fenster hinaus.

Es fliegt über eine große Stadt dahin, über einen Fluss, über Hügel, Felder, Berge und Wälder. Dann senkt es sich wieder zur Erde herab und landet in einem mächtigen, urwaldähnlichen Baumgewirr, in dem es von unheimlichem Vogelgekrächz und vom Gebrüll wilder Tiere schauerlich widerhallt. Die beiden kleinen Mädchen sitzen, von Furcht gelähmt, im Bett.

Da knackt und prasselt es im Dickicht!

Die Kinder werfen sich zurück und ziehen die Decke über die Köpfe. Aus dem Gestrüpp kommt jetzt die Hexe hervor. Es ist aber nicht die Hexe von der Opernbühne, sondern sie ähnelt viel eher der Pralinendame aus der Loge. Sie blickt durch ihr Opernglas zu dem Bettchen hinüber, nickt mit dem Kopf, lächelt sehr hochmütig und klatscht dreimal in die Hände.

Wie auf Kommando verwandelt sich der dunkle Wald in eine sonnige Wiese. Und auf der Wiese steht ein aus Konfektschachteln gebautes Haus, mit einem Zaun aus Schokoladetafeln. Vögel zwitschern lustig, im Gras hüpfen Hasen aus Marzipan, und überall schimmert es von goldenen Nestern, in denen Ostereier liegen. Ein kleiner Vogel setzt sich aufs Bett und singt so hübsch Koloratur, dass sich Lotte und Luise, wenn auch zunächst nur bis zu den Nasenspitzen, unter ihrer Decke hervortrauen. Als sie nun die Wiese mit den Osterhasen, die Schokoladeneier und das Pralinenhaus sehen, klettern sie schnell aus dem Bett und laufen zum Zaun. Dort stehen sie nun in ihren langen Nachthemden und staunen.

»Spezialmischung!«, liest Luise laut vor. »Und Krokant! Und Nougatfüllung!«

»Und bittere Sonderklasse!«, ruft Lotte erfreut. (Denn sie isst auch im Traum nicht gerne Süßes.)

Luise bricht ein großes Stück Schokolade vom Zaun. »Mit Nuss!«, meint sie begehrlich und will hineinbeißen.

Da ertönt Hexenlachen aus dem Haus! Die Kinder erschrecken! Luise wirft die Schokolade weit weg!

Und schon kommt Mutti mit einem großen Handwagen voller Brote über die Wiese gekeucht. »Halt, Kinder!«, ruft sie angstvoll. »Es ist alles vergiftet!«

»Wir hatten Hunger, Mutti.«

»Hier habt ihr Brot! Ich konnte nicht früher aus dem Verlag weg!« Sie umarmt ihre Kinder und will sie fortziehen. Doch da öffnet sich die Pralinentür. Der Vater erscheint mit einer großen

Säge, wie Holzhauer sie haben, und ruft: »Lassen Sie die Kinder in Ruhe, Frau Körner!«

»Es sind *meine* Kinder, Herr Palfy!«

»Meine *auch*«, schreit er zurück. Und während er sich nähert, erklärt er trocken: »Ich werde die Kinder halbieren! Mit der Säge! Ich kriege eine halbe Lotte und von Luise eine Hälfte, und Sie auch, Frau Körner!«

Die Zwillinge sind zitternd ins Bett gesprungen.

Mutti stellt sich, mit ausgebreiteten Armen, schützend vor das Bett. »Niemals, Herr Palfy!«

Aber der Vater schiebt sie beiseite und beginnt, vom Kopfende her, das Bett durchzusägen. Die Säge kreischt so, dass man friert, und sägt das Bett Zentimeter auf Zentimeter der Länge nach durch.

»Lasst euch los!«, befiehlt der Vater.

Die Säge kommt den ineinandergefalteten Geschwisterhänden immer näher, immer näher! Gleich ritzt sie die Haut! – Mutti weint herzzerbrechend.

Man hört die Hexe kichern.

Da endlich geben die Kinderhände nach.

Die Säge schneidet zwischen ihnen das Bett endgültig auseinander, bis zwei Betten, jedes auf vier Füßen, daraus geworden sind.

»Welchen Zwilling wollen Sie haben, Frau Körner?«

»Beide, beide!«

»Bedaure«, sagt der Mann. »Gerechtigkeit muss sein. Na, wenn Sie sich nicht entschließen können – ich nehm die da! Mir ist es eh gleich. Ich kenn sie ja doch nicht auseinander.« Er greift nach dem einen Bett. »Welche bist du denn?«

»Das Luiserl!«, ruft diese. »Aber du darfst das nicht tun!«

»Nein«, schreit nun Lotte. »Ihr dürft uns nicht halbieren!«

»Haltet den Mund!«, erklärt der Mann streng. »Eltern dürfen alles!«

Damit geht er, das eine Kinderbett an einer Schnur hinter sich herziehend, auf das Pralinenhaus zu. Der Schokoladenzaun springt von selber auf.

Luise und Lotte winken einander verzweifelt zu.

»Wir schreiben uns!«, brüllt Luise.

»Postlagernd!«, schreit Lotte. »Vergissmeinnicht München 18!«

Der Vater und Luise verschwinden im Haus. Dann verschwindet auch das Haus, als würde es weggewischt.

Mutti umarmt Lotte und sagt traurig: »Nun sind wir beide vaterseelenallein.« Plötzlich starrt sie das Kind unsicher an. »Welches meiner Kinder bist du denn? Du siehst aus wie Lotte!«

»Ich *bin* ja Lotte!«

»Nein, du siehst aus wie Luise ...«

»Ich bin doch Luise!«

Die Mutter blickt dem Kind erschrocken ins Gesicht und sagt, seltsamerweise mit Vaters Stimme: »Einmal Locken! Einmal Zöpfe! Dieselben Nasen! Dieselben Köpfe!«

Lotte hat jetzt links einen Zopf, rechts Locken wie Luise. Tränen rollen ihr aus den Augen. Und sie murmelt trostlos: »Nun weiß ich selber nicht mehr, wer von uns beiden ich bin! Ach, die arme Hälfte!«

Wochen sind vergangen / Peperl hat sich abgefunden / Eierkuchen haben keine Knochen / Alles hat sich verändert, besonders die Resi / Kapellmeister Palfy gibt Klavierstunden / Frau Körner macht sich Vorwürfe / Anni Habersetzer kriegt Watschen / Ein Wochenende, schön wie nichts auf der Welt!

Wochen sind seit jenem ersten Tag und jener ersten Nacht in der fremden Welt und unter fremden Menschen ins Land gegangen. Wochen, in denen jeder Augenblick, jeder Zufall und jede Begegnung Gefahr und Entdeckung mit sich bringen konnten. Wochen mit sehr viel Herzklopfen und manchem postlagernden Brief, der neue dringende Auskünfte heischte.

Es ist alles gut abgelaufen. Ein bisschen Glück war wohl auch dabei. Luise hat das Kochen »wieder« gelernt. Die Lehrerinnen in München haben sich einigermaßen damit abgefunden, dass die kleine Körner aus den Ferien weniger fleißig, ordentlich und aufmerksam, dafür aber umso lebhafter und »schlagfertiger« zurückgekehrt ist.

Und ihre Wiener Kolleginnen haben rein gar nichts dagegen, dass die Tochter des Kapellmeisters Palfy neuerdings besser aufpasst und besser multiplizieren kann. Erst gestern hat Fräulein Gstettner im Lehrerzimmer zu Fräulein Bruckbaur ziemlich geschwollen gesagt: »Die Entwicklung Luises zu beobachten, liebe Kollegin, ist für jedes pädagogische Auge ein lehrreiches Erlebnis. Wie sich hier aus Überschwang des Temperaments still wirkende, beherrschte Kraft herausgebildet hat, aus Übermut, Heiterkeit und aus naschhaftem Wissensdurst ein stetiger ins Kleinste gehender Bildungswille – also, liebe Kollegin, das ist einzigartig! Und vergessen Sie eines nicht, diese Verwandlung, diese Metamorphose eines Charakters in eine höhere, gebändigte Form geschah völlig aus sich heraus, ohne jeden erzieherischen Druck von außen!«

Fräulein Bruckbaur hat gewaltig genickt und erwidert: »Diese Selbstentfaltung des Charakters, dieser Eigenwille zur Form zeigt sich auch im Wandel von Luises Schrift! Ich sag ja immer, dass Schrift und Charakter …« Aber wir wollen es uns schenken anzuhören, was Fräulein Bruckbaur immer sagt!

Vernehmen wir lieber, in rückhaltloser Anerkennung, dass Peperl, der Hund des Hofrats Strobl, seit einiger Zeit den alten Brauch wieder aufgenommen hat, dem kleinen Mädchen am Tisch des Herrn Kapellmeisters grüß Gott zu sagen. Er hat sich, obwohl es über seinen Hundeverstand geht, damit abgefunden, dass das Luiserl nicht mehr wie das Luiserl riecht. Bei den Menschen ist so vieles möglich, warum nicht auch das? Außerdem, neuerdings isst die liebe Kleine nicht mehr so oft Eierkuchen, stattdessen mit großem Vergnügen Fleischernes. Wenn man nun bedenkt, dass Eierkuchen keine Knochen haben, Koteletts hingegen in erfreulicher Häufigkeit, so kann man doppelt verstehen, dass das Tier seine Zurückhaltung überwunden hat.

Wenn Luises Lehrerinnen schon finden, dass sich Luise in erstaunlicher Weise gewandelt hat – was sollten sie erst zu Resi sagen, wenn sie Resi, die Haushälterin, näher kennten? Denn Resi, das steht außer Frage, ist tatsächlich ein völlig anderer Mensch geworden. Sie war vielleicht gar nicht von Grund auf betrügerisch, schlampert und faul? Sondern nur, weil das scharfe Auge fehlte, das alles überwacht und sieht?

Seit Lotte im Haus ist und sanft, doch unabwendbar alles prüft, alles entdeckt, alles weiß, was man über Küche und Keller wissen kann, hat sich Resi zu einer »ersten« Kraft entwickelt.

Lotte hat den Vater überredet, das Wirtschaftsgeld nicht länger der Resi, sondern ihr auszuhändigen. Und es ist einigermaßen komisch, wenn Resi anklopft und ins Kinderzimmer tritt, um sich von dem neunjährigen Kinde, das ernst am Pult sitzt und seine Schulaufgaben macht, Geld geben zu lassen. Sie berichtet gehorsam, was sie einkaufen muss, was sie zum Abendbrot auftischen will und was sonst im Haushalt nötig ist.

Lotte überschlägt rasch die Kosten, nimmt Geld aus dem Pult, zählt es Resi hin, schreibt den Betrag in ein Heft, und abends wird dann am Küchentisch gewissenhaft abgerechnet.

Sogar dem Vater ist es aufgefallen, dass der Haushalt früher mehr gekostet hat, dass jetzt, obwohl er weniger Geld gibt, regelmäßig Blumen auf dem Tisch stehen, auch drüben im Atelier am Ring, und dass es in der Rotenturmstraße richtig heimelig geworden ist. (›So, als wäre eine Frau im Haus‹, hat er neulich gedacht! Und über diesen Gedanken war er nicht schlecht erschrocken!)

Dass er jetzt öfter und länger in der Rotenturmstraße sitzt, ist nun wieder Fräulein Irene Gerlach, der Pralinendame, aufgefallen. Und sie hat den Herrn Kapellmeister deswegen gewissermaßen zur Rede gestellt. Sehr vorsichtig natürlich, denn Künstler sind empfindlich!

»Ja weißt«, hat er gesagt, »neulich komm ich doch dazu, wie das Luiserl am Klavier sitzt und stillvergnügt auf den Tasten klimpert. Und dazu singt sie ein kleines Liedchen, einfach herzig! Wo sie doch früher nicht ans Klavier gegangen wär, und wenn man sie hingeprügelt hätt!«

»Und?«, hat Fräulein Gerlach gefragt und die Brauen bis an den Haaransatz hinaufgezogen.

»Und?« Der Herr Palfy hat verlegen gelacht. »Seitdem geb ich ihr Klavierunterricht! Es macht ihr höllischen Spaß. Mir übrigens auch.«

Fräulein Gerlach hat sehr verächtlich geblickt. Denn sie ist eine geistig hochstehende Persönlichkeit. Dann hat sie spitz erklärt: »Ich dachte, du wärst Komponist und nicht Klavierlehrer für kleine Mädchen.«

Früher hätte das dem Künstler Ludwig Palfy niemand mitten ins Gesicht sagen dürfen! Heute hat er wie ein Schulbub gelacht und gerufen: »Aber ich hab ja noch nie im Leben so viel komponiert wie gerade jetzt! Und noch nie so was Gutes!«

»Was wird's denn werden?«

»Eine Kinderoper«, hat er geantwortet.

In den Augen der Lehrerinnen hat sich also Luise verändert. In den Augen des Kindes haben sich Resi und Peperl verändert. In den Augen des Vaters hat sich die Rotenturmstraße verändert. So etwas von Veränderei!

Und in München hat sich natürlich auch allerhand verändert. – Als die Mutter gemerkt hat, dass Lottchen nicht mehr so häuslich und in der Schule nicht mehr so fleißig ist, dafür aber quirliger und lustiger als früher, da ist sie in sich gegangen und hat zu sich selber also gesprochen: »Luiselotte, du hast aus einem fügsamen kleinen Wesen eine Haushälterin gemacht, aber kein Kind! Kaum war sie ein paar Wochen mit Gleichaltrigen zusammen, im Gebirge, an einem See – schon ist sie geworden, was sie immer hätte sein sollen: ein lustiges, von deinen Sorgen wenig beschwertes kleines Mädchen! Du bist viel zu egoistisch gewesen, pfui! Freu dich, dass Lottchen heiter und glücklich ist! Mag sie getrost beim Abwaschen einen Teller zerschmettern! Mag sie sogar von der Lehrerin einen Brief heimbringen: ›Lottes Aufmerksamkeit, Ordnungsliebe und Fleiß lassen neuerdings leider bedenklich zu wünschen übrig. Die Mitschülerin Anni Habersetzer hat von ihr gestern schon wieder vier heftige Watschen erhalten.‹ Eine Mutter hat – und hätte sie noch so viele Sorgen – vor allem die Pflicht, ihr Kind davor zu bewahren, dass es zu früh aus dem Paradies der Kindheit vertrieben wird!«

So und ähnlich hat Frau Körner ernst zu sich selber gesprochen, und eines Tages schließlich auch zu Fräulein Linnekogel, Lottes Klassenlehrerin. »Mein Kind«, hat sie gesagt, »soll ein Kind sein, kein zu klein geratener Erwachsener! Es ist mir lieber, sie wird ein fröhlicher, leidenschaftlicher Racker, als dass sie um jeden Preis Ihre beste Schülerin bleibt!«

»Aber früher hat Lotte doch beides recht gut zu vereinbaren gewusst«, hat Fräulein Linnekogel, leicht pikiert, erklärt.

»Warum sie das jetzt nicht mehr kann, weiß ich nicht. Als berufstätige Frau weiß man überhaupt zu wenig von seinem Kind. Irgendwie muss es mit den Sommerferien zusammenhängen. Aber eines weiß und sehe ich: *dass* sie's nicht mehr kann! Und das ist entscheidend!«

Fräulein Linnekogel hat energisch an ihrer Brille gerückt. »Mir, als der Erzieherin und Lehrerin Ihrer Tochter, sind leider andere Ziele gesteckt. Ich muss und werde versuchen, die innere Harmonie des Kindes wiederherzustellen!«

»Finden Sie wirklich, dass ein bisschen Unaufmerksamkeit in der Rechenstunde und ein paar Tintenkleckse im Schreibheft –«

»Ein gutes Beispiel, Frau Körner! Das Schreibheft! Gerade Lottes Schrift zeigt, wie sehr das Kind die, ich möchte sagen, seelische Balance verloren hat. Aber lassen wir die Schrift beiseite! Finden Sie es in Ordnung, dass Lotte neuerdings Mitschülerinnen prügelt?«

»Mitschüler*innen*?« Frau Körner hat die Endung absichtlich betont. »Meines Wissens hat sie nur die Anni Habersetzer geschlagen.«

»Nur?«

»Und diese Anni Habersetzer hat die Ohrfeigen redlich verdient! Von irgendwem muss sie sie ja schließlich kriegen!«

»Aber Frau Körner!«

»Ein großes, gefräßiges Ding, das seine Gehässigkeit heimlich an den Kleinsten der Klasse auszulassen pflegt, sollte von der Lehrerin nicht noch in Schutz genommen werden.«

»Wie bitte? Wirklich? Davon weiß ich ja gar nichts!«

»Dann fragen Sie nur die arme kleine Ilse Merck! Vielleicht erzählt die Ihnen einiges!«

»Und warum hat mir Lotte nichts gesagt, als ich sie bestraft habe?«

Da hat sich Frau Körner ein wenig in die Brust geworfen und geantwortet: »Dazu fehlt es ihr wohl an der, um mit Ihnen zu sprechen, seelischen Balance!« Und dann ist sie in den Verlag gesaust. Um zurechtzukommen, hat sie ein Taxi nehmen müssen. Zwei Mark dreißig. Ach, das liebe Geld!

Am Samstagmittag hat Mutti plötzlich den Rucksack gepackt und gesagt: »Zieh die festen Schuhe an! Wir fahren nach Garmisch und kommen erst morgen Abend zurück!«

Luise hat ein bisschen ängstlich gefragt: »Mutti – wird das nicht zu teuer?«

Der Frau Körner hat es einen kleinen Stich gegeben. Dann hat sie gelacht. »Wenn das Geld nicht reicht, verkauf ich dich unterwegs!«

Das Kind hat vor Wonne getanzt. »Fein! Wenn du dann das Geld hast, lauf ich den Leuten wieder weg! Und wenn du mich drei- bis viermal verkauft hast, haben wir so viel, dass du einen Monat nicht zu arbeiten brauchst!«

»So teuer bist du?«

»Dreitausend Mark und elf Pfennige! Und die Mundharmonika nehm ich auch mit!«

Das wurde ein Wochenende – wie lauter Himbeeren mit Schlagsahne! Von Garmisch wanderten sie über Grainau an den Baadersee. Dann an den Eibsee. Mit Mundharmonika und lautem Gesang. Dann ging's durch hohe Wälder bergab. Über Stock und Stein. Walderdbeeren fanden sie. Und schöne, geheimnisvolle Blumen. Lilienhaften Türkenbund und vielblütigen lilafarbenen Enzian. Und Moos mit kleinen spitzen Helmen auf dem Kopf. Und winzige Alpenveilchen, die so süß dufteten, dass man's gar nicht fassen konnte!

Abends gerieten sie in ein Dorf namens Gries. Dort nahmen sie ein Zimmer mit *einem* Bett. Und als sie, in der Gaststube aus dem Rucksack futternd, mächtig geabendbrotet hatten, schliefen sie zusammen in dem Bett! Draußen auf den Wiesen geigten die Grillen eine kleine Nachtmusik …

Am Sonntagmorgen zogen sie weiter. Nach Ehrwald. Und Lermoos. Die Zugspitze glänzte silberweiß. Die Bauern kamen in ihren Trachten aus der Kirche. Kühe standen auf der Dorfstraße, als hielten sie einen Kaffeeklatsch.

Übers Törl ging's dann. Das war ein Gekraxel, sakra, sakra! Neben einer Pferdeweide, inmitten Millionen von Wiesenblumen, gab's gekochte Eier und Käsebrote. Und als Nachtisch einen kleinen Mittagsschlaf im Grase.

Später stiegen sie zwischen Himbeersträuchern und gaukelnden Schmetterlingen zum Eibsee hinunter. Kuhglocken läuteten den Nachmittag ein. Die Zugspitzbahn sahen sie in den Himmel kriechen. Der See lag winzig im Talkessel.

»Als ob der liebe Gott bloß mal so hingespuckt hätte«, sagte Luise versonnen.

Im Eibsee wurde natürlich gebadet. Auf der Hotelterrasse spendierte Mutti Kaffee und Kuchen. Und dann wurde es höchste Zeit, nach Garmisch zurückzumarschieren.

Vergnügt und braun gebrannt saßen sie im Zug. Und der nette Herr gegenüber wollte unter gar keinen Umständen glauben, dass das junge Mädchen neben Luise die Mutti und noch dazu eine berufstätige Frau sei!

Zu Hause fielen sie wie die Plumpsäcke in ihre Betten. Das Letzte, was das Kind sagte, war: »Mutti, heute war es so schön – so schön wie nichts auf der Welt!«

Die Mutti lag noch eine Weile wach. So viel leicht erreichbares Glück hatte sie bis jetzt ihrem kleinen Mädchen vorenthalten! Nun, es war noch nicht zu spät. Noch ließ sich alles nachholen!

Dann schlief auch Frau Körner ein. Auf ihrem Gesicht träumte ein Lächeln. Es huschte über ihre Wangen, wie der Wind übern Eibsee.

Das Kind hatte sich verändert. Und nun begann sich also auch die junge Frau zu verändern.

ACHTES KAPITEL

Herr Gabele hat zu kleine Fenster / Kaffeebesuch am Kärntner Ring / Diplomatische Gespräche / Väter müssen streng sein können / Ein Lied in c-Moll / Heiratspläne / Kobenzlallee 43 / Fräulein Gerlach ist ganz Ohr / Hofrat Strobl ist recht besorgt / Der Kapellmeister streichelt eine Puppe

Lottchens Klavierkünste liegen brach. Ihre Schuld ist es nicht. Aber der Vater hat neuerdings nicht mehr viel Zeit fürs Stundengeben übrig. Vielleicht hängt es mit der Arbeit an der Kinderoper zusammen? Das ist schon möglich. Oder? Nun, kleine Mädchen spüren, wenn etwas nicht stimmt. Wenn Väter von Kinderopern reden und über Fräulein Gerlach schweigen – sie wittern wie kleine Tiere, woher Gefahr droht.

Lotte tritt, in der Rotenturmstraße, aus der Wohnung und klingelt an der gegenüberliegenden Tür. Dahinter haust ein Maler namens Gabele, ein netter, freundlicher Herr, der Lotte gern einmal zeichnen möchte, wenn sie Zeit hat.

Herr Gabele öffnet. »Oh, die Luise!«

»Heute hab ich Zeit«, sagt sie.

»Einen Augenblick«, ruft er, rast in sein Arbeitszimmer, nimmt ein großes Tuch vom Sofa und hängt damit ein auf der Staffelei stehendes Bild zu. Er malt gerade an einer klassischen Szene aus der Antike. Dergleichen eignet sich nicht immer für Kinder.

Dann führt er die Kleine herein, setzt sie in einen Sessel, nimmt einen Block zur Hand und beginnt zu skizzieren. »Du spielst ja gar nicht mehr so oft Klavier!«, meint er dabei.

»Hat es Sie sehr gestört?«

»Kein Gedanke! Im Gegenteil! Es fehlt mir geradezu!«

»Vati hat nicht mehr so viel Zeit«, sagt sie ernst. »Er komponiert an einer Oper. Es wird eine Kinderoper.«

Das freut Herrn Gabele zu hören. Dann wird er ärgerlich. »Diese Fenster!«, schimpft er. »Rein gar nix kann man sehen. Ein Atelier müsste man haben!«

»Warum mieten Sie sich denn dann keines, Herr Gabele?«

»Weil's keine zu mieten gibt! Ateliers sind selten!«

Nach einer Pause sagt das Kind: »Vati hat ein Atelier. Mit großen Fenstern. Und Licht von oben.«

Herr Gabele brummt.

»Am Kärntner Ring«, ergänzt Lotte. Und nach einer neuen Pause: »Zum Komponieren braucht man doch gar nicht so viel Licht wie zum Malen, nicht?«

»Nein«, antwortet Herr Gabele.

Lotte tastet sich nun noch einen Schritt weiter vor. Sie sagt nachdenklich: »Eigentlich könnte doch Vati mit Ihnen tauschen! Dann hätten Sie größere Fenster und mehr Licht zum Malen. Und Vati hätte seine Wohnung zum Komponieren hier, gleich neben der anderen Wohnung!« Der Gedanke scheint sie enorm zu freuen. »Wäre das nicht sehr praktisch?«

Herr Gabele könnte allerlei gegen Lottes Gedankengänge einwenden. Weil das aber nicht angeht, erklärt er lächelnd: »Das wär in der Tat sehr praktisch. Es fragt sich nur, ob der Papa der gleichen Meinung ist.«

Lotte nickt. »Ich werd ihn fragen! Gleich nachher!«

Herr Palfy sitzt in seinem Atelier und hat Besuch. Damenbesuch. Fräulein Irene Gerlach hat »zufällig« ganz in der Nähe Besorgungen machen müssen und da hat sie sich gedacht: ›Springst mal g'schwind zum Ludwig hinauf, gelt?‹

Der Ludwig hat die Partiturseiten, an denen er kritzelt, beiseitegeschoben und plauscht mit der Irene. Erst ärgert er sich ein Weilchen, denn er kann es für den Tod nicht leiden, wenn man ihn unangemeldet überfällt und bei der Arbeit stört. Aber allmählich siegt doch das Wohlbehagen, mit dieser so schönen Dame zusammenzusitzen und halb aus Versehen ihre Hand zu streicheln.

Irene Gerlach weiß, was sie will. Sie will Herrn Palfy heiraten. Er ist berühmt. Er gefällt ihr. Sie gefällt ihm. Allzu große Schwierigkeiten stehen also nicht im Wege. Zwar weiß er noch nichts von seinem künftigen Glück. Aber sie wird es ihm mit der Zeit und schonend beibringen. Schließlich wird er sich einbilden, dass er selber auf die Idee mit der Heirat verfallen sei.

Ein Hindernis ist allerdings noch da: das narrische Kind! Aber wenn Irene dem Ludwig erst ein, zwei Babys geschenkt hat, dann wird sich alles wunschgemäß einrenken. Irene Gerlach wird doch wohl noch mit diesem ernsten, scheuen Fratz fertigwerden!

Es klingelt.

Ludwig öffnet.

Und wer steht in der Tür? Der ernste, scheue Fratz! Hat einen Strauß in der Hand, knickst und sagt: »Grüß Gott, Vati! Ich bring dir frische Blumen!« Dann spaziert sie ins Atelier, knickst kurz vor dem Besuch, nimmt eine Vase und verschwindet in der Küche.

Irene lächelt maliziös. »Wenn man dich und deine Tochter sieht, hat man den Eindruck, dass du unter ihrem Pantoffel stehst.«

Der Herr Kapellmeister lacht verlegen. »Sie hat neuerdings eine so dezidierte Art zu handeln, und außerdem ist das, was sie tut, so goldrichtig – da kannst nix machen!«

Während Fräulein Gerlach mit den schönen Schultern zuckt, erscheint Lotte wieder auf der Bildfläche. Erst stellt sie die frischen Blumen auf den Tisch. Dann bringt sie Geschirr herbei und sagt, indessen sie die Tassen verteilt, zu Vati: »Ich koch nur rasch einen Kaffee. Wir müssen doch deinem Besuch etwas anbieten.«

Vati und sein Besuch schauen perplex hinter ihr drein. ›Und ich hab dieses Kind für scheu gehalten‹, denkt Fräulein Gerlach. ›Oje, war ich blöd!‹

Nach kurzer Zeit taucht Lotte mit Kaffee, Zucker und Sahne auf, schenkt – ganz Hausfrau – ein, fragt, ob Zucker gefällig sei, schiebt dem Besuch die Sahne hin, setzt sich dann neben ihren Vati und meint freundlich lächelnd: »Ich trinke zur Gesellschaft einen Schluck mit.«

Der Papa schenkt ihr Kaffee ein und fragt chevaleresk: »Wie viel Sahne, meine Dame?«

Das Kind kichert. »Halb und halb, mein Herr.«

»Bitte sehr, meine Dame!«

»Vielen Dank, mein Herr!«

Man trinkt. Man schweigt. Schließlich eröffnet Lotte die Unterhaltung. »Ich war eben bei Herrn Gabele.«

»Hat er dich gezeichnet?«, fragt der Vater.

»Nur ein bisschen«, meint das Kind. Noch einen Schluck Kaffee – dann fügt es harmlos hinzu: »Er hat zu wenig Licht. Vor allem brauchte er welches von oben. So wie hier …«

»Dann soll er sich halt ein Atelier mit Oberlicht mieten«, bemerkt der Herr Kapellmeister sehr treffend und ahnt nicht, dass er genau dahin steuert, wohin Lotte ihn haben will.

»Das hab ich ihm auch schon gesagt«, erklärt sie ruhig. »Aber sie sind alle vermietet, die Ateliers.«

›So ein kleines Biest!‹, denkt Fräulein Gerlach. Denn sie, auch eine Tochter Evas, weiß nun schon, was das Kind im Schilde führt. Und richtig …

»Zum Komponieren braucht man eigentlich kein Oberlicht, Vati. Nicht?«

»Nein, eigentlich nicht.«

Das Kind holt tief Atem, blickt angestrengt auf seine Schürze und fragt, als fiele ihm diese Frage eben erst ein: »Wenn du nun mit Herrn Gabele tauschtest, Vati?«

Gott sei Dank, jetzt ist es heraus! Lotte blickt den Papa von schräg unten an. Ihre Augen bitten furchtsam.

Der Vater schaut halb ärgerlich, halb belustigt von dem kleinen Mädchen zu der eleganten Dame, die gerade noch Zeit hat, ein sanft ironisches Lächeln in ihr Gesicht zu zaubern.

»Dann hätte der Herr Gabele ein Atelier«, sagt das Kind und die Stimme zittert ein wenig. »Mit so viel Licht, wie er braucht. Und du wohntest direkt neben uns. Neben Resi und mir.« Lottes Augen liegen, wenn man sich so ausdrücken darf, vor des Vaters Blick auf den Knien. »Dann bist du allein, genau wie hier. Und wenn du nicht allein sein willst, kommst du bloß über den Flur und bist da. Du brauchst nicht einmal einen Hut aufzusetzen. – Und mittags können wir daheim essen. – Wenn das Essen fertig ist, klingeln wir dreimal an deiner Tür. – Wir kochen immer, was du willst. – Auch Geselchtes. – Und wenn du Klavier spielst, hören wir's durch die Wand …« Die Kinderstimme klingt immer zögernder. Sie erstirbt.

Fräulein Gerlach steht abrupt auf. Sie muss schnellstens heim. Wie die Zeit vergeht! Es waren ja aber auch sooo interessante Gespräche! Herr Kapellmeister Palfy bringt seinen Gast hinaus. Er küsst die duftende Frauenhand. »Auf heut Abend also«, sagt er.

»Vielleicht hast du keine Zeit?«

»Wieso, Liebling?«

Sie lächelt. »Vielleicht ziehst du gerade um!«

Er lacht.

»Lache nicht zu früh! Wie ich deine Tochter kenne, hat sie bereits die Möbelpacker bestellt!« Wütend rauscht die Dame treppab.

Als der Kapellmeister ins Atelier zurückkommt, ist Lotte schon dabei, das Kaffeegeschirr abzuwaschen. Er schlägt ein paar Takte auf dem Flügel an. Er geht mit großen Schritten in dem Raum auf und ab. Er starrt auf die bekritzelten Partiturseiten.

Lotte gibt sich große Mühe, nicht mit den Tellern und Tassen zu klappern. – Als sie alles abgetrocknet und in den Schrank zurückgestellt hat, setzt sie ihr Hütchen auf und geht leise ins Atelier hinüber.

»Grüß Gott, Vati …«

»Grüß Gott.«

»Kommst du zum Abendessen?«

»Nein, heute nicht.«

Das Kind nickt langsam und hält ihm zum Abschied schüchtern die Hand hin.

»Hör, Luise – ich hab's nicht gern, wenn sich andere Leute für mich den Kopf zerbrechen, auch meine Tochter nicht! Ich weiß selber, was für mich am besten ist.«

»Natürlich, Vati«, sagt sie ruhig und leise. Noch immer hält sie die Hand zum Abschied ausgestreckt.

Er drückt sie schließlich doch und sieht dabei, dass dem Kind Tränen an den Wimpern hängen. Ein Vater muss streng sein können. Also tut er, als sähe er nichts Auffälliges, sondern nickt kurz und setzt sich an den Flügel.

Lotte geht schnell zur Tür, öffnet sie behutsam – und ist verschwunden.

Der Herr Kapellmeister fährt sich durchs Haar. Kindertränen, auch das noch! Dabei soll man nun eine Kinderoper komponieren! Es ist zum Teufelhaschen! Es ist nicht zum Ansehen, wenn so einem kleinen Geschöpf Tränen in den Augen stehen! Sie hingen in den langen Wimpern wie Tautropfen an dünnen Grashalmen …

Seine Hände schlagen einige Töne an. Er neigt lauschend den Kopf. Er spielt die Tonfolge noch einmal. Er wiederholt sie in der Sequenz. Es ist die Mollvariation eines fröhlichen Kinderlieds aus seiner Oper. Er ändert den Rhythmus. Er arbeitet.

Wozu doch Kindertränen gut sind! Ja, so ein Künstler ist fein heraus! Gleich wird er Notenpapier nehmen und Noten malen. Und zum Schluss wird er sich hochbefriedigt zurücklehnen und die Hände reiben, weil ihm ein so wunderbar trauriges Lied in c-Moll gelungen ist. (Ist denn weit und breit kein Riese oder sonst jemand da, der ihm ab und zu die Hosen straff zieht?)

Wieder sind Wochen vergangen. Fräulein Irene Gerlach hat den Auftritt im Atelier nicht vergessen. Sie hat den Vorschlag des Kindes, der Vater möge die Wohnung am Ring mit der des Malers Gabele tauschen, als das aufgefasst, was es war: als Kampfansage! Eine richtige Frau – und Irene Gerlach ist, auch wenn Lotte sie nicht leiden mag, eine richtige Frau –, die lässt sich nicht lange bitten. Sie kennt ihre Waffen. Sie weiß sie zu gebrauchen. Sie ist sich ihrer Wirkung bewusst. Alle ihre Pfeile hat sie auf die zuckende Zielscheibe, das Künstlerherz des Kapellmeisters, abgeschossen. Alle Pfeile haben ins Schwarze getroffen. Allesamt sitzen sie nun mit ihren Widerhaken im Herzen des Mannes, des geliebten Feindes, fest. Er weiß sich keinen Rat mehr.

»Ich will, dass du meine Frau wirst«, sagt er. Es klingt wie ein zorniger Befehl.

Sie streichelt sein Haar, lächelt und meint spöttisch: »Dann werde ich morgen mein bestes Kleid anziehen, Liebling, und bei deiner Tochter um deine Hand anhalten.«

Wieder sitzt ein Pfeil in seinem Herzen. Und diesmal ist der Pfeil vergiftet.

Herr Gabele zeichnet Lotte. Plötzlich lässt er Block und Bleistift sinken und sagt: »Was hast denn heut, Luiserl? Du schaust ja aus wie sechs Tag' Regenwetter!«

Das Kind atmet schwer, als läge ihm ein Fuder Steine auf der Brust. »Ach, es ist nichts weiter.«

»Hängt's mit der Schule zusammen?«

Sie schüttelt den Kopf. »Das wär nicht so schlimm.«

Herr Gabele legt den Block weg. »Weißt was, du kleine Trauerweide? Wir wollen für heute Schluss machen!« Er steht auf. »Geh ein Stück spazieren. Das bringt einen auf andere Gedanken!«

»Oder vielleicht spiel ich ein bisschen auf dem Klavier?«

»Noch besser!«, sagt er. »Das hör ich durch die Wand. Da hab ich auch was davon.«

Sie gibt ihm die Hand, knickst und geht.

Er schaut gedankenvoll hinter der kleinen Person her. Er weiß, wie schwer Kummer auf ein Kinderherz drücken kann. Er war selber einmal ein Kind und hat es, im Gegensatz zu den meisten Erwachsenen, nicht vergessen.

Als Klaviergeklimper aus der Nachbarwohnung herüberklingt, nickt er zustimmend und beginnt, die Melodie mitzupfeifen.

Dann zieht er mit einem Ruck die Decke von der Staffelei, nimmt Palette und Pinsel zur Hand, betrachtet seine Arbeit mit zusammengekniffenen Augen und geht ans Werk.

Herr Ludwig Palfy kommt in die Rotenturmstraße. Die Stufen tun, als wären sie doppelt so hoch wie sonst. Er hängt den Mantel und den Hut an einen Garderobenhaken. Das Luiserl spielt Klavier? Nun, sie wird abbrechen und ihm eine Weile zuhören müssen. Er zieht das Jackett straff, als ob er beim Intendanten einen Besuch machte. Dann öffnet er die Zimmertür.

Das Kind schaut von den Tasten hoch und lächelt ihn an. »Vati? Wie schön!« Sie springt vom Klavierschemel. »Soll ich dir einen Kaffee machen?« Sie will geschäftig in die Küche. Er hält sie fest. »Danke, nein!«, sagt er. »Ich muss mit dir sprechen. Setz dich!«

Sie setzt sich in den großen Ohrensessel, in dem sie klein wie eine Puppe aussieht, streicht sich den karierten Rock glatt und blickt erwartungsvoll zu ihm hoch.

Er räuspert sich nervös, geht ein paar Schritte auf und ab und bleibt schließlich vor dem Ohrensessel stehen. »Also, Luiserl«,

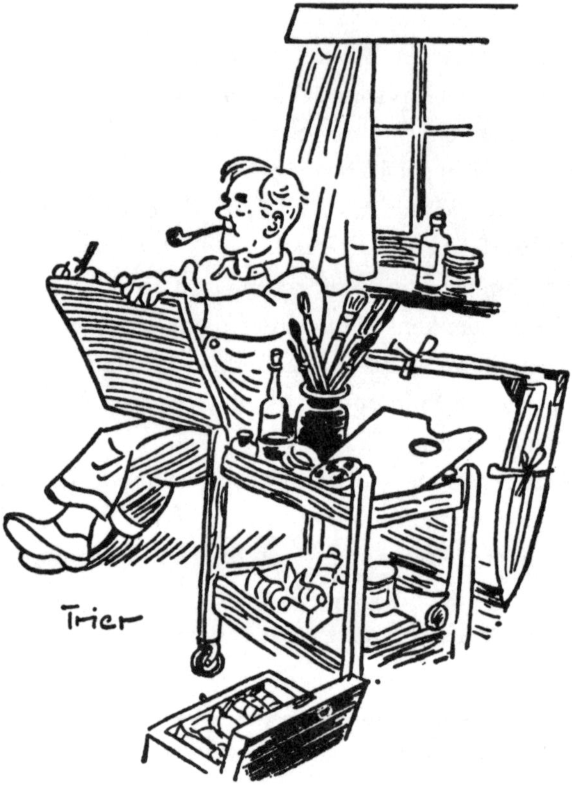

fängt er an, »es handelt sich um eine wichtige und ernste Angelegenheit. Seit deine Mutter nicht mehr – nicht mehr da ist, bin ich allein gewesen. Sieben Jahre lang. Natürlich nicht völlig allein, ich hab ja dich gehabt. Und ich hab dich ja noch!«

Das Kind schaut ihn mit großen Augen an.

›Wie blöd ich red!‹, denkt der Mann. Er hat eine ausgewachsene Wut auf sich. »Kurz und gut«, sagt er. »Ich will nicht länger allein sein. Es wird sich etwas ändern. In meinem und dadurch auch in deinem Leben.«

Ganz still ist's im Zimmer.

Eine Fliege versucht mit Gesumm, durch die geschlossene

Fensterscheibe ins Freie zu fliegen. (Jeder Mensch könnte ihr erzählen, dass das völlig aussichtslos ist und dass sie sich bloß ihren Insektenschädel einrennen wird! Die Fliegen sind eben dumm, aber die Menschen, die sind gescheit, was?)

»Ich habe mich entschlossen, wieder zu heiraten!«

»Nein!«, sagt das Kind laut. Es klingt wie ein Schrei. Dann wiederholt es leise: »Bitte, nein, Vati, bitte nein, bitte, bitte nein!«

»Du kennst Fräulein Gerlach bereits. Sie hat dich sehr gern. Und sie wird dir eine gute Mutter sein. Auf die Dauer wäre es sowieso schwierig und verfehlt, dich in einem frauenlosen Haushalt aufwachsen zu lassen.« (Ist er nicht rührend? Es fehlte nur noch, dass er behauptet, er wolle lediglich heiraten, damit das Kind endlich wieder eine Mutter hat!)

Lotte schüttelt in einem fort den Kopf und bewegt dazu lautlos die Lippen. Wie ein Automat, der keine Ruhe findet. Es sieht beängstigend aus.

Deshalb blickt der Vater rasch wieder weg und sagt: »Du wirst dich schneller, als du glaubst, in den neuen, ungewohnten Zustand finden. Böse Stiefmütter kommen nur noch in Märchen vor. Also, Luiserl, ich weiß, dass ich mich auf dich verlassen kann. Du bist der vernünftigste kleine Kerl, den es gibt!« Er schaut auf die Uhr. »So. Jetzt muss ich gehen. Mit dem Luser den Rigoletto korrepetieren.« Und schon ist er aus der Tür.

Das Kind sitzt wie betäubt.

Herr Palfy drückt sich an der Garderobe den Hut aufs Künstlerhaupt. Da schreit es drin im Zimmer: »Vati!« Es klingt, als ob jemand ertränke.

›In einem Wohnzimmer ertrinkt man nicht‹, denkt Herr Palfy und entweicht. Er hat es sehr eilig. Denn er muss ja mit dem Kammersänger Luser arbeiten!

Lotte ist aus ihrer Betäubung erwacht. Auch in der Verzweiflung bewahrt und bewährt sich ihr praktischer Sinn. Was ist zu tun?

Denn dass etwas getan werden muss, steht fest. Niemals darf Vati eine andere Frau heiraten, niemals! Er *hat* ja eine Frau! Auch wenn sie nicht mehr bei ihm ist. Niemals wird das Kind eine neue Mutter dulden, niemals! Sie *hat* ja ihre Mutter, ihre über alles geliebte Mutti!

Mutti könnte vielleicht helfen. Aber sie darf es nicht wissen. Sie darf das ganze große Geheimnis der beiden Kinder nicht wissen, und erst recht nicht, dass der Vater dieses Fräulein Gerlach zur Frau nehmen will!

So bleibt nur noch ein Weg. Und diesen Weg muss Lottchen selber gehen.

Sie holt das Telefonbuch. Sie blättert mit zittrigen Fingern. »Gerlach.« Es gibt nicht sehr viele Gerlachs. »Gerlach, Stefan. Gen. Dir. der Wiener Gaststätten GmbH, Kobenzlallee 43.« Vati hat neulich erzählt, dass Fräulein Gerlachs Vater Restaurants und Hotels gehören, auch das »Imperial«, wo sie täglich Mittag essen. »Kobenzlallee 43.«

Nachdem Resi erklärt hat, wie man zur Kobenzlallee fahren muss, setzt sich das Kind den Hut auf, zieht den Mantel an und sagt: »Ich gehe jetzt weg.«

»Was willst du denn in der Kobenzlallee?«, fragt Resi neugierig.

»Ich muss wen sprechen.«

»Komm aber bald wieder!«

Das Kind nickt und macht sich auf den Weg.

Ein Stubenmädchen tritt in Irene Gerlachs elegantes Zimmer und lächelt. »Ein Kind möcht Sie sprechen, gnädiges Fräulein. Ein kleines Mäderl.«

Das gnädige Fräulein hat sich gerade die Fingernägel frisch gelackt und schwenkt die Hände, damit der Lack rasch trockne, durch die Luft. »Ein kleines Mädchen?«

»Luise Palfy heißt's.«

»Ah!«, sagt das gnädige Fräulein gedehnt. »Führ sie herauf!«

Das Stubenmädchen verschwindet. Die junge Dame erhebt sich, wirft einen Blick in den Spiegel und muss über ihr angespannt ernstes Gesicht lächeln. ›Luise Millerin kommt zu Lady Milford‹, denkt sie amüsiert, denn sie ist ziemlich gebildet.

Als das Kind ins Zimmer tritt, befiehlt Fräulein Gerlach dem Stubenmädchen: »Mach uns eine Schokolade! Und bring von den gefüllten Waffeln!« Dann wendet sie sich liebreich ihrem Gast zu. »Wie nett, dass du mich besuchen kommst! Da sieht man's, wie unaufmerksam ich bin. Ich hätte dich längst schon einmal einladen sollen! Willst du nicht ablegen?«

»Danke«, sagt das Kind. »Ich will nicht lange bleiben.«

»So?« Irene Gerlach verliert ihre freundlich gönnerhafte Miene keineswegs. »Aber zum Hinsetzen wirst du hoffentlich Zeit haben?«

Das Kind schiebt sich auf eine Stuhlkante und wendet kein Auge von der Dame.

Diese fängt an, die Situation unhaltbar albern zu finden. Doch sie beherrscht sich. Es steht immerhin einiges auf dem Spiele. Auf dem Spiele, das sie gewinnen will und gewinnen wird. »Bist du hier zufällig vorbeigekommen?«

»Nein, ich muss Ihnen etwas sagen!«

Irene Gerlach lächelt bezaubernd. »Ich bin ganz Ohr. Worum handelt sich's denn?«

Das Kind rutscht vom Stuhl, steht nun mitten im Zimmer und erklärt: »Vati hat gesagt, dass Sie ihn heiraten wollen.«

»Hat er das wirklich gesagt?« Fräulein Gerlach lacht glockenhell. »Hat er nicht eher gesagt, dass er mich heiraten will? Aber das ist wohl Nebensache. Also: Ja, Luiserl, dein Papa und ich, wir wollen uns heiraten. Und du und ich werden gewiss sehr gut miteinander zurechtkommen. Davon bin ich fest überzeugt. Du nicht? Pass auf – wenn wir erst einige Zeit zusammengewohnt und -gelebt haben, werden wir die besten Freundinnen geworden sein! Wir wollen uns beide rechte Mühe geben. Meine Hand darauf!«

Das Kind weicht zurück und sagt ernst: »Sie dürfen Vati nicht heiraten!«

Die Kleine geht entschieden ziemlich weit. »Und warum nicht?«

»Weil Sie es nicht dürfen!«

»Keine sehr befriedigende Erklärung«, meint das Fräulein scharf. Mit Güte kommt man hier ja doch nicht weiter. »Du willst mir verbieten, die Frau deines Vaters zu werden?«

»Ja!«

»Das ist wirklich allerhand!« Die junge Dame ist aufgebracht. »Ich muss dich bitten, jetzt nach Hause zu gehen. Ob ich deinem Vater von diesem merkwürdigen Besuch erzähle, werde ich mir noch überlegen. Wenn ich nichts erzählen sollte, dann nur, um unserer späteren Freundschaft, an die ich noch immer glauben möchte, nichts Ernstliches in den Weg zu legen. Auf Wiedersehen!«

An der Tür wendet sich das Kind noch einmal um und sagt: »Lassen Sie uns so, wie wir sind! Bitte, bitte …« Dann ist Fräulein Gerlach allein.

Hier gibt es nur eins. Die Heirat muss beschleunigt werden. Und dann ist dafür zu sorgen, dass das Kind in ein Internat gesteckt wird. Umgehend! Hier kann nur strengste Erziehung durch fremde Hand noch helfen.

»Was wollen Sie denn?« Das Stubenmädchen steht mit einem Tablett da. »Ich bring die Schokolade. Und die gefüllten Waffeln. Wo ist denn das kleine Mädchen?«

»Scheren Sie sich zum Teufel!«

Der Herr Kapellmeister kommt, da er in der Oper dirigieren muss, nicht zum Abendbrot. Resi leistet dem Kind, wie in solchen Fällen immer, beim Essen Gesellschaft.

»Du isst ja heut gar nix«, bemerkt die Resi vorwurfsvoll. »Und ausschauen tust wie ein Geist, reinweg zum Fürchten. Was hast denn?«

Lotte schüttelt den Kopf und schweigt.

Die Haushälterin ergreift die Kinderhand und lässt sie erschrocken fallen. »Du hast ja Fieber! Gleich gehst ins Bett!« Dann trägt sie, ächzend und schnaufend, das völlig apathische Geschöpf ins Kinderzimmer, zieht ihm die Kleider vom Leib und legt es ins Bett.

»Nichts dem Vati erzählen!«, murmelt die Kleine. Ihre Zähne klappern. Resi türmt Kissen und Betten übereinander. Dann rennt sie zum Telefon und ruft den Herrn Hofrat Strobl an.

Der alte Herr verspricht, sofort zu kommen. Er ist genauso aufgeregt wie die Resi.

Sie ruft in der Staatsoper an. »Gut ist's!«, antwortet man ihr. »In der Pause werden wir's dem Herrn Kapellmeister ausrichten.«

Resi rast wieder ins Schlafzimmer. Das Kind schlägt um sich und stammelt wirres, unverständliches Zeug. Die Decken, Kissen und Betten liegen am Boden.

Wenn bloß der Herr Hofrat käme! Was soll man machen? Umschläge? Aber was für welche? Kalte? Heiße? Nasse? Trockene?

In der Pause sitzt der befrackte Kapellmeister Palfy in der Garderobe der Sopranistin. Sie trinken einen Schluck Wein und fachsimpeln. Die Leute vom Theater reden immer vom Theater. Das ist nun einmal so. Da klopft es. »Herein!«

Der Inspizient tritt ein. »Endlich find ich Sie, Herr Professor!«, ruft der alte zapplige Mann. »Man hat aus der Rotenturmstraße angeläutet. Das Fräulein Tochter ist urplötzlich krank geworden. Der Herr Hofrat Strobl wurde sofort benachrichtigt und dürfte bereits am Krankenlager eingetroffen sein.«

Der Herr Kapellmeister sieht blass aus. »Dank dir schön, Herlitschka«, sagt er leise. Der Inspizient geht.

»Hoffentlich ist es nichts Schlimmes«, meint die Sängerin. »Hat die Kleine schon die Masern gehabt?«

»Nein«, sagt er und steht auf. »Entschuldige, Mizzi!« Als die Tür hinter ihm zugefallen ist, kommt er ins Rennen.

Er telefoniert. »Hallo, Irene!«

»Ja, Liebling? Ist denn schon Schluss? Ich bin noch lange nicht ausgehfertig!«

Er berichtet hastig, was er eben gehört hat. Dann sagt er: »Ich fürchte, wir können uns heute nicht sehen!«

»Natürlich nicht. Hoffentlich ist es nichts Schlimmes. Hat die Kleine schon die Masern gehabt?«

»Nein«, antwortet er ungeduldig. »Ich rufe dich morgen früh wieder an.« Dann hängt er ein.

Ein Signal ertönt. Die Pause ist zu Ende. Die Oper und das Leben gehen weiter.

Endlich ist die Oper aus! Der Kapellmeister rast in der Rotenturmstraße die Stufen hoch. Resi öffnet ihm. Sie hat noch den Hut auf, weil sie in der Nachtapotheke war.

Der Hofrat sitzt am Bett.

»Wie geht's ihr denn?«, fragt der Vater flüsternd.

»Nicht gut«, antwortet der Hofrat. »Aber Sie können ruhig laut sprechen. Ich hab ihr eine Spritze gegeben.«

Lottchen liegt hochrot und schwer atmend in den Kissen. Sie hat das Gesicht schmerzlich verzogen, als tue ihr der künstliche Schlaf, zu dem sie der alte Arzt gezwungen hat, sehr weh.

»Masern?«

»Keine Spur«, brummt der Hofrat.

Die Resi kommt ins Zimmer und schnüffelt Tränen hinunter.

»Nun nehmen Sie schon endlich den Hut ab!«, sagt der Kapellmeister nervös.

»Ach ja, gewiss! Entschuldigen S'!« Sie setzt den Hut ab und behält ihn in der Hand.

Der Hofrat schaut die beiden fragend an. »Das Kind macht offenbar eine schwere seelische Krise durch«, meint er. »Wissen Sie davon? Nein? Haben Sie wenigstens eine Vermutung?«

Resi sagt: »Ich weiß freilich nicht, ob's damit etwas zu schaffen hat, aber … Heut Nachmittag ist sie ausgegangen. Weil sie wen sprechen müsst'! Und eh sie ging, hat sie g'fragt, wie sie am besten zur Kobenzlallee käme.«

»Zur Kobenzlallee?«, fragt der Hofrat und schaut zu dem Kapellmeister hin.

Palfy geht rasch nach nebenan und telefoniert. »War Luise heute Nachmittag bei dir?«

»Ja«, sagt eine weibliche Stimme. »Aber wieso erzählt sie dir das?«

Er gibt darauf keine Antwort, sondern fragt weiter: »Und was wollte sie?«

Fräulein Gerlach lacht ärgerlich. »Das lass dir nur auch von ihr erzählen!«

»Antworte bitte!«

Ein Glück, dass sie sein Gesicht nicht sehen kann!

»Wenn man's genau nimmt, kam sie, um mir zu verbieten, deine Frau zu werden!«, erwidert sie gereizt.

Er murmelt etwas und legt den Hörer auf.

»Was fehlt ihr denn?«, fragt Fräulein Gerlach. Dann merkt sie, dass das Gespräch getrennt ist. »So ein kleines Biest«, sagt sie halblaut. »Kämpft mit allen Mitteln! Legt sich hin und spielt krank!«

Der Hofrat verabschiedet sich und gibt noch einige Anweisungen. Der Kapellmeister hält ihn an der Tür zurück. »Was fehlt dem Kind?«

»Nervenfieber. – Ich komme morgen in der Früh wieder vorbei. Gute Nacht wünsch ich.«

Der Kapellmeister geht ins Kinderzimmer, setzt sich neben das Bett und sagt zu Resi: »Ich brauch Sie nicht mehr. Schlafen Sie gut!«

»Aber es ist doch besser …«

Er schaut sie an.

Sie geht. Sie hat den Hut noch immer in der Hand.

Er streichelt das kleine heiße Gesicht. Das Kind erschrickt im Fieberschlaf und wirft sich wild zur Seite.

Der Vater sieht sich im Zimmer um. Der Schulranzen liegt fertig gepackt auf dem Pultsitz. Daneben hockt Christl, die Puppe.

Er steht leise auf, holt die Puppe, löscht das Licht aus und setzt sich wieder ans Bett.

Nun sitzt er im Dunkeln und streichelt die Puppe, als wäre sie das Kind. Ein Kind, das vor seiner Hand nicht erschrickt.

NEUNTES KAPITEL

Herrn Eipeldauers Fotos stiften Verwirrung / Ja, ist es denn überhaupt Lotte? / Fräulein Linnekogel wird ins Vertrauen gezogen / Verbrannte Schweinsripperl und zerbrochenes Geschirr / Luise beichtet fast alles / Warum antwortet Lotte nicht mehr?

Der Chefredakteur der »Münchner Illustrierten«, Doktor Bernau, stöhnt auf. »Sauregurkenzeit, meine Liebe! Wo sollen wir ein aktuelles Titelbild hernehmen und nicht stehlen?«

Frau Körner, die an seinem Schreibtisch steht, sagt: »Neopress hat Fotos von der neuen Meisterin im Brustschwimmen geschickt.«

»Ist sie hübsch?«

Die junge Frau lächelt. »Fürs Schwimmen reicht es.«

Doktor Bernau winkt entmutigt ab. Dann kramt er auf dem Tisch. »Ich hab doch da neulich von irgend so ’nem ulkigen Dorflichtbildkünstler Fotos geschickt gekriegt! Zwillinge waren darauf!« Er wühlt zwischen Aktendeckeln und Zeitungen. »Paar reizende kleine Mädels! Zum Schießen ähnlich! He, wo seid ihr denn, ihr kleinen Frauenzimmer? So etwas gefällt dem Publikum immer. Eine gefällige Unterschrift dazu. Wenn schon nichts Aktuelles, dann eben ein Paar hübsche Zwillinge! Na endlich!« Er hat das Kuvert mit den Fotos entdeckt, schaut die Bilder an und nickt beifällig. »Wird gemacht, Frau Körner!« Er reicht ihr die Fotos.

Nach einiger Zeit blickt er schließlich hoch, weil seine Mitarbeiterin nichts sagt. »Nanu!«, ruft er. »Körner! Sie stehen ja da wie Lots Weib als Salzsäule! Aufwachen! Oder ist Ihnen schlecht geworden?«

»Ein bisschen, Herr Doktor!« Ihre Stimme schwankt. »Es geht schon wieder.« Sie starrt auf die Fotos. Sie liest den Absender. »Josef Eipeldauer, Fotograf, Seebühl am Bühlsee.«

In ihrem Kopf dreht sich alles.

»Suchen Sie das geeignetste Bild aus und dichten Sie eine Unterschrift, dass unseren Lesern das Herz im Leibe lacht! Sie können das ja erstklassig!«

»Vielleicht sollten wir sie doch nicht bringen«, hört sie sich sagen.

»Und warum nicht, hochgeschätzte Kollegin?«

»Ich halte die Aufnahmen nicht für echt.«

»Zusammenkopiert, was?« Doktor Bernau lacht. »Da tun Sie dem Herrn Eipeldauer entschieden zu viel Ehre an. So raffiniert ist der nicht! Also, rasch ans Werk, liebwerte Dame! Die Unterschrift hat bis morgen Zeit. Ich kriege den Text noch zu Gesicht, bevor Sie ihn in Satz geben.« Er nickt und beugt sich über neue Arbeit.

Sie tastet sich hinüber in ihr Zimmer, sinkt in ihren Sessel, legt die Fotos vor sich hin und presst die Hände an die Schläfen.

Die Gedanken fahren in ihrem Kopfe Karussell. Ihre beiden Kinder! Das Kinderheim! Die Ferien! Natürlich! Aber, warum hat Lottchen nichts davon erzählt? Warum hat Lottchen die Bilder nicht mitgebracht? Denn als sich die zwei fotografieren ließen, taten sie's doch nicht ohne Absicht. Sie werden entdeckt haben, dass sie Geschwister sind! Und dann haben sie sich vorgenommen, nichts darüber zu sagen. Es lässt sich verstehen, ja, freilich. Mein Gott, wie sie einander gleichen! Nicht einmal das viel gepriesene Mutterauge … Oh, ihr meine beiden, beiden, beiden Lieblinge!

Wenn jetzt Doktor Bernau den Kopf durch die Tür steckte, sähe er in ein von Glück und Schmerz überwältigtes Gesicht, über das Tränen strömen, Tränen, die das Herz ermatten, als flösse das Leben selber aus den Augen.

Glücklicherweise steckt Doktor Bernau den Kopf nicht durch die Tür.

Frau Körner ist bemüht, sich zusammenzureißen. Gerade jetzt heißt es, den Kopf oben zu behalten! Was soll geschehen? Was wird, was muss geschehen? Ich werde mit Lottchen reden!

Eiskalt durchfährt es die Mutter! Ein Gedanke schüttelt wie eine unsichtbare Hand ihren Körper hin und her!

Ist es denn Lotte, mit der sie sprechen will?

Frau Körner hat Fräulein Linnekogel, die Lehrerin, in der Wohnung aufgesucht.

»Das ist eine mehr als merkwürdige Frage, die Sie an mich richten«, sagt Fräulein Linnekogel. »Ob ich für möglich halte, dass Ihre Tochter nicht Ihre Tochter, sondern ein anderes Mädchen ist? Erlauben Sie, aber …«

»Nein, ich bin nicht verrückt«, versichert Frau Körner und legt eine Fotografie auf den Tisch.

Fräulein Linnekogel schaut das Bild an. Dann die Besucherin. Dann wieder das Bild.

»Ich habe zwei Töchter«, sagt die Besucherin leise. »Die zweite lebt bei meinem geschiedenen Mann in Wien. Das Bild kam mir vor etlichen Stunden durch Zufall in die Hände. Ich wusste nicht, dass sich die Kinder in den Ferien begegnet sind.«

Fräulein Linnekogel macht den Mund auf und zu wie ein Karpfen auf dem Ladentisch. Kopfschüttelnd schiebt sie die Fotografie von sich weg, als hätte sie Angst, gebissen zu werden. Endlich fragt sie: »Und die beiden haben bis dahin nichts voneinander gewusst?«

Die junge Frau schüttelt den Kopf. »Nein. Mein Mann und ich haben's damals so vereinbart, weil wir es für das Beste hielten.«

»Und auch Sie haben von dem Mann und Ihrem anderen Kind nie wieder gehört?«

»Nie.«

»Ob er wieder geheiratet hat?«

»Ich weiß es nicht. Ich glaube kaum. Er meinte, er eigne sich nicht fürs Familienleben.«

»Eine höchst abenteuerliche Geschichte«, sagt die Lehrerin. »Sollten die Kinder wirklich auf die absurde Idee verfallen sein, einander auszutauschen? Wenn ich mir Lottchens charakteristische Wandlung vor Augen halte, und dann die Schrift, Frau Körner, die Schrift! Ich kann es kaum fassen! – Aber es würde manches erklären.«

Die Mutter nickt und schaut starr vor sich hin.

»Nehmen Sie mir meine Offenheit nicht übel«, meint Fräulein Linnekogel, »ich war nie verheiratet, ich bin Erzieherin und habe keine Kinder – aber ich meine immer: Die Frauen, die wirklichen, verheirateten, nehmen ihre Männer zu wichtig! Dabei ist nur eines wesentlich: das Glück der Kinder!«

Frau Körner lächelt schmerzlich. »Glauben Sie, dass meine Kinder in einer langen, unglücklichen Ehe glücklicher geworden wären?«

Fräulein Linnekogel sagt nachdenklich: »Ich mache Ihnen keinen Vorwurf. Sie sind noch heute sehr jung. Sie waren, als Sie heirateten, ein halbes Kind. Sie werden Ihr Leben lang jünger sein, als ich jemals gewesen bin. Was für den einen richtig wäre, kann für den anderen falsch sein.«

Der Besuch steht auf.

»Und was werden Sie tun?«

»Wenn ich das wüsste!«, sagt die junge Frau.

Luise steht vor einem Münchner Postschalter. »Nein«, sagt der Beamte für die postlagernden Sendungen bedauernd. »Nein, Fräulein Vergissmeinnicht, heut hätten wir wieder nix.«

Luise blickt ihn unschlüssig an. »Was kann das nur bedeuten?«, murmelt sie bedrückt.

Der Beamte versucht zu scherzen. »Vielleicht ist aus dem Vergissmeinnicht ein ›Vergissmich‹ geworden?«

»Das ganz gewiss nicht«, sagt sie in sich gekehrt. »Ich frag morgen wieder nach.«

»Wenn ich darum bitten darf«, erwidert er lächelnd.

Frau Körner kommt heim. Brennende Neugier und kalte Angst streiten in ihrem Herzen, dass es ihr fast den Atem nimmt.

Das Kind hantiert eifrig in der Küche. Topfdeckel klappern. Im Tiegel schmort es.

»Heute riecht's aber gut!«, sagt die Mutter. »Was gibt's denn, hm?«

»Schweinsripperl mit Sauerkraut und Salzkartoffeln«, ruft die Tochter stolz.

»Wie schnell du das Kochen gelernt hast!«, sagt die Mutter, scheinbar ganz harmlos.

»Nicht wahr?«, antwortet die Kleine fröhlich. »Ich hätt nie gedacht, dass ich …« Sie bricht entsetzt ab und beißt sich auf die Lippen. Jetzt nur die Mutter nicht ansehen!

Diese lehnt an der Tür und ist bleich. Bleich wie die Wand.

Das Kind steht am offenen Küchenspind und hebt Geschirr heraus. Die Teller klappern wie bei einem Erdbeben.

Da öffnet die Mutter mühsam den Mund und sagt: »Luise!«

Krach!

Die Teller liegen in Scherben auf dem Boden. Luise hat's herumgerissen. Ihre Augen sind vor Schreck geweitet.

»Luise!«, wiederholt die Frau sanft und öffnet die Arme weit.

»Mutti!«

Das Kind hängt der Mutter wie eine Ertrinkende am Hals und schluchzt leidenschaftlich.

Die Mutter sinkt in die Knie und streichelt Luise mit zitternden Händen. »Mein Kind, mein liebes Kind!«

Sie knien zwischen zerbrochenen Tellern. Auf dem Herd verschmoren die Schweinsripperln. Es riecht nach angebranntem Fleisch. Wasser zischt aus den Töpfen in die Gasflammen.

Die Frau und das kleine Mädchen merken von alledem nichts. Sie sind, wie es manchmal heißt und ganz selten vorkommt, nicht »von dieser Welt«.

Stunden sind vergangen. Luise hat gebeichtet. Und die Mutter hat die Absolution erteilt. Es war eine lange, wortreiche Beichte, und es war eine kurze, wortlose Freisprechung von allen begangenen Sünden – ein Blick, ein Kuss, mehr war nicht nötig.

Jetzt sitzen sie auf dem Sofa. Das Kind hat sich eng, ganz eng an die Mutter gekuschelt. Ach, ist das schön, endlich die Wahrheit gesagt zu haben! So leicht ist einem zumute, so federleicht! Man muss sich an der Mutter festklammern, damit man nicht plötzlich davonfliegt!

»Ihr seid mir schon zwei raffinierte Frauenzimmer!«, meint die Mutter.

Luise kichert vor lauter Stolz. (*Ein* Geheimnis hat sie allerdings immer noch nicht preisgegeben: dass es da in Wien, wie Lotte ängstlich geschrieben hat, neuerdings ein gewisses Fräulein Gerlach gibt!)

Die Mutter seufzt.

Luise schaut sie besorgt an.

»Nun ja«, sagt die Mutter. »Ich denke darüber nach, was jetzt werden soll! Können wir tun, als sei nichts geschehen?«

Luise schüttelt entschieden den Kopf. »Lottchen hat sicher großes Heimweh nach dir. Und du doch auch nach ihr, nicht wahr, Mutti?«

Die Mutter nickt.

»Und ich ja auch«, gesteht das Kind. »Nach Lottchen und …«

»Und deinem Vater, gelt?«

Luise nickt. Eifrig und schüchtern zugleich. »Und wenn ich bloß wüsste, warum Lottchen nicht mehr schreibt?«

»Ja«, murmelt die Mutter. »Ich bin recht in Sorge.«

ZEHNTES KAPITEL

Ein Ferngespräch aus München / Das erlösende Wort / Nun kennt sich auch die Resi nicht mehr aus / Zwei Flugzeugplätze nach Wien / Peperl ist wie vom Donner gerührt / Wer an Türen horcht, kriegt Beulen / Der Herr Kapellmeister schläft außer Haus und bekommt unerwünschten Besuch

Lottchen liegt apathisch im Bett. Sie schläft. Sie schläft viel. »Schwäche«, hat Hofrat Strobl heute Mittag gesagt. Der Herr Kapellmeister sitzt am Kinderbett und blickt ernst auf das kleine, schmale Gesicht hinunter. Er kommt seit Tagen nicht mehr aus dem Zimmer. Beim Dirigieren lässt er sich vertreten. Eine Bettstatt ist für ihn vom Boden heruntergeholt worden.

Nebenan läutet das Telefon. Resi kommt auf Zehenspitzen ins Zimmer. »Ein Ferngespräch aus München!«, flüstert sie. »Ob Sie sprechbereit sind!«

Er steht leise auf und bedeutet ihr, beim Kind zu bleiben, bis er zurück ist. Dann schleicht er ins Nebenzimmer. München? Wer kann das sein? Wahrscheinlich die Konzertdirektion Keller & Co. Ach, sie sollen ihn gefälligst in Ruhe lassen!

Er nimmt den Hörer und meldet sich. Die Verbindung wird hergestellt. »Hier Palfy!«

»Hier Körner!«, ruft eine weibliche Stimme aus München herüber.

»Was?«, fragt er verblüfft. »Wer? Luiselotte?«

»Ja!«, sagt die ferne Stimme. »Entschuldige, dass ich dich anrufe. Doch ich bin wegen des Kindes in Sorge. Es ist hoffentlich nicht krank?«

»Doch.« Er spricht leise. »Es *ist* krank!«

»Oh!« Die ferne Stimme klingt sehr erschrocken.

Herr Palfy fragt stirnrunzelnd: »Aber ich verstehe nicht, wieso du …«

»Wir hatten so eine Ahnung, ich und – Luise!«

»Luise?« Er lacht nervös. Dann lauscht er verwirrt. Lauscht immer verwirrter. Schüttelt den Kopf. Fährt sich aufgeregt durchs Haar.

Die ferne Frauenstimme berichtet hastig, was sich nun eben in solch fliegender Hast berichten lässt.

»Sprechen Sie noch?«, erkundigt sich das Fräulein vom Amt.

»Ja, zum Donnerwetter!« Der Kapellmeister schreit es. Man kann sich ja das Durcheinander, das in ihm herrscht, einigermaßen vorstellen.

»Was fehlt denn dem Kind?«, fragt die besorgte Stimme seiner geschiedenen Frau.

»Nervenfieber«, antwortet er. »Die Krisis sei überstanden, sagt der Arzt. Aber die körperliche und seelische Erschöpfung ist sehr groß.«

»Ein tüchtiger Arzt?«

»Aber gewiss! Hofrat Strobl. Er kennt Luise schon von klein auf.« Der Mann lacht irritiert. »Entschuldige, es ist ja Lotte! Er kennt sie also nicht!« Er seufzt.

Drüben in München seufzt eine Frau. – Zwei Erwachsene sind ratlos. Ihre Herzen und Zungen sind gelähmt. Und ihre Gehirne, scheint es, ihre Gehirne auch.

In dieses beklemmende, gefährliche Schweigen hinein klingt eine wilde Kinderstimme. »Vati! Lieber, lieber Vati!«, hallt es aus der Ferne. »Hier ist Luise! Grüß dich Gott, Vati! Sollen wir nach Wien kommen? Ganz geschwind?«

Das erlösende Wort ist gesprochen. Die eisige Beklemmung der beiden Großen schmilzt wie unter einem Tauwind. »Grüß Gott, Luiserl!«, ruft der Vater sehnsüchtig. »Das ist ein guter Gedanke!«

»Nicht wahr?« Das Kind lacht selig.

»Wann könnt ihr denn hier sein?«, ruft er.

Nun ertönt wieder die Stimme der jungen Frau. »Ich werde mich gleich erkundigen, wann morgens der erste Zug fährt.«

»Nehmt doch ein Flugzeug!«, schreit er. »Dann seid ihr schneller hier!« – ›Wie kann ich nur so schreien!‹, denkt er. ›Das Kind soll doch schlafen!‹

Als er ins Kinderzimmer zurückkommt, räumt ihm die Resi seinen angestammten Platz am Bett wieder ein und will auf Zehenspitzen davon.

»Resi!«, flüstert er.

Sie bleiben beide stehen.

»Morgen kommt meine Frau.«

»Ihre Frau?«

»Pst! Nicht so laut! Meine geschiedene Frau! Lottchens Mutter!«

»Lottchens?«

Er winkt lächelnd ab. Woher soll sie's denn wissen? »Das Luiserl kommt auch mit!«

»Das – wieso? Da liegt's doch, das Luiserl!«

Er schüttelt den Kopf. »Nein, das ist der Zwilling.«

»Zwilling?« Die Familienverhältnisse des Herrn Kapellmeister wachsen der armen Person über den Kopf.

»Sorgen Sie dafür, dass wir zu essen haben! Über die Schlafgelegenheiten sprechen wir noch.«

»O du mei!«, murmelt sie, während sie aus der Tür schleicht.

Der Vater betrachtet das erschöpft schlummernde Kind, dessen Stirn feucht glänzt. Mit einem Tuch tupft er sie behutsam trocken.

Das ist nun also die andere kleine Tochter! Sein Lottchen! Welche Tapferkeit und welche Willenskraft erfüllten dieses Kind, bevor es von Krankheit und Verzweiflung überwältigt wurde! Vom Vater hat es diesen Heldenmut wohl nicht. Von wem?

Von der Mutter?

Wieder läutet das Telefon.

Resi steckt den Kopf ins Zimmer. »Fräulein Gerlach!«

Herr Palfy schüttelt, ohne sich umzuwenden, ablehnend den Kopf.

Frau Körner lässt sich von Doktor Bernau wegen »dringender Familienangelegenheiten« Urlaub geben. Sie telefoniert mit dem Flugplatz und bekommt für morgen früh auch richtig zwei Flugplätze. Dann wird ein Koffer mit dem Notwendigsten gepackt.

Die Nacht scheint endlos, so kurz sie ist. Aber auch endlos scheinende Nächte vergehen.

Als am nächsten Morgen der Herr Hofrat Strobl, von Peperl begleitet, vor dem Haus in der Rotenturmstraße ankommt, fährt gerade ein Taxi vor.

Ein kleines Mädchen steigt aus dem Auto – und schon springt Peperl wie besessen an dem Kind hoch! Er bellt, er dreht sich wie ein Kreisel, er wimmert vor Wonne, er springt wieder hoch!

»Grüß Gott, Peperl! Grüß Gott, Herr Hofrat!«

Der Herr Hofrat vergisst vor Verblüffung, den Gruß zu erwidern. Plötzlich springt er, wenn auch nicht ganz so graziös wie sein Peperl, auf das Kind zu und schreit: »Bist du denn völlig überg'schnappt? Scher dich ins Bett!«

Luise und der Hund sausen ins Haustor.

Eine junge Dame entsteigt dem Auto.

»Den Tod wird sich's holen, das Kind!«, schreit der Herr Hofrat empört.

»Es ist nicht das Kind, das Sie meinen«, sagt die junge Dame freundlich. »Es ist die Schwester.«

Resi öffnet die Korridortür. Draußen steht der japsende Peperl mit einem Kind.

»Grüß Gott, Resi!«, ruft das Kind und stürzt mit dem Hund ins Kinderzimmer.

Die Haushälterin schaut entgeistert hintendrein und schlägt ein Kreuz.

Dann ächzt der alte Hofrat die Stufen empor. Er kommt mit einer bildhübschen Frau, die einen Reisekoffer trägt.

»Wie geht's Lottchen?«, fragt die junge Frau hastig.

»Etwas besser, glaub ich«, meint die Resi. »Darf ich Ihnen den Weg zeigen?«

»Danke, ich weiß Bescheid!« Und schon ist die Fremde im Kinderzimmer verschwunden.

»Wenn S' wieder einigermaßen zu sich gekommen sein werden«, sagt der Hofrat amüsiert, »helfen S' mir vielleicht aus dem Mantel. Aber lassen S' sich nur Zeit!«

Resi zuckt zusammen. »Bitte tausendmal um Vergebung«, stammelt sie.

»'s hat ja heute keine solche Eile mit meiner Visite«, erklärt er geduldig.

»Mutti!«, flüstert Lotte. Ihre Augen hängen groß und glänzend an der Mutter, wie an einem Bild aus Traum und Zauber. Die junge Frau streichelt wortlos die heiße Kinderhand. Sie kniet am Bett nieder und nimmt das zitternde Geschöpf sanft in die Arme.

Luise schaut blitzschnell zum Vater hinüber, der am Fenster steht. Dann macht sie sich an Lottchens Kissen zu schaffen, klopft sie, wendet sie um, zupft ordnend am Betttuch. Jetzt ist *sie* das Hausmütterchen. Sie hat's ja inzwischen gelernt!

Der Herr Kapellmeister mustert die drei mit einem verstohlenen Seitenblick. Die Mutter mit ihren Kindern. *Seine* Kinder sind es ja natürlich auch! Und die junge Mutter war vor Jahren sogar einmal seine junge Frau! Versunkene Tage, vergessene Stunden tauchen vor ihm auf. Lang, lang ist's her …

Peperl liegt wie vom Donner gerührt am Fußende des Bettes und blickt immer wieder von dem einen kleinen Mädchen zum anderen. Sogar die kleine schwarze gelackte Nasenspitze ruckt unschlüssig zwischen den beiden hin und her, als schwanke sie zweifelnd, was zu tun sei. Einen netten, kinderlieben Hund in solche Verlegenheit zu bringen! Da klopft es.

Die vier Menschen im Zimmer erwachen wie aus einem seltsamen Wachschlaf. Der Herr Hofrat tritt ein. Jovial und ein bisschen laut wie immer. Am Bett macht er halt. »Wie geht's dem Patienten?«

»Guut«, sagt Lottchen und lächelt ermattet.

»Haben wir heute endlich Appetit?«, brummt er.

»Wenn Mutti kocht!«, flüstert Lottchen.

Mutti nickt und geht ans Fenster. »Entschuldige, Ludwig, dass ich dir erst jetzt guten Tag sage!«

Der Kapellmeister drückt ihr die Hand. »Ich dank dir vielmals, dass du gekommen bist.«

»Aber ich bitte dich! Das war doch selbstverständlich! Das Kind …«

»Freilich, das Kind«, erwidert er. »Trotzdem!«

»Du siehst aus, als hättest du seit Tagen nicht geschlafen«, meint sie zögernd.

»Ich werd's nachholen. Ich hatte Angst um … um das Kind!«

»Es wird bald wieder gesund sein«, sagt die junge Frau zuversichtlich. »Ich fühl's.«

Am Bett wird gewispert. Luise beugt sich dicht an Lottchens Ohr. »Mutti weiß nichts von Fräulein Gerlach. Wir dürfen's ihr auch nie sagen!«

Lottchen nickt ängstlich.

Der Herr Hofrat kann es nicht gehört haben, weil er das Fieberthermometer prüft. Obwohl er natürlich das Thermometer nicht gerade mit den Ohren inspiziert! Sollte er aber doch etwas gehört haben, so versteht er es jedenfalls vorbildlich, sich nicht das Mindeste anmerken zu lassen. »Die Temperatur ist fast normal«, sagt er. »Du bist übern Berg! Herzlichen Glückwunsch, Luiserl!«

»Dank schön, Herr Hofrat«, antwortet die richtige Luise kichernd.

»Oder meinen Sie mich?«, fragt Lottchen, vorsichtig lachend. Der Kopf tut dabei noch weh.

»Ihr seids mir ein paar Intriganten«, knurrt er, »ein paar ganz gefährliche! Sogar meinen Peperl habt ihr an der Nase herumgeführt!« Er streckt beide Hände aus und mit jeder seiner Pranken fährt er zärtlich über einen Mädchenkopf.

Dann hustet er energisch, steht auf und sagt: »Komm, Peperl, reiß dich von den zwei trügerischen Weibsbildern los!«

Peperl wedelt Abschied nehmend mit dem Schwanz. Dann schmiegt er sich an die gewaltigen Hosenröhren des Hofrats, der soeben dem Herrn Kapellmeister Palfy erklärt: »Eine Mutter, das ist eine Medizin, die kann man nicht in der Apotheke holen!« Er wendet sich an die junge Frau. »Werden S' so lang bleiben können, bis das Luiserl – ein Schmarrn –, bis das Lottchen, mein ich, wieder völlig beisamm' ist?«

»Ich werd wohl können, Herr Hofrat, und ich möcht schon!«

»Na also«, meint der alte Herr. »Der Herr Exgemahl wird sich halt dreinfügen müssen.«

Palfy öffnet den Mund.

»Lassen S' nur«, sagt der Hofrat spöttisch. »Das Künstlerherz wird Ihnen natürlich bluten. So viel Leut' in der Wohnung! Aber nur Geduld – bald werden S' wieder hübsch allein sein.«

Er hat's heute in sich, der Hofrat! Die Tür drückt er so rasch auf, dass die Resi, die draußen horcht, am Kopf eine Beule kriegt. Sie hält sich den brummenden Schädel.

»Mit einem sauberen Messer drücken!«, empfiehlt er, jeder Zoll ein Arzt. »Ist schon gut. Der wertvolle Ratschlag kostet nix!«

Der Abend hat sich auf die Erde herabgesenkt. In Wien wie anderswo auch. Im Kinderzimmer ist es still. Luise schläft. Lotte schläft. Sie schlummert der Gesundung entgegen.

Frau Körner und der Kapellmeister haben bis vor wenigen Minuten im Nebenzimmer gesessen. Sie haben manches besprochen und sie haben noch mehr beschwiegen. Dann ist er aufgestanden und hat gesagt: »So! Nun muss ich gehen!« Dabei ist er sich – übrigens mit Recht – etwas komisch erschienen. Wenn man bedenkt, dass im Nebenzimmer zwei neunjährige Mädchen schlafen, die man von der hübschen Frau hat, die vor einem steht – und man selber muss wie ein abgeblitzter Tanzstundenherr davonschleichen! Aus der eigenen Wohnung! Wenn es noch, wie in den guten alten Zeiten, unsichtbare Hausgeister gäbe – wie müssten die jetzt kichern!

Sie bringt ihn bis zur Korridortür.

Er zögert. »Falls es wieder schlimmer werden sollte – ich bin drüben im Atelier.«

»Mach dir keine Sorgen!«, sagt sie zuversichtlich. »Vergiss lieber nicht, dass du viel Schlaf nachzuholen hast.«

Er nickt. »Gute Nacht.«

»Gute Nacht.«

Während er langsam die Treppe hinabsteigt, ruft sie leise: »Ludwig!«

Er dreht sich fragend um.

»Kommst du morgen zum Frühstück?«

»Ich komme!«

Als sie die Tür verschlossen und die Kette vorgehängt hat, bleibt sie noch eine Weile sinnend stehen. Er ist wirklich älter geworden. Fast sieht er schon wie ein richtiger Mann aus, ihr ehemaliger Mann!

Dann wirft sie den Kopf zurück und geht, den Schlaf ihrer und seiner Kinder mütterlich zu bewachen.

Eine Stunde später steigt, vor einem Haus am Kärntner Ring, eine junge, elegante Dame aus einem Auto und verhandelt mit dem mürrischen Portier.

»Der Herr Kapellmeister?«, brummt er. »I woaß net, ob er droben ist!«

»Im Atelier ist Licht«, sagt sie. »Also ist er da! Hier!« Sie drückt ihm Geld in die Hand und eilt, an ihm vorbei, zur Stiege.

Er betrachtet den Geldschein und schlurft in seine Wohnung zurück.

»Du?«, fragt Ludwig Palfy oben an der Tür.

»Erraten!«, bemerkt Irene Gerlach bissig und tritt ins Atelier. Sie setzt sich, zündet sich eine Zigarette an und mustert den Mann abwartend.

Er sagt nichts.

»Warum lässt du dich am Telefon verleugnen?«, fragt sie. »Findest du das sehr geschmackvoll?«

»Ich hab mich nicht verleugnen lassen.«

»Sondern?«

»Ich war nicht fähig, mit dir zu sprechen. Mir war nicht danach zumute. Das Kind war schwer krank.«

»Aber jetzt geht es ihm wohl besser. Sonst wärst du doch in der Rotenturmstraße.«

Er nickt. »Ja, es geht ihm besser. Außerdem ist meine Frau drüben.«

»Wer?«

»Meine Frau. Meine geschiedene Frau. Sie kam heute Morgen mit dem anderen Kind.«

»Mit dem *anderen* Kind?«, echot die junge, elegante Frau.

»Ja, es sind Zwillinge. Erst war das Luiserl bei mir. Seit Ferienschluss dann das andere. Doch das hab ich gar nicht gemerkt. Ich weiß es erst seit gestern.«

Die Dame lacht böse. »Raffiniert eingefädelt von deiner Geschiedenen!«

»Sie weiß es auch erst seit gestern«, meint er ungeduldig.

Irene Gerlach verzieht ironisch die schön gemalten Lippen. »Die Situation ist nicht unpikant, gelt? In der einen Wohnung

sitzt eine Frau, mit der du nicht mehr, und in der anderen eine, mit der du noch nicht verheiratet bist!«

Ihn packt der Ärger. »Es gibt noch viel mehr Wohnungen, wo Frauen sitzen, mit denen ich noch nicht verheiratet bin!«

»Oh!« Sie erhebt sich. »Witzig kannst du auch sein?«

»Entschuldige, Irene, ich bin nervös!«

»Entschuldige, Ludwig, ich auch!«

Bums! Die Tür ist zu und Fräulein Gerlach ist gegangen!

Nachdem Herr Palfy einige Zeit auf die Tür gestarrt hat, wandert er zum Bösendorfer Flügel hinüber, blättert in den Noten zu seiner Kinderoper und setzt sich, ein Notenblatt herausgreifend, vor die Tasten.

Eine Zeit lang spielt er vom Blatt. Einen strengen, schlichten Kanon, in einer der alten Kirchentonarten. Dann moduliert er.

Von Dorisch nach c-Moll. Von c-Moll nach Es-Dur. Und langsam, ganz langsam schält sich aus der Paraphrase eine neue Melodie heraus. Eine Melodie, so einfach und herzgewinnend, als ob zwei kleine Mädchen mit ihren hellen, reinen Kinderstimmen sie sängen. Auf einer Sommerwiese. An einem kühlen Gebirgssee, in dem sich der blaue Himmel spiegelt. Jener Himmel, der höher ist als aller Verstand und dessen Sonne die Kreaturen wärmt und bescheint, ohne zwischen den Guten, den Bösen und den Lauen einen Unterschied zu machen.

ELFTES KAPITEL

Ein doppelter Geburtstag und ein einziger Geburtstagswunsch / Die Eltern ziehen sich zur Beratung zurück / Daumen halten! / Gedränge am Schlüsselloch / Missverständnisse und Einverständnis

Die Zeit, die, wie man weiß, Wunden heilt, heilt auch Krankheiten. Lottchen ist wieder gesund. Sie trägt auch wieder ihre Zöpfe und Zopfschleifen. Und Luise hat wie einst ihre Locken und schüttelt sie nach Herzenslust.

Sie helfen der Mutti und der Resi beim Einkaufen und in der Küche. Sie spielen gemeinsam im Kinderzimmer. Sie singen zusammen, während Lottchen oder gar Vati am Klavier sitzt. Sie besuchen Herrn Gabele in der Nachbarwohnung. Oder sie führen Peperl aus, wenn der Herr Hofrat Sprechstunde hat. Der Hund hat sich mit dem zwiefachen Luiserl abgefunden, indem er seine Fähigkeit, kleine Mädchen gernzuhaben, zunächst verdoppelt und dann diese Zuneigung halbiert hat. Man muss sich zu helfen wissen.

Und manchmal, ja, da schauen sich die Schwestern ängstlich in die Augen. Was wird werden?

Am 14. Oktober haben die beiden Mädchen Geburtstag. Sie sitzen mit den Eltern im Kinderzimmer. Zwei Kerzenbäume brennen, jeder mit zehn Lichtern. Selbstgebackenes und dampfende Schokolade hat's gegeben. Vati hat einen wunderschönen »Geburtstagsmarsch für Zwillinge« gespielt. Nun dreht er sich auf dem Klavierschemel herum und fragt: »Warum haben wir euch eigentlich nichts schenken dürfen?«

Lottchen holt tief Atem und sagt: »Weil wir uns etwas wünschen wollen, was man nicht kaufen kann!«

»Was wünscht ihr euch denn?«, fragt die Mutti.

Nun ist Luise an der Reihe, tief Luft zu holen. Dann erklärt sie, zapplig vor Aufregung: »Lotte und ich wünschen uns von euch zum Geburtstag, dass wir von jetzt ab immer zusammenbleiben dürfen!« Endlich ist es heraus!

Die Eltern schweigen.

Lotte sagt ganz leise: »Dann braucht ihr uns auch nie im Leben wieder etwas zu schenken! Zu keinem Geburtstag mehr. Und zu keinem Weihnachtsfest auf der ganzen Welt!«

Die Eltern schweigen noch immer.

»Ihr könnt es doch wenigstens versuchen!« Luise hat Tränen in den Augen. »Wir werden bestimmt gut folgen. Noch viel mehr als jetzt. Und es wird überhaupt alles viel, viel schöner werden!«

Lotte nickt. »Das versprechen wir euch!«

»Mit großem Ehrenwort und allem«, fügt Luise hastig hinzu.

Der Vater steht vom Klaviersessel auf. »Ist es dir recht, Luiselotte, wenn wir nebenan ein paar Worte miteinander sprechen?«

»Ja, Ludwig«, erwidert seine geschiedene Frau. Und nun gehen die zwei ins Nebenzimmer. Die Tür schließt sich hinter ihnen.

»Daumen halten!«, flüstert Luise aufgeregt. Vier kleine Daumen

werden von vier kleinen Händen umklammert und gedrückt. Lotte bewegt tonlos die Lippen.

»Betest du?«, fragt Luise.

Lotte nickt.

Da fängt auch Luise an, die Lippen zu bewegen. »Komm, Herr Jesus, sei unser Gast, und segne, was du uns bescheret hast!«, murmelt sie, halblaut.

Lotte schüttelt unwillig die Zöpfe.

»Es passt nicht«, flüstert Luise entmutigt. »Aber mir fällt nichts anderes ein. – Komm, Herr Jesus, sei unser Gast, und segne …«

»Wenn wir einmal von uns beiden gänzlich absehen«, sagt gerade Herr Palfy nebenan und schaut unentwegt auf den Fußboden, »so wäre es zweifellos das Beste, die Kinder würden nicht wieder getrennt.«

»Bestimmt«, meint die junge Frau. »Wir hätten sie nie auseinanderreißen sollen.«

Er schaut noch immer auf den Fußboden. »Wir haben vieles gutzumachen.« Er räuspert sich. »Ich bin also damit einverstanden, dass du – dass du beide Kinder zu dir nach München nimmst.«

Sie greift sich ans Herz.

»Vielleicht«, fährt er fort, »erlaubst du, dass sie mich im Jahr vier Wochen besuchen?« Als sie nichts erwidert, meint er: »Oder drei Wochen? Oder vierzehn Tage wenigstens? Denn, obwohl du es am Ende nicht glauben wirst, ich hab die beiden sehr lieb.«

»Warum soll ich dir das denn nicht glauben?«, hört er sie erwidern.

Er zuckt die Achseln. »Ich hab es zu wenig bewiesen!«

»Doch! An Lottchens Krankenbett!«, sagt sie. »Und woher willst du wissen, dass die beiden so glücklich würden, wie wir's ihnen wünschen, wenn sie ohne Vater aufwachsen?«

»Ohne dich ginge es doch erst recht nicht!«

»Ach, Ludwig, hast du wirklich nicht gemerkt, wonach sich die Kinder sehnen und was sie nur nicht auszusprechen gewagt haben?«

»Natürlich hab ich's gemerkt!« Er tritt ans Fenster. »Natürlich weiß ich, was sie wollen!« Ungeduldig zerrt er an dem Fensterwirbel. »Sie wollen, dass auch du und ich zusammenbleiben!«

»Vater *und* Mutter wollen sie haben, unsere Kinder! Ist das unbescheiden?«, fragt die junge Frau forschend.

»Nein! Aber es gibt auch bescheidene Wünsche, die nicht erfüllbar sind!«

Er steht am Fenster wie ein Junge, der in die Ecke gestellt wurde und der aus Trotz nicht wieder hervorkommen will.

»Warum nicht erfüllbar?«

Überrascht wendet er sich um! »Das fragst du *mich*? Nach allem, was war?«

Sie schaut ihn ernst an und nickt, kaum merklich. Dann sagt sie: »Ja! Nach allem, was gewesen ist!«

Luise steht an der Tür und presst ein Auge ans Schlüsselloch.

Lotte steht daneben und hält beide kleinen Fäuste, die Daumen kneifend, weit von sich.

»Oh, oh, oh!«, murmelt Luise. »Vati gibt Mutti einen Kuss!«

Lottchen schiebt, ganz gegen ihre Gewohnheit, die Schwester unsanft beiseite und starrt nun ihrerseits durchs Schlüsselloch.

»Nun?«, fragt Luise. »Noch immer?«

»Nein«, flüstert Lottchen und richtet sich strahlend hoch. »Jetzt gibt Mutti Vati einen Kuss!«

Da fallen sich die Zwillinge jauchzend in die Arme!

Herr Grawunder wundert sich / Direktor Kilians komische Erzählung / Luises und Lottchens Heiratspläne / Die Titelseite der »Münchner Illustrierten« / Ein neues Schild an einer alten Tür / »Auf gute Nachbarschaft, Herr Kapellmeister!« / Man kann verlorenes Glück nachholen / Kinderlachen und ein Kinderlied / »Und lauter Zwillinge!«

Herr Benno Grawunder, ein alter erfahrener Beamter im Standesamt des Ersten Wiener Bezirks, nimmt eine Trauung vor, die ihn, bei aller Routine, ab und zu ein bisschen aus der Fassung bringt. Die Braut ist die geschiedene Frau des Bräutigams. Die beiden einander entsetzlich ähnlichen zehnjährigen Mädchen sind die Kinder des Brautpaars. Der eine Trauzeuge, ein Kunstmaler namens Anton Gabele, hat keinen Schlips um. Dafür hat der andere Zeuge, ein Hofrat Professor Doktor Strobl, einen Hund! Und der Hund hat im Vorzimmer, wo er eigentlich bleiben sollte, einen solchen Lärm gemacht, dass man ihn hereinholen und an der standesamtlichen Trauung teilnehmen lassen musste! Ein Hund als Trauzeuge! Nein, so was!

Lottchen und Luise sitzen andächtig auf ihren Stühlen und sind glücklich wie die Schneekönige. Und sie sind nicht nur glücklich, sondern auch stolz, mächtig stolz! Denn sie selber sind ja an dem herrlichen, unfassbaren Glück schuld! Was wäre denn aus den armen Eltern geworden, wenn die Kinder nicht gewesen wären, wie? Na also! Und leicht war's auch nicht gerade gewesen, in aller Heimlichkeit Schicksal zu spielen! Abenteuer, Tränen, Angst, Lügen, Verzweiflung, Krankheit, nichts war ihnen erspart geblieben, rein gar nichts!

Nach der Zeremonie flüstert Herr Gabele mit Herrn Palfy. Dabei zwinkern die beiden Künstlernaturen einander geheimnisvoll zu. Aber *warum* sie flüstern und zwinkern, weiß außer ihnen niemand.

Frau Körner, geschiedene Palfy, verehelichte Palfy, hat ihren alten und neuen Herrn und Gebieter nur murmeln hören: »Noch zu früh?« Dann fährt er, zu ihr gewandt, leichthin fort: »Ich hab eine gute Idee! Weißt du, was? Wir fahren zunächst in die Schule und melden Lotte an!«

»Lotte? Aber Lotte war doch seit Wochen … Entschuldige, du hast natürlich recht!«

Der Herr Kapellmeister schaut die Frau Kapellmeister zärtlich an. »Das will ich meinen!«

Herr Kilian, der Direktor der Mädchenschule, ist ehrlich verblüfft, als Kapellmeister Palfy und Frau eine zweite Tochter anmelden, die der ersten aufs Haar gleicht. Aber er hat als alter Schulmann manches erlebt, was nicht weniger merkwürdig war, und so gewinnt er schließlich die Fassung wieder.

Nachdem die neue Schülerin ordnungsgemäß in ein großes Buch eingetragen worden ist, lehnt er sich gemütlich im Schreibtischsessel zurück und sagt: »Als jungem Hilfslehrer ist mir einmal etwas passiert, das muss ich Ihnen und den beiden Mäderln erzählen! Da kam zu Ostern ein neuer Bub in meine Klasse. Ein Bub aus ärmlichen Verhältnissen, aber blitzsauber und, wie ich bald merkte, sehr ums Lernen bemüht. Er kam gut voran. Im Rechnen war er sogar in kurzer Zeit der Beste von allen. Das heißt: nicht immer! Erst dachte ich bei mir: ›Wer weiß, woran's liegen mag!‹ Dann dachte ich: ›Das ist doch seltsam! Manchmal rechnet er wie am Schnürchen und macht keinen einzigen Fehler, andere Male geht es viel langsamer bei ihm, und Schnitzer macht er außerdem!‹«

Der Herr Schuldirektor macht eine Kunstpause und zwinkert Luise und Lotte wohlwollend zu. »Endlich verfiel ich auf eine seltsame Methode. Ich merkte mir in einem Notizbücherl an, wann der Bub gut und wann er miserabel gerechnet hatte. Und da stellte sich ja nun etwas ganz Verrücktes heraus. Montags, mittwochs und freitags rechnete er gut – dienstags, donnerstags und samstags rechnete er schlecht.«

»Nein, so was!«, sagt Herr Palfy. Und die zwei kleinen Mädchen rutschen neugierig auf den Stühlen.

»Sechs Wochen sah ich mir das an«, fährt der alte Herr fort. »Es änderte sich nie! Montags, mittwochs, freitags – gut! Dienstags, donnerstags, samstags – schlecht! Eines schönen Abends begab ich mich in die Wohnung der Eltern und teilte ihnen meine rätselhafte Beobachtung mit. Sie schauten einander halb verlegen, halb belustigt an und dann meinte der Mann: ›Mit dem, was der Herr Lehrer bemerkt hat, hat's schon seine Richtigkeit!‹ Dann pfiff er auf zwei Fingern. Und schon kamen aus dem Nebenzimmer zwei Jungen herübergesprungen. *Zwei*, gleich groß und auch sonst vollkommen ähnlich! ›Es sind Zwillinge‹, meinte die Frau. ›Der Sepp ist der gute Rechner, der Toni ist – der andere!‹ Nachdem ich mich einigermaßen erholt hatte, fragte ich: ›Ja, liebe Leute, warum schickt ihr denn nicht alle beide in die Schule?‹ Und der Vater gab mir zur Antwort: ›Wir sind arm, Herr Lehrer. Die zwei Buben haben zusammen nur *einen* guten Anzug!‹«

Das Ehepaar Palfy lacht. Herr Kilian schmunzelt. Das Luiserl ruft: »Das ist eine Idee! Das machen wir auch!«

Herr Kilian droht mit dem Finger. »Untersteht euch! Fräulein Gstettner und Fräulein Bruckbaur werden ohnedies Mühe genug haben, euch immer richtig auseinanderzuhalten!«

»Vor allem«, meint Luise begeistert, »wenn wir uns ganz gleich frisieren und die Sitzplätze tauschen!«

Der Herr Direktor schlägt die Hände überm Kopf zusammen

und tut überhaupt, als sei er der Verzweiflung nahe. »Entsetzlich!«, sagt er. »Und wie soll das erst einmal später werden, wenn ihr junge Damen seid und euch jemand heiraten will?«

»Weil wir gleich aussehen«, meint Lottchen nachdenklich, »gefallen wir sicher einem und demselben Mann!«

»Und uns gefällt bestimmt auch nur derselbe!«, ruft Luise. »Dann heiraten wir ihn ganz einfach beide! Das ist das Beste. Montags, mittwochs und freitags bin *ich* seine Frau! Und dienstags, donnerstags und samstags ist Lottchen an der Reihe!«

»Und wenn er euch nicht zufällig einmal rechnen lässt, wird er überhaupt nicht merken, dass er zwei Frauen hat«, sagt der Herr Kapellmeister lachend.

Der Herr Direktor Kilian erhebt sich. »Der Ärmste!«, meint er mitleidig.

Frau Palfy lächelt. »Ein Gutes hat die Einteilung aber doch! Sonntags hat er frei!«

Als das neugebackene, genauer, das wieder aufgebackene Ehepaar mit den Zwillingen über den Schulhof geht, ist gerade Frühstückspause. Hunderte kleiner Mädchen drängen sich und werden gedrängt. Luise und Lotte werden ungläubig bestaunt.

Endlich gelingt es Trude, sich bis zu den Zwillingen durchzuboxen. Schwer atmend blickt sie von einer zur anderen. »Nanu!«, sagt sie erst einmal. Dann wendet sie sich gekränkt an Luise: »Erst verbietest du mir, hier in der Schule drüber zu reden, und nun kommt ihr so einfach daher?«

»*Ich* hab's dir verboten«, berichtigt Lotte.

»Jetzt kannst du's ruhig allen erzählen«, erklärt Luise huldvoll. »Von morgen an kommen wir nämlich beide!«

Dann schiebt sich Herr Palfy wie ein Eisbrecher durch die Menge und lotst seine Familie durchs Schultor. Trude wird inzwischen das Opfer der allgemeinen Neugierde. Man bugsiert sie auf den Ast einer Eberesche. Von hier oben aus teilt sie der lauschenden Mädchenmenge alles mit, was sie weiß.

Es läutet. Die Pause ist zu Ende. So sollte man wenigstens denken.

Die Lehrerinnen betreten die Klassenzimmer. Die Klassenzimmer sind leer. Die Lehrerinnen treten an die Fenster und starren empört auf den Schulhof hinunter. Der Schulhof ist überfüllt. Die Lehrerinnen dringen ins Zimmer des Direktors, um im Chor Beschwerde zu führen.

»Nehmen Sie Platz, meine Damen!«, sagt er. »Der Schuldiener hat mir soeben die neue Nummer der ›Münchner Illustrierten‹ gebracht. Die Titelseite ist für unsere Schule recht interessant. Darf ich bitten, Fräulein Bruckbaur?« Er reicht ihr die Zeitschrift.

Und nun vergessen auch die Lehrerinnen, genau wie im Schulhof die kleinen Mädchen, dass die Pause längst vorüber ist.

Fräulein Irene Gerlach steht, elegant wie immer, in der Nähe der Oper und starrt betroffen auf das Titelblatt der »Münchner Illustrierten«, wo zwei kleine bezopfte Mädchen abgebildet sind. Als sie hochblickt, starrt sie noch mehr. Denn an der Verkehrskreuzung hält ein Taxi, und in dem Taxi sitzen zwei kleine Mädchen mit einem Herrn, den sie gut gekannt hat, und einer Dame, die sie nie kennenlernen möchte!

Lotte zwickt die Schwester. »Du, dort drüben!«

»Aua! Was denn?«

Lotte flüstert, dass es kaum zu hören ist: »Fräulein Gerlach!«

»Wo?«

»Rechts! Die mit dem großen Hut! Und mit der Zeitung in der Hand!« Luise schielt zu der eleganten Dame hinüber. Am liebsten möchte sie ihr triumphierend die Zunge herausstrecken.

»Was habt ihr denn, ihr zwei?«

Verflixt, nun hat die Mutti wohl doch etwas gemerkt?

Da beugt sich, zum Glück, aus dem Auto, das neben dem Taxi wartet, eine vornehme alte Dame herüber. Sie hält der Mutti eine illustrierte Zeitung hin und sagt lächelnd: »Darf ich Ihnen ein passendes Präsent machen?«

Frau Palfy nimmt die Illustrierte, sieht das Titelbild, dankt lächelnd und gibt die Zeitung ihrem Mann.

Die Autos setzen sich in Bewegung. Die alte Dame nickt zum Abschied.

Die Kinder klettern neben Vati auf den Wagensitz und bestaunen das Titelbild.

»Dieser Herr Eipeldauer!«, sagt Luise. »Uns so hineinzulegen!«

»Wir dachten doch, wir hätten *alle* Fotos zerrissen!«, meint Lotte.

»Er hat ja die Platten!«, erklärt die Mutti. »Da kann er noch Hunderte von Bildern abziehen!«

»Wie gut, dass er euch angeschmiert hat«, stellt der Vater fest. »Ohne ihn wäre Mutti nicht hinter euer Geheimnis gekommen. Und ohne ihn wäre heute keine Hochzeit gewesen.«

Luise dreht sich plötzlich um und schaut zur Oper zurück. Aber von Fräulein Gerlach ist weit und breit nichts mehr zu sehen.

Lotte sagt zur Mutti: »Wir werden dem Herrn Eipeldauer einen Brief schreiben und uns bei ihm bedanken!«

Das »aufgebackene« Ehepaar klettert in der Rotenturmstraße mit den Zwillingen die Stiegen hinauf. In der offenen Tür wartet schon die Resi in ihrem sonntäglichen Trachtenstaat, grinst über das ganze breite Bäuerinnengesicht und überreicht der jungen Frau einen großmächtigen Blumenstrauß.

»Ich dank Ihnen schön, Resi«, sagt die junge Frau. »Und ich freu mich, dass Sie bei uns bleiben wollen!«

Resi nickt wie eine Puppe aus dem Kasperltheater, so energisch und so ruckartig. Dann stottert sie: »Ich hätte ja auf den Hof z'rucksollen. Zum Herrn Vater. Aber ich hab doch das Fräul'n Lottchen so arg gern!«

Der Herr Kapellmeister lacht: »Zu uns drei anderen sind S' nicht eben höflich, Resi!«

Resi zuckt ratlos mit den Schultern.

Frau Palfy greift rettend ein. »Wir können doch nicht ewig auf dem Treppenflur stehen bleiben!«

»Bitt' schön!« Resi reißt die Tür auf.

»Momenterl!«, sagt der Herr Kapellmeister gemächlich. »Ich muss erst einmal in die andere Wohnung!«

Alle außer ihm erstarren. Schon am Hochzeitstag will er wieder ins Atelier am Ring? (Nein, die Resi erstarrt ganz und gar nicht! Sie lacht vielmehr lautlos in sich hinein!)

Herr Palfy geht zu Herrn Gabeles Wohnungstür, zückt einen Schlüssel und schließt in aller Seelenruhe auf!

Lottchen rennt zu ihm. An der Tür ist ein neues Schild angebracht und auf dem neuen Schild steht deutlich zu lesen: »Palfy«!

»O Vati!«, ruft sie überglücklich.

Da steht auch schon Luise neben ihr, liest das Schild, kriegt die Schwester am Kragen und beginnt, mit ihr eine Art Veitstanz aufzuführen. Das alte Stiegenhaus wackelt in allen Fugen.

»Nun ist's genug!«, ruft schließlich der Herr Kapellmeister. »Ihr schert euch jetzt mit der Resi in die Küche und helft ihr!« Er schaut auf die Uhr. »Ich zeig der Mutti inzwischen meine Wohnung. Und in einer halben Stunde wird gegessen. Wenn's so weit ist, klingelt ihr!« Er nimmt die junge Frau an der Hand.

An der gegenüberliegenden Tür macht Luise einen Knicks und sagt: »Auf gute Nachbarschaft, Herr Kapellmeister!«

Die junge Frau legt Hut und Mantel ab. »Was für eine Überraschung!«, meint sie leise.

»Eine angenehme Überraschung?«, fragt er.

Sie nickt.

»Es war schon lange Lottchens Wunsch, bevor's auch der meinige wurde«, erzählt er zögernd. »Gabele hat den Feldzugsplan bis ins Kleinste ausgearbeitet und die Schlacht der Möbelwagen eingeleitet.«

»Deswegen also mussten wir erst noch in die Schule?«

»Ja. Der Transport des Flügels hielt den Kampf der Möbeltitanen etwas auf.«

Sie treten ins Arbeitszimmer. Auf dem Flügel steht die aus dem Schreibtischfach auferstandene Fotografie einer jungen Frau aus einer vergangenen, unvergessenen Zeit. Er legt den Arm um sie. »Im dritten Stock links werden wir zu viert glücklich sein und im dritten Stockwerk rechts ich allein, aber mit euch Wand an Wand.«

»So viel Glück!« Sie schmiegt sich an ihn.

»Jedenfalls mehr, als wir verdienen«, sagt er ernst. »Aber nicht mehr, als wir ertragen können.«

»Ich hätte nie geglaubt, dass es das gibt!«

»Was?«

»Dass man verlorenes Glück nachholen kann wie eine versäumte Schulstunde.«

Er deutet auf ein Bild an der Wand. Aus dem Rahmen schaut, von Gabele gezeichnet, ein kleines, ernstes Kindergesicht auf die Eltern herab. »Jede Sekunde unseres neuen Glücks«, sagt er, »verdanken wir unseren Kindern.«

Luise steht, mit einer Küchenschürze geschmückt, auf einem Stuhl und heftet mit Reißzwecken die Titelseite der »Münchner Illustrierten« an die Wand.

»Schön«, sagt Resi andächtig.

Lottchen, gleichfalls in einer Küchenschürze, werkelt eifrig am Herd.

Resi tupft sich eine Träne aus dem Augenwinkel, schnüffelt leise und fragt dann, noch immer vor der Fotografie stehend: »Welche von euch beiden ist denn nun eigentlich welche?«

Die kleinen Mädchen schauen einander betroffen an. Dann starren sie auf die angezweckte Fotografie. Dann blicken sie erneut einander an.

»Also …«, sagt Lottchen unschlüssig.

»Ich saß, als uns der Herr Eipeldauer knipste, glaub ich, links«, meint Luise nachdenklich.

Lotte schüttelt zaudernd den Kopf. »Nein, ich saß links. Oder?«

Die zwei recken die Hälse zu ihrem Konterfei empor.

»Ja, wenn ihr's selber nicht wisst, welche welche ist!«, schreit die Resi außer sich und beginnt zu lachen.

»Nein, wir wissen's wirklich selber nicht!«, ruft Luise begeistert. Und nun lachen alle drei, dass ihr Gelächter bis in die Nebenwohnung hinüberdringt.

Dort drüben fragt die Frau, fast erschrocken: »Wirst du denn bei solchem Lärm arbeiten können?«

Er geht an den Flügel und sagt, während er den Deckel öffnet: »Nur bei solchem Lärm!« Und indes nebenan das Gelächter einschläft, spielt er seiner Frau aus der Kinderoper das Duett in Es-Dur vor, das bis in die Küche der Nachbarwohnung dringt. Die drei hantieren so leise wie möglich, um sich auch ja keinen Ton entgehen zu lassen.

Als das Lied verklungen ist, fragt Lottchen verlegen: »Wie ist das eigentlich, Resi? Wo nun Vati und Mutti wieder mit uns zusammen sind, können Luise und ich doch noch Geschwister bekommen?«

»Ja, freilich!«, erklärt Resi zuversichtlich. »Wollt ihr denn welche haben?«

»Natürlich«, meint Luise energisch.

»Buben oder Mädels?«, erkundigt sich Resi angelegentlich.

»Buben *und* Mädels!«, sagt Lotte.
Luise aber ruft aus Herzensgrund: »Und lauter Zwillinge!«

Der 35. Mai

Es war am 35. Mai

Es war am 35. Mai. Und da ist es natürlich kein Wunder, dass sich Onkel Ringelhuth über nichts wunderte. Wäre ihm, was ihm heute zustoßen sollte, auch nur eine Woche früher passiert, er hätte bestimmt gedacht, bei ihm oder am Globus seien zwei bis drei Schrauben locker. Aber am 35. Mai muss der Mensch auf das Äußerste gefasst sein.

Außerdem war Donnerstag. Onkel Ringelhuth hatte seinen Neffen Konrad von der Schule abgeholt und jetzt liefen beide die Glacisstraße entlang. Konrad sah bekümmert aus. Der Onkel merkte nichts davon, sondern freute sich aufs Mittagessen.

Ehe ich aber mit dem Erzählen fortfahre, muss ich eine familiengeschichtliche Erklärung abgeben. Also: Onkel Ringelhuth war der Bruder von Konrads Vater. Und weil der Onkel noch nicht verheiratet war und ganz allein wohnte, durfte er an jedem Donnerstag seinen Neffen von der Schule abholen. Da aßen sie dann gemeinsam zu Mittag, unterhielten sich und tranken miteinander Kaffee und erst gegen Abend wurde der Junge wieder bei den Eltern abgeliefert. Diese Donnerstage waren sehr komisch. Denn Onkel Ringelhuth hatte doch keine Frau, die das Mittagessen hätte kochen können! Und so was Ähnliches wie ein Dienstmädchen hatte er auch nicht. Deshalb aßen er und Konrad donnerstags immer lauter verrücktes Zeug. Manchmal gekochten Schinken mit Schlagsahne. Oder Salzbrezeln mit Preiselbeeren. Oder Kirschkuchen mit englischem Senf. Englischen Senf mochten sie lieber als deutschen, weil englischer Senf besonders scharf ist und so beißt, als ob er Zähne hätte.

Und wenn ihnen dann so richtig übel war, guckten sie zum Fenster hinaus und lachten derartig, dass die Nachbarn dachten: Apotheker Ringelhuth und sein Neffe sind leider wahnsinnig geworden.

Na ja, sie liefen also die Glacisstraße lang, und der Onkel sagte gerade: »Was ist denn mit dir los?« Da zupfte ihn jemand am Jackett. Und als sich beide umdrehten, stand ein großes schwarzes Pferd vor ihnen und fragte höflich: »Haben Sie vielleicht zufällig ein Stück Zucker bei sich?«

Konrad und der Onkel schüttelten die Köpfe.

»Dann entschuldigen Sie bitte die Störung«, meinte das große schwarze Pferd, zog seinen Strohhut und wollte gehen.

Onkel Ringelhuth griff in die Tasche und fragte: »Kann ich Ihnen mit einer Zigarette dienen?«

»Danke, nein«, sagte das Pferd traurig, »ich bin Nichtraucher.« Es verbeugte sich förmlich, trabte dem Albertplatz zu, blieb vor einem Delikatessgeschäft stehen und ließ die Zunge aus dem Maul hängen.

»Wir hätten den Gaul zum Essen einladen sollen«, meinte der Onkel. »Sicher hat er Hunger.« Dann sah er den Neffen von der Seite an und sprach: »Konrad, wo brennt's? Du hörst ja gar nicht zu!«

»Ach, ich hab einen Aufsatz über die Südsee auf.«

»Über die Südsee?«, rief der Onkel. »Das ist aber peinlich.«

»Entsetzlich ist es«, sagte Konrad. »Alle, die gut rechnen können, haben die Südsee auf. Weil wir keine Fantasie hätten! Die andern sollen den Bau eines vierstöckigen Hauses beschreiben. So was ist natürlich eine Kinderei gegen die Südsee. Aber das hat man davon, dass man gut rechnen kann.«

»Du hast zwar keine Fantasie, mein Lieber«, erklärte Onkel Ringelhuth, »doch du hast mich zum Onkel und das ist genauso gut. Wir werden deinem Herrn Lehrer eine Südsee hinlegen, die sich gewaschen hat.« Dann trat er mit dem einen Fuß auf die Fahrstraße, mit dem andern blieb er oben auf dem Bürgersteig und so humpelte er neben seinem Neffen her. Konrad war auch nur ein Mensch. Er wurde vergnügt.

Und als der humpelnde Onkel einen der Vorübergehenden

grüßte und, kaum war der Mann vorbei, sagte: »Pfui Teufel, das war mein Gerichtsvollzieher«, da musste der Junge kichern, als würde er gekitzelt.

Als sie beim Onkel angekommen waren, setzten sie sich gleich zu Tisch. Es gab gehackten Speckkuchen und ein bisschen später Fleischsalat mit Himbeersaft. »Die ollen Spartaner aßen sogar Blutsuppe, ohne mit der Wimper zu zucken«, meinte der Onkel. »Wie schmeckt's, junger Freund?«

»Scheußlich schön«, gab Konrad zur Antwort.

»Tja, man muss sich abhärten«, bemerkte der Onkel. »Als Soldaten bekamen wir Nudeln mit Hering und als Studenten Reis in Saccharin gekocht. Wer weiß, was man euch, wenn ihr groß seid,

zumuten wird. Drum iss, mein Junge, bis dein Magen Hornhaut kriegt!« Und damit goss er ihm noch einen Löffel Himbeersaft über den Fleischsalat.

Nach dem Essen guckten sie erst mal eine Viertelstunde aus dem Fenster und warteten, dass ihnen schlecht würde. Aber es wurde nichts daraus. Und dann turnten sie. Der Onkel bugsierte den Neffen auf den großen Bücherschrank und Konrad machte dort oben den Handstand. »Moment«, sagte Ringelhuth, »bleib mal 'ne Weile verkehrt herum stehen.« Er ging ins Schlafzimmer, brachte sein Federbett angeschleppt und legte es vor den Bücherschrank. Dann kommandierte er: »Hoppla!«, und Konrad sprang in der Hocke vom Schrank herunter aufs Federbett, das am Boden lag.

»Großartig!«, rief der Onkel, nahm ein wenig Anlauf und sauste in der Grätsche längs über den Tisch. Unmittelbar danach

hörten sie unter sich einen dumpfen Knall und anschließend viel Geklirr. Und der Onkel sagte ergriffen: »Das war Mühlbergs Kronleuchter.« Sie warteten ein paar Minuten, aber es klopfte niemand und es klingelte auch nicht.

»Wahrscheinlich sind Mühlbergs nicht zu Hause«, meinte Konrad.

Und dann klingelte es doch! Der Junge rannte hinaus, öffnete und kam blass zurück. »Das große schwarze Pferd steht draußen«, flüsterte er.

»Herein damit!«, befahl Onkel Ringelhuth. Und der Neffe ließ das Tier eintreten. Es zog den Strohhut und fragte: »Stör ich?«

»Kein Gedanke!«, rief der Onkel. »Bitte nehmen Sie Platz.«

»Ich stehe lieber«, sagte das Pferd. »Fassen Sie das nicht als Unhöflichkeit auf, aber wir Pferde sind zum Sitzen nicht eingerichtet.«

»Ganz wie Sie wünschen«, meinte der Onkel. »Darf ich übrigens fragen, was uns die Ehre Ihres Besuches verschafft?«

Das Pferd blickte die beiden mit seinen großen ernsten Augen verlegen an. »Sie waren mir von allem Anfang an so sympathisch«, sagte es.

»Ganz unsererseits«, erwiderte Konrad und verbeugte sich. »Haben Sie übrigens immer noch Appetit auf Würfelzucker?« Er wartete keine Antwort ab, sondern sprang in die Küche, holte die Zuckerdose ins Zimmer, legte ein Stück Zucker nach dem andern auf die Handfläche und das Pferd fraß, ohne abzusetzen, circa ein halbes Pfund. Dann atmete es erleichtert auf und sagte: »Donnerwetter noch mal, das wurde aber höchste Zeit! Besten Dank, meine Herren. Gestatten Sie, dass ich mich vorstelle, ich heiße Negro Kaballo! Ich trat bis Ende April im Zirkus Sarrasani als Rollschuh-Nummer auf. Dann wurde ich aber entlassen und habe seitdem nichts mehr verdient.«

»Ja, ja«, sagte Onkel Ringelhuth, »es geht den Pferden wie den Menschen.«

»Diese verflixten Autos!«, fuhr Negro Kaballo fort. »Die Maschinen richten uns Pferde völlig zugrunde. Denken Sie nur, ich wollte mich sogar als Droschkengaul vermieten, obwohl ich ja eigentlich ein Pferd mit Gymnasialbildung bin. Aber nicht einmal der Generalsekretär vom Reichsverband der Droschkenpferde konnte mich unterbringen. Und das ist bestimmt ein einflussreiches Pferd. Im Übrigen fährt dieses Rhinozeros von einem Gaul selber Auto!«

»Unter solchen Umständen braucht man sich freilich über gar nichts mehr zu wundern«, erklärte Onkel Ringelhuth kopfschüttelnd.

»Sie sind ein netter Mensch«, sagte das Pferd gerührt und schlug ihm mit dem linken Vorderhuf auf die Schulter, dass es nur so krachte.

»Aua!«, brüllte Ringelhuth.

Konrad drohte dem Rappen mit dem Finger. »Wenn Sie mir meinen Onkel kaputt machen«, rief er, »kriegen Sie's mit mir zu tun.«

Das Pferd schob die Unterlippe zurück, dass man das weiße Gebiss sehen konnte, und lachte lautlos in sich hinein. Dann entschuldigte es sich vielmals. Es sei nicht so gemeint gewesen.

»Schon gut«, sagte Onkel Ringelhuth und rieb sich das Schlüsselbein. »Aber das nächste Mal müssen Sie etwas vorsichtiger sein, geschätzter Negro Kaballo. Ich bin keine Pferdenatur.«

»Ich werde aufpassen«, versprach der Rappe, »so wahr ich der beste internationale Rollschuh-Akt unter den Säugetieren bin!«

Und dann guckten sie alle drei zum Fenster hinaus. Das Pferd bekam, als es auf die Straße hinuntersah, einen Schwindelanfall, wurde vor Schreck blass und klappte die Augendeckel zu. Erst als Konrad meinte, es solle sich was schämen, machte es die Augen langsam wieder auf.

»Kippen Sie bloß nicht aus dem Fenster«, warnte Ringelhuth. »Das fehlte gerade noch, dass ein Pferd aus meiner Wohnung auf die Johann-Mayer-Straße runterfällt!«

Negro Kaballo sagte: »Wissen Sie, unsereins hat so selten Gelegenheit, aus dem dritten Stockwerk zu sehen. Aber jetzt geht es schon. Trotzdem wäre ich Ihnen dankbar, wenn Sie mich in die Mitte nehmen wollten. Besser ist besser.«

Das Pferd postierte sich nun also zwischen Onkel und Konrad, steckte den Kopf weit aus dem Fenster und fraß vom Balkon des Nachbarn zwei Fuchsien und eine Begonie mit Stumpf und Stiel. Nur die Blumentöpfe ließ es freundlicherweise übrig.

Plötzlich gab es auf der Straße einen Heidenlärm. Da stand nämlich ein kleiner, kugelrunder Mann, wedelte mit Armen und

Händen, strampelte mit den fetten Beinchen und schrie wie am Spieß. »Das geht entschieden zu weit!«, kreischte er aufgebracht. »Augenblicklich nehmen Sie das Pferd aus dem Fenster! Kennen Sie die Hausordnung noch immer nicht? Wissen Sie nicht, dass es verboten ist, Pferde mit in die Wohnung zu bringen? Was?«

»Wer ist denn der Knirps?«, fragte Konrad.

»Ach, das ist bloß mein Hauswirt«, antwortete Onkel Ringelhuth, »Clemens Waffelbruch heißt er.«

»So eine Unverschämtheit Ihrerseits«, schrie der kleine dicke Herr Waffelbruch. »Die Blumen, die diese Schindmähre von Lehmanns Balkon widerrechtlich entfernt und gefressen hat, werden Sie gefälligst ersetzen. Kapiert?«

Da lief dem Pferd ein Schauder übers schwarze Fell. Hoho, beleidigen ließ es sich nicht! Es kriegte einen der leer gefressenen Blumentöpfe zu fassen und ließ ihn senkrecht aus dem Fenster fallen. Der Blumentopf sauste, als habe er's außerordentlich eilig, abwärts und bumste dem schreienden Hauswirt mitten auf den steifen Hut. Herr Clemens Waffelbruch knickte in die Knie, schwieg verdutzt, blickte wieder nach oben, zog seinen demolierten Hut und sagte zitternd: »Nichts für ungut.«

Dann stolperte er rasch ins Haus.

»Wenn der Kerl nicht gegangen wäre«, sagte das Pferd, »hätte ich ihm nach und nach den ganzen Balkon auf den Hut geschmissen.«

»Das wäre mir entschieden zu teuer geworden«, meinte Onkel Ringelhuth. »Gehen wir lieber wieder ins Zimmer!«

Negro Kaballo wieherte belustigt. Und dann spazierten sie ins Zimmer zurück und spielten zu dritt Dichterquartett. Das Pferd gewann, wie es wollte. Es kannte alle klassischen Namen und Werke auswendig. Onkel Ringelhuth hingegen versagte völlig. Als Apotheker, der er war, wusste er zwar, was für Krankheiten die Dichter gehabt hatten und womit sie kuriert worden und woran sie gestorben waren. Aber ihre Romane und Dramen hatte er

samt und sonders verschwitzt. Es ist kaum zu glauben: Doch er behauptete tatsächlich, Schillers »Lied von der Glocke« sei von Goethe!

Mit einem Mal sprang Konrad hoch, warf seine Quartettkarten auf den Tisch, rannte zum Bücherschrank, riss die Tür auf, holte ein dickes Buch aus der obersten Reihe, setzte sich auf den Teppich und blätterte aufgeregt.

»Wir möchten nicht aufdringlich sein«, sagte der Onkel, »aber vielleicht erklärst du uns, warum du einfach vom Tisch fortrennst und uns im Stich lässt? Übrigens fehlt mir noch ein Lustspiel von Gotthold Ephraim Lessing. Ich weiß nur, dass Lessings Frau, eine gewisse Eva König, kurz nach der Geburt eines Kindes starb, und das Kind starb ein paar Tage später und Lessing selber lebte dann auch nicht mehr lange.«

»Ein Lustspiel ist das grade nicht, was Sie uns da mitteilen«, bemerkte das Pferd spöttisch. Dann presste es sein Maul an Onkel Ringelhuths Ohr und wisperte: »Minna von Barnhelm.«

Der Onkel schlug ärgerlich auf den Tisch. »Nein! Eva König hieß die Frau, nicht Minna von Bornholm.«

»Kruzitürken!«, brummte der Gaul. »Minna von Barnhelm war doch nicht Lessings Frau, sondern sein Lustspiel hieß so.«

»Aha!«, rief Ringelhuth. »Warum haben Sie das nicht gleich gesagt! Konrad, rück mal die Minna von Bornholm raus!«

Konrad saß auf dem Teppich, blätterte in dem Buch und schwieg.

»Möchten Sie meinen Herrn Neffen mal mit einem wohlgezielten Hufschlag aus seinem Anzug stoßen?«, fragte Ringelhuth seinen vierbeinigen Gast.

Da trottete das Pferd zu Konrad hinüber, packte ihn mit den Zähnen an seinem Kragen und hob ihn hoch in die Luft. Aber Konrad merkte gar nicht, dass er nicht mehr auf dem Teppich saß. Sondern er blätterte, obwohl ihn das Pferd in die Luft hielt, nach wie vor in dem Buch und zog Sorgenfalten.

»Ich kann sie nicht finden, Onkel«, sagte er plötzlich.

»Wen?«, fragte Ringelhuth. »Die Minna von Bornholm?«

»Die Südsee«, sagte Konrad.

»Die Südsee?«, fragte das Pferd erstaunt. Weil es aber beim Reden das Maul aufmachen musste, fiel Konrad mit Getöse aufs Parkett.

»Ein Glück, dass Mühlbergs Kronleuchter schon runtergefallen ist«, meinte der Onkel und rieb sich befriedigt die Hände. »Aber was machen wir bloß mit dieser Südsee?« Er wandte sich zu dem Pferd: »Mein Neffe muss nämlich bis morgen einen Aufsatz über die Südsee schreiben.«

»Weil ich gut rechnen kann«, erklärte Konrad missvergnügt.

Das Pferd überlegte einen Augenblick. Dann fragte es den Onkel, ob er am Nachmittag Zeit habe.

»Klar«, sagte Ringelhuth, »donnerstags habe ich in meiner Apotheke Nachtdienst.«

»Ausgezeichnet«, rief Negro Kaballo, »da gehen wir rasch mal hin!«

»In die Apotheke?«, fragten Konrad und der Onkel wie aus einem Munde.

»Ach wo«, sagte das Pferd, »in die Südsee natürlich.« Und dann fragte es: »Darf ich mal telefonieren?« Onkel Ringelhuth nickte und das Pferd trabte ans Telefon, nahm den Hörer von der Gabel, wählte eine Nummer und sagte: »Hallo! Ist dort das Reisebüro für Zirkuspferde? Ich möchte das Riesenross persönlich sprechen. Selbst am Apparat? Wie geht's denn? Die Mähne wird grau? Ja, wir sind nicht mehr die Jüngsten. Also hören Sie, wie komm ich auf dem kürzesten Weg nach der Südsee? Ich will am Abend schon wieder hier sein. Schwierig? Riesenross,

machen Sie keine Geschichten! Wo ich bin? Johann-Mayer-Straße 13. Bei einem guten Bekannten, einem gewissen Ringelhuth. Was? Na, das ist ja großartig! Heißen Dank, mein Lieber!«

Das Pferd wieherte zum Abschied dreimal ins Telefon, legte den Hörer auf, drehte sich um und fragte: »Herr Ringelhuth, befindet sich auf Ihrem Korridor ein großer geschnitzter Schrank? Es soll ein Schrank aus dem 15. Jahrhundert sein.«

»Und wenn dem so wäre«, sagte Ringelhuth, »was, um alles in der Welt, hat so ein alter Schrank mit der Südsee und Ihrem Riesenross zu tun?«

»Wir sollen in diesen Schrank hineingehen und dann immer gradeaus. In knapp zwei Stunden wären wir an der Südsee«, erklärte das Pferd.

»Machen Sie keine faulen Witze!«, bat Onkel Ringelhuth.

Konrad aber raste wie angestochen in den Korridor hinaus, öffnete die knarrenden Türen des alten großen Schrankes, der dort stand, kletterte hinein und kam nicht wieder zum Vorschein.

»Konrad!«, rief der Onkel. »Konrad, du Lausejunge!« Aber der Neffe gab keinen Laut von sich. »Ich werde verrückt«, versicherte der Onkel. »Warum antwortet der Bengel nicht?«

»Er ist sicher schon unterwegs«, sagte das Pferd.

Da kannte Ringelhuth kein Halten mehr. Er rannte hinaus zum Schrank, blickte hinein und rief: »Wahrhaftig, der Schrank hat keine Rückwand!«

Das Pferd, das ihm gefolgt war, meinte vorwurfsvoll: »Wie konnten Sie daran zweifeln? Klettern Sie nur auch hinein!«

»Bitte nach Ihnen«, sagte Onkel Ringelhuth, »ich bin hier zu Hause.«

Das Pferd setzte also die Vorderhufe in den Schrank. Ringelhuth schob aus Leibeskräften, bis der Gaul im Schrank verschwunden war. Dann kletterte der Onkel ächzend hinterher und sagte verzweifelt: »Das kann ja gut werden.«

Eintritt frei! Kinder die Hälfte!

Onkel Ringelhuth stieß in dem Schrank gegen einen harten Gegenstand. Das war ein alter Spazierstock und den nahm er mit. Die Südsee ist weit, dachte er. Und dann raste er wie ein studierter Langstreckenläufer in das Dunkel hinein und immer geradeaus. Zunächst begleiteten hohe, bröcklige Mauern den gespenstischen

Weg. Aber plötzlich hörten die Mauern auf und der Onkel befand sich in einem Wald.

Doch in diesem Wald standen nicht etwa Bäume, sondern Blumen! Gewaltige Glockenblumen zum Beispiel, hoch wie Tannen. Und wenn der Wind wehte, schlugen die Staubgefäße gegen die Blütenwände, und das klang, als würde geläutet. Und neben den Glockenblumen standen Schwertlilien. Und Kamillen. Und Akelei. Und Rosen in herrlichen Farben. Und alle Blumen in diesem Walde waren groß wie jahrhundertalte Bäume. Und die Sonne ließ die mächtigen Blüten leuchten. Und die Glockenblumen läuteten verzaubert, denn es wehte eine leichte Brise. Und Onkel Ringelhuth rannte zwischen den vergrößerten Blumen hin und her und rief dauernd: »Konrad, wo bist du?« Fast zehn Minuten rannte er so, ehe er die Ausreißer erwischte. Negro Kaballo, das Rollschuhpferd, stand vor einem gigantischen Veilchen und knabberte an dessen Blättern, die wie schwebende grüne Teppiche aussahen. Und der Neffe saß auf dem Rücken des Gauls, blickte in die Blumenwipfel hinauf und hatte, obwohl er für so etwas eigentlich viel zu erwachsen war, den Daumen in den Mund gesteckt.

»Ich werde verrückt!«, rief der Onkel und trocknete sich mit dem Taschentuch die Stirn. »Ich werde verrückt!«, wiederholte er hartnäckig. »Erstens lauft ihr davon und zweitens schleppt ihr mich in einen Wald – also, so ein Wald ist mir in meinem ganzen Leben noch nicht begegnet.«

»Sind wir eigentlich schon in der Südsee?«, fragte Konrad.

»Nimm den Finger aus dem Mund, wenn du mit uns sprichst!«, befahl der Onkel.

Konrad erschrak, gehorchte blindlings, betrachtete seinen Daumen, als hätte er ihn noch nie gesehen, und schämte sich in Grund und Boden.

Das Pferd rief: »Sitzen Sie auf!« Der Onkel ging in die Kniebeuge, sprang hoch, schwang sich auf den Pferderücken, klammerte sich an seinem Neffen fest, gab dem Tier einen Klaps mit dem Spazierstock und fort ging's! Der Rappe war vorzüglicher Laune und deklamierte: »Wer reitet so spät durch Nacht und Wind? Es ist der Vater mit seinem Kind.«

Aber Konrad sagte: »Wir sind doch nur Onkel und Neffe.«

Und Ringelhuth meinte: »Wieso Nacht? Sie übertreiben. Galoppieren Sie lieber!«

»Gemacht!«, rief das Pferd und schaukelte die zwei durch den Blumenwald, dass ihnen Hören und Sehen verging. Konrad hielt sich an der flatternden Mähne fest und der Onkel an Konrad; und der Fleischsalat und der Himbeersaft gerieten sich mächtig in die Haare. Die Rosen schimmerten bunt. Die Glockenblumen läuteten leise. Und Onkel Ringelhuth meinte zu sich selber: »Wenn wir nur schon da wären.«

Und dann stand das Pferd mit einem Ruck still. »Was gibt's denn?«, fragte Konrad, der die Augen während des Galopps geschlossen hatte und sie nun vorsichtig wieder öffnete.

Sie hielten dicht vor einem hohen Bretterzaun. Und an dem Bretterzaun hing ein Schild. Und auf dem Schild war zu lesen:

Onkel Ringelhuth rutschte vorsichtig vom Gaul, musterte das Schild und den Zaun und rief schließlich: »Da stimmt doch was nicht.«

»Wieso?«, fragte das Pferd.

»Der Zaun hat keinen Eingang«, sagte der Onkel, und nun

sahen die anderen auch, dass sie keine Tür sahen. Konrad stellte sich auf Negro Kaballos Rücken, hielt sich am Zaun fest und wollte sich hochziehen. Aber Ringelhuth packte den Jungen an den Füßen. »Du bist ein maßloses Schaf, mein Sohn«, flüsterte er. »Glaubst du wirklich, dass man kletternd ins Schlaraffenland gelangt? Da drüben leben bekanntlich die faulsten Menschen, die es auf der ganzen Welt gibt. Die werden doch nicht klettern!«

Aber der Junge gab nicht nach. Er klammerte sich an dem Zaun fest und zog den Körper langsam hinauf. »Gleich kann ich hinübersehen«, ächzte er begeistert. Da aber tauchte von drüben unvermittelt eine gewaltige Hand auf und verabreichte Konrad eine solche Ohrfeige, dass er den Zaun losließ, neben dem Pferd ins Gras fiel und sich die Backe hielt.

»Da hast du's«, sagte der Onkel. »Man muss nicht immer klet-

tern wollen, bloß weil man's kann.« Er gab ihnen ein Zeichen, dass sie schweigen sollten, lehnte sich an den Baum und rief: »Wenn sich diese Kerle einbilden sollten, dass wir klettern, dann haben sie sich geschnitten. Lieber bleiben wir draußen.« Dann gähnte er herzzerreißend und sagte verdrießlich: »Das Beste wird sein, wir schlafen 'n paar Runden.«

Kaum hatte er ausgeredet, da ging in dem Zaun eine Tür auf, obwohl vorher gar keine Tür drin gewesen war. Und eine Stimme rief: »Bitte näher zu treten!«

Sie schritten durch die Tür. Und das Erste, was sie sahen, war ein riesiges Bett. Und in dem Bett lag ein dicker Mann und knurrte: »Ich bin der Portier. Was wünschen Sie?«

»Wir wollen nach der Südsee«, erwiderte der Onkel.

»Immer geradeaus«, sagte der Portier, drehte den Besuchern den Rücken und schnarchte, was das Zeug hielt.

»Hoffentlich strengt Sie das Schnarchen nicht zu sehr an«, meinte der Onkel. Aber der Dicke war schon hinüber oder er war zu faul zum Antworten.

Konrad betrachtete sich die Gegend. Es handelte sich offenbar um einen Obstgarten.

»Sieh nur, Onkel!«, brüllte der Junge. »Hier wachsen Kirschen und Äpfel und Birnen und Pflaumen auf ein und demselben Baum!«

»Es ist bequemer so«, meinte der Onkel.

Aber das Pferd war mit dem Schlaraffenland noch nicht einverstanden. »Solange man das Obst noch pflücken muss«, sagte es, »so lange kann man mir hier nicht imponieren.«

Konrad, der einen der Vierfruchtbäume genau betrachtet hatte, winkte den Onkel und das Pferd herbei. Und was sie da feststellten, war wirklich außerordentlich praktisch. Auf dem Baumstamm befand sich ein Automat mit Griffen und Inschriften. »Am linken Griff einmal ziehen: 1 geschälter, zerteilter Apfel« stand zu lesen. »Am linken Griff zweimal ziehen: 1 gemischtes Kompott.« »Am rechten Griff einmal ziehen: 1 Stück Pflaumenkuchen mit Schlagsahne.«

»Das ist ja enorm«, sagte der Onkel und zog rechts zweimal. Darauf klingelte es und schon rutschte ein Teller mit Kirschmarmelade aus dem Baum.

Nun fingen alle drei an, die Bäume zu bearbeiten, und ließen sich's schmecken. Den größten Appetit entwickelte das Ross. Es fraß zwei Bäume leer und konnte kein Ende finden. Onkel Ringelhuth trieb zum Aufbruch. Doch das Pferd sagte: »Gehen Sie nur voraus, ich komme nach.«

Und so marschierten Konrad und der Onkel immer gradeaus ins Schlaraffenland hinein. Manchmal liefen Hühner gackernd über den Weg. Sie zogen kleine blanke Bratpfannen hinter sich her. Und wenn sie Leute kommen sahen, blieben sie stehen und legten geschwind Spiegelei mit Schinken oder Omeletten mit Spargelspitzen. Konrad winkte ab. Denn er war satt. Da verschwanden die Hühner, ihre Pfannen hinter sich herziehend, im Gebüsch.

»Menschen scheint es hier überhaupt nicht zu geben«, sagte der Junge.

»Sicher gibt es welche«, meinte Ringelhuth. »Sonst hätten ja die Automatenbäume nicht den geringsten Sinn.«

Der Onkel hatte recht. Nach einer Wegbiegung trafen sie auf Häuser. Die Häuser standen auf Rädern und hatten Pferde vorgespannt. Dadurch war es den Bewohnern möglich, im Bett zu bleiben und trotzdem überallhin zu gelangen. Außerdem waren an den Schlafzimmerfenstern Lautsprecher befestigt. Und wenn sich zwei Schlaraffen unterhalten wollten, ließen sie ihre Häuser mithilfe der Gespanne nebeneinanderbugsieren und verständigten sich per Lautsprecher. Ohne dass sie einander zu Gesicht bekamen!

Konrad deutete auf zwei solche Häuser.

Onkel und Neffe schlichen auf Zehenspitzen näher und hörten eine verschlafene Stimme aus dem einen der Lautsprecher reden.

»Lieber Präsident«, sagte der eine Lautsprecher, »was haben wir eigentlich heute für Wetter?«

»Keine Ahnung«, antwortete der andere Lautsprecher. »Ich bin seit zehn Tagen nicht aus dem Bett gekommen.«

»Na«, brummte der eine, »zum Fenster könnten Sie doch wenigstens mal hinausschauen, wenn Sie uns regieren!«

»Warum schauen denn Sie nicht hinaus, lieber Hannemann?«

»Ich liege seit vorgestern mit dem Gesicht zur Wand und bin zu faul, mich umzudrehen.«

»Genauso geht es mir, lieber Hannemann!«

»Tja, Herr Präsident, dann werden wir wohl auf den Wetterbericht verzichten müssen.«

»Das scheint mir auch so, Hannemännchen. Wiedersehn. Schlafen Sie gut!«

»Gleichfalls, Herr Präsident. Winke, winke!« Die beiden Lautsprecher gähnten. Und dann rollten die Häuser wieder voneinander fort.

»Diesen Präsidenten wollen wir uns mal beschnuppern«, schlug Ringelhuth vor.

Und sie folgten dem langsam dahinrollenden Präsidentenpalais. Als es in einem Park von Automatenbäumen gelandet war und still stand, blickten sie neugierig durchs Kammerfenster.

»So ein fetter Kerl«, flüsterte der Onkel.

»Meine Herren!«, rief Konrad. »Das ist doch der dicke Seidelbast!«

»Woher kennst du denn den Präsidenten des Schlaraffenlandes?«

»Der dicke Seidelbast ist doch in unsrer Schule elf Mal sitzen geblieben, weil er so faul war!«, berichtete der Junge. »In der dritten Klasse hat er dann geheiratet und ist aus der Stadt fortgezogen. Es hieß, er wolle Landwirt werden. Dass er Präsident im Schlaraffenland geworden ist, davon hatten wir keine Ahnung.« Dann klopfte Konrad ans Fenster und rief: »Seidelbast!«

Der Präsident, dick wie ein Fesselballon, wälzte sich ärgerlich im Bett herum und knurrte unwillig: »Was'n los?«

»Kennst du mich nicht mehr?«, fragte der Junge.

Seidelbast öffnete die kleinen Augen, die in dem dicken Gesicht kaum noch zu erkennen waren, lächelte mühsam und fragte: »Was machst du denn hier, Konrad?«

Onkel Ringelhuth lüftete den Hut und sagte, er sei der Onkel und sie befänden sich nur auf der Durchreise hier und wollten nach der Südsee.

»Ich bring euch bis an die Grenze«, meinte Präsident Seidelbast. »Ich will nur erst einen Happen essen. Moment, Herrschaften!« Er griff in den Nachttisch und holte eine Tablettenschachtel heraus. »Zunächst paar pikante Vorspeisen«, seufzte er, nahm eine weiße Pille in den Mund und drückte auf einen Knopf. Daraufhin erschien an der gegenüberliegenden Zimmerwand ein farbiges Lichtbild, das Ölsardinen und russische Eier und Ochsenmaulsalat zeigte.

»Nun einen hübschen knusprigen Gänsebraten«, sagte der Präsident, nahm eine rosa Pille und drückte wieder auf einen

Knopf. Jetzt erschien auf der weißen Wand ein pompöser Gänsebraten mit Bratäpfeln und Gurkensalat. »Und zum Schluss Eis mit Früchten«, sagte Seidelbast, nahm eine gelbe Pille und drückte ein drittes Mal auf einen der Knöpfe. Auf der Zimmerwand erschien ein herrlicher Eisbecher mit halben Pfirsichen.

Konrad lief das Wasser im Mund zusammen.

»Warum essen Sie denn Pillen?«, fragte der Onkel. Als Apotheker interessierte ihn das natürlich ganz besonders.

»Das Essen strengt sonst zu sehr an«, behauptete der Präsident. »In Tablettenform, durch Lichtbilder unterstützt, schmeckt es ebenso gut und macht viel weniger Mühe.«

Während die zwei Fremdlinge mit Staunen beschäftigt waren, rollte sich Seidelbast aus dem Bett. Er trug eine Badehose; die anderen Kleidungsstücke waren ihm auf die Haut gemalt: der Kragen, der Schlips, das Jackett, die Hosen, das Hemd, die Strümpfe und die Schuhe. »Fein, was?«, fragte er. »Meine Erfindung! Indanthren! Das ewige An- und Ausziehen kostet unnötige Zeit und Arbeit.« Er ächzte und stöhnte und watschelte aus dem Zimmer. Es dauerte hübsch lange, bis er aus dem Haus gekugelt kam. Er begrüßte seinen ehemaligen Schulkameraden verhältnismäßig herzlich und auch dem Onkel Ringelhuth gab er die Hand.

»Ehe ihr nach der Südsee eilt, müsst ihr unbedingt unsre Versuchsstation sehen«, sagte er. Und dann gingen sie langsam über eine blaugraue Wiese. Aber plötzlich begann es zu regnen.

»Ich hätte den Spazierstock zu Hause lassen sollen«, meinte Ringelhuth. »Der Schirm wäre angebrachter gewesen.«

»Zerbrechen Sie sich deswegen nicht den Kopf!«, erwiderte der Präsident Seidelbast. »Passen Sie mal auf, welche Annehmlichkeiten unser Land zu bieten hat!« Er sollte recht behalten. Kaum waren die ersten Tropfen gefallen, so wuchsen Dutzende von Regenschirmen auf der Wiese hoch. Man konnte, falls man das wollte, unter so einem Schirm stehen bleiben. Man konnte ihn aber auch aus dem Boden ziehen und unter seinem Schutze weitergehen.

Die drei pflückten sich je einen Schirm und wanderten weiter.

»Wenn der Regen aufhört, verwelken die Schirme wieder«, tröstete Seidelbast. Und das imponierte den Besuchern außerordentlich.

Der Regen hörte wieder auf, und richtig, die Schirme fielen zusammen wie welkende Blüten. Der Präsident warf seinen verwelkten Schirm in den Straßengraben und die Gäste folgten seinem Beispiel. »Die Versuchsstation, die ich eingerichtet habe«, berichtete Seidelbast, »hat den Zweck, Einwohner von regem Temperament und lebhafter Fantasie angemessen zu beschäftigen, ohne dass sie sich anstrengen.«

»Erzählen Sie mehr davon«, bat der Onkel.

»Einem normalen Schlaraffen genügen die vierundzwanzig Stunden des Tags gerade zum Essen und zum Schlafen«, sagte

Seidelbast. »Sie dürfen nicht vergessen, dass Einwohner, die weniger als zweiundeinhalb Zentner wiegen, des Landes verwiesen werden. Nun gibt es aber auch unter denen, die das Nationalgewicht mühelos aufbringen, ausgesprochen lebhafte Naturen. Was soll man tun? Langeweile zehrt. Die Zahl der Ausgewiesenen könnte wachsen. Die Bevölkerungsdichte könnte sinken. Es galt, einen Ausweg zu suchen. Ich schmeichle mir, ihn gefunden zu haben. Hier ist die Station! Passen Sie gut auf!«

Sie befanden sich auf einer Art Liegewiese. Ringsum standen Betten und in den Betten lagen viele dicke Herrschaften und blinzelten vor sich hin.

»Was man sich hier denkt, entsteht in Wirklichkeit!«, sagte Seidelbast verheißungsvoll. »Das ist, wie Sie einsehen werden, ein hervorragender Zeitvertreib. Wenn man endlich von dem Gebilde seiner Fantasie genug hat, ruft man bloß: ›Zurück, marschmarsch!‹, und fort ist der Zauber.«

»Das glaub ich dir nicht«, erklärte Konrad. »Seidelbast, du verkohlst uns.«

»Donnerschlag!«, rief da der Onkel. »Seht ihr das Kalb mit zwei Köpfen?«

Tatsächlich! Vor einem der Betten stand ein zweiköpfiges geschecktes Kalb und glotzte aus vier Augen auf den dicken Mann, der es sich gewünscht hatte und nun, als er das seltsame Tier erblickte, albern in die Kissen kicherte. Schließlich winkte er ab und rief prustend: »Zurück, marschmarsch!«, und das Kalb war verschwunden.

Die drei spazierten weiter und kamen zu einer dicken Dame. Die lag auch im Bett und hatte vor lauter Nachdenken tausend Falten auf der Stirn. Plötzlich stand ein alter Mann mit einer Botanisiertrommel vor ihr.

»Zurück, marschmarsch!«, brummte sie, und da war er weg. Und dann zog sie noch mehr Falten und wieder stand ein alter

Mann mit einer Botanisiertrommel vor ihrem Bett. Er ähnelte dem ersten. Er hatte nur noch weniger Zähne, dafür aber lange weiße Locken.

»Zurück, marschmarsch!«, kommandierte die Frau, und da verschwand auch er. Und dann stand ein dritter alter Mann vor ihr, der ähnelte den andern beiden. Aber er hatte eine größere Nase und eine Glatze. »Zurück, marschmarsch!«, schrie die Frau wütend und schloss erschöpft die Augen.

»Was machen Sie denn da, Frau Brückner?«, fragte Seidelbast.

»Ach, Herr Präsident«, antwortete die Frau, »ich stelle mir meinen Großvater vor. Aber ich krieg ihn nicht mehr zusammen. Ich habe vergessen, wie er aussah.«

»Ärgern Sie sich nicht!«, warnte Seidelbast. »Sie wiegen seit der vorigen Woche nur noch zweihundertfünfundfünfzig Pfund. Es täte mir leid, Sie aus dem Schlaraffenland ausweisen lassen zu müssen.«

»Seit acht Tagen probier ich das nun«, sagte Frau Brückner weinend, »und immer wieder misslingt mir der olle Mann. Gute Nacht, Seidelbästchen!« Und schon schlief sie. So sehr hatte sie ihr Gehirn strapaziert.

»Dort!«, schrie Konrad. »Dort! Seht nur! Ein Löwe!«

Vor einem der Betten stand ein gewaltiger blonder Löwe, riss das Maul sperrangelweit auf und zeigte sein Gebiss.

»Natürlich der dicke Borgmeier«, schimpfte Seidelbast. »Dauernd stellt er sich wilde Tiere vor. Das ist eine fixe Idee von ihm. Wenn das nur nicht mal schiefgeht!«

Der blonde Löwe schlich näher an das Bett, machte einen Buckel und fauchte grässlich. Der dicke Borgmeier wurde blass. »Zurück!«, rief er. »Marsch zurück, du Mistvieh!« Doch der Löwe kroch näher. Er knabberte schon am Federbett. »Mach, dass du wegkommst!«, brüllte Borgmeier.

»Er hat vor lauter Angst vergessen, dass es ›Zurück, marschmarsch‹ heißt«, sagte Seidelbast. »Wenn es ihm nicht noch rechtzeitig einfällt, wird er leider gefressen werden.«

»Da werd ich mal hinrennen und es dem Löwen ins Ohr schreien«, meinte Konrad und wollte zu Borgmeier hinüber.

Aber Onkel Ringelhuth hielt ihn fest und sagte: »Willst du gleich hierbleiben? Deine Eltern drehten mir den Hals um, wenn ich erzählte, dass du von einem gedachten Löwen gefressen worden wärst.«

Und auch Seidelbast riet zum Dableiben. »Es hätte keinen Zweck«, erklärte er. »Borgmeier muss selber rufen.«

Inzwischen war der Löwe aufs Bett gesprungen, trat mit den Vordertatzen Herrn Borgmeier auf den Bauch und betrachtete den Dicken gerührt. So ein fettes Frühstück war ihm lange nicht beschert gewesen. Er riss das Maul auf …

»Zurück, marschmarsch!«, schrie da Borgmeier, und der Löwe war weg.

»Sie sind wohl nicht ganz bei Troste?«, fragte Seidelbast den schlotternden Mann. »Wenn es nicht so anstrengend wäre, würde ich mich über Sie ärgern.«

»Ich will's bestimmt nicht wieder tun«, jammerte Borgmeier.

»Ich entziehe Ihnen für vierzehn Tage die Erlaubnis, die Versuchsstation zu betreten«, sprach der Präsident streng und ging mit den Besuchern weiter.

Plötzlich wurde Onkel Ringelhuth immer kleiner und kleiner.

»Ich werde verrückt!«, rief er. »Was soll denn das bedeuten?«

Konrad lachte und rieb sich die Hände. Seidelbast lachte auch und sagte zu ihm: »Du bist eine tolle Rübe.«

Und der Onkel schrumpfte immer mehr zusammen. Jetzt war er nur noch so groß wie Konrad. Dann nur noch so hoch wie ein Spazierstock. Und schließlich war er nicht größer als ein Bleistift.

Konrad bückte sich, nahm den winzigen Onkel in die Hand und sagte: »Ich hab mir nämlich ausgemalt, du wärst so klein wie auf der Fotografie, die wir zu Hause haben.«

»Mach keine Witze«, sagte der Miniaturonkel. »Rufe sofort: Zurück, marschmarsch!« Er hob das Händchen, als wolle er dem Neffen eine Ohrfeige geben. Dabei war er nicht größer als Konrads Handfläche, auf der er stand. »Ich befehle es dir!«, rief er.

Seidelbast lachte Tränen. Der Junge sagte aber zu seinem Onkel: »Du hässlicher Zwerg!«, und steckte ihn in die Brusttasche. Dort guckte Ringelhuth nun heraus, fuchtelte mit den Ärmchen und schrie so lange, bis er heiser war. Dann kam das Pferd angetrabt und Konrad stellte es dem Präsidenten vor.

»Sehr angenehm«, sagten beide. Das Pferd lobte das Schlaraffenland über den grünen Klee. Es sei der ideale Aufenthalt für erwerbslose Zirkusgäule. Und dann fragte es: »Wo ist denn eigentlich unser Apotheker?«

Konrad wies stumm auf seine Brusttasche und dem Pferd fiel vor Staunen fast der Strohhut vom Kopf. Nun teilte der Junge mit, wodurch der Onkel so klein geworden sei und was sie mit dem Löwen und Frau Brückners Großvater erlebt hätten. »Oh«, sagte das Pferd, »das Rezept versuch ich auch mal. Ich möchte auf der Stelle meine vier Kugellagerrollschuhe hier haben!« Und bums, hatte es vier Rollschuhe an den Hufen, fix und fertig angeschnallt, weil es sich das so vorgestellt hatte.

Es freute sich sehr und fuhr gleich zwei meisterhafte Rückwärtsbogen, dann eine große Acht und zum Schluss auf der rechten Hinterhand eine Pirouette. Der Anblick war ein Genuss für Kenner und Laien. Seidelbast sagte, wenn er nicht so unbändig faul wäre, würde er klatschen. Das Pferd knickste und dankte für die seiner Leistung gezollte Anerkennung.

»Mein lieber guter Neffe«, sagte Onkel Ringelhuth, »lass mich bitte wieder aus deiner Brusttasche heraus.«

»Mein lieber guter Onkel«, erwiderte Konrad, »ich denke ja gar nicht dran.«

»Nein?«

»Nein!«

»Also, wie du willst«, sagte der Onkel, »dafür sollst du zur Strafe ganz geschwind einen einzigartigen Wasserkopf kriegen. Und grüne Haare. Und statt der Finger zehn Frankfurter Würstchen.«

Und so geschah's. Konrad bekam einen scheußlichen Wasserkopf mit giftgrünen Haaren obendrauf. Und an den Händen baumelten ihm zehn Frankfurter Würstchen. Das Pferd lachte und sagte: »Die reinste Schießbudenfigur!« Und Seidelbast hielt dem Jungen einen Spiegel vor, damit er sehen konnte, wie schön er geworden war. Da musste Konrad weinen. Und Onkel Ringelhuth musste über die zehn Frankfurter Würstchen so lachen, dass Konrads Brusttasche einen großen Riss erhielt.

Und Seidelbast meinte, sie hätten sich eher was Hübsches vorstellen und dem andern was Gutes wünschen sollen. »Aber so sind die Menschen«, knurrte er weise. »Nun entzaubert euch gefälligst!«

Der Onkel rief also: »Zurück, marschmarsch.« Und so nahm der Neffe sein früheres Aussehen wieder an. Nun holte Konrad den Onkel aus der Brusttasche raus, setzte ihn ins Gras, rief ebenfalls: »Zurück, marschmarsch!«, und im Handumdrehen war Onkel Ringelhuth so groß wie früher.

»Fotografieren hätte man euch sollen«, sagte Seidelbast, »ihr saht reichlich belämmert aus.«

»Jetzt aber fort!«, meinte das Pferd und scharrte ungeduldig mit den Rollschuhen. Sie verließen also die Liegewiese und Seidelbast brachte sie bis zur Landesgrenze.

»Haben Sie noch viel Platz im Schlaraffenland?«, fragte Ringelhuth zum Abschied.

»Warum?«, fragte der Präsident.

»Wir haben viele Leute bei uns, die nichts zu tun und nichts zu essen haben«, antwortete der Onkel.

»Verschonen Sie uns mit denen«, rief Seidelbast. »Die Kerle wollen ja arbeiten! So was können wir hier nicht brauchen.«

»Schade«, sagte das Pferd. Und dann reichten sie einander die Hände.

Der Onkel und Konrad setzten sich auf ihren Rollschuhgaul und fuhren unter Hallo über die Grenze.

Seidelbast winkte mit dem kleinen Finger, um sich nicht zu ermüden, und rief: »Immer geradeaus!«

Hannibal beniest es

Kurz danach langten sie vor einer riesigen mittelalterlichen Burg an. Zwischen ihnen und der Burg befand sich ein mindestens zehn Meter breiter, mit Wasser gefüllter Graben. Die Festung selbst bestand aus unzähligen bewimpelten Türmen und Zinnen, Wällen und Erkern und am Burgtor war eine Zugbrücke hochgekettet.

»So 'n Ding hatte ich als Junge zum Spielen«, sagte Onkel Ringelhuth. »Bloß, dass meine Burg nicht so groß war. Dafür hatte sie aber rotes Glanzpapier vor den Fenstern. So, und wie kommen wir nun dort hinüber?«

»Wir müssen klingeln«, meinte Konrad.

Da lachte das Pferd überlegen und behauptete, Burgen mit Klingeln gebe es nicht. Und so war es denn auch. Aber nach einigem Suchen fanden sie am Burggraben ein kleines Schild. Und auf dem Schild stand:

»Wo sollen wir vor lauter Angst drei Trompetenstöße hernehmen?«, fragte der Onkel verärgert. »Dass einem die Leute beim Grenzübertritt immer solche Schwierigkeiten machen!«

»Soll ich dreimal auf dem Kamm blasen?«, erkundigte sich Konrad eifrig und brachte seinen Kamm aus der Tasche.

»Untersteh dich!«, rief Ringelhuth, rundete die Hände vorm Mund, holte tief Atem und machte »Täterätätä! Täterätätä! Täterätätä!«. Dafür, dass er ein Apotheker ohne Trompete war, trompetete er gar nicht übel.

Nun rasselte die Zugbrücke herunter, legte sich über den Graben, und das Pferd rollte mit seinen beiden Reitern geschwind durchs Burgtor in den Hof. Dort stand ein alter Ritter in einer goldenen Rüstung, stützte sich auf ein verrostetes Schwert und fragte quer durch seinen weißen Bart hindurch: »Von wannen, o Fremdlinge, kommt ihr des Wegs?«

Ringelhuth salutierte mit seinem Spazierstock und sagte, sie kämen aus dem Schlaraffenland.

»Und wohin«, fragte der Ritter, »wohin führt euch eure Straße?«

»Nach der Südsee«, erklärte Konrad.

»Die Durchreise sei euch verstattet«, sagte der vergoldete Großvater. »Zuvor jedoch vermeldet mir eure Namen.«

Onkel Ringelhuth stellte sich und seine Begleiter vor.

»Ich hinwiederum«, behauptete der Torwächter, »bin der aus den Geschichtsbüchern bekannte Kaiser Karl der Große.«

»Meine Verehrung«, sagte der Onkel. »Nun reden Sie mal bisschen weniger geschwollen, lieber Karl der Große, und verraten Sie uns, in welcher Richtung wir reiten müssen.«

Karl der Große strich sich den Bart und brummte: »Immer geradeaus. Doch das Glück ist euch hold. Auf dem zweiten Blachfeld links finden heute die Olympischen Spiele statt.«

»Darauf haben wir grade gewartet«, sprach das Pferd, zog flüchtig den Strohhut und rollte von dannen. Karl der Große stieg klirrend und gekränkt auf seinen Söller zurück.

Konrad bat den Onkel, das Pferd am Sportplatz halten zu lassen. Schon hörten sie schmetternde Fanfaren. Und dann sahen sie das Stadion. Auf den Tribünen saßen knorrige Ritter und Ritterfräuleins mit Operngläsern und Kavaliere mit großen Allongeperücken und Damen mit bestickten Reifröcken.

»Also schön«, meinte Ringelhuth. »Brrr, mein Pferdchen!« Negro Kaballo hielt an. Onkel und Neffe kletterten herunter. Dann lösten sie bei Kaiser Barbarossa, der an einem steinernen Tisch die Kasse innehatte, drei Karten, 1. Tribüne, 1. Reihe, Schattenseite. Barbarossa drückte ihnen, außer den Billetts, ein Programm in die Hand.

Konrad stieß den Onkel heimlich an und machte ihn auf Barbarossas Vollbart aufmerksam, der durch den steinernen Tisch gewachsen war.

»Eine ausgesprochen bärtige Gegend«, sagte Ringelhuth. »Aber seht nur, dort findet das Kugelstoßen statt!« Er blickte in das Programm und las vor: »Ausscheidungskämpfe im Kugelstoßen. Teilnehmer: Karl XII. von Schweden, Götz von Berlichingen, Peter der Große, August der Starke.«

Erst warf Götz von Berlichingen. Er warf übrigens mit der linken Hand, wegen seiner eisernen Rechten. Dann kam August der Starke an die Reihe und erreichte 18,17 Meter. Konrad sagte, das sei ein neuer Weltrekord. Karl XII. von Schweden zog zurück, weil er sich für die Konkurrenz im Speerwerfen schonen wollte.

Da erhielt Onkel Ringelhuth einen Stoß ins Kreuz und hätte ums Haar den Zaren Peter über den Haufen gerannt. Der On-

kel drehte sich wütend um. Vor ihm stand ein junger Mann mit einem Filmaufnahmeapparat. »'tschuldigung«, sagte der junge Mann, »ich bin Vertreter der Universal. Muss 'n paar Tonwochenbilder runterdrehen. Hat's wehgetan?«

August der Starke nahm den Filmfritzen beiseite und wisperte mit ihm. Dann packte er die Kugel und warf sie, während der junge Mann kurbelte, hoch im Bogen in den Sand. Etwas später stellte er sich vor dem Apparat in Heldenpositur, lächelte königlich vor sich hin und fragte, ob er ein paar passende Worte sprechen solle.

»Wie Sie wollen«, erwiderte der junge Mann. »Ich drehe aber stumm.«

Ringelhuth und Konrad suchten lachend das Weite. Das Pferd rollte grinsend hinterdrein. Sie betraten die Tribüne und konnten ihre Plätze nicht finden. Bis sich herausstellte, dass zwei der Sitze schon besetzt waren.

»Wollen Sie mir Ihre Billetts zeigen!«, sagte der Onkel.

Da blickten die beiden Männer auf. Es waren Julius Cäsar und Napoleon der Erste. Napoleon musterte den Apotheker unwirsch und legte das gelbe Gesicht in majestätische Falten. Als das keinen Eindruck zu machen schien, rückte er beiseite, und auch Cäsar machte Platz.

»Wenn ich jetzt meine Alte Garde hier hätte, würde ich nicht wanken und nicht weichen«, bemerkte Napoleon hoheitsvoll.

Onkel Ringelhuth setzte sich neben Napoleon und meinte: »Wenn Sie noch ein paar derartig vorwitzige Sachen sagen, nehme ich Ihnen Ihren Dreispitz vom Kopf und werf ihn meinem Lieblingspferd zum Fraße vor, verstanden?«

»Sie sollten sich überhaupt mal wieder einen neuen Zylinder kaufen, Herr Napoleon«, gab Negro Kaballo zu bedenken.

Julius Cäsar hüllte sich eng in seine Toga und sagte zu dem französischen Kaiser: »Ich will nicht hetzen, aber ich an Ihrer Stelle ließe mir das nicht bieten.«

»Ohne Armee können Sie da gar nichts machen, Kollege«, erwiderte Napoleon verdrießlich. »Sehen Sie nur, Theodor Körner ist schwach auf der Rückhand.« Vor der Tribüne wurde nämlich Tennis gespielt. Turnvater Jahn saß auf einem hohen Stuhl und schiedsrichterte das Herrendoppel. Ajax I und Ajax II kämpften gegen Theodor Körner und den Fürsten Hardenberg. Der Ball sauste hin und her. Die zwei Griechen waren, weil sie Brüder waren, vorzüglich aufeinander eingespielt. Das deutsche Paar ließ zu wünschen übrig.

»Welch alberne Beschäftigung, so einen kleinen, leichten Ball hinüber- und herüberzuschlagen«, sagte Julius Cäsar. »Wenn es wenigstens eine Kanonenkugel gewesen wäre!« Plötzlich schrie er gellend auf. Theodor Körner, der bekanntlich schwach auf der Rückhand war, hatte den Ball ins Aus geschlagen und ihn, natürlich ohne jede niedrige Absicht, Julius Cäsar mitten ins Gesicht gefeuert. Nun saß der römische Diktator da, hielt sich die Römernase und hatte Tränen in den Augen.

»Wenn es wenigstens eine Kanonenkugel gewesen wäre!«, sagte Ringelhuth anzüglich, und Konrad fiel vor Lachen vom Stuhl.

»Ihr seid mir schöne Helden«, knurrte der Onkel, blickte Napoleon und Cäsar von oben bis unten an und dann verließ er die Tribüne. Konrad und das Rollschuhpferd folgten ihm.

Bevor sie das Stadion verließen, hörten sie noch den Lärm der Menge, welche die Aschenbahn umsäumte, auf der gerade Alexander der Große und Achilles den Endspurt um die 100 Meter ausfochten. Alexander gewann, obwohl er beim Start schlecht abgekommen war, das Rennen und brauchte 10,1 Sekunden.

»Das ist schon wieder ein neuer Weltrekord«, rief Konrad.

Negro Kaballo bemerkte, er sei zwar nur ein Pferd, doch er brauche bloß fünf Sekunden.

»Sie haben aber vier Beine«, entgegnete Konrad.

»Lasst doch den Quatsch«, sagte Ringelhuth aufgebracht. »Die Elektrizität hat überhaupt keine Beine und läuft noch viel rascher als ein Pferd. Im Übrigen, wenn jemand läuft, um gesund zu bleiben, kann ich das verstehen. Wenn er aber wie angestochen durch die Gegend rast, um eine Zehntelsekunde weniger zu brauchen als wer anders, so ist das kompletter Blödsinn. Denn davon bleibt er nicht gesund, sondern davon wird er krank.«

Sie gingen die Straßen entlang, an kleinen burgähnlichen Villen vorbei, und grüßten die Könige, Ritter und Generäle, die, in Hemdärmeln, zu den Fenstern herausschauten und Pfeife rauchten oder in den hübschen, gepflegten Vorgärten standen, goldene Gießkannen hielten und ihre Blumenbeete begossen.

Aus einem der Gärten hörten sie Streit, konnten aber niemanden entdecken. Deshalb traten sie näher und guckten über den Zaun. Da lagen zwei ernste, mit Rüstungen versehene Herren im Gras und spielten mit Zinnsoldaten.

»Das könnte Ihnen passen, mein lieber Hannibal!«, rief der eine. »Nein, nein! Der Rosenstrauch ist, wie Sie endlich anerkennen sollten, von meinen Landsknechten einwandfrei erstürmt worden.«

»Lieber Herr Wallenstein«, sagte der andere, vor Ärger blass, »ich denke ja gar nicht dran! Ich werde ganz einfach mit meiner Reiterei Ihren linken Flügel umgehen und Ihnen in den Rücken fallen!«

»Versuchen Sie's nur!« Wallenstein, Herzog von Friedland, lächelte höhnisch. »Die Attacke wird Ihrer Kavallerie nicht gut bekommen. Ich ziehe die Reserven, die dort neben dem Resedabeet stehen, nach links und beschieße Sie aus der Flanke!«

Nun hoben und schoben sie ihre bunt bemalten Zinnsoldaten hin und her. Der Kampf um den Rosenstrauch war in vollem Gange. Hannibal führte seine Reiterei in den Rücken der Kaiserlichen und bedrängte sie arg. Aber Wallenstein bombardierte die Reiterregimenter aus einer niedlichen Kanone mit Erbsen und da fielen die Reiter scharenweise um.

Hannibal war wütend. Er holte aus einer Schachtel, die neben ihm stand, neue Reserven hervor und verstärkte die durch Verluste gefährdete Vorhut.

Doch Wallenstein knallte eine Erbse nach der anderen gegen die afrikanischen Truppen. Hannibals Soldaten starben en gros, sogar die gefürchteten Elefantenreiter sanken ins Gras und die Schlacht um den Rosenstrauch war so gut wie entschieden.

»He, Sie!«, brüllte Konrad über den Zaun. »Verlegen Sie doch gefälligst Ihre Front nach rückwärts! Greifen Sie später wieder an! Durchstoßen Sie dann die feindliche Mitte, denn die ist besonders schwach!«

Hannibal und Wallenstein unterbrachen den Kampf vorübergehend und blickten zu den Zaungästen hinüber. Der karthagische Feldherr schüttelte das kühne Haupt und sprach gemessen: »Ich gehe nicht zurück. Ich weiche nicht. Und wenn es mich die letzten Soldaten kosten sollte!«

»Na, hören Sie mal!«, entgegnete Konrad. »Dafür ist Ihre Armee doch zu schade!«

Jetzt mischte sich Wallenstein ein. »Du bist ein dummer Junge«, erklärte er. »Es kommt nicht darauf an, wie viel Soldaten fallen, sondern darauf, dass man Reserven hat.«

»Ihr seid mir ja zwei Herzchen!«, sagte Ringelhuth zu den Feldherren. »Euch und euresgleichen sollte man überhaupt nur mit Zinnsoldaten Krieg führen lassen!«

»Scheren Sie sich zum Kuckuck!«, rief Hannibal aufgebracht. »Wer keinen Ehrgeiz hat, kann hier gar nicht mitreden! Was sind Sie denn von Beruf?«

»Apotheker«, sagte der Onkel.

»Da haben wir's«, meinte Hannibal und lachte geringschätzig. »Natürlich ein Sanitäter!« Dann wandte er sich wieder Wallenstein zu. »Herzog«, erklärte er, »die Schlacht geht weiter!«

Und sie fuhren fort, den Rosenstrauch heiß zu umkämpfen. »Bis aufs Messer!«, knirschte Hannibal.

»Ergeben Sie sich!«, rief Wallenstein. Er hatte mittlerweile die feindlichen Truppen umzingelt und kartätschte sie mithilfe von Erbsen in Grund und Boden.

»Erst wenn mein letzter Soldat tot im Gras liegt, früher nicht!«, schwor Hannibal. Aber da musste er niesen. Er blickte besorgt hoch und meinte: »Na schön, hören wir auf. Das Gras ist noch zu feucht. Ich möchte mich nicht erkälten. Wann geben Sie mir Gelegenheit zum Revanchekrieg?«

»Sobald Ihr Schnupfen vorüber ist, lieber Freund«, sagte Wallenstein. »Mit Erkältungen ist nicht zu spaßen.«

Die Feldherren erhoben sich aus dem Gras, vertraten sich ächzend die steifen Beine, ließen ihre erschossenen Truppen am Rosenstrauch liegen und stelzten der Villa zu. »Ein Jahr vor meiner Ermordung in Eger«, berichtete Wallenstein, »hatte ich einen abscheulichen Schnupfen. Lieber will ich drei Schlachten verlieren als noch einmal so niesen wie damals!« Damit verschwanden sie im Haus.

»Nehmen Sie eine Aspirintablette!«, rief der Onkel. »Und trinken Sie eine Tasse Lindenblütentee! Dann können Sie schon morgen wieder in den Krieg ziehen!« Aber Hannibal hörte es nicht mehr.

»Na, hauen wir ab«, sagte das Pferd. »Ich habe die Nüstern voll von diesen Helden.«

Der Onkel und Konrad kletterten wieder auf ihr Ross und rollten der Grenze entgegen.

»Ein wahrer Jammer«, meinte Ringelhuth. »Denken Sie nur, Negro Kaballo, mein Neffe spielt zu Haus auch mit Zinnsoldaten!«

»Wieso?«, fragte das Pferd. »Willst du später mal General werden?«

»Nein«, erwiderte der Junge.

»Oder einer von den Zinnsoldaten, die sich morgen unter dem Rosenstrauch totschießen lassen?«

»Ich denke ja gar nicht dran«, erklärte Konrad energisch. »Ich werde Schofför.«

»Und warum spielst du trotzdem mit Soldaten?«, fragte das Pferd.

Konrad schwieg. Onkel Ringelhuth aber sagte: »Warum? Weil ihm sein Vater welche geschenkt hat.«

Da waren sie aber an der Grenze. Eine Zugbrücke rasselte herunter. Sie sausten drüber hin und hatten die Große Vergangenheit im Rücken.

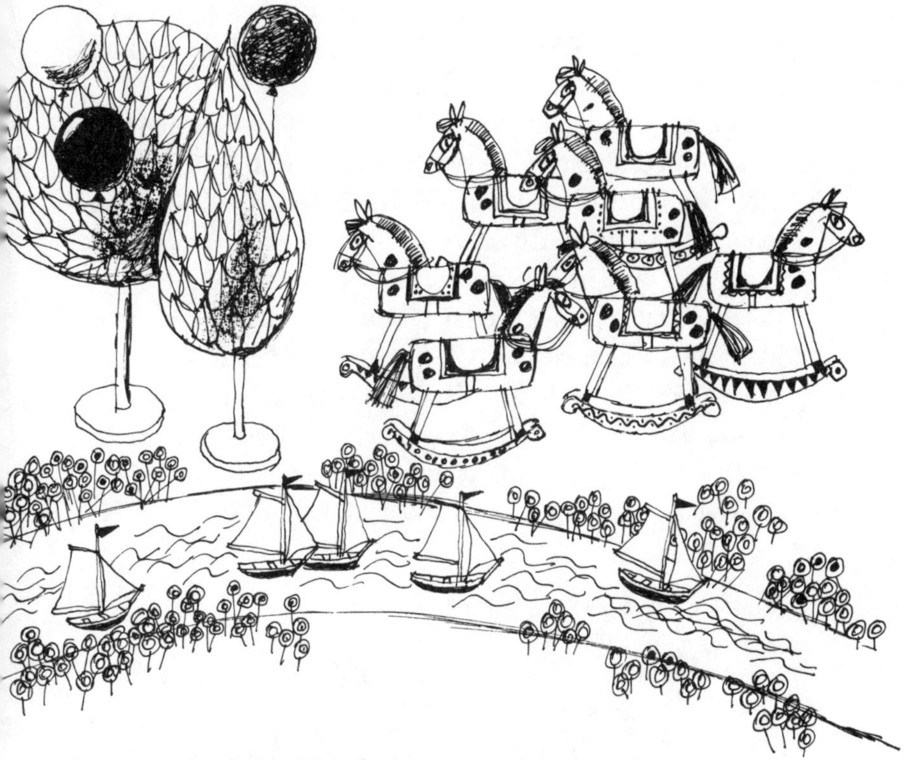

Die Verkehrte Welt ist noch nicht die verkehrteste

Hinter der Burg, die sie verlassen hatten, lag ein Spielzeugwald. Der war, nach den kriegerischen Erlebnissen mit Hannibal und Wallenstein, geradezu eine Erholung. Auf einer von der Sonne beschienenen Lichtung weidete ein Rudel Schaukelpferde. Und in einem blauen Bach schwammen niedliche Segelboote vor sich hin. Die Bäume hingen voller Luftballons. Das Gestrüpp am Bach war aus Stielbonbons. Auf einem Ast saßen zwei Papageien, blätterten in einem Bilderbuch und lachten plötzlich derartig, dass ihnen das Bilderbuch vom Baum fiel.

Konrad wollte vom Pferd, um das Buch aufzuheben. Aber Onkel Ringelhuth hielt ihn fest und gab ihm einen Klaps. »Hiergeblieben!«, befahl er. »Wir müssen nach der Südsee!« Und so galoppierten sie unaufhaltsam weiter. Das Pferd behauptete, seine Kugellager seien heiß gelaufen. Das war aber übertrieben.

Den Straßengraben entlang ratterten Kindereisenbahnen. Manchmal schnappte eine Weiche. Dann pfiffen die Lokomotiven, und die Züge fuhren in den Wald hinein, über dem die Luftballons wogten. Vor einem Haus aus Stanniolpapier saßen fünf schottische Terrier, schwiegen und rauchten dicke Schokoladenzigarren.

»Lass mich runter!«, schrie Konrad. »Ich muss die Hunde streicheln!«

Aber Ringelhuth sagte: »Nimm mal den Stock!« Und als der Junge das tat, hielt der Onkel ihm mit beiden Händen die Augen zu, damit er nichts mehr sehen konnte. »Los, Kaballo!«, rief Ringelhuth, und nun fegten sie wie die Wilde Jagd über die Spielzeugheide.

»So«, sagte der Onkel endlich, »nun darfst du wieder gucken.« Das Pferd lief Trab. Konrad sah sich um. Die Spielzeugheide war zu Ende. Die Luftballonwipfel leuchteten von ferne. Große bunte Papierdrachen flogen drüber hin.

»Schade«, murmelte Konrad.

Da bremste das Pferd, stand still und sagte: »Alles aussteigen!«

Ringelhuth und Konrad kletterten herunter und betrachteten sich die Gegend. Sie hielten vor einem umfangreichen Gebäude, das mit Märchenfiguren bemalt war. Und aus den Fenstern schauten viele Kinder und winkten.

»Offenbar ein Ferienheim«, meinte der Onkel.

»Von wegen!«, sagte Konrad. »Da steht doch was ganz andres dran!«, und er las laut vor, was über dem Portal stand:

»Ha!«, rief Konrad. »Da seht ihr's wieder mal, wie gut es ist, dass ihr mich mithabt!« Er warf sich in die Brust, dass es knackte, wandelte stolz vor den beiden her und trat als Erster ins Haus. Sie kamen in eine Art Büro. Hinter der Barriere stand ein netter Junge, gab Konrad die Hand und fragte, wen er da mitbrächte.

»Ein Pferd, das vorzüglich Rollschuh fährt«, erklärte Konrad, »und meinen Onkel. Er ist Apotheker und heißt Ringelhuth.«

»Ist er sehr unausstehlich?«, fragte der fremde Junge.

»Danke nein«, sagte Konrad. »Es geht.«

»Na, wir werden ihn schon kleinkriegen«, meinte der Junge. »Wir haben hier noch ganz andere Herrschaften auf die Rolle genommen«, und dann drückte er auf einen Knopf.

»Wieso?«, fragte Konrad verwundert.

Aber da kam schon eine Schar Kinder angestürzt und schob

den Onkel durch eine Tür, über der ›NUR FÜR ERWACHSENE‹ stand.

»Was soll denn das heißen?«, fragte Konrad. »Wir wollen doch nach der Südsee!«

»Später, später«, sagte der Junge. Er nahm die Personalien auf. Dann wurden Konrad und das Pferd durch eine andere Tür geschickt. »Fragt nach der Schule!«, rief ihnen der Junge nach. »Dort findet ihr den Onkel wieder. Er wird nur erst umgezogen.«

»Verstehen Sie das?«, fragte Konrad das Pferd, als sie auf der Straße standen. »Umziehen soll sich der Onkel Ringelhuth?«

»Abwarten und Tee trinken«, gab das Pferd zur Antwort.

Die Straße war sehr belebt. Man sah Jungen, die Aktenmappen unterm Arm und Zylinderhüte auf den Köpfen trugen. Man sah kleine Mädchen, die in modernen Kostümen einherspazierten und Einkäufe erledigten. Man sah überhaupt nur Kinder!

»Verzeihung!«, sagte Konrad und hielt einen Jungen fest, der gerade in ein Auto steigen wollte. »Hör mal, gibt es denn bei euch keine Erwachsenen?«

»Doch«, antwortete der Junge. »Aber die Erwachsenen sind noch in der Schule.«

Dann stieg er in sein Auto, nickte Konrad zu und rief: »Ich muss rasch zur Börse.« Und schon brauste er um die Ecke.

»Mir bleibt die Spucke weg«, sagte Konrad.

»Es geht auch ohne«, erwiderte das Pferd.

»Was haben denn die Erwachsenen in der Schule zu suchen und die Kinder auf der Börse?«, fragte Konrad.

Das Pferd zuckte die Achseln und rollte weiter. Der Junge konnte kaum folgen. Glücklicherweise war die Schule in der Nähe. ›DEN SCHWER ERZIEHBAREN ELTERN GEWIDMET‹ stand darüber.

»Na, gehen wir mal hinein«, sagte das Pferd.

Sie gingen hinein. Hinter einem Schalter saß ein kleines Mädchen und wollte wissen, wen sie suchten.

»Einen gewissen Herrn Ringelhuth«, antwortete das Pferd.

Das kleine Mädchen blätterte in einem Oktavheft und sagte schließlich: »Ringelhuth? Der ist im Anfängerkursus.«

»Was macht er denn dort?«, fragte Konrad.

»Dort wird er erzogen«, gab das Schaltermädchen zur Antwort.

»Ich werde verrückt!«, rief Konrad. »Ich will sofort meinen Onkel wiederhaben!«

»Zimmer 28«, sagte das Mädchen streng und schloss den Schalter.

Nun stiegen das Pferd und der Junge eilig die Treppe hinauf, dann liefen sie durch einen kahlen Gang und suchten Zimmer 28. Plötzlich rief eine Kinderstimme: »Konrad, Konrad!« Der Junge wandte sich um und sah ein rothaariges Mädchen näher kommen. Die Kleine hatte Zöpfe, und diese Zöpfe standen schräg vom Kopf weg, als seien sie auf Blumendraht geflochten.

»Babette!«, rief er.

Und dann rannten beide aufeinander los und schüttelten sich die Hände.

»Wie kommst du in die Verkehrte Welt?«, fragte Babette erstaunt.

»Wir sind nur auf der Durchreise hier«, erzählte Konrad. »Wir wollen nämlich nach der Südsee, weil ich darüber einen Aufsatz schreiben muss. Und nun suchen wir meinen Onkel. Den haben sie am Eingang weggeschleppt. Er sitzt im Anfängerkursus. Hast du einen Schimmer, was er dort soll?«

»Ach, du mein Schreck!«, rief das Mädchen. »Das ist gewiss ein Missverständnis. Dein Onkel ist doch ein netter Kerl?«

»Und ob!«, erwiderte der Junge.

»Im Empfangsbüro haben sie bestimmt gedacht, du wolltest ihn zur Erziehung herbringen.« Babette war richtig ärgerlich. »Kommt, wir wollen ihn rausholen. Das geht ganz leicht. Ich bin nämlich Ministerialrätin für Erziehung und Unterricht.« Sie nahm Konrad bei der Hand.

»Moment mal«, meinte das Pferd. »Was hat eure Verkehrte Welt eigentlich zu bedeuten? Ich bin zwar nicht auf den Kopf gefallen, aber klar ist mir das noch nicht.«

Babette blieb stehen. »Das ist so«, sagte sie. »Es gibt bekanntlich nicht nur nette Eltern, sondern auch sehr böse. Ganz genauso, wie es nicht nur gute Kinder gibt, sondern auch furchtbar ungezogene.«

»Stimmt«, bemerkte Konrad und nickte.

»Wenn sich nun diese bösen Eltern gar nicht ändern wollen und wenn sie ihre Kinder zu Unrecht strafen oder gar quälen – denn das gibt's auch –, so werden sie hier eingeliefert und erzogen. Das hilft in den meisten Fällen.«

Das Pferd kratzte sich mit dem Huf am Kopf und fragte, wie denn solche Eltern erzogen würden.

Babette holte tief Atem und sagte: »Wir vergelten ihnen Gleiches mit Gleichem. Das ist zwar nicht hübsch, aber notwendig ist es. Da haben wir zum Beispiel Herrn Clemens Waffelbruch hier.«

»Das ist ja Onkel Ringelhuths Hauswirt!«, rief Konrad. »Aber der war doch eben noch zu Hause. Das Pferd hat ihm vor höchstens einer Stunde einen Blumentopf auf den Kopf geworfen!« Das Pferd zog die Oberlippe zurück und lachte lautlos.

»Wir sind alle zu gleicher Zeit hier und zu Hause!«, sagte Babette. »Dieser Waffelbruch nun hat einen Jungen, der heißt Arthur Waffelbruch. Und der wird von seinem Vater abends stundenlang auf den Balkon gesperrt, besonders dann, wenn es regnet. Und wisst ihr, warum? Bloß weil er schlecht rechnet. Und er gibt sich solche Mühe! Da steht Arthur dann auf dem Balkon und fürchtet sich und weint und friert und wurde immer blässer und kränker. Und rechnen konnte er vor lauter Angst überhaupt nicht mehr.«

»Der Alte hat mir gleich nicht gefallen«, knurrte das Pferd. »Ich hätte ihm ruhig noch paar Blumentöpfe auf den Hut schmeißen sollen.«

»Und nun stellen wir hier den Vater auf den Balkon«, erzählte Babette. »Und der Wind muss heulen. Und das machen wir so lange, bis der Mann merkt, wie er den Jungen quält. Seid mal still!«

Sie schwiegen.

»Hört ihr nichts?«, flüsterte Babette.

»Da weint und schimpft jemand. Es ist aber weit weg«, sagte Konrad.

»Das ist der alte Waffelbruch«, flüsterte Babette. »In zirka drei Tagen, denk ich, ist er reif. Dann verspricht er von selber, dass er den kleinen Arthur nicht mehr schinden will. Dann werden wir ihn als geheilt entlassen.«

»Aha, so ist das«, sagte das Pferd. »Und weswegen bist du denn hier?«

Babette wurde verlegen. Schließlich sagte sie: »Wegen meiner Mutter. Sie hat sich gar nicht mehr um mich gekümmert. Früh bekam ich, weil sie noch schlief, kein Frühstück. Mittags kriegte ich auch nichts zu essen, weil sie unterwegs war. Und abends, wenn ich schlafen ging, war sie noch nicht wieder zu Hause. Da schrieb ihr der Schularzt einen Brief. Aber den warf sie in den Ofen.«

»Und nun?«

»Nun wird sie hier in die Schule geschickt und ich darf mich gar nicht um sie kümmern. Nur manchmal, da muss ich zu ihr ins Zimmer gehen und so tun, als ob ich sie gar nicht bemerke. Und wenn sie sagt, dass sie Hunger hat, muss ich tun, als ob ich's nicht hörte, und wieder fortgehen und auf dem Korridor singen.« Babette hatte Tränen in den Augen. »Sie dauert mich so«, flüsterte das Kind. »Sie hat schon zehn Pfund abgenommen. Und manchmal leg ich ihr, obwohl es verboten ist, ein belegtes Brot auf den Nachttisch.« Babette schluchzte auf und putzte sich die Nase.

»Heule nicht!«, sagte Konrad. »Als du hungrig warst, hat sie auch nicht geheult.«

Babette schnäuzte sich laut. »Das ist schon richtig«, meinte sie. »Aber sie tut mir trotzdem sehr leid. Hoffentlich ist die Kur wenigstens nicht vergeblich.« Dann versuchte sie zu lächeln. »Im Allgemeinen haben wir Erfolg über Erfolg.«

»Das freut mich aufrichtig«, sagte das Pferd. »Nun wollen wir aber endlich Onkel Ringelhuth aus eurer Heilanstalt rausholen. Sonst wird er womöglich noch netter, als er schon ist.«

»Das wäre gar nicht zum Aushalten«, meinte Konrad. Dann liefen sie geschwind ins Zimmer 28. Dort ging es reichlich seltsam zu. Auf den Schulbänken saßen lauter Erwachsene. Sie hatten Kinderkleider an, und manche Leute sahen direkt feuergefährlich aus, besonders die dicken. Vorne, hinterm Katheder, saß ein ernster, blasser Junge. Das war der Lehrer, und als Babette mit Konrad und dem Pferd ins Zimmer kam, rief er: »Aufstehen!«

Die Erwachsenen standen auf. Nur ein furchtbar dicker Mann blieb in der Bank stecken. Der Junge, welcher der Lehrer war, gab Babette und ihren Begleitern die Hand und sagte: »Guten Tag, Fräulein Ministerialrat.«

»Tag, Jakob, ist vorhin ein Neuer gebracht worden?«

»Ja«, sagte der Lehrer, »für böse halte ich ihn nicht, aber er scheint ein bisschen dämlich zu sein. Er lacht dauernd. Kommen Sie mal her, Ringelhuth!«

Da kam nun also der Onkel Ringelhuth aus der hintersten Bank spaziert. Und das Pferd brüllte vor Lachen, als es ihn erblickte. Denn er trug kurze Hosen und eine Matrosenjacke und Wadenstrümpfe. Und auf dem Kopf saß ihm eine Matrosenmütze mit langen Bändern. Und auf der Mütze stand: ›TORPEDOBOOTZERSTÖRER NIEDERSCHLESIEN‹.

»Du gerechter Strohsack«, rief Konrad und hielt sich an Babette fest.

»Ich gefalle euch wohl nicht?«, fragte der Onkel gekränkt.

Babette klärte den Lehrer über das Missverständnis auf, und dann wurde ein Schüler, ein gewisser Justizrat Bollensänger, weggeschickt, um Ringelhuths Anzug und den Spazierstock im Büro zu holen. Inzwischen nahm der Unterricht seinen Fortgang. Babette, Konrad, der Onkel und das Pferd standen an der Tür und hörten zu.

»Fleischermeister Sauertopf!«, rief Jakob. »Stehen Sie auf! Sie schlagen Ihre Kinder dauernd auf den Hinterkopf, stimmt das?«

»Jawohl«, sagte der Fleischermeister Sauertopf. »Das sind nämlich meine höchstpersönlichen Kinder, und es geht kein Aas was an, wohin und wieso ich sie dresche. Verstanden?«

»Der eine Junge ist krank geworden. Und unser Schularzt behauptet, Willi würde zeitlebens unter den Folgen der Prügel zu leiden haben, die er bekam, weil er einen Groschen verloren hatte.«

»Euer Arzt soll mal herkommen und sich bei mir 'n paar Backpfeifen abholen!«, brüllte der Fleischermeister. »Ich härte die Kinder ab!«

»Ja«, sagte Jakob, »da werden wir Sie leider auch abhärten müssen. Wir tun es nicht gern. Aber wir werden Ihnen die unmenschlichen Prügel so lange heimzahlen, bis Sie merken, was Sie angerichtet haben.« Er drückte auf eine Klingel. Da kamen vier große, starke Burschen ins Klassenzimmer, packten den Fleischer und schleppten ihn zur Tür. »Auf den Hinterkopf!«, erklärte Jakob, und die vier nickten im Chor.

»Davon wird er doch nicht vernünftig«, meinte der Onkel.

»Leider nur davon«, sagte Babette. »Ich kenne diese Kerle. Glücklicherweise sind sie nicht allzu zahlreich.«

Der Fleischermeister Sauertopf wurde abgeführt. Er wirkte in seinem Konfirmandenanzug, der ihm zu knapp war, recht kläglich und schien sich zu wundern.

»Frau Ottilie Überbein!«, rief Jakob.

Und es erhob sich eine dünne Dame. Sie trug ein kurzes Hängekleidchen und fingerte sich dauernd an ihrer Frisur herum.

Jakob sagte: »Sie zwingen Ihre Tochter Paula zum Lügen. Das Kind muss auf Ihren Befehl den Vater und die Großeltern beschwindeln, weil niemand wissen darf, was Sie mit dem Wirtschaftsgeld machen und dass Sie gar nicht mit Paula spazieren gehen, sondern das Kind stundenlang allein in der Konditorei Ritter sitzen lassen und inzwischen im Bridge-Klub Geld verspielen.«

»Das geht euch doch gar nichts an! Ich kann doch tun, was ich will«, behauptete Frau Überbein schnippisch.

»Dass Sie selber lügen, ist Ihre Sache«, sagte Jakob. »Dass Sie aber die kleine Paula zum Lügen anhalten, geht uns sogar sehr viel an. Wir dulden das nicht länger. Paula schläft keine Nacht mehr, macht sich Gewissensbisse und kriegt Weinkrämpfe, wenn sie den Vater wieder hat anlügen müssen.«

»Du übertreibst, mein Kleiner«, sagte Frau Ottilie Überbein.

»Ich übertreibe ganz und gar nicht«, rief Jakob aufgebracht. »Das Kind weiß nicht mehr aus und ein. Wer weiß, was da noch

passieren kann! Lassen Sie gefälligst Ihre blöde Frisur in Ruhe, wenn ich mit Ihnen rede! Sie bleiben noch eine Woche hier. Sollten Sie bis dahin noch immer nicht wissen, wie Sie sich Ihrer Tochter gegenüber zu benehmen haben, werden wir Gegenmaßnahmen ergreifen!«

»Da bin ich aber äußerst gespannt«, sagte Frau Überbein spitz.

»Wenn Sie künftig Paula zu einer Lüge zwingen, wird Ihr Mann durch uns die Wahrheit erfahren!«, rief Jakob.

»Bloß nicht«, sagte die Überbein und sank vor Schreck auf ihren Sitz.

»Morgen mehr davon«, meinte Jakob. »Und jetzt Herr Direktor Hobohm!«

Aber da kam Justizrat Bollensänger zurück und brachte Onkel Ringelhuths Anzug. Und auch den Spazierstock. Der Onkel kleidete sich rasch um, wirbelte den Stock unternehmungslustig durch die Luft und rief: »Auf nach der Südsee!«

»Das hätte ich ja beinahe vergessen«, erklärte Konrad erschrocken und gab Babette die Hand. »Es war außerordentlich lehrreich«, sagte er. »Ich wünsche dir alles Gute. Ich meine, wegen deiner Mutter.«

»Auf Wiedersehen, Fräulein Ministerialrat«, sagte das Pferd. Der Onkel war schon auf dem Korridor.

»Immer geradeaus!«, rief Babette.

»Gleichfalls!«, meinte Konrad zerstreut. Und dann rannte er hinter den andern her.

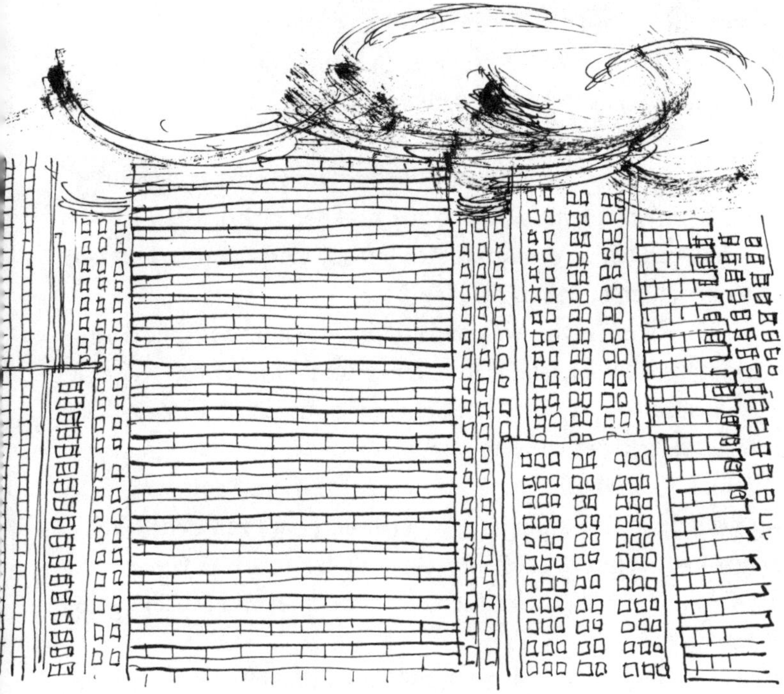

Vorsicht, Hochspannung!

Am Ausgang der Verkehrten Welt trafen sie auf eine Untergrundbahnstation. Sie stiegen treppab, sahen einen Zug stehn und setzten sich hinein.

»Eine komische Untergrundbahn«, sagte Konrad. »Hier gibt's keine Schaffner, hier gibt's keinen Zugführer. Ich bin neugierig, wo die Fuhre hingeht.«

»Wir werden's ja erleben«, entgegnete der Onkel. Da aber ruckte der Zug an, setzte sich in Bewegung und sauste, eine Sekunde später, wie ein geölter Blitz in einen betonierten Stollen hinein. Ringelhuth fiel von der Bank und sagte: »Vielleicht werden wir's auch nicht erleben. Lieber Neffe, falls mir etwas Menschliches zustößt, vergiss über dem Schmerz um mich nicht, dass du meine Apotheke erbst.«

»Und falls du mich überlebst, lieber Onkel«, sagte der Junge, »so gehören dir meine Schulbücher und der Zirkelkasten.«

»Heißen Dank«, erwiderte der Onkel. Und dann schüttelten sich die beiden ergriffen die Hand.

»Wir wollen nicht weich werden«, meinte das Pferd und blickte aus dem Fenster. Die Untergrundbahn schoss wie eine Rakete durch den Tunnel. Die Schienen jammerten. Und der Zug zitterte, als hätte er vor sich selber Angst.

Onkel Ringelhuth setzte sich wieder auf die Bank und sagte verzweifelt: »Wenn mir jetzt was passiert, ist's mit dem Nachtdienst in der Apotheke Essig.« Doch da fiel er schon wieder von der Bank. Denn die Bahn hielt, als hätte man einen Eisberg gerammt.

»Nun aber raus!«, schrie der Onkel, krabbelte hoch, riss die Tür auf und stolperte auf den Bahnsteig. Das Pferd und Konrad stürzten hinter Ringelhuth her.

Als sie die Treppe hinaufgeklettert waren und sehen konnten, wo sie sich befanden, waren sie zunächst einmal starr. Sie standen zwischen lauter Wolkenkratzern!

»Meine Fresse«, sagte schließlich das Pferd.

Und Konrad begann, die Stockwerke des nächstliegenden Gebäudes zu zählen. Er brachte es auf sechsundvierzig. Dann musste er aufhören, weil der Rest des Hauses von Wolken umschwebt war. Auf einer dieser Wolken stand in Projektionsschrift:

Elektropolis
Die automatische Stadt
Vorsicht,
Hochspannung!

Das Pferd wollte auf der Stelle umkehren und meinte, man solle doch die verflixte Südsee schwimmen lassen. Aber Onkel und Neffe dachten nicht im Traum dran, sondern überquerten den großen Platz, der vor ihnen lag und von Hunderten von Autos befahren war. Und da musste Negro Kaballo wohl oder übel hinterhertrotteln.

»Zu arbeiten scheint hier überhaupt niemand«, meinte Ringelhuth. »Alles fährt im Auto spazieren. Versteht ihr das?«

Konrad, der neugierig neben einem der Wagen hergerannt war, kam zurück und schüttelte den Kopf. »Denkt euch bloß«, sagte er, »die Autos fahren von ganz alleine, ohne Schofför und ohne Steuerung. Mir ist das völlig schleierhaft.« Da bremste ein Wagen und hielt neben ihnen. Eine nette alte Dame saß hinten drin. Sie häkelte an einem Filetdeckchen und fragte freundlich: »Sie sind wohl von auswärts?«

»Es reicht«, erwiderte der Onkel. »Können Sie uns erklären, wieso hier die Autos von selbst fahren?«

Die alte Dame lächelte. »Unsre Wagen werden ferngelenkt«, erzählte sie. »Das Lenkverfahren beruht auf der sinnreichen Koppelung eines elektromagnetischen Feldes mit einer Radiozentrale. Ganz einfach, was?«

»Blödsinnig einfach«, meinte der Onkel.

»Einfach blödsinnig«, knurrte das Pferd.

Und Konrad rief ärgerlich: »Wo ich doch Schofför werden wollte!«

Die alte Dame tat ihr Filetdeckchen beiseite und fragte: »Wozu willst du denn Schofför werden?«

»Na, um Geld zu verdienen«, antwortete der Junge.

»Wozu willst du denn Geld verdienen?«, fragte die alte Dame.

»Sie sind aber komisch«, rief Konrad. »Wer nicht arbeitet, verdient kein Geld. Und wer kein Geld verdient, muss verhungern!«

»Das sind ja reichlich verwitterte Anschauungen«, äußerte die alte Dame. »Mein liebes Kind, hier in Elektropolis arbeitet man nur zu seinem Vergnügen oder um schlank zu bleiben oder um wem ein Geschenk zu machen oder um was zu lernen. Denn das, was wir zum Leben brauchen, wird samt und sonders maschinell hergestellt, und die Bewohner kriegen es gratis.«

Onkel Ringelhuth dachte nach und sagte dann: »Aber die Lebensmittel muss man doch, ehe sie in Fabriken verarbeitet werden, erst mal pflanzen? Und das Vieh wächst doch auch nicht wie Unkraut in der Gegend!«

»Das erledigen unsre Bauern vor der Stadt«, entgegnete die alte Dame. »Aber auch die haben wenig Pflichtarbeit. Denn auch die Landwirtschaft ist restlos durchmechanisiert; das meiste besorgen Maschinen.«

»Und die Bauern schenken Ihnen ihr Vieh und ihr Getreide?«, fragte das Pferd.

»Die Bauern kriegen für ihre Erzeugnisse alles andre, was sie zum Leben brauchen«, erzählte die alte Dame. »Alle Menschen können alles kriegen. Denn der Boden und die Maschinen produzieren bekanntlich mehr, als wir benötigen. Wussten Sie das noch nicht?«

Onkel Ringelhuth schämte sich ein bisschen. »Natürlich wissen wir das«, meinte er. »Aber bei uns leiden trotzdem die meisten Menschen Not.«

»Das ist doch der Gipfel!«, rief die alte Dame streng. Dann lächelte sie aber wieder und sagte: »So, jetzt fahr ich in unsre künstlichen Gärten. Dort duften die Bäume und Blumen nach Ozon. Das ist sehr gesund. Wiederschaun.«

Sie drückte auf einen Knopf, beugte sich über ein Sprachrohr und rief hinein: »In den künstlichen Park! Ich will in der Gastwirtschaft am Kohlensäurebassin Kaffee trinken!«

Da setzte sich das geheimnisvolle Auto gehorsam in Bewegung und fuhr davon. Die alte Dame lehnte sich bequem zurück und häkelte weiter.

Die drei gafften wie die Ölgötzen hinterher. Und der Onkel sagte: »Das ist ja allerhand. Und so schön wird's später auf der ganzen Welt sein! Hoffentlich erlebst du's noch, mein Junge.«

»Wie im Schlaraffenland«, meinte das Pferd.

»Mit einem Unterschied«, warf Ringelhuth ein.

»Der wäre?«, fragte das Pferd.

»Hier arbeiten die Menschen. Hier sind sie nicht faul. Sie arbeiten allerdings nur zu ihrem Vergnügen. Doch das wollen wir ihnen nicht nachtragen. Na, gehn wir weiter!«

Sie bogen in eine belebte Straße ein, um sich die Schaufenster von Elektropolis zu betrachten. Aber kaum hatten sie den Bürgersteig betreten, so fielen sie alle drei der Länge lang um und rutschten, obwohl sie das gar nicht vorhatten, auf dem Trottoir hin.

»Hilfe!«, schrie Konrad. »Der Fußsteig ist lebendig!«

Der Fußsteig war nämlich, damit man nicht zu gehen brauchte, mit einem laufenden Band versehen. Darauf stellte man sich und fuhr, ohne eine Zehe krumm zu machen, durch die Straßen. Wenn man in ein Geschäft wollte, trat man von dem laufenden Band herunter und hatte nun Pflaster unter den Schuhen.

»Das hätte uns das häkelnde Großmütterchen ruhig sagen

können«, knirschte das Pferd. Es fuhr auf seinem Allerwertesten die Hauptstraße von Elektropolis lang und konnte, wegen der Rollschuhe, nicht aufstehen. Erst als Ringelhuth und Konrad nachhalfen, kam es auf die Beine. Und nun machte ihnen der lebendige Bürgersteig geradezu Spaß.

Dann wollte der Onkel in das Schaufenster einer Konditorei gucken und trat von dem laufenden Band herunter. Er hatte aber noch keine Übung und stieß mit dem Schädel gegen eine Hauswand. Daraufhin hörten sie ein merkwürdiges Singen und Klingen, und sie wussten zunächst nicht, woher das kam. Konrad klopfte gegen das Haus und das Summen wurde noch stärker. Er kratzte an der Wand und rief: »Was sagt ihr dazu? Die Wolkenkratzer sind aus Aluminium!«

»Kinder, ist das eine praktische Stadt!«, meinte der Onkel. »Da sollten wir mal unsern Bürgermeister studienhalber herschicken!«

Am meisten imponierte ihnen aber Folgendes: Ein Herr, der vor ihnen auf dem Trottoir langfuhr, trat plötzlich aufs Pflaster, zog einen Telefonhörer aus der Manteltasche, sprach eine Nummer hinein und rief: »Gertrud, hör mal, ich komme heute eine Stunde später zum Mittagessen. Ich will vorher noch ins Laboratorium. Wiedersehen, Schatz!« Dann steckte er sein Taschentelefon wieder weg, trat aufs laufende Band, las in einem Buch und fuhr seiner Wege.

Konrad und dem Pferd standen die Haare zu Berge. Ein paar Leute, die in entgegengesetzter Richtung an ihnen vorbeifuhren, sagten: »Die mit dem Pferd, das sind bestimmt Provinzler.«

Ringelhuth zuckte die Achseln und versuchte, möglichst einheimisch zu wirken. Dabei fiel er aber wieder um. Doch er sagte, als Konrad ihm hochhelfen wollte: »Lass gut sein, ich fahre im Sitzen weiter.«

Sie rollten aus einer Straße in die andre. Und die Wolkenkratzer aus Aluminium begannen leise zu singen, weil ein Wind aufkam.

Nach einer Viertelstunde war das laufende Band zu Ende. Auch Wolkenkratzer gab es keine mehr.

Sie mussten wieder zu Fuß gehen, marschierten fleißig und standen, wenig später, vor einer gewaltigen Fabrik. »Viehverwertungsstelle Elektropolis«, so hieß sie. Konrad rannte als Erster durchs Tor.

Unabsehbare Viehherden warteten darauf, nutzbringend verarbeitet zu werden. Sie drängten sich, muhend und stampfend, vor einem ungeheuer großen Saugtrichter, der gut seine zwanzig Meter Durchmesser hatte. Sie drängten einander in den Trichter

hinein. Ochsen, Kühe, Kälber – alle verschwanden sie zu Hunderten, geheimnisvoll angezogen, in der metallisch glänzenden Öffnung.

»Wozu ermordet der Mensch die armen Tiere?«, fragte das Pferd.

»Ja, es ist ein Jammer«, erwiderte der Onkel. »Aber wenn Sie mal ein Schnitzel gegessen hätten, wären Sie nachsichtiger!«

Konrad lief an der Längsseite der Maschinenhalle entlang. Man hörte das Geräusch von Motoren und Kolben. Ringelhuth und das Pferd hatten Mühe, dem Jungen zu folgen.

Endlich erreichten sie die Rückseite der Fabrikanlage.

Dort standen, in langer Reihe, elektrische Güterzüge. Und aus der Hinterfront des Gebäudes fielen die Fertigfabrikate der Viehverwertungsstelle in die Eisenbahnwaggons. Aus einer der Wandluken fielen Lederkoffer, aus einer anderen Fässer mit Butter, aus einer dritten purzelten Kalblederschuhe, aus einer vierten Büchsen mit Ochsenmaulsalat, aus einer fünften große Schwei-

zer Käse, aus einer sechsten rollten Tonnen mit Gefrierfleisch; aus wieder anderen Luken fielen Hornkämme, Dauerwürste, gegerbte Häute, Kannen voll Milch, Violinsaiten, Kisten mit Schlagsahne und vieles noch.

Waren die Waggons gefüllt, so läutete eine Glocke. Dann rückten die Züge weiter vor, und leere Waggons fuhren unter die Luken, um beladen zu werden.

»Und nirgends eine Menschenseele! Nichts als Ochsen!«, rief Onkel Ringelhuth. »Alles elektrisch! Alles automatisch!«

Aber gerade als er das rief, kam ein Mann über den Fabrikhof geschlendert. Er grüßte und sagte: »Ich habe heute Dienst. Jeden Monat einmal. Zwölf Tage im Jahr. Ich beaufsichtige die Maschinerie.«

»Eine Frage, Herr Nachbar«, sagte das Pferd. »Was machen Sie eigentlich an den übrigen dreihundertdreiundfünfzig Tagen des Jahres?«

»Da seien Sie mal ganz ohne Sorge«, meinte der Mann vergnügt. »Ich habe einen Gemüsegarten. Außerdem spiele ich gerne Fußball. Und malen lerne ich auch. Und manchmal lese ich Geschichtsbücher. Ist ja hochinteressant, wie umständlich die Leute früher waren!«

»Zugegeben«, sagte der Onkel. »Aber woher kriegen Sie die Unmenge Elektrizität, die Sie in Ihrer Stadt verbrauchen?«

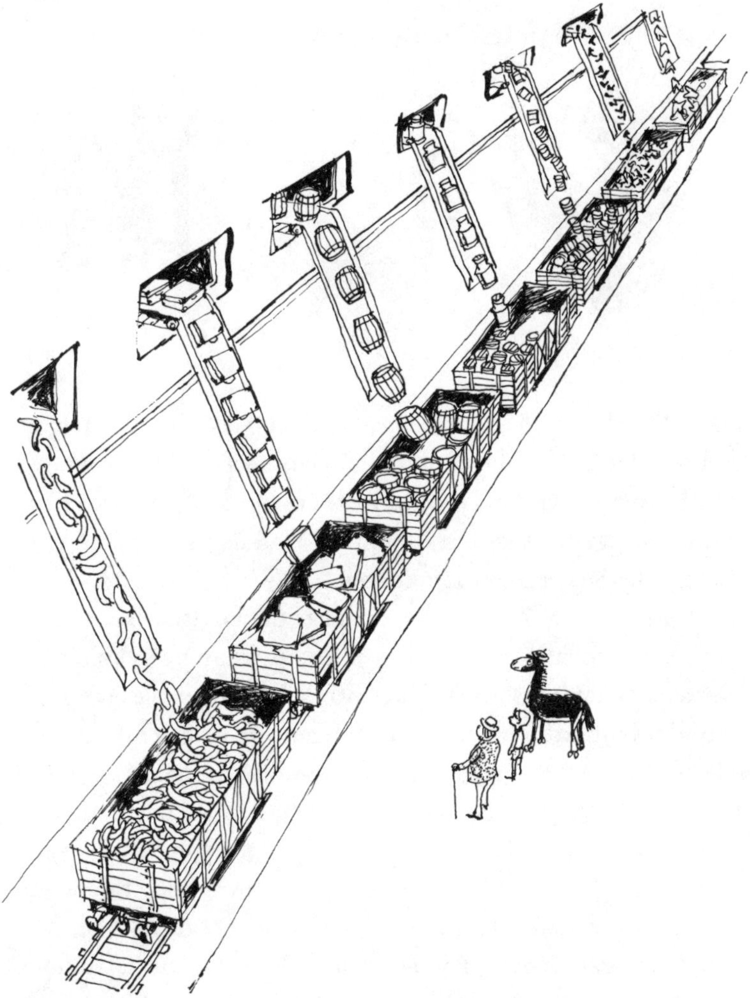

»Von den Niagarafällen«, erzählte der Mann. »Leider hat es dort seit Wochen so geregnet, dass wir sehr in Sorge sind. Die Spannung und die Stromstärke haben derartig zugenommen, dass wir fürchten, in der Zentrale könnten die Sicherungen durchbrennen. Ach, da erscheint gerade die 4-Uhr-Zeitung!«

»Wo denn, Herr Nachbar?«, fragte Konrad.

Der Aufseher starrte zum Himmel empor. Die andern folgten seinem Beispiel. Und tatsächlich, am Himmel erschienen, in weißer Schrift auf blauem Grunde, Zeitungsnachrichten. »KEINE GEFAHR FÜR ELEKTROPOLIS!« stand da. Und dann folgte ein Gutachten der Sicherheitskommission.

Außerdem erschienen Notizen über die Wirtschaftsverhandlungen mit dem Mars, über die letzten Forschungsergebnisse der verschiedenen wissenschaftlichen Institute, über die morgigen Rundfunk- und Heimkinodarbietungen und zum Schluss wurde die Romanfortsetzung ans Himmelsgewölbe projiziert.

Konrad wollte grade den Roman zu lesen anfangen, da entstand plötzlich ein Höllenlärm. Aus den Luken der Fabrikwand fielen die Produkte der Viehverwertung in immer rascherem Tempo. Es regnete förmlich Koffer und Fleischsalat, Butter, Stiefel, Schweizer Käse und Schlagsahne. Die Waggons liefen über. Jetzt flogen schon Backsteine, Fensterrahmen und Maschinenteile aus den Luken!

»O weh!«, schrie der Aufseher. »Die Fabrik frisst sich selber auf!« Und er rannte davon.

Die Katastrophe begann damit, dass die Elektrizitätswerke der Stadt, infolge der Überschwemmungen am Niagara, von der hundertfachen Kraft getrieben wurden. Die Maschinen der Viehverwertungsstelle liefen, als sämtliche Herden verarbeitet worden waren, leer. Schließlich liefen sie rückwärts, saugten die Butterfässer, den Käse, die Koffer, die Stiefel, das Gefrierfleisch, die Dauerwurst und alles Übrige aus den Waggons heraus und spien, am Fabriktor, das ursprüngliche Vieh wieder aus dem Trichter. Die Ochsen, Kälber und Kühe rannten brüllend und nervös auf die Straße und in die Stadt hinein.

Der Onkel und Konrad waren auf ihr Pferd geklettert und wurden von den wild gewordenen Viehherden fortgerissen. Auf den Straßen rasten die Rolltrottoirs wie irrsinnig dahin. Die automatischen Autos schossen wie Blitze vorbei, prallten gegeneinander oder sausten in Häuser hinein und rasten treppauf. Die elektrischen Lampen schmolzen. Die künstlichen Gärten welkten und blühten in einem fort. Am Himmel erschien schon die Zeitung von übermorgen.

Das Pferd war dem nicht länger gewachsen. Es blieb auf der Fahrstraße stehen und schlotterte mit den Knien.

»Entschuldigen Sie, Kaballo!«, rief der Onkel und gab dem Pferd mit dem Spazierstock einen solchen Schlag auf die Kehrseite der Medaille, dass das Tier vor Schreck alle Angst vergaß und wie besessen durch die Katastrophe jagte.

Nach etlichen Minuten waren sie bereits aus der Stadt hinaus und gerettet.

»Eine verdammt kitzlige Sache, die Technik«, sagte das Pferd.

Sie sahen zurück und konnten beobachten, wie die Fahrstühle aus den Dächern flogen. Der Lärm der schwankenden Aluminium-Wolkenkratzer klang nach Krieg.

Onkel Ringelhuth klopfte dem Pferd den Hals, trocknete sich dic Stirn und sagte: »Das Paradies geht in die Luft.«

Konrad packte den Onkel am Arm und rief: »Mach dir nichts draus! Wenn ich groß bin, bauen wir ein neues!«

Und dann ritten sie weiter. Immer geradeaus. Der Südsee entgegen.

ES WIRD GEBETEN
DIE HAIFISCHE
NICHT
ZU NECKEN

Die Begegnung mit Petersilie

Sie ritten durch ein weißes Dünengebirge. Dem Pferd kam Sand in die Kugellager. Es knirschte und quietschte ganz abscheulich. Und der Onkel hielt sich die Ohren zu.

»Ich werde verrückt!«, rief Konrad, weil er Ringelhuth aufziehen wollte. Aber der Onkel konnte es, weil er sich die Ohren zuhielt, natürlich gar nicht verstehen. Schließlich hörten die Dünen auf und das Meer begann. Es war marineblau und schien kein Ende zu nehmen. Da standen nun die drei Freunde vorm Indischen Ozean und guckten, obwohl die Sonne brannte, in den Mond. Das Pferd sagte, es habe es ja gleich gesagt, und wollte wieder mal umkehren. Doch da kam es bei den andern schief an. Und so knirschte es unentwegt den Strand entlang, weil Ringelhuth gemeint hatte, vielleicht träfen sie irgendwo einen Kutter.

Einen Kutter trafen sie zwar nicht, aber sie entdeckten etwas noch viel Merkwürdigeres: Sie sahen ein zwei Meter breites Stahlband, das weit ins Meer hinausreichte und ebenso endlos zu sein schien wie der Ozean selber. Es glich fast einer schmalen Gasse, die übers Meer führte, oder einem Bündel Mondstrahlen, das sich nachts im Wasser spiegelt.

Auf diesem Stahlband, nicht weit vom Strand entfernt, stand eine einsame Frau, hielt einen Borstenbesen und schrubbte.

»Was machen Sie denn da?«, fragte der Onkel.

»Ich scheure den Äquator«, gab die Frau zur Antwort.

»Was? Das ist der Äquator?«, rief Konrad und zeigte ungläubig auf das stählerne Band.

»Und wozu scheuern Sie denn das Ding?«, fragte das Pferd.

»Wir hatten drei Tage Monsun«, sagte die Scheuerfrau. »Es gab haushohe Wellen und heute Morgen war der Äquator rostig. Und nun schrubbe ich den Rost weg. Denn wenn er sich festfrisst, könnte der Äquator platzen, und dann ginge der Globus in die Brüche!«

»Das Beste ist, Sie pinseln Ihren blöden Äquator mit Mennige an«, sagte das Pferd. »Dann kann er gar nicht erst rosten.«

»Er muss doch aber ein bisschen rosten«, antwortete die Frau. »Sonst verlier ich meine Anstellung.«

»Dann entschuldigen Sie gütigst«, meinte das Pferd. »Ich wollte Ihnen nicht zu nahe treten.«

»Oh, das macht fast gar nichts«, sagte die Frau bescheiden und scheuerte ihres Wegs.

Onkel Ringelhuth zog den Hut, um ihre Aufmerksamkeit zu erregen. »Ehe Sie sich völlig in Ihre Lebensaufgabe verlieren, noch eine Frage. Wie kommen wir am schnellsten zur Südsee?«

»Rauf auf den Äquator und dann immer geradeaus!«, rief die Frau.

»Ganz wie Sie wünschen«, sagte der Onkel und setzte sich zögernd den Hut wieder auf.

»Also los, du oller Mustang!«, schrie Konrad, außer sich vor Freude. Dem Pferd lief eine Gänsehaut übers Fell. »Ich soll auf das Wellblech?«, fragte es ängstlich. »Wenn uns dort ein Sturm erwischt, mit Wasserhosen und solchen Sachen, gehen wir glatt übern Harz. Ihr reitet mich auf eigene Gefahr. Seit ich stellungslos bin, bin ich nicht mehr versichert.«

»Hau ab, du schwarzer Schimmel!«, rief der Onkel.

Da sprang das Pferd geräuschvoll auf den Äquator, schmiegte sich an der schrubbenden Scheuerfrau vorbei und zockelte südseewärts. Der Äquator schaukelte. Es war zum Seekrankwerden.

Das Festland war verschwunden. Sie sahen nur noch marineblaues Meer ringsum und die stählerne Schiene vor sich. Manchmal plätscherte eine kleine Welle über den Äquator hin. Dann wurde er nass, und das Pferd kam so ins Rutschen, dass sie im Chor losbrüllten und bei sich dachten: »Guten Morgen, Feierabend!«

Und als sie gar einem Schild begegneten, auf dem zu lesen stand: »ES WIRD GEBETEN DIE HAIFISCHE NICHT ZU NECKEN!«, da fiel ihnen das Herz senkrecht in die Hosen. Auch dem Pferd, das gar keine Hosen anhatte.

An allen Ecken und Enden tauchten Herden von Menschenhaien auf. Die Viecher waren groß wie Unterseeboote, steckten die gefährlichen Mäuler aus dem Wasser und sperrten sie auf, als ob sie gähnten. Sie hatten aber Hunger.

»Das könnte denen so passen«, murmelte der Onkel.

»Herr Apotheker«, sagte das Pferd, »die Tierchen haben sich in Ihren Bauch verliebt. Die wissen, was gut schmeckt.«

»Werden Sie ja nicht frech«, rief Konrad. »Mein Onkel hat keinen Bauch! Merken Sie sich das!«

Ringelhuth war gerührt. »Du bist ein braver Junge«, sagte er. »Und wenn Sie«, jetzt meinte er das Pferd, »wenn Sie ein Ross mit Gymnasialbildung sein wollen, dann könnte ich das ganze Zutrauen …«

In diesem Moment schnellte einer der Haifische aus dem Wasser hoch in die Luft und schnappte gierig nach Ringelhuth. Aber Konrad traf, als gelte es einen Elfmeter, das bedauernswerte Tier mit der Stiefelspitze klar am Unterkiefer, und der Haifisch kehrte reumütig und mit einem komplizierten Kieferbruch in die salzigen Fluten zurück. Daraufhin wandten auch die anderen Haie dem Äquator den Rücken und die drei Reisenden hatten Ruhe.

»Wenn du nicht schon mein Neffe wärst, würde ich dich umgehend dazu ernennen«, erklärte der Onkel mit zitternder Stimme.

Das Pferd hustete ironisch. Dann sagte es: »Sie werden sich mit Ihrer Freigebigkeit noch ruinieren.«

»Spotten Sie nur!«, rief der Onkel. »Mein Neffe ist ideal veranlagt und weiß meine Bemerkung voll zu würdigen!«

»Wenn ich offen sein soll«, meinte Konrad, »'ne Mark wäre mir lieber gewesen. Ich spar nämlich für 'ne Dampfmaschine.«

»So ein geldgieriger Knabe«, knurrte Ringelhuth. »Nach meinem Tode erbst du ja doch alles.«

»Dann spielt er aber nicht mehr mit Dampfmaschinen«, sagte das Pferd und kicherte. Was blieb dem Onkel weiter übrig? Er holte sein Portemonnaie aus der Tasche und drückte dem Jungen eine Mark in die Hand.

»Hoffentlich will dich noch so 'n Haifisch fressen«, meinte Konrad. »Dann verdien ich mir noch 'ne Mark.« Es kam aber keiner mehr.

»Du hast keinen feinen Charakter«, sagte Ringelhuth. »Aber das ist nicht zu ändern. Es liegt bei uns in der Familie.«

Es konnte gar nicht mehr weit bis zur Südsee sein. Zu beiden Seiten des Äquators sah man schon Palmeninseln mit vorgelagerten Korallenriffen. Und vor den Reisenden tauchte eine mit tropischen Urwäldern versehene Küste auf. Das Pferd fuhr wie ein Schnellzug drauflos. Es hatte den schaukelnden Äquator und das Wasser satt.

Endlich standen sie auf dem Festland. Zwischen zwei riesigen Eukalyptusbäumen hingen aus Lianen geflochtene Girlanden. Und an einer der Girlanden baumelte ein Schild mit folgendem Text:

Südsee, Westportal

Eintritt auf eigene Gefahr!
Reklamationen
können nicht
berücksichtigt werden!

Ein bisschen eingeschüchtert ritten sie unter den Girlanden hin und kamen auf eine herrliche Orchideenwiese, die von Palmen umgeben war. Über diese Wiese rannte ein Gorilla auf sie zu, gab ihnen die Hand, drehte sich dann nach den Palmen um und

winkte. Im gleichen Augenblick brach ein wüstes Geschrei los. Affenherden, die in den Palmen hockten, kreischten auf. Papageien, die Notenblätter zwischen den Zehen hielten, plärrten dazwischen. Ein Elefant hatte den Rüssel um einen Palmenstamm geschlungen und schüttelte den Baum, dass die Kokosnüsse klapperten. Der Gorilla schwang seine langen Affenarme im Takt, als sei er der Kapellmeister und dirigiere den Heidenlärm.

Ebenso plötzlich, wie er begonnen hatte, hörte der Krach auf. Der Gorilla wandte sich den drei Reisenden zu und fletschte die Zähne.

»Vielen Dank, Sie Affe«, sagte der Onkel. »Es war ergreifend.« Konrad sprang zu Boden, lief zu dem Gorilla hin und klopfte ihn auf die bärtige Schulter. »Wenn ich das dem Oberländer erzähle«, rief er, »zerspringt er. Unter Garantie!«

»Woher soll denn so ein Affe wissen, wer Oberländer ist«, meinte der Onkel.

»Oberländer ist unser Klassenerster«, sagte Konrad. Aber der Gorilla interessierte sich nicht für Konrads Primus, sondern raste eine Palme hinauf. Weg war er! Die andern Affen folgten ihm.

Der Elefant verneigte sich dreimal feierlich vor den Reisenden. Dann trollte er sich. Er trabte in den Urwald, und man konnte noch sehr lange hören, wie die Bäume unter seinen Füßen zersplitterten.

»Fort mit Schaden!«, sagte Ringelhuth. Und dann ritten sie weiter. Sie folgten einem schillernden Schwarm kleiner bunter Kolibris, der vor ihnen herflatterte, als wolle er den Weg zeigen.

»Schau dich gründlich um, mein Junge«, riet das Pferd. »Damit sich dein Aufsatz sehen lassen kann.« Der Onkel meinte sogar, Konrad solle Notizen machen. Aber Konrad antwortete nicht einmal. Er betrachtete die Gegend. Es gab prächtige Paradiesvögel zu sehen und kleine komische Tapire, schneeweiße Eichhörnchen und faustgroße Schmetterlinge in allen Farben, Nashornkäfer und fliegende Hunde, goldne Pfauen und Schlangen, die wie zusammengerollte Gartenschläuche am Wege lagen. Am sehenswertesten war aber eine Herde Kängurus, die unter einem schattigen Bananenbaum saß. Die Kängurumännchen spielten Skat. Die Weibchen strickten Socken. Die Wollknäuel hatten sie in ihren Beuteln. Auch Lebensmittel hatten sie drin. Und die Milchflaschen für die kleinen Kängurus, die im Gras saßen, Bananen schälten und über eine aufgespannte Leine sprangen. Plötzlich griffen die Känguruweibchen hastig nach ihren Kindern, stopften sie in ihre Beutel und hüpften davon. Die Männchen ließen sogar die Skatkarten liegen.

»Nanu!«, rief der Onkel. »Könnt ihr mir vielleicht erklären, warum …« Aber da schwieg er schon. Denn dicht vor ihnen kauerten drei Königstiger. Die drei Tiger strichen sich den Schnurrbart, machten je einen Buckel und wollten gerade losspringen, da riss Onkel Ringelhuth seinen Spazierstock an die Backe, als sei er ein geladenes Gewehr, kniff das linke Auge zu und zielte.

Die Tiger erschraken. Der größte von ihnen zog ein weißes Tuch aus der Tasche und hielt es hoch.

»Ergebt ihr euch?«, schrie Konrad.

Die drei Königstiger nickten.

»Dann macht gefälligst, dass ihr fortkommt!«, rief der Onkel energisch. »Sonst knall ich euch mit meinem Spazierstock über den Haufen!«

»Zurück, marschmarsch!«, wieherte das Pferd. Und da rissen die Raubtiere aus. Gleichzeitig ging ein Ruck durch Negro Kaballo. Er stolperte und starrte verwundert auf seine Hufe. Die Rollschuhe waren verschwunden. »Meine Fresse«, rief das Pferd. »Wo sind denn meine Fahrzeuge hin?«

Der Onkel wusste es auch nicht. Aber Konrad sagte: »Habt ihr denn total verschwitzt, was wir im Schlaraffenland erlebt haben?«

»Richtig!«, rief das Pferd. »Na, mir soll's recht sein. Wozu braucht ein Ross Rollschuhe? Ist ja unnatürlich.« Und von nun an galoppierte es wieder, statt zu rollen.

Kurz darauf begegneten sie der kleinen Petersilie. Das kam so. Sie hörten jemanden weinen. Es klang wie ein Kind. Aber sie konnten absolut nichts finden, sosehr sie sich plagten. Schließlich stiegen Onkel und Neffe vom Pferd und gingen vorsichtig in den Urwald hinein. Ringelhuth kam allerdings nicht weit. Er stolperte über eine Luftwurzel, schrie: »Mein Hühnerauge!«, setzte sich auf den Erdboden und streichelte seinen Fuß. Dadurch, dass er in einem Ameisenhaufen Platz genommen hatte, wurde die Sache auch nicht gerade besser. Denn die polynesischen Ameisen sind so groß wie unsere Maikäfer. Und die Flüssigkeit, die sie absondern, ist die reinste Salzsäure.

Konrad kletterte indessen über umgestürzte Baumstämme, strampelte zwischen Schlingpflanzen hindurch und folgte dem Kinderweinen, bis er unter einen Gummibaum geriet. Das Schluchzen kam aus dem Gipfel des Gummibaums. Der Junge sah empor. Hoch oben, auf einem Zweig, saß ein kleines Mädchen, kaute an einer Ananas und jammerte vor sich hin.

»Was'n los?«, rief Konrad.

»Ist er weg?«, fragte das kleine Mädchen.

»Wer soll 'n weg sein?«, erkundigte sich der Junge.

»Der Walfisch!«, schrie sie herunter.

»Bei dir piept's ja«, sagte er.

Da kletterte sie wie ein Wiesel von ihrem Gummibaum herab, stellte sich vor Konrad auf und rief empört: »Was fällt dir eigentlich ein, du Lausejunge? Ich bin eine Prinzessin und heiße Petersilie!«

Konrad war nicht fähig, etwas zu erwidern. Denn das Mädchen, das Petersilie hieß, war schwarz und weiß kariert!

»Mensch«, sagte er schließlich. »Auf dir kann man ja Schach spielen!«

Sie gab ihm ein Stück von ihrer Ananas und sagte: »Mein Papa ist ein berühmter schwarzer Südseehäuptling. Und Mutti ist Holländerin. Sie war, bevor sie meinen Papa heiratete, Tippfräulein

in einer hiesigen Kokosflockenfarm. Und deshalb bin ich schwarz und weiß gekästelt. Sieht es sehr scheußlich aus?«

»Das kann ich nicht beurteilen«, entgegnete der Junge. »Mir gefällt's! Übrigens heiße ich Konrad.«

Die kleine Petersilie machte einen Knicks. Konrad gab ihr die Hand. Anschließend erkundigte er sich, wieso sie vor einem Walfisch ausgerissen sei. Walfische lebten doch im Wasser.

»Hast du 'ne Ahnung!«, rief sie. »Walfische sind doch Säugetiere. Im Wasser leben sie nur aus Versehen.«

Plötzlich krachte es im Urwald. »Das ist er!«, schrie Petersilie, packte den Jungen am Arm und zerrte ihn vorwärts. Sie rannten wie wild der Straße zu.

Onkel Ringelhuth saß noch immer in dem Ameisenhaufen und schimpfte wie ein Schofför.

»Los!«, brüllte Konrad. »Der Walfisch kommt! Die Kleine hier heißt Petersilie!«

Der Onkel traute seinen Augen nicht. Er starrte entgeistert auf das karierte Kind.

»Nun mach schon!«, rief Konrad.

»Nur weil ihr's seid«, sagte der Onkel, bürstete sich die Ameisen vom Anzug und rannte mit.

Das Pferd, das auf der Straße stand und, um sich die Zeit zu vertreiben, gerade paar Kniebeugen machte, wunderte sich, als die drei atemlos angestolpert kamen.

»Man kann euch nicht wieder allein in den Wald lassen«, knurrte es. »Wen bringt ihr denn da mit?«

»Das kleine Mädchen wird von einem Walfisch verfolgt«, erzählte Konrad. »Er wird gleich eintreffen.«

»Das hat mir noch gefehlt«, sagte das Pferd. »Fische gehören ins Wasser und karierte Kinder auf den Jahrmarkt.«

»Walfische sind doch keine Fische!«, rief Konrad. Dann gab er Petersilie eins hintendrauf. Denn sie heulte schon wieder. »Warum verfolgt er dich denn?«, fragte er.

»Ach«, schluchzte sie, »ich hab ihm die Zunge herausgestreckt. Und nun ist er beleidigt. Hilfe! Da kommt er!«

Es knackte in den Palmen. Sie zerbrachen wie Streichhölzer. Ein graues Ungetüm schob sich aus dem Urwald. Es sah aus wie ein zerbeultes Luftschiff und riss sein zahnloses Maul auf. Onkel Ringelhuth legte für alle Fälle seinen Spazierstock an die Backe und brüllte: »Hände hoch oder ich schieße!« Aber der Walfisch fiel nicht drauf rein. Er wälzte sich immer näher und näher. Konrad stellte sich schützend vor Petersilie und den Onkel und hob drohend die Faust.

»Marsch ins Grab mit uns!«, murmelte das Pferd.

In diesem Augenblick knallten ein paar Schüsse. Der Walfisch stutzte, nieste laut, machte kehrt und wälzte sich in den Urwald zurück. Ringelhuth wischte sich die Stirn, betrachtete den Neffen ungehalten und rief: »Alles wegen eines freien Aufsatzes! Ich werde deinem Lehrer einen groben Brief schreiben.«

Das Pferd holte erlöst Atem. Dann fragte es: »Wer von uns hat denn nun eigentlich geschossen? Apotheker, hören Sie, vielleicht war Ihr Spazierstock doch geladen, was?«

»Ich habe geschossen!«, rief eine Stimme. Alle fuhren herum. Vor ihnen stand ein bronzebrauner Mann. Er trug einen Lendenschurz aus Palmenblättern, andernorts war er bunt tätowiert. »Ich bin der Häuptling Rabenaas, auch ›Die schnelle Post‹ genannt. Hallo, Petersilie!« Er gab dem Mädchen die Hand, dann auch den Übrigen.

»Nicht dass ich neugierig wäre«, meinte der Onkel. »Aber womit haben Sie eigentlich geschossen, Herr Rohrspatz?«

»Rabenaas, nicht Rohrspatz«, sagte der Häuptling zurechtweisend.

»Ganz wie Sie wollen«, rief der Onkel. »Von mir aus können Sie Hasenpfeffer heißen. Also, Herr Rabenspatz, womit haben Sie geschossen? Es klang so seltsam.«

»Mit heißen Bratäpfeln«, sagte Häuptling Rabenaas. »Ich

wollte den Walfisch nur abschrecken. Ich freue mich, dass ich Ihnen eine kleine Gefälligkeit erweisen durfte.«

»Mit heißen Bratäpfeln?«, fragte Konrad. »Und wo haben Sie denn Ihre Flinte?«

»Ich habe kein Gewehr«, erwiderte Die schnelle Post. »Ich pflege mein Taschenmesser mit Bratäpfeln zu laden.«

»Dann natürlich!«, sagte Ringelhuth. »Womit Sie aber auch geschossen haben mögen, wir danken Ihnen von Herzen!«

Rabenaas winkte ab. »Nicht der Rede wert«, bemerkte er, nickte gnädig, ging in den Wald zurück und war verschwunden.

Petersilie brachte die Reisenden zu einem befreundeten Völkerstamm, der an einem reizenden Süßwassersee in hohen Pfahlbauten wohnte. Die Eingeborenen waren tätowiert, trugen Lendenschurze und zentnerschwere Korallenketten. Das Pferd sagte, es interessiere sich nicht für dergleichen. Es trabte stattdessen zu einem wogenden Zuckerrohrfeld und fraß sich wieder mal gründlich satt. Überdies traf es dort ein anderes Pferd, einen kleinen Schimmel, und mit dem schien es sich ausgezeichnet zu verstehen.

Die Eingeborenen zeigten Ringelhuth und seinem Neffen unglaubliche Schwimm- und Tauchkunststücke. Dann erhielt der Onkel einen Lendenschurz aus Palmenblättern als Gastgeschenk und musste ihn wohl oder übel sofort umschnallen. Da er aber den Anzug anbehielt, sah er nicht eben vorteilhaft aus. Die Frauen der Eingeborenen lachten sich einen Ast und liefen davon.

Die Jünglinge zeigten ihren Gästen, wie man mit Speeren Forellen fängt und Vögel mit Lassos. Dann fuhren sie in ihren Auslegerbooten ein Achter-Rennen, dass Konrad zu atmen vergaß. Anschließend wurde ein Festessen serviert. Die Menükarte lautete folgendermaßen:

MOSKITO-RAGOUT
HAIFISCHFLOSSEN IN GEGORENEM REISWEIN
GERÄUCHERTE SCHLANGENZUNGEN MIT
ROHRZUCKERSALAT UND
PAMPELMUSENGELEE
KOTELETTS VOM EMU, SCHNECKENPÜREE
KOKOSNUSSCREME IN WALFISCHTRAN

»Da siehst du mal wieder, wie nützlich es ist, dass wir donnerstags unseren Magen abhärten!«, sagte der Onkel zu Konrad und schluckte alles mit Todesverachtung hinunter.

Bei dem Schneckenpüree wäre ihm allerdings fast schlecht geworden.

Konrad unterhielt sich mit Petersilie. Er war traurig. Das Mädchen hatte ihm nämlich erzählt, sie habe keine Zeit mehr. Sie müsse zu der Diamantenwaschfrau Lehmann nach Bali. Denn Papa sei eine Perle aus der Krone gefallen und die solle durch einen Diamanten ersetzt werden. Konrad sagte, sie möge doch noch ein Weilchen bleiben. Aber Petersilie schüttelte den Kopf, stand auf, gab dem Jungen die Hand, nickte dem Onkel und dem alten Häuptling zu und hüpfte davon.

»Heul nicht, mein Sohn«, sprach Ringelhuth. »Iss lieber.« Aber Konrad war der Appetit vergangen. Er schluckte die Tränen hinunter und meinte, sie müssten nun auch gehen. Ohne Petersilie mache ihm die ganze Südsee keine Freude. Außerdem würde sonst der Aufsatz nicht mehr fertig.

Dem Onkel war's recht. Sie verabschiedeten sich von dem Häuptling, bedankten sich für die herzliche Aufnahme und liefen zu dem Rohrzuckerfeld, um Negro Kaballo abzuholen. Der stand neben dem kleinen Schimmel und sagte: »Herrschaften, nichts für ungut, aber ich bleibe hier. Das Zuckerrohr schmeckt fabelhaft. Außerdem will ich das Schimmelfräulein heiraten. Ist sie nicht süß? Ich will endlich meine eigne Häuslichkeit haben. Ich will die Rollschuhe und den Zirkus und alles vergessen, was mich an Europa erinnert. Auch werd ich nie mehr ein Wort sprechen. Ich schwör's. Sprechen schickt sich nicht für Pferde. Zurück zur Natur!«

»Machen Sie keine Geschichten!«, rief der Onkel. »Das ist doch nicht Ihr Ernst?«

Negro Kaballo schwieg.

»Sie können uns doch nicht zu Fuß nach Hause strampeln lassen«, meinte Ringelhuth. »Nun machen Sie doch das Maul auf, Sie vierbeiniger Dickschädel!«

»Er hat ja eben geschworen, nicht mehr zu sprechen«, sagte Konrad. »Und wenn er das Pferdefräulein heiraten will, wollen wir ihn nicht stören. Wir wollen seinem Glück nicht im Wege stehen!«

Das Pferd nickte. Ringelhuth war aber noch immer wütend. »Ich werde verrückt!«, rief er. »Wozu muss dieses Riesenross heiraten? Ich bin doch auch Junggeselle.«

»Du hast mich zum Neffen, lieber Oheim«, erwiderte Konrad. »Deswegen brauchst du keine eignen Kinder.«

»Passen Sie auf«, sagte der Onkel zu Negro Kaballo. »Sie werden mit Ihrem Schimmelfräulein lauter karierte Fohlen kriegen! Eine Petersilie nach der andern! Wollen Sie wirklich nicht mitkommen?«

Das Pferd schüttelte den Kopf.

»Na, dann Hals- und Beinbruch«, rief Ringelhuth. »Aber machen Sie mir nicht weis, dass Sie ein Pferd wären! Ein Rindvieh sind Sie. Verstanden?«

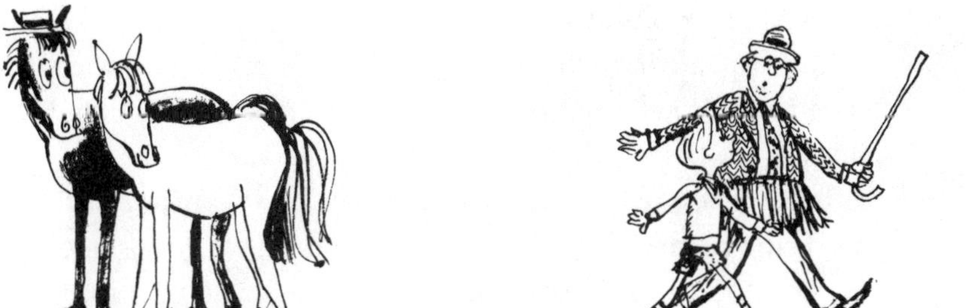

Negro Kaballo nickte.

»In Gruppen links schwenkt, marsch!«, kommandierte der Onkel, fasste den kleinen Konrad an der Hand und zog mit ihm von dannen.

»Vielen Dank für alles!«, rief der Junge.

Negro Kaballo und seine weiße Braut warfen die Köpfe hoch und wieherten zweistimmig.

»Du hast falschen Tritt«, sagte Onkel Ringelhuth zu seinem Neffen. Es war aber gar nicht wahr. Der Onkel wollte nur nicht zeigen, dass ihm der Abschied von dem Rollschuhpferd sehr, sehr leidtat. Sie marschierten durch den Urwald. Er nahm kein Ende. Wilde Tiere brüllten in der Ferne. Paviane warfen Kokosnüsse auf den Weg. Es war ziemlich lebensgefährlich. Konrad sagte, es sei ein Jammer, dass es in dieser Gegend keine Straßenbahnen gäbe. Schließlich sangen sie: »Das Wandern ist des Müllers Lust.«

Als sie mit dem Lied fertig waren, meinte der Onkel, er fände das Wandern gar nicht lustig.

»Du bist ja auch kein Müller«, erwiderte Konrad. »Sondern ein Apotheker.«

»Stimmt auffallend«, sagte der Onkel, sah auf die Armbanduhr und erschrak. »Menschenskind!«, rief er. »Es ist zehn Minuten vor sieben. Wenn wir nicht bald meinem Schrank begegnen, kommst du zu spät zum Abendbrot!«

»Wann ich meinen Aufsatz schreiben soll, weiß ich auch nicht«, erklärte der Junge.

»Na, singen wir noch eins«, schlug der Onkel vor. Und jetzt sangen sie: »Horch, was kommt von draußen rein, hollahi, hollaho.«

Dann schaute der Onkel wieder auf die Uhr. »Wenn jetzt nicht sofort ein Wunder geschieht«, sagte er, »können wir getrost hierbleiben und uns einem der benachbarten Stämme als Sonntagsbraten anbieten.«

»Warum soll denn kein Wunder geschehen?«, fragte jemand hinter ihrem Rücken.

Sie drehten sich um. Da stand Rabenaas, auch Die schnelle Post genannt, und lächelte.

»Sie waren schon mal so freundlich, uns aus der Patsche zu helfen«, sagte der Onkel. »Könnten Sie wohl meinen ollen Schrank herzaubern, lieber Herr Rabenpost?«

»Rabenaas«, korrigierte der Häuptling. Dann murmelte er:

»Vier mal sechs ist drei mal acht,
und null ist null mal hundert.
Die Wunder werden nur vollbracht
von dem, der sich nicht wundert.«

Daraufhin klatschte er in die Hände und schon stand der Schrank da! Mitten im Urwald. Zwischen Palmen und Kakteen. »Vielen Dank!«, rief Konrad. Aber Rabenaas, auch Die schnelle Post genannt, war bereits verschwunden.

»Ein unheimlicher Kerl!«, sagte der Onkel. »Aber sehr liebenswürdig. Das muss ihm der Neid lassen.« Dann schob er den Jungen in die offene Rückseite des Schranks und kletterte hinterher. Und als sie vorn zum Schrank herausstiegen, landeten sie wahrhaftig in Ringelhuths Korridor! Auf der Johann-Mayer-Straße!

Konrad machte Licht, weil es schon ein bisschen dunkel war und weil er hoffte, er könne in der Nähe des Schranks noch ein paar Zentimeter echten Urwalds entdecken.

Er sah aber nur Wände und Tapeten.

Der Onkel band sich den Lendenschurz ab und hängte ihn und den Spazierstock in den alten Schrank. Dann sagte er: »So, du Strolch, nun scher dich nach Hause! Grüß die Eltern. Und richte aus, ich käme nach dem Abendbrot auf 'nen Sprung vorbei. Dein Vater soll ein paar Flaschen Bier kalt stellen.«

Der Junge griff nach der Schulmappe, sagte, es sei wunderbar gewesen, gab dem Onkel blitzartig einen Kuss auf die Backe und rannte davon.

»Na, na«, knurrte der Onkel. »Gibt mir der Flegel einen Kuss! Das schickt sich doch gar nicht für Männer.« Dann sah er zum Fenster hinaus. Konrad schoss gerade aus der Haustür und blickte hoch. Sie winkten einander zu.

Anschließend brachte Ringelhuth die Wohnung in Ordnung.

Denn das Federbett lag noch vorm Bücherschrank. Und die leer gegessenen Teller standen noch auf dem Tisch.

Als er aufgeräumt hatte, ging er auf den Korridor hinaus, öffnete noch einmal den Schrank und blickte neugierig hinein. Er schüttelte den Kopf. Die Rückseite war nicht mehr offen! Eine richtige Schrankwand war davor. Und der Lendenschurz war verschwunden.

»So, und jetzt raucht der weit gereiste Apotheker Ringelhuth eine dicke Zigarre«, sprach der Onkel zu sich selber und spazierte pfeifend in die Stube.

Der Onkel liest, was er erlebt hat

Als Ringelhuth zu Konrads Eltern kam, hatten sie den Jungen schon zu Bett geschickt.

»Was habt ihr denn heute wieder angestellt?«, fragte Konrads Mutter (also die Frau von Onkel Ringelhuths Bruder).

»Hat er nichts erzählt?«, fragte der Onkel obenhin.

»Keinen Ton«, sagte Konrads Vater. »Der Junge tut, als seien eure Donnerstage das Geheimnisvollste, was es gibt.«

»Sind sie auch«, entgegnete Ringelhuth. »Übrigens, krieg ich nun ein Glas Bier oder kriege ich keins?«

Konrads Mutter schenkte ihm ein und fragte, während er das Glas auf einen Hieb leer trank: »Was für Dummheiten habt ihr heute gemacht?«

»Ach«, sagte der Onkel, »heute ging's sehr lebhaft zu. Auf der Glacisstraße fragte ein Pferd, ob wir Zucker bei uns hätten. Wir hatten aber keinen. Wer denkt denn auch an so was? Na, und dann kam es in meine Wohnung. Anschließend waren wir beim dicken Seidelbast. Der ging früher in Konrads Klasse. Kennt ihr ihn? Nein? Jetzt ist er Präsident im Schlaraffenland. Besonders nett sind dort die Hühner. Sie legen Spiegeleier mit Schinken. Ja, und dann hatte ich mit Napoleon und Julius Cäsar Krach. Sie saßen nämlich auf unsern Plätzen. Auf bezahlten Plätzen! Später trafen wir die kleine rothaarige Babette. Die ist in der Verkehrten Welt Ministerialrat für Erziehung und Unterricht. Weil ihre Frau Mutter dort ausgebessert wird. Mein Hauswirt, der Clemens Waffelbruch, ist übrigens auch dort. Na, der kann's brauchen. Dann waren wir in der automatischen Stadt. Dort lenken sich die Autos von selber. Und dann ritten wir auf dem Äquator zur Südsee. Ein Glück, dass ich meinen Spazierstock mithatte. Konrad befreundete sich mit einem schwarz und weiß karierten Mädchen. Petersilie hieß das reizende Geschöpf. Also, ich wundre mich immer noch, dass wir rechtzeitig wieder zu Hause waren!«

Konrads Eltern, die auf dem Sofa saßen, blickten einander entsetzt an. Der Vater sagte ernst: »Komm, zeig mal deine Zunge!« Und die Mutter fragte: »Willst du einen Prießnitzumschlag auf die Stirn?«

»Noch 'n Glas Bier will ich«, meinte Ringelhuth. »Aber rasch, sonst trink ich aus der Flasche!«

»Auf keinen Fall«, rief sein Bruder. »Keinen Tropfen Alkohol kriegst du mehr!«

»Lieber Julius«, sagte Konrads Mutter streng zu ihrem Mann, »warum hast du mir bis heute verschwiegen, dass es in eurer Familie Geisteskranke gibt?«

»Hast du Schmerzen im Hinterkopf?«, fragte Konrads Vater den Apotheker. »War der Junge am Nachmittag zu lebhaft? Du musst strenger mit ihm sein.«

Ringelhuth schenkte sich sein Glas voll, trank und sagte: »Mit euch ist heute wieder mal nicht zu reden. Ihr seid viel zu ernst für euer Alter.«

»Das hat uns noch gefehlt«, rief Konrads Vater. »Jetzt machst du uns noch Vorwürfe! Wir wären zu alt! Du bist zu jung! Dass du's nur weißt!«

»Das gibt's?«, fragte der Onkel. »Na, denn prost! Gehabt euch wohl! Ich guck noch zum Jungen rauf. Mal schaun, wie er schläft.«

»Und gute Besserung«, sagte Konrads Vater.

»Wenn ihr noch mal davon anfangt«, rief Ringelhuth, »renn ich in meine Apotheke, hole Niespulver und spreng euch damit in die Luft. Servus, ihr Trauerklöße!« Er kreuzte die Arme vor der Brust, verneigte sich wie ein vornehmer Türke und verließ die beiden, die ihm bewegt nachblickten.

Ganz behutsam knipste er in Konrads Zimmer das Licht an. Dann schlich er auf Zehenspitzen zu dem Bett hin. Der Junge schlief fest. Aber plötzlich bewegte er sich, lächelte im Traum und sagte: »'ne Mark wär mir lieber.«

Ringelhuth beugte sich über den Schlafenden und flüsterte: »Am nächsten Donnerstag kriegst du 'ne Dampfmaschine, du Lümmel.« Dann sah er sich im Zimmer um. Auf dem Schreibpult lag ein Heft. Er schlich hinüber. »Deutsche Aufsätze« stand auf dem Heft.

Er schlug es auf und blätterte, bis er, was er suchte, gefunden hatte. Er las die Überschrift und dann las er den ganzen Aufsatz:

Was ich in der Südsee erlebte
An den Donnerstagen ists immer
sehr fidel. Wegen mein Onkel Der ist
Apotheker und heißt Ringelhuth genau
wie ich. Weil er mein Onkel ist Heute
war wider Donnerstag Und als ich „
ihm sagte ich mus ein Aufsatz über
die Südsee machen weil ich gut
rechne und keine Fantersie hab
sagte er da gehn wir so rasch mal
rüber In die Südsee nämlich
Deinen Lehrer woln wirs schon zeigen.

Tut mir Leid, das hat er gesagt.
Na, und ~~ik~~ wir los Es war eine
rasige Fuhr. Erst in den Schrank im
Korridor dann ins Schlaraffenland.
Dann in ne Burg mit ver flaßnen
Fürsten. Dann wohen schlechte Eltern
erzogen werden Es war lehrreich dann
in eine völlich elektrische Stadt
Es gab viels durcheinander. Es gab
Überschwemmung. Der & elektr ische
Strom kohte über. Die Fahrstühle
flogen zum Dach hinaus. Wir rauf aufs
Pferd und fand wa alles eins. Wir
hatten es auf ~~mit~~ der Glacisstrasse getroffen.
Und mit Zucker gefüttert. Und es
konnte Rollschuh fahren Das führt
aber zu weit. Mit Hilfe des Ekwators
den ich mir anders dachte ritten
wir kwer durchs Ozean auf eine
Südseeinsel Links und rechts lagen
Inseln Mit Korallenriffen aus

denen man die berühnten Ketten
macht. Und mit Heufischen Von
denen wollte einer mein Onkel fressen.
Wegen dem Bauch aber er hat gar
keinen. Ich nicht faul gab ihm ein
Dink auf die Schnauze und der
Onkel mir ne Mark. Wegen der Dampf
maschiene. Vier Mark 80 ist zuwenig
hab ich schon denn dirgirte ein
Affe ein Cor. Auch ein Elefant war
dabei und klapperte mit Koks-
nussen. Wir dankten doch sie rissen
aus. Besonders kitzlich war die
Sache mit den drei Tiegergern. Der
Onkel wollte mit den Spazierstock
schiessen. Da zogen sie ein weisses
Tuch raus und liefen in Urwald.
Kinguruhs trafen wir auch. die
strickten Strümpfe und die Wolle
haben sie in ihren Beuteln den sie
haben. Am schönsten war daß

wir Petersielie trafen. Das ist ein kleines Kind und schwarz und weiss gekästelt. Denn ihr Vater ist Häuptling und die Mama blos Tippfäulein. Sie häulte wegen dem Wallfisch der hinter ihr her war. Denn die Wallfische sind Säugetiere. Und in Wasser leben sie nur aus versehentlich. Sie hatte ihm die Zunge rausgestreckt, und nun war er tükisch. Rabenaas war ein Häuptling mit heissen Bratäpfeln und schoss und vertrieb das Ungehäuer. Leider mußte sie dann weiter. Weil ihrem Vater eine Perle aus der Krone gefallen war. Der Stamm wo wir zu mittag asen und tauchen konnten die Jungens, toll, wollte uns gebratenes Menschenfleisch vor setzen. Gottseidank sie hatten keins. In der Speisekammer

Es gab auch ohnedas verrücktes Zeuch.
Elfantensteek Und Kotlets von einen
Vogel, wie der Strauss einer ist. Und
Schnecken mus. Onkel Ringelhuth
hätte fast, aber er hat dann
nicht. Er weis fast stez, was sich
gehört. Leider blieb das Pferd dort.
Um eine Schimmelin zu heiraten.
Als wir uns von Petersilie verab-
schiedet hatten, sagte der Onkel es ist
gleich und wenn wir nicht gleich
der Schrank begegnen bleiben wir
da und lassen uns braten. Aber da
kam Rabenaas wieder und hechste
den Schrank hin und wär wir durch
waren standen wir wieder in dem
Onkel seine Wohnung und der
sprach nun mach daß du Heim
komst, sonst käuchts. Meine Eltern
haben nichts gemerkt denn ich kam
zum Abendbrot zu recht und das

is bei uns die Hauptsache. Und
dann hab ich mich hingesetzt
und den Aufsatz geschrieben trotz
dem ich in der Südsee war und
zurück und einen freien Aufsatz ja
rüber das solle mir mal
einer nachmachen
Ohne meinem Onkel wäre es
nicht zumachengewesen. Aber
ist ja aus derselben Vamilje.
Mein Onkel hats auch gesagt.
Das ist wohl alles was ich in der
Südsee erlebt habe, kann sein auch
nicht, aber es war sosehr viles, wenn
mans aufschreibt vergist man die
Hälfte. Und wärs nicht glaubt lässt
es eben bleiben Oder er kann ja
mein Onkel fragen der heisst wie
ich und is Aphoteker und da
kann er was erleben.

Onkel Ringelhuth legte das Heft behutsam aufs Schreibpult zurück, ging noch einmal zum Bett hinüber, nickte dem schlafenden Jungen zu, schlich auf den Zehenspitzen zur Tür, drehte sich dort noch einmal um und sagte, während er das Licht ausknipste: »Gute Nacht, mein Sohn.«

Und dabei war es doch nur sein Neffe.

In diesem Band wird der Ausdruck ›Neger‹ verwendet, der zur Zeit der Entstehung des entsprechenden Textes gebräuchlich war. Der Verlag hat sich entschieden, Kästners Romane unverändert zur Verfügung zu stellen.

MIX
Papier aus verantwortungsvollen Quellen
FSC® C014496
www.fsc.org

Neuausgabe
2. Auflage 2018

Erstveröffentlichung: Atrium Verlag AG, Zürich, 1985
Umschlagillustrationen von Walter Trier
Innenillustrationen von Walter Trier und Horst Lemke
Satz: Greiner & Reichel, Köln
Druck und Bindung: GGP Media GmbH, Pößneck
Printed in Germany
ISBN 978-3-85535-406-1

www.atrium-verlag.com